KB185826

역주
규장각본 춘추좌씨전 3

譯注
규장각본 춘추좌씨전 ❸

초판 인쇄 2025년 1월 6일
초판 발행 2025년 1월 20일

공 역 자 | 김경태·박찬규·윤종배
펴 낸 이 | 하운근
펴 낸 곳 | 學古房

주 소 | 경기도 고양시 덕양구 통일로 140 삼송테크노밸리 A동 B224
전 화 | (02)353-9908 편집부(02)356-9903
팩 스 | (02)6959-8234
홈페이지 | http://hakgobang.co.kr/
전자우편 | hakgobang@naver.com
등록번호 | 제311-1994-000001호

ISBN 979-11-6995-573-7 94140
979-11-6995-570-6 (세트)

값 : 73,000원

사단법인 유도회
번역총서

역주 규장각본 춘추좌씨전 3

春秋左氏傳

김경태 · 박찬규 · 윤종배 공역

學古房

머리말

'무정세월약류파(無情歲月若流波)'라는 말이 있듯이 2002년 2월 지산(地山) 장재한(張在釬) 선생님의 지도하에 정조(正祖) 때 규장각(奎章閣)에서 간행한 《춘추좌씨전(春秋左氏傳)》 번역을 시작한 지 어언 23년의 세월이 흘렀다, 지산 선생님과의 인연은 이보다 훨씬 전인 1990년대 초 유도회(儒道會) 한문연수원(漢文硏修院) 장학생반 시절 선생님께서 《서경(書經)》을 강의하실 때부터였다. 그때부터 선생님의 깊고 넓은 한학의 세계를 접하면서 마음속 깊이 존경심을 품게 되었다. 그리하여 유도회 3년 과정을 수료하고 나서 선생님의 서실(書室)인 렬양서숙(洌陽書塾)에서 《주역(周易)》을 심도있게 공부하게 되었고, 그 뒤 다음 강독을 무엇으로 할 것인가를 론의할 때 선생님께서 문체가 압축되어 있으면서도 인간의 삶을 다양하게 반영하고 있는 《춘추좌씨전》을 추천하셨다. 그리고 이왕에 한다면 번역을 하기로 하였다. 아울러 《춘추좌씨전》의 기사에 대한 려동래(呂東萊)의 날카로운 품평이 일품인 《동래박의(東萊博議)》 번역까지 병행하기로 하였다.

《춘추(春秋)》는 공자(孔子)가 주(周)나라 시대인 B.C.722년에서 B.C.481년까지 242년간의 로(魯)나라를 중심으로 한 중국 여러 나라에서 일어난 사건을 편년체의 형식으로 기록한 력사서(歷史書)이다. 《좌씨전(左氏傳)》은 좌구명(左丘明)이 공자에게서 전수받은 《춘추》라는 경(經)에 나타난 개별 사건에 대하여 그 구체적인 사실(事實)을 서술함으로써 《춘추》에 대한 리해를 도운 글이다. 동시에 《좌씨전》은 경문(經文)에 의거하여 정치와 인간의 삶에 대한 리치(理致)를 드러낸 것으로 《춘추》와는 독립된 성격을 지닌 별도의 저술이기도 하다. 이 때문에 기존에 간행된 《춘추좌씨전》은 《춘추》라는 경문(經文)과 《좌씨전》이라는 전문(傳文)이 독립되어 있어 《춘추좌씨전》을 읽는 사람들이 경문을 소홀히 하고 전문만을 주로 읽는 폐단이 있었다.

그러나 《규장각본 춘추좌씨전》은 경문과 전문을 분리하지 않고 경문을 대자(大字)로 넣고 그에 해당하는 전문을 경문 아래에 중자(中字)로 넣어 경문과 전문이 바로 이어지도록 하였다. 동시에 《춘추좌씨전》 풀이의 전범(典範)으로 여겨지는 진(晉)나라 두예(杜預)의

《춘주좌씨경전집해(春秋左氏經傳集解)》를 규장각 편찬자들의 견해에 따라 가감하여 해당 경문과 전문 아래에 소자(小字)로 넣어 주해(注解)를 달았다. 그리고 편년체로 구성되어 있는 《춘추좌씨전》의 특성상 동일한 사건이 년도를 달리하여 분리되어 있는 경우 규장각본에서는 한 사건으로 묶어 같은 해에 기술함으로써 내용의 통일을 기하였다. 이는 《춘추좌씨전》의 전체 의미를 한눈에 알아볼 수 있도록 구성한 가히 혁명적 판본이라 할 수 있다. 그러므로 번역팀에서는 《규장각본 춘추좌씨전》을 번역의 저본(底本)으로 삼되, 규장각본 판본의 의도를 살리기 위하여 경문의 글자는 글상자 속에 대자(大字)로 넣었고, 전문의 글자는 중자(中字)로, 주해는 소자(小字)로 처리하여 경문과 전문과 주해를 쉽게 구분할 수 있게 하였다.

처음 번역에 참여한 사람은 김경태, 김명숙, 김한기, 박찬규, 변은숙, 신창호, 윤종배, 이정희, 이희평, 차진만, 최윤정, 홍성훈 등이었다. 그러다가 2014년 초벌 번역이 마무리되었을 때 남은 번역자는 김경태, 김한기, 박찬규, 윤종배, 홍성훈 다섯 사람이었다. 초벌 번역이 끝날 무렵 지산 선생님의 건강이 악화되어 번역을 끝까지 지도해 주시지 못하고 다섯 사람만으로 마무리할 수밖에 없었던 점은 지금까지 아쉬움으로 남는다. 초벌 번역이 끝나고 1차 교열작업에 참여한 사람은 김경태, 박찬규, 윤종배 세 사람이었고 이 세 사람은 4차 교열작업이 끝날 때까지 변함없는 구성원이었다. 이에 《규장각본 춘추좌씨전》 번역서는 김경태, 박찬규, 윤종배 세 사람의 이름으로 출간하게 되었다. 그동안 번역에 참여한 분들의 량해를 구한다.

교열작업은 구성원의 시간 및 력량 관계상 《동래박의》는 후일을 기약하고 《춘추좌씨전》만을 진행하기로 하였다. 교열을 시작했을 때는 그 작업이 쉽게 끝나리라고 생각했지만 이 일은 번역보다 더 지난함을 실감하게 되었다. 례컨대 한자의 원뜻이 혼란해짐을 방지하기 위하여 '두음법칙'을 적용하지 않기로 오랜 론의 끝에 결정하였고, 번역은 원의를 훼손하지 않고 강독에 유용하도록 가급적 직역 위주로 하기로 하였다. 또 인명과 지명의 경우 원음을 찾기 위하여 많은 자료를 검토하기도 하였다. 그리고 한 단어 한 문장을 두고 적합한 표현을 찾기 위해 몇 시간의 토론을 벌이기도 하였고, 해석상의 이견이 생길 때는 얼굴을 붉히면서까지 몇 주간에 걸쳐 격렬한 론쟁을 벌이기도 하였다. 이러한 과정을 거쳐 어렵사리 1차 교열작업을 마쳤으나 많은 부분에 미진함을 느껴 곧 2차, 그리고 3차 교열작업에 들어갔다. 이어 체제 통일 등의 리유로 4차 교열작업이 끝나기까지 무려 20여년의 세월이 흘렀다. 비록 천학비재(淺學菲才)를 무릅쓰고 추진한 번역작업이었지만 토론과 론쟁 과정에서 좀 더 정확한 해석을 도출하기 위하여 고금의 많은 주해서를 참고하게 되었다. 이로 인해 시간이 많이 지연되기도 하였으나 결과적으로 《춘추좌씨전》에 대한 리해를 더욱 깊게 하는 계기가 되었다고 생각한다.

한편 이 책이 완성되기까지 여러가지 예상치 못했던 일들이 생기기도 하였다, 2018년에 사단법인 유도회 한문연수원장으로 계시던 지산 선생님께서 타계하셨고, 번역팀 가운데 직장문제 및 가족의 입원으로 2년 가까이 번역작업이 중단되었다. 또 코로나펜데믹 사태로 1년여 기간이 중단되기도 하였던 것이다. 이제 이 책을 출간하면서 번역에 오류가 없지는 않은지, 또 후학들에게 《춘추좌씨전》에 대한 제대로 된 길잡이가 될 수 있을지 염려됨을 부인할 수 없다. 또한 지산 선생님의 학덕에 루(累)가 되지는 않을지 우려가 앞선다. 따라서 앞으로도 사계(斯界)의 의견을 수렴하면서 수정작업이 계속될 것임을 약속드린다. 그리고 번역에 직접 참여하지는 않았으나 처음 번역을 시작하면서부터 초벌 번역이 끝날 때까지 한 번의 결석도 없이 수업에 참여하였고, 그 후로도 우리 번역팀에게 많은 격려와 지원을 아끼지 않은 한국 서예계의 거목이신 하석(何石) 박원규(朴元圭) 선생님의 큰 도움에 대하여 이 자리를 빌려 감사드린다.

2025년 1월

사단법인 유도회 《규장각본 춘추좌씨전》 번역팀 일동

일러두기

1 이 책은 사단법인 유도회(儒道會) 번역총서 《역주(譯注) 규장각본(奎章閣本) 춘추좌씨전(春秋左氏傳)》이다.

2 이 책의 번역 저본(底本)은 조선 정조(正祖) 때 규장각(奎章閣)에서 간행한 《춘추좌씨전(春秋左氏傳)》이다.

3 이 책의 리해에 도움이 되도록 저본에 수록된 두예(杜預)의 춘추좌씨전서(春秋左氏傳序) 및 후서(後序), 범례(凡例), 춘추기년도(春秋紀年圖), 춘추지도(春秋地圖), 춘추세계도(春秋世系圖), 춘추국명보(春秋國名譜), 춘추좌씨전후기(春秋左氏傳後記) 등을 번역하여 실었고 규장각본 간행에 참여한 명단도 첨부하였다.

4 저본에 수록되어 있는 류례(類例) 및 인명보(人名譜)는 번다하고 《춘추좌씨전(春秋左氏傳)》의 리해에 큰 도움이 되지 않으므로 제외하였다.

5 이 책에서 《춘추(春秋)》의 경(經)은 '경문', 좌씨(左氏)의 전(傳)은 '전문'이라 칭한다.

6 경문과 전문, 그리고 주해(注解)는 완역하여 원문과 함께 실었다.

7 전문의 단락은 내용을 고려하여 번역자의 판단에 따라 구분하였다.

8 번역은 원의를 훼손하지 않고, 강독에 유용하도록 가급적 직역 위주로 하였다.

9 독자의 리해를 돕기 위하여 설명이 필요하다고 생각되는 부분은 력대 주해가(注解家)들의 견해를 참고하여 각주를 달아 처리하였다.

10 이 책의 주해에 인용된 력대 주해가들은 별도로 정리하여 수록하였다.

11 이 책의 강독에 도움이 되도록 로(魯)나라 각 공(公)의 말미에 년표를 작성하여 수록하였다. 이 년표는 기본적으로 규장각본 《춘추좌씨전(春秋左氏傳)》의 춘추기년도(春秋紀年圖)를 기준으로 하였고, 고증이 어려운 년차(年次)는 여백으로 남겨 두었다.

12 번역문의 매 단락에서 의미상 필요한 한자는 괄호 처리하여 한글과 병기하였다.

13 이 책의 번역문에서는 한자의 원뜻이 혼란해지지 않도록 두음법칙을 적용하지 않고 한자 원래의 음대로 표기하였다.

14 인명과 지명의 경우 한자 원음표기에 철저를 기하였다.

15 규장각본 판본의 의도를 살리기 위하여 경문의 글자는 글상자 속에 대자(大字)로 넣었고, 전문의 글자는 중자(中字)로, 주해는 소자(小字) 아래첨자로 처리하여 경문과 전문과 주해를 쉽게 구분할 수 있게 하였다.

16 이 책에 사용된 부호는 다음과 같다.

《 》: 책이름

〈 〉: 편(篇)이름

[ ]: 풀이된 단어나 단락의 원래 한자

( ): 한자음

【 】: 간지와 서기 년도

: : 동의어 병기

· : 단어나 단락의 병렬

○ : 《규장각본(奎章閣本) 춘추좌씨전(春秋左氏傳)》에서 전문만 있고 경문이 없는 기사의 단락 구분 표시

총목차

목차

소공(昭公)[1] 원년 【庚申 B.C.541】

元年 春 王正月 公卽位

원년 봄 왕정월에 소공(昭公)이 즉위하였다.

叔孫豹會晉趙武楚公子圍齊國弱宋向戌衛齊惡陳公子招蔡公孫歸生鄭罕虎許人曹人于虢

숙손표(叔孫豹)가 진(晉)나라 조무(趙武)·초(楚)나라 공자 위(圍)·제(齊)나라 국약(國弱)·송(宋)나라 상술(向戌)·위(衛)나라 제악(齊惡)·진(陳)나라 공자 초(招)·채(蔡)나라 공손귀생(公孫歸生)·정(鄭)나라 한호(罕虎)·허인(許人)·조인(曹人)과 괵(虢) 땅에서 회합하였다.

弱 公作酌 罕 公作軒 並後同 齊惡 公作石惡 虢 公作漷 穀作郭 ○虢 鄭地

약(弱)은 《공양전(公羊傳)》에는 작(酌)으로 되어 있고 한(罕)은 《공양전》에는 헌(軒)으로 되어 있는데, 모두 이후에도 이와 같다. 제악(齊惡)은 《공양전》에는 석악(石惡)으로 되어 있다. 괵(虢)은 《공양전》에는 곽(漷)으로 되어 있고 《곡량전(穀梁傳)》에는 곽(郭)으로 되어 있다. ○괵(虢)은 정(鄭)나라 땅이다.

元年 春 楚公子圍聘于鄭 且娶於公孫段氏 伍擧爲介 將入舘 鄭人惡之 知楚懷詐 **使行人子羽與之言 乃舘於外** 舍城外 **旣聘 將以衆逆** 以兵入逆婦 **子産患之 使子羽辭曰 以敝邑褊小 不足以容從者 請墠聽命** 欲於城外爲墠行禮 **令尹命大宰伯州犁對曰 君辱貺寡大夫圍 謂圍 將使豊氏撫有而室 圍布几筵 告於莊共之廟而來** 莊王共王 **若野賜之 是委君貺於草莽也 是寡大夫不得列於諸卿也 不寧唯是 又使圍蒙其先君** 蒙 欺也 不得成禮於女氏之廟 故以爲欺先君 **將不得爲寡君老** 大臣稱老 **懼辱命而黜退 其蔑以復矣 唯大夫圖之**

---

1) 소공(昭公) : 로(魯)나라 23대 임금. 이름은 조(稠)이고 양공(襄公)의 아들이며 어머니는 제귀(齊歸)이다. 주경왕(周景王) 4년에 즉위하였다. 시법(諡法)에 위의가 공손하고 밝은 것[威儀恭明]을 소(昭)라고 한다.

원년 봄에 초(楚)나라 공자 위(圍)가 정(鄭)나라를 빙문하고 또 공손단씨(公孫段氏)의 딸을 아내로 맞이하기로 하였다. 이때 오거(伍擧)가 부사(副使 : 介)였다. 이들이 성안의 객관으로 들어가려 하자 정인(鄭人)이 이를 꺼려 초(楚)나라가 속이려는 마음을 품은 것을 안 것이다. 행인(行人)인 자우(子羽)를 보내 그들에게 말하여 성밖에 묵게 하였다. 성밖에 머물게 한 것이다. 빙문을 마치고 나자 공자 위는 무리를 거느리고 신부를 맞이하려 하였다. 병사를 거느리고 성안으로 들어가서 신부를 맞이하려 한 것이다. 자산(子産)이 이를 근심하여 자우를 보내어 거절하게 하면서 말하기를 "우리나라는 비좁아서 종자(從者)들을 수용할 수 없으니 성밖에 선(墠)[2]을 만들어 놓고 혼례를 치르는 명을 따르기를 청합니다."라고 하였다. 성밖에 선(墠)을 만들어 혼례를 치르고자 한 것이다. 그러자 령윤(令尹 : 圍)이 태재(大宰)인 백주리(伯州犁)에게 명하여 대답하기를 "정나라 임금님께서 욕되게도 과대부(寡大夫) 위에게 은혜를 내려 저 위에게 이르기를 '풍씨(豊氏 : 公孫段氏)의 딸을 너의 아내로 삼게[撫有] 하려 한다.'고 하시었으므로, 저 위는 안석과 자리를 펼쳐놓고서 장왕(莊王)과 공왕(共王)[3]의 사당에 고하고서 왔습니다. 장왕(莊王)과 공왕(共王)이다. 그런데 만약 교야(郊野)에서 신부를 내려주신다면 이는 임금님이 내려주신 은혜를 풀밭에 내버리는 것이고, 이는 과대부를 경(卿)의 반렬에 끼지 못하게 하는 것입니다. 이뿐만 아니라 또 저 위로 하여금 우리 선군을 속여[蒙] 몽(蒙)은 속임이다. 신부 집안의 사당에서 혼례를 치르지 못하기 때문에 선군을 속이는 것이라고 한 것이다.[4] 장차 과군의 대신[老]이 될 수 없게 하는 것이니, 대신을 로(老)라고 칭한다. 임금의 명을 욕되게 하여 퇴출될까 두려워한다는 것이다. 돌아가 복명할 수 없습니다. 대부께서는 이를 헤아려 주십시오."라고 하였다.

子羽曰 小國無罪 恃實其罪 恃大國而無備則是罪 **將恃大國之安靖己** 句 **而無乃包藏禍心以圖之 小國失恃 而懲諸侯 使莫不憾者 距違君命 而有所壅塞不行是懼** 言已失所恃 則唯恐諸侯懲恨以距君命 **不然 敝邑館人之屬也** 館人 守舍人也 **其敢愛豊氏之祧** 祧 遠祖廟 **伍擧知其有備也 請垂櫜而入** 垂櫜 示無弓 **許之**

자우(子羽)가 말하기를 "소국은 다른 죄가 없고 대국을 믿은 것이 실로 그 죄입니다. 대국을 믿고 방비하지 않은 것이 곧 죄라는 것이다. 장차 대국이 우리나라를 안정시켜 줄 것으로 믿었는데 구두(句讀)이다. 화를 끼치려는 마음을 품고 우리를 도모하려는 것이 아닙니까. 이는 소국

---

2) 선(墠) : 제사나 행사 등을 치르기 위하여 교야(郊野)에 풀을 깎아내고서 땅을 다져 평평하게 만든 터.

3) 장왕(莊王)과 공왕(共王) : 장왕(莊王)은 공자 위(圍)의 조부이고, 공왕(共王)은 공자 위의 아버지이다.

4) 선군을~것이다 : 공자 위(圍)가 장왕(莊王)과 공왕(共王)의 사당에 혼례를 고하고 왔기 때문에 신부 집안의 사당에서 혼례를 치르지 못하게 되는 것은 선군을 속이는 것이라고 한 것이다.

이 믿을 곳을 잃어서 제후들을 징계(懲戒)[5]시키는 것이니, 초(楚)나라에 원한을 품지 않는 이가 없게 될 것입니다. 그러면 모든 나라가 초나라 임금님의 명을 거부하고 거스르게 되어 대국의 명이 막혀 행해지지 않을까 두렵습니다. 우리 정(鄭)나라가 믿을 곳을 잃는다면 제후들이 징계(懲戒)하고 원한을 품어 초(楚)나라 임금의 명을 거부하게 될까 두렵다는 말이다. 그렇지 않다면 우리나라는 초나라의 관인(館人) 정도에 불과하니 관인(館人)은 객사(客舍)를 지키는 사람이다. 어찌 감히 풍씨(豊氏)의 사당[祧]을 아끼겠습니까."[6]라고 하였다. 조(祧)는 먼 조상의 사당이다. 오거(伍擧)가 정(鄭)나라의 방비가 있음을 알고 활집을 거꾸로 메고 성안에 들어가기를 청하니 활집을 거꾸로 메는 것은 활이 없음을 보이는 것이다. 이를 허낙하였다.

正月 乙未 入 逆而出 遂會於虢 尋宋之盟也 祁午謂趙文子曰 宋之盟 楚人得志於晉 得志謂先歃 今令尹之不信 諸侯之所聞也 子弗戒 懼又如宋 子木之信 稱於諸侯 猶詐晉而駕焉 駕猶陵也 詐謂衷甲 況不信之尤者乎 楚重得志於晉 晉之恥也 子相晉國 以爲盟主 於今七年矣 再合諸侯 襄二十五年會夷儀 二十六年會澶淵 三合大夫 襄二十七年會于宋 三十年會澶淵 及今會虢 服齊狄 寧東夏 襄二十八年齊侯白狄朝晉 平秦亂 襄二十六年秦晉爲成 城淳于 襄二十九年城杞之淳于 師徒不頓 國家不罷 民無謗讟 諸侯無怨 天無大災 子之力也 有令名矣 而終之以恥 午也是懼 吾子其不可以不戒

정월 을미일에 공자 위(圍)가 성안으로 들어가 신부를 맞이하여 나왔다. 드디어 괵(虢) 땅에서 회합하였으니, 송(宋)나라에서의 맹약을 거듭한 것이다. 진(晉)나라 기오(祁午)가 조문자(趙文子)에게 다음과 같이 말하였다. "송나라에서의 맹약 때 초인(楚人)이 우리 진나라에 대하여 뜻을 이루었습니다.[7] 뜻을 이루었다는 것은 초(楚)나라가 먼저 삽혈한 것을 이른다. 지금 령윤(令尹 : 圍)이 신의가 없다는 것은 제후들에게 소문난 바입니다. 당신께서 경계하지 않는다면 또 송나라에서의 맹약 때처럼 될까 두렵습니다. 그때 초(楚)나라 령윤이었던 자목(子木)이 신의가 있다는 것은 제후들 사이에 칭송된 바인데도 오히려 진나라를 속이고[8]

---

5) 징계(懲戒) : 스스로 뒤돌아보아 대국에 대해 삼가하고 경계함을 이른다.

6) 우리나라는~아끼겠습니까 : 초(楚)나라가 정(鄭)나라에 대해 신의를 지킨다면 정나라는 초나라에 대해 객사(客舍)를 지키는 관인과 같은 위치에 있어서, 초나라가 원한다면 정나라의 어디에도 머물 수 있다는 말이다.

7) 송나라에서의~이루었습니다 : 송(宋)나라에서의 맹약은 양공(襄公) 27년에 있었다. 이때 삽혈의 순서를 다투다가 초(楚)나라가 진(晉)나라보다 먼저 삽혈하였다.

8) 자목(子木)이~속이고 : 양공(襄公) 27년 송(宋)나라에서의 맹약 때 초군(楚軍)이 갑옷을 겉옷 속에 받쳐

앞질렀는데[駕][9] 가(駕)는 앞지름[陵]과 같다. 속였다는 것은 옷 속에 갑옷을 받쳐 입은 것을 이른다. 하물며 신의를 지키지 않는 것이 더욱 심한 자에 있어서이겠습니까. 초나라가 거듭 진나라에 대해 뜻을 이룬다면[10] 이는 진나라의 치욕입니다. 그대는 진나라의 재상[相]으로서 맹약을 주관하신 지 이제 7년이 되었습니다. 두 차례 제후들과 회합하고 양공(襄公) 25년 이의(夷儀)의 회합과 26년 전연(澶淵)의 회합이다. 세 차례 대부들과 회합하였으며, 양공(襄公) 27년 송(宋)나라에서의 회합과 30년 전연(澶淵)의 회합 및 지금 괵(虢) 땅의 회합이다. 제(齊)나라와 적(狄)을 복종시켜 제하(諸夏)의 동쪽을 안정시켰고 양공(襄公) 28년 제후(齊侯)와 백적(白狄)이 진(晉)나라를 조견하였다. 진(秦)나라와의 분란을 화평시켰으며, 양공(襄公) 26년 진(秦)나라와 진(晉)나라가 화친을 맺었다 순우(淳于)에 성을 쌓았으되 양공(襄公) 29년 기(杞)나라 순우(淳于)에 성을 쌓았다. 군사들이 지치지 않았고 국가는 피폐하지 않았으며, 백성은 비방하는 말이 없었고 제후들은 원망하는 말이 없었으며, 하늘의 큰 재해가 없었으니 이는 그대의 힘입니다. 이렇듯 아름다운 명성이 있는데 오히려 치욕으로 마칠까 저 오(午)는 두렵습니다. 그러니 그대는 경계하지 않아서는 안 됩니다."

文子曰 武受賜矣 然宋之盟 子木有禍人之心 子木稱兵 **武有仁人之心** 武欲弭兵 **是楚所以駕於晉也 今武猶是心也 楚又行僭** 僭 不信 **非所害也 武將信以爲本 循而行之 譬如農夫 是穮是蔉** 穮 音鑣 耘也 蔉 音衮 壅苗爲蔉 **雖有饑饉 必有豊年 且吾聞之 能信 不爲人下 吾未能也** 自恐未能信也 **詩曰 不僭不賊 鮮不爲則 信也 能爲人則者 不爲人下矣 吾不能是難** 以不能信爲難 **楚不爲患 楚令尹圍請用牲 讀舊書 加于牲上而已** 楚恐晉先歃 故請讀宋盟舊書加牲上 不歃血 **晉人許之**

문자(文子 : 趙文子)가 말하기를 "나 무(武)는 해주신 말을 받아들이겠소. 그러나 송(宋)나라에서의 맹약 때 자목(子木)은 남을 해치려는 마음이 있었고 자목(子木)은 싸움을 일으키려 한 것이다. 나 무는 남을 인애하는 마음을 가졌으니, 무(武)는 싸움을 그치고자 한 것이다. 이것이 초(楚)나라가 진(晉)나라를 앞지른 까닭이오. 지금도 나 무는 여전히 이 마음을 가지고 있으니, 초나라가 또 신의 없이[僭] 행동하더라도 참(僭)은 신의가 없음이다. 해될 것은 없을 것이오. 나 무는 신의를 근본으로 삼아 이를 따라 행동할 것이오. 비유하자면 농부가 김매고[穮] 싹을 북돋아 주면[蔉] 표(穮)는 음이 표(鑣)이니 김매는 것이다. 곤(蔉)은 음이 곤(衮)이니 싹을 북돋아 주는

입고 맹약하는 기회를 리용해 진군(晉軍)을 습격하려고 했던 일을 이른다.

9) 앞질렀는데[駕] : 초(楚)나라가 진(晉)나라보다 먼저 삽혈한 일을 이른다.

10) 초나라가~이룬다면 : 맹약 때 초(楚)나라가 진(晉)나라보다 먼저 삽혈하게 됨을 이른다.

것이 곤(蓘)이다. 비록 기근이 있더라도 반드시 풍년이 드는 것과 같은 것이오.[11] 또 내가 들으니 신의를 잘 지키면 남의 아래에 있지 않게 된다고 하였는데, 나는 아직 이것을 잘 못하오. 스스로 신의를 잘 지키지 못할까 두려워한다는 것이다. 《시(詩)》에 이르기를 '신의에 어긋남이 없고 남을 해치지도 않으면 모범이 되지 않음이 드물다.'[12]고 한 것은 신의에 대한 말이오. 그리고 남의 모범이 되는 자는 남의 아래에 있지 않소. 나는 신의를 지키지 못하는 것을 어렵게 여기니 신의를 지키지 못하는 것을 어려움으로 삼는다는 것이다 초나라의 행위는 나의 걱정거리가 아니오."라고 하였다. 초나라 령윤(令尹)인 위(圍)가 희생을 쓰되 송나라에서 맺은 예전의 맹약문을 읽고서 그것을 희생 위에 올려놓기만을 청하니, 초(楚)나라는 진(晉)나라가 먼저 삽혈할 것을 두려워하였기 때문에 송(宋)나라에서 맺은 예전의 맹약문을 읽고 그것을 희생 위에 놓기만 하고 삽혈하지 말기를 청한 것이다. 진인(晉人)이 허낙하였다.

三月 甲辰 盟 楚公子圍設服離衛 設君服 二人執戈 陳前以衛 離 陳也 **叔孫穆子曰 楚公子美矣 君哉** 美服似君 **鄭子皮曰 二執戈者前矣** 禮 國君行 二執戈者在前 **蔡子家曰 蒲宮有前 不亦可乎** 子家 蔡公孫歸生 蒲宮 楚君離宮 言令尹在國已居其宮 出有前戈 不亦可乎 **楚伯州犁曰 此行也 辭而假之寡君** 以辭令假君服 **鄭行人揮曰 假不反矣 伯州犁曰 子姑憂子晳之欲背誕也 子羽曰 當璧猶在 假而不反 子其無憂乎** 當璧謂棄疾 事在昭十三年 言圍雖得國 棄疾在猶 有後難 **齊國子曰 吾代二子愍矣** 國子 國弱 二子謂王子圍及伯州犁 **陳公子招曰 不憂何成 二子樂矣** 言憂能成事 事成而樂 **衛齊子曰 苟或知之 雖憂何害** 齊子 齊惡 言先知爲備 雖憂無損 **宋合左師曰 大國令 小國共 吾知共而已 晉樂王鮒曰 小旻之卒章善矣 吾從之** 義取暴虎馮河之可畏 言不敬小人亦危殆

3월 갑진일에 맹약할 때 초(楚)나라 공자 위(圍)가 임금의 옷을 차려입고 군사가 앞에 벌려 서서[離] 호위하였다. 임금의 옷을 차려입고 두 명의 군사가 창을 잡고 앞에 벌려 서서 호위한 것이다. 리(離)는 벌려 세움이다. 이때 로(魯)나라 숙손목자(叔孫穆子)가 말하기를 "초나라 공자의 옷이 아름다워 임금과 같습니다."라고 하였고, 아름다운 옷이 임금과 같다는 것이다. 정(鄭)나라 자피(子皮)가 말하기를 "창을 잡은 두 사람이 앞에 서 있군요."[13]라고 하였다. 례(禮)에 나라의 임금이 행차하면 창을 잡은 두 사람이 앞에 선다. 채(蔡)나라 자가(子家)가 말하기를 "포궁(蒲宮)에서도 창

11) 비록~것이오 : 비록 일시적인 재해나 기근이 있더라도 결국에는 풍년의 수확을 거둘 수 있다는 것이다.

12) 신의에~드물다 : 《시경(詩經)》 〈대아(大雅)〉 억(抑).

13) 창을~있군요 : 임금의 행차와 같다고 힐난한 것이다.

을 잡은 군사가 앞에서 호위하였으니 또한 괜찮지 않습니까."라고 하자, 자가(子家)는 채(蔡)나라 공손귀생(公孫歸生)이다. 포궁(蒲宮)은 초(楚)나라 임금의 리궁(離宮)이다. 령윤(令尹)이 초나라에 있을 때 이미 그 궁에 거처하였으니, 나와서도 창을 잡은 군사가 앞에서 호위하는 것이 또한 괜찮지 않느냐는 말이다. 초나라 백주리(伯州犁)가 말하기를 "이번 행차에 과군에게 말하여 빌려 온 것입니다."[14]라고 하였다. 임금께 말씀드려[辭令 : 言辭] 임금의 옷을 빌렸다는 것이다. 정나라 행인(行人)인 휘(揮)가 말하기를 "빌린 것을 돌려주지 않을 것입니다."라고 하였다. 백주리가 말하기를 "그대는 먼저 자석(子晳)이 임금의 명을 어기고 방자하게 행동하는 것을 근심해야 될 것이오."[15]라고 하니, 자우(子羽 : 揮)가 말하기를 "당벽(當璧)[16]이 여전히 존재하는데, 임금의 의복을 빌리고 돌려주지 않으면 그대는 어찌 근심이 없겠소."라고 하였다. 당벽(當璧)은 기질(棄疾)을 이른다. 이 일은 소공(昭公) 13년조에 있다. 위(圍)가 비록 나라의 정권을 얻었지만 기질이 아직 있어서 뒤에 화난이 있을 것이라는 말이다.[17] 이때 제(齊)나라 국자(國子)가 말하기를 "내가 두 분을 대신하여 걱정이 됩니다."라고 하였고, 국자(國子)는 국약(國弱)이다. 두 분은 왕자 위(圍)와 백주리(伯州犁)를 이른다. 진(陳)나라 공자 초(招)가 말하기를 "근심하지 않는다면 무엇을 이루겠소. 그러나 두 분은 즐길 만합니다."[18]라고 하였다. 근심해야 일을 이룰 수 있지만 일이 이루어져[19] 즐길 만하다는 말이다. 위(衛)나라 제자(齊子)가 말하기를 "만약 화난이 될 것을 미리 안다면 비록 근심할 일이라도 무슨 해가 되겠소."라고 하였다. 제자(齊子)는 제악(齊惡)이다. 먼저 알고서 대비하면 비록 근심스런 일도 손해가 없다는 말이다. 송(宋)나라 합좌사(合左師 : 向戌)가 말하기를 "대국이 명을 내리고 소국은 받드는 것입니다. 나는 받드는 것만 알 뿐입니다."라고 하였다. 진(晉)나라 악왕부(樂王鮒)가 말하기를 "소민(小旻)의 마지막 장이 매우 좋습니다. 나는 그 말을 따를 것입니다."라

---

14) 이번~것입니다 : 숙손목자(叔孫穆子)와 자피(子皮)가 공자 위(圍)를 비난하는 말을 듣고 백주리(伯州犁)가 변호한 것이다.

15) 자석(子晳)이~것이오. : 정(鄭)나라 자석(子晳)이 백유(伯有)를 죽인 뒤로 임금의 명을 어기고 방자하게 행동하는 것을 두고 한 말이다. 이 일은 양공(襄公) 30년조에 있다.

16) 당벽(當璧) : 후계자를 일컬음. 초공왕(楚共王)이 제사 지내는 뜰에 구슬을 몰래 묻어놓고 다섯 아들에게 신(神)을 향해 절하게 하여 구슬을 묻은 곳에서 절한 다섯 째 아들인 기질(棄疾)을 후사로 삼은 데에서 온 말이다.

17) 위(圍)가~말이다 : 초공왕(楚共王)의 큰아들은 강왕(康王)이고 둘째 아들은 공자 위(圍)이다. 지금은 강왕의 아들 겹오(郟敖)가 왕위에 있지만 숙부인 위가 전횡하였다. 뒤에 위가 겹오를 죽이고 령왕(靈王)이 되었지만 결국 기질(棄疾 : 平王)에 의해 축출된다.

18) 근심하지~만합니다 : 걱정거리가 있지만 별 문제가 되지 않으니 현 상황을 즐길 수 있다는 말이다. 걱정거리라는 것은 기질(棄疾)이 존재하는 것을 의미하고, 즐길 만하다는 것은 기질의 존재는 근심거리가 아니니 왕자 위(圍)와 백주리(伯州犁)는 현 상황을 즐길 수 있는 여유가 있다는 의미이다.

19) 일이 이루어져 : 공자 위(圍)의 권세가 이미 기질(棄疾)보다 우위를 확보하였다는 의미이다.

고 하였다. 맨손으로 범을 잡고 맨몸으로 하수(河水)를 건너는 것[20]을 두려워해야 한다는 뜻을 취하여 조심하지 않는 소인[21]이 또한 나라를 위태롭게 한다는 것을 말한 것이다.

退會 子羽謂子皮曰 叔孫絞而婉 絞 切也 譏其似君 反謂之美 故曰婉 **宋左師簡而禮** 無所臧否 故曰簡 共事大國 故曰禮 **樂王鮒字而敬** 字 愛也 不犯凶人 所以自愛敬 **子與子家持之** 持之言無所取與 **皆保世之主也 齊衛陳大夫其不免乎 國子代人憂 子招樂憂 齊子雖憂弗害 夫弗及而憂 與可憂而樂 與憂而弗害 皆取憂之道也 憂必及之 大誓曰 民之所欲天必從之 三大夫兆憂 憂能無至乎 言以知物 其是之謂矣** 物 類也 察言以知禍福之類

회합에서 물러나 정(鄭)나라 자우(子羽)가 자피(子皮)에게 말하였다. "로(魯)나라 숙손(叔孫)은 깎아내리면서도[絞] 완곡하였고, 교(絞)는 깎아내림이다. 그 임금과 같은 복장을 비난하면서 도리어 아름답다고 하였으므로 완곡하다고 한 것이다. 송(宋)나라 좌사(左師)는 간명하면서도 례의를 갖추었고, 선하다고 하거나 그렇지 않다고 하는 것이 없었으므로 간명하다고 하였고, 대국을 받들어 섬기기 때문에 례를 갖추었다고 한 것이다. 악왕부(樂王鮒)는 아끼면서도[字] 조심스러웠고, 자(字)는 아낌이다. 흉악한 사람을 범하지 않는 것이 스스로를 아끼고 조심하는 것이다. 그대와 자가(子家)는 있는 그대로[持之]를 말하였으니 지지(持之)는 보태거나 덜어내는 바가 없다는 말이다. 모두 대대로 작록(爵祿)을 보전할 대부[主]입니다. 그러나 제(齊)·위(衛)·진(陳)나라의 대부는 모두 화를 면하지 못할 것입니다. 제나라 국자(國子)는 남을 대신하여 걱정한다고 하였고, 진나라 공자 초(招)는 근심할 일을 즐길 만하다고 하였고, 위나라 제자(齊子)는 비록 근심이 있어도 해가 되지 않는다고 하였습니다. 대저 근심이 이르지 않았는데도 근심하는 것[22]과 근심해야 하는데도 즐길 만하다는 것[23]과 근심이 있는데도 해가 되지 않는다고 여기는 것[24]은 모두 근심을 취하는 길이니, 근심이 반드시 닥칠 것입니다. 태서(大誓)[25]에 이르기를 '사람이 하고자 하는 바를 하늘이 반드시 따라준다.'고 하였는데 세 명의 대부는 근심할 조짐이 있으니 근심할 일이 이르지 않을 수 있겠습니까. 말로써 화복의 부류[物]를 알 수 있다고 한 것은 바로 이것을 이르는 것입니다." 물(物)은 부류이다. 말을 살펴서 화복(禍福)의 부류를 안다는 것이다.

---

20) 맨손으로~것 : 《시경(詩經)》〈소아(小雅)〉 소민(小旻).

21) 조심하지~소인 : 공자 위(圍)를 이른다.

22) 근심이~것 : 제(齊)나라 국자(國子)의 말이다.

23) 근심해야~것 : 진(陳)나라 공자 초(招)의 말이다.

24) 근심이~것 : 위(衛)나라 제자(齊子)의 말이다.

25) 태서(大誓) : 《서경(書經)》〈주서(周書)〉의 편 이름. 태서(泰誓)라고도 쓴다.

三月 取鄆
3월에 운(鄆) 땅을 취하였다.

季武子伐莒 取鄆 莒人告於會 楚告於晉曰 尋盟未退 而魯伐莒 瀆齊盟 請戮其使 叔孫豹在會 **樂桓子相趙文子 欲求貨於叔孫而爲之請** 請免其罪 **使請帶焉** 難指求貨 以帶爲辭 **弗與 梁其踁曰 貨以藩身 子何愛焉** 踁 叔孫家臣 **叔孫曰 諸侯之會 衛社稷也 我以貨免 魯必受師 是禍之也 何衛之爲 人之有牆 以蔽惡也 牆之隙壞 誰之咎也** 咎在牆 **衛而惡之 吾又甚焉** 旣爲國衛 而露其惡 罪甚於牆 **雖怨季孫 魯國何罪 叔出季處 有自來矣 吾又誰怨** 季孫守國 叔孫出使 所從來久 **然鮒也賄 弗與不已 召使者 裂裳帛而與之 曰 帶其褊矣** 言帶褊盡 **趙孟聞之 曰 臨患不忘國 忠也 思難不越官 信也** 謂言叔出季處 **圖國忘死 貞也 謀主三者 義也** 三者 忠信貞 **有是四者 又可戮乎**

계무자(季武子)가 거(莒)나라를 쳐서 운(鄆) 땅을 취하니, 거인(莒人)이 회합에 가서 고하였다. 초(楚)나라가 진(晉)나라에 고하기를 "맹약을 거듭하는 일에서 아직 물러나지도 않았는데 로(魯)나라가 거나라를 치니 제맹(齊盟 : 同盟)을 모독한 것입니다. 그 사자(使者 : 叔孫豹)를 죽이기를 청합니다."라고 하였다. 숙손표(叔孫豹)가 회합에 참석하고 있었다. 이때 악환자(樂桓子 : 樂王鮒)가 조문자(趙文子)를 보좌하고 있었는데, 숙손(叔孫)에게 재물을 요구하고자 하여 그의 사면을 청하고 숙손(叔孫)의 죄를 면해달라고 청한 것이다. 사람을 시켜 그에게 허리띠[帶]를 청하였으나 재물을 지목하여 요구하기 어렵기 때문에 허리띠[帶]로써 대신 말한 것이다. 주지 않았다. 량기경(梁其踁)이 말하기를 "재물을 써서 몸을 보호해야 하는데 그대는 어찌 그것을 아끼십니까."라고 하니, 경(踁)은 숙손(叔孫)의 가신이다. 숙손이 말하기를 "제후들의 회합은 사직을 보위하려는 것이다. 그런데 내가 재물을 써서 화를 면한다면 우리 로나라는 반드시 정벌을 당할 것이다.[26] 이는 로나라에 화를 불러들이는 것이니 어찌 보위한다고 하겠는가. 사람들이 담장을 세우는 것은 나쁜 것을 가리려는 것인데 담장에 틈이 생기고 무너지는 것은 누구의 허물이겠는가. 허물이 담장에 있다는 것이다. 나라를 보위해야 하는 자로서 도리어 해악을 끼친다면 나의 죄가 담장보다 더욱 심한 것이다. 이미 나라를 보위해야 하는 자리에 있으면서 나쁜 모습을 드러나게 한다면 죄가 담장보다도 심하다는 것이다. 비록 계손(季孫)이 원망스럽지만[27] 로

26) 내가~것이다 : 로(魯)나라가 운(鄆) 땅을 취한 일에 대하여 숙손(叔孫)이 책임을 지고 죽임을 당하지 않는다면 그 화는 로나라에 미칠 것이라는 말이다.

27) 계손(季孫)이 원망스럽지만 : 계손(季孫 : 季武子)이 거(莒)나라를 친 것을 원망한다는 것이다.

나라야 무슨 죄가 있겠는가. 나 숙손은 사신으로 나가는 일을 맡고 계손은 나라 안을 지키는 것은 본래부터 그런 것이거늘 내가 또 누구를 원망하겠는가. 계손(季孫)이 나라를 안에서 지키고, 숙손(叔孫)이 사신으로 나가는 것이 유래가 오래되었다는 것이다. 그러나 부(鮒 : 樂王鮒)가 뇌물을 좋아하니 주지 않으면 요구를 그치지 않을 것이다."라 하고서, 그 사자를 불러 치마를 만들 비단을 찢어 주면서[28] 말하기를 "허리띠가 다 없어졌습니다."라고 하였다. 허리띠가 다 없어졌다[褊]고 말한 것이다.[29] 조맹(趙孟 : 趙文子)이 이를 듣고 말하기를 "몸이 어려움에 림해서도 나라를 잊지 않으니 충(忠)이고, 화난이 미칠 것을 생각하면서도 자신의 직무를 넘지 않으니 신(信)이며, 숙손(叔孫)은 사신으로 나가는 일을 맡고 계손(季孫)은 나라 안을 지킨다고 말한 것을 이른 것이다. 나라 일을 도모함에 있어서 죽음을 마다하지 않으니 정(貞)이고, 일을 도모함에 이 세 가지를 주장으로 삼는 것은 의(義)이다. 세 가지는 충(忠)·신(信)·정(貞)이다. 이 네 가지를 지닌 자이니 더욱 죽일 수 있겠는가."라고 하였다.

乃請諸楚曰 魯雖有罪 其執事不辟難 執事謂叔孫 畏威而敬命矣 子若免之 以勸左右可也 若子之羣吏 處不辟汚 出不逃難 其何患之有 患之所生 汚而不治 難而不守所由來也 能是二者 又何患焉 不靖其能 其誰從之 魯叔孫豹可謂能矣 請免之 以靖能者 子會而赦有罪 又賞其賢 諸侯其誰不欣焉望楚而歸之 視遠如邇 疆埸之邑 一彼一此 何常之有

이에 조맹(趙孟)이 초(楚)나라에 다음과 같이 요청하였다. "로(魯)나라는 비록 죄가 있기는 하지만 그 집사가 자신에게 닥칠 화난을 피하지 않고 집사는 숙손(叔孫)을 이른다. 초나라의 위엄을 두려워하면서 그 명령을 공경히 받들고 있으니, 그대[30]가 만약 그의 죄를 면하게 해서 좌우의 사람들을 권면할 수 있다면 좋을 것입니다. 만약 그대의 뭇 관리가 국내에 있으면서 궂은일을 피하지 않고 국외에 나가서는 화난에서 도망하지 않는다면 무슨 근심이 있겠습니까. 근심이 생기게 되는 것은 궂은일을 당하여 그 일을 처리하지 않고, 화난을 당하여 자기의 직분을 지키지 않는 데에서 나오는 것입니다. 이 두 가지를 잘한다면 또 무엇

---

28) 치마를~주면서 : 준다는 형식을 취하였지만 실제로는 완곡한 거절의 의미이다. 악환자(樂桓子)는 사면의 대가로 허리띠를 달라고 요구하였지만 실제로는 뇌물을 요구한 것이다. 그러나 숙손표(叔孫豹)는 짐짓 모른체하고 허리띠를 만들 비단을 준 것이다. 한편 숙손표가 자신이 입고 있던 비단 치마폭을 찢어주었다고 보는 설도 있다.

29) 허리띠가~것이다 : 이에 대하여 치마의 비단으로는 허리띠를 만들기에 좁을[褊] 것이라고 보는 설도 있다.

30) 그대 : 초(楚)나라 공자 위(圍)이다.

을 근심하겠습니까. 그런데 이 두 가지를 잘한 자를 편안하게 하지 못한다면 그 누가 초나라를 따르겠습니까. 로나라의 숙손표(叔孫豹)는 이 두 가지를 잘하는 사람이라고 이를 수 있으니, 그의 죄를 면하게 해서 이 두 가지를 잘한 자를 편안하게 해주기를 청합니다. 그대가 회합하여 죄 있는 자를 용서하고 또 어진 자를 상 준다면 제후들이 그 누가 기뻐하면서 초나라를 바라보며 귀의하지 않겠습니까. 초나라가 멀리 떨어져 있어도 가깝게 여길 것입니다. 국경에 있는 읍은 한 때는 저 나라에 붙고 한 때는 이 나라에 붙게 되는 것이니, 무슨 일정한 소유가 있겠습니까.

王伯之令也 言三王五伯有令德時 **引其封疆** 引 正也 **而樹之官 擧之表旗** 旌旗以表貴賤 **而著之制令 過則有刑 猶不可壹 於是乎虞有三苗** 三苗饕餮 舜放之 **夏有觀扈** 觀扈 二國名 啓征之 **商有姺邳** 姺 音跣 二國商諸侯 河亶甲克之 **周有徐奄** 二國皆嬴姓 成王伐之 **自無令王 諸侯逐進** 逐猶競也 **狎主齊盟 其又可壹乎** 彊弱無常 故更主盟 **恤大舍小 足以爲盟主** 大謂簒弑滅亡之禍 **又焉用之** 焉用治小事 **封疆之削 何國蔑有 主齊盟者 誰能辯焉** 辯 治也 **吳濮有釁 楚之執事 豈其顧盟 莒之疆事 楚勿與知 諸侯無煩 不亦可乎 莒魯爭鄆 爲日久矣 苟無大害於其社稷 可無亢也** 亢 禦也 **去煩宥善 莫不競勸 子其圖之 固請諸楚 楚人許之 乃免叔孫**

옛날 삼왕(三王)과 오패(五伯)의 정령에 삼왕(三王)[31]과 오패(五伯)[32]의 아름다운 덕이 있던 때를 말한다. 그 국경을 바로잡아[引] 인(引)은 바로잡음이다. 국경을 지키는 관부를 세우고, 표시하는 정기(旌旗)를 세워 정기(旌旗)로써 귀천을 표시한 것이다.[33] 제도와 법령을 드러내고, 국경을 넘으면 형벌을 내렸으되 오히려 국경을 일정하게 할 수가 없었습니다. 이리하여 우(虞)나라 때에 삼묘(三苗)의 란이 있었고, 삼묘(三苗)가 탐욕스러워서 순(舜)임금이 추방하였다. 하(夏)나라 때는 관(觀)나라와 호(扈)나라의 란이 있었고, 관(觀)과 호(扈)는 두 나라 이름이니 계(啓)가 정벌하였다. 상(商)나라 때는 선(姺)나라와 비(邳)나라의 란이 있었고, 선(姺)은 음이 선(跣)이다. 두 나라는 상(商)나라의 제후국이었는데 하단갑(河亶甲)이 쳐서 이겼다. 주(周)나라 때는 서(徐)나라와 엄(奄)나라의 란이 있었습니다. 두 나라는 모두 영성(嬴姓)인데 성왕(成王)이 이들을 쳤다. 그러나 그 뒤로 훌륭한 왕들

31) 삼왕(三王) : 《맹자(孟子)》 〈고자(告子)〉 하편 집주(集注)에 삼왕(三王)은 하(夏)의 우왕(禹王)과 상(商)의 탕왕(湯王)과 주(周)의 문왕(文王) 및 무왕(武王)이라고 하였다.

32) 오패(五伯) : 《맹자(孟子)》 〈고자(告子)〉 하편 집주(集注)에 오패(五伯 : 五霸)는 하(夏)의 곤오(昆吾)와 상(商)의 대팽(大彭) 및 시위(豕韋) 그리고 주(周)의 제환공(齊桓公)과 진문공(晉文公)이라고 하였다.

33) 정기(旌旗)로써~것이다 : 정기(旌旗)를 세워 국경을 표시한 것이라는 설도 있다.

이 없게 되자 제후들이 나서기를 다투어[逐] 축(逐)은 다툼[競]과 같다. 번갈아[狎] 제맹(齊盟)을 주관하여 왔으니 어찌 또 국경을 일정하게 할 수가 있었겠습니까. 강한 나라와 약한 나라가 항상 함이 없었으므로 번갈아 회맹을 주관한 것이다. 큰일[大]을 걱정하고 작은 일을 내버려 두어야 맹주 노릇을 할 수가 있는데 큰일[大]은 찬시(簒弑)[34]와 멸망의 화를 이른다. 어찌 사소한 일을 다스리려 하십니까. 어찌 작은 일을 다스리느냐는 것이다. 국경의 땅을 빼앗기는 일이 어느 나라인들 없겠습니까. 그러니 제맹을 주관하는 자로서 그 누가 다 다스릴[辯] 수 있겠습니까. 변(辯)은 다스림이다. 오(吳)나라나 복(濮)나라에 틈이 보이면 초(楚)나라의 집사가 어찌 우리들의 맹약만을 생각하겠습니까.[35] 거(莒)나라 국경에 관한 일은 초나라가 간여하여 주관할 일이 아니니, 제후들을 번거롭게 하지 않는 것이 또한 좋지 않겠습니까. 거나라와 로(魯)나라가 운(鄆) 땅을 두고 다툰 것은 오래된 일이니, 만약 거나라의 사직에 큰 해가 없다면 막지[亢] 않는 것이 좋습니다. 항(亢)은 막음이다. 제후들의 번거로움을 없애주고 착한 사람을 용서한다면 다투어 선을 권면하지 않는 자가 없을 것이니 그대는 잘 헤아리십시오." 조맹(趙孟)이 초나라에 굳이 요청함에 초인(楚人)이 허낙하니 이에 숙손(叔孫)을 용서하였다.

令尹享趙孟 賦大明之首章 特稱文王之德 以自光大 **趙孟賦小宛之二章** 取其各敬爾儀 天命不又 以戒令尹 **事畢 趙孟謂叔向曰 令尹自以爲王矣 何如 對曰 王弱 令尹彊 其可哉 雖可 不終 趙孟曰 何故 對曰 彊以克弱而安之** 安於勝君 **彊不義也 不義而彊 其斃必速 詩曰 赫赫宗周 褒姒滅之 彊不義也 令尹爲王 必求諸侯 晉少懦矣 諸侯將往 若獲諸侯 其虐滋甚 民弗堪也 將何以終 夫以彊取 不義而克 必以爲道** 以不義爲道 **道以淫虐 弗可久已矣** 爲十三年楚弑靈王傳

초(楚)나라 령윤(令尹 : 圍)이 진(晉)나라 조맹(趙孟)에게 향연을 베풀 때 대명(大明)[36]의 머릿장을 읊으니, 문왕(文王)의 덕을 특별히 칭송하여 스스로 빛나고 위대하다고 한 것이다. 조맹은 소완(小宛)[37]의 둘째 장을 읊었다. '각자 너의 위의를 공경하라. 천명은 거듭하지 않는다.'는 뜻을 취하여 령윤(令尹)을 경계시킨 것이다. 향연이 끝나고 나서 조맹이 숙향(叔向)에게 말하기를 "령윤은 자신이 왕이라 여기니 어찌 되겠소?"라고 하니, 숙향이 대답하기를 "초왕(楚王)은 약하고 령윤은

34) 찬시(簒弑) : 임금의 자리를 찬탈하고 시해함.

35) 오(吳)나라나~생각하겠습니까 : 오(吳)나라나 복(濮)나라는 초(楚)나라의 옆에 있기 때문에 이들 나라에 틈이 있으면 초나라가 그 틈을 리용하지 않겠느냐는 말이다.

36) 대명(大明) : 《시경(詩經)》 〈대아(大雅)〉의 편 이름.

37) 소완(小宛) : 《시경(詩經)》 〈소아(小雅)〉의 편 이름.

강하니 그는 왕이 될 수 있을 것입니다. 그러나 비록 왕이 될 수 있더라도 제명대로 죽지는 못할 것입니다."라고 하였다. 조맹이 말하기를 "무엇 때문이오?"라고 하니, 숙향이 대답하기를 "강하다고 하여 약한 자를 이겨 그 자리를 편안히 여기는 것은 임금을 이기는 것을 편안히 여기는 것이다. 강하기는 하지만 의롭지 못한 것입니다. 의롭지 못하면서 강하다면 망하는 것도 반드시 빠를 것입니다. 《시(詩)》에 이르기를 '빛나고 빛나는 종주(宗周)를 포사(褒姒)가 망치었네.'[38]라고 하였습니다. 이는 강하지만 의롭지 못하였기 때문입니다. 령윤이 초왕이 된다면 반드시 제후들에게 복종을 요구할 것입니다. 진나라는 지금 초나라보다 다소 약하니 제후들은 초나라를 따라갈 것입니다. 그가 만일에 제후들을 손아귀에 넣는다면 그의 포학은 더욱 심해져서 백성은 견디지 못할 것이니, 장차 어떻게 제명에 죽겠습니까. 그는 강한 힘으로 임금 자리를 빼앗고 불의로 남을 이겨내고서는 반드시 상도(常道)라고 여길 것입니다. 불의를 상도(常道)라고 여기는 것이다. 음란함과 포학함을 상도로 여긴다면 오래 갈 수 없을 것입니다."라고 하였다. 13년에 초(楚)나라가 령왕(靈王 : 圍)을 시해하는 전(傳)의 배경이 된다.

夏 여름이다.

四月 趙孟叔孫豹曹大夫入于鄭 會罷過鄭 **鄭伯兼享之 子皮戒趙孟** 戒享期 **禮終 趙孟賦瓠葉 子皮遂戒穆叔 且告之 穆叔曰 趙孟欲一獻** 瓠葉詩 義取古人不廢微薄 故知欲一獻 **子其從之 子皮曰 敢乎** 言不敢 **穆叔曰 夫人之所欲也 又何不敢** 夫人 趙孟 **及享 具五獻之籩豆於幕下** 大國之卿五獻 **趙孟辭 私於子産 曰 武請於冢宰矣** 冢宰 子皮 **乃用一獻 趙孟爲客**

4월에 조맹(趙孟)과 숙손표(叔孫豹) 및 조(曹)나라 대부가 정(鄭)나라 도성으로 들어갔다. 회합을 마치고 정(鄭)나라 도성에 들른 것이다. 그러자 정백(鄭伯)이 그들을 한 자리에 초대하여 향연을 베풀기로 하였다. 정나라 자피(子皮)가 이를 조맹에게 알렸는데[戒] 향연의 기일을 알린[戒] 것이다. 그 알리는 례가 끝나자 조맹은 호엽(瓠葉)[39]을 읊었다. 자피는 이어서 목숙(穆叔 : 叔孫豹)에게도 알리고 또 조맹이 호엽을 읊은 것을 고하니, 목숙이 말하기를 "조맹은 일

38) 빛나고~망치었네 : 《시경(詩經)》 〈소아(小雅)〉 정월(正月).

39) 호엽(瓠葉) : 《시경(詩經)》 〈소아(小雅)〉의 편 이름.

헌(一獻)[40]의 례를 원하고 있으니 호엽(瓠葉) 시에서 옛사람은 변변찮은 음식도 폐기하지 않는다는 뜻을 취하였기 때문에 일헌(一獻)의 례를 원함을 안 것이다. 그대는 그의 뜻을 따르십시오."라고 하였다. 자피가 말하기를 "감히 그렇게 할 수 있겠습니까."라고 하였다. 감히 하지 못한다는 말이다. 이에 목숙이 말하기를 "저 사람[夫人]이 원하는 것인데 또 어찌 감히 할 수 없다고 하십니까."라고 하였다. 부인(夫人)은 조맹(趙孟)이다. 향연을 베풀 때 오헌(五獻)의 음식[籩豆]을 장막 아래에 준비하였다. 대국의 경에게는 오헌(五獻)의 향례를 베푼다. 조맹은 사양하고 정나라 자산(子産)에게 사사로이 말하기를 "나 무(武)는 총재(冢宰)에게 일헌의 례로 해주기를 청하였습니다."라고 하였다. 총재(冢宰)는 자피(子皮)이다. 이에 일헌의 례를 쓰고 조맹이 주빈이 되었다.

禮終乃宴 穆叔賦鵲巢 言鵲有巢而鳩居 喩晉君有國 趙孟治之 **趙孟曰 武不堪也 又賦采蘩** 義取薄物可薦公侯 **曰 小國爲蘩 大國省穡而用之 其何實非命** 穡 愛也 穆叔言小國微薄猶蘩菜 大國能省愛用之 則何敢不從命 **子皮賦野有死麕之卒章** 卒章曰 無使尨也吠 蓋尨以喩楚 時諸侯惡公子圍 故欲趙孟安徐馴弭之 **趙孟賦棠棣** 取其凡今之人 莫如兄弟 **且曰 吾兄弟比以安 尨也可使無吠 穆叔子皮及曹大夫興 拜** 三大夫皆兄弟國 **擧兕爵曰 小國賴子 知免於戾矣 飮酒樂 趙孟出 曰 吾不復此矣** 不復見此樂

일헌의 례가 끝나고 연회가 베풀어질 때 목숙(穆叔)이 작소(鵲巢)[41]를 읊으니, 까치가 둥지를 틀었는데 비둘기가 사는구나라고 말하여 진(晉)나라 임금이 나라를 소유하고 있지만 조맹(趙孟)이 다스린다고 비유한 것이다. 조맹(趙孟)이 말하기를 "나 무(武)는 그 시를 감당할 수 없습니다."라고 하였다. 목숙이 또 채번(采蘩)[42]을 읊고 변변찮은 물건이라도 공후(公侯)에게 헌상할 수 있다는 뜻을 취한 것이다. 말하기를 "소국은 쑥[蘩]과 같은 존재지만 대국이 살피고 아끼어[穡] 써 주신다면 어찌 진실로 대국의 명을 따르지 않겠습니까."라고 하였다. 색(穡)은 아낌이다. 목숙(穆叔)은 소국의 보잘것없음이 마치 쑥[蘩菜]과 같지만 대국이 잘 살펴서 아껴 써 준다면 어찌 감히 명을 따르지 않겠느냐고 말한 것이다. 자피(子皮)가 야유사균(野有死麕)[43]의 마지막 장을 읊으니, 마지막 장에 이르기를 '얼룩개를 짖게 하지 말라.'고 하였는데 얼룩개는 초(楚)나라를 비유한 것이다. 당시에 제후들이 공자 위(圍)를 미워하였기 때문에 조맹(趙孟)이 안정되고 점잖게 초나라를 길들여 악행을 그치게 해주기를 원한 것이다. 조맹이 당체(棠棣)[44]

40) 일헌(一獻) : 빈례(賓禮)에서 주인이 손님에게 술잔을 한 차례만 올리는 것이다. 술을 한 차례만 올리면 그에 따라 준비하는 음식도 이에 맞게 줄인다.

41) 작소(鵲巢) : 《시경(詩經)》 〈소남(召南)〉의 편 이름.

42) 채번(采蘩) : 《시경(詩經)》 〈소남(召南)〉의 편 이름.

43) 야유사균(野有死麕) : 《시경(詩經)》 〈소남(召南)〉의 편 이름.

를 읊고 '지금 사람들 중에서 형제만한 이가 없다.'는 것을 취한 것이다. 또 말하기를 "우리 형제 나라들이 친밀하게 지내어 안정을 추구한다면 얼룩개를 짖지 않게 할 수 있을 것입니다."라고 하였다. 이에 목숙과 자피 및 조(曹)나라 대부가 일어나 절하고 세 대부는 모두 형제국의 대부들이다. 물소뿔잔을 들고서 말하기를 "우리 소국들은 당신의 도움을 힘입어 어려움에서 벗어났음을 알고 있습니다."라 하고, 술을 마시며 즐겼다. 조맹이 나와서 말하기를 "나는 다시는 이런 즐거움을 누리지 못할 것이다."라고 하였다. 다시는 이런 즐거움을 볼 수 없다는 것이다.

天王使劉定公勞趙孟於潁 館於雒汭 王 周景王 **劉子曰 美哉禹功** 見河雒而思禹功 **明德遠矣 微禹 吾其魚乎 吾與子弁冕端委 以治民臨諸侯 禹之力也** 弁冕 冠也 端委 禮衣 **子盍亦遠績禹功 而大庇民乎 對曰 老夫罪戾是懼 焉能恤遠 吾儕偸食** 偸安以竊祿食 **朝不謀夕 何其長也 劉子歸以語王曰 諺所謂老將知而耄及之者** 知同智 八十曰耄 耄 亂也 **其趙孟之謂乎 爲晉正卿 以主諸侯 而儕於隷人 朝不謀夕 棄神人矣 神怒民叛 何以能久 趙孟不復年矣** 不復見明年 **神怒 不歆其祀 民叛 不卽其事 祀事不從 又何以年**

천왕이 류정공(劉定公)을 보내어 조맹(趙孟)을 영(潁) 땅에서 위로하게 하였다. 그래서 두 사람이 락예(雒汭)[45]에서 만나 머물렀다. 왕은 주경왕(周景王)이다. 류자(劉子 : 劉定公)가 말하기를 "아름답도다. 우(禹)임금의 공덕이여. 하수(河水)와 락수(雒水)를 보고서 우(禹)임금이 물을 다스린 공덕을 생각한 것이다. 밝은 덕이 먼 후세에까지 미쳤습니다. 우임금이 없었다면 우리는 아마도 물고기가 되었을 것입니다. 나와 그대가 변면(弁冕)을 쓰고 례복[端委]을 입고서 백성을 다스리고 제후들에게 림하는 것은 우임금의 힘입니다. 변면(弁冕)은 관(冠)이고 단위(端委)는 례복(禮服)이다. 그런데 그대는 어찌 먼 옛날의 우임금의 공덕을 계승하여 백성을 크게 비호하지 않습니까."라고 하였다. 조맹이 대답하기를 "이 늙은이는 죄를 범할까 두려워할 뿐이니, 어찌 먼 앞날을 걱정할 수 있겠습니까. 우리 같은 무리야 록식이나 탐내어 축내면서 눈앞의 안일만을 탐내어 록식(祿食)을 훔친다는 것이다. 아침에 저녁의 일을 생각하지 못하는데 어찌 먼 앞날을 도모할 수 있겠습니까."라고 하였다. 류자가 돌아가 천왕에게 다음과 같이 말하였다. "속담에 이른바 늙어서 지혜로워지는가[知] 싶더니 혼미함[耄]이 뒤따른다는 말은 지(知)는 지혜로움[智]과 같다. 80세를 모(耄)라 하니 모(耄)는 정신이 혼란함이다. 아마 조맹을 두고 이른 듯합니다. 진(晉)나라 정경(正卿)이 되어서 제후들의 일을 주재해야 하거늘 하인과도 같이 아침에

44) 당체(棠棣) : 《시경(詩經)》 〈소아(小雅)〉의 편 이름.

45) 락예(雒汭) : 락수(雒水)가 하수(河水)로 들어가는 곳.

저녁의 일을 생각하지 않으니, 이는 신과 백성을 저버린 것입니다. 신이 노하고 백성이 배반한다면 어찌 오래 갈 수 있겠습니까. 조맹은 다음해를 다시 맞이하지 못할 것입니다. 다시 다음해를 맞이하지 못한다는 것이다. 신이 노하면 제사를 흠향하지 않고, 백성이 배반하면 일에 나서지 않습니다. 제사와 일이 따라주지 않는다면 또 어찌 다음해를 기약할 수 있겠습니까."

叔孫歸 曾夭御季孫以勞之 旦及日中不出 恨季孫伐莒 **曾夭謂曾阜** 曾阜 叔孫家臣 **曰 旦及日中 吾知罪矣 魯以相忍爲國也** 言魯國褊小 但能相容忍 **忍其外 不忍其內 焉用之** 謂忍楚辱而不忍於季孫 **阜曰 數月於外 一旦於是 庸何傷** 言叔孫在外數月 季孫一朝相待何傷 **賈而欲贏 而惡囂乎** 譬如商賈求利 不得惡諠囂聲 **阜謂叔孫曰 可以出矣 叔孫指楹曰 雖惡是 其可去乎 乃出見之** 楹 柱也 以喩季孫

숙손(叔孫)이 돌아오자 증요(曾夭)가 계손(季孫)이 탄 수레를 몰고 숙손을 위로하기 위해 갔는데, 아침이 지나 한낮이 되어도 숙손이 나오지 않았다. 계손(季孫)이 거(莒)나라를 친 일을 원망한 것이다.[46] 증요가 증부(曾阜)에게 말하기를 증부(曾阜)는 숙손(叔孫)의 가신이다. "아침이 지나 한낮이 되도록 기다린 것은 우리가 죄를 알기 때문이오. 로(魯)나라는 서로 참아내면서 나라를 다스려왔거늘 로(魯)나라가 협소하지만 사람들이 서로에 대해 용인하며 지내왔다는 말이다. 국외에서는 잘 참아내면서도 국내에서는 참아내지 못한다면 무슨 소용이 있겠소."라고 하였다. 초(楚)나라에게 당한 모욕은 참으면서도 계손(季孫)에 대해서는 참지 못함을 이른 것이다. 부(阜)가 말하기를 "저분은 국외에서 여러 달 동안 참고 있었는데 그대들은 여기서 하루 아침나절을 기다린들 무슨 해가 되겠소. 숙손(叔孫)은 몇 개월을 국외에서 지냈는데, 계손(季孫)이 하루 아침나절을 기다린다고 해서 무슨 해될 것이 있느냐는 말이다. 상인이 리윤을 얻고자 하면서 시끄러운 것을 싫어하겠소."라고 하였다. 비유하자면 상인이 리윤을 구하고자 한다면 시끄럽게 떠드는 소리를 싫어할 수 없는 것과 같다는 것이다.[47] 부가 숙손에게 말하기를 "이제 나가시는 것이 좋겠습니다."라고 하니, 숙손이 기둥[楹]을 가리키면서 말하기를 "비록 이 기둥이 싫다고 어찌 제거할 수 있겠는가."라 하고는 나가서 계손을 만났다. 영(楹)은 기둥이니 계손(季孫)을 비유한 것이다.

---

46) 계손(季孫)이~것이다 : 올봄 괵(虢) 땅의 회합에 숙손(叔孫)이 참여하였는데 회합이 마무리되기도 전에 로(魯)나라 계손(季孫)이 거(莒)나라를 쳐서 운(鄆) 땅을 취하였다. 이 일로 거나라가 회합에 가서 고하였고 로나라 사신이었던 숙손이 죽임을 당할 뻔하였기 때문에 숙손이 계손을 원망한 것이다.

47) 비유하자면~것이다 : 계씨(季氏)가 거(莒)나라를 쳐서 리익을 구하였기 때문에 지금 숙손에게 홀대를 받아도 감수해야 한다는 것이다.

○鄭徐吾犯之妹美 犯 鄭大夫 **公孫楚聘之矣** 楚 子南 穆公孫 **公孫黑又使强委禽焉** 納采用鴈 **犯懼 告子産 子産曰 是國無政 非子之患也 唯所欲與 犯請於二子 請使女擇焉 皆許之 子晳盛飾入 布幣而出 子南戎服入 左右射 超乘而出 女自房觀之 曰 子晳信美矣 抑子南 夫也** 言丈夫 **夫夫婦婦 所謂順也 適子南氏 子晳怒 既而櫜甲以見子南** 櫜弓帶甲 **欲殺之而取其妻 子南知之 執戈逐之 及衝 擊之以戈** 衝 交道 **子晳傷而歸 告大夫曰 我好見之 不知其有異志也 故傷**

○정(鄭)나라 서오범(徐吾犯)의 누이동생이 아름다웠다. 범(犯)은 정(鄭)나라 대부이다. 공손초(公孫楚)가 빙문(聘問)[48]하였는데 초(楚)는 자남(子南)이니 정목공(鄭穆公)의 손자이다. 공손흑(公孫黑)이 또 사람을 보내어 억지로 위금(委禽)[49]하니, 납채(納采)할 때 기러기를 쓴다. 범(犯)이 두려워하여 자산(子産)에게 이 사실을 고하였다. 자산이 말하기를 "이에 대해서는 나라에 정해진 정령이 없으니 그대가 걱정할 일이 아니오. 그대가 주고 싶은 대로 하시오."라고 하였다. 범은 두 사람을 초청하여 누이동생으로 하여금 선택하게 하도록 요청하니, 두 사람 모두 허낙하였다. 자석(子晳 : 公孫黑)은 화려하게 차려입고 범의 집으로 들어가 폐백을 펼쳐놓고 나갔고, 자남(子南 : 公孫楚)은 융복을 입고 들어가서 좌우로 화살을 쏘고는 수레에 뛰어올라 타고 나갔다. 녀인이 방에서 이를 보고 말하기를 "자석이 참으로 아름다우나 자남이 장부답다. 장부라는 말이다. 장부는 장부답고 부녀는 부녀다운 것이 이른바 순리이다."라고 하니, 자남씨(子南氏)에게 시집을 보냈다. 자석이 노하여 얼마 있다가 활집을 메고 갑옷을 입고 자남을 만나 활집에 활을 넣고 갑옷을 입은 것이다. 그를 죽이고 그 처를 취해 오려고 하였다. 자남이 이를 알고 창을 잡고 그를 뒤쫓아 네거리[衝]에 이르러서 창으로 쳤다. 충(衝)은 사방으로 교차하는 길이다. 자석이 상해를 당하고 돌아가서 대부들에게 고하기를 "나는 좋은 뜻으로 그를 만나고자 했는데 그에게 다른 뜻이 있는 줄을 몰랐습니다. 그래서 내가 상해를 당하였습니다."라고 하였다.

大夫皆謀之 子産曰 直鈞 幼賤有罪 罪在楚也 先聘 子南直也 被戈 子晳直也 故曰直勻 **乃執子南而數之 曰 國之大節有五 女皆奸之 畏君之威 聽其政 尊其貴 事其長 養其親**

---

48) 빙문(聘問) : 혼인의 륙례(六禮) 중 납채(納采)하고 문명(問名)하는 것을 이른다. 납채는 신랑 집에서 신부 집에 혼인을 청하는 례물을 보내는 례이고, 문명은 신랑 집에서 서식을 갖추어 신부의 성씨와 출생 년월일을 묻는 례이다.

49) 위금(委禽) : 신랑 집에서 신부 집에 혼인을 청하는 례물을 보내는 례. 납채(納采)를 이른다. 납채할 때 기러기를 보내기 때문에 위금(委禽)이라 한다.

五者所以爲國也 今君在國 女用兵焉 不畏威也 奸國之紀 不聽政也 子晳上大夫 女嬖大夫 而弗下之 不尊貴也 幼而不忌 不事長也 兵其從兄 不養親也 子晳 子南從父兄 **君曰** 鄭伯之命 **余不女忍殺 宥女以遠 勉速行乎 無重而罪**

대부들이 모두 이 일의 처리를 론의할 때 자산(子産)이 말하기를 "정당함이 같으니 그렇다면 어리고 지위가 낮은 자에게 죄가 돌아가는 것이다. 이 일은 죄가 초(楚 : 子南)에게 있다."라고 하였다. 먼저 빙문(聘問)한 것으로 보면 자남(子南)이 정당하고, 창에 찔린 것으로 보면 자석(子晳)이 정당하다. 그래서 정당함이 같다고 한 것이다. 이에 자남(子南)을 잡아서 그 죄상을 렬거하며 말하기를 "나라에는 다섯 가지 기본 법도가 있는데, 너는 이것을 모두 범하였다. 임금의 위엄을 두려워하고, 임금의 정령을 따르고, 신분이 귀한 이를 존중하고, 년장자를 섬기고, 친속을 봉양하는 것이다. 이 다섯 가지는 나라를 다스리는 것인데 지금 임금님께서 나라 안에 계시는데도 너는 병기를 썼으니 임금님의 위엄을 두려워하지 않은 것이고, 나라의 기강을 범하였으니 정령을 따르지 않은 것이며, 자석(子晳)은 상대부(上大夫)이고 너는 폐대부(嬖大夫)[50]인데도 그에게 몸을 낮추지 않았으니 귀한 이를 존중하지 않은 것이고, 나이가 어리면서도 꺼리는 바가 없었으니 이는 년장자를 섬기지 않은 것이며, 종형에게 병기를 썼으니 친속을 봉양하지 않은 것이다. 자석(子晳)은 자남(子南)의 종부형(從父兄)[51]이다. 그러나 임금님께서 말씀하시기를 정백(鄭伯)의 명령이다. '나는 너를 차마 죽일 수 없으니 너의 죄를 용서하되 멀리 보내노라.'라고 하셨으니, 너는 힘써 속히 떠나서 너의 죄를 무겁게 하지 말라." 고 하였다.

五月 庚辰 鄭放游楚於吳 游楚卽子南 **將行子南 子産咨于大叔** 大叔 游楚兄子 **大叔曰 吉不能亢身 焉能亢宗** 亢 蔽也 **彼 國政也 非私難也 子圖鄭國 利則行之 又何疑焉 周公殺管叔而蔡蔡叔** 上蔡 音薩 放也 **夫豈不愛 王室故也 吉若獲戾 子將行之 何有於諸游** 爲二年鄭殺公孫黑傳

5월 경진일에 정(鄭)나라가 유초(游楚)를 오(吳)나라로 추방하였다. 유초(游楚)는 곧 자남(子南)이다. 자남(子南)을 추방하려 할 때 자산(子産)이 태숙(大叔)에게 의견을 묻자, 태숙(大叔)은 유초(游楚)의 형의 아들이다. 태숙이 다음과 같이 말하였다. "나 길(吉)은 내 몸도 보호하지[亢] 못하는데 어찌 종족을 보호할 수 있겠습니까. 항(亢)은 보호함이다. 그가 처벌받은 것은 나라의

50) 폐대부(嬖大夫) : 하대부(下大夫).

51) 종부형(從父兄) : 종형(從兄).

정령 때문이지 사사로운 분란 때문이 아닙니다. 그리고 그대는 정나라를 위하여 일을 도모한 것이니, 나라에 리롭다면 그대로 행하면 되지 또 무엇을 의심하십니까. 주공(周公)이 관숙(管叔)을 죽이고 채숙(蔡叔)을 추방한[蔡] 것[52]이 앞의 살(蔡)[53]은 음이 살(薩)이니 추방함이다. 어찌 그들을 사랑하지 않아서이겠습니까. 왕실 때문이었습니다. 나 길이 만약 잘못을 범하더라도 그대는 마땅히[將] 법에 따라 행하면 될 뿐이니, 어찌 여러 유씨(游氏)를 의식하십니까." 2년에 정(鄭)나라가 공손흑(公孫黑)을 죽이는 전(傳)의 배경이 된다.

> 秦伯之弟鍼出奔晉
> 진백(秦伯)의 아우 겸(鍼)이 진(晉)나라로 망명나갔다.

秦后子有寵於桓 如二君於景 后子卽鍼 景公母弟 **其母曰 弗去 懼選** 選 數也 恐景公數罪加戮 **癸卯 鍼適晉 其車千乘 書曰 秦伯之弟鍼出奔晉 罪秦伯也** 罪失敎

진(秦)나라 후자(后子)가 진환공(秦桓公)에게 총애를 받아 진경공(秦景公) 때에 마치 두 임금이 있는 것과 같았다. 후자(后子)는 곧 겸(鍼)이니 경공(景公)의 동모제이다. 그 어머니가 말하기를 "네가 진(秦)나라를 떠나지 않는다면 수죄 당할까[選] 두렵다."라고 하였다. 선(選)은 수죄(數罪)함이다.[54] 진경공(秦景公)이 후자(后子)의 죄를 렬거하여 죽일까 두려워한 것이다. 계묘일에 겸(鍼)이 진(晉)나라로 망명가는데 그 수레가 천 승(乘)이었다. 경문에 진백(秦伯)의 아우 겸이 진(晉)나라로 망명나갔다고 기록한 것은 진백(秦伯 : 秦景公)을 죄준 것이다. 아우를 잘못 가르친데 대하여 죄준 것이다.

后子享晉侯 造舟于河 造舟爲梁 通秦晉之道 **十里舍車 自雍及絳** 一舍 八乘 雍絳相去千里 用車八百乘 **歸取酬幣 終事八反** 備九獻之儀 自齎其一以爲初獻 餘則每十里八乘車以次載幣 相授而還 比至享終 八車皆反 **司馬侯問焉 曰 子之車 盡於此而已乎 對曰 此之謂多矣 若能少此 吾何以得見** 言已坐車多 故出奔 **女叔齊以告公** 叔齊 司馬侯 **且曰 秦公子必歸 臣聞君子**

---

52) 주공(周公)이~것 : 관숙(管叔)은 주공(周公)의 형이고 채숙(蔡叔)은 주공의 아우이다. 이들이 무경(武庚)을 도와 반란을 일으키자 주공은 관숙을 죽이고 채숙을 추방하였다.

53) 앞의 살(蔡) : 전문 '蔡蔡叔'에서 앞의 '蔡'자를 이른다.

54) 선(選)은 수죄(數罪)함이다 : 여기서의 선(選)을 '보내다' 또는 '추방하다'로 보는 설도 있다.

能知其過 必有令圖 令圖 天所贊也

후자(后子)가 진후(晉侯)에게 향연을 열어 접대할 때 하수(河水)에다 배를 엮어놓고 배를 엮어 다리를 만들어 진(秦)나라와 진(晉)나라의 길을 통하게 한 것이다. 10리마다 수레 1사(舍)씩을 배치하고는 옹(雍)[55] 땅에서 강(絳)[56] 땅까지 이어지게 하여 1사(舍)는 8승(乘)이다. 옹(雍) 땅과 강(絳) 땅의 거리가 1천 리이므로 수레 8백 승을 쓴 것이다. 옹 땅에서 수폐(酬幣)[57]를 실어 돌아오게 하였는데 향연을 마칠 때까지 여덟 차례 반복하였다. 9헌(獻)의 의식을 구비한 것이다. 스스로 가져온 첫 수폐(酬幣)로써 초헌(初獻)을 하였고, 나머지는 매 10리마다 마련해놓은 8승(乘)의 수레를 써서 차례로 진(秦)나라에서 수폐를 실어 와서 서로 전해주고는 다시 돌아가고 하여 향연이 끝날 때까지 8승의 수레가 모두 이 같은 일을 반복한 것이다. 사마후(司馬侯)가 묻기를 "그대의 수레를 여기에 다 배치하였습니까?"라고 하니, 대답하기를 "이것을 많다고 하겠지만 만약 이보다 적었다면 내 어찌 진(晉)나라 임금님을 뵐 수 있었겠습니까."라고 하였다. 자기의 좌거(坐車)[58]가 많았기 때문에 망명나올 수 있었다는 말이다. 여숙제(女叔齊)가 이 말을 진평공(晉平公)에게 고하고 숙제(叔齊)는 사마후(司馬侯)이다. 또 말하기를 "진(秦)나라 공자는 반드시 돌아갈 것입니다. 신이 듣건대 군자가 자신의 과실을 알면 반드시 좋은 계책을 도모한다[59]고 하였는데 좋은 계책은 하늘이 돕기 때문입니다."라고 하였다.

后子見趙孟 趙孟曰 吾子其曷歸 問何時當歸 **對曰 鍼懼選於寡君 是以在此 將待嗣君 趙孟曰 秦君何如 對曰 無道 趙孟曰 亡乎 對曰 何爲 一世無道 國未艾也** 艾 絶也 **國於天地 有與立焉** 言其先世必有大功德於民 **不數世淫 弗能斃也 趙孟曰 天乎** 又問有天命乎 **對曰 有焉 趙孟曰 其幾何 對曰 鍼聞之 國無道而年穀和熟 天贊之也 鮮不五稔** 鮮有不至五稔者 **趙孟視蔭曰 朝夕不相及 誰能待五** 蔭 日景也 **后子出而告人曰 趙孟將死矣 主民 翫歲而愒日** 翫愒 貪也 **其與幾何** 言不能久

후자(后子)가 조맹(趙孟)을 만나자, 조맹이 묻기를 "그대는 언제 돌아갈 것입니까?"라고

---

55) 옹(雍) : 진(秦)나라 국도.

56) 강(絳) : 진(晉)나라 국도.

57) 수폐(酬幣) : 향례(享禮)에서 주인이 빈(賓)에게 술을 권하면서 주는 례물.

58) 좌거(坐車) : 앉아서 탈 수 있는 편안한 수레.

59) 군자가~도모한다 : 자신의 과실을 안다는 것은 후자(后子)가 진경공(秦景公)과 버금가는 부와 권세를 누려 수죄 당할 것을 안 것이고, 좋은 계책을 도모한다는 것은 겸양하는 태도를 지녀 진(晉)나라에서 망명생활을 무사히 마치고 진(秦)나라로 돌아가고자 한다는 것이다.

하였다. 어느 때에 돌아가게 될 것인지 물은 것이다. 대답하기를 "나 겸(鍼)은 과군에게 수죄(數罪) 당할까 두려워하여 이 때문에 이곳에 있는 것이니, 장차 사군(嗣君)을 기다릴 것입니다."라고 하였다. 조맹이 묻기를 "진(秦)나라 임금은 어떠한 사람입니까?"라고 하니, 대답하기를 "무도한 사람입니다."라고 하였다. 조맹이 묻기를 "그렇다면 나라가 망할 것입니까?"라고 하자, 대답하기를 "어찌 그렇게야 되겠습니까. 한 대의 임금이 무도하여도 나라는 망하지[艾] 않습니다. 애(艾)는 망함이다. 천지 사이에 한 나라가 존재하는 것은 그 나라를 더불어 세운 덕이 있어서입니다. 그 선세(先世)에 반드시 백성에게 큰 공덕이 있었다는 말이다. 그러니 여러 대에 걸쳐 음란하지 않으면 망하지[斃] 않습니다."라고 하였다. 조맹이 묻기를 "그렇다면 천명이 그에게 있는 것입니까?"라고 하니, 또 천명이 있는가를 물은 것이다. 대답하기를 "있습니다."라고 하였다. 조맹이 묻기를 "얼마나 오래갈 것입니까?"라고 하니, 대답하기를 "나 겸이 듣기로는 나라를 무도하게 다스리는데도 해마다 곡식이 잘 익는 것은 하늘이 그를 돕기 때문이라고 하니, 다섯 해를 못 넘기는 일은 드물 것입니다."라고 하였다. 5년에 이르지 않는 경우가 드물다는 것이다.[60] 조맹이 해그림자[蔭]를 바라보며 말하기를 "아침에 저녁의 일을 알 수 없는데 누가 능히 5년의 세월을 기다릴 수 있겠습니까."라고 하였다. 음(蔭)은 해그림자이다. 후자가 나가면서 사람들에게 고하기를 "조맹은 머지않아 죽을 것이다. 백성의 주인이 되어서[61] 해를 탐하고[翫] 날을 탐하고[愒] 있으니[62] 완(翫)과 게(愒)는 탐함이다. 그 얼마나 갈 수 있겠는가.[63]"라고 하였다. 오래가지 못한다는 말이다.

六月 丁巳 邾子華卒 6월 정사일에 주자(邾子) 화(華)가 졸하였다.

○鄭爲游楚亂故 六月 丁巳 鄭伯及其大夫盟于公孫段氏 罕虎公孫僑公孫段印段游吉駟帶私盟于閨門之外 實薰隧 閨門 鄭城門 薰隧 門外道名 爲明年子產數子晳罪 稱薰隧盟起本 **公孫黑强與於盟 使大史書其名 且曰七子** 自欲同於六卿 故曰七子 **子產弗討** 子晳强 討

60) 5년에~것이다 : 선대의 덕이 있는 자가 5년 내에 망하는 경우는 드물다는 의미이다.

61) 백성의~되어서 : 국정을 담당하고 있다는 의미이다.

62) 해를~있으니 : 세월을 보내며 안일만 탐하고 있다는 의미이다.

63) 그~있겠는가 : 전문의 '其與幾何'는 '其幾何與'의 도치이고 '與'는 어조사이다.

之恐亂國

○정(鄭)나라에서 유초(游楚 : 公孫楚)가 일으킨 란 때문에 6월 정사일에 정백(鄭伯)이 그 대부들과 공손단(公孫段)의 집에서 맹약하였다. 그리고 한호(罕虎)·공손교(公孫僑)·공손단·인단(印段)·유길(游吉)·사대(駟帶)가 사사로이 규문(閨門) 밖에서 맹약하였는데 실제로는 훈수(薰隧)라는 곳이었다. 규문(閨門)은 정(鄭)나라 성문이다. 훈수(薰隧)는 성문 밖의 길 이름이다. 다음해에 자산(子産)이 자석(子晳)의 죄를 렬거하며 토죄할 때 훈수의 맹약이라고 칭하는 발단이 된다. 공손흑(公孫黑 : 子晳)이 억지로 맹약에 참여하고는 태사(大史)에게 자신의 이름도 함께 기록하게 하고 또 칠자(七子)라고 칭하게 하였는데도 스스로 6경(卿)과 동렬이 되고자 하였기 때문에 칠자(七子)라고 한 것이다. 자산(子産)은 그를 토죄하지 않았다. 자석(子晳)이 강하여 그를 토죄하면 나라를 어지럽힐까 두려워한 것이다.

晉荀吳帥師敗狄于大鹵 진(晉)나라 순오(荀吳)가 군대를 거느리고 태로(大鹵)에서 적(狄)을 패배시켰다.

鹵 公穀作原 ○大鹵 晉地

로(鹵)는 《공양전(公羊傳)》과 《곡량전(穀梁傳)》에는 원(原)으로 되어 있다. ○태로(大鹵)는 진(晉)나라 땅이다.

晉中行穆子敗無終及羣狄于大原 無終 山戎 **崇卒也** 崇 聚也 **將戰 魏舒曰 彼徒我車 所遇又阨 以什共車 必克** 更增十人 以當一車之用 **困諸阨 又克** 車每困於阨 今去車 故爲必克 **請皆卒** 去車爲步卒 **自我始 乃毁車以爲行** 魏舒先自毁其屬車爲步陳 **五乘爲三伍** 乘車者 車三人 五乘十五人 今去車 更以五人爲伍 分爲三伍 **荀吳之嬖人不肯卽卒 斬以徇 爲五陳以相離** 不相聯屬 **兩於前 伍於後 專爲右角 參爲左角 偏爲前拒 以誘之** 皆臨時處置之名 **翟人笑之 未陳而薄之 大敗之**

진(晉)나라 중항목자(中行穆子 : 荀吳)가 태원(大原 : 大鹵)에서 무종(無終)과 적(狄)의 무리를 패배시켰으니, 무종(無終)은 산융(山戎)이다. 이는 보졸(步卒)을 많이 모았기 때문이다. 숭(崇)은 모음이다. 싸우려 할 때 위서(魏舒)가 말하기를 “저들은 보병이고 우리는 거병인데 두 군대가 만나는 곳의 지세마저 좁으니 보졸 10인으로 병거 1승(乘)의 전력과 맞먹게 한다면 반드시 이길 것입니다. 다시 10인씩 증원하여 1거(車)에 소용되는 전력으로 대응시킨 것이다.[64] 병거는 좁은 지형에서는 곤난하지만[65] 또한 이길 수 있습니다. 병거는 매양 좁은 지형에서는 곤난하지만 이제 병거를 버림으로써 반드시 이길 수 있다는 것이다. 그러니 모두 보병[卒]으로 바꾸십시오. 병거를 버리고 보졸(步卒)로 만든다는 것이다. 나의 군대부터 그런 개편을 시작하겠습니다."라고 하였다. 그리고 거병을 해체하고 보병의 항오(行伍)로 만들어 위서(魏舒)가 먼저 스스로 자기에게 속한 거병을 해체하여 보병의 진(陳)으로 만든 것이다. 5승(乘)의 거병을 세 오(伍)의 보병으로 만들었다. 병거에 타는 자는 1거(車)에 3인으로 5승(乘)이면 15인이다. 이제 병거를 버리고 다시 5인으로 한 오(伍)를 만들어 나누어 세 오(伍)로 만든 것이다. 그런데 순오(荀吳)의 폐인(嬖人)[66]이 보병의 대오로 들어가려 하지 않으니 그의 목을 베어 군중에 돌려 보였다. 그리고는 전군을 다섯 진(陳)[67]으로 만들어 서로 분리 배치하되 서로 련속되지 않게 한 것이다. 량진(兩陳)은 앞에 두고, 오진(伍陳)은 뒤에 두었으며, 전진(專陳)은 오른쪽 모퉁이에 두고, 참진(參陳)은 왼쪽 모퉁이에 두었으며, 편진(偏陳)을 전거(前拒 : 先鋒)로 삼아 적을 유인하도록 하였다. 모두 림시로 설치한 이름이다. 적인(翟人 : 狄人)이 이를 보고 비웃었지만 적인이 진을 이루기 전에 공격하여[薄] 크게 패배시켰다.

秋 莒去疾 自齊入于莒 莒展輿出奔吳

가을에 거(莒)나라 거질(去疾)이 제(齊)나라에서 거나라로 들어갔고, 거나라 전여(展輿)는 오(吳)나라로 망명나갔다.

公穀無輿字 ○國本去疾之國 故曰莒去疾 展輿不稱子 不予其爲君也

《공양전(公羊傳)》과 《곡량전(穀梁傳)》에는 여(輿)자가 없다. ○거(莒)나라는 본래 거질(去疾)의 모국이었기 때문에 거(莒)나라 거질(去疾)이라고 한 것이다. 전여(展輿)를 거자(莒子)라고 칭하지 않은 것은 그가 임금이 된 것을 인정하지 않은 것이다.

---

64) 다시~것이다 : 병거(兵車) 1승에는 3인이 타는데 지세가 좁으므로 병거 대신에 보병을 증원하여 10인으로 1대(隊)를 삼은 것이다.

65) 병거는~당하지만 : 이에 대하여 좁은 지형에 복병을 설치하여 적군을 곤경에 빠뜨리는 것으로 보는 설도 있다.

66) 폐인(嬖人) : 총애를 받고 있는 자.

67) 다섯 진(陳) : 량(兩)·오(伍)·전(專)·참(參)·편(偏)의 편제이다. 사마법(司馬法)에 의하면 병거(兵車) 50승의 부대가 량(兩)이고, 120승의 부대가 오(伍)이며, 81승의 부대가 전(專)이고, 29승의 부대가 참(參)이며, 25승의 부대가 편(偏)이다. 거병을 보병으로 개편하면서 병거부대의 편제명을 림시로 사용한 것이다.

莒展輿立 而奪羣公子秩 公子召去疾于齊 秋 齊公子鉏納去疾 展輿奔吳 於是莒務婁瞀胡及公子滅明以大厖與常儀靡奔齊 三子 展輿黨 大厖常儀靡 莒二邑

거(莒)나라 전여(展輿)가 임금 자리에 올라 뭇 공자의 지위를 박탈하니 공자들이 제(齊)나라에 있는 거질(去疾)을 불러들였다. 가을에 제나라 공자 서(鉏)가 거질을 거나라로 들여보내니 전여는 오(吳)나라로 망명하였다. 이때 거나라 무루(務婁)와 무호(瞀胡) 및 공자 멸명(滅明)이 대방(大厖)과 상의미(常儀靡)를 가지고 제나라로 망명하였다. 세 사람은 전여(展輿)의 당여이다. 대방(大厖)과 상의미(常儀靡)는 거(莒)나라의 두 읍이다.

君子曰 莒展之不立 棄人也夫 人可棄乎 詩曰 無競維人 善矣

군자는 말한다. "거(莒)나라 전여(展輿)가 임금 자리를 보존하지 못한 것은 사람을 버려서이다. 사람을 버려서야 되겠는가. 《시(詩)》에 '이보다 더 강한 사람이 없네.'[68]라고 하였으니, 훌륭한 말이로다."

叔弓帥師疆鄆田 숙궁(叔弓)이 군대를 거느리고 운(鄆) 땅의 전지를 국경으로 정하였다.

叔弓帥師疆鄆田 因莒亂也

숙궁(叔弓)이 군대를 거느리고 운(鄆) 땅의 전지를 국경으로 정하였으니,[69] 거(莒)나라의 란을 틈탄 것이다.

○晉侯有疾 鄭伯使公孫僑如晉聘 且問疾 叔向問焉 曰 寡君之疾病 卜人曰 實沈臺駘爲祟 謂二神爲禍兆 **史莫之知 敢問此何神也**

○진후(晉侯 : 平公)가 병이 나자 정백(鄭伯)이 공손교(公孫僑 : 子產)를 시켜 진(晉)나라에 가서 빙문하고 또 진후를 문병하게 하였다. 숙향(叔向)이 그에게 묻기를 "과군의 병은

68) 이보다~없네 : 《시경(詩經)》〈주송(周頌)〉 렬문(烈文). 이 구절은 현인을 얻는 것보다 더 강한 사람이 없다는 의미로, 많은 현인을 얻은 문왕(文王)을 지칭한 것이다.

69) 운(鄆)~정하였으니 : 올 3월에 계무자(季武子)가 거(莒)나라를 쳐서 운(鄆) 땅을 취하였다. 그리하여 지금 운 땅을 로(魯)나라로 편입시켜 국경으로 정한 것이다.

복인(卜人)의 말에 실침(實沈)과 대태(臺駘)가 빌미가 되었다고 하는데 두 신(神)이 화의 조짐이 되었음을 이른다. 사관은 그것에 대해 알지 못하니, 감히 묻건대 이것은 무슨 신입니까?"라고 하였다.

子産曰 昔高辛氏有二子 伯曰閼伯 季曰實沈 居于曠林 不相能也 曠林 地名 **日尋干戈 以相征討 后帝不臧** 后帝 堯也 臧 善也 **遷閼伯于商丘 主辰** 主祀辰星 辰 大火也 **商人是因 故辰爲商星** 商人 湯先相土 封商丘 因閼伯故國 祀辰星 **遷實沈于大夏 主參** 大夏 晉地 **唐人是因 以服事夏商** 唐人 陶唐之後 **其季世曰唐叔虞 當武王邑姜方震大叔** 邑姜 武王后 懷胎爲震 大叔 卽叔虞 **夢帝謂己 余命而子曰虞 將與之唐 屬諸參 而蕃育其子孫 及生 有文在其手曰 虞 遂以命之 及成王滅唐而封大叔焉 故參爲晉星 由是觀之 則實沈 參神也**

자산(子産)이 다음과 같이 말하였다. "옛날 고신씨(高辛氏)[70]에게 두 아들이 있었는데 맏아들은 알백(閼伯)이고 막내는 실침(實沈)이라 하였습니다. 이들은 광림(曠林)에 살면서 서로 화목하지 못하여 광림(曠林)은 땅 이름이다. 날마다 병기를 사용하여[尋] 서로 정벌하였습니다. 후제(后帝)께서 좋지[臧] 않게 여겨 후제(后帝)는 요(堯)이다. 장(臧)은 좋음이다. 알백을 상구(商丘)로 옮겨 신성(辰星)을 주관하게 하였는데, 신성(辰星)의 제사를 주관한 것이다. 신(辰)은 대화성(大火星)이다. 상인(商人)이 이를 이어받았으므로 신성이 상(商)나라의 별이 되었습니다. 상인(商人)은 탕(湯)임금의 선조인 상토(相土)이다. 그는 상구(商丘)에 봉해져서 알백(閼伯)의 옛나라의 제도를 이어받아 신성(辰星)에 제사 지냈다. 그리고 실침을 대하(大夏)로 옮겨 삼성(參星)[71]을 주관하게 하였는데, 대하(大夏)는 진(晉)나라 땅이다. 당인(唐人)이 이를 이어받아 하(夏)나라와 상나라에 복종해 섬겼으며, 당인(唐人)은 도당(陶唐 : 堯)의 후손이다. 그 말세의 임금을 당숙우(唐叔虞)라 하였습니다. 주무왕(周武王)의 후비(后妃)인 읍강(邑姜)이 태숙(大叔)을 회임[震]하였을 때를 당하여 읍강(邑姜)은 무왕(武王)의 후비(后妃)이다. 회임(懷妊)을 진(震)이라고 한다. 태숙(大叔)은 곧 숙우(叔虞)이다. 꿈에 천제가 그녀[己]에게 이르기를 '내가 그대의 아들을 우(虞)라 명하고 장차 당(唐)나라를 줄 것이며, 삼성 분야의 땅을 귀속시켜 그 자손을 번창하게 하겠다.'라고 하였습니다. 후비가 아들을 낳으니 손바닥에 무늬가 있었는데 우(虞)자여서 드디어 우라고 이름하였습니다. 주성왕(周成王)께서 당나라를 멸하고 태숙을 봉하였으므로 삼성이 진(晉)나라의

70) 고신씨(高辛氏) : 제곡(帝嚳). 황제(黃帝)의 증손자이고 오제(五帝)의 한 사람이다.

71) 삼성(參星) : 28수(宿) 중 서방 7수의 하나.

별이 되었습니다. 이로 말미암아 본다면 곧 실침은 삼성의 신입니다.

昔金天氏有裔子曰昧 爲玄冥師 生允格臺駘 玄冥 水官 師 長也 **臺駘能業其官 宣汾洮** 宣 通也 汾洮 二水名 **障大澤 以處大原** 大原 晉陽 **帝用嘉之 封諸汾川** 帝 顓頊 **沈姒蓐黃實守其祀** 四國 臺駘之後 **今晉主汾而滅之矣** 滅四國 **由是觀之 則臺駘 汾神也 抑此二者 不及君身 山川之神 則水旱癘疫之災 於是乎禜之** 禜 音詠 祭也 山川之神 若臺駘者 **日月星辰之神 則雪霜風雨之不時 於是乎禜之** 星辰之神 若實沈者 **若君身 則亦出入飮食哀樂之事也 山川星辰之神 又何爲焉**

옛날 금천씨(金天氏)[72]에게 후손[裔子][73]이 있었는데 매(昧)라고 하였습니다. 그는 현명사(玄冥師)가 되어 윤격(允格)과 대태(臺駘)를 낳았습니다. 현명(玄冥)은 수관(水官)이고 사(師)는 우두머리이다. 대태가 그 벼슬[玄冥師]의 일을 잘하여 분수(汾水)와 조수(洮水)를 소통시키고[宣] 선(宣)는 소통함이다. 분(汾)과 조(洮)는 두 물 이름이다. 큰 못에 제방을 쌓아 태원(大原)에 거처하였습니다. 태원(大原)은 진양(晉陽)이다. 제(帝)가 그를 가상히 여겨 분천(汾川)에 봉하였으므로 제(帝)는 전욱(顓頊)이다. 그 후손인 침(沈)·사(姒)·욕(蓐)·황(黃)나라가 실로 그의 제사를 잘 받들었습니다. 네 나라는 대태(臺駘)의 후손이다. 지금 진(晉)나라가 분수 지역을 주재하면서 그들을 멸하였습니다. 네 나라를 멸한 것이다. 이로 말미암아 보건대 대태는 분수의 신입니다. 그러니 실침(實沈)과 대태의 두 신은 임금님의 몸과는 무관합니다. 산천의 신은 수재와 가뭄과 역질의 재해가 있게 되면 이에 그에게 제사 지내는[禜] 것이고, 영(禜)은 음이 영(詠)이니 제사 지냄이다. 산천의 신은 대태(臺駘)와 같은 따위이다. 일월성신(日月星辰)의 신은 눈과 서리, 바람과 비가 때에 맞지 않으면 이에 그에게 제사 지내는 것입니다. 성신(星辰)의 신은 실침(實沈)과 같은 따위이다. 임금님의 신병 같은 것은 출입·음식·애락의 일과 관련이 있는 것이지, 산천과 성신의 신이 또 무슨 일을 하겠습니까.

僑聞之 君子有四時 朝以聽政 晝以訪問 夕以修令 夜以安身 於是乎節宣其氣 勿使有所壅閉湫底 以露其體 湫 集也 底 滯也 露 羸也 **玆心不爽 而昏亂百度 今無乃壹之** 同四時也 **則生疾矣 僑又聞之 內官不及同姓** 內官 嬪御 **其生不殖** 殖 長也 **美先盡矣 則相生疾** 同姓相愛 先自美矣 美極則美盡而生疾 **君子是以惡之 故志曰 買妾不知其姓 則卜之**

72) 금천씨(金天氏) : 소호(少昊). 금덕(金德)을 가지고 제(帝)가 되었기 때문에 금천씨(金天氏)라고 이른다.
73) 후손[裔子] : 예자(裔子)를 막내아들로 보는 설도 있다.

違此二者 **壹四時 取同姓** **古之所愼也 男女辨姓 禮之大司也** **司 主也** **今君內實有四姬焉** **同姓姬四人** **其無乃是也乎 若由是二者 弗可爲也已** **爲 治也** **四姬有省猶可 無則必生疾矣** **省 節減也**

나 교(僑)가 듣건대 군자에게는 하루에 네 때의 일이 있어 아침에는 정사를 듣고, 낮에는 사람들을 찾아가 자문을 구하고, 저녁에는 정령(政令)을 가다듬고, 밤에는 몸을 편안히 한다고 합니다. 이리하여 그 기운을 절제하거나 발산하여[宣], 기운이 막히고 모여[湫] 적체되어[底] 그 몸을 지치게[露] 하거나 추(湫)는 모임이고 저(底)는 적체됨이며 로(露)는 지침이다. 마음이 상쾌하지 못하여 모든 일을 혼란스럽게 해서는 안 됩니다. 그런데 지금 임금님께서는 네 때에 한 가지 일에만 마음을 쓴 것이 아닌지요. 네 때[朝晝夕夜]에 같은 일에만 마음을 썼다는 것이다.[74] 그러면 병이 생기는 것입니다. 나 교가 또 들으니 내관(內官)은 동성(同姓)을 취하지 않는다고 합니다. 내관(內官)은 빈어(嬪御 : 妃嬪과 侍妾)이다. 이는 그 소생이 번창하지[殖] 않고, 식(殖)은 번창함이다. 아름답게 여기는 마음이 앞서 힘을 다 쏟으면 서로 간에 병이 생기는 것입니다. 동성(同姓)끼리는 서로 친애하여 다른 사람에 앞서 스스로 아름답게 여기는 마음이 생기고, 아름답게 여기는 마음이 극에 달하면 아름답게 여기는 기운이 그에게 극진하여 병이 생긴다는 것이다. 군자는 이 때문에 동성의 녀자를 취하는 것을 꺼리는 것입니다. 옛 기록에 이르기를 '첩을 구하되 그 성을 알지 못하면 점을 친다.'고 하였습니다. 이 두 가지를 어기는 것에 대하여 네 때를 한결같이 하는 것과 동성의 녀자를 취하는 것이다. 옛사람들은 신중히 하였습니다. 남녀의 성을 분별하는 것은 례의 큰 주된 일[司]입니다. 사(司)는 주된 일이다. 지금 임금님의 내실(內實)에는 네 명의 희성(姬姓)이 있으니, 동성인 희성(姬姓)의 녀자가 네 명이라는 것이다. 임금님의 병은 이 때문이 아니겠습니까. 만약 이 두 가지 일에서 말미암은 것이라면 병을 다스릴[爲] 수 없습니다. 위(爲)는 다스림이다. 네 희성과의 관계를 줄인다면[省] 그래도 다스릴 수 있겠지만 그렇지 않다면 반드시 병이 생길 것입니다." 생(省)은 줄임이다.

叔向曰 善哉 肹未之聞也 此皆然矣 叔向出 行人揮送之 叔向問鄭故焉 且問子皙 對曰 其與幾何 無禮而好陵人 怙富而卑其上 弗能久矣 晉侯聞子産之言曰 博物君子也 重賄之

숙향(叔向)이 말하기를 "좋습니다. 나 힐(肹)은 아직 이런 말을 듣지 못하였습니다. 이것은 모두 사실입니다."라고 하였다. 숙향이 나가자 정(鄭)나라 행인인 휘(揮 : 子羽)가 그를

---

74) 네~것이다 : 지금 진(晉)나라 임금은 네 때를 오로지 녀색을 탐하는 일에 썼다는 것이다.

전송하였다. 숙향이 휘에게 정나라의 사정을 묻고 또 자석(子晳)에 대하여 묻자, 휘가 대답하기를 "그가 얼마나 더 가겠습니까. 례를 무시하고 남을 릉멸하기를 좋아하며, 부유함을 믿고서 윗사람을 낮추어보니 오래 갈 수 없을 것입니다."라고 하였다. 진후(晉侯)가 자산(子産)의 말을 전해 듣고 말하기를 "많은 것을 아는 군자이다."라 하고, 그에게 례물을 후하게 내려주었다.

晉侯求醫於秦 秦伯使醫和視之 曰 疾不可爲也 是謂近女室 疾如蠱 蠱 惑疾 **非鬼非食 惑以喪志 良臣將死 天命不祐 公曰 女不可近乎 對曰 節之 先王之樂 所以節百事也 故有五節** 五聲之節 **遲速本末以相及** 有遲有速 從本至末 使得中和之聲 **中聲以降 五降之後 不容彈矣** 降 罷退也 前聲罷退以待後聲 五聲旣成 不容復彈 **於是有煩手淫聲 慆堙心耳 乃忘平和 君子弗聽也** 五降而不息 則雜聲並奏 慆心塞耳 **物亦如之** 言百事皆如樂 不可失節 **至於煩 乃舍也已 無以生疾 君子之近琴瑟 以儀節也 非以慆心也**

진후(晉侯)가 진(秦)나라에 의원을 요청하니, 진백(秦伯)이 의원 화(和)를 보내어 병을 보게 하였다. 의원이 말하기를 "이 병은 다스릴 수 없습니다. 이런 병을 녀인을 가까이해서 생긴 것이라 이르는데, 병의 증세가 고(蠱)와 같습니다. 고(蠱)는 정신이 미혹된 병이다. 귀신이나 음식 때문이 아니고 녀인에 미혹되어 뜻을 잃은 것이니, 훌륭한 신하가 죽을 것이고[75] 하늘의 명도 돕지 않을 것입니다."라고 하였다. 진평공(晉平公)이 말하기를 "녀인을 가까이해서는 안 되는 것인가?"라고 하자, 의원이 대답하였다. "절제해야 합니다. 선왕의 음악도 모든 일을 절제하기 위한 것입니다. 그러므로 5성(聲)의 절도가 있어 5성(聲)의 절도이다. 지속과 본말이 서로 이어지다가 느림도 있고 빠름도 있어서 근본에서부터 말단에 이르기까지 중화(中和)의 소리를 이루게 하는 것이다. 중성(中聲)[76]을 이루면 음조를 내리고[降],[77] 5성을 내리고 난 뒤에는 다시 연주하지 않습니다. 강(降)은 끝내고 물러남이다. 전성(前聲)이 끝나고 물러남으로써 후성(後聲)을 기다리지만 5성(聲)이 이미 이루어지면 다시 연주하지 않는다. 이때 손을 번거롭게 놀려 소리를 음란하게 하면 마음을 어지럽게 하고 귀를 먹먹하게 하여 화평함을 잊게 합니다. 그러므로 군자가 이런 음악을 듣지 않는 것입니다. 5성(聲)이 끝났는데도 쉬지 않으면 잡스러운 소리가 아울러 연주되어 마음을 어지럽히고 귀를 먹먹하게 한다는 것이다. 모든 일도 또한 이와 같으니 모든 일이 다 음악과 같아서 절도를

75) 훌륭한~것이고 : 임금의 잘못을 바로잡지 않았기 때문에 신하가 죽을 것이라는 말이다.

76) 중성(中聲) : 서로 다른 소리들이 합쳐져 조화를 이룬 소리.

77) 음조를 내리고[降] : 5성(聲)의 음조를 낮추는 것이다.

잃어서는 안 된다는 말이다. 번거롭게 되면 곧 그만두어 병이 생기지 않게 해야 합니다. 군자가 금슬(琴瑟)을 가까이하는 것은 절도에 마땅하고자[儀] 함이지 마음을 어지럽게 하고자 함이 아닙니다.

天有六氣 降生五味 辛酸鹹苦甘 **發爲五色** 白青黑赤黃 **徵爲五聲** 商角羽徵宮 **淫生六疾** 淫過也 滋味聲色 過則生害 **六氣曰陰陽風雨晦明也 分爲四時 序爲五節** 五行之節 **過則爲菑 陰淫寒疾 陽淫熱疾 風淫末疾** 末 四支也 **雨淫腹疾 晦淫惑疾** 晦 夜也 宴寢過節 則心惑亂 **明淫心疾** 明 晝也 思慮煩多 則心勞敝 **女 陽物而晦時 淫則生內熱惑蠱之疾** 陰中有陽 故於物爲陽 陰暗不明 故於時爲晦 **今君不節不時 能無及此乎**

하늘에는 6기(氣)가 있는데 이것이 땅으로 내려와 5미(味)가 생기고, 맵고[辛] 시고[酸] 짜고[鹹] 쓰고[苦] 단[甘] 맛이다. 색깔로 드러나서 5색(色)이 되고, 희고[白] 푸르고[青] 검고[黑] 붉고[赤] 누른[黃] 빛이다. 소리로 이루어져[徵] 5성(聲)이 되니, 상(商)·각(角)·우(羽)·치(徵)·궁(宮)의 소리이다. 지나치면[淫] 6질(疾)이 생깁니다. 음(淫)은 지나침이다. 자미(滋味)[78]와 성색(聲色)[79]은 지나치면 해가 생긴다. 6기는 음(陰)·양(陽)·풍(風)·우(雨)·회(晦)·명(明)인데, 나뉘어서는 4시(時)[80]가 되고 차례로서는 5절(節)[81]이 되니 5행(行)의 절후이다. 지나치면 재앙이 됩니다. 음(陰)이 지나치면 한질(寒疾)이 되고, 양(陽)이 지나치면 열질(熱疾)이 되고, 풍(風)이 지나치면 말질(末疾)[82]이 되고, 말(末)은 사지(四支)이다. 우(雨)가 지나치면 복질(腹疾)이 되고, 회(晦)가 지나치면 혹질(惑疾)이 되고, 회(晦)는 밤이다. 밤에 연침(宴寢)[83]이 절도를 넘으면 마음이 미혹해 어지러워지는 것이다. 명(明)이 지나치면 심질(心疾)이 됩니다. 명(明)은 낮이다. 낮에 생각이 번다하면 마음이 수고로워 피폐해지는 것이다. 녀자는 양기(陽氣)를 따르는 물건이어서 어두운 때에 가까이하지만 지나치게 가까이하면 곧 체내에 열이 나고 정신이 미혹되는 병이 생깁니다. 음 가운데에 양이 있기 때문에

78) 자미(滋味) : 맛있는 음식.

79) 성색(聲色) : 음악과 녀색.

80) 4시(時) : 춘(春)·하(夏)·추(秋)·동(冬).

81) 5절(節) : 절후를 5행(行)에 맞추어 나눈 다섯 계절. 봄[木]·여름[火]·늦여름[土]·가을[金]·겨울[水]을 이른다. 또는 1월 1일에서 3월 12일까지 72일인 목왕지절(木王之節)과 4월 1일에서 6월 12일까지 72일인 화왕지절(火王之節)과 7월 1일에서 9월 12일까지 72일인 금왕지절(金王之節)과 10월 1일에서 12월 12일까지 72일인 수왕지절(水王之節) 그리고 각 절기의 다음 18일씩을 합한 72일인 토왕지절(土王之節)을 5절(節)로 보는 설도 있다.

82) 말질(末疾) : 사지(四肢)에 생기는 병.

83) 연침(宴寢) : 남녀의 잠자리.

물성으로 나타날 때는 양이 되고,[84] 음암(陰暗)은 드러나지 않기 때문에 때에 있어서는 밤이 된다. 지금 임금님께서는 절제하지 않았고 때를 가리지 않으셨으니, 병이 여기까지 이르지 않을 수 있었겠습니까."

出告趙孟 趙孟曰 誰當良臣 對曰 主是謂矣 主相晉國 於今八年 晉國無亂 諸侯無闕 可謂良矣 和聞之 國之大臣 榮其寵祿 任其大節 有菑禍興而無改焉 改 改行以救菑 **必受其咎 今君至於淫以生疾 將不能圖恤社稷 禍孰大焉 主不能禦 吾是以云也 趙孟曰 何謂蠱 對曰 淫溺惑亂之所生也 於文 皿蟲爲蠱** 皿 器也 器受蟲害者爲蠱 **穀之飛亦爲蠱** 穀久積 則變爲飛蟲 **在周易 女惑男 風落山 謂之蠱**䷑ 巽下艮上 巽爲長女爲風 艮爲少男爲山 **皆同物也** 物猶類也 **趙孟曰 良醫也 厚其禮而歸之**

의원이 나와서 조맹(趙孟)에게 고하자, 조맹이 말하기를 "누가 훌륭한 신하에 해당하는가?"라고 하니, 대답하기를 "님을 이른 것입니다. 님께서 진(晉)나라 재상이 되어 지금까지 8년 동안 진나라에 란이 없었고 제후들 가운데 떨어져 나간 자가 없었으니 훌륭하다고 이를 수 있습니다. 저 화(和)가 듣기로는 나라의 대신은 총애와 록봉을 받는 영광을 누리면서 그 큰일을 책임지는 것인데, 재앙과 화난이 일어났는데도 고치지[改] 않는다면 개(改)는 행위를 고쳐 재앙을 구제하는 것이다. 반드시 그 화를 받는다고 하였습니다. 지금 진나라 임금님께서 녀색에 지나쳐서 병이 생기는 데에 이르러 거의 사직에 관한 일을 도모하거나 근심할 수 없게 되었으니, 이보다 더 큰 화난이 어디 있겠습니까. 그런데 님께서 이런 일을 막지 않았기 때문에 제가 이렇게 말한 것입니다."[85]라고 하였다. 조맹이 말하기를 "무엇을 고(蠱)라고 하는가?"라고 하니, 대답하기를 "지나치게 빠져 미혹되어 어지러워져 생기는 것입니다. 글자로 보면 그릇[皿]에 벌레가 있는 것이 고이고 명(皿)은 그릇이다. 그릇이 벌레의 피해를 받는 것이 고(蠱)이다. 곡물의 날벌레 또한 고라고 합니다. 곡식을 오래 쌓아두면 변하여 날벌레가 된다. 《주역(周易)》에 녀자가 남자를 미혹시키고, 바람이 산의 나뭇잎을 떨어뜨리는 것을 고(蠱)䷑라고 하니 손(巽)이 하괘이고 간(艮)이 상괘이다. 손(巽)은 장녀(長女)가 되고 바람이 되며, 간(艮)은 소남(少男)이 되고 산이 된다. 모두가 같은 따위[物]입니다."라고 하였다. 물(物)은 따위[類]와 같다. 조맹이 말하기를 "훌륭한 의원이다."라 하고, 례물을 후하게 주어 돌려보냈다.

---

84) 음~되고 : 본성은 음이지만 잠재된 물성은 양이므로 지나치면 잠재된 양성(陽性)인 열과 혹고(惑蠱)의 병이 나타나는 것이다.

85) 제가~것입니다 : 훌륭한 신하가 머지않아 죽을 것이라고 한 말이다. 여기에서 훌륭한 신하는 조맹(趙孟)을 이른다.

葬邾悼公

주(邾)나라 도공(悼公)의 장례를 지냈다.

冬 十有一月 己酉 楚子麇卒 楚公子比出奔晉

겨울 11월 기유일에 초자(楚子) 균(麇)이 졸하였다. 초(楚)나라 공자 비(比)가 신(晉)나라로 망명나갔다.

麇 公穀作卷 ○不以簒弑赴 從而書卒 誅楚臣子也

균(麇)은 《공양전(公羊傳)》과 《곡량전(穀梁傳)》에는 권(卷)으로 되어 있다. ○찬시(簒弑)[86]하였다고 부고해 오지 않아서 그에 따라 경문에 졸하였다고 기록하여 초(楚)나라 신하들을 죄준 것이다.

楚公子圍使公子黑肱伯州犁城犨櫟郟 黑肱 圍弟 犨櫟郟三邑本鄭地 **鄭人懼 子産曰 不害 令尹將行大事** 謂將弑君 **而先除二子也 禍不及鄭 何患焉 冬 楚公子圍將聘于鄭 伍擧爲介 未出竟 聞王有疾而還 伍擧遂聘**

초(楚)나라 공자 위(圍)가 공자 흑굉(黑肱)과 백주리(伯州犁)를 시켜 주(犨)·력(櫟)·겹(郟) 땅에 성을 쌓게 하였다. 흑굉(黑肱)은 위(圍)의 아우이다. 주(犨)·력(櫟)·겹(郟) 세 읍은 본래 정(鄭)나라 땅이다. 이에 정인(鄭人)이 두려워하자, 자산(子産)이 말하기를 "해가 안 될 것이다. 령윤(令尹 : 圍)이 장차 큰일을 행하기 위해 임금을 시해하려는 것을 이른다. 먼저 두 사람을 제거한 것이다.[87] 화가 우리 정나라에 미치지 않을 것이니, 무엇을 걱정하겠는가."라고 하였다. 겨울에 초나라 공자 위가 정나라를 빙문하려고 할 때 오거(伍擧)가 부사(副使)였는데, 아직 국경을 나가기 전에 초왕에게 병이 생겼다는 말을 듣고 공자 위는 되돌아가고 오거는 그대로 가서 빙문하였다.

十一月 己酉 公子圍至 入問王疾 縊而弑之 遂殺其二子幕及平夏 皆郟敖子 **右尹子干出奔晉** 子干 公子比 亦圍弟 **宮廏尹子晳出奔鄭** 黑肱因築城而去 **殺大宰伯州犁于郟 葬王**

---

86) 찬시(簒弑) : 임금을 시해하고 그 자리를 빼앗음.

87) 두~것이다 : 초(楚)나라 공자 위(圍)가 흑굉(黑肱)과 백주리(伯州犁) 두 사람을 제거하기 위하여 외방(外方)으로 내보낸 것이다.

于郟 謂之郟敖 使赴于鄭 伍擧問應爲後之辭焉 問以應立爲楚後之辭 **對曰 寡大夫圍 伍擧更之曰 共王之子圍爲長**

11월 기유일에 공자 위(圍)가 도성에 이르러 왕궁에 들어가 초왕(楚王)의 병을 위문한다는 구실로 초왕을 목 졸라 시해하였고, 이어 초왕의 두 아들 막(幕)과 평하(平夏)도 죽였다. 모두 겹오(郟敖)[88]의 아들이다. 이에 우윤(右尹)인 자간(子干)은 진(晉)나라로 망명나갔고, 자간(子干)은 공자 비(比)이니 또한 위(圍)의 아우이다. 궁구윤(宮廏尹)인 자석(子晳 : 黑肱)은 정(鄭)나라로 망명나갔다. 흑굉(黑肱)이 성 쌓는 일을 리용하여 떠난 것이다. 태재(大宰)인 백주리(伯州犁)를 겹(郟) 땅에서 죽였으며, 초왕을 겹 땅에 장사지내고 그를 겹오(郟敖)라 이르고 사신을 보내어 정나라에 부고하였다. 정나라에 있던 오거(伍擧)가 그 사신에게 누가 후계자가 되었느냐는 말에 어떻게 응대할 것인가를 물으니, 누구를 세워 초(楚)나라 후계자를 삼았느냐는 말에 사신이 어떻게 응대할 것인가를 물은 것이다. 사신이 대답하기를 "과대부(寡大夫) 위(圍)라고 하겠습니다."라고 하였다. 오거가 말하기를 "공왕(共王)의 아들 위(圍)가 년장자입니다."라고 고쳐 대답하게 하였다.[89]

子干奔晉 從車五乘 叔向使與秦公子同食 食祿同 **皆百人之餼 趙文子曰 秦公子富 叔向曰 底祿以德** 底 致也 **德鈞以年 年同以尊 公子以國 不聞以富** 以其國大小爲高下 **且夫以千乘去其國 彊禦已甚 詩曰 不侮鰥寡 不畏彊禦 秦楚 匹也 使后子與子干齒** 齒 齊列也 **辭曰 鍼懼選 楚公子不獲 是以皆來 亦唯命** 不獲 不得自安 言俱奔 事有優劣 唯主人命 **且臣與羇齒 無乃不可乎** 后子先來自同晉臣 以子干爲羇旅 **史佚有言曰 非羇 何忌** 忌 敬也 欲謙以自別

초(楚)나라 자간(子干)이 진(晉)나라로 망명할 때 따르는 수레가 5승(乘)뿐이었는데도 숙향(叔向)이 진(秦)나라 공자(公子 : 后子)와 같은 식록(食祿)을 주니, 식록(食祿)을 같게 한 것이다. 모두 1백 인을 먹일 수 있는 정도였다. 조문자(趙文子)가 말하기를 "진(秦)나라 공자는 부유합니다."[90]라고 하니, 숙향이 말하기를 "록을 주는 것은 그 사람의 덕을 헤아려서 줍니

---

88) 겹오(郟敖) : 초자(楚子) 균(麇)을 이른다. 겹(郟) 땅에 장사지냈고 또 초(楚)나라에서는 정식 임금이 되기 전에 죽어서 시호를 받지 못한 자를 오(敖)라 하므로 초자 균을 겹오(郟敖)라 한 것이다.

89) 사신이~하였다 : 사신이 과대부(寡大夫)라고 칭한 것은 신하가 임금을 계승했다는 내용으로 찬시(簒弑)했다는 의미를 내포한다. 그러나 오거(伍擧)가 사신에게 공왕(共王)의 아들 위(圍)가 년장자라고 고쳐 대답하게 한 것은 아위[圍]가 형[康王]을 계승하여 임금이 될 수 있다는 말로 찬시했다는 의미를 나타내지 않게 한 것이다.

다. 저(底)는 줌이다. 덕이 같으면 나이 많은 사람을 우대하고, 나이도 같으면 신분이 높은 사람을 우대합니다. 또한 망명해 온 공자의 록은 그 나라의 크기에 따라 주는 것이지 그 사람의 부유한 정도에 따라 준다는 말을 듣지 못하였습니다. 그 나라의 크고 작은 것에 따라 록(祿)의 높고 낮음을 정한다는 것이다. 또 천 승을 이끌고 나라를 떠나온 사람[91]은 세력이 매우 강합니다. 그런데 《시(詩)》에 이르기를 '홀아비와 홀어미를 업신여기지 않으며, 힘 있는 자를 두려워하지 않네.'[92]라고 하였습니다. 지금 진(秦)나라와 초나라는 나라의 힘이 비슷합니다."라고 하였다. 그리하여 진(秦)나라 후자(后子)와 초나라 자간을 동등하게[齒] 대하니, 치(齒)는 반렬을 나란히 함이다. 진나라 후자가 사양하며 말하기를 "나 겸(鍼)은 죄인으로 지목될[選] 것을 두려워한 것이고, 초나라 공자는 임금의 신임을 얻지 못해[不獲] 망명한 것입니다. 이 때문에 모두 이곳에 왔으니 우리는 또한 주인의 명을 따를 뿐입니다. 불획(不獲)은 스스로 편안하게 여기지 못하는 것이다. 모두 망명하였지만 일에는 우렬이 있다. 그러나 오직 주인의 명을 따르겠다는 말이다. 그런데 또 이미 진(晉)나라의 신하가 된 제가 나그네와 동등해서는 안 되지 않습니까. 후자(后子)가 먼저 진(晉)나라에 와서 스스로 진나라 신하와 동등하다고 여기고, 자간(子干)을 나그네라고 여긴 것이다. 사일(史佚)이 한 말에 '나그네가 아니면 그 누구를 공경하리오[忌].'라고 하였습니다."라고 하였다. 기(忌)는 공경함이다. 겸손한 태도로 스스로 구별하고자 한 것이다.[93]

楚靈王卽位 薳罷爲令尹 薳啓彊爲大宰 靈王 圍也 卽位易名熊虔 **鄭游吉如楚葬郟敖 且聘立君 歸 謂子產曰 具行器矣** 行器 會備 **楚王汰侈而自說其事 必合諸侯 吾往無日矣 子產曰 不數年 未能也** 爲四年會申傳

초령왕(楚靈王)이 즉위하여 위피(薳罷)를 령윤(令尹)으로 삼고, 위계강(薳啓彊)을 태재(大宰)로 삼았다. 령왕(靈王)은 위(圍)인데 즉위하여 이름을 웅건(熊虔)으로 바꾸었다. 정(鄭)나라 유길(游吉)이 초(楚)나라에 가서 겹오(郟敖)의 장례에 참여하고 또 새로 즉위한 임금을 빙문하였다. 돌아와서 자산(子產)에게 말하기를 "회합에 갈 도구[行器]를 갖추어야 할 것입니다. 행기(行器)는 회합의 준비물이다. 초왕(楚王)이 교만하고 사치하며 스스로 일 꾸미기를 좋아하여 반드시 제후들을 회합하려 할 것이니, 우리는 곧 회합하러 가야 할 날이 머지않았습니다."

---

90) 진(秦)나라~부유합니다 : 진(秦)나라 공자 후자(后子)는 부유한데 반하여 빈한하게 온 초(楚)나라 자간(子干)을 후자와 동등하게 대우한 것은 옳지 않다는 말이다.

91) 천~사람 : 진(秦)나라 공자 후자(后子)이다.

92) 홀아비와~않네 : 《시경(詩經)》〈대아(大雅)〉 증민(烝民).

93) 겸손한~것이다 : 후자(后子)는 자신과 자간(子干)이 같은 망명객이지만 자간의 식록을 높여주라고 함으로써 자신은 자간과 달리 진(晉)나라의 신하와 동렬임을 은근히 과시한 말이다.

라고 하였다. 자산이 말하기를 "수년 안에는 할 수 없을 것입니다."라고 하였다. 4년에 신(申) 땅에서 회합하는 전(傳)의 배경이 된다.

○十二月 晉旣烝 趙孟適南陽 將會孟子餘 孟子餘卽趙衰 廟在南陽 往會祭之 **甲辰 朔 烝于溫 庚戌 卒 鄭伯如晉吊 及雍乃復** 趙氏辭之

○12월에 진(晉)나라가 증제(烝祭)를 지내고 나서 조맹(趙孟)이 남양(南陽)에 가서 맹자여(孟子餘) 사당의 제사에 참여하려 하였는데, 맹자여(孟子餘)는 곧 조최(趙衰)이다. 사당이 남양(南陽)에 있기 때문에 가서 제사에 참여하려 한 것이다. 초하루 갑진일에 온(溫) 땅에서 증제를 지내고 경술일에 졸하였다. 정백(鄭伯)이 진(晉)나라에 가서 조문하려고 옹(雍) 땅까지 갔다가 돌아왔다. 조씨(趙氏) 집안에서 사양한 것이다.[94]

소공(昭公) 2년 【辛酉 B.C.540】

二年 春 晉侯使韓起來聘
2년 봄에 진후(晉侯)가 한기(韓起)를 보내와서 빙문하였다.

二年 春 晉侯使韓宣子來聘 公卽位故 **且告爲政而來見 禮也** 代趙武爲政 修好同盟 故曰禮 **觀書於大史氏 見易象與魯春秋曰 周禮盡在魯矣** 易象 文王所作 春秋 魯史 周公之制 **吾乃今知周公之德 與周之所以王也 公享之 季武子賦緜之卒章** 義取文王有四臣 故能致興盛 以晉侯比文王 以韓子比四輔 **韓子賦角弓** 取其兄弟昏姻 無胥遠矣 **季武子拜曰 敢拜子之彌縫敝邑 寡君有望矣** 彌縫猶補合也 **武子賦節之卒章** 取式訛爾心 以畜萬邦 言晉德可畜萬邦 **旣享 宴于季氏 有嘉樹焉 宣子譽之 武子曰 宿敢不封殖此樹 以無忘角弓 遂賦甘棠** 以宣

94) 조씨(趙氏)~것이다 : 대부의 세력이 강하여 정백(鄭伯)이 두려워 조문하려 하였으나 대부의 상에 제후(諸侯)가 조문하는 것은 례가 아니므로 조씨(趙氏) 집안에서 사양한 것이다.

子比召公 **宣子曰 起不堪也 無以及召公**

2년 봄에 진후(晉侯)가 한선자(韓宣子 : 韓起)를 보내와서 빙문하였고 로소공(魯昭公)이 즉위하였기 때문이다. 또 한선자 자신이 집정이 된 것을 고하려고 와서 조견하였으니, 례에 맞는 일이었다. 조무(趙武)를 대신하여 집정이 된 것이다. 우호를 다지고 동맹하였으므로 례에 맞았다고 한 것이다. 한선자가 태사씨(大史氏)에게 가서 도서를 구경할 때《역상(易象)》[95]과 로(魯)나라《춘추(春秋)》를 보고서 말하기를 "주(周)나라의 례가 모두 로나라에 있구나.《역상(易象)》은 문왕(文王)이 지은 것이고,《춘추(春秋)》는 로(魯)나라 사서(史書)로 주공(周公)의 제도에 따라 기술한 것이다. 나는 이제야 주공(周公)의 덕과 주나라가 왕이 된 까닭을 알았다."라고 하였다. 소공(昭公)이 그에게 향연을 베풀어 줄 때 계무자(季武子)가 면(緜)[96]의 마지막 장을 읊으니, 문왕(文王)에게 네 명의 훌륭한 신하가 있었기에 흥성할 수 있었다는 데에서 뜻을 취하여 진후(晉侯)를 문왕에 비유하고 한자(韓子 : 韓起)를 사보(四輔 : 四臣)[97]에 비유한 것이다. 한자(韓子)가 각궁(角弓)[98]을 읊었다. 형제와 인척들은 서로 멀리하지 말아야 한다는 뜻을 취한 것이다. 계무자가 절하며 말하기를 "그대가 우리나라의 어려움을 돌보아 준 것[彌縫]에 대하여 감히 배사드립니다. 과군이 기대하고 있습니다."라고 하며, 미봉(彌縫)은 보합(補合)[99]과 같다. 무자(武子)가 절(節)[100]의 마지막 장을 읊었다. 그대의 마음을 움직여 만방(萬邦)을 길러줄지어다라는 뜻을 취하여 진(晉)나라의 덕이 만방을 기를 수 있다고 말한 것이다. 향연을 마치고 나서 계씨의 집에서 연회를 베풀었는데 그곳에 아름다운 나무가 있었다. 선자(宣子)가 그 나무를 칭찬하자, 무자가 말하기를 "나 숙(宿)은 감히 이 나무를 북돋우고 잘 길러서 각궁의 뜻을 잊지 말아야 하지 않겠습니까."라 하고서 드디어 감당(甘棠)[101]을 읊었다. 선자(宣子)를 소공(召公)에 비유한 것이다.[102] 선자가 말하기를 "나 기(起)는 이 시를 감당할 수 없습니다. 소공(召公)에는 미칠 수 없습니다."라고 하였다.

---

95) 《역상(易象)》:《주역(周易)》의 괘와 효를 풀이한 상사(象辭). 곧《주역》을 이른다.

96) 면(緜):《시경(詩經)》〈대아(大雅)〉의 편 이름.

97) 사보(四輔 : 四臣) : 주문왕(周文王)을 보필한 네 종류의 신하. 아랫사람을 이끌고 임금을 가까이하는 신하인 소부(疏附), 앞뒤에서 인도하는 신하인 선후(先後), 덕으로 효유하여 좋은 평판을 선양하는 신하인 분주(奔奏), 적의 기세를 꺾는 무신인 어모(禦侮)를 이른다.

98) 각궁(角弓):《시경(詩經)》〈소아(小雅)〉의 편 이름.

99) 보합(補合) : 갈라진 틈을 기워 붙인다는 뜻이다.

100) 절(節):《시경(詩經)》〈소아(小雅)〉 절남산(節南山).

101) 감당(甘棠):《시경(詩經)》〈소남(召南)〉의 편 이름.

102) 선자(宣子)를~것이다 : 주성왕(周成王) 때 소공(召公)이 감당나무 밑에서 쉰 일이 있었는데 백성이 소공을 사랑하여 그 나무까지 사랑하였다. 이에 계무자(季武子)가 감당(甘棠)을 읊어 한선자(韓宣子)를 소공에 비유한 것이다.

宣子遂如齊納幣 爲平公聘少姜 **見子雅 子雅召子旗** 子旗 子雅之子 **使見宣子 宣子曰 非保家之主也 不臣 見子尾 子尾見彊** 彊 子尾之子 **宣子謂之如子旗 大夫多笑之 唯晏子信之 曰 夫子 君子也 君子有信 其有以知之矣** 爲十年齊欒施高彊來奔張本 **自齊聘於衛 衛侯享之 北宮文子賦淇澳** 言宣子有武公之德 **宣子賦木瓜** 義取欲厚報以爲好

선자(宣子)가 드디어 제(齊)나라로 가서 납폐하고 진평공(晉平公)을 위하여 소강(少姜)을 빙문한 것이다.[103] 자아(子雅)를 만나보니, 자아는 자기(子旗)를 불러서 자기(子旗)는 자아(子雅)의 아들이다. 선자를 뵙게 하였다. 선자가 말하기를 "집안을 보호할 주인도 아니고 나라의 신하 노릇도 하지 못할 것이다."라고 하였다. 선자가 자미(子尾)를 만나보니, 자미가 강(彊)을 불러서 선자를 뵙게 하였다. 강(彊)은 자미(子尾)의 아들이다. 선자가 그를 자기(子旗)와 같다고 평하였다. 대부들이 대부분 그의 말을 비웃었으나 안자(晏子)만은 그의 말을 신뢰하며 말하기를 "부자(夫子 : 韓宣子)는 군자이다. 군자는 신뢰할 점이 있으니 그는 그것에 대하여 아는 것이 있을 것이다."라고 하였다. 10년에 제(齊)나라 란시(欒施 : 子旗)와 고강(高彊 : 彊)이 로(魯)나라로 망명 오는 장본이 된다.[104] 선자가 제나라에서 위(衛)나라로 가서 빙문하였다. 위후(衛侯)가 향연을 베풀어 줄 때 북궁문자(北宮文子)가 기욱(淇澳)[105]을 읊고 선자(宣子)에게 위무공(衛武公)의 덕이 있음을 말한 것이다.[106] 선자는 목과(木瓜)[107]를 읊었다. 두터이 보답하여 우호를 이루자는 뜻을 취한 것이다.

夏

여름이다.

---

103) 진평공(晉平公)을~것이다 : 진평공(晉平公)이 제(齊)나라 공녀(公女)인 소강(少姜)을 맞이할 수 있도록 례폐(禮幣)를 올린 것이다.

104) 제(齊)나라~된다 : 소공(昭公) 10년에 제(齊)나라 란시(欒施)와 고강(高彊)이 진씨(陳氏)·포씨(鮑氏)와 싸워 패배하고 로(魯)나라로 망명하는 일을 말한다.

105) 기욱(淇澳) : 《시경(詩經)》 〈위풍(衛風)〉의 편 이름.

106) 선자(宣子)에게~것이다 : 기욱(淇澳)은 위무공(衛武公)을 칭송한 시이니, 북궁문자(北宮文子)가 이 시를 읊어 한선자(韓宣子)를 위무공에 비유한 것이다. 위무공은 정치를 잘하여 백성을 단결시켰고 견융(犬戎)이 주유왕(周幽王)을 죽이자 군대를 이끌고 왕실을 도와 견융을 평정하였다.

107) 목과(木瓜) : 《시경(詩經)》 〈위풍(衛風)〉의 편 이름.

四月 韓須如齊逆女 須 韓起子 **齊陳無宇送女 致少姜 少姜有寵於晉侯 晉侯謂之少齊 謂陳無宇非卿** 欲使齊以適夫人禮送少姜 **執諸中都** 中都 晉邑 **少姜爲之請曰 送從逆班** 送者當依逆者班列 **畏大國也 猶有所易 是以亂作** 韓須 公族大夫 陳無宇 上大夫 言齊畏晉改禮 致此執辱

4월에 진(晉)나라 한수(韓須)가 제(齊)나라에 가서 공녀(公女)를 맞이하였다.[108] 수(須)는 한기(韓起)의 아들이다. 제나라 진무우(陳無宇)가 공녀를 호송하여 진나라까지 가서 소강(少姜)을 보내주었다. 소강이 진후(晉侯)에게 총애를 받게 되니, 진후는 그녀를 소제(少齊)라고 불렀다. 진나라는 진무우가 경이 아니라고 하여 제(齊)나라로 하여금 적부인(適夫人)의 례로 소강(少姜)을 호송하게 하고자 한 것이다. 그를 중도(中都)에 잡아 두니, 중도(中都)는 진(晉)나라 읍이다. 소강이 그를 위하여 요청하기를 "호송하는 사람의 반렬은 맞이하는 사람의 반렬을 따라야 하지만 호송하는 자는 마땅히 맞이하러 온 자의 반렬에 따라야 한다는 것이다. 제나라는 대국을 두려워하여 오히려 례법을 바꾼 것인데,[109] 이 때문에 분란이 일어났습니다."라고 하였다. 한수(韓須)는 공족대부(公族大夫)이고 진무우(陳無宇)는 상대부(上大夫)이다. 제(齊)나라가 진(晉)나라를 두려워하여 례법을 바꾸어 호송하게 하였다가 이렇게 잡히는 모욕을 당하기에 이르렀다는 말이다.

叔弓如晉
숙궁(叔弓)이 진(晉)나라에 갔다.

叔弓聘于晉 報宣子也 晉侯使郊勞 辭曰 寡君使弓來繼舊好 固曰 女無敢爲賓 徹命於執事 敝邑弘矣 得達君命 受賜已大 **敢辱郊使 請辭 致館 辭曰 寡君命下臣來繼舊好 好合使成 臣之祿也 敢辱大館 叔向曰 子叔子知禮哉 吾聞之曰 忠信 禮之器也 卑讓 禮之宗也 辭不忘國 忠信也 先國後己 卑讓也 詩曰 敬愼威儀 以近有德 夫子近德矣**

로(魯)나라 숙궁(叔弓)이 진(晉)나라를 빙문하였으니, 선자(宣子)의 빙문에 대한 보답이

108) 한수(韓須)가~맞이하였다 : 제후(諸侯)는 친영하지 않으므로 한수(韓須)를 시켜 맞이하게 한 것이다. 맞이한 녀인은 소강(少姜)인데, 진후(晉侯)의 정실부인(正室夫人)은 아니다.

109) 제나라는~것인데 : 진(晉)나라 한수(韓須)는 대부의 신분으로 공녀(公女)를 맞이하러 왔기에 례법상 제(齊)나라도 대부가 공녀를 호송해야 한다. 그러나 제나라는 진나라를 두려워하여 호송하는 사람의 격을 높여 상대부(上大夫)인 진무우(陳無宇)로 하여금 호송하게 한 것이다.

었다. 진후(晉侯)가 교로(郊勞)[110]를 베풀려 하자, 숙궁은 사양하며 말하기를 "과군이 저 궁(弓)으로 하여금 이곳에 와서 지난날의 우호를 계속 유지하라고 하면서, 당부하여 말씀하기를 '너는 진나라에 가서 감히 손님 노릇하지 말라.'고 하였습니다. 과군의 명을 집사에게 전달[徹]하는 것으로도 우리나라가 큰 은혜를 입는 것인데, 임금의 명을 전달하는 것으로도 은혜를 받는 것이 매우 크다는 것이다. 감히 교사(郊使)[111]를 번거롭게 하겠습니까. 사양하기를 청합니다."라고 하였다. 객관에 들게 하자 사양하며 말하기를 "과군이 하신(下臣)에게 이곳에 와서 지난날의 우호를 계속 유지하라고 명하였으니, 우호를 맺어 사명을 완수한다면 신의 복[祿]입니다. 감히 대관(大館)에 들겠습니까."라고 하였다. 이에 숙향(叔向)이 말하기를 "자숙자(子叔子 : 叔弓)는 례를 아는구나. 내가 듣건대 충신(忠信)은 례의 그릇이고, 비양(卑讓)은 례의 으뜸이라고 하였다. 사양함에 있어서 나라를 잊지 않았으니[112] 충신이고, 나라를 먼저 생각하고 자신을 뒤에 생각하였으니[113] 비양이다. 《시(詩)》에 '너의 몸가짐을 공경하고 신중히 하여야 덕에 가까울 수 있네.'[114]라고 하였는데, 부자(夫子 : 叔弓)는 덕에 가까운 사람이다."라고 하였다.

秋 鄭殺其大夫公孫黑 가을에 정(鄭)나라가 그 대부 공손흑(公孫黑)을 죽였다.

秋 鄭公孫黑將作亂 欲去游氏而代其位 游氏 大叔之族 **傷疾作而不果** 前年游楚所擊創 **駟氏與諸大夫欲殺之** 駟氏 黑之族 **子産在鄙聞之 懼弗及 乘遽而至** 遽 傳驛 **使吏數之 曰 伯有之亂 以大國之事 而未爾討也 爾有亂心無厭 國不女堪 專伐伯有 而罪一也 昆弟爭室 而罪二也 薰隧之盟 女矯君位 而罪三也** 謂使大史書七子 **有死罪三 何以堪之 不速死 大刑將至 再拜稽首 辭曰 死在朝夕 無助天爲虐** 言天方虐我 無更助虐 **子産曰**

110) 교로(郊勞) : 외국의 사신을 맞이할 때 근교(近郊)로 사람을 보내어 수고로움을 위로하는 의례(儀禮).

111) 교사(郊使) : 임금의 명을 받고 근교(近郊)로 나아가 빈객을 맞이하는 사자(使者).

112) 사양함에~않았으니 : 교로(郊勞)와 대관(大館)을 사양한 것을 말한다.

113) 나라를~생각하였으니 : 나라를 먼저 생각하였다는 것은 처음에 임금의 명을 집사에게 전달하는 것으로도 자기 나라가 큰 은혜를 입었다고 생각한 것이고, 자신을 뒤에 생각하였다는 것은 뒤에 우호를 맺어 사명을 완수한다면 신(臣)의 복이라고 생각한 것이다.

114) 너의~있네 : 《시경(詩經)》 〈대아(大雅)〉 민로(民勞).

人誰不死 凶人不終 命也 凶人不以壽終 是乃天命 **作凶事 爲凶人 不助天 其助凶人乎 請以印爲褚師** 印 子晳子 褚師 市官 **子産曰 印也若才 君將任之 不才 將朝夕從女 女罪之不恤 而又何請焉 不速死 司寇將至 七月 壬寅 縊 尸諸周氏之衢 加木焉** 書其罪於木 以加尸上

가을에 정(鄭)나라 공손흑(公孫黑 : 子晳)이 란을 일으켜 유씨(游氏)를 제거하고 그 자리를 대신 차지하고자 하였는데, 유씨(游氏)는 태숙(大叔 : 游吉)의 족속이다. 상처가 덧나 결행하지 못하였다. 지난해에 유초(游楚 : 子南)의 공격을 받아 입은 상처이다. 그러자 사씨(駟氏)가 여러 대부와 함께 공손흑을 죽이려 하였다.[115] 사씨(駟氏)는 흑(黑)의 족속이다. 그때 자산(子産)이 변방에 있다가 이 소식을 듣고는 일이 생기기 전에 미처 도착하지 못할까 두려워 역참[遽]의 수레를 타고 도성에 도착하여 거(遽)는 역참이다. 공손흑에게 관리를 보내어 그 죄를 렬거하여 말하기를 "백유(伯有)의 란[116] 때 대국의 일 때문에 너를 토죄하지 못하였다.[117] 그런데 너는 란을 일으키려는 마음이 끝이 없으니, 나라에서는 너를 더 이상 두고 볼 수 없다. 멋대로 백유를 쳤으니 너의 첫 번째 죄이고, 형제 사이에 한 녀인을 두고 다투었으니[118] 너의 두 번째 죄이고, 훈수(薰隧)의 맹약 때 너는 임금님께서 명한 작위를 속였으니[119] 너의 세 번째 죄이다. 공손흑(公孫黑)이 태사(大史)에게 칠자(七子)로 기록하도록 한 일을 이른다. 죽을죄가 세 가지가 있는데 어찌 두고 보겠는가. 네가 속히 죽지 않는다면 큰 형벌[大刑 : 死刑]이 이를 것이다."라고 하였다. 공손흑이 두 번 절하고 머리를 조아리며 변명하기를 "나는 죽음이 머지않아 있을 것이니, 하늘을 도와 나를 더 학대하지 말라."라고 하였다. 하늘이 바야흐로 나를 학대하고 있으니, 다시 하늘을 도와 나를 더 학대하지 말라는 말이다. 자산이 말하기를 "사람이 누구인들 죽지 않겠는가마는 흉악한 사람이 제명에 죽지 못하는 것은 천명이다. 흉악한 사람이 제명대로 죽지 못하는 것은 바로 천명이라는 것이다. 너는 흉악한 짓을 하여 흉악한 사람이 되었으니, 내가 하늘을 돕지 않고 어찌 흉악한 사람을 돕겠는가."라고 하였다. 공손흑이 인(印)을 저사(褚師)로

---

115) 사씨(駟氏)가~하였다 : 공손흑(公孫黑)으로 인해 그들의 족속에 화가 미칠까 두려워한 것이다.

116) 백유(伯有)의 란 : 이 란은 공손흑(公孫黑)이 당시 정(鄭)나라의 집정이던 백유(伯有)를 공격하여 내쫓은 일을 이른다. 이 일은 양공(襄公) 30년조에 있다.

117) 대국(大國)의~못하였다 : 대국의 명에 이바지하는 데 힘쓰느라 너의 죄를 다스릴 겨를이 없었다는 말이다.

118) 형제~다투었으니 : 소공(昭公) 원년에 서오범(徐吾犯)의 누이를 차지하려고 공손흑(公孫黑)이 자남(子南 : 公孫楚)과 다툰 일을 말한다.

119) 훈수(薰隧)의~속였으니 : 소공(昭公) 원년에 정백(鄭伯)이 여섯 대부들과 공손단(公孫段)의 집에서 맹약하였는데, 공손흑(公孫黑)이 억지로 맹약에 참여하여 자기의 이름도 함께 넣어 6경(卿)과 동렬이 되고자 칠자(七子)라고 기록하게 하였다. 이것이 작위를 속인 것이고 그 맹약한 장소가 훈수(薰隧)이다.

삼아주기를 청하니, 인(印)은 자석(子晳 : 公孫黑)의 아들이다. 저사(褚師)는 시관(市官)[120]이다. 자산이 말하기를 "인이 만약 재주가 있다면 임금님께서 장차 임용할 것이지만 재주가 없다면 머지않아 너를 따라갈 것이다.[121] 너의 죄를 걱정하지 않고 또 무엇을 청하는가. 속히 죽지 않으면 장차 사구(司寇)[122]가 이를 것이다."라고 하였다. 7월 임인일에 공손흑이 목매어 죽으니, 그 시신을 주씨(周氏)의 거리에 놓아두고 죄상을 기록한 나무를 시신 위에 올려놓았다. 나무에 그의 죄상을 기록하여 시신 위에 올려놓은 것이다.

冬 公如晉 至河乃復 季孫宿如晉

겨울에 소공(昭公)이 진(晉)나라에 가다가 하수(河水)에 이르러 돌아오고 계손숙(季孫宿)이 진나라에 갔다.

晉少姜卒 公如晉 及河 晉侯使士文伯來辭 曰 非伉儷也 請君無辱 公還 季孫宿遂致服焉 致少姜之襚服 **叔向言陳無宇於晉侯曰 彼何罪 君使公族逆之 齊使上大夫送之 猶曰不共 君求以貪** 晉之求齊 已過於貪 **國則不共 而執其使** 言齊國不共 非使人之罪 **君刑已頗 何以爲盟主** 頗 不平 **且少姜有辭 冬 十月 陳無宇歸 十一月 鄭印段如晉弔**

진(晉)나라 소강(少姜)이 졸하거늘 소공(昭公)이 진나라에 가다가 하수(河水)에 이르렀는데, 진후(晉侯)가 사문백(士文伯)을 보내와서 사양하기를 "소강은 정실(正室 : 伉儷)이 아니니 임금님께서는 수고롭게 왕림하지 마시기 바랍니다."라고 하였다. 소공은 돌아오고, 계손숙(季孫宿)은 그대로 가 마침내 옷을 바쳤다. 소강(少姜)의 수의(襚衣)를 바친 것이다. 숙향(叔向)이 진후에게 진무우(陳無宇)에 대해 말하기를 "저 사람이 무슨 죄를 지었습니까. 임금님께서는 공족을 보내어 소강을 맞이하게 하셨으나 제(齊)나라는 상대부를 보내어 호송하게 하였는데 오히려 공손하지 못하다고 하셨으니, 임금님의 요구가 너무 탐욕스럽습니다. 진(晉)나라가 제(齊)나라에 요구하는 것이 너무 지나치게 탐욕스럽다는 것이다. 그리고 제나라가 공손하지 못했다 하더라도 그 사자를 잡았으니, 제(齊)나라가 공손하지 못한 것은 사인(使人)의 죄가 아니라는 말이다. 임금님의 형벌이 너무 치우쳤습니다[頗]. 그러니 어찌 맹주가 되겠습니까. 파(頗)는 공평하지

120) 시관(市官) : 시장을 관리하는 벼슬.

121) 너를~것이다 : 너와 같이 방자한 행위를 하여 죽음을 자초하게 될 것이라는 의미이다.

122) 사구(司寇) : 형벌을 주관하는 벼슬.

못함이다. 또 소강도 이에 대해 말씀하셨습니다."[123]라고 하였다. 겨울 10월에 진무우가 제나라로 돌아갔다. 11월에 정(鄭)나라 인단(印段)이 진나라에 가서 조문하였다.

소공(昭公) 3년 【壬戌 B.C.539】

三年 春 王正月

3년 봄 왕정월이다.

三年 春 王正月 鄭游吉如晉 送少姜之葬 梁丙與張趯見之 二子 晉大夫 **梁丙曰 甚矣哉 子之爲此來也 子大叔曰 將得已乎 昔文襄之霸也** 晉文公襄公 **其務不煩諸侯 令諸侯三歲而聘 五歲而朝 有事而會 不恊而盟 君薨 大夫吊 卿共葬事 夫人 士吊 大夫送葬 足以昭禮 命事謀闕而已 無加命矣 今嬖寵之喪 不敢擇位 而數於守適** 夫人守內官之適長 故曰守適 言禮數如夫人 **唯懼獲戾 豈敢憚煩 少姜有寵而死 齊必繼室 今玆吾又將來賀 不唯此行也 張趯曰 善哉 吾得聞此數也** 幸聞此禮數 **然自今子其無事矣 譬如火焉** 火 心星 **火中 寒暑乃退** 心以季夏昏中而暑退 季冬朝中而寒退 **此其極也 能無退乎 晉將失諸侯 諸侯求煩不獲** 言將不能復煩諸侯 **二大夫退 子大叔告人曰 張趯有知 其猶在君子之後乎** 譏其無隱諱

3년 봄 왕정월에 정(鄭)나라 유길(游吉)이 진(晉)나라에 가서 소강(少姜)을 송장(送葬)[124]하였다. 량병(梁丙)과 장적(張趯)이 유길을 만났는데, 두 사람은 진(晉)나라 대부이다. 량병이 말하기를 "그대가 이번에 송장하러 오신 것은 례에 지나친 것 같습니다."[125]라고 하였다. 자태숙(子大叔 : 游吉)이 말하기를 "어찌[將] 오지 않을 수 있겠습니까. 옛날 문공(文公)과 양

123) 소강도~말씀하셨습니다 : 진무우(陳無宇)의 석방을 요청했다는 말이다.

124) 송장(送葬) : 령구(靈柩)를 장지로 떠나보내는 일.

125) 그대가~같습니다 : 경(卿)이 폐첩(嬖妾)의 장례에 참석하였으니, 례에 지나침이 있다는 말이다.

공(襄公)께서 제후들의 패자가 되었을 때 진문공(晉文公)과 진양공(晉襄公)이다. 그 힘쓴 일은 제후들을 번거롭게 하지 않는 것이었습니다. 그래서 제후들에게 명하여 3년마다 빙문하게 하고 5년마다 조견하게 하였으며, 일이 있으면 회합하고 서로 화합하지 못하면 맹약하게 하였습니다. 또 제후국의 임금이 훙하면 각 국의 대부가 조문하고 경이 장례를 받들게 하였으며,[126] 부인(夫人)의 상에는 각 국의 사(士)가 조문하고 대부들이 송장하여 례를 밝힐 수 있게 하였으며, 중요한 일에 대해서 명하고 빠뜨린 부분에 대해 상의하게 하였을 뿐이지 명을 더하지 않았습니다. 그런데 지금은 총애했던 폐첩(嬖妾)의 상사에도 제후들은 감히 지위에 맞는 사람을 가려 보내지 못하고, 수적(守適 : 適夫人)에 해당되는 례수(禮數)를 갖추어 조문하고도 부인(夫人)은 내관(內官)의 적장(適長)[127]자리를 지키므로 수적(守適)이라고 한 것이다. 례수(禮數)를 부인(夫人)의 경우와 같이 했다는 말이다. 죄를 얻을까 두려워하고 있는데 어찌 감히 송장하러 오는 번거로움을 꺼리겠습니까. 그리고 소강은 총애를 받다가 죽었으니 제(齊)나라에서 반드시 계실(繼室)을 보낼 것입니다. 그러면 이에 내가 또 와서 하례할 것이니, 이번 걸음만이 아닐 것입니다."라고 하였다. 장적이 말하기를 "좋은 말입니다. 저는 례수에 대한 고견을 들었습니다. 이러한 례수(禮數)에 대해 들은 것을 다행으로 여긴 것이다. 그러나 이제부터 그대가 오는 일은 없을 것입니다. 비유하면 화성[火]과 같으니 화(火)는 심성(心星)[128]이다. 화성이 남중하면 추위와 더위가 물러가는 것은 심성(心星)이 계하(季夏) 저녁에 남중하면 더위가 물러가고, 계동(季冬) 아침에 남중하면 추위가 물러간다. 도수(度數)가 그 극에 달하였기 때문이니, 물러나지 않을 수 있겠습니까. 진나라는 장차 제후들을 잃을 것이니, 그렇게 되면 제후들이 번거롭게 하기를 구하여도 그렇게 될 수 없을 것입니다."라고 하였다. 장차 다시는 제후들을 번거롭게 할 수 없다는 말이다. 두 대부가 물러가자 자태숙이 사람들에게 고하여 말하기를 "장적은 지혜가 있으나 오히려 군자의 말석에 위치할 뿐이다."[129]라고 하였다. 그가 자기 나라의 일에 대하여 숨기지 않은 것을 비난한 것이다.

齊侯使晏嬰請繼室於晉 曰 寡君使嬰曰 寡人願事君 朝夕不倦 將奉質幣 以無失時 則國家多難 是以不獲 不腆先君之適 謂少姜 **以備內官 焜燿寡人之望** 焜 明也 燿 照也

---

126) 장례를 받들었으며 : 송장(送葬)한 것이다.

127) 내관(內官)의 적장(適長) : 내궁(內宮)을 지키는 적실(適室)이란 말로 적부인(適夫人)을 이른다.

128) 심성(心星) : 대화심성(大火心星)이니 곧 화성(火星)이다.

129) 장적은~뿐이다 : 장적(張趯)이 자기 나라의 잘못을 숨기지 않은 것을 비난한 것이다. 그러나 이와 달리 장적은 지혜가 있으니 군자의 반렬에 들 수 있다고 보는 설도 있다.

則又無祿 早世隕命 寡人失望 君若不忘先君之好 惠顧齊國 辱收寡人 徼福於大公丁公 照臨敝邑 鎭撫其社稷 則猶有先君之適 適夫人之女 **及遺姑姊妹** 遺 餘也 **若而人君若不棄敝邑而辱使董振擇之 以備嬪嬙 寡人之望也** 董 正也 振 整也

제후(齊侯)가 안영(晏嬰)을 보내어 진(晉)나라에 계실(繼室)을 들이기를 청하였다.[130] 이에 안영이 다음과 같이 말하였다. "과군이 저 영(嬰)을 시켜 말씀하기를 '과인은 임금님[晉君] 섬기기를 원하여 아침저녁으로 게을리하지 않았고, 장차 폐백 바치기를 때를 놓치지 않으려 하였으나 국가에 환난이 많았으므로 뜻을 얻지 못하였습니다.[131] 선군의 변변치 못한 적녀(適女)가 소강(少姜)을 이른다. 임금님의 내관(內官)에 충당되어 과인의 바람을 밝게[焜] 비추어주었더니[燿], 혼(焜)은 밝음이고 요(燿)는 비춤이다. 또 복이 없어 일찍 죽어 과인은 실망하였습니다. 임금님께서 만약 우리 선군의 우호를 잊지 않아 제(齊)나라를 은혜롭게 돌보아 주시고, 수고로이 과인을 거두어 주셔서 우리 태공(大公)과 정공(丁公)[132]에게서 복을 받게 해주시고 우리나라에 밝게 림하시어 사직을 진무해 주신다면 아직도 우리나라에는 선군의 적녀와 적부인(適夫人)의 딸이다. 그 나머지[遺] 고자매(姑姊妹)[133]들로 유(遺)는 나머지이다. 이러이러한[而][134] 사람이 있습니다. 임금님께서 만약 우리나라를 버리지 않고 수고로이 사신을 보내어 바르고[董] 단정한[振] 녀인을 골라 빈장(嬪嬙)[135]에 충당해 주신다면 이것이 과인의 바람입니다.'라고 하셨습니다." 동(董)은 바름이고 진(振)은 단정함이다.[136]

韓宣子使叔向對曰 寡君之願也 寡君不能獨任其社稷之事 未有伉儷 在縗絰之中 是以未敢請 時平公爲少姜 行夫人服 **君有辱命 惠莫大焉 若惠顧敝邑 撫有晉國 賜之內主 豈唯寡君 擧羣臣實受其貺 其自唐叔以下 實寵嘉之**

한선자(韓宣子)가 숙향(叔向)을 시켜 안영(晏嬰)에게 다음과 같이 대답하였다. "이는 과군이 원하는 것입니다. 과군은 혼자서 사직의 일을 담당할 수 없고[137] 정실(正室)마저 없는

---

130) 진(晉)나라에~청하였다 : 다시 제(齊)나라 공녀(公女)로 소강(少姜)의 뒤를 잇게 하려 한 것이다.

131) 뜻을~못하였습니다 : 직접 올 수 없었다는 것이다.

132) 태공(大公)과 정공(丁公) : 태공(大公)은 제(齊)나라의 시조인 강태공(姜太公)이고 정공(丁公)은 제나라의 제2대 임금이다.

133) 고자매(姑姊妹) : 지금 임금이 고모(姑母)라고 부르는 선군의 자매.

134) 이러이러한[而] : 여기서의 이(而)는 여(如)와 같다.

135) 빈장(嬪嬙) : 궁중의 내관(內官). 즉 궁녀(宮女).

136) 동(董)은~단정함이다 : 이에 대하여 전문의 '董振'을 신중(愼重)하다는 의미로 보는 설도 있다.

터에 상중에 있으므로 감히 청할 수 없었습니다. 당시 진평공(晉平公)은 소강(少姜)을 위하여 부인(夫人)의 복제(服制)를 시행한 것이다. 그런데 제(齊)나라 임금님께서 수고로이 이같이 명하시니 은혜가 이보다 큰 것이 없습니다. 만약 우리나라를 은혜롭게 돌보아 주시고 우리 진(晉)나라를 위무하기 위해 내주(內主)138)를 보내주신다면 어찌 과군만 은혜를 입는 것이겠습니까. 뭇 신하가 실로 은혜를 입는 것이고, 당숙(唐叔)139) 이하 선군들도 이를 영광[寵]으로 여기고 아름답게 여기실 것입니다."

既成昏 許昏成 **晏子受禮** 受賓享之禮 **叔向從之宴 相與語 叔向曰 齊其何如 晏子曰 此季世也 吾弗知齊其爲陳氏矣 公棄其民而歸於陳氏 齊舊四量 豆區釜鍾** 齊舊有四等之量 **四升爲豆 各自其四 以登於釜** 四豆爲區 四區爲釜 **釜十則鍾** 六斛四斗 **陳氏三量 皆登一焉 鍾乃大矣** 登 加也 謂加舊量之一 以五升爲豆 五豆爲區 五區爲釜 則鍾八斛 **以家量貸 而以公量收之** 貸厚而收薄 **山木如市 弗加於山 魚鹽蜃蛤 弗加於海** 價如在山海 不加貴 **民參其力 二入於公 而衣食其一** 言公重賦斂 **公聚朽蠹 而三老凍餒** 聚 積聚也 三老謂上壽中壽下壽 **國之諸市 屨賤踊貴** 踊 刖足者屨 言刖者多 **民人痛疾 而或燠休之** 燠 音憂 休同咻 燠休痛念之聲 謂陳氏也 **其愛之如父母 而歸之如流水 欲無獲民 將焉辟之 箕伯直柄虞遂伯戲** 四人 陳氏之先 **其相胡公大姬 已在齊矣** 胡公 四人之後 大姬 其妃 相 助也 言陳氏將有國 其先祖鬼神已共在齊

혼인의 약속이 이루어지자 혼인이 이루어지도록 허낙한 것이다. 안자(晏子 : 晏嬰)가 향례를 받았다. 빈향(賓享)140)의 례를 받은 것이다. 숙향(叔向)이 그를 따라 연회에 가서 서로 대화하였다. 숙향이 말하기를 "제(齊)나라는 사정이 어떠합니까?"라고 하니, 안자가 말하기를 "제나라는 이미 말세가 되었습니다. 제가 잘 알지는 못하지만 제나라는 아마도 진씨(陳氏)의 세상이 될 것입니다. 지금 우리 임금님께서 백성을 버리니 백성이 진씨에게로 귀의하고 있습니다. 제나라에는 예로부터 네 종류의 곡식의 량을 재는 단위가 있었는데, 두(豆)·구(區)·부(釜)·종(鍾)입니다. 제(齊)나라는 예로부터 네 등급의 량제(量制)가 있었다. 4승(升)이 1두(豆)가 되고, 각기 네 배로 하여 부(釜)에 이르고, 4두(豆)가 1구(區)가 되고 4구(區)가 1부(釜)가 된다. 10부(釜)가

137) 사직의~없고 : 사직(社稷)의 일이 바쁘다는 말이다.

138) 내주(內主) : 내궁(內宮)을 다스리는 주인.

139) 당숙(唐叔) : 진(晉)나라의 초대 임금.

140) 빈향(賓享) : 손님을 접대하는 향연.

1종(鍾)입니다. 1종(鍾)은 6곡(斛) 4두(斗)이다. 그런데 진씨 집안은 3량(量)[141]에다가 하나씩을 더하니[登] 1종의 량은 공실의 량보다 큽니다. 등(登)은 더함이니 옛 량(量)에 1단위를 더하여 5승(升)으로 1두(豆)를 삼고, 5두(豆)로 1구(區)를 삼고, 5구(區)로 1부(釜)를 삼음을 이르니 1종(鍾)은 8곡(斛)이다.[142] 진씨는 집안에서 쓰는 량의 단위로 백성에게 곡물을 대여했다가 받을 때는 공실의 량의 단위로 거둡니다. 대여할 때는 넉넉하게 하고 거둘 때는 적게 한 것이다. 그리고 산의 나무를 시장에 가져와서도 산에서 파는 값에 더 붙이지 않으며, 생선·소금·조개를 시장에 가져와서도 바닷가에서 파는 값에 더 붙이지 않습니다. 물건값이 산지인 산이나 바다에서와 같이하여 더 붙여서 비싸게 하지 않은 것이다. 그러나 백성은 힘들여 생산한 것을 3등분하여 2분을 공실에 납입하고 남은 1분으로 의식을 해결합니다. 공실에서 과중하게 부세를 징수한다는 말이다. 공실에서는 백성에게 거두어 쌓아둔[聚] 것이 썩고 벌레가 생겨나되 삼로(三老)들은 추위와 굶주림에 시달리며, 취(聚)는 거두어 쌓아 둠이다. 삼로(三老)는 상수(上壽)·중수(中壽)·하수(下壽)를 이른다.[143] 나라의 모든 시장에 신발은 싸고 목발[踊]은 비쌉니다. 용(踊)은 월형(刖刑)을 당한 사람이 신는 신이니, 월형을 당한 사람이 많다는 말이다. 백성이 고통에 시달리면 혹자[陳氏]는 그들의 사정을 가슴 아파합니다[燠休]. 우(燠)는 음이 우(憂)이고 휴(休)는 아픈 사람을 위로함[咻]과 같으니, 우휴(燠休)는 가슴 아파하는 소리로 진씨(陳氏)가 가슴 아파함을 이르는 것이다. 그래서 백성은 진씨를 사랑하기를 부모같이 하여 물이 흐르듯 그에게 귀의하니 백성의 마음을 얻지 않고자 한들 어찌 피할 수 있겠습니까. 기백(箕伯)·직병(直柄)·우수(虞遂)·백희(伯戲)의 신령들이 4인은 진씨(陳氏)의 선조이다. 호공(胡公)[144]과 태희(大姬)를 돕기[相] 위하여 이미 제나라에 와 있습니다."라고 하였다. 호공(胡公)은 4인의 후손이고 태희(大姬)는 그 비(妃)이다. 상(相)은 도움이다. 진씨(陳氏)가 장차 나라를 소유할 것이므로 그 선조의 귀신들이 이미 함께 제(齊)나라에 와 있다는 말이다.[145]

叔向曰 然 雖吾公室 今亦季世也 戎馬不駕 卿無軍行 **言晉衰弱 不能征討** **公乘無人 卒**

---

141) 3량(量) : 두(豆)·구(區)·부(釜)이다.

142) 등(登)은~8곡(斛)이다 : 십삼경주소본(十三經注疏本) 주에 '옛 본(本)에는 5승(升)을 1두(豆)로 삼고 4두를 1구(區)로 삼고 4구를 1부(釜)로 삼아 단지 두 만을 한 단위 더하여 5승으로 삼으니 구와 부는 저절로 커진다'고 하였다. 그러므로 이를 참고하면 1구는 2두(斗)이고 1부는 8두(斗)가 되니 전문주에 1종(鍾)을 8곡(斛)이라 한 것이다.

143) 삼로(三老)는~이른다 : 상수(上壽)는 100세 이상, 중수(中壽)는 90세 이상, 하수(下壽)는 80세 이상의 로인이다.

144) 호공(胡公) : 주(周)왕실이 처음 봉한 진(陳)나라 시조.

145) 진씨(陳氏)가~말이다 : 장공(莊公) 22년에 진완(陳完 : 敬仲)이 제(齊)나라에 망명하였기 때문이다.

列無長 庶民罷敝 而宮室滋侈 道殣相望 餓死爲殣 **而女富溢尤** 嬖寵女家 富貴過甚 **民聞公命 如逃寇讎 欒郤胥原狐續慶伯 降在皁隷** 八姓 晉舊臣之族也 **政在家門 民無所依 君日不悛 以樂慆憂** 慆 藏也 **公室之卑 其何日之有** 言今至 **讒鼎之銘** 疾讒之鼎 **曰 昧旦丕顯 後世猶怠 況日不悛 其能久乎 晏子曰 子將若何 叔向曰 晉之公族盡矣 肸聞之 公室將卑 其宗族枝葉先落 則公從之 肸之宗十一族 唯羊舌氏在而已 肸又無子** 無賢子 **公室無度 幸而得死** 得以壽終爲幸 **豈其獲祀**

숙향(叔向)이 말하였다. "그렇습니다. 우리 진(晉)나라 공실도 지금 말세입니다. 융마를 병거에 메우지 않고, 경들은 거느릴 군사가 없으며, 진(晉)나라가 쇠약해져 정토(征討)할 수 없다는 말이다. 공실의 수레에 어자가 없고, 병사들의 대렬에는 우두머리도 없습니다. 그리고 백성은 피폐해졌는데도 궁실은 더욱 사치하며, 도로에 굶어 죽은 시체[殣]가 서로 바라보는데도[146] 굶어죽은 시신을 근(殣)이라고 한다. 녀인의 부유함은 더욱 심하니, 총애하는 녀인의 집은 부귀함이 지나치게 심하다는 것이다. 백성은 임금의 명을 듣기만 하면 도적이나 원수를 피하듯이 합니다. 란(欒)·극(郤)·서(胥)·원(原)·호(狐)·속(續)·경(慶)·백(伯)씨들은 강등되어 조예(皁隷 : 賤役)가 되었으며, 8성(姓)은 진(晉)나라의 오래된 신하들의 족속이다. 정권은 가문(家門)[147]으로 넘어가 백성은 의지할 곳이 없습니다. 그런데도 임금은 날로 고칠 생각을 아니하고 즐기면서 근심을 감추고[慆] 있으니, 도(慆)는 감춤이다. 공실이 몰락할 날이 며칠이나 남았겠습니까. 지금 바로 이른다는 말이다. 참정(讒鼎)의 명(銘)에 참정(讒鼎)은 참소하는 자를 미워하여 만든 솥이다.[148] 말하기를 '이른 새벽부터 부지런히 힘써 공적을 크게 드러내더라도 후손들이 오히려 게을리할까 두렵다.'고 하였는데, 하물며 날마다 고치지 않는 경우라면 어찌 오래 갈 수 있겠습니까." 안자(晏子)가 말하기를 "그대는 어찌 되겠습니까?"라고 하니, 숙향이 말하기를 "진나라의 공족들은 다 망했습니다. 나 힐(肸)이 듣기로는 공실이 쇠약해지려 함에 그 종족의 지손(支孫)들이 먼저 몰락하면 공실은 뒤따른다고 하였습니다. 나 힐의 11개 종족 가운데 오직 양설씨(羊舌氏)만이 남아있을 뿐이고,[149] 나 힐에게는 또 아들이 없습니다. 현명한 아들이 없다는 것이다. 공실에 법도가 없는데 요행히 제명대로 산다고 한들 제명대로 사는 것이 요행이

---

146) 서로 바라보는데도 : 끊임없이 이어진다는 말이다.

147) 가문(家門) : 경대부(卿大夫)의 집안.

148) 참정(讒鼎)은~솥이다 : 이에 대하여 우(禹)임금이 구정(九鼎)을 만들 때 감(甘) 땅과 참(讒) 땅 등에서 만들었으므로 참정(讒鼎)이라고 한다는 설도 있다.

149) 나 힐의~뿐이고 : 숙향(叔向)은 성이 양설(羊舌)이고 이름은 힐(肸)이다. 숙향의 종족 가운데 자기의 집안만 남아있다는 말이다.

라는 것이다. 어찌 제사를 받을 수 있겠습니까."라고 하였다.

初 景公欲更晏子之宅 曰 子之宅近市 湫隘囂塵 不可以居 請更諸爽塏者 爽明塏燥 **辭曰 君之先臣容焉 臣不足以嗣之 於臣侈矣 且小人近市 朝夕得所求 小人之利也 敢煩里旅** 言不敢勞衆爲己宅 **公笑曰 子近市 識貴賤乎 對曰 旣利之 敢不識乎 公曰 何貴何賤 於是景公繁於刑 有鬻踊者 故對曰 踊貴屨賤 旣已告於君 故與叔向語而稱之 景公爲是省於刑**

이보다 앞서 제경공(齊景公)이 안자(晏子)의 집을 바꾸어 주고자 하여 말하기를 "그대의 집이 시장에 가까워 저습(低濕)하고 좁으며 시끄럽고 먼지가 일어 살기에 적합하지 않으니, 밝고[爽] 마른[塏] 곳으로 옮겨주려고 한다."라고 하였다. 상(爽)은 밝음이고 개(塏)는 마름이다. 안자가 사양하며 말하기를 "임금님의 선신(先臣)[150]이 살았던 곳으로 신이 이어서 살기에도 자격이 부족하니, 이것도 신에게는 사치스럽습니다. 그리고 소인은 시장 가까이 살아 아침 저녁으로 필요한 것들을 손쉽게 구할 수 있으니, 저 같은 소인에게는 리로운 곳입니다. 그러니 어찌 감히 마을 사람들을 번거롭게 하겠습니까."라고 하였다. 감히 여러 사람을 수고롭게 하여 자신의 집을 새로 만들 수 없다는 말이다. 경공(景公)이 웃으며 말하기를 "그대는 시장 가까이 살고 있으니 물건의 비싸고 쌈을 아는가?"라고 하니, 대답하기를 "이미 시장 가까이 사는 것을 리로움으로 여기고 있으니 감히 알지 못하겠습니까."라고 하였다. 경공이 말하기를 "무엇이 비싸고 무엇이 싸던가?"라고 하였다. 이때 경공이 형벌을 람용하여 목발[踊]을 파는 자가 있었으므로, 대답하기를 "목발은 비싸고 신발[屨]은 쌉니다."라고 하였다. 이미 임금에게 이와 같이 고하였기 때문에 안자가 숙향과 대화할 때 이같이 말하였고, 경공이 이 때문에 형벌을 줄였다.

君子曰 仁人之言 其利博哉 晏子一言而齊侯省刑 詩曰 君子如祉 亂庶遄已 其是之謂乎

군자는 말한다. "어진 사람의 말은 그 리로움이 넓도다. 안자(晏子)의 한마디 말에 제후(齊侯)가 형벌을 줄였도다. 《시(詩)》에 이르기를 '군자가 복된 일을 하면 란이 빨리 종식되리라.'[151]고 하였으니, 이를 두고 이른 말이도다."

150) 임금님의 선신(先臣) : 안자(晏子)의 선친을 이른다.

151) 군자가~종식되리라 : 《시경(詩經)》 〈소아(小雅)〉 교언(巧言).

及晏子如晉 公更其宅 反 則成矣 既拜 拜謝新宅 **乃毁之 而爲里室 皆如其舊** 本壞里室以大其宅 故復之 **則使宅人反之** 還其故室 **且諺曰 非宅是卜 唯鄰是卜 二三子先卜鄰矣** 二三子謂鄰人 **違卜不祥 君子不犯非禮** 去儉卽奢 爲非禮 **小人不犯不祥 古之制也 吾敢違諸乎 卒復其舊宅 公弗許 因陳桓子以請 乃許之**

안자(晏子)가 진(晉)나라에 갔을 때 제경공(齊景公)이 그의 집을 고치게 하여 안자가 돌아와 보니 집이 완성되었다. 경공(景公)에게 배사하고 나서 새로 고친 집에 대하여 배사한 것이다. 이내 그 집을 헐어[152] 마을 사람들의 집을 다시 지어 옛 모습으로 복원하고는 본래 마을 사람들의 집을 헐고 그 집을 확장하였기 때문에 옛 모습으로 복원한 것이다. 곧 거주하던 사람들을 예전에 살던 집으로 돌아가게 하며 그들의 옛집으로 돌아가게 한 것이다. 말하기를[且][153] "속언에 집터로 길흉을 점치는 것이 아니라 이웃으로 길흉을 점친다고 하였소. 여러분[二三子]이 먼저 이웃을 점쳤는데[154] 이삼자(二三子)는 이웃사람들을 이른다. 그 점괘를 어기는 것은 상서롭지 못한 일이오. 군자는 례가 아닌 것을 범하지 않고 검소함을 버리고 사치스러움으로 나아가는 것이 례가 아닌 것이다. 소인은 상서롭지 않은 것을 범하지 않는 것이 옛날의 법도이니, 내가 감히 이를 어길 수 있겠소."라 하고 마침내 옛집을 복원하려 하였다.[155] 경공이 허낙하지 않다가 진환자(陳桓子)를 통하여 청하니 그제야 허낙하였다.

丁未 滕子原卒

정미일에 등자(滕子) 원(原)이 졸하였다.

原 公作泉

원(原)은 《공양전(公羊傳)》에는 천(泉)으로 되어 있다.

---

152) 그~헐어 : 본래 마을 사람들의 집이 있었던 곳에 새로 확장한 것을 허문 것이다.

153) 말하기를[且] : 전문의 '且'는 보통 '曰'의 잘못으로 보고 있다. 이렇게 보아야 앞뒤의 의미가 련결되므로 여기서도 '曰'로 해석하였다.

154) 여러분[二三子]들이~점쳤는데 : 마을 사람들이 나와 이웃되는 것이 길하다고 여겨 내 이웃에 살게 되었다는 말이다.

155) 마침내~하였다 : 옛집을 확장하는 과정에 헐린 이웃집들은 이미 복원하여 돌려주었으나 자신의 새집은 임금의 명으로 지었기 때문에 함부로 헐 수 없어 아직도 복원하지 못하고 있다가 이제야 복원하려 한 것이다.

丁未 滕子原卒 同盟 故書名

정미일에 등자(滕子) 원(原)이 졸하였으니, 동맹을 하였기 때문에 경문에 이름을 기록한 것이다.

夏

여름이다.

四月 鄭伯如晉 公孫段相 甚敬而卑 禮無違者 晉侯嘉焉 授之以策 策 賜命之書 **曰 子豐有勞於晉國** 子豐 段之父 **余聞而弗忘 賜女州田** 州 縣名 **以胙乃舊勳 伯石再拜稽首受策以出**

4월에 정백(鄭伯)이 진(晉)나라에 갔을 때 공손단(公孫段)이 상(相)이었는데, 매우 공경스럽고 겸손하여 례에 어긋남이 없었다. 진후(晉侯)가 그를 가상히 여겨 책서[策]를 주며 책(策)은 명을 내리는 글이다. 말하기를 "자풍(子豐)은 우리 진나라에 공로가 있었다. 자풍(子豐)은 단(段)의 아버지이다. 나는 그 이야기를 듣고 잊지 않고 있으니, 너에게 주(州) 땅의 전지를 내려 주(州)는 현(縣) 이름이다. 그[乃] 옛 공훈에 보답하노라[胙]."라고 하였다. 백석(伯石 : 公孫段)이 두 번 절하고 머리를 조아리고는 책서를 받아서 나왔다.

君子曰 禮 其人之急也乎 伯石之汰也 一爲禮於晉 猶荷其祿 況以禮終始乎 詩曰人而無禮 胡不遄死 其是之謂乎

군자는 말한다. "례는 사람에게 긴요한 것이다. 백석(伯石)은 교만한데도 한 번 진(晉)나라에 례를 행하여 오히려 복록을 받았거늘 하물며 시종 례를 행하는 사람에게 있어서이겠는가. 《시(詩)》에 '사람으로서 례가 없는 이는 어찌하여 빨리 죽지 않는가.'[156]라고 하였으니, 이를 두고 이른 것이로다."

初 州縣 欒豹之邑也 豹 欒盈族 **及欒氏亡 范宣子趙文子韓宣子皆欲之 文子曰 溫 吾縣也** 州本屬溫 **二宣子曰 自郤稱以別 三傳矣** 郤稱 晉大夫 始受州 別於溫 今傳三家 **晉之別**

156) 사람으로서~않는가 : 《시경(詩經)》 〈용풍(鄘風)〉 상서(相鼠). 위문공(衛文公)의 무례함을 풍자한 시이다.

縣 不唯州 誰獲治之 文子病之 乃舍之 二子曰 吾不可以正議而自與也 皆舍之 及文子爲政 趙獲曰 可以取州矣 **獲 趙文子之子** **文子曰 退 二子之言 義也 違義 禍也 余不能治余縣 又焉用州 其以徼禍也 君子曰** **文子又擧君子之言** **弗知實難 知而弗從 禍莫大焉 有言州必死 豊氏故主韓氏** **豊氏至晉 舊以韓氏爲主** **伯石之獲州也 韓宣子爲之請之 爲其復取之之故** **後若還晉 因欲自取 爲七年歸州張本**

애초에 주현(州縣)은 란표(欒豹)의 읍이었다. 표(豹)는 란영(欒盈)의 족속이다. 란씨(欒氏)가 망하자 범선자(范宣子)·조문자(趙文子)·한선자(韓宣子)가 모두 그 땅을 차지하고자 하였다. 문자(文子)가 말하기를 "온(溫) 땅은 본래 나의 현(縣)이오."라고 하자, 주현(州縣)은 본래 온(溫) 땅에 속했었다. 두 선자(宣子)가 말하기를 "극칭(郤稱) 때부터 분리되어 세 가문으로 전해져 왔소[三傳]. 극칭(郤稱)은 진(晉)나라 대부이다. 극칭이 처음 주(州) 땅을 받으면서 온(溫) 땅과 분리되었고, 지금은 세 가문으로 전해져 왔다는 것이다.[157] 우리 진(晉)나라에서 현이 분리된 경우가 오직 주(州) 땅만이 아니니, 누가 이를 취하여 다스릴 수 있단 말이오."[158]라고 하였다. 문자는 이를 곤난하게 여겨 그대로 내버려 두었다. 두 사람이 말하기를 "우리도 공정하게 론의하고서 스스로에게 줄 수는 없소."라 하고 모두 그대로 내버려 두었다. 문자가 집정이 되자 조획(趙獲)이 말하기를 "이제 주 땅을 취할 수 있습니다."라고 하였다. 획(獲)은 조문자(趙文子)의 아들이다. 문자가 말하기를 "물러가거라. 두 사람의 말이 도의에 맞았으니, 도의를 어기면 화가 이른다. 나는 내 현도 제대로 다스리지 못하는데 또 주 땅을 무엇에 쓰겠느냐. 그것은 화를 부르는 것이다. 군자가 말하기를 문자(文子)가 또 군자의 말을 든 것이다. '화난을 알지 못하는 것이 실로 화난이다.'라고 하였는데, 도의를 알고서도 따르지 않는다면 화가 이보다 더 큰 것은 없다. 다시 주 땅에 대해 말을 하는 자가 있으면 반드시 죽을 것이다."라고 하였다. 풍씨(豊氏)[159]가 예전에 한씨(韓氏)를 주인으로 삼았었고, 예전에 풍씨(豊氏)가 진(晉)나라에 갔을 때 한씨(韓氏)를 주인으로 삼은 것이다.[160] 백석(伯石)이 주 땅을 얻을 때 한선자가 그를 위하여 청하였으니, 다시 자기가 그것을 취할 수 있다고 여겼기 때문이었다. 뒤에 만약 진(晉)나라에 되돌려

---

157) 지금은~것이다 : 주현(州縣)이 극씨(郤氏)에게서 조씨(趙氏)로 전해졌고, 다시 란씨(欒氏)에게 전해졌다는 것이다.

158) 현이~말이오 : 현읍(縣邑) 가운데 이미 분리한 곳이 많으니, 분리되기 이전의 원래 주인이 누구인지를 따져서 취할 수는 없다는 것이다.

159) 풍씨(豊氏) : 정(鄭)나라 공손단(公孫段 : 伯石)의 씨족. 여기서는 공손단을 이른다.

160) 예전에~것이다 : 이는 풍씨(豊氏 : 公孫段)가 예전에 진(晉)나라에 갔을 때 한씨(韓氏 : 韓宣子) 집에서 묵었던 일을 말한다. 따라서 주인으로 삼았다는 풍씨와 한씨의 관계는 주종관계가 아니라 주인과 손님이라는 주객관계를 의미한다.

준다면 이 기회에 자기가 취하려고 한 것이다. 7년에 주(州) 땅을 되돌려주는 장본이 된다.

叔弓如滕 五月 葬滕成公
숙궁(叔弓)이 등(滕)나라에 갔다. 5월에 등나라 성공(成公)의 장례를 지냈다.

葬襄公 滕子來會 故魯厚報之 滕始書葬
양공(襄公)의 장례에 등자(滕子)가 와서 참석하였기 때문에 로(魯)나라가 두텁게 보답한 것이다. 등(滕)나라의 장례를 처음으로 경문에 기록하였다.

五月 叔弓如滕 葬滕成公 子服椒爲介 及郊 遇懿伯之忌 敬子不入 懿伯 椒之叔父 敬子 叔弓也 忌 忌日 適及滕郊而遇此日 故欲至次日乃入 **惠伯曰 公事有公利 無私忌 椒請先入 乃先受館 敬子從之**

5월에 숙궁(叔弓)이 등(滕)나라에 가서 등성공(滕成公)의 장례에 참석할 때 자복초(子服椒)가 부사였다. 교외에 이르러 의백(懿伯)의 기일(忌日)을 맞으니 경자(敬子)가 등나라로 들어가려 하지 않았다. 의백(懿伯)은 초(椒)의 숙부(叔父)이다. 경자(敬子)는 숙궁(叔弓)이다. 기(忌)는 기일(忌日)인데 마침 등(滕)나라 교외에 이르러 이 날을 맞았기 때문에 그다음 날을 기다려 들어가고자 한 것이다. 그러자 혜백(惠伯 : 子服椒)이 말하기를 "공적인 일에는 공적인 리익만이 있고 사적인 기일은 없는 것입니다. 저 초(椒)가 먼저 들어가기를 청합니다."라 하고, 먼저 들어가서 객관을 배정받으니 경자가 뒤따라 들어갔다.

○晉韓起如齊逆女 公孫蠆爲少姜之有寵也 以其子更公女而嫁公子 自以女易公女 更嫁公女 **人謂宣子 子尾欺晉 晉胡受之 宣子曰 我欲得齊而遠其寵 寵將來乎** 言子尾有寵於齊 我若踈之 其肯歸我乎

○진(晉)나라 한기(韓起)가 제(齊)나라에 가서 녀인을 맞이하였다.[161] 공손채(公孫蠆)는 소강(少姜)이 진후(晉侯)의 총애를 받았다고 하여 자기 딸을 공녀(公女)와 바꾸고, 공의 딸[公子]은 다른 곳으로 시집보내 버렸다.[162] 자기의 딸을 공녀(公女)와 바꾸고 다시 공녀를 다른 데로

161) 한기(韓起)가~맞이하였다 : 진평공(晉平公)을 위해 제(齊)나라 공녀(公女)를 맞이한 것이다.
162) 공의 딸[公子]은~버렸다 : 전문의 공자(公子)는 공녀(公女)와 같다.

시집보낸 것이다. 어떤 사람이 선자(宣子 : 韓起)에게 이르기를 "자미(子尾 : 公孫蠆)가 진나라를 속였는데 진나라는 어찌 이를 받아들였습니까?"라고 하니, 선자가 말하기를 "우리가 제나라의 마음을 얻고자 하면서 그 나라의 총신을 멀리한다면 총신이 장차 우리에게 오겠는가." 라고 하였다. 자미(子尾)가 제(齊)나라에서 총애를 받고 있는데 우리가 만약 그를 소원하게 대한다면 그가 기꺼이 우리에게 귀부(歸附)해 오겠느냐는 말이다.

秋

가을이다.

七月 鄭罕虎如晉 賀夫人 且告曰 楚人日徵敝邑 以不朝立王之故 楚靈王新立 **敝邑之往 則畏執事其謂寡君而固有外心 其不往 則宋之盟云** 云交相見 **進退罪也 寡君使虎布之 宣子使叔向對曰 君若辱有寡君 在楚何害 脩宋盟也 君苟思盟 寡君乃知免於戾矣 君若不有寡君 雖朝夕辱於敝邑 寡君猜焉 君實有心 何辱命焉 君其往也 苟有寡君 在楚猶在晉也**

7월에 정(鄭)나라 한호(罕虎)가 진(晉)나라에 가서 부인(夫人)을 맞이한 것을 축하하고, 또 고하기를 "초인(楚人)은 우리나라가 새로 즉위한 초왕(楚王)에게 조견하지 않는 것을 리유로 날마다 부릅니다. 초령왕(楚靈王)이 새로 즉위한 것이다. 우리나라가 초나라에 가면 진나라 집사께서 과군을 일러 본래부터 외심(外心)을 가졌다고 할까 두렵고, 가지 않는다면 송(宋)나라에서의 맹약에 이른 것이 있으니[163] 교차하여 서로 조견하라고 이른 것이다. 진퇴가 모두 죄가 됩니다. 이 때문에 과군이 저 호(虎)를 보내어 이러한 사정을 진술하게 하였습니다."라고 하였다. 선자(宣子 : 韓起)가 숙향(叔向)을 시켜 대답하기를 "그대의 임금님께서 만약 고맙게도 과군에게 마음을 두고 있다면 초나라에 가 계시더라도 무슨 해가 되겠소. 이는 송나라에서의 맹약을 다지는 것입니다. 그대의 임금님께서 진실로 맹약을 생각하신다면 과군은 그것이 죄에서 면한 것임을 알고 있겠지만, 그대의 임금님께서 만약 과군을 마음에 두고 있는 것이 아니라면 비록 아침저녁으로 우리나라에 애써 온다 하더라도 과군은 의심할 것이오. 그대의 임금님께서 진실로 우리에게 마음을 두고 있다면 무엇 때문에 수고스럽게

---

163) 송(宋)나라에서의~있으니 : 진(晉)나라를 따르는 제후들은 초(楚)나라에 조견하고, 초나라를 따르는 제후들은 진나라에 조견하게 하자는 양공(襄公) 27년 송(宋)나라에서의 맹약 내용을 이른다.

우리의 명을 받고자 합니까. 그대의 임금님께서는 가십시오. 진실로 과군에게 마음을 두고 있다면 초나라에 가 계셔도 진나라에 와 계신 것과 같소."라고 하였다.

張趯使謂大叔曰 自子之歸也 小人糞除先人之敝廬 曰 子其將來 今子皮實來 小人失望 大叔曰 吉賤 不獲來 賤 非上卿 **畏大國 尊夫人也 且孟曰 而將無事 吉庶幾焉** 孟 張趯也 庶幾如趯言

진(晉)나라 장적(張趯)이 사람을 시켜 정(鄭)나라 태숙(大叔 : 游吉)에게 말하기를 "그대가 돌아가고부터 소인은 선인의 낡은 집[164]을 소제하면서 말하기를 '그대는 아마도 장차 다시 올 것이다.'라고 하였는데, 지금 자피(子皮 : 罕虎)가 왔으니 소인은 실망하였습니다."라고 하였다. 태숙이 말하기를 "나 길(吉)은 지위가 낮아 갈 수가 없었으니, 지위가 낮다는 것은 상경(上卿)이 아니라는 것이다. 이는 대국을 두려워하고 부인(夫人)을 존경하기 때문입니다. 또 그대[孟]가 말하기를 당신[而]은 앞으로 올 일이 없을 것이라고[165] 하였으니, 나 길은 그렇게 되기를 바랍니다."라고 하였다. 맹(孟)은 장적(張趯)이다. 적(趯)의 말처럼 되기를 바란다는 것이다.

> 小邾子來朝
>
> 소주자(小邾子)가 와서 조견하였다.

小邾穆公來朝 季武子欲卑之 不欲以諸侯禮待之 **穆叔曰 不可 曹滕二邾 實不忘我好 敬以逆之 猶懼其貳 又卑一睦焉** 一睦謂小邾 **逆羣好也 其如舊而加敬焉 志曰 能敬無災 又曰 敬逆來者 天所福也 季孫從之**

소주(小邾)의 목공(穆公)이 와서 조견할 때 계무자(季武子)가 례를 낮추어 대우하려 하였다. 제후(諸侯)의 례로 대우하려 하지 않은 것이다. 그러자 목숙(穆叔)이 말하기를 "옳지 않습니다.

---

164) 선인의~집 : 선인은 먼저 방문해 왔었던 사람이라는 의미이니, 선인의 낡은 집이라는 것은 먼저 방문해 왔던 사람이 묵었던 객관으로 곧 태숙(大叔)이 머물던 객관이다.

165) 앞으로~것이라고 : 올 정월에 정(鄭)나라 유길(游吉 : 大叔)이 진(晉)나라 소강(少姜)의 장례에 참석하기 위해 갔을 때 진나라 장적(張趯)이 유길에게 이제부터 그대가 진나라에 다시 오는 일이 없을 것이라고 한 말을 이른다. 이는 진나라가 쇠퇴의 길로 들어섰기 때문에 다른 나라의 제후들이 번거롭게 진나라를 찾아오는 례를 차리지 않게 될 것이라는 의미이다.

조(曹)나라와 등(滕)나라 그리고 두 주(邾)나라[166]는 실로 우리와의 우호를 잊지 않고 있습니다. 공경스럽게 맞이하여도 오히려 두마음을 가질까 념려되는데 또 한 화목한 나라를 낮게 대우한다면 한 화목한 나라는 소주(小邾)를 이른다. 여러 우호국을 거스르게 하는 것입니다.[167] 예전처럼 하여 더욱 공경스럽게 대하십시오. 옛 기록에 이르기를 '잘 공경하면 재앙이 없다.'고 하였고, 또 이르기를 '공경으로 오는 이를 맞이하면 하늘이 복을 내려 준다.'고 하였습니다."라고 하니, 계손(季孫 : 季武子)이 이를 따랐다.

八月 大雩 8월에 크게 기우제를 지냈다.

八月 大雩 旱也

8월에 크게 기우제를 지냈으니, 가물었기 때문이다.

○齊侯田於莒 莒 齊東竟 **盧蒲嫳見 泣且請曰 余髮如此種種 余奚能爲** 種種 短也 **公曰 諾 吾告二子** 二子 子雅子尾 **歸而告之 子尾欲復之 子雅不可 曰 彼其髮短而心甚長 其或寢處我矣** 襄二十八年 嫳嘗有是言 故子雅以此爲對 **九月 子雅放盧蒲嫳于北燕**

○제후(齊侯)가 거(莒) 땅에서 사냥할 때 거(莒)는 제(齊)나라 동쪽 변경이다. 로포별(盧蒲嫳)이 알현하고 눈물을 흘리면서 청하기를[168] "제 머리털이 이렇게 짧아졌으니[種種] 제가 무엇을 할 수 있겠습니까."[169]라고 하니, 종종(種種)은 짧음이다. 제경공(齊景公)이 말하기를 "알겠다. 내가 두 사람에게 말해보겠다."라 하고 두 사람은 자아(子雅)와 자미(子尾)이다. 돌아와서 두 사람에게 말하였다. 자미(子尾)가 그를 복귀시키려 하자, 자아(子雅)가 안 된다고 하며 말하기를 "저 사람의 머리털은 짧아졌지만 속마음은 아주 깊으니, 그가 우리를 잠자리로 깔지도 모릅니다."[170]라고 하였다. 양공(襄公) 28년에 별(嫳)이 일찍이 이 말을 하였기 때문에 자아(子雅)가 이 말

166) 두 주(邾)나라 : 주(邾)와 소주(小邾)이다.

167) 화목한~것입니다 : 이 대목의 전문 '又卑一睦焉 逆羣好也'의 '焉'을 뒤 문구에 붙여서 '어찌 우호국들을 맞이할 수 있겠습니까.'라고 해석하는 견해도 있다.

168) 로포별(盧蒲嫳)이~청하기를 : 로포별(盧蒲嫳)은 경봉(慶封)의 당여로 양공(襄公) 28년에 북쪽 변경으로 추방되었다가 지금 제경공(齊景公)을 만나 국도로 돌아가기를 청한 것이다.

169) 제~있겠습니까 : 이제는 늙어서 아무 것도 할 수 없다는 말이다.

로써 대답한 것이다. 9월에 자아가 로포별을 북연(北燕)으로 추방하였다.

冬 大雨雹

겨울에 크게 우박이 내렸다.

北燕伯欵出奔齊

북연백(北燕伯) 관(欵)이 제(齊)나라로 망명나갔다.

燕簡公多嬖寵 欲去諸大夫而立其寵人 冬 燕大夫比以殺公之外嬖 比 相親比 **公懼 奔齊 書曰 北燕伯款出奔齊 罪之也**

연간공(燕簡公 : 款)은 총애하는 사람이 많아서 여러 대부를 제거하고 자기가 총애하는 사람을 세우고자 하였다. 그러자 겨울에 연(燕)나라 대부들이 어울려[比] 간공(簡公)의 외폐(外嬖)[171]들을 죽이니, 비(比)는 서로 친하게 어울림이다. 간공은 두려워하여 제(齊)나라로 망명하였다. 경문에 북연백(北燕伯) 관(款)이 제나라로 망명나갔다고 기록하였으니, 그를 죄준 것이다.

○十月 鄭伯如楚 子產相 楚子享之 賦吉日 欲與鄭伯共田 **旣享 子產乃具田備 王以田江南之夢** 楚之雲夢 跨江南北

○10월에 정백(鄭伯)이 초(楚)나라에 갈 때 자산(子產)이 상(相)이 되었다. 초자(楚子)가 향연을 베풀어 주면서 길일(吉日)[172]을 읊었다. 정백(鄭伯)과 함께 사냥하고자 한 것이다. 향연을 마치자 자산이 사냥장비를 갖추니, 초왕(楚王)이 정백과 함께 강남(江南)의 몽(夢) 땅에서

---

170) 저~모릅니다 : 양공(襄公) 28년에 로포별(盧蒲嫳)이 경봉(慶封)에게 자아(子雅)와 자미(子尾)를 빗대어 그들은 금수와 같으니 우리가 그들을 잠자리에 깔 수 있다고 한 말이 있기 때문에, 이 말을 상기하여 자아가 이와 같이 말한 것이다.

171) 외폐(外嬖) : 궁중 밖의 총애 받는 신하. 궁중 안의 총애 받는 내시나 녀인인 내폐(內嬖)와 상대되는 말이다.

172) 길일(吉日) : 《시경(詩經)》 〈소아(小雅)〉의 편 이름. 주선왕(周宣王)의 사냥에 대하여 읊은 시이다.

사냥하였다. 초(楚)나라의 운몽(雲夢)[173]으로 강수(江水)의 남북에 걸쳐 있다.

○齊公孫竈卒 司馬竈見晏子 司馬竈 齊大夫 **曰 又喪子雅矣 晏子曰 惜也 子旗不免 殆哉 姜族弱矣 而嬀將始昌** 嬀 陳氏 **二惠競爽 猶可** 子雅子尾皆惠公孫 競 彊也 爽 明也 **又弱一介焉 姜其危哉**

○제(齊)나라 공손조(公孫竈)가 졸하였다. 사마조(司馬竈)가 안자(晏子)를 만나서 사마조(司馬竈)는 제(齊)나라 대부이다. 말하기를 "또 자아(子雅 : 公孫竈)를 잃었습니다."라고 하니, 안자가 말하기를 "애석합니다. 자기(子旗 : 子尾)가 화를 면하지 못할 것이니, 위태롭습니다. 강씨(姜氏)의 종족은 쇠약해지고 규씨(嬀氏)가 장차 번창하기 시작할 것입니다. 규(嬀)는 진씨(陳氏)이다. 두 혜(惠)가 강성하고[競] 총명할[爽] 때가 오히려 괜찮았는데, 자아(子雅)와 자미(子尾)는 모두 혜공(惠公)의 손자이다. 경(競)은 강성함이요 상(爽)은 총명함이다. 또 한 사람이 쇠약해졌으니 강씨가 위태롭게 될 것입니다."라고 하였다.

소공(昭公) 4년【癸亥 B.C.538】

四年 春 王正月 大雨雹 4년 봄 왕정월에 크게 우박이 내렸다.

雹 公穀作雪

박(雹)은 《공양전(公羊傳)》과 《곡량전(穀梁傳)》에는 설(雪)로 되어 있다.

大雨雹 季武子問於申豊曰 雹可禦乎 禦 止也 申豊 魯大夫 **對曰 聖人在上 無雹 雖有不爲災 古者 日在北陸而藏冰** 陸 道也 謂夏十二月 日在虛危 氷堅而藏之 **西陸朝覿而出之** 覿 見也 謂春分之中 西道之奎星 晨見東方而出氷 **其藏冰也 深山窮谷 固陰沍寒 於是乎取之**

173) 운몽(雲夢) : 소택(沼澤) 지대 이름.

沍 閉也 必取積陰 導達陽氣 其出之也 朝之祿位 賓食喪祭 於是乎用之 其藏之也 黑牡秬黍 以享司寒 秬 黑黍 司寒 玄冥 北方之神 故物皆用黑 其出之也 桃弧棘矢 以除其災 將御至尊故 其出入也時 食肉之祿 冰皆與焉 大夫士皆肉食 大夫命婦喪浴用冰 命婦 大夫妻 自仲春喪浴 皆得用冰

크게 우박이 내리자 계무자(季武子)가 신풍(申豊)에게 묻기를 "우박을 그치게[禦] 할 수 있는가?"라고 하니, 어(禦)는 그침이다. 신풍(申豊)은 로(魯)나라 대부이다. 신풍이 다음과 같이 대답하였다. "성인이 윗자리에 있으면 우박이 없었고, 비록 있더라도 재앙이 되지는 않았습니다. 옛날에는 해가 북륙(北陸)[174]에 있을 때 얼음을 저장하고, 륙(陸)은 해가 운행하는 길이다. 이때는 하력(夏曆) 12월을 이르니 해가 허수(虛宿)와 위수(危宿) 자리에 있고 얼음이 굳어져 저장한다. 해가 서륙(西陸)[175]에 있고 별[奎星]이 새벽에 보일[覿] 때 얼음을 꺼냅니다. 적(覿)은 보임이다. 이는 춘분 때를 이르니 서도(西道)에 있는 규성(奎星)이 새벽에 동방에 보이면 얼음을 꺼낸다. 얼음을 저장할 때는 깊은 산 후미진 골짜기에서 음물(陰物 : 水)이 단단해져 찬 기운이 엉기어 맺히면[沍][176] 이에 그것을 취하고 호(沍)는 막힘[閉]이다. 반드시 음기가 쌓여있는 곳에서 얼음을 취하여야 양기가 발하는 시기까지 인도하여 갈 수 있는 것이다. 꺼낼 때는 조정의 록위(祿位)에 있는 자가 손님을 접대하거나 음식을 장만할 때와 상사나 제사가 있다면 이에 이것을 사용하였습니다. 얼음을 저장할 때는 검은 수소와 검은 기장[秬]으로 사한(司寒)에게 제사 지내고, 거(秬)는 검은 기장이다. 사한(司寒)은 현명(玄冥)이니 북방의 신이다. 그러므로 제물은 모두 검은색을 쓴다. 꺼낼 때에는 복숭아나무 활과 가시나무 화살을 가지고 재액(災厄)의 기운을 떨어내었습니다. 장차 지존(至尊 : 임금)에게 올려야 하기 때문이다. 얼음을 저장하고 꺼냄에는 일정한 때가 있었고, 고기를 먹을 수 있는 록을 받는 자들에게는 모두 얼음을 나누어주었으며, 대부와 사(士)는 모두 고기를 먹는다. 대부 및 명부(命婦)의 시신을 씻기는[喪浴] 데도 얼음을 썼습니다. 명부(命婦)는 대부의 처이다. 중춘(仲春)부터 시신을 씻기는 데 모두 얼음을 쓸 수 있다.

祭寒而藏之 獻羔而啓之 春分獻羔 始開冰室 公始用之 火出而畢賦 三月四月 火星昏見東方始頒冰 自命夫命婦 至於老疾 無不受冰 老 致仕在家者 山人取之 縣人傳之 山人 虞官 縣

---

174) 북륙(北陸) : 북륙(北陸)은 해가 28수(宿) 중 허수(虛宿)와 위수(危宿) 자리에 있을 때이다. 이때는 하력(夏曆) 12월에 해당하는 때로 1년 중 가장 춥다.

175) 서륙(西陸) : 서륙(西陸)은 해가 28수(宿) 중 규성(奎星)의 자리에 있을 때이다. 이때는 춘분 중에 해당하는 때이다.

176) 찬~맺히면[沍] : 찬 기운이 막혀[閉] 응고하여 얼음이 된 것이다.

人 遂屬 輿人納之 隷人藏之 輿隷 賤官 夫冰以風壯 因風而堅 而以風出 順春風而散用 其藏之也周 周 密也 其用之也徧 則冬無愆陽 冬溫 夏無伏陰 夏寒 春無淒風 秋無苦雨 雷出不震 無菑霜雹 癘疾不降 民不夭札 短折 今藏川池之冰 棄而不用 不藏山谷之冰 又不畢賦 風不越而殺 雷不發而震 越 散也 雹之爲菑 誰能禦之 七月之卒章 藏冰之道也 卒章曰 二之日 鑿冰冲冲 三之日 納于淩陰

사한(司寒)에게 제사를 지내고서 얼음을 저장하고, 염소를 바치고서 얼음 창고를 열어 춘분에 염소를 바쳐서 제사를 지내고 처음으로 얼음 창고를 연다. 임금이 처음으로 이를 씁니다. 화성(火星)[177]이 출현하면 모두에게 나누어 주니, 3월과 4월에 화성(火星)이 저녁 무렵 동쪽에 보이면 비로소 얼음을 나누어 준다. 명부(命夫 : 大夫)와 명부(命婦)로부터 늙고[老] 병들어 벼슬을 그만둔 이에 이르기까지 얼음을 받지 않는 이가 없었습니다. 로(老)는 나이가 많아서 벼슬을 그만두고 집에서 지내는 사람이다. 산인(山人)이 얼음을 채취하고, 현인(縣人)이 이를 전하며, 산인(山人)은 우관(虞官)[178]이다. 현인(縣人)은 수속(遂屬)[179]이다. 여인(輿人)이 들여오고, 예인(隷人)이 그것을 저장하였습니다. 여인(輿人)과 예인(隷人)은 하급 관리이다. 무릇 얼음은 바람으로 견고해지고 찬바람으로 인하여 견고해진다. 바람이 불면 꺼냅니다. 봄바람이 불어오면 나누어 쓴다. 얼음을 저장함에 치밀하게[周] 하고 주(周)는 치밀함이다. 사용함에 골고루 나누었으니, 겨울에 때를 어기는 양기가 없고 때를 어기는 양기가 있으면 겨울이 따뜻한 것이다. 여름에 숨어있는 음기가 없으며, 숨어있는 음기가 있으면 여름이 차가운 것이다. 봄에 서늘한 바람이 없고 가을에 장맛비가 없으며, 우레는 쳐도 벼락은 떨어지지 않았고 서리나 우박의 재해가 없었으며, 전염병이 내려오지 않아 백성이 일찍 죽지 않았습니다. 일찍 죽음이다. 그런데 지금은 시내와 연못의 얼음을 저장했다가 남으면 버리고 쓰지 않으므로 깊은 산골짜기의 얼음을 저장하지 않고 또 모두에게 나누지 않는 것이다. 바람이 흩어지지[越] 않아 사물을 해치고 우레가 울리지 않아도 벼락이 치니, 월(越)은 흩어짐이다. 우박이 내려 재앙이 되는 것을 누가 막을 수 있겠습니까. 칠월(七月)[180]의 마지막 장은 얼음을 저장하는 도를 말한 것입니다." 마지막 장에 '이지일(二之日)[181]에 쩌렁쩌렁 얼음을 캐고, 삼지일

---

177) 화성(火星) : 동방(東方) 묘위(卯位)에 있는 별. 심수(心宿)의 두 번째 별로 심성(心星) 또는 대화(大火)라고도 한다.

178) 우관(虞官) : 산림소택(山林沼澤)을 맡은 벼슬.

179) 수속(遂屬) : 도성 주변의 행정구역인 수(遂)에 소속된 관리.

180) 칠월(七月) : 《시경(詩經)》 〈빈풍(豳風)〉의 편 이름.

181) 이지일(二之日) : 2양(陽)의 달[日]. 양효(陽爻)가 둘인 달이니 12월을 말한다. 이는 열두 달을 《주역(周易)》의 괘(卦)에 맞추어 나타낸 말이다. 즉 11월은 동지(冬至)가 있어 양기(陽氣)가 처음 생겨나므로 양효 한 개를 아래에 배치하여 복괘(復卦)䷗로 형상하였고, 12월은 양기가 더욱 자라나므로 아래에 양효 두

(三之日)[182]에 얼음 창고에 들이네.'라고 하였다.

夏 楚子蔡侯陳侯鄭伯許男徐子滕子頓子胡子沈子小邾子宋世子佐淮夷會于申 楚人執徐子

여름에 초자(楚子)·채후(蔡侯)·진후(陳侯)·정백(鄭伯)·허남(許男)·서자(徐子)·등자(滕子)·돈자(頓子)·호자(胡子)·심자(沈子)·소주자(小邾子)·송(宋)나라 세자 좌(佐)·회이(淮夷)가 신(申) 땅에서 회합하였다. 초인(楚人)이 서자(徐子)를 잡았다.

淮夷不殊會 以見其類之同書 執徐子 危會申之諸侯也 楚子專會諸侯始此

회이(淮夷)는 달리 회합에 참여하지 않았으나 그 무리와 함께 할 뜻을 보였기 때문에 경문에 기록한 것이다. 서자(徐子)를 잡은 것은 신(申)[183] 땅에서 회합한 제후들을 위협하기 위한 것이다. 초자(楚子)가 단독으로 제후들을 회합한 것은 이로부터 시작되었다.

春 王正月 許男如楚 楚子止之 遂止鄭伯 復田江南 許男與焉 使椒擧如晉求諸侯 求專會諸侯 **二君待之** 鄭許二君 **椒擧致命曰 寡君使擧曰 日君有惠賜盟于宋 曰 晉楚之從 交相見也 以歲之不易 寡人願結驩於二三君 使擧請閒** 請其閒暇 **君若苟無四方之虞 則願假寵以請於諸侯**

봄 왕정월에 허남(許男)이 초(楚)나라에 가니, 초자(楚子 : 靈王)가 그를 머물게 하고 드디어 정백(鄭伯)도 머물게 하였다. 다시 초자가 강남(江南)에서 사냥할 때[184] 허남도 참여하였다. 한편 초자는 초거(椒擧)를 보내어 진(晉)나라에 가서 제후들의 회합을 요구하면서

개를 배치하여 림괘(臨卦)䷒로 형상하였다. 달을 '일(日)'이라고 한 것은 그 달에 속하는 날들이라는 의미이다.

182) 삼지일(三之日) : 3양(陽)의 달[月]. 양효(陽爻)가 셋인 정월(正月)을 말한다. 동짓달인 11월부터 양효가 아래에서 하나씩 생겨 올라와서 12월이면 양효가 둘이 되고, 정월이 되면 양효가 셋인 태괘(泰卦)䷊가 된다.

183) 신(申) : 초(楚)나라 현(縣) 이름.

184) 다시~때 : 지난해에 초자(楚子)가 정백(鄭伯)과 함께 강남(江南)에서 사냥한 일이 있었기 때문에 '다시'라고 한 것이다.

단독으로 제후들의 회합을 요구한 것이다.[185] 두 나라 임금을 기다리게 하였다. 정(鄭)나라와 허(許)나라의 두 임금이다. 초거가 초자의 명을 전하여 다음과 같이 말하였다. "과군이 저 거(擧)를 시켜 말씀하기를 '일전에 진나라 임금님께서 우리나라에 은혜를 베푸시어 송(宋)나라에서 맹약[186]할 때 진나라와 초나라를 따르는 나라는 교차하여 서로 조견하라고 하셨는데, 근래 어려운 일이 많았습니다. 이에 과인은 몇몇 임금들과 우호를 맺기를 원합니다.'라고 하시며 저 거를 보내 임금님께서 한가로운 때에 만나기를 청하였습니다. 진(晉)나라 임금의 한가로운 때를 물은 것이다. 임금님께서 만약 사방에 근심이 없으시다면 임금님의 명망[寵]을 빌려 제후들에게 회합을 청하기를 원합니다."

晉侯欲勿許 司馬侯曰 不可 楚王方侈 天或者欲逞其心 以厚其毒而降之罰 未可知也 其使能終 亦未可知也 晉楚唯天所相 不可與爭 君其許之 而修德以待其歸 若歸於德 吾猶將事之 況諸侯乎 若適淫虐 楚將棄之 吾又誰與爭 公曰 晉有三不殆 其何敵之有 國險而多馬 齊楚多難 多簒弒之難 **有是三者 何鄕而不濟**

진후(晉侯)가 허낙하지 않으려고 하니, 사마후(司馬侯)가 말하기를 "안 됩니다. 초왕(楚王 : 靈王)이 지금 교만하니, 하늘이 혹 그 마음을 만족하게 해주어 그의 독을 두터워지게 하였다가 벌을 내리려는 것인지 알 수 없고 명대로 살게 할 것인지도 또한 알 수 없습니다. 진(晉)나라와 초(楚)나라는 오직 하늘이 돕는 바에 달려 있으니 더불어 다투어서는 안 됩니다. 임금님께서는 이를 허낙하시고 덕을 쌓으면서 그 귀추를 기다리십시오. 만약 초왕이 덕에 귀의한다면 우리 진나라도 오히려 장차 그를 섬겨야 하는데 하물며 다른 제후들이겠습니까. 만약 초왕이 황음하고 포학함으로 나아간다면 초나라가 장차 그를 버릴 것이니 우리는 또 누구와 더불어 다투겠습니까.[187]"라고 하였다. 진평공(晉平公)이 말하기를 "우리 진나라는 위태로움에 빠지지 않을 세 가지 조건이 있으니, 그 누가 우리와 대적할 수 있겠는가. 나라의 지형이 험하고 싸움에 쓸 말이 많으며 제(齊)나라와 초나라에 화난이 많은 것이다. 찬시(簒弒)의 화난이 많다는 것이다. 이 세 가지의 리로움이 있으니 어디로 향한들 뜻을 이루지 못하겠는가."라고 하였다.

---

185) 단독으로~것이다 : 초자(楚子)가 단독으로 제후들의 회합을 주재하고자 하여 초거(椒擧)를 진(晉)나라에 보내어 동의를 구하게 한 것이다.

186) 송(宋)나라에서 맹약 : 양공(襄公) 27년에 있었다.

187) 초나라가~다투겠습니까 : 초(楚)나라가 패자(霸者)의 지위를 잃게 되면 진(晉)나라가 누구와 경쟁하지 않아도 패자가 된다는 말이다.

對曰 恃險與馬 而虞鄰國之難 是三殆也 四嶽 東岱 西華 南衡 北恒 **三塗陽城** 二山皆在河南 **大室** 中嶽嵩山 **荊山** 在荊豫二州竟 **中南** 終南山 **九州之險也 是不一姓 冀之北土** 燕代 **馬之所生 無興國焉 恃險與馬 不可以爲固也 從古以然 是以先王務修德音 以亨神人** 亨 古享字 **不聞其務險與馬也 鄰國之難 不可虞也 或多難以固其國 啓其疆土 或無難以喪其國 失其守宇** 四垂爲宇 **若何虞難 齊有仲孫之難 而獲桓公 至今賴之** 仲孫 公孫無知 **晉有里丕之難 而獲文公 是以爲盟主** 里克丕鄭 **衛邢無難 敵亦喪之** 閔二年 狄滅衛 僖二十五年 衛滅邢 **故人之難 不可虞也 恃此三者 而不修政德 亡於不暇 又何能濟 君其許之 紂作淫虐 文王惠和 殷是以隕 周是以興 夫豈爭諸侯 乃許楚使 使叔向對曰 寡君有社稷之事 是以不獲春秋時見** 言不得自往 謙辭 **諸侯 君實有之 何辱命焉 椒擧遂請昏** 蓋楚子遣擧時 兼使求昏 **晉侯許之**

이에 사마후(司馬侯)가 대답하였다. “지형의 험난함과 싸움에 쓸 말이 많은 것을 믿으며 이웃나라의 화난을 헤아리는 것은 위태로워질 세 가지 조건입니다. 사악(四嶽)·동악(東嶽)은 대산(岱山)이고 서악(西嶽)은 화산(華山)이고 남악(南嶽)은 형산(衡山)이고 북악(北嶽)은 항산(恒山)이다. 삼도(三塗)와 양성(陽城)· 두 산은 모두 하남(河南)에 있다. 태실(大室)· 중악(中嶽)으로 숭산(嵩山)이다. 형산(荊山)· 형(荊)과 예(豫) 두 주(州)의 경계에 있다. 중남(中南)은 종남산(終南山)이다. 구주(九州 : 中國)에서 지형이 험난한 곳인데도 이곳이 한 성씨(姓氏)로 존속되지 못하였습니다. 그리고 기주(冀州)의 북쪽 땅은 연(燕) 땅과 대(代) 땅이다. 많은 말이 생산되는 곳인데도 흥성한 나라가 없었으니, 험난한 지형과 싸움에 쓸 말이 많은 것을 믿는 것이 나라의 공고함이 되지 못함은 예로부터 그러하였습니다. 이 때문에 선왕은 덕음(德音)[188]을 닦아서 신과 사람을 대접하기[亨]를 힘썼지,[189] 향(亨)은 옛날의 향(享)자이다. 지형의 험난함과 싸움에 쓸 말을 많이 가지려고 힘썼다는 말은 듣지 못하였습니다. 그리고 이웃나라의 화난은 헤아릴 것이 못 됩니다. 어떤 나라는 화난이 많았지만 그것을 기회로 나라를 공고히 하기도 하고 강토를 개척하기도 하였으며, 어떤 나라는 화난이 없었지만 나라를 잃기도 하고 변경[守宇]을 잃기도 하였으니, 사방 변경이 우(宇)이다. 어찌 이웃나라의 화난을 헤아리겠습니까. 제(齊)나라에 중손(仲孫)의 화난[190]이 있었으나 환공(桓公)을 얻어 지금까지 그 혜택을 입고 있으며, 중손(仲孫)은

---

188) 덕음(德音) : 덕을 쌓아 얻게 되는 명성.

189) 신과~힘썼지 : 이에 대하여 전문의 향(亨)을 형(亨)으로 읽어 통(通)의 의미로 보아 신과 사람에 통하기를 힘쓴 것으로 해석하는 설도 있다.

190) 중손(仲孫)의 화난 : 장공(莊公) 9년에 제(齊)나라 대부 옹름(雍廩)이 중손(仲孫)을 죽인 일을 이른다.

공손무지(公孫無知)이다. 우리 진(晉)나라에 리비(里丕)의 화난[191]이 있었으나 문공(文公)을 얻음으로써 맹주가 되었으며, 리극(里克)과 비정(丕鄭)이다. 위(衛)나라와 형(邢)나라에는 화난이 없었지만 적(敵)이 또한 그 나라를 멸하였습니다. 민공(閔公) 2년에 적(狄)이 위(衛)나라를 멸하였고, 희공(僖公) 25년에 위(衛)나라가 형(邢)나라를 멸하였다. 그러므로 남의 화난은 헤아릴 것이 못 됩니다. 이 세 가지를 믿고서 정치와 덕을 닦지 않는다면 망할 겨를도 없는데, 또 어찌 뜻을 이룰 수 있겠습니까. 임금님께서는 초(楚)나라의 요구를 허낙하십시오. 주왕(紂王)은 황음하고 포학하였고 문왕(文王)께서는 은혜롭고 온화하였기 때문에 은(殷)나라는 이 때문에 망하였고 주(周)나라는 이 때문에 흥하였습니다. 그런데 이것이 어찌 제후들과 패권을 다투었기 때문이겠습니까." 이에 진후(晉侯)는 초나라 사자의 요구를 허낙하기로 하고서, 숙향(叔向)을 보내어 대답하게 하기를 "과군은 사직에 일이 있었기 때문에 봄가을로 정해진 시기에 가서 초나라 임금님을 조견하지 못하였습니다. 직접 가지 못했다는 말이니 겸사이다. 제후들은 임금님께서 사실상 장악하고 계시는데 어찌 번거롭게 명하실 것이 있습니까."라고 하였다. 초거(椒擧)가 드디어 초자를 위해 혼인을 청하니 초자(楚子)가 거(擧)를 보낼 때 겸하여 혼인을 요구하게 한 것이다. 진후가 허낙하였다.

楚子問於子産曰 晉其許我諸侯乎 對曰 許君 晉君少安 不在諸侯 少安猶言少惰 謂志不在諸侯 **其大夫多求 莫匡其君 在宋之盟 又曰如一** 晉楚同也 **若不許君 將焉用之** 焉用宋盟 **王曰 諸侯其來乎 對曰 必來 從宋之盟 承君之歡 不畏大國** 大國 晉也 **何故不來 不來者 其魯衛曹邾乎 曹畏宋 邾畏魯 魯衛偪於齊而親於晉 唯是不來 其餘 君之所及也 誰敢不至 王曰 然則吾所求者 無不可乎 對曰 求逞於人 不可 與人同欲 盡濟**

초자(楚子)가 자산(子産)에게 묻기를[192] "진(晉)나라는 우리에게 제후들을 회합시킬 것을 허낙하겠는가?"라고 하니, 자산이 대답하기를 "임금님의 요구를 허낙할 것입니다. 진나라 임금은 작은 것에 안주하여 뜻이 제후들에 있지 않고, 작은 것에 안주한다는 것은 조금 게으르다는 말과 같으니 뜻이 제후들을 복종시키는데 있지 않음을 이른 것이다. 그 대부들은 탐욕이 많아 그 임금을 바로잡지 못합니다. 그리고 송(宋)나라에서의 맹약에서 또 말하기를 진나라와 초(楚)나라는 동일하니,[193] 진(晉)나라와 초(楚)나라는 지위가 같다는 것이다. 만약 임금님의 요구를 허낙하지

191) 리비(里丕)의 화난 : 희공(僖公) 9년에 진(晉)나라 리극(里克)과 비정(丕鄭)이 진문공(晉文公)을 맞아들이고자 란을 일으켜 해제(奚齊)를 죽인 일을 이른다.

192) 초자(楚子)가~묻기를 : 이때 자산(子産)은 정간공(鄭簡公)을 따라가서 초(楚)나라에 있었기 때문에 초자(楚子)가 자산에게 물은 것이다.

않는다면 장차 어디에 쓰겠습니까."라고 하였다. 송(宋)나라에서의 맹약을 무엇에 쓰겠느냐는 것이다. 초왕(楚王)이 말하기를 "제후들이 회합에 오겠는가?"라고 하니, 자산이 대답하기를 "반드시 올 것입니다. 이는 송나라에서의 맹약을 따르고 임금님의 환심을 받는 일이며 또 대국을 두려워하지 않을 것이니 대국은 진(晉)나라이다. 무엇 때문에 오지 않겠습니까. 오지 않는 나라는 아마도 로(魯)·위(衛)·조(曹)·주(邾)나라일 것입니다. 지금 조나라는 송나라를 두려워하고 주나라는 로나라를 두려워하며, 로나라와 위나라는 제(齊)나라에게 핍박을 받아 진나라를 가까이하니, 오직 이 나라들만이 오지 않을 것이고 그 나머지 나라들은 임금님의 힘이 미치는 바이니 어느 나라가 감히 오지 않겠습니까."라고 하였다. 초왕이 말하기를 "그렇다면 내가 구하는 바가 이루어지지 않음이 없겠는가?"라고 하니, 자산이 대답하기를 "남에게 나를 만족시켜 주기를 구하면 안 되겠지만, 남과 더불어 욕구를 같이하면 일이 다 이루어질 것입니다."라고 하였다.

夏 諸侯如楚 魯衛曹邾不會 曹邾辭以難 公辭以時祭 衛侯辭以疾 鄭伯先待于申 六月 丙午 楚子合諸侯于申 椒擧言於楚子曰 臣聞諸侯無歸 禮以爲歸 今君始得諸侯 其愼禮矣 霸之濟否 在此會也 夏啓有鈞臺之享 啓 禹子 勻臺在河南 **商湯有景亳之命** 景 山名 亳 湯都 **周武有孟津之誓** 將伐紂也 **成有岐陽之蒐** 成王歸自奄 蒐于岐山之陽 **康有酆宮之朝** 酆有靈臺 **穆有塗山之會** 塗山 會稽山名 **齊桓有召陵之師** 在僖四年 **晉文有踐土之盟** 在僖二十八年 **君其何用 宋向戌鄭公孫僑在 諸侯之良也 君其選焉** 選擇所用 **王曰 吾用齊桓**

여름에 제후들이 초(楚)나라의 회합에 갔으나 로(魯)·위(衛)·조(曹)·주(邾)나라는 그 회합에 가지 않았다. 조나라와 주나라는 나라에 화난이 있기 때문이라고 핑계 대었고, 로소공(魯昭公)은 시제(時祭) 때문이라고 핑계 대었고, 위후(衛侯)는 병 때문이라고 핑계 대었다. 그때 정백(鄭伯 : 簡公)은 먼저 신(申) 땅으로 가서 회합을 기다렸다. 6월 병오일에 초자(楚子)가 신 땅에서 제후들을 회합시켰다. 초거(椒擧)가 초자에게 말하기를 "신이 듣건대 제후들은 귀의하는 일정한 대상이 없고 오직 례가 있는 이에게 귀의한다고 합니다. 이제 임금님께서 비로소 제후들을 얻었으니 례를 신중히 하십시오. 패업의 성패가 이번 회합에 달려

193) 진나라와~동일하니 : 양공(襄公) 27년 송(宋)나라에서의 맹약에서 진(晉)나라를 따르는 제후들과 초(楚)나라를 따르는 제후들은 각각 서로 교차하여 진나라와 초나라를 조견하라는 것이니, 두 나라는 지위가 같다는 말이다.

있습니다. 하(夏)나라 계(啓)는 균대(鈞臺)에서 제후들을 모아 향연을 베풀었고, 계(啓)는 우(禹)의 아들이다. 균대(勻臺)[194]는 하남(河南)에 있다. 상(商)나라 탕왕(湯王)은 경박(景亳)[195]에서 제후들에게 명령을 내린 일이 있었으며, 경(景)은 산 이름이다. 박(亳)은 탕(湯)의 도읍이다. 주(周)나라 무왕(武王)은 맹진(孟津)에서 맹세한 일이 있었고, 주(紂)를 치려 할 때이다. 성왕(成王)은 기양(岐陽)에서 군대를 검열한 일이 있었고, 성왕(成王)이 엄(奄)나라에서 돌아와 기산(岐山)의 남쪽에서 군대를 검열하였다. 강왕(康王)은 풍궁(酆宮)에서 제후들의 조견을 받은 일이 있었고, 풍(酆) 땅에는 령대(靈臺)가 있다. 목왕(穆王)은 도산(塗山)에서 제후들을 회합시킨 일이 있었으며, 도산(塗山)은 회계(會稽)에 있는 산 이름이다. 제환공(齊桓公)은 소릉(召陵)에 군대를 출동시킨 일이 있었고,[196] 희공(僖公) 4년에 있었다. 진문공(晉文公)은 천토(踐土)에서 제후들과 맹약한 일이 있었습니다. 희공(僖公) 28년에 있었다. 임금님께서는 이 가운데 어떤 례를 쓰시겠습니까? 송(宋)나라 상술(向戌)과 정(鄭)나라 공손교(公孫僑 : 子産)가 이곳에 와 있는데, 이들은 제후들의 훌륭한 신하이니 임금님께서는 저들에게 자문을 받아 이번에 쓸 례를 선택하십시오."라고 하니, 사용할 례를 선택하라는 것이다. 초왕이 말하기를 "나는 제환공의 례를 쓰겠다."라고 하였다.

王使問禮於左師與子産 左師曰 小國習之 大國用之 敢不薦聞 獻公合諸侯之禮六 宋爵公 故獻公禮 子産曰 小國共職 敢不薦守 獻伯子男會公之禮六 鄭伯爵 故獻伯子男之禮

초왕(楚王)이 사람을 보내어 좌사(左師 : 向戌)와 자산(子産)에게 회합에서 쓸 례를 묻자, 좌사가 말하기를 "소국(小國 : 宋)이 익힌 례를 대국(大國 : 楚)이 쓰려 하시니 감히 들은 바를 말씀드리지 않겠습니까."라 하고, 공(公)이 제후들을 회합시키는 례 여섯 가지를 바쳤다. 송(宋)나라는 작위가 공(公)이기 때문에 공(公)의 례를 바친 것이다. 자산이 말하기를 "소국은 대국에서 명한 직무를 받들어야 하니 감히 지키고 있는 바를 말씀드리지 않겠습니까."라 하고서 백(伯)·자(子)·남(南)이 공(公)과 회합하는 례 여섯 가지를 바쳤다. 정(鄭)나라는 백작(伯爵)이므로 백(伯)·자(子)·남(男)의 례를 바친 것이다.

---

194) 균대(勻臺) : 균대(鈞臺).

195) 경박(景亳) : 상(商)나라 3박(亳)의 하나인 북박(北亳)으로 탕왕(湯王)이 처음 거주한 곳이다. 위진(魏晉) 시대 진(晉) 황보밀(皇甫謐)의 설에 따르면 3박은 남박(南亳 : 穀熟)·서박(西亳 : 偃師)·북박(北亳 : 景亳)이라고 한다.

196) 소릉(召陵)에~있었고 : 제환공(齊桓公)이 여덟 제후국의 군대를 이끌고 소릉(召陵)에서 초(楚)나라를 패배시키고 패자의 지위를 얻었다.

君子謂 合左師善守先代 子產善相小國

군자는 이른다. "합좌사(合左師 : 向戌)는 선대의 례를 잘 지켰고,[197] 자산(子産)은 소국을 잘 보좌하였다."[198]

王使椒擧侍於後 以規過 規正會禮之失 **卒事 不規 王問其故 對曰 禮 吾所未見者有六焉 又何以規**

초왕(楚王)이 초거(椒擧)에게 뒤에 시립하면서 자신의 과실을 바로잡아 주도록 하였으나 회합 례의 잘못을 바로잡음이다. 회합이 끝날 때까지 바로잡아 주지 않았다. 초왕이 그 까닭을 물으니, 대답하기를 "회합의 례에서 제가 아직까지 보지 못한 것이 여섯 가지나 있었습니다.[199] 그러니 무엇을 바로잡겠습니까."라고 하였다.

宋大子佐後至 王田於武城 久而弗見 椒擧請辭焉 請王辭謝 **王使往曰 屬有宗祧之事於武城** 言爲宗廟田獵 **寡君將墮幣焉 敢謝後見** 墮幣祭畢瘞幣也 恨其後至 託此爲辭 **徐子 吳出也 以爲貳焉 故執諸申**

송(宋)나라 태자 좌(佐)가 늦게 도착하였다. 그때 초왕(楚王)은 무성(武城)에서 사냥하고 있어서 오래도록 접견하지 못하였다. 초거(椒擧)가 이에 대해 사과하도록 청하자, 초왕(楚王)에게 사과하기를 청한 것이다. 초왕이 초거를 시켜 가서 말하게 하기를 "마침[屬] 무성에서 종묘 제사를 지낼 일이 있게 되었습니다. 종묘 제사를 위하여 사냥한다는 말이다. 과군이 곧 타폐(墮幣)할 것이니 늦게 접견하게 된 점을 감히 사과드립니다."라고 하였다. 타폐(墮幣)는 제사가 끝난 뒤에 신에게 바친 례폐(禮幣)를 땅에 묻는 것이다. 늦게 온 것에 대해 유감을 품었으므로 사냥에 의탁하여 사과한 것이다. 초인(楚人)은 서자(徐子)가 오(吳)나라 녀자의 소생이어서 두마음을 가지고 있을 것이라 여겼기 때문에 신(申) 땅에서 그를 잡았다.

楚子示諸侯侈 椒擧曰 夫六王二公之事 六王 啓湯武成康穆 二公 桓文 **皆所以示諸侯禮**

---

197) 합좌사(合左師 : 向戌)는~지켰고 : 합좌사(合左師)는 송(宋)나라가 공(公)으로서 가져야 할 례를 바쳤기 때문에 선대의 례를 잘 지켰다는 것이다.

198) 자산(子産)은~보좌하였다 : 자산(子産)은 소국이 지켜야 할 례로써 정(鄭)나라를 잘 보좌하였다는 것이다.

199) 회합의~있었습니다 : 좌사(左師)와 자산(子産)이 바친 여섯 가지 례(禮)를 초(楚)나라는 시행해 본 적이 없었기 때문이다.

也 諸侯所由用命也 夏桀爲仍之會 有緡叛之 仍緡皆國名 **商紂爲黎之蒐 東夷叛之** 黎 東夷國名 **周幽爲大室之盟 戎狄叛之 皆所以示諸侯汰也 諸侯所由棄命也 今君以汰 無乃不濟乎 王弗聽 子産見左師曰 吾不患楚矣 汰而愎諫 不過十年 左師曰然 不十年侈 其惡不遠 遠惡而後棄** 惡及遠方 則人棄之 **善亦如之 德遠而後興** 爲十三年楚弑君傳

초자(楚子)가 제후들에게 오만한[侈] 태도를 보이니, 초거(椒擧)가 말하기를 "여섯 왕(王)과 두 공(公)의 일은 여섯 왕(王)은 하(夏)나라 계(啓)와 상(商)나라 탕왕(湯王) 및 주(周)나라 무왕(武王)·성왕(成王)·강왕(康王)·목왕(穆王)이고, 두 공(公)은 제환공(齊桓公)과 진문공(晉文公)이다. 모두 제후들에게 례를 보인 일이었고, 제후들이 그로 말미암아 그들의 명을 따랐던 것입니다. 하(夏)나라 걸왕(桀王)이 잉(仍) 땅에서 회합할 때 민(緡)나라가 반란을 일으켰고, 잉(仍)과 민(緡)은 모두 나라 이름이다. 상(商)나라 주왕(紂王)이 려(黎)나라에서 군대를 검열할 때 동이(東夷)가 반란을 일으켰으며, 려(黎)는 동이(東夷)의 나라 이름이다. 주(周)나라 유왕(幽王)이 태실(大室)[200]에서 맹약할 때 융적(戎狄)이 반란을 일으킨 것은 모두 제후들에게 교만함을 보였기 때문이니, 제후들이 그로 말미암아 천자의 명을 저버렸던 것입니다. 지금 임금님께서는 교만하시니 뜻을 이루지 못하지 않겠습니까."라고 하였다. 그러나 초왕(楚王)은 듣지 않았다. 자산(子産)이 좌사(左師)를 만나서 말하기를 "나는 초(楚)나라를 두려워하지 않습니다. 교만하여 간함을 받아들이지 않으니 10년을 넘기지 못할 것입니다."라고 하였다. 좌사가 말하기를 "그렇습니다. 교만함이 10년이 되지 않으면 그 악이 멀리 퍼지지 않습니다. 악이 멀리 퍼진 뒤에야 버림을 받을 것입니다. 악행이 먼 곳까지 미치면 사람들이 그를 버린다는 것이다. 선도 또한 이와 같아서 덕이 멀리 퍼진 뒤에야 흥성하게 되는 것입니다."라고 하였다. 13년에 초(楚)나라가 그 임금[靈王]을 시해하는 전(傳)의 배경이 된다.

秋 七月 楚子蔡侯陳侯許南頓子胡子沈子淮夷伐吳 執齊慶封殺之 遂滅賴

가을 7월에 초자(楚子)·채후(蔡侯)·진후(陳侯)·허남(許南)·돈자(頓子)·호자(胡子)·심자(沈子)·회이(淮夷)가 오(吳)나라를 쳤다. 제(齊)나라 경봉(慶封)을 잡아 죽이고 드디어 뢰(賴)나라를 멸하였다.

---

200) 태실(大室) : 중악(中嶽)인 숭산(崇山).

賴 公穀作厲 ○書齊 爲齊討也 不再書楚子 不予楚以討也

뢰(賴)는 《공양전(公羊傳)》과 《곡량전(穀梁傳)》에는 려(厲)로 되어 있다. ○경문에 제(齊)나라를 기록한 것은 제나라를 위해서 토벌하였기 때문이다.[201] 경문에 초자(楚子)라고 두 번 기록하지 않은 것은 초(楚)나라가 토벌한 것을 허여하지 않았기 때문이다.

秋 七月 楚子以諸侯伐吳 宋大子鄭伯先歸 經所以更叙諸侯也 **宋華費遂鄭大夫從** 從伐吳 **使屈申圍朱方** 朱方 齊慶封所封 屈申 屈蕩子 **八月 甲申 克之 執齊慶封而盡滅其族 將戮慶封 椒擧曰 臣聞無瑕者可以戮人 慶封唯逆命** 謂弑君 **是以在此 其肯從於戮乎** 言不肯默而從戮 **播於諸侯 焉用之 王弗聽 負之斧鉞 以徇於諸侯 使言曰 無或如齊慶封弑其君 弱其孤 以盟其大夫 慶封曰 無或如楚共王之庶子圍 弑其君兄之子麇而代之 以盟諸侯 王使速殺之 遂以諸侯滅賴**

가을 7월에 초자(楚子)가 제후들을 거느리고 오(吳)나라를 쳤다. 송(宋)나라 태자와 정백(鄭伯)은 먼저 귀국하였고 경문에 제후들을 거듭 서술한 까닭이다.[202] 송나라 화비수(華費遂)와 정(鄭)나라 대부는 따라갔다. 오(吳)나라 치는 데 따라간 것이다. 초자가 굴신(屈申)을 보내어 주방(朱方)을 포위하게 하고 주방(朱方)은 오(吳)나라가 제(齊)나라 경봉(慶封)에게 봉해준 곳이다. 굴신(屈申)은 굴탕(屈蕩)의 아들이다. 8월 갑신일에 함락시켜 제(齊)나라 경봉(慶封)을 잡고 그 일족을 모두 제거하였다. 경봉을 죽이려고 할 때 초(楚)나라 초거(椒擧)가 말하기를 "신은 허물이 없는 자라야 남을 죽일 수 있다고 들었습니다. 경봉은 다만 임금의 명을 어긴 것 때문에 임금을 시해한 것을 이른다.[203] 이곳에 망명와 있는 것인데 어찌 죽음의 명을 달게 받으려 하겠습니까. 잠자코 형륙(刑戮)을 받으려 하지 않을 것이라는 말이다. 그러면 우리의 허물을 제후들에게 전파하는 것이 되니,[204] 어찌 그런 일을 하시렵니까."라고 하였다. 그러나 초왕(楚王)은 듣지 않고 그에게 도끼를 지워 제후들에게 조리를 돌리며 말하게 하기를 '누구라도 나 제나라 경봉이

---

201) 제나라를 위해서~때문이다 : 당시 경봉(慶封)이 제(齊)나라에 죄를 짓고 오(吳)나라에 망명가 있었기 때문이다.

202) 경문에~까닭이다 : 이때 정백(鄭伯)은 초(楚)나라에 오래 체류하였고 송(宋)나라 태자는 초자(楚子)가 제때에 접견하지 못하였기 때문에 그들을 먼저 돌려보내 위로하였다. 그래서 경문에 여름에 신(申) 땅에서 회합한 제후 가운데 두 나라를 제외한 제후들을 다시 렬거한 것이다.

203) 임금을~이른다 : 최저(崔杼)가 제장공(齊莊公)을 죽일 때 경봉(慶封)은 최저의 당여였지만 직접 시해에 가담하지는 않았고 묵인하였기 때문에 이같이 본 것이다.

204) 우리의~되니 : 소공(昭公) 원년에 초령왕(楚靈王 : 圍)이 겹오(郟敖 : 麇)를 죽인 일을 들어 경봉(慶封)이 죽음을 달게 받으려 하지 않을 것이기 때문에, 초(楚)나라의 허물을 제후들에게 알리게 된다는 것이다.

그 임금을 시해하고 어린 임금을 깔보아 대부들과 맹약하였던 것과 같은 일은 하지 말라.' 라고 하였다. 그러나 경봉은 "누구라도 초공왕(楚共王)의 서자인 위(圍 : 楚靈王)가 그 임금인 형의 아들 균(麇)을 시해하고 대신 임금이 되어 제후들과 맹약하였던 것과 같은 일은 하지 말라."라고 하였다. 그러자 초왕은 사람을 보내어 서둘러 그를 죽이고 드디어 제후들을 거느리고 뢰(賴)나라를 멸하였다.

賴子面縛銜璧 士袒 輿櫬從之 造於中軍 王問諸椒擧 對曰 成王克許 在僖六年 **許僖公如是 王親釋其縛 受其璧 焚其櫬 王從之 遷賴於鄢** 鄢 楚邑 **楚子欲遷許於賴 使鬪韋龜與公子棄疾城之而還** 韋龜 子文玄孫 **申無宇曰 楚禍之首 將在此矣 召諸侯而來 伐國而克 城竟莫校** 謂築城外竟 諸侯無與爭 **王心不違 民其居乎** 事不違心 民不得安 **民之不處 其誰堪之 不堪王命 乃禍亂也**

뢰자(賴子)가 두 손을 뒤로 결박하고 입에 구슬을 물었으며, 사(士)들은 윗옷을 벗어 한쪽 어깨를 드러내고 널을 수레에 싣고 뢰자를 따라 중군(中軍)으로 나아갔다. 초왕(楚王)이 이들의 처리에 대하여 초거(椒擧)에게 물으니, 대답하기를 "우리 성왕(成王)께서 허(許)나라를 쳐 이겼을 때 희공(僖公) 6년에 있었다. 허희공(許僖公)이 이와 같이 하였으나 성왕께서는 친히 그 결박을 풀어 주고 그 구슬을 받았으며 널을 불태웠습니다."라고 하였다. 초왕이 이 말을 따랐고 뢰(賴)나라를 언(鄢) 땅으로 옮겼다. 언(鄢)은 초(楚)나라 읍이다. 초자(楚子)는 허나라를 뢰(賴) 땅[205]으로 옮기고자 하여 투위구(鬪韋龜)와 공자 기질(棄疾)을 보내어 그곳에다 성을 쌓고 돌아오게 하였다. 위구(韋龜)는 자문(子文)의 현손(玄孫)이다. 초나라 신무우(申無宇)가 말하기를 "초나라 화난의 발단은 아마도 이번 일에 있을 것이다. 제후들을 불러 오게 하고, 남의 나라를 쳐서 이기고는 변경에 성을 쌓았는데도 누구도 따지지 않아 초(楚)나라 국경 밖에 성을 쌓았는데도 제후들이 이를 두고 따지지 않은 것을 이른다. 초왕의 마음을 어기지 않았으니, 백성이 편히 살아갈 수 있겠는가. 일에 있어서 왕의 마음을 어기지 않으면 백성이 편안할 수 없다는 것이다.[206] 백성이 편히 살지 못하면 그 누가 왕명을 감당하겠는가. 왕명을 감당할 수 없는 것이 곧 화란(禍亂)이다."라고 하였다.

---

205) 뢰(賴) 땅 : 본래 뢰(賴)나라가 있었던 땅이다.

206) 일에~것이다 : 초왕(楚王)의 정책에 반대하지 않으면 초왕은 과도한 세금과 부역으로 백성의 삶을 어렵게 할 것이라는 말이다.

九月 取鄫

9월에 증(鄫) 땅을 취하였다.

鄫 莒邑

증(鄫)은 거(莒)나라 읍이다.

九月 取鄫 言易也 莒亂 著丘公立而不撫鄫 鄫叛而來 故曰取 凡克邑 不用師徒曰取 著丘公 去疾也

9월에 증(鄫) 땅을 취하였다고 하였으니, 그 일이 쉬웠음을 말한 것이다. 거(莒)나라가 혼란하여 저구공(著丘公)이 임금 자리에 올랐으나[207] 증 땅을 제대로 돌보지 않자, 증 땅에서 거나라를 배반하고 우리나라로 래부(來附)하였기 때문에 취하였다고 한 것이다. 무릇 읍을 차지하는데 군대를 사용하지 않은 것을 취(取)라고 한다. 저구공(著丘公)은 거질(去疾)이다.

○鄭子産作丘賦 丘 十六井 當出馬一匹牛三頭 子産別賦其田 使之出粟 **國人謗之 曰 其父死於路** 謂子國爲尉氏所殺 **己爲蠆尾** 謂子産毒害百姓 **以令於國 國將若之何 子寬以告** 子寬 鄭大夫 **子産曰 何害 苟利社稷 死生以之 且吾聞爲善者不改其度 故能有濟也 民不可逞 度不可改 詩曰 禮義不愆 何恤於人言** 逸詩 **吾不遷矣 渾罕曰 國氏其先亡乎** 渾罕 子寬 **君子作法於凉 其敝猶貪** 凉 薄也 **作法於貪 敝將若之何 姬在列者** 在列國也 **蔡及曹滕其先亡乎 偪而無禮** 蔡偪楚 曹滕偪宋 **鄭先衛亡 偪而無法** 偪晉楚 **政不率法 而制於心 民各有心 何上之有**

○정(鄭)나라 자산(子産)이 구부법(丘賦法)을 만드니, 구(丘)는 16정(井)이니 말 1필과 소 3두를 부세로 내는 것이다. 자산(子産)은 별도로 그 전지에 세금을 부과하여 곡식을 내게 한 것이다. 국인이 그를 비방하여 말하기를 "그 아비가 길에서 죽었고 자국(子國)이 위씨(尉氏)에게 살해된 것을 이른다.[208] 자신은 전갈의 꼬리가 되어 자산(子産)이 백성에게 해독을 끼치는 것을 이른다. 나라를 호령하니, 이 나라가 장차 어떻게 될 것인가."라고 하였다. 자관(子寬)이 그 말을 고하니, 자관(子寬)은 정(鄭)

---

207) 거(莒)나라가~올랐으나 : 소공(昭公) 원년 가을에 거(莒)나라 전여(展輿)가 임금의 자리에 올라 뭇 공자들의 봉록을 박탈하자, 공자들이 제(齊)나라에 있던 거질(去疾 : 著丘公)을 불러들인 일을 말한다.

208) 자국(子國)이~이른다 : 양공(襄公) 10년 겨울에 위지(尉止)가 궁중으로 쳐들어가 자사(子駟)·자국(子國)·자이(子耳)를 죽인 일을 말한다. 자국은 자산(子産)의 아버지이다.

나라 대부이다. 자산이 말하기를 "무슨 해가 되겠는가. 진실로 사직에 리롭다면 생사에 관계된다 하더라도 이를 시행하겠다[以]. 또 내가 듣건대 선정을 행하는 자는 자신이 만든 제도를 고치지 않기 때문에 일을 이룰 수 있다고 한다. 백성은 원하는 것을 다 얻게 해서는 안되고, 한 번 정한 제도는 고쳐서는 안 된다. 《시(詩)》에 '례의에 어긋남이 없다면 어찌 다른 사람들의 말을 걱정하리오.'라고 하였으니 일시(逸詩)이다. 나는 이 법을 바꾸지 않을 것이다." 라고 하였다. 혼한(渾罕)이 말하기를 "정나라에서 국씨(國氏 : 子産)가 가장 먼저 망할 것이로다. 혼한(渾罕)은 자관(子寬)이다. 군자가 세법을 적은[凉] 쪽으로 만들더라도 그 폐단은 오히려 탐욕스러워지거늘 량(凉)은 적음이다. 법을 탐욕스러운 쪽으로 만들었으니, 그 폐단을 장차 어찌하겠는가. 희성(姬姓)의 렬(列) 가운데 렬국(列國)에 있음이다. 채(蔡)나라 및 조(曹)나라와 등(滕)나라가 먼저 망할 것이니, 이는 핍박을 받으면서도 무례하기 때문이다. 채(蔡)나라는 초(楚)나라의 핍박을 받고, 조(曹)나라와 등(滕)나라는 송(宋)나라의 핍박을 받았다. 정나라는 위(衛)나라보다 먼저 망할 것이니, 이는 핍박을 받으면서도 올바른 법을 시행하지 않기 때문이다. 진(晉)나라와 초(楚)나라의 핍박을 받았다. 정치에 있어 올바른 법을 따르지 않고 마음대로 제정하면 백성도 각자 마음을 가질 것이니, 어찌 윗사람을 마음에 두겠는가."라고 하였다.

冬

겨울이다.

吳伐楚 入棘櫟麻 棘櫟麻皆楚東鄙邑 **以報朱方之役 楚沈尹射奔命於夏汭** 夏汭 漢水曲 **箴尹宜咎城鍾離** 宜咎 陳大夫 襄二十四年奔楚 **薳啓彊城巢 然丹城州來** 然丹 鄭穆公孫子革 襄十九年奔楚 **東國水 不可以城** 東國卽賴故國 **彭生罷賴之師** 彭生 楚大夫 罷城賴之師

오(吳)나라가 초(楚)나라를 쳐서 극(棘)·력(櫟)·마(麻) 땅까지 쳐들어가 극(棘)·력(櫟)·마(麻)는 모두 초(楚)나라 동쪽 변방의 읍이다. 주방(朱方)의 싸움[209]에 대하여 보복하였다. 초나라 심윤(沈尹)인 석(射)은 명을 받들어 하예(夏汭)[210]로 달려갔고, 하예(夏汭)는 한수(漢水)의 물굽이이다. 잠윤(箴尹)인 의구(宜咎)는 종리(鍾離)에 성을 쌓고, 의구(宜咎)는 진(陳)나라 대부이니 양공

209) 주방(朱方)의 싸움 : 올가을에 초자(楚子)가 굴신(屈申)으로 하여금 오(吳)나라 주방(朱方)을 함락시키고, 그곳에 망명 중이던 제(齊)나라 경봉(慶封)을 잡고 그 일족을 모두 죽인 일을 말한다.

210) 하예(夏汭) : 하수(夏水)가 한수(漢水)로 들어가는 곳.

(襄公) 24년에 초(楚)나라로 망명하였다. 위계강(薳啓疆)은 소(巢) 땅에 성을 쌓고, 연단(然丹)은 주래(州來)에 성을 쌓았다. 연단(然丹)은 정목공(鄭穆公)의 손자인 자혁(子革)이니 양공(襄公) 19년에 초(楚)나라로 망명하였다. 동국(東國)에 수재가 나서 성을 쌓을 수 없으니, 동국(東國)은 곧 뢰(賴) 땅에 있었던 옛 나라이다. 팽생(彭生)이 뢰 땅에 성을 쌓는 군대의 일을 그만두게 하였다. 팽생(彭生)은 초(楚)나라 대부이니 뢰(賴) 땅의 성을 쌓던 군대의 일을 그만두게 한 것이다.[211)]

十有二月 乙卯 叔孫豹卒

12월 을묘일에 숙손표(叔孫豹)가 졸하였다.

初 穆子去叔孫氏 及庚宗 成十六年 辟僑如難 奔齊 庚宗 魯地 **遇婦人 使私爲食而宿焉 問其行 告之故 哭而送之 適齊 娶於國氏** 齊正卿 姜姓 **生孟丙仲壬 夢天壓己 弗勝** 穆子夢天墜壓己 力不勝 **顧而見人 黑而上僂** 上僂 肩傴 **深目而豭喙** 口象猪 **號之曰 牛 助余 乃勝之** 夢中呼其名曰牛 使助己 **旦而皆召其徒 無之 且曰 志之** 徒 從者 無與夢相似者 志 識也

이보다 앞서 로(魯)나라 목자(穆子 : 叔孫豹)가 숙손씨(叔孫氏) 가문을 떠나 경종(庚宗)에 이르렀을 때 성공(成公) 16년에 교여(僑如 : 叔孫僑如)의 화난[212)]을 피하여 제(齊)나라로 망명한 것이다. 경종(庚宗)은 로(魯)나라 땅이다. 어떤 부인(婦人)을 만났다. 그 부인으로 하여금 사사로이 밥을 짓게 하고 그곳에 묵었다. 부인이 떠나겠느냐고 묻기에 그 까닭을 말해주니 부인은 울면서 전송해 주었다. 목자가 제(齊)나라로 가서 국씨(國氏)의 딸을 아내로 맞아 국씨(國氏)는 제(齊)나라 정경(正卿)으로 강성(姜姓)이다. 맹병(孟丙)과 중임(仲壬)을 낳았다. 어느 날 꿈에 하늘이 자신을 내리누르니 이겨낼 수 없었다. 목자(穆子)의 꿈에 하늘이 무너져 자신을 누르니 힘으로 이길 수 없었다는 것이다. 고개를 돌려보다가 한 사람을 발견하였는데, 검은 얼굴에 상체가 굽어 있었고 상체가 굽었다는 것은 어깨가 굽은 것이다. 눈은 들어가고 돼지주둥이의 모습이었다. 입이 돼지를 닮았다는 것이다. 목자가 그를 불러 말하기를 "우(牛)야 나를 도우라."라고 하여 이에 이겨낼 수 있었다. 꿈속에서 그의 이름을 부르기를 우(牛)라 하고, 그로 하여금 자기를 돕게 한 것이다. 아침이 되어 그의 종자[徒]를 모두 불러보았으나 꿈에서 본 사람은 없었다. 그래서 말하기를 "내가 본 사람을

211) 팽생(彭生)은~것이다 : 올 8월에 투위구(鬪韋龜)와 공자 기질(棄疾)을 보내어 뢰(賴) 땅에 성을 쌓게 하였는데 이제 팽생(彭生)을 보내어 그 일을 그만두게 한 것이다.

212) 교여(僑如 : 叔孫僑如)의 화난 : 숙손교여(叔孫僑如)가 계씨(季氏)와 맹씨(孟氏)를 제거하려 한 일이다.

잘 기억해[志] 두라."고 하였다. 도(徒)는 종자(從者)이다. 꿈에서 본 사람과 비슷한 자가 없었다는 것이다. 지(志)는 기억함이다.

及宣伯奔齊 饋之 穆子饋僑如 **宣伯曰 魯以先子之故 將存吾宗 必召女 召女何如 對曰 願之久矣 魯人召之 不告而歸 旣立 所宿庚宗之婦人 獻以雉 問其姓** 姓謂子也 問有子否 **對曰 余子長矣 能奉雉而從我矣 召而見之 則所夢也 未問其名 號之曰 牛 曰 唯 皆召其徒 使視之 遂使爲竪** 竪 小臣也 **有寵 長使爲政** 爲家政

선백(宣伯 : 叔孫僑如)이 제(齊)나라로 망명하자[213] 목자(穆子)가 음식을 대접하였다. 목자(穆子)가 교여(僑如)에게 대접한 것이다. 선백이 말하기를 "로(魯)나라가 우리 선자(先子 : 先祖)의 옛일을 생각하여 우리 종족을 보존해주기 위해 반드시 너를 부를 것이니, 너를 부른다면 어찌하겠느냐?"라고 하니, 목자가 대답하기를 "그것을 바란 지 오래되었습니다."라고 하였다. 로인(魯人)이 목자를 부르자 선백에게 고하지도 않고 로나라로 돌아갔다. 이윽고 숙손씨의 후계자가 되었는데, 망명길에 묵었던 경종(庚宗)의 부인(婦人)이 찾아와 꿩을 바쳤다.[214] 성(姓)을 물으니 성(姓)은 아들을 이른다. 아들이 있는지를 물은 것이다. 대답하기를 "저의 아들이 자라서 꿩을 받들고 저를 따라왔습니다."라고 하였다. 그의 아들을 불러 만나보니 꿈에서 본 모습이었다. 그의 이름도 묻지 않고 부르기를 "우(牛)야."라고 하니 "예."라고 대답하였다. 목자는 자기의 무리를 모두 불러 그 아이를 보게 하고, 드디어 수(竪)로 삼았다. 수(竪)는 소신(小臣)이다. 그를 총애하여 장성해서는 정사를 맡겼다. 집안의 정사(政事)를 맡긴 것이다.

公孫明知叔孫於齊 公孫明 齊大夫子明 **歸 未逆國姜 子明取之** 國姜 孟仲母 **故怒 其子長而後使逆之** 子 孟丙仲壬 **田於丘蕕** 丘蕕 地名 **遂遇疾焉 竪牛欲亂其室而有之 强與孟盟 不可 叔孫爲孟鐘 曰 爾未際** 未與諸大夫相交際 **饗大夫以落之** 以豭血釁鐘曰落 **旣具 使竪牛請日** 請享日 **入 弗謁 出 命之日** 不告而詐命之 **及賓至 聞鐘聲 牛曰 孟有北婦人之客** 北婦人 國姜 客謂公孫明 **怒 將往 牛止之 賓出 使拘而殺諸外** 殺孟丙 **牛又强與仲盟 不可 仲與公御萊書觀於公** 萊書 公御士 仲與之私觀公宮 **公與之環** 賜玉環 **使牛入示之** 示叔孫

---

213) 선백(宣伯 : 叔孫僑如)이~망명하자 : 선백(宣伯)은 숙손목자(叔孫穆子)의 형이다. 숙손목자가 먼저 제(齊)나라로 망명하고, 뒤이어 숙손선백(叔孫宣伯)이 제나라로 망명한 것이다.

214) 꿩을 바쳤다 : 례에 사(士)들이 처음 만날 때 꿩을 례물로 썼다. 부인(婦人)이 꿩을 바친 것은 아들을 숙손목자(叔孫穆子)와 만나게 하고자 한 것이다.

入 不示 出 命佩之 牛謂叔孫 見仲而何 而何猶如何也 大夫立適 必見於君 **叔孫曰 何爲 曰 不見 旣自見矣** 言雖不見 仲已自見 **公與之環而佩之矣 遂逐之 奔齊**

공손명(公孫明)은 숙손(叔孫 : 叔孫穆子)이 제(齊)나라로 망명하였을 때 알게 되었다. 공손명(公孫明)은 제(齊)나라 대부 자명(子明)이다. 숙손이 로(魯)나라로 돌아가서도 국강(國姜)을 맞이해 가지 않으니 자명(子明)이 그녀를 취하였다. 국강(國姜)은 맹병(孟丙)과 중임(仲壬)의 어머니이다. 그러므로 숙손이 노하여 그 아들들이 장성한 뒤에야 사람을 보내어 아들들만 맞이해 왔다. 아들은 맹병(孟丙)과 중임(仲壬)이다. 숙손이 구유(丘蕕)에서 사냥하다가 구유(丘蕕)는 땅 이름이다. 드디어 병이 들게 되자 수우(豎牛)가 그 집안을 어지럽혀 가산을 소유하고자 맹병(孟丙)에게 맹세를 강요하였는데 맹병은 허낙하지 않았다.[215] 그때 숙손이 맹병을 위하여 종을 주조하면서 말하기를 "너는 아직 교제가 없으니, 여러 대부와 서로 교제하지 않았다는 것이다. 대부들에게 향응을 베풀고 락종(落鐘 : 落)하게 할 것이다."라고 하였다. 수퇘지 피를 종(鐘)에 바르는 것을 락(落)이라고 한다. 이미 준비가 갖추어지자 맹병은 수우를 시켜 숙손에게 날을 청하게 하였는데 향응을 베풀 날을 청한 것이다. 수우는 들어가서 이런 사실을 아뢰지 않고 나와서는 날을 명하였다고 하였다. 숙손(叔孫)에게 알리지 않고 거짓으로 명하였다고 한 것이다. 그날이 되자 빈객들이 이르고 숙손이 종소리를 듣게 되었다. 수우가 말하기를 "맹병에게 북부인(北婦人)의 손님이 와 있습니다."라고 하니 북부인(北婦人)은 국강(國姜)이다. 손님은 공손명(公孫明)을 이른다. 숙손이 노하여 그곳으로 가려 하자 수우가 이를 말렸다. 빈객들이 나간 뒤에 사람을 시켜 맹병을 잡아 밖에서 죽이게 하였다. 맹병(孟丙)을 죽인 것이다. 수우가 또 중임(仲壬)에게 맹세할 것을 강요하였으나 허낙하지 않았다. 중임이 소공(昭公)의 어사(御士)인 래서(萊書)와 함께 공궁을 관람하였는데, 래서(萊書)는 소공(昭公)의 어사(御士)이다. 중임(仲壬)이 그와 사사로이 공궁을 관람한 것이다. 소공이 그에게 옥환(玉環)을 하사하니 옥환(玉環)을 내려준 것이다. 중임은 수우를 시켜 들어가서 이를 숙손에게 보이게 하였다. 숙손(叔孫)에게 보이게 한 것이다. 수우는 들어가서 보이지 않고 나와서는 그것을 차라는 명이 있었다고 하였다. 수우는 숙손에게 "중임을 임금님께 알현시키는 것이 어떻겠습니까[而何]?"라고 하니 이하(而何)는 여하(如何)와 같다. 대부가 적통(適統)을 세우면 반드시 임금에게 알현시킨다. 숙손이 말하기를 "어찌해서인가?"[216]라고 하자, 수우가 말하기를 "알현시키지 않았어도 이미 스스로 알현하였으므로 비록 알현시키지 않았어도 중임(仲壬)은 이미

---

215) 맹병(孟丙)에게~않았다 : 수우(豎牛)가 맹병(孟丙)으로 하여금 자기에게 복종하게 하고자 하여 맹세를 강요하였는데 맹병이 허낙하지 않은 것이다.

216) 어찌해서인가 : 이는 수우(豎牛)가 중임(仲壬)을 임금에게 알현시키자고 한 말을 숙손(叔孫)이 괴이하게 여겼기 때문에 한 말이다.

스스로 알현하였다는 말이다. 공께서 그에게 옥환을 주시어 그것을 차고 있습니다."라고 하였다. 숙손이 드디어 중임을 축출하니 제나라로 망명하였다.

疾急 命召仲 牛許而不召 杜洩見 告之飢渴 授之戈 杜洩 叔孫宰也 牛不食叔孫 故怒欲使洩殺之 **對曰 求之而至 又何去焉** 言求食可得 無爲去豎牛 **豎牛曰 夫子疾病 不欲見人 使寘饋于个而退** 个 東西廂 **牛弗進 則置虛命徹** 寫器令空 命去之 **十二月 癸丑 叔孫不食 乙卯 卒 牛立昭子而相之** 昭子 豹庶子叔孫婼

숙손(叔孫)의 병이 위급해지자 중임(仲壬)을 부르라고 명하니, 수우(豎牛)는 그리하겠다고 하고서는 부르지 않았다. 두설(杜洩)이 숙손을 알현하니, 숙손은 배가 고프고 목이 마르다고 하고서 그에게 창을 주었다. 두설(杜洩)은 숙손(叔孫)의 가재(家宰)이다. 우(牛)가 숙손에게 음식을 주지 않았기 때문에 숙손이 노하여 설(洩)을 시켜 우를 죽이려 한 것이다. 두설이 대답하기를 "음식을 요구하면 이를 것인데 또 어찌 그를 제거하려 하십니까."라고 하였다. 음식을 요구하면 얻을 수 있으니 수우(豎牛)를 제거하지 않아도 된다는 말이다. 수우가 말하기를 "부자(夫子)께서는 병이 깊어져서 사람들을 만나려 하지 않으신다."라 하고서 사람에게 음식을 곁방[个]에 놓고 물러가게 하였다. 개(个)는 동쪽과 서쪽 곁방이다. 수우는 음식을 올리지 않고 즉시 빈 그릇을 놓고는 상을 물리라고 명하였다. 그릇의 음식을 쏟아 깨끗이 비우게 하고 그것을 물리라고 명한 것이다. 12월 계축일부터 숙손은 음식을 먹지 못하고 사흘만인 을묘일에 졸하였다. 수우는 소자(昭子)를 후계자로 세우고서 그를 보좌하였다. 소자(昭子)는 표(豹 : 叔孫穆子)의 서자인 숙손착(叔孫婼)이다.

公使杜洩葬叔孫 豎牛賂叔仲昭子與南遺 昭子 叔仲帶也 南遺 季氏家臣 **使惡杜洩於季孫而去之 杜洩將以路葬 且盡卿禮** 路 王所賜叔孫車 **南遺謂季孫曰 叔孫未乘路 葬焉用之 且冢卿無路 介卿以葬 不亦左乎** 冢卿謂季孫 介 次也 **季孫曰 然 使杜洩舍路** 舍 置也 **不可 曰 夫子受命於朝 而聘於王** 在襄二十四年 **王思舊勳而賜之路 復命而致之君 君不敢逆王命 而復賜之 使三官書之 吾子爲司徒 實書名** 謂季孫也 書名 定位號 **夫子爲司馬 與工正書服** 夫子謂叔孫 服 車服 工正所書 **孟孫爲司空 以書勳 今死而弗以 是棄君命也 書在公府而弗以 是廢三官也 若命服 生弗敢服 死又不以 將焉用之 乃使以葬**

소공(昭公)이 두설(杜洩)에게 숙손(叔孫)의 장례를 치르게 하니, 수우(豎牛)가 숙중소자(叔仲昭子)와 남유(南遺)에게 뇌물을 주어 소자(昭子)는 숙중대(叔仲帶)이고 남유(南遺)는 계씨(季氏)의 가신이다. 그들로 하여금 두설을 계손(季孫)에게 나쁘게 말하여 제거하게 하였다. 두설이 로

거[路][217]를 써서 장사지내고 또 경(卿)의 례를 다 갖추려 하자, 로(路)는 주왕(周王)이 숙손(叔孫)에게 하사한 수레이다. 남유가 계손에게 말하기를 "숙손이 로거를 탄 일이 없는데 장사에 어찌 그것을 쓰겠습니까. 또 총경(冢卿)도 로거가 없는데 개경(介卿)이 그것으로 장사를 지낸다면 잘못된[左] 것이 아닙니까."라고 하였다. 총경(冢卿)은 계손(季孫)을 이른다. 개(介)는 버금이다. 계손이 말하기를 "그렇다."라 하고 두설을 시켜 로거를 내버려 두게[舍] 하였다. 사(舍)는 내버려 둠이다. 그러자 두설이 옳지 않다하며 말하기를 "부자(夫子 : 叔孫)께서 조정에서 명을 받고 주왕(周王)을 빙문하니 양공(襄公) 24년에 있었다. 왕께서 옛 공훈을 생각하여 로거를 하사하셨는데, 숙손이 복명하고서 임금님에게 바쳤습니다. 그러나 임금님께서는 감히 왕명을 거역할 수 없다고 하여 다시 수레를 내리시고 3관(官)[218]에게 이를 기록하게 하셨습니다. 그때 그대는 사도(司徒)로서 바로 이름을 기록하였고[書名], 계손(季孫)을 이른다. 서명(書名)은 직위와 명호(名號)를 확정한 것이다. 부자(夫子)는 사마(司馬)로서 공정(工正)에게 복(服)[219]을 기록하게 하였으며,[220] 부자(夫子)는 숙손(叔孫)을 이른다. 복(服)은 수레와 례복이니 공정(工正)이 기록하는 것이다. 맹손(孟孫)은 사공(司空)으로서 공훈을 기록하였습니다. 그런데 이제 부자께서 죽어서 로거를 사용하지 않는 것은 임금의 명을 저버리는 것이고, 기록이 공부(公府)에 있는데 이를 사용하지 않는 것은 3관을 폐기하는 것입니다. 만약 명복(命服)[221]을 살아서는 감히 사용하지 못하고 죽어서도 쓸 수 없다면 장차 이것을 어디에 쓰겠습니까."라고 하니, 마침내 계손은 로거를 써서 장사지내게 하였다.

---

217) 로거[路] : 천자나 제후들이 타는 수레.

218) 3관(官) : 천자나 제후들에게 소속된 세 벼슬 이름. 곧 사마(司馬)·사도(司徒)·사공(司空)을 이른다.

219) 복(服) : 관작을 임명할 때 하사하는 기물(器物)과 의복(衣服).

220) 부자(夫子)는~하였으며 : 숙손(叔孫)은 자기에게 관계된 일을 스스로 기록할 수 없기 때문에 공정(工正)을 시켜 기록하게 한 것이다.

221) 명복(命服) : 왕이 관계(官階)에 따라 하사하는 기물(器物)과 의복(衣服). 여기서는 왕이 숙손목자(叔孫穆子)에게 내려준 수레를 말한다.

소공(昭公) 5년 【甲子 B.C.537】

> **五年 春 王正月 舍中軍**
> 5년 봄 왕정월에 중군(中軍)을 폐지하였다.

襄十一年 始立中軍

양공(襄公) 11년에 처음으로 중군(中軍)을 설립하였다.

季孫謀去中軍 豎牛曰 夫子固欲去之 誣叔孫以媚季孫 **五年 春 王正月 舍中軍 卑公室也** 罷中軍 季孫稱左師 孟氏稱右師 叔孫自以叔孫爲軍名 **毁中軍于施氏 成諸臧氏** 季孫不欲親議 令二家發毁置之計 **初 作中軍 三分公室而各有其一 季氏盡征之 叔孫氏臣其子弟 孟氏取其半焉 及其舍之也 四分公室 季氏擇二** 擇取二分 **二子各一 皆盡征之 而貢于公** 公室無民 三家自取其稅 隨時獻公 **以書使杜洩告於殯** 叔孫之柩 **曰 子固欲毁中軍 旣毁之矣 故告**

계손(季孫)이 중군(中軍)을 없애려고 도모하니, 수우(豎牛)가 말하기를 "부자(夫子 : 叔孫穆子)께서도 본래 중군을 없애고자 하셨습니다."라고 하였다. 숙손(叔孫)의 뜻을 거짓으로 꾸며 계손(季孫)에게 아첨한 것이다. 5년 봄 왕정월에 중군을 폐지하였으니, 공실을 약화시키기 위해서였다. 중군(中軍)을 폐지하고서 계손(季孫)은 자기 군대를 좌사(左師)라 칭하고, 맹씨(孟氏)는 우사(右師)라 칭하고, 숙손(叔孫)은 스스로 숙손으로써 군대의 이름을 삼았다. 시씨(施氏)에게서 중군의 훼철이 발의되고 장씨(臧氏)에게서 그 론의가 완성되었다. 계손(季孫)이 직접 론의하지 않으려고 2가(家)[222]에게 명하여 훼철하는 계획을 발의하게 한 것이다. 애초에 중군을 만들었을 때 공실의 군대를 셋으로 나누고 3가(家)가 각기 그 하나씩을 가졌었는데, 계씨(季氏)는 자기에게 소속된 백성 모두에게서 조세를 거두어들였고, 숙손씨(叔孫氏)는 그 자제만을 신하로 삼았고,[223] 맹씨(孟氏)는 그 자제의 절반만을 취하였었다.[224] 그런데 이제 중군을 폐지하게 되자 공실의 군대를 넷으로 나누어 계씨가 그 가운데 둘을 골라서 취하고, 두 몫을 골라서 취한 것이다. 2자(子)[225]는

---

222) 2가(家) : 시씨(施氏)와 장씨(臧氏)를 이른다.

223) 숙손씨(叔孫氏)는~삼았고 : 숙손씨(叔孫氏)는 자기가 거둘 수 있는 몫의 조세 중에서 부형들에게서 거둔 조세는 공실(公室)로 보내고 자제(子弟 : 壯丁)들의 것만을 차지한 것이다.

224) 그 자제의~취하였었다 : 자제(子弟)에게 거둔 조세의 절반을 공실(公室)에 귀속시킨 것이다.

각기 하나씩을 차지하여 3가 모두 백성에게 다 조세를 거두고 때에 따라 공실에 공납하였다. 공실(公室)은 백성이 없고, 3가(家)가 독자적으로 그 조세를 취하여 때에 따라 공실에 바친 것이다. 계손은 글을 써서 두설(杜洩)[226]을 시켜 숙손(叔孫)의 빈소에 고하게 하였다. 숙손(叔孫)의 널이 있는 곳이다. 그 글에 이르기를 '그대도 원래 중군을 훼철하고자 하였는데 이제 중군을 훼철하였으므로 고합니다.'라고 하였다.

杜洩曰 夫子唯不欲毁也 故盟諸僖閎 詛諸五父之衢 皆在襄十一年 **受其書而投之 帥士而哭之** 痛叔孫之見誣 **叔仲子謂季孫曰 帶受命於子叔孫曰 葬鮮者自西門** 不以壽終爲鮮 西門非魯朝正門 **季孫命杜洩 杜洩曰 卿喪自朝 魯禮也** 從生存朝覲之正路 **吾子爲國政 未改禮而又遷之 羣臣懼死 不敢自也** 自 從也 **旣葬而行** 洩奔他國

이에 두설(杜洩)이 말하기를 "부자(夫子 : 叔孫穆子)께서는 중군을 훼철하려고 하지 않았습니다. 그러므로 희공(僖公)의 사당 문[閎]에서 맹약하고, 오보(五父)의 거리에서 맹세[詛]하였던 것입니다."라고 하며 이 일은 모두 양공(襄公) 11년에 있었다. 그 글을 받아 던져버리고 숙손(叔孫)의 가신들을 이끌고 가서 곡을 하였다. 숙손(叔孫)이 무고(誣告)당한 것을 원통해 한 것이다. 숙중자(叔仲子 : 叔仲昭子)[227]가 계손(季孫)에게 말하기를 "나 대(帶)가 돌아가신 자숙손(子叔孫 : 叔孫穆子)에게서 명을 받았는데, 말씀하시기를 '제명대로 죽지 못한[鮮] 자를 송장할 때는 서문으로 나가야 한다.'라고 하였습니다."라고 하니, 제명대로 죽지 못한 것을 선(鮮)이라 한다. 서문(西門)은 로(魯)나라 조정의 정문이 아니다. 계손이 두설에게 서문으로 나가라고 명하였다. 두설이 말하기를 "경(卿)의 상구(喪柩)는 조정의 정문[228]으로 나가는 것이 로(魯)나라의 례입니다. 살아있을 때 조근(朝覲)하던 큰길을 따라 나간다는 것이다. 그대께서 국정을 행하면서 례법을 고친 적이 없었는데 이제 례법을 바꾸신다면 뭇 신하가 죽음을 두려워하여 감히 따르지[自] 못할 것입니다."[229]라 하고는 자(自)는 따름이다. 장례를 마치고 나서 로나라를 떠났다. 설(洩)이 다른 나라로 망명한 것이다.

---

225) 2자(子) : 숙손씨(叔孫氏)와 맹씨(孟氏)를 이른다.

226) 두설(杜洩) : 숙손(叔孫)의 가재(家宰).

227) 숙중자(叔仲子 : 叔仲昭子) : 지난해 수우(豎牛)의 뇌물을 받고 계씨(季氏)에게 두설(杜洩)을 중상(中傷)한 자이다.

228) 조정의 정문 : 조정의 남문(南門)이다.

229) 뭇~것입니다 : 례법을 함부로 바꾸는데 동참했다는 죄로 뒷날 죽음을 당할까 두려워 당신이 지금 바꾸려는 례법을 따르지 않을 수 있다는 것이다.

仲至自齊 季孫欲立之 南遺曰 叔孫氏厚則季氏薄 彼實家亂 子勿與知 不亦可乎 南遺使國人助豎牛 以攻諸大庫之庭 攻仲壬也 魯城內有大庭氏之虛 於其上作庫 **司宮射之 中目而死 豎牛取東鄙三十邑 以與南遺** 取叔孫邑

중(仲 : 仲壬)[230]이 제(齊)나라에서 돌아오니, 계손(季孫)이 그를 숙손씨(叔孫氏)의 후계자로 세우려 하였다. 이에 남유(南遺)[231]가 말하기를 "숙손씨가 강해지면 계씨(季氏)가 약해지는 것입니다. 저들은 실로 가문이 어지럽게 되었으니 그대는 관여하여 아는 척하지 않는 것이 또한 좋지 않겠습니까."라고 하였다. 남유가 국인으로 하여금 수우(豎牛)를 도와 대고(大庫)의 뜰에서 공격하게 하니, 중임(仲壬)을 공격한 것이다. 로(魯)나라 성안에 대정씨(大庭氏)의 터가 있었는데 그곳에 창고를 지었었다. 사궁(司宮)[232]이 중임(仲壬)에게 활을 쏘자 눈에 맞아 죽었다. 수우가 동쪽 변방의 30읍을 취하여 남유에게 주었다. 숙손(叔孫)의 읍을 취한 것이다.

昭子卽位 朝其家衆 曰 豎牛禍叔孫氏 使亂大從 使亂大順之道 **殺適立庶 又披其邑 將以赦罪** 披 析也 **罪莫大焉 必速殺之 豎牛懼 奔齊 孟仲之子** 孟丙仲壬之子 **殺諸塞關之外** 齊魯界上關 **投其首於寧風之棘上** 寧風 齊地

소자(昭子)[233]가 후계자의 자리에 올라 집안사람들의 조견을 받으며 말하기를 "수우(豎牛)는 숙손씨(叔孫氏) 가문에 화란을 일으켜 대종(大從)을 어지럽혀, 대순(大順)의 도를 어지럽게 한 것이다. 적자[234]를 죽이고 서자[235]를 세웠다. 또 우리 가문의 읍을 쪼개어[披] 남유(南遺)에게 주어서 자기의 죄를 사면받으려 하였으니[236] 피(披)는 쪼갬이다. 이보다 큰 죄는 없다. 반드시 빨리 그를 죽이라."고 하였다. 수우가 두려워하여 제(齊)나라로 달아나니 맹중(孟仲)의 아들들이 맹병(孟丙)과 중임(仲壬)의 아들이다. 변경의 관문 밖에서 죽이고 제(齊)나라와 로(魯)나라 경계에 있는 관문이다. 그 머리를 녕풍(寧風)의 가시밭 위에 던졌다. 녕풍(寧風)은 제(齊)나라 땅이다.

---

230) 중(仲 : 仲壬) : 숙손목자(叔孫穆子)의 아들.

231) 남유(南遺) : 계씨(季氏)의 가신.

232) 사궁(司宮) : 궁(宮) 안의 일을 관장하는 벼슬 이름. 엄인(閹人)이 담당한다.

233) 소자(昭子) : 숙손소자(叔孫昭子). 숙손착(叔孫婼)이라고도 한다. 숙손목자(叔孫穆子)의 서자이다.

234) 적자 : 맹병(孟丙)과 중임(仲壬)을 이른다.

235) 서자 : 숙손소자(叔孫昭子) 자신을 이른다.

236) 우리~하였으니 : 숙손(叔孫)의 읍을 쪼개어 남유(南遺)에게 주어 그로 하여금 계손(季孫)에게 자기를 잘 말하게 하여 죄를 사면받으려 한 것이다.

仲尼曰 叔孫昭子之不勞 不可能也 不以立己爲功 **周任有言曰 爲政者不賞私勞 不罰私怨 詩云 有覺德行 四國順之**

중니(仲尼)는 말하였다. "숙손소자(叔孫昭子)가 수우(豎牛)의 공로를 인정하지 않은 것은 쉽게 할 수 없는 일이었다. 자기를 세워준 것을 공으로 여기지 않은 것이다. 주임(周任)[237]의 말에 '위정자는 사사로운 공로에 상주지 않고 사사로운 원한으로 벌주지 않는다.'고 하였다. 또 《시(詩)》에 이르기를 '바른[覺] 덕행이 있는 사람을 사방의 나라들이 따르네.'[238]라고 하였다."

初 穆子之生也 莊叔以周易筮之 莊叔 穆子父得臣也 **遇明夷䷣** 離下坤上 **之謙䷎** 艮下坤上 **以示卜楚丘 曰 是將行** 行 出奔 **而歸爲子祀 以讒人入 其名曰牛 卒以餒死 明夷 日也** 離爲日 夷 傷也 **日之數十** 甲至癸 **故有十時 亦當十位 自王已下 其二爲公 其三爲卿** 日中當王 食時當公 平朝爲卿 雞鳴爲士 夜半爲皁 人定爲輿 黃昏爲隸 日入爲僚 晡時爲僕 日昳爲臺 隅中日出 闕不在第 尊王公 曠其位 **日上其中** 日中盛明 故以當王 **食日爲二** 公位 **旦日爲三** 卿位 **明夷之謙 明而未融 其當旦乎** 融 朗也 日在地中 明而未融 故曰當朝 **故曰爲子祀** 莊叔 卿也

이보다 앞서 목자(穆子 : 叔孫穆子)가 태어났을 때 장숙(莊叔)이 《주역(周易)》으로 시초점을 치니, 장숙(莊叔)은 목자(穆子)의 아버지 득신(得臣)이다. 명이괘(明夷卦)䷣가 리(離)가 하괘이고 곤(坤)이 상괘이다. 겸괘(謙卦)䷎로 변한 괘를 만났다. 간(艮)이 하괘이고 곤(坤)이 상괘이다. 복인(卜人)인 초구(楚丘)[239]에게 보여주니, 초구가 다음과 같이 말하였다. "이 아이는 장차 망명나갔다가[行] 행(行)은 망명나감이다. 돌아와 그대를 위하여 제사를 받들 것인데, 참언(讒言)하는 사람을 데리고 들어올 것입니다. 그 이름은 우(牛)라 하고, 끝내 이 자로 인해 굶어죽을 것입니다. 명이(明夷)는 해[日]이고, 리괘(離卦)는 해가 되고 이(夷)는 손상됨이다.[240] 해[날]의 수는 10입니다. 갑일(甲日)부터 계일(癸日)까지이다. 그러므로 하루에도 10시(時)를 두었으니[241] 또한 사람의 10위(位)에 해당됩니다. 왕 이하로 두 번째는 공(公)이고, 세 번째는 경(卿)입니다. 일중(日中 : 午時)은 왕에 해당되고, 식시(食時 : 辰時)는 공(公)에 해당하고, 평조(平朝 : 寅時)는 경(卿)이 되고, 계명(雞鳴

237) 주임(周任) : 주(周)나라 대부이다. 옛날의 어진 사관이라는 설도 있다.

238) 바른[覺]~따르네 : 《시경(詩經)》〈대아(大雅)〉 억(抑).

239) 초구(楚丘) : 복인(卜人)의 성과 이름이다.

240) 리괘(離卦)는~손상됨이다 : 해의 밝음이 손상되었다는 것이다.

241) 하루에도~두었으니 : 일반인의 운명을 점칠 때는 12시(時) 중에 사시(巳時)와 묘시(卯時)를 빼기 때문이다.

: 丑時)은 사(士)가 되고, 야반(夜半 : 子時)은 조(皁)가 되고, 인정(人定 : 亥時)은 여(輿)가 되고, 황혼(黃昏 : 戌時)은 예(隸)가 되고, 일입(日入 : 酉時)은 료(僚)가 되고, 포시(晡時 : 申時)는 복(僕)이 되고, 일질(日昳 : 未時)은 대(臺)가 된다. 우중(隅中 : 巳時)과 일출(日出 : 卯時)은 빼놓고 차례에 두지 않는데, 이는 왕(王)과 공(公)을 높이기 위하여 그 자리를 비워둔 것이다.242) 해가 가운데 있을 때가 으뜸[上]이고, 해가 하늘 한 가운데 있을 때 가장 밝기 때문에 왕의 자리에 해당된다. 아침 먹을 때의 해는 두 번째이며, 공(公)의 지위이다. 이른 아침[旦]의 해는 세 번째입니다. 경(卿)의 지위이다. 명이괘가 겸괘로 변한 것은 밝아오지만 아직 완전히 밝지[融] 않은 때이니, 단(旦)에 해당됩니다. 융(融)은 밝음이다. 해가 아직 땅속에 있기 때문에 밝기는 하지만 아직 완전히 밝지 않으므로 이른 아침에 해당한다고 한 것이다. 그러므로 그대의 제사를 받들 수 있다243)고 한 것입니다. 장숙(莊叔)은 경(卿)이다.

日之謙當鳥 故曰 明夷于飛 離爲日爲鳥 離變爲謙 日光不足 故當鳥 **明而未融 故曰 垂其翼** 於日爲未融 於鳥爲垂翼 **象日之動 故曰 君子于行** 初九有君子象 在明傷之世 居謙下之位 故將辟難而行 **當三在旦 故曰 三日不食** 朝位在三 又非食時 故曰 三日不食 **離 火也 艮 山也 離爲火 火焚山 山敗** 離艮合體故 **於人爲言** 艮爲言 **敗言爲讒 故曰 有攸往 主人有言 言必讒也** 離變爲艮 故言有所往 往而見燒 故主人有言 言而見敗 故必讒言 **純離爲牛** 易離卦彖辭 離畜牝牛吉 **世亂讒勝 勝將適離 故曰其名曰牛** 適 但也 山焚則離獨存 故知名牛 **謙不足 飛不翔** 謙道冲退 故不遠翔 **垂不峻 翼不廣** 峻 高也 翼垂下 故不能廣遠 **故曰其爲子後乎** 不遠翔 故知不遠去 **吾子亞卿也 抑少不終** 朝日正卿之位 莊叔父子世爲亞卿位 不足以終盡卦體 蓋引而致之

해[離卦]가 겸괘(謙卦)로 변한 것은244) 새[鳥]에 해당하기 때문에 '명이(明夷)가 난다.'245)고 하였고 리괘(離卦)는 해[日]가 되고 새[鳥]도 되는데, 리괘(離卦)가 변하여 겸괘(謙卦)가 되어 햇빛이 아직 부족하기 때문에 새에 해당하는 것이다. 날이 밝아오지만 아직 완전히 밝지 않았기 때문에 '그 날개를 늘어뜨렸다.'246)고 한 것입니다. 해에 있어서는 아직 완전히 밝지 않은 것이 되고, 새에 있어서는 날개

242) 왕(王)과~것이다 : 오시(午時)는 왕(王)의 자리에 해당되고 진시(辰時)는 공(公)의 자리에 해당된다. 사시(巳時)는 왕의 앞자리에 해당되고 묘시(卯時)는 공의 앞자리에 해당된다. 그리하여 왕과 공을 높이기 위하여 사시와 묘시 자리를 비워두니 10시(時)가 된다.

243) 그대의~있다 : 장숙(莊叔)이 친 점의 괘가 단(旦)에 해당하므로 숙손목자(叔孫穆子)가 경의 지위를 이어 장숙의 제사를 받들 수 있게 된다는 것이다.

244) 해[離卦]가~것은 : 명이괘(明夷卦)의 하괘인 리괘(離卦)의 초효가 변하여 겸괘(謙卦)가 된 것이다. 이때는 명이괘의 변효(變爻)인 초구(初九) 효사(爻辭)로 점을 친다.

245) 명이(明夷)가 난다 : 《주역(周易)》 명이괘(明夷卦) 초구(初九) 효사(爻辭).

246) 그~늘어뜨렸다 : 《주역(周易)》 명이괘(明夷卦) 초구(初九) 효사(爻辭).

를 늘어뜨린 것이 된다. 해의 움직임을 상징하였기 때문에 '군자가 떠나간다.'[247]고 하였고 초구(初九)는 군자의 상이 있는데 밝음이 손상된 세상에 있고 겸괘(謙卦)의 아랫자리에 있기 때문에 장차 환난을 피하여 떠난다는 것이다. 하루 중 세 번째 지위에 해당되는 것이 단(旦)이기 때문에 '사흘간 먹지 못한다.'[248]고 한 것입니다. 아침의 지위는 하루 중 세 번째에 있으며, 또 먹을 때가 아니므로 사흘간 먹지 못한다고 한 것이다. 리괘(離卦)는 불을 상징하고 간괘(艮卦)는 산을 상징합니다. 리괘가 불이 되니 불이 산을 태우면 산은 망가집니다. 리괘(離卦)와 간괘(艮卦)의 괘체(卦體)가 합해졌기 때문이다.[249] 간괘는 사람에 있어서는 말[言]이 됩니다. 간괘(艮卦)는 말[言]이 된다. 망가뜨리는 말[敗言]이 곧 헐뜯는 말[讒]이 되므로 '가는 곳이 있으면 주인이 말이 있으리라.'[250]고 한 것이니, 말은 반드시 헐뜯는 말입니다. 리괘(離卦)가 변하여 간괘(艮卦)가 되므로 가는 곳이 있다고 말하고, 가서 불태워지기 때문에 주인이 말이 있으며 말로 인하여 망가지므로 반드시 헐뜯는 말이라고 한 것이다. 그리고 순리괘(純離卦)[251]는 소[牛]가 되는데 《주역(周易)》 리괘(離卦)의 단사(彖辭)에 '리(離)는 빈우(牝牛)를 기르면 길하리라.'고 하였다. 세상이 어지러워지면 헐뜯는 말이 이기고, 헐뜯는 말이 이기면 다만[適] 리(離)만 남기 때문에 그 이름이 우(牛)라고 한 것입니다. 적(適)은 다만이다. 산이 불타면 리(離)만 남기 때문에 이름이 우(牛)임을 안 것이다. 겸(謙)은 부족한 것이므로 날아도 멀리 날지 못하며, 겸(謙)의 도는 비우고 물러나는 것이기 때문에 멀리 날지 못하는 것이다. 날개를 늘어뜨려 높이[峻] 날지 않고 날개를 폄이 넓지 않으므로 준(峻)은 높음이다. 날개를 아래로 늘어뜨렸으므로 넓고 멀리 가지 못한다는 것이다. 이 아이가 그대의 뒤를 이을 것이라고 한 것입니다. 멀리 날아가지 않으므로 멀리 가지 못할 것임을 안 것이다. 당신이 아경(亞卿)이니 아마도 이 아이는 아경[少][252]의 지위를 누리겠지만 제명에 죽지 못할 것입니다." 아침 해는 정경(正卿)의 자리이다. 장숙(莊叔) 부자는 대대로 아경(亞卿)의 지위여서 끝내 괘체(卦體)를 다하지 못할 것이니,[253] 대개 위의 말을 끌어서 말을 이룬 것이다.

군자가 떠나간다 : 《주역(周易)》 명이괘(明夷卦) 초구(初九) 효사(爻辭).

248) 사흘~못한다 : 《주역(周易)》 명이괘(明夷卦) 초구(初九) 효사(爻辭).

249) 리괘(離卦)와~때문이다 : 리괘(離卦)의 초구(初九)가 변하여 간괘(艮卦)가 되었기 때문에 괘체(卦體)가 합해졌다고 한 것이다.

250) 가는~있으리라 : 《주역(周易)》 명이괘(明夷卦) 초구(初九) 효사(爻辭).

251) 순리괘(純離卦) : 상하괘(上下卦)가 모두 리괘(離卦)인 것이다.

252) 아경[少] : 정경(正卿)이 되지 못하기 때문에 소(少)라 한 것이다.

253) 장숙(莊叔)~것이니 : 숙손목자(叔孫穆子)의 괘체(卦體)는 리괘(離卦)로서 정경(正卿)의 지위에 해당되나, 겸괘(謙卦)로 변하므로 정경(正卿)이 되지 못하고 아경(亞卿)에 머무를 것이라는 뜻이다.

楚殺其大夫屈申
초(楚)나라가 그 대부 굴신(屈申)을 죽였다.

楚子以屈申爲貳於吳 乃殺之 以屈生爲莫敖 生 屈建子 **使與令尹子蕩如晉逆女 過鄭 鄭伯勞子蕩于汜 勞屈生于菟氏** 汜菟氏 皆鄭地 **晉侯送女于邢丘 子產相鄭伯會晉侯于邢丘** 傳言諸侯畏楚

초자(楚子 : 靈王)는 굴신(屈申)이 오(吳)나라에 붙었다고 하여[254] 그를 죽이고, 굴생(屈生)을 막오(莫敖)로 삼아 생(生)은 굴건(屈建)의 아들이다. 령윤(令尹)인 자탕(子蕩)과 함께 진(晉)나라로 가서 진나라 공녀(公女)를 맞이하게 하였다. 이들이 정(鄭)나라에 들르니, 정백(鄭伯 : 簡公)이 사(汜)[255] 땅에서 자탕을 위로하고 도씨(菟氏)에서 굴생을 위로하였다.[256] 사(汜)와 도씨(菟氏)는 모두 정(鄭)나라 땅이다. 진후(晉侯 : 平公)가 형구(邢丘)까지 가서 딸을 전송하니, 자산(子產)이 정백의 상(相)이 되어 형구로 가서 진후와 회합하였다. 전문은 제후들이 초(楚)나라를 두려워함을 말한 것이다.

晉韓宣子如楚送女 叔向爲介 鄭子皮子大叔勞諸索氏 索氏 鄭地 **大叔謂叔向曰 楚王汰侈已甚 子其戒之 叔向曰 汰侈已甚 身之災也 焉能及人 若奉吾幣帛 愼吾威儀 守之以信 行之以禮 敬始而思終 終無不復 從而不失儀** 從 順也 **敬而不失威 道之以訓辭 奉之以舊法 考之以先王 度之以二國 雖汰侈 若我何**

진(晉)나라 한선자(韓宣子 : 韓起)가 진나라 공녀(公女)를 호송하여 초(楚)나라로 갈 때 숙향(叔向)이 부사[介]였는데, 정(鄭)나라 자피(子皮 : 罕虎)와 자태숙(子大叔 : 游吉)이 삭씨(索氏)에서 이들을 위로하였다. 삭씨(索氏)는 정(鄭)나라 땅이다. 자태숙이 숙향에게 말하기를 "초왕(楚王)은 교만과 사치가 너무 심하니 그대는 그를 경계하십시오."라고 하였다. 숙향이 말하기를 "교만과 사치가 너무 심한 것은 그 자신의 재난이니 어찌 남에게 미칠 수 있겠습니까. 만약 우리의 폐백을 바칠 때 우리의 위의를 신중히 하여 신(信)으로써 지키고 례(禮)로써 행하며, 시작을 경건히 하여 좋은 마침이 있기를 생각하면 마친 것이 다시 행하여지지

254) 초자(楚子)는~하여 : 오(吳)나라와 내통한다고 억지로 만든 것이다.
255) 사(汜) : 십삼경주소본(十三經注疏本)에는 '범(氾)'으로 되어 있다.
256) 정백(鄭伯)이~위로하였다 : 정백(鄭伯)이 자탕(子蕩)과 굴생(屈生) 두 사자를 따로 위로하여 공경을 다한 것이다.

않음이 없을 것입니다.[257] 순종하되[從] 례의를 잃지 않고 종(從)은 순종함이다. 공경하되 위엄을 잃지 않으며, 훈계의 말로써 인도하고 옛 법으로써 받들며, 선왕으로써 상고하고[258] 두 나라의 형세로써 헤아린다면 그가 비록 교만하고 사치하다 하더라도 우리를 어찌하겠습니까."라고 하였다.

及楚 楚子朝其大夫曰 晉 吾仇敵也 苟得志焉 無恤其他 今其來者 上卿上大夫也 韓起 上卿 叔向 上大夫也 **若吾以韓起爲閽** 刖足使守門 **以羊舌肸爲司宮** 加宮刑 **足以辱晉 吾亦得志矣 可乎 大夫莫對 薳啓彊曰 可 苟有其備 何故不可 恥匹夫不可以無備 況恥國乎 是以聖王務行禮 不求恥人 朝聘有珪** 珪以爲信 **享覜有璋** 享 饗也 覜 見也 臣爲君使執璋 **小有述職** 諸侯適天子曰述職 **大有巡功** 天子巡守曰巡功 **設机而不倚 爵盈而不飮** 言務行禮 **宴有好貨** 衣服車馬 **飱有陪鼎** 飱 熟食 陪 加也 **入有郊勞 出有贈賄 禮之至也 國家之敗 失之道也 則禍亂興**

초(楚)나라에 이르자 초자(楚子)가 그 대부들을 조회하고 말하기를 "진(晉)나라는 나의 구적(仇敵)이니 만약 내가 뜻을 이룰 수만 있다면 다른 것은 걱정할 것이 없다. 지금 진나라에서 온 자가 상경(上卿)과 상대부(上大夫)이니 한기(韓起)는 상경(上卿)이고 숙향(叔向)은 상대부(上大夫)이다. 만약 내가 한기(韓起)를 혼인(閽人 : 守門人)으로 삼고 월족(刖足)하여 문을 지키게 한다는 것이다. 양설힐(羊舌肸 : 叔向)을 사궁(司宮 : 閹人)으로 삼는다면 궁형(宮刑)을 가한다는 것이다. 충분히 진나라에 치욕을 줄 수 있고 나 또한 뜻을 이룰 수 있으니, 그래도 되겠는가?"라고 물으니, 대부들이 대답하는 이가 없었다. 그러자 위계강(薳啓彊)이 다음과 같이 말하였다. "그리하셔도 됩니다. 만일 그에 대한 대비책이 있다면 무엇 때문에 안 되겠습니까. 필부에게 치욕을 주는데도 대비책이 없어서는 안 되는데 하물며 한 나라에 대한 치욕에 있어서이겠습니까. 이 때문에 성왕(聖王)은 례를 행하는 데 힘썼고 남에게 치욕을 주기를 추구하지 않았습니다. 조빙(朝聘)에는 규(珪)가 있었고 규(珪)로써 신표(信標)를 삼는다. 향연을 베풀고[享] 만나는[覜] 데에는 장(璋)이 있었으며, 향(享)은 향연을 베풂이요, 조(覜)는 만남이다. 신하가 임금을 위하여 사신으로 가면 손에 장(璋)을 잡는다. 소국에는 술직(述職)이 있었고 제후(諸侯)가 천자에게 가는 것을 술직(述職)이라 한다. 대국에는 순공(巡功)이 있었으며, 천자가 순수(巡守)하는 것을 순공(巡功)이라 한

---

257) 시작을~것입니다 : 좋은 마침은 다시 좋은 시작을 가져온다는 말이니, 지금처럼 초(楚)나라를 두려워하는 관계가 아니라 초나라와 대등한 선린관계를 이룰 수 있을 것이라는 말이다.

258) 선왕으로써 상고하고 : 선왕의 례로써 두 나라 사이의 우호를 모색하는 것이다.

다. 안석을 설치하였지만 기대지 않았고 잔에 술이 가득하였지만 마시지 않았으며, 례를 행하는 데 힘썼다는 말이다. 연회를 베풀어줄 때는 호화(好貨)가 있었고[259] 의복과 거마이다. 익힌 음식[飧]을 먹을 때는 정(鼎)을 더하였으며[陪],[260] 손(飧)은 익힌 음식이다. 배(陪)는 더함이다. 사신이 들어올 때는 교로(郊勞)[261]가 있었고 나갈 때는 증회(贈賄)[262]가 있었으니 이처럼 례의가 지극하였습니다. 국가가 패망하는 것은 이런 도리를 잃어 화란이 일어나기 때문입니다.

城濮之役 晉無楚備 以敗於邲 邲之役 楚無晉備 以敗於鄢 自鄢以來 晉不失備 而加之以禮 重之以睦 是以楚弗能報 而求親焉 既獲姻親 又欲恥之 以召寇讎 備之若何 誰其重此 言怨重 **若有其人 恥之可也** 有賢人以敵晉 則可恥之 **若其未有 君亦圖之 晉之事君 臣曰可矣 求諸侯而麇至** 麇 羣也 **求昏而薦女 君親送之 上卿及上大夫致之 猶欲恥之 君其亦有備矣 不然 奈何**

성복(城濮)의 싸움[263]에서 이긴 뒤에 진(晉)나라는 초(楚)나라에 대한 대비가 없어서 필(邲) 땅에서 패하였고, 필 땅의 싸움[264]에서 이긴 뒤에 초나라는 진나라에 대한 대비가 없어서 언(鄢) 땅에서 진나라에 패하였습니다. 언 땅의 싸움[265] 이후로 진나라는 대비를 소홀히 하지 않았고, 례로 초나라를 대우하고 거듭 화목하고자 하였습니다. 이 때문에 초나라는 보복할 수 없어 친척이 되기를 요구했던 것입니다. 이미 혼인하여 친척이 되었는데 또 그들에게 치욕을 주어 원수를 만들어 불러들이니 저들을 어떻게 대비하실 생각이십니까. 그리고 누가 이처럼 원한을 무겁게 하는 것입니까.[266] 원한이 무거워진다는 말이다. 만약 진나라를 대적할 만한 사람이 있다면 치욕을 주어도 괜찮겠지만, 현인이 있어 진(晉)나라를 대적할 수 있다면

259) 연회를~있었고 : 사신을 접대할 때 사신의 흥을 돋워 주기 위하여 의복과 거마 등의 례물을 준다.

260) 익힌~더하였으며[陪] : 례법에 정해진 수보다 음식을 더하여 후대하는 뜻을 보인 것이다.

261) 교로(郊勞) : 외국의 임금이나 사신이 도착하면 교외에서 영접하여 위로하는 일.

262) 증회(贈賄) : 사신이 돌아갈 때 례물을 주는 일.

263) 성복(城濮)의 싸움 : 희공(僖公) 28년에 있었던 진(晉)나라와 초(楚)나라 사이의 싸움. 진문공(晉文公)이 이 싸움에서 승리함으로써 패자(霸者)가 되었다.

264) 필~싸움 : 선공(宣公) 12년에 있었던 진(晉)나라와 초(楚)나라 사이의 싸움. 이 싸움에서 초나라가 승리하였다.

265) 언~싸움 : 성공(成公) 16년에 있었던 진(晉)나라와 초(楚)나라 사이의 싸움. 이 싸움에서 진나라가 승리하였다.

266) 누가~것입니까 : 전문 '誰其重此'의 '重'을 '任'의 의미로 보아 '누가 이 일을 담당하겠습니까?'로 해석하는 견해도 있다.

치욕을 주어도 괜찮다는 것이다. 만약 그런 사람이 없다면 임금님께서는 또한 깊이 생각하십시오. 진나라가 임금님[楚王]을 섬기는 것에 대하여 신은 잘하고 있다고 말할 수 있습니다. 우리가 제후(諸侯)의 회합을 요구하자 무리[麇 : 諸侯]가 이르렀고, 균(麇)은 무리이다. 혼인을 요구하자 딸을 바치면서 진나라 임금이 친히 전송하고 상경(上卿)과 상대부(上大夫)가 모시고 왔습니다. 그런데도 오히려 저들에게 치욕을 주려 하시니 임금님께서는 아마도 또한 대비책이 있으신 모양입니다. 그렇지 않다면 어찌하시렵니까.

韓起之下 趙成中行吳魏舒范鞅知盈 成 趙武子 吳卽荀吳 **羊舌肸之下 祁午張趯籍談女齊梁丙張骼輔躒苗賁皇 皆諸侯之選也 韓襄爲公族大夫 韓須受命而使矣** 襄 無忌子 韓須 年雖幼 已任出使 **箕襄邢帶** 二人 韓氏族 **叔禽叔椒子羽** 皆起庶子 **皆大家也 韓賦七邑皆成縣也** 成縣 賦百乘 韓氏七人人一邑 **羊舌四族 皆彊家也** 四族 伯華叔向叔魚叔虎兄弟四人 **晉人若喪韓起楊肸 五卿八大夫** 楊肸 叔向 食采於楊 **輔韓須楊石** 石 叔向子 **因其十家九縣** 韓七 羊舌四 言十家擧大數 羊舌四家共二縣 **長轂九百** 長轂 戎車 **其餘四十縣遺守四千** 計遺守國者 尙有四千乘 **奮其武怒 以報其大恥 伯華謀之 中行伯魏舒帥之** 伯 中行吳 **其蔑不濟矣 君將以親易怨 實無禮以速寇 而未有其備 使羣臣往遺之禽 以逞君心** 使楚羣臣遺晉禽獲 **何不可之有 王曰 不穀之過也 大夫無辱 厚爲韓子禮 王欲敖叔向以其所不知 而不能 亦厚其禮 韓起反 鄭伯勞諸圉** 圉 鄭地 **辭不敢見 禮也** 奉使君命未反故

한기(韓起)의 수하에 있는 조성(趙成)·중항오(中行吳)·위서(魏舒)·범앙(范鞅)·지영(知盈)과 성(成)은 조무(趙武)의 아들이다. 오(吳)는 곧 순오(荀吳)이다. 양설힐(羊舌肸)의 수하에 있는 기오(祁午)·장적(張趯)·적담(籍談)·여제(女齊)·량병(梁丙)·장격(張骼)·보력(輔躒)·묘분황(苗賁皇)은 모두 제후(諸侯)의 신하로서 뛰어난 자들입니다. 한양(韓襄)은 공족대부이고 한수(韓須)는 명을 받고 사신으로 나갔으며, 양(襄)은 무기(無忌)의 아들이고, 한수(韓須)는 나이가 비록 어리지만 이미 사신으로 나가는 임무를 맡은 것이다. 기양(箕襄)·형대(邢帶)와 두 사람은 한씨(韓氏)의 족속이다. 숙금(叔禽)·숙초(叔椒)·자우(子羽)는 모두 기(起)의 서자이다. 모두 큰 가문입니다. 그리고 한씨(韓氏)가 부세를 징수하는 일곱 읍은 모두 성현(成縣 : 大縣)이며, 성현(成縣)은 병거 1백승(乘)을 부세로 낸다. 한씨(韓氏)의 일곱 사람[267]이 일인당 한 읍씩 맡은 것이다. 양설씨(羊舌氏)의 네 족속은 모두 강성한 가문입니다. 네 족속은 백화(伯華)[268]·숙향(叔向)·숙어(叔魚)·숙호(叔虎) 등 형제 네

267) 한씨(韓氏)의~사람 : 한양(韓襄)·한수(韓須)·기양(箕襄)·형대(邢帶)·숙금(叔禽)·숙초(叔椒)·자우(子羽)를 이른다.

사람이다. 진인(晉人)이 만약 한기와 양힐(楊肸)을 잃는다면 5경(卿)과 8대부가 양힐(楊肸)은 숙향(叔向)인데 양(楊) 땅을 채지(采地)로 받았다. 한수와 양석(楊石)을 도와 양석(楊石)은 숙향(叔向)의 아들이다. 그 10가(家)가 통치하는 9현(縣)의 한씨(韓氏)가 일곱이고 양설씨(羊舌氏)가 넷인데, 10가(家)라고 말한 것은 큰 숫자를 든 것이다. 양설씨(羊舌氏)의 4가(家)는 두 현(縣)을 공유하였다. 장곡(長轂) 9백 승(乘)과 장곡(長轂)은 융거(戎車)이다. 그 밖의 나머지 40현에 남아서 지키는 병거가 4천 승으로 남아서 나라를 지키는 병거를 계산하면 아직 4천 승이 있다는 것이다. 그 무용과 분노를 떨쳐 큰 치욕을 보복하려 할 것입니다. 백화(伯華)가 계책을 내고 중항백(中行伯)과 위서가 군대를 거느린다면 백(伯)은 중항오(中行吳)이다. 아마도 성공하지 못할 일이 없을 것입니다. 그런데도 임금님께서는 친척을 원수로 바꾸려 하시니, 이는 실로 무례함으로써 원수를 불러들이는 일입니다. 그리고 대비책도 없이 뭇 신하를 내보내어 저들의 포로가 되게 하고도 임금님의 마음이 흡족하시다면 초(楚)나라의 뭇 신하로 하여금 진(晉)나라에 가 포로가 되게 한다는 것이다. 무슨 안 될 것이 있겠습니까." 초왕(楚王)이 말하기를 "이는 나의 잘못이니 대부는 애쓰지[辱] 말라."고 하고서 한자(韓子 : 韓起)를 위하여 례물을 후하게 주었다. 초왕은 숙향(叔向)이 모르는 일을 가지고 그를 조롱하려[敖] 하였으나 그럴 수 없자, 또한 그에게도 례물을 후하게 주었다. 한기가 돌아갈 때 정백(鄭伯)이 어(圉) 땅에서 그를 위로하려 하였으나 어(圉)는 정(鄭)나라 땅이다. 한기는 사양하고 감히 정백을 알현하지 않았으니, 례에 맞는 일이었다. 군명을 받들고 사신으로 나갔다가 아직 반명(反命)[269]하지 않았기 때문이다.

公如晉

소공(昭公)이 진(晉)나라에 갔다.

公如晉 自郊勞至于贈賄 無失禮 晉侯謂女叔齊曰 魯侯不亦善於禮乎 對曰 魯侯焉知禮 公曰 何爲 自郊勞至于贈賄 禮無違者 何故不知 對曰 是儀也 不可謂禮 禮所以守其國 行其政令 無失其民者也 今政令在家 不能取也 有子家羈 弗能用也 羈 莊公玄孫 **奸大國之盟 陵虐小國 利人之難 不知其私** 謂取鄆取鄫 而不自知有私難 **公室四分 民食於他** 他謂三家 **思莫在公 不圖其終** 無爲公謀終始者 **爲國君 難將及身 不恤其所 禮**

268) 백화(伯華) : 숙향(叔向)의 형.

269) 반명(反命) : 사신(使臣)의 임무를 마치고 돌아와 결과를 보고하는 일.

之本末 將於此乎在 在恤民與憂國 **而屑屑焉習儀以亟** 言以習儀爲急 **言善於禮 不亦遠乎**

소공(昭公)이 진(晉)나라에 가서 교로(郊勞)에서 증회(贈賄)에 이르기까지 례를 잃음이 없었다. 진후(晉侯)가 여숙제(女叔齊)에게 말하기를 "로후(魯侯)는 례에 능숙하지 않은가?"라고 하였다. 여숙제가 대답하기를 "로후가 어찌 례를 알겠습니까."라고 하였다. 진평공(晉平公)이 말하기를 "어찌해서인가? 교로에서 증회에 이르기까지 례에 어긋남이 없었는데 무엇 때문에 례를 모른다고 하는가?"라고 하니, 여숙제가 다음과 같이 대답하였다. "이러한 것은 의식(儀式)일 뿐 례라고 할 수 없습니다. 례란 그 나라를 지키고 그 정령을 행하여 백성의 미음을 잃지 않는 것입니다. 지금 로(魯)나라의 징령이 3가(家)에 있는데도 취하지 못하고, 자가기(子家羈) 같은 현자가 있는데도 등용하지 못하고, 기(羈)는 장공(莊公)의 현손(玄孫)이다. 대국과의 맹약을 어기고 소국을 릉멸하여 학대하고, 남의 환난을 자신의 리익으로 여기지만 자신에게 닥칠 환난은 알지 못하고 있습니다. 거(莒)나라의 운(鄆) 땅과 증(鄫) 땅을 취하고도 자기에게 환난이 생길 것을 스스로 모른다고 이른 것이다. 그리고 공실이 넷으로 나뉘어져[270] 백성이 저들[他]에게 먹을 것을 의존하며, 저들[他]은 3가(家)를 이른다. 생각이 공실에게 있는 자가 없어서 공실의 마지막을 도모하지 않고 있습니다. 공실을 위하여 시작과 끝을 도모하는 자가 없다는 것이다. 그리고 나라의 임금이 되어 화난이 장차 몸에 닥칠 것인데도 자신의 처지를 걱정하지 않고 있습니다. 례의 본말은 마땅히[將] 여기에 있어야 할 것이거늘 례의 본말은 백성을 돌보고 나라를 걱정하는데 있다는 것이다. 자잘하게 의식을 익히기에만 급급하니 의식(儀式)을 익히는 것을 급무(急務)로 삼는다는 말이다. 소공이 례에 능숙하다는 말씀은 또한 례의 실제와는 거리가 멀지 않습니까."

君子謂 叔侯於是乎知禮

군자는 이른다. "숙후(叔侯 : 女叔齊)는 이처럼 례를 잘 알았다."

○鄭罕虎如齊 娶於子尾氏 晏子驟見之 陳桓子問其故 對曰 能用善人 民之主也 謂授子產政

○정(鄭)나라 한호(罕虎 : 子皮)가 제(齊)나라에 가서 자미씨(子尾氏)의 딸을 아내로 맞이하였다. 안자(晏子)가 자주 그를 찾아가니, 진환자(陳桓子 : 陳無宇)가 그 까닭을 물었다.

270) 공실이~나뉘어져 : 공실의 군대를 넷으로 나누어 계씨(季氏)가 둘을 차지하고 숙손씨(叔孫氏)와 맹씨(孟氏)가 각각 하나씩 차지한 것을 말한다.

안자가 대답하기를 "그는 선인(善人)을 잘 등용하니 백성의 주인이기 때문입니다."라고 하였다. 자산(子產)에게 정권을 준 것을 이른다.

夏 莒牟夷以牟婁及防玆來奔

여름에 거(莒)나라 모이(牟夷)가 모루(牟婁) 및 방(防) 땅과 자(玆) 땅을 가지고 망명왔다.

牟婁防玆 莒三邑 納叛人 故書來奔 兩譏之也

모루(牟婁)·방(防)·자(玆)는 거(莒)나라의 세 읍이다. 나라에 반역한 사람을 받아들였으므로 경문에 망명왔다고 기록하여 량쪽을 다 비난한 것이다.

夏 莒牟夷以牟婁及防玆來奔 牟夷非卿而書 尊地也 尊 重也 重地故書名 **莒人愬于晉 晉侯欲止公 范獻子曰 不可 人朝而執之 誘也 討不以師 而誘以成之 惰也 爲盟主而犯此二者 無乃不可乎 請歸之 閒而以師討焉** 閒 暇也 **乃歸公**

여름에 거(莒)나라 모이(牟夷)가 모루(牟婁) 및 방(防) 땅과 자(玆) 땅을 가지고 망명왔다. 모이는 경(卿)이 아닌데 경문에 이름을 기록한 것은 땅을 중히 여겨서[尊]이다.[271] 존(尊)은 중히 여김이다. 땅을 중히 여겼으므로 그의 이름을 경문에 기록한 것이다. 거인(莒人)이 이 일을 진(晉)나라에 호소하니, 진후(晉侯)가 소공(昭公)을 억류하려 하였다. 그러자 범헌자(范獻子 : 范鞅)가 말하기를 "안 됩니다. 남이 조견하러 왔는데 그를 붙잡아 두는 것은 유인이고, 토죄하는데 군대를 쓰지 않고 유인하여 일을 성취하는 것은 태만입니다. 맹주가 되어서 이 두 가지를 범하는 것은 안 되지 않습니까. 그를 돌려보내시고 틈이 날 때[閒] 군대를 동원하여 토죄하십시오."라고 하니, 한(閒)은 틈날 때이다. 이에 소공을 돌려보냈다.

秋 七月 公至自晉 戊辰 叔弓帥師 敗莒師于蚡泉

가을 7월에 소공(昭公)이 진(晉)나라에서 돌아왔다. 무진일에 숙궁(叔弓)이 군

271) 모이는~여겨서[尊]이다 : 경문의 내용은 공자(孔子)가 땅을 중하게 여긴 것이 아니라 당시 로(魯)나라가 땅을 중하게 여겼다는 것이다. 양공(襄公) 21년 봄조 및 소공(昭公) 31년 겨울조 참조.

대를 거느리고 분천(蚡泉)에서 거(莒)나라 군대를 패배시켰다.

蚡 公作濆 穀作賁 ○蚡泉 魯地

분(蚡)은 《공양전(公羊傳)》에는 분(濆)으로 되어 있고, 《곡량전(穀梁傳)》에는 분(賁)으로 되어 있다. ○분천(蚡泉)은 로(魯)나라 땅이다.

秋 七月 公至自晉 莒人來討 不設備 戊辰 叔弓敗諸蚡泉 莒未陳也

가을 7월에 소공(昭公)이 진(晉)나라에서 돌아왔다. 거인(莒人)이 우리나라를 치러 왔는데[272] 그들이 준비를 제대로 하지 않았다. 무진일에 숙궁(叔弓)이 분천(蚡泉)에서 거(莒)나라를 패배시켰으니, 이는 거나라가 진(陳)을 제대로 갖추지 못하였기 때문이다.

秦伯卒

진백(秦伯)이 졸하였다.

秦后子復歸於秦 景公卒故也

진(秦)나라 후자(后子)[273]가 진(秦)나라로 다시 돌아갔으니, 진경공(秦景公)이 졸하였기 때문이다.

冬 楚子蔡侯陳侯許南頓子沈子徐人越人伐吳

겨울에 초자(楚子)·채후(蔡侯)·진후(陳侯)·허남(許南)·돈자(頓子)·심자(沈子)·서인(徐人)·월인(越人)이 오(吳)나라를 쳤다.

越始見經 而書人便文也

월(越)나라가 처음으로 경문에 보였는데, 인(人)으로 기록한 것은 문장의 편의를 위해서이다.[274]

---

272) 거인(莒人)이~왔는데 : 모이(牟夷)를 받아들였기 때문에 치러 온 것이다.

273) 후자(后子) : 진경공(秦景公)의 아우. 소공(昭公) 원년에 진(晉)나라로 망명하였다.

274) 인(人)으로~위해서이다 : 두 나라[徐·越]는 주왕(周王)이 부여한 작위가 없었기 때문에 편의상 인(人)이

冬 十月 楚子以諸侯及東夷伐吳 以報棘櫟麻之役 薳射以繁揚之師 會于夏汭 薳射楚大夫 **越大夫常壽過帥師 會楚子于瑣** 瑣 楚地 **聞吳師出 薳啓彊帥師從之 遽不設備 吳人敗諸鵲岸** 鵲岸 楚地 **楚子以馹至于羅汭** 羅 水名 **吳子使其弟蹶由犒師 楚人執之 將以釁鼓**

겨울 10월에 초자(楚子)가 제후(諸侯) 및 동이(東夷)를 거느리고 오(吳)나라를 쳐서 극(棘)·력(櫟)·마(麻) 땅의 싸움[275]에 대한 보복을 하려 하였다. 위석(薳射)은 번양(繁揚)의 군대를 거느리고 가서 하예(夏汭)[276]에서 초자와 회합하고, 위석(薳射)은 초(楚)나라 대부이다. 월(越)나라 대부 상수과(常壽過)는 군대를 거느리고 가서 쇄(瑣) 땅에서 초자와 회합하였다. 쇄(瑣)는 초(楚)나라 땅이다. 오나라 군대가 출동하였다는 소식을 듣고 위계강(薳啓彊)이 군대를 거느리고 그들을 추격하였으나 급하게 하여 준비를 제대로 갖추지 못하니, 오인(吳人)이 작안(鵲岸)에서 패배시켰다. 작안(鵲岸)은 초(楚)나라 땅이다. 그러자 초자가 역참의 수레를 달려[277] 라예(羅汭)에 당도하였다. 라(羅)는 물 이름이다. 그때 오자(吳子)가 그의 아우 궐유(蹶由)를 보내어 초나라 군대를 호궤(犒饋)[278]하게 하니, 초인(楚人)이 그를 잡아 흔고(釁鼓)하려 하였다.[279]

王使問焉 曰 女卜來吉乎 對曰 吉 寡君聞君將治兵於敝邑 卜之以守龜曰 余亟使人犒師請行 以觀王怒之疾徐 而爲之備 尙克知之 言吳令龜如此 **龜兆告吉 曰 克可知也 君若驩焉 好逆使臣 滋敝邑休怠 而忘其死** 休 懈也 言懈怠忘禍 **亡無日矣 今君奮焉 震電馮怒** 馮 盛也 **虐執使臣 將以釁鼓 則吳知所備矣 敝邑雖羸 若早脩完 其可以息師** 息楚之師 **難易有備 可謂吉矣 且吳社稷是卜 豈爲一人 使臣獲釁軍鼓 而敝邑知備 以禦不虞 其爲吉 孰大焉 國之守龜 其何事不卜 一臧一否 其誰能常之 城濮之兆 其報在邲 今此行也 其庸有報志** 城濮戰楚卜吉 其效乃在邲 言吳有報楚意 **乃弗殺**

초왕(楚王)이 사람을 보내어 궐유(蹶由)에게 묻기를 "네가 이곳에 오는 것을 점치니 길하

라고 기록한 것이다.

275) 극(棘)·력(櫟)·마(麻)~싸움 : 지난해에 있었다.

276) 하예(夏汭) : 하수(夏水)가 한수(漢水)로 들어가는 곳.

277) 역참의~달려 : 상황이 급하여 임금이 역참의 수레를 리용하여 달려온 것이다.

278) 호궤(犒饋) : 군대에 음식을 주어 위로함. 여기서는 초(楚)나라 임금에 대한 례우를 갖추기 위한 것이다.

279) 초인(楚人)이~하였다 : 초인(楚人)이 궐유(蹶由)를 죽여 그 피를 군고(軍鼓)에 바르려 한 것이다.

였느냐?"라고 하니, 다음과 같이 대답하였다. "길하였습니다. 과군은 초(楚)나라 임금님께서 우리나라에 군대를 출동시키려 한다는 말을 듣고서 수구(守龜)[280]로 점을 치면서 말씀하시기를 '내가 급히 사람을 보내어 초나라 군대를 호궤하면서 초나라 군대가 이르게 될 날을 묻고, 초왕의 분노가 맹렬한지 약한지를 살피게 하여 그에 대한 대비책을 세우려 하는데 이번 싸움에 이길 것인가를 알고자 원하노라.'라고 하였습니다. 오(吳)나라 임금이 귀갑(龜甲)에게 이같이 명하였다는 말이다. 그러자 거북점의 징조가 길함을 고하면서 '이길 수 있음을 알 수 있다.'고 하였습니다. 임금님[楚王]께서 만약 즐거운 마음으로 사신을 잘 맞이하여 우리나라의 태만함[休]을 불어나게 하여 죽음의 위험을 잊어버리게 하신다면 휴(休)는 태만함이다. 태만하여 화난을 망각한다는 말이다. 우리 오(吳)나라는 오래지 않아 멸망할 것입니다. 그런데 지금 임금님께서는 분연히 천둥과 번개가 치듯 크게[馮] 노하여 풍(馮)은 성대함이다. 모질게도 사신을 잡아 흔고하려 하시니 오나라는 대비할 바를 알게 될 것입니다. 우리나라가 비록 약하나 만약 일찌감치 성곽을 수선하고 무기를 완비한다면 군대를 저지할 수 있습니다. 초(楚)나라 군대를 저지하는 것이나. 어려운 때나 화평한 때나 대비가 있다면 길하다고 이를 만합니다. 또 우리 임금께서 점친 것은 오나라 사직의 운명을 점친 것이지 어찌 한 사람을 위한 것이겠습니까. 만약 신이 사로잡혀 군고(軍鼓)에 발라져서 우리나라가 대비해야 함을 알아 불의의 공격을 막게 된다면 그 길함이 무엇이 이보다 더 크겠습니까. 나라의 수구는 그 무슨 일인들 점치지 못하겠습니까. 한 번 좋은 일이 있으면 한 번 나쁜 일이 있게 되니, 그 누가 일을 일정하게 할 수 있겠습니까. 성복(城濮)의 싸움에서 초나라의 길조는 그 보답이 필(邲) 땅의 싸움에서 드러났으니, 이번에 오나라의 출정은 어찌 이번 싸움에서 보답받으려는 뜻이 있어서이겠습니까." 성복(城濮)의 싸움에서 초(楚)나라의 점에 길하다고 하였으나 그 효험이 필(邲) 땅의 싸움에서 나타났다는 것은 뒷날 오(吳)나라가 초나라에 보복할 뜻이 있음을 말한 것이다. 이에 초왕이 그를 죽이지 않았다.

楚師濟於羅汭 沈尹赤會楚子 次於萊山 薳射帥繁揚之師 先入南懷 楚師從之 及汝清 南懷汝清皆楚界 **吳不可入 楚子遂觀兵於坻箕之山 是行也 吳早設備 楚無功而還 以蹶由歸 楚子懼吳 使沈尹射待命于巢 薳啓彊待命于雩婁 禮也** 善有備

초(楚)나라 군대가 라예(羅汭)를 건너니, 심윤(沈尹)인 적(赤)이 초자(楚子)와 회합하여 래산(萊山)에 주둔하였다. 위석(薳射)이 번양(繁揚)의 군대를 거느리고 먼저 남회(南懷)로

280) 수구(守龜) : 나라에 일이 있을 때 점치기 위해 비축하는 거북.

들어가니, 초나라 군대가 그 뒤를 따라 여청(汝淸)까지 갔으나 남회(南懷)와 여청(汝淸)은 모두 초(楚)나라 경계에 있는 땅이다. 오(吳)나라로 들어갈 수 없었다. 초자는 드디어 저기(坻箕)의 산에서 관병식을 하였다.[281] 이번 출정에 오나라가 일찍 방비를 하였으므로 초나라는 공을 세우지 못하고 돌아오면서 궐유(蹶由)를 잡아 데리고 돌아왔다. 초자가 오나라의 보복을 두려워하여 심윤인 석(射)에게 소(巢) 땅에서 명을 기다리게 하고 위계강(薳啓疆)에게 우루(雩婁)에서 명을 기다리게 하였으니, 례에 맞는 일이었다. 대비가 있음을 훌륭하게 여긴 것이다.

소공(昭公) 6년 【乙丑 B.C.536】

六年 春 王正月 杞伯益姑卒

6년 봄 왕정월에 기백(杞伯) 익고(益姑)가 졸하였다.

六年 春 王正月 杞文公卒 吊如同盟 禮也 **怨杞取田 而不廢喪紀 故禮之**

6년 봄 왕정월에 기문공(杞文公 : 益姑)이 졸하였는데 동맹국의 경우와 같이 조문하였으니, 례에 맞는 일이었다. 로(魯)나라는 기(杞)나라가 전지를 취해간 것[282]을 원망하면서도 상기(喪紀 : 喪禮)를 폐하지 않았기 때문에 례에 맞았다고 한 것이다.

葬秦景公

진(秦)나라 경공(景公)의 장례를 지냈다.

秦始書葬

---

281) 관병식을 하였다 : 오(吳)나라의 방비가 견고함을 보고 초(楚)나라 경계에서 무력시위만 한 것이다.

282) 기(杞)나라가~것 : 로(魯)나라가 취하였던 기(杞)나라 땅을 기나라가 진(晉)나라의 힘을 빌려 되찾아 간 것이다. 이 일은 양공(襄公) 29년에 있었다.

진(秦)나라의 장례를 처음으로 경문에 기록하였다.

大夫如秦 葬景公 禮也

대부가 진(秦)나라에 가서 경공(景公)의 장례에 참석하였으니, 례에 맞는 일이었다.

○三月 鄭人鑄刑書 鑄刑書於鼎 以爲國常法 **叔向使詒子産書 曰 始吾有虞於子** 虞謂準度以爲己法 **今則已矣 昔先王議事以制 不爲刑辟 懼民之有爭心也** 臨事制刑 不豫設法 **猶不可禁禦 是故閑之以義 糾之以政 行之以禮 守之以信 奉之以仁 制爲祿位 以勸其從 嚴斷刑罰 以威其淫 懼其未也 故誨之以忠 聳之以行 敎之以務 使之以和 臨之以敬 涖之以彊 斷之以剛 猶求聖哲之上 明察之官 忠信之長 慈惠之師 民於是乎可任使也 而不生禍亂 民知有辟 則不忌於上 並有爭心 以徵於書 而徼幸以成之** 權移於法 故民不畏上 因危文以生爭 徼幸以成其巧僞 **弗可爲矣 夏有亂政 而作禹刑 商有亂政 而作湯刑 周有亂政 而作九刑 三辟之興 皆叔世也 今吾子相鄭國 作封洫** 在襄三十年 **立謗政** 作丘賦 **制參辟 鑄刑書** 謂用三代末法 **將以靖民 不亦難乎 詩曰 儀式刑文王之德 日靖四方 又曰 儀刑文王 萬邦作孚 如是 何辟之有 民知爭端矣 將棄禮而徵於書 錐刀之末 將盡爭之** 錐刀末 喩小事 **亂獄滋豊 賄賂並行 終子之世 鄭其敗乎 肸聞之 國將亡 必多制 其此之謂乎**

○3월에 정인(鄭人)이 형서(刑書)를 주조하였다. 형서(刑書)를 솥에 새겨 주조하여 나라의 상법(常法)으로 삼은 것이다. 진(晉)나라 숙향(叔向)이 사람을 시켜 정(鄭)나라 자산(子産)에게 서신을 보내어 다음과 같이 말하였다. “예전에 나는 그대에게 준칙[虞]이 있다고 여겼는데 우(虞)는 준칙을 세워 자신의 법으로 삼았음을 이른다. 이제 그런 생각을 그만두어야겠습니다. 옛날 선왕은 일을 의론하여 제정하였고[283] 미리 형법을 만들지 않았으니, 이는 백성이 쟁송하는 마음을 갖게 될까[284] 념려하였기 때문입니다. 일에 림하여 형벌을 제정하였고 미리 법을 만들지 않았다는 것이다. 그런데도 오히려 죄악을 금할 수 없었기 때문에 도의[義]로써 죄악을 방지하고 정령[政]으로써 규찰하고 례의[禮]로써 시행하고 신의[信]로써 지키고 인애[仁]로써 부양하였으며, 작록과 지위를 제정하여 따를 것을 권하였고 형벌로써 엄하게 처단하여 방종한 자에게 위엄

283) 일을~제정하였고 : 일이 발생하면 그 일의 경중을 헤아려 형벌을 제정하였다는 말이다.

284) 백성이~될까 : 법을 자신에게 유리한 쪽으로 해석하여 쟁송하려는 마음을 갖게 될 것이라는 말이다.

을 보였지만 미흡할까 념려하였습니다. 그러므로 충성[忠]으로써 깨우치고 덕행[行]으로써 권장하며, 일[務]로써 가르치고 화합[和]으로써 부렸으며, 공경[敬]으로써 대하고 굳셈[彊]으로써 림하고 강직함[剛]으로써 결단하였습니다. 이렇게 하고서도 오히려 지혜가 비범한 상신(上臣)과 밝게 살피는 관리와 충성스럽고 신실한 관장(官長)과 자애롭고 은혜로운 스승을 구하였으니, 백성을 이리하여 부릴 수 있었고 화란이 생기지 않았던 것입니다. 백성이 형법이 있음을 안다면 윗사람을 두려워하지 않고, 모두가 쟁송하는 마음을 두게 되어 형서에서 징험하여 요행으로 일을 이루려 하니 권위가 법으로 옮겨짐으로 백성이 윗사람을 두려워하지 않고, 위태로운 법문(法文)으로 인하여 쟁심을 일으키고, 요행으로 간교한 거짓을 이루려 한다는 것이다. 다스릴 수 없는 것입니다. 하(夏)나라에서는 정치가 어지러워지자 우형(禹刑)을 만들었고 상(商)나라에서는 정치가 어지러워지자 탕형(湯刑)을 만들었고 주(周)나라에서는 정치가 어지러워지자 구형(九刑)을 만들었으니, 이 세 형법이 생겨난 것은 모두가 정치가 어지러운 말세였습니다. 지금 그대는 정나라의 재상이 되어 전지에 경계를 정하고 양공(襄公) 30년에 있었다. 백성에게 비방받는 정령을 세우고, 구부법(丘賦法)을 만든 것이다. 세 형법을 제정해서 형서를 주조하여 삼대(三代)의 말법(末法)을 사용함을 이른다. 백성을 안정시키려 하지만 이 또한 어렵지 않겠습니까. 《시(詩)》에 이르기를 '문왕(文王)의 덕을 법받아 날로 사방을 안정시키네.'[285] 라고 하였고, 또 '문왕을 법받으면 만방이 진작되어 믿으리라.'[286]고 하였으니, 이와 같이 한다면 어찌 형법이 필요하겠습니까. 백성이 쟁단(爭端)[287]을 안다면 장차 례의를 버리고 형서에만 징험하여 사소한 일[錐刀末]에도 모두 다투려 할 것이니, 추도말(錐刀末)[288]은 사소한 일을 비유한다. 그러면 어지러운 옥사가 더욱 많아지고 뢰물도 아울러 횡행하여 그대의 다스림이 끝날 때에는 정나라도 패망할 것입니다. 나 힐(肸 : 叔向)이 듣건대 나라가 망하려할 때는 반드시 법제도 많아진다고 하였으니, 아마도 정나라를 두고 이르는 것인 듯합니다."

復書曰 若吾子之言 僑不才 不能及子孫 吾以救世也 既不承命 敢忘大惠 以見箴戒爲惠 **士文伯曰 火見 鄭其火乎** 火 心星 周五月昏見 **火未出 而作火以鑄刑器 藏爭辟焉** 藏爭競之法 **火如象之 不火何爲** 相感致災

285) 문왕(文王)의~안정시키네 : 《시경(詩經)》〈주송(周頌)〉 아장(我將). 전문의 '儀'·'式'·'刑'은 모두 법받는다는 뜻이고, '德'은 《시경》 원문에는 '典'으로 되어 있다.

286) 문왕을~믿으리라 : 《시경(詩經)》〈대아(大雅)〉 문왕(文王).

287) 쟁단(爭端) : 쟁송(爭訟)의 실마리. 즉 쟁송거리.

288) 추도말(錐刀末) : 송곳끝.

이에 자산(子産)이 답서를 보내어 말하기를 "그대의 말씀과 같습니다. 그러나 나 교(僑)는 재주가 부족하여 자손까지는 생각이 미치지 못하고 나는 당세의 문제만을 구제하려 합니다. 이미 명하신 말씀을 받들지는 못하겠지만 감히 큰 은혜를 잊겠습니까."라고 하였다. 깨우쳐 훈계함을 보여 준 것을 은혜로 여긴다는 것이다. 진(晉)나라 사문백(士文伯)이 말하기를 "화성[火]이 나타나면 정나라에 불이 날 것이다. 화(火)는 심성(心星)이니 주(周)나라 책력으로 5월 저녁에 나타난다. 화성이 나오지도 않았는데 불을 일으켜 형기(刑器)를 주조하여 쟁송하는 마음을 일으키는 법을 새겨 넣었으니, 이기려고 다투는 법을 새겨 넣은 것이다. 화성이 만약 불을 상징하는 것이라면 불이 일어나지 않고 어찌하겠는가."라고 하였다. 서로 감응하여 화재를 일으킨다는 것이다.[289]

> 夏 季孫宿如晉
> 여름에 계손숙(季孫宿)이 진(晉)나라에 갔다.

夏 季孫宿如晉 拜莒田也 謝受莒邑不討 **晉侯享之 有加籩 武子退 使行人告曰 小國之事大國也 苟免於討 不敢求貺 得貺不過三獻** 周禮 大夫三獻 **今豆有加 下臣弗堪 無乃戾也** 無乃獲罪 **韓宣子曰 寡君以爲驩也 對曰 寡君猶未敢 況下臣 君之隷也 敢聞加貺 固請徹加 而後卒事 晉人以爲知禮 重其好貨** 宴好之貨

여름에 계손숙(季孫宿)이 진(晉)나라에 갔으니, 거(莒)나라 전지의 일에 대해 배사하기 위해서였다. 거(莒)나라 읍을 접수하였는데도[290] 진(晉)나라가 토죄하지 않은 것에 사례한 것이다. 진후(晉侯)가 그에게 향연을 베풀어 줄 때 변두(籩豆)의 음식을 더하니, 무자(武子 : 季孫宿)가 물러나와 행인을 시켜 고하기를 "소국이 대국을 섬김에 그나마 토죄를 면하였으니, 감히 베풀어 주심을 바랄 수는 없고 혹 베풀어 주심을 받더라도 3헌(獻)[291]을 넘을 수 없습니다. 《주례(周禮)》에 대부는 3헌(獻)이라고 하였다. 그런데 지금 변두의 음식을 더해주시니 하신(下臣)은 감당할 수 없으며 이를 받는다면 죄가 되지 않겠습니까."라고 하였다. 죄를 얻는 것이 아니냐는 것이다.

---

289) 서로~것이다 : 화성(火星)이 나오기 전에 불을 사용하였으니 화성의 불기운과 서로 감응하여 화재가 일어날 것이라는 말이다.

290) 거(莒)나라~접수하였는데도 : 지난해 거(莒)나라 모이(牟夷)가 가지고 온 땅을 차지한 것이다.

291) 3헌(獻) : 주빈(主賓) 사이의 향연에 술상을 세 번 내어 모두 아홉 잔을 수작(酬酌)하는 것. 한 상에 석 잔씩 수작하는 것을 1헌(獻)이라 한다.

진나라 한선자(韓宣子)가 말하기를 “과군[晉平公]도 기쁘게 생각하십니다.”라고 하니, 대답하기를 “과군[魯昭公]도 오히려 감히 받지 못한 례인데, 하물며 하신은 우리 임금님의 천한 신하로 감히 변두를 더한 베풂을 받는다는 말을 들을 수 있겠습니까.”라 하고, 굳이 변두를 더 하는 것을 거두어 줄 것을 청한 뒤에야 향연을 마쳤다. 진인(晉人)이 례를 안다고 여겨 호화(好貨)를 많이 선물하였다. 호화(好貨)는 연호(宴好)[292]의 재물이다.

葬杞文公

기(杞)나라 문공(文公)의 장례를 지냈다.

宋華合比出奔衛

송(宋)나라 화합비(華合比)가 위(衛)나라로 망명나갔다.

宋寺人柳有寵 有寵於平公 **大子佐惡之 華合比曰 我殺之 柳聞之 乃坎 用牲 埋書** 詐爲盟處 **而告公曰 合比將納亡人之族** 亡人 華臣 襄十七年 奔衛 **旣盟于北郭矣 公使視之 有焉 遂逐華合比 合比奔衛 於是華亥欲代右師** 亥 合比弟 **乃與寺人柳比 從爲之徵曰 聞之久矣** 聞合比謀 **公使代之 見於左師 左師曰 女夫也 必亡** 夫謂華亥 **女喪而宗室 於人何有 人亦於女何有 詩曰 宗子維城 毋俾城壞 毋獨斯畏 女其畏哉** 爲二十年華亥出奔傳

송(宋)나라 시인(寺人)인 류(柳)가 총애를 받았다. 평공(平公)에게 총애를 받은 것이다. 태자 좌(佐)가 그를 미워하자 화합비(華合比)가 태자에게 말하기를 “제가 그를 죽이겠습니다.”라고 하였다. 류가 그 소문을 듣고서 구덩이를 파고 희생을 사용하여 맹세문을 묻고 맹세한 곳을 거짓으로 꾸민 것이다. 송평공(宋平公)에게 고하기를 “합비(合比)가 망명한 사람의 족속들을 불러들이려고 망명한 사람은 화신(華臣)이니 양공(襄公) 17년에 위(衛)나라로 망명하였다. 이미 북곽(北郭)에서 맹세하였습니다.”라고 하였다. 송평공이 사람을 시켜 살펴보게 하니 그러한 흔적이 있었다. 그러자 화합비를 축출하니 합비는 위(衛)나라로 망명하였다. 이에 화해(華亥)가 형

292) 연호(宴好) : 연회를 베풀고 례물을 주는 것.

을 대신하여 우사(右師)가 되고자 하여 해(亥)는 합비(合比)의 아우이다. 시인 류와 친밀히 지냈다. 그리고 그를 추종하여 그를 위해 증언하며 말하기를 "그러한 소문을 들은 지가 오래되었습니다."라고 하니, 합비(合比)의 모의를 들었다는 것이다. 송평공이 화해에게 화합비의 관직을 대신하게 하였다. 화해가 좌사(左師 : 向戌)를 찾아가 뵈니, 좌사가 말하기를 "너 같은 사내[夫]는 반드시 망할 것이다. 부(夫)는 화해(華亥)를 이른다. 너는 너의 종실을 망쳤으니, 다른 사람에 대해서 무슨 어려워함이 있겠는가. 그러니 다른 사람들 또한 너에 대해서 무슨 어려워함이 있겠는가. 《시(詩)》에 이르기를 '종자(宗子)[293]는 성(城)이니, 성이 무너지지 않게 하여 너 홀로 두려워지지 않게 하라.'[294]고 하였는데, 너는 두려워하는 신세가 될 것이다."라고 하였다. 20년에 화해(華亥)가 망명나가는 전(傳)의 배경이 된다.

○六月 丙戌 鄭災

○6월 병술일에 정(鄭)나라에 화재가 났다.[295]

○楚公子棄疾如晉 報韓子也 過鄭 鄭罕虎公孫僑游吉從鄭伯以勞諸柤 辭不敢見 不敢當國君之勞 柤 鄭地 **固請 見之 見如見王** 如見楚王 **以其乘馬八匹私面** 私見鄭伯 **見子皮如上卿** 如見楚卿 **以馬六匹 見子產 以馬四匹 見子大叔 以馬二匹 禁芻牧採樵 不入田** 不犯田種 **不樵樹 不采蓺** 蓺 種也 **不抽屋 不强匄** 不毁所舍 不就人强乞 **誓曰 有犯命者 君子廢 小人降 舍不爲暴 主不慁賓** 舍 止也 慁 患也 **往來如是 鄭三卿皆知其將爲王也** 三卿 罕虎公孫僑游吉

○초(楚)나라 공자 기질(棄疾)이 진(晉)나라에 갔으니, 한자(韓子 : 韓起)에게 보답하기 위해서였다.[296] 기질이 정(鄭)나라에 들르니, 정나라 한호(罕虎 : 子皮)·공손교(公孫僑 : 子產)·유길(游吉 : 子大叔)이 정백(鄭伯)을 따라가 사(柤) 땅에서 기질을 위로하려 하자, 기질은 감히 정백을 만나 뵐 수 없다고 사양하였다. 감히 국군(國君)의 위로를 감당할 수 없다는 것이다. 사(柤)는 정(鄭)나라 땅이다. 정백이 굳이 청하자 기질이 정백을 만나 뵈었는데, 정백을 뵐 때

293) 종자(宗子) : 대종(大宗)의 적장자.

294) 종자(宗子)는~하라 : 《시경(詩經)》 〈대아(大雅)〉 판(板).

295) 6월~났다 : 올 3월에 사문백(士文伯)이 말한 것처럼 된 것이다.

296) 한자(韓子 : 韓起)에게~위해서였다 : 지난해 한자(韓子)가 진(晉)나라 공녀를 모시고 초(楚)나라에 갔던 일에 대하여 보답한 것이다.

왕을 뵐 때처럼 하고 초왕(楚王)을 뵈는 것처럼 한 것이다. 자기의 승마(乘馬) 여덟 필을 사면(私面)[297]의 례물로 올리고, 사적으로 정백(鄭伯)을 만나 뵌 것이다. 자피(子皮)를 만날 때는 상경(上卿)을 만날 때처럼 하고 초(楚)나라 경(卿)을 만날 때처럼 한 것이다. 말 여섯 필을 례물로 주고, 자산(子産)을 만날 때는 말 네 필을 례물로 주고, 자태숙(子大叔)을 만날 때는 말 두 필을 례물로 주었다. 그리고 기질은 종자들에게 꼴을 베거나 방목하거나 땔나무를 채취하는 것을 금지하고 전지에 들어가지 못하게 하며, 전지(田地)의 곡물을 침범하지 않은 것이다. 나무를 베어 땔감으로 쓰지 못하게 하고 심어놓은[蓺] 것을 뽑지 못하게 하며, 집(蓺)은 심어놓음이다. 가옥의 나무를 뽑지 못하게 하고 사람들에게 물건을 강제로 요구하지 못하게 하고서 사람들이 사는 곳을 훼손하지 않고, 남에게 나아가 강제로 요구하지 않는 것이다. 맹세하기를 "명을 범하는 자가 있으면 군자는 파직하고 소인은 강등시킬 것이다."[298]라고 하였다. 그러므로 초인(楚人)이 정나라에 머무는[舍] 동안 난폭한 행동을 하지 않으니, 주인도 빈객을 근심하지[慁] 않았다. 사(舍)는 머묾이다. 흔(慁)은 근심함이다. 갈 때나 올 때나 모두 이와 같이 하니, 정나라 3경(卿)은 모두 기질이 장차 초왕(楚王)이 될 것을 알았다. 3경(卿)은 한호(罕虎)·공손교(公孫僑)·유길(游吉)이다.

韓宣子之適楚也 楚人弗逆 公子棄疾及晉竟 晉侯將亦弗逆 叔向曰 楚辟我衷 辟 邪也 衷 正也 **若何效辟 詩曰 爾之敎矣 民胥效矣 從我而已 焉用效人之辟 書曰 聖作則** 逸書 **無寧以善人爲則 而則人之辟乎 匹夫爲善 民猶則之 況國君乎 晉侯說 乃逆之**

한선자(韓宣子 : 韓起)가 초(楚)나라에 갔을 때 초인(楚人)이 맞이하지 않았다.[299] 공자 기질(棄疾)이 진(晉)나라 국경에 도착했을 때 진후(晉侯)도 그를 맞이하려 하지 않으니, 숙향(叔向)이 말하기를 "초나라는 삿되고[辟] 우리 진나라는 바르니[衷], 벽(辟)은 삿됨이고 충(衷)은 바름이다. 무엇 때문에 삿된 행위를 본받으려 하십니까. 《시(詩)》에 이르기를 '네가 가르치면 백성이 서로 본받는다.'[300]라고 하였으니, 우리의 법을 따를 뿐입니다. 어찌 남의 삿됨을 본받으려 하십니까. 《서(書)》에 이르기를 '성인을 본보기로 삼는다.'라고 하였으니, 일서(逸書)이다. 차라리 선인을 본보기로 삼을지언정 남의 삿됨을 본보기로 삼으려 하십니까. 필부가

---

297) 사면(私面) : 사신이 사적으로 상대국의 임금을 만나 보는 일.

298) 군자는~것이다 : 군자[고위직 관리]인 경우에는 폐출하여 직위에 있지 못하게 하고, 소인[하위직 관리]인 경우에는 직급을 내려 더 힘든 일을 하게 한다는 것이다.

299) 한선자(韓宣子 : 韓起)가~않았다 : 지난해 한선자(韓宣子)가 진(晉)나라 공녀를 호송하여 초(楚)나라에 갔을 때 초인(楚人)이 사람을 국경까지 보내어 맞이하지 않은 것이다

300) 네가~본받는다 : 《시경(詩經)》 〈소아(小雅)〉 각궁(角弓).

선을 행하여도 백성은 오히려 본받는데, 하물며 나라의 임금이겠습니까."라고 하니, 진후는 기뻐하여 이에 기질을 맞이하였다.

秋 九月 大雩

가을 9월에 크게 기우제를 지냈다.

秋 九月 大雩 旱也

가을 9월에 크게 기우제를 지냈으니, 가물었기 때문이다.

楚薳罷帥師伐吳

초(楚)나라 위피(薳罷)가 군대를 거느리고 오(吳)나라를 쳤다.

徐儀楚聘于楚 儀楚 徐大夫 **楚子執之 逃歸 懼其叛也 使薳洩伐徐** 薳洩 楚大夫 **吳人救之 令尹子蕩帥師伐吳 師于豫章 而次于乾谿** 乾谿 楚東竟 **吳人敗其師於房鍾** 房鍾 吳地 **獲宮廄尹棄疾** 鬪韋龜之父 非公子棄疾 **子蕩歸罪於薳洩而殺之**

서(徐)나라 의초(儀楚)가 초(楚)나라를 빙문하자, 의초(儀楚)는 서(徐)나라 대부이다. 초자(楚子)가 그를 잡아두려 하니 의초는 도망하여 돌아갔다. 초자는 서나라가 배반할까 념려하여 위설(薳洩)을 시켜 서나라를 치니 위설(薳洩)은 초(楚)나라 대부이다. 오인(吳人)이 서나라를 구원하였다. 초나라 령윤(令尹)인 자탕(子蕩)이 군대를 거느리고 오(吳)나라를 치려고 예장(豫章)에서 군대를 출동시켜 간계(乾谿)에 주둔하였는데, 간계(乾谿)는 초(楚)나라 동쪽 국경이다. 오인이 자탕의 군대를 방종(房鍾)에서 패배시키고 방종(房鍾)은 오(吳)나라 땅이다. 궁구윤(宮廄尹)인 기질(棄疾)을 사로잡았다. 투위구(鬪韋龜)의 아버지이니 공자인 기질(棄疾)이 아니다. 자탕은 싸움에 진 죄를 위설에게 돌리고 그를 죽였다.

冬 叔弓如楚

겨울에 숙궁(叔弓)이 초(楚)나라에 갔다.

冬 叔弓如楚聘 且吊敗也.

겨울에 로(魯)나라 숙궁(叔弓)이 초(楚)나라에 가서 빙문하고 또 오(吳)나라에 패한 것을 위문하였다.

齊侯伐北燕

제후(齊侯)가 북연(北燕)을 쳤다.

十一月 齊侯如晉 請伐北燕也 士匄相士鞅逆諸河 禮也 士匄卽士文伯 **晉侯許之 十二月 齊侯遂伐北燕 將納簡公** 北燕伯 三年出奔齊 **晏子曰 不入 燕有君矣 民不貳 吾君賄 左右諂諛 作大事不以信 未嘗可也**

11월에 제후(齊侯)가 진(晉)나라에 갔으니, 북연(北燕) 치는 일을 승낙해주기를 요청하기 위해서였다.[301] 진나라 사개(士匄)가 사앙(士鞅)을 보좌하여 제후를 하수(河水)에서 맞이하였으니, 례에 맞는 일이었다. 사개(士匄)는 곧 사문백(士文伯)이다. 진후(晉侯)가 그 청을 허낙하니, 12월에 제후가 드디어 북연을 쳐서 간공(簡公)을 북연으로 들여보내려고 하였다. 간공(簡公)은 북연백(北燕伯)이니 3년에 제(齊)나라로 망명나갔다. 안자(晏子)가 말하기를 "들여보내지 못할 것이니, 연(燕)나라에는 임금이 있고 백성이 그 임금을 배반하지 않을 것이다.[302] 우리 임금은 재물을 탐하는데도 측근들은 아첨만 하고 있으니, 큰일을 하는데 신의로써 하지 않고서는 일찍이 일을 이룬 적이 없었다."라고 하였다.

301) 제후(齊侯)가~위해서였다 : 맹주국인 진(晉)나라에게 고하고 승낙을 요청한 것이다.

302) 들여보내지~것이다 : 북연(北燕)이 따로 임금을 세웠으니, 나라를 배반하고 도망간 먼저 임금을 백성이 받아들일 마음이 없을 것이라는 말이다.

소공(昭公) 7년【丙寅 B.C.535】

七年 春 王正月 暨齊平

7년 봄 왕정월에 제(齊)나라와 화평하였다.

七年 春 王正月 暨齊平 齊求之也 穀梁傳以外及內曰暨 劉敞曰 杜氏云燕與齊平 非也 自昭公卽位 未嘗與齊通好 此年三月 叔孫婼如齊涖盟 此魯與齊平之驗

7년 봄 왕정월에 제(齊)나라와 화평하였으니, 제나라가 화평을 요구해서였다. 《곡량전(穀梁傳)》에 밖에서 안으로 미치는 것을 기(暨)라고 하였다.303) 류창(劉敞)이 말하기를 "두씨(杜氏)는 '연(燕)나라가 제(齊)나라와 화평하였다.'304)라고 하였는데 이는 잘못이다. 소공(昭公)이 즉위한 때부터 제나라와 우호를 통한 일이 없었는데, 올해 3월에 숙손착(叔孫婼)이 제나라에 가서 맹약에 림하게 된다. 이것이 로(魯)나라가 제나라와 화평한 징험이다."라고 하였다.

○癸巳 齊侯次于虢 虢 燕竟 **燕人行成 曰 敝邑知罪 敢不聽命 先君之敝器 請以謝罪 公孫晳曰 受服而退 俟釁而動 可也** 晳 齊大夫 **二月 戊午 盟于濡上** 濡 水名 **燕人歸燕姬** 嫁女與齊侯 **賂以瑤罋玉櫝斝耳 不克而還** 瑤 玉也 櫝 匱也 斝耳 玉爵

○계사일에 제후(齊侯)가 괵(虢) 땅에 주둔하자 괵(虢)은 연(燕)나라 국경이다. 연인(燕人)이 화친하려 하면서 말하기를 "우리나라가 죄를 알고 있으니305) 감히 명을 따르지 않겠습니까. 선군의 폐기(敝器)306)로써 사죄하기를 청합니다."라고 하였다. 공손석(公孫晳)이 말하기를 "저들의 항복을 받아들여 군대를 후퇴시켰다가 틈을 보아 다시 움직이는 것이 좋겠습니다."라고 하였다. 석(晳)은 제(齊)나라 대부이다. 이에 2월 무오일에 유수(濡水) 가에서 맹약하였다. 유(濡)는 물 이름이다. 연인이 연희(燕姬)를 시집보내고 딸을 제후(齊侯)에게 시집보낸 것이다. 요옹(瑤罋)·옥독(玉櫝)·가이(斝耳)를 뢰물로 바쳤다. 이리하여 제(齊)나라는 계획을 이루

303) 밖에서~하였다 : 외부의 제(齊)나라가 화평을 요구하였고 이에 로(魯)나라가 승낙한 것을 말한다.

304) 연(燕)나라가~화평하였다 : 십삼경주소본(十三經注疏本) 전문주의 내용이다.

305) 우리나라가~있으니 : 소공(昭公) 3년에 연(燕)나라 대부들이 연간공(燕簡公)의 총신들을 죽이자 연간공이 제(齊)나라로 망명한 것을 이른다.

306) 폐기(敝器) : 자기 나라 보물의 겸칭.

지 못하고 돌아갔다.[307] 요(瑤)는 옥(玉)이고 독(櫝)은 궤(匵)이며 가이(斝耳)는 옥작(玉爵)이다.

○楚子之爲令尹也 爲王旌以田 王旌斿至于軫 **芋尹無宇斷之** 卽申無宇 **曰 一國兩君 其誰堪之 及卽位 爲章華之宮 納亡人以實之 無宇之閽入焉** 有罪 亡入 **無宇執之 有司弗與 曰 執人於王宮 其罪大矣 執而謁諸王** 執無宇也 **王將飮酒 無宇辭曰 天子經略** 經 度也 略 疆界 **諸侯正封** 封疆有定分 **古之制也 封略之內 何非君土 食土之毛 誰非君臣 故詩曰 普天之下 莫非王土 率土之濱 莫非王臣 天有十日** 甲至癸 **人有十等 下所以事上 上所以共神也 故王臣公 公臣大夫 大夫臣士 士臣皂 皂臣輿 輿臣隷 隷臣僚 僚臣僕 僕臣臺 馬有圉 牛有牧 以待百事**

○초자(楚子 : 靈王)가 령윤(令尹)으로 있을 때 왕의 정기(旌旗)를 만들어 사냥에 사용하니, 왕의 정기(旌旗)는 깃발[斿]이 수레뒷턱나무[軫]까지 내려온다. 우윤(芋尹)인 무우(無宇)가 깃발을 잘라내며 곧 신무우(申無宇)이다. 말하기를 "한 나라에 두 임금이 있다면 그 누가 감당하겠는가." 라고 하였다. 초자가 즉위하자 장화궁(章華宮)을 지어 도망한 자들을 받아들여 그곳을 채웠다. 무우의 문지기가 도망하여 그곳으로 들어가자 죄를 짓고 도망하여 장화궁(章華宮)으로 들어간 것이다. 무우가 잡으려 하니, 유사(有司)가 내어주지 않으며 말하기를 "왕궁에서 사람을 잡으려 하다니 그 죄가 크다."라 하고는 무우를 잡아서 초왕에게 뵈었다. 무우(無宇)를 잡은 것이다. 왕은 이때 술을 마시려던 참이었다. 무우가 해명하여 다음과 같이 말하였다. "천자는 강역의 경계[略]를 헤아리고[經] 경(經)은 헤아림[度]이고 략(略)은 강역의 경계이다. 제후가 봉강(封疆)을 다스리는 것은 봉강(封疆)에는 정해진 구분이 있다. 예로부터의 제도입니다. 봉지의 경계 안 어느 곳인들 임금님의 땅이 아니겠으며, 그 땅에서 나는 곡물[毛][308]을 먹는 사람 누군들 임금님의 신하가 아니겠습니까. 그러므로 《시(詩)》에 이르기를 '온 천하가 왕의 땅 아님이 없으며, 온 해내(海內)에 사는 사람들이 왕의 신하 아님이 없다.'[309]라고 하였습니다. 하늘에는 열흘의 날이 있고 갑일(甲日)에서 계일(癸日)까지이다. 사람에게는 10개의 등급이 있어서 아랫사람은 윗사람을 섬기고 윗사람은 신(神)을 받듭니다. 그러므로 왕은 공을 신하로 삼고 공은 대부를 신하로 삼으며, 대부는 사(士)를 신하로 삼고 사는 조(皂)를 신하로 삼으며, 조는 여(輿)

---

307) 이루지~돌아갔다 : 간공(簡公 : 北燕伯)을 들여보내지 못하고 돌아간 것이니, 지난해 안자(晏子)가 말한 대로 된 것이다.

308) 곡물[毛] : 땅위에서 나는 모든 식물. 곧 곡물과 채소를 이른다.

309) 온 천하가~없다 : 《시경(詩經)》 〈소아(小雅)〉 북산(北山). 전문의 '普'는 《시경》 원문에는 '溥'로 되어 있다.

를 신하로 삼고 여는 예(隸)를 신하로 삼으며, 예는 료(僚)를 신하로 삼고 료는 복(僕)을 신하로 삼으며, 복은 대(臺)를 신하로 삼습니다. 말을 기름에는 어인(圉人)이 있고, 소를 기름에는 목인(牧人)이 있어서 온갖 일을 대비합니다.

今有司曰 女胡執人於王宮 將焉執之 周文王之法曰 有亡荒閱 荒 大也 閱 蒐也 有亡人當大蒐其衆 **所以得天下也 吾先君文王** 楚文王 **作僕區之法** 僕區 刑書名 **曰 盜所隱器** 隱盜所得器 **與盜同罪 所以封汝也** 行善法 故能啓疆 北至汝水 **若從有司 是無所執逃臣也 逃而舍之 是無陪臺也 王事無乃闕乎 昔武王數紂之罪 以告諸侯曰 紂爲天下逋逃主 萃淵藪 故夫致死焉** 人欲致死討紂 **君王始求諸侯而則紂 無乃不可乎 若以二文之法取之 盜有所在矣 王曰 取而臣以往 盜有寵 未可得也** 言若以我爲盜 則我方有權寵 未可得取 **遂赦之**

지금 유사(有司)가 말하기를 '너는 어찌 왕궁에서 사람을 잡으려 하느냐?'라고 하니, 그러면 장차 어디에서 잡겠습니까?[310] 주문왕(周文王)의 법에 이르기를 '도망한 자가 있으면 크게[荒] 수색하라[閱].'고 하셨으니, 황(荒)은 큼이고 열(閱)은 수색함이니, 도망한 자가 있으면 마땅히 그 무리를 크게 수색해야 한다는 것이다. 이것이 문왕(文王)께서 천하를 얻게 된 까닭이었습니다. 우리 선군이신 문왕께서도 초문왕(楚文王)이다. 복구법(僕區法)을 만들어 복구(僕區)[311]는 형서(刑書)의 이름이다. 말씀하시기를 '도둑질한 기물을 감추어 두는 것은 도둑질하여 얻은 기물을 감추어 두는 것이다. 도둑과 같은 죄다.'라고 하였으니, 이것이 여수(汝水)까지 봉강(封疆)을 넓힐 수 있게 된 까닭입니다. 선법(善法)을 행하였으므로 경계를 넓혀 북으로 여수(汝水)까지 이를 수 있었던 것이다. 만약 유사의 말을 따르면 죄짓고 도망간 신복(臣僕)을 잡을 수 없고, 도망갔는데도 그대로 두면 배대(陪臺)가 없어지게 될 것이니,[312] 왕의 일에 빠뜨림이 있게 되지 않겠습니까. 옛날 주무왕(周武王)께서 주(紂)의 죄를 렬거하여 제후들에게 고하기를 '주는 천하에서 죄를 짓고 도망간 사람들의 우두머리가 되어 연못에 물고기가 모여들고 숲에 짐승이 모여들 듯이 그들을 모았다.'라고 하였습니다. 그러므로 사람들이 주를 몰아내는데 죽을힘을 다 바쳤던 것입니다. 사람들이 죽을힘을 다해 주(紂)를 토벌하고자 한 것이다. 그런데 임금님께서는 비로소

310) 그러면~잡겠습니까 : 죄를 짓고 왕궁으로 도망간 자를 왕궁에서 잡지 않으면 장차 어디에서 잡겠느냐는 말이다.

311) 복구(僕區) : 후한(後漢) 복건(服虔)에 의하면 도망자를 숨겨주는 것에 대한 법이라고 한다.

312) 배대(陪臺)가~것이니 : 배대(陪臺)는 가장 천한 노예이니, 즉 노예들이 모두 도망쳐 사역할 사람이 없게 될 것이라는 말이다.

제후들을 통솔할 패권을 추구하시면서 주를 본받으시니 안 되지 않습니까. 만약 두 문왕의 법을 취한다면 도둑은 여기에 있습니다."[313] 이에 초왕이 말하기를 "너의 신복을 잡아가거라. 이 도둑[314]은 하늘의 총애를 받고 있으니 잡을 수가 없을 것이다."라고 하고는 만약 나를 도둑으로 여기더라도 나는 바야흐로 권세와 하늘의 총애가 있으므로 체포할 수 없다는 말이다. 드디어 무우를 풀어 주었다.

三月 公如楚

3월에 소공(昭公)이 초(楚)나라에 갔다.

楚子成章華之臺 願與諸侯落之 宮室始成 祭之爲落 **大宰薳啓彊曰 臣能得魯侯**

초자(楚子)가 장화대(章華臺)를 완성하고서 제후들과 함께 락성식[落]을 행하기를 원하자, 궁실이 처음 완성되어 제사 지내는 것을 락(落)이라고 한다. 초(楚)나라 태재(大宰)인 위계강(薳啓彊)이 말하기를 "신이 로후(魯侯)를 오게 할 수 있습니다."라고 하였다.

薳啓彊來召公 辭曰 昔先君成公 命我先大夫嬰齊曰 吾不忘先君之好 將使衡父照臨楚國 鎭撫其社稷 以輯寧爾民 嬰齊受命于蜀 蜀盟在成二年 衡父 公衡 **奉承以來 弗敢失隕 而致諸宗祧** 言奉成公此語 以告宗廟 **日我先君共王 引領北望 日月以冀** 冀魯朝 **傳序相授 於今四王矣** 四王 共康郟敖靈王 **嘉惠未至 唯襄公之辱臨我喪** 襄公二十八年如楚 臨康王喪 **孤與其二三臣 悼心失圖** 在哀喪故 **社稷之不皇 況能懷思君德** 皇 暇也 **今君若步玉趾 辱見寡君 寵靈楚國 以信蜀之役 致君之嘉惠 是寡君旣受貺矣 何蜀之敢望** 但欲使君來 不敢望如蜀復有質子 **其先君鬼神 實嘉賴之 豈唯寡君 君若不來 使臣請問行期** 問魯見伐之期 **寡君將承質幣而見于蜀 以請先君之貺**

위계강(薳啓彊)이 로(魯)나라에 와서 소공(昭公)을 초청하며 구실을 대어 다음과 같이 말하였다. "옛날 로나라 선군이신 성공(成公)께서 우리 선대부(先大夫)인 영제(嬰齊)에게 명하시기를 '나는 선군[宣公]이 맺은 우호를 잊을 수 없어 형보(衡父)[315]를 초나라에 가게

313) 도둑은~있습니다 : 초왕(楚王)이 도둑이라는 말이다.

314) 이 도둑 : 초왕(楚王) 자신을 말한다.

하여 초나라 사직을 위무하여 그대 백성을 안정시키고자 한다.'라고 하였습니다. 그리하여 영제는 촉(蜀) 땅에서 이 명을 받아서 촉(蜀) 땅의 맹약은 성공(成公) 2년에 있었다.[316] 형보(衡父)는 공형(公衡)이다. 그것을 받들고 와서 감히 빠뜨리지 않고 종조(宗祧 : 宗廟)에 고하였습니다. 성공(成公)의 이 말을 받들어 종묘에 고하였다는 말이다. 그래서 일전에 우리 선군이신 공왕(共王)께서는 목을 빼고 북쪽을 바라보면서 날마다 달마다 로나라 사자가 오기를 바랐으나 로(魯)나라가 조견오기를 바란 것이다. 왕위를 서로 전하여 이제 네 왕이 바뀌었는데도 네 왕은 공왕(共王)·강왕(康王)·겹오(郟敖)·령왕(靈王)이다. 로나라의 아름다운 은혜가 이르지 않았고, 다만 양공(襄公)께서 수고로이 우리나라의 상사에 왕림하였을 뿐입니다. 양공(襄公) 28년에 양공이 초(楚)나라에 가서 강왕(康王)의 상사(喪事)에 친림(親臨)하였다. 그때 우리 임금[孤[317]]과 몇몇 신하들은 마음이 슬퍼 어찌할 줄을 몰라 슬픈 상사(喪事)에 있었기 때문이다. 사직을 돌아볼 겨를[皇]이 없었는데 하물며 로나라 임금님의 은덕을 생각할 수 있었겠습니까.[318] 황(皇)은 겨를이다. 이제 임금님[昭公]께서 만약 귀하신 걸음[玉趾]을 내디디어 수고롭게 과군을 찾아보시어 초(楚)나라에 은총과 복[靈]을 내려 촉(蜀) 땅의 맹약[役]에 대해 신의를 지켜 임금님의 아름다운 은혜가 우리나라에 이르게 하신다면 이는 과군이 이미 은혜를 받는 것입니다. 그러니 어찌 촉 땅의 맹약을 감히 바라겠습니까. 다만 로(魯)나라 임금이 오기를 바랄 뿐이고, 감히 촉(蜀) 땅의 맹약과 같이 다시 인질을 두기를 바랄 수 없다는 것이다. 그리하신다면 귀신이 된 우리 선군께서도 실로 아름답게 여겨 로(魯)나라를 신뢰할 것이니 어찌 과군만이 신뢰하겠습니까. 임금님께서 만약 오시지 못한다면 신으로 하여금 우리가 언제쯤 군대를 출동시키는 것이 좋은지 묻게 하였으니, 로(魯)나라가 토벌을 당할 시기를 물은 것이다. 그러면 과군은 폐백을 받들고 촉 땅에서 로나라 임금님을 조견하면서 로나라 선군께서 내려주신 것과 같은 것을 청할 것입니다."[319]

公將往 夢襄公祖 祖 祭道神 梓愼曰 君不果行 襄公之適楚也 夢周公祖而行 今襄公實祖 君其不行 子服惠伯曰 行 先君未嘗適楚 故周公祖以道之 襄公適楚矣 而祖以道 君不行 何之 三月 公如楚 鄭伯勞于師之梁 孟僖子爲介 不能相儀 僖子 仲孫貜 及

315) 형보(衡父) : 로성공(魯成公)의 아들.

316) 촉(蜀)~있었다 : 성공(成公) 2년에 초(楚)나라가 로(魯)나라를 치자 성공은 초나라 령윤(令尹)인 자중(子重 : 嬰齊)과 촉(蜀) 땅에서 맹약을 맺고 공형(公衡 : 衡父)을 초나라에 인질로 보냈다.

317) 우리 임금[孤] : 이때의 '孤'는 거상(居喪)중의 상주(喪主)를 이른다.

318) 로나라~있었겠습니까 : 로양공(魯襄公)이 초강왕(楚康王)의 상사에 친림한데 대하여 초(楚)나라가 감사의 례를 표할 겨를이 없었다는 것이다.

319) 로나라 선군께서~것입니다 : 로(魯)나라의 인질을 잡아가겠다는 것이다.

楚 不能答郊勞

소공(昭公)이 초(楚)나라에 가려 할 때 선군인 양공(襄公)이 길제사[祖][320] 지내는 꿈을 꾸었다. 조(祖)는 길신[道神]에게 제사 지냄이다. 재신(梓愼)이 말하기를 "임금님께서는 결국 가시지 못할 것이다. 지난번 양공께서 초나라에 가실 때에는 주공(周公)이 길제사 지내는 꿈을 꾸고 가셨는데, 지금은 임금님께서 양공이 실로 길제사 지내는 꿈을 꾸었으니, 임금님께서는 가시지 못할 것이다."[321]라고 하였다. 자복혜백(子服惠伯)이 말하기를 "가실 것이다. 선군[襄公]께서 일찍이 초나라에 가신 적이 없었으므로 주공께서 길제사를 지내 인도하였으니, 양공께서 초나라에 가신 것이다. 그런데 지금 양공께서 길제사를 지내 인도하시니, 임금님께서 초나라로 가지 않고 어디로 가시겠는가."라고 하였다. 3월에 소공이 초나라에 갈 때 정백(鄭伯)이 사지량(師之梁)[322]에서 위로하였다. 그때 맹희자(孟僖子)가 수행관[介]이었으나 의례(儀禮)를 제대로 보좌하지 못하였고, 희자(僖子)는 중손확(仲孫貜)이다. 초나라에 이르렀을 때도 초나라의 교로(郊勞)에 제대로 응대하지 못하였다.

楚子享公于新臺 使長鬣者相 鬣 鬚也 吳楚之人少鬚 故選長鬣者相禮 **好以大屈** 宴好之賜 大屈弓名 **既而悔之 薳啓彊聞之 見公 公語之 拜賀 公曰 何賀 對曰 齊與晉越欲此久矣 寡君無適與也 而傳諸君 君其備禦三鄰** 謂齊晉越 **愼守寶矣 敢不賀乎 公懼 乃反之**

초자(楚子)가 신대(新臺 : 章華臺)에서 소공(昭公)에게 향연을 베풀어 줄 때 수염[鬣]이 긴 자를 시켜 보좌하게 하고, 렵(鬣)은 수염이다. 오(吳)나라와 초(楚)나라 사람들은 수염이 적기 때문에 수염이 긴 자를 선발하여 향연의 의례(儀禮)를 보좌하게 한 것이다. 우호의 선물로 대굴(大屈)을 주었다. 향연을 베풀고 우호의 선물을 하사한 것이다. 대굴(大屈)은 활 이름이다. 얼마 뒤에 이를 후회하니, 위계강(薳啓彊)이 그 소식을 듣고 소공을 찾아갔다. 소공이 대굴을 받은 사실을 말하자 위계강이 절하며 축하하였다. 소공이 말하기를 "무슨 일로 축하하는 것인가?"라고 하자, 대답하기를 "제(齊)나라와 진(晉)나라 및 월(越)나라가 이를 갖고 싶어 한 지가 오래되었지만 과군이 어디에도 마땅히 줄 수 없었는데 임금님께 드린 것입니다. 그러니 임금님께서는 세 이웃나라를 대비하고 방어하시어 제(齊)·진(晉)·월(越)나라를 이른다. 보물을 잘 지키실 것이니, 어찌 감히 축하를 드리지 않겠습니까."라고 하였다. 소공이 두려워하여 곧 대굴을 돌려주었다.

---

320) 길제사[祖] : 출행할 때 길신[道神]에게 지내는 제사.

321) 지금은~것이다 : 길제사를 주공(周公)이 지내어 인도하는 꿈을 꾸지 않고, 양공(襄公)이 지내는 꿈을 꾸었으니 아마도 가지 못할 것이라는 말이다.

322) 사지량(師之梁) : 정(鄭)나라 성문.

叔孫婼如齊涖盟
숙손착(叔孫婼)이 제(齊)나라에 가서 맹약에 림하였다.

婼 公作舍 後同
착(婼)은《공양전(公羊傳)》에는 사(舍)로 되어 있고, 이후에도 이와 같다.

夏 四月 甲辰 朔 日有食之
여름 4월 초하루 갑진일에 일식이 있었다.

夏 四月 甲辰 朔 日有食之 晉侯問於士文伯曰 誰將當日食 對曰 魯衛惡之 受其凶惡 **衛大魯小 公曰 何故 對曰 去衛地 如魯地 於是有災 魯實受之** 衛地娵訾 魯地降婁 日食於娵訾之末 及降婁之始乃息 故災發於衛 而魯受其餘禍 **其大咎 其衛君乎 魯將上卿** 八月 衛侯卒 十一月 季孫宿卒 **公曰 詩所謂彼日而食 于何不臧者 何也 對曰 不善政之謂也 國無政不用善 則自取謫于日月之災 故政不可不愼也 務三而已 一曰擇人 二曰因民** 因民所利而利之 **三曰從時** 順四時之所務

여름 4월 초하루 갑진일에 일식이 있었다. 진후(晉侯)가 사문백(士文伯 : 士匄)에게 묻기를 "누가 장차 일식의 화를 당하겠는가?"라고 하니, 대답하기를 "로(魯)나라와 위(衛)나라가 흉악한 일을 당할 것인데 흉악한 일을 받는다는 것이다. 위나라는 클 것이고 로나라는 작을 것입니다."라고 하였다. 진평공(晉平公)이 말하기를 "무엇 때문인가?"라고 하니, 대답하기를 "일식이 위나라 땅을 떠나 로나라 땅으로 옮겨가므로 이에 재앙이 있을 것인데, 로나라도 사실상 그 재앙을 받게 될 것입니다. 위(衛)나라 땅은 추자(娵訾) 분야이고 로(魯)나라 땅은 항루(降婁) 분야이다. 해가 추자의 끝부분에서 먹히기 시작하여 항루의 초입에 이르러 그쳤으므로, 위나라에서 재앙이 일어나고 로나라는 그 나머지 화를 받게 된다는 것이다. 그러나 그 큰 재앙은 위나라 임금이 받게 되고 로나라는 상경(上卿)이 받게 될 것입니다."라고 하였다. 8월에 위후(衛侯)가 졸하고, 11월에 로(魯)나라 계손숙(季孫宿)이 졸하게 된다. 진평공이 말하기를 "《시(詩)》에 이른바 '저 해가 먹혔으니 무슨 좋지 못한 일이 있어서인가?'[323]라고 하였는데 무슨 뜻인가?"라고 하니, 대답하기를 "선정을 행하

323) 저~있어서인가 : 《시경(詩經)》〈소아(小雅)〉 십월지교(十月之交). 《시경》 원문에는 '彼日'이 '此日'로 되어 있다.

지 않음을 이른 것입니다. 나라에 올바른 정치가 없고 선한 이를 쓰지 않는다면 해와 달의 재앙[324]에서 스스로 화[讁]를 취하기 때문에 정치는 신중히 하지 않아서는 안 됩니다. 정치는 세 가지 일을 힘쓸 뿐이니, 첫째는 사람을 가려 쓰는 것이고, 둘째는 백성을 따르는 것이며, 백성이 리롭게 여기는 바를 따라 리롭게 해 주는 것이다. 셋째는 때를 따르는 것입니다."라고 하였다. 네 계절에 힘써야 할 바를 따르는 것이다.

○晉人來治杞田 前女叔侯不盡歸 今公適楚 晉人恨 故復來治 **季孫將以成與之** 成 孟氏邑 本杞田 **謝息爲孟孫守 不可** 謝息 僖子家臣 **曰 人有言曰 雖有挈缾之知 守不假器 禮也** 挈缾 汲者 喩小知 爲人守器 猶知不借人 **夫子從君 而守臣喪邑** 時孟僖子從公如楚 **雖吾子亦有猜焉 季孫曰 君之在楚 於晉罪也 又不聽晉 魯罪重矣 晉師必至 吾無以待之 不如與之 間晉而取諸杞** 候晉間隙 伐杞取之 **吾與子桃** 桃 魯邑 **成反 誰敢有之** 他日取成 必復歸之 **是得二成也 魯無憂 而孟孫益邑 子何病焉 辭以無山 與之萊柞** 萊柞 二山 **乃遷于桃 晉人爲杞取成** 不書 非公命也

○진인(晉人)이 와서 기(杞)나라 전지를 처리하려 하자 이전에 여숙후(女叔侯 : 女叔齊)가 모두 돌려주지는 않았는데,[325] 지금 소공(昭公)이 초(楚)나라에 가자 진인(晉人)이 이를 유감으로 생각하였으므로 다시 와서 처리하고자 한 것이다. 계손(季孫)이 성(成) 땅을 주려고 하였다. 성(成)은 맹씨(孟氏)의 읍인데 본래 기(杞)나라 전지였다. 사식(謝息)이 맹손(孟孫)를 위해 지키고 있었는데 안 된다고 하며 사식(謝息)은 희자(僖子 : 孟僖子)의 가신이다. 말하기를 "세상 사람들의 말에 '비록 물을 긷는[挈缾] 작은 지혜만 있더라도 기물을 지키며 빌려주지 않는 것이 례이다.'라고 하였습니다. 설병(挈缾)은 물을 긷는 것이니 작은 지혜를 비유한다. 남을 위해 기물을 지키면서 오히려 또 다른 남에게 빌려주지 않아야 함을 안다는 것이다. 부자(夫子)께서 임금님을 시종하여 가셨는데, 수신(守臣)인 제가 읍을 잃는다면 당시 맹희자(孟僖子)가 소공(昭公)을 시종하여 초(楚)나라에 갔다. 비록 당신이라도 나를 의심할 것입니다."[326]라고 하였다. 계손이 말하기를 "임금님께서 초나라에 계신 것은 진(晉)나라에 죄를 짓는 것이니, 또 진나라의 명을 따르지 않는다면 로나라의 죄가 무거워지는 것이다. 그러면 진나라 군대가 반드시 쳐들어올 것이고 우리는 대적할 능력이 없으니, 우선 돌려주

324) 해와~재앙 : 일식(日食)과 월식(月食)을 이른다.

325) 이전에~않았는데 : 양공(襄公) 29년 5월에 진후(晉侯)가 사마(司馬)인 여숙후(女叔侯)를 로(魯)나라로 보내어 로나라가 이전에 취한 기(杞)나라 전지(田地)를 기나라에 돌려주라고 하였는데, 여숙후는 로나라의 뢰물을 받고 다 돌려주지는 않도록 조치하였다.

326) 비록~것입니다 : 결국에는 계손(季孫)도 사식(謝息) 자신을 불충하다고 의심할 것이라는 말이다.

었다가 진나라의 틈을 엿보아 기나라에서 다시 취하는 것만 같지 못할 것이다. 진(晉)나라의 틈을 기다렸다가 기(杞)나라를 쳐서 취하자는 것이다. 내가 그대에게 도(桃) 땅을 줄 것이고 도(桃)는 로(魯)나라 읍이다. 성 땅을 돌려받으면 누가 감히 그 땅을 소유할 수 있겠는가. 뒷날 성(成) 땅을 취하면 반드시 맹씨(孟氏)에게 다시 돌려주겠다는 것이다. 이는 두 개의 성 땅을 얻게 되는 것으로 로나라는 근심이 없게 되며 맹손은 읍을 늘리는 것이니, 그대는 어찌하여 이를 괴로워하는가."라고 하였다. 사식이 그 땅에 산이 없다는 리유로 거절하자 계손이 래(萊)와 작(柞)을 주었다. 래(萊)와 작(柞)은 두 산이다. 이에 사식이 도 땅으로 옮겨가니 진인은 기나라를 위해 성 땅을 취하였다. 경문에 기록하지 않은 것은 소공(昭公)의 명이 아니었기 때문이다.

○鄭子産聘于晉 晉侯有疾 韓宣子逆客 私焉 曰 寡君寢疾 於今三月矣 並走羣望 走禱于所望祀山川 **有加而無瘳 今夢黃熊入于寢門 其何厲鬼也 對曰 以君之明 子爲大政 其何厲之有 昔堯殛鯀于羽山** 東裔之山 **其神化爲黃熊 以入于羽淵 實爲夏郊 三代祀之** 夏家郊鯀 歷殷周 幷祀以羣神 **晉爲盟主 其或者未之祀也乎 韓子祀夏郊 晉侯有間 賜子産莒之二方鼎** 莒所貢

○정(鄭)나라 자산(子産)이 진(晉)나라를 빙문하였는데, 진후(晉侯)가 병이 들어 한선자(韓宣子)가 빈객(賓客 : 子産)을 맞이하면서 사사로이 말하기를 "과군이 병석에 누운 지 어언 석 달이나 되었습니다. 여러 신료가 나란히 달려가 무리지어 망사(望祀)[327]하였지만 산천에 망사(望祀)를 지내는 곳으로 달려가 빌었다는 것이다. 병세는 더해가며 나아짐이 없고 근래 누런 곰이 침소의 문으로 들어오는 꿈까지 꾸셨으니 이는 무슨 려귀(厲鬼)[328]입니까?"라고 하니, 자산이 대답하기를 "임금님의 현명함으로 그대는 대정(大政 : 國政)을 맡고 있는데 무슨 려귀가 있겠습니까. 옛날 요(堯)임금이 우산(羽山)에서 곤(鯀)[329]을 죽임에 우산(羽山)은 동쪽 끝에 있는 산이다. 그 귀신이 누런 곰으로 변하여 우연(羽淵)으로 들어갔었는데, 이것이 사실상 하교(夏郊)가 되어[330] 삼대에 걸쳐 제사를 지냈습니다. 하(夏)나라는 곤(鯀)을 교제(郊祭)에 배향하였으며, 은(殷)나라와 주(周)나라를 거치면서 모두 뭇 신의 하나로 제사를 지낸 것이다. 그런데 진나라가 맹주가 되어 혹 제사를 지내지 않았던 것은 아닌지요?"라고 하였다. 이에 한자(韓子 : 韓宣子)

---

327) 망사(望祀) : 멀리 산천을 바라보며 소원을 비는 제사.

328) 려귀(厲鬼) : 사람을 괴롭히는 귀신.

329) 곤(鯀) : 우(禹)임금의 아버지.

330) 하교(夏郊)가 되어 : 하(夏)나라 교제(郊祭)의 대상이 되었다는 것이다.

가 하교에게 제사를 지내니 진후의 병세가 차도가 있었다. 이에 자산에게 거(莒)나라의 방정(方鼎)331) 두 개를 하사하였다. 거(莒)나라에서 바친 것이다.

子産爲豊施歸州田於韓宣子 豊施 鄭公孫段之子 **曰 日君以夫公孫段爲能任其事 而賜之州田 今無祿早世 不獲久享君德 其子弗敢有 不敢以聞於君 私致諸子** 此年正月 段卒 **宣子辭 子産曰 古人有言曰 其父析薪 其子弗克負荷 施將懼不能任其先人之祿 其況能任大國之賜 縱吾子爲政而可 後之人若屬有疆場之言 敝邑獲戾** 縱子爲政時 容可不歸 恐後代子者 將以罪鄭 **而豊氏受其大討 吾子取州 是免敝邑於戾 而建置豊氏也 敢以爲請 宣子受之 以告晉侯 晉侯以與宣子 宣子爲初言 病有之** 初言 謂與趙文子爭州田 故病其自取 **以易原縣於樂大心** 樂大心 宋大夫 原 晉邑 以賜大心者

자산(子産)이 풍시(豊施)를 위하여 주전(州田)332)을 한선자(韓宣子)에게 돌려주면서 풍시(豊施)는 정(鄭)나라 공손단(公孫段)의 아들이다. 말하기를 "일전에 진(晉)나라 임금님께서 공손단(公孫段)이 그 일을 잘 수행하였다고 하여 주전을 내려 주셨는데,333) 이제 불행하게도[無祿] 일찍 세상을 떠나 임금님의 은덕을 오래도록 누리지 못하였습니다. 그 아들[豊施]이 감히 소유할 수 없으나 감히 임금님께 아뢸 수 없어서 사사로이 그대에게 바칩니다."라고 하였다. 이 해 정월에 단(段)이 졸하였다. 선자(宣子)가 사양하자 자산이 말하기를 "옛사람의 말에 '아버지가 패놓은 땔나무를 그 아들이 짊어지지 못하네.'334)라고 하였으니, 시(施)는 앞으로 그 선인의 록위(祿位)도 감당하지 못할까 두려운데 하물며 대국이 하사한 땅을 감당할 수 있겠습니까. 비록 그대가 집정으로 있을 때에는 괜찮겠지만 그대의 뒷사람이 만약 때마침[屬] 강역(疆域)에 대해 말한다면 우리나라는 죄를 받고 비록 그대가 집정으로 있을 때에는 땅을 돌려주지 않아도 되겠지만 뒤에 그대를 잇는 자가 장차 정(鄭)나라에 죄를 줄까 두렵다는 것이다. 풍씨(豊氏)는 크게 처벌받게 될 것입니다. 그대가 주전을 취하는 것은 바로 우리나라를 죄에서 벗어나게 하는 것이며, 풍씨를 세워주는 것이므로 감히 청하는 것입니다."라고 하였다. 선자가 이를 받아들이고서 진후(晉侯)에게 고하니 진후는 그 땅을 선자에게 주었다. 그런데 선자는

---

331) 방정(方鼎) : 네 개의 다리가 달린 네모난 솥.

332) 주전(州田) : 주현(州縣)의 전지.

333) 일전에~내려주셨는데 : 소공(昭公) 3년에 정(鄭)나라 공손단(公孫段)이 정백(鄭伯)을 보좌하여 진(晉)나라에 갔을 때 례의에 어긋남이 없이 임금을 잘 보좌하였다. 이 때문에 공손단이 진후(晉侯)로부터 주전(州田)을 하사받았다.

334) 아버지가~못하네 : 아버지가 일으킨 가업을 그 아들이 이어가지 못함을 비유하는 말이다.

앞서 한 말 때문에 그 땅을 소유하는 것을 꺼림칙하게 여겨 앞서 한 말은 조문자(趙文子)와 주전(州田)을 놓고 다툰 것을 이른다.[335] 그러므로 그 땅을 자기가 취하는 것을 꺼림칙하게 여긴 것이다. 주전을 악대심(樂大心)의 원현(原縣)과 바꾸었다. 악대심(樂大心)은 송(宋)나라 대부이다. 원(原)은 진(晉)나라 읍으로 대심(大心)에게 내려준 것이다.

鄭人相驚以伯有 曰 伯有至矣 則皆走 不知所往 言其鬼至 **鑄刑書之歲二月 或夢伯有介而行** 介 甲也 **曰 壬子 余將殺帶也** 駟帶助子晳殺伯有 壬子 前年三月三日 **明年 壬寅 余又將殺段也** 公孫段 駟氏黨 壬寅 此年正月二十八日 **及壬子 駟帶卒 國人益懼 齊燕平之月 壬寅 公孫段卒 國人愈懼 其明月 子産立公孫洩及良止以撫之 乃止** 公孫洩 子孔之子 良止 伯有子 立爲大夫 使有宗廟 **子大叔問其故 子産曰 鬼有所歸 乃不爲厲 吾爲之歸也 大叔曰 公孫洩何爲 子産曰 說也 爲身無義而圖說 從政有所反之 以取媚也** 伯有無義而立後 恐民以鬼神爲惑 故并立洩 以解說民心 治政或當反道以求媚於民 **不媚不信 不信 民不從也**

정인(鄭人)이 백유(伯有)[336]를 가지고 서로 놀라게 하며 말하기를 '백유가 나타났다.'라고 하면 모두 달아나면서 어디로 갈지 몰라 하였다. 그 귀신이 나타났다는 말이다. 형서(刑書)를 주조한 해의 2월에 어떤 이의 꿈에 백유가 갑옷[介]차림으로 가면서 개(介)는 갑옷이다. 말하기를 '임자일에 내가 대(帶 : 駟帶)를 죽일 것이고, 사대(駟帶)가 자석(子晳)을 도와 백유(伯有)를 죽였다. 임자일은 지난해 3월 3일이다. 다음해 임인일에 내가 또 단(段 : 公孫段)을 죽일 것이다.'라고 하였다. 공손단(公孫段)은 사씨(駟氏)의 당여이다. 임인일은 이 해 정월 28일이다. 임자일이 되어 사대(駟帶)가 졸하니, 국인이 더욱 두려워하였다. 제(齊)나라와 연(燕)나라가 화평을 맺던 달[337] 임인일에 공손단(公孫段)이 졸하니, 국인은 더욱더 두려워하였다. 그다음 달에 자산(子産)이 공손설(公孫洩)과 량지(良止)를 세워 그 귀신을 위무하니 그제야 그쳤다. 공손설(公孫洩)은 자공(子孔)[338]의 아들이고 량지(良止)는 백유(伯有)의 아들인데 대부로 세워 그들로 하여금 종묘를 두게 한 것이다. 자태숙(子大叔)이 그 까닭을 묻자, 자산이 말하기를 "귀신은 돌아갈 곳이 있어야 려귀가 되지

335) 앞서~이른다 : 소공(昭公) 3년에 진(晉)나라에서 주현(州縣)의 소유를 둘러싸고 범선자(范宣子)·조문자(趙文子)·한선자(韓宣子) 사이에 벌어졌던 론쟁을 말한다. 이 론쟁 끝에 세 사람은 모두 주현을 포기하였다.

336) 백유(伯有) : 백유(伯有)는 양공(襄公) 30년 정(鄭)나라의 내란 때 살해당하였다.

337) 제(齊)나라와~달 : 올해 정월이다.

338) 자공(子孔) : 정(鄭)나라 대부 공자 가(嘉)의 자(字)이다. 자공(子孔)은 정나라의 전권을 행사하다가 국인들의 반발을 불러와 자전(子展)과 자서(子西)에 의해 양공(襄公) 19년에 살해되었다.

않는 것이니 내가 백유를 위해 돌아갈 곳을 만든 것입니다."라고 하였다. 그러자 태숙(大叔)이 말하기를 "공손설은 무엇 때문에 세운 것입니까?"라고 하니, 자산이 말하기를 "백성을 설득시키기 위한 것입니다. 백유와 자공(子孔)은 몸소 불의를 행하였기 때문에 백성을 설득시키고자 의도한 것입니다. 정치에 종사할 때에는 도의(道義)에 위반되더라도 백성에게 영합해야 할 때도 있습니다. 백유(伯有)가 불의한데도 그 후사(後嗣)를 세워주었으니 귀신을 두려워해서라고 백성이 의혹할까 두려웠다. 그러므로 설(洩)까지 아울러 세워 백성의 마음을 설득시키고자 한 것이다.[339] 정치는 때로는 도의(道義)에 반하게 되더라도 백성에게 영합함을 구해야 한다는 것이다. 영합하지 않으면 신뢰를 얻지 못하고, 신뢰를 얻지 못하면 백성이 따르지 않게 됩니다."라고 하였다.

及子産適晉 趙景子問焉 景子 晉中軍佐趙成 **曰 伯有猶能爲鬼乎 子産曰 能 人生始化曰魄** 附形之靈 **旣生魄 陽曰魂** 附氣之神 **用物精多 則魂魄彊** 魂以氣强 魄以形强 居高官而任權勢奉養厚 則魂魄强 **是以有精爽 至於神明** 爽 明也 **匹夫匹婦彊死 其魂魄猶能馮依於人 以爲淫厲** 彊死 不病橫死 **況良霄 我先君穆公之冑 子良之孫 子耳之子 敝邑之卿 從政三世矣 鄭雖無腆 抑諺曰 蕞爾國** 蕞 小貌 **而三世執其政柄 其用物也弘矣 其取精也多矣 其族又大 所馮厚矣 而彊死 能爲鬼 不亦宜乎**

자산(子産)이 진(晉)나라에 이르렀을 때 조경자(趙景子)가 그에게 묻기를 조경자(趙景子)는 진(晉)나라 중군좌(中軍佐)인 조성(趙成)[340]이다. "백유(伯有)도 오히려 귀신이 될 수 있습니까?"라고 하니, 자산이 말하기를 "될 수 있습니다. 사람이 태어나서 처음 변화한 것을 백(魄)이라 하고, 백(魄)은 형체에 붙은 령(靈)이다. 백이 생기고 나서 양기를 혼(魂)이라 합니다. 혼(魂)은 기(氣)에 붙은 신(神)이다. 사용한 물건이 정미(精美)하고 많으면 혼백의 기운이 강해집니다. 혼(魂)은 기(氣)로써 강해지고 백(魄)은 형(形)으로써 강해지니, 높은 관직에 있으면서 권세를 담당하여 봉양을 받음이 두터우면 곧 혼백(魂魄)의 기운이 강해진다는 것이다. 이 때문에 정상(精爽)이 있어 신명(神明)에 이르기도 합니다. 상(爽)은 밝음이다. 보통의 남녀가 뜻밖에 죽어도[彊死] 그 혼백이 오히려 사람에게 붙어 능히 음려(淫厲)[341]한 짓을 하는데, 강사(彊死)는 병들지 않고 횡사하는 것이다. 하물며 량소(良霄 : 伯有)는 우리 선군이신 목공(穆公)의 후예이고 자량(子良)의 손자이고 자이(子耳)의 아들이며 우리나라의 경(卿)으로 3대에 걸쳐 정사에 종사하였음에 있어서이겠습니까. 정

---

339) 설(洩)까지~것이다 : 자공(子孔)의 아들인 공손설(公孫洩)을 대부로 세워줌으로써 귀신이 두려워서가 아니라 죄인의 후사도 세워주는 것이 순리임을 백성에게 설득시키기 위한 조치라는 것이다.

340) 조성(趙成) : 조무(趙武)의 아들.

341) 음려(淫厲) : 음혼(淫昏)하고 사악(邪惡)함.

(鄭)나라가 비록 크지 않지만 속담에 이르기를 '작아도[蕞] 한 나라이다.'라고 하였고 최(蕞)는 작은 모양이다. 3대 동안 나라의 정권을 잡았으니, 그 사용한 물건의 범위가 크고 정미한 것을 취한 것이 많았으며 그 종족 또한 성대하여 의지할 바가 많았습니다. 그런데 뜻밖에 죽었으니 귀신이 되는 것이 또한 마땅하지 않겠습니까."라고 하였다.

子皮之族飮酒無度 故馬師氏與子皮氏有惡 馬師氏 公孫鉏之子罕朔 **齊師還自燕之月** 此年二月 **罕朔殺罕魋** 魋 子皮弟 **罕朔奔晉 韓宣子問其位於子産 子産曰 君之羇臣 苟得容以逃死 何位之敢擇 卿違 從大夫之位 罪人以其罪降** 謂以禮去者降位一等 罪重則降多 **古之制也 朔於敝邑 亞大夫也 其官 馬師也 獲戾而逃 唯執政所寘之 得免其死 爲惠大矣 又敢求位 宣子爲子産之敏也 使從嬖大夫** 爲子産故 降一等爲下大夫 不以罪降

자피(子皮)의 족속이 술을 마시는 데 절도가 없었다. 그러므로 마사씨(馬師氏)와 자피씨(子皮氏)가 사이가 나빴다. 마사씨(馬師氏)는 공손서(公孫鉏)의 아들 한삭(罕朔)이다. 제(齊)나라 군대가 연(燕)나라에서 돌아오던 달에 올 2월이다. 한삭(罕朔)이 한퇴(罕魋)를 죽이고서[342] 퇴(魋)는 자피(子皮)의 아우이다. 한삭이 진(晉)나라로 망명하였다. 한선자(韓宣子)가 한삭에게 줄 지위에 대해 자산(子産)에게 묻자, 자산이 말하기를 "임금님의 기신(羇臣)[343]이 되어 진실로 받아들여져 죽음을 면할 수 있으면 그만인데 무슨 지위를 감히 고르겠습니까. 경(卿)이 도망해 오면 대부의 지위를 따르고 죄인은 그 죄에 따라 등급을 낮추는 것이 례(禮)로써 떠나온 자는 지위를 한 등급 낮추고, 죄가 무거우면 많이 낮춤을 이른다. 예로부터의 제도입니다. 삭(朔)은 우리나라에서 아대부(亞大夫)[344]로 그 관직이 마사(馬師)였는데 죄를 짓고 도망하였으니, 오직 집정께서 처리하실 바입니다. 죽음을 면하게 된 것만도 은혜가 큰데 또 감히 지위를 구하겠습니까."라고 하였다. 선자(宣子)가 자산의 말을 슬기롭다고 여겨 삭을 폐대부(嬖大夫)의 지위를 따르게 하였다. 자산(子産) 때문에 한 등급만을 낮추어 하대부(下大夫)로 삼았고 죄로써 낮추지는 않은 것이다.

---

342) 한삭(罕朔)이~죽이고서 : 한삭(罕朔)과 한퇴(罕魋)는 사촌사이이다. 정목공(鄭穆公)의 아들 자한(子罕)이 한씨(罕氏)의 시조가 된다. 자한이 자전(子展)과 공손서(公孫鉏)를 낳았는데, 자전은 한호(罕虎 : 子皮)와 한퇴를 낳고 공손서가 한삭을 낳았다. 지금 한삭이 한퇴를 죽인 것이다.

343) 기신(羇臣) : 외국에서 망명와 신하가 된 자.

344) 아대부(亞大夫) : 상대부(上大夫)의 다음 지위인 중대부(中大夫).

秋 八月 戊辰 衛侯惡卒

가을 8월 무진일에 위후(衛侯) 악(惡)이 졸하였다.

秋 八月 衛襄公卒 晉大夫言於范獻子曰 衛事晉爲睦 晉不禮焉 庇其賊人 而取其地 賊人 孫林父 其地 戚 **故諸侯貳 詩曰 鶺鴒在原 兄弟急難 又曰 死喪之威 兄弟孔懷 兄弟之不睦 於是乎不吊 況遠人誰敢歸之 今又不禮於衛之嗣 衛必叛我 是絶諸侯也 獻子以告韓宣子 宣子說 使獻子如衛吊 且反戚田**

가을 8월에 위양공(衛襄公 : 惡)이 졸하였다. 진(晉)나라 대부가 범헌자(范獻子)에게 말하기를 "위(衛)나라가 진나라를 잘 섬겨서 화목하게 대하였는데, 진나라는 위나라를 례우하지 않고 위나라의 적인(賊人)을 비호하고 그의 땅을 취하였습니다.[345] 적인(賊人)은 손림보(孫林父)이며 그의 땅은 척(戚) 땅이다. 그러므로 제후들이 두마음을 품고 있습니다. 《시(詩)》에 이르기를 '할미새가 언덕에 있으니 형제가 위급함을 구하네.'[346]라고 하였고, 또 '죽고 초상나는 두려움을 형제 사이에 몹시 걱정해주네.'[347]라고 하였습니다. 형제 사이[348]에 화목하지 못하여 이에 조문하지 않는다면 하물며 소원한 사람이 누가 감히 귀의하려 하겠습니까. 지금 또 우리가 위나라의 후계자를 례우하지 않으면 위나라는 반드시 우리를 배반할 것이니, 이는 우리가 제후들을 끊어버리는 것입니다."라고 하였다. 헌자(獻子)가 이 말을 한선자(韓宣子)에게 고하니 선자(宣子)가 기뻐하면서 헌자로 하여금 위나라로 가서 조문하게 하고 또 척(戚) 땅의 전지를 돌려주게 하였다.

衛齊惡告喪于周 且請命 王使成簡公如衛吊 簡公 王卿士也 **且追命襄公曰 叔父陟恪 在我先王之左右 以佐事上帝** 陟 登也 恪 敬也 **余敢忘高圉亞圉** 二圉 周之先爲殷諸侯 亦受追命者

위(衛)나라 제악(齊惡)이 주(周)나라에 가서 상을 알리고 또 추명(追命)[349]을 청하니, 주

345) 위나라의~취하였습니다 : 이 일은 양공(襄公) 26년에 있었다.

346) 할미새가~구하네 : 《시경(詩經)》〈소아(小雅)〉 상체(常棣). 할미새는 위급한 상황을 알리는 비유로 쓰인다. 이 대목은 형제에게 재난이 있을 때 서로 돕는 것을 비유한다. 전문의 '鶺鴒'은 《시경》 원문에는 '脊令'으로 되어 있다.

347) 죽고~걱정해주네 : 《시경(詩經)》〈소아(小雅)〉 상체(常棣).

348) 형제 사이 : 진(晉)나라와 위(衛)나라는 같은 희성(姬姓)이므로 형제 사이라 한 것이다.

왕(周王)이 성간공(成簡公)을 시켜 위나라로 가서 조문하게 하고 간공(簡公)은 왕의 경사(卿士)이다. 또 위양공(衛襄公)을 추명하여 "숙부께서 하늘에 오르셔서[陟] 공경하며[恪] 우리 선왕의 좌우에 있으면서 상제를 도와 섬기리니, 척(陟)은 오름이고 각(恪)은 공경함이다. 내 감히 고어(高圉)와 아어(亞圉)를 잊겠는가."[350]라고 하였다. 두 어(圉)는 주(周)나라의 선조로 은(殷)나라의 제후였고 또한 추명(追命)을 받은 자이다.

九月 公至自楚

9월에 소공(昭公)이 초(楚)나라에서 돌아왔다.

九月 公至自楚 孟僖子病不能相禮 病其不能相儀 **乃講學之 苟能禮者從之 及其將死也** 二十四年 僖子卒 傳終言之 **召其大夫 曰 禮 人之幹也 無禮 無以立 吾聞將有達者 曰孔丘** 僖子卒時 孔子年三十五 **聖人之後也** 聖人 殷湯 **而滅於宋** 孔子六代祖孔父嘉 爲宋督所殺 其子奔魯 **其祖弗父何 以有宋而授厲公** 弗父何 孔父嘉高祖 宋閔公子 厲公兄 何適嗣當立 以讓厲公 **及正考父** 弗父何之曾孫 **佐戴武宣** 皆宋君 **三命玆益共** 三命 上卿 言位高益恭 **故其鼎銘云** 考父廟鼎 **一命而僂 再命而傴 三命而俯 循墻而走** 言不敢安行於大道之中 **亦莫余敢侮** 其恭如是 亦不敢侮 **饘於是 鬻於是 以餬余口** 饘鬻 餬屬 言至儉 **其共也如是 臧孫紇有言 曰 聖人有明德者 若不當世 其後必有達人 今其將在孔丘乎 我若獲沒 必屬說與何忌於夫子 使事之** 說 南宮敬叔 何忌 孟懿子 皆僖子之子 **而學禮焉 以定其位** 知禮則位安 **故孟懿子與南宮敬叔師事仲尼**

9월에 소공(昭公)이 초(楚)나라에서 돌아왔는데 맹희자(孟僖子)는 소공을 례에 맞게 보좌하지 못한 것을 수치스럽게 여겼다. 임금을 의례(儀禮)에 맞게 보좌하지 못한 것을 수치스럽게 여긴 것이다. 이에 례를 연구하고 배웠는데 진실로 례에 능한 자가 있으면 찾아갔다. 그가 죽을 때에 이르러 24년에 희자(僖子)가 졸하였는데, 전문은 종결지어 말한 것이다.[351] 그 대부들[352]을 불러서

---

349) 추명(追命) : 제후가 죽었을 때 천자가 그의 공덕을 찬양하여 짓는 글.

350) 내~잊겠는가 : 고어(高圉)와 아어(亞圉)는 각각 주태왕(周大王) 고공단보(古公亶父)의 증조(曾祖)와 조(祖)이다. 곧 주(周)나라의 먼 조상인 고어와 아어까지 기리는데 주문왕(周文王)의 아들 강숙(康叔)의 후손인 위양공(衛襄公)을 잊겠느냐는 말이다.

351) 전문은~것이다 : 맹희자(孟僖子)는 소공(昭公) 24년에 죽었지만 올 7년조에서 그가 죽을 때 한 말을 미리

다음과 같이 말하였다. "례는 사람의 근본이니 례가 없으면 설 수 없게 된다. 내가 들으니 장차 례에 통달할 자로 공구(孔丘)라는 사람이 있다고 하는데 희자(僖子)가 졸할 때 공자(孔子)의 나이 35세였다. 성인의 후손으로 성인(聖人)은 은(殷)나라 탕(湯)임금이다. 송(宋)나라에서 멸문의 화를 당하였다. 공자(孔子)의 6대조인 공보가(孔父嘉)가 송(宋)나라 독(督 : 華父督)에게 죽임을 당하니,[353] 그의 아들[354]이 로(魯)나라로 망명하였다. 그 조상 불보하(弗父何)는 송나라를 소유할 수 있었는데도 려공(厲公)에게 임금의 지위를 넘겨주었고 불보하(弗父何)는 공보가(孔父嘉)의 고조(高祖)이며 송민공(宋閔公)의 아들이고 려공(厲公)의 형이다. 하(何)가 적사(適嗣 : 嫡子)이기 때문에 마땅히 지위를 물려받아야 하는데 려공에게 양보하였다. 정고보(正考父)의 때에 이르러 불보하(弗父何)의 증손(曾孫)이다. 대공(戴公)·무공(武公)·선공(宣公)을 보좌하여 모두 송(宋)나라 임금이다. 3명(命)[355]을 받았는데 더욱더 공손하였다. 3명(命)은 상경(上卿)이다. 지위가 높아질수록 더욱 공손하였다는 말이다. 그러므로 그의 정(鼎)에 새긴 글에 이르기를 고보(考父)의 사당에 있는 솥이다. '1명(命)에 고개를 숙이고 재명(再命)에 허리를 숙이고 3명(命)에 몸을 숙이며[356] 길을 걸을 때에는 담장을 따라 빠르게 걸으니 감히 큰길 가운데로 편안하게 다니지 않는다는 말이다. 또한 나를 감히 모욕하는 이가 없도다. 그 공손함이 이와 같으니 또한 감히 모욕받지 않는다는 것이다. 이 솥에 진한 죽도 쑤어 먹고 이 솥에 묽은 죽도 쑤어 먹음으로써 내 입에 풀칠하리라.'라고 하였다. 전(饘)과 죽(鬻)은 풀죽[餬]의 종류이니, 지극히 검소함을 말한다. 그의 공손함이 이와 같았으니, 장손흘(臧孫紇)의 말에 '성인으로 밝은 덕이 있는 자가 만약 집권하지 못하면 그의 후손 가운데 반드시 현달한 사람이 나온다.'라고 하였는데, 지금 공구가 장차 그렇게 될 것이다. 내가 만약 수명을 다하고 죽는다면 반드시 열(說)과 하기(何忌)를 부자에게 부탁하여 그를 섬겨 열(說)은 남궁경숙(南宮敬叔)이고 하기(何忌)는 맹의자(孟懿子)이니 모두 희자(僖子)의 아들이다. 례를 배우게 하여 그 지위를 안정시킬 수 있게 하라." 례를 알면 지위가 안정된다는 것이다. 그러므로 맹의자(孟懿子)와 남궁경숙(南宮敬叔)이 중니(仲尼)를 스승으로 모시게 되었다.

仲尼曰 能補過者 君子也 詩曰 君子是則是效 孟僖子可則效已矣

언급하여 맹희자의 례에 관한 태도를 일괄적으로 보여주었다는 것이다.

352) 그 대부들 : 맹희자(孟僖子)의 속대부(屬大夫)들이다.

353) 공자(孔子)의~당하니 : 이 일은 환공(桓公) 2년에 있었다.

354) 그의 아들 : 목금보(木金父)이다.

355) 3명(命) : 주대(周代) 관계(官階)의 하나. 공(公)·후(侯)·백(伯)의 경(卿)이 해당한다.

356) 1명(命)에~숙이며 : 1명(命)은 주대(周代) 관계(官階)의 가장 낮은 지위이니 재명(再命)·3명(命)으로 지위가 높아질수록 더욱 공손하였다는 말이다.

중니(仲尼)는 말하였다. "능히 잘못을 보완할 수 있는 사람이 군자이다. 《시(詩)》에 이르기를 '군자를 법칙으로 삼고 이를 본받는다.'[357]라고 하였는데 맹희자(孟僖子)는 법칙으로 삼아 본받을 만한 사람이도다."

冬

겨울이다.

單獻公棄親用羈 獻公 周卿士 單靖公子 頃公孫 羈 寄客也 **冬 十月 辛酉 襄頃之族殺獻公而立成公** 襄公 頃公父 成公 獻公弟

선헌공(單獻公)이 친족을 버리고 기객(寄客 : 羈)을 등용하니, 헌공(獻公)은 주(周)나라 경사(卿士)로 선정공(單靖公)의 아들이고 경공(頃公)의 손자이다. 기(羈)는 망명와서 기거하는 사람이다. 겨울 10월 신유일에 선양공(單襄公)과 선경공(單頃公)의 족속이 선헌공을 죽이고 선성공(單成公)을 임금으로 세웠다. 양공(襄公)은 경공(頃公)의 아버지이고, 성공(成公)은 헌공(獻公)의 아우이다.

十有一月 癸未 季孫宿卒

11월 계미일에 계손숙(季孫宿)이 졸하였다.

十一月 季武子卒 晉侯謂伯瑕曰 吾所問日食 從矣 可常乎 對曰 不可 六物不同 民心不壹 事序不類 官職不則 治官居職非一法 **同始異終 胡可常也 詩曰 或燕燕居息 或憔悴事國 其異終也如是 公曰 何謂六物 對曰 歲時日月星辰 是謂也 公曰 多語寡人** 使之詳言 **辰而莫同 何謂辰 對曰 日月之會是謂辰** 一歲日月十二會 所會謂之辰 **故以配日** 謂以子丑配甲乙

11월에 계무자(季武子 : 季孫宿)가 졸하였다. 진후(晉侯)가 백하(伯瑕 : 士文伯)에게 말하기를 "내가 일식의 화에 대하여 물었던 것이 그대의 말처럼 되었다. 항상 앞일을 미리 알 수 있는가?"라고 하니, 대답하기를 "그렇지 않습니다. 6물(物)이 같지 않고 민심이 한결같지

357) 군자를~본받는다 : 《시경(詩經)》〈소아(小雅)〉 록명(鹿鳴).

않으며, 일이 이루어지는 순서가 같지 않고 관직이 한 가지 법이 아니어서, 관직을 다스리고 직무에 처하는 것이 하나의 법이 아니라는 것이다. 시작이 같아도 끝은 다르니 어찌 항상 미리 알 수 있겠습니까. 《시(詩)》에 이르기를 '어떤 자는 편안히 거처하고 어떤 자는 나라 일로 초췌하네.'[358]라고 하였으니 그 끝이 다름이 이와 같습니다."라고 하였다. 진평공(晉平公)이 말하기를 "무엇을 6물이라고 하는가?"라고 하니, 대답하기를 "세(歲)[359]·시(時)[360]·일(日)[361]·월(月)[362]·성(星)[363]·신(辰)[364]을 이릅니다."라고 하였다. 진평공이 말하기를 "과인에게 자세하게 말하라. 상세하게 말하게 한 것이다. 신(辰)에 관한 말이 같지 않은데[365] 무엇을 신이라 하는가?"라고 하니, 대답하기를 "해와 달이 만나는 곳을 신(辰)이라고 합니다. 1년에 해와 달이 12번 만나는데,[366] 만나는 곳을 신(辰)이라고 한다. 그러므로 이로써 날을 배열한 것입니다."[367]라고 하였다. 자축(子丑)의 지지(地支)를 갑을(甲乙)의 천간(天干)과 짝한 것을 이른다.[368]

十有二月 癸亥 葬衛襄公 12월 계해일에 위(衛)나라 양공(襄公)의 장례를 지냈다.

衛襄公夫人姜氏無子 姜氏 宣姜 **嬖人婤始生孟縶** 婤 音周 始 音罷 **孔成子夢康叔謂己立元** 成子 衛卿 孔達之孫烝鉏也 元 孟縶弟 夢時元未生 **余使羈之孫圉與史苟相之** 羈 烝鉏子 苟 史朝子 **史朝亦夢康叔謂己 余將命而子苟與孔烝鉏之曾孫圉相元 史朝見成子 告之夢 夢協** 協 合也

358) 어떤~초췌하네 : 《시경(詩經)》 〈소아(小雅)〉 북산(北山).
359) 세(歲) : 1년. 《주례(周禮)》 〈풍상씨(馮相氏)〉에는 세성(歲星)의 주기인 12년이라 하였다.
360) 시(時) : 춘(春)·하(夏)·추(秋)·동(冬)인 4시(時).
361) 일(日) : 갑일(甲日)에서 계일(癸日)까지.
362) 월(月) : 정월에서 12월까지.
363) 성(星) : 28수(宿).
364) 신(辰) : 1년에 해와 달이 만나는 12회(會).
365) 신(辰)에~않은데 : 방위에 진(辰)이 있고, 대화성(大火星)을 신(辰)이라고도 하는 따위가 있기 때문이다.
366) 1년에~만나는데 : 해는 1년에 하늘을 한 바퀴 돌고 달은 29일에 하늘을 한 바퀴 도니, 1년에 12번 해와 달이 만나는 것이다.
367) 이로써~것입니다 : 신(辰)을 기준으로 한 달의 날을 배열한 것이다.
368) 자축(子丑)의~이른다 : 천간(天干)과 지지(地支)를 배합시켜 날을 나타낸 것이다.

위양공(衛襄公)의 부인(夫人) 강씨(姜氏)는 아들이 없었고 강씨(姜氏)는 선강(宣姜)이다. 폐인(嬖人)[369]인 주엄(婤姶)이 맹집(孟縶)을 낳았다. 주(婤)는 음이 주(周)이고 엄(姶)은 음이 엄(罨)이다. 공성자(孔成子)가 꿈을 꾸니, 강숙(康叔)[370]이 공성자에게 말하기를 "원(元)을 임금으로 세워라. 성자(成子)는 위(衛)나라 경(卿)으로 공달(孔達)의 손자인 증서(烝鉏)이다. 원(元)은 맹집(孟縶)의 아우이다. 꿈을 꿀 당시에 원은 아직 태어나지 않았다. 내가 기(羈)의 손자인 어(圉)[371]와 사구(史苟)로 하여금 원을 보좌하도록 하겠다."라고 하였다. 기(羈)는 증서(烝鉏)의 아들이고 구(苟)는 사조(史朝)의 아들이다. 사조(史朝)도 꿈을 꾸니, 강숙이 사조에게 말하기를 "내가 장차 너의 아들 구(苟)와 공증서(孔烝鉏)의 증손 어에게 명하여 원을 보좌하도록 하겠다."라고 하였다. 사조가 성자(成子)를 만나 꿈을 말해주니, 두 사람의 꿈이 맞았다[協]. 협(協)은 맞음이다.

晉韓宣子爲政 聘于諸侯之歲 在二年 **婤姶生子 名之曰元 孟縶之足不良** 句 **弱行** 跛也 **孔成子以周易筮之曰 元尙享衛國 主其社稷** 令著辭 **遇屯䷂** 震下坎上 **又曰 余尙立縶 尙克嘉之 遇屯䷂之比䷇** 坤下坎上 **以示史朝 史朝曰 元亨 又何疑焉** 周易曰 屯 元亨 **成子曰 非長之謂乎** 言屯之元亨 謂年長 非謂名元 **對曰 康叔名之 可謂長矣 孟非人也 將不列於宗 不可謂長** 足跛非全人 不可爲宗主 **且其繇曰 利建侯 嗣吉何建 建非嗣也** 嗣子有常位 故無所建 **二卦皆云** 謂再得屯卦 其象及初九爻辭 皆有建侯之文 **子其建之 康叔命之 二卦告之 筮襲於夢 武王所用也 弗從何爲** 大誓曰 朕夢協朕卜 **弱足者居** 屯初九爻辭 盤桓利居貞 跛則偏弱居家不行 **侯主社稷 臨祭祀 奉民人 事鬼神 從會朝 又焉得居 各以所利 不亦可乎** 孟跛利居 元吉利建 **故孔成子立靈公 十二月 癸亥 葬衛襄公** 靈公 元也

진(晉)나라 한선자(韓宣子)가 집정이 되어 제후(諸侯)를 빙문하던 해에 2년에 있었다. 주엄(婤姶)이 또 아들을 낳았는데 그 이름을 원(元)이라 하였다. 맹집(孟縶)은 발이 온전하지 못하여 구두(句讀)이다. 걸음을 잘 걷지 못하였다.[372] 발을 절음이다. 공성자(孔成子)가 《주역(周易)》으로 시초점을 치며 말하기를 "원(元)이 위(衛)나라를 향유하여 그 사직을 주관하기를 바란다."라 하고 시초(蓍草)에 명한 말이다. 점을 치니 준괘(屯卦)䷂가 나왔다.[373] 진(震)이 하괘이고

369) 폐인(嬖人) : 총애 받는 첩을 이른다.

370) 강숙(康叔) : 위(衛)나라의 시조.

371) 어(圉) : 중숙어(仲叔圉)라고도 하고 공문자(孔文子)라고도 한다.

372) 맹집(孟縶)은~못하였다 : 전문의 '不良弱行'은 십삼경주소본(十三經注疏本)에는 '不良能行'으로 되어 있다.

373) 준괘(屯卦)䷂가 나왔다 : 변효(變爻)가 없는 것이다. 점법(占法)에 륙효가 모두 변하지 않으면 본괘(本卦)의 단사(彖辭)로 점을 치는데, 그 단사에 '준(屯)은 크게 형통하고 곧음이 리로우니, 갈 바를 두지 말고

감(坎)이 상괘이다. 또 말하기를 "나는 집(縶)을 임금으로 세우기를 바라니, 좋은 괘가 나오기를 바란다."라 하고 점을 치니 준괘(屯卦)☳가 비괘(比卦)☷로 변한 괘를 만났다.[374] 곤(坤)이 하괘이고 감(坎)이 상괘이다. 이 괘를 사조(史朝)에게 보여주니, 사조가 말하기를 "원형(元亨)하다고 하였으니 또 무엇을 의심하겠습니까."라고 하였다. 《주역(周易)》에 '준(屯)은 원형(元亨)이다.'라고 하였다. 성자(成子)가 말하기를 "장자(長子)를 이르는 것이 아닙니까?"라고 하니, 준괘(屯卦)의 원형(元亨)은 년장자를 이른 것이고, 이름인 원(元)을 이른 것이 아니라는 말이다. 사조가 대답하기를 "강숙(康叔)이 원(元)으로 명하여 이름 지으셨으니 장자라 이를 수 있습니다. 맹집은 온전한 사람이 아니어서 장차 종묘에 배렬(配列)될 수 없으니[375] 장자라 이를 수 없습니다. 발을 저는 것은 온전한 사람이 아니므로 종묘(宗廟)의 주인이 될 수 없다는 것이다. 또 그 점사(占辭 : 繇)에 '제후(諸侯)로 세우는 것이 리롭다.'라고 하였으니, 사자(嗣子 : 長子)를 세우는 것이 길하다면 무엇 때문에 제후로 세운다고 하였겠습니까. 제후로 세운다는 것은 사자(嗣子)가 아님을 말한 것입니다. 사자(嗣子)는 정해진 지위가 있기 때문에 세울 바가 없다는 것이다.[376] 두 점괘가 모두 그렇게 말하였으니, 두 번 점을 쳐서 얻은 준괘(屯卦)에도 그 단사(彖辭)와 초구(初九) 효사(爻辭)에 모두 '건후(建侯)'라는 글이 있음을 이른 것이다. 그대는 원(元)을 세우십시오. 강숙이 명하셨고 두 점괘가 그렇게 고하였으니, 점이 꿈과 부합하면 무왕(武王)께서도 받아들인 것이니[377] 무엇 때문에 따르지 않겠습니까. 태서(大誓)[378]에 이르기를 '짐(朕)의 꿈이 짐의 거북점과 맞았다.'라고 하였다. 발이 약한 자는 집안에 있어야 합니다. 준괘(屯卦) 초구 효사(爻辭)에 '머뭇거림이니 곧음에 거하는 것이 리롭다.'라고 하였다. 발을 저는 자는 한쪽 발이 약하여 집안에 있어야 하고 돌아다니지 않아야 한다는 것이다. 제후는 사직을 주관하여 제사에 림하고 인민을 봉양하고 귀신을 섬기고 회합과 조회에 참가해야 하니, 또 어찌 집안에 있을 수 있겠습니까. 각각 리로운 바를 따르는 것이 또한 좋지 않겠습니까."라고 하였다. 맹(孟)은 발을 저니 집안에 있는 것이 리롭고, 원(元)은 길하니 제후로 세우는

후(侯)를 세움이 리로우니라[屯 元亨 利貞 勿用有攸往 利建侯.]'라고 하였다.

374) 준괘(屯卦)☳가~만났다 : 준괘(屯卦)의 초효(初爻)가 변한 것이다. 점법(占法)에 한 효가 변하면 본괘(本卦)의 변한 효사로 점을 치는데, 준괘 초효에 '초구(初九)는 머뭇거림이니 곧음에 거함이 리롭고 후(侯)를 세움이 리로우니라[初九 盤桓 利居貞 利建侯.]'라고 하였다.

375) 맹집은~없으니 : 죽어서 종묘에 배렬(配列)될 수 없다는 것이다.

376) 사자(嗣子)는~것이다 : 사자(嗣子)에게는 세운다고 말할 필요도 없다는 것이다. 그런데 지금 점괘에 세운다는 말이 있으니, 이는 사자가 아닌 원(元)을 세워야 한다는 것이다.

377) 점이~것이니 : 이는 《국어(國語)》의 '태서(泰誓)에 짐(朕)의 꿈이 짐의 거북점과 일치하여 아름다운 상서가 거듭하였으니 상(商)나라를 정복하면 반드시 승리할 것이라고 하였는데, 이것은 무왕(武王)의 말이다.'라고 한 데에서 온 말로, 무왕도 꿈과 점이 일치하면 이에 따랐음을 말한 것이다.

378) 태서(大誓) : 《서경(書經)》 〈주서(周書)〉의 편 이름. 태서(泰誓)라고도 쓴다.

것이 리롭다는 것이다. 그리하여 공성자는 령공(靈公)을 세웠다. 12월 계해일에 위양공(衛襄公)의 장례를 지냈다. 령공(靈公)은 원(元)이다.

소공(昭公) 8년 【丁卯 B.C.534】

八年 春 8년 봄이다.

八年 春 石言于晉魏楡 魏楡 地名 **晉侯問於師曠曰 石何故言 對曰 石不能言 或馮焉** 有神馮依而言 **不然 民聽濫也** 濫 失也 **抑臣又聞之 曰 作事不時 怨讟動于民 則有非言之物而言 今宮室崇侈 民力彫盡** 彫 傷也 **怨讟並作 莫保其性 石言 不亦宜乎 於是晉侯方築虒祁之宮** 虒 音斯 虒祁 地名

8년 봄에 진(晉)나라 위유(魏楡)에서 돌이 말을 하는 일이 있었다. 위유(魏楡)는 땅 이름이다. 진후(晉侯)가 사광(師曠)에게 묻기를 "돌이 무엇 때문에 말을 하는가?"라고 하니, 대답하기를 "돌은 말을 할 수 없는데 혹시 귀신이 돌에 의지해 말을 한 듯합니다. 귀신이 돌에 의지해 말을 하는 경우가 있다는 것이다. 그렇지 않다면 백성이 잘못[濫] 들었을 것입니다. 람(濫)은 잘못이다. 그러나 신이 또 듣건대 역사(役事)를 일으키는 것이 때에 맞지 않아 원망과 비방이 백성 사이에서 일어나면 말 못하는 물건이 말을 하는 경우가 있다고 합니다. 지금 궁실을 높고 사치스럽게 지어 백성의 힘이 상하고[彫] 소진되었으므로 조(彫)는 상함이다. 원망과 비방이 함께 일어나고 그 목숨도 보존할 수 없으니, 돌이 말을 하는 것이 또한 마땅하지 않겠습니까."라고 하였다. 이때 진후가 한창 사기궁(虒祁宮)을 짓고 있는 중이었다. 사(虒)는 음이 사(斯)이다. 사기(虒祁)는 땅 이름이다.

叔向曰 子野之言 君子哉 子野 師曠字 **君子之言 信而有徵 故怨遠於其身 小人之言 僭而無徵 故怨咎及之 詩曰 哀哉不能言 匪舌是出 唯躬是瘁 哿矣能言 巧言如流 俾躬處休 其是之謂乎** 師曠善諫 故以比巧言如流 與今說詩者小異 **是宮也成 諸侯必叛 君必**

有咎 夫子知之矣 **謂十年晉侯彪卒傳**

숙향(叔向)이 다음과 같이 말하였다. "자야(子野)의 말이 군자답구나. 자야(子野)는 사광(師曠)의 자(字)이다. 군자의 말은 미덥고 징험이 있으므로 사람들의 원망이 그 몸에서 멀어지게 되고, 소인의 말은 참람(僭濫)하고 징험이 없으므로 사람들의 원망과 허물이 그 몸에 미치게 된다. 《시(詩)》에 이르기를 '애처롭도다. 말을 잘하지 못하는 사람이여. 혀로 말을 내지 못하니 몸도 이에 병들도다. 아름답도다. 말을 잘하는 사람이여. 재치있는 말을 물 흐르듯이 하니 그 몸을 안락에 처하게 하도다.'[379]라고 하였으니, 이 시는 아마도 사광을 두고 이른 듯하다. 사광(師曠)이 간언을 잘하였기 때문에 재치있는 말을 물 흐르듯이 한다는 것으로 비유한 것이다. 오늘날 시를 해설하는 자들과는 조금 다르다. 이 궁이 완성되면 제후들은 반드시 배반하고 임금에게 반드시 재앙이 있게 될 것을 부자(夫子 : 師曠)는 안 것이다." 10년에 진후(晉侯) 표(彪)가 졸하는 전(傳)의 배경임을 이른 것이다.

陳侯之弟招殺陳世子偃師 夏 四月 辛丑 陳侯溺卒 진후(陳侯)의 아우 소(招)가 진(陳)나라 세자 언사(偃師)를 죽였다. 여름 4월 신축일에 진후 닉(溺)이 졸하였다.

招 音韶 稱弟稱世子甚招之惡也

소(招)는 음이 소(韶)이다. 아우라 칭하고 세자라고 칭한 것은 소(招)의 악행을 꾸짖은[甚] 것이다.

陳哀公元妃鄭姬生悼大子偃師 二妃生公子留 下妃生公子勝 二妃嬖 留有寵 屬諸司徒招與公子過 **招過皆哀公弟** **哀公有廢疾 三月 甲申 公子招公子過殺悼大子偃師而立公子留 夏 四月 辛亥 哀公縊** **憂恚自殺 經書辛丑從赴**

379) 애처롭도다~하도다 : 《시경(詩經)》 〈소아(小雅)〉 우무정(雨無正). 시경집전(詩經集傳)에서는 '말을 충성스럽게 하는 자는 당세에서 이른바 말을 잘하지 못하는 자이다. 그러므로 단지 입에서 말을 낼 뿐만 아니라 그 몸을 해치게 한다. 말재주 있는 자의 말은 당세에서 이른바 말을 잘하는 자이다. 그러므로 그 말을 교묘히 하여 마치 물 흐르듯이 막힘이 없어서 그 몸을 안락에 처하게 한다.'라고 하였으니, 대개 란세의 어두운 임금이 충직함을 싫어하고 아첨하고 말 잘함을 좋아하는 것이 이와 같다는 것이다. 그러나 숙향(叔向)이 《시경》을 인용하여 한 말은 사광(師曠)이 임금의 뜻에 거슬리지 않으면서 재치있게 잘 풍간(諷諫)한 것을 칭찬한 것으로, 집전의 설명과는 상반되니 아마 단장취의(斷章取義)한 것으로 보인다.

진애공(陳哀公 : 溺)의 원비(元妃)인 정희(鄭姬)는 도태자(悼大子)[380] 언사(偃師)를 낳고, 이비(二妃)는 공자 류(留)를 낳고, 하비(下妃)는 공자 승(勝)을 낳았다. 이비가 애공(哀公)의 사랑을 받으니 류도 총애를 받았다. 이에 애공이 사도(司徒)인 소(招)와 공자 과(過)에게 류를 부탁하였다. 소(招)와 과(過)는 모두 애공(哀公)의 아우이다. 애공이 불치병에 걸리자, 3월 갑신일에 공자 소와 공자 과가 도태자 언사를 죽이고 공자 류를 태자로 세웠다. 여름 4월 신해일에 애공이 목을 매 죽었다. 우려하고 분개하여 자살한 것이다. 경문에 신축일이라고 기록한 것은 부고를 따른 것이다.

叔弓如晉

숙궁(叔弓)이 진(晉)나라에 갔다.

叔弓如晉 賀虒祁也 賀宮成 游吉相鄭伯以如晉 亦賀虒祁也 史趙見子大叔曰 甚哉 其相蒙也 蒙 欺也 可吊也 而又賀之 子大叔曰 若何吊也 其非唯我賀 將天下實賀 言諸侯畏晉 非獨鄭

로(魯)나라 숙궁(叔弓)이 진(晉)나라에 갔으니, 사기궁(虒祁宮)의 락성(落成)을 축하하기 위해서였다. 궁궐이 완성된 것을 축하한 것이다. 유길(游吉)이 정백(鄭伯)의 상(相)이 되어 진나라에 갔는데 또한 사기궁의 락성을 축하하기 위해서였다. 그때 진나라 사조(史趙)가 자태숙(子大叔 : 游吉)을 만나 말하기를 "심하도다. 서로 속임이여[蒙]. 몽(蒙)은 속임이다. 슬퍼해야 할 일인데[381] 축하를 하다니요."라고 하였다. 자태숙이 말하기를 "어찌 슬퍼할 수 있습니까. 우리만 축하하는 것이 아니라 장차 천하의 제후들이 모두 축하할 것이오."라고 하였다. 제후들이 진(晉)나라를 두려워하고 있으니 정(鄭)나라만이 그러한 것이 아니라는 말이다.

楚人執陳行人干徵師殺之 陳公子留出奔鄭

초인(楚人)이 진(陳)나라 행인(行人)인 간징사(干徵師)를 잡아 죽였다. 진나라

380) 도태자(悼大子) : 도(悼)는 언사(偃師)의 시호이다.

381) 슬퍼해야~일인데 : 올봄 사기궁(虒祁宮)을 한창 짓고 있을 때, 진(晉)나라의 숙향(叔向)은 이 궁전이 다 지어지면 제후들이 진나라를 배반할 것이라고 예측하였기 때문에 슬퍼해야 할 일이라고 한 것이다.

공자 류(留)가 정(鄭)나라로 망명나갔다.

留未成君而出奔

류(留)가 아직 임금으로서의 지위가 안정되기 전에 망명나간 것이다.

干徵師赴于楚 干徵師 陳大夫 **且告有立君 公子勝愬之于楚** 以招過殺偃師告愬 **楚人執而殺之 公子留奔鄭 書曰 陳侯之弟招殺陳世子偃師 罪在招也 楚人執陳行人干徵師殺之 罪不在行人也**

간징사(干徵師)가 초(楚)나라에 가서 부고하고 간징사(干徵師)는 진(陳)나라 대부이다. 또 새 임금이 선 것을 고하였다. 공자 승(勝)이 초나라에 하소하니 소(招)와 과(過)가 언사(偃師)를 죽인 것을 하소한 것이다. 초인(楚人)이 간징사를 잡아 죽였다. 이에 공자 류(留)는 정(鄭)나라로 망명하였다. 경문에 진후(陳侯)의 아우 소(招)가 진(陳)나라 세자 언사(偃師)를 죽였다고 기록한 것은 죄가 소에게 있음을 말한 것이고, 초인이 진나라 행인(行人)인 간징사를 잡아 죽였다고 기록한 것은 죄가 행인에게 있지 않음을 말한 것이다.[382]

秋

가을이다.

七月 甲戌 齊子尾卒 子旗欲治其室 子旗 欒施 欲并治子尾之家政 **丁丑 殺梁嬰** 梁嬰 子尾家宰 **八月 庚戌 逐子成子工子車 皆來奔** 三子 齊大夫 子尾之屬 子成 頃公子固也 子工 成弟鑄也 子車 頃公孫捷也 **而立子良氏之宰** 子良 子尾子高彊 子旗爲子良立宰 **其臣曰 孺子長矣** 孺子謂子良 **而相吾室 欲兼我也 授甲 將攻之 陳桓子善於子尾 亦授甲 將助之**

7월 갑술일에 제(齊)나라 자미(子尾)가 졸하였다. 자기(子旗)[383]가 자미의 집안을 다스리

382) 죄가 소에게~것이다 : 행인(行人)을 죽이는 것은 례가 아니다. 그러므로 행인을 죽였다고 하여 잘못이 초(楚)나라에 있음을 밝힌 것이다. 초인(楚人)이 간징사(干徵師)를 잡아 죽인 것은 간징사가 공자 소(招)를 위하여 진애공(陳哀公)의 상(喪)을 알렸으니 당연히 공자 소와 함께 세자 언사(偃師)를 죽인 일에 관련되었을 것이라고 의심한 것이다. 그러나 그렇지 않다는 것을 밝히기 위하여 경문에 행인이라고 기록하였다는 것이다.

383) 자기(子旗) : 자미(子尾)의 당질(堂姪)이다.

고자 하여 자기(子旗)는 란시(欒施)이니, 자미(子尾)의 집안 정사를 아울러 다스리고자 한 것이다. 정축일에 량영(梁嬰)을 죽이고, 량영(梁嬰)은 자미(子尾)의 가재(家宰)이다. 8월 경술일에 자성(子成)·자공(子工)·자거(子車)를 축출하니 모두 우리나라로 망명왔다. 세 사람은 제(齊)나라 대부이며 자미(子尾)의 권속이다. 자성(子成)은 경공(頃公)의 아들 고(固)이다. 자공(子工)은 성(成)의 아우 주(鑄)이다. 자거(子車)는 경공의 손자 첩(捷)이다. 자기가 새로 자량씨(子良氏)의 가재(家宰)를 세우자, 자량(子良)은 자미(子尾)의 아들 고강(高彊)이다. 자기(子旗)가 자량을 위해 가재(家宰)를 세운 것이다. 자량의 가신들이 말하기를 "유자(孺子)가 이미 장성하였는데 유자(孺子 : 후계자)는 자량(子良)을 이른다. 우리 집안을 돕는다고 나선 것은 우리 집안을 겸병하려는 것이다."라 하고는 가병(家兵)에게 갑주(甲胄)를 주어 자기를 공격하려 하였다. 진환자(陳桓子)도 자미와 친하였으므로 또한 자신의 가병에게 갑주를 주어 자량의 가신들을 도우려 하였다.

或告子旗 子旗不信 則數人告 將往 又數人告於道 遂如陳氏 桓子將出矣 聞之而還 聞子旗至 **游服而逆之** 去戎備 著游戲之服 **請命** 問桓子所至 **對曰 聞彊氏授甲將攻子** 彊氏卽高彊 **子聞諸 曰 弗聞 子盍亦授甲 無宇請從 子旗曰 子胡然 彼孺子也 吾誨之 猶懼其不濟 吾又寵秩之** 謂爲之立宰 **其若先人何** 言若相攻 無以見其先人 **子盍謂之** 使無攻我 **周書曰 惠不惠 茂不茂** 言當施惠於不惠 勸勉於不勉 **康叔所以服弘大也** 服 行也 **桓子稽顙曰 頃靈福子** 頃靈 欒氏所事之君 **吾猶有望 遂和之如初**

어떤 사람이 이 사실을 자기(子旗)에게 고하자 자기가 믿지 않았는데, 몇 사람이 더 고하니 자기가 자량(子良)에게 직접 가보려고 하였다. 또 몇 사람이 길에서 고하니 드디어 진씨(陳氏 : 陳桓子)의 집으로 갔다. 환자(桓子)가 출병하려다가 그 소식을 듣고 돌아와 자기(子旗)가 온다는 소식을 들은 것이다. 유복(游服)으로 갈아입고 그를 맞이하였다. 융복(戎服) 차림을 벗고 유희할 때의 복장을 입은 것이다. 자기가 환자의 명을 듣고자 하니, 환자(桓子)에게 가려던 곳을 물은 것이다. 환자가 대답하기를 "강씨(彊氏 : 子良)가 가병에게 갑주(甲胄)를 주어 그대를 공격하려 한다는데 강씨(彊氏)는 곧 고강(高彊)이다. 그대는 들었습니까?"라고 하였다. 자기가 대답하기를 "듣지 못하였습니다."라고 하자, 환자가 말하기를 "그대는 어찌 가병에게 갑주를 주지 않습니까? 나 무우(無宇)는 그대를 따르겠습니다."라고 하였다. 자기가 말하기를 "그대는 어찌 그렇게 하려 하십니까? 자량은 후계자입니다. 내가 그를 잘 가르쳐도 오히려 집안을 다스리지 못할까 걱정입니다. 내가 또 그를 총애하여 집안의 질서를 잡아주었거늘 자량(子良)을 위해 가재(家宰)를 세웠다고 이른 것이다. 그의 선인(先人 : 子尾)을 내가 어떻게 대하겠습니까. 만약 서로 공격한다면 자량(子良)의 선인(先人)을 뵐 면목이 없다는 말이다. 그런데 그대는 어찌하여 이런 사정을 그에게 말해주지 않습니까. 나를 공격하지 말도록 하라는 것이다. 〈주서(周書)〉에 이르기를 '은혜롭게 여기지 않는 자에게 은혜를 베풀고 힘쓰지 않는 자를 힘쓰게 하라.'[384]고 하였으니, 마땅히 은혜롭게 여기지 않는 자에게 은혜를 베풀고, 힘쓰지 않는 자를 힘쓰도록 권해야 한다는 말이다. 이것이 강숙(康叔)께서 홍대(弘大)한 정치를 행하게[服] 된 까닭입니다."라고 하였다. 복(服)은 행함이다. 이에 환자가 이마를 조아리며 말하기를 "경공(頃公)과 령공(靈公)의 신이 그대에게 복을 내릴 것입니다. 경공(頃公)과 령공(靈公)은 란씨(欒氏)[385]가 섬겼던 임금이다. 나도 오히려 그 복을 받고자 합니다."라 하고는 드디어 자량과 자기의 집안을 예전처럼 화해시켰다.

蒐于紅

홍(紅) 땅에서 군대를 검열하였다.

蒐 春事也 秋興之 非正也 不言大者 經文闕 紅 魯地 書蒐始此

수(蒐)는 봄에 하는 행사인데 가을에 일으켰으니 바른 일이 아니다. 크다[大]고 말하지 않은 것은[386] 경문에 글을 빠뜨린 것이다. 홍(紅)은 로(魯)나라 땅이다. 경문에 수(蒐)를 기록한 것은 여기에서 시작되었다.

秋 大蒐于紅 自根牟至于商衛 革車千乘 根牟 魯東界 商 宋地 魯西竟接宋衛

가을에 홍(紅) 땅에서 크게 군대를 검열하였으니, 근모(根牟)로부터 상(商) 땅과 위(衛)나라의 국경에 이르렀고 혁거(革車 : 兵車)가 천 승(乘)이었다. 근모(根牟)는 로(魯)나라 동쪽 경계이다. 상(商)은 송(宋)나라 땅이다. 로나라 서쪽 변경은 송나라 및 위(衛)나라와 접하여 있다.

陳人殺其大夫公子過

진인(陳人)이 그 대부 공자 과(過)를 죽였다.

過之罪宜爲國討 故書陳人 不去大夫公子 明招之爲首

---

384) 은혜롭게~하라 : 《서경(書經)》 〈주서(周書)〉 강고(康誥). 이것은 주무왕(周武王)이 강숙(康叔)을 위(衛)나라에 봉하면서 당부한 말이다.

385) 란씨(欒氏) : 자기(子旗)의 종족이다.

386) 크다[大]고~것은 : 전문에 '大蒐于紅'이라고 하였는데 경문에는 '蒐于紅'이라고만 한 것을 말한다.

과(過)의 죄는 마땅히 나라가 토죄하는 것이 되어야하기 때문에 경문에 진인(陳人)이라고 기록한 것이다. 대부와 공자라는 명칭을 없애지 않은 것은 소(招)가 이 환난의 수괴(首魁)임을 밝힌 것이다.[387]

陳公子招歸罪於公子過而殺之

진(陳)나라 공자 소(招)가 죄[388]를 공자 과(過)에게 돌려 그를 죽였다.

大雩

크게 기우제를 지냈다.

冬 十月 壬午 楚師滅陳 執陳公子招 放之于越 殺陳孔奐 葬陳哀公

겨울 10월 임오일에 초(楚)나라 군대가 진(陳)나라를 멸하고 진나라 공자 소(招)를 잡아 월(越)나라로 추방하였으며 진나라 공환(孔奐)을 죽였다. 진나라 애공(哀公)의 장례를 지냈다.

招復稱公子 惡楚子也

소(招)를 다시 공자라고 칭한 것은 초자(楚子)를 미워한 것이다.[389]

九月 楚公子棄疾帥師奉孫吳圍陳 孫吳 偃師子惠公 **宋戴惡會之** 戴惡 宋大夫 **冬 十一月 壬午 滅陳** 壬午 十月十八日 傳誤 **輿嬖袁克殺馬毁玉以葬** 輿嬖 嬖大夫 掌乘車者 馬玉 陳侯所服乘 克不欲使楚人得之 **楚人將殺之 請寘之** 置馬玉 **既又請私** 私盡君臣恩 **私於幄 加絰於顙而逃 使穿封戌爲陳公** 滅陳爲縣 使戌爲縣公 **曰 城麇之役 不諂** 在襄二十六年 戌與王爭皇頡 **侍飮酒於王 王曰 城麇之役 女知寡人之及此 女其辟寡人乎 對曰 若知君之及此 臣**

---

387) 대부와~것이다 : 올봄조 경문에는 진후(陳侯)의 아우 소(招)가 진(陳)나라 세자 언사(偃師)를 죽였다고 기록하여 소가 사건의 주모자임을 밝혔고, 여기서는 과(過)를 대부와 공자라고 기록하여 과는 단지 사건의 동조자임을 드러낸 것이다.

388) 죄 : 올 3월에 공자 소(招)와 공자 과(過)가 도태자(悼大子)인 언사(偃師)를 죽인 일을 이른다.

389) 소(招)를~때문이다 : 초(楚)나라가 진(陳)나라를 멸한 것을 비난한 것이다.

必致死禮 以息楚國 言當爲郟敖盡臣禮 致死以殺君 寧息楚禍

9월에 초(楚)나라 공자 기질(棄疾)이 군대를 거느리고 손오(孫吳)를 받들어 진(陳)나라를 포위하니, 손오(孫吳)는 언사(偃師)의 아들 혜공(惠公)이다. 송(宋)나라 대악(戴惡)도 이들과 회합하여 대악(戴惡)은 송(宋)나라 대부이다. 겨울 11월 임오일에 진나라를 멸하였다. 임오일은 10월 18일이니 전문이 잘못되었다. 진애공(陳哀公)의 여폐(輿嬖)인 원극(袁克)이 애공(哀公)의 말을 죽이고 옥을 부수어 애공의 장례를 지내려고 하였다. 여폐(輿嬖)는 폐대부(嬖大夫)[390]로 승거(乘車)를 맡은 자이다. 말과 옥은 진후(陳侯)가 차고 타던 것으로 극(克)이 이것을 초인(楚人)이 차지하고자 하지 않게 한 것이다. 이에 초인(楚人)이 그를 죽이려 하자 그대로 두겠다고 청하고 말과 옥을 그대로 둔다는 것이다. 이윽고 또 임금을 위해 사사로이 장례를 행하겠다고 청하였다. 군신사이의 은의(恩義)를 사사로이 다하는 것이다. 그리고는 장막에서 사사로이 례를 행하다가 머리에 수질(首絰)을 쓴 채로 도망하였다.[391] 초령왕(楚靈王)이 천봉술(穿封戌)을 진공(陳公)으로 삼으며 진(陳)나라를 멸하고 현(縣)으로 만들어 술(戌)을 현공(縣公)으로 삼은 것이다. 말하기를 "성균(城麇)의 싸움에서 나에게 아첨하지 않았기 때문이다."라고 하였다. 양공(襄公) 26년에 있었다. 이때 술(戌)이 왕[楚靈王]과 더불어 황힐(皇頡)을 두고 다투었다.[392] 그가 초령왕을 모시고 술을 마실 때 초령왕이 말하기를 "성균의 싸움에서 네가 과인이 이 자리에 이를 줄 알았다면 너는 아마 과인을 피하였을 것이다."라고 하자, 천봉술이 대답하기를 "만약 임금님께서 이 자리에 오르게 되실 줄 알았다면 신은 반드시 죽을힘을 다해 례를 지켜 초나라를 안정시켰을 것입니다."라고 하였다. 마땅히 겹오(郟敖)[393]를 위해 신하의 례를 다하여 죽을힘을 다해 임금[楚靈王]을 죽여 초(楚)나라의 화를 안정시켰을 것이라는 말이다.

晉侯問於史趙曰 陳其遂亡乎 對曰 未也 公曰 何故 對曰 陳 顓頊之族也 陳祖舜 出顓頊 **歲在鶉火 是以卒滅 陳將如之** 顓頊以歲在鶉火而滅 陳將如其數 **今在析木之津 猶將復由** 箕斗間有天漢 故謂之析木之津 由義如書顚木之有由蘖 **且陳氏得政于齊 而後陳卒亡 自幕至于瞽瞍 無違命** 幕 舜之先 瞽瞍 舜父 **舜重之以明德 寘德於遂** 殷以舜後封遂 言舜德至於遂

---

390) 폐대부(嬖大夫) : 하대부(下大夫).

391) 장막에서~도망하였다 : 전문의 '私'를 소변의 의미로 보아 원극(袁克)이 소변을 보는 척하다가 도망한 것으로 해석하는 설도 있다.

392) 술(戌)이~다투었다 : 양공(襄公) 26년에 초(楚)나라 천봉술(穿封戌)과 공자 위(圍 : 靈王)가 정(鄭)나라 황힐(皇頡)을 사로잡은 공을 두고 다투었었다.

393) 겹오(郟敖) : 초강왕(楚康王)의 아들. 소공(昭公) 원년에 초(楚)나라 공자 위(圍 : 靈王)에게 시해되었다.

遂世守之 及胡公不淫 故周賜之姓 使祀虞帝 **胡公滿 遂之後 周武王賜姓嬀 封諸陳** **臣聞盛德必百世祀 虞之世數未也 繼守將在齊 其兆既存矣**

진후(晉侯)가 사조(史趙)에게 묻기를 "진(陳)나라는 결국 망할 것인가?"라고 하니, 대답하기를 "아직은 아닙니다."라고 하였다. 진평공(晉平公)이 말하기를 "무슨 까닭인가?"라고 하니, 다음과 같이 대답하였다. "진(陳)나라는 전욱(顓頊)[394]의 후손입니다. 진(陳)나라는 순(舜)을 조상으로 하고 순은 전욱(顓頊)에게서 나왔다. 전욱은 세성(歲星)이 순화(鶉火)[395]에 나타나자 이 때문에 마침내 멸망하였으니, 진나라도 그와 같이 될 것입니다. 전욱(顓頊)은 세성(歲星)이 순화(鶉火)에 나타나자 멸망하였기 때문에 진(陳)나라도 장차 그 대수(代數)와 같다는 것이다. 지금은 세성이 석목진(析木津)[396]에 있으니 오히려 장차 다시 움틀[由] 것이고, 기수(箕宿)와 두수(斗宿) 사이에 은하수가 있기 때문에 석목진(析木津)이라고 이른다. 유(由)자의 뜻은 《서(書)》에 '쓰러진 나무에 싹이 난다.'[397]라고 한 것과 같다. 또 진씨(陳氏)가 제(齊)나라에서 정권을 얻은 뒤에야 진나라는 마침내 망할 것입니다. 막(幕)으로부터 고수(瞽瞍)에 이르기까지 천명을 어긴 이가 없고 막(幕)은 순(舜)의 선조이고 고수(瞽瞍)는 순의 아버지이다. 순(舜)은 거듭 밝은 덕을 폈기에 그 덕을 수(遂)나라에 두게 되었습니다. 은(殷)나라는 순(舜)의 후손을 수(遂)나라에 봉해주었으므로 순의 덕이 수나라에 이르렀다고 말한 것이다. 수나라에서는 대대로 그 덕을 지켜 호공불음(胡公不淫)[398]에 이르고 그러므로 주(周)나라에서 성(姓)을 내려 우제(虞帝 : 舜)를 제사 지내게 하였습니다. 호공(胡公) 만(滿)은 수(遂)나라의 후손으로 주무왕(周武王)이 규성(嬀姓)을 내려주고 진(陳)나라에 봉해주었다. 신이 듣건대 성대한 덕을 가진 사람은 반드시 백세토록 제사를 받는다고 하였는데, 우(虞)의 세수(世數)가 다하지 않았고[399] 그 제사를 계승하여 지키는 일이 장차 제나라에서 있을 것이니, 그 조짐이 이미 있습니다."

394) 전욱(顓頊) : 전설상의 제왕(帝王). 황제(黃帝)의 손자로 처음 고양(高陽)에서 나라를 일으켰으므로 고양씨(高陽氏)라고도 한다.

395) 순화(鶉火) : 12성차(星次)의 하나.

396) 석목진(析木津) : 12성차(星次)의 하나. 석목(析木)이라고도 한다.

397) 쓰러진~난다 : 《서경(書經)》 〈상서(商書)〉 반경(盤庚).

398) 호공불음(胡公不淫) : 호공(胡公) 만(滿). 불음(不淫)은 호공 만의 자(字)이다.

399) 우(虞)의~않았고 : 우제(虞帝)의 자손이 아직 백세가 되지 않았다는 것이다.

소공(昭公) 9년【戊辰 B.C.533】

> **九年 春 叔弓會楚子于陳**
> 9년 봄에 숙궁(叔弓)이 진(陳)나라에서 초자(楚子)와 회합하였다.

繼滅陳而書 譏也

진(陳)나라를 멸한 일에 이어서 경문에 기록한 것은 비난한 것이다.[400]

九年 春 叔弓宋華亥鄭游吉衛趙黶會楚子于陳 不行會禮 故不摠書

9년 봄에 숙궁(叔弓)·송(宋)나라 화해(華亥)·정(鄭)나라 유길(游吉)·위(衛)나라 조암(趙黶)이 진(陳)나라에서 초자(楚子)와 회합하였다. 회합의 례를 행하지 않았기 때문에 경문에 회합에 참석한 사람들을 모두 기록하지는 않았다.

> **許遷于夷**
> 허(許)나라가 이(夷) 땅으로 옮겨갔다.

許畏鄭 欲遷 故以自遷爲文

허(許)나라가 정(鄭)나라를 두려워하여 옮겨가고자 하였으므로 스스로 옮겨갔다고 글을 만든 것이다.

二月 庚申 楚公子棄疾遷許于夷 實城父 夷 楚地 舊名城父 **取州來淮北之田以益之** 益許田 **伍擧授許男田 然丹遷城父人於陳 以夷濮西田益之** 以夷田在濮水西者與城父人 **遷方城外人於許** 成十五年 許遷葉 今遷夷 故以方城外人實其處

2월 경신일에 초(楚)나라 공자 기질(棄疾)이 허(許)나라를 이(夷) 땅으로 옮겨주었는데 바로 성보(城父)였다. 이(夷)는 초(楚)나라 땅으로 옛 이름이 성보(城父)이다. 그리고 주래(州來)의 회

400) 진(陳)나라를~것이다 : 초(楚)나라가 진(陳)나라를 멸한 것이 올바른 일이 아닌데 진나라 땅에서 숙궁(叔弓)이 초자(楚子)와 회합하였기 때문에 비난한 것이다.

수(淮水) 북쪽의 전지를 취하여 더해주었고 허(許)나라에 전지를 더해준 것이다. 오거(伍擧)[401]도 허남(許男)에게 전지를 주었다. 이때 연단(然丹)[402]은 본래의 성보인(城父人)을 진(陳)나라 땅으로 옮기고는 이(夷) 땅 중에 복수(濮水) 서쪽의 전지를 더해주고 이(夷) 땅의 전지 중에 복수(濮水) 서쪽에 있는 것을 성보인(城父人)에게 준 것이다. 방성(方城) 밖의 사람들을 허나라로 옮겼다. 성공(成公) 15년에 허(許)나라가 섭(葉) 땅으로 옮겼고,[403] 지금 다시 이(夷) 땅으로 옮겼기 때문에 방성(方城) 밖의 사람들을 그곳[404]에 옮겨 채운 것이다.

○周甘人與晉閻嘉爭閻田 甘人 甘大夫襄也 閻嘉 晉閻縣大夫 **晉梁丙張趯率陰戎伐潁** 陰戎 陸渾之戎 潁 周邑

○주(周)나라 감인(甘人)이 진(晉)나라 염가(閻嘉)와 염(閻) 땅의 전지를 두고 다투자, 감인(甘人)은 감대부(甘大夫)인 양(襄)이고 염가(閻嘉)는 진(晉)나라 염현대부(閻縣大夫)이다. 진나라 량병(梁丙)과 장적(張趯)이 음융(陰戎)을 거느리고 영(潁) 땅을 쳤다. 음융(陰戎)은 륙혼(陸渾)의 융(戎)이다. 영(潁)은 주(周)나라 읍이다.

王使詹桓伯辭於晉 辭 責讓之 桓伯 周大夫 **曰 我自夏以后稷 魏駘芮岐畢 吾西土也** 在夏世 以后稷功 受此五國 **及武王克商 蒲姑商奄 吾東土也** 蒲姑 齊也 商奄 魯也 **巴濮楚鄧 吾南土也 肅愼燕亳 吾北土也** 肅愼 東北夷 **吾何邇封之有 文武成康之建母弟 以蕃屛周 亦其廢隊是爲** 慮後世廢隊 望諸侯救濟 **豈如弁髦 而因以敝之** 童子垂髦始冠 用弁斂髦 三加後 去弁不用 故曰敝之 喩晉國旣封 不事王室 **先王居檮杌于四裔 以禦螭魅 故允姓之姦居于瓜州** 允姓 陰戎祖 **伯父惠公歸自秦 而誘以來** 僖二十二年 秦晉遷陸渾之戎於伊川 **使偪我諸姬 入我郊甸 則戎焉取之 戎有中國 誰之咎也 后稷封殖天下 今戎制之 不亦難乎 伯父圖之 我在伯父 猶衣服之有冠冕 木水之有本原 民人之有謀主也** 謀主謂宗族之師長 **伯父若裂冠毁冕 拔本塞原 專棄謀主 雖戎狄 其何有余一人**

왕(王 : 景王)이 첨환백(詹桓伯)을 보내어 진(晉)나라를 책망하며[辭] 사(辭)는 책망하는 것이

401) 오거(伍擧) : 초(楚)나라 대부.

402) 연단(然丹) : 초(楚)나라 신하.

403) 성공(成公)~옮겼고 : 이때 허령공(許靈公)이 정(鄭)나라의 핍박이 두려워 허(許)나라를 초(楚)나라 땅으로 옮겨주기를 청하니, 초나라 공자 신(申)이 섭(葉) 땅으로 옮겨준 것이다.

404) 그곳 : 원래 허(許)나라가 있었던 곳이다.

다. 환백(桓伯)은 주(周)나라 대부이다. 다음과 같이 말하였다. "우리 주(周)나라는 하(夏)나라가 후직(后稷)[405)]을 봉한 때부터 위(魏)·태(駘)·예(芮)·기(岐)·필(畢) 땅이 우리의 서방 령토였고, 하(夏)나라 때 후직(后稷)의 공으로 이 다섯 나라를 받은 것이다. 무왕(武王)이 상(商)나라를 이기고 나서 포고(蒲姑)와 상엄(商奄)이 우리의 동방 령토였다. 포고(蒲姑)는 제(齊)나라이고 상엄(商奄)은 로(魯)나라이다. 그리고 파(巴)·복(濮)·초(楚)·등(鄧) 땅은 우리의 남방 령토였고, 숙신(肅愼)·연(燕)·박(亳) 땅은 우리의 북쪽 령토였으니 숙신(肅愼)은 동북이(東北夷)이다. 우리 주나라가 어찌 가까운 봉강(封疆)이 있겠는가.[406)] 문왕(文王)·무왕(武王)·성왕(成王)·강왕(康王)께서 동모제를 세워 주나라의 울타리로 삼은 것은 주나라가 쇠퇴해지면 돕게 하기 위해서인데, 후세에 쇠퇴해질 것을 념려하여 제후들이 주(周)나라를 구제해주기를 바란 것이다. 어찌 왕실을 변모(弁髦)[407)]처럼 여겨 폐할 수 있단 말인가. 동자(童子)는 머리를 길게 늘어뜨렸다가 처음 관례를 행할 때 변(弁)을 써서 늘어진 머리를 거둔다. 세 번 관을 바꾸어 쓴 뒤에 변을 버리고 쓰지 않기 때문에 폐한다고 말한 것이다. 진(晉)나라가 봉해지고 나서 왕실을 섬기지 않는 것을 비유한 것이다. 선왕께서 도올(檮杌)[408)]을 먼 변방에 살게 하여 리매(螭魅)를 막게 하였으므로 윤성(允姓)과 같은 간악한 족속이 과주(瓜州)에 살게 되었던 것이다.[409)] 윤성(允姓)은 음융(陰戎)의 선조이다. 그런데 백부(伯父) 진혜공(晉惠公)이 진(秦)나라에서 돌아오면서 그들을 유인하여 데리고 와 희공(僖公) 22년에 진(秦)나라와 진(晉)나라가 륙혼(陸渾)의 융(戎)을 이천(伊川)으로 옮겼다. 그들로 하여금 우리 여러 희성(姬姓)을 핍박하여 우리의 교외까지 들어오게 하자 융(戎)이 이에[焉] 그 땅을 취하게 되었다. 그러니 융이 중국에 들어오게 된 것이 누구의 잘못인가. 후직께서 봉강으로 삼아 오곡을 기르던 땅[天下]을 지금 융이 다스리고자 하니 또한 곤난하지 않겠는가. 백부는 이를 잘 헤아리길 바란다. 나는 백부에 있어 의복에 관(冠)과 면(冕)이 있고, 나무와 물에 뿌리와 근원이 있고, 백성에게 모주(謀主)가 있는 것과 같다. 모주(謀主)는 종족의 사장(師長)[410)]을 이른다. 그런데 백부는 관(冠)을 찢고 면(冕)을 훼손하며 뿌리를 뽑고 근원을 막으며 모주를 마음대

---

405) 후직(后稷) : 주(周)나라의 시조. 농사짓는 법에 공이 있었다.

406) 어찌~있겠는가 : 주(周)나라의 령토가 넓고 크다는 뜻이다.

407) 변모(弁髦) : 변(弁)은 치포관(緇布冠)으로 관례(冠禮)를 행하기 전에 처음 쓰던 모자이고 모(髦)는 총각의 더벅머리이다. 관례가 끝나면 모두 소용없게 되므로 전의(轉義)되어 쓸데없는 물건이라는 뜻으로 쓰인다.

408) 도올(檮杌) : 요순(堯舜)시대 4흉(凶) 중의 하나. 순(舜)임금이 4흉을 내쳐 사방의 먼 변방으로 보내어 악귀(惡鬼)인 리매(螭魅)를 막게 하였다고 한다. 문공(文公) 18년조 참조.

409) 윤성(允姓)과~것이다 : 윤성(允姓)은 도올(檮杌)이 거주하는 곳보다 더 먼 변방인 과주(瓜州)로 추방된 것이다.

410) 사장(師長) : 스승이 되는 어른.

로 버린다면 비록 융적(戎狄)이라 하더라도 어찌 나 한 사람을 안중에 두겠는가.”

叔向謂宣子曰 文之伯也 豈能改物 言文公雖霸 不改正朔易服色 **翼戴天子 而加之以共 自文以來 世有衰德 而暴蔑宗周 以宣示其侈 諸侯之貳 不亦宜乎 且王辭直 子其圖之 宣子說 王有姻喪** 外親之喪 **使趙成如周吊 且致閻田與襚 反潁俘 王亦使賓滑執甘大夫襄以說於晉 晉人禮而歸之** 賓滑 周大夫

숙향(叔向)이 선자(宣子 : 韓宣子)에게 말하기를 “우리 선군이신 문공(文公)께서 패자(霸者)가 되셨을 때 어찌 문물(文物)을 고칠 수 있었겠습니까. 문공(文公)이 비록 패자가 되었지만 정삭(正朔)을 고치거나 복색(服色)을 바꾸지 않았다는 말이다. 천자를 보좌하고 받들어 공경을 더하였습니다. 그런데 문공 이래로 대대로 덕이 쇠퇴하여 종주(宗周)를 함부로 멸시하여 오만함을 드러내 보여 왔습니다. 그러니 제후들이 진(晉)나라에 대해 두마음을 갖는 것이 또한 마땅하지 않겠습니까. 또 왕께서 책망하신 말씀이 바르니 그대는 잘 헤아리시기 바랍니다.”라고 하니, 선자가 기뻐하였다. 마침 왕에게 인척(姻戚)의 상(喪)이 있자 외친(外親)의 상(喪)이다. 조성(趙成)을 보내어 주(周)나라에 가서 조문하게 하고 또 염(閻) 땅의 전지와 수의(襚衣)를 바치며 영(潁) 땅에서 잡은 포로를 돌려주게 하였다. 왕도 빈활(賓滑)을 시켜 감대부(甘大夫) 양(襄)을 잡아 보내 진(晉)나라를 기쁘게 하니, 진인(晉人)이 감대부를 례로 대하고 돌려보냈다. 빈활(賓滑)은 주(周)나라 대부이다.

夏 四月 陳災

여름 4월에 진(陳)나라에 화재가 났다.

災 公穀作火 ○陳已滅 而書陳災 存陳也

재(災)는 《공양전(公羊傳)》과 《곡량전(穀梁傳)》에는 화(火)로 되어 있다. ○진(陳)나라가 이미 멸망하였는데 진나라에 화재가 났다고 경문에 기록한 것은 진나라가 존속한 것으로 여겼기 때문이다.

夏 四月 陳災 鄭裨竈曰 五年陳將復封 封五十二年而遂亡 子産問其故 對曰 陳 水屬也 顓頊以水王 陳 其後 **火 水妃也 而楚所相也** 火畏水 故謂之妃 相 治也 楚先祝融爲火正 **今火出而火陳 逐楚而建陳也** 火 心星 水得妃而興 陳興則楚衰 **妃以五成 故曰五年** 妃 音配 合也 天一生水 至地六乃成 越五數 故曰妃以五成 爲十三年陳侯吳歸于陳傳 **歲五及鶉火 而後陳卒亡**

楚克有之 天之道也 故曰五十二年 **是歲歲在星紀 五歲及大梁 而陳復封 自大梁四歲而及鶉火 後四周四十八歲 凡五及鶉火 五十二年 天數以五爲紀 故五及鶉火 火盛水衰**

여름 4월에 진(陳)나라에 화재가 났다. 정(鄭)나라 비조(裨竈)가 말하기를 "5년 만에 진나라가 다시 봉해지고, 봉해진 지 52년이 되어서야 마침내 망할 것이다."라고 하였다. 자산(子産)이 그 까닭을 묻자, 다음과 같이 대답하였다. "진나라는 수(水)에 속하고 전욱(顓頊)이 수덕(水德)으로 왕이 되었고 진(陳)나라는 그 후예이다. 화(火)는 수(水)의 짝으로 초(楚)나라는 화(火)의 덕으로 다스려지는[相] 바입니다. 화(火)는 수(水)를 두려워하기 때문에 짝이라 이른 것이다. 상(相)은 다스림이다. 초(楚)나라 선조인 축융(祝融)이 화정(火正)[411]이 되었다. 지금 화성[火]이 나타나자 진나라에 화재가 났으니, 이는 초나라를 물리치고 진나라가 다시 세워질 조짐입니다. 화(火)는 심성(心星)이다. 수(水)가 짝을 얻으면 홍성하니 진(陳)나라가 홍성하면 초(楚)나라가 쇠퇴한다. 배합[妃]은 5로 이루어지기 때문에 5년이라 하였고, 배(妃)는 음이 배(配)이니 합함이다. 천일(天一)에서 수(水)가 생겨 지륙(地六)에 이르러 완성이 되는데, 다섯 수(數)를 넘었기 때문에 배합[妃]은 5로 이루어졌다고 말한 것이다.[412] 13년에 진후(陳侯) 오(吳)가 진(陳)나라로 돌아가는 전(傳)의 배경이 된다. 세성(歲星)이 다섯 번 순화(鶉火)에 이르고 나서 진나라가 마침내 망하고 초나라가 그것을 소유할 수 있을 것입니다. 이는 하늘의 도(道)이기 때문에 52년이라고 한 것입니다." 이 해에 세성(歲星)이 성기(星紀)에 있으니, 5년 만에 대량(大梁)에 이르면 진(陳)나라가 다시 봉해진다. 대량에서 4년 만에 순화(鶉火)에 이르고 그 뒤 4주기(周期)면 48년이 되니, 무릇 다섯 번 순화에 이르기까지 52년이다. 천수(天數)는 5를 기(紀 : 基準)로 삼기 때문에 세성이 다섯 번 순화에 이르면 화(火)가 성하고 수(水)가 쇠퇴한다.

> **秋**
>
> 가을이다.

晉荀盈如齊逆女 **自爲逆** **還 六月 卒于戲陽** **戲陽 晉地** **殯于絳 未葬 晉侯飮酒 樂 膳宰屠蒯趨入 請佐公使尊** **公之使人執尊酌酒 請爲之佐** **許之 而遂酌以飮工** **工 師曠也** **曰 女爲君耳 將司聽也** **樂所以聽耳** **辰在子卯 謂之疾日** **疾 惡也 紂以甲子喪 桀以乙卯亡 故國君以爲忌**

---

411) 화정(火正) : 불을 맡아 보았던 벼슬.

412) 다섯~것이다 : 소공(昭公) 8년에 초(楚)나라가 진(陳)나라를 멸하고 5년 뒤인 소공 13년에 다시 진나라가 봉하여진다는 것이다.

日 君徹宴樂 學人舍業 爲疾故也 舍業謂不習樂 **君之卿佐 是謂股肱 股肱或虧 何痛如之 女弗聞而樂 是不聽也**

진(晉)나라 순영(荀盈)이 제(齊)나라에 가서 아내를 맞이하여 몸소 가서 아내를 맞은 것이다. 돌아오다가 6월에 희양(戲陽)에서 졸하였다. 희양(戲陽)은 진(晉)나라 땅이다. 강(絳) 땅에 빈소를 차리고 아직 장례를 지내지 않았는데, 진후(晉侯)가 술을 마시며 음악을 연주하였다. 선재(膳宰)[413]인 도괴(屠蒯)가 종종걸음으로 들어가 진평공(晉平公)을 도와 술을 따르기를 청하니 진평공(晉平公)이 사람을 시켜 잔을 잡고 다른 사람에게 술을 따라주게 하였기 때문에 보좌가 되기를 청한 것이다. 허낙하였다. 그가 드디어 술을 따라 악공[工]에게 마시게 하면서 공(工)은 사광(師曠)이다. 말하기를 "그대는 임금의 귀가 되었으니 밝게 듣는 일을 맡았소. 악(樂)은 귀를 밝게 하는 것이다. 신(辰)[414]이 자(子)와 묘(卯)에 있는 날을 질일(疾日)이라고 하여 질(疾)은 꺼림이다. 주(紂)가 갑자일에 나라를 잃고 걸(桀)이 을묘일에 망하였기 때문에 나라의 임금은 이 날을 꺼리는 날로 삼는다. 임금도 잔치와 음악을 거두고 음악을 배우는 사람도 학업을 쉬니[舍業], 이는 질일이기 때문이오. 사업(舍業)은 음악을 익히지 않음을 이른다. 임금의 경좌(卿佐)[415]를 고굉(股肱)이라 하니 고굉이 손상되면 어떠한 고통이 이와 같겠는가. 그런데 그대는 순영이 죽은 소식을 듣지 않은 듯이 음악을 연주하였으니, 이는 밝게 듣지 않은 것이오."라고 하였다.

又飮外嬖嬖叔 嬖叔卽李調 **曰 女爲君目 將司明也** 職在外 故主視 **服以旌禮 禮以行事 事有其物 物有其容 今君之容 非其物也** 卿喪作 樂歡會 故曰非其物 物 類也 **而女不見 是不明也 亦自飮也 曰 味以行氣 氣以實志** 氣和則志充 **志以定言 言以出令 臣實司味 二御失官 而君弗命 臣之罪也** 不命猶言不罪 **公說 徹酒 初 公欲廢知氏而立其外嬖 爲是悛而止 秋 八月 使荀躒佐下軍以說焉** 躒 荀盈子 說 自解也

또 도괴(屠蒯)가 외폐(外嬖)[416]인 폐숙(嬖叔)에게 술을 마시게 하면서 폐숙(嬖叔)은 곧 리조(李調)이다. 말하기를 "그대는 임금의 눈이 되었으니 밝게 보는 일을 맡았소. 맡은 일이 밖에 있기 때문에 보는 일을 주관한다.[417] 의복으로 례를 표현하고[418] 례로써 일을 행하니, 일에는 그

413) 선재(膳宰) : 궁중 음식을 맡은 벼슬.

414) 신(辰) : 해와 달이 만나는 곳이니 매달 초하루이다. 여기서는 때를 말한다.

415) 경좌(卿佐) : 임금을 보좌하는 집정대신.

416) 외폐(外嬖) : 궁중 밖의 총애 받는 신하. 궁중 안의 총애 받는 내시나 녀인인 내폐(內嬖)와 상대되는 말이다.

417) 맡은~주관한다 : 궁중 밖의 일을 살펴 임금에게 보고한다는 것이다.

에 해당하는 물(物)이 있고[419] 물에는 그에 해당하는 용모가 있소.[420] 지금 임금님의 용모가 그 물에 맞지 않는데도 경(卿)의 상(喪)이 났는데 음악을 연주하며 즐겁게 연회를 하였기 때문에 그 물(物)이 아니라고 한 것이다. 물(物)은 류(類)이다. 당신은 못 본 체하였으니, 이는 밝게 보지 않은 것이오."라고 하였다. 또 스스로 술을 따라 마시며 말하기를 "맛으로써 기(氣)를 운행하게 하고 기로써 뜻을 충실하게 하며, 기(氣)가 화평하면 뜻이 충만해진다. 뜻으로써 말을 정하고 말로써 명령을 냅니다. 신은 바로 맛에 관한 일을 맡았소. 임금님을 모시는 두 사람이 맡은 일을 수행하지 못하였는데도 임금님께서 질책하는 명을 내리지 않으시니, 이는 신의 죄입니다."[421]라고 하였다. 명을 내리지 않은 것은 죄를 주지 않았다는 말과 같다. 이에 진평공(晉平公)이 기뻐하며 술자리를 거두었다. 이보다 앞서 진평공은 지씨(知氏)[422]를 폐하고 자신의 외폐를 경(卿)으로 세우려고 하였는데 이제 이를 뉘우치고 그만두었다. 가을 8월에 순력(荀躒)을 하군의 부장으로 삼아 스스로 해명하였다[說].[423] 력(躒)은 순영(荀盈)의 아들이다. 설(說)은 스스로 해명함이다.

仲孫貜如齊

중손확(仲孫貜)이 제(齊)나라에 갔다.

孟僖子如齊殷聘 禮也 **殷 盛也**

맹희자(孟僖子 : 仲孫貜)가 제(齊)나라에 갈 때 풍성한[殷] 례물을 가지고 빙문하였으니, 례에 맞는 일이었다.[424] 은(殷)은 풍성함이다.

---

418) 의복으로~표현하고 : 길흉의 례는 각각 의복으로 그 행사를 표현한다는 의미이다.

419) 일에는~있고 : 일에는 그에 합당한 물류(物類)를 사용하여야 한다는 의미이니, 지금 경(卿)의 상에 임금이 그에 맞는 복장을 하지 않고 있다는 말이다.

420) 물에는~있소 : 물(物)을 쓰면 그에 합당한 용모를 갖추어야 한다는 의미이다.

421) 신의 죄입니다 : 두 어자(御者)가 직분을 제대로 수행하지 못하였는데도 임금이 그들을 죄주지 않은 것은 도괴(屠蒯) 자신이 만든 음식이 잘못되어 임금의 판단력을 흐리게 하였기 때문이라는 것이다.

422) 지씨(知氏) : 순씨(荀氏).

423) 스스로 해명하였다[說] : 외폐(外嬖)를 경(卿)으로 세우지 않겠다는 뜻을 스스로 보인 것이다.

424) 례에~일이었다 : 양공(襄公) 20년에 숙로(叔老)가 제(齊)나라를 빙문한 뒤로 20년 동안 빙문의 례가 없었는데, 지금 풍성한 례물을 가지고 빙문하여 옛 우호를 회복하였기 때문이다.

冬 築郎囿
겨울에 랑(郎) 땅에 원유(苑囿)를 축조하였다.

冬 築郎囿 書時也 兪皐曰 勤民力 娛耳目 故書以爲戒 左氏說非也 **季平子欲其速成也** 平子 季孫宿孫意如 **叔孫昭子曰 詩曰 經始勿亟 庶民子來 焉用速成 其以勦民也** 勦 勞也 **無囿猶可 無民其可乎**

겨울에 랑(郎) 땅에 원유(苑囿)를 축조하였다고 하였으니, 경문에 때에 맞았음을 기록한 것이다. 유고(兪皐)가 말하기를 "백성의 힘을 수고롭게 하여 임금의 귀와 눈을 즐겁게 하였기 때문에 경문에 기록하여 경계로 삼은 것이니, 좌씨(左氏)의 설은 잘못이다."라고 하였다. 계평자(季平子)가 이 공사를 급히 완성하려고 하니, 평자(平子)는 계손숙(季孫宿)의 손자인 의여(意如)이다. 숙손소자(叔孫昭子)가 말하기를 "《시(詩)》에 이르기를 '경영을 시작할 때 서두르지 말라고 하셨거늘 뭇 백성이 자식처럼 몰려왔네.'[425]라고 하였으니, 어찌 급히 완성하려고 하여 백성을 수고롭게[勦] 하려 하십니까. 초(勦)는 수고로움이다. 원유가 없는 것은 오히려 괜찮지만 백성이 없다면 어찌 괜찮겠습니까."라고 하였다.

소공(昭公) 10년【己巳 B.C.532】

十年 春 王正月
10년 봄 왕정월이다.

十年 春 王正月 有星出于婺女 星 客星也 **鄭裨竈言於子産曰 七月 戊子 晉君將死 今玆歲在顓頊之虛** 歲 歲星 顓頊之虛謂玄枵 **姜氏任氏 實守其地** 姜 齊姓 任 薛姓 **居其維首**

425) 경영을~몰려왔네 : 《시경(詩經)》〈대아(大雅)〉 령대(靈臺). 문왕(文王)이 처음 령대(靈臺)를 경영할 때의 장면을 묘사한 내용이다.

而有妖星焉 告邑姜也 邑姜 晉之妣也 婺女居玄枵之維首 而有妖星 星占 婺女爲旣嫁女 而邑姜齊大公女 晉唐叔母 故當其災 **天以七紀** 二十八宿 四七 **戊子逢公以登 星斯於是乎出** 登 升也 逢公 殷諸侯亦姜姓 以戊子日卒 時星出婺女 **吾是以譏之**

10년 봄 왕정월에 객성[星]이 무녀(婺女)[426]에 나타났다. 성(星)은 객성(客星)이다. 정(鄭)나라 비조(裨竈)가 자산(子產)에게 다음과 같이 말하였다. "7월 무자일에 진(晉)나라 임금이 죽을 것입니다. 올해에 세성[歲]이 전욱(顓頊)의 허수(虛宿) 자리에 있는데, 세(歲)는 세성(歲星)이다. 전욱(顓頊)의 허수(虛宿) 자리는 현효(玄枵)[427]를 이른다. 강씨(姜氏)와 임씨(任氏)가 사실상 그 분야의 땅을 지키고 있습니다. 강(姜)은 제(齊)나라 성(姓)이다. 임(任)은 설(薛)나라 성(姓)이다. 무녀(婺女)는 그 성차(星次)의 머리[428]에 자리하고 있는데 그곳에 요망한 별[妖星 : 客星]이 나타나 있으니 이는 읍강(邑姜)에게 예고한 것입니다. 읍강은 진(晉)나라의 조비(祖妣)입니다. 무녀(婺女)는 현효(玄枵)의 머리에 자리하고 있는데 요망한 별이 나타나 있는 것이다. 성점(星占)에 무녀는 이미 출가한 딸이니, 읍강(邑姜)은 제(齊)나라 태공(大公 : 姜大公)의 딸로 진(晉)나라 당숙(唐叔)의 어머니이기 때문에 그 후손이 재앙을 당한다는 것이다. 하늘은 7로써[429] 기(紀 : 基準)를 삼습니다. 28수(宿)는 네 방면에 7수씩 분포되어 있다. 무자일에 봉공(逢公)이 죽었는데[登] 객성이 이곳에 나타났으니, 등(登)은 승천한다는 것이다. 봉공(逢公)은 은(殷)나라 때 제후(諸侯)로 또한 강성(姜姓)이다. 무자일에 죽었는데 그때 객성(客星)이 무녀(婺女)에 나타났다. 나는 이러한 것으로 진나라 임금이 죽을 것을 살필[譏] 수 있었습니다."

> 夏 齊欒施來奔
>
> 여름에 제(齊)나라 란시(欒施)가 망명왔다.

齊 公作晉

제(齊)는 《공양전(公羊傳)》에는 진(晉)으로 되어 있다.

齊惠欒高氏皆耆酒 欒高二族皆出惠公 **信內多怨 彊於陳鮑氏而惡之 夏 有告陳桓子曰**

---

426) 무녀(婺女) : 28수(宿)의 하나인 녀수(女宿)의 별칭이다.

427) 현효(玄枵) : 12성차(星次)의 하나. 제(齊)나라 지역이 이에 해당한다.

428) 성차(星次)의 머리 : 12성차(星次)의 하나인 현효(玄枵)의 머리.

429) 7로써 : 진(晉)나라 임금이 7월에 죽는다고 한 것과 련결되는 개념인 듯하다.

子旗子良將攻陳鮑 亦告鮑氏 桓子授甲而如鮑氏 遭子良醉 而騁 欲及子良醉 故驅告鮑氏 **遂見文子** 文子 鮑國 **則亦授甲矣 使視二子** 子旗子良 **則皆將飮酒 桓子曰 彼雖不信** 言欒高實無此事 **聞我授甲 則必逐我 及其飮酒也 先伐諸 陳鮑方睦 遂伐欒高氏 子良曰 先得公 陳鮑焉往 遂伐虎門** 路寢門畫虎 故名

제혜공(齊惠公)의 후손 란씨(欒氏)와 고씨(高氏)는 모두 술을 좋아하고 란씨(欒氏)와 고씨(高氏) 두 족속은 모두 혜공(惠公)에게서 나왔다. 자기 부인(婦人)의 말을 잘 믿어서 원망하는 이들이 많았으며, 진씨(陳氏)나 포씨(鮑氏)보다 세력이 강했는데도 그들을 미워하였다. 여름에 어떤 사람이 진환자(陳桓子)에게 말하기를 "자기(子旗 : 欒施)와 자량(子良 : 高彊)이 장차 진씨와 포씨를 공격할 것입니다."라 하고 또 이 말을 포씨에게도 고하였다. 환자(桓子)가 가병에게 갑주(甲冑)를 주어 포씨에게로 가다가 자량이 술에 취한 것을 보고서 말을 달려갔다. 자량(子良)이 술에 취해 있을 때에 다다르고자하여 말을 달려 포씨(鮑氏)에게 고한 것이다. 드디어 문자(文子)를 만나보니 문자(文子)는 포국(鮑國)이다. 그도 또한 가병에게 갑주를 주고 있었다. 사람을 시켜 두 사람을 살피게 하니 자기(子旗)와 자량(子良)이다. 모두 술을 마시려하고 있었다. 환자가 문자에게 말하기를 "저 사람의 말[430]은 비록 믿을 수 없지만 란씨(欒氏)와 고씨(高氏)가 실제 이런 계획이 없다는 말이다. 우리가 가병에게 갑주를 주었다는 소식을 들으면 반드시 우리를 축출할 것입니다. 그들이 지금 술을 마시고 있을 때에 미쳐 먼저 저들을 칩시다."라고 하였다. 진씨와 포씨는 한창 화목하였으므로 드디어 란씨와 고씨를 쳤다. 자량이 말하기를 "우리가 먼저 임금을 차지한다면 진씨와 포씨가 어디로 가겠는가."라 하고는 드디어 호문(虎門)을 쳤다. 로침(路寢 : 正寢)의 문에 범을 그렸기 때문에 호문(虎門)이라고 이름한 것이다.

晏平仲端委立于虎門之外 四族召之 無所往 其徒曰 助陳鮑乎 曰 何善焉 助欒高乎 曰 庸愈乎 言罪惡無差等 **然則歸乎 曰 君伐 焉歸 公召之而後入 公卜使王黑以靈姑銔率 吉** 銔 音丕 王黑 齊大夫 靈姑銔 公旗名 卜使率戰 吉 **請斷三尺焉而用之** 不敢與君同

안평중(晏平仲)이 단위(端委 : 朝服)를 하고 호문(虎門) 밖에 서 있으니, 네 족속[431]들이 그를 불렀으나 어디에도 가지 않았다. 그의 수하들이 말하기를 "진씨(陳氏)와 포씨(鮑氏)를 도울 것입니까?"라고 하니, 안평중이 말하기를 "그들이 무슨 선한 일을 하였는가."라고 하였다. 수하들이 또 묻기를 "그렇다면 란씨(欒氏)와 고씨(高氏)를 도울 것입니까?"라고 하니,

430) 저~말 : 자기(子旗)와 자량(子良)이 진씨(陳氏)와 포씨(鮑氏)를 공격하려 한다는 말이다.
431) 네 족속 : 진씨(陳氏) · 포씨(鮑氏) · 란씨(欒氏) · 고씨(高氏)이다.

안평중이 대답하기를 "어찌 그들이 더 낫다고 하겠느냐."라고 하였다. 죄악에 차등이 없다는 말이다. 수하들이 묻기를 "그렇다면 집으로 돌아가시겠습니까?"라고 하니, 안평중이 대답하기를 "임금님께서 공격받는데 어찌 집으로 돌아가겠느냐."라고 하였다. 안평중은 제경공(齊景公)이 부른 뒤에야 궁으로 들어갔다. 제경공이 왕흑(王黑)으로 하여금 령고비(靈姑銔)를 가지고 군대를 지휘하게 하는 것에 대하여 점치게 하니 길하였다. 비(銔)의 음은 비(丕)이다. 왕흑(王黑)은 제(齊)나라 대부이다. 령고비(靈姑銔)는 제경공(齊景公)의 기(旗) 이름이다. 왕흑으로 하여금 군대를 거느리고 싸우는 것에 대하여 점치게 하였더니 길하였다는 것이다. 그러자 왕흑은 기(旗) 3척을 잘라내어 사용하기를 청하였다. 감히 임금과 같은 기(旗)를 사용하지 않은 것이다.

五月 庚辰 戰于稷 稷 地名 齊有稷下館 **欒高敗 又敗諸莊** 莊 六軌道 **國人追之 又敗諸鹿門** 鹿門 齊城門 **欒施高彊來奔** 高彊不書 非卿 **陳鮑分其室 晏子謂桓子 必致諸公 讓 德之主也 讓之謂懿德 凡有血氣 皆有爭心 故利不可强 思義爲愈 義 利之本也 薀利生孽** 薀 畜也 孽 妖害 **姑使無薀乎 可以滋長** 可以益長其利 **桓子盡致諸公 而請老于莒** 莒 齊邑

5월 경진일에 직(稷) 땅[432]에서 싸워 직(稷)은 땅 이름이다. 제(齊)나라에 직하관(稷下館)이 있다. 란씨(欒氏)와 고씨(高氏)가 패하고 또 장(莊)에서도 패하였다. 장(莊)은 6대의 수레가 다닐 수 있는 길이다. 국인이 그들을 추격하여 또 록문(鹿門)에서 패배시키니 록문(鹿門)은 제(齊)나라 성문이다. 란시(欒施)와 고강(高彊)이 우리나라로 망명왔다. 경문에 고강(高彊)을 기록하지 않은 것은 경(卿)이 아니기 때문이다. 진씨(陳氏)와 포씨(鮑氏)가 란시와 고강의 가산을 나누려하였다. 안자(晏子)가 환자(桓子)에게 이르기를 "반드시 임금님에게 바치십시오. 사양은 덕의 주체입니다. 그래서 사양을 아름다운 덕이라고 하는 것입니다. 무릇 혈기 있는 사람은 모두 리익을 다투려는 마음이 있으므로 리익은 억지로 취해서는 안 됩니다. 의리를 생각하는 것이 리익을 생각하는 것보다 나으니, 의리는 리익의 근본이기 때문입니다. 리익을 쌓아두면[薀] 재앙[孽]이 생기니 온(薀)은 쌓아둠이고, 얼(孽)은 요해(妖害 : 災殃)이다. 잠시 리익이 쌓이게 하지 마십시오. 그러면 리익이 더욱 불어날 것입니다."라고 하니, 리익을 더욱 불어나게 할 수 있다는 것이다. 환자가 다 제경공(齊景公)에게 바치고 거(莒) 땅으로 은퇴하기를 청하였다. 거(莒)는 제(齊)나라 읍이다.

桓子召子山 子山子商子周 襄三十一年 子尾所逐羣公子 **私具幄幕器用從者之衣屨 而反棘**

---

432) 직(稷) 땅 : 후직(后稷)을 제사하는 직단(稷壇)이 있는 곳.

焉 棘 子山故邑 **子商亦如之 而反其邑 子周亦如之 而與之夫于** 夫于 地名 子周本無邑 故與之 **反子城子公公孫捷** 三子 八年子旗所逐 **而皆益其祿 凡公子公孫之無祿者 私分之邑** 桓子分以己邑 **國之貧約孤寡者 私與之粟 曰 詩云 陳錫載周 能施也 桓公是以霸 公與桓子莒之旁邑 辭 穆孟姬爲之請高唐 陳氏始大** 穆孟姬 景公母

이어 환자(桓子)가 자산(子山)을 불러들여 자산(子山)·자상(子商)·자주(子周)는 양공(襄公) 31년에 자미(子尾)가 축출한 뭇 공자들이다. 개인적으로 장막·기용(器用) 및 종자들의 옷과 신발까지 준비해주고 극(棘) 땅을 그에게 돌려주었다. 극(棘)은 자산(子山)이 예전에 소유했던 읍이다. 자상(子商)에게도 이와 같이 하고 그의 읍을 돌려주었고, 자주(子周)에게도 이와 같이 하고 그에게 부우(夫于)를 주었으며, 부우(夫于)는 땅 이름이다. 자주(子周)는 본래 소유한 읍이 없었기 때문에 이를 준 것이다. 자성(子城)·자공(子公)·공손첩(公孫捷)을 돌아오게 하여 세 사람은 8년에 자기(子旗)가 축출하였다. 모두 그 록을 더해주었다. 모든 공자와 공손들 가운데 록이 없는 자들에게는 자신의 읍을 나누어 주었으며, 환자(桓子)가 자기의 읍을 나누어 준 것이다. 나라 안의 가난하고 외로운 자들에게도 자신의 곡식을 나누어 주며 말하기를 "《시(詩)》에 이르기를 '혜택을 베풀어 주(周)나라를 창건하셨네.'433)라고 하였으니, 이는 혜택을 잘 베풀었기 때문이다. 환공(桓公 : 齊桓公)께서도 이것을 행하여 패업을 이루었다."라고 하였다. 제경공(齊景公)이 환자에게 거(莒) 땅의 곁에 있는 읍을 주니 사양하였다. 목맹희(穆孟姬)가 그를 위하여 고당(高唐)434)을 주기를 청하니 진씨(陳氏)의 세력이 비로소 커졌다. 목맹희(穆孟姬)는 경공(景公)의 어머니이다.

秋 七月 季孫意如叔弓仲孫貜帥師伐莒

가을 7월에 계손의여(季孫意如)·숙궁(叔弓)·중손확(仲孫貜)이 군대를 거느리고 거(莒)나라를 쳤다.

意 公作隱 後同 ○三大夫皆卿 故書之

의(意)는 《공양전(公羊傳)》에는 은(隱)으로 되어 있으니, 이후에도 이와 같다. ○세 대부가 모두 경(卿)이기 때문에 경문에 이름을 기록한 것이다.

---

433) 혜택을~창건하셨네 : 《시경(詩經)》 〈대아(大雅)〉 문왕(文王). 전문의 '陳錫載周'는 《시경》 원문에는 '陳錫哉周'로 되어 있다.

434) 고당(高唐) : 제(齊)나라의 읍 이름.

秋 七月 平子伐莒 取郠 郠 音梗 莒邑 **獻俘 始用人於亳社** 以人祭殷社 **臧武仲在齊 聞之曰 周公其不饗魯祭乎 周公饗義 魯無義 詩曰 德音孔昭 視民不佻** 佻 偸也 **佻之謂甚矣 而壹用之 將誰福哉** 壹 同也 同人於畜牲

가을 7월에 평자(平子 : 季孫意如)가 거(莒)나라를 쳐서 경(郠) 땅을 취하여 경(郠)은 음이 경(梗)이니 거(莒)나라 읍이다. 포로를 바치니, 처음으로 박사(亳社)[435]에서 사람을 희생으로 사용하였다. 사람을 희생으로 은사(殷社 : 亳社)에 제사한 것이다. 장무중(臧武仲)이 제(齊)나라에 있으면서[436] 이 소식을 듣고 말하기를 "주공(周公)께서는 아마도 로(魯)나라의 제사를 흠향하지 않을 것이다. 주공께서는 의(義)에 맞는 제사를 흠향하였는데 지금 로나라의 제사는 의가 없다. 《시(詩)》에 이르기를 '덕음(德音)이 크게 밝아서 백성에게 야박하지[佻] 않음을 보였네.'[437]라고 하였는데 조(佻)는 야박함이다. 야박한 것도 심하다고 이를 수 있거늘 사람을 희생과 같이[壹] 여겨 사용하니, 장차 누가 복을 주겠는가."라고 하였다. 일(壹)은 같음이다. 사람을 기른 희생과 같이 여겼다는 것이다.

戊子 晉侯彪卒 九月 叔孫婼如晉 葬晉平公

무자일에 진후(晉侯) 표(彪)가 졸하였다. 9월에 숙손착(叔孫婼)이 진(晉)나라에 가서 진나라 평공(平公)의 장례에 참석하였다.

戊子 晉平公卒 鄭伯如晉 及河 晉人辭之 游吉遂如晉 禮 諸侯不相吊 故辭 **九月 叔孫婼齊國弱宋華定衛北宮喜鄭罕虎許人曹人莒人邾人滕人薛人杞人小邾人如晉 葬平公也** 經不書諸侯大夫 非盟會

무자일에 진평공(晉平公 : 彪)이 졸하였다. 정백(鄭伯)이 진(晉)나라에 가려고 하수(河水)에 이르렀을 때 진인(晉人)이 사양하니 유길(游吉)만이 드디어 진나라에 갔다. 례에 제후들은 서로 조문하지 않기 때문에 사양한 것이다. 9월에 숙손착(叔孫婼)·제(齊)나라 국약(國弱)·송(宋)나

435) 박사(亳社) : 로(魯)나라에 있는 은(殷)나라 때부터의 토지신을 제사 지내는 사단(社壇). 은나라가 박(亳) 땅에 도읍하였기 때문에 붙여진 이름이다.

436) 장무중(臧武仲)이~있으면서 : 장무중(臧武仲)은 장손흘(臧孫紇)이다. 그는 이때 제(齊)나라에 망명해 있었다.

437) 덕음(德音)이~보였네 : 《시경(詩經)》 〈소아(小雅)〉 록명(鹿鳴).

라 화정(華定)·위(衛)나라 북궁희(北宮喜)·정(鄭)나라 한호(罕虎)·허인(許人)·조인(曹人)·거인(莒人)·주인(邾人)·등인(滕人)·설인(薛人)·기인(杞人)·소주인(小邾人)이 진나라에 가서 평공(平公)의 장례에 참석하였다. 경문에 제후들의 대부를 기록하지 않은 것은 맹약하는 회합이 아니었기 때문이다.

鄭子皮將以幣行 見新君之贄 **子産曰 喪焉用幣 用幣必百兩** 載幣用車百乘 **百兩必千人 千人至 將不行** 行 用也 **不行 必盡用之** 不得見新君 將自費 **幾千人而國不亡** 言千人之費不可數 **子皮固請以行**

정(鄭)나라 자피(子皮)가 폐백을 가지고 진(晉)나라로 가려 하였다. 진(晉)나라의 새 임금을 알현할 때 바칠 폐백이다. 자산(子産)이 말하기를 "상사(喪事)에 어찌 폐백을 쓰겠습니까. 폐백을 가지고 가려면 수레 1백 량(兩)이 필요하고, 폐백을 싣고 가는데 수레 1백 승(乘)을 사용한다. 수레 1백 량에는 1천 인(人)이 필요합니다. 1천 인이 폐백을 가지고 가더라도 사용하지[行] 못할 것입니다.[438] 행(行)은 사용함이다. 사용하지 못하더라도 가지고 간 폐백은 다 쓰고 말 것이니, 새 임금을 알현하지 못하더라도 가지고 간 폐백은 다 스스로 소비하게 될 것이라는 것이다. 1천 인을 몇 차례 동원한다면 나라가 망하지 않겠습니까."라고 하였다. 1천 인(人)을 동원하는 비용은 자주 마련할 수 없다는 말이다. 그러나 자피는 굳이 청하여 폐백을 가지고 갔다.

旣葬 諸侯之大夫欲因見新君 叔孫昭子曰 非禮也 弗聽 叔向辭之 曰 大夫之事畢矣 送葬禮畢 **而又命孤 孤斬焉在衰絰之中** 斬 哀痛斬絶也 **其以嘉服見 則喪禮未畢 其以喪服見 是重受吊也 大夫將若之何 皆無辭以見**

장례를 마치고 나서 제후의 대부들이 이 기회를 리용하여 진(晉)나라의 새 임금[昭公]을 알현하려 하였다. 숙손소자(叔孫昭子)[439]가 말하기를 "이는 례가 아닙니다."라고 하였다. 그러나 그들이 듣지 않으니, 진나라 숙향(叔向)이 사양하며 말하기를 "대부들께서는 조문의 일이 끝났는데 송장(送葬)하였으면 조문의 례가 끝난 것이다. 또 나[孤][440]에게 만나자고 명하고 계십니다. 나는 애통한[斬] 마음으로 상복(喪服)을 입고 있는데 참(斬)은 애통하여 목숨이 끊어질

---

438) 사용하지[行]~것입니다 : 장례 때문에 폐백을 바치는 례를 거행하지 못할 것이라는 말이다.

439) 숙손소자(叔孫昭子) : 로(魯)나라 대부인 숙손착(叔孫婼).

440) 나[孤] : 상중에 있는 진(晉)나라 임금의 자칭. 이 표현을 통해 이 문장이 진나라 임금의 말을 숙향(叔向)이 대신 전한 것임을 알 수 있다.

듯함이다. 가복(嘉服)[441]을 입고 여러분을 만난다면 아직 상례가 끝나지 않은 상태이고, 상복을 입고 여러분을 만난다면 이는 두 번 조문을 받는 것입니다. 그러니 대부들께서는 장차 이 일을 어찌하겠습니까?"라고 하였다. 이에 대부들은 모두 알현하자는 말을 하지 못하였다.

子皮盡用其幣 歸 謂子羽曰 非知之實難 將在行之 夫子知之矣 我則不足 言己則不能行 **書曰 欲敗度 縱敗禮 我之謂矣 夫子知度與禮矣 我實縱欲 而不能自克也**

자피(子皮)는 가지고 간 폐백을 다 쓰고 돌아와서는 자우(子羽)에게 이르기를 "아는 것이 실로 어려운 것이 아니라 어려움은 아는 것을 행하는데 있소. 부자(夫子 : 子産)는 이를 알고 있었으나 내가 부족하였소. 자기는 능히 행하지 못하였다는 말이다. 《서(書)》에 이르기를 '욕심은 법도를 망치고 방종은 례를 망친다.'[442]라고 하였으니 나를 두고 한 말이오. 부자는 법도와 례를 알았으나 내가 실로 방종과 욕심으로 자제하지 못하였소."라고 하였다.

昭子至自晉 大夫皆見 高彊見而退 昭子語諸大夫曰 爲人子不可不愼也哉 昔慶封亡 子尾多受邑而稍致諸君 君以爲忠而甚寵之 將死 疾于公宮 在公宮被疾 **輦而歸 君親推之** 推其車而送之 **其子不能任 是以在此 忠爲令德 其子弗能任 罪猶及之 難不愼也** 言不可不愼 **喪夫人之力 棄德曠宗 以及其身 不亦害乎** 夫人謂子尾 曠 空也 **詩曰 不自我先 不自我後 其是之謂乎** 以喩高彊身自取禍

로(魯)나라 소자(昭子 : 叔孫婼)가 진(晉)나라에서 돌아오자 대부들이 모두 가서 만나보았다. 제(齊)나라에서 망명와 있는 고강(高彊 : 子良)이 그를 만나보고 물러나자, 소자가 여러 대부에게 말하기를 "사람의 아들이 되어서는 신중하지 않으면 안 됩니다. 옛날 제나라 경봉(慶封)이 망한 뒤에[443] 자미(子尾)가 많은 읍을 받았으나 이내 그 읍을 임금에게 바쳤습니다. 그래서 임금은 그를 충성스럽게 여겨 매우 총애하였습니다. 그가 죽을 때 공궁에서 병이 들었는데 공궁에 있을 때 병이 든 것이다. 수레에 태워 집으로 돌려보내면서 임금이 친히

441) 가복(嘉服) : 상이 끝난 뒤 입는 평상복. 곧 길복(吉服)이다.

442) 욕심은~망친다 : 일서(逸書)이다.

443) 경봉(慶封)이~뒤에 : 양공(襄公) 28년에 경봉(慶封)이 로포계(盧蒲癸)에게 쫓겨나 로(魯)나라로 망명가 있다가 다시 오(吳)나라로 망명갔다. 그 뒤 소공(昭公) 4년에 초(楚)나라가 오나라를 치면서 경봉을 잡아 죽였다.

수레를 밀어주기까지 하였습니다. 그 수레를 밀어 보낸 것이다. 그런데 그 아들[高彊]이 아버지의 직임을 계승하지 못하고 이 때문에 여기에 와 있습니다. 충성은 아름다운 덕인데 아들이 아버지의 직임을 계승하지 못하여 죄가 오히려 그에게 이르렀으니, 어찌[難] 신중하지 않겠습니까. 신중하지 않을 수 없다는 말이다. 아버지[夫人]의 공을 잃어 그 공덕이 폐기되고 종족도 없어지게[曠] 하여 화가 그의 몸에까지 이르렀으니, 또한 해가 된 것이 아닙니까. 부인(夫人)은 자미(子尾)를 이른다. 광(曠)은 빔이다. 《시(詩)》에 이르기를 '화는 나 이전에 생긴 것이 아니고 나 이후에 오는 것도 아니다.'[444]라고 하였으니, 아마도 고강의 경우를 두고 한 말일 것입니다."라고 하였다. 고강(高彊) 자신이 스스로 화를 취하였음을 비유한 것이다.

十有二月 甲子 宋公成卒 12월 갑자일에 송공(宋公) 성(成)이 졸하였다.

成 公作戌 ○無冬 史闕文

성(成)은 《공양전(公羊傳)》에는 술(戌)로 되어 있다. ○동(冬)자가 없는 것은 사관이 글을 빠뜨린 것이다.

冬 十二月 宋平公卒 初 元公惡寺人柳 欲殺之 及喪 柳熾炭于位 以溫地 **將至 則去之** 使公坐其處 **比葬 又有寵**

겨울 12월에 송평공(宋平公 : 成)이 졸하였다. 앞서 원공(元公)[445]은 시인(寺人) 류(柳)를 미워하여 그를 죽이려 하였다. 그런데 상을 당하여 류가 원공이 앉을 자리에 미리 숯불을 피워 따뜻하게 하였다가 자리를 따뜻하게 한 것이다. 원공이 이르면 숯불을 치우니, 원공(元公)을 그곳에 앉도록 한 것이다. 장례를 마칠 무렵에는 류가 또 원공의 총애를 얻었다.

444) 화는~아니다 : 《시경(詩經)》 〈소아(小雅)〉 정월(正月). 자신이 스스로 화(禍)를 불러들였음을 말한 것이다.

445) 원공(元公) : 송평공(宋平公)의 태자 좌(佐)이다.

소공(昭公) 11년 【庚午 B.C.531】

十有一年 春 王二月 叔弓如宋 葬宋平公

11년 봄 왕2월에 숙궁(叔弓)이 송(宋)나라에 가서 송나라 평공(平公)의 장례에 참석하였다.

二月 公作正月

2월은 《공양전(公羊傳)》에는 정월로 되어 있다.

十一年 春 王二月 叔弓如宋 葬平公也

11년 봄 왕2월에 숙궁(叔弓)이 송(宋)나라에 갔으니, 평공(平公)의 장례에 참석하기 위해서였다.

夏 四月 丁巳 楚子虔誘蔡侯般殺之于申 楚公子棄疾帥師圍蔡

여름 4월 정사일에 초자(楚子) 건(虔)이 채후(蔡侯) 반(般)을 유인하여 신(申) 땅에서 죽였다. 초(楚)나라 공자 기질(棄疾)이 군대를 거느리고 채(蔡)나라를 포위하였다.

以賊討賊 故楚虔蔡般同書其名

적(賊)이 적(賊)을 토벌한 것이다. 그러므로 초(楚)나라 건(虔)[446]·채(蔡)나라 반(般)이라고 경문에 그 이름을 같이 기록한 것이다.

景王問於萇弘曰 今玆諸侯 何實吉 何實凶 萇弘 周大夫 **對曰 蔡凶 此蔡侯般弑其君之歲也 歲在豕韋 弗過此矣** 豕韋卽娵訾 歲星十三歲復在豕韋 蔡凶不過此年 **楚將有之 然壅也** 壅 積其惡 **歲及大梁 蔡復楚凶 天之道也** 楚靈弑立之歲 歲在大梁

---

446) 초(楚)나라 건(虔) : 초령왕(楚靈王). 본래 이름은 위(圍)였는데 즉위한 뒤 이름을 건(虔)으로 바꾸었다.

주(周)나라 경왕(景王)이 장홍(萇弘)에게 묻기를 "올해 제후들 가운데 누가 길하고 누가 흉하겠는가?"라고 하니, 장홍(萇弘)은 주(周)나라 대부이다. 대답하기를 "채(蔡)나라가 흉할 것입니다. 올해는 채후(蔡侯) 반(般)이 그 임금을 시해하였던 해처럼 세성(歲星)이 시위(豕韋) 자리에 있으니,[447] 그 흉함이 올해를 넘기지 못할 것입니다. 시위(豕韋)는 곧 추자(娵訾)이다.[448] 세성(歲星)이 13년 만에 다시 시위 자리에 왔으므로 채(蔡)나라의 흉함이 이 해를 넘기지 못한다는 것이다. 그러면 초(楚)나라가 채나라를 소유하겠지만 초나라는 악행을 쌓았으니[壅] 옹(壅)은 그 악행을 쌓았다는 것이다. 세성이 대량(大梁)[449] 자리에 이르면 채나라는 나라를 회복하고 초나라는 흉한 일을 당할 것입니다. 이는 하늘의 도입니다."라고 하였다. 초령왕(楚靈王 : 虔)이 임금[郟敖]을 시해하고 즉위한 해는 세성(歲星)이 대량(大梁) 자리에 있었다.

楚子在申 召蔡靈侯 靈侯卽般 靈侯將往 蔡大夫曰 王貪而無信 唯蔡於感 恨蔡不服 今幣重而言甘 誘我也 不如無往 蔡侯不可 三月 丙申 楚子伏甲而饗蔡侯於申 醉而執之 夏 四月 丁巳 殺之 刑其士七十人 公子棄疾帥師圍蔡

초자(楚子)가 신(申) 땅에 있으면서 채령후(蔡靈侯)를 불렀다. 령후(靈侯)는 곧 반(般)이다. 령후(靈侯)가 가려 하자, 채(蔡)나라 대부가 말하기를 "초왕(楚王)은 탐욕스럽고 신의가 없으며 우리 채나라에 대해 유감을 품고 있습니다.[450] 채(蔡)나라가 복종하지 않는 것을 한스럽게 여긴다는 것이다. 지금 보내온 례물이 많고 초청하는 말이 달콤하니 우리를 유인하는 것입니다. 그러니 가지 않는 것만 같지 못합니다."라고 하였다. 그러나 채후(蔡侯)는 안 된다고 하였다. 3월 병신일에 초자는 갑사들을 매복시켜 놓고서 신 땅에서 채후를 접대하다가 채후가 술에 취하자 잡았다. 여름 4월 정사일에 채후를 죽이고 그의 무사[士] 70인을 함께 처형하였다. 그리고 초(楚)나라 공자 기질(棄疾)이 군대를 거느리고 가서 채나라를 포위하였다.

韓宣子問於叔向曰 楚其克乎 對曰 克哉 蔡侯獲罪於其君 而不能其民 天將假手於

447) 올해는~있으니 : 양공(襄公) 30년에 채경공(蔡景公)이 태자 반(般)을 위하여 초(楚)나라 공녀를 맞이하였는데, 도리어 경공(景公)이 그녀와 통정하였다. 이에 태자 반이 아버지인 경공을 시해하였다. 이때 세성(歲星)이 시위(豕韋) 자리에 있었다.

448) 시위(豕韋)는~추자(娵訾)이다 : 시위(豕韋)는 28수(宿)의 하나로 실수(室宿)인데, 12성차(星次)의 하나인 추자(娵訾) 자리에 해당한다. 추자는 28수 가운데 실수(室宿)와 벽수(壁宿)의 자리에 해당한다.

449) 대량(大梁) : 12성차(星次)의 하나로 28수(宿) 가운데 위수(胃宿)·묘수(昴宿)·필수(畢宿)의 자리에 해당한다.

450) 우리~있습니다 : 전문의 '唯蔡於感'은 '唯感於蔡'의 도치이다.

楚以斃之 何故不克 然肸聞之 不信以幸 **以詐僥倖** **不可再也 楚王奉孫吳以討於陳 曰將定而國 陳人聽命 而遂縣之 今又誘蔡 而殺其君 以圍其國 雖幸而克 必受其咎 弗能久矣 桀克有緡 以喪其國 紂克東夷 而隕其身 楚小位下 而亟暴於二王 能無咎乎 天之假助不善 非祚之也 厚其凶惡而降之罰也 且譬之如天其有五材 而將用之力盡而敝之 是以無拯 不可沒振** **天將用金木水火土五材 必使極盛 然後敝之 其敝也 無以拯救 如沒者之不可復振 言天之用楚 亦如此**

진(晉)나라 한선자(韓宣子)가 숙향(叔向)에게 묻기를 "초(楚)나라가 이기겠소?"라고 하니, 다음과 같이 대답하였다. "이길 것입니다. 채후(蔡侯 : 靈侯)가 그 임금에게 죄를 얻고[451] 그 백성을 제대로 다스리지 못함에 하늘이 장차 초나라의 손을 빌려 채후를 죽이려 하니 어찌 이기지 못하겠습니까. 그러나 나 힐(肸)이 들건대 신의를 지키지 않고 요행으로 이룬 일은 속임수를 써서 요행으로 이룬 것이다. 두 번 이룰 수 없다고 하였습니다. 초왕(楚王)이 진(陳)나라 손오(孫吳)[452]를 받들어 진(陳)나라를 토죄하며[453] 말하기를 '장차 너희 나라를 안정시키려고 하는 것이다.'라고 하여 진인(陳人)이 그 명을 따랐는데, 초나라는 드디어 진나라를 그들의 현(縣)으로 삼았습니다. 그런데 지금 또 채(蔡)나라를 꾀어 그 임금을 죽이고 그 나라를 포위하였으니, 비록 요행히 이긴다 하더라도 반드시 그 재앙을 받아 오래가지 못할 것입니다. 걸왕(桀王)은 유민(有緡[454])을 쳐서 이기고도 그 나라를 잃었고, 주왕(紂王)은 동이(東夷)를 쳐서 이기고도 그 몸을 망쳤습니다. 초나라는 이보다 작고 지위도 낮으면서 자주 두 왕보다 더 포악한 짓을 하니 재앙이 없을 수 있겠습니까. 하늘이 선하지 못한 자를 돕는 것은 복을 주려는 것이 아니라 그의 흉악함을 더하게 하여 벌을 내리려는 것입니다. 또 이를 비유하자면 하늘이 5재(材)를 가지고 운용함에 그 힘이 다하면 폐기하는 것과 같습니다. 이 때문에 초나라는 구제됨이 없고 몰락하여 떨쳐 일어나지 못할 것입니다." 하늘이 금(金)·목(木)·수(水)·화(火)·토(土) 5재(材)를 운용함에 반드시 그 힘을 극성하게 한 뒤에야 폐기하니, 그 폐기된 것은 구제할 수 없는 것이 몰락한 것은 다시 진작시킬 수 없는 것과 같다. 하늘이 초(楚)나라를 리용하는 것이 또한 이와 같다는 말이다.

---

451) 채후(蔡侯 : 靈侯)가~얻고 : 양공(襄公) 30년에 채(蔡)나라 세자 반(般 : 靈侯)이 그 아버지인 고(固 : 景公)를 시해하고 스스로 임금 자리에 오른 일을 말한다.

452) 손오(孫吳) : 진혜공(陳惠公). 진(陳)나라 태자 언사(偃師)의 아들이다.

453) 초왕(楚王)이~토죄하며 : 소공(昭公) 8년 9월에 초(楚)나라 공자 기질(棄疾)이 군대를 거느리고 손오(孫吳)를 받들어 진(陳)나라를 포위하고, 겨울에 진나라를 멸한 일을 말한다.

454) 유민(有緡) : 나라 이름.

五月 甲申 夫人歸氏薨
5월 갑신일에 부인(夫人) 귀씨(歸氏)가 훙하였다.

昭公之母

귀씨(歸氏)는 소공(昭公)의 어머니이다.

五月 齊歸薨 **齊 諡也**

5월에 제귀(齊歸)가 훙하였다. 제(齊)는 시호이다.

大蒐于比蒲
비포(比蒲)에서 크게 군대를 검열하였다.

比蒲 魯地

비포(比蒲)는 로(魯)나라 땅이다.

大蒐于比蒲 非禮也 **不時也 君又有喪**

비포(比蒲)에서 크게 군대를 검열하였으니, 례가 아니었다. 때에 맞지 않았고 임금이 또 상중에 있었기 때문이다.

仲孫貜會邾子 盟于祲祥
중손확(仲孫貜)이 주자(邾子)와 회합하여 침상(祲祥)에서 맹약하였다.

祲祥 公作侵羊 ○祲祥 地名

침상(祲祥)은 《공양전(公羊傳)》에는 침양(侵羊)으로 되어 있다. ○침상은 땅 이름이다.

孟僖子會邾莊公 盟于祲祥 脩好 禮也 泉丘人有女 夢以其帷幕孟氏之廟 **泉丘 魯地** **遂奔僖子 其僚從之** **鄰女隨奔** **盟于淸丘之社 曰 有子 無相棄也** **二女共盟** **僖子使助薳**

氏之篴 篴 副倅也 薳氏女爲僖子副妾 別居在外 故僖子納二女 令副助之 **反自祲祥 宿於薳氏 生懿子及南宮敬叔於泉丘人 其僚無子 使字敬叔** 字 養也 似雙生

맹희자(孟僖子 : 仲孫貜)가 주장공(邾莊公)과 회합하여 침상(祲祥)에서 맹약하고 우호를 다졌으니, 례에 맞는 일이었다. 천구인(泉丘人) 가운데 어떤 녀인이 있었는데, 그녀는 자기의 휘장으로 맹씨(孟氏)의 사당에 장막을 치는 꿈을 꾸고는 천구(泉丘)는 로(魯)나라 땅이다. 드디어 희자(僖子)에게 달려갔다.[455] 그때 그녀의 동료도 따라갔는데, 이웃집 녀인이 따라간 것이다. 청구(淸丘)의 사(社 : 土地神)에게 맹세하기를 "아들을 낳게 되면 서로 버리지 말자."라고 하였다. 두 녀인이 함께 맹세한 것이다. 희자가 그들로 하여금 위씨(薳氏)인 추(篴)를 돕게 하였다. 추(篴)는 부쉬(副倅 : 妾)이다. 위씨(薳氏)의 딸이 희자(僖子)의 부첩(副妾)이 되어 밖에 별거하였다. 그러므로 희자가 두 녀인을 받아들여 위씨를 돕게 한 것이다. 희자가 침상에서 돌아와 위씨 집에 묵으면서 천구(泉丘)의 녀인에게서 의자(懿子)와 남궁경숙(南宮敬叔)을 낳았다. 그녀의 동료는 아들이 없었으므로 경숙(敬叔)을 양육하게[字] 하였다. 자(字)는 양육함이다. 쌍둥이를 낳은 듯하다.

秋 季孫意如會晉韓起齊國弱宋華亥衛北宮佗鄭罕虎曹人杞人于厥憖

가을에 계손의여(季孫意如)가 진(晉)나라 한기(韓起)·제(齊)나라 국약(國弱)·송(宋)나라 화해(華亥)·위(衛)나라 북궁타(北宮佗)·정(鄭)나라 한호(罕虎)·조인(曹人)·기인(杞人)과 궐은(厥憖)에서 회합하였다.

厥憖 公作屈銀 ○厥憖 地名

궐은(厥憖)은《공양전(公羊傳)》에는 굴은(屈銀)으로 되어 있다. ○궐은은 땅 이름이다.

楚師在蔡 晉荀吳謂韓宣子曰 不能救陳 又不能救蔡 物以無親 晉之不能 亦可知也 已爲盟主 而不恤亡國 將焉用之

초(楚)나라 군대가 채(蔡)나라에 주둔하자, 진(晉)나라 순오(荀吳)가 한선자(韓宣子 : 韓起)에게 말하기를 "앞서 진(陳)나라를 구원하지 못하였는데 지금 또 채나라를 구원하지 못

455) 드디어~달려갔다 : 전문의 분(奔)은 륙례(六禮 : 納采·問名·納吉·納幣·請期·親迎)를 갖추지 않고 간 것을 뜻한다.

한다면 다른 사람[物]은 우리를 친근히 대하지 않고, 진(晉)나라가 능력도 없음을 또한 알 것입니다. 이미 맹주가 되어 망해가는 나라를 돌보지 않는다면 장차 그 맹주를 어디에 쓰겠습니까."라고 하였다.

秋 會于厥憖 謀救蔡也 鄭子皮將行 子産曰 行不遠 不能救蔡也 蔡小而不順 楚大而不德 天將棄蔡以壅楚 盈而罰之 蔡必亡矣 且喪君而能守者鮮矣 三年 王其有咎乎 美惡周必復 王惡周矣 後三年 歲星周 復於大梁 楚子必有咎 **晉人使狐父請蔡于楚 弗許** 狐父 晉大夫

가을에 궐은(厥憖)에서 회합하였으니, 채(蔡)나라를 구원하는 일에 대하여 모의하기 위해서였다. 정(鄭)나라 자피(子皮 : 罕虎)가 떠나려 할 때 자산(子産)이 말하기를 "가더라도 멀리 가지 못할 것이니[456] 채나라를 구원하지 못할 것입니다. 채나라는 작은 나라인데도 천도에 순응하지 않고[457] 초(楚)나라는 큰 나라인데도 덕을 베풀지 않으니, 하늘이 장차 채나라를 버려 초나라의 악을 쌓이게 하고 그 악이 가득 차면 벌을 주려는 것이니 채나라는 반드시 망할 것입니다. 또 임금을 잃고서 나라를 지킬 수 있는 경우는 드뭅니다. 그리고 3년 뒤에는 초왕에게 재앙이 있을 것입니다. 선과 악은 주기(週期 : 12년)로 반드시 돌아오니 초왕의 악[458]이 주기가 된 것입니다."라고 하였다. 앞으로 3년 뒤에 세성(歲星)이 일주하여 대량(大梁)의 자리에 돌아오면 초자(楚子)에게 반드시 재앙이 있게 된다는 것이다. 진인(晉人)이 호보(狐父)를 시켜 초나라에 채나라를 치지 말 것을 청하였으나 허낙하지 않았다. 호보(狐父)는 진(晉)나라 대부이다.

九月 己亥 葬我小君齊歸 9월 기해일에 우리 소군(小君) 제귀(齊歸)의 장례를 지냈다.

九月 葬齊歸 公不慼 晉士之送葬者 歸以語史趙 史趙曰 必爲魯郊 言昭公必出在郊野

456) 가더라도~것이니 : 채(蔡)나라에 당도하기 전에 채나라가 망할 것이라는 말이다.

457) 천도에~않고 : 채령공(蔡靈公)이 아버지를 죽이고 임금이 된 것을 말한다.

458) 초왕의 악 : 소공(昭公) 원년에 초령왕(楚靈王)이 그 임금[郟敖]을 시해하고 즉위한 것을 말한다. 그때 세성(歲星)이 대량(大梁) 자리에 있었다.

不能有國 **侍者曰 何故 曰 歸姓也 不思親 祖不歸也** 姓 生也 言不思親 則不爲祖考所歸祐 **叔向曰 魯公室其卑乎 君有大喪 國不廢蒐 有三年之喪 而無一日之慼 國不恤喪 不忌君也 君無慼容 不顧親也 國不忌君 君不顧親 能無卑乎 殆其失國** 爲二十五年公孫於齊傳

9월에 제귀(齊歸)의 장례를 지냈는데 소공(昭公)은 슬퍼하지 않았다. 진(晉)나라 사(士)로 장례에 참석하였던 자가 돌아가 사조(史趙)에게 그 사실을 말하니, 사조가 말하기를 "소공은 반드시 로(魯)나라 교외에 있게 될 것이다."라고 하였다. 소공(昭公)이 반드시 교외로 쫓겨나 그 나라를 소유하지 못할 것이라는 말이다. 사조를 모시던 자가 말하기를 "무엇 때문입니까?"라고 하니, 사조가 말하기를 "소공은 제귀의 소생[姓]인데, 어버이를 생각하지 않으니 조상들이 돌아오지 않을 것이다."라고 하였다. 성(姓)은 낳음이다. 어버이를 생각하지 않으니 조고(祖考)에게 귀우(歸祐)[459]받지 못할 것이라는 말이다. 숙향(叔向)이 말하기를 "로나라 공실은 아마도 쇠약해질 것이다. 임금이 큰 상을 당했는데도 나라에서 군대 검열을 그만두지 않았고, 3년상이 있는데도 하루도 슬퍼하지 않았다. 나라 사람들이 국상을 슬퍼하지 않음은 임금을 두려워하지 않아서이고, 임금이 슬퍼하는 모습이 없는 것은 어버이를 생각하지 않아서이다. 나라 사람들이 임금을 두려워하지 않고 임금은 어버이를 생각하지 않으니 쇠약해지지 않을 수 있겠는가. 아마도 나라를 잃게 될 것이다."라고 하였다. 25년에 소공(昭公)이 제(齊)나라로 피신하는[孫] 전(傳)의 배경이 된다.

> 冬 十有一月 丁酉 楚師滅蔡 執蔡世子有以歸 用之
>
> 겨울 11월 정유일에 초(楚)나라 군대가 채(蔡)나라를 멸하고, 채나라 세자 유(有)를 잡아서 돌아가 희생으로 썼다.

有 穀作友 ○有 靈侯大子 蔡侯廬之父 用之 殺以祭山

유(有)는 《곡량전(穀梁傳)》에는 우(友)로 되어 있다. ○유(有)는 채령후(蔡靈侯)의 태자이고 채후(蔡侯) 려(廬)의 아버지이다. 희생으로 썼다는 것은 죽여서 산신에게 제사 지낸 것이다.

冬 十一月 楚子滅蔡 用隱大子于岡山 隱 諡 岡山 楚地 **申無宇曰 不祥 五牲不相爲用**

---

459) 귀우(歸祐) : 돌아와 도와줌.

況用諸侯乎 五牲 牛羊豕犬雞 **王必悔之**

겨울 11월에 초자(楚子)가 채(蔡)나라를 멸하고 채나라 은태자(隱大子 : 有)를 강산(岡山)에서 희생으로 썼다. 은(隱)은 시호이다. 강산(岡山)은 초(楚)나라 땅이다. 초(楚)나라 신무우(申無宇)가 말하기를 "상서롭지 못하다. 5생(牲)도 서로 쓰지 않는데[460] 하물며 제후(諸侯)를 쓴다는 말인가. 5생(牲)은 소·양·돼지·개·닭이다. 우리 왕께서는 반드시 후회하게 될 것이다."라고 하였다.

楚子城陳蔡不羹 陳蔡 皆爲楚縣 不羹有二 皆楚要地 **使棄疾爲蔡公 王問於申無宇曰 棄疾在蔡 何如 對曰 擇子莫如父 擇臣莫如君 鄭莊公城櫟 而寘子元焉 使昭公不立** 在桓十五年 **齊桓公城穀 而寘管仲焉 至于今賴之 臣聞五大不在邊 五細不在庭** 五官之長 專盛過節 則不可居邊 細弱不勝任 亦不可居朝庭 **親不在外 羈不在內 今棄疾在外 鄭丹在內** 鄭丹 子革 **君其少戒**

초자(楚子)가 진(陳)나라·채(蔡)나라·불갱(不羹)에 성을 쌓고서 진(陳)나라와 채(蔡)나라가 모두 초(楚)나라 현(縣)이 되었다. 불갱(不羹)은 두 곳이 있는데 모두 초나라 요지(要地)이다. 기질(棄疾)[461]을 채공(蔡公)으로 삼았다. 초왕(楚王)이 신무우(申無宇)에게 묻기를 "기질이 채나라에 있는 것이 어떠한가?"라고 하자, 대답하기를 "자식을 고르는 데는 아버지만 한 이가 없고, 신하를 고르는 데는 임금만 한 이가 없습니다. 정장공(鄭莊公)은 력(櫟) 땅에 성을 쌓고 자원(子元 : 突)을 그곳에 둠으로써 정소공(鄭昭公)이 임금이 되지 못하게 하였고,[462] 환공(桓公) 15년에 있었다. 제환공(齊桓公)은 곡(穀) 땅에 성을 쌓고[463] 관중(管仲)을 그곳에 두어 지금까지 도

460) 5생(牲)도~않는데 : 이를테면 5생(牲)을 쓸 제사이지만 말[馬]의 선조에 대한 제사에는 말을 희생으로 쓰지 않는다는 것과 같은 따위이다. 희공(僖公) 19년에 송양공(宋襄公)이 증자(鄫子)를 잡아 희생으로 쓰자, 송(宋)나라 사마(司馬)인 자어(子魚)가 옛날에는 6축(畜)도 서로 쓰지 않았는데 하물며 사람을 쓸 수 있겠느냐고 비판한 일도 있다.

461) 기질(棄疾) : 초평왕(楚平王)의 이름. 초공왕(楚共王)의 아들이고 초령왕(楚靈王)의 아우이다. 처음에 초령왕이 채(蔡)나라를 멸하고 기질을 채공(蔡公)으로 삼아 채나라를 통솔하게 하였다. 그런데 기질은 이곳을 기반으로 뒤에 초령왕을 몰아내고 초왕이 되었다.

462) 정장공(鄭莊公)은~하였고 : 정장공(鄭莊公)이 공자 자원(子元 : 突)을 력(櫟) 땅에 두었는데, 환공(桓公) 11년에 정장공이 죽자 정소공(鄭昭公 : 忽)이 즉위하였다가 위(衛)나라로 망명가고 정려공(鄭厲公 : 突)이 즉위하였다. 그 뒤 환공 15년에 정려공이 채(蔡)나라로 망명가고 정소공이 돌아와 복위하였다. 이어 그해 가을에 정려공이 력 땅의 대부 단백(檀伯)을 죽이고 력 땅에 거하니 정소공의 임금 자리가 불안하게 되었고 급기야 환공 17년에 정소공이 시해되기에 이르렀던 일을 말한다.

463) 제환공(齊桓公)은~쌓고 : 장공(莊公) 32년에 있었다.

움을 얻고 있습니다. 신이 듣건대 5대(大)[464]는 변방에 두지 않고 5세(細)[465]는 조정에 두지 않으며, 5관(官)[466]의 장으로서 전횡과 성대함이 한도를 넘는 자는 변방에 있게 해서는 안 되고, 미약하여 임무를 감당하지 못하는 자 역시 조정에 있게 해서는 안 된다는 것이다. 친족은 외방에 두지 않고 나그네[羈][467]는 조정 안에 두지 않는다고 하였습니다. 지금 기질이 외방에 있고 정단(鄭丹)[468]이 조정 안에 있으니[469] 정단(鄭丹)은 자혁(子革)이다. 임금님께서는 조금 경계하십시오."라고 하였다.

王曰 國有大城 何如 對曰 鄭京櫟實殺曼伯 厲公得櫟 又幷京 **宋蕭亳實殺子游** 在莊十二年 **齊渠丘實殺無知** 在莊九年 渠丘 雍廩邑 **衛蒲戚實出獻公** 在襄十四年 蒲 甯殖邑 **若由是觀之 則害於國 末大必折 尾大不掉 君所知也** 爲十三年陳蔡作亂傳

초왕(楚王)이 말하기를 "나라에 큰 성이 있는 것이 어떠한가?"[470]라고 하니, 신무우(申無宇)가 대답하기를 "정(鄭)나라의 경성(京城)과 력성(櫟城)이 사실상 만백(曼伯)[471]을 죽게 하였고, 정려공(鄭厲公)이 력성(櫟城)을 얻었고 또 경성(京城)까지 겸병했었다. 송(宋)나라의 소성(蕭城)과 박성(亳城)이 사실상 자유(子游)를 죽게 하였으며,[472] 장공(莊公) 12년에 있었다. 제(齊)나라 거구성(渠丘城)이 사실상 무지(無知)를 죽게 하였고,[473] 장공(莊公) 9년에 있었다. 거구(渠丘)는 옹름(雍廩)의 읍이었다. 위(衛)나라의 포성(蒲城)과 척성(戚城)이 사실상 헌공(獻公)을 망명나가게 하였으니,[474] 양공(襄公) 14년에 있었다. 포성(蒲城)은 녕식(甯殖)의 읍이다. 이러한 연유로 보면 큰

---

464) 5대(大) : 태자, 동모제, 총애 받는 공자, 총애 받는 공손, 루대(累代)의 정경(正卿)을 이른다.

465) 5세(細) : 귀한 이를 해치는 비천한 자, 년장자를 릉멸하는 어린 자, 거리가 먼 사이이면서 가까운 사이를 리간시키는 자, 오래된 사람들을 리간시키는 새로운 자, 강대한 이를 멸시하는 약소자를 이른다.

466) 5관(官) : 은주(殷周)시대의 다섯 고급 관직을 말하나 뒤에는 널리 백관을 이르는 말로 쓰였다.

467) 나그네[羈] : 외국에서 와서 신하가 된 자. 곧 기려지신(羈旅之臣)이다.

468) 정단(鄭丹) : 정(鄭)나라 공손단(公孫丹). 양공(襄公) 19년에 정나라에서 초(楚)나라로 망명하였다.

469) 기질이~있으니 : 친족인 기질(棄疾)은 외방에 나가 있고 기려지신(羈旅之臣)인 정단(鄭丹)은 조정 안에 있다는 것이다.

470) 나라에~어떠한가 : 초(楚)나라의 현(縣)이 된 진(陳)나라와 채(蔡)나라 그리고 초나라의 요지인 두 곳의 불갱(不羹)에 성을 쌓은 일의 리해득실에 대하여 물은 것이다.

471) 만백(曼伯) : 정소공(鄭昭公 : 忽)의 자(字).

472) 송(宋)나라의~하였으며 : 송(宋)나라에서 자유(子游 : 閔公)를 임금으로 세우자 공자들이 소성(蕭城)으로 도망가고 공자 어열(御說)은 박성(亳城)으로 도망갔는데, 소성의 숙대심(叔大心)이 뭇 공자와 함께 자유를 죽인 일을 말한다.

473) 제(齊)나라~하였고 : 제(齊)나라 공손무지(公孫無知)가 임금이 되어 대부 옹름(雍廩)에게 포학하였는데, 다음해인 장공(莊公) 9년에 옹름에게 죽임을 당하였다.

성은 나라에 해가 되는 것입니다. 가지가 크면 반드시 부러지고 꼬리가 크면 흔들지 못하는 것은 임금님께서도 아시는 일일 것입니다."라고 하였다. 13년에 진(陳)나라와 채(蔡)나라가 란을 일으키는 전(傳)의 배경이 된다.

○單子會韓宣子于戚 單成公 **視下言徐 叔向曰 單子其將死乎 朝有著定** 著定 朝內列位常處 **會有表** 野會設表爲位 **衣有襘 帶有結** 襘 領會 結 帶結 **會朝之言必聞于表著之位 所以昭事序也 視不過結襘之中 所以道容貌也 言以命之 容貌以明之 失則有闕 今單子爲王官伯 而命事於會 視不登帶 言不過步 貌不道容 而言不昭矣 不道不共 不昭不從** 貌正曰共 言順曰從 **無守氣矣** 言無守身之氣 **十二月 單成公卒**

○선자(單子)가 척(戚) 땅에서 한선자(韓宣子)를 만났을 때 선성공(單成公)이다. 시선은 아래에 두고 말은 느리게 하였다. 이에 숙향(叔向)이 다음과 같이 말하였다. "선자는 머지않아 죽을 것이다. 조정에는 정해진 자리[著定]가 있고, 저정(著定)은 조정 내의 렬위(列位)[475]에 따른 일정한 자리이다. 회합에는 표지가 있으며, 야외의 회합에는 표지를 설치하여 자리를 만든다. 옷에는 깃이 모이는 곳[襘]이 있고, 띠에는 묶이는 곳[結]이 있다. 괴(襘)는 옷깃이 모이는 곳이고 결(結)은 허리띠가 묶이는 곳이다. 회합과 조회에서의 말은 반드시 표지가 되어 있는 모든 위치까지 들려야 하니 이는 일의 차례를 밝히는 것이고, 시선은 허리띠 묶이는 곳과 옷깃이 모이는 중간을 벗어나지 않아야 하니 이는 용모를 법도에 맞도록 하기 위해서이다. 말로써 명령을 하고 용모로써 태도를 표명하니, 이를 잃으면 일이 어그러지는 것이다. 그런데 지금 선자는 왕관백(王官伯)[476]이 되어 회합에 와서 일을 명하되 시선은 허리띠 위로 오르지 않고 말소리는 한 걸음을 넘지 않으니, 모습이 례용(禮容)에 맞지 않았고 말소리는 분명하지 않았다. 모습이 례용에 맞지 않으면 단정하지[共] 못하고, 말소리가 분명하지 못하면 순조롭게[從] 전달되지 않는다. 용모가 바른 것을 공(共)이라 하고 말소리가 순조로운 것을 종(從)이라 한다. 이는 몸을 지킬 기운이 없어서이다." 몸을 지킬 기운이 없다는 말이다. 12월에 선성공(單成公)이 졸하였다.

---

474) 위(衛)나라의~하였으니 : 위헌공(衛獻公)이 척성(戚城)에 있던 손림보(孫林父)와 포성(蒲城)에 있던 녕식(甯殖)에 의해 축출된 일을 말한다.

475) 렬위(列位) : 벼슬의 차례.

476) 왕관백(王官伯) : 주왕(周王)이 맹약을 주관하도록 파견한 신하.

소공(昭公) 12년 【辛未 B.C.530】

十有二年 春 齊高偃帥師納北燕伯于陽

12년 봄에 제(齊)나라 고언(高偃)이 군대를 거느리고 북연백(北燕伯)을 양(陽) 땅으로 들여보냈다.

高偃 高傒玄孫 齊大夫 陽卽唐 燕別邑 不言于燕 未得國都

고언(高偃)은 고혜(高傒)의 현손이니 제(齊)나라 대부이다. 양(陽) 땅은 곧 당(唐) 땅이니 연(燕)나라 별읍(別邑)이다. 연나라로 들여보냈다고 말하지 않은 것은 아직 국도를 얻지 못하였기 때문이다.

十二年 春 齊高偃納北燕伯款于唐 因其衆也 唐衆欲納之 故得先入唐

12년 봄에 제(齊)나라 고언(高偃)이 북연백(北燕伯) 관(款)을 당(唐) 땅으로 들여보냈으니, 그곳 사람들의 뜻에 따른 것이다. 당(唐) 땅 사람들이 북연백(北燕伯)을 받아들이고자 하였기 때문에 먼저 당 땅에 들어갈 수 있었던 것이다.

三月 壬申 鄭伯嘉卒

3월 임신일에 정백(鄭伯) 가(嘉)가 졸하였다.

三月 鄭簡公卒 將爲葬除 除葬道 **及游氏之廟 將毁焉 子大叔使其除徒執用以立 而無庸毁** 用 毁廟具 **曰 子産過女 而問何故不毁 乃曰 不忍廟也 諾 將毁矣** 敎毁廟者之辭 **旣如是 子産乃使辟之 司墓之室** 掌公墓大夫徒屬之家 **有當道者 毁之 則朝而塴** 塴 下棺也 **弗毁 則日中而塴 子大叔請毁之 曰 無若諸侯之賓何** 不欲久留賓 **子産曰 諸侯之賓能來會吾喪 豈憚日中 無損於賓 而民不害 何故不爲 遂弗毁 日中而葬**

3월에 정간공(鄭簡公 : 嘉)이 졸하였다. 장례를 지내기 위하여 길을 낼 때 장례 지내는 길을 낸 것이다. 유씨(游氏)의 사당에 미쳐 그곳을 헐려고 하였다. 자태숙(子大叔 : 游吉)이 길을 내는 사람들에게 그 용구(用)를 잡고 서 있기만 하고 헐지 말게 하며 용(用)은 사당을 허는 도구이다. 말하기를 "자산(子産)이 너희들 앞을 지나가다가 무엇 때문에 헐지 않느냐고 묻거든 이렇게 말하라. '차마 사당을 헐 수 없어서입니다. 그러나 허낙하였으니 곧 헐겠습니다.'"라고 하였다. 사당을 헐 자들에게 가르친 말이다. 일이 이와 같이 되자 자산은 사당을 피해서 길을 내게 하였다. 묘(墓)를 관리하는 자의 집이 공실의 묘(墓)를 맡아 보는 대부의 부하의 집이다. 길을 막고 있는데 그 집을 헐면 아침나절에 하관할[堋] 수 있고 붕(堋)은 관을 내림이다. 헐지 않으면 정오가 되어야 하관할 수 있었다. 자태숙이 그 집을 헐기를 청하여 말하기를 "헐지 않으면[無] 제후들의 빈객들을 어찌하겠습니까?"라고 하니, 빈객들을 오래 머물게 하고 싶지 않아서이다. 자산이 말하기를 "제후들의 빈객들이 우리의 상(喪)에 참여하려고 왔으니 어찌 정오까지 있는 것을 꺼리겠소. 빈객에게 손해가 없고 백성에게도 해가 되지 않는데 무엇 때문에 하지 않겠소."라 하고는 마침내 헐지 않고 정오가 되어서야 장례를 지냈다.

君子謂 子産於是乎知禮 禮 無毁人以自成也

군자는 이른다. "자산(子産)은 이 일에 있어서 례를 알았다. 례는 남을 훼손하여 자신의 뜻을 이루지 않는 것이다."

夏 宋公使華定來聘 여름에 송공(宋公)이 화정(華定)을 보내와서 빙문하였다.

夏 宋華定來聘 通嗣君也 宋元公新卽位 **享之 爲賦蓼蕭 弗知 又不答賦** 義取燕笑語兮 爲龍爲光 令德壽豈 萬福攸同 **昭子曰 必亡 宴語之不懷 寵光之不宣 令德之不知 同福之不受 將何以在** 爲二十年華定出奔傳

여름에 송(宋)나라 화정(華定)이 와서 빙문하였으니, 새 임금의 승계를 통고하기 위해서였다. 송원공(宋元公)이 새로 즉위한 것이다. 그에게 향연을 베풀 때 륙소(蓼蕭)[477]를 읊으니 알아듣지 못하고 또 답가를 읊지도 못하였다. 《시(詩)》 륙소(蓼蕭)의 '연회를 베풀어 웃으며 이야기하네.'와 '나에게 은총과 광영이로다.'와 '아름다운 덕을 오래도록 즐기리라.'와 '만복을 함께하리로다.'의 뜻을 취한 것이다. 소자(昭子 : 叔孫婼)가 말하기를 "화정은 반드시 망할 것이다. 연회에서 화답할 말을 생각하지 못하고[478] 은총과 광영을 선양하지 못하였으며,[479] 아름다운 덕을 알지 못하고[480] 그대

477) 륙소(蓼蕭) : 《시경(詩經)》 〈소아(小雅)〉의 편 이름.

478) 연회에서~못하고 : 연회를 베풀어 웃으며 이야기하자는 시에 대하여 어떻게 화답해야 할지 몰랐다는 것

와 함께 복록을 누리고 싶다는 말을 받아들이지 못하였으니,[481] 장차 어떻게 몸을 보존하겠는가."라고 하였다. 20년에 화정(華定)이 망명나가는 전(傳)의 배경이 된다.

公如晉 至河乃復

소공(昭公)이 진(晉)나라에 가다가 하수(河水)에 이르러 돌아왔다.

齊侯衛侯鄭伯如晉 朝嗣君也 晉昭公新立 **公如晉 至河乃復 取郠之役** 在十年 **莒人愬于晉 晉有平公之喪 未之治也 故辭公 公子慭遂如晉** 慭 魯大夫

제후(齊侯)·위후(衛侯)·정백(鄭伯)이 진(晉)나라에 갔으니, 사군(嗣君)을 조견하기 위해서였다. 진소공(晉昭公)이 새로 즉위한 것이다. 소공(昭公)도 진나라에 가다가 하수(河水)에 이르러 돌아왔으니, 거(莒)나라 경(郠) 땅을 취한 싸움에 대해 10년에 있었다. 거인(莒人)이 진나라에 하소연하였기 때문이다. 진나라는 이때 평공(平公)의 상이 있어서 이 일을 처리하지 못하였다. 그러므로 소공의 조견을 사절하니 공자 은(慭)만이 드디어 진(晉)나라에 갔다. 은(慭)은 로(魯)나라 대부이다.

晉侯享諸侯 子產相鄭伯 辭於享 請免喪而後聽命 簡公未葬 **晉人許之 禮也**

진후(晉侯)가 제후들에게 향연을 베풀 때 자산(子產)이 정백(鄭伯 : 定公)의 상(相)이었는데, 향연에 참석하기를 사양하며 상복을 벗은 뒤에 명을 듣기를 청하였다.[482] 정간공(鄭簡公)의 장례를 아직 지내지 않았기 때문이다. 진인(晉人)이 허낙하니, 례에 맞는 일이었다.

이다.

479) 은총과~못하였으며 : 손님을 맞이하니 나에게 은총과 광영이라는 시에 대하여 화답하지 못하였다는 것이다.

480) 아름다운~못하고 : 아름다운 덕을 오래도록 즐기겠다는 시에 대하여 화답하지 못하였다는 것이다.

481) 그대와~못하였으니 : 만복을 함께하겠다는 시에 대하여 화답하지 못하였다는 것이다.

482) 자산(子産)이~청하였다 : 정(鄭)나라가 초(楚)나라의 핍박을 받아 진(晉)나라 섬기기를 공고히 하고자 하였으므로 정백(鄭伯)이 아버지의 장례를 치르기 전에 부득이 진나라의 사군(嗣君)을 조견한 것이다. 제후들이 향연할 때 반드시 음악이 있는데 아직 장례를 치르지 않았으므로 향연에 참석할 수 없었다. 그러므로 상기(喪期)를 마칠 때까지는 향연에 참석할 수 없다고 청한 것이다.

晉侯以齊侯宴 中行穆子相 投壺 晉侯先 穆子曰 有酒如淮 有肉如坻 坻 水中高地也 **寡君中此 爲諸侯師 中之 齊侯擧矢曰 有酒如澠 有肉如陵** 澠 齊水名 陵 大阜也 **寡人中此 與君代興** 代 更也 **亦中之 伯瑕謂穆子曰 子失辭 吾固師諸侯矣 壺何爲焉 其以中儁也** 言投壺中 不足爲儁異 **齊君弱吾君 歸弗來矣 穆子曰 吾軍帥彊禦 卒乘競勸 今猶古也 齊將何事 公孫傁趨進曰 日旰君勤 可以出矣 以齊侯出** 傁 齊大夫

진후(晉侯)가 제후(齊侯)에게 연회를 베풀 때 중항목자(中行穆子)가 진후의 상(相)이었다. 투호(投壺)를 할 때 진후가 먼저 던지게 되니, 목자(穆子)가 말하기를 "술은 회수(淮水)처럼 많고 고기는 둔덕[坻]처럼 많도다. 지(坻)는 물 가운데 높은 땅이다. 과군의 화살이 저 안에 들어가게 되면 제후들의 우두머리가 되시리라."라고 하였는데 진후가 던져 안에 들어갔다. 제후가 화살을 들어 말하기를 "술은 민수(澠水)처럼 많고 고기는 언덕[陵]처럼 많도다. 민(澠)은 제(齊)나라 물 이름이고, 릉(陵)은 큰 언덕이다. 과인의 화살이 저 안에 들어가게 되면 진(晉)나라 임금과 번갈아[代] 흥성하리로다."라고 하며 던지니 대(代)는 번갈음이다. 또한 그 안에 들어갔다. 백하(伯瑕 : 士文伯)가 목자에게 말하기를 "그대는 실언하였소. 우리 진나라는 본래 제후들을 거느리고 있는데, 항아리 따위가 무엇을 한다고 그 안에 넣는 것을 특별하게 여깁니까. 항아리 안에 던져 넣는 것이 특별한 것이 될 수 없다는 말이다. 제(齊)나라 임금은 우리 임금님을 얕보고 돌아가서 다시는 찾아오지 않을 것입니다."라고 하였다. 목자가 말하기를 "우리 군대의 장수들은 강하여 적을 막을 수 있고, 보졸(步卒)과 거병(車兵)들이 다투어 권면함이 지금도 옛날과 같으니 제나라가 장차 무슨 일을 할 수 있겠습니까."라고 하였다. 이때 제나라 공손수(公孫傁)가 빠른 걸음으로 나와 말하기를 "날이 저물고 임금님께서 고단하시니 나가셔야 합니다."라 하고는 제후를 모시고 나갔다. 수(傁)는 제(齊)나라 대부이다.

> 五月 葬鄭簡公
>
> 5월에 정(鄭)나라 간공(簡公)의 장례를 지냈다

六月 葬鄭簡公 經書五月 傳書六月 經傳必有一誤

6월에 정간공(鄭簡公)의 장례를 지냈다. 경문에 5월이라 기록하고 전문에는 6월이라고 기록하였으니, 경문과 전문 중에 반드시 하나는 잘못된 것이다.

楚殺其大夫成熊

초(楚)나라가 그 대부 성웅(成熊)을 죽였다.

熊 公作然 穀作虎

웅(熊)은 《공양전(公羊傳)》에는 연(然)으로 되어 있고 《곡량전(穀梁傳)》에는 호(虎)로 되어 있다.

楚子謂成虎若敖之餘也 遂殺之 成虎卽成熊 子玉之孫 與鬪氏同出若敖 **或譖成虎於楚子 成虎知之而不能行 書曰 楚殺其大夫成虎 懷寵也**

초자(楚子)가 성호(成虎)를 약오(若敖)483)의 남은 무리라고 하여 드디어 그를 죽였다. 성호(成虎)는 곧 성웅(成熊)이다. 자옥(子玉)의 손자이며 투씨(鬪氏)와 함께 약오(若敖)에서 같이 나왔다. 어떤 사람이 초자에게 성호를 참소하였지만 성호는 그것을 알면서도 떠나지 않았었다. 경문에 초(楚)나라가 그 대부 성호를 죽였다고 기록하였으니, 이는 성호가 임금의 총애를 너무 믿었기 때문이었다.

秋 七月

가을 7월이다.

○晉荀吳僞會齊師者 假道於鮮虞 遂入昔陽 鮮虞 白狄別種 昔陽 肥國都 **秋 八月 壬午 滅肥 以肥子緜皐歸** 肥 白狄 緜皐 其君名

○진(晉)나라 순오(荀吳 : 中行穆子)가 거짓으로 제(齊)나라 군대와 회합하는 체하며 선우(鮮虞)에게 길을 빌려서 드디어 석양(昔陽)으로 쳐들어갔다. 선우(鮮虞)는 백적(白狄)의 별종이고 석양(昔陽)은 비(肥)의 국도이다. 가을 8월 임오일에 비(肥)를 멸하고 비자(肥子) 면고(緜皐)를 잡아서 돌아갔다. 비(肥)는 백적(白狄)이고 면고(緜皐)는 그 임금 이름이다.

483) 약오(若敖) : 초(楚)나라의 유력 세력인 투씨(鬪氏)와 성씨(成氏)의 시조. 후손 가운데 자월초(子越椒)가 선공(宣公) 4년에 란을 일으켜 멸문의 화를 당하였다.

冬 十月

겨울 10월이다.

周原伯絞虐其輿臣 使曹逃 **原伯絞 周大夫原公 輿 衆也 曹 羣也** **冬 十月 壬申 朔 原輿人逐絞而立公子跪尋** **跪尋 絞弟** **絞奔郊** **郊 周地**

주(周)나라 원백(原伯)인 교(絞)가 여신(輿臣 : 衆臣)에게 포학하게 하여 그 무리[曹]를 도망가게 하였다. 원백(原伯)인 교(絞)는 주(周)나라 대부 원공(原公)이다. 여(輿)는 무리이고 조(曹)도 무리이다. 겨울 10월 초하루 임신일에 원(原) 땅의 여인(輿人 : 衆人)이 교를 축출하고 공자 궤심(跪尋)을 세우니 궤심(跪尋)은 교(絞)의 아우이다. 교가 교(郊) 땅으로 도망하였다. 교(郊)는 주(周)나라 땅이다.

甘簡公無子 立其弟過 **甘簡公 周卿士** **過將去成景之族** **成公景公皆過之先君** **成景之族賂劉獻公** **周卿士 劉定公子** **丙申 殺甘悼公** **悼公卽過** **而立成公之孫鰌** **鰌 平公** **丁酉 殺獻大子之傅庾皮之子過** **過 劉獻公大子之傅** **殺瑕辛于市 及宮嬖綽王孫沒劉州鳩陰忌老陽子** **六子 周大夫 及庾過 皆甘悼公之黨**

감간공(甘簡公)이 아들이 없어 그 아우 과(過)를 세웠다. 감간공(甘簡公)은 주(周)나라 경사(卿士)이다. 과가 성공(成公)과 경공(景公)의 족속들을 제거하려고 하자 성공(成公)과 경공(景公)은 모두 과(過)의 선군이다. 성공과 경공의 족속들이 류헌공(劉獻公)에게 뢰물을 주었다. 류헌공(劉獻公)은 주(周)나라 경사(卿士)이고 류정공(劉定公)의 아들이다. 병신일에 류헌공이 감도공(甘悼公)을 죽이고 도공(悼公)은 곧 과(過)이다. 성공의 손자 추(鰌)를 세웠다. 추(鰌)는 평공(平公)이다. 그리고 정유일에 류헌공 태자의 사부(師傅)인 유피(庾皮)의 아들 과(過)를 죽이고, 과(過)[484]는 류헌공(劉獻公) 태자의 사부(師傅)이다. 하신(瑕辛)을 저자에서 죽였으며, 궁폐작(宮嬖綽)·왕손몰(王孫沒)·류주구(劉州鳩)·음기(陰忌)·로양자(老陽子)를 함께 죽였다. 여섯 사람은 주(周)나라 대부이고 유과(庾過)와 더불어 모두 감도공(甘悼公)의 당여이다.

484) 과(過) : 감도공(甘悼公) 과(過)와 다른 사람이다.

公子慭出奔齊
공자 은(慭)이 제(齊)나라로 망명나갔다.

慭 公作整

은(慭)은 《공양전(公羊傳)》에는 정(整)으로 되어 있다.

季平子立而不禮於南蒯 蒯 南遺之子 季孫費邑宰 **南蒯謂子仲** 公子慭 **吾出季氏 而歸其室於公 子更其位** 室謂家財 更 代也 **我以費爲公臣 子仲許之 南蒯語叔仲穆子 且告之故** 穆子 叔仲帶之子 叔仲小

계평자(季平子)가 가문을 이어받은 뒤에 남괴(南蒯)를 례우하지 않았다. 괴(蒯)는 남유(南遺)의 아들이며 계손(季孫) 소유인 비(費) 땅의 읍재(邑宰)이다. 남괴가 자중(子仲)에게 이르기를 자중(子仲)은 공자 은(慭)이다. "내가 계씨(季氏)를 축출하고 그 가재[室]를 공실로 귀속시킬 것이니 그대는 계씨의 지위를 대신[更] 차지하십시오. 실(室)은 가재(家財)를 이르고 갱(更)은 대신함이다. 나는 비(費) 땅을 가지고 공실의 신하가 되겠습니다."라고 하니, 자중이 허낙하였다. 남괴가 숙중목자(叔仲穆子)에게 이 일을 말하고 또 그 까닭을 고하였다.[485] 목자(穆子)는 숙중대(叔仲帶)의 아들인 숙중소(叔仲小)이다.

季悼子之卒也 叔孫昭子以再命爲卿 悼子 季武子之子 平子父 **及平子伐莒 克之 更受三命** 平子昭子幷加三命 **叔仲子欲構二家 謂平子曰 三命踰父兄 非禮也** 言昭子受三命 踰其先人 **平子曰 然 故使昭子** 使昭子自貶黜 **昭子曰 叔孫氏有家禍 殺適立庶 故婼也及此 若因禍以斃之 則聞命矣 若不廢君命 則固有著矣** 著 位次

계도자(季悼子)가 졸하였을 때 숙손소자(叔孫昭子 : 叔孫婼)가 재명(再命)[486]의 품계로 경(卿)이 되었다. 도자(悼子)는 계무자(季武子)의 아들이고 평자(平子)의 아버지이다. 평자(平子)가 거(莒)나라를 쳐서 이기자 두 사람은 다시 3명(命)[487]을 받았다. 평자(平子)와 소자(昭子)에게 같이 3명(命)의 품계가 더해진 것이다. 숙중자(叔仲子 : 叔仲穆子)가 두 집안을 반목시키려고 평자에게

485) 그~고하였다 : 계씨(季氏)를 축출하려는 리유를 말하고 협조를 구한 것이다.

486) 재명(再命) : 주대(周代) 관계(官階)의 하나. 공(公)·후(侯)·백(伯)의 대부(大夫)와 자(子)·남(男)의 경(卿)이 해당한다. 2명(命)이라고도 한다.

487) 3명(命) : 주대(周代) 관계(官階)의 하나. 공(公)·후(侯)·백(伯)의 경(卿)이 해당한다.

말하기를 "숙손소자가 3명을 받는 것은 부형의 품계를 넘는 것이니 례에 맞지 않습니다."라고 하였다. 소자(昭子)가 3명(命)을 받은 것은 그 선인(先人)의 품계를 넘었다는 말이다. 평자가 말하기를 "그렇다."라고 하였다. 그래서 소자(昭子)로 하여금 그 지위을 받아들이지 말도록 하였다. 소자(昭子)로 하여금 스스로 지위를 낮추도록 한 것이다. 그러자 소자가 말하기를 "숙손씨(叔孫氏) 가문에 화난이 발생하여 적자를 죽이고 서자를 후계자로 세웠기 때문에[488] 나 착(婼)이 이 지위에 이르렀다. 만약 이러한 집안의 화난을 리유로 임금님께서 나에게 벌을 준다면 명을 따르겠지만 만약 임금님께서 명한 것을 폐기하지 않으신다면 3명은 본래 나의 지위[著]이다."라고 하였다. 저(著)는 지위의 차례이다.

昭子朝而命吏曰 婼將與季氏訟 書辭無頗 頗 偏也 **季孫懼 而歸罪於叔仲子 故叔仲小南蒯公子慭謀季氏 慭告公 而遂從公如晉 南蒯懼不克 以費叛如齊 子仲還 及衛聞亂 逃介而先** 逃其副而先歸 **及郊 聞費叛 遂奔齊**

소자(昭子)가 조정으로 가서 담당 관리에게 명하기를 "나 착(婼)이 장차 계씨(季氏)와 송사하려 하니 소장(訴狀)을 치우치게[頗] 작성하지 말라."라고 하였다. 파(頗)는 치우침이다. 계손(季孫)이 두려워하여 죄를 숙중자(叔仲子)에게 돌렸다. 그러므로 숙중소(叔仲小 : 叔仲子)·남괴(南蒯)·공자 은(慭)이 함께 계씨를 제거하기로 모의하였다. 은이 이 일을 소공(昭公)에게 고하고는 드디어 소공을 따라 진(晉)나라에 갔다. 남괴는 일이 성공하지 못할 것을 두려워하여 비(費) 땅을 가지고 배반하여 제(齊)나라에 갔다. 자중(子仲 : 慭)이 돌아오는 길에 위(衛)나라에 이르러 로(魯)나라에 란이 일어났다는 말을 듣고 부사(副使)를 버려두고 먼저 도성으로 돌아오다가 부사(副使)를 버려두고 먼저 돌아온 것이다. 교외에 이르러 비 땅이 배반하였다는 소식을 듣고는 드디어 제나라로 망명하였다.

南蒯之將叛也 其鄕人或知之 過之而歎 鄕人過蒯而歎 **且言曰 恤恤乎 湫乎 攸乎** 恤恤 憂患 湫 愁隘 攸 懸危之貌 **深思而淺謀 邇身而遠志 家臣而君圖** 家臣而圖人君之事 **有人矣哉** 言今有此人 微以感之 **南蒯枚筮之** 不指其事 汎卜吉凶 **遇坤☷之比☵☷** 坤下坎上 **曰 黃裳元吉** 坤六五爻辭

남괴(南蒯)가 배반하려 할 때 그 마을사람 중 어떤 자가 그의 속셈을 알아차리고는 그

488) 숙손씨(叔孫氏)~때문에 : 소공(昭公) 4년에 숙손씨(叔孫氏) 집안에서 화난이 일어나 적자(適者) 중임(仲壬)이 죽고 서자(庶子) 착(婼)이 후계자가 되었다.

앞을 지나면서 탄식하고 마을사람이 괴(蒯) 앞을 지나면서 탄식한 것이다. 또 말하기를 "근심스럽고[恤恤] 답답하고[湫] 위태롭도다[攸]. 휼휼(恤恤)은 근심스러움이요, 추(湫)는 걱정으로 가슴이 답답함이요, 유(攸)는 위태롭게 매달려 있는 모습이다. 생각은 깊지만 지모는 얕고, 신분은 비천한데 뜻만 원대하구나. 가신이면서 임금의 일을 도모하니 가신의 지위에 있으면서 임금이 할 일을 도모한다는 것이다. 이런 사람이 여기 있도다."라고 하였다. 지금 이런 사람이 있다고 말하여 은근히 이런 점을 느끼도록 한 것이다. 남괴가 대충[枚] 시초점을 치니 점치고자 하는 일을 지적하지 않고 대충 길흉만 점친 것이다. 곤괘(坤卦)䷁가 비괘(比卦)䷇로 변한 괘를 만났는데 곤(坤)이 하괘이고 감(坎)이 상괘이다. 그 효사(爻辭)에 '황색 치마를 입으니 크게 길하다.'라고 하였다. 곤괘(坤卦) 륙오(六五)의 효사(爻辭)이다.

以爲大吉也 示子服惠伯曰 卽欲有事 何如 惠伯曰 吾嘗學此矣 忠信之事則可 不然必敗 外彊內溫忠也 坎險故彊 坤順故溫 彊而能溫 所以爲忠 **和以率貞 信也** 水和而土安正 和正信之本也 **故曰 黃裳元吉 黃 中之色也 裳 下之飾也 元 善之長也 中不忠 不得其色** 言非黃 **下不共 不得其飾** 不爲裳 **事不善 不得其極** 失中德 **外內倡和爲忠** 不相違也 **率事以信爲共** 率猶行也 **供養三德爲善** 三德 忠信共也 **非此三者弗當** 不當此卦 **且夫易 不可以占險 將何事也 且可飾乎** 問其何事 欲令從下之飾 **中美能黃 上美爲元 下美則裳 參成可筮** 參美盡備 吉可如筮 **猶有闕也 筮雖吉 未也** 有闕謂不參成

남괴(南蒯)는 크게 길하다고 여겨 자복혜백(子服惠伯)에게 이 점괘를 보이며 말하기를 "내가 곧 어떤 일을 하고자 하는데 어떻겠는가?"라고 하였다. 혜백(惠伯)이 다음과 같이 말하였다. "내가 일찍이 점에 대해 배웠는데 이 괘는 충신(忠信)에 관한 일이면 성공할 것이지만 그렇지 않으면 반드시 실패할 것입니다. 겉으로 강하면서 안으로 온순한 것이 충(忠)이요, 감(坎)은 험하기 때문에 강하고, 곤(坤)은 순하기 때문에 온순하다. 강하면서도 온순한 것이 충(忠)이 되는 것이다. 화평한 마음으로 곧은 길을 행하는[率] 것이 신(信)입니다. 물은 화합하고 흙은 안정(安正)하다. 화합하고 안정한 것이 신(信)의 근본이다. 그러므로 '황색 치마를 입으니 크게 길하다.'는 것입니다. 황색[黃]은 중앙의 색이고 치마[裳]는 아래를 장식하는 옷이며 원(元)은 선의 으뜸입니다. 중심(中心)이 충성스럽지 않으면 그 색을 얻지 못하고, 황색이 아니라는 말이다. 아랫사람이 공손하지 못하면 아랫장식[飾][489]을 얻을 수 없으며, 치마가 될 수 없다는 것이다. 꾀하는 일이 선하지 않으면 그 극(極 : 元吉)을 얻을 수 없습니다. 중정(中正)의 덕을 잃는다는 것이다. 안팎이 창화(倡和)하는 것이 충(忠)이고, 서로 어긋나지 않음이다. 일을 행하되[率] 신(信)으로써 하는

---

489) 아랫장식[飾] : 사람의 아래를 가리고 장식하는 치마[裳]. 이는 곧 아랫사람이 가져야 할 덕목을 이른다.

것이 공(共)입니다. 솔(率)은 행함[行]과 같다. 이 세 가지 덕을 받들어 기르는 것이 선이 되니 세 가지 덕은 충(忠)과 신(信)과 공(共 : 恭敬)이다. 이 세 가지 덕이 아니라면 이 괘에 해당되지 않습니다. 이 괘에 해당되지 않는다는 것이다. 또 역(易)으로는 험한 일을 점치지 않는 법인데 그대는 장차 무슨 일을 하려고 합니까? 그리고 아랫사람의 덕목[飾]을 지니고 있습니까? 무슨 일을 하려 하느냐고 물어 그로 하여금 아랫사람이 가져야 할 덕목[飾]을 따르게 하고자 한 것이다. 중심이 아름다운 것이 황(黃)이고, 윗자리의 덕이 아름다운 것이 원(元)이며, 아랫자리의 덕이 아름다운 것이 상(裳)이니 이 세 가지가 구비되었을 때 점대로 이루어지지만 세 가지 미덕이 다 갖추어져야 점대로 길할 수 있다는 것이다. 오히려 이 세 가지가 구비되지 않았다면[有闕] 점이 비록 길하더라도 성공하지 못할 것입니다." 유궐(有闕)은 세 가지 덕이 갖추어지지 않았음을 이른다.

將適費 飮鄕人酒 鄕人或歌之曰 我有圃 生之杞乎 **言蒯在費 如杞生圃 非宜也** **從我者子乎** **子 男子之美稱 言從己則不失尊貴** **去我者鄙乎** **言去我則爲人所鄙** **倍其鄰者恥乎** **鄰猶親也** **已乎已乎 非吾黨之士乎 平子欲使昭子逐叔仲小** **欲以自解** **小聞之 不敢朝 昭子命吏謂小待政於朝 曰 吾不爲怨府** **不能爲季氏逐小 生怨禍之聚**

남괴(南蒯)가 비(費) 땅으로 가려 할 때 마을사람들에게 술을 대접하였다. 그러자 어떤 마을사람이 노래하기를 "내 밭에 기(杞)나무가 자라는구나. 괴(蒯)가 비(費) 땅에 있는 것이 기(杞)나무가 채소밭에서 자라는 것 같아서 마땅하지 않다는 말이다. 나를 따르는 자는 훌륭한 사내[子]이고 자(子)는 남자의 미칭이다. 자기를 따르면 존귀한 지위를 잃지 않을 것이라는 말이다. 나를 떠나는 자는 비루한 사람이로다. 나를 떠나면 남에게 비루한 취급을 받을 것이라는 말이다. 친한 이[鄰]를 배반하는 자는 치욕을 당할 것이니, 린(鄰)은 친한 이[親]와 같다. 그만둘지어다 그만둘지어다. 우리와 같은 무리의 사람이 아니로구나."라고 하였다. 평자(平子)가 소자(昭子 : 叔孫婼)를 시켜 숙중소(叔仲小 : 叔仲穆子)를 축출하려 하였다. 스스로를 해명하고자 한 것이다.[490] 소(小)는 그 소식을 듣고 감히 조정에 나가지 못하였다. 소자가 관리에게 명하여 소에게 조정에 나와서 집정의 처분을 기다리라고 이르게 하고 말하기를 "나는 남의 원망을 받는 몸[怨府][491]이 되지 않겠다."라고 하였다. 계씨(季氏)를 위해 소(小)를 축출하여 원망과 화가 자기에게 모이는 일이 생기지 않도록 하겠다는 것이다.

490) 스스로를~것이다 : 계평자(季平子)는 자기와 소자(昭子) 사이를 리간한 숙중소(叔仲小)를 축출함으로써 전에 소자에게 3명(命)을 받아들이지 말도록 종용한 것이 본의가 아니었음을 해명하고자 한 것이다.

491) 원망을~몸[怨府] : 많은 사람의 원망이 집중되는 곳을 이른다.

楚子伐徐

초자(楚子)가 서(徐)나라를 쳤다.

楚子狩于州來 狩 冬獵也 **次于潁尾** 潁水之尾 **使蕩侯潘子司馬督囂尹午陵尹喜帥師圍徐以懼吳** 五子 楚大夫 徐 吳與國 **楚子次于乾谿 以爲之援 雨雪 王皮冠 秦復陶** 秦所遺羽衣也 **翠被豹舃** 翠羽飾被 豹皮爲履 **執鞭以出 僕析父從** 楚大夫 **右尹子革夕** 夕 莫見 **王見之去冠被 舍鞭** 敬大臣 **與之語曰 昔我先王熊繹** 楚始封君 **與呂級** 齊大公子丁公 **王孫牟** 衛康叔子康伯 **燮父** 晉唐叔子 **禽父** 周公子伯禽 **並事康王 四國皆有分 我獨無有** 四國 齊晉魯衛 分 珍寶之器 **今吾使人於周 求鼎以爲分 王其與我乎 對曰 與君王哉 昔我先王熊繹 辟在荊山 篳路藍縷 以處草莽 跋涉山林 以事天子 唯是桃弧棘矢 以共禦王事** 桃弧棘矢 以禦不祥 言楚在山林 少所出有 **齊 王舅也 晉及魯衛 王母弟也 楚是以無分 而彼皆有 今周與四國 服事君王 將唯命是從 豈其愛鼎**

초자(楚子)가 주래(州來)에서 사냥[狩]하고 수(狩)는 겨울사냥이다. 영미(潁尾)에 주둔하여 영수(潁水)의 끝부분이다. 탕후(蕩侯)·반자(潘子)·사마독(司馬督)·효윤(囂尹) 오(午)·릉윤(陵尹) 희(喜)로 하여금 군대를 거느리고 서(徐)나라를 포위하게 하여 오(吳)나라를 두렵게 하였다. 다섯 사람은 초(楚)나라 대부이다. 서(徐)나라는 오(吳)나라의 동맹국이다. 초자가 다시 간계(乾谿)에 주둔하여 이를 후원하였다. 이때 눈이 내리자 초왕(楚王)은 피관(皮冠)을 쓰고 진(秦)나라 복도(復陶)를 입고, 9 취피(翠被)를 걸치고 표석(豹舃)을 신고, 비취새 깃으로 겉옷을 장식하였으며 표범가죽으로 신발을 만든 것이다. 채찍을 손에 쥐고 밖으로 나가니 복인(僕人)인 석보(析父)가 따랐다. 초(楚)나라 대부이다. 우윤(右尹)인 자혁(子革)이 저녁인사[夕]를 오니, 석(夕)은 저녁에 알현함이다. 초왕이 그를 만나볼 때 피관과 취피를 벗고 채찍도 내려놓고서 대신을 공경한 것이다. 그와 말하기를 "옛날 우리 선왕이신 웅역(熊繹)께서 초(楚)나라에 처음 봉해진 임금이다. 려급(呂級)·제태공(齊大公 : 姜大公)의 아들 정공(丁公)이다. 왕손모(王孫牟)·위(衛)나라 강숙(康叔)의 아들 강백(康伯)이다. 섭보(燮父)·진(晉)나라 당숙(唐叔)의 아들이다. 금보(禽父)와 주공(周公)의 아들 백금(伯禽)이다. 함께 주(周)나라 강왕(康王)을 섬겼었는데, 당시 다른 네 나라는 모두 나누어 준 보기(寶器 : 分)가 있었으나 우리나라만 없었다. 네 나라는 제(齊)·진(晉)·로(魯)·위(衛)나라이다. 분(分)은 진귀하고 보배로운 기물이다. 지금 내가 사람을 주나라에 보내 정(鼎)을 요구하여 보기로 삼고자 한다면 천왕께서는 그것을 우리에게 주겠느냐?"라고 하니, 자혁이 대답하기를 "군왕께 주실 것입니다. 옛날 우리 선왕 웅역께서 궁벽한 형산(荊山)에 계실 때 필로(篳路)를 타고 남루

(籃縷)를 입고[492] 풀밭에서 기거하며 산림을 오가면서 천자를 섬기셨는데, 다만 도호(桃弧)와 극시(棘矢)[493]만을 바쳐 왕사를 받들어 모셨습니다[共禦].[494] 도호(桃弧)와 극시(棘矢)는 상서롭지 못한 일을 막는 것이다. 초(楚)나라는 산림에 위치하여 생산되는 것이 적었다는 말이다. 제(齊)나라는 천왕의 외삼촌 나라였고,[495] 진(晉)·로(魯)·위(衛)나라는 천왕의 모제(母弟) 나라였습니다. 우리 초(楚)나라는 이 때문에[496] 보기가 없고 저 나라들은 모두 가지고 있습니다. 지금 주나라와 저 네 나라는 군왕께 귀복하여 섬기며 오직 명을 따르려 하고 있으니 어찌 정(鼎)을 아끼겠습니까."라고 하였다.

王曰 昔我皇祖伯父昆吾 舊許是宅 **陸終氏六子 長昆吾 少季連 季連楚祖 故謂昆吾爲伯父 昆吾嘗居許地** **今鄭人貪賴其田 而不我與 我若求之 其與我乎 對曰 與君王哉 周不愛鼎 鄭敢愛田 王曰 昔諸侯遠我而畏晉 今我大城陳蔡不羹 賦皆千乘 子與有勞焉 諸侯其畏我乎 對曰 畏君王哉 是四國者 專足畏也** **四國 陳蔡二不羹** **又加之以楚 敢不畏君王哉**

초왕(楚王)이 말하기를 "옛날 우리 황조(皇祖)이신 백부(伯父) 곤오(昆吾)께서 옛 허(許)나라 땅에 거처하셨는데, 륙종씨(陸終氏)의 여섯 아들 가운데 장자가 곤오(昆吾)이고 막내가 계련(季連)인데 계련이 초(楚)나라의 시조가 되었으므로 곤오를 백부(伯父)라고 한 것이다. 곤오는 일찍이 허(許)나라 땅에 거처하였다. 지금 정인(鄭人)이 그 전지를 탐하여 차지하고서 우리에게 돌려주지 않고 있다. 내가 만약 그 땅을 요구한다면 우리에게 돌려주겠느냐?"라고 하니, 자혁(子革)이 대답하기를 "군왕께 돌려줄 것입니다. 주(周)나라도 정(鼎)을 아끼지 않을 것인데, 정(鄭)나라가 감히 전지를 아끼겠습니까."라고 하였다. 초왕이 말하기를 "옛날에 제후들이 우리를 멀리하고 진(晉)나라를 두려워하였는데, 지금은 우리가 진(陳)나라·채(蔡)나라·불갱(不羹)의 땅에 크게 성을 쌓고 군대[賦]는 모두 천 승(乘)씩 두고 있다. 그대 또한 이 일에 참여하여 공로가 있었다. 그렇다면 이제는 제후들이 우리를 두려워하겠느냐?"라고 하니, 자혁이 대답하기를

492) 필로(篳路)를~입고 : 필로(篳路)는 땔감을 싣는 수레이고 남루(籃縷)는 해진 옷이다. 거친 수레를 타고 해진 옷을 입는다는 뜻으로, 전의(轉義)되어 갖은 고생을 하여 창업함을 이른다. 이 말은 선공(宣公) 12년 여름 6월조에 있다.

493) 도호(桃弧)와 극시(棘矢) : 도호(桃弧)는 복숭아나무로 만든 활이고 극시(棘矢)는 가시나무로 만든 화살이다. 이는 궁중의 벽사(辟邪) 의식에 사용하는 물건이다.

494) 받들어 모셨습니다[共禦] : 공(共)은 공(供)의 뜻이고 어(禦)는 어(御)의 뜻이다.

495) 제(齊)나라는~나라였고 : 제태공(齊大公)의 딸인 읍강(邑姜)이 주성왕(周成王)의 어머니였기 때문이다.

496) 이 때문에 : 주(周)왕실과 친인척이 아니라는 말이다.

"군왕을 두려워할 것입니다. 이 네 나라의 군대만으로도 충분히 두렵게 할 수 있는데 네 나라는 진(陳)·채(蔡) 및 두 불갱(不羹)이다. 또 우리 초(楚)나라까지 더해졌으니, 감히 군왕을 두려워하지 않을 수 있겠습니까."라고 하였다.

工尹路請曰 君王命剝圭以爲鏚柲 鏚 音戚 斧也 柲 音祕 柄也 破圭玉以飾斧柄 **敢請命** 請制度之命 **王入視之 析父謂子革 吾子 楚國之望也 今與王言如響 國其若之何 子革曰 摩厲以須 王出 吾刃將斬矣** 須 俟也 以己喩鋒刃 欲自摩厲 以斷王之淫慝

그때 공윤(工尹)인 로(路)가 청하기를 "군왕께서 규옥(圭玉)을 쪼개어 도끼[鏚] 자루[柲]의 장식을 만들라고 명하셨는데 척(鏚)은 음이 척(戚)이니 도끼이다. 비(柲)는 음이 비(祕)이니 자루이다. 규옥(圭玉)을 쪼개어 도끼자루를 장식하라는 것이다. 감히 그 제도에 대해 명하시기를 청합니다."라고 하니, 제도(制度)에 대해 명하기를 청한 것이다.497) 초왕(楚王)이 안으로 들어가 그것을 살펴보았다. 석보(析父)가 자혁(子革)에게 이르기를 "그대는 초(楚)나라에서 우러러보는 분이십니다. 그런데 지금 왕과 말씀을 나누는 것이 메아리와 같이 호응하고 계시니 나라가 어떻게 되겠습니까?"라고 하였다. 자혁이 말하기를 "칼을 갈아 기다렸다가[須] 왕이 나오시면 내 칼날로 잘라버리겠소."라고 하였다. 수(須)는 기다림이다. 자신을 칼날에 비유하여 스스로를 갈아 왕의 사특한 행동을 잘라버리겠다는 것이다.

王出 復語 左史倚相趨過 倚相 楚史名 **王曰 是良史也 子善視之 是能讀三墳五典八索九丘** 三墳五典 三皇五帝之書 八索 八卦之說 九丘 九州之志 **對曰 臣嘗問焉 昔穆王欲肆其心** 周穆王 **周行天下 將皆必有車轍馬跡焉 祭公謀父作祈招之詩 以止王心** 招 音昭 謀父 周卿士 祈父 周司馬 招 其名 祭公方諫遊行 故指司馬而言 此詩 逸 **王是以獲沒於祗宮** 圻內遊觀之宮 **臣問其詩而不知也 若問遠焉 其焉能知之 王曰 子能乎 對曰 能 其詩曰 祈招之愔愔 式昭德音** 愔愔 安和貌 **思我王度 式如玉 式如金** 金玉 取其堅重 **形民之力 而無醉飽之心** 形 家語作刑 注傷也 言傷民之力 以爲養而無饜足之心 **王揖而入 饋不食 寢不寐 數日** 深感子革之言 **不能自克 以及於難**

초왕(楚王)이 나와서 다시 말할 때 좌사(左史)인 의상(倚相)이 종종걸음으로 지나가자, 의상(倚相)은 초(楚)나라 사관의 이름이다. 초왕이 말하기를 "저 사람은 훌륭한 사관이니 그대는

---

497) 제도(制度)에~것이다 : 어떤 형태로 만들 것인지 하명해 달라는 것이다.

잘 보아두어라. 저 사람은 삼분(三墳)·오전(五典)·팔삭(八索)·구구(九丘)를 읽었다."라고 하였다. 삼분(三墳)과 오전(五典)은 삼황(三皇)과 오제(五帝)에 관한 책이고, 팔삭(八索)은 팔괘(八卦)에 대한 설이고, 구구(九丘)는 구주(九州)에 대한 기록이다. 자혁(子革)이 대답하기를 "신이 일찍이 저 사람에게 질문한 적이 있습니다. 옛날 목왕(穆王)께서 그 마음이 가고자 하는 대로 주목왕(周穆王)이다. 천하를 두루 다니며 모든 곳에 반드시 수레바퀴 자국과 말발굽 자국을 남기고자 하였는데, 채공(祭公)인 모보(謀父)가 기소(祈招)의 시를 지어 그러한 목왕의 마음을 멈추게 하였습니다. 소(招)는 음이 소(昭)이다. 모보(謀父)는 주(周)나라 경사(卿士)이다. 기보(祈父)는 주나라 사마(司馬)인데 소(招)는 그 이름이다. 채공(祭公)이 바야흐로 유행(遊行)을 중지할 것을 간하고자 하였기 때문에 사마를 가리켜 말한 것이다.[498] 이 시는 일시(逸詩)이다. 목왕께서는 이 때문에 지궁(祗宮)에서 돌아가실 수 있었습니다.[499] 지궁(祗宮)은 기내(圻內 : 畿內)에 있는 유관(遊觀)을 위한 궁궐이다. 신이 그 시[500]에 대해 의상에게 물어보았으나 그는 알지 못하였으니, 만약 더 먼 옛날의 일을 물으면 어찌 알 수 있겠습니까."라고 하였다. 초왕이 말하기를 "그대는 그 시를 아는가?"라고 하니, 자혁이 대답하기를 "알고 있습니다. 그 시에 '기소의 음음(愔愔)함이여 그 덕음이 밝도다. 음음(愔愔)은 편안하고 화락한 모양이다. 우리 왕의 법도를 생각하니 옥과 같고 금과 같네. 금과 옥은 그 굳고 귀중한 뜻을 취한 것이다. 백성의 형편에 상심하여[形] 취하거나 배불리 먹을 마음이 없네.' 라고 하였습니다."라고 하였다. 형(形)은 《공자가어(孔子家語)》에는 형(刑)으로 되어 있고, 그 주(注)에는 상(傷)이라고 하였다. 백성의 형편에 상심하여 몸을 보존할 정도로만 하고 배불리 먹을 마음이 없다는 말이다. 초왕이 읍하고 안으로 들어가 음식을 올려도 먹지 않고 잠자리에 들어도 잠들지 못하기를 여러 날이었지만 자혁(子革)의 말에 깊이 감동한 것이다. 스스로 사욕을 이기지 못하여 화난에 이르렀다.[501]

仲尼曰 古也有志 志 書也 克己復禮 仁也 信善哉 楚靈王若能如是 豈其辱於乾谿

중니(仲尼)는 말하였다. "옛 기록[志]에도 지(志)는 기록이다. 사욕을 이기고 례로 돌아가는 것이 인(仁)이라고 하였으니, 진실로 훌륭하도다. 초령왕(楚靈王)이 만약 이와 같이 하였다면 어찌 간계(乾谿)에서 치욕을 당하였겠는가."

---

498) 채공(祭公)이~것이다 : 목왕(穆王)을 직접 거론할 수 없었기 때문에 사마(司馬)인 기보(祈父)를 두고 시를 지어 목왕의 행위를 풍간한 것이다.

499) 지궁(祗宮)에서~있었습니다 : 찬시(簒弑)의 화를 당하지 않았다는 것이다.

500) 그 시 : 기소(祈招)의 시.

501) 스스로~이르렀다 : 소공(昭公) 13년 여름에 초령왕(楚靈王)이 간계(乾谿)에서 자살하게 된다.

晉伐鮮虞
진(晉)나라가 선우(鮮虞)를 쳤다.

不書將帥 史闕文
경문에 장수를 기록하지 않은 것은 사관이 글을 빠뜨린 것이다.

晉伐鮮虞 因肥之役也

진(晉)나라가 선우(鮮虞)를 쳤으니, 비(肥)를 멸한 싸움을 리용한 것이다.[502)]

소공(昭公) 13년 【壬申 B.C.529】

十有三年 春 叔弓帥師圍費
13년 봄에 숙궁(叔弓)이 군대를 거느리고 비(費) 땅을 포위하였다.

不以君命 而使大夫討家臣 見季氏之無君矣
임금의 명이 없었는데도 대부를 시켜 가신을 토죄하였으니, 이는 계씨(季氏)가 임금을 무시함을 보인 것이다.

十三年 春 叔弓圍費弗克 敗焉 平子怒 令見費人執之 以爲囚俘 冶區夫曰 非也 區夫魯大夫 **若見費人 寒者衣之 飢者食之 爲之令主 而共其乏困 費來如歸 南氏亡矣 民將叛之 誰與居邑 若憚之以威 懼之以怒 民疾而叛 爲之聚也 若諸侯皆然 費人無歸 不親南氏 將焉入矣 平子從之 費人叛南氏**

13년 봄에 숙궁(叔弓)이 비(費) 땅을 포위하였으나 이기지 못하고 패하였다. 계평자(季平

502) 진(晉)나라가~것이다 : 올가을 진(晉)나라 순오(荀吳)가 거짓으로 제(齊)나라 군대와 회합하는 체하며 선우(鮮虞)에게 길을 빌려서 백적(白狄)인 비(肥)를 멸한 뒤에 선우를 친 것이다.

子)가 노하여 비인(費人)을 만나면 잡아서 포로로 삼으라고 명을 내리자, 야구부(冶區夫)가 말하기를 "아닙니다. 구부(區夫)는 로(魯)나라 대부이다. 만약 비인을 만나면 추워하는 자는 입혀주고 굶주린 자는 먹여주어 그들의 착한 주인이 되어 그 궁핍한 물자를 공급하여 준다면 비인이 귀순해 오기를 자기 집에 돌아오듯이 하여 남씨(南氏)[503]가 망할 것입니다. 백성이 장차 그를 배반할 것이니 누가 남씨와 함께 읍에 거주하려 하겠습니까. 만약 위압으로 그들을 떨게 하고 분노로써 그들을 두렵게 한다면 백성이 당신을 미워하여 배반할 것이니, 이는 남씨를 위하여 백성을 모아주는 것입니다. 만약 제후들이 다 그렇게 한다면[504] 비인들은 돌아갈 곳이 없으니 남씨와 친해지지 않고 장차 어디로 들어가겠습니까."라고 하였다. 평자(平子)가 이를 따르니 비인이 남씨를 배반하였다.

夏 四月 楚公子比自晉歸于楚 弑其君虔于乾谿 여름 4월에 초(楚)나라 공자 비(比)가 진(晉)나라에서 초나라로 돌아가 그 임금 건(虔)을 간계(乾谿)에서 시해하였다.

谿 穀作溪 ○先言歸者 明比不與謀也 後言弑者 正比之罪也

계(谿)는 《곡량전(穀梁傳)》에는 계(溪)로 되어 있다. ○돌아간 사실을 먼저 말한 것은 비(比)가 반란 모의에 참여하지 않았음을 밝힌 것이고, 시해한 사실을 뒤에 말한 것은 비의 죄임을 정확히 밝힌 것이다.[505]

楚子之爲令尹也 殺大司馬薳掩而取其室 在襄三十年 **及卽位 奪薳居田** 居 掩之族 **遷許而質許圍** 遷許在九年 圍 許大夫 **蔡洧有寵於王** 洧 蔡人 仕楚者 **王之滅蔡也 其父死焉 王使與於守而行** 使洧守國 王行至乾谿 **申之會 越大夫戮焉** 申會在四年 **王奪鬪韋龜中犨** 中犨 邑名 **又奪成然邑而使爲郊尹** 成然 韋龜子 郊尹 治郊竟大夫 **蔓成然故事蔡公** 蔡公 棄疾也 **故薳氏之族及薳居許圍蔡洧蔓成然 皆王所不禮也 因羣喪職之族 啓越大夫常壽過作亂** 常壽過 申會所戮者 **圍固城 克息舟** 固城息舟 二邑名 **城而居之**

---

503) 남씨(南氏) : 남괴(南蒯). 계씨(季氏)의 가신인데 비(費) 땅을 근거로 계씨를 배반하였다가 비 땅을 가지고 제(齊)나라로 망명하였다.

504) 만약~한다면 : 이웃의 제후들도 모두 계씨(季氏)를 위하여 비인(費人)을 포로로 잡는다는 것이다.

505) 돌아온~것이다 : 비(比)가 직접 반란을 모의하지 않고 관종(觀從)의 계략에 빠져 초(楚)나라에 들어왔으나 결국은 그가 임금이 된 뒤에 초령왕(楚靈王)이 죽었기 때문에 그가 임금을 시해하였다고 한 것이다.

초자(楚子 : 虔)가 령윤(令尹)으로 있을 때 대사마(大司馬) 위엄(薳掩)을 죽이고 그 가산을 차지하였었는데, 양공(襄公) 30년에 있었다. 임금 자리에 오르자 위거(薳居)의 전지를 빼앗고 거(居)는 엄(掩)의 족속이다. 허(許)나라를 옮기고 허위(許圍)를 인질로 삼았다. 허(許)나라를 옮긴 일은 9년에 있었다. 위(圍)는 허나라 대부이다. 채유(蔡洧)는 초왕(楚王)에게 총애를 받았는데, 유(洧)는 채(蔡)나라 사람으로 초(楚)나라에서 벼슬을 한 자이다. 초왕이 채(蔡)나라를 멸할 때[506] 그 아버지가 초(楚)나라와 싸우다가 죽었는데도[507] 초왕은 그에게 국도의 수비에 참여하도록 하고서 간계(乾谿)로 갔다.[508] 유(洧)를 시켜 국도를 수비하게 하고 초왕(楚王)은 길을 떠나 간계(乾谿)에 간 것이다. 신(申) 땅의 회합에서는 월(越)나라 대부가 모욕을 당하였고[戮], 신(申) 땅의 회합은 4년에 있었다. 초왕은 투위구(鬪韋龜)[509]의 중주(中犨)를 빼앗았으며, 중주(中犨)는 읍 이름이다. 또 성연(成然)의 읍을 빼앗고 그를 교윤(郊尹)으로 삼았다. 성연(成然)은 위구(韋龜)의 아들이다. 교윤(郊尹)은 교외의 경역을 다스리는 대부이다. 만성연(蔓成然 : 鬪成然)[510]은 예전에 채공(蔡公)을 섬겼었다. 채공(蔡公)은 기질(棄疾)이다.[511] 그러므로 위씨(薳氏)의 족속과 위거·허위·채유·만성연은 모두 초왕이 례우하지 않는 사람들이었다.[512] 이들은 직위를 잃은 뭇 족속들에 의지하고 월나라 대부 상수과(常壽過)를 유도하여 란을 일으켜, 상수과(常壽過)는 신(申) 땅의 회합에서 모욕을 당한 자이다. 고성(固城)을 포위하고 식주(息舟)를 함락하여 고성(固城)과 식주(息舟)는 두 읍 이름이다. 성을 쌓고 그곳을 거점으로 삼았다.

觀起之死也 其子從在蔡 事朝吳 觀起死在襄二十二年 朝吳 蔡大夫聲子之子 曰 今不封蔡 蔡不封矣 我請試之 以蔡公之命召子干子晳 元年 子干奔晉 子晳奔鄭 詐爲棄疾命召之 及郊而告之情 强與之盟 入襲蔡 蔡公將食 見之而逃 觀從使子干食 坎用牲 加書而速行

---

506) 초왕이~때 : 소공(昭公) 11년의 일이다.

507) 그~죽었는데도 : 당시 채유(蔡洧)는 초(楚)나라에서 벼슬하고 있었고, 그 아버지는 채(蔡)나라에서 초나라와 싸우다가 죽은 것이다.

508) 간계(乾谿)로 갔다 : 오(吳)나라를 위협하기 위하여 간 것이다.

509) 투위구(鬪韋龜) : 령윤(令尹)인 자문(子文 : 鬪穀於菟)의 현손이다.

510) 만성연(蔓成然 : 鬪成然) : 만(蔓) 땅에 식읍이 있었기 때문에 만성연(蔓成然)이라 부른다.

511) 채공(蔡公)은 기질(棄疾)이다 : 소공(昭公) 11년에 초령왕(楚靈王)이 채(蔡)나라를 멸한 뒤 초(楚)나라 공자였던 기질(棄疾)을 채공(蔡公)으로 삼아 채(蔡) 땅을 다스리게 하였다. 기질은 뒷날 초령왕을 이어 초평왕(楚平王)이 된다.

512) 위씨(薳氏)의~사람들이었다 : 이들 가운데 채유(蔡洧)는 초령왕(楚靈王)에게 총애는 받았지만 례우를 받지는 못한 듯하다.

己徇於蔡 己 觀從也 **曰 蔡公召二子 將納之 與之盟而遣之矣 將師而從之 蔡人聚 將執之** 執觀從 **辭曰 失賊成軍 而殺余何益 乃釋之** 賊謂子干子晳 言蔡公已成軍 殺己無益

관기(觀起)가 죽음을 당할 때[513] 그 아들 종(從)은 채(蔡)나라에 있으면서 조오(朝吳)를 섬기고 있었다. 관기(觀起)의 죽음은 양공(襄公) 22년에 있었다. 조오(朝吳)는 채(蔡)나라 대부 성자(聲子)의 아들이다. 관종(觀從)이 말하기를 "지금 채나라가 봉함을 받지 못한다면 채나라는 끝내 봉함을 받지 못하게 될 것입니다. 제가 이를 시도해 보겠습니다."[514]라 하고, 채공(蔡公 : 棄疾)의 명이라 하여 자간(子干)과 자석(子晳)[515]을 들어오라고 불렀다. 원년에 자간(子干)은 진(晉)나라로 망명하였고 자석(子晳)은 정(鄭)나라로 망명하였다. 기질(棄疾 : 蔡公)의 명이라고 속여 이들을 부른 것이다. 그들이 교외에 이르자 관종은 그동안의 정황을 일러주고[516] 강요하여 그들과 맹약하고 들어가 채나라를 습격하였다. 이때 채공은 밥을 먹으려다가 그들을 보고 도망하였다. 관종은 자간에게 그 밥을 먹게 하고 구덩이를 파서 희생을 써 맹세문을 그 위에 놓고는[517] 속히 초(楚)나라로 가도록 하였다. 그리고 자신은 채나라를 돌면서 자신은 관종(觀從)이다. 말하기를 "채공이 두 공자를 불러들여 그들을 초나라로 들여보내려고 그들과 맹약하고서 보냈으니 채공도 장차 군대를 동원하여 그 뒤를 따를 것이다."라고 하였다. 그러자 채인(蔡人)이 모여 그를 잡으려고 하자 관종(觀從)을 잡으려는 것이다. 그가 해명하며 말하기를 "적도(賊徒)는 이미 놓쳤고,[518] 채공도 군대를 편성하였으니 나를 죽인들 무슨 리익이 되겠는가."[519]라고 하니, 곧 그를 풀어 주었다. 적도(賊徒)는 자간(子干)과 자석(子晳)을 이른다. 채공(蔡公)도 이미 군대를 편성하였으니 자기를 죽이더라도 리익이 없다는 말이다.

朝吳曰 二三子若能死亡 則如違之 以待所濟 言若能爲靈王死亡 則可違蔡公命 以待成敗所在

---

513) 관기(觀起)가~때 : 양공(襄公) 22년에 초강왕(楚康王)이 령윤(令尹)인 자남(子南)을 죽이면서 자남의 총애를 받고 있던 관기(觀起)도 같이 죽였다.

514) 제가~보겠습니다 : 채(蔡)나라를 초(楚)나라에서 독립시켜 복국(復國)시키고자 함이다.

515) 자간(子干)과 자석(子晳) : 모두 초공왕(楚共王)의 아들이고 초령왕(楚靈王)의 아우이다.

516) 그들이~일러주고 : 채공(蔡公)은 이 계획을 모르고 있다고 고한 것이다.

517) 구덩이를~놓고는 : 관종(觀從)은 자간(子干)과 채공(蔡公)이 맹약한 것처럼 증거를 거짓으로 만들어 대중에게 보이고자 한 것이다.

518) 적도(賊徒)는~놓쳤고 : 자간(子干)과 자석(子晳)이 이미 초령왕(楚靈王)을 축출하기 위하여 초(楚)나라로 떠났다는 말이다.

519) 채공도~되겠는가 : 채공(蔡公 : 棄疾)도 이미 초령왕(楚靈王)에 대한 반란을 도모하여 실행에 옮겼으니, 관종(觀從) 자신과 채(蔡)나라 사람 모두가 초령왕을 배반한 죄에서 벗어날 수 없다는 말이다.

若求安定 則如與之 以濟所欲 且違上 何適而可 上謂蔡公 **衆曰 與之 乃奉蔡公 召二子而盟于鄧 依陳蔡人以國** 依陳蔡之衆以立國 **楚公子比公子黑肱公子棄疾蔓成然蔡朝吳帥陳蔡不羹許葉之師 因四族之徒** 四族 薳氏許圍蔡洧成然 **以入楚 及郊 陳蔡欲爲名故請爲武軍** 欲築壘壁以示後人 爲復讎之名 **蔡公知之 曰 欲速 且役病矣 請藩而已 乃藩爲軍** 藩 籬也 **蔡公使須務牟與史猈先入 因正僕人殺大子祿及公子罷敵** 猈 音皮 須務牟史猈 楚大夫 蔡公之黨 正僕 大子之近官

조오(朝吳)가 채인(蔡人)에게 말하기를 "그대들이 만약 초왕(楚王)을 위하여 죽거나 망명갈 수 있다면 마땅히[如] 채공(蔡公)의 명을 어기고서 그 결과를 기다려야 할 것이고, 만약 령왕(靈王)을 위해 죽거나 망명갈 수 있다면 곧 채공(蔡公)의 명을 어기고서 성공과 실패의 소재를 기다리라는 말이다. 만약 안정을 구한다면 마땅히 그[蔡公]를 도와 하고자 하는 바[520]를 이루어야 할 것이오. 또 윗분[上]을 어기고 어디로 간들 좋겠소."라고 하니, 상(上)은 채공(蔡公)을 이른다. 사람들이 말하기를 "그분을 돕겠소."라고 하였다. 이에 채공을 받들고 두 공자를 불러 등(鄧) 땅에서 맹약하고, 진인(陳人)과 채인에게 나라를 세워준다고 하여 그 힘에 의지하였다. 나라를 세워준다는 조건으로 진(陳)나라와 채(蔡)나라 사람들의 힘에 의지한 것이다. 초(楚)나라 공자 비(比 : 子干)·공자 흑굉(黑肱 : 子晳)·공자 기질(棄疾 : 蔡公)·만성연(蔓成然)·채(蔡)나라 조오(朝吳)가 진(陳)·채(蔡)·불갱(不羹)·허(許)·섭(葉)나라의 군대를 거느리고 4족(族)의 무리에 의지하여 4족(族)은 위씨(薳氏)·허위(許圍)·채유(蔡洧)·성연(成然)이다. 초나라로 들어갔다. 교외에 이르렀을 때 진나라와 채나라가 명성[521]을 내고자 하였다. 그러므로 무군(武軍)[522]을 만들기를 청하니 루벽(壘壁)을 쌓아 후세 사람들에게 보여주어 복수를 했다는 명성을 이루고자 한 것이다. 채공이 이를 알고서 말하기를 "신속하게 움직여야 하고 또 군사[役]들이 지쳤으니 울타리[藩]나 치도록 합시다."라고 하자, 이에 울타리를 쳐서 군영을 만들었다. 번(藩)은 울타리이다. 채공이 수무모(須務牟)와 사피(史猈)를 먼저 도성으로 들여보내어 정복인(正僕人)의 도움을 받아 태자 록(祿)과 공자 피적(罷敵)을 죽였다. 피(猈)는 음이 피(皮)이다. 수무모(須務牟)와 사피(史猈)는 초(楚)나라 대부로 채공(蔡公)의 당여이다. 정복(正僕)은 태자의 측근 관리이다.

公子比爲王 公子黑肱爲令尹 次于魚陂 魚陂 楚地 **公子棄疾爲司馬 先除王宮 使觀從**

520) 하고자~바 : 초왕(楚王)을 축출하고 채(蔡)나라를 복국(復國)시키는 일이다.

521) 명성 : 초령왕(楚靈王)을 축출하고 진(陳)나라와 채(蔡)나라를 복국(復國)시켰다는 명성이다.

522) 무군(武軍) : 무군(武軍)에는 두 가지가 있다. 하나는 무력을 과시하기 위하여 군영에 높이 쌓은 보루이다. 다른 하나는 전공을 드러내기 위하여 적의 시신을 거두어 흙을 덮어 높이 쌓아 올린 보루를 이른다.

從師于乾谿 而遂告之 告使叛靈王 **且曰 先歸復所 後者劓** 劓 截鼻 **師及訾梁而潰**

공자 비(比)가 초왕(楚王)이 되고 공자 흑굉(黑肱)은 령윤(令尹)이 되어 어피(魚陂)에 군대를 주둔시키고, 어피(魚陂)는 초(楚)나라 땅이다. 공자 기질(棄疾)은 사마(司馬)가 되어 먼저 왕궁을 소제하고 관종(觀從)을 시켜 간계(乾谿)에 있는 군대에 가서 드디어 이런 상황을 알렸다. 군사들에게 알려 령왕(靈王)을 배반하게 한 것이다. 또 말하기를 "먼저 돌아가는 자는 그 지위[所]를 회복하겠지만 나중에 돌아가는 자는 코를 베는[劓] 형에 처하리라."라고 하였다. 의(劓)는 코를 벰이다. 이에 초령왕(楚靈王)의 군대가 자량(訾梁)에 이르러 흩어졌다.

王聞羣公子之死也 自投于車下 曰 人之愛其子也 亦如余乎 侍者曰 甚焉 小人老而無子 知擠于溝壑矣 王曰 余殺人子多矣 能無及此乎 右尹子革曰 請待于郊 以聽國人 王曰 衆怒不可犯也 曰 若入於大都而乞師於諸侯 王曰 皆叛矣 曰 若亡於諸侯以聽大國之圖君也 王曰 大福不再 祇取辱焉 然丹乃歸于楚

초령왕(楚靈王)은 뭇 공자가 죽었다는 소식을 듣고서 자신도 모르게 수레 아래로 떨어지면서 말하기를 "남도 그 자식을 사랑함이 나와 같은가?"라고 하니, 시자(侍者)가 대답하기를 "더 심합니다. 소인은 늙어서 자식이 없으니 도랑이나 골짜기에 몸이 던져질 것을 알고 있습니다."[523]라고 하였다. 령왕(靈王)이 말하기를 "나는 남의 자식을 많이 죽였으니 이런 지경에 이르지 않을 수 있겠는가."라고 하였다. 우윤(右尹)인 자혁(子革)이 말하기를 "교외에 나가 기다리면서 국인의 의견을 들어보기를 청합니다."라고 하니, 령왕이 말하기를 "대중의 분노는 범할 수 없다."라고 하였다. 자혁이 말하기를 "그렇다면 큰 도시에 들어가서 제후들에게 군대를 빌리십시오."라고 하니, 령왕이 말하기를 "제후들이 모두 나를 배반하였다."라고 하였다. 자혁이 말하기를 "그렇다면 제후국에 망명하여 대국들이 임금님을 위하여 어떤 일을 도모할 수 있는지 들어보십시오."라고 하니, 령왕이 말하기를 "큰 복은 두 번 오지 않는 것이니 다만 욕됨을 취할 것이다."라고 하였다. 연단(然丹 : 子革)은 이에 초(楚)나라로 돌아갔다.[524]

王沿夏 將欲入鄢 夏 漢別名 **芋尹無宇之子申亥曰 吾父再奸王命** 謂斷王旌 執人於章華宮 **王弗誅 惠孰大焉 君不可忍** 不可忍視其死亡 **惠不可棄 吾其從王 乃求王 遇諸棘闈以**

523) 소인은~있습니다 : 자식은 누구에게나 소중하다는 말이다.

524) 연단(然丹 : 子革)은~돌아갔다 : 초령왕(楚靈王)을 버리고 초(楚)나라로 돌아간 것이다.

歸 棘 里名 闈 門也 **夏 五月 癸亥 王縊于芋尹申亥氏** 癸亥 五月二十六日 在乙卯丙辰後 傳終言之 經書四月誤 **申亥以其二女殉而葬之**

초령왕(楚靈王)은 하수(夏水)를 따라 내려가 언(鄢) 땅으로 들어가려고 하였다. 하수(夏水)는 한수(漢水)의 다른 이름이다. 이때 우윤(芋尹)인 무우(無宇)의 아들 신해(申亥)가 말하기를 "나의 아버지는 왕명을 두 번이나 어겼는데도 왕의 깃발을 자른 일과 장화궁(章華宮)에서 죄인을 잡아가려고 한 일을 이른다.[525] 왕께서 벌을 내리지 않으셨으니, 어느 은혜가 이보다 크겠는가. 임금의 어려움을 차마 보고만 있을 수 없고 임금의 죽음을 차마 보고만 있을 수 없다는 것이다. 임금의 은혜를 저버릴 수 없으니 내가 왕을 따르리라."고 하고는 이내 령왕(靈王)을 찾아나서 극위(棘闈)에서 만나 모시고 돌아갔다. 극(棘)은 마을 이름이고 위(闈)는 문이다. 여름 5월 계해일에 령왕이 우윤 신해의 집에서 목매어 자살하였다. 계해일은 5월 26일이니 을묘일과 병진일의 뒤에 있는데 전문에서는 초령왕(楚靈王)의 일을 종결지어 말한 것이다.[526] 경문에 4월이라고 기록한 것은 잘못이다. 신해는 자신의 두 딸을 순장시켜 령왕의 장례를 지내주었다.

楚公子棄疾殺公子比 초(楚)나라 공자 기질(棄疾)이 공자 비(比)를 죽였다.

殺 公作弑 ○不曰弑君比 不當君也 殺不稱人 罪棄疾也

살(殺)은 《공양전(公羊傳)》에는 시(弑)로 되어 있다. ○임금 비(比)를 시해하였다고 말하지 않은 것은 정식으로 임금의 자리에 앉지 않아서이다. 죽인 자를 초인(楚人)이라고 칭하지 않은 것은 기질(棄疾)을 죄준 것이다.

觀從謂子干曰 不殺棄疾 雖得國 猶受禍也 子干曰 余不忍也 子玉曰 人將忍子 子玉 觀從 **吾不忍俟也 乃行 國每夜駭曰 王入矣** 相恐以靈王也 **乙卯夜 棄疾使周走而呼曰**

---

525) 왕의~이른다 : 초령왕(楚靈王)이 령윤(令尹)으로 있을 때 왕의 깃발을 만들어 가지고 사냥을 하니 신무우(申無宇)가 한 나라에 두 임금이 있다면 누가 감당하겠느냐고 하며 그 기를 잘라낸 일과, 령왕(靈王)이 임금이 된 뒤에 신무우의 문지기가 죄를 짓고 장화궁(章華宮)으로 도망가니 신무우가 그를 잡아가려고 하였던 일을 말한다. 소공(昭公) 7년조 참조.

526) 을묘일과~것이다 : 초령왕(楚靈王)이 죽기 전인 을묘일과 병진일의 일이 전문의 바로 뒤에 나오기 때문에 이를 미리 기술한 것이다.

王至矣 國人大驚 使蔓成然走告子干子晳曰 王至矣 國人殺君司馬 將來矣 詐言棄疾見殺 以恐子干 **君若早自圖也 可以無辱 衆怒如水火焉 不可爲謀 又有呼而走至者曰 衆至矣 二子皆自殺**

관종(觀從)이 자간(子干 : 比)에게 말하기를 “기질(棄疾)을 죽이지 않으면 비록 나라를 얻더라도 오히려 화를 받게 될 것입니다.”라고 하니, 자간이 말하기를 “나는 차마 그렇게 하지 못하겠다.”라고 하였다. 자옥(子玉)이 말하기를 “저 사람[棄疾]은 장차 그대에게 잔인한 짓을 할 것이니, 자옥(子玉)은 관종(觀從)이다. 저는 차마 그때까지 기다릴 수 없습니다.”라고 하면서 이에 자간을 떠났다. 이때 국도에서 매일 밤 놀라게 하며 말하기를 ‘왕이 들어올 것이다.’라고 하였다. 령왕(靈王)이라는 말로 서로 두렵게 한 것이다. 을묘일 밤에 기질이 사람을 시켜 사방으로 돌아다니면서 ‘왕이 들어왔다.’라고 외치게 하니, 국인이 크게 놀랐다. 기질이 만성연(蔓成然)을 시켜 달려가서 자간과 자석(子晳)에게 고하기를 “왕이 들어와서 국인이 주군[子干]께서 임명한 사마(司馬 : 棄疾)를 죽이고 이곳으로 몰려오고 있습니다. 거짓으로 기질(棄疾)이 죽임을 당하였다고 말하여 자간(子干)을 두렵게 한 것이다. 주군께서 만약 일찍 스스로 도모하신다면[527] 욕됨이 없을 것입니다. 대중의 분노가 물불과 같으니 어떻게 도모해 볼 수가 없습니다.”라고 하였다. 다시 소리를 지르며 달려온 자가 이르기를 “대중이 여기에 몰려왔습니다.”라고 하니, 두 사람 모두 자살하였다.

丙辰 棄疾卽位 名曰熊居 葬子干于訾 實訾敖 殺囚 衣之王服 而流諸漢 乃取而葬之 以靖國人 詐以爲靈王而葬之 **使子旗爲令尹** 子旗 蔓成然

병진일에 기질(棄疾)이 즉위하여 이름을 웅거(熊居)라고 하였다. 자간(子干)을 자(訾) 땅에 장례 지냈으니 바로 자오(訾敖)[528]이다. 죄수를 죽여 왕의 의복을 입힌 뒤 한수(漢水)에 흘려보냈다가, 이 시신을 취하여 장례를 지내 국인을 안정시키고 거짓으로 령왕(靈王)이라고 하여 장례 지낸 것이다. 자기(子旗)를 령윤(令尹)으로 삼았다. 자기(子旗)는 만성연(蔓成然)이다.

楚師還自徐 吳人敗諸豫章 獲其五帥 五帥 卽蕩侯潘子司馬督囂尹午陵尹喜

초(楚)나라 군대가 서(徐)나라에서 돌아올 때 오인(吳人)이 예장(豫章)에서 초나라 군대

527) 주군께서~도모하신다면 : 도망가거나 자살하기를 유도한 것이다.

528) 자오(訾敖) : 여기서 오(敖)는 초(楚)나라에서 정식으로 임금의 자리에 오르지 못하고 죽어서 시호가 없는 임금을 이른다.

를 패배시키고 다섯 장수를 사로잡았다. 다섯 장수는 곧 탕후(蕩侯)·반자(潘子)·사마독(司馬督)·효윤(囂尹) 오(午)·릉윤(陵尹) 희(喜)이다.

平王封陳蔡 復遷邑 復九年所遷邑 **致羣賂** 始擧事時 所許貨賂 **施舍寬民 有罪擧職** 修廢官 **召觀從 王曰 唯爾所欲 對曰 臣之先 佐開卜 乃使爲卜尹** 佐卜人開龜兆

초평왕(楚平王 : 棄疾)이 진(陳)나라와 채(蔡)나라를 봉하여 주고 옮겼던 읍을 원래대로 돌아가게 하였으며, 9년에 옮겼던 읍을 원래대로 돌아가게 한 것이다. 여러 사람에게 재화를 주었으며, 처음 거사할 때 주기로 한 재물이다. 은혜를 베풀고 백성에게 관대하게 대하였으며, 죄인들을 용서하고 관직을 부활시켰다. 폐지된 관직을 수복시킨 것이다. 관종(觀從)을 불러서 평왕이 말하기를 "네가 하고 싶은대로 해주겠다."라고 하니, 관종이 대답하기를 "신의 조상들은 복인(卜人)을 도와 조짐을 열어보는 일을 맡았습니다."라고 하니, 이에 복윤(卜尹)을 삼았다. 복인(卜人)을 도와 거북점의 조짐을 열어보는 것이다.

使枝如子躬聘于鄭 枝如子躬 楚大夫 **且致犨櫟之田** 犨櫟 本鄭邑 楚取之 今以還鄭 **事畢 弗致** 知鄭自說服 不復須賂故 **鄭人請曰 聞諸道路 將命寡君以犨櫟 敢請命 對曰 臣未聞命 旣復 王問犨櫟 降服而對** 降服 如今解冠 **曰 臣過失命** 言臣罪過漏失君命 **未之致也 王執其手曰 子毋勤 姑歸 不穀有事 其告子也**

지여자궁(枝如子躬)으로 하여금 정(鄭)나라를 빙문하게 하고 지여자궁(枝如子躬)은 초(楚)나라 대부이다. 또 주(犨) 땅과 력(櫟) 땅의 전지를 돌려주게 하였다. 주(犨)와 력(櫟)은 본래 정(鄭)나라 읍인데 초(楚)나라가 차지하였다가 지금 정나라에 돌려주게 한 것이다. 빙문을 마쳤는데도 전지를 돌려주지 않으니, 정(鄭)나라가 스스로 기꺼이 복종하였으니 다시 재물을 기다리지 않을 것으로 알았기 때문이다. 정인(鄭人)이 청하기를 "길에서 들으니 장차 과군에게 주 땅과 력 땅을 돌려준다고 명하셨다 하니 감히 명을 청합니다."라고 하였다. 지여자궁이 대답하기를 "신은 아직 명을 듣지 못하였습니다."라고 하였다. 그가 초(楚)나라에 돌아가자 평왕(平王)이 주 땅과 력 땅에 대하여 물었다. 지여자궁이 윗옷을 벗고[降服] 대답하기를 강복(降服)은 지금의 관(冠)을 벗는 것[529]과 같다. "신이 잘못하여 명을 빠뜨리고 신의 죄는 잘못하여 임금의 명을 빠뜨렸다는 말이다. 돌려주지 못하였습니다."라고 하니, 왕이 그의 손을 잡으면서 말하기를 "그대는 걱정하지 말고 우선 집에 돌아가 있으라. 내[不穀]가 일이 있으면 장차[其] 그대에게 알릴 것이다."[530]라고 하였다.

529) 관(冠)을~것 : 사죄를 표하는 것이다.

他年 芋尹申亥以王柩告 乃改葬之

그 뒤 어느 해에 우윤(芋尹)인 신해(申亥)가 초령왕(楚靈王)의 관을 가지고 와서 고하니 이에 초령왕의 장례를 다시 지내주었다.

初 靈王卜曰 余尙得天下 不吉 投龜詬天而呼曰 是區區者而不余畀 區區 小天下 **余必自取之 民患王之無厭也 故從亂如歸 初 共王無冢適 有寵子五人 無適立焉 乃大有事于羣望 而祈曰 請神擇於五人者 使主社稷 乃徧以璧見於羣望曰 當璧而拜者 神所立也 誰敢違之 既乃與巴姬密埋璧於大室之庭** 巴姬 共王妾 大室 祖廟 **使五人齊而長入拜** 齊戒而從長幼以次拜 **康王跨之** 過其上也 **靈王肘加焉 子干子晳皆遠之 平王弱 抱而入 再拜 皆厭紐** 微見璧紐以爲審識 **鬪韋龜屬成然焉 且曰 棄禮違命 楚其危哉** 棄立長之禮而卜神 違當璧之命而立康王

앞서 초령왕(楚靈王)이 거북점을 치며 기원하기를 "내가 천하를 얻기를 바라노라[尙]."라고 하였다. 점이 불길하자 귀갑(龜甲)을 던지고 하늘을 꾸짖으며 부르짖기를 "이 하찮은[區區] 것을 나에게 주지 않는다면 구구(區區)는 천하를 하찮게 여김이다. 내가 반드시 스스로 차지할 것이다."라고 하였다. 백성은 왕의 욕망이 끝이 없음을 근심하였기 때문에 반란에 따라나서기를 나그네가 집으로 돌아가듯이 하였다. 이보다 앞서 공왕(共王)은 적장자(適長子 : 冢適)531)가 없었고 총애하는 서자가 다섯 사람532)이 있었는데 누구를 세우는 것이 적합한지 몰랐다. 그래서 군망(羣望)533)에 크게 제사를 지내고 기원하기를 "신(神)께서 다섯 사람 중에서 선택하여 사직의 주인이 되게 하소서."라고 하였다. 그리고는 벽옥을 군망에 두루 보이며 말하기를 "이 벽옥이 있는 곳에 자리하여 절하는 자가 신이 태자로 세우는 자이니 누가 감히 신의 뜻을 어기겠습니까."라고 하였다. 제사를 마치고 나서 파희(巴姬)와 함께 비밀리에 벽옥을 태실(大室)의 뜰에 묻고는 파희(巴姬)는 공왕(共王)의 첩이다. 태실(大室)은 조묘(祖廟)이다. 다섯 아들을 재계시켜 나이순으로 들어와 절하게 하였다. 재계하고서 나이순에 따라 차례로 절하게 한 것이다. 강왕(康王)은 그것을 지나쳤고, 그 위를 지나친 것이다. 령왕(靈王)은 팔꿈치가 닿았으며, 자간(子干)과 자석(子晳)은 모두 벽옥이 있는 자리와는 멀리 떨어져 있었다.

---

530) 내[不穀]가~것이다 : 그가 권도(權道)로 일을 잘 처리했다고 여겨 다시 부르겠다는 뜻을 보인 것이다.
531) 적장자(適長子 : 冢適) : 총적(冢適)의 총(冢)은 대(大)의 뜻으로 총적(冢適)은 적장자(適長子)를 말한다.
532) 다섯 사람 : 강왕(康王)·령왕(靈王)·자간(子干)·자석(子晳)·평왕(平王 : 棄疾)이다.
533) 군망(羣望) : 망제(望祭)를 지내는 나라 안의 성신(星辰)과 명산대천의 여러 신.

평왕(平王 : 棄疾)은 어려서 사람에 안겨 들어왔는데 재배할 때 두 번 모두 머리가 벽옥에 매달은 끈을 눌렀다. 벽옥의 끈을 조금 보이도록 하여 살펴서 알게 한 것이다.[534] 뒷날 투위구(鬪韋龜)가 그 아들 성연(成然)을 평왕에게 부탁하고,[535] 또 말하기를 "례를 버리고 천명도 어겼으니 초나라는 장차 위태로워질 것이다."라고 하였다. 장자를 세우는 례를 버리고 신에게 점쳤으며, 벽옥의 자리에 절한 사람을 선택한다는 천명을 어기고 강왕(康王)을 세운 것이다.

子干歸 韓宣子問於叔向曰 子干其濟乎 對曰 難 宣子曰 同惡相求 同惡 如薳居蔓成然之屬 **如市賈焉 何難 對曰 無與同好** 言子干無黨於內 **誰與同惡 取國有五難 有寵而無人 一也 有人而無主 二也** 雖有賢人 當須內主爲應 **有主而無謀 三也 有謀而無民 四也 有民而無德 五也 子干在晉十三年矣 晉楚之從 不聞達者 可謂無人** 從謂從游 **族盡親叛 可謂無主** 無親族在楚 **無釁而動 可謂無謀 爲羈終世 可謂無民 亡無愛徵 可謂無德** 楚人無愛念之者 **王虐而不忌 楚君子干 涉五難以弑舊君 誰能濟之 有楚國者 其棄疾乎 君陳蔡 城外屬焉** 城 方城也 **苛慝不作 盜賊伏隱 私欲不違** 不以私欲違民事 **民無怨心 先神命之 國民信之 羋姓有亂 必季實立 楚之常也 獲神 一也 有民 二也 令德 三也 寵貴 四也** 貴妃子 **居常 五也** 棄疾 季 **有五利以去五難 誰能害之 子干之官 則右尹也 數其貴寵 則庶子也 以神所命 則又遠之 其貴亡矣 其寵棄矣 民無懷焉 國無與焉 將何以立**

진(晉)나라에 망명가 있던 자간(子干)이 돌아갈 때 한선자(韓宣子)가 숙향(叔向)에게 묻기를 "자간은 일을 이루겠는가?"라고 하였다. 숙향이 대답하기를 "어려울 것입니다."라고 하였다. 선자(宣子)가 말하기를 "초왕(楚王 : 靈王)을 함께 미워하는 자들이 뜻을 같이 하는 자를 구함에 함께 미워하는 자들이란 위거(薳居)·만성연(蔓成然)과 같은 부류이다. 마치 시장의 장사꾼과 같이 하니[536] 무슨 어려움이 있겠는가."라고 하였다. 숙향이 다음과 같이 대답하였다. "자간에게는 좋은 일에도 뜻을 같이하는 사람이 없었는데 자간(子干)은 국내에서 뜻을 함께하는 무리가 없었다는 말이다. 누가 초왕을 미워하는 일에 뜻을 함께하겠습니까. 나라를 차지하는 데는 다섯 가지 어려움이 있습니다. 귀한 신분이면서 보좌할 현인이 없는 것이 첫째이고, 보좌할 현인이 있더라도 의지할 세력[主]이 없는 것이 둘째이고, 비록 현인이 있다할지라도 마땅히

534) 벽옥의~것이다 : 절하는 자리가 벽옥이 있는 곳인지 알기 위한 것이다.

535) 뒷날~부탁하고 : 뒷날 기질(棄疾 : 平王)이 왕위에 오를 것을 알았기 때문에 아들을 부탁한 것이다.

536) 시장의~하니 : 시장에 장사꾼이 리익을 구하듯이 모인다는 것이다.

국내의 의지할 세력이 호응을 해야 한다는 것이다. 의지할 세력은 있더라도 지모가 없는 것이 셋째이고, 지모는 있더라도 백성의 지지가 없는 것이 넷째이고, 백성의 지지는 있더라도 덕이 없는 것이 다섯째입니다. 자간이 진나라에 머문 지가 13년이 되었는데도 진나라와 초(楚)나라에서 그와 교유하는[從] 사람으로 현달한 자가 있다는 소문을 들은 적이 없으니 그에게 현인이 없다고 이를 수 있고, 종(從)은 종유(從游)[537]함을 이른다. 족속이 다 죽었고 친척도 배반하였으니 의지할 세력이 없다고 이를 수 있고, 친족으로 초(楚)나라에 있는 사람이 없다는 것이다. 초나라에 들어가 활동할 틈새가 없는데 움직였으니 지모가 없다고 이를 수 있고, 나그네로 일생을 보냈으니 지지하는 백성이 없다고 이를 수 있고, 망명해 있었지만 그를 사랑하여 부르는 사람이 없으니 덕이 없다고 이를 수 있습니다. 초(楚)나라 사람으로 그를 사랑하고 생각하는 자가 없다는 것이다. 초왕(楚王)이 포학하고 꺼리는 것이 없지만 초나라가 자간을 임금으로 세우려면 그는 다섯 가지 어려움을 극복하고 오래된 임금[楚靈王]을 시해해야 하니, 누가 능히 이 일을 이루어 나가겠습니까. 초나라를 소유할 자는 아마도 기질(棄疾)일 것입니다. 그는 진(陳)나라 지역과 채(蔡)나라 지역의 임금 노릇을 하였고 방성[城][538] 밖의 지역이 그에게 귀속되었으며, 성(城)은 방성(方城)이다. 가혹하거나 사특한 정치를 하지 않아 도적들이 잠복해 숨었으며, 사욕으로 백성의 일을 어긋나게 하지 않아 사욕으로 백성의 일을 어긋나게 하지 않은 것이다. 백성이 그를 원망하는 마음이 없으며, 선조의 신들이 그를 명하였고 나라의 백성이 그를 신뢰합니다. 그리고 미성(羋姓)[539]에 변란이 생기면 반드시 막내가 임금의 자리에 서는 것이 초나라의 상규(常規)입니다. 신의 도움을 받은 것이 첫째 리점이고, 지지하는 백성이 있는 것이 둘째이고, 아름다운 덕이 있는 것이 셋째이고, 귀총(貴寵)의 자리에 있는 것이 넷째이고, 기질(棄疾)은 귀비(貴妃)의 아들이다. 상규에 맞는 자리에 있는 것이 다섯째입니다. 기질(棄疾)은 막내이다. 이러한 다섯 가지 리점을 가지고 다섯 가지 어려움을 제거한다면 누가 그를 방해할 수 있겠습니까. 자간의 관직은 우윤(右尹)이었고 귀총을 따진다면 서자이고 신이 명한 일로 보면 신의 뜻에서 멀었습니다. 귀함도 없고 총애도 떠났으며 백성이 그를 생각하지 않고 나라 안에 그를 돕는 이도 없으니, 장차 어떻게 임금이 될 수 있겠습니까."

宣子曰 齊桓晉文 不亦是乎 皆庶賤 **對曰 齊桓 衛姬之子也 有寵於僖** 衛姬 齊僖公妾 **有鮑叔牙賓須無隰朋以爲輔佐 有莒衛以爲外主 有國高以爲內主 從善如流 下善齊**

537) 종유(從游) : 교유(交遊).

538) 방성[城] : 초(楚)나라 북쪽의 장성(長城).

539) 미성(羋姓) : 초(楚)나라 왕실의 성(姓). 여기서는 초나라를 이른다.

肅 下善人而齊莊肅敬 **不藏賄 不從欲 施舍不倦 求善不厭 是以有國 不亦宜乎 我先君文公 狐季姬之子也 有寵於獻 好學而不貳 生十七年 有士五人** 狐偃趙衰顚頡魏犨胥臣 **有先大夫子餘子犯以爲腹心 有魏犨賈佗以爲股肱 有齊宋秦楚以爲外主 有欒郤狐先以爲內主** 欒枝郤穀狐突先軫 **亡十九年 守志彌篤 惠懷棄民** 惠公懷公 **民從而與之 獻無異親 民無異望** 獻公九子 惟文公在 **天方相晉 將何以代文** 將有何君 可代文公 **此二君者異於子干 共有寵子 國有奧主** 謂棄疾也 **無施於民 無援於外 去晉而不送 歸楚而不逆** 晉送楚迎 皆無兵衛 **何以冀國**

선자(宣子)가 말하기를 "제환공(齊桓公)과 진문공(晉文公)도 또한 이와 같은 경우가 아닌가?"라고 하니, 모두 서자의 천한 신분이라는 것이다. 숙향(叔向)이 다음과 같이 대답하였다. "제환공은 위희(衛姬)의 아들로서 제희공(齊僖公)의 총애를 받았으며, 위희(衛姬)는 제희공(齊僖公)의 첩이다. 포숙아(鮑叔牙)·빈수무(賓須無)·습붕(隰朋)이 보좌가 되었고, 거(莒)나라와 위(衛)나라가 외부의 의지할 세력[外主]이 되었으며, 국씨(國氏)와 고씨(高氏)가 내부의 의지할 세력[內主]이 되었습니다. 선한 말을 따르기를 물 흐르듯이 하였으며, 선한 이에게 몸을 낮추고 스스로의 몸가짐은 엄숙하고 공경히 하였으며, 선인(善人)에게 자신을 낮추고 몸가짐은 엄숙하고 공경히 한 것이다. 재물을 모아두지 않고 사욕을 좇지 않았으며, 은혜 베풀기를 게을리하지 않고 선을 구하기를 싫어하지 않았습니다. 이 때문에 나라를 소유하였으니 또한 당연하지 않겠습니까. 우리 선군이신 문공(文公)께서는 호계희(狐季姬)의 아들로 부친인 헌공(獻公)의 총애를 받았고, 배우기를 좋아하여 두마음을 품지 않았으며,[540] 17세에 현사(賢士) 5인을 얻었습니다. 호언(狐偃)·조최(趙衰)·전힐(顚頡)·위주(魏犨)·서신(胥臣)이다. 선대부였던 자여(子餘:趙衰)와 자범(子犯:狐偃)이 복심(腹心)의 신하[541]가 되었고, 위주(魏犨)와 가타(賈佗)가 고굉(股肱)의 신하[542]가 되었으며, 제(齊)나라·송(宋)나라·진(秦)나라·초(楚)나라가 외부의 의지할 세력이 되었고, 란씨(欒氏)·극씨(郤氏)·호씨(狐氏)·선씨(先氏)가 내부의 의지할 세력이 되어 란지(欒枝)·극곡(郤穀)·호돌(狐突)·선진(先軫)이다. 망명한 19년 동안 뜻을 지키기를 더욱 두터이 할 수 있었습니다. 그동안 혜공(惠公)과 회공(懷公)은 백성을 버리고 돌보지 않았으니 진혜공(晉惠公)과 진회공(晉懷公)이다. 백성은 문공을 따르고 도왔습니다. 헌공에게는 문공 외에 다른 친자가 없었으니 백성은 문공 외에는 달리 기대할 곳이 없었습니다. 헌공(獻公)의

540) 두마음을~않았으며 : 뜻을 독실하게 한 것이다.
541) 복심(腹心)의 신하 : 현명한 지모를 갖춘 신하.
542) 고굉(股肱)의 신하 : 좌우에서 모시는 신하.

아홉 아들 중 문공(文公)만이 살아있었다는 것이다. 하늘이 바야흐로 진(晉)나라를 도와줌에 있어서 누가 문공을 대신할 수 있었겠습니까. 장차 어떤 임금이 있어 문공(文公)을 대신할 수 있었겠느냐는 것이다. 이 두 임금님은 자간(子干)의 경우와는 달랐습니다. 초공왕(楚共王)에게는 총애하는 아들이 있고 초나라 백성이 마음에 둔 주군이 있는데도 기질(棄疾)을 이른다. 자간은 백성에게 은혜를 베풀지 않았고, 외부로부터의 지원세력도 없어서 진(晉)나라를 떠날 때는 호송하는 자가 없었고, 초나라로 돌아갈 때도 맞이하는 자가 없었으니 진(晉)나라에서 보내고 초(楚)나라에서 맞이할 때 모두 병사들의 호위가 없었다는 것이다. 어찌 나라 얻기를 바랄 수 있겠습니까."

秋 公會劉子晉侯齊侯宋公衛侯鄭伯曹伯莒子邾子滕子薛伯杞伯小邾子于平丘 八月 甲戌 同盟于平丘 公不與盟 晉人執季孫意如以歸

가을에 소공(昭公)이 류자(劉子)·진후(晉侯)·제후(齊侯)·송공(宋公)·위후(衛侯)·정백(鄭伯)·조백(曹伯)·거자(莒子)·주자(邾子)·등자(滕子)·설백(薛伯)·기백(杞伯)·소주자(小邾子)와 평구(平丘)에서 회합하였다. 8월 갑술일에 평구에서 동맹하였는데 소공은 맹약에 참여하지 않았다. 진인(晉人)이 계손의여(季孫意如)를 잡아 돌아갔다.

平丘 衛地 魯不與盟 非國惡 故不諱 稱人以執 非伯討也 晉合諸侯止此

평구(平丘)는 위(衛)나라 땅이다. 로(魯)나라가 맹약에 참여하지 않은 것이 나라의 허물이 아니었기 때문에 이 사실을 숨기지 않았다. 진인(晉人)이 잡아갔다고 칭한 것은 후백(侯伯)[543]으로서의 토죄가 아니었기 때문이다. 진(晉)나라가 제후들을 규합한 일은 여기에서 그쳤다.

晉成虒祁 諸侯朝而歸者 皆有貳心 爲取郠故 晉將以諸侯來討 叔向曰 諸侯不可以不示威 乃並徵會 告于吳 秋 晉侯會吳子于良 良 地名 **水道不可 吳子辭 乃還**

진(晉)나라가 사기궁(虒祁宮)을 완성하였을 때[544] 조견하고 돌아간 제후들이 모두 진나라에 두마음을 가졌다.[545] 로(魯)나라가 경(郠) 땅을 취한 일[546]로 진나라가 제후들을 거느

543) 후백(侯伯) : 제후들의 패자(霸者).

544) 진(晉)나라가~때 : 소공(昭公) 8년에 있었다.

리고 와서 토죄하려고 할 때 숙향(叔向)이 말하기를 "제후들에게 위엄을 보이지 않아서는 안 됩니다."라고 하였다. 이에 모든 제후에게 회합을 소집하면서 오(吳)나라에도 알렸다. 가을에 진후(晉侯)가 오자(吳子)와 량(良) 땅에서 회합하기로 하였는데, 량(良)은 땅 이름이다. 물길이 막혀 오자가 사양하자 진후도 돌아갔다.

七月 丙寅 治兵于邾南 甲車四千乘 三十萬人 **羊舌鮒攝司馬** 鮒 叔向弟也 攝 兼官 **遂合諸侯于平丘 子産子大叔相鄭伯以會 子産以幄幕九張行** 幄幕 軍旅之帳 **子大叔以四十 旣而悔之 每舍 損焉 及會 亦如之** 亦九張也

7월 병인일에 진(晉)나라가 주(邾)나라 남쪽 지역에서 군사훈련을 행하였는데, 갑거(甲車)가 4천 승(乘)이었으며 군사가 30만 인이다. 양설부(羊舌鮒)가 사마(司馬)를 겸직하였다[攝]. 부(鮒)는 숙향(叔向)의 아우이다. 섭(攝)은 관직을 겸하는 것이다. 드디어 평구(平丘)에서 제후들을 규합하였는데, 자산(子産)과 자태숙(子大叔)이 정백(鄭伯)의 상(相)이 되어 회합에 참석하였다. 그때 자산은 악막(幄幕) 9장(張)을 가지고 갔으나 악막(幄幕)은 군대용 장막이다. 자태숙은 40장을 가지고 갔었다. 얼마 뒤에 후회하면서 매번 머무를 때마다 줄이니 회합장소에 이르러서는 자산의 악막과 같은 수가 되었다. 또한 9장(張)이 되었다는 것이다.

次于衛地 叔鮒求貨於衛 淫芻蕘者 淫 過縱也 欲使衛患之而致貨 **衛人使屠伯饋叔向羹與一篋錦** 屠伯 衛大夫 **曰 諸侯事晉 未敢攜貳 況衛在君之宇下** 屋宇下 喩近也 **而敢有異志 芻蕘者異於他日 敢請之 叔向受羹反錦 曰 晉有羊舌鮒者 瀆貨無厭 亦將及矣** 將及禍 **爲此役也** 役 事也 **子若以君命賜之 其已** 言以錦賜鮒 則必止 **客從之 未退而禁之** 客謂屠伯

제후들의 군대가 위(衛)나라 땅에 주둔하자 숙부(叔鮒 : 羊舌鮒)는 위나라에서 재화를 얻어내려고 꼴을 베고 땔나무를 하는 군사들에게 마음대로[淫] 하게 하였다. 음(淫)은 지나치게 마음대로 하는 것이니 위(衛)나라로 하여금 이를 근심하여 재화를 바치도록 하고자 한 것이다. 위인(衛人)이 도백(屠伯)을 시켜 숙향(叔向)에게 고깃국[羹]과 한 상자의 비단을 주며 도백(屠伯)은 위(衛)나라 대부이다. 말하기를 "제후들이 진(晉)나라를 섬기며 감히 다른 마음을 먹지 못하거늘 하물며 위나라는 진나라 임금님의 지붕 밑에 있으니 지붕[屋宇]의 밑이니 가까이 있음을 비유한 것이다. 감히

545) 제후들이~가졌다 : 사기궁(虒祁宮)의 사치스러움을 천하게 여겼기 때문이다.

546) 로(魯)나라가~일 : 소공(昭公) 10년 7월에 계평자(季平子)가 거(莒)나라를 쳐서 경(郠) 땅을 취한 일이다.

다른 뜻을 가지겠습니까. 그런데 꼴을 베고 땔나무를 하는 군사들이 다른 때와는 다르게 하니 감히 이를 금해줄 것을 청합니다."라고 하였다. 숙향이 고깃국만을 받고 비단은 돌려주며[547] 말하기를 "우리 진나라에 양설부(羊舌鮒)라는 자가 있는데, 재화를 탐하여 만족함이 없으니 장차 화가 미칠 것이오. 장차 화가 미친다는 것이다. 이번 일[役]을 위하여 역(役)은 일이다. 그대가 만약 위나라 임금의 명이라고 하면서 그에게 비단을 준다면 그는 멈출 것이오."라고 하자 비단을 부(鮒)에게 주면 반드시 멈출 것이라는 말이다. 객(客)이 그의 말대로 하니, 미처 물러나기도 전에 꼴 베고 땔나무하는 일을 금하였다. 객(客)은 도백(屠伯)을 이른다.

晉人將尋盟 齊人不可 有貳心故 **晉侯使叔向告劉獻公曰 抑齊人不盟 若之何 對曰 盟以底信** 底 致也 **君苟有信 諸侯不貳 何患焉 告之以文辭 董之以武師 雖齊不許 君庸多矣** 庸 功也 **天子之老請帥王賦 元戎十乘 以先啓行** 天子大夫稱老 **遲速唯君**

진인(晉人)이 맹약을 거듭하려 하였는데, 제인(齊人)이 동의하지 않았다. 두마음이 있었기 때문이다. 진후(晉侯)가 숙향(叔向)을 보내어 류헌공(劉獻公)[548]에게 고하기를 "도대체 제인이 맹약에 참여하지 않으려하니 어떻게 하면 좋겠습니까?"라고 하니, 류헌공이 대답하기를 "맹약하는 것은 신의를 이루고자[底] 하는 것입니다. 지(底)는 이룸이다. 임금님께서 진실로 신의가 있다면 제후들은 두마음을 품지 않을 것이니 무엇을 근심하십니까. 문사(文辭)로 알리고 무사(武師)로 독려한다면[549] 비록 제(齊)나라가 허낙하지 않는다하더라도 임금님의 공[庸]은 클 것입니다. 용(庸)은 공(功)이다. 천자의 로(老)인 저는 왕의 군대를 거느리고 원융(元戎)[550] 10승(乘)으로 선봉에서 길을 열 것이니, 천자의 대부를 로(老)라고 칭한다. 출군을 서두르고 늦추는 것은 오직 임금님의 뜻에 달려 있습니다."라고 하였다.

叔向告于齊曰 諸侯求盟 已在此矣 今君弗利 寡君以爲請 對曰 諸侯討貳 則有尋盟 若皆用命 何盟之尋 叔向曰 國家之敗 有事而無業 事則不經 業 貢賦之業 **有業而無禮 經則不序 有禮而無威 序則不共 有威而不昭 共則不明** 昭告神明而後信義著 **不明棄共 百事不終 所由傾覆也 是故明王之制 使諸侯歲聘以志業** 志 識也 **間朝以講禮** 三年而

547) 숙향이~돌려주며 : 고깃국은 뇌물이 아니기 때문에 받은 것이고, 이는 또 도백(屠伯)의 뜻을 거절하지 않겠다는 의미이다.

548) 류헌공(劉獻公) : 왕의 경사(卿士)로 당시 회합에 참석하였다.

549) 문사(文辭)로~독려한다면 : 먼저 글이나 말로 설득하고 그래도 듣지 않으면 군대를 동원한다는 뜻이다.

550) 원융(元戎) : 큰 융거(戎車).

一朝 **再朝而會以示威** 六年而一會 **再會而盟以顯昭明** 十二年而一盟 凡八聘四朝再會 王一巡守盟于方嶽下 **志業於好 講禮於等 示威於衆 昭明於神 自古以來 未之或失也 存亡之道恒由是興 晉禮主盟** 依舊禮主諸侯盟 **懼有不治 奉承齊犧** 齊盟之犧牲 **而布諸君 求終事也 君曰 余必廢之 何齊之有** 何齊肅爲盟之有 **唯君圖之 寡君聞命矣**

숙향(叔向)이 제(齊)나라에 고하기를 "제후들이 맹약하기를 요구하여 이미 이곳에 모였는데, 지금 제나라 임금께서는 리익이 되지 않는다고 하여 참여하지 않으니 과군이 다시 요청하라고 하였습니다."라고 하였다. 제인(齊人)이 대답하기를 "제후들이 두마음을 가진 나라를 토죄하고자 한다면 앞서 맺은 맹약을 거듭할 필요가 있지만, 만약 모두가 명령을 따른다면 맹약을 거듭할 필요가 있겠습니까."라고 하였다. 그러자 숙향이 다음과 같이 말하였다. "국가의 패망은 빙문의 일이 있는데도 정해진 업(業)이 없다면 빙문하더라도 상도(常道)에 어긋나게 되고, 업(業)은 공부(貢賦)를 바치는 일이다. 정해진 업이 있는데도 례가 없다면 상도에 맞더라도 질서가 없게 되고, 례가 있는데도 위엄이 없다면 질서가 있더라도 공경스럽지 못하고, 위엄이 있는데도 밝게 고하지 않으면 공경하더라도 신의가 밝게 드러나지 못하고, 신명에게 밝게 고한 뒤에야 신의가 드러난다는 것이다. 신의가 밝지 않으면 공경을 버리게 되어 모든 일에 끝맺음이 없게 되니, 이 때문에 국가가 패망하게 됩니다. 이런 까닭으로 밝은 왕의 제도는 제후들로 하여금 매년 빙문하여 정해진 업을 인식하게[志] 하고, 지(志)는 인식함이다. 3년마다 조현하여 례를 익히게 하고, 3년마다 조현(朝見)하는 것이다. 두 번 조현할 때마다 회합하여 위엄을 보이고, 6년마다 한 번 회합하는 것이다. 두 번 회합할 때마다 맹약하여 소명(昭明)[551]을 드러내는 것입니다. 12년마다 한 번 맹약하는 것이다. 무릇 8번의 빙문·4번의 조현·2번의 회합에 왕이 한 번 순수(巡守)하여 사방의 산 아래에서 맹약하는 것이다. 우호관계에서 정해진 업을 인식하고, 등차(等次)의 질서를 지키는 데서 례를 익히며, 무리에게 위엄을 보이고, 귀신에게 밝게 고하는 것은 예로부터 혹시라도 이를 잃은 적이 없었습니다. 따라서 나라가 보존되느냐 패망하느냐의 길은 항상 이로 말미암아 일어나는 것입니다. 우리 진(晉)나라가 옛 례에 따라 맹약을 주재하고 있으나 옛 례법에 의거하여 제후들의 맹약을 주재한다는 것이다. 잘 다스려지지 못할까 두려워하고 있습니다. 이에 제맹(齊盟 : 同盟)에 쓸 희생을 받들어 제맹(齊盟)의 희생이다. 그대의 임금님에게 알려 이 일을 마치고자 하는 것입니다. 그런데 그대의 임금님은 '나는 반드시 이를 폐기시킬 것이니 어찌 제맹함이 있으리오.'라고 하셨습니다. 어찌 재계

551) 소명(昭明) : 신명(神明)에게 밝게 고하는 일. 여기서는 제후들이 왕에게 공경을 다해야하는 도리를 밝히는 것을 말한다.

하고 엄숙히 맹약할 일이 있겠느냐는 것이다. 오직 그대 임금님께서는 잘 헤아리십시오. 과군은 그 명을 들으실 것입니다."

齊人懼 對曰 小國言之 大國制之 敢不聽從 旣聞命矣 敬共以往 遲速唯君 叔向曰 諸侯有間矣 間 隙也 **不可以不示衆 八月 辛未 治兵 建而不旆** 建旌旗不曳其旆 旆 游也 **壬申 復旆之 諸侯畏之** 軍將戰則旆

제인(齊人)이 두려워하며 대답하기를 "소국이 말하더라도 대국이 제재한다면 감히 따르지 않을 수 있겠습니까. 우리는 이미 명을 따르기로 하였으니 공경히 명을 받들어 갈 것입니다. 그러나 맹약의 시일을 서두르고 늦추는 것은 오직 귀국의 임금님께 달려 있을 뿐입니다."라고 하였다. 숙향(叔向)이 말하기를 "제후들에게 틈[間]이 생겼으니, 간(間)은 틈이다. 그들에게 위엄을 보여주지 않을 수 없습니다."라고 하였다. 8월 신미일에 군사훈련을 하면서 기를 세우고 패(旆)는 달지 않았다가 정기(旌旗)를 세우되 그 패(旆)를 달지 않은 것이다. 패(旆)는 술[游]이다. 임신일에는 다시 패를 다니 제후들이 두려워하였다. 군대가 싸우려 할 때에는 패(旆)를 단다.

邾人莒人愬于晉曰 魯朝夕伐我 幾亡矣 我之不共 共謂供晉貢 **魯故之以 晉侯不見公 使叔向來辭曰 諸侯將以甲戌盟 寡君知不得事君矣 請君無勤 子服惠伯對曰 君信蠻夷之訴** 蠻夷謂邾莒 **以絶兄弟之國 棄周公之後 亦唯君 寡君聞命矣 叔向曰 寡君有甲車四千乘在 雖以無道行之 必可畏也 況其率道 其何敵之有 牛雖瘠 僨於豚上 其畏不死** 僨 仆也 喩晉雖弱必勝魯 **南蒯子仲之憂 其庸可棄乎** 棄猶忘也 **若奉晉之衆 用諸侯之師 因邾莒杞鄫之怒** 鄫滅 其民猶存 **以討魯罪 間其二憂** 南蒯子仲 **何求而弗克 魯人懼聽命** 不敢與盟

주인(邾人)과 거인(莒人)이 진(晉)나라에 호소하면서 말하기를 "로(魯)나라가 아침저녁으로 우리를 쳐들어와 거의 망할 지경입니다. 우리가 공물을 바치지[共] 못하는 것은 공(共)은 진(晉)나라에 공물을 바침을 이른다. 로나라 때문입니다."[552]라고 하였다. 진후(晉侯)가 소공(昭公)을 만나주지 않고 숙향(叔向)을 보내와서 사절하면서 말하기를 "제후들이 갑술일에 맹약하기로 하였는데, 과군은 임금님[魯昭公]을 섬기지 못할 것으로 알고 계시니, 임금님께서는 맹약에 참여하려고 힘쓰지 마십시오."라고 하였다. 자복혜백(子服惠伯)이 대답하기를

552) 로나라 때문입니다 : 전문의 '魯故之以'는 '以魯故'의 도치이다.

“진나라 임금님께서 만이(蠻夷)의 참소를 믿고서 만이(蠻夷)는 주(邾)나라와 거(莒)나라를 이른다. 형제의 나라와 의절하여 주공(周公)의 후예를 버리시는 것도 또한 임금님이시니, 과군은 명을 들을 것입니다.”[553]라고 하였다. 이에 숙향이 말하기를 “과군은 갑거(甲車) 4천 승(乘)이 있어서 비록 도리를 무시하고 행하더라도 반드시 두렵게 할 수 있거늘 하물며 도리에 따라서 행한다면 그 누가 대적할 수 있겠습니까. 소가 비록 여위었어도 돼지 위에 엎어지면[僨] 어찌 돼지가 죽지 않을까 념려하겠습니까. 분(僨)은 엎어짐이다. 진(晉)나라가 비록 약해졌지만 로(魯)나라를 반드시 이긴다는 것을 비유한 것이다. 그리고 로나라는 남괴(南蒯)와 자중(子仲)에 대한 근심[554]을 어찌 잊을[棄] 수 있겠습니까. 기(棄)는 잊음[忘]과 같다. 만약 진나라가 무리의 뜻을 받들어 제후들의 군대를 사용하고, 주(邾)나라·거(莒)나라·기(杞)나라·증(鄫)나라의 분노를 리용하여 증(鄫)나라는 멸망하였지만 그 백성은 여전히 남아있었다. 로나라의 죄를 토벌하되 그 두 사람에 대하여 근심하고 있는 틈을 탄다면 남괴(南蒯)와 자중(子仲)이다. 무엇을 구한다 해도 이루지 못하겠습니까.”라고 하니, 로인(魯人)이 두려워하여 명을 따랐다. 감히 맹약에 참여하지 못한 것이다.

甲戌 同盟于平丘 齊服也 令諸侯日中造于除 除地爲壇 盟會處 癸酉 退朝 先盟朝晉 子産命外僕速張於除 使張幄幕 子大叔止之 使待明日 及夕 子産聞其未張也 使速往 乃無所張矣

갑술일에 평구(平丘)에서 동맹하였으니, 제(齊)나라가 복종하였기 때문이다. 진후(晉侯)가 제후들에게 명령을 내려 정오에 회맹장[除]에 이르게 하였다. 제(除)는 땅을 깨끗이 하고 단을 만든 것이니 회맹을 하는 곳이다. 계유일에 진후를 조견하고 물러 나와서 맹약하기 앞서 진(晉)나라에 조견한 것이다. 자산(子産)이 외복(外僕)[555]에게 명하여 속히 회맹장에 장막을 치게 하였으나 장막을 치도록 한 것이다. 자태숙(子大叔)이 이를 제지하여 다음 날을 기다리게 하였다. 저녁이 되어 자산이 장막이 설치되지 않았다는 말을 듣고 속히 가서 장막을 치게 하였으나 칠 곳이 없었다.

---

553) 과군은~것입니다 : 진(晉)나라는 로(魯)나라에게 맹약에 참여하지 말라고 하였으나 로나라는 이에 개의치 않고 참여하여 명을 듣겠다는 것이다.

554) 남괴(南蒯)와~근심 : 지난해에 계씨(季氏)의 읍인 비(費) 땅의 읍재(邑宰)였던 남괴(南蒯)가 자중(子仲 : 慭)을 부추겨 일으킨 반란을 이른다. 계평자(季平子)가 계씨의 후계자가 된 뒤 남괴를 례우하지 않자 남괴가 불만을 품고 모반한 것이다.

555) 외복(外僕) : 임금과 대신이 잠시 머무는 곳을 마련하는 일을 맡은 관리.

及盟 子產爭承 承 貢賦之次 **曰 昔天子班貢 輕重以列** 列 位也 **列尊貢重 周之制也 卑而貢重者 甸服也** 甸服 天子畿內共職貢者 **鄭伯 男也 而使從公侯之貢** 鄭在甸服外 爵列伯子男 **懼弗給也 敢以爲請 諸侯靖兵 好以爲事 行理之命** 行理 使人通聘問者 **無月不至 貢之無藝** 藝 法制 **小國有闕 所以得罪也 諸侯脩盟 存小國也 貢獻無極 亡可待也 存亡之制 將在今矣 自日中以爭 至于昏 晉人許之 旣盟 子大叔咎之曰 諸侯若討 其可瀆乎 子產曰 晉政多門 貳偸之不暇 何暇討** 貳 不壹 偸 苟且 **國不競亦陵** 不競爭 則爲人所陵 **何國之爲**

맹약할 때 자산(子產)이 공부(貢賦)의 등차[承]를 따지며 승(承)은 공부(貢賦)의 등차(等次)이다. 말하기를 "옛날에 천자께서 공부의 등차를 정할 때 공부의 경중을 작위[列]에 따라 하였으니 렬(列)은 작위이다. 작위가 높으면 공부가 많은 것이 주(周)나라의 제도입니다. 작위가 낮으면서도 공부가 많은 자는 전복(甸服) 뿐입니다. 전복(甸服)은 천자의 기내(畿內)에서 직공(職貢)을 바치는 자이다. 정백(鄭伯)은 남작(男爵)인데도 공후(公侯)의 공부를 따르게 하니 정(鄭)나라는 전복(甸服) 밖에 있고 작위도 백(伯)·자(子)·남(男)이라는 것이다. 공급하지 못할까 두려워 감히 청하는 것입니다. 제후들이 싸움을 멈추고 우호하기를 일삼고 있는데도 행리(行理)의 명이 행리(行理)는 사신이니 빙문을 하도록 통고하는 자이다. 이르지 않는 달이 없고 공부에도 법제[藝]가 없어서 예(藝)는 법제(法制)이다. 소국이 공부를 빠뜨리게 되어 죄를 얻게 되는 것입니다. 제후들이 맹약을 다지는 것은 소국을 존속시키려는 것인데 바치는 공부에 한도가 없어서 망할 날을 기다리게 되었으니, 존망에 관한 제도가 지금 정비되어야 할 것입니다."라고 하였다. 정오로부터 쟁론하여 저녁까지 이르니 진인(晉人)이 허낙하였다. 맹약한 뒤에 자태숙(子大叔)이 책망하며 말하기를 "제후들이 만약 우리를 토벌한다면 진(晉)나라를 업신여겼기 때문이라고 할 것이오."[556]라고 하니, 자산이 말하기를 "진나라는 정사가 여러 곳에서 나오니 국론이 분렬되고[貳] 나라의 처지가 구차하여[偸] 틈이 없는데 어느 겨를에 토벌하겠습니까. 이(貳)는 하나로 모이지 않음이다. 투(偸)는 구차함이다. 나라가 강하게 다투지[557] 않으면 릉멸을 당하게 되는 것이니, 강하게 다투지 않으면 남의 업신여김을 받게 된다는 것이다. 어떻게 나라 구실을 하겠습니까."라고 하였다.

556) 진(晉)나라를~것이오 : 전문의 독(瀆)에 대해서는 여러 설이 있으나 소공(昭公) 26년 '國有外援 不可瀆也'의 독(瀆)에 대한 전문주인 '瀆慢也'를 참고하여 가볍게 여겨 업신여긴다는 뜻으로 보았다.

557) 강하게 다투지 : 부당한 처사에 대하여 강하게 항의한다는 것이다.

公不與盟 晉人執季孫意如 以幕蒙之 使狄人守之 司鐸射 魯大夫 **懷錦 奉壺飮冰 以蒲伏焉** 蒲伏卽匍匐 冰 箭筩 可以取飮 奉壺飮以冰承之 竊往飮季孫 **守者御之 乃與之錦而入 晉人以平子歸 子服湫從** 湫 子服惠伯

소공(昭公)이 맹약에 참가하지 못하였다. 진인(晉人)이 계손의여(季孫意如)를 잡아 장막을 쳐서 가리고 적인(狄人)을 시켜 그를 지키게 하였다. 사탁(司鐸)[558]인 역(射)이 로(魯)나라 대부이다. 비단을 품고 물병[壺飮]과 화살통[冰]을 가지고 몰래 들어가다가[蒲伏], 포복(蒲伏)은 곧 포복(匍匐)이다. 빙(冰)은 화살통이니 물을 떠서 마실 수 있다. 물병[壺飮]을 들고 화살통을 그 위에 올려 몰래 가서 계손(季孫)에게 마시게 하려고 한 것이다. 지키는 자가 그를 막자 비단을 주고 들어갔다. 얼마 뒤에 진인이 평자(平子 : 季孫意如)를 데리고 돌아가니 자복초(子服湫)가 따라갔다. 초(湫)는 자복혜백(子服惠伯)이다.

子産歸 未至 聞子皮卒 哭 且曰 吾已 已 止也 **無爲爲善矣 唯夫子知我**

자산(子産)이 돌아가다가 아직 도성에 이르기 전에 자피(子皮)가 졸하였다는 소식을 듣고는 곡하고 또 말하기를 "나도 이제 그만이로다[已], 이(已)는 그침이다. 선을 할 수 있도록 도와주는 이가 없어졌으니. 오직 부자(夫子 : 子皮)만이 나를 알아주었는데."[559]라고 하였다.

仲尼謂 子産於是行也 足以爲國基矣 詩曰 樂旨君子 邦家之基 子産 君子之求樂者也 且曰 合諸侯 藝貢事 禮也

중니(仲尼)는 이른다. "자산(子産)이 이번 길에 행한 일은 나라의 기틀이 되기에 충분하였다. 《시(詩)》에 이르기를 '화락한 군자여 나라의 기틀이로다.'[560]라고 하였으니, 자산은 군자로서 화락을 구한 자로다." 또 말하였다. "제후들이 회합한 때에 공부(貢賦)의 일을 법제에 맞도록 하였으니,[561] 례에 맞는 일이었다."

---

558) 사탁(司鐸) : 로(魯)나라의 관직 이름. 법령의 포고 및 문교(文敎)의 일을 맡았다.

559) 오직~알아주었는데 : 자피(子皮)만이 자기의 선을 알아주었다는 것이다.

560) 화락한~기틀이로다 : 《시경(詩經)》〈소아(小雅)〉 남산유대(南山有臺). 전문의 '旨'는 《시경》 원문에는 '只'로 되어 있다.

561) 제후들이~하였으니 : 진(晉)나라가 제후들을 회합시킨 자리에서 자산(子産)이 진나라의 탐욕을 막아 공부(貢賦)의 일을 법제에 맞게 하도록 설득하여 진인(晉人)의 허낙을 받아낸 일을 말한다.

公至自會

소공(昭公)이 회합에서 돌아왔다.

○鮮虞人聞晉師之悉起也 而不警邊 且不修備 晉荀吳自著雍以上軍侵鮮虞 及中人 驅衝競 中人 地名 驅衝車與狄爭逐 **大獲而歸** 爲十五年晉伐鮮虞起本

○선우인(鮮虞人)이 진(晉)나라 군대가 모두 출진하였다는[562] 소식을 듣고는 변경을 경계하지 않고 또 방비도 닦지 않았다. 진나라 순오(荀吳)가 저옹(著雍)에서 상군(上軍)을 거느리고 선우(鮮虞)를 침범하여 중인(中人)에 이르러 충거(衝車)를 몰고 싸워 중인(中人)은 땅이름이다. 충거(衝車)를 몰아 적(狄)과 다툰 것이다. 크게 전과를 얻어 돌아갔다. 15년에 진(晉)나라가 선우(鮮虞)를 치는 일의 발단이 된다.

蔡侯廬歸于蔡 陳侯吳歸于陳

채후(蔡侯) 려(廬)는 채(蔡)나라로 돌아가고 진후(陳侯) 오(吳)는 진(陳)나라로 돌아갔다.

國固其國 故爵以歸之

채(蔡)나라와 진(陳)나라가 본래 그들의 나라이기 때문에 초(楚)나라가 작위를 주어서 돌려보낸 것이다.

楚之滅蔡也 靈王遷許胡沈道房申於荊焉 平王卽位 旣封陳蔡 而皆復之 禮也 道房申皆故諸侯 楚滅爲邑 荊 荊山也 **隱大子之子廬歸于蔡 禮也** 廬 蔡平侯 **悼大子之子吳歸于陳 禮也** 吳 陳惠公

초(楚)나라가 채(蔡)나라를 멸하였을 때[563] 초령왕(楚靈王)이 허(許)·호(胡)·심(沈)·도(道)·방(房)·신(申)나라의 백성을 형산[荊]으로 옮겼다. 초평왕(楚平王)이 즉위하여 진(陳)나라와 채나라를 봉해주고서 그 나라들을 모두 회복시켜 주었으니, 례에 맞는 일이었다. 도(道)·방(房)·신(申)은 모두 옛 제후국이었는데 초(楚)나라가 멸하고 읍으로 삼았었다. 형(荊)은 형산(荊山)이다.

---

562) 진(晉)나라~출진하였다는 : 평구(平丘)의 회합에 출진한 것이다.

563) 초(楚)나라가~때 : 소공(昭公) 11년의 일이다.

은태자(隱大子)[564]의 아들 려(廬)를 채나라로 돌려보낸 것은 례에 맞는 일이었고, 려(廬)는 채평후(蔡平侯)이다. 도태자(悼大子)[565]의 아들 오(吳)를 진나라로 돌려보낸 것도 례에 맞는 일이었다. 오(吳)는 진혜공(陳惠公)이다.

冬 十月 葬蔡靈公 겨울 10월에 채(蔡)나라 령공(靈公)의 장례를 지냈다.

冬 十月 葬蔡靈公 禮也 **國復 成禮以葬**

겨울 10월에 채령공(蔡靈公)의 장례를 지냈으니, 례에 맞는 일이었다.[566] 나라가 회복되어 례를 갖추어서 장례 지낸 것이다.

公如晉 至河乃復 소공(昭公)이 진(晉)나라에 가다가 하수(河水)에 이르러 돌아왔다.

公如晉 荀吳謂韓宣子曰 諸侯相朝 講舊好也 執其卿而朝其君 有不好焉 不如辭之 乃使士景伯辭公于河 **景伯 士文伯子彌牟**

소공(昭公)이 진(晉)나라로 가는데, 진나라 순오(荀吳 : 中行穆子)가 한선자(韓宣子)에게 말하기를 "제후들이 서로 조견하는 것은 오랜 우호를 꾀하는 것입니다. 지금 그 나라 경(卿 : 季孫意如)을 잡아두고 그 임금과 조견하는 것은 우호적이지 못하니 오는 것을 사절하는

---

564) 은태자(隱大子) : 채(蔡)나라 태자 유(有)이다. 소공(昭公) 11년에 초령왕(楚靈王)이 채(蔡)나라를 멸하고 은태자(隱大子)와 그 아들 려(廬)를 잡아갔다가 은태자를 희생으로 썼다.

565) 도태자(悼大子) : 진(陳)나라 태자 언사(偃師)이다. 소공(昭公) 8년에 진나라 공자 소(招)와 과(過)가 도태자(悼大子)를 죽이고 공자 류(留)를 태자로 세웠다. 이에 도태자의 아들 오(吳)는 초(楚)나라로 망명하였다.

566) 채령공(蔡靈公)의~일이었다 : 양공(襄公) 30년에 채령공(蔡靈公)이 아버지 채경공(蔡景公)을 죽였다. 소공(昭公) 11년에 초령왕(楚靈王)이 이 일로 채령공을 초(楚)나라로 유인하여 죽이고 채(蔡)나라를 멸망시켰다. 이제 초평왕(楚平王)이 채나라를 회복시킴에 채령공을 제후의 례로 장사지냈으니, 례에 맞았다는 것이다.

것만 같지 못합니다."라고 하였다. 이에 사경백(士景伯)을 보내어 하수(河水)에 가서 소공을 사절하게 하였다. 경백(景伯)은 사문백(士文伯)의 아들 미모(彌牟)이다.

吳滅州來

오(吳)나라가 주래(州來)를 멸하였다.

吳滅州來 令尹子旗請伐吳 王弗許 曰 吾未撫民人 未事鬼神 未修守備 未定國家 而用民力 敗不可悔 州來在吳 猶在楚也 子姑待之

오(吳)나라가 주래(州來)[567]를 멸하니, 령윤(令尹)인 자기(子旗)가 오나라 치기를 청하였다. 초평왕(楚平王)이 허낙하지 않고 말하기를 "나는 아직 백성을 위무하지 못하였고 귀신을 섬기지 못하였으며, 나라의 수비를 제대로 갖추지 못하였고 국가도 안정시키지 못하였는데 백성의 힘을 동원하였다가 패한다면 후회조차 할 수 없을 것이다. 주래가 오나라 손안에 있는 것은 우리 초나라 손 안에 있는 것과 같으니[568] 그대는 잠시 기다리라."고 하였다.

소공(昭公) 14년【癸酉 B.C.528】

十有四年 春 意如至自晉

14년 봄에 의여(意如)가 진(晉)나라에서 돌아왔다.

大夫執則書至 至則名

대부가 잡혀갔다가 돌아오면 경문에 지(至)라고 기록하는데 지(至)라고 하는 경우에는 이름을 기록한다.

567) 주래(州來) : 초(楚)나라 읍이다.

568) 주래가~같으니 : 주래(州來)가 지금 오(吳)나라의 령토가 되었지만 초(楚)나라가 마음만 먹는다면 언제든지 차지할 수 있다는 말이다.

季孫猶在晉 子服惠伯私於中行穆子 曰 魯事晉 何以不如夷之小國 魯 兄弟也 土地猶大 所命能具 若爲夷棄之 使事齊楚 其何瘳於晉 瘳 差也 **親親與大 賞共罰否 所以爲盟主也 子其圖之 諺曰 臣一主二 吾豈無大國** 言非獨晉可事 **穆子告韓宣子 且曰 楚滅陳蔡不能救 而爲夷執親 將焉用之 乃歸季孫**

계손(季孫 : 意如)이 여전히 진(晉)나라에 잡혀있었다. 그때 자복혜백(子服惠伯)이 진나라 중항목자(中行穆子 : 荀吳)에게 사사로이 말하기를 "우리 로(魯)나라가 진나라를 섬기는 것이 어찌 이(夷) 같은 소국보다 못하겠습니까. 로나라는 진나라와 형제의 나라이고 령토도 이(夷)보다 오히려 크니, 진나라가 명하는 것을 다 갖추어 바칠 수 있습니다. 그런데도 만약 이(夷)를 위하여 우리 로나라를 버려서 우리로 하여금 제(齊)나라나 초(楚)나라를 섬기게 한다면 진나라에 무엇이 나아지겠습니까[瘳]. 추(瘳)는 병이 나음이다. 친척의 나라와 친하게 지내고 큰 나라를 도와주며 공부(貢賦)를 바치는 나라를 상주고 바치지 않는 나라를 벌하는 것이 맹주가 되는 까닭입니다. 그대는 이를 헤아리십시오. 속언에 이르기를 '신하는 하나인데 주군은 둘이다.'라고 하였으니, 우리가 어찌 다른 대국이 없겠습니까."라고 하였다. 오직 진(晉)나라만을 섬길 수 있는 것이 아니라는 말이다. 목자(穆子)가 한선자(韓宣子)에게 이 말을 고하고 또 말하기를 "초나라가 진(陳)나라와 채(蔡)나라를 멸할 때 구원하지 못하였고, 이(夷)를 위하여 친척의 나라 사람을 잡아두니 장차 어디에 쓰겠습니까."라고 하니, 이에 계손을 돌려보내기로 하였다.

惠伯曰 寡君未知其罪 合諸侯而執其老 若猶有罪 死命可也 死晉命也 **若曰無罪 而惠免之 諸侯不聞 是逃命也 何免之爲 請從君惠於會** 欲得盟會見遣 不欲私去 **宣子患之 謂叔向曰 子能歸季孫乎 對曰 不能 鮒也能 乃使叔魚** 叔魚卽鮒 **叔魚見季孫曰 昔鮒也得罪於晉君 自歸於魯君** 襄二十一年 坐叔虎與欒氏黨 得罪奔魯 **微武子之賜 不至於今 雖獲歸骨於晉 猶子則肉之 敢不盡情 歸子而不歸 鮒也聞諸吏 將爲子除館於西河** 將囚於西河 **其若之何 且泣 平子懼 先歸 惠伯待禮** 待見遣之禮

혜백(惠伯)이 말하기를 "과군이 그 죄를 알지 못하는데 진(晉)나라가 제후들을 회합시켜 놓고 우리 경(卿 : 老)을 잡았습니다. 만약 오히려 죄가 있다면 명에 죽어도 괜찮습니다만 진(晉)나라의 명으로 죽는다는 것이다. 만약 죄가 없는데도 은혜롭게 사면해 준다고 하신다면 제후들이 실상을 듣지 못하여 이를 도명(逃命)이라 할 것이니[569] 어찌 사면한 것이 되겠습니까. 청컨대 진나라 임금님을 따라가서 제후들의 회합에서 은혜를 받게 해주십시오."라고 하였다. 맹약의 모임에서 례를 갖춰 보내주기를 바란 것이고 사사로이 돌아가기를 바라지 않은 것이다. 선자(宣子 : 韓宣子)가 이를 근심하여 숙향(叔向)에게 말하기를 "그대는 계손(季孫 : 季平子)을 잘 돌려보낼 수 있겠는가?"라고 하니, 숙향이 대답하기를 "나는 할 수 없습니다만 부(鮒)는 할 수 있을 것입니다."라고 하였다. 이에 선자가 숙어(叔魚 : 鮒)에게 그 일을 시키니, 숙어(叔魚)는 부(鮒 : 羊舌鮒)이다. 숙어가 계손을 만나보고 말하기를 "지난날 나 부(鮒)가 진(晉)나라 임금님께 죄를 짓고 스스로 로나라 임금님께 귀의하였을 때 양공(襄公) 21년에 숙어(叔魚)가 숙호(叔虎)와 란씨(欒氏)의 당여라는 죄에 련좌되어 죄를 얻고 로(魯)나라로 망명하였다. 당시에 무자(武子 : 季武子)[570]께서 은덕을 베풀어 주지 않았다면 내가 오늘에 이르지 못하였을 것입니다. 비록 진나라에 뼈가 돌아왔지만 그분께서 살을 붙여 준 것과 같으니 감히 내 정성을 다하지 않겠습니까. 그런데 그대에게 돌아가라고 하였는데도 돌아가지 않고 있습니다. 나 부가 관리들에게 들으니 장차 그대를 위하여 서하(西河)에 객관을 소제하고 있다고 하니, 장차 서하(西河)에 가두려고 한다는 것이다. 어떻게 하시렵니까?"라 하고는 또 눈물을 흘렸다. 평자(平子)는 두려워서 먼저 로나라로 돌아가고, 혜백은 례가 행해지기를 기다렸다. 보내는 례를 기다린 것이다.

十四年 春 意如至自晉 尊晉罪己也 尊晉罪己 禮也 **劉敞曰 杜氏以舍族爲尊晉罪己 非也 一事再見 故卒名之**

14년 봄에 의여(意如)가 진(晉)나라에서 돌아왔다고 하였으니, 진나라를 높이고 우리 로(魯)나라로 죄를 돌린 것이다. 진나라를 높이고 우리 로나라로 죄를 돌린 것은 례에 맞는 일이었다. 류창(劉敞)이 말하기를 "두씨(杜氏)가 족성(族姓)을 쓰지 않은 것은 진(晉)나라를 높이고 우리 로(魯)나라로 죄를 돌린 것[571]이라고 하였으니 이는 잘못이다. 같은 사건이 두 번 나오기 때문에[572] 끝에는 이름을 기록한 것이다."라고 하였다.

○南蒯之將叛也 盟費人 司徒老祁慮癸 **二人 季氏家臣** **僞廢疾 使請於南蒯曰 臣願受盟而疾興 若以君靈不死 請待間而盟 許之 二子因民之欲叛也 請朝衆而盟 遂劫南蒯曰 羣臣不忘其君** **君謂季氏** **畏子以及今 三年聽命矣 子若弗圖 費人不忍其君 將不**

---

569) 이를~것이니 : 구차하게 변명하여 진(晉)나라의 명을 회피하였다고 여긴다는 것이다.

570) 무자(武子 : 季武子) : 계평자(季平子 : 季孫意如)의 조부.

571) 족성(族姓)을~것 : 두씨(杜氏)의 이 말은 십삼경주소본(十三經注疏本)의 다른 판본에 있는 말이다.

572) 같은~때문에 : 지난해 경문에는 '진인(晉人)이 계손의여(季孫意如)를 잡아 돌아갔다.'라고 기록하였고, 올해 경문에는 '의여(意如)가 진(晉)나라에서 돌아왔다.'라고 기록한 것을 말한다.

能畏子矣 子何所不逞欲 請送子 送使出奔 **請期五日** 蒯請期 冀有變 **遂奔齊 侍飮酒於景公 公曰 叛夫** 戲之 **對曰 臣欲張公室也 子韓晳曰** 齊大夫 **家臣而欲張公室 罪莫大焉** 言越職 **司徒老祁慮癸來歸費** 歸魯 **齊侯使鮑文子致之** 齊因費自歸而致之 欲以假好

○남괴(南蒯)가 배반하려 할 때 비인(費人)과 맹약하였다. 사도로기(司徒老祁)[573]와 려계(慮癸)가 두 사람은 계씨(季氏)의 가신이다. 거짓으로 병이 났다고 하고 사람을 보내어 남괴에게 요청하기를 "신들은 맹약을 받아드리기를 원하였으나 병이 났습니다. 만약 그대의 덕택으로 죽지 않는다면 병이 조금 차도가 있기를 기다렸다가 맹약하기를 청합니다."라고 하니, 남괴가 허낙하였다. 두 사람은 백성이 남괴를 배반하려고 하는 마음을 리용하여 무리를 모아놓고[朝] 맹약하기를 청하고는 드디어 남괴를 겁박하며 말하기를 "뭇 신하가 그 주군[君]을 잊지 않고 있는데 군(君)은 계씨(季氏)를 이른다. 그대를 두려워하여 지금까지 3년이나 그대의 명을 들어왔습니다. 그대가 만약 제대로 도모하지 않는다면 비인(費人)이 차마 그 주군을 배반할 수 없어 장차 그대를 더 이상 두려워하지 않을 것입니다. 그대는 어디에 가든지 하고자 하는 바를 이루지 못하겠습니까. 그대를 전송하기를 청합니다."라고 하였다. 전송하여 망명나가게 하겠다는 것이다. 남괴가 "5일의 기한을 달라."고 청하더니 괴(蒯)가 기한을 달라고 청한 것은 변화가 있기를 바란 것이다. 드디어 제(齊)나라로 망명하였다.[574] 남괴가 제경공(齊景公)을 모시고 술을 마실 때 경공(景公)이 "배반자로다."라고 하니, 희롱한 것이다. 남괴가 대답하기를 "신은 로(魯)나라 공실의 세력을 확장시키고자 한 것입니다."라고 하였다. 자한석(子韓晳)이 말하기를 제(齊)나라 대부이다. "가신으로서 공실의 세력을 확장시키고자 하였으니 죄가 이보다 큰 것이 없도다."라고 하였다. 직분을 넘었다는 말이다. 사도로기와 려계가 와서 비(費) 땅을 로나라에 돌려주니, 로(魯)나라에 돌려준 것이다. 제후(齊侯)는 포문자(鮑文子)를 보내어 비 땅을 돌려주었다.[575] 제(齊)나라는 비(費) 땅의 백성이 스스로 로(魯)나라로 귀속하였기에 형식적으로 비 땅을 돌려주어 가식적으로 우호를 유지하려고 한 것이다.

---

573) 사도로기(司徒老祁) : 사도(司徒)는 성(姓)이고 로기(老祁)는 자(字)이다.

574) 제(齊)나라로 망명하였다 : 소공(昭公) 12년에 계씨(季氏)의 사읍인 비(費) 땅의 읍재(邑宰)였던 남괴(南蒯)가 자중(子仲 : 慭)을 부추겨 계씨를 배반하였다가 일이 여의치 않자 비 땅의 토지문서를 가지고 제(齊)나라에 붙은 것을 이른다.

575) 비 땅을~돌려주었다 : 남괴(南蒯)가 가져온 비(費) 땅의 토지문서를 돌려 준 것이다.

三月 曹伯滕卒

3월에 조백(曹伯) 등(滕)이 졸하였다.

夏 四月

여름 4월이다.

○夏 楚子使然丹簡上國之兵於宗丘 且撫其民 在國都上流 故謂之上國 宗丘 楚地 **分貧振窮 長孤幼 養老疾 收介特** 介特 單身民也 **救災患 宥孤寡** 寬其賦稅 **赦罪戾 詰姦慝 擧淹滯** 有才德未敍者 **禮新敍舊** 新 羈旅也 **祿勳合親 任良物官** 物 事也 **使屈罷簡東國之兵於召陵** 兵在國都之東者 **亦如之 好於邊疆** 結好四鄰 **息民五年 而後用師 禮也**

○여름에 초자(楚子)가 연단(然丹)을 보내어 종구(宗丘)에서 상국(上國)[576]의 군대를 검열하고[簡] 또 그 지역 백성을 위무하여 국도의 상류에 있으므로 상국(上國)이라고 일컬은 것이다. 종구(宗丘)는 초(楚)나라 땅이다. 가난한 자에게는 물자를 나누어 주고 곤궁한 자를 진휼(賑恤)하며, 어린 고아를 기르고 늙고 병든 이를 돌보며, 홀로 사는 자[介特]를 거두고 개특(介特)은 홀로 사는 백성이다. 재난당한 자를 구호하며, 외로운 과부에게는 부세를 감면하고 그 부세를 경감한 것이다. 죄지은 사람을 사면하며, 간특한 자는 문책하고 묻혀있는 인재를 등용하며, 재덕(才德)은 있으나 서용(敍用)되지 못한 자이다. 외국에서 온 사람[新]을 례우하고 오래된 관리를 승진시키며, 신(新)은 기려지신(羈旅之臣)[577]이다. 공훈이 있는 자에게 록을 주고 친족을 화합시키며, 어진 이를 임용하고 관직의 적임자에게 일[物]을 맡기게 하였다. 물(物)은 일이다. 굴피(屈罷)를 보내어 소릉(召陵)에서 동국(東國)의 군대를 검열하고 국도 동쪽에 있는 군대이다. 또 연단처럼 하게 하였다. 변경의 나라들과 우호를 맺어 사방 이웃나라들과 우호를 맺은 것이다. 5년 동안 백성을 편히 쉬게 한 뒤에야 군대를 사용하였으니, 례에 맞는 일이었다.

---

576) 상국(上國) : 초(楚)나라 국도의 서쪽 지역이다.

577) 기려지신(羈旅之臣) : 외국에서 와 벼슬하고 있는 사람.

秋 葬曹武公

가을에 조(曹)나라 무공(武公)의 장례를 지냈다.

八月 莒子去疾卒

8월에 거자(莒子) 거질(去疾)이 졸하였다.

秋 八月 莒著丘公卒 郊公不慼 郊公 著丘公子 **國人弗順 欲立著丘公之弟庚輿** 庚輿 莒共公 **蒲餘侯惡公子意恢 而善於庚輿 郊公惡公子鐸 而善於意恢** 蒲餘侯 莒大夫玆夫也 意恢鐸 莒羣公子 **公子鐸因蒲餘侯而與之謀曰 爾殺意恢 我出君而納庚輿 許之**

가을 8월에 거(莒)나라 저구공(著丘公 : 去疾)이 졸하였는데도 교공(郊公)이 슬퍼하지 않으니, 교공(郊公)은 저구공(著丘公)의 아들이다. 국인이 그에게 순종하지 않고 저구공의 아우 경여(庚輿)를 임금으로 세우고자 하였다. 경여(庚輿)는 거공공(莒共公)이다. 포여후(蒲餘侯)는 공자 의회(意恢)를 미워하였으나 경여와는 사이가 좋았고, 교공은 공자 탁(鐸)을 미워하였으나 의회와는 사이가 좋았다. 포여후(蒲餘侯)는 거(莒)나라 대부 자부(玆夫)이다. 의회(意恢)와 탁(鐸)은 거(莒)나라 공자들이다. 공자 탁이 포여후에게 의지하여 그와 함께 모의하기를 "그대는 의회를 죽이시오. 나는 임금[郊公]을 내쫓고 경여를 받아들이겠소."라고 하니, 포여후가 허낙하였다.

○楚令尹子旗有德於王 不知度 與養氏比 而求無厭 養氏 子旗之黨 養由基後 **王患之 九月 甲午 楚子殺鬪成然 而滅養氏之族 使鬪辛居鄖 以無忘舊勳** 辛 子旗之子

○초(楚)나라 령윤(令尹)인 자기(子旗)는 평왕(平王)을 세우는데 공덕이 있었으나 법도를 알지 못하여 양씨(養氏)와 한패가 되어 백성에게 요구함이 끝이 없으니 양씨(養氏)는 자기(子旗)의 당여로 양유기(養由基)의 후손이다. 평왕이 이를 근심하였다. 9월 갑오일에 초자(楚子 : 平王)가 투성연(鬪成然 : 子旗)을 죽이고 양씨의 족속도 멸하고서 투신(鬪辛)을 운(鄖) 땅에 거주하게 하여 투씨(鬪氏)의 옛 공훈이 잊혀지지 않도록 하였다. 신(辛)은 자기(子旗)의 아들이다.

冬 莒殺其公子意恢 겨울에 거(莒)나라가 그 공자 의회(意恢)를 죽였다.

書殺意恢 非其罪也

경문에 의회(意恢)를 죽였다고 기록한 것은 그의 죄를 비난한 것이다.[578]

冬 十二月 蒲餘侯玆夫殺莒公子意恢 郊公奔齊 公子鐸逆庚輿於齊 齊隰黨公子鉏送之 有賂田

겨울 12월에 포여후(蒲餘侯) 자부(玆夫)가 거(莒)나라 공자 의회(意恢)를 죽이니, 교공(郊公)이 제(齊)나라로 망명하였다. 공자 탁(鐸)이 제나라에서 경여(庚輿)를 맞이하여 올 때 제나라 습당(隰黨)과 공자 서(鉏)가 경여를 호송하니 그들에게 전지를 주었다.[579]

○晉邢侯與雍子爭鄐田 邢侯 楚申公巫臣子 雍子 亦故楚人 **久而無成 士景伯如楚** 士景伯 晉理官 **叔魚攝理** 攝代景伯 **韓宣子命斷舊獄 罪在雍子 雍子納其女於叔魚 叔魚蔽罪邢侯** 蔽 斷也 **邢侯怒 殺叔魚與雍子於朝 宣子問其罪於叔向 叔向曰 三人同罪 施生戮死可也** 施 行罪也 **雍子自知其罪 而賂以買直 鮒也鬻獄 邢侯專殺 其罪一也 己惡而掠美爲昏 貪以敗官爲墨** 墨 不潔之稱 **殺人不忌爲賊 夏書曰 昏墨賊殺** 逸書 三者皆死刑 **皐陶之刑也 請從之 乃施邢侯 而尸雍子與叔魚於市**

○진(晉)나라 형후(邢侯)와 옹자(雍子)가 축(鄐) 땅의 전지를 두고 다투었는데 형후(邢侯)는 초(楚)나라 신공(申公) 무신(巫臣)의 아들이다. 옹자(雍子)도 옛날에는 초인(楚人)이었다. 오래도록 해결이 되지 않았다. 사경백(士景伯)이 초(楚)나라에 갔을 때 사경백(士景伯)은 진(晉)나라의 리관(理官)[580]이다. 숙어(叔魚 : 羊舌鮒)가 옥사를 대리하였다. 경백(景伯)의 직무를 대신한 것이다. 한선자(韓宣子)가 숙어에게 오래된 옥사를 결정하라고 명하였다. 죄가 옹자에게 있었는데 옹자가 자기 딸을 숙어에게 바치니 숙어는 형후에게 죄가 있다고 판결하였다[蔽]. 폐(蔽)는 판결함이다. 그러

578) 그의~것이다 : 의회(意恢)는 어지러운 임금[郊公]의 당여가 되었기 때문에 그의 이름을 기록하여 비난한 것이다.

579) 그들에게~주었다 : 거(莒)나라가 감사의 표시로 전지를 습당(隰黨)과 공자 서(鉏)가 아니라 제(齊)나라에 주었다고 보는 설도 있다.

580) 리관(理官) : 옥사(獄事)를 심리하는 관원.

자 형후가 노하여 숙어와 옹자를 조정에서 죽였다. 선자(宣子)가 이들의 죄를 숙향(叔向)에게 묻자, 숙향이 말하기를 "세 사람이 죄가 같으니 산 자는 사형을 시행하고[施] 죽은 자는 륙시(戮尸)[581]하는 것이 옳습니다. 시(施)는 형벌을 시행함이다. 옹자는 자기에게 죄가 있음을 알고도 딸을 뢰물로 주어 자신이 옳다는 판결을 샀고, 부(鮒)는 옥사를 돈을 받고 거래하였으며, 형후는 멋대로 사람을 죽였으니 그 죄가 같습니다. 자신은 간악한데도 아름다운 이름을 억지로 취하는 것이 혼(昏)이고, 재물을 탐하여 관리의 직무를 손상시키는 것이 묵(墨)이며, 묵(墨)은 깨끗하지 못함을 일컫는다. 거리낌 없이 사람을 죽이는 것이 적(賊)입니다. 〈하서(夏書)〉에 이르기를 '혼·묵·적은 죽인다.'고 하였습니다. 일서(逸書)이다. 이 세 가지 죄를 범한 자는 모두 사형에 처한다는 것이다. 이는 고요(皐陶)의 형법이니 따르시기 바랍니다."라고 하였다. 이에 형후에게는 사형을 시행하고, 옹자와 숙어는 저자에 시신을 벌여 놓았다.

仲尼曰 叔向古之遺直也 治國制刑 不隱於親 三數叔魚之惡 不爲末減 末 薄也 減 輕也 **曰義也夫 可謂直矣 平丘之會 數其賄也 以寬衛國 晉不爲暴 歸魯季孫 稱其詐也 以寬魯國 晉不爲虐 刑侯之獄 言其貪也 以正刑書 晉不爲頗 三言而除三惡 加三利** 三惡 暴虐頗也 三惡除 則三利加 **殺親益榮** 榮名益己 **猶義也夫**

중니(仲尼)는 말하였다. "숙향(叔向)은 옛날의 유풍을 지닌 곧은 이이다. 나라를 다스리고 형법을 제정함에 있어 친족의 잘못을 은폐하지 않았다.[582] 세 차례나 숙어의 죄악을 거론하여 그의 죄를 말감(末減)하지 않았으니 말(末)은 엷게 함이고 감(減)은 가볍게 함이다. 의롭다고 할 수 있다. 그러니 곧다고 이를 만하다. 평구(平丘)의 회합에서 숙어(叔魚)가 뢰물 잘 받는 일을 거론하여 위(衛)나라를 너그럽게 대하니[583] 진(晉)나라가 포악한[暴] 나라가 되지 않았고, 로(魯)나라 계손(季孫)을 돌려보낼 때 숙어가 거짓말 잘 하는 것을 들어 로나라를 너그럽게 대하니[584] 진나라가 모진[虐] 나라가 되지 않았으며, 형후(刑侯)의 옥사에 숙어의

581) 륙시(戮尸) : 죽은 자의 시신을 전시하여 욕되게 하는 것.

582) 친족의~않았다 : 숙향(叔向)이 아우인 숙어(叔魚)의 죄를 숨기지 않은 것이다.

583) 평구(平丘)의~대하니 : 지난해 평구(平丘)의 회합 때 숙향(叔向)이 위(衛)나라 사자 도백(屠伯)에게 숙어(叔魚 : 羊舌鮒)가 뢰물을 좋아하니 그에게 뢰물을 주어 진(晉)나라 군사들이 위나라의 풀과 나무를 함부로 베지 못하게 하도록 한 일을 이른다.

584) 로(魯)나라~대하니 : 올해 한선자(韓宣子)가 숙향(叔向)에게 계손(季孫)을 돌려보낼 수 있겠느냐고 물었을 때 숙향이 자기는 할 수 없지만 숙어(叔魚)는 할 수 있을 것이라고 하자, 한선자가 숙어에게 계손을 돌려보내게 하였다. 이에 숙어가 거짓으로 진(晉)나라에서 계속 계손을 잡아둘 수 있다고 겁박하여 결국 계손을 로(魯)나라로 돌아가게 한 일을 이른다.

탐욕을 말하여 형서(刑書)의 조문(條文)을 바르게 적용하니 진나라가 편파적인[頗] 나라가 되지 않았다. 세 차례 말을 하여 세 가지 악을 제거하고 세 가지 리익을 보탰으며, 세 가지 악은 포(暴)·학(虐)·파(頗)이다. 세 가지 악을 제거하면 세 가지 리로움이 더해진다. 친족을 죽였으나 그 영예를 더하였으니 영예로운 이름이 그 몸에 더해진 것이다. 오히려 의롭도다."

소공(昭公) 15년【甲戌 B.C.527】

十有五年 春 王正月 吳子夷末卒

15년 봄 왕정월에 오자(吳子) 이말(夷末)이 졸하였다.

末 公作昧

말(末)은 《공양전(公羊傳)》에는 매(昧)로 되어 있다.

二月 癸酉 有事于武宮 籥入 叔弓卒 去樂卒事

2월 계유일에 무궁(武宮)[585]에 제사가 있었다. 피리부는 악인(樂人)이 들어올 때 숙궁(叔弓)이 졸하자 음악을 물리고 제사를 마쳤다.

十五年 春 將禘于武公 戒百官 梓愼曰 禘之日 其有咎乎 吾見赤黑之祲 非祭祥也 喪氛也 祲 妖氣 蓋見於魯廟 **其在涖事乎 二月 癸酉 禘 叔弓涖事 籥入而卒 去樂卒事 禮也**

15년 봄에 무공(武公)에게 체제(禘祭)[586]를 지내려고 백관들에게 재계하도록 하였다. 재신(梓愼)[587]이 말하기를 "체제 날에 좋지 않은 일이 있을 것이다. 내가 붉고 검은 침(祲)[588]

585) 무궁(武宮) : 로무공(魯武公)의 사당.

586) 체제(禘祭) : 임금이 하늘과 선조에 지내는 대제(大祭).

을 보았으니 제사의 상서(祥瑞)가 아니다. 상(喪)을 당할 기운이니, 침(祲)은 요사스런 기운이니 아마 로(魯)나라 사당에 나타난 듯하다. 아마도 제사를 주재하는 사람에게 있을 것이다."라고 하였다. 2월 계유일에 체제를 지낼 때 숙궁(叔弓)이 제사를 주재하였다. 피리부는 악인(樂人)이 들어올 때 숙궁이 졸하자 음악을 물리고 제사를 마쳤으니, 례에 맞는 일이었다.

夏 蔡朝吳出奔鄭 여름에 채(蔡)나라 조오(朝吳)가 정(鄭)나라로 망명나갔다.

朝 公作昭 無出字

조(朝)는 《공양전(公羊傳)》에는 소(昭)로 되어 있고 출(出)이라는 글자가 없다.

楚費無極害朝吳之在蔡也 欲去之 乃謂之曰 王唯信子 故處子於蔡 子亦長矣 而在下位 辱 必求之 居下可辱 必求上位 吾助子請 又謂其上之人 蔡人在上位者 曰 王唯信吳 故處諸蔡 二三子莫之如也 而在其上 不亦難乎 弗圖 必及於難 夏 蔡人逐朝吳 朝吳出奔鄭 王怒曰 余唯信吳 故寘諸蔡 且微吳 吾不及此 女何故去之 無極對曰 臣豈不欲吳 欲善吳 然而前知其爲人之異也 言其多權謀 吳在蔡 蔡必速飛 去吳 所以翦其翼也 以鳥喩也 言吳在蔡 必速强而背楚

초(楚)나라 비무극(費無極)은 조오(朝吳)[589]가 채(蔡)나라에 있는 것을 꺼리어[害][590] 그를 제거하고자 하였다. 이에 그에게 말하기를 "초왕(楚王)께서 오직 그대를 신임하고 있기에 그대를 채나라에 있게 하였소. 그대의 나이가 많은데도 낮은 자리에 있는 것은 욕된 것이니 반드시 높은 자리를 요구하시오. 낮은 자리에 있는 것은 욕되기 때문에 반드시 높은 자리를 요구하라는 것이다. 나도 그대를 도와 청하겠소."라 하고, 또 조오의 윗자리에 있는 사람들에게 채인(蔡人)으로 윗자리에 있는 사람들이다. 말하기를 "초왕께서 오직 오(吳)를 신임하였기 때문에 채나라에 있게 하였소. 여러분은 그보다 못하면서 그의 윗자리를 차지하고 있으니 또한

---

587) 재신(梓愼) : 로(魯)나라 대부.

588) 침(祲) : 햇무리. 재앙을 일으키는 기운이다.

589) 조오(朝吳) : 채(蔡)나라 대부. 초평왕(楚平王)의 즉위에 공을 세웠다. 소공(昭公) 13년조 참조.

590) 조오(朝吳)가~꺼리어[害] : 조오(朝吳)가 초평왕(楚平王)의 신임을 얻은 것을 시기한 것이다.

곤난하지 않겠소. 그를 도모하지 않는다면 반드시 화난을 겪게 될 것이오."라고 하였다. 여름에 채인(蔡人)이 조오를 축출하자 조오는 정(鄭)나라로 망명나갔다. 초왕이 노하여 말하기를 "내가 오직 오를 신임하기에 채나라에 둔 것이다. 그리고 또 오가 아니었다면 나는 이 자리에 있지 못했을 것인데 그대는 어찌하여 그를 제거하였는가?"라고 하자, 무극(無極)이 대답하기를 "신이 어찌 오와 잘 지내려고 하지 않았겠습니까. 오(吳)와 잘 지내고자 하였다는 것이다. 그러나 신은 이전부터 그의 됨됨이가 보통 사람과 다르다는 것을 알고 있었습니다. 권모술수에 뛰어났다는 말이다. 오가 채나라에 있으면 채나라는 반드시 우리에게서 빨리 날아가 버릴 것입니다. 오를 제거한 것은 그 날개를 잘라버린 것입니다."라고 하였다. 새에 비유한 것이다. 오(吳)가 채(蔡)나라에 있으면 반드시 채나라가 빨리 강해져서 초(楚)나라를 배반할 것이라는 말이다.

六月 丁巳 朔 日有食之 6월 초하루 정사일에 일식이 있었다.

○六月 乙丑 王大子壽卒 **周景王子**

○6월 을축일에 왕태자 수(壽)가 졸하였다. 주경왕(周景王)의 아들이다.

秋 가을이다.

八月 戊寅 王穆后崩 **大子壽之母**

8월 무인일에 왕의 목후(穆后)가 붕하였다.591) 태자 수(壽)의 어머니이다.

---

591) 왕의~붕하였다 : 왕후(王后)가 붕한 기록은 이것이 유일하다. 이는 올 12월에 진(晉)나라 순력(荀躒)이 주(周)나라에 가서 목후(穆后)의 장례를 지내는 전(傳)의 발단이 된다.

晉荀吳帥師伐鮮虞
진(晉)나라 순오(荀吳)가 군대를 거느리고 선우(鮮虞)를 쳤다.

晉荀吳帥師伐鮮虞 圍鼓 鼓 白狄別種 **鼓人或請以城叛 穆子弗許 左右曰 師徒不勤 而可以獲城 何故不爲 穆子曰 吾聞諸叔向曰 好惡不愆 民知所適 事無不濟 或以吾城叛 吾所甚惡也 人以城來 吾獨何好焉 賞所甚惡 若所好何 若其弗賞 是失信也 何以庇民 力能則進 否則退 量力而行 吾不可以欲城而邇姦 所喪滋多 使鼓人殺叛人而繕守備**

진(晉)나라 순오(荀吳)가 군대를 거느리고 선우(鮮虞)를 치고 고(鼓)를 포위하였다. 고(鼓)는 백적(白狄)의 별종이다. 고인(鼓人) 가운데 어떤 이가 성을 가지고 배반하고자 청하였는데 목자(穆子 : 荀吳)가 허낙하지 않았다. 주위 사람들이 말하기를 "군사들이 수고하지 않고도 성을 얻을 수 있는데 무엇 때문에 그렇게 하지 않습니까."라고 하자, 목자가 말하기를 "내가 숙향(叔向)에게 들으니 '좋아하고 미워함이 리치에 어긋나지 않으면 백성이 갈 곳을 알아서 매사에 이루어지지 않음이 없다.'고 하였소. 혹 누가 내가 다스리고 있는 성을 가지고 배반한다면 나는 매우 그를 미워할 것인데 다른 사람이 성을 가지고 오는 것을 어찌 내가 유독 좋아할 수 있겠소. 매우 미워해야 할 사람에게 상을 준다면 좋아해야 할 사람에게는 어떻게 대한단 말이오? 만약 좋아해야 할 사람에게 상을 주지 않는다면 이는 신의를 잃는 것이니 무엇으로 백성을 보호할 수 있겠소. 힘이 되면 나아가고[592] 그렇지 않으면 물러나 힘을 헤아려 행하여야 할 것이오. 나는 성을 얻고자 하여 간악한 이를 가까이하지는 않을 것이오. 그렇게 하면 잃는 것은 더욱 많게 될 것이오."라 하고, 고인으로 하여금 배반한 사람을 죽이고 수비를 정비하게 하였다.

圍鼓三月 鼓人或請降 使其民見 曰 猶有食色 姑修而城 軍吏曰 獲城而弗取 勤民而頓兵 何以事君 穆子曰 吾以事君也 獲一邑而敎民怠 將焉用邑 邑以賈怠 不如完舊 賈猶買也 **賈怠無卒** 卒 終也 **棄舊不祥 鼓人能事其君 我亦能事吾君 率義不爽 好惡不愆 城可獲而民知義所** 知義所在 **有死命而無二心 不亦可乎 鼓人告食竭力盡 而後取之 克鼓而反 不戮一人 以鼓子鳶鞮歸** 鳶鞮 鼓君名

592) 힘이~나아가고 : 성을 함락할 능력이 있으면 공격한다는 것이다.

고(鼓)를 포위한 지 3개월이 되자 고인(鼓人) 가운데 어떤 이가 항복을 청하였다. 목자(穆子)가 그 백성으로 하여금 자기를 만나보게 하고는 말하기를 "아직도 음식을 먹은 낯빛이니 우선 너희들의 성을 수선하여 지키도록 하라."라고 하였다. 그러자 군리(軍吏)가 말하기를 "성을 얻을 수 있는데도 취하지 않아서 백성을 수고롭게 하고 병장기를 무디게 하고 있으니 어찌 임금을 섬긴다고 하겠습니까."라고 하니, 목자가 말하기를 "나는 이렇게 임금을 섬기네. 한 읍을 얻어 백성에게 나태함을 가르친다면 장차 그 읍을 어디에 쓰겠는가.[593] 읍을 차지하여 나태함을 사는 것[賈]은 옛것[594]을 완전하게 해주는 것만 같지 못하네. 고(賈)는 삼[買]과 같다. 나태함을 산다면 좋은 종말[卒]이 없게 되며 졸(卒)은 종말이다. 옛것을 버리게 함은 상서롭지 못한 것이네. 고인이 그들의 임금을 잘 섬기고 나도 또한 우리 임금님을 잘 섬겨 의리를 따라서 도리에 어긋나지 않고, 좋아하고 미워함이 리치에 어긋나지 않는다면 성도 얻을 수 있으며 백성은 의리의 소재를 알게 되네. 의리가 있는 곳을 알게 된다는 것이다. 그리하여 임금의 명령에 따라 죽더라도 다른 마음을 품지 않을 것이니, 이 또한 옳지 않겠는가."라고 하였다. 고인이 식량이 고갈되고 힘이 다하였다고 알려온 뒤에야 그 성을 취하였다. 고를 이기고 돌아갈 때 한 사람도 죽이지 않고 다만 고자(鼓子) 연제(鳶鞮)만 데리고 돌아갔다. 연제(鳶鞮)는 고(鼓)의 임금 이름이다.

冬 公如晉

겨울에 소공(昭公)이 진(晉)나라에 갔다.

冬 公如晉 平丘之會故也 **季孫得免 故往謝之**

겨울에 소공(昭公)이 진(晉)나라에 갔으니, 평구(平丘)의 회합 때문이었다. 계손(季孫)이 방면되었기 때문에 가서 이를 사례한 것이다.

○十二月 晉荀躒如周葬穆后 籍談爲介 旣葬除喪 以文伯宴 樽以魯壺 **文伯 荀躒也 魯壺 魯所獻壺樽** **王曰 伯氏 諸侯皆有以鎭撫王室 晉獨無有 何也** **鎭撫王室謂貢獻之物** **文伯**

593) 한~쓰겠는가 : 고인(鼓人)의 배반을 리용하여 성을 취함은 곧 고인에게 수비의 나태함을 가르치는 것이니 그 성을 취한들 진(晉)나라에 도움이 되지 않는다는 것이다.

594) 옛것 : 고인(鼓人)이 본래 그들의 읍과 임금을 지키려는 마음.

揖籍談 對曰 諸侯之封也 皆受明器於王室 以鎭撫其社稷 故能薦彝器於王 晉居深山 戎狄之與鄰 而遠於王室 王靈不及 拜戎不暇 言數爲戎所侵陵 **其何以獻器**

○12월에 진(晉)나라 순력(荀躒)이 주(周)나라에 가서 목후(穆后)의 장례를 지낼 때 적담(籍談)이 부사(副使)였다. 장례가 끝난 뒤에 주왕(周王)이 상복을 벗고 문백(文伯)과 연회를 열었는데 로호(魯壺)를 술동이로 썼다. 문백(文伯)은 순력(荀躒)이다. 로호(魯壺)는 로(魯)나라에서 바친 호준(壺樽)[595]이다. 주왕이 말하기를 "백씨(伯氏 : 文伯)여. 제후들은 모두 왕실을 진무함[鎭撫王室]이 있는데 진나라만이 유독 없는 것은 무엇 때문인가?"라고 하니, 진무왕실(鎭撫王室)은 주(周)나라에 공물로 바치는 물건을 이른다. 문백이 적담에게 읍하고 대답하게 하기를 "제후들이 봉해질 때 모두 왕실로부터 명기(明器)[596]를 받아 그 사직을 진무하였습니다. 그러므로 왕에게 이기(彝器)[597]를 바칠 수 있습니다. 그런데 진나라는 깊은 산지에 자리하고 있어서 융적(戎狄)과 이웃하였고, 왕실과 멀리 떨어져 있어서 왕의 은택[靈]이 미치지 못하였습니다. 이 때문에 융(戎)에게 배사하기에도 겨를이 없는데 자주 융(戎)에게 침략을 받는다는 말이다. 어떻게 이기를 바칠 수 있겠습니까."라고 하였다.

王曰 叔氏 而忘諸乎 叔 籍談字 **叔父唐叔 成王之母弟也 其反無分乎 密須之鼓與其大路 文所以大蒐也** 密須 姞姓國 文王伐之 得其鼓路以蒐 **闕鞏之甲 武所以克商也** 闕鞏國所出鎧 **唐叔受之 以處參虛 匡有戎狄** 參虛 晉之分野 **其後襄之二路** 周襄王所賜晉文公大路戎路 **鏚鉞秬鬯彤弓虎賁 文公受之 以有南陽之田 撫征東夏 非分而何 夫有勳而不廢 有績而載** 書功於策 **奉之以土田 撫之以彝器 旌之以車服 明之以文章 子孫不忘 所謂福也 福祚之不登叔父 焉在** 言福祚不在叔父 當在誰邪 **且昔而高祖孫伯黶 司晉之典籍 以爲大政 故曰籍氏** 孫伯黶 晉正卿 籍談九世祖 **及辛有之二子董之晉 於是乎有董史** 辛有周人 其二子適晉爲大史 董督晉典 因爲董氏 董狐其後 **女 司典之後也 何故忘之 籍談不能對 賓出** 賓 荀躒也 **王曰 籍父其無後乎 數典而忘其祖**

주왕(周王)이 말하기를 "숙씨(叔氏)여. 그대는 잊었는가? 숙(叔)은 적담(籍談)의 자(字)이다. 숙부(叔父)인 당숙(唐叔)[598]은 성왕(成王)의 동모제였는데 어찌 도리어 나누어 준 것이 없었

---

595) 호준(壺樽) : 술을 담아서 쓰는 례기(禮器).

596) 명기(明器) : 제후가 봉해질 때 천자가 하사하는 례기(禮器).

597) 이기(彝器) : 종묘에서 쓰는 례기(禮器)의 총칭.

598) 당숙(唐叔) : 주무왕(周武王)의 아들이자 성왕(成王)의 아우. 이름은 우(虞). 당(唐) 땅에 봉해져 진(晉)나

겠는가. 밀수(密須)의 북과 큰 수레는 문왕(文王)께서 군대를 크게 검열할 때 쓰시던 것이었고, 밀수(密須)는 길성(姞姓)의 나라인데 문왕(文王)이 이를 치고 그 나라의 북과 수레를 얻어서 군대 검열에 사용한 것이다. 궐공(闕鞏)의 갑옷은 무왕(武王)께서 상(商)나라를 정벌할 때 쓰시던 것이었는데 궐공국(闕鞏國)에서 생산된 갑옷이다. 당숙이 이들을 받아 삼수(參宿)와 허수(虛宿)의 분야에 거처하면서 융적(戎狄)까지도 바로잡아 소유하셨다. 삼수(參宿)와 허수(虛宿)는 진(晉)나라의 분야(分野)[599]이다. 그 뒤에 양왕(襄王)께서 하사하신 두 채의 수레와 주양왕(周襄王)이 진문공(晉文公)에게 하사한 대로(大路)와 융로(戎路)이다. 척월(鏚鉞)·거창(秬鬯)·동궁(彤弓)·호분(虎賁)을 문공(文公)이 받았고,[600] 소유하고 있던 남양(南陽)의 전지[601]를 바탕으로 동하(東夏)를 안무하고 정벌하였으니 이것이 나누어 준 것이 아니고 무엇이겠는가. 공훈이 있으면 폐기하지 않고 공적이 있으면 기재하며, 책(策)에 공적을 적는 것이다. 토지를 주어 부양하고 이기(彝器)를 주어 위무하며, 거복(車服)을 주어 표창하고 문장(文章)[602]을 주어 례를 밝혀 자손이 잊지 않도록 하였으니 이것이 이른바 왕이 내린 복이다. 이러한 복조(福祚)가 숙부[晉文公]의 사적에 등재되어 있지 않았다면 어디에 있겠는가. 복조(福祚)가 마땅히 숙부에게 있지 않고 응당 누구에게 있겠느냐는 말이다. 또 옛적에 그대의 고조인 손백암(孫伯黶)이 진(晉)나라의 전적(典籍)을 맡아 대정(大政)[603]을 주재하였기 때문에 적씨(籍氏)가 된 것이고, 손백암(孫伯黶)은 진(晉)나라 정경(正卿)으로 적담(籍談)의 9세조(世祖)이다. 신유(辛有)의 둘째아들 동(董)이 진나라로 가면서 이로써 동사(董史)가 있게 되었다. 신유(辛有)는 주(周)나라 사람이다. 그 둘째아들 동(董)이 진(晉)나라에 가서 태사(大史)가 되었는데 동(董)이 진나라 전적을 감독하였던 것을 리유로 동씨(董氏)가 되었다. 동호(董狐)[604]는 그 후손이다. 너는 전적을 맡았던 사람의 후손으로서 무슨 까닭으로 이러한 일을 잊

라 시조가 되었다.

599) 분야(分野) : 중국의 지역을 28수(宿)에 배당한 칭호.

600) 척월(鏚鉞)~받았고 : 척월(鏚鉞)은 작은 도끼와 큰 도끼, 거창(秬鬯)은 검은 기장과 울금향(鬱金香)으로 빚은 술, 동궁(彤弓)은 붉은 칠을 한 활, 호분(虎賁)은 호위하는 병사이다. 희공(僖公) 28년에 진(晉)나라가 초(楚)나라와의 성복(城濮)의 싸움에서 이기고 진문공(晉文公)이 주왕(周王)을 알현하였을 때 받은 것이다.

601) 남양(南陽)의 전지 : 희공(僖公) 25년에 주양왕(周襄王)이 왕자 대(帶)의 반란을 진압한 공으로 진문공(晉文公)에게 하사한 전지이다.

602) 문장(文章) : 정기(旌旗)를 이르는 말. 이로써 존비와 귀천을 구별한다.

603) 대정(大政) : 나라의 정사.

604) 동호(董狐) : 춘추시대 진령공(晉靈公) 때의 사관(史官). 진령공이 조돈(趙盾)을 죽이려 하자 조돈은 달아났고 그 족제(族弟)인 조천(趙穿)이 진령공을 시해하였다. 그러자 조돈이 돌아왔는데 조천을 벌하지 않았다. 이 때문에 사관인 동호가 조돈이 임금을 시해하였다고 사서에 기록하였다. 이를 두고 공자(孔子)가 동호를 량사(良史)라고 평가하였다. 이 일은 선공(宣公) 2년조에 있다.

었는가?"라고 하니, 적담(籍談)이 대답하지 못하였다. 빈(賓)이 나가자 빈(賓)은 순력(荀躒)이다. 주왕이 말하기를 "적보(籍父)[605]는 후손이 끊어지겠구나. 전적을 헤아리면서 그 조상을 잊었으니."라고 하였다.

籍談歸 以告叔向 叔向曰 王其不終乎 吾聞之 所樂必卒焉 心之所樂 必終於此 **今王樂憂 若卒以憂 不可謂終** 若卒以憂而死 是不終其天年 **王一歲而有三年之喪二焉** 二喪謂穆后及大子壽 禮 父爲長子斬衰三年 妻雖期 亦有三年之義 **於是乎以喪賓宴 又求彝器 樂憂甚矣 且非禮也 彝器之來 嘉功之由 非由喪也 三年之喪 雖貴遂服 禮也** 王旣葬而除喪 故譏其不遂 **王雖弗遂 宴樂以早 亦非禮也 禮 王之大經也 一動而失二禮 無大經矣** 失二禮謂求器宴樂 **言以考典** 考 成也 **典以志經 忘經而多言擧典 將焉用之** 爲二十二年王室亂傳

적담(籍談)이 돌아가서 이 일을 숙향(叔向)에게 고하니, 숙향이 다음과 같이 말하였다. "왕은 아마도 명대로 못살 것이다. 내가 듣건대 즐기는 바가 있으면 반드시 그것으로 죽게 된다고 하였는데 마음에 즐기는 것이 있으면 반드시 이것으로 죽게 된다는 것이다. 지금 왕은 근심을 즐기니[606] 만약 끝내 이렇게 근심하다가 죽는다면 명대로 죽었다고 할 수 없는 것이다. 만약 끝내 이렇게 근심하다가 죽는다면 이것은 천수를 다하지 못하였다는 것이다. 왕은 1년에 3년상을 두 번이나 당하였는데 두 번의 상(喪)은 목후(穆后)와 태자 수(壽)의 상을 이른다. 례에 아버지는 장자의 상에 참최 3년복을 입는다. 처는 비록 기년복이지만 또한 3년복의 뜻이 있는 것이다. 이러한 때에 문상 온 빈객과 연회를 열고 또 이기(彝器)를 요구하였으니, 근심을 즐김이 심하고 또 례가 아니다. 이기가 온 것은[607] 공적을 아름답게 여겼기 때문이지 상사 때문이 아니다. 3년상은 비록 귀한 이[天子]라 해도 수복(遂服)[608]하는 것이 례이다. 왕이 장례를 지내자마자 상복을 벗었기 때문에 3년상을 지키지 않은 것을 비난한 것이다. 왕이 비록 3년상을 다 지키지 않는다 하더라도 연회를 즐긴 것은 일렀으니 또한 례가 아니다. 례는 왕의 대경(大經)[609]인데 한 번의 거동에 두 번 례를 잃었으니 대경을 무시한 것이다. 두 번 례를 잃었다는 것은 이기(彝器)를 요구한 것과 연회를 즐긴 것을 이른다. 언어로써 전적(典籍)을 이루고[考][610] 고(考)는 이룸이다. 전적으로써 대경을 기재하는

---

605) 적보(籍父) : 적담(籍談)의 다른 이름.

606) 왕은~즐기니 : 비(妃)인 목후(穆后)가 죽어 근심해야 하는데 조문 온 빈객과 연회를 열어 즐긴 것이다.

607) 이기가~것은 : 제후들이 목후(穆后)의 장례를 지낼 때 제사에 쓰는 이기(彝器)를 가지고 온 것을 말한다.

608) 수복(遂服) : 3년상의 기한을 다 마치는 일.

609) 대경(大經) : 떳떳한 도리. 한결같은 도리.

610) 언어로써~이루고[考] : 말은 사책(史策)에 기록된다는 것이다.

데,611) 대경을 망각하고 많은 말로써 전고(典故)를 거론하니 장차 이런 것을 어디에 쓰겠는가." 22년에 왕실이 어지러워지는 전(傳)의 배경이 된다.

소공(昭公) 16년【乙亥 B.C.526】

十有六年 春

16년 봄이다.

十六年 春 王正月 公在晉 晉人止公 不書 諱之也 猶以取鄆故也

16년 봄 왕정월에 소공(昭公)이 진(晉)나라에 있었으니 진인(晉人)이 소공을 억류해 둔 것이다. 경문에 기록하지 않은 것은 이를 숨긴 것이다. 여전히 경(鄆) 땅612)을 차지하고 있었기 때문이다.

齊侯伐徐

제후(齊侯)가 서(徐)나라를 쳤다.

齊侯伐徐 二月 丙申 齊師至于蒲隧 蒲隧 徐地 **徐人行成 徐子及郯人莒人會齊侯 盟于蒲隧** 郯莒畏齊 故從徐子受盟 **賂以甲父之鼎** 甲父 古國名 **叔孫昭子曰 諸侯之無伯 害哉** 爲小國害 **齊君之無道也 興師而伐遠方 會之 有成而還 莫之亢也 無伯也夫 詩曰 宗周既滅 靡所止戾 正大夫離居 莫知我肄** 戾 定也 肄 勞也 言執政大夫離居異心 無念民勞者 **其**

611) 전적으로써~기재하는데 : 사책(史策)은 대경(大經)을 담고 있다는 것이다.

612) 경(鄆) 땅 : 소공(昭公) 10년에 로(魯)나라 계평자(季平子)가 거(莒)나라를 쳐서 차지한 땅이다. 이 일로 소공 13년에 진(晉)나라는 제후들을 거느리고 로나라를 토죄하려 하였다.

是之謂乎

제후(齊侯)가 서(徐)나라를 쳤다. 2월 병신일에 제(齊)나라 군대가 포수(蒲隧)에 이르자 포수(蒲隧)는 서(徐)나라 땅이다. 서인(徐人)이 화친을 이루고자 하였다. 서자(徐子)가 담인(郯人)·거인(莒人)과 함께 제후와 회합하고 포수에서 맹약하여 담(郯)나라와 거(莒)나라가 제(齊)나라를 두려워하였기 때문에 서자(徐子)를 따라서 맹약을 받아들인 것이다. 갑보(甲父)의 정(鼎)을 바쳤다. 갑보(甲父)는 옛 나라 이름이다. 로(魯)나라 숙손소자(叔孫昭子)가 말하기를 "제후들에게 후백(侯伯 : 盟主)이 없으면 해를 입는구나. 소국이 해를 입는다는 것이다. 제나라 임금이 무도하여 군대를 일으켜 먼 나라를 쳐 회합하여 화친을 맺고 돌아옴에 막는 자가 없었으니, 맹주가 없어서이다. 《시(詩)》에 이르기를 '종주(宗周)가 이미 멸망하여 머물러 정착할[戾] 곳이 없고, 정대부(正大夫)[613]가 거처를 떠나 우리의 수고로움[肄]을 알아줄 이 없네.'[614]라고 하였으니 려(戾)는 정착함이다. 이(肄)는 수고로움이다. 집정대부(執政大夫)가 왕과 떨어져 거하며 다른 마음을 가지고 있어서 백성의 수고로움을 걱정하는 자가 없다는 말이다. 바로 이것을 이른 것이구나."라고 하였다.

楚子誘戎蠻子 殺之 초자(楚子)가 융만자(戎蠻子)를 유인하여 죽였다.

蠻 公作曼

만(蠻)은 《공양전(公羊傳)》에는 만(曼)으로 되어 있다.

楚子聞蠻氏之亂也 與蠻子之無質也 質 信也 **使然丹誘戎蠻子嘉 殺之 遂取蠻氏 既而復立其子焉 禮也**

초자(楚子)가 만씨(蠻氏)에 란이 일어났고 만자(蠻子)가 신의[質]가 없다는 말을 듣고서 질(質)은 신의이다. 연단(然丹)을 시켜 융만자(戎蠻子 : 蠻子) 가(嘉)를 유인하여 죽이고 드디어 만씨를 취하였다. 얼마 뒤에 다시 그의 아들을 임금으로 세웠으니, 례에 맞는 일이었다.

---

613) 정대부(正大夫) : 정(正)은 우두머리이니, 주관(周官) 8직(職)의 하나로 6관(官)의 우두머리이다.

614) 종주(宗周)가~없네 : 《시경(詩經)》〈소아(小雅)〉 우무정(雨無正). 《시경》 원문에는 '宗周'는 '周宗'으로 '肄'는 '勩'로 되어 있다.

夏

여름이다.

三月 晉韓起聘于鄭 鄭伯享之 子產戒曰 苟有位於朝 無有不共恪 孔張後至 立於客間 孔張 子孔之孫 **執政禦之** 執政 掌位列者 禦 止也 **適客後 又禦之 適縣間** 縣 樂肆 **客從而笑之 事畢 富子諫** 富子 鄭大夫 諫子產 **曰 夫大國之人 不可不愼也 幾爲之笑而不陵我** 言數見笑 則陵侮我 **我皆有禮 夫猶鄙我 國而無禮 何以求榮 孔張失位 吾子之恥也**

3월에 진(晉)나라 한기(韓起)가 정(鄭)나라를 빙문하니, 정백(鄭伯)이 그에게 향연을 베풀었다. 자산(子產)이 경계하여 말하기를 "진실로 조정에 지위가 있는 사람은 공경하고 삼가하지 않는 일이 없도록 하시오."라고 하였다. 그런데 공장(孔張 : 子張)이 향연에 늦게 이르러 빈객들 사이에 서게 되었다. 공장(孔張)은 자공(子孔)의 손자이다. 집정(執政 : 子產)이 그를 제지하자[禦] 집정(執政)은 자리의 배열을 맡은 자이다. 어(禦)는 제지함이다. 공장은 빈객들 뒤로 갔다. 집정이 또 그를 제지하자 악기를 설치한 곳[縣] 사이로 가 있으니 현(縣)은 악기를 설치한 곳이다. 빈객들이 이를 보고 웃었다. 향연을 마치고 부자(富子)가 간하기를 부자(富子)는 정(鄭)나라 대부이다. 자산(子產)에게 간한 것이다. "무릇 저 대국의 사람을 대할 때에는 신중하지 않을 수 없습니다. 그런데 공장이 여러 번 웃음거리가 되었으니 우리를 업신여기지 않겠습니까. 여러 번 웃음거리가 되었으니 우리를 업신여길 것이라는 말이다. 우리 모두가 례를 지키더라도 저들[夫]은 오히려 우리를 비속하게 여길 것인데 나라로서 례가 없었으니 무엇으로 영예를 구하겠습니까. 공장이 자리를 지키지 못한 것은 그대의 수치입니다."라고 하였다.

子產怒曰 發命之不衷 衷 當也 **出令之不信 刑之頗類** 類 當作纇 戾也 **獄之放紛** 放 縱也 **會朝之不敬 使命之不聽 取陵於大國 罷民而無功 罪及而弗知 僑之恥也 孔張 君之昆孫 子孔之後也** 子孔 鄭襄公兄 孔張祖父 **執政之嗣也** 子孔嘗執鄭國之政 **爲嗣大夫 承命以使 周於諸侯 國人所尊 諸侯所知 立於朝而祀於家 有祿於國 有賦於軍 喪祭有職** 有所主 **受脤歸脤** 受脤謂君祭以肉賜大夫 歸脤謂大夫祭歸肉於公 **其祭在廟** 謂助君祭 **已有著位 在位數世 世守其業 而忘其所 僑焉得恥之 辟邪之人 而皆及執政 是先王無刑罰也** 言爲過謬者 自應用刑罰 **子寧以他規我**

자산(子產)이 노하여 다음과 같이 말하였다. "명을 발하는 것이 합당하지[衷] 못하고 충

(衷)은 합당함이다. 령을 내는 것이 신의가 없으며, 형벌이 편벽되어 어그러지고[類] 류(類)는 마땅히 뢰(纇)로 해야 하니 어그러짐이다. 옥사를 방임하여[放] 혼란스럽게 하며, 방(放)은 멋대로 함이다. 회합과 조회에서 공경스럽지 못하고 사신으로 가서 사명(辭命)을 수행하지 못하여 대국에게 능멸을 당하며, 백성을 힘들게 하고도 공로가 없고 죄책(罪責)이 우리나라에 이르러도[615] 알지 못하는 것은 나 교(僑)의 수치요. 그러나 공장(孔張)은 임금의 곤손(昆孫 : 형의 손자)이고 자공(子孔)의 후손이며 자공(子孔)은 정양공(鄭襄公)의 형이며 공장(孔張)의 할아버지이다. 집정의 사손(嗣孫)으로 자공(子孔)은 일찍이 정(鄭)나라 정사를 담당하였었다. 대부의 지위를 이어받아서 임금의 명을 받고 사자(使者)가 되어 제후들을 두루 만났으니, 국인이 높이 받들고 제후들이 알고 있는 분이요. 그리고 조정에 관직을 맡고 있고 가묘(家廟)에서 제사를 주관하며, 나라에서 록을 받고 군대에 병거를 분담하며, 나라의 상사(喪事)와 제사를 주관하는 직책도 맡고 있고 주관하는 바가 있는 것이다. 제육을 받기도 하고[受脤] 제육을 바치기도 하며[歸脤], 수신(受脤)은 임금이 제사를 지내고 나서 고기를 대부들에게 나누어 주는 것을 이르며, 귀신(歸脤)은 대부가 제사를 지내고 나서 고기를 임금에게 바치는 것을 이른다. 종묘에서 제사를 지낼 때 임금을 도와 제사 지냄을 이른다. 이미 그에게는 일정한 자리와 지위가 있소. 그의 집안은 여러 대에 걸쳐 그 지위를 이어왔고 대대로 그 업무를 지켜왔소. 그런 사람이 있어야 할 곳을 잊었는데 나 교(僑)가 어찌 부끄러워해야 한단 말이요. 잘못 처신한 사람의 일까지 모두 집정에게 책임을 돌리니, 이러한 경우엔 선왕들께서 형벌이 없었겠소? 잘못이 있는 자에게는 마땅히 형벌을 써야 한다는 말이다. 그대는 차라리 다른 일을 가지고 나를 바로잡기 바라오."

宣子有環 其一在鄭商 宣子謁諸鄭伯 謁 請也 欲得而雙之 子產弗與 曰 非官府之守器也 寡君不知 子大叔子羽謂子產曰 韓子亦無幾求 言所求少 晉國亦未可以貳 晉國韓子不可偸也 偸 薄也 若屬有讒人交鬪其間 鬼神而助之 以興其凶怒 悔之何及 吾子何愛於一環 其以取憎於大國也 盍求而與之

진(晉)나라 선자(宣子 : 韓起)에게 옥환(玉環)이 있었는데 그 가운데 한 짝이 정(鄭)나라 상인에게 있었다. 선자가 정백(鄭伯)에게 나머지 한 짝을 청하니[謁], 알(謁)은 청함이다. 상인이 갖고 있는 것을 얻어서 한 쌍으로 맞추고자 한 것이다. 자산(子產)이 구해주지 않으며 말하기를 "그것은 관부(官府)에 보관 중인 기물이 아니어서 과군은 알지 못합니다."라고 하였다. 자태숙(子大叔)과 자우(子羽)가 자산에게 말하기를 "한자(韓子 : 韓宣子)가 요구하는 것이 얼마 되

615) 죄책(罪責)이~이르러도 : 제후들이 정(鄭)나라에 죄를 물어 침벌이 장차 이른다는 것이다.

지 않고 요구하는 바가 적다는 말이다. 진나라는 또한 우리가 배반할 수 없으니, 진나라와 한자를 박대(薄待 : 偸)해서는 안 될 것입니다. 투(偸)는 박대함이다. 만약 마침 참소하는 사람이 두 나라 사이를 서로 다투게 하고 귀신이 이를 도와서 진나라의 흉악한 분노를 일으킨다면 후회해도 어찌할 수 없을 것입니다. 그대는 어찌 한 짝의 옥환을 아껴서 대국에게서 미움을 취하려 합니까. 어찌 옥환을 구하여 그에게 주지 않습니까."라고 하였다.

子產曰 吾非偸晉而有二心 將終事之 是以弗與 忠信故也 僑聞君子非無賄之難 立而無令名之患 立謂立乎其位 **僑聞爲國非不能事大字小之難 無禮以定其位之患 夫大國之人 令於小國 而皆獲其求 將何以給之 一共一否 爲罪滋大 大國之求 無禮以斥之 何饜之有 吾且爲鄙邑 則失位矣** 如此則爲晉鄙邑 不復成國 **若韓子奉命以使而求玉焉 貪淫甚矣 獨非罪乎 出一玉以起二罪 吾又失位 韓子成貪 將焉用之 且吾以玉賈罪 不亦銳乎** 銳 細小也

자산(子產)이 다음과 같이 대답하였다. "나는 진(晉)나라를 박대하여 두마음을 품는 것이 아니라 끝까지 진나라를 섬기고자 하는 것이오. 그러므로 옥환을 구해주지 않는 것이니 충성과 신의를 지키는 일이기 때문이오. 나 교(僑)가 들으니 군자는 재물이 없는 것을 어려움으로 여기는 것이 아니고, 지위에 있으면서[立] 아름다운 명성이 없는 것을 근심한다고 하였소. 립(立)은 지위에 있음을 이른다. 또 나 교가 들으니 나라를 다스림에 대국을 섬기지 못하고 소국을 사랑하지 못하는 것을 어려움으로 여기는 것이 아니고, 례로써 자기의 지위를 안정시키지 못하는 것을 걱정해야 한다고 하였소. 저 대국의 사람이 소국에게 명령하여 요구하는 대로 얻게 된다면 장차 무엇으로 다 대주겠소. 한 번은 바치고 한 번은 바치지 못한다면 죄가 점점 커질 것이오. 대국의 요구에 대해 례로써 거절하지 못한다면 저들이 어찌 만족함이 있겠소. 그러면 우리는 장차 진나라 변방의 한 읍으로 전락하여 제후국의 지위를 잃게 될 것이오. 이와 같이 하면 진(晉)나라 변방의 읍이 되어 다시 나라를 이루지 못한다는 것이다. 한자(韓子)가 임금의 명을 받들어 사신 와서 옥(玉)을 요구하니 탐욕이 심한 것이오. 어찌 이 일이 그의 죄가 아니겠소. 한 번 옥을 내어줌으로써 두 가지 죄를 일으키게 되어 우리는 제후의 지위를 잃게 되고 한자는 탐욕한 사람이 될 것이니, 장차 그것을 어찌 쓰겠소. 또 우리가 옥으로 죄를 사는 것이니 또한 사소한[銳] 일이 아닐 것이오." 예(銳)는 사소함이다.

韓子買諸賈人 旣成賈矣 議價已成 **商人曰 必告君大夫 韓子請諸子產曰 日起請夫環**

執政弗義 弗敢復也 復 重求也 **今買諸商人 商人曰 必以聞 敢以爲請 子產對曰 昔我先君桓公 與商人皆出自周** 鄭本在周畿內 桓公東遷 與商人俱 **庸次比耦** 庸 用也 用次更相從耦耕 **以艾殺此地** 除治荒穢 **斬之蓬蒿藜藋 而共處之 世有盟誓以相信也 曰 爾無我叛 我無强賈** 無强市其物 **毋或匄奪 爾有利市寶賄 我勿與知 恃此質誓 故能相保 以至于今 今吾子以好來辱 而謂敝邑强奪商人 是敎敝邑背盟誓也 毋乃不可乎 吾子得玉而失諸侯 必不爲也 若大國令 而共無藝 鄭 鄙邑也 亦弗爲也 僑若獻玉 不知所成 敢私布之 韓子辭玉 曰 起不敏 敢求玉以徼二罪** 謂失諸侯 鄙鄭國 **敢辭之**

한자(韓子)가 상인에게 옥환을 사기로 하고 이미 값을 다 흥정하였다. 값을 의론하여 이미 정한 것이다. 상인이 말하기를 "반드시 우리 군대부(君大夫 : 子產)에게 알려주십시오."라고 하였다. 이에 한자가 자산(子產)에게 청하기를 "지난날 나 기(起)가 옥환을 청하였는데 집정[子產]께서 의롭지 못하다고 하여 감히 다시 청하지[復] 못하였습니다. 부(復)는 거듭 요구함이다. 지금 상인에게서 사게 되었는데 상인이 반드시 알려드리라고 하였습니다. 그리하여 감히 청하는 것입니다."라고 하였다. 자산이 대답하기를 "옛날 우리 선군이신 환공(桓公)께서 상인들과 함께 주(周)나라에서 나와서 정(鄭)나라가 본래 주(周)나라의 기내(畿內)에 있었는데 환공(桓公)이 동쪽으로 옮겨올 때 상인들과 함께 온 것이다. 차례에 따라[庸] 짝을 지어 용(庸)은 용(用)이니 차례에 따라 번갈아 서로 짝지어 밭을 간 것이다. 이 땅을 개간하여 황폐한 땅의 초목을 제거하여 다스린 것이다. 쑥과 명아주를 베어내고 함께 거주하면서 대대로 서로 신의를 지키기를 맹세하였습니다. 그 맹세에 이르기를 '너희들은 나를 배반하지 말라. 나도 너희들에게 물건을 팔도록 강요하지 않을 것이며 상인들의 물건을 강제로 팔게 하지 않겠다는 것이다. 물건을 요구하거나 빼앗지 않을 것이다. 너희들이 팔아서 리익이 날 보물이 있다 하더라도 나는 간여하여 알려 하지 않을 것이다.'라고 하였습니다. 이 맹세를 믿었기에 능히 서로 지키면서 지금에 이르렀는데 이제 그대는 우호의 일로 수고로이 와서 우리나라에게 상인의 물건을 강탈하라고 하십니다. 이는 우리나라로 하여금 맹세를 배반하도록 하는 것이니 이래서야 안 되는 것 아닙니까. 그대는 옥(玉)을 얻고 제후국을 잃는 일은 반드시 하지 않을 것입니다. 만약 대국이 명령하여 법도[藝]에 없는 물건을 바치라고 한다면 우리 정나라는 변방의 보잘것없는 읍이 되는 것이니 그 명령을 따르지 않을 것입니다. 나 교(僑)가 만약 옥을 바치게 된다면 그 결과가 어떻게 될지 알 수 없으므로 감히 사사로이 의견을 드리는 것입니다."라고 하였다. 한자가 옥을 사양하며 말하기를 "나 기가 불민하지만 감히 옥을 구하여 두 가지 죄를 부르겠습니까. 제후들을 잃고 정(鄭)나라를 보잘것없는 나라로 취급하는 것을 이른다. 감히 사양하겠습니다."라고 하였다.

夏 四月 鄭六卿餞宣子於郊 宣子曰 二三君子請皆賦 起亦以知鄭志 詩言志也 **子齹賦野有蔓草** 齹 音䣴 子齹 子皮之子嬰齊 義取邂逅相遇 適我願兮 **宣子曰 孺子善哉 吾有望矣 子産賦鄭之羔裘** 言鄭 別於唐之羔裘 義取邦之彦兮 以美韓子 **宣子曰 起不堪也 子大叔賦褰裳** 義取子惠思我 褰裳涉溱 子不我思 豈無他人 **宣子曰 起在此 敢勤子至於他人乎 子大叔拜 宣子曰 善哉 子之言是 不有是事 其能終乎** 言不有此相戒 其能終於好乎 **子游賦風雨** 子游 駟帶之子駟偃 義取旣見君子 云胡不夷 **子旗賦有女同車** 子旗 豊施 義取洵美且都 以示愛樂之志 **子柳賦蘀兮** 子柳 印段之子印癸 義取倡予和汝 **宣子喜曰 鄭其庶乎 二三君子以君命貺起 賦不出鄭志 皆昵燕好也** 六詩皆鄭風 賦之以示親好 **二三君子 數世之主也 可以無懼矣 宣子皆獻馬焉 而賦我將** 義取日靖四方 畏天之威 **子産拜 使五卿皆拜 曰 吾子靖亂 敢不拜德 宣子私覲於子産 以玉與馬 曰 子命起舍夫玉 是賜我玉而免吾死也 敢不藉手以拜**

여름 4월에 정(鄭)나라 6경(卿)이 교외에서 선자(宣子)를 전별할 때 선자가 말하기를 "여러 군자께서는 모두 시를 한 수씩 읊어주기를 청합니다. 그러면 나 기(起) 또한 정나라의 뜻을 알 수 있을 것입니다."라고 하였다. 시(詩)는 뜻을 말하는 것이다. 자차(子齹)가 야유만초(野有蔓草)[616]를 읊자, 차(齹)는 음이 차(䣴)이다. 자차(子齹)는 자피(子皮)의 아들 영제(嬰齊)이다. 우연히 서로 만나니 나의 소원에 맞았다는 뜻을 취한 것이다. 선자가 말하기를 "유자(孺子)[617]는 훌륭하십니다. 내가 바라는 것입니다."라고 하였다. 자산(子産)이 정풍(鄭風) 고구(羔裘)를 읊자 정풍(鄭風)이라고 말한 것은 당풍(唐風)의 고구(羔裘)와 구별하기 위한 것이다. 나라의 큰 선비[618]라는 뜻을 취하여 한자(韓子)를 찬미한 것이다. 선자가 말하기를 "나 기는 감당할 수 없습니다."라고 하였다. 자태숙(子大叔)이 건상(褰裳)을 읊자, 그대가 나를 사랑하여 생각한다면 나는 치마를 걷고 진수(溱水)를 건너가겠지만 그대가 나를 생각하지 않는다면 어찌 다른 사람이 없겠느냐는 뜻을 취한 것이다. 선자가 말하기를 "나 기가 이 나라에 왔으니 감히 그대께서 다른 사람에게 가는 수고를 끼치겠습니까."[619]라고 하였다. 자태숙이 절하니 선자가 말하기를 "훌륭합니다. 그대의 이 말씀이여. 이러한 일이 없다면 어찌 두 나라가 끝까지 사이좋을 수 있겠습니까."라고 하였다. 이렇게 서로 경계함이 없다면 어찌 끝까지 우호를 유지할 수 있겠느냐는 말이다. 자유(子游)가 풍우(風雨)를 읊고 자유(子游)는 사대(駟

616) 야유만초(野有蔓草) : 《시경(詩經)》 〈정풍(鄭風)〉의 편 이름.

617) 유자(孺子) : 천자(天子)·제후(諸侯)·세경(世卿)의 후계자.

618) 나라의~선비 : 《시경(詩經)》 〈정풍(鄭風)〉 고구(羔裘)의 '저 사람이여, 목숨을 버릴지언정 절개를 변치 않으니 나라의 큰 선비로다[彼己之子 舍命不渝 邦之彦兮].'라는 대목의 말이다.

619) 감히~끼치겠습니까 : 진(晉)나라를 믿지 못하여 다른 나라와 우호를 맺도록 하겠느냐는 말이다.

帶)의 아들 사언(駟偃)이다. 이미 군자를 만나보았으니 어찌 마음이 화평하지 않겠느냐는 뜻을 취한 것이다. 자기(子旗)는 유녀동거(有女同車)를 읊었으며 자기(子旗)는 풍시(豊施)이다. 참으로 아름답고 또 우아하다는 뜻을 취하여 사랑하고 좋아한다는 뜻을 보인 것이다. 자류(子柳)는 탁혜(蘀兮)를 읊으니, 자류(子柳)는 인단(印段)의 아들 인계(印癸)이다. 나를 부른다면 나도 그대에게 화답하겠다는 뜻을 취한 것이다. 선자가 기뻐하며 말하기를 "정나라는 앞으로 잘될 것입니다. 여러 군자께서 임금님의 명으로 나 기에게 연회를 베풀어 주면서 읊어주는 노래가 정나라의 뜻에서 벗어나지 않으니, 모두 친밀하게 우호를 나타내는 것들입니다. 여섯 편의 시는 모두 정풍(鄭風)이다. 이 시들을 읊어서 친밀히 우호하자는 뜻을 보인 것이다. 여러 군자께서는 여러 대에 걸쳐 이 나라를 다스리는 주인들이시니 정나라는 걱정이 없을 것입니다."라고 하였다. 선자가 모두에게 말을 선사하고 아장(我將)[620]을 읊었다. 날로 사방을 안정시키고 하늘의 위엄을 두려워한다는 뜻을 취한 것이다. 자산이 절하고 5경(卿)에게 모두 절하게 하고서 말하기를 "그대가 우리나라의 혼란을 안정시키겠다고 하시니 감히 그 은덕에 배사하지 않을 수 있겠습니까."라고 하였다. 선자가 옥(玉)과 말을 가지고 사사로이 자산을 찾아보고 말하기를 "그대가 옥을 포기하라고 나 기에게 명하셨는데, 이는 나에게 옥 같은 말씀을 주시어 죽음을 면하게 한 것이니 감히 례물을 손에 들고와 배사하지 않을 수 있겠습니까."라고 하였다.

公至自晉

소공(昭公)이 진(晉)나라에서 돌아왔다.

公至自晉 晉人聽公得歸 **子服昭伯語季平子** 昭伯 惠伯之子回也 **曰 晉之公室 其將遂卑矣 君幼弱 六卿彊而奢傲 將因是以習 習實爲常 能無卑乎 平子曰 爾幼 惡識國**

소공(昭公)이 진(晉)나라에서 돌아왔다.[621] 진인(晉人)이 소공(昭公)이 돌아가도록 허낙한 것이다. 자복소백(子服昭伯)이 계평자(季平子)에게 말하기를 소백(昭伯)은 혜백(惠伯)의 아들인 회(回)이다. "진나라 공실은 장차 그 지위가 낮아질 것입니다. 임금은 유약하고 6경(卿)들은 강성하여 사치하고 오만하니 장차 이런 일이 습성처럼 될 것입니다. 습성은 실로 상례(常例)가 되니

620) 아장(我將) : 《시경(詩經)》 〈주송(周頌)〉의 편 이름.

621) 소공(昭公)이~돌아왔다 : 지난해 겨울에 소공(昭公)이 평구(平丘)의 회합 때문에 진(晉)나라에 갔다가 이때 돌아온 것이다.

어찌 공실의 지위가 낮아지지 않겠습니까."라고 하였다. 평자(平子)가 말하기를 "너는 아직 어린데 어찌 나라의 일을 알겠는가."라고 하였다.

> 秋 八月 己亥 晉侯夷卒
>
> 가을 8월 기해일에 진후(晉侯) 이(夷)가 졸하였다.

秋 八月 晉昭公卒

가을 8월에 진소공(晉昭公 : 夷)이 졸하였다.

> 九月 大雩
>
> 9월에 크게 기우제를 지냈다.

九月 大雩 旱也 鄭大旱 使屠擊祝款豎柎有事於桑山 三子 鄭大夫 **斬其木 不雨 子産曰 有事於山 蓺山林也** 蓺 養護令繁殖 **而斬其木 其罪大矣 奪之官邑**

9월에 크게 기우제를 지냈으니, 가물었기 때문이다. 정(鄭)나라에 큰 가뭄이 들어 도격(屠擊)·축관(祝款)·수부(豎柎)를 보내어 상산(桑山)에 제사 지내게 하였는데 세 사람은 정(鄭)나라 대부이다. 그 산의 나무를 베어내고 제사를 지냈으나 비가 오지 않았다. 자산(子産)이 말하기를 "산에 기우제를 지내면서 산림을 가꾸어야[蓺] 하거늘 예(蓺)는 기르고 보호하여 번식시키는 것이다. 나무를 베어냈으니 그 죄가 크다."라고 하면서 그들의 관직과 식읍을 박탈하였다.

> 季孫意如如晉 冬 十月 葬晉昭公
>
> 계손의여(季孫意如)가 진(晉)나라에 가서 겨울 10월에 진(晉)나라 소공(昭公)의 장례를 지냈다.

冬 十月 季平子如晉 葬昭公 平子曰 子服回之言猶信 子服氏有子哉

겨울 10월에 계평자(季平子 : 季孫意如)가 진(晉)나라에 가서 진소공(晉昭公)의 장례를 지냈다. 평자(平子)가 말하기를 "자복회(子服回)의 말이 오히려 믿을 만하다.[622] 자복씨(子服氏)는 좋은 아들을 두었다."라고 하였다.

소공(昭公) 17년【丙子 B.C.525】

十有七年 春 小邾子來朝

17년 봄에 소주자(小邾子)가 와서 조견하였다.

十七年 春 小邾穆公來朝 公與之燕 季平子賦采叔 取君子來朝 何錫與之 **穆公賦菁菁者莪** 義取旣見君子 樂且有儀 **昭子曰 不有以國 其能久乎** 言其賢 故能久有國

17년 봄에 소주(小邾)의 목공(穆公)이 와서 조견하니, 소공(昭公)이 그에게 연회를 베풀어 주었다. 이때 계평자(季平子)가 채숙(采叔)[623]을 읊자 군자가 와서 조견하니 무엇을 내려줄까라는 뜻을 취한 것이다. 목공이 청청자아(菁菁者莪)[624]를 읊었다. 이미 군자를 만나보니 즐겁고도 위의가 있다는 뜻을 취한 것이다. 소자(昭子 : 叔孫昭子)가 말하기를 "나라를 다스리는 능력이 없었다면 어찌 나라를 오래도록 소유할 수 있었겠는가."라고 하였다. 그가 현명하기 때문에[625] 나라를 오래도록 소유할 수 있었다는 말이다.

---

622) 자복회(子服回)의~만하다 : 앞서 자복회(子服回 : 子服昭伯)가 계평자(季平子)에게 진(晉)나라 공실의 지위가 낮아질 것이라고 하였는데 계평자가 진나라에 가서 직접 진나라의 상황을 보고서 그 말을 믿게 되었다는 것이다.

623) 채숙(采叔) : 《시경(詩經)》〈소아(小雅)〉의 편 이름. '叔'은 '菽'으로도 쓴다.

624) 청청자아(菁菁者莪) : 《시경(詩經)》〈소아(小雅)〉의 편 이름.

625) 그가~때문에 : 답시(答詩)를 잘 읊었기 때문이다.

夏 六月 甲戌 朔 日有食之
여름 6월 초하루 갑술일에 일식이 있었다.

夏 六月 甲戌 朔 日有食之 祝史請所用幣 昭子曰 日有食之 天子不擧 伐鼓於社 諸侯用幣於社 伐鼓於朝 禮也 平子禦之 禦 禁也 **曰 止也 唯正月 朔 慝未作 日有食之 於是乎有伐鼓用幣 禮也 其餘則否 大史曰 在此月也** 正月 謂建巳正陽之月 於周爲六月 於夏爲四月 平子以爲六月非正月 故大史答言在此月 **日過分而未至** 過春分而未夏至 **三辰有災 於是乎百官降物** 降物 素服 **君不擧 辟移時** 辟正寢過日食時 **樂奏鼓 祝用幣** 用幣於社 **史用辭** 用辭以自責 **故夏書曰 辰不集于房** 集 安也 房 舍也 日月不安其舍則食 **瞽奏鼓 嗇夫馳 庶人走** 嗇夫 主幣之官 庶人 胥徒之屬 **此月朔之謂也 當夏四月 是謂孟夏 平子弗從 昭子退曰 夫子將有異志 不君君矣** 安君之災 故曰有異志

여름 6월 초하루 갑술일에 일식이 있어 축사(祝史)가 제사에 쓸 폐백을 청하니, 소자(昭子)가 말하기를 "일식이 있을 때 천자는 성찬(盛饌)을 들지 않고 사(社)에서 북을 치며, 제후는 사에서 폐백을 올리고 조정에서 북을 치는 것이 례입니다."라고 하였다. 평자(平子)가 이를 금하며[禦 어(禦)는 금함이다. 말하기를 "그만두시오. 오직 정월(正月)[626] 초하루에는 사특한 기운[慝[627]]이 일어나지 않는 법인데, 일식이 있게 되면 이때 북을 치고 폐백을 올리는 것이 례이고 나머지 날의 일식의 경우는 그렇게 하지 않소."라고 하였다. 태사(大史)가 말하기를 "이 달이 정양월(正陽月)입니다. 정월(正月)은 건사(建巳)[628] 정양(正陽)의 달을 이른다. 주(周)나라의 6월은 하(夏)나라의 4월에 해당하는데, 평자(平子)는 6월이 정양의 달이 아니라고 생각했으므로 태사(大史)가 정양의 달이 이 달에 해당한다고 답한 것이다. 날이 춘분이 지나고 아직 하지가 이르지 않은 때에 춘분은 지났으나 아직 하지에 이르지 않았다는 것이다. 3신(三辰 : 日月星)에 재변(災變)이 있게 되면 이때 백관은 강물(降物)하고, 강물(降物)은 소복(素服) 차림이다. 임금은 성찬을 들지 않고 일식의 때에 거처를 피해 옮기며, 정침(正寢)에서 피해 일식의 때를 넘기는 것이다. 악공은 북을 치고 축관(祝官)은 폐백을 올리며, 사(社)에 폐백을 올리는 것이다. 사관(史官)은 제문을 짓습니다. 제문

---

626) 정월(正月) : 《주역(周易)》에서 여섯 효가 모두 양효(陽爻)로 이루어진 하력(夏曆) 4월인 정양월(正陽月)을 이른다.

627) 사특한 기운[慝] : 음기(陰氣)이다. 장공(莊公) 25년 6월조 참조.

628) 건사(建巳) : 북두칠성의 자루가 사방(巳方)을 가리킴을 이르니 곧 하력(夏曆) 4월을 말한다. 초저녁 유시(酉時)에 북두칠성 자루가 가리키는 방향에 따라 달이 바뀌는데 정월에는 인방(寅方), 2월에는 묘방(卯方), 3월에는 진방(辰方), 4월에는 사방(巳方)을 가리키는 데서 이르는 말이다.

을 올려 스스로를 책하는 것이다. 그러므로 〈하서(夏書)〉에 '신(辰 : 日月)이 머무는 자리[房]에 안착하지[集] 않으면 집(集)은 안착함이다. 방(房)은 머무는 자리이다. 일월이 그 머무는 자리에 안착하지 않으면 일식이나 월식이 있게 된다. 악사(樂師 : 瞽)는 북을 두드리고 색부(嗇夫)는 수레를 타고 달려가고 서인(庶人)은 도보로 달려간다.'[629]라고 하였으니, 색부(嗇夫)는 폐백을 주관하는 관리이고 서인(庶人)은 서도(胥徒 : 胥吏) 따위이다. 이는 이 달의 초하루를 두고 이른 것이며, 하(夏)나라의 4월에 해당되니 맹하(孟夏)라고 합니다."라고 하였다. 평자가 받아들이지 않자 소자가 물러나 말하기를 "부자(夫子 : 季平子)는 아마도 다른 뜻을 가진 듯하다. 임금을 임금으로 여기지 않고 있도다."라고 하였다. 임금의 재변을 편안히 여겼기 때문에 다른 뜻이 있다고 말한 것이다.

秋 郯子來朝

가을에 담자(郯子)가 와서 조견하였다.

秋 郯子來朝 公與之宴 昭子問焉 曰 少皡氏鳥名官 何故也 郯子曰 吾祖也 少皡 己姓之祖 我知之 昔者黃帝氏以雲紀 故爲雲師而雲名 以雲紀事 百官師長皆以雲爲名 炎帝氏以火紀 故爲火師而火名 共工氏以水紀 故爲水師而水名 大皡氏以龍紀 故爲龍師而龍名 我高祖少皡摯之立也 鳳鳥適至 故紀於鳥 爲鳥師而鳥名 鳳鳥氏 歷正也 鳳鳥知天時 故以名歷官 玄鳥氏 司分者也 玄鳥 燕也 以春分來 秋分去 伯趙氏 司至者也 伯趙 伯勞也 以夏至鳴 冬至止 青鳥氏 司啓者也 青鳥 鶬鴳也 以立春鳴 立夏止 丹鳥氏 司閉者也 丹鳥 鷩雉也 以立秋來 立冬去 入大水爲蜃 上四鳥皆歷正之屬官 祝鳩氏 司徒也 祝鳩 鷦鳩也 鷦鳩孝 故爲司徒 主敎民 鴡鳩氏 司馬也 鴡鳩 王鴡也 鷙而有別 故爲司馬 主法制 鳲鳩氏 司空也 鳲鳩 鴶鵴也 鳲鳩平均 故爲司空 平水土 爽鳩氏 司寇也 爽鳩 鷹也 鷙 故爲司寇 主盜賊 鶻鳩氏 司事也 鶻鳩 鶻鵰也 春來冬去 故爲司事 五鳩 鳩民者也 鳩 聚也 治民上聚 故以鳩爲名 五雉 爲五工正 雉有五種 西方曰鷷雉 東方曰鶅雉 南方曰翟雉 北方曰鵗雉 伊洛之南曰翬雉 利器用 正度量 夷民者也 夷 平也 九扈 爲九農正 扈有九種 春扈鳻鶞 夏扈竊玄 秋扈竊藍 冬扈竊黃 棘扈竊丹 行扈唶唶 宵扈嘖嘖 桑扈竊脂 老扈鷃鷃 以九扈爲九農之號 各隨其宜以敎民事 扈民無淫者也 扈 止也 自顓頊氏以來

---

629) 색부(嗇夫)는~달려간다 : 색부(嗇夫)는 제사에 쓸 폐백을 싣고 달려가고 서인(庶人)은 제사 준비를 위해 달려가는 것이다.

不能紀遠 乃紀於近 爲民師而命以民事 則不能故也 **顓頊氏 代少皥者 德不能致遠瑞 以民事命官**

가을에 담자(郯子)가 와서 조견하니, 소공(昭公)이 그에게 연회를 베풀어 주었다. 소자(昭子)가 담자에게 묻기를 "소호씨(少皥氏)가 새 이름으로 관직 이름을 정한 것은 무슨 까닭입니까?"라고 하자, 담자가 다음과 같이 말하였다. "우리 조상이니 소호(少皥)는 기성(己姓)의 시조이다. 내가 그 까닭을 알고 있습니다. 옛날 황제씨(黃帝氏)는 구름으로써 일을 기록하였기 때문에 운사(雲師)를 만들어 구름으로 이름하였고,[630] 구름으로 일을 기록하였고[631] 백관의 사장(師長 : 우두머리)을 모두 구름으로 이름한 것이다. 염제씨(炎帝氏)는 불로써 일을 기록하였기 때문에 화사(火師)를 만들어 불로 이름하였고,[632] 공공씨(共工氏)는 물로써 일을 기록하였기 때문에 수사(水師)를 만들어 물로 이름하였고,[633] 태호씨(大皥氏)는 룡(龍)으로써 일을 기록하였기 때문에 룡사(龍師)를 만들어 룡으로 이름하였습니다.[634] 우리 시조이신 소호(少皥) 지(摯)께서 등극하실 때에 봉조(鳳鳥)가 때마침 이르렀기 때문에 새에 대해 기록하고 조사(鳥師)를 만들어 새로써 이름하였습니다. 봉조씨(鳳鳥氏)는 력정(歷正)[635]이었고, 봉조(鳳鳥)는 천시(天時)를 알기 때문에 력정(歷正)의 관명으로 삼은 것이다. 현조씨(玄鳥氏)는 춘분과 추분을 맡은 자였고,[636] 현조(玄鳥)는 제비이다. 춘분에 날아왔다가 추분에 날아간다. 백조씨(伯趙氏)는 하지와 동지를 맡은 자였고, 백조(伯趙)는 백로(伯勞)이다. 하지에 울기 시작하여 동지에 그친다. 청조씨(靑鳥氏)는 기운의 열림을 맡은 자였고 청조(靑鳥)는 창안(鶬鷃)이다. 립춘에 울기 시작하였다가 립하에 그친다. 단조씨(丹鳥氏)는 기운의 닫힘을 맡은 자였습니다. 단조(丹鳥)는 별치(鷩雉)이다. 립춘에 날아왔다가 립동에 날아가며, 큰물에 들어가서 신(蜃 : 조개)이 된다. 위의 네 종류의 조(鳥)는 모두 력정(歷正)의 속관이다. 축구씨(祝鳩氏)는 사도(司徒)이고, 축구(祝鳩)는 초구(鷦鳩)이다. 초구는 효성스럽기 때문에 사도(司徒)가 되어 백성을 가르치는 일을 주관하였다. 저구씨(鴡鳩氏)는 사마(司馬)이고, 저구(鴡鳩)는 왕저(王鴡)이다.

---

630) 운사(雲師)를~이름하였고 : 춘관(春官)을 청운(靑雲), 하관(夏官)을 진운(縉雲), 추관(秋官)을 백운(白雲), 동관(冬官)을 흑운(黑雲), 중관(中官)을 황운(黃雲)이라 하였다.

631) 구름으로~기록하였고 : 구름의 성질과 변화를 치세에 적용하고 기록한 것이다.

632) 화사(火師)를~이름하였고 : 춘관(春官)을 대화(大火), 하관(夏官)을 순화(鶉火), 추관(秋官)을 서화(西火), 동관(冬官)을 북화(北火), 중관(中官)을 중화(中火)라 하였다.

633) 수사(水師)를~이름하였고 : 춘관(春官)을 동수(東水), 하관(夏官)을 남수(南水), 추관(秋官)을 서수(西水), 동관(冬官)을 북수(北水), 중관(中官)을 중수(中水)라 하였다.

634) 룡사(龍師)를~이름하였습니다 : 춘관(春官)을 청룡(靑龍), 하관(夏官)을 적룡(赤龍), 추관(秋官)을 백룡(白龍), 동관(冬官)을 흑룡(黑龍), 중관(中官)을 황룡(黃龍)이라 하였다.

635) 력정(歷正) : 력법(曆法)을 맡은 장관.

636) 춘분과~자였고 : 춘분과 추분이 있는 달의 정령과 제사를 맡은 것이다.

맹금[鷙]이면서 분별이 있기 때문에 사마(司馬)가 되어 법과 제도를 주관하였다. 시구씨(鳲鳩氏)는 사공(司空)이고, 시구(鳲鳩)는 길국(鴶鵴)이다. 시구는 균일하게[637] 하기 때문에 사공(司空)이 되어 수토(水土)를 고르게 다스린 것이다. 상구씨(爽鳩氏)는 사구(司寇)이고, 상구(爽鳩)는 매[鷹]이다. 맹금이기 때문에 사구(司寇)가 되어 도적을 다스리는 일을 주관하였다. 골구씨(鶻鳩氏)는 사사(司事)[638]입니다. 골구(鶻鳩)는 골조(鶻鵰)이다. 봄에 날아왔다가 겨울에 날아가므로 사사(司事)가 된 것이다. 이 다섯 구(鳩)는 백성을 모으는 자였으며 구(鳩)는 모음[聚]이다. 백성을 다스림에 백성을 모으는 것을 으뜸으로 하기 때문에 구(鳩)로 이름한 것이다. 다섯 치(雉)는 다섯 공정(工正)을 맡아 치(雉)는 다섯 종류가 있는데 서방의 관리를 준치(鷷雉)라 하고 동방을 치치(鶅雉)라 하고 남방을 적치(翟雉)라 하고 북방을 희치(鵗雉)라 하고 이수(伊水)와 락수(洛水)의 남쪽을 휘치(翬雉)라고 한다. 기물의 사용을 리롭게 하고 도량을 정확히 하여 백성을 평안하게[夷] 한 자였습니다. 이(夷)는 평안함이다. 아홉 호(扈)[639]는 아홉 농정(農正)이 되어 호(扈)는 아홉 종류가 있는데 춘호(春扈)는 분춘(鳻鶞)이고 하호(夏扈)는 절현(竊玄)이고 추호(秋扈)는 절람(竊藍)이고 동호(冬扈)는 절황(竊黃)이고 극호(棘扈)는 절단(竊丹)이고 행호(行扈)는 적적(唶唶)이고 소호(宵扈)는 책책(嘖嘖)이고 상호(桑扈)는 절지(竊脂)이고 로호(老扈)는 안안(鷃鷃)이다. 아홉 호(扈)로 아홉 농정(農正)의 호칭으로 삼아 각각 그 마땅함에 따라 백성에게 농사를 가르친 것이다. 백성을 제지하여[扈] 지나침이 없게 한 자였습니다. 호(扈)는 제지함이다. 전욱씨(顓頊氏) 이후로는 고원(高遠)한 것으로 기록할 수 없어서 비근(卑近)한 것으로 기록하여 백성을 다스리는 장관이 된 자에게는 민사(民事)로 관직을 명명하였으니,[640] 이는 그렇게 밖에 할 수 없었기 때문입니다." 전욱씨(顓頊氏)는 소호(少皞)를 대신한 자이다. 덕이 고원하고 상서로운 데까지 미치지 못하였기 때문에 민사(民事)로 관직을 명하였다는 것이다.

仲尼聞之 見於郯子而學之 於是仲尼年二十八 既而告人曰 吾聞之 天子失官 學在四夷 猶信

중니(仲尼)가 이 이야기를 듣고 담자(郯子)를 찾아가 옛 관제를 배우고 당시 중니(仲尼)는 28세였다. 얼마 뒤에 사람들에게 말하기를 "내가 듣기로는 천자가 옛 관제를 잃으면 그 학문이 사방 이(夷)에게 있게 된다고 하였으니,[641] 이 말은 믿을 만하다."라고 하였다.

---

637) 시구는 균일하게 : 시구(鳲鳩)는 뻐꾸기로, 새끼에게 먹이를 먹일 때에 순서를 아침에는 위로부터 아래로 내려오고 저녁에는 아래로부터 위로 올라가 균일하게 한다는 데에서 온 말이다. 《시경(詩經)》〈조풍(曹風)〉 시구(鳲鳩) 참조.

638) 사사(司事) : 농사를 주관하던 벼슬.

639) 아홉 호(扈) : 아홉 호(扈)는 모두 새 이름이다.

640) 민사(民事)로~명명하였으니 : 사도(司徒)·사마(司馬)·사공(司空)·사구(司寇)·사사(司事) 등으로 이름 지은 것이다.

641) 천자가~하였으니 : 주(周)나라의 덕이 쇠하자 오히려 담(郯)나라와 같은 변방에 중국의 옛 유습이 남아있

八月 晉荀吳帥師滅陸渾之戎

8월에 진(晉)나라 순오(荀吳)가 군대를 거느리고 륙혼(陸渾)의 융(戎)을 멸하였다.

自是凡滅不復稱人

이로부터 멸(滅)이라고 쓸 때는 다시 인(人)이라고 칭하지 않았다.[642]

晉侯使屠蒯如周 請有事於雒與三塗 三塗山在陸渾南 **萇弘謂劉子曰 客容猛 非祭也 其伐戎乎** 劉子 劉獻公 客謂屠蒯 **陸渾氏甚睦於楚 必是故也 君其備之 乃警戎備** 欲因晉以合勢 **九月 丁卯 晉荀吳帥師涉自棘津** 河津名 **使祭史先用牲于雒 陸渾人弗知 師從之 庚午 遂滅陸渾 數之以其貳於楚也 陸渾子奔楚 其衆奔甘鹿** 甘鹿 周地 **周大獲** 先警戎備 故獲 **宣子夢文公攜荀吳而授之陸渾 故使穆子帥師 獻俘于文宮**

진후(晉侯)가 도괴(屠蒯)를 주(周)나라에 보내어 락수(雒水)와 삼도산(三塗山)에 제사[事] 지내기를 청하였다. 삼도산(三塗山)은 륙혼(陸渾)의 남쪽에 있다. 장홍(萇弘)[643]이 류자(劉子)[644]에게 말하기를 "객(客 : 使臣)의 용모가 사나우니 제사를 지내려는 것이 아니라 융(戎)을 치려는 것 같습니다. 류자(劉子)는 류헌공(劉獻公)이다. 객(客)은 도괴(屠蒯)를 이른다. 륙혼씨(陸渾氏)가 초(楚)나라와 매우 화목하니 바로 이 때문일 것입니다. 그대[君 : 劉子]는 그에 대한 대비를 하십시오."라고 하니, 융에 대한 대비를 강화하도록 경계하였다. 진(晉)나라에 의지하여 세(勢)를 합하려고 한 것이다.[645] 9월 정묘일에 진(晉)나라 순오(荀吳)가 군대를 거느리고 극진(棘津)에서 하수를 건너 극진(棘津)은 하수(河水)의 나루 이름이다. 제사(祭史)[646]를 시켜 먼저 희생을 써서 락수에 제사 지내게 하였다. 그런데도 륙혼인(陸渾人)이 알아차리지 못하니, 진나라 군대가 뒤를 따라가서 경오일에 드디어 륙혼을 멸하고 초나라에 붙은 것을 따졌다. 그러자 륙혼자(陸渾子)는 초나라로 망명가고 그 무리는 감록(甘鹿)으로 달아나니 감록(甘鹿)은 주(周)나라 땅이

다는 것이다.

642) 인(人)이라고~않았다 : 진인(晉人)이라고 하지 않고 진(晉)나라 순오(荀吳)라고 장수 이름을 쓴 것을 이른다.

643) 장홍(萇弘) : 주(周)나라 대부.

644) 류자(劉子) : 주(周)나라 경(卿).

645) 진(晉)나라에~것이다 : 주(周)나라는 진(晉)나라가 융(戎)을 칠 때 진나라와 힘을 합하려고 한 것이다.

646) 제사(祭史) : 제사(祭祀)를 주관하는 벼슬.

다. 주나라가 많은 포로를 잡았다. 먼저 융(戎)에 대한 대비를 강화하도록 경계하였기 때문에 잡은 것이다. 진나라 한선자(韓宣子)는 진문공(晉文公)이 순오의 손을 잡고서 그에게 륙혼을 주는 꿈을 꾸었다. 그 때문에 목자(穆子 : 荀吳)로 하여금 군대를 거느리고 가게 하였고, 포로를 진문공의 사당에 바치게 하였다.

冬 有星孛于大辰

겨울에 혜성[星孛]이 대신(大辰)에 나타났다.

大辰 房心尾也

대신(大辰)[647]은 방수(房宿)·심수(心宿)·미수(尾宿)이다.

冬 有星孛于大辰 西及漢 夏之八月 辰星見天漢西 今孛星出辰西 光芒東及天漢 **申須曰 彗所以除舊布新也** 申須 魯大夫 **天事恒象** 天道恒以象類示人 **今除於火 火出必布焉 諸侯其有火災乎** 今火向伏 當須火出 布散爲災

겨울에 혜성이 대신(大辰)의 자리에 나타나 서쪽으로 천한(天漢)[648]에까지 미쳤다. 하력(夏曆) 8월에는 신성(辰星)이 천한(天漢) 서쪽에 출현하는데 지금 혜성이 신성 서쪽에 출현하여 광망(光芒)[649]이 동쪽 천한에까지 미친 것이다. 신수(申須)가 말하기를 "혜(彗)[650]는 옛것을 쓸어내고 새것을 펴는 것이다. 신수(申須)는 로(魯)나라 대부이다. 하늘의 일은 항상 징조로 나타내는 것이니, 천도(天道)는 항상 비슷한 조짐으로 사람에게 보여준다는 것이다. 지금 혜성이 화성(火星)을 쓸어내었지만 다시 화성이 출현할 때는 반드시 화기가 퍼질 것이다. 그래서 제후국에 아마도 화재가 일어날 것이다."라고 하였다. 지금 화성(火星)이 아직 잠복해 있으니 마땅히 화성이 출현하면 널리 퍼져서 재앙이 된다는 것이다.

梓愼曰 往年吾見之 是其徵也 火出而見 前年火出時 **今玆火出而章 必火入而伏** 今年火出之月 孛益章明 終必隨火而沒 **其居火也久矣** 歷二年 **其與不然乎** 言必然也 **火出 於夏爲三**

647) 대신(大辰) : 동방 창룡(蒼龍) 7수(宿) 가운데 방수(房宿)·심수(心宿)·미수(尾宿)를 아울러 이르는 말.
648) 천한(天漢) : 은하(銀河).
649) 광망(光芒) : 빛발. 강렬한 광선.
650) 혜(彗) : 비[帚].

月 謂昏見 **於商爲四月 於周爲五月 夏數得天** 得天正 **若火作 其四國當之 在宋衛陳鄭乎 宋 大辰之虛也** 大辰 大火 宋分野 **陳 大皞之虛也** 大皞居陳 木火所自出 **鄭 祝融之虛也** 祝融 高辛氏之火正 居鄭 **皆火房也** 房 舍也 **星孛及漢 漢 水祥也** 天漢 水也 **衛 顓頊之虛也 故爲帝丘 其星爲大水** 衛星營室 營室 水也 **水 火之牡也 其以丙子若壬午作乎 水火所以合也** 丙午火 壬子水 水火合而相薄 水少而火多 故水不勝火 **若火入而伏 必以壬午 不過其見之月** 火見周之五月 **鄭裨竈言於子產曰 宋衛陳鄭將同日火 若我用瓘斝玉瓚 鄭必不火** 瓘 珪也 斝 玉爵也 瓚 勺也 欲以禳火 **子產弗與**

재신(梓愼)[651]이 말하기를 "왕년에 내가 혜성을 보았으니 바로 그 징조이다. 화성(火星)이 출현할 때 혜성이 나타났고, 지난해 화성이 출현한 때이다. 올해 화성이 출현함에 혜성이 더욱 빛나니 반드시 화성이 들어갈 때라야 혜성이 잠복할 것이다. 올해 화성이 출현한 달에 혜성이 더욱 밝았으니 마침내 반드시 화성을 따라 소멸한다는 것이다. 혜성이 화성에 있은 지 오래되었으니 2년이 지난 것이다. 그렇게 되지 않겠는가. 반드시 그렇게 된다는 말이다. 화성이 출현하는 때가 하력(夏曆)으로는 3월이 되고 해 질 무렵에 나타남을 이른다. 상력(商曆)으로는 4월이 되며, 주력(周曆)으로는 5월이 된다. 하(夏)나라의 력수(曆數)가 천시에 맞으니 천정(天正)[652]을 얻었다는 것이다. 만약 화재가 일어난다면 송(宋)·위(衛)·진(陳)·정(鄭) 네 나라가 당할 것이다. 송나라는 대신(大辰)의 옛터이고, 대신(大辰)은 대화성(大火星)으로 송(宋)나라 분야이다. 진나라는 태호(大皞)의 옛터이며, 태호(大皞)가 진(陳)나라에 거주하였다. 목(木)은 화(火)가 나오는 바탕이다.[653] 정나라는 축융(祝融)의 옛터이니 축융(祝融)은 고신씨(高辛氏)의 화정(火正)[654]으로 정(鄭)나라에 거주하였다. 모두 화성의 방(房)이다. 방(房)은 머무는 곳이다. 혜성이 천한(天漢)에까지 미쳤으니 천한은 물을 상징[祥]하는 것이다. 천한(天漢)은 물이다. 위나라는 전욱(顓頊)의 옛터이니 이 때문에 제구(帝丘)라고 한다. 그곳을 맡은 별은 대수(大水)인데, 위(衛)나라 별은 영실(營室)이다. 영실(營室)은 물이다. 수(水)는 화(火)의 짝[牡]이다.[655] 병자일이나 임오일에 화재가 일어날 것인데, 수기와 화기가 만나기 때문이다. 병(丙)과 오(午)는 화(火)이고 임(壬)과 자(子)는 수(水)이니 수기와 화기가 만나

---

651) 재신(梓愼): 로(魯)나라 대부.

652) 천정(天正): 하늘의 바른 운행.

653) 목(木)은~바탕이다: 태호(大皞)는 목덕(木德)으로 제위에 올랐고, 5행에서 목(木)은 화(火)를 낳기 때문에 이르는 말이다.

654) 화정(火正): 불을 맡아 보았던 벼슬.

655) 수(水)는~짝[牡]이다: 하늘이 수(水)를 낳고 땅이 화(火)를 낳으니, 수는 웅(雄)이 되고 화는 자(雌)가 된다. 따라서 수는 화의 짝이라고 한 것이다. 모(牡)는 웅(雄: 수컷)이다.

서로 부딪치는 것이다. 그런데 수가 적고 화가 많기 때문에 수가 화를 이기지 못한다. 만약 화성이 들어가서 혜성이 잠복한다면 반드시 임오일이 될 것이니, 혜성은 그 출현한 달을 넘기지 못하는 것이다."라고 하였다. 화성은 주력(周曆) 5월에 출현한다. 정나라 비조(裨竈)가 자산(子産)에게 말하기를 "송·위·진·정나라는 아마도 같은 날 화재가 일어날 것입니다. 그런데 만약 우리가 관(瓘)·가(斝)·옥찬(玉瓚)을 쓴다면[656] 정나라는 반드시 화재가 일어나지 않을 것입니다."라고 하였으나 관(瓘)은 규(珪)이고 가(斝)는 옥작(玉爵)이요 찬(瓚)은 구기[勺]이니 이들을 써서 화재를 물리치고자 한 것이다. 자산은 허낙하지 않았다.[657]

楚人及吳戰于長岸
초인(楚人)이 오(吳)나라와 장안(長岸)에서 싸웠다.

長岸 楚地 吳楚始書戰 自是楚復書人

장안(長岸)은 초(楚)나라 땅이다. 오(吳)나라와 초나라의 싸움을 처음으로 경문에 기록하였다. 이로부터 초나라를 다시 인(人)으로 기록하였다.

吳伐楚 陽匄爲令尹 卜戰 不吉 陽匄 穆王曾孫 **司馬子魚曰 我得上流 何故不吉** 子魚 公子魴也 **且楚故 司馬令龜 我請改卜** 楚國故事 卜戰則司馬令龜 **令曰 魴也以其屬死之 楚師繼之 尙大克之 吉** 得吉兆 **戰于長岸 子魚先死 楚師繼之 大敗吳師 獲其乘舟餘皇** 餘皇 舟名 **使隨人與後至者守之** 楚師後至者 **環而塹之 及泉 盈其隧炭** 置火滿隧 **陳以待命**

오(吳)나라가 초(楚)나라를 칠 때 양개(陽匄)가 초나라 령윤(令尹)이었는데 싸움에 대하여 점을 치니 길하지 못하였다. 양개(陽匄)는 목왕(穆王)의 증손이다. 사마(司馬)인 자어(子魚)가 말하기를 "우리가 상류를 확보하고 있는데 무엇 때문에 길하지 않겠습니까. 자어(子魚)는 공자 방(魴)이다. 또 초나라의 전례(前例)로는 사마가 거북에게 명하였으니 내가 다시 점치기를 청합니다."라 하고, 초(楚)나라 고사(故事 : 前例)에는 싸움에 대하여 점을 칠 때에는 사마(司馬)가 거북에게 명한다. 거북에게 명하기를 "나 방(魴)이 소속 부하들을 거느리고 죽게 되면 초나라 군대가 뒤를 이어 크게 이기기를 바라노라."라고 하니, 길하다는 점괘가 나왔다. 길한 징조를 얻은 것이

656) 관(瓘)·가(斝)·옥찬(玉瓚)을 쓴다면 : 이것들을 신에게 바쳐 제사 지낸다는 것이다.
657) 허낙하지 않았다 : 천재(天災)는 제사 지낸다고 물리칠 수 있는 것이 아니라고 여겼기 때문이다.

다. 장안(長岸)에서 싸우다가 자어가 먼저 죽으니, 초나라 군대가 뒤를 이어 싸워 크게 오나라 군대를 패배시키고 승주(乘舟)[658]인 여황(餘皇)을 빼앗았다. 여황(餘皇)은 배 이름이다. 그리고 수인(隨人)[659]과 뒤따라온 자에게 배를 지키게 하고, 초(楚)나라 군사로 뒤에 이른 자이다. 둘레에 물이 나올 때까지 구덩이를 팠으며 그 통로는 숯으로 채운 뒤 불을 붙인 숯으로 통로를 채운 것이다. 진을 치고 명을 기다리게 하였다.

吳公子光 光 諸樊子 **請於其衆曰 喪先王之乘舟 豈唯光之罪 衆亦有焉 請藉取之 以救死** 藉衆力以取舟 **衆許之 使長鬣者三人** 與吳人異形狀 詐爲楚人 **潛伏於舟側 曰 我呼餘皇 則對 師夜從之 三呼 皆迭對 楚人從而殺之** 楚人見其對 從而求殺之 **楚師亂 吳人大敗之 取餘皇以歸**

오(吳)나라 공자 광(光)이 광(光)은 제번(諸樊)의 아들이다. 그의 병사들에게 요청하기를 "선왕의 승주(乘舟)를 잃어버린 것이 어찌 나 광 혼자만의 죄이겠는가. 너희 병사들에게도 죄가 있는 것이다. 그러니 너희 힘을 빌려 저 배를 취하여 죽을죄에서 벗어나기를 청하노라."라고 하니 뭇 병사의 힘을 빌려 배를 취하려는 것이다. 병사들이 허낙하였다. 그러자 수염이 긴 세 사람을 시켜 오인(吳人)과 다른 형상으로 초인(楚人)처럼 거짓으로 꾸민 것이다. 배 곁에 숨어있게 하면서 말하기를 "내가 '여황(餘皇)아.'라고 부르면 바로 대답하라."고 하였다. 군사들이 밤에 그들을 따라가서 세 번 부르니 세 사람이 번갈아 대답하였다. 그러자 초인(楚人)이 쫓아가서 그들을 죽였다. 초인(楚人)이 그 대답하는 소리를 듣고 쫓아가서 그들을 찾아내어 죽인 것이다. 이에 초나라 군대가 혼란해지자[660] 오인(吳人)이 이들을 크게 패배시키고 여황을 탈취하여 돌아갔다.

---

658) 승주(乘舟) : 사람이 타는 배.

659) 수인(隨人) : 수(隨)나라 사람.

660) 이에~혼란해지자 : 초인(楚人)처럼 위장한 세 사람이 초군(楚軍) 진영으로 들어가 잠복하였다가 오(吳)나라 공자 광(光)의 부름에 번갈아 대답하자, 초나라 군사들이 자기 진영에 오나라 군사들이 여러 군데 많이 잠복해 있는 것으로 오인하여 초군 진영이 혼란해졌다는 말이다.

소공(昭公) 18년 【丁丑 B.C.524】

十有八年 春

18년 봄이다.

十八年 春 王二月 乙卯 周毛得殺毛伯過 毛伯過 周大夫 得 過之族 **而代之 萇弘曰 毛得必亡 是昆吾稔之日也 侈故之以** 昆吾 夏伯 稔 熟也 侈惡積熟 以乙卯日誅 **而毛得以濟侈於王都 不亡何待** 爲二十六年毛伯奔楚傳

18년 봄 왕2월 을묘일에 주(周)나라 모득(毛得)이 모백(毛伯)인 과(過)를 죽이고 모백(毛伯)인 과(過)는 주(周)나라 대부이다. 득(得)은 과(過)의 족속이다. 그 자리를 대신 차지하였다. 장홍(萇弘)이 말하기를 "모득은 반드시 망할 것이다. 이 날은 하(夏)나라 곤오(昆吾)의 포악이 무르익어[稔] 망한 날이었다. 이는 곤오가 교만해서였는데[661] 곤오(昆吾)는 하백(夏伯)이다.[662] 임(稔)은 무르익음이다. 교만한 악행이 쌓이고 무르익어서 을묘일에 주살되었다. 모득이 교만한 일을 왕도(王都)에서 행하였으니 그가 망하지 않는다면 무엇을 기다리겠는가."라고 하였다. 26년에 모백(毛伯 : 毛得)이 초(楚)나라로 망명하는 전(傳)의 배경이 된다.

王三月 曹伯須卒

왕3월에 조백(曹伯) 수(須)가 졸하였다.

三月 曹平公卒

3월에 조평공(曹平公 : 須)이 졸하였다.

---

661) 이는~교만해서였는데 : 전문의 '侈故之以'는 '以侈故'의 도치이다.

662) 곤오(昆吾)는 하백(夏伯)이다 : 곤오(昆吾)는 하(夏)나라 때의 후백(侯伯)이었는데 걸(桀)과 함께 주살되었다.

夏 五月 壬午 宋衛陳鄭災
여름 5월 임오일에 송(宋)·위(衛)·진(陳)·정(鄭)나라에 화재가 났다.

夏 五月 火始昏見 火 心星 **丙子 風 梓愼曰 是謂融風 火之始也** 東北曰融風 融風 木也 木 火母 故曰火之始 **七日 其火作乎** 從丙子至壬午七日 **戊寅 風甚 壬午 大甚 宋衛陳鄭皆火 梓愼登大庭氏之庫以望之** 大庭氏 古國名 魯於其處作庫 登以望氣 **曰 宋衛陳鄭也 數日 皆來告火**

여름 5월에 화성[火]이 비로소 저녁때 나타나고 화(火)는 심성(心星)이다. 병자일에 바람이 불었다. 재신(梓愼)이 말하기를 "이 바람을 융풍(融風)이라고 하는데 화재가 시작될 것이니, 동북(東北)에서 불어오는 바람을 융풍(融風)이라고 한다. 융풍은 목(木)의 방향에서 오며, 목은 화(火)의 모태가 된다. 그러므로 화재가 시작된다고 한 것이다. 7일 뒤에 화재가 일어날 것이다."라고 하였다. 병자일부터 임오일까지는 7일이다. 무인일에 바람이 심해졌고 임오일에 더욱 심해졌는데 송(宋)나라·위(衛)나라·진(陳)나라·정(鄭)나라에 모두 화재가 났다. 이날 재신이 대정씨(大庭氏)의 창고[663]에 올라가 천기를 살피며 대정씨(大庭氏)는 옛 나라 이름이다. 로(魯)나라는 그곳에 창고를 지었는데 재신(梓愼)이 올라가 천기를 살핀 것이다. 말하기를 "송나라·위나라·진나라·정나라에 화재가 났구나."라고 하였다. 며칠이 지나자 네 나라에서 모두 화재가 있었다고 알려왔다.

裨竈曰 不用吾言 鄭又將火 鄭人請用之 請用瓘斝 **子產不可 子大叔曰 寶 以保民也 若有火 國幾亡 可以救亡 子何愛焉 子產曰 天道遠 人道邇 非所及也 何以知之 竈焉知天道 是亦多言矣 豈不或信** 多言者或時有中 **遂不與 亦不復火**

정(鄭)나라 비조(裨竈)가 말하기를 "내 말을 따르지 않으면 정나라에 또 화재가 일어날 것이다."라고 하였다. 정인(鄭人)이 그의 말을 따르자고 청하였으나 관(瓘)과 가(斝)를 써서 제사 지내자고 청한 것이다. 자산(子產)은 안 된다고 하였다. 자태숙(子大叔)이 말하기를 "보기[寶][664]는 백성을 보호하기 위한 것이오. 만약 화재가 일어난다면 나라가 거의 망하게 될 것이오. 지금 보기로 나라가 망하는 것을 구원할 수 있다는데 그대는 어찌 그것을 아끼십니까."라고 하였다. 자산이 대답하기를 "천도는 멀고 인도는 가까우니 서로 미칠 수 있는 것이 아닌데

663) 대정씨(大庭氏)의 창고 : 대정(大庭)은 염제(炎帝) 신농씨(神農氏)의 별호이다. 로(魯)나라 도읍 안에 대정씨(大庭氏)가 도읍한 옛터가 있었고 그 자리에 창고를 지었는데 그 터가 높았다.

664) 보기[寶] : 보배로운 기물. 여기서는 관(瓘)과 가(斝)를 이른다.

어찌 그것을 알 수 있겠소. 조(竈)가 어찌 천도를 알겠소. 그는 또한 말이 많으니 어찌 간혹 맞는 말이 없겠소."라고 하면서 말이 많은 자는 간혹 맞출 때가 있다는 것이다. 마침내 물건을 내어 주지 않았는데도 정나라에 다시 화재가 나지 않았다.

鄭之未災也 里析告子産曰 將有大祥 里析 鄭大夫 祥 變異之氣 **民震動 國幾亡 吾身泯焉 弗良及也** 言將先災死 **國遷 其可乎 子産曰 雖可 吾不足以定遷矣** 子産知天災非遷所免 故託以知不足 **及火 里析死矣 未葬 子産使輿三十人遷其柩**

정(鄭)나라에 아직 화재가 나기 전에 리석(里析)이 자산(子産)에게 고하기를 "나라에 장차 큰 이변[祥]이 있을 것이니 리석(里析)은 정(鄭)나라 대부이다. 상(祥)은 변이(變異)의 기운이다. 민심이 진동하고 나라는 거의 망하게 될 것입니다. 그러나 나는 그 전에 죽을 것이므로 실로 이 일을 당하지는 않을 것입니다만 장차 화재가 나기 전에 죽을 것이라는 말이다. 국도를 옮기는 것이 좋을 듯합니다."라고 하였다. 자산이 말하기를 "비록 괜찮다 하더라도 나로서는 국도를 옮기는 일은 결정할 수 없소."라고 하였다. 자산(子産)이 천재(天災)는 국도를 옮긴다고 면할 수 있는 것이 아님을 알았기 때문에 지혜가 부족하다고 핑계를 댄 것이다. 화재가 일어났을 때에 이르러 리석은 이미 죽었지만 아직 장례를 치르기 전이었다. 자산이 상여 끄는 사람 30명을 시켜서 그의 령구(靈柩)를 옮겨주었다.

火作 子産辭晉公子公孫于東門 晉人新來 未入 故辭不使前也 **使司寇出新客** 新來聘者 未知虛實 出之使去 **禁舊客勿出於宮** 爲其知國情 不欲令去 **使子寬子上巡羣屛攝 至于大宮** 二子鄭大夫 屛攝 祭祀之位 巡行宗廟 不使火及之 **使公孫登徙大龜** 登 開卜大夫 **使祝史徙主祏於周廟 告于先君** 周廟 厲王廟 有火災 故合羣主於祖廟 易救護 **使府人庫人各儆其事 商成公儆司宮** 商成公 鄭大夫 **出舊宮人 寘諸火所不及** 舊宮人 先公宮女 **司馬司寇列居火道 行火所焮** 焮 炙也 **城下之人 伍列登城** 爲部伍登城 備姦也

화재가 일어났을 때 자산(子産)은 진(晉)나라에서 오는 공자와 공손을 동문(東門)에서 사절하였으며, 진인(晉人)이 새로 왔으나 아직 국도에 들어오지 않았기 때문에 사절하여 들어오지 못하게 한 것이다. 사구(司寇)로 하여금 새로 온 빈객들을 국도에서 나가게 하였고, 새로 빙문온 사람들은 아직 정(鄭)나라의 상황을 알지 못하므로 도성에서 내보내어 떠나가게 한 것이다. 오래된 빈객들은 출입을 금하여 객궁에서 나오지 못하게 하였다. 나라의 사정을 잘 알기 때문에 떠나지 못하게 하려 한 것이다. 자관(子寬)과 자상(子上)으로 하여금 여러 병섭(屛攝)을 순시하여 태궁(大宮)[665]까지 돌아보게 하였다. 두 사람은 정(鄭)나라 대부이다. 병섭(屛攝)은 제사 지내는 자리이다. 종묘를 순시하면서 화재가 미치지 않게 한 것이다. 공손등(公孫登)으로 하여금 대귀(大龜)를 안전한 곳으로 옮기게 하였으며, 등(登)은 개복대부(開卜大夫)[666]이다. 축사(祝史)로 하여금 신주함을 주묘(周廟)로 옮기고 선군에게 고하게 하였다. 주묘(周廟)는 려왕(厲王)의 사당이다.[667] 도성에 화재가 났기 때문에 여러 신주를 조묘(祖廟)에 모아서 보호하기 쉽게 한 것이다. 부인(府人)과 고인(庫人)[668]들로 하여금 각기 맡은 바 일을 경계하게 하였으며, 상성공(商成公)으로 하여금 사궁(司宮)[669]을 잘 경계시켜 상성공(商成公)은 정(鄭)나라 대부이다. 구궁인(舊宮人)들을 궁중에서 내보내어 불길이 미치지 않는 곳에 있게 하였다. 구궁인(舊宮人)은 선공(先公)의 궁녀이다. 사마(司馬)와 사구(司寇)는 불길에 배치하여 불타는[焮] 곳의 불길을 행도(行道)토록 하였으며[670], 흔(焮)은 불탐이다. 성하(城下)의 사람들은 대오를 맞추어 성에 올라가 있게 하였다. 대오(隊伍)를 지어 성에 올라가 있게 하여 간악한 일에 대비한 것이다.[671]

明日 使野司寇各保其徵 野司寇 縣士也 戒保所徵役之人 **郊人助祝史除於國北** 就大陰禳火 **禳火于玄冥回祿** 玄冥 水神 回祿 火神 **祈于四鄘** 鄘 城也 城積土 陰氣所聚 故祭之以禳餘災 **書焚室而寬其征 與之材 三日哭 國不市** 示憂戚 不會市 **使行人告於諸侯 宋衛皆如是 陳不救火 許不吊災 君子是以知陳許之先亡也.**

다음날 야사구(野司寇)로 하여금 각기 징발한 사람들을 잘 단속하게 하였으며, 야사구(野司寇)는 현사(縣士)[672]이다. 징집하거나 부역해야 하는 사람들을 경계하고 단속하는 것이다. 교외에 사는 사람들로 하여금 축사(祝史)를 도와서 국도의 북쪽을 깨끗이 치우게 하여 태음(大陰 : 水神)에 나아가 화기를 물리치는 제사를 지내려는 것이다. 현명(玄冥)과 회록(回祿)에게 화재를 막아달라고 제사를 지내고 현명(玄冥)은 수신(水神)이고 회록(回祿)은 화신(火神)이다. 사방의 성[鄘]에도 빌었다. 용(鄘)은

---

665) 태궁(大宮) : 정(鄭)나라 시조묘(始祖廟)를 이른다.

666) 개복대부(開卜大夫) : 거북점 관련 일을 맡은 대부. 개복(開卜)은 거북의 점조를 확인하는 일이다.

667) 주묘(周廟)는~사당이다 : 정(鄭)나라는 주(周)나라 려왕(厲王)의 소자(少子)인 우(友 : 桓公)가 봉함을 받아서 세운 나라이기 때문에 려왕의 사당인 주묘(周廟)가 있는 것이다.

668) 부인(府人)과 고인(庫人) : 재물을 관장하는 관리와 무기를 관장하는 관리.

669) 사궁(司宮) : 궁 안의 일을 주관하는 벼슬.

670) 불길에~하였으며 : 불타고 있는 곳을 의도한 방향으로 유도하여 다른 곳으로 번지지 않게 조치한 것이다.

671) 대오(隊伍)를~것이다 : 어수선한 틈을 타 성하(城下)의 사람들이 도둑질 등을 하지 못하도록 집단 수용한 것이다.

672) 현사(縣士) : 현(縣)의 옥송(獄訟)을 주관하는 벼슬.

성(城)이다. 성(城)은 흙을 쌓아서 음기가 모이는 곳이기 때문에 그곳에 제사를 지내 남은 화재를 물리치려는 것이다. 불에 타버린 가옥을 기록하여 그들에게 세금을 감면해주고 집을 지을 자재를 주었으며, 3일 동안 곡하는 례를 올리고 국도 안에 시장을 열지 않았다. 근심하고 슬퍼하는 마음을 보이기 위하여 시장을 열지 않은 것이다. 그리고 각 제후들에게 행인(行人 : 使臣)을 보내어 화재가 난 사실을 알렸다. 송(宋)나라와 위(衛)나라는 모두 이와 같이 하였으나, 진(陳)나라는 불이 난 것을 끄려하지 않았고 허(許)나라는 화재를 당한 나라에 조문하지 않았다. 군자는 이 일로 진나라와 허나라가 먼저 망할 것을 알았다.

六月 邾人入鄅

6월에 주인(邾人)이 우(鄅)나라에 쳐들어갔다.

鄅 國名 妘姓

우(鄅)는 나라 이름이고 운성(妘姓)이다.

六月 鄅人藉稻 耕種於藉田也 **邾人襲鄅 鄅人將閉門 邾人羊羅攝其首焉** 斬得閉門者頭 **遂入之 盡俘以歸 鄅子曰 余無歸矣 從帑於邾 邾莊公反鄅夫人 而舍其女** 舍 止也

6월에 우인(鄅人)[673]이 적전(藉田)[674]에서 벼를 심을 때 적전(藉田)에서 땅을 갈고 씨 뿌리는 것이다. 주인(邾人)이 우(鄅)나라를 습격하였다. 우인이 성문을 닫으려고 하니 주인 양라(羊羅)가 그의 머리를 베어 취하고 성문을 닫는 자의 머리를 베어서 가진 것이다. 드디어 성안으로 들어가 모두 포로로 잡아 돌아갔다. 우자(鄅子)가 말하기를 "내가 돌아갈 곳이 없구나."라고 하더니 처자를 따라 주(邾)나라로 갔다. 주장공(邾莊公)이 우부인(鄅夫人)은 돌려주었으나 그의 딸은 억류하였다[舍]. 사(舍)는 억류함이다.

秋

가을이다.

673) 우인(鄅人) : 임금인 우자(鄅子)이다.

674) 적전(藉田) : 임금이 백성에게 농사를 권장하기 위해서 친히 경작하던 교외의 전지.

七月 鄭子産爲火故 大爲社 爲 治也 **祓禳於四方 振除火災 禮也** 振 棄也 **乃簡兵大蒐將爲蒐除** 治兵於廟 城內地迫 故除廣之 **子大叔之廟在道南 其寢在道北 其庭小 過期三日** 廟寢之間 庭小宜除 大叔不忍毁廟 故過期三日 以須後命 **使除徒陳於道南廟北 曰 子産過女而命速除 乃毁於而鄕** 毁女所向 **子産朝 過而怒之** 怒不毁 **除者南毁 子産及衝** 衝 四通道 **使從者止之曰 毁於北方** 顧炎武曰 此與十二年不毁游氏廟 一事重出 而或以爲葬 或以爲蒐

7월에 정(鄭)나라 자산(子産)이 화재가 일어난 일 때문에 사단(社壇)을 크게 정비하고[爲] 위(爲)는 정비함이다. 사방에 제사를 지내어 화재의 액을 털어내었으니[振], 례에 맞는 일이었다. 진(振)은 털어버림이다. 이어서 군대를 선발하여 크게 검열하였다. 검열을 위하여 주변의 건물을 철거하려 할 때 묘(廟)[675]에서 군대를 검열하려 한 것이다. 성안이어서 장소가 좁아 그곳의 건물을 철거하여 넓히고자 한 것이다. 자태숙(子大叔)의 조묘(祖廟)는 도로 남쪽에 있었고 침(寢)은 도로 북쪽에 있었는데,[676] 그 정(庭)이 협소하였다. 기한이 3일이나 지난 뒤에 묘(廟)와 침(寢) 사이에 있는 정(庭)이 좁아서 마땅히 철거해야 하는데 태숙(大叔)이 차마 조묘(祖廟)를 헐 수 없었기 때문에 3일의 기한을 넘기고 다음 명을 기다린 것이다. 자태숙이 제도(除徒)[677]들을 길 남쪽에 있는 조묘의 북쪽에 배렬시키고서 말하기를 "자산이 너희들을 지나다가 속히 헐라고 명하거든 바로 너희들이 향하고 있는 쪽[678]을 헐라."고 하였다. 너희들이 향하고 있는 쪽의 건물을 헐라고 한 것이다. 자산이 조정으로 갈 때 이곳을 지나다가 노하니 헐지 않은 것을 보고 노한 것이다. 제도들이 남쪽을 헐려고 하였다. 자산이 네거리[衝]에 이르러 충(衝)은 사방으로 통하는 길이다. 종자(從者)를 보내 중지시키며 말하기를 "북쪽 건물을 헐어라."[679]라고 하였다. 고염무(顧炎武)가 말하기를 "이번 일과 12년에 유씨(游氏)의 묘(廟)를 헐지 않은 것[680]은 같은 사안이 거듭 나온 것인데, 하나는 장례식과 관계된 일이고 하나는 검열과 관계된 일이다."라고 하였다.

火之作也 子産授兵登陴 子大叔曰 晉無乃討乎 辭晉公子公孫而授兵 似若叛晉 **子産曰 吾**

---

675) 묘(廟) : 자태숙(子大叔) 조묘(祖廟)이다.

676) 자태숙의~있었는데 : 종묘나 릉원(陵園)의 앞 건물을 묘(廟)라 하고 뒷 건물을 침(寢)이라고 한다. 묘에는 조상의 위패(位牌) 또는 목주(木主)를 안치하고 사시(四時)에 제사 지냈으며, 침에는 의관궤장(衣冠几杖)을 비치하였다.

677) 제도(除徒) : 검열 장소를 정비하는데 동원된 인부.

678) 너희들이~쪽 : 자태숙(子大叔)의 조묘(祖廟)가 있는 곳.

679) 북쪽~헐어라 : 북쪽 건물은 침(寢)인데 묘(廟)보다는 덜 중요하기 때문에 침을 헐라고 한 것이다.

680) 12년에~않은 것 : 소공(昭公) 12년에 정간공(鄭簡公)의 장례행렬이 지나가는 통로를 개설할 때 유씨(游氏)의 조묘(祖廟)를 헐려다가 결국 헐지 않도록 자산(子産)이 허낙한 일을 말한다.

聞之 小國忘守則危 況有災乎 國之不可小 有備故也 既 晉之邊吏讓鄭曰 鄭國有災 晉君大夫不敢寧居 卜筮走望 並走羣望 **不愛牲玉 鄭之有災 寡君之憂也 今執事撊然 授兵登陴** 撊 音限 勁忿貌 **將以誰罪 邊人恐懼 不敢不告 子産對曰 若吾子之言 敝邑之災 君之憂也 敝邑失政 天降之災 又懼讒慝之間謀之 以啓貪人 荐爲敝邑不利 以重君之憂 幸而不亡 猶可說也 不幸而亡 君雖憂之 亦無及也 鄭有他竟 望走在晉** 言鄭雖與他國爲竟 每望晉而歸之 **既事晉矣 其敢有二心**

화재가 일어났을 때 자산(子産)이 사람들에게 병기를 나누어주며 성 위로 올라가게 하자, 자태숙(子大叔)이 말하기를 "진(晉)나라가 우리를 성토하지 않겠습니까?"라고 하였다. 진(晉)나라의 공자와 공손을 사절해 돌려보내고서[681] 사람들에게 병기를 나누어 준 것이 마치 진나라를 배반하는 것 같았기 때문이다. 자산이 말하기를 "내가 듣건대 소국이 수비할 것을 잊으면 위태롭게 된다고 하는데 하물며 화재가 일어난 지금이겠소. 나라가 업신여김을 받지 않는 것은 수비가 되어 있기 때문이오."라고 하였다. 이윽고 진나라 변방의 관리가 정(鄭)나라를 책망하며 말하기를 "정나라에 화재가 일어나자 우리 진나라의 임금과 대부들은 감히 편히 지내지 못하고 거북점과 시초점을 치고서 사방으로 달려가 망제(望祭)를 지내되 함께 군망(羣望)[682]에 달려간 것이다. 희생과 옥을 아끼지 않았으니, 정나라의 화재는 과군의 근심이기 때문입니다. 그런데 지금 집사께서는 사나운 기세[撊]로 사람들에게 병기를 나누어주고 성 위로 올라가게 하였으니 한(撊)은 음이 한(限)이니 단단히 분노한 모습이다. 누구에게 죄를 물으려는 것입니까? 우리 변방의 사람들이 두려워하니 감히 고하지 않을 수 없습니다."라고 하였다. 자산이 대답하기를 "그대의 말과 같다면 우리나라의 화재는 진나라 임금님의 근심거리입니다. 우리나라가 정치를 잘못하여 하늘이 재앙을 내렸는데 또 사특한 무리가 이 기회를 틈타 우리나라를 해치기를 도모하여 탐욕스런 자들을 끌어들여 거듭 우리나라를 불리하게 만들어 진나라 임금님의 근심을 가중시킬까 두려웠습니다. 우리나라가 다행히 망하지 않는다면 이렇게 한 것[683]을 해명할 수 있지만 불행하게도 나라가 망한다면 진나라 임금님께서 비록 근심하여도 또한 그 은덕이 우리에게 미칠 수 없을 것입니다. 정나라는 다른 나라들과도 국경을 접하고 있으나 바라보고 달려갈 나라는 진나라뿐입니다. 정(鄭)나라가 비록 다른 나라와 국경을

---

681) 진(晉)나라의~돌려보내고서 : 정(鄭)나라에 화재가 났을 때 정나라에 빙문한 진(晉)나라 공자와 공손을 자산(子産)이 동문(東門)에서 돌려보낸 일을 말한다.

682) 군망(羣望) : 천자나 제후가 망제(望祭)하는 성신(星辰)과 산천(山川).

683) 이렇게~것 : 사람들에게 병기를 나누어 주며 성 위로 올라가게 하여 혼란을 틈탄 외부인이 성안으로 들어와 사특한 행위를 하려는 것을 막게 하고자 한 것을 이른다.

접하고 있지만 매번 진(晉)나라만을 바라보며 귀의한다는 말이다. 이미 진나라를 섬기고 있는데 어찌 감히 두마음을 품겠습니까."라고 하였다.

葬曹平公
조(曹)나라 평공(平公)의 장례를 지냈다.

秋 葬曹平公 往者 魯人往會葬者 **見周原伯魯焉** 原伯魯 周大夫 **與之語 不說學 歸以語閔子馬 閔子馬曰 周其亂乎 夫必多有是說 而後及其大人** 言不學之俗自下始 **大人患失而惑 又曰 可以無學 無學不害** 大人患失 心志惑亂 故徇流俗之說 亦曰可以無學 **不害而不學 則苟而可** 以爲無害 遂不學 則皆懷苟且 **於是乎下陵上替 能無亂乎 夫學 殖也 不學將落 原氏其亡乎** 殖 生長也 言學之進德 如農之殖苗 不殖則衰落

가을에 조평공(曹平公)의 장례를 지냈다. 장례에 참석하러 갔던 자가 로인(魯人)으로 조평공(曹平公)의 장례에 참석하러 갔던 자이다. 주(周)나라 원백(原伯)인 로(魯)를 만나 원백(原伯) 로(魯)는 주(周)나라 대부이다. 이야기를 나누었는데 원백은 학문을 좋아하지 않았다. 돌아와서 민자마(閔子馬)[684]에게 이 이야기를 하니, 민자마가 말하기를 "주나라는 아마도 혼란하게 될 것입니다. 무릇 반드시 많은 사람이 학문을 경시하는 이런 말을 한 뒤에야 그 영향이 대인(大人)[685]들에게 미칩니다. 학문을 하지 않는 풍속이 아래에서 시작된다는 말이다. 대인들은 자신들의 지위를 잃을까 두려워하여 생각이 미혹되어 있습니다. 그리하여 또 말하기를 '학문을 하지 않아도 괜찮다. 학문을 하지 않아도 해될 게 없다.'라고 하니, 대인들이 벼슬을 잃을까 걱정하여 심지가 미혹되고 어지러워지기 때문에 세속에 떠도는 설을 따르게 된다. 그래서 또 학문을 하지 않아도 된다고 말하는 것이다. 해로울 게 없다고 하여 학문을 하지 않는다면 일을 구차하게 처리해도 된다고 여길 것입니다. 해될 것이 없다고 하여 마침내 학문을 하지 않는다면 모두 구차한 생각을 품게 된다는 것이다. 이리하여 아랫사람은 윗사람을 능멸하고 윗사람은 자신들의 일[686]을 폐기할 것이니, 나라가 혼란스러워지지 않을 수 있겠습니까. 학문을 하는 것은 식물을 생장시키는[殖] 것과 같아서 학문을 하지 않으면 장차 쇠락할 것이니, 원씨(原氏)는 아마도 망할 것입니다."라고

684) 민자마(閔子馬) : 로(魯)나라 대부.
685) 대인(大人) : 고위직에 있는 자.
686) 자신들의 일 : 백성을 교화시키고 올바른 방향으로 인도하는 일.

하였다. 식(殖)은 생장시킴이다. 학문이 덕을 증진시키는 것은 농사가 곡식 싹을 기르는 것과 같으니 잘 기르지 않으면 쇠락하게 된다는 말이다.

冬 許遷于白羽

겨울에 허(許)나라가 백우(白羽)로 옮겼다.

楚左尹王子勝言於楚子曰 許於鄭 仇敵也 而居楚地 以不禮於鄭 十三年 許自夷還居葉 恃楚而不事鄭 **晉鄭方睦 鄭若伐許 而晉助之 楚喪地矣 君盍遷許 許不專於楚** 不專心事楚 **鄭方有令政 許曰 余舊國也** 成十五年 許遷葉 鄭得其舊地 **鄭曰 余俘邑也** 隱十一年 鄭滅許而復存之 **葉在楚國 方城外之蔽也 土不可易** 易 輕也 **國不可小** 謂鄭 **許不可俘** 不可使爲俘囚 **讎不可啓 君其圖之 楚子說 冬 楚子使王子勝遷許於析 實白羽**

초(楚)나라 좌윤(左尹)인 왕자 승(勝)이 초자(楚子)에게 말하기를 "허(許)나라는 정(鄭)나라를 원수로 여기고 있으면서 초나라 땅에 있어서 정나라를 례우하지 않고 있습니다. 13년에 허(許)나라가 이(夷) 땅에서 섭(葉) 땅으로 돌아가 거주하면서 초(楚)나라를 믿고서 정(鄭)나라를 섬기지 않는다는 것이다. 그런데 진(晉)나라와 정나라는 지금 화목한 사이인데 정나라가 만약 허나라를 치고 진나라가 이를 돕는다면 초나라는 그 땅을 잃게 될 것입니다. 그런데 임금님께서는 어찌 허나라를 옮기지 않으십니까. 허나라는 우리 초나라에 전심(專心)하지 않고 전심(專心)으로 초(楚)나라를 섬기지 않는다는 것이다. 정나라는 지금 선정을 펴고 있습니다. 허나라는 '정나라 땅은 우리의 옛 땅이다.'라 하고, 성공(成公) 15년에 허(許)나라가 섭(葉) 땅으로 옮기면서 정(鄭)나라가 허나라의 옛 땅을 차지한 것이다. 정나라는 '이 땅은 우리의 부읍(俘邑)[687]이다.'라고 합니다. 은공(隱公) 11년에 정(鄭)나라가 허(許)나라를 멸하였다가 다시 존속시켜 준 것이다.[688] 섭(葉) 땅은 초나라에게 있어서 방성(方城)[689] 밖에 있는 울타리[蔽]입니다. 국토를 가벼이[易] 여겨서도 안 되고 이(易)는 가벼움이다. 그 나라를 얕보아서도 안 되며, 정(鄭)나라를 이른다. 허나라가 포로의 지위로 취급당하게 해서도 안 되고 포로가 되게 해서는 안 된다는 것이다. 원수의 나라에게 길을 열어주어

687) 부읍(俘邑) : 싸워서 획득한 읍. 그러나 일정한 자치권을 인정한 읍이다.

688) 은공(隱公)~것이다 : 정(鄭)나라가 허(許)나라를 쳐 멸망시켰다가 다시 부읍(俘邑)으로 존속시켜 내정에 간섭한 것을 말한다. 그 뒤 성공(成公) 15년에 허나라는 초(楚)나라의 령토인 섭(葉) 땅으로 옮겨갔다.

689) 방성(方城) : 초(楚)나라 북쪽 변경의 장성(長城).

서도[690] 안 되니 임금님께서는 잘 생각하십시오."라고 하니, 초자가 기뻐하였다. 겨울에 초자가 왕자 승을 시켜 허나라를 석(析) 땅으로 옮기게 하였으니, 바로 백우(白羽)이다.[691]

소공(昭公) 19년【戊寅 B.C.523】

十有九年 春 19년 봄이다.

十九年 春 楚工尹赤遷陰于下陰 下陰 楚地 **令尹子瑕城郟** 子瑕卽陽匄 **叔孫昭子曰 楚不在諸侯矣 其僅自完也 以持其世而已**

19년 봄에 초(楚)나라 공윤(工尹)인 적(赤)이 음(陰) 땅의 사람[692]들을 하음(下陰)으로 옮기고, 하음(下陰)은 초(楚)나라 땅이다. 령윤(令尹)인 자하(子瑕)는 겹(郟) 땅에 성을 쌓았다. 자하(子瑕)는 곧 양개(陽匄)이다. 숙손소자(叔孫昭子)가 말하기를 "초나라는 뜻이 제후들에게 없도다.[693] 겨우 스스로를 온전히 하고 자기 세대만을 유지하려 할 뿐이다."라고 하였다.

楚子之在蔡也 郹陽封人之女奔之 生大子建 郹 音湨 郹陽 蔡邑 **及卽位 使伍奢爲之師** 伍奢 伍擧之子 **費無極爲少師 無寵焉 欲譖諸王 曰 建可室矣 王爲之聘於秦 無極與逆 勸王取之 正月 楚夫人嬴氏至自秦** 王自取之 故稱夫人

초자(楚子 : 平王)가 채(蔡)나라에 있을 때[694] 격양(郹陽)의 봉인(封人)의 딸이 첩이 되어

---

690) 원수의~열어주어서도 : 허(許)나라를 옮기지 않으면 정(鄭)나라가 허나라를 칠 것이고 그러면 초(楚)나라의 원수인 진(晉)나라가 정나라를 도울 것이니, 이것이 원수에게 길을 열어준다는 것이다.

691) 초자가~백우(白羽)이다 : 초자(楚子)가 허(許)나라를 석(析) 땅으로 옮긴 것은 강제로 한 것이다. 그런데 경문에 허나라가 스스로 옮긴 것처럼 기록한 것은 초(楚)나라에 대한 허나라의 독립성을 인정하는 뜻이 담겨있다. 좌씨(左氏)가 전(傳)을 지을 때는 백우(白羽)라는 땅 이름이 석(析)으로 바뀌었다.

692) 음(陰)~사람 : 음(陰) 땅에 거주하는 융(戎)인 륙혼(陸渾)이다. 소공(昭公) 9년조 참조.

693) 뜻이~없도다 : 제후들의 맹주가 되려는 뜻이 없다는 것이다.

[奔][695] 태자 건(建)을 낳았다. 격(郹)은 음이 격(湨)이다. 격양(郹陽)은 채(蔡)나라 읍(邑)이다. 초자가 즉위하게 되자 오사(伍奢)를 태자의 사(師)로 삼고, 오사(伍奢)는 오거(伍擧)의 아들이다. 비무극(費無極)을 소사(少師)로 삼았는데 비무극은 태자로부터 총애받지 못하였다. 이에 평왕(平王)에게 태자를 참소하고자 말하기를 "태자 건은 아내를 맞을 때가 되었습니다."라고 하니, 평왕이 태자를 위하여 진(秦)나라에서 태자비(大子妃)를 맞기로 하였다. 무극(無極)이 태자비를 맞이하는 일에 관여하면서 평왕에게 태자비를 취하도록 권하여 정월에 초부인(楚夫人) 영씨(嬴氏)가 진나라에서 왔다. 평왕(平王)이 스스로 취하였기 때문에 부인(夫人)이라고 칭한 것이다.

楚子爲舟師以伐濮 濮 南夷也 **費無極言於楚子曰 晉之伯也 邇於諸夏 而楚辟陋 故弗能與爭 若大城城父 而寘大子焉 以通北方 王收南方 是得天下也 王說 從之 故大子建居于城父 令尹子瑕聘于秦 拜夫人也** 爲明年譖大子張本

초자(楚子)가 수군(水軍)을 만들어 복(濮)을 치자 복(濮)은 남이(南夷)이다. 비무극(費無極)이 초자에게 말하기를 "진(晉)나라가 패권을 잡은 것은 제하(諸夏 : 中原)에 가깝기 때문입니다. 그러나 초(楚)나라는 외진 곳에 있기 때문에 진나라와 패권을 다툴 수 없습니다. 그러므로 만약 성보(城父)에 큰 성을 쌓아 태자를 그곳에 두어 북방과 통하게 하고, 왕께서 남방을 거두신다면 이는 천하를 얻는 것입니다."라고 하니, 평왕(平王)이 기뻐하고 그 말을 따랐다. 그러므로 태자 건(建)이 성보에 있게 되었다. 령윤(令尹)인 자하(子瑕)가 진(秦)나라를 빙문하였으니, 이는 부인(夫人)을 보내 준 것에 배사하기 위해서였다. 다음해에 태자를 참소하는 장본이 된다.

宋公伐邾

송공(宋公)이 주(邾)나라를 쳤다.

郳夫人 宋向戌之女也 故向寧請師 寧 向戌子 **二月 宋公伐邾 圍蟲 三月 取之** 蟲 邾邑

---

694) 초자(楚子 : 平王)가~때 : 소공(昭公) 11년에 초령왕(楚靈王)이 채(蔡)나라를 멸한 뒤 초(楚)나라 공자 기질(棄疾)을 채공(蔡公)으로 삼아 채(蔡) 땅을 다스리게 했을 때를 말한다. 그 뒤 기질은 초평왕(楚平王)이 되었다.

695) 첩이 되어[奔 : 《례기(禮記)》 〈내칙(內則)〉에 '빙례(聘禮)를 갖추어 부인을 맞이하면 처(妻)라 하고, 빙례를 갖추지 않고 그냥 맞이하면 첩(妾)이라 한다[聘則爲妻 奔則爲妾].'라고 한 데에서 온 말이다.

乃盡歸鄅俘 邾人郳人徐人會宋公 乙亥 五月乙亥 **同盟于蟲**

우부인(鄅夫人)은 송(宋)나라 상술(向戌)의 딸이다. 그러므로 상녕(向寧)이 군대를 출정시킬 것을 송공(宋公 : 元公)에게 청하였다.[696] 녕(寧)은 상술(向戌)의 아들이다. 2월에 송공이 주(邾)나라를 쳐서 충(蟲) 땅을 포위하고 3월에 그 땅을 취하고서 충(蟲)은 주(邾)나라 읍이다. 주나라에 있던 우(鄅)나라 포로를 모두 돌려보냈다. 주인(邾人)·예인(郳人)·서인(徐人)이 송공과 회합하고, 을해일에 5월 을해일이다. 충 땅에서 동맹하였다.

夏 五月 戊辰 許世子止弑其君買 여름 5월 무진일에 허(許)나라 세자 지(止)가 그 임금 매(買)를 시해하였다.

夏 許悼公瘧 五月 戊辰 飮大子止之藥 卒 止獨進藥 不由醫 **大子奔晉 書曰 弑其君**

여름에 허도공(許悼公 : 買)이 학질에 걸렸다. 5월 무진일에 태자 지(止)가 올린 약을 마시고 졸하자 지(止)가 단독으로 약을 올리면서 의원을 경유하지 않은 것이다. 태자는 진(晉)나라로 망명하였다. 그러므로 경문에 그 임금을 시해하였다고 기록한 것이다.

君子曰 盡心力以事君 舍藥物可也

군자는 말한다. "마음과 힘을 다하여 임금을 섬길 뿐이니, 직접 약물을 올리는 일은 그만두는 것이 옳다."

己卯 地震 기묘일에 지진이 일어났다.

696) 군대를~청하였다 : 소공(昭公) 18년 6월에 우(鄅)나라를 친 주(邾)나라에 대하여 송(宋)나라 군대를 동원하여 보복하고자 한 것이다.

秋 齊高發帥師伐莒
가을에 제(齊)나라 고발(高發)이 군대를 거느리고 거(莒)나라를 쳤다.

秋 齊高發帥師伐莒 莒不事齊故 **莒子奔紀鄣** 紀鄣 莒邑 **使孫書伐之** 孫書 陳無宇子子占 **初莒有婦人 莒子殺其夫 已爲嫠婦 及老 託於紀鄣 紡焉以度而去之** 去 藏也 紡纑爲繩 度城而藏之 待外攻者 欲以報讎 **及師至 則投諸外** 投繩城外 隨之而出 **或獻諸子占 子占使師夜縋而登 登者六十人 縋絶 師鼓譟 城上之人亦譟 莒共公懼 啓西門而出 七月 丙子 齊師入紀**

가을에 제(齊)나라 고발(高發)이 군대를 거느리고 거(莒)나라를 쳤다. 거(莒)나라가 제(齊)나라를 섬기지 않았기 때문이다. 거자(莒子)가 기장(紀鄣)으로 달아나니 기장(紀鄣)은 거(莒)나라 읍이다. 손서(孫書)를 시켜 기장을 치게 하였다. 손서(孫書)는 진무우(陳無宇)의 아들 자점(子占)이다. 이보다 앞서 거(莒)나라에 어떤 부인(婦人)이 있었는데 거자가 그 남편을 죽이니 그녀는 과부가 되어 늙어서 기장에 몸을 의탁하여 살아갔다. 그 부인은 밧줄을 만들되 성벽의 높이를 헤아려 그 밧줄을 감추어 두고[去], 거(去)는 감춤이다. 삼실을 꼬아 밧줄을 만들고, 성벽의 높이를 헤아려 그 밧줄을 감추어 두어 외부의 공격이 있기를 기다려 원수를 갚고자 한 것이다. 제나라 군대가 이르자 성밖으로 밧줄을 던지니 밧줄을 성밖으로 던지고 뒤따라 자기도 나간 것이다. 어떤 이가 이를 자점(子占)에게 고하였다. 자점이 군사를 시켜 밤중에 밧줄을 잡고 성으로 오르게 하니 60인이 올랐을 때 밧줄이 끊어졌다. 성밖의 군사들이 북을 치며 소리를 지르고 성 위에 올라간 군사들도 소리를 지르자 거공공(莒共公)이 두려워하여 서문을 열고 달아났다. 7월 병자일에 제나라 군대가 기(紀 : 紀鄣) 땅에 들어갔다.

冬 葬許悼公
겨울에 허(許)나라 도공(悼公)의 장례를 지냈다.

書葬 明許止無弑君之心

경문에 장례를 지냈다고 기록한 것은 허(許)나라 태자 지(止)가 그 임금을 시해할 마음이 없었음을 밝힌 것이다.

○是歲也 鄭駟偃卒 子游娶於晉大夫 生絲 弱 子游 駟偃也 弱 幼少 **其父兄立子瑕** 子瑕 子游叔父駟乞 **子產憎其爲人也 且以爲不順** 舍子立叔 不順禮也 **弗許 亦弗止** 許之爲違禮 止之爲違衆 故中立 **駟氏聳** 聳 懼也

○이 해에 정(鄭)나라 사언(駟偃)이 졸하였다. 자유(子游)는 진(晉)나라 대부의 딸에게 장가를 들어 사(絲)를 낳았는데 아직 어렸다[弱]. 자유(子游)는 사언(駟偃)이다. 약(弱)은 어림이다. 그 부형들이 자하(子瑕)를 사언의 후계자로 세우자 자하(子瑕)는 자유(子游)의 숙부인 사걸(駟乞)이다. 자산(子產)은 그의 사람됨을 미워하고 또 이 일이 순리가 아니라고 하여 아들을 버리고 숙부를 세우는 일은 례를 따르지 않았다는 것이다. 허낙하지도 않고 중지시키지도 않으니 허낙하면 례를 어기는 일이 되고 중지시키면 뭇사람들의 의견을 어기는 일이 되기 때문에 중립을 지킨 것이다. 사씨(駟氏)들이 두려워하였다[聳]. 용(聳)은 두려워함이다.

他日 絲以告其舅 冬 晉人使以幣如鄭 問駟乞之立故 駟氏懼 駟乞欲逃 子產弗遣 請龜以卜 亦弗予 大夫謀對 子產不待而對客曰 鄭國不天 不獲天福 **寡君之二三臣 札瘥夭昏** 瘥 音嵯 病也 **今又喪我先大夫偃 其子幼弱 其一二父兄懼隊宗主 私族於謀而立長親 寡君與其二三老曰 抑天實剝亂是 吾何知焉 諺曰 無過亂門 民有兵亂 猶憚過之 而況敢知天之所亂 今大夫將問其故 抑寡君實不敢知 其誰實知之 平丘之會** 在十三年 **君尋舊盟 曰 無或失職 若寡君之二三臣 其卽世者 晉大夫而專制其位 是晉之縣鄙也 何國之爲 辭客幣而報其使 晉人舍之**

다른 날에 사(絲)가 그의 외숙에게 이 사실을 고하니, 겨울에 진인(晉人)이 사람을 시켜 폐백을 가지고 정(鄭)나라에 가서 사걸(駟乞 : 子瑕)이 사언(駟偃)의 후계자가 된 까닭을 묻게 하였다. 이에 사씨(駟氏)들이 두려워하고 사걸은 도망가려 하였으나 자산(子產)이 내보내지 않았다. 거북점을 쳐서 정하도록 청하였으나 또 허여하지 않았다. 정나라 대부들이 대책을 모의하고 있었는데 자산은 그 결론을 기다리지 않고 진(晉)나라 빈객에게 대답하기를 "우리 정나라가 천복이 없어 천복(天福)을 얻지 못하였다는 것이다. 과군의 여러 신하가 병[札瘥]에 걸려 요절하고[697] 차(瘥)는 음이 차(嵯)이니 병이다. 지금 또 우리 선대부 언(偃)을 잃었습니다. 그 아들이 유약하므로 한두 부형이 종주(宗主)의 집안이 무너질까 두려워 사족(私族)들

697) 병[札瘥]에~요절하고 : 전문의 찰(札)은 큰 전염병이고 차(瘥)는 작은 전염병이다. 요(夭)는 젊어서 죽는 것이고 혼(昏)은 태어난 지 3개월이 못 되어 죽는 것이다.

과 모의하여[698] 나이가 많은 친족을 세운 것입니다. 과군이 몇몇 원로들과 말하기를 '어쩌면 하늘이 진실로 사씨 가문의 세력을 빼앗고 어지럽힐 모양이니 우리가 무엇을 알려고 하겠는가.'라고 하였고, 속언에는 '란을 일으킨 집 문 앞으로는 지나가지 말라.'고 하였습니다. 백성이 무기를 들고 란동을 부리는 경우도 오히려 그 문 앞을 지나기를 꺼려하는데 하물며 하늘이 어지럽히는 경우야 감히 알려고 하겠습니까. 지금 대부께서 그 까닭을 묻지만 과군도 실로 감히 알려고 하지 않는데 그 누가 알려고 하겠습니까. 그리고 평구(平丘)의 회합에서 13년에 있었다. 귀국의 임금님께서 옛 맹약을 거듭하면서 말씀하기를 '누구도 직분을 잃는 일이 없도록 하라.'고 하셨습니다. 그런데 만약 과군의 여러 신하로서 세상을 떠난 자들에게까지 진나라 대부가 그 후계의 자리를 좌지우지한다면 우리 정나라는 진나라의 한 변방 고을에 불과하니, 어찌 나라라고 할 수 있겠습니까."라 하였다. 그리고 진나라 빈객이 가지고 온 폐백을 사양하고 그 사신에게 통보하니 진인(晉人)이 더 이상 그 일을 거론하지 않았다.

○楚人城州來 沈尹戌曰 楚人必敗 十三年 吳縣州來 今取之 戌 莊王曾孫 **昔吳滅州來 子旗請伐之 王曰 吾未撫吾民 今亦如之 而城州來以挑吳 能無敗乎 侍者曰 王施舍不倦 息民五年 可謂撫之矣 戌曰 吾聞撫民者 節用於內 而樹德於外 民樂其性 而無寇讎 今宮室無量 民人日駭 勞罷死轉** 轉 遷徙也 **忘寢與食 非撫之也**

○초인(楚人)이 주래(州來)에 성을 쌓으니, 심윤(沈尹)인 술(戌)이 말하기를 "초인은 반드시 패할 것이다. 13년에 오(吳)나라가 주래(州來)를 현으로 삼았는데 지금 이를 취한 것이다. 술(戌)은 초장왕(楚莊王)의 증손이다. 예전에 오(吳)나라가 주래를 멸하였을 때 자기(子旗)가 오나라를 치자고 청하였으나 초평왕(楚平王)이 말하기를 '나는 아직 우리 백성을 안무하지 못하였다.'고 하였었다. 지금도 또한 그때와 같은데 주래에 성을 쌓아 오나라를 충동질하니 패하지 않을 수 있겠는가."라고 하였다. 그를 모시는 자가 말하기를 "왕께서 은덕을 베푸는 일을 게을리하지 않고 백성을 5년이나 쉬게 하셨으니, 이는 백성을 안무하였다고 이를 만합니다."라고 하였다. 그러자 술이 말하기를 "내가 듣건대 백성을 안무하는 자는 안으로는 재용을 절약하고 밖으로는 덕을 세워 백성이 그 품성대로 즐겁게 살고 도적이 없게 해야 한다고 하였다. 그런데 지금 궁실의 규모를 한도 없이 확장하여 백성이 날로 놀라고 로역에 지쳐 죽어 시신이 굴러다녀[轉] 전(轉)은 옮겨짐이다. 백성이 자고 먹는 것조차 잊어버리니, 이는 안무한 것이

698) 사족(私族)들과 모의하여 : 전문의 '私族於謀'는 '謀於私族'의 도치이다.

아니다."라고 하였다.

令尹子瑕言蹶由於楚子 蹶由 吳王弟 五年 靈王執以歸 **曰 彼何罪 諺所謂 室於怒 市於色者 楚之謂矣** 忿於室家 而作色於市人 **舍前之忿可也 乃歸蹶由**

령윤(令尹) 자하(子瑕)가 초자(楚子)에게 궐유(蹶由)에 대하여 말하기를 궐유(蹶由)는 오왕(吳王)의 아우이다. 5년에 령왕(靈王)이 잡아서 데리고 온 것이다. "저 사람이 무슨 죄가 있겠습니까. 속언에 이르기를 '집안에서 난 노여움을 저자에 가서 화풀이 한다.'[699]는 것이 초(楚)나라를 두고 이르는 말입니다. 집에서 난 분노를 저자 사람들에게 화풀이 한다는 것이다. 예전의 분노를 버리시는 것이 좋습니다."라고 하니, 이에 초자가 궐유를 돌려보냈다.

○鄭大水 龍鬪于時門之外洧淵 時門 鄭城門 **國人請爲禜焉 子産弗許 曰 我鬪 龍不我覿也 龍鬪 我獨何覿焉 禳之 則彼其室也** 言淵固龍之室 豈能禳而去之 **吾無求於龍 龍亦無求於我 乃止也**

○정(鄭)나라에 큰물이 졌는데 룡이 시문(時門) 밖 유연(洧淵)에서 싸우니 시문(時門)은 정(鄭)나라 성문이다. 국인이 영제(禜祭)[700]지내기를 청하였다. 자산(子産)이 허낙하지 않으며 말하기를 "우리가 싸우더라도 룡은 우리에게 관심을 두지 않는데 룡이 싸운다고 우리만 유독 무슨 관심을 두겠소. 제사를 지낸다고 해도 그곳은 룡의 집인 것이오. 연못은 본디 룡의 집이니 어찌 제사를 지내서 떠나가게 할 수 있겠느냐는 말이다. 우리가 룡에게 요구하는 것이 없고 룡도 또한 우리에게 요구하는 것이 없을 것이오."라고 하였다. 이에 국인이 제사 지내기를 그만두었다.

699) 집안에서~한다 : 전문의 '室於怒 市於色'은 '怒於室 色於市'의 도치문이다.

700) 영제(禜祭) : 천재지변을 물리치기 위하여 일월성신이나 산천의 신에게 지내는 제사. 소공(昭公) 원년조에 이미 보였다.

소공(昭公) 20년 【己卯 B.C.522】

二十年 春 王正月

20년 봄 왕정월이다.

○二十年 春 王二月 己丑 日南至 是歲朔朝冬至 當言正月己丑朔 傳言二月己丑 史失閏也 **梓愼望氛 曰 今玆宋有亂 國幾亡 三年而後弭 蔡有大喪** 爲宋華向出奔 蔡侯卒傳 **叔孫昭子曰 然則戴桓也** 戴族 華氏 桓族 向氏 **汰侈 無禮已甚 亂所在也**

○20년 봄 왕2월 기축일에 해[日]가 정남에 이르렀다. 이번 해[歲]는 정월 초하루[朔朝]가 동지였으니[701] 마땅히 정월기축삭(正月己丑朔)이라고 해야 한다. 전문에 이월기축(二月己丑)이라고 한 것은 사관이 윤달을 빠뜨린 것이다. 재신(梓愼)[702]이 운기를 살피고[望氛][703] 말하기를 "올해 송(宋)나라에 란이 일어나서 나라가 거의 망할 지경이 되었다가 3년이 지난 뒤에 안정될 것이고, 채(蔡)나라에 대상(大喪)이 있을 것입니다."라고 하였다. 송(宋)나라 화씨(華氏)와 상씨(向氏)가 망명나가고 채후(蔡侯)가 졸하는 전(傳)의 배경이 된다. 숙손소자(叔孫昭子)가 말하기를 "그렇다면 대족(戴族)과 환족(桓族)일 것이다. 대족(戴族)은 화씨(華氏)이고 환족(桓族)은 상씨(向氏)이다. 그들은 교만하고 사치하여 무례함이 너무 심하니 란이 일어날 원인이 그들에게 있을 것이다."라고 하였다.

○費無極言於楚子曰 建與伍奢將以方城之外叛 自以爲猶宋鄭也 自比宋鄭之國 **齊晉又交輔之 將以害楚 其事集矣 王信之 問伍奢 伍奢對曰 君一過多矣** 一過 納建妻 **何信於讒 王執伍奢 使城父司馬奮揚殺大子 未至 而使遣之** 奮揚知大子寃 遣之使去 **三月 大子建奔宋**

○비무극(費無極)이 초자(楚子 : 平王)에게 말하기를 "태자 건(建)이 오사(伍奢)와 함께 방성(方城) 밖에서 반란을 일으키려 합니다. 그들은 스스로 송(宋)나라나 정(鄭)나라와 같

701) 정월~동지였으니 : 하력(夏曆)으로 11월 초하루에 드는 동지로 주력(周曆)으로는 정월 초하루이다. 일명 삭단동지(朔旦冬至)라고 한다.

702) 재신(梓愼) : 로(魯)나라 대부.

703) 운기를 살피고[望氛] : 운기(雲氣)를 살펴서 길흉을 예측하는 일.

이 될 수 있다고 여기는데[704] 스스로를 송(宋)나라나 정(鄭)나라에 견준다는 것이다. 제(齊)나라나 진(晉)나라가 교대로 도와주어 초(楚)나라를 해치려고 하니 그 일이 이루어질 것입니다."라고 하였다. 평왕(平王)이 이 말을 믿고 오사에게 물으니, 오사가 대답하기를 "임금께서는 한 번의 과오도 크거늘 한 번의 과오는 태자 건(建)의 처를 자신의 처로 맞아들인 일이다. 어찌 참언을 믿으십니까."라고 하니, 평왕은 오사를 잡아들이고서 성보(城父)의 사마(司馬)인 분양(奮揚)을 시켜 태자를 죽이도록 하였다. 분양은 성보에 도착하기 전에 태자 건에게 사자를 보냈다. 분양(奮揚)은 태자가 억울하다는 것을 알았기 때문에 사자를 보내어 도망가게 한 것이다. 3월에 태자 건이 송나라로 망명하였다.

王召奮揚 奮揚使城父人執己以至 王曰 言出於余口 入於爾耳 誰告建也 對曰 臣告之 君王命臣曰 事建如事余 臣不佞 不能苟貳 奉初以還 不能苟且而懷二心 奉初命以周旋 **不忍後命 故遣之 旣而悔之 亦無及已 王曰 而敢來 何也 對曰 使而失命 召而不來 是再奸也 逃無所入 王曰 歸 從政如他日**

평왕(平王)이 분양(奮揚)을 부르자 분양은 성보인(城父人)에게 자기를 잡아 국도에 도착하게 하였다. 평왕이 말하기를 "말이 내 입에서 나와 네 귀로 들어갔을 뿐인데 누가 건(建)에게 알렸다는 것이냐?"라고 하니, 대답하기를 "신이 알렸습니다. 군왕께서 신에게 명하시기를 '태자 건을 섬기기를 나를 섬기는 것처럼 하라.'고 하셨습니다. 신은 재주가 없어서 구차하게 두마음을 품을 수 없어 처음의 명을 받들어 주선하였으니[還], 구차하게 두마음을 품을 수 없어서 처음의 명을 받들어 주선하였다는 것이다. 차마 뒤의 명을 받들 수 없었기 때문에 사신을 보낸 것입니다. 그러고 나서 후회하였으나 또한 미칠 수 없게 되었습니다."라고 하였다. 평왕이 말하기를 "감히 온 것은 어째서인가?"라고 하니, 대답하기를 "사신으로서 명을 수행하지 못하고 부르는 데도 오지 않는다면 이는 두 번 왕명을 범하는 것이니 도망하려 해도 들어갈 곳이 없습니다."라고 하였다. 이에 평왕이 말하기를 "돌아가 다른 날처럼 정무에 종사하라."고 하였다.

無極曰 奢之子材 若在吳 必憂楚國 盍以免其父召之 彼仁 必來 不然 將爲患 王使召之 曰 來 吾免而父 棠君尙謂其弟員 奢長子尙爲棠邑大夫 員 尙弟子胥 **曰 爾適吳 我將**

---

704) 스스로~여기는데 : 스스로 송(宋)나라나 정(鄭)나라와 같은 독립 제후국이 될 수 있다고 여긴다는 것이다.

歸死 吾知不逮 自以知不及員 **我能死 爾能報 聞免父之命 不可以莫之奔也 親戚爲戮 不可以莫之報也 奔死免父 孝也 度功而行 仁也** 仁者貴成功 **擇任而往 知也** 員任報讎 **知死不辟 勇也** 尙爲勇 **父不可棄** 俱去爲棄父 **名不可廢** 俱死爲廢名 **爾其勉之 相從爲愈** 言愈於相從俱死 **伍尙歸 奢聞員不來 曰楚君大夫其旰食乎** 將有吳憂 不得早食 **楚人皆殺之**

무극(無極)이 말하기를 "사(奢 : 伍奢)의 아들들은 재주가 있어 이들이 만약 오(吳)나라에 머문다면 반드시 초(楚)나라의 우환이 될 것입니다. 어찌 그 아비를 사면한다는 것으로 그들을 부르지 않으십니까. 저들은 어질어서 반드시 올 것입니다. 그렇게 하지 않는다면 앞으로 우환이 될 것입니다."라고 하자, 평왕(平王)이 사람을 보내어 그들을 부르면서 말하기를 "온다면 내가 너희 아비를 사면하겠노라."고 하였다. 당군(棠君)인 상(尙)이 그 아우인 운(員)에게 말하기를 사(奢)의 큰아들인 상(尙)은 당읍대부(棠邑大夫)였다. 운(員)은 상의 아우인 자서(子胥)이다. "너는 오나라로 가거라. 나는 돌아가 죽을 것이다. 내 지혜가 네게 미치지 못하니 스스로 지혜가 운(員)에게 미치지 못한다고 여긴 것이다. 나는 죽을 수 있고 너는 원수를 갚을 수 있을 것이다. 아버지를 사면한다는 명을 들었으니 달려가지 않을 수 없고, 친척(親戚)[705]이 죽음을 당하였으면 원수를 갚지 않을 수 없는 것이다. 달려가 죽어 아버지를 사면시키는 것은 효(孝)이고, 공을 헤아려 행하는 것은 인(仁)이다. 인자(仁者)는 공을 이루는 것을 귀하게 여긴다는 것이다. 임무를 택하여 가는 것은 지(知)이고, 운(員)의 임무는 원수를 갚는 것이다. 죽을 줄 알면서 피하지 않는 것은 용(勇)이다. 상(尙)은 용기 있는 자가 된다는 것이다. 아버지를 버릴 수 없고 함께 떠나는 것은 아버지를 버리게 된다는 것이다. 명예를 폐기할 수도 없으니 함께 죽는 것은 명예를 폐기하게 된다는 것이다.[706] 너는 복수에 힘써라. 서로 따라가는 것보다 낫다."라 하고 서로 따라가 함께 죽는 것보다 낫다는 말이다. 오상(伍尙)은 돌아갔다. 사(奢)는 운(員)이 오지 않았다는 것을 듣고 말하기를 "초나라 임금과 대부들은 간식(旰食)[707]하게 될 것이다."라고 하였다. 앞으로 오(吳)나라에 대한 근심으로 아침밥도 제때 먹을 수 없게 된다는 것이다. 초인(楚人)이 그 부자를 다 죽였다.

員如吳 言伐楚之利於州于 州于 吳子僚 **公子光曰 是宗爲戮 而欲反其讎 不可從也 員曰 彼將有他志** 光欲弑僚 **余姑爲之求士 而鄙以待之** 進勇士 退居邊鄙 **乃見鱄設諸焉** 鱄

705) 친척(親戚) : 부모를 칭하는 말이다.

706) 함께~것이다 : 함께 죽어 부모의 명예를 회복하지 못하는 것은 곧 명예를 폐기한다는 말이다.

707) 간식(旰食) : 사무가 번거롭고 바빠서 때에 맞추지 못하고 늦게 먹는 것.

諸 勇士 而耕於鄙 爲二十七年吳弑僚傳

운(員)은 오(吳)나라에 가서 주우(州于)에게 초(楚)나라를 치는 리점을 말하니, 주우(州于)는 오자(吳子) 료(僚)이다. 오나라 공자 광(光)이 말하기를 "이 사람의 종족이 살륙당하여 그 원수를 갚으려 하는 것이니, 그 말을 따라서는 안 됩니다."708)라고 하였다. 운이 말하기를 "저 사람은 앞으로 다른 뜻이 있겠구나. 광(光)이 료(僚)를 시해하고자 한다는 것이다. 나는 우선 그를 위해 용사를 구해주고 변방에서 시기를 기다려야겠구나."라 하고 용사를 천거하고 물러나 변방에서 지내겠다는 것이다. 이어 전설제(鱄設諸)709)를 소개해 주고는 전제(鱄諸)는 용사이다. 변방에서 농사를 지었다. 27년에 오(吳)나라가 료(僚)를 시해하는 진의 배경이 된다.

夏

여름이다.

宋元公無信多私 而惡華向 華定華亥與向寧謀曰 亡愈於死 先諸 欲先作亂 華亥僞有疾 以誘羣公子 公子問之 則執之 夏 六月 丙申 殺公子寅公子御戎公子朱公子固公孫援公孫丁 拘向勝向行於其廩 八子皆公黨 公如華氏請焉 弗許 遂劫之 癸卯 取大子欒與母弟辰公子地以爲質 欒 景公也 辰地皆元公子 公亦取華亥之子無慼向寧之子羅華定之子啓 與華氏盟 以爲質

송원공(宋元公)은 신의가 없고 사욕이 많아서 화씨(華氏)와 상씨(向氏)를 미워하였다. 이에 화정(華定)과 화해(華亥)가 상녕(向寧)과 모의하여 말하기를 "도망하는 것이 죽는 것보다 나으니710) 우리가 먼저 선수를 칩시다."라고 하였다. 먼저 란을 일으키려는 것이다. 화해가 거짓으로 병이 있다고 하여 뭇 공자를 유인하고, 공자들이 문병을 가니 그들을 억류하였다. 여름 6월 병신일에 공자 인(寅)·공자 어융(御戎)·공자 주(朱)·공자 고(固)·공손원(公孫援)

---

708) 그 말을~됩니다 : 운(員)의 건의가 채택되어 그가 등용되고 오자(吳子) 료(僚)의 세력이 커지면 공자 광(光)이 료를 제거하기 어렵기 때문에 그의 건의가 채택되지 않도록 한 것이다.

709) 전설제(鱄設諸) : 전제(鱄諸 : 專諸)를 이르는 말. 설(設)은 성과 이름 사이에 쓰이는 발어사이다. 《맹자(孟子)》에 나오는 맹시사(孟施舍)의 시(施), 유공지사(庾公之斯)의 지(之), 윤공지타(尹公之他)의 지(之)와 같은 용례이다.

710) 도망하는~나으니 : 임금을 공격하다가 실패하여 다른 나라로 도망가는 것이 가만히 있다가 죽음을 당하는 것보다 낫다는 것이다.

·공손정(公孫丁)을 죽이고 상승(向勝)과 상행(向行)을 곳집에 가두었다. 여덟 사람은 모두 송원공(宋元公)의 당여이다. 원공(元公)이 화씨(華氏)에게 가서 그들의 석방을 청하였으나 허낙하지 않고 드디어 원공을 겁박하였다. 계묘일에 태자 란(欒)·동모제 신(辰)·공자 지(地)를 취하여 인질로 삼으니, 란(欒)은 뒷날의 경공(景公)이다. 신(辰)과 지(地)는 모두 원공(元公)의 아들이다. 원공도 또한 화해의 아들 무척(無慼)·상녕의 아들 라(羅)·화정의 아들 계(啓)를 취하여 화씨와 맹약하고 그들을 인질로 삼았다.

曹公孫會自鄸出奔宋

조(曹)나라 공손회(公孫會)가 몽(鄸) 땅에서 송(宋)나라로 망명나갔다.

鄸 穀作夢 ○鄸 音蒙 曹邑

몽(鄸)은 《곡량전(穀梁傳)》에는 몽(夢)으로 되어 있다. ○몽(鄸)은 음이 몽(蒙)이니 조(曹)나라 읍이다.

秋 盜殺衛侯之兄縶

가을에 도적이 위후(衛侯)의 형 집(縶)을 죽였다.

縶 公穀作輒 ○盜得殺其兄 罪衛侯也

집(縶)은 《공양전(公羊傳)》과 《곡량전(穀梁傳)》에는 첩(輒)으로 되어 있다. ○도적이 위후(衛侯)의 형을 죽였다고 한 것은 위후를 죄준 것이다.711)

衛公孟縶狎齊豹 公孟 靈公兄 齊豹 齊惡子 爲衛司寇 **奪之司寇與鄄** 鄄 豹邑 **有役則反之 無則取之** 有役則以官邑還豹使行 **公孟惡北宮喜褚師圃 欲去之 公子朝通于襄夫人宣姜** 宣姜 靈公嫡母 **懼 而欲以作亂 故齊豹北宮喜褚師圃公子朝作亂**

위(衛)나라 공맹집(公孟縶)이 제표(齊豹)를 업신여겨 공맹(公孟)은 령공(靈公)의 형이다. 제표(齊豹)는 제악(齊惡)의 아들로 위(衛)나라 사구(司寇)이다. 사구(司寇)의 벼슬과 견(鄄) 땅을 빼앗아 견(鄄)은 표(豹)의 읍이다. 부역의 일이 있으면 돌려주고 아무 일이 없으면 취하였다. 부역의 일이 있으면

711) 도적이~것이다 : 위령공(衛靈公)의 형인 공맹집(公孟縶)의 비리에 대하여 위령공에게 책임을 물은 것이다.

관직과 읍을 표(豹)에게 돌려주어 일을 처리하게 한 것이다. 공맹(公孟 : 公孟縶)은 또 북궁희(北宮喜)와 저사포(褚師圃)를 미워하여 그들을 제거하려 하였다. 한편 공자 조(朝)는 양공(襄公)의 부인(夫人)인 선강(宣姜)과 사통하고는 선강(宣姜)은 령공(靈公)의 적모(嫡母)[712]이다. 두려워 란을 일으키려 하였다. 그러므로 제표·북궁희·저사포·공자 조가 란을 일으켰다.

初齊豹見宗魯於公孟 薦達也 **爲驂乘焉 將作亂 而謂之曰 公孟之不善 子所知也 勿與乘 吾將殺之 對曰 吾由子事公孟 子假吾名焉 故不吾遠也** 言子借我以善名 故公孟親近我 **雖其不善 吾亦知之 抑以利故 不能去 是吾過也 今聞難而逃 是僭子也** 使子言不信也 **子行事乎 吾將死之 以周事子** 周猶終竟也 **而歸死於公孟 其可也**

이보다 앞서 제표(齊豹)가 종로(宗魯)를 공맹(公孟)에게 뵈이니, 추천한 것이다. 공맹이 그를 참승(驂乘)[713]으로 삼았다. 제표가 란을 일으키려 할 때 종로에게 말하기를 "공맹의 행실이 좋지 않은 것은 그대도 아는 바이니 그와 함께 수레를 타지 마시오. 내가 장차 그를 죽일 것이오."라고 하였다. 종로가 대답하기를 "나는 그대로 말미암아 지금 공맹을 섬기고, 그대가 나를 좋은 명성이 있다고 추천한[假] 까닭에 나를 멀리하지 않는 것입니다. 그대가 나를 좋은 명성이 있다고 추천하였기 때문에 공맹(公孟)이 나를 친근히 여긴다는 말이다. 비록 그가 행실이 좋지 않다는 것을 나도 알지만 리익 때문에 떠나지 못한 것은 나의 잘못입니다. 지금 그가 어려움을 당할 것이라는 말을 듣고서 그에게서 도망하는 것은 그대의 말을 거짓으로 만드는 것입니다. 그대의 말을 신의가 없게 만든다는 것이다. 그대는 일을 행하십시오. 나는 장차 죽어서 그대를 끝까지[周] 섬길 것입니다.[714] 주(周)는 끝까지[終竟]와 같다.[715] 그러니 공맹에게 돌아가 죽는 것이 아마도 옳을 것입니다."라고 하였다.

丙辰 衛侯在平壽 平壽 衛下邑 **公孟有事於蓋獲之門外** 有事 祭也 蓋獲 衛郭門 **齊子氏帷於門外 而伏甲焉** 齊豹之家 **使祝鼃寘戈於車薪以當門 使一乘從公孟以出** 亦如前車寘戈於薪 而尋其後 **使華齊御公孟** 華齊 豹黨 **宗魯驂乘 及閎中** 閎 曲門中 **齊氏用戈擊公孟**

---

712) 적모(嫡母) : 첩의 자식이 아버지의 정실부인(正室夫人)에 대한 지칭이다.

713) 참승(驂乘) : 윗사람을 모시고 수레를 탐. 또는 그러한 사람. 옛날 수레 타는 법은 말을 모는 자가 수레 가운데에 타고 윗사람이 왼쪽에, 오른쪽에는 호위하는 사람이 탄다. 오른쪽 호위하는 사람을 참승(驂乘)·거우(車右)·배승(陪乘)이라고 하며 친애하는 측근을 태운다.

714) 그대를~것입니다 : 자기를 공맹(公孟)에게 추천한 제표(齊豹)와의 약속을 충실히 리행하겠다는 것이다.

715) 주(周)는~같다 : 전문의 주(周)를 밀(密)로 보아 비밀을 지키겠다는 의미로 보기도 한다.

宗魯以背蔽之 斷肱 以中公孟之肩 皆殺之

병진일에 위후(衛侯 : 靈公)는 평수(平壽)에 있었고, 평수(平壽)는 위(衛)나라 하읍(下邑)[716]이다. 공맹(公孟)이 개획(蓋獲)의 문밖에서 제사를 지내게 되었다[有事]. 유사(有事)는 제사 지냄이다. 개획(蓋獲)은 위(衛)나라 곽문(郭門)[717]이다. 제자씨(齊子氏)가 성문 밖에 장막을 치고 그곳에 갑사를 매복시키고 제자씨(齊子氏)는 제표(齊豹)의 가솔이다. 축관(祝官)인 와(鼃)로 하여금 섶을 실은 수레에 창을 숨겨서 성문을 막게 하고 다른 하나의 수레는 공맹을 따라서 나가게 하였다. 또한 앞의 수레와 같이 섶에 창을 숨기고서 그 뒤를 따르게 한 것이다. 화제(華齊)로 하여금 공맹의 수레를 몰게 하고 화제(華齊)는 표(豹)의 당여이다. 종로(宗魯)가 참승(驂乘)이 되었다. 수레가 굉(閎) 가운데에 이르렀을 때 굉(閎)은 곡문(曲門)[718] 가운데이다. 제씨(齊氏)들이 창으로 공맹을 공격하였다. 종로가 등으로 그를 감싸니 팔이 잘리면서 창이 공맹의 어깨에 적중하여 공맹과 종로를 모두 죽였다.

公聞亂 乘驅自閱門入 閱門 衛城門名 乘車疾驅而入 **慶比御公 公南楚驂乘 使華寅乘貳車** 公副車 **及公宮 鴻駵魋駟乘于公** 駵 音留 **公載寶以出 褚師子申遇公于馬路之衢 遂從** 馬路 衢名 **過齊氏 使華寅肉袒 執蓋以當其闕** 肉袒 示必死 闕 空也 以蓋當侍從空闕之處 **齊氏射公 中南楚之背 公遂出 寅閉郭門** 不欲令追者出 **踰而從公** 踰郭出 **公如死鳥** 死鳥 衛地 **析朱鉏宵從竇出 徒行從公** 朱鉏 黑背孫

위령공(衛靈公)은 란이 일어났다는 소식을 듣고 수레에 타 말을 몰고 열문(閱門)으로 들어갔다. 열문(閱門)은 위(衛)나라 성문 이름이다. 수레에 타 급히 말을 몰고 들어간 것이다. 경비(慶比)가 령공(靈公)의 수레를 몰았고 공남초(公南楚)가 참승(驂乘)이었으며 화인(華寅)으로 하여금 이거(貳副)를 타게 하였다. 위령공(衛靈公)의 부거(副車 : 예비 수레)이다. 공궁에 이르러 홍류퇴(鴻駵魋)가 령공의 수레에 타 사승(駟乘)[719]이 되었다. 류(駵)는 음이 류(留)이다. 령공은 보물을 수레에 싣고 성문을 나섰다. 저사(褚師)의 아들 신(申)이 마로(馬路) 네거리에서 령공을 만나 바로 따랐다. 마로(馬路)는 거리 이름이다. 제씨(齊氏)의 집 앞을 지날 때 화인(華寅)으로 하여금 윗옷을 벗고 수레의 덮개를 잡아 빈자리[闕]를 가리게 하였다. 윗옷을 벗음은 죽음을 각오하는

716) 하읍(下邑) : 도성 이외의 읍.

717) 곽문(郭門) : 외성(外城)의 문.

718) 곡문(曲門) : 마을 어귀의 문(門). 항문(巷門) 또는 리문(里門)이라고도 한다.

719) 사승(駟乘) : 병거(兵車)에 주장(主將)은 왼쪽, 어(御)는 중앙, 거우(車右)는 오른쪽에 타는데 이 밖에 한 사람이 더 타게 되면 사승(駟乘)이라 하며 그 직임은 거우의 보좌이다.

의지를 보인 것이다. 궐(闕)은 빈자리이다. 덮개로 시종들이 앉는 빈자리를 가린 것이다.[720] 그러나 제씨들이 령공에게 활을 쏘아 남초(南楚)의 등을 맞추었으나 령공은 드디어 도성을 빠져 나갔다. 인(寅)이 곽문(郭門)을 닫고 추격하는 자들이 따라 나가지 못하게 한 것이다. 성곽을 넘어 령공을 따르니 성곽을 넘어 나온 것이다. 령공은 사조(死鳥)로 갔다. 사조(死鳥)는 위(衛)나라 땅이다. 석주서(析朱鉏)는 밤중에 배수로를 따라 탈출하여 걸어서 령공을 따랐다. 주서(朱鉏)는 흑배(黑背)[721]의 손자이다.

齊侯使公孫青聘于衛 青 頃公孫 **既出 聞衛亂 使請所聘** 使請命於齊侯 問所致聘 **公曰 猶在竟內 則衛君也 乃將事焉 遂從諸死鳥 請將事 辭曰 亡人不佞 失守社稷 越在草莽 吾子無所辱君命 賓曰 寡君命下臣於朝曰 阿下執事** 阿 比也 命己使比衛臣下 **臣不敢貳**

제후(齊侯)가 공손청(公孫青)으로 하여금 위(衛)나라를 빙문하게 하였다. 청(青)은 경공(頃公)의 손자이다. 공손청은 출발하고 나서 위나라에 란이 일어났다는 소식을 듣고 사람을 보내어 빙문해야 할 곳을 물었다. 사람을 시켜 제후(齊侯)에게 명을 청하여 빙문해야 할 곳을 물은 것이다. 제경공(齊景公)이 말하기를 "위나라 임금이 아직도 나라 안에 있으면 그가 곧 위나라 임금이다. 그러니 그곳으로 가서 빙문의 일을 행하라."라고 하였다. 그리하여 드디어 사조(死鳥)로 따라가서 빙문의 일을 행하기를 청하였다. 위령공(衛靈公)이 사양하며 말하기를 "도망한 나는 재주가 없어서 사직을 지키지 못하고 도성을 넘어 잡초가 우거진 곳에 있으니, 그대는 임금의 명을 욕되게 하지 말라."라고 하였다. 제(齊)나라 빈객이 말하기를 "과군이 조회에서 하신(下臣)에게 명하기를 '위나라 하집사(下執事)[722]를 친근히[阿] 대하라.'고 하였습니다. 아(阿)는 친근함이다. 위(衛)나라 신하를 친근히 대하라고 자기에게 명하였다는 것이다. 그러니 신은 감히 과군의 명을 어길 수 없습니다."라고 하였다.

主人曰 君若惠顧先君之好 照臨敝邑 鎭撫其社稷 則有宗祧在 言受聘當在宗廟也 **乃止 衛侯固請見之 不獲命 以其良馬見** 以爲相見之禮 **爲未致使故也** 未致使 故不敢以客禮見

---

720) 덮개로~것이다 : 빈자리에 위령공(衛靈公)이 숨어있는 것처럼 위장하여 그곳으로 제씨(齊氏)들의 공격을 유도한 것이다.

721) 흑배(黑背) : 위령공(衛靈公)의 증조인 위정공(衛定公)의 아우. 성자흑배(成子黑背) 또는 자숙흑배(子叔黑背)라고도 한다.

722) 위나라 하집사(下執事) : 위령공(衛靈公)을 이른다.

衛侯以爲乘馬 賓將掫 掫 行夜也 **主人辭曰 亡人之憂 不可以及吾子 草莽之中 不足以辱從者 敢辭 賓曰 寡君之下臣 君之牧圉也 若不獲扞外役 是不有寡君也 臣懼不免於戾 請以除死** 請助行夜 以除死罪 **親執鐸 終夕與於燎** 設火燎以備守

주인(主人 : 衛侯)이 말하기를 "제(齊)나라 임금께서 만약 선군 때부터의 우호를 은혜롭게 돌아보아 우리나라에 밝게 림하시어 사직을 진무(鎭撫)시켜주실 생각이라면 종묘가 있는 곳이어야 한다."라고 하였다. 사신의 빙문 받는 일은 마땅히 종묘에서 해야 한다는 말이다. 이에 공손청(公孫靑)이 빙례 거행을 중지하자 위후(衛侯)는 굳이 만나보기를 요청하였다. 그러나 공손청은 빙례의 명을 허낙받지 못하였기 때문에 좋은 말[馬]을 례물로 삼아 상견하였으니,[723] 좋은 말[馬]로써 상견(相見)의 례물을 삼은 것이다. 사신의 빙례를 제대로 행할 수 없었기 때문이었다. 사신의 임무를 다하지 못하였기 때문에 감히 빈객의 례로써 조견하지 못한 것이다. 위후는 그 말을 자신의 수레 끄는 말로 삼았다. 빈(賓 : 公孫靑)이 위후를 위해 야경[掫]을 서겠다고 하니, 추(掫)는 밤에 다니며 경계하는 것이다. 주인이 사양하기를 "도망온 나의 근심을 그대에게까지 미치게 할 수 없고, 잡초 우거진 데서 그대를 따라온 사람들을 욕되게 할 수 없으니 감히 사양하노라."고 하였다. 빈이 말하기를 "과군의 하신(下臣)은 곧 임금님[衛侯]의 말먹이꾼과 같습니다. 만약 밖에서의 침입으로부터 임금님을 지키지 못한다면 이는 과군을 업신여기는 것입니다. 신은 이로 인해 죄를 면하지 못할까 두려우니 신이 죽음을 면할 수 있도록 해 주십시오."라 하고는 야경(夜警)의 일을 도움으로써 죽을죄를 면하기를 청한 것이다. 몸소 방울[724]을 들고 밤새 화톳불 피우는 일에 참여하였다. 화톳불을 피우고 수비한 것이다.

齊氏之宰渠子召北宮子 北宮喜也 召之同叛 **北宮氏之宰不與聞謀 殺渠子 遂伐齊氏 滅之 丁巳 晦 公入 與北宮喜盟于彭水之上 秋 七月 戊午 朔 遂盟國人 八月 辛亥 公子朝褚師圃子玉霄子高魴出奔晉** 皆齊氏黨 **閏月 戊辰 殺宣姜 衛侯賜北宮喜謚曰貞子 賜析朱鉏謚曰成子 而以齊氏之墓予之** 皆未死而賜謚及墓田

제씨(齊氏)의 가재(家宰)인 거자(渠子)가 북궁자(北宮子)를 불렀으나 북궁희(北宮喜)이다. 그를 불러 함께 반란을 일으키고자 한 것이다. 북궁씨(北宮氏)의 가재는 모의를 주인에게 알려주지 않고 거자를 죽이고는 드디어 제씨를 쳐서 멸하였다. 정사일 그믐에 위령공(衛靈公)이 국도

723) 빙례의~상견하였으니 : 정식으로 빙례를 하고 위후(衛侯)를 접견하겠다는 요청이 거절당하였기 때문에 림시방편으로 량마(良馬)를 례물로 바쳐 구실로 삼아 상견하였다는 말이다.

724) 방울 : 유사시 흔들어 소리를 내어 경계시키는 도구.

로 들어가서 북궁희(北宮喜)와 팽수(彭水) 가에서 맹약하고, 가을 7월 초하루 무오일에 드디어 국인과 맹약하였다. 8월 신해일에 공자 조(朝)·저사포(褚師圃)·자옥소(子玉霄)·자고방(子高魴)이 진(晉)나라로 망명나갔다. 모두 제씨(齊氏)의 당여이다. 윤달 무진일에 선강(宣姜)을 죽였다.[725] 위후(衛侯)는 북궁희에게 정자(貞子)라는 시호를 내리고 석주서(析朱鉏)에게는 성자(成子)라는 시호를 내렸으며[726] 제씨의 묘전(墓田)을 그들에게 주었다. 모두 아직 죽지 않았는데도 시호와 묘전(墓田)을 하사한 것이다.

衛侯告寧于齊 且言子石 子石 公孫靑 言其有禮 **齊侯將飮酒 徧賜大夫曰 二三子之敎也 苑何忌辭 曰 與於靑之賞 必及於其罰** 何忌 齊大夫 **在康誥曰 父子兄弟 罪不相及 況在羣臣 臣敢貪君賜以干先王** 言受賜 則犯康誥之義

위후(衛侯)가 나라가 안정되었음을 제(齊)나라에 알리고 또 자석(子石)에 대하여 말하였다. 자석(子石)은 공손청(公孫靑)이니, 그가 례가 있었다고 말한 것이다. 이때 제후(齊侯)가 술을 마시려다가 대부들에게 두루 술을 주며 말하기를 "여러분의 가르침 덕분이었다."[727]라고 하자, 원하기(苑何忌)가 사양하며 말하기를 "청(靑)을 상주는 일에 참여한다면 반드시 그가 벌받는 일에도 미쳐야 합니다.[728] 하기(何忌)는 제(齊)나라 대부이다. 강고(康誥)[729]에 이르기를 '부자형제는 죄를 서로 미치게 하지 않는다.'라고 하였는데 하물며 뭇 신하 사이이겠습니까. 신들이 감히 임금님께서 상주시는 것을 탐하여 선왕의 법을 범하겠습니까."라고 하였다. 상주는 일을 받아들인다면 이는 강고(康誥)의 뜻을 범하게 된다는 말이다.

琴張聞宗魯死 琴張 孔子弟子 字子開 名牢 **將往吊之 仲尼曰 齊豹之盜 而孟縶之賊 女何吊焉** 言齊豹所以爲盜 孟縶所以見賊 皆由宗魯 **君子不食姦** 知公孟不善而受其祿 是食姦也 **不受亂** 許豹行事 是受亂也 **不爲利疚於回** 以利故不能去 是病身於邪 **不以回待人** 知難不告 是以邪待人

---

725) 선강(宣姜)을 죽였다 : 공자 조(朝)와 사통하였기 때문이다.

726) 석주서(析朱鉏)에게는~내렸으며 : 석주서(析朱鉏)는 제표(齊豹)가 반란을 일으켰을 때 밤에 탈출하여 위령공(衛靈公)을 따라갔기 때문이다.

727) 여러분의~덕분이었다 : 제후(齊侯)의 명으로 공손청(公孫靑)이 위(衛)나라에 가서 위후(衛侯)를 잘 모신 일이 여러 대부의 덕분이었다는 말이다.

728) 반드시~합니다 : 만약 공손청(公孫靑)에게 죄가 있다면 우리도 함께 그 벌을 받아야 한다는 말이니, 지금 공손청에게만 상을 주라는 뜻이다.

729) 강고(康誥) : 《서경(書經)》 〈주서(周書)〉의 편 이름.

不蓋不義 以周事豹 是蓋不義 **不犯非禮** 以二心事縶 是非禮

금장(琴張)은 종로(宗魯)가 죽었다는 소식을 듣고 금장(琴張)은 공자(孔子)의 제자이니, 자(字)는 자개(子開)이고 이름은 뢰(牢)이다. 조문을 가려 하자 중니(仲尼)가 말하였다. "제표(齊豹)가 도적질을 하고 맹집(孟縶)이 피살되었는데 너는 무엇 때문에 조문하려 하느냐. 제표(齊豹)가 도적이 된 것과 맹집(孟縶)이 피살된 것이 모두 종로(宗魯)로부터 연유하였다는 말이다. 군자는 간인(姦人)의 록을 먹지 않고 공맹(公孟)의 불선(不善)을 알고서도 그의 록을 받았으니, 이것이 간인(姦人)의 록을 먹었다는 것이다. 어지러운 일을 받아들이지 않으며, 표(豹)가 일[730]을 행하려는 것을 허낙하였으니, 이것은 어지러운 일을 받아들였다는 것이다. 리익을 위해 사특한 일에 병들지 않고 리익 때문에 능히 떠나지 못하였으니, 이것은 사특한 일에 그 몸을 병들게 하였다는 것이다. 사특한 마음으로 남을 대하지 않으며, 난이 일어날 것을 알고도 고하지 않았으니, 이것은 사특한 마음으로 남을 대하였다는 것이다. 불의를 덮어주지 않고 표(豹)를 끝까지 섬겼으니, 이것이 불의를 덮어주었다는 것이다. 례가 아닌 것은 범하지 않는다." 두마음으로 집(縶)을 섬겼으니 이것은 례가 아니라는 것이다.

冬 十月 宋華亥向寧華定出奔陳

겨울 10월에 송(宋)나라 화해(華亥)·상녕(向寧)·화정(華定)이 진(陳)나라로 망명나갔다.

寧 公作甯 後同

녕(寧)은 《공양전(公羊傳)》에는 녕(甯)으로 되어 있다. 이후에도 이와 같다.

宋華向之亂 公子城 平公子 **公孫忌樂舍** 舍 樂喜孫 **司馬彊向宜向鄭** 宜鄭 皆向戌子 **楚建** 楚平王之大子 **郳甲** 小邾穆公子 **出奔鄭** 八子 宋大夫 皆公黨 **其徒與華氏戰于鬼閻** 鬼閻 宋地 **敗子城 子城適晉** 子城爲華氏所敗 別走至晉 爲明年子城以晉師至起本 **華亥與其妻 必盥而食所質公子者而後食 公與夫人 每日必適華氏 食公子而後歸 華亥患之 欲歸公子 向寧曰 唯不信 故質其子 若又歸之 死無日矣 公請於華費遂 將攻華氏** 費遂 大司馬 華氏族 **對曰 臣不敢愛死 無乃求去憂而滋長乎 臣是以懼 敢不聽命 公曰 子死亡有命 余**

730) 일 : 공맹(公孟)을 죽이려는 일.

不忍其詬 **詬 恥也**

송(宋)나라 화씨(華氏)와 상씨(向氏)의 란에 공자 성(城)·평공(平公)의 아들이다. 공손기(公孫忌)·악사(樂舍)·사(舍)는 악희(樂喜)의 손자이다. 사마(司馬) 강(彊)·상의(向宜)·상정(向鄭)·의(宜)와 정(鄭)은 모두 상술(向戌)의 아들이다. 초(楚)나라 건(建)·초평왕(楚平王)의 태자이다.[731] 예갑(郳甲)이 소주(小邾) 목공(穆公)의 아들이다. 정(鄭)나라로 망명나갔다. 여덟 사람은 송(宋)나라 대부인데 모두 송원공(宋元公)의 당여이다. 그 무리가 화씨와 귀염(鬼閻)에서 싸웠는데 귀염(鬼閻)은 송(宋)나라 땅이다. 화씨가 자성(子城 : 公子 城)을 패배시키니 자성은 진(晉)나라로 갔다. 자성(子城)이 화씨(華氏)에게 패하자 그의 무리와는 따로 달아나 진(晉)나라에 이른 것이다. 다음해 자성이 진나라의 군대를 이끌고 오는 발단이 된다. 화해(華亥)와 그의 처는 반드시 손을 씻고서 인질로 잡혀있는 공자들에게 식사를 올린 뒤에야 밥을 먹었고, 원공(元公)과 그의 부인(夫人)도 매일 반드시 화씨의 집에 가서 공자들에게 밥을 먹인 뒤에야 돌아갔다. 화해가 이를 걱정하여 공자들을 돌려보내려고 하자, 상녕(向寧)이 말하기를 "임금이 신의가 없기 때문에 그 아들들을 인질로 삼은 것인데 만약 또 그들을 돌려보낸다면 우리는 언제 죽을지 알 수 없소."라고 하였다. 원공이 화비수(華費遂)에게 도움을 청하여 화씨를 공격하려 하니, 비수(費遂)는 대사마(大司馬)로서 화씨(華氏)의 일족이다. 그가 대답하기를 "신이 감히 죽음을 아끼겠습니까마는 우환을 제거하려다가 도리어 우환을 키우지 않겠습니까.[732] 신은 이 때문에 두려워 감히 명을 따를 수 없습니다."라고 하였다. 원공이 말하기를 "공자들의 죽음은 천명에 달렸지만 나는 그 치욕[詬]을 참을 수 없다."라고 하였다. 후(詬)는 치욕이다.

冬 十月 公殺華向之質而攻之 戊辰 華向奔陳 華登奔吳 **登 費遂子 黨華向者** **向寧欲殺大子 華亥曰 干君而出 又殺其子 其誰納我 且歸之有庸** **可以爲功** **使少司寇牼以歸** **牼 華亥庶兄 以三公子歸公也** **曰 子之齒長矣 不能事人** **牼齒已長 不能出外 服事他人** **以三公子爲質 必免** **質 信也** **公子旣入 華牼將自門行 公遽見之 執其手 曰 余知而無罪也 入 復而所**

겨울 10월에 송원공(宋元公)이 화씨(華氏)와 상씨(向氏)의 인질들을 죽이고 그들을 공격하니, 무진일에 화씨와 상씨는 진(陳)나라로 망명하고 화등(華登)은 오(吳)나라로 망명하였

731) 초평왕(楚平王)의 태자이다 : 당시 초(楚)나라 태자 건(建)은 망명하여 송(宋)나라에서 대부 벼슬을 하고 있었다.

732) 도리어~않겠습니까 : 태자와 공자들이 죽음을 당할까 걱정한 것이다.

다. 등(登)은 비수(費遂)의 아들로서 화씨(華氏)와 상씨(向氏)의 당여에 참여한 자이다. 상녕(向寧)이 태자를 죽이려 하자, 화해가 말하기를 "임금을 범하고 도망하면서 또 그 아들마저 죽인다면 그 누가 우리를 받아들이겠소. 마땅히 돌려보내어 공이 있도록 해야 하오."라 하고서 공이 될 수 있다는 것이다. 소사구(少司寇)인 경(牼)으로 하여금 인질들을 돌려보내도록 하며 경(牼)은 화해(華亥)의 서형(庶兄)이다. 세 공자[733]들을 송원공(宋元公)에게 돌려보내도록 한 것이다. 말하기를 "그대는 나이가 많아 다른 사람을 섬길 수 없습니다. 경(牼)은 나이가 이미 많아 외국으로 나가 다른 사람을 섬길 수 없다는 것이다. 이 세 공자들을 데리고 가서 신표[質]로 삼는다면 처벌을 면할 수 있을 것입니다."라고 하였다. 질(質)은 신표(信標)이다. 공자들이 궁으로 들어가고 나서 화경(華牼)이 궁문을 나오려는데 원공(元公)이 급히 그를 만나보고는 그의 손을 잡고 말하기를 "나는 네가 죄가 없음을 안다. 조정으로 들어와 너의 옛 관직을 회복하도록 하라."고 하였다.

○齊侯疥 遂痁 疥 當作痎 痎 是小瘧 痁是大瘧 **期而不瘳 諸侯之賓問疾者多在 梁丘據與裔款** 二子 齊嬖大夫 **言於公曰 吾事鬼神豊 於先君有加矣 今君疾病 爲諸侯憂 是祝史之罪也 諸侯不知 其謂我不敬 君盍誅於祝固史嚚以辭賓 公說 告晏子 晏子曰 日宋之盟 屈建問范會之德於趙武 趙武曰 夫子之家事治 言於晉國 竭情無私 其祝史祭祀 陳信不愧 其家事無猜 其祝史不祈** 家無猜疑之事 故祝史無求於鬼神 **建以語康王** 楚王 **康王曰 神人無怨 宜夫子之光輔五君以爲諸侯主也**

○제후(齊侯 : 景公)가 약한 학질[疥]에 걸렸다가 마침내 심한 학질[痁]이 되었다. 개(疥)는 마땅히 해(痎)라고 해야 한다. 해는 약한 학질이고 점(痁)은 심한 학질이다. 1년이 지났는데도 낫지 않으니, 제후들의 빈객들로 문병오는 자가 많았다. 량구거(梁丘據)와 예관(裔款)이 두 사람은 제(齊)나라 폐대부(嬖大夫 : 下大夫)이다. 경공(景公)에게 말하기를 "우리가 귀신을 섬기는 풍성함이 선군 때보다 더하였습니다. 그런데도 지금 임금님께서 병이 깊어져 제후들의 근심이 되고 있으니, 이는 축관(祝官)과 사관(史官)의 죄입니다. 제후들은 이를 알지 못하고 우리가 귀신을 공경하지 않았기 때문이라고 말하고 있습니다. 임금님께서는 어찌 축관 고(固)와 사관 은(嚚)을 죽여 빈객들에게 이를 해명하지 않으십니까."라고 하였다. 경공이 기뻐하며 안자(晏子)에게 알리니, 안자가 다음과 같이 말하였다. "예전 송(宋)나라에서의 맹약[734] 때 초(楚)나라 굴건(屈建)이 진(晉)나라 범회(范會 : 士會)의 덕에 대하여 조무(趙武)에게 물으니,

733) 세 공자 : 태자 란(欒)·공자 신(辰)·공자 지(地)이다.

734) 송(宋)나라에서의 맹약 : 양공(襄公) 27년 여름에 있었다.

조무가 말하기를 '그분의 집안이 잘 다스려졌고 진나라 일에 대해서 말함에 정성을 다하여 사심이 없었으며, 축사가 제사를 지낼 때 그의 진실을 신에게 진술함에 부끄러움이 없었고, 그의 집안일에서도 시기하는 일이 없었기에 축사가 빌 만한 일이 없었습니다.'라고 하였습니다. 집안에 서로 시기하거나 의심하는 일이 없었기에 축사(祝史)가 귀신에게 빌 일이 없었다는 것이다. 건(建)이 그 말을 강왕(康王)에게 고하니, 초왕(楚王)이다. 강왕이 말하기를 '신과 사람이 원망함이 없으니 그는 다섯 임금[735]을 훌륭히 보필하여 제후들의 패자(霸者)가 되게 한 것이 마땅하다.'라고 하였습니다."

公曰 據與款謂寡人能事鬼神 故欲誅於祝史 子稱是語 何故 對曰 若有德之君 外內不廢 無廢事 **上下無怨 動無違事 其祝史薦信 無愧心矣 是以鬼神用饗 國受其福 祝史與焉 其所以蕃祉老壽者 爲信君使也** 爲誠信之君所使 **其言忠信於鬼神 其適遇淫君 外內頗邪 上下怨疾 動作辟違 從欲厭私** 使私情厭足 **高臺深池 撞鐘舞女 斬刈民力 輸掠其聚 以成其違 不恤後人 暴虐淫從 肆行非度 無所還忌** 還猶顧也 **不思謗讟 不憚鬼神 神怒民痛 無悛於心 其祝史薦信 是言罪也** 以實白神 是爲言君之罪 **其蓋失數美 是矯誣也** 蓋 掩也 **進退無辭 則虛以求媚 是以鬼神不饗其國以禍之 祝史與焉 所以夭昏孤疾者 爲暴君使也 其言僭嫚於鬼神**

제경공(齊景公)이 말하기를 "거(據 : 梁丘據)와 관(款 : 裔款)은 과인이 귀신을 잘 섬긴다고 하였다. 그러므로 축사(祝史)를 죽이려 하는데[736] 그대가 이런 말을 하는 것은 무슨 까닭인가?"라고 하니, 안자(晏子)가 다음과 같이 대답하였다. "덕이 있는 임금의 경우 안팎에 폐함이 없어서 일을 폐기함이 없다는 것이다. 상하에 원망이 없고 행함에 어긋나는 일이 없으니, 그 축사가 진실을 고하더라도 부끄러운 마음이 없습니다. 이 때문에 귀신은 흠향하고 나라는 그 복을 받으며 축사도 그 복에 참여하게 되는 것입니다. 축사가 많은 복과 장수를 누리는 까닭은 성신(誠信)한 임금의 부림을 받아 성신(誠信)한 임금에게 부림을 받는다는 것이다. 그의 말이 귀신에게 충실하고 진실하기 때문입니다. 축사가 음탕한 임금을 만나 안팎이 치우치고 사악하며, 상하가 원망하고 미워하며, 행함이 편벽되고 도리에 어긋나며, 욕망을 좇아 사욕을 채우며, 사사로운 정에 따라 실컷 채운다는 것이다. 루대를 높게 짓고 연못을 깊게 파며,

735) 다섯 임금 : 진(晉)나라 문공(文公)·양공(襄公)·령공(靈公)·성공(成公)·경공(景公)이다.

736) 축사(祝史)를~하는데 : 임금은 귀신을 잘 섬겼지만 축사(祝史)가 제사를 잘 지내지 않아 임금이 병이 났으므로 축사를 죽이려 한다는 것이다.

풍악을 울리고 무녀가 춤추며, 백성의 힘을 고갈시키고 재산을 략탈하여 도리에 어긋나는 행위를 이루며, 후대 자손들을 돌아보지 아니하여 포학하고 음탕하며, 무도한 짓을 자행하여 돌아보거나[還] 꺼리는 바가 없으며, 환(還)은 돌아봄[顧]과 같다. 비방과 원망을 생각하지 아니하고 귀신을 두려워하지 않아 신이 노하고 백성이 고통스러워해도 마음에 뉘우침이 없게 될 경우에 축사가 그 진실을 신에게 고한다면 이는 죄를 일러바치는 것이 되며, 사실을 신에게 고한다면 이는 임금의 죄를 일러바치는 것이 된다는 것이다. 과실을 덮어두고[蓋] 좋은 점만 렬거한다면 이는 신을 속이는 것입니다. 개(蓋)[737]는 덮음이다. 이러지도 저러지도 못하여 신에게 고할 말이 없으면 거짓으로 아첨하게 되니, 이 때문에 귀신은 그 나라의 제향을 흠향하지 아니하고 화를 내리며 축사도 그 화를 받게 되는 것입니다. 축사가 일찍 죽거나 외롭게 병이 드는 까닭은 그가 포악한 임금의 부림을 받아 귀신을 속이고 업신여기는 말을 하였기 때문입니다."

公曰 然則若之何 對曰 不可爲也 山林之木 衡鹿守之 澤之萑蒲 舟鮫守之 藪之薪蒸 虞候守之 海之鹽蜃 祈望守之 萑 音丸 衡鹿舟鮫虞候祈望 皆官名 言公專守其利 不與民共 **縣鄙之人 入從其政** 縣邑邊鄙不得在野安業 從公家役 **偪介之關 暴征其私** 介 竟也 言近竟之關 暴征商貨 **承嗣大夫 强易其賄** 世家强易民物 **布常無藝** 布政無法制 **徵斂無度 宮室日更 淫樂不違** 違 去也 **內寵之妾 肆奪於市 外寵之臣 僭令於鄙** 詐爲敎令於邊鄙 **私欲養求 不給則應** 養 長也 所求不給 則應之以罪 **民人苦病 夫婦皆詛 祝有益也 詛亦有損 聊攝以東** 聊攝 齊西界 **姑尤以西** 姑尤 齊東界 **其爲人也多矣 雖其善祝 豈能勝億兆人之詛** 萬萬曰億 萬億曰兆 **君若欲誅於祝史 修德而後可 公說 使有司寬政 毁關去禁 薄斂已責** 責本或作債

제경공(齊景公)이 말하기를 "그렇다면 어떻게 해야 하는가?"라고 하니, 안자(晏子)가 다음과 같이 대답하였다. "그렇게 해서는 안 됩니다.[738] 산림의 나무는 형록(衡鹿)이 지키고, 연못의 부들[萑蒲]은 주교(舟鮫)가 지키고, 늪의 섶은 우후(虞候)가 지키고, 바다의 소금과 조개는 기망(祈望)이 지키고 있습니다. 환(萑)은 음이 환(丸)이다. 형록(衡鹿)·주교(舟鮫)·우후(虞候)·기망(祈望)은 모두 관직 이름이다. 공실이 그 리익을 독차지하고 백성과 공유하지 않는다는 말이다. 현(縣)과 비(鄙)의 사람들이 도성에 들어와 로역에 종사하고, 현읍(縣邑)과 변비(邊鄙)의 사람들이 들에서 안

737) 개(蓋) : '盖'와 같다.

738) 그렇게~됩니다 : 축사(祝史)를 죽인다고 하여 임금의 병이 낫는다는 것이 아니라는 것이다.

정된 생업에 종사하지 못하고 공가(公家)의 로역에 종사한다는 것이다. 국경[介] 근처의 관문에서는 사사로운 물건에까지 무거운 세금을 거두며, 개(介)는 국경이다. 국경 근처의 관문에서 상인들의 재화에 무거운 세금을 거둔다는 말이다. 세습한 대부들은 강제로 재물을 바꾸고, 세가(世家)에서 강제로 백성의 물건과 바꾸는 것이다. 일상의 정치를 폄에 법제가 없으며, 정치를 폄에 법제(法制)가 없다는 것이다. 거두는 세금에 한도가 없고, 궁실을 날마다 고치며, 음란한 음악은 떠나지[違] 않고, 위(違)는 떠남이다. 궁궐 안의 총애 받는 첩이 멋대로 시장에서 물건을 강탈하며, 궁궐 밖의 총애 받는 신하가 함부로 변방에 명을 내려 거짓으로 변방에 명을 내리는 것이다. 사사로운 욕구가 자라나[養] 그 만족을 구하되 공급해 주지 않으면 죄로 응대하고 있습니다. 양(養)은 자람이다. 구하는 것이 공급되지 않으면 죄로 응대하는 것이다. 그래서 민인(民人)은 괴로워하고 필부필부(匹夫匹婦)는 모두 저주하고 있으니, 축도(祝禱)가 유익함이 있다 하더라도 백성의 저주가 또한 이를 덜어내게 됩니다. 료(聊)와 섭(攝) 땅의 동쪽과 료(聊)와 섭(攝)은 제(齊)나라의 서쪽 경계이다. 고(姑)와 우(尤) 땅의 서쪽에는 고(姑)와 우(尤)는 제(齊)나라의 동쪽 경계이다. 그렇게 하는 사람이 많습니다. 그러니 비록 축도를 잘한다 하더라도 어찌 수많은[億兆] 사람의 저주를 이겨낼 수 있겠습니까. 만(萬)의 만(萬)을 억(億)이라고 하고 만(萬)의 억(億)을 조(兆)라고 한다. 임금님께서 만약 축사를 죽이고자 하신다면 덕을 닦으신 뒤에야 가능할 것입니다." 경공(景公)이 기뻐하고 유사(有司)들로 하여금 관대한 정치를 베풀어 관문을 헐고 금령(禁令)을 없애며[739] 세금을 줄여주고 채무[責]를 면제시켜 주게 하였다. 채(責)는 다른 본에는 간혹 채(債)로 되어 있다.

十有一月 辛卯 蔡侯盧卒 11월 신묘일에 채후(蔡侯) 로(盧)가 졸하였다.

盧 公穀作廬

로(盧)는 《공양전(公羊傳)》과 《곡량전(穀梁傳)》에는 려(廬)로 되어 있다.

○十二月 齊侯田于沛 沛 澤名 **招虞人以弓 不進 公使執之 辭曰 昔我先君之田也 旃以招大夫 弓以招士 皮冠以招虞人 臣不見皮冠 故不敢進 乃舍之**

○12월에 제후(齊侯 : 景公)가 패(沛)에서 사냥할 때 패(沛)는 늪 이름이다. 활로 우인(虞

739) 금령(禁令)을 없애며 : 산림과 천택의 출입금지를 해제하는 것이다.

人)[740]을 불렀는데 우인이 가지 않았다. 경공(景公)이 사람을 시켜 그를 잡아 오게 하자, 우인이 해명하며 말하기를 "예전 우리 선군께서 사냥하실 때에는 전(旃)[741]으로 대부를 부르시고, 활로 사(士)를 부르시고, 피관(皮冠)[742]으로 우인을 부르셨습니다. 신은 피관을 보지 못하였기 때문에 감히 올 수 없었던 것입니다."라고 하니, 그를 놓아주었다.

仲尼曰 守道不如守官 君招當往 道之常也 非物不進 官之制也 **君子韙之**

중니(仲尼)가 말하기를 "도리를 지키는 것이 관리의 제도를 지키는 것만 같지 못하다."고 하였으니, 임금이 부르면 마땅히 가는 것이 도리의 떳떳함이고, 제 물건이 아니면 가지 않는 것이 관리의 제도이다.[743] 군자는 이를 옳게 여긴다.

齊侯至自田 晏子侍于遄臺 遄臺 臺名 **子猶馳而造焉** 子猶 梁丘據 **公曰 唯據與我和夫** 與我和順 **晏子對曰 據亦同也 焉得爲和 公曰 和與同異乎 對曰 異 和如羹焉 水火醯醢鹽梅 以烹魚肉 燀之以薪** 燀 音闡 炊也 **宰夫和之 齊之以味 濟其不及 以洩其過** 濟 益也 洩 減也 **君子食之 以平其心 君臣亦然 君所謂可而有否焉 臣獻其否 以成其可 君所謂否而有可焉 臣獻其可 以去其否 是以政平而不干 民無爭心 故詩曰 亦有和羹 旣戒旣平 鬷嘏無言 時靡有爭** 鬷 總也 嘏 大也 言總大政能使上下 皆如和羹 **先王之濟五味 和五聲也 以平其心 成其政也 聲亦如味 一氣** 須氣以動 **二體** 舞有文武 **三類** 風雅頌 **四物** 律度量衡 **五聲** 宮商角徵羽 **六律** 黃鍾大簇姑洗蕤賓夷則無射 陽聲爲律 陰聲爲呂 **七音** 五聲加變宮變徵 **八風** 八方之風 **九歌** 六府三事謂之九功 皆可歌也 **以相成也 淸濁小大 短長疾徐 哀樂剛柔 遲速高下 出入周疏 以相濟也** 周 密也 **君子聽之 以平其心 心平 德和 故詩曰 德音不瑕 今據不然 君所謂可 據亦曰可 君所謂否 據亦曰否 若以水濟水 誰能食之 若琴瑟之專壹** 專用一聲不成樂 **誰能聽之 同之不可也如是**

제후(齊侯)가 사냥에서 돌아오자 안자(晏子)가 천대(遄臺)에서 모시고 있었는데 천대(遄臺)

740) 우인(虞人) : 산택(山澤)과 원유(苑囿)를 관장하는 관원.

741) 전(旃) : 붉은 천을 단 깃대가 구부정한 기.

742) 피관(皮冠) : 사냥할 때 쓰는 가죽으로 만든 모자.

743) 임금이~제도이다 : 《맹자(孟子)》에 의하면 중니(仲尼)의 본뜻은 올바른 부름이 아니면 가지 않아야 한다는 것이니, 당시 도(道)를 지키는 선비들이 임금이 부르면 일의 당위를 따지지 않고 급급히 달려가는 세태가 법제를 지켜 관직을 수행하는 우인(虞人)보다 못함을 탄식한 것이다.

는 대(臺) 이름이다. 자유(子猶)가 말을 달려 이르렀다. 자유(子猶)는 량구거(梁丘據)이다. 경공(景公)이 말하기를 "오직 거(據 : 梁丘據)만이 나와 화순[和]하는구나."라고 하니, 나와 더불어 화순(和順)한다는 것이다. 안자가 응대하기를 "거(據) 또한 뢰동[同][744]하는 자인데 어찌 화순한다고 하겠습니까."라고 하였다. 경공이 말하기를 "화(和)와 동(同)이 다른 것인가?"라고 묻자, 안자가 다음과 같이 대답하였다. "다릅니다. 화(和)는 국을 끓이는 것과 같아서 물·불·식초·젓갈·소금·매실로 어육을 삶아 조리할 때 땔나무로 불을 때어[燀] 천(燀)은 음이 천(闡)이니 불을 땜이다. 재부(宰夫)[745]가 적당하게 섞고 맛을 알맞게 조절하여 모자라면 더 넣고[濟] 지나치면 줄이는데[洩] 제(濟)는 더한이고 설(洩)은 줄임이다. 군자가 이것을 먹고 그 마음을 화평하게 하는 것입니다. 임금과 신하도 이와 같아서 임금이 옳다고 하더라도 그렇지 않은 점이 있으면 신하는 그렇지 않은 점을 말하여 옳은 점을 이루게 하고, 임금이 옳지 않다고 하더라도 그 옳은 점이 있으면 신하는 그 옳은 점을 말하여 그 옳지 않은 점을 버리게 하는 것입니다. 이로써 정치가 화평하고 어지럽지[干][746] 않아서 백성도 다투는 마음이 없게 됩니다. 그러므로 《시(詩)》에 이르기를 '또한 화갱(和羹)[747]이 있으니 이미 경계하고 이미 화평을 이루었네. 화합하여[鬷] 큼[嘏]에 론란이 없으니 이에 다툼이 있지 않네.'[748]라고 하였으니, 종(鬷)은 합함이고 하(嘏)는 큼이니 화합하는 큰 정치는 상하로 하여금 모두 조화를 이룬 국처럼 해야 한다는 말이다. 선왕께서 5미(味)를 잘 섞고 5성(聲)을 조화롭게 한 것은 그 마음을 화평하게 하여 그 정치를 이루려는 것이었습니다. 성(聲)도 또한 미(味)와 같아서 1기(氣) 기운을 기다려 움직이는 것이다. 2체(體) 춤에 문무(文舞)와 무무(武舞)가 있는 것이다. 3류(類) 풍(風)·아(雅)·송(頌)이다. 4물(物) 률(律)·도(度)·량(量)·형(衡)이다. 5성(聲) 궁(宮)·상(商)·각(角)·치(徵)·우(羽)이다. 6률(律) 황종(黃鍾)·태주(大簇)·고선(姑洗)·유빈(蕤賓)·이칙(夷則)·무역(無射)이다. 양성(陽聲)이 률(律)이 되고 음성(陰聲)이 려(呂)가 된다. 7음(音) 5성(五聲)에 변궁(變宮)과 변치(變徵)를 더한 것이다. 8풍(風) 8방(八方)의 바람이다. 9가(歌)가 6부(府)[749]와 3사(事)[750]를 9공(九功)이라 이르는데 모두 노래할 만한 것이다. 서로 어울려 이루고, 청탁(淸濁)·소대(小大)·단장(短長)·질서(疾徐)·애락(哀樂)·강유(剛柔)·지속(遲

744) 뢰동[同] : 전문의 '同'은 《론어(論語)》〈자로(子路)〉편의 '和而不同'에서의 '同'과 같은 용법으로 뢰동한다는 의미이다.

745) 재부(宰夫) : 음식을 담당하는 관원.

746) 어지럽지[干] : 간(干)은 란(亂)의 의미이다.

747) 화갱(和羹) : 여러 가지 양념을 갖추어 간을 잘 맞춘 국.

748) 또한~않네 : 《시경(詩經)》〈상송(商頌)〉 렬조(烈祖).

749) 6부(府) : 수(水)·화(火)·금(金)·목(木)·토(土)·곡(穀).

750) 3사(事) : 정덕(正德)·리용(利用)·후생(厚生).

速)·고하(高下)·출입(出入)·주소(周疏)가 서로 어울려 조화를 이루는 것입니다. 주(周)는 빽빽함이다. 군자가 이를 듣고 그 마음을 화평하게 하는데, 마음이 화평하면 덕이 온화해집니다. 그러므로《시》에 이르기를 '덕음(德音)에 흠이 없네.'[751]라고 하였습니다. 그런데 지금 거는 그렇지 못합니다. 임금님께서 옳다고 하시면 거도 옳다고 하고, 임금님께서 그르다고 하시면 거도 그르다고 합니다. 마치 물에 물을 탄 것과 같으니 누가 그것을 먹으려 하겠습니까. 또 금슬이 오직 한 소리만 내는 것과 같으니 오로지 한 소리만 가지고는 음악을 이룰 수 없다는 것이다. 누가 그것을 들으려 하겠습니까. 뢰동해서는 안 되는 것이 이와 같습니다."

飮酒樂 公曰 古而無死 其樂若何 晏子對曰 古而無死 則古之樂也 君何得焉 昔爽鳩氏始居此地 季萴因之 季萴 虞夏諸侯 代爽鳩氏者 **有逢伯陵因之** 逢伯陵 殷諸侯 姜姓 **蒲姑氏因之** 蒲姑氏 殷周之閒代逢公者 **而後大公因之 古若無死 爽鳩氏之樂 非君所願也**

술을 마시고 즐거워지자 경공(景公)이 말하기를 "예로부터 죽음이 없다면 그 즐거움이 어떠하겠는가?"라고 하니, 안자(晏子)가 대답하기를 "예로부터 죽음이 없다면 옛사람들이 계속 즐거움을 누릴 것이니, 임금님께서 어찌 얻을 수 있겠습니까. 옛날 상구씨(爽鳩氏)[752]가 비로소 이 땅에 살기 시작하였는데, 계즉(季萴)이 이를 이었고 계즉(季萴)은 우하(虞夏)의 제후로 상구씨(爽鳩氏)의 뒤를 이은 자이다. 봉백(逢伯)인 릉(陵)이 그 뒤를 이었으며 봉백(逢伯) 릉(陵)은 은(殷)의 제후(諸侯)로 강성(姜姓)이다. 포고씨(蒲姑氏)가 그 뒤를 이었고 포고씨(蒲姑氏)는 은주(殷周) 사이에 봉공(逢公)의 뒤를 이은 자이다. 그 뒤에 태공(大公 : 姜大公)이 이를 이었습니다. 예로부터 만약 죽음이 없었다면 상구씨가 계속 즐거움을 누릴 것이니, 임금님께서 바라실 바는 아닙니다."라고 하였다.

○鄭子產有疾 謂子大叔曰 我死 子必爲政 唯有德者能以寬服民 其次莫如猛 夫火烈 民望而畏之 故鮮死焉 水懦弱 民狎而翫之 則多死焉 故寬難 難以治 **疾數月而卒 大叔爲政 不忍猛而寬 鄭國多盜 取人於萑苻之澤** 萑苻 澤名 **大叔悔之曰 吾早從夫子 不及此 興徒兵以攻萑苻之盜 盡殺之 盜少止**

○정(鄭)나라 자산(子產)이 병이 들자 자태숙(子大叔)에게 말하기를 "내가 죽으면 그대가 반드시 집정이 될 것이오. 오직 덕이 있는 자만이 관대함으로 백성을 복종시킬 수 있고,

---

751) 덕음(德音)에~없네 :《시경(詩經)》〈빈풍(豳風)〉 랑발(狼跋).

752) 상구씨(爽鳩氏) : 소호씨(少皞氏) 때 사구(司寇)였다.

그다음은 엄격함 만한 것이 없소. 무릇 불은 맹렬하여 백성이 바라보고는 두려워하기 때문에 타 죽는 자가 드물지만, 물은 나약하니 백성이 가벼이 여겨 함부로 다루어 빠져 죽는 자가 많은 것이오. 그러므로 관대하기가 어려운 것이오."라고 하였다. 관대함 만으로는 다스리기 어렵다는 것이다. 자산이 병든 지 몇 달 만에 졸하였다. 태숙(大叔)이 집정이 되어 차마 엄격한 정치를 하지 못하고 관대하게 하니, 정나라에 도적이 많아져 환포(萑苻)의 늪지에서 사람들을 략탈하는 일이 벌어졌다. 환포(萑苻)는 늪 이름이다. 태숙이 후회하면서 말하기를 "내가 일찍 그분의 말을 따랐다면 일이 이 지경에 이르지 않았을 것이다."라 하고 보병을 일으켜 환포의 도적을 공격하여 모두 죽이니, 도적질이 어느 정도 그치었다.

仲尼曰 善哉 政寬則民慢 慢則糾之以猛 糾猶攝也 **猛則民殘 殘則施之以寬 寬以濟猛 猛以濟寬 政是以和 詩曰 民亦勞止 汔可小康 惠此中國 以綏四方 施之以寬也 毋從詭隨 以謹無良 式遏寇虐 慘不畏明 糾之以猛也** 慘 曾也 言爲寇虐 曾不畏明法者 當以猛治之 **柔遠能邇 以定我王 平之以和也 又曰 不競不絿 不剛不柔** 絿 急也 **布政優優 百祿是遒** 優優 和也 遒 聚也 **和之至也**

중니(仲尼)는 말하였다. "좋도다. 정치가 관대하면 백성이 태만해지니 태만해지면 곧 엄격함으로써 규제하고[糾], 규(糾)는 규제함[攝]과 같다. 엄격하면 백성이 해를 당하니 해를 당하면 관대한 정치를 베풀었다. 관대함으로 엄격함을 조절하고 엄격함으로 관대함을 조절하였으니, 정치가 이로써 조화를 이루었다. 《시(詩)》에 이르기를 '백성 또한 힘들어 거의 조금 편안하게 해야 하니, 이 중국에 은혜를 베풀어 사방을 편안하게 하라.'[753]고 하였으니, 이는 관대한 정치를 베풀라는 것이다. 또 '함부로 남을 따르는 자를 추종하지 말아서 좋지 못한 자를 조심하고, 도적같고 흉포한 사람이 일찍이[慘] 밝은 법을 두려워하지 않는 것을 막아라.'[754]고 하였으니 이는 엄격함으로 규제하라는 것이다. 참(慘)은 일찍이니, 도적같고 흉포한 짓을 하여 일찍이 밝은 법을 두려워하지 않는 자가 있으면 마땅히 엄격함으로 다스리라는 말이다. 또 '먼 지역의 백성을 어루만지고 가까운 곳과 우호를 잘 유지하여 우리 왕을 안정시키라.'[755]고 하였으니, 이는 조화로써 화평하게 함을 말한 것이다. 또 이르기를 '다투지도 않고 조급하게[絿] 굴지도 않으며 강하게 하지도 않고 부드럽게 하지도 않아 구(絿)는 급함이다. 정치를 펴 조화롭

753) 백성~하라 : 《시경(詩經)》 〈대아(大雅)〉 민로(民勞).

754) 함부로~막아라 : 《시경(詩經)》 〈대아(大雅)〉 민로(民勞).

755) 먼~안정시키라 : 《시경(詩經)》 〈대아(大雅)〉 민로(民勞).

게[優優] 하면 온갖 복이 모이리라[遒].'[756]라고 하였으니 우우(優優)는 조화이다. 주(遒)는 모임이다. 이는 화합의 지극함을 말한 것이다."

及子産卒 仲尼聞之 出涕曰 古之遺愛也

자산(子産)이 졸하자 중니(仲尼)가 듣고 눈물을 흘리며 말하기를 "옛사람의 유풍이 있는 인애(仁愛)한 사람이로다."라고 하였다.

소공(昭公) 21년【庚辰 B.C.521】

二十有一年 春 21년 봄이다.

二十一年 春 天王將鑄無射 鑄無射之鐘 **泠州鳩曰 王其以心疾死乎** 泠 樂官 州鳩 其名 **夫樂 天子之職也 夫音 樂之輿也** 樂因音而行 **而鐘 音之器也 天子省風以作樂 器以鍾之** 鍾 聚也 **輿以行之 小者不窕** 窕 細也 **大者不槬** 槬 音樺 橫大也 **則和於物 物和則嘉成** 嘉樂成也 **故和聲入於耳而藏於心 心億則樂** 億 安也 **窕則不咸** 不充滿人心 **槬則不容** 心不堪容 **心是以感 感實生疾 今鐘槬矣 王心弗堪 其能久乎**

21년 봄에 천왕(天王 : 周景王)이 무역(無射)[757]을 주조하려고 하니, 무역(無射)에 해당하는 종을 주조하려는 것이다. 령인(泠人 : 樂官)인 주구(州鳩)가 다음과 같이 말하였다. "왕께서는 아마도 심질(心疾)로 돌아가실 것이다. 령(泠)은 악관(樂官)이고 주구(州鳩)는 그의 이름이다. 무릇 음악은 천자가 주재[職]하는 것이고, 무릇 소리는 음악을 싣는 수레이며, 음악은 소리로 인하여 행해지는 것이다. 종(鐘)은 소리를 담는 악기이다. 천자는 풍속을 살펴서 음악을 만들되 악기로써

756) 다투지도~모이리라[遒] : 《시경(詩經)》〈상송(商頌)〉 장발(長發).

757) 무역(無射) : 12률(律) 음계(音階)에서 열한 번째의 음. 여기서는 무역(無射)에 해당하는 음을 내는 종(鐘)의 이름이다.

소리를 모으고[鍾] 종(鍾)은 모음이다. 소리[輿]로 음악을 표현한다[行]. 작은 악기의 소리가 너무 가늘지[窕] 않으며 조(窕)는 가늚이다. 큰 악기의 소리가 너무 굵지[槬] 않으면 화(槬)는 음이 화(樺)이니 퍼져서 큰 것이다. 여러 악기[物]와 조화를 이루고, 여러 악기가 조화를 이루면 아름다움이 이루어진다. 아름다운 음악이 이루어진다는 것이다. 그러므로 조화로운 소리가 사람들의 귀로 들어와서 마음에 간직되는 것이니, 이에 마음이 편안해지면[億] 즐겁게 된다. 억(億)은 편안함이다. 소리가 너무 가늘면 충만시키지 못하고 사람 마음을 충만시키지 못한다는 것이다. 소리가 너무 굵으면 감당하지 못하여 마음으로 감당할 수 없다는 것이다. 마음이 이 때문에 불안해지니[感],[758] 불안은 실로 병을 만드는 것이다. 지금 종의 소리가 너무 굵어서 왕의 마음이 감당할 수 없을 것이니, 어찌 오래 사실 수 있겠는가."

王三月 葬蔡平公

왕3월에 채(蔡)나라 평공(平公)의 장례를 지냈다.

三月 葬蔡平公 蔡大子朱失位 位在卑 不在適子位 以長幼齒 **大夫送葬者 歸見昭子 昭子問蔡故 以告 昭子歎曰 蔡其亡乎 若不亡 是君也必不終 詩曰 不解于位 民之攸塈 今蔡侯始即位 而適卑 身將從之**

3월에 채평공(蔡平公)의 장례를 지낼 때 채(蔡)나라 태자 주(朱)가 자기 자리를 찾지 못하고 신분이 낮은 자리에 있었다. 적자(適子)의 자리에 있지 않고 장유(長幼)의 년치에 따라 자리한 것이다. 로(魯)나라 대부로 장례에 참여했던 자가 돌아와서 소자(昭子 : 叔孫婼)를 만나보았는데 소자가 채나라의 사정을 물으니 이 일을 고하였다. 그러자 소자가 탄식하며 말하기를 "채나라는 아마도 망할 것이다. 만약 망하지 않는다면 이 임금은 반드시 그 자리를 끝까지 지키지 못할 것이다. 《시(詩)》에 이르기를 '그 자리에서 게을리하지 않으니 백성이 편히 쉴 수 있네.'[759]라고 하였는데, 지금 채후(蔡侯)는 처음 즉위하여 신분이 낮은 자리로 나아갔으니 그 몸도 장차 따라서 낮아질 것이다."라고 하였다.

758) 불안해지니[感] : 전문의 '感'은 '憾'과 통용한다.

759) 그 자리에서~있네 : 《시경(詩經)》〈대아(大雅)〉 가락(假樂).

夏 晉侯使士鞅來聘

여름에 진후(晉侯)가 사앙(士鞅)을 보내와서 빙문하였다.

書聘止此

경문에서 빙문의 기록은 여기에서 끝난다.

夏 晉士鞅來聘 叔孫爲政 季孫欲惡諸晉 惛叔孫在己上位 使有司以齊鮑國歸費之禮爲士鞅 鮑國歸費在十四年 牢禮各如其命數 魯人爲鮑國七牢 士鞅怒 曰 鮑國之位下 其國小 而使鞅從其牢禮 是卑敝邑也 將復諸寡君 魯人恐 加四牢焉 爲十一牢

여름에 진(晉)나라 사앙(士鞅)이 와서 빙문하였다. 이때 숙손(叔孫 : 昭子)이 집정이었다. 계손(季孫)이 숙손을 진나라에게 미움을 받게 하고자하여 숙손(叔孫)이 자기보다 윗자리에 있는 것을 미워한 것이다. 유사(有司)로 하여금 제(齊)나라 포국(鮑國)이 비(費) 땅을 돌려줄 때 접대하였던 례로 사앙을 접대하게 하였다. 포국(鮑國)이 비(費) 땅을 돌려준 일은 14년에 있었다. 뢰례(牢禮)[760]는 각각 그 명수(命數)[761]에 맞게 해야 하는데 로인(魯人)이 포국에게 7뢰(牢)로 대접하였다. 사앙이 노하여 말하기를 "포국의 지위가 나보다 아래이고 그 나라도 작은데 나 앙(鞅)에게 포국을 대했던 뢰례(牢禮)를 따르게 하니 이는 우리나라를 무시하는 것이오. 장차 과군에게 보고할 것이오."라고 하니, 로인(魯人)이 두려워하여 4뢰(牢)를 더하여 11뢰로 대접하였다.

宋華亥向寧華定自陳入于宋南里以叛

송(宋)나라 화해(華亥)·상녕(向寧)·화정(華定)이 진(陳)나라에서 송나라 남리(南里)로 들어가서 반란을 일으켰다.

叛公作畔 ○南里 宋城內里名

반(叛)은 《공양전(公羊傳)》에는 반(畔)으로 되어 있다. ○남리(南里)는 송(宋)나라 도성 안의 마을 이름이다.

---

760) 뢰례(牢禮) : 빈객을 접대하는 례의 한 가지. 우(牛)·양(羊)·시(豕)를 모두 갖춘 것을 1뢰(牢)라 한다.
761) 명수(命數) : 관직의 품계(品階).

宋華費遂生華貙華多僚華登 貙 音區 **貙爲少司馬 多僚爲御士** 公御士 **與貙相惡 乃譖諸公曰 貙將納亡人** 亡人 華亥等 **亟言之 公曰 司馬以吾故 亡其良子** 司馬謂費遂 良子謂華登 **死亡有命 吾不可以再亡之** 言我死亡有命 不可再亡其良子 **對曰 君若愛司馬 則如亡 死如可逃 何遠之有** 言若愛司馬 則君當出亡 亡可以逃死 勿慮其遠 以恐動公 **公懼 使侍人召司馬之侍人宜僚 飮之酒 而使告司馬** 使逐貙 **司馬歎曰 必多僚也 吾有讒子 而弗能殺 吾又不死 抑君有命 可若何 乃與公謀逐華貙 將使田孟諸而遣之 公飮之酒 厚酬之 賜及從者 司馬亦如之** 亦如公賜 **張匄尤之** 張匄 華貙臣 尤 怪也 **曰 必有故 使子皮承宜僚 以劍而訊之** 子皮 華貙 **宜僚盡以告 張匄欲殺多僚 子皮曰 司馬老矣 登之謂甚** 言登亡傷司馬心已甚 **吾又重之 不如亡也**

송(宋)나라 화비수(華費遂)가 화구(華貙)·화다료(華多僚)·화등(華登)을 낳았다. 구(貙)는 음이 구(區)이다. 구(貙)는 소사마(少司馬)가 되었고, 다료(多僚)는 어사(御士)가 되었는데 송원공(宋元公)의 어사(御士)이다. 구와 서로 미워하였다. 이에 다료가 송원공(宋元公)에게 참소(讒訴)하기를 "구가 외국으로 망명한 사람들을 불러들이려 합니다."라고 하였다. 망명한 사람은 화해(華亥) 등이다. 자주 이 말을 하니 원공(元公)이 말하기를 "사마(司馬)는 나의 일 때문에 그의 훌륭한 아들을 망명보냈다.[762] 사마(司馬)는 비수(費遂)를 이르고 훌륭한 아들은 화등(華登)을 이른다. 내가 죽거나 망명하는 것은 운명이니 나는 또 다시 사마의 아들[華貙]을 망명보낼 수 없다."라고 하였다. 내가 죽거나 망명하는 것은 운명이니 다시는 그의 훌륭한 아들을 망명보낼 수 없다는 말이다. 다료가 대답하기를 "임금님께서 만약 저의 아버지 사마를 아끼신다면 망명하는 것이 나을 것입니다. 죽음을 만일 피할 수 있다면 무슨 먼 곳이 있겠습니까."라고 하였다. 만약 사마(司馬)를 아낀다면 임금이 마땅히 망명나가게 될 것이니,[763] 망명하여 죽음을 피할 수 있다면 그 먼 곳을 념려하지 말아야한다고 말하여 원공(元公)의 마음을 두렵게 하여 동요시킨 것이다. 원공이 두려워하여 시인(侍人)에게 사마의 시인인 의료(宜僚)를 부르게 하여 그에게 술을 대접하고 자기의 마음을 사마에게 알리게 하였다. 구(貙)를 축출하도록 한 것이다. 사마가 탄식하며 말하기를 "반드시 다료의 짓일 것이다. 나는 참소하는 자식을 두고도 죽이지도 못하였고 나도 또한 죽지 못하고 있다가 이렇게 임금님의 명하심이 있으니[764] 어찌할 수 있겠는가."라고 하였다. 이에 원공

762) 그의~망명보냈다 : 지난해에 화등(華登)이 오(吳)나라로 망명하였다.

763) 만약~것이니 : 사마(司馬)를 아껴 그의 아들 화구(華貙)를 망명보내지 않으면 화구가 란을 일으켜 도리어 임금을 망명가게 할 것이라는 말이다.

764) 임금님의~있으니 : 화구(華貙)를 망명보내라는 명이다.

과 상의하여 화구를 추방하기로 모의하고, 그를 맹저(孟諸)에서 사냥하게 하였다가 내보내기로 하였다. 원공이 화구에게 술을 대접하고 례물을 후하게 주고 그의 종자들에게도 물품을 내려주었다. 사마도 또한 이와 같이 하니, 또한 원공(元公)이 하사한 것과 같이 한 것이다. 장개(張匄)가 괴이하게[尤] 여기며 장개(張匄)는 화구(華貙)의 가신이다. 우(尤)는 괴이함이다. 말하기를 "반드시 까닭이 있을 것입니다."라고 하며, 자피(子皮)로 하여금 칼을 의료에게 들이대고[承] 신문하게 하니 자피(子皮)는 화구(華貙)이다. 의료가 모든 것을 고하였다. 장개가 다료를 죽이려고 하니, 자피가 말하기를 "아버지 사마께서 늙으셨다. 등(登)의 일로도 마음고생이 심하다고 하겠는데 등(登)의 망명으로 사마(司馬)의 마음을 아프게 한 것이 이미 심하다는 말이다. 내가 또 다료를 죽여 그 마음을 무겁게 해드리는 것이 내가 망명가는 것만 같지 못하다."라고 하였다.

五月 丙申 子皮將見司馬而行 則遇多僚御司馬而朝 張匄不勝其怒 遂與子皮臼任鄭翩殺多僚 **任翩亦貙家臣** **劫司馬以叛 而召亡人 壬寅 華向入 樂大心豊愆華牼禦諸橫** **橫 宋地** **華氏居盧門 以南里叛 六月 庚午 宋城舊鄘及桑林之門而守之** **舊鄘 故城也 桑林 城門名**

5월 병신일에 자피(子皮)가 길을 떠나기 위해 사마(司馬)를 찾아뵈러 가다가 다료(多僚)가 사마의 수레를 몰고 조정으로 가는 것을 만났다. 장개(張匄)가 분노를 이기지 못하고 드디어 자피·구임(臼任)·정편(鄭翩)과 함께 다료를 죽이고 임(任)과 편(翩)은 또한 구(貙)의 가신이다. 사마를 겁박하여 반란을 일으키고 망명 중인 사람들[765]을 불러들였다. 임인일에 화씨(華氏)와 상씨(向氏)가 국내로 들어오자 악대심(樂大心)·풍건(豊愆)·화경(華牼) 등이 횡(橫) 땅에서 막으니, 횡(橫)은 송(宋)나라 땅이다. 화씨들이 로문(盧門)에 주둔하면서 남리(南里)를 근거지로 하여 반란을 일으켰다. 6월 경오일에 송(宋)나라는 구용(舊鄘)과 상림(桑林)의 문을 수축하고[城] 지켰다. 구용(舊鄘)은 옛 성(城)이다. 상림(桑林)은 성문 이름이다.

秋 七月 壬午 朔 日有食之 가을 7월 초하루 임오일에 일식이 있었다.

秋 七月 壬午 朔 日有食之 公問於梓愼曰 是何物也 禍福何爲 **物 事也** **對曰 二至二**

765) 망명~사람들 : 화해(華亥)·상녕(向寧)·화정(華定)이다.

分 二至 冬至夏至 二分 春分秋分 **日有食之 不爲災 日月之行也 分 同道也 至 相過也** 二分日夜等 故言同道 二至長短極 故相過 **其他月則爲災 陽不克也 故常爲水** 其災常爲水

가을 7월 초하루 임오일에 일식이 있었다. 소공(昭公)이 재신(梓愼)에게 묻기를 "이것은 무슨 일[物]인가? 화와 복 어느 것이 될 것인가?"라고 하였다. 물(物)은 일이다. 재신이 대답하기를 "이지(二至)와 이분(二分)에 이지(二至)는 동지와 하지이며 이분(二分)은 춘분과 추분이다. 일식이 있으면 재앙이 되지 않습니다. 일월의 운행은 춘분과 추분에는 같은 길을 가고, 하지와 동지에는 서로 어긋나 운행하기 때문입니다. 춘분과 추분은 밤낮의 길이가 같으므로 일월이 같은 길을 가고, 하지와 동지는 밤낮의 길고 짧음이 극에 달하기 때문에 일월이 서로 어긋난다고 말한 것이다. 그러나 다른 달에 일식이 생길 경우 재앙이 되니 이것은 양기가 음기를 이기지 못하기 때문입니다. 그래서 늘 수재(水災)가 일어나는 것입니다."라고 하였다. 그 재앙이 항상 수재(水災)라는 것이다.

八月 乙亥 叔輒卒

8월 을해일에 숙첩(叔輒)이 졸하였다.

輒 公作痤 ○叔弓之子伯張

첩(輒)은 《공양전(公羊傳)》에는 좌(痤)로 되어 있다. ○숙첩(叔輒)은 숙궁(叔弓)의 아들 백장(伯張)이다.

於是叔輒哭日食 意在憂災 **昭子曰 子叔將死 非所哭也 八月 叔輒卒**

이때 숙첩(叔輒)이 일식날에 곡을 하니, 마음이 일식이 재앙이 될까 근심하는 데 있었던 것이다. 소자(昭子)가 말하기를 "자숙(子叔 : 叔輒)은 곧 죽을 것이다. 곡할 일이 아닌데 곡을 하다니."라고 하였다. 8월에 숙첩이 졸하였다.

冬

겨울이다.

十月 華登以吳師救華氏 登前年奔吳 **齊烏枝鳴戍宋** 烏枝鳴 齊大夫 **厨人濮曰** 濮 宋厨邑大夫 **軍志有之 先人有奪人之心 後人有待其衰 盍及其勞且未定也伐諸 若入而固 則**

華氏衆矣 悔無及也 從之 丙寅 齊師宋師敗吳師于鴻口 鴻口 宋地 **獲其二帥公子苦雂偃州員** 雂 音黔 二帥 吳大夫 **華登帥其餘** 吳餘師 **以敗宋師 公欲出** 出奔 **廚人濮曰 吾小人可藉死** 可借使死難 **而不能送亡** 句 **君請待之** 請君待復戰 **乃徇曰 揚徽者公徒也** 徽 幟也 **衆從之**

10월에 화등(華登)이 오(吳)나라 군대를 이끌고 와서 화씨(華氏)를 구원하였다. 등(登)은 지난해 오(吳)나라로 망명하였다. 이때 제(齊)나라 오지명(烏枝鳴)이 송(宋)나라에 와 지키고 있었는데 오지명(烏枝鳴)은 제(齊)나라 대부이다. 주인(廚人)인 복(濮)이 말하기를 복(濮)은 송(宋)나라의 주읍대부(廚邑大夫)이다. "군지(軍志 : 兵書)에 '먼저 출동하는 사람은 적의 마음[766]을 빼앗을 수 있고 늦게 출동하는 사람은 상대의 기세가 쇠퇴하기를 기다리라.'고 하였으니, 어찌 오나라 군사가 피로하고 안정되지 않았을 때에 치지 않으십니까. 저들이 만약 들어와 자리가 잡히면 화씨의 무리가 많아지니 그때 가서는 후회해도 미칠 수 없을 것입니다."라고 하니, 오지명이 그의 말을 따랐다. 병인일에 제나라 군대와 송나라 군대가 홍구(鴻口)에서 오나라 군대를 패배시키고 홍구(鴻口)는 송(宋)나라 땅이다. 오나라 두 장수인 공자 고금(苦雂)과 언주운(偃州員)을 포로로 잡았다. 금(雂)은 음이 금(黔)이다. 두 장수는 오(吳)나라 대부이다. 화등이 남은 군대를 거느리고 오(吳)나라의 남은 군대이다. 송나라 군대를 패배시키니 송원공(宋元公)이 나가려 하였다. 망명나가려 한 것이다. 주인 복이 말하기를 "저는 소인입니다만 가령[藉] 임금님을 위해 죽는 것은 괜찮습니다만 가령[借使] 위난(危難)에 죽는 것은 괜찮다는 것이다. 임금님이 망명하는 것을 호송할 수는 없습니다. 구두(句讀)이다. 임금님께서는 잠시 기다리십시오."라 하고는 임금에게 다시 싸움이 벌어지기를 기다리라고 청한 것이다. 군중(軍中)을 돌아다니며 말하기를 "기[徽]를 흔드는 자는 임금님[公]을 따르는 무리이다."라고 하니 휘(徽)는 기치(旗幟)이다. 군중(軍衆)이 그의 말을 따랐다.

公自揚門見之 見國人揚徽 睢陽正東門名揚門 **下而巡之 曰 國亡君死 二三子之恥也 豈專孤之罪也 齊烏枝鳴曰 用少莫如齊致死 齊致死莫如去備** 備 長兵也 **彼多兵矣 請皆用劒 從之 華氏北 復卽之** 北 敗走 **廚人濮以裳裹首 而荷以走 曰 得華登矣 遂敗華氏于新里** 新里 華氏所取邑 **翟僂新居于新里 旣戰 說甲于公而歸** 居華氏地而助公戰 **華妵居于公里 亦如之** 妵 華氏族 故助華氏 亦如僂新脫甲歸

---

766) 마음 : 사기(士氣).

송원공(宋元公)이 양문(揚門)에서 그 광경을 보고는 국인이 기를 흔드는 것을 본 것이다. 수양성(睢陽城) 정동문(正東門)을 양문(揚門)이라 한다. 내려와서 군대를 순시하며 말하기를 "나라가 망하고 임금이 죽는다면 여러분의 치욕이니 어찌 나만의 죄이겠는가."라고 하였다. 제(齊)나라 오지명(烏枝鳴)이 말하기를 "많지 않은 군대를 써서 싸울 때는 일제히 죽을힘을 다하는 것만한 것이 없고, 일제히 죽을힘을 다해 싸울 때는 긴 병기[備]를 버리는 것[767] 만한 것이 없습니다. 비(備)는 긴 병기이다. 저들은 군사가 많으니 우리는 검(劒)만을 사용하게 하소서."라고 하니 원공(元公)은 그의 말을 따랐다. 화씨(華氏)가 패주하니[北] 송나라 군대가 다시 그들을 쫓았다[卽]. 배(北)는 패주함이다. 주인(廚人)인 복(濮)이 어떤 자의 목을 치마에 싸서 어깨에 메고 달리며 말하기를 "화등(華登)의 목을 얻었다."라고 하였다. 드디어 신리(新里)에서 화씨를 패배시켰다. 신리(新里)는 화씨(華氏)가 취한 읍이다. 책루신(翟僂新)이 신리에 거주하고 있었는데 싸움이 끝난 뒤에 갑옷을 벗어 원공에게 바치고 돌아갔다[歸].[768] 화씨(華氏)의 땅에 거주하면서 송원공(宋元公)을 도와 싸운 것이다. 화주(華姓)는 공리(公里)에 거주하고 있었는데 또한 이와 같이 하였다. 주(姓)는 화씨(華氏)의 족속이어서 화씨를 도와 싸웠지만 루신(僂新)처럼 갑옷을 벗고 돌아간 것이다.[769]

十一月 癸未 公子城以晉師至 城以前年奔晉 今還救宋 **曹翰胡** 曹大夫 **會晉荀吳齊苑何忌衛公子朝** 前年出奔晉 今還衛 **救宋 丙戌 與華氏戰于赭丘** 赭丘 宋地 **鄭翩願爲鸛 其御願爲鵝** 鸛鵝皆陳名 **子祿御公子城 莊菫爲右** 子祿 向宜 **干犨御呂封人華豹 張匄爲右** 華豹華氏黨 爲呂邑封人

11월 계미일에 공자 성(城)이 진(晉)나라 군대를 이끌고 왔다. 성(城)은 지난해에 진(晉)나라로 망명하였다가 이제 송(宋)나라를 구원하기 위해 돌아온 것이다. 조(曹)나라 한호(翰胡)가 조(曹)나라 대부이다. 진나라 순오(荀吳)·제(齊)나라 원하기(苑何忌)·위(衛)나라 공자 조(朝)와 회합하여 공자 조(朝)는 지난해 진(晉)나라로 망명나갔다가 올해에 위(衛)나라로 돌아왔다. 송(宋)나라를 구원하였다. 병술일에 화씨(華氏)와 자구(赭丘)에서 싸울 때 자구(赭丘)는 송(宋)나라 땅이다. 화씨의 당여인 정편(鄭翩)이 관진(鸛陳)을 펼치고자 하였는데 그의 어자(御者)는 아진(鵝陳)을 펼치고자 하였다.[770]

---

767) 긴~것 : 단병접전(短兵接戰)을 하겠다는 의미이다. 일설에는 방비를 철거하는 것으로 보기도 한다. 곧 배수진(背水陣)을 치는 것과 같은 의미이다.

768) 돌아갔다[歸] : 이때의 '귀(歸)'를 '돌아갔다'가 아니라 '귀순하였다'고 보는 설도 있다. 즉 책루신(翟僂新)은 화씨(華氏)의 편에서 싸웠고 화씨가 패하자 송원공(宋元公)에게 귀순하였다는 것이다.

769) 돌아간 것이다 : 이에 대해서도 송원공(宋元公)에게 귀순하였다고 보는 설도 있다.

관(鸛)과 아(鵝)는 모두 진(陳)의 이름이다. 자록(子祿)이 공자 성의 어자가 되고 장근(莊堇)이 거우(車右)가 되었다. 자록(子祿)은 상의(向宜)이다. 이때 간주(干犨)가 려(呂) 땅의 봉인(封人)인 화표(華豹)의 어자가 되었고 장개(張匄)가 거우가 되었다. 화표(華豹)는 화씨(華氏)의 당여인데 려읍(呂邑)의 봉인(封人)이었다.

相遇 城還 華豹曰 城也 城怒而反之 怒其呼己 反還戰 **將注 豹則關矣** 注 傅矢 關 引弓 **曰 平公之靈 尙輔相余** 平公 公子城之父 **豹射 出其間** 出子城子祿之間 **將注 則又關矣 曰 不狎 鄙** 狎 更遞也 城謂豹曰 若不與我遞射 則汝爲鄙夫 **抽矢** 豹止不射 **城射之 殪 張匄抽殳而下** 殳 長丈二 在車邊 **射之 折股** 城射張匄 **扶伏而擊之 折軫** 扶伏與匍匐同 張匄力疾擊公子城 折其車軫 **又射之 死 干犨請一矢** 求死 **城曰 余言女於君** 欲活之 **對曰 不死伍乘 軍之大刑也** 同乘共伍 當皆死 **干刑而從子 君焉用之 子速諸 乃射之 殪**

두 수레가 서로 만나자 공자 성(城)이 돌아가려 하였는데 화표(華豹)가 '성아.'하고 불렀다. 성이 노하여 수레를 되돌려 자기를 부르는 소리에 노하여 되돌아와 싸운 것이다. 활에 화살을 메기려[注] 하였는데 표(豹)는 이미 시위를 당기고[關] 있었다. 주(注)는 화살을 메김이고 관(關)은 활시위를 당김이다. 그러자 성은 "평공(平公)의 령(靈)이시여, 바라건대 저를 도와주소서."라고 하였다. 평공(平公)은 공자 성(城)의 아버지이다. 표(豹)가 활을 쏘았는데 그들 사이로 지나갔다. 자성(子城)과 자록(子祿)의 사이를 지나간 것이다. 성이 화살을 메기려 하니 표는 또 시위를 당기고 있었다. 그러자 성이 "번갈아[狎] 쏘지 않는 것은 비열한 짓이다."라고 하니 압(狎)은 번갈아 함이다. 성(城)이 표(豹)에게 말하기를 "만약 나와 번갈아 쏘지 않으면 너는 비열한 사람이 된다."라고 한 것이다. 표가 화살을 도로 거두었다. 표(豹)가 멈추고 쏘지 않은 것이다. 이에 성이 활을 쏘아 표를 죽였다. 그러자 장개(張匄)가 창[殳]을 뽑아 들고 수레에서 내려오니 수(殳)[771]는 길이가 12척으로 병거(兵車) 가장자리에 있던 것이다. 활을 쏘아 그의 다리를 부러뜨렸다. 성(城)이 장개(張匄)를 쏜 것이다. 그런데도 장개가 부복[扶伏]해 와서 성의 수레를 공격하여 수레뒤턱횡목[軫]을 부러뜨리자 부복(扶伏)은 포복(匍匐)과 같다. 장개(張匄)가 공자 성(城)을 힘껏 재빨리 공격하여 성의 수레뒤턱횡목[軫]을 부러뜨린 것이다. 이에 성이 또 활을 쏘니 죽었다. 표의 어자인 간주(干犨)가 자기에게도 화살 한 대를 쏴 줄 것을 청하니, 죽여주기를 청한 것이다. 성이 말하기를 "내 너를 임금님께 잘 말해주겠노라."라고 하였다. 그를 살려주고자 한 것이다. 간주가 대답하기를 "대오를 같이하거나 병거에

770) 화씨의~하였다 : 화씨(華氏)의 무리가 화합하지 못한 것을 보인 것이다.

771) 수(殳) : 병기의 일종. 날이 없는 창이다.

동승한 자들이 함께 죽지 않는 것은 군법상 대죄(大罪 : 大刑)입니다. 한 병거에 동승하거나 대오(隊伍)를 같이 한 자는 마땅히 같이 죽어야 한다는 것이다. 대죄를 범하고서 그대를 따라간다면 임금님께서 나 같은 자를 어디에 쓰겠습니까. 그대는 빨리 나를 쏘십시오."라고 하였다. 이에 그를 쏘니 죽었다.

大敗華氏 圍諸南里 華亥搏膺而呼 見華貙 曰 吾爲欒氏矣 謂晉欒盈 **貙曰 子無我迋 不幸而後亡** 迋 恐也 **使華登如楚乞師 華貙以車十五乘徒七十人犯師而出** 犯公師 送華登 **食於睢上 哭而送之 乃復入** 入南里 **楚薳越帥師將逆華氏 大宰犯諫曰 諸侯唯宋事其君 今又爭國 釋君而臣是助 無乃不可乎 王曰 而告我也後 既許之矣**

공자 성(城)이 화씨(華氏)를 크게 패배시키고 남리(南里)를 포위하였다. 그러자 화해(華亥)가 가슴을 치고 소리 지르며 화구(華貙)를 보면서 말하기를 "우리가 란씨(欒氏) 꼴이 될 것이다."[772]라고 하니, 진(晉)나라 란영(欒盈)을 이른다. 구(貙)가 말하기를 "그대는 내가 두려워하게[迋] 하지 말라. 일이 잘못된 뒤에는 망명할 수 있을 것이다."라고 하였다. 광(迋)은 두려워함이다. 화등(華登)을 초(楚)나라에 보내 군대를 청하려 할 때 화구는 병거 15승과 보병 70인으로 군대를 치고 나가 송원공(宋元公)의 군대를 치고 나가서 화등(華登)을 보낸 것이다. 수수(睢水) 가에서 식사를 하고 곡하면서 화등을 보내고 다시 들어갔다. 남리(南里)로 들어간 것이다. 초나라 위월(薳越)이 군대를 거느리고 화씨를 맞이하려 하자, 태재(大宰)인 범(犯)이 간하기를 "제후국 가운데 오직 송(宋)나라만이 그 임금을 잘 섬겨왔는데[773] 이제 또 나라의 권력을 놓고 다투고 있습니다. 그런데 그 임금을 버리고서 그 신하를 돕는다는 것은 안 되지 않습니까."라고 하였다. 초평왕(楚平王)이 말하기를 "네가 나에게 말해주는 것이 늦었다. 나는 이미 허낙하였다."라고 하였다.

蔡侯朱出奔楚

채후(蔡侯) 주(朱)가 초(楚)나라로 망명나갔다.

---

772) 우리가~것이다 : 진(晉)나라 란영(欒盈)은 망명하였다가 다시 국내로 들어와 반란을 일으켰다가 죽었다. 이 일은 양공(襄公) 23년에 있었다.

773) 제후국~섬겨왔는데 : 제후국 가운데 송(宋)나라 신민(臣民)만이 그 임금을 잘 섬겨서 반역하는 일이 없었다는 것이다.

朱 穀作東

주(朱)는《곡량전(穀梁傳)》에는 동(東)으로 되어 있다.

蔡侯朱出奔楚 費無極取貨於東國 東國 隱大子子 平侯廬弟 朱之叔父 **而謂蔡人曰 朱不用命於楚 君王將立東國 若不先從王欲 楚必圍蔡 蔡人懼 出朱而立東國 朱愬于楚 楚子將討蔡 無極曰 平侯與楚有盟 故封 其子有二心 故廢之** 子謂朱也 **靈王殺隱大子 其子與君同惡** 同惡靈王 **德君必甚 又使立之 不亦可乎 且廢置在君 蔡無他矣** 權在楚則蔡無他心

채후(蔡侯) 주(朱)가 초(楚)나라로 망명나갔다. 초나라 비무극(費無極)이 동국(東國)에게서 뢰물을 받고 동국(東國)은 은태자(隱大子)의 아들이며 평후(平侯) 려(廬)의 아우이고 주(朱)의 숙부이다. 채인(蔡人)에게 말하기를 "주(朱)가 초나라의 명을 따르지 않아 우리 군왕께서 동국을 세우려고 하시니, 만약 먼저 우리 군왕의 뜻을 따르지 않는다면 초나라는 반드시 채나라를 포위할 것이다."라고 하자, 채인이 두려워하여 주를 축출하고 동국을 세웠다. 이에 주가 초나라에 억울함을 하소연하자 초자(楚子 : 平王)가 채나라를 토죄하려 하니, 무극(無極)이 말하기를 "채평후(蔡平侯)가 초나라와 맹약을 하였으므로 그를 봉해주었는데[774] 그의 아들이 두 마음을 품었기 때문에 폐위시킨 것입니다. 아들은 주(朱)를 이른다. 령왕(靈王)이 은태자(隱大子)를 죽인 일로 그의 아들[東國]은 임금님[平王]과 같이 령왕을 미워하여 함께 령왕(靈王)을 미워하였다는 것이다. 임금님의 덕을 입음이 반드시 크다고 여길 것이니[775] 또 그를 세워주신다면 또한 좋은 일이 아니겠습니까. 그리고 채나라의 임금을 폐위하고 세우는 일은 임금님에게 달려 있는 것이니, 채나라에서 다른 마음을 먹지 못할 것입니다."라고 하였다. 권한이 초(楚)나라에 있으니 채(蔡)나라가 다른 마음이 없을 것이라는 것이다.

---

774) 채평후(蔡平侯)가~봉해주었는데 : 초(楚)나라에 멸망되었던 진(陳)과 채(蔡)를 소공(昭公) 13년에 등(鄧) 땅에서 맹약하고 다시 나라로 회복시켜 주기로 허낙하여 평후(平侯) 려(廬)를 채(蔡)나라에 복귀시킨 것이다.

775) 임금님의~것이니 : 소공(昭公) 11년에 초령왕(楚靈王)이 채(蔡)나라를 멸하고 동국(東國)의 아버지인 채나라 은태자(隱大子)를 제사에 희생으로 썼기 때문에 동국은 초령왕을 원수로 여기고 있었다. 그 뒤 소공 13년에 초평왕(楚平王)이 채나라 동국의 원수인 초령왕을 폐위시켜 그 원수를 갚아주었으므로 동국은 초평왕에게 받은 덕이 크다고 여길 것이라는 말이다.

公如晉 至河 乃復

소공(昭公)이 진(晉)나라로 가다가 하수(河水)에 이르러 돌아왔다.

公如晉 及河 鼓叛晉 叛晉屬鮮虞 **晉將伐鮮虞 故辭公**

소공(昭公)이 진(晉)나라로 가다가 하수(河水)에 이르렀을 때 고(鼓)가 진나라를 배반하자 진(晉)나라를 배반하고 선우(鮮虞)에게 붙은 것이다. 진나라가 선우(鮮虞)를 치고자 하였다. 그러므로 소공의 방문을 사절한 것이다.

소공(昭公) 22년【辛巳 B.C.520】

二十有二年 春 齊侯伐莒

22년 봄에 제후(齊侯)가 거(莒)나라를 쳤다.

二十二年 春 王二月 甲子 齊北郭啓帥師伐莒 啓 齊大夫北郭佐之後 **莒子將戰 苑羊牧之** 牧之 莒大夫 **諫曰 齊帥賤 其求不多 不如下之 大國不可怒也 弗聽 敗齊師于壽餘** 壽餘 莒地 **齊侯伐莒 莒子行成 司馬竈如莒涖盟 莒子如齊涖盟 盟于稷門之外** 稷門 齊城門也 **莒於是乎大惡其君** 爲明年莒子來奔傳

22년 봄 왕2월 갑자일에 제(齊)나라 북곽계(北郭啓)가 군대를 거느리고 거(莒)나라를 쳤다. 계(啓)는 제(齊)나라 대부인 북곽좌(北郭佐)의 후손이다. 거자(莒子)가 맞서 싸우려고 하니, 원양목지(苑羊牧之)가 목지(牧之)는 거(莒)나라 대부이다. 간하기를 "제나라 장수의 지위가 낮으니 그의 요구가 많지 않을 것입니다. 항복하는[下] 것만 같지 못하며 대국을 노하게 해서는 안 될 것입니다."라고 하였으나, 거자는 그 말을 듣지 않고 제나라 군대를 수여(壽餘)에서 패배시켰다. 수여(壽餘)는 거(莒)나라 땅이다. 그 뒤 제후(齊侯)가 거나라를 치니 거자가 화친을 청하였다. 제나라 사마(司馬)인 조(竈)는 거나라에 가서 맹약에 림하고 거자는 제나라에 가서 맹약에 림하였다. 거자가 직문(稷門) 밖에서 맹약하니 직문(稷門)은 제(齊)나라 성문(城門)이다. 거나라 사람들은 이리하여 그 임금을 매우 미워하였다. 다음해 거자(莒子)가 망명오는 전(傳)의 배경이 된다.

宋華亥向寧華定自宋南里出奔楚

송(宋)나라 화해(華亥)·상녕(向寧)·화정(華定)이 송나라 남리(南里)로부터 초(楚)나라로 망명나갔다.

楚薳越使告于宋曰 寡君聞君有不令之臣爲君憂 無寧以爲宗羞 言華氏爲宋宗廟之羞恥 **寡君請受而戮之 對曰 孤不佞 不能媚於父兄** 華向 公族 故稱父兄 **以爲君憂 拜命之辱 抑君臣日戰 君曰 余必臣是助 亦唯命 人有言曰 唯亂門之無過 君若惠保敝邑 無亢不衷 以獎亂人** 擧而高之曰亢 不衷猶言不端 **孤之望也 唯君圖之 楚人患之** 患宋以義距之

초(楚)나라 위월(薳越)이 사람을 보내어 송(宋)나라에 고하기를 "과군이 임금님께 불선한 신하가 있어 임금님의 근심이 되고 있다는 말을 듣고 '이 일이 어찌 종묘의 수치가 되지 않겠는가.'라고 하였으며 화씨(華氏)가 송(宋)나라 종묘에 수치가 된다는 말이다. 이에 과군은 불선한 자들을 인수하여 죽이기를 청합니다."[776]라고 하니, 송원공(宋元公)이 대답하기를 "내[孤]가 못나 부형들의 비위를 맞추지 못해 화씨(華氏)와 상씨(向氏)는 공족(公族)이므로 부형이라 일컫은 것이다. 임금님께 근심을 끼쳐 과분하게 명을 받게 되었습니다. 그런데 군신(君臣)들이 날마다 싸우는 상황에서 임금님께서 '나는 반드시 신하들[華氏·向氏]을 돕겠다.'고 하신다면 또한 그 명을 들을 뿐입니다. 그러나 사람들의 말에 '란을 일으킨 자의 문 앞을 지나가지 말라.'고 하였으니, 임금님께서 만약 은혜로이 우리나라를 보존시킬 생각이시면 불충(不衷)한 자들을 대우하여[亢] 란인(亂人)을 부추기지 않는 것이 들어 높이는 것을 항(亢)이라 한다. 불충(不衷)은 바르지 못하다는[不端] 말과 같다. 나의 바람입니다. 오직 임금님께서 잘 도모하도록 해 주십시오."라고 하니, 초인(楚人)이 이를 근심하였다. 송(宋)나라에서 의(義)로써 거절한 것을 근심한 것이다.

諸侯之戍謀曰 若華氏知困而致死 楚恥無功而疾戰 非吾利也 不如出之 以爲楚功 其亦無能爲也已 救宋而除其害 又何求 乃固請出之 宋人從之 己巳 宋華亥向寧華

---

776) 불선한~청합니다 : 송(宋)나라 화씨(華氏)와 상씨(向氏)의 망명을 받아들이겠다는 것이다.

定華貙華登皇奄傷省臧士平出奔楚 華貙已下五子不書 非卿 **宋公使公孫忌爲大司馬 邊卬爲大司徒** 卬 平公曾孫 **樂祁爲司城** 祁 子罕孫樂祁犁 **仲幾爲左師** 幾 仲江孫 **樂大心爲右師 樂輓爲大司寇** 輓 子罕孫 **以靖國人**

송(宋)나라를 지키는 제후들의 군사들이 모의하여 말하기를 "만약 화씨(華氏)들이 곤난해질 것을 알고 목숨을 바쳐 대항하고 초(楚)나라는 공이 없이 돌아가는 것을 수치로 여겨서 힘써[疾] 싸운다면 우리에게 리로울 것이 없다. 화씨들을 내보내어 초나라의 공으로 삼아주는 것만 같지 못하다. 그러면 화씨들도 어쩔 수 없을 것이다.[777] 송나라를 구원하고 그 해악을 제거한다면 더 이상 무엇을 바라겠는가."라고 하였다. 이에 화씨들을 내보내기를 강력히 요청하니 송인(宋人)이 이를 따랐다. 기사일에 송나라 화해(華亥)·상녕(向寧)·화정(華定)·화구(華貙)·화등(華登)·황엄상(皇奄傷)·성장(省臧)·사평(士平)이 초나라로 망명나갔다. 화구(華貙) 이하 다섯 사람을 경문에 기록하지 않은 것은 경(卿)이 아니기 때문이다. 송원공(宋元公)이 공손기(公孫忌)를 대사마(大司馬)로 삼고, 변앙(邊卬)을 대사도(大司徒)로 삼고, 앙(卬)은 평공(平公)의 증손이다. 악기(樂祁)를 사성(司城)으로 삼고, 기(祁)는 자한(子罕)의 손자 악기리(樂祁犁)이다. 중기(仲幾)를 좌사(左師)로 삼고, 기(幾)는 중강(仲江)의 손자이다. 악대심(樂大心)을 우사(右師)로 삼고, 악만(樂輓)을 대사구(大司寇)로 삼아 만(輓)은 자한(子罕)의 손자이다. 국인을 안정시켰다.

大蒐于昌間

창간(昌間)에서 크게 군대를 검열하였다.

間 公作姦

간(間)은 《공양전(公羊傳)》에는 간(姦)으로 되어 있다.

夏 四月 乙丑 天王崩

여름 4월 을축일에 천왕이 붕하였다.

---

777) 어쩔~것이다 : 다시는 송(宋)나라의 근심거리가 되지 못할 것이라는 말이다.

王子朝賓起有寵於景王 子朝 景王之長庶子 賓起 子朝之傅 **王與賓孟說之 欲立之** 孟卽起也 **劉獻公之庶子伯蚠事單穆公** 獻公 劉摯 穆公 單旗 **惡賓孟之爲人也 願殺之 又惡王子朝之言 以爲亂 願去之** 子朝有欲位之言 故劉蚠惡之 **賓孟適郊 見雄雞自斷其尾 問之 侍者曰 自憚其犧也** 畏其爲犧 故自殘毁 **遽歸告王 且曰 雞其憚爲人用乎 人異於是** 雞犧雖見寵飾 然卒當見殺 若人見寵飾 則當貴盛 故言異於雞 **犧者實用人 人犧實難 己犧何害** 人犧則用在人 故曰實難 喩劉單之立王猛 己犧則用舍在己 故曰何害 喩王自立子朝 **王弗應** 王心許之 故不應

왕자 조(朝)와 빈기(賓起)가 주경왕(周景王)에게 총애를 받았다. 자조(子朝)는 경왕(景王)의 장서자(長庶子)이고 빈기(賓起)는 자조의 스승이다. 경왕(景王)과 빈맹(賓孟)은 자조(子朝)를 좋아하여 태자로 세우고자 하였다. 빈맹(賓孟)은 곧 빈기(賓起)이다. 류헌공(劉獻公)의 서자인 백분(伯蚠)이 선목공(單穆公)을 섬겼는데 헌공(獻公)은 류지(劉摯)이고 목공(穆公)은 선기(單旗)이다. 빈맹의 사람됨을 미워하여 그를 죽이기 원하였고, 또 왕자 조가 한 말을 미워하여 란을 일으키려 한다고 여겨 그도 제거하기를 원하였다. 자조(子朝)가 왕위에 오르고자 한다는 말을 하였기 때문에 류분(劉蚠 : 伯蚠)이 그를 미워한 것이다. 빈맹이 교외로 나갔다가 수탉이 스스로 그 꼬리를 물어 끊는 것을 보고 리유를 물으니, 모시는 자가 말하기를 "희생으로 쓰이기를 스스로 두려워해서입니다."라고 하였다. 희생이 되는 것을 두려워하기 때문에 스스로 훼손한다는 것이다. 이에 빈맹은 급히 돌아와 왕에게 그 사실을 고하고 또 말하기를 "닭은 아마도 사람의 희생으로 쓰이기를 두려워하지만 사람은 이와 다릅니다. 희생으로 쓰이는 닭은 비록 총애와 꾸밈을 받지만 마침내 죽임을 당하고, 사람의 경우에는 총애와 꾸밈을 받으면 마땅히 귀성(貴盛)하게 되므로 닭과 다르다고 말한 것이다. 희생[778]은 실로 사람을 부리는 것이니 남이 희생이 되면[779] 실로 부리기가 어렵지만 내가 희생이 되면[780] 무슨 해가 되겠습니까."[781]라고 하였으나 남이 희생이 되면 부림이 남에게 달려 있기 때문에 실로 부리기가 어렵다는 것이니, 이는 류분(劉蚠)과 선기(單旗)가 왕맹(王猛)을 태자로 세우는 것을 비유한 것이다. 내가 희생이 되면 부리거나 버리는 것이 자신에게 달려 있기 때문에 무슨 해가 되겠는가라고 말한 것이니, 이는 왕이 스스로 자조(子朝)를 세우는 것을 비유한 것이다. 왕은 대응하지 않았다. 왕이 마음속으로 이를 허여하였기 때문에 대응하지 않은 것이다.

夏 四月 王田北山 使公卿皆從 將殺單子劉子 北山 洛北芒也 **王有心疾 乙丑 崩于榮錡**

---

778) 희생 : 임금에게 귀총을 받는 사람을 말한다.

779) 남이~되면 : 나와 마음이 맞지 않는 사람이 귀총의 자리 즉 태자의 자리에 있게 된다는 뜻이다.

780) 내가~되면 : 나와 마음이 맞는 사람이 태자가 된다는 뜻이다.

781) 내가~되겠습니까 : 왕자 조(朝)를 태자로 세우라는 것이다.

氏 榮錡氏 周地名 **戊辰 劉子摯卒 無子 單子立劉蚡 五月 庚辰 見王** 見王猛 **遂攻賓起殺之 盟羣王子于單氏** 懼諸王子或黨子朝 故盟之

여름 4월에 주경왕(周景王)이 북산(北山)에서 사냥할 때 공경들을 모두 따르게 하여 선자(單子 : 單穆公)와 류자(劉子 : 劉獻公)를 죽이고자 하였으나 북산(北山)은 락수(洛水) 북쪽의 망산(芒山)이다. 경왕(景王)이 심질(心疾)이 생겨 을축일에 영기씨(榮錡氏)에서 붕하였다. 영기씨(榮錡氏)는 주(周)나라 땅 이름이다. 무진일에 류자 지(摯)가 졸하였는데 뒤를 이을 적자가 없어 선자가 서자인 류분(劉蚡 : 伯蚡)을 세웠다. 5월 경진일에 류분은 왕을 알현하고 왕맹(王猛 : 悼王)[782]을 알현한 것이다. 드디어 빈기(賓起)를 공격하여 죽이고 여러 왕자와 선씨(單氏)의 집에서 맹약하였다. 여러 왕자가 혹시 자조(子朝)와 당(黨)을 지을까 두려워했기 때문에 맹약한 것이다.

六月 叔鞅如京師 葬景王 王室亂

6월에 숙앙(叔鞅)이 경사(京師)에 가서 경왕(景王)의 장례에 참석하였다. 왕실에 란이 일어났다.

嫡庶並爭亂在宗室 故特書王室亂 叔鞅 叔弓子 如京師止此

적자(嫡子)와 서자(庶子)가 어울려 다투는 란이 종실(宗室)에 있었다. 그러므로 다만 왕실에 란이 일어났다고 경문에 기록한 것이다.[783] 숙앙(叔鞅)은 숙궁(叔弓)의 아들이다. 경사(京師)에 가는 것은 여기에서 끝난다.

丁巳 葬景王 王子朝因舊官百工之喪職秩者與靈景之族以作亂 靈王景王之子孫 **帥郊要餞之甲** 三邑 周地 **以逐劉子** 伯蚡 **壬戌 劉子奔揚** 揚 周邑 **單子逆悼王于莊宮以歸** 悼王 子猛也 莊宮 莊王廟 **王子還夜取王以如莊宮** 王子還 子朝黨 **癸亥 單子出** 失王 故出奔 **王子還與召莊公謀** 莊公 召伯奐 子朝黨 **曰 不殺單旗 不捷 與之重盟 必來 背盟而克者多矣 從之 樊頃子曰 非言也 必不克** 頃子 樊齊 單劉黨

정사일에 경왕(景王)의 장례를 지냈다. 왕자 조(朝)가 옛 관리와 백공(百工 : 百官) 중에 관직을 잃은 자와 령왕(靈王)과 경왕의 족속에 의지하여 란을 일으켜 령왕(靈王)과 경왕(景王)의 자손이다. 교(郊)·요(要)·전(餞) 땅의 갑사를 거느리고 세 읍은 주(周)나라 땅이다. 류자(劉子)를

782) 왕맹(王猛 : 悼王) : 경왕(景王)의 아들이다.

783) 그러므로~것이다 : 왕실의 불미스런 일을 숨기기 위하여 다만 란이 일어났다고 한 것이다.

축출하니, 백분(伯蚡)이다. 임술일에 류자가 양(揚) 땅으로 달아났다. 양(揚)은 주(周)나라 읍이다. 선자(單子)가 장궁(莊宮)에서 도왕(悼王)을 맞이하여 자기 집으로 돌아갔는데, 도왕(悼王)은 자맹(子猛 : 王猛)이다. 장궁(莊宮)은 장왕(莊王)의 사당이다. 왕자 환(還)이 밤에 왕을 취하여 장궁으로 갔다. 왕자 환(還)은 자조(子朝)의 당여이다. 계해일에 선자가 도망해 나가니, 왕을 잃었기 때문에 도망해 나간 것이다. 왕자 환이 소장공(召莊公)과 모의하기를 장공(莊公)은 소백(召伯) 환(奐)이니 자조(子朝)의 당여이다. "선기(單旗 : 單子)를 죽이지 않고는 승리할 수 없소. 그와 거듭 맹약하자고[784] 하면 반드시 올 것이오. 맹약을 배반하고 이긴 자가 많소."라고 하니 소장공이 따랐다. 번경자(樊頃子)가 말하기를 "리치에 맞는 말이 아니니 반드시 이기지 못할 것이다."라고 하였다. 경자(頃子)는 번제(樊齊)이니 선자(單子)와 류자(劉子)의 당여이다.

遂奉王以追單子 王子還奉王 **及領 大盟而復** 領 周地 欲重盟 令單子劉子復歸 **殺摯荒以說** 委罪於荒 **劉子如劉** 歸其采邑 **單子亡 乙丑 奔于平畤** 平畤 周地 知王子還欲背盟 故出亡 **羣王子追之 單子殺還姑發弱鬷延定稠** 八子 靈景之族 **子朝奔京 丙寅 伐之 京人奔山 劉子入于王城 辛未 鞏簡公敗績于京 乙亥 甘平公亦敗焉** 甘鞏二公 周卿士 皆爲子朝所敗

왕자 환(還)이 드디어 왕을 모시고 선자(單子)를 쫓아가 왕자 환(還)이 왕을 모신 것이다. 령(領) 땅에 이르러 크게 맹약하고 돌아와서 령(領)은 주(周)나라 땅이다. 거듭 맹약하자고 하여 선자(單子)와 류자(劉子)가 다시 돌아오게 하려 한 것이다. 지황(摯荒)을 죽여 자신의 무죄를 해명하였다.[785] 지황(摯荒)에게 죄를 떠넘긴 것이다. 류자(劉子)는 류(劉) 땅으로 가고 자기의 채읍(采邑)으로 돌아간 것이다. 선자는 도망하여 을축일에 평치(平畤)로 달아났다. 평치(平畤)는 주(周)나라 땅이다. 왕자 환(還)이 맹약을 배반하려는 것을 알았기 때문에 도망나간 것이다. 뭇 왕자가 추격하자 선자는 환(還)·고(姑)·발(發)·약(弱)·종(鬷)·연(延)·정(定)·조(稠)를 죽이니 여덟 사람은 령왕(靈王)과 경왕(景王)의 족속이다. 자조(子朝)가 경(京) 땅으로 달아났다. 병인일에 선자가 경 땅을 치니 경인(京人)들이 산으로 도망하고 류자는 왕성(王城)으로 들어갔다. 신미일에 공간공(鞏簡公)이 경 땅에서 크게 패하고, 을해일에 감평공(甘平公)이 또한 패하였다. 감평공(甘平公)과 공간공(鞏簡公) 두 공(公)은 주(周)나라 경사(卿士)로 모두 자조(子朝)에게 패한 것이다.

---

784) 거듭 맹약하자고 : 5월에 선씨(單氏) 집에서 여러 왕자와 이미 맹약하였기 때문이다.

785) 지황(摯荒)을~해명하였다 : 왕자 환(還)은 선자(單子)가 왕맹(王猛)을 데리고 있지 못하게 하고자 왕맹을 취하였는데, 주(周)나라 왕실의 신하인 지황(摯荒)에게 왕맹을 취한 책임을 떠넘겨 죽임으로써 자신의 죄가 아니라고 한 것이다.

叔鞅至自京師 言王室之亂也 閔馬父曰 子朝必不克 其所與者 天所廢也 閔馬父 閔子馬也 天所廢 謂羣喪職秩者

숙앙(叔鞅)이 경사(京師)에서 돌아와 왕실에서 일어난 란을 말하니, 민마보(閔馬父)가 말하기를 "자조(子朝)는 반드시 이기지 못할 것이다. 그와 함께한 자들은 하늘에게 버림을 받은 자들이다."라고 하였다. 민마보(閔馬父)는 민자마(閔子馬)이다. 하늘에게 버림을 받은 자들이란 관직을 잃은 여러 자를 이른다.

○晉之取鼓也 在十五年 **旣獻而反鼓子焉** 獻於廟 **又叛於鮮虞 六月 荀吳略東陽** 東陽 晉之山東邑 **使師僞糴者負甲以息於昔陽之門外 遂襲鼓 滅之 以鼓子鳶鞮歸 使涉佗守之** 涉佗 晉大夫

○진(晉)나라가 고(鼓)를 취하였을 때 15년에 있었다. 로획물을 바친 뒤 고자(鼓子)를 돌려보냈는데 종묘에 바친 것이다.[786] 또 선우(鮮虞)에 붙어 배반하였다. 6월에 순오(荀吳)가 동양(東陽)을 경략(經略)할 때 동양(東陽)은 진(晉)나라 산동(山東)의 읍이다. 군사를 곡식을 사는 자들로 위장시켜 갑옷을 짊어지고 석양(昔陽)의 문밖에서 쉬게 하다가 드디어 고를 습격하여 멸하였다. 그리고 고자 연제(鳶鞮)를 잡아 데리고 돌아가면서 섭타(涉佗)로 하여금 고를 지키게 하였다. 섭타(涉佗)는 진(晉)나라 대부이다.

劉子單子以王猛居于皇 秋 劉子單子以王猛入于王城

류자(劉子)와 선자(單子)가 왕맹(王猛)을 모시고 황(皇) 땅에 거주하였다. 가을에 류자와 선자가 왕맹을 모시고 왕성(王城)으로 들어갔다.

未踰年而稱王 示當立也 書名未卽位也 皇 周地

해를 넘기지 않았어도 왕이라고 칭한 것은 즉위함이 마땅함을 보인 것이다. 경문에 이름을 기록한 것은 아직 즉위하지 않았기 때문이다. 황(皇)은 주(周)나라 땅이다.

單子欲告急於晉 秋 七月 戊寅 以王如平時 遂如圃車 次于皇 戊寅 七月三日 經書六月

786) 종묘에~것이다 : 종묘에 포로들을 로획했음을 고하고 고자(鼓子)를 돌려보낸 것이다.

誤 劉子如劉 單子使王子處守于王城 王子處 悼王黨 **盟百工于平宮** 平宮 平王廟 **辛卯 鄩肸伐皇** 鄩肸 子朝黨 **大敗 獲鄩肸 壬辰 焚諸王城之市** 焚鄩肸 **八月 辛酉 司徒醜以王師敗績于前城7 百工叛 己巳 伐單氏之宮 敗焉 庚午 反伐之** 單子反伐百工 **辛未 伐東圉** 東圉 周地 百工所在 **冬 十月 丁巳 晉籍談荀躒帥九州之戎** 九州戎卽陸渾戎 十七年滅 屬晉 州鄕屬 **及焦瑕溫原之師 以納王于王城** 丁巳在十月 經書秋 誤 **庚申 單子劉蚡以王師敗績于郊 前城人敗陸渾于社** 社 周地

선자(單子)는 위급함을 진(晉)나라에 알리기 위하여 가을 7월 무인일에 왕을 모시고 평치(平畤)로 갔다가 드디어 포거(圃車)로 가서 황(皇) 땅에 머물렀다. 무인일은 7월 3일이니 경문에 6월이라고 기록한 것은 잘못이다. 류자(劉子)가 류(劉) 땅으로 가니 선자는 왕자 처(處)를 시켜 왕성(王城)을 지키게 하면서 왕자 처(處)는 도왕(悼王 : 王猛)의 당여이다. 백공(百工)과 평궁(平宮)에서 맹약하게 하였다. 평궁(平宮)은 평왕(平王)의 사당이다. 신묘일에 심힐(鄩肸)이 황 땅을 쳤는데 심힐(鄩肸)은 자조(子朝)의 당여이다. 선자가 크게 패배시키고 심힐을 잡아 임진일에 왕성의 저자에서 불태웠다. 심힐(鄩肸)을 불태워 죽인 것이다. 8월 신유일에 사도(司徒)인 추(醜)가 왕사(王師)를 거느리고 전성(前城)에서 크게 패하니 추(醜)는 도왕(悼王)의 사도(司徒)이다. 전성(前城)은 자조(子朝)가 얻은 읍이다. 백공이 배반하였다. 기사일에 자조(子朝)의 무리가 선씨(單氏)의 궁(宮)을 쳤으나 패하였고, 경오일에 선자가 반격하여 치고 선자(單子)가 백공(百工)을 반격하여 친 것이다. 신미일에 동어(東圉)를 쳤다. 동어(東圉)는 주(周)나라 땅으로 백공(百工)이 있던 곳이다. 겨울 10월 정사일에 진(晉)나라 적담(籍談)과 순력(荀躒)이 구주(九州)의 융(戎)과 구주(九州)의 융(戎)은 곧 륙혼(陸渾)의 융(戎)이다. 17년에 멸망하여 진(晉)나라에 속하였다. 주(州)는 향(鄕)에 속한 구역이다.[787] 초(焦)·하(瑕)·온(溫)·원(原)의 군대를 거느리고 왕을 왕성으로 들여보냈다. 정사일은 10월에 있으니 경문에 가을이라고 기록한 것은 잘못이다. 경신일에 선자와 류분(劉蚡)이 왕사를 거느리고 교(郊) 땅에서 크게 패하였다. 전성인(前城人)이 륙혼(陸渾)을 사(社) 땅에서 패배시켰다. 사(社)는 주(周)나라 땅이다.

冬 十月 王子猛卒

겨울 10월에 왕자 맹(猛)이 졸하였다.

787) 주(州)는~구역이다 : 주(州)는 향(鄕)에 딸린 행정 구역 이름으로, 5주가 1향을 이룬다.

不卽位 故不書崩 生則稱王 明其實爲嗣 死乃稱子 正其未踰年

왕의 자리에 오르지 못했기 때문에 경문에 붕이라고 기록하지 않았다. 살아있을 때 왕이라고 칭한 것은 사실상 후사(後嗣)가 됨을 밝힌 것이고, 죽은 뒤에 자(子)라고 칭한 것은 해를 넘기지 않았음[788]을 바르게 기술한 것이다.

十一月 乙酉 王子猛卒 乙酉在十一月 經書十月 誤 **不成喪也 己丑 敬王卽位** 敬王 子猛母弟 王子匄 **館于子旅氏** 子旅 周大夫

11월 을유일에 왕자 맹(猛)이 졸하였는데 을유일은 11월에 있으니 경문에 10월이라고 기록한 것은 잘못이다. 상례를 다 갖추지 않았다.[789] 기축일에 경왕(敬王)이 즉위하였는데 경왕(敬王)은 자맹(子猛 : 왕자 猛)의 동모제(同母弟)인 왕자 개(匄)이다. 자려씨(子旅氏)의 집에 머물렀다. 자려(子旅)는 주(周)나라 대부이다.

十有二月 癸酉 朔 日有食之

12월 초하루 계유일에 일식이 있었다.

此月當爲癸卯朔 書癸酉 誤

이 달은 마땅히 초하루 계묘일이라고 해야 하는데 경문에 계유일라고 기록한 것은 잘못이다.

○十二月 庚戌 晉籍談荀躒賈辛司馬督帥師軍于陰 于侯氏 于谿泉 谿泉 周地 **次于社 王師軍于氾 于解 次于任人** 氾解任人皆周邑 **閏月 晉箕遺樂徵右行詭濟師取前城** 三子 晉大夫 濟師 渡伊洛 **軍其東南 王師軍于京楚 辛丑 伐京 毁其西南** 京楚 子朝所在 唐石經 此下有子朝奔郊四字

○12월 경술일에 진(晉)나라 적담(籍談)·순력(荀躒)·가신(賈辛)·사마독(司馬督)이 군대를 거느리고 음(陰) 땅과 후씨(侯氏)[790]와 계천(谿泉)에 진을 쳤다가 계천(谿泉)은 주(周)나라 땅이다. 사(社) 땅에서 며칠 주둔하였다.[791] 그리고 왕사(王師)는 범(氾) 땅과 해(解) 땅에

788) 해를~않았음 : 주경왕(周景王)이 죽은 그 해가 지나지 않았다는 것이다.

789) 상례를~않았다 : 왕자 맹(猛)이 즉위하기 전에 죽어서 천자의 례를 갖추지 않고 장례를 지냈다는 것이다.

790) 후씨(侯氏) : 땅 이름이다.

진을 쳤다가 임인(任人)에서 며칠 주둔하였다. 범(氾)과 해(解)와 임인(任人)은 모두 주(周)나라 읍이다. 윤달에 진나라 기유(箕遺)·악징(樂徵)·우항궤(右行詭) 등이 군대를 거느리고 강을 건너 전성(前城)을 취하고 세 사람은 진(晉)나라 대부이다. 군대를 건너게 했다는 것은 이수(伊水)와 락수(洛水)를 건넌 것이다. 그 동남쪽에 진을 치고, 왕사는 경초(京楚)에 진을 쳤다. 신축일에 경(京) 땅을 치고 그 서남쪽을 허물었다. 경초(京楚)는 자조(子朝)가 있는 곳이다. 당(唐)나라 석경(石經)에는 이 구절 다음에 '자조분교(子朝奔郊)'라는 네 글자가 있다.

소공(昭公) 23년 【壬午 B.C.519】

> 二十有三年 春 王正月 叔孫婼如晉
> 23년 봄 왕정월에 숙손착(叔孫婼)이 진(晉)나라에 갔다.

邾人城翼 翼 邾邑 **還 將自離姑** 離姑 邾邑 從離姑則道經魯之武城 **公孫鉏曰 魯將御我** 鉏 邾大夫 **欲自武城還 循山而南** 不欲過武城 **徐鉏丘弱茅地** 三子 邾大夫 **曰 道下 遇雨 將不出 是不歸也** 謂此山道下濕 **遂自離姑 武城人塞其前 斷其後之木而弗殊** 殊 絶也 **邾師過之 乃推而蹶之** 推木蹶地 **遂取邾師 獲鉏弱地 邾人愬于晉 晉人來討 叔孫婼如晉**

주인(邾人)이 익(翼) 땅에 성을 쌓고서 익(翼)은 주(邾)나라 읍이다. 돌아갈 때 리고(離姑)에서부터 가려 하였다. 리고(離姑)는 주(邾)나라 읍이다. 리고에서 떠나면 길이 로(魯)나라 무성(武城)을 경유해야 한다. 공손서(公孫鉏)가 말하기를 "로(魯)나라가 우리를 막으려 할 것이다."라 하고서 서(鉏)는 주(邾)나라 대부이다. 무성(武城)에서부터 길을 돌아 산을 따라 남쪽으로 가고자 하였다. 무성(武城)을 통과하지 않으려 한 것이다. 그러자 서서(徐鉏)·구약(丘弱)·모지(茅地)가 세 사람은 주(邾)나라 대부이다. 말하기를 "그곳의 길은 낮은 지대여서 비를 만나면 빠져나오지 못할 것이니, 이리 되면 우리는 돌아갈 수 없을 것이다."라고 하여 이 산길은 낮고 습하다고 이른 것이다. 마침내 리고에서부터 갔다. 무성인(武城人)이 그들의 앞을 막고, 그들의 뒤에 있는 나무들을 자르되

791) 며칠 주둔하였다 : 군대가 이틀 이상 머무는 것을 '次'라고 한다.

완전히 절단하지[殊] 않고 두었다가 수(殊)는 절단함이다. 주(邾)나라 군대가 지나가자 바로 나무들을 밀어 넘어뜨려 길을 막고서 나무를 밀어 땅에 넘어뜨린 것이다. 드디어 주나라 군대를 취(取)하여[792] 서(鉏)·약(弱)·지(地)를 사로잡았다. 주인(邾人)이 진(晉)나라에 이를 하소연하니 진인(晉人)이 와서 토죄하였다. 이에 숙손착(叔孫婼)이 진나라에 갔다.

癸丑 叔鞅卒
계축일에 숙앙(叔鞅)이 졸하였다.

晉人執我行人叔孫婼
진인(晉人)이 우리 행인(行人) 숙손착(叔孫婼)을 잡았다.

晉人執之 書曰 晉人執我行人叔孫婼 言使人也 譏晉執使人 **晉人使與邾大夫坐** 坐訟曲直 **叔孫曰 列國之卿當小國之君 固周制也** 在禮 卿得會伯子男 **邾又夷也 寡君之命介子服回在** 回爲叔孫介副 **請使當之 不敢廢周制故也 乃不果坐 韓宣子使邾人聚其衆 將以叔孫與之 叔孫聞之 去衆與兵而朝** 欲以身死 **士彌牟謂韓宣子曰 子弗良圖 而以叔孫與其讎 叔孫必死之 魯亡叔孫 必亡邾 邾君亡國 將焉歸** 時邾君在晉 **子雖悔之 何及 所謂盟主 討違命也 若皆相執 焉用盟主 乃弗與 使各居一館** 分別叔孫子服回 **士伯聽其辭 而愬諸宣子 乃皆執之** 士伯卽士彌牟 二子辭不屈 故愬而執之 **士伯御叔孫 從者四人** 御 引也 引叔孫詣獄 從者唯有四人 **過邾館以如吏** 欲使邾人見叔孫之屈辱 **先歸邾子 士伯曰 以芻蕘之難 從者之病 將館子於都** 都 別都 謂箕也 **叔孫旦而立 期焉** 立 待命也 從朝至朝爲期 **乃館諸箕 舍子服昭伯於他邑**

진인(晉人)이 숙손착(叔孫婼)을 잡았다. 경문에 진인(晉人)이 우리 행인(行人) 숙손착(叔孫婼)을 잡았다고 기록하였으니, 이는 사인(使人)을 잡은 것을 말한 것이다. 진(晉)나라가 사인(使人)을 잡은 것을 비난한 것이다. 진인이 숙손착에게 주(邾)나라 대부와 한자리에서 시비를 따지게 하니, 한자리에서 곡직(曲直)을 따지는 것이다. 숙손(叔孫)이 말하기를 "렬국의 경(卿)은 그 지위

792) 취(取)하여 : 쉽게 이기는 것을 '取'라고 한다.

가 소국의 임금에 해당되는 것은 본래 주(周)나라의 제도이고, 례에 렬국의 경(卿)은 소국의 백(伯)·자(子)·남(男)과 회합할 수 있다고 한 것이다. 주(邾)나라는 또 이족(夷族)입니다. 과군이 명한 부사(副使 : 介)인 자복회(子服回)가 와 있으니 회(回)는 숙손(叔孫)의 부사(副使)이다. 그에게 이 일을 담당하게 하소서. 이는 감히 주(周)나라의 제도를 폐기할 수 없기 때문입니다."라 하고는 끝내 소송의 자리에 나아가지 않았다. 한선자(韓宣子)는 주인(邾人)에게 그 무리를 모으게 하고는 숙손을 그들에게 넘겨주려 하였다. 숙손이 이 소식을 듣고 무리와 무기를 버려두고 조정으로 갔다. 자신이 죽고자 한 것이다. 사미모(士彌牟)[793]가 한선자에게 말하기를 "당신이 잘 생각하지 않고 숙손을 그 원수들에게 넘겨준다면 숙손은 반드시 죽게 될 것입니다. 로(魯)나라가 숙손을 잃게 된다면 그들은 반드시 주(邾)나라를 멸망시킬 것이니, 주(邾)나라 임금이 나라를 잃는다면 장차 어디로 가겠습니까.[794] 그때 주(邾)나라 임금은 진(晉)나라에 있었다. 그때 당신이 비록 후회한들 어찌하겠습니까.[795] 이른바 맹주는 명을 어기는 나라를 토벌해야 하거늘 만약 모든 제후가 서로의 원수를 잡는다면 맹주가 무슨 소용이 있습니까."[796]라고 하니, 숙손을 넘겨주지 않고 그들을 각각 다른 객관에 머물게 하였다. 숙손(叔孫)과 자복회(子服回)를 따로 떼어 놓은 것이다. 사백(士伯)이 그들의 변론을 듣고서 선자(宣子)에게 고하자 선자는 이들을 모두 잡았다. 사백(士伯)은 곧 사미모(士彌牟)이다. 두 사람의 말이 서로 굽히지 않았기 때문에 사백이 한선자(韓宣子)에게 고하여 그들을 잡게 한 것이다. 사백이 숙손을 데리고[御] 종자 네 사람만을 딸려 어(御)는 데리고 감이다. 숙손(叔孫)을 데리고 옥리에게 갔는데 종자(從者)가 오직 네 사람이었다. 주인(邾人)이 머무는 객관을 지나 옥리에게 갔다. 주인(邾人)으로 하여금 숙손이 당하는 굴욕을 보게 하고자 한 것이다. 그리고 주자(邾子)를 먼저 그 나라로 돌려보냈다. 사백이 말하기를 "추요(芻蕘)[797]를 구하기 어려워 종자들이 힘들어하니 그대를 다른 도읍[都]에 머무르게 하려 한다."라고 하니, 도(都)는 별도(別都)이니 기(箕) 땅을 이른다. 숙손은 아침부터 서 있은[立] 지가 만 하루[期]였다. 립(立)은 명을 기다린 것이다. 아침부터 다음날 아침까지가 기(期)이다. 진인은 이에 숙

793) 사미모(士彌牟) : 진(晉)나라 사경백(士景伯 : 士伯)으로 사개(士匃 : 范宣子)의 아들이다.

794) 주(邾)나라~가겠습니까 : 이때 주(邾)나라 임금은 진(晉)나라에 와 있었는데 만약 주나라가 망한다면 주나라 임금은 돌아갈 곳이 없으니 장차 진나라에 근심만 보태게 될 것이라는 말이다.

795) 그때~어찌하겠습니까 : 주(邾)나라를 도와주려다 도리어 주나라를 멸망하게 하였다는 비난을 듣게 되고 이는 맹주국의 체면을 손상하는 일이라는 말이다.

796) 만약~있습니까 : 진(晉)나라가 맹주(盟主)로서 두 나라 사이의 분쟁을 조정하지 않고 일방적으로 주(邾)나라를 편들어 로(魯)나라 행인(行人)인 숙손착(叔孫婼)을 넘겨주어 주(邾)나라가 처벌하도록 하는 것은 맹주로서의 처신이 아니라는 것이다.

797) 추요(芻蕘) : 말먹이감과 땔감.

손을 기(箕) 땅에 있게 하고, 자복소백(子服昭伯 : 子服回)은 다른 읍에 있게 하였다.

范獻子求貨於叔孫 使請冠焉 以求冠爲辭 **取其冠法 而與之兩冠 曰 盡矣** 旣送作冠模法 又與二冠 僞若不解其意 **爲叔孫故 申豊以貨如晉 叔孫曰 見我 吾告女所行貨 見 而不出** 留申豊不出 不欲以貨免 **吏人之與叔孫居於箕者 請其吠狗 弗與 及將歸 殺而與之食之** 示不愛 **叔孫所館者 雖一日 必葺其墻屋 去之如始至** 不以當去有所毁壞

범헌자(范獻子)가 숙손(叔孫)에게 재물을 요구하면서 사람을 보내어 관(冠)을 요청하였다. 관(冠)을 요구한다는 것으로 핑계댄 것이다. 숙손은 헌자(獻子)의 관법(冠法)[798]을 얻어서 그에 맞는 두 개의 관을 주고서 "이것뿐입니다."라고 하였다. 이미 관(冠)을 만드는 모법(模法)을 보내주고 나서[799] 또 두 개의 관을 만들어 주고서 그 의도를 리해하지 못한 것처럼 위장한 것이다. 숙손을 구하기 위해 신풍(申豊)이 재물을 가지고 진(晉)나라로 가니, 숙손이 말하기를 "나를 만나라. 내 너에게 재물 쓸 곳을 일러주겠다."라고 하였다. 신풍이 숙손을 만나니 숙손은 그를 잡아두고 내보내지 않았다. 신풍(申豊)을 억류하여 나가지 못하게 한 것은 뇌물을 써서 면죄받기를 원하지 않은 것이다. 숙손과 함께 기(箕) 땅에 거주하는 옥리가 숙손의 개[吠狗][800]를 요구해도 주지 않더니, 숙손이 돌아가려 할 때 그 개를 잡아 그에게 주어 먹게 하였다. 개를 아껴서가 아님을 보인 것이다. 숙손이 머문 곳에는 비록 하루를 머물지라도 반드시 그 담장과 지붕을 보수하였으므로 떠날 때가 처음 도착했을 때와 같았다. 마땅히 떠날 것이라고 하여 훼손한 바가 있지 않은 것이다.

> **晉人圍郊**
> 진인(晉人)이 교(郊) 땅을 포위하였다.

討子朝也 郊 周邑

자조(子朝)를 토죄한 것이다. 교(郊)는 주(周)나라 읍이다.

春 王正月 壬寅 朔 二師圍郊 二師 王師晉師 王師不書 不以告 圍郊在叔鞅卒前 經書後從赴 **癸**

798) 헌자(獻子)의 관법(冠法) : 헌자(獻子)가 쓰는 관(冠)의 양식.

799) 이미~나서 : 관법(冠法)으로 삼기 위해 이미 얻었던 헌자(獻子)의 관(冠)을 돌려 준 것이다.

800) 개[吠狗] : 폐구(吠狗)라고 한 것은 집을 지키는 개임을 말한 것이다.

卯 郊鄩潰 **郊鄩二邑皆子朝所得** **丁未 晉師在平陰 王師在澤邑** **平陰澤邑皆周地** **王使告間 子朝敗故** **庚戌 還** **晉師還**

봄 왕정월 초하루 임인일에 두 나라 군대가 교(郊) 땅을 포위하였다. 두 나라 군대는 왕의 군대와 진(晉)나라의 군대이다. 경문에 왕의 군대를 기록하지 않은 것은 알려오지 않았기 때문이다. 교(郊) 땅을 포위한 것은 숙앙(叔鞅)이 졸하기 전의 일인데 경문에 이 사실을 뒤에 기록한 것은 부고(訃告)가 온 시기에 따른 것이다. 계묘일에 교(郊) 땅과 심(鄩) 땅의 백성이 흩어졌다. 교(郊)와 심(鄩) 두 읍은 모두 자조(子朝)가 점령한 곳이다. 정미일에 진(晉)나라 군대는 평음(平陰)에 주둔하고, 왕의 군대는 택읍(澤邑)에 주둔하였다. 평음(平陰)과 택읍(澤邑)은 모두 주(周)나라 땅이다. 왕[敬王]이 사람을 보내어 안정[間][801]되었음을 알리니 자조(子朝)가 패하였기 때문이다. 경술일에 진(晉)나라 군대가 돌아갔다. 진(晉)나라 군대가 본국으로 돌아간 것이다.

夏 六月 蔡侯東國卒于楚

여름 6월에 채후(蔡侯) 동국(東國)이 초(楚)나라에서 졸하였다.

因朝於楚而卒

초(楚)나라에 조견갔다가 졸한 것이다.

秋 七月 莒子庚輿來奔

가을 7월에 거자(莒子) 경여(庚輿)가 망명왔다.

莒子庚輿虐而好劍 苟鑄劍 必試諸人 國人患之 又將叛齊 烏存帥國人以逐之 **烏存莒大夫** **庚輿將出 聞烏存執殳而立於道左 懼 將止死** **庚輿懼 欲止而死之** **苑羊牧之曰 君過之 烏存以力聞可矣 何必以弒君成名 遂來奔 齊人納郊公** **郊公 十四年奔齊**

거자(莒子) 경여(庚輿)는 포학하면서 검(劍)을 좋아하였는데 검을 주조하면 반드시 사람에게 시험하니 국인이 이를 근심하였다. 또 제(齊)나라를 배반하려고 하자 오존(烏存)이 국인을 이끌고 그를 축출하였다. 오존(烏存)은 거(莒)나라 대부이다. 경여가 탈출하려고 할 때 오

801) 안정[間] : '間'은 안(安)과 식(息)의 의미이다.

존이 창을 들고 길 왼쪽에 서 있다는 말을 듣고 두려워하여 도망가기를 그만두고 죽으려고 하였다. 경여(庚輿)가 두려워하여 도망하기를 그만두고 죽으려고 한 것이다. 원양목지(苑羊牧之)[802]가 말하기를 "임금님께서는 그곳으로 지나가십시오. 오존은 용력(勇力)으로 이름이 알려지는 것으로도 충분한데 어찌 꼭 임금님을 시해하였다는 것으로 이름을 이루려 하겠습니까."라고 하니, 드디어 우리나라로 망명왔다. 제인(齊人)이 교공(郊公)[803]을 거(莒)나라로 들여보냈다. 교공(郊公)은 14년에 제(齊)나라로 망명하였다.

戊辰 吳敗頓胡沈蔡陳許之師于雞父 胡子髡沈子逞滅 獲陳夏齧

무진일에 오(吳)나라가 돈(頓)·호(胡)·심(沈)·채(蔡)·진(陳)·허(許)나라의 군대를 계보(雞父)에서 패배시키니, 호자(胡子) 곤(髡)과 심자(沈子) 영(逞)이 멸(滅)[804]하고 진(陳)나라 하설(夏齧)을 잡았다.

父 穀作甫 逞 公作楹穀作盈 ○雞父 楚地 夏齧 徵舒玄孫

보(父)는 《곡량전(穀梁傳)》에는 보(甫)로 되어 있다. 영(逞)은 《공양전(公羊傳)》에는 영(楹)으로 되어 있고 《곡량전》에는 영(盈)으로 되어 있다. ○계보(雞父)는 초(楚)나라 땅이다. 하설(夏齧)은 징서(徵舒)의 현손이다.

吳人伐州來 楚薳越帥師及諸侯之師 奔命救州來 吳人禦諸鍾離 子瑕卒 楚師熸 子瑕病卒而軍敗 **吳公子光曰 諸侯從於楚者衆 而皆小國也 畏楚而不獲已 是以來 吾聞之曰 作事威克其愛 雖小 必濟 胡沈之君幼而狂 陳大夫齧壯而頑 頓與許蔡疾楚政 楚令尹死 其師熸 帥賤多寵 政令不壹** 薳越非正卿 軍多寵人 政令不壹於越 **七國同役而不同心 帥賤不能整 無大威命 楚可敗也 若分師先以犯胡沈與陳 必先奔 三國敗 諸侯之師乃搖心矣 諸侯乖亂 楚必大奔 請先者去備薄威** 示之以不整以誘之 **後者敦陳整旅 吳子從之**

오인(吳人)이 주래(州來)[805]를 쳤다. 이에 초(楚)나라 위월(薳越)이 초나라 군대와 제후

---

802) 원양목지(苑羊牧之) : 거(莒)나라 대부이다.

803) 교공(郊公) : 거(莒)나라 저구공(著丘公 : 去疾)의 아들이며, 저구공의 아우인 경여(庚輿 : 共公)의 조카이다.

804) 멸(滅) : 나라는 보존되었으나 싸움 중에 임금이 피살된 것을 이른다.

805) 주래(州來) : 초(楚)나라 읍이다.

들의 군대를 거느리고 초왕(楚王)의 명으로 주래를 구원하기 위하여 달려가니, 오인이 이들을 종리(鍾離)에서 막았다. 이때 자하(子瑕)[806]가 졸하니 초나라 군대의 사기가 꺾였다. 자하(子瑕)가 병들어 죽으니 초(楚)나라 군대의 사기가 꺾인 것이다. 오(吳)나라 공자 광(光)이 말하기를 "초나라를 따르는 제후들이 많으나 모두 소국입니다. 이들은 초나라를 두려워하여 어쩔 수 없이 여기에 온 것입니다. 제가 듣기로 '싸움을 하는데 있어 위엄이 사랑하는 마음을 이기면[807] 비록 작은 병력이라 하더라도 반드시 이길 수 있다.'고 하였습니다. 호(胡)나라와 심(沈)나라의 임금은 나이가 어려서 사리에 어둡고, 진(陳)나라 대부 설(齧)은 씩씩하지만 완고하며, 돈(頓)·허(許)·채(蔡)나라는 초나라 정치를 싫어하고 있습니다. 또한 초나라는 령윤(令尹)이 죽어서 군사들의 사기가 꺾였고, 장수는 지위가 낮은데다가 군중에는 왕의 총애받는 자가 많아서 정령이 한 곳에서 나오지 않고 있습니다. 위월(遠越)은 정경(正卿)이 아니다. 군중(軍中)에는 왕의 총애를 받는 사람이 많아서 정령이 월(越) 한 사람에게서 나오지 않는다는 것이다. 일곱 나라가 함께 출전하였으나 마음이 같지 않으며 장수의 지위가 낮아서 군대를 정돈할 수 없어서 크게 위엄있는 명을 내리지 못하니, 초나라 군대를 패배시킬 수 있습니다. 만약 우리 군대를 나누어서 먼저 호(胡)·심(沈)·진(陳)나라 군대를 공격하면 반드시 앞다투어 달아날 것이고, 이 세 나라가 패주하면 다른 제후들의 군대는 곧 마음이 동요하게 될 것입니다. 다른 제후들의 군대가 어지럽게 되면 초나라 군대도 반드시 크게 달아날 것입니다. 우리 전군(前軍)에게는 방비를 없애 위엄이 없게 하며, 정돈되지 않은 모습을 보여 적을 유인하려는 것이다. 후군(後軍)은 군진을 두터이 갖추고 대오를 정돈시키기를 청합니다."라고 하니, 오자(吳子)가 그 말을 따랐다.

戊辰 晦 戰于雞父 違兵忌以晦戰 擊楚不意 **吳子以罪人三千先犯胡沈與陳** 囚徒不習戰 以示不整 **三國爭之 吳爲三軍以繫於後 中軍從王 光帥右 掩餘帥左** 掩餘 吳王壽夢子 或曰 吳王僚母弟 **吳之罪人或奔或止 三國亂 吳師擊之 三國敗 獲胡沈之君及陳大夫 舍胡沈之囚 使奔許與蔡頓 曰 吾君死矣 師譟而從之 三國奔 楚師大奔 書曰 胡子髡沈子逞滅 獲陳夏齧 君臣之辭也** 國君故稱滅 大夫故曰獲 **不言戰 楚未陳也** 經不書楚 楚不戰也

무진일 그믐에 계보(雞父)에서 싸울 때 병가(兵家)에서 꺼리는 것을 어겨 그믐날에 싸움을 시작하여 미처 예상하지 못한 날에 초(楚)나라를 공격한 것이다. 오자(吳子)가 죄인 3천 명으로 먼저 호(胡)·

806) 자하(子瑕) : 당시 초(楚)나라 령윤(令尹)이었다.

807) 위엄이~이기면 : 군사들이 장수에 대하여 친애감보다 위엄을 더 느낀다는 것이다.

심(沈)·진(陳)나라 군대를 공격하니, 싸움을 익히지 않은 죄수들로 정비되지 않은 모습을 보인 것이다. 세 나라 군대가 앞다투어 상대하였다. 오(吳)나라는 3군(軍)을 만들어 뒤에서 받쳐주었는데, 중군은 오왕(吳王)을 따르고 공자 광(光)이 우군을 거느리고 엄여(掩餘)가 좌군을 거느렸다. 엄여(掩餘)는 오왕(吳王) 수몽(壽夢)의 아들이다. 혹자는 오왕 료(僚)의 동모제(同母弟)라고 하였다. 오나라의 죄인들이 혹은 달아나기도 하고 멈추어 있기도 하니 세 나라의 군대가 혼란하였다.808) 이때 오나라 군대가 공격하니 세 나라의 군대가 패하였다. 오나라는 호·심나라의 임금과 진(陳)나라 대부를 잡았다. 또 호·심나라의 포로를 풀어 허(許)·채(蔡)·돈(頓)나라의 진영으로 달아나게 하며 "우리 임금님이 죽었다."라고 소리치게 하였다. 오나라 군대가 함성을 지르며 포로들을 따르니 세 나라의 군사들이 달아나고 초나라 군대도 크게 도망하였다. 경문에 호자(胡子) 곤(髡)과 심자(沈子) 영(逞)이 멸(滅)하고 진(陳)나라 하설(夏齧)을 잡았다[獲]고 기록한 것은 임금과 신하에게 쓰는 말이다. 국군(國君)이기 때문에 멸(滅)이라 칭하고 대부이기 때문에 획(獲)이라 말한 것이다.809) 경문에 전(戰)이라고 말하지 않은 것은 초나라가 아직 진을 치지 않아서이다. 경문에 초(楚)나라를 기록하지 않은 것은 초나라가 싸우지 않았기 때문이다.

天王居于狄泉 尹氏立王子朝

천왕이 적천(狄泉)에 거주하였다. 윤씨(尹氏)가 왕자 조(朝)를 세웠다.

狄泉 周地 尹氏 周世卿 敬王稱天王 正也 立 簒辭 書尹氏立 其惡可知

적천(狄泉)은 주(周)나라 땅이다. 윤씨(尹氏)는 주나라의 세경(世卿)810)이다. 경왕(敬王)을 천왕이라고 칭한 것은 옳다. 여기에서 립(立)은 찬위(簒位)라는 말로 경문에 '윤씨립(尹氏立)'이라고 기록하였으니 그의 악함을 알 수 있다.

夏 四月 乙酉 單子取訾 劉子取牆人直人 三邑屬子朝者 **六月 壬午 王子朝入于尹** 自京入尹氏邑 **癸未 尹圉誘劉佗殺之** 尹圉 尹文公也 劉佗 劉蚡族 敬王黨 **丙戌 單子從阪道 劉子從尹道伐尹 單子先至而敗 劉子還 己丑 召伯奐南宮極以成周人戍尹** 二子 周卿士 子

808) 세~혼란하였다 : 오(吳)나라 죄인들을 포로로 잡으려고 서로 다투었기 때문이다.

809) 국군(國君)이기~것이다 : 싸움 중에 임금이 피살된 경우에 '滅'이라 하고, 대부를 산 채로 잡거나 주검을 얻은 경우에 '獲'이라 한다.

810) 세경(世卿) : 대대로 경(卿)의 벼슬을 하는 집안.

朝黨 **庚寅 單子劉子樊齊以王如劉** 辟子朝 出居劉子邑 **甲午 王子朝入于王城 次于左巷** 近東城 **秋 七月 戊申 鄩羅納諸莊宮** 鄩羅 周大夫鄩肹子 **尹辛敗劉師于唐** 尹辛 尹氏族 唐 周地 **丙辰 又敗諸鄩 甲子 尹辛取西闈** 西闈 周地 **丙寅 攻蒯 蒯潰** 蒯 周地 於是敬王居狄泉 尹氏立子朝

여름 4월 을유일에 선자(單子)가 자(訾) 땅을 취하고 류자(劉子)가 장인(牆人)과 직인(直人)을 취하였다. 세 읍은 자조(子朝)에게 속한 것이다. 6월 임오일에 왕자 조(朝)가 윤(尹) 땅으로 들어갔다. 경(京) 땅에서 윤씨(尹氏 : 尹辛)의 읍으로 들어간 것이다. 계미일에 윤어(尹圉)가 류타(劉佗)를 유인하여 죽였다. 윤어(尹圉)는 윤문공(尹文公)이다. 류타(劉佗)는 류분(劉蚡)의 족속이며 경왕(敬王)의 당여이다. 병술일에 선자는 판도(阪道)를 따라가고 류자는 윤도(尹道)를 따라가서 윤 땅을 쳤는데,[811] 선자가 먼저 이르러 패배하니 류자는 돌아갔다. 기축일에 소백(召伯) 환(奐)과 남궁극(南宮極)이 성주인(成周人)을 거느리고 윤 땅을 지켰다. 두 사람은 주(周)나라 경사(卿士)이며 자조(子朝)의 당여이다. 경인일에 선자·류자·번제(樊齊)가 경왕(敬王)을 모시고 류(劉) 땅으로 갔다. 자조(子朝)를 피하여 류자(劉子)의 읍으로 나가 거주한 것이다. 갑오일에 왕자 조가 왕성(王城)으로 들어가서 좌항(左巷)에 머물렀다. 동성(東城)에서 가까운 곳이다. 가을 7월 무신일에 심라(鄩羅)가 왕자 조를 장궁(莊宮)으로 들여보냈다. 심라(鄩羅)는 주(周)나라 대부 심힐(鄩肹)의 아들이다. 윤신(尹辛)이 류씨(劉氏)의 군대를 당(唐) 땅에서 패배시키고 윤신(尹辛)은 윤씨(尹氏)의 족속이다. 당(唐)은 주(周)나라 땅이다. 병진일에 또 심(鄩) 땅에서 패배시켰다. 갑자일에 윤신이 서위(西闈)를 취하고 서위(西闈)는 주(周)나라 땅이다. 병인일에 괴(蒯) 땅을 공격하니 괴 땅의 백성이 흩어졌다. 괴(蒯)는 주(周)나라 땅이다. 이때 경왕(敬王)이 적천(狄泉)에 거주하고 있었기 때문에 윤씨(尹氏)가 자조(子朝)를 왕으로 세운 것이다.

八月 乙未 地震

8월 을미일에 지진이 일어났다.

八月 丁酉 南宮極震 爲屋所壓而死 經書乙未 傳言丁酉 周魯震日不同 **萇弘謂劉文公曰 君其勉之 先君之力可濟也** 文公 劉蚡 先君謂周之先王 **周之亡也 其三川震** 幽王時 涇渭洛三川 地

---

811) 선자는~쳤는데 : 여기서 판도(阪道)와 윤도(尹道)는 모두 도로 이름이다.

動岸崩 今西王之大臣亦震 天棄之矣 子朝在王城 故謂西王 東王必大克 敬王居狄泉 在王城之東 故曰東王

8월 정유일에 남궁극(南宮極)이 지진으로 죽자 가옥에 깔려 죽은 것이다. 경문에서는 을미일이라 기록하고 전문에는 정유일이라고 하였으니, 주(周)나라와 로(魯)나라에 지진이 일어난 날이 같지 않은 것이다. 장홍(萇弘)이 류문공(劉文公)에게 말하기를 "그대가 노력하면 선군께서 힘쓰신 일을 이룰 수 있을 것입니다. 문공(文公)은 류분(劉蚡)이다. 선군은 주(周)나라 선왕(先王)을 이른다.[812] 주(周)나라가 망할 때 세 하천[川]에서 지진이 일어났습니다. 유왕(幽王) 때 경수(涇水)·위수(渭水)·락수(洛水) 세 하천의 땅이 흔들려 강 언덕이 무너진 것이다. 지금 서왕(西王)의 대신[813]이 또한 지진으로 죽었으니, 이는 하늘이 버린 것으로 자조(子朝)가 왕성(王城)에 있었으므로 서왕(西王)이라 이른 것이다. 동왕(東王)께서 반드시 크게 이길 것입니다."라고 하였다. 경왕(敬王)이 적천(狄泉)에 거주하였는데 이곳은 왕성(王城)의 동쪽에 있었으므로 동왕(東王)이라 말한 것이다.

冬 겨울이다.

楚大子建之母在郹 建廢 故母歸其家 召吳人而啓之 冬 十月 甲申 吳大子諸樊入郹 陸德明曰 諸樊 吳王僚大子 與伯祖吳子遏同名 恐傳寫之誤 取楚夫人與其寶器以歸 楚司馬薳越追之 不及 將死 衆曰 請遂伐吳以徼之 要其勝負 薳越曰 再敗君師 死且有罪 亡君夫人 不可以莫之死也 乃縊於薳澨 薳澨 楚地

초(楚)나라 태자 건(建)의 어머니가 격(郹)[814] 땅에 있었는데 건(建)이 폐위되었기 때문에 그의 어머니가 친정으로 돌아간 것이다. 오인(吳人)을 불러들여 성문(城門)을 열어주었다. 겨울 10월 갑신일에 오(吳)나라 태자 제번(諸樊)이 격 땅에 들어가 륙덕명(陸德明)이 말하기를 "제번(諸樊)은 오왕(吳王) 료(僚)의 태자로 그의 큰할아버지인 오자(吳子) 알(遏 : 諸樊)과 이름이 같은데 전문에서 잘못 기록한 듯하다."[815]라고 하였다. 초부인(楚夫人)[816]과 그 보기(寶器)를 취하여 돌아갔다. 초나라 사마

---

812) 선군은~이른다 : 여기서의 선군을 류문공(劉文公)의 아버지인 류헌공(劉獻公)으로 보는 설도 있다. 류헌공도 왕자 조(朝)를 축출하려고 하였으나 일을 이루지 못하고 죽었기 때문이다.

813) 서왕(西王)의 대신 : 남궁극(南宮極)을 이른다.

814) 격(郹) : 격양(郹陽)이니 채(蔡)나라 읍이다.

위월(薳越)이 그를 추격하였지만 잡지 못하자 자결하려 하였는데, 그의 무리가 말하기를 “청컨대 바로 오나라를 쳐 승패를 겨뤄보시기 바랍니다[徼].”라고 하였다. 승부를 겨뤄보기를 요구한 것이다. 위월이 말하기를 “다시 임금님의 군대를 패하게 한다면 죽어도 또 그 죄가 남을 것이고, 군부인(君夫人)을 잃었으니 죽지 않을 수 없다.”라 하고는 위서(薳澨)에서 목을 매어 죽었다. 위서(薳澨)는 초(楚)나라 땅이다.

公如晉 至河 有疾 乃復

소공(昭公)이 진(晉)나라로 가다가 하수(河水)에 이르러 병이 나서 되돌아왔다.

至河下 公穀有公字

지하(至河) 다음에 《공양전(公羊傳)》과 《곡량전(穀梁傳)》에는 공(公)자가 있다.

公爲叔孫故如晉 及河 有疾 而復

소공(昭公)이 숙손(叔孫)의 일[817]로 진(晉)나라로 가다가 하수(河水)에 이르러 병이 나서 되돌아왔다.

○楚囊瓦爲令尹 囊瓦 子囊之孫子常 **城郢 沈尹戌曰 子常必亡郢 苟不能衛 城無益也 古者 天子守在四夷 天子卑 守在諸侯 諸侯守在四鄰 諸侯卑 守在四竟 愼其四竟 結其四援** 結四鄰之援 **民狎其野 三務成功** 春夏秋三時之務 **民無內憂 而又無外懼 國焉用城 今吳是懼 而城於郢 守已小矣 卑之不獲 能無亡乎 昔梁伯溝其公宮而民潰** 在僖十八年 **民棄其上 不亡 何待 夫正其疆埸 修其土田 險其走集** 走集 邊竟之壘壁 **親其民人 明其伍候** 部伍候望 **信其鄰國 愼其官守 守其交禮** 交接之禮 **不僭不貪 不懦不耆** 耆 强也 **完其守備 以待不虞 又何畏矣 詩曰 無念爾祖 聿修厥德 無亦監乎 若敖蚡冒至**

---

815) 제번(諸樊)은~듯하다 : 전문에서는 제번(諸樊 : 遏)이 오왕(吳王) 료(僚)의 태자라 하였는데, 사실은 오왕 수몽(壽夢)의 큰아들이 제번이고, 제번의 조카가 오왕 료이다. 따라서 제번은 오왕 료의 태자의 큰할아버지이다. 그러므로 륙덕명(陸德明)은 오왕 료의 태자가 큰할아버지와 같은 이름이 될 수 없으므로 전문의 오왕 료의 태자는 제번이 아니라고 본 것이다.

816) 초부인(楚夫人) : 초평왕(楚平王)의 부인(夫人). 태자 건(建)의 어머니이다.

817) 숙손(叔孫)의 일 : 올봄에 진(晉)나라가 주인(邾人)을 위해 숙손(叔孫)을 잡아 둔 일이다.

于武文 **四君皆楚賢君** **土不過同** **方百里爲一同** **愼其四竟** **猶不城郢** **今土數圻** **方千里爲圻** **而郢是城** **不亦難乎** **爲定四年吳入楚傳**

○초(楚)나라 낭와(囊瓦)가 령윤(令尹)이 되어 낭와(囊瓦)는 자낭(子囊)의 손자 자상(子常)이다. 영(郢) 땅에 성을 쌓으니, 심윤(沈尹)인 술(戌)이 다음과 같이 말하였다. "자상(子常 : 囊瓦)은 반드시 영 땅을 잃을 것이다. 만약 지킬 수 없다면 성을 쌓아도 유익함이 없는 것이다. 옛날에 천자는 지키는 일이 사이(四夷)에 있었는데[818] 천자의 권위가 낮아지면서 지키는 일이 제후국에 있게 되었고,[819] 옛날에 제후들은 지키는 일이 사방 이웃나라에 있었는데[820] 제후의 권위가 낮아지면서 지키는 일이 사방 국경에 있게 되었다.[821] 사방 국경을 신중히 지키고 사방 이웃나라와 원조를 맺고 사방 이웃나라와 원조를 맺는 것이다. 백성이 그들의 들녘에서 편안히 생활하여 세 계절의 하는 일이 좋은 결실을 맺어 봄·여름·가을 세 계절의 일이다. 백성이 안으로 근심이 없고 또 밖으로 두려움이 없다면 나라에 어찌 성이 필요하겠는가. 지금 초나라가 오(吳)나라를 두려워하여 영 땅에 성을 쌓았으니 지키는 것이 너무 작은 것이다. 권위가 낮은 제후가 되려하여도 될 수 없을 것이니[822] 망하지 않을 수 있겠는가. 옛날에 량백(梁伯)이 그의 공궁(公宮)에 해자(垓字)를 파자 백성이 흩어졌으니 이 일은 희공(僖公) 18년에 있었다.[823] 백성이 그들의 윗사람을 버린다면 망하지 않고 무엇을 기다리겠는가. 무릇 강역(疆域)을 바로잡고 토전(土田)을 잘 다스리고 주집(走集)을 높이[險] 쌓고 주집(走集)은 변경의 루벽(壘壁)이다. 그 민인(民人)을 친히 대하며, 오후(伍候)를 명확히 하고 부오(部伍)와 후망(候望)[824]이다. 이웃나라와 신의를 지키며, 관원의 직분을 신중히 하고 교제의 례의를 지켜 교제할 때의 례의이다. 참람되지도 탐하지도 않고 나약하지도 강포하지도[耆] 않으며, 기(耆)는 강포함이다. 수비를 완벽하게 하여 뜻하지 않은 일에 대비한다면 또 무엇이 두렵겠는가.

---

818) 천자는~있었는데 : 천자가 중원(中原)의 제후국은 잘 통제하였으므로 사이(四夷)의 중원 침입을 막는데 힘썼다는 것이다.

819) 지키는~되었고 : 제후들 사이에서 천자 자신의 권위를 지키기에 급급하였다는 것이다.

820) 지키는~있었는데 : 제후들이 이웃나라와 화목하게 지내며 환난이 있으면 서로 지켜주었다는 것이다.

821) 지키는~되었다 : 이웃나라가 서로 침범하니 국경에 방비를 설치하여 이웃나라의 침범을 막는데 급급하게 되었다는 것이다.

822) 권위가~것이니 : 제후들의 권위가 낮아지면서부터 지키는 일이 사방 국경에 있었는데, 지금은 그보다 못하여 도성(都城)만을 지킬 뿐이라면 사방 국경을 지키는 권위가 낮은 제후가 되기를 구하여도 될 수 없다는 것이다.

823) 희공(僖公)~있었다 : 희공(僖公) 19년 겨울조에 있으니 전문주가 잘못된 것이다.

824) 부오(部伍)와 후망(候望) : 부오(部伍)는 군대의 편제 단위로 부곡(部曲)과 항오(行伍)이고, 후망(候望)은 적군의 동정을 망보거나 정찰하는 것이다.

《시(詩)》에 이르기를 '그대의 조상을 생각하지 않는가. 그 덕을 닦을지어다.'[825]라고 하였으니, 이를 거울삼지 않겠는가. 약오(若敖)와 분모(蚡冒)에서 무왕(武王)과 문왕(文王)에 이르기까지 네 임금은 모두 초(楚)나라의 어진 임금이다. 령토가 동(同)을 넘지 않았지만 사방 백 리(里)를 1동(同)이라고 한다. 사방 국경을 신중히 지키고 오히려 영 땅에는 성을 쌓지 않았다. 그런데 지금 령토는 수 기(圻)[826]나 되는데 사방 천 리(里)를 기(圻)라고 한다. 영 땅에 성을 쌓았으니 또한 나라를 지키기 어렵지 않겠는가." 정공(定公) 4년에 오(吳)나라가 초(楚)나라로 쳐들어가는 전(傳)의 배경이 된다.

소공(昭公) 24년 【癸未 B.C.518】

二十有四年 春 24년 봄이다.

二十四年 春 王正月 辛丑 召簡公南宮嚚以甘桓公見王子朝 簡公 召莊公子召伯盈 嚚 南宮極子 桓公 甘平公子 **劉子謂萇弘曰 甘氏又往矣 對曰 何害 同德度義 大誓曰 紂有億兆夷人 亦有離德 余有亂臣十人 同心同德 此周所以興也 君其務德 無患無人 戊午 王子朝入于鄔** 言子朝稍强

24년 봄 왕정월 신축일에 소간공(召簡公)과 남궁은(南宮嚚)이 감환공(甘桓公)[827]을 데리고 가서 왕자 조(朝)를 뵙게 하였다. 간공(簡公)은 소장공(召莊公)의 아들 소백(召伯) 영(盈)이고 은(嚚)은 남궁극(南宮極)의 아들이며 환공(桓公)은 감평공(甘平公)의 아들이다. 류자(劉子 : 劉文公)가 장홍(萇弘)에게 말하기를 "감씨(甘氏)도 왕자 조에게 갔구나."라고 하니, 장홍이 대답하기를 "무슨 해

825) 그대의~닦을지어다 : 《시경(詩經)》 〈대아(大雅)〉 문왕(文王).

826) 기(圻) : 기(畿)와 통용한다.

827) 소간공(召簡公)과~감환공(甘桓公) : 소간공(召簡公)·남궁은(南宮嚚)·감환공(甘桓公)은 모두 주(周) 왕실의 신하이다.

될 것이 있겠습니까. 덕이 같아야 의로운 일을 도모할 수 있습니다.[828] 태서(大誓)[829]에 이르기를 '주(紂)는 수많은 이인(夷人 : 民人)이 있으나 덕이 달랐고, 나는 란신(亂臣 : 治臣) 10인이 있으나 마음이 같고 덕이 같다.'[830]라고 하였으니, 이것이 바로 주(周)나라가 흥기한 까닭입니다. 그대는 덕을 닦는데 힘쓰고 사람이 없는 것을 걱정하지 마십시오."라고 하였다. 무오일에 왕자 조가 오(鄔) 땅으로 들어갔다. 자조(子朝)가 점점 강성해짐을 말한 것이다.

王二月 丙戌 仲孫貜卒

왕2월 병술일에 중손확(仲孫貜)이 졸하였다.

婼至自晉

착(婼)이 진(晉)나라에서 돌아왔다.

婼上 公有叔孫二字

착(婼)자 앞에 《공양전(公羊傳)》에는 숙손(叔孫) 두 글자가 있다.

晉士彌牟逆叔孫于箕 叔孫使梁其踁待于門內 踁 叔孫家臣 **曰 余左顧而欬 乃殺之** 疑士伯來殺己 故謀殺之 **右顧而笑 乃止 叔孫見士伯 士伯曰 寡君以爲盟主之故 是以久子** 久執子 **不腆敝邑之禮 將致諸從者 使彌牟逆吾子 叔孫受禮而歸 二月 婼至自晉 尊晉也** 與十四年意如同例

진(晉)나라 사미모(士彌牟)가 기(箕) 땅으로 가서 숙손(叔孫 : 叔孫婼)을 맞이하려 하니, 숙손이 량기경(梁其踁)을 시켜 문안에서 기다리게 하며 경(踁)은 숙손(叔孫)의 가신이다. 말하기를 "내가 왼쪽을 돌아보며 기침을 하면 바로 그를 죽이고, 숙손(叔孫)은 사백(士伯 : 士彌牟)이 자기

828) 덕이~있습니다 : 마음이 같고 덕이 같아야만 의로운 일을 도모할 수 있는데 왕자 조(朝)는 의로운 일을 할 수 없으니 우리에게 해가 되지 않는다는 말이다. 전문의 '同德度義'의 '度'을 '在' 또는 '居'로 보아 덕(德)이 같아야 의(義)에 몸을 둘 수 있다고 보는 설도 있다.

829) 태서(大誓) : 《서경(書經)》 〈주서(周書)〉의 편 이름. 태서(泰誓)라고도 쓴다.

830) 주(紂)는~같다 : 현행 《서경(書經)》 〈주서(周書)〉 태서(泰誓)에는 '受有億兆夷人 離心離德 予有亂臣十人 同心同德'으로 되어 있다.

를 죽이기 위해 온 것으로 의심하였다. 그러므로 그를 죽이려고 모의한 것이다. 오른쪽을 돌아보며 웃는다면 바로 그만두어라."라고 하였다. 숙손이 사백(士伯)을 만나자, 사백이 말하기를 "과군이 맹주가 되었기 때문에 그대를 오래도록 머무르게 하였던 것입니다.[831] 그대를 오래도록 잡아두었다는 것이다. 변변치 못한 우리나라의 례물을 그대의 종자에게 전해주고자[832] 나 미모(彌牟)를 보내어 그대를 맞이하게 하셨습니다."라고 하니, 숙손이 례물을 받고서 돌아왔다. 2월에 착(婼)이 진(晉)나라에서 돌아왔다고 한 것은 진나라를 높인 것이다.[833] 14년에 의여(意如)라고 한 것과 같은 례(例)이다.[834]

○三月 庚戌 晉侯使士景伯涖問周故 就問子朝敬王曲直 **士伯立于乾祭 而問於介衆** 乾祭 王城北門 介 大也 **晉人乃辭王子朝 不納其使** 衆言子朝曲故

○3월 경술일에 진후(晉侯)가 사경백(士景伯 : 士彌牟)을 보내어 주(周)나라의 변고에 대해 묻는 일을 주재하게 하였다. 자조(子朝)와 경왕(敬王)의 잘잘못에 대해 나아가 묻게 한 것이다. 사백(士伯)이 간채(乾祭)에 서서 대중[介衆]에게 묻고 나서 간채(乾祭)는 왕성(王城)의 북문이다. 개(介)는 큼이다. 진인(晉人)은 왕자 조(朝)를 사절하고 그 사신을 받아들이지 않았다. 대중이 자조(子朝)가 잘못이라고 말하였기 때문이다.

<table><tr><td>夏 五月 乙未 朔 日有食之
여름 5월 초하루 을미일에 일식이 있었다.</td></tr></table>

---

831) 과군이~것입니다 : 진후(晉侯)가 제후들의 맹주였기 때문에 직무상 부득이하게 숙손착(叔孫婼)을 오래도록 억류하여 주(邾)나라와 시비를 가리게 하고자 하였다는 것이다. 소공(昭公) 23년에 로(魯)나라와 주(邾)나라 사이에 분쟁이 있었는데 주인(邾人)이 진(晉)나라에 제소하니 이 일로 로나라 숙손착(叔孫婼)이 진나라에 사신으로 갔을 때 억류되었다.

832) 변변치~전해주고자 : 실제로는 숙손착(叔孫婼)에게 그동안 억류하였던 일에 대한 사과의 표시로 례물을 전해주고 로(魯)나라로 돌려보내고자 한 것이다.

833) 2월에~것이다 : '숙손(叔孫)'이라는 족(族)을 삭제하고 기록하지 않은 것은 진(晉)나라를 높이기 위한 것이라는 말이다.

834) 14년에~례(例)이다 : 소공(昭公) 14년에 진(晉)나라에 잡혀있던 계손의여(季孫意如 : 季平子)가 로(魯)나라로 돌아온 것에 대하여 경문에서 '季孫'을 빼고 '意如至自晉'이라고 기록한 것은 진(晉)나라를 높이고 로나라에 죄가 있음을 나타낸 것인데, 지금 경문에 '婼至自晉'이라고 기록한 것도 이와 같은 례(例)라는 것이다.

夏 五月 乙未 朔 日有食之 梓愼曰 將水 陰勝陽 故曰將水 **昭子曰 旱也 日過分而陽猶不克 克必甚 能無旱乎** 過春分 陽氣盛時 而不勝陰 陽將猥出 故爲旱 **陽不克莫 將積聚也** 陽氣莫然不動 乃將積聚

여름 5월 초하루 을미일에 일식이 있었다. 재신(梓愼)이 말하기를 "장차 수해가 날 것이다."라고 하자 음기가 양기를 이겼기 때문에 수해가 일어날 것이라고 말한 것이다. 소자(昭子 : 叔孫婼)가 말하기를 "가물 것이다. 해가 춘분을 지났는데 양기가 오히려 음기를 이기지 못해서이다. 그러나 음기를 이기게 될 때는 반드시 양기가 매우 왕성해질 것이니 가물지 않을 수 있겠는가. 춘분을 지나면 양기가 성할 때인데도 아직 음기를 이기지 못한 것이다. 그러나 양기가 장차 맹렬하게 나타날 것이기 때문에 가물 것이라는 것이다. 지금은 양기가 음기를 이기지 못하여 고요하지만[莫][835] 장차 양기가 모여서 쌓일 것이다."라고 하였다. 양기가 고요히 움직이지 않아 마침내 모여서 쌓이게 된다는 것이다.

○六月 壬申 王子朝之師攻瑕及杏 皆潰 瑕杏 敬王邑 **鄭伯如晉 子大叔相 見范獻子 獻子曰 若王室何 對曰 老夫其國家不能恤 敢及王室 抑人亦有言曰 嫠不恤其緯** 織者常苦緯少 寡婦所宜憂 **而憂宗周之隕 爲將及焉** 恐禍及己 **今王室實蠢蠢焉** 蠢蠢 動擾貌 **吾小國懼矣 然大國之憂也 吾儕何知焉 吾子其早圖之 詩曰 缾之罄矣 惟罍之恥** 罍 大器 缾 小器 **王室之不寧 晉之恥也 獻子懼 而與宣子圖之** 韓宣子 **乃徵會於諸侯 期以明年**

○6월 임신일에 왕자 조(朝)의 군대가 하(瑕) 땅과 행(杏) 땅을 공격하니 백성이 모두 흩어졌다. 하(瑕)와 행(杏)은 경왕(敬王)의 읍이다. 정백(鄭伯)이 진(晉)나라에 갔을 때 자태숙(子大叔)[836]이 상(相)이었다. 자태숙이 범헌자(范獻子)를 만나자, 헌자(獻子)가 묻기를 "왕실의 일을 어찌해야 하겠소?"라고 하였다. 자태숙이 대답하기를 "이 늙은이는 내 국가의 일도 돌보지 못하는데 감히 왕실의 일을 알겠습니까. 그러나 사람들이 또한 말하기를 '과부가 씨줄을 걱정하지 않고 베를 짜는 자는 언제나 씨줄이 부족한 것을 괴로워하니 과부가 마땅히 근심할 바라는 것이다. 주(周)나라 종실이 쇠락하는 것을 걱정하는 것은[837] 앞으로 화가 미칠 것이기 때문

---

835) 양기가~고요하지만[莫] : 이 대목을 양기가 음기를 늦게까지[莫] 이기지 못한다는 것으로 보는 견해도 있다. 이때의 '莫'을 '暮'의 의미로 본 것이다.

836) 자태숙(子大叔) : 정(鄭)나라 유길(游吉). 자산(子產)을 이어 국정을 맡아 보았다.

837) 과부가~것은 : 베를 짜는 과부도 나라가 혼란스러우면 자신의 일을 안정적으로 하지 못할까 두려워 나랏

입니다.'라고 하였습니다. 화가 자기에게 미칠 것을 두려워한다는 것이다. 지금 왕실은 실로 준준(蠢蠢)하니 준준(蠢蠢)은 동요하는 모양이다. 우리 소국은 두렵습니다. 그러나 이는 대국의 근심이니 우리 같은 무리가 무엇을 알겠습니까. 그대는 일찌감치 도모하십시오.《시(詩)》에 이르기를 '작은 그릇[缾]이 비는 것은 큰 그릇[罍]의 수치이다.'[838]라고 하였으니 뢰(罍)는 큰 그릇이고 병(缾)은 작은 그릇이다. 왕실이 평안하지 못한 것은 진나라의 수치입니다."라고 하였다. 헌자가 두려워서[839] 선자(宣子)와 도모하여 한선자(韓宣子)이다. 이에 제후들의 회합을 소집하기로 하고 시기를 다음해로 정하였다.

秋 八月 大雩 가을 8월에 크게 기우제를 지냈다.

秋 八月 大雩 旱也 終如叔孫之言

가을 8월에 크게 기우제를 지냈으니, 가물었기 때문이다. 끝내 숙손(叔孫)의 말처럼 된 것이다.

丁酉 杞伯郁釐卒 정유일에 기백(杞伯) 욱리(郁釐)가 졸하였다.

郁 公作鬱 ○丁酉 九月五日 有日無月

욱(郁)은《공양전(公羊傳)》에는 울(鬱)로 되어 있다. ○정유일은 9월 5일이다. 날만 기록하고 달은 기록하지 않았다.

일을 걱정한다는 말이다.

838) 작은~수치이다 :《시경(詩經)》〈소아(小雅)〉 료아(蓼莪). 작은 그릇[缾]은 큰 그릇[罍]에 의해 채워지기 때문에 작은 그릇이 비었다는 것은 큰 그릇에 남은 것이 없다는 것이다. 작은 그릇으로 왕실을 비유하고 큰 그릇으로 진(晉)나라를 비유하였다. 진나라가 비록 제후국이지만 실로 강대하기 때문에 이렇게 비유한 것이다.

839) 헌자가 두려워서 : 제후들이 왕실의 란을 안정시키지 못한 진(晉)나라를 무시할까 두려워한 것이다.

冬

겨울이다.

十月 癸酉 王子朝用成周之寶珪于河 禱河求福 **甲戌 津人得諸河上 陰不佞以溫人南侵** 不佞 敬王大夫 晉以溫人助侵子朝 **拘得玉者 取其玉 將賣之 則爲石 王定而獻之** 敬王定位 不佞獻珪 **與之東訾** 喜得玉 與之邑

10월 계유일에 왕자 조(朝)가 성주(成周)[840]의 보규(寶珪)를 하수(河水)에 던져 제물로 사용하였다. 하수(河水)에 기도하여 복을 구한 것이다. 갑술일에 뱃사공이 하수 가에서 이 보규를 얻었다. 음불녕(陰不佞)이 온인(溫人)[841]을 거느리고 남쪽으로 침범하다가 불녕(不佞)은 경왕(敬王)의 대부이다. 진(晉)나라가 온인(溫人)을 이끌고 경왕을 도와 자조(子朝)를 침범한 것이다. 옥을 얻은 자를 구금하고 그 옥을 취하여 팔려고 하였는데 돌로 된 보규였다.[842] 경왕(敬王)의 지위가 안정된 뒤에 그 옥을 바치니 경왕(敬王)의 지위가 안정된 뒤 불녕(不佞)이 보규(寶珪)를 바친 것이다.[843] 경왕이 그에게 동자(東訾)를 주었다. 옥을 얻은 것이 기뻐서 그에게 읍을 준 것이다.

吳滅巢

오(吳)나라가 소(巢) 땅을 멸하였다.

楚子爲舟師以略吳疆 沈尹戌曰 此行也 楚必亡邑 不撫民而勞之 吳不動而速之 速召也 **吳踵楚 而疆埸無備 邑能無亡乎 越大夫胥犴勞王於豫章之汭 越公子倉歸王乘舟** 歸 遺也 **倉及壽夢帥師從王** 壽夢 越大夫 **王及圉陽而還** 圉陽 楚地 **吳人踵楚 而邊人不備 遂滅巢及鍾離而還 沈尹戌曰 亡郢之始於此在矣 王壹動而亡二姓之帥** 守巢鍾離大夫 **幾如是而不及郢 詩曰 誰生厲階 至今爲梗 其王之謂乎**

---

840) 성주(成周) : 주(周)나라의 동도(東都)인 락읍(洛邑).

841) 온인(溫人) : 진(晉)나라 온(溫) 땅 사람이다.

842) 옥을 얻은~보규였다 : 뱃사공이 돌로 된 가짜 보규(寶珪)를 음불녕(陰不佞)에게 준 것으로 보는 설도 있다.

843) 불녕(不佞)이~것이다 : 전문주에는 음불녕(陰不佞)이 보규(寶珪)를 경왕(敬王)에게 바친 것이라 하였지만 이를 뱃사공이 바친 것으로 보는 설도 있다.

초자(楚子 : 平王)가 주사(舟師 : 水軍)를 만들어 오(吳)나라 강역을 경략(經略)하니, 초(楚)나라 심윤(沈尹) 술(戌)이 말하기를 "이번 출행(出行)에 초나라는 반드시 읍을 잃을 것이다. 백성을 위무하지 않고 수고롭게 하며 오나라가 움직이지도 않는데 그들을 불러들이니[速], 속(速)은 부름이다. 오나라 군대가 초나라 군대의 뒤를 밟아 쫓아온다면 강역에 방비가 없으니 읍을 잃지 않을 수 있겠는가."라고 하였다. 월(越)나라 대부 서안(胥犴)이 예장(豫章)의 물굽이에서 평왕(平王)을 위로하고, 월나라 공자 창(倉)이 평왕에게 탈 수 있는 배를 주고[歸] 귀(歸)는 줌이다. 창과 수몽(壽夢)이 군대를 거느리고 평왕을 따르다가 수몽(壽夢)은 월(越)나라 대부이다. 평왕이 어양(圉陽)에 이르자 돌아갔다. 어양(圉陽)은 초(楚)나라 땅이다. 오인(吳人)이 초나라 군대의 뒤를 밟는데도 변인(邊人)이 방비하지 않으니, 오인이 드디어 소(巢) 땅과 종리(鍾離)[844]를 멸하고 돌아갔다. 심윤 술이 말하기를 "영(郢) 땅을 잃는 시초가 이번 싸움에 있을 것이다. 왕이 한 번 출동하여 두 성(姓)의 장수를 잃었으니 두 성(姓)의 장수는 소(巢) 땅과 종리(鍾離)를 지키던 대부들이다. 몇 차례 이와 같이 된다면 영 땅에 미치지 않겠는가. 《시(詩)》에 이르기를 '누가 화난[厲]의 계제(階梯)를 만들었나. 지금까지도 병이 되네.'[845]라고 하였으니, 이는 우리 왕의 경우를 이른 것이구나."라고 하였다.

葬杞平公 기(杞)나라 평공(平公)의 장례를 지냈다.

소공(昭公) 25년 【甲申 B.C.517】

二十有五年 春 叔孫婼如宋 25년 봄에 숙손착(叔孫婼)이 송(宋)나라에 갔다.

844) 종리(鍾離) : 초(楚)나라와 오(吳)나라의 접경지.

845) 누가~되네 : 《시경(詩經)》 〈대아(大雅)〉 상유(桑柔).

二十五年 春 叔孫婼聘于宋 桐門右師見之 右師 樂大心 居桐門 **語 卑宋大夫而賤司城氏** 司城 樂氏大宗 卑賤謂其才德薄 **昭子告其人曰 右師其亡乎 君子貴其身 而後能及人 是以有禮 今夫子卑其大夫而賤其宗 是賤其身也 能有禮乎 無禮 必亡** 爲定十年樂大心出奔傳

25년 봄에 숙손착(叔孫婼)이 송(宋)나라를 빙문하니, 동문우사(桐門右師)가 그를 만나 우사(右師)는 악대심(樂大心)이니 동문(桐門)에 살고 있었다. 이야기를 나누었는데 송나라 대부들을 비하하고 사성씨(司城氏)를 천하게 여기는 말투였다. 사성(司城)은 악씨(樂氏)의 대종(大宗 : 宗家)이다. 비천하게 본 것은 그들의 재덕(才德)이 부족하다고 여긴 것이다. 소자(昭子 : 叔孫婼)가 자기의 종자에게 말하기를 "우사는 아마도 망할 것이다. 군자는 자신의 몸을 귀하게 여긴 뒤에 다른 사람도 귀하게 여기는 것이다. 그러므로 례가 있는 것인데 지금 부자(夫子 : 右師)는 자기나라 대부들을 비하하고 그의 대종(大宗)을 천하게 여기니, 이는 그 자신을 천하게 여긴 것이다. 그러니 례가 있다고 할 수 있겠는가. 례가 없으니 반드시 망할 것이다."라고 하였다. 정공(定公) 10년에 악대심(樂大心)이 망명나가는 전(傳)의 배경이 된다.

宋公享昭子 賦新宮 逸詩 **昭子賦車轄** 轄 本作舝 詩小雅 義取思得賢女 昭子將爲季孫迎宋公女 故賦之 **明日宴 飮酒 樂 宋公使昭子右坐** 禮坐 公西向 賓南向 今坐公右使相近 **語相泣也 樂祁佐** 助宴禮 **退而告人曰 今玆君與叔孫其皆死乎 吾聞之 哀樂而樂哀 皆喪心也 心之精爽 是謂魂魄 魂魄去之 何以能久**

송공(宋公 : 元公)이 소자(昭子)에게 향연을 베풀 때 신궁(新宮)을 읊으니 일시(逸詩)이다. 소자가 거할(車轄)을 읊었다. 할(轄)은 《시(詩)》에는 본래 할(舝)로 되어 있다. 《시》 〈소아(小雅)〉의 현숙한 녀인 얻기를 생각한다는 뜻을 취한 것이다. 소자(昭子)가 장차 계손(季孫)을 위하여 송공(宋公)의 딸을 맞이하려고 하였기 때문에 이 시를 읊은 것이다. 다음 날 연회를 베풀고 술을 마시며 즐거워서 송공이 소자를 오른쪽 자리에 앉게 하고 례에 맞는 자리는 송공(宋公)은 서향하고 빈객은 남향하는 것인데 지금 송공의 오른쪽에 앉게 하여 서로 가까이한 것이다. 이야기하면서 서로 눈물을 흘렸다. 악기(樂祁)가 연회의 일을 돕다가 연회의 례를 도운 것이다. 물러 나와 다른 사람에게 말하기를 "올해 우리 임금님과 숙손(叔孫 : 昭子)이 모두 죽을 것이다. 내가 듣건대 즐거워해야 하는데 슬퍼하고 슬퍼해야 하는데 즐거워하는 것은 모두 항심을 잃었기 때문이라고 하였다. 마음의 정상(精爽 : 精神)을 혼백이라고 하는데 혼백이 떠났으니 어찌 오래 살 수 있겠는가."라고 하였다.

季公若之姊爲小邾夫人 平子庶姑 **生宋元夫人 生子 以妻季平子 昭子如宋聘 且逆之 公若從** 從昭子 **謂曹氏勿與 魯將逐之** 曹氏 宋元夫人 言魯人將逐平子 **曹氏告公 公告樂祁**

樂祁曰 與之 如是 魯君必出 政在季氏三世矣 文子武子平子 **魯君喪政四公矣** 宣成襄昭 **無民而能逞其志者 未之有也 國君是以鎭撫其民 詩曰 人之云亡 心之憂矣 魯君失民矣 焉得逞其志 靖以待命猶可 動必憂**

계공약(季公若)의 누이가 소주(小邾)의 부인(夫人)[846]이 되어 평자(平子 : 季平子)의 서고모(庶姑母)이다. 송원공(宋元公)의 부인(夫人)을 낳았다. 그 뒤 송원공의 부인이 자식을 낳아서 계평자(季平子)에게 시집보내려고 하였다. 이에 소자(昭子)가 송(宋)나라에 가서 빙문하고 또 그녀[宋元公의 딸]를 맞이해 오려 하였다. 그때 공약(公若)이 따라갔었는데 소자(昭子)를 따라간 것이다. 조씨(曹氏)[847]에게 이르기를 딸을 주지 말라고 하면서 로나라가 장차 계평자를 축출할 것이라고 하였다. 조씨(曹氏)는 송원공(宋元公)의 부인(夫人)이다. 로인(魯人)이 장차 평자(平子)를 축출하려 한다고 말한 것이다. 조씨가 송원공에게 고하니 송원공이 악기(樂祁)에게 알렸다. 악기가 말하기를 "그에게 따님을 주십시오. 이와 같이 하면[848] 로(魯)나라 임금은 반드시 쫓겨날 것입니다. 로나라는 정권이 계씨에게 돌아간 지가 삼 세(世)가 되었고 문자(文子)·무자(武子)·평자(平子)이다. 로나라 임금이 정권을 상실한 지가 네 공(公)째입니다. 선공(宣公)·성공(成公)·양공(襄公)·소공(昭公)이다. 백성이 없으면서 그 뜻을 펼 수 있는 자는 있지 않습니다. 나라의 임금은 이 때문에 그 백성을 진무(鎭撫)해야 하는 것입니다. 《시(詩)》에 이르기를 '어진 사람이 없으니 마음이 근심스럽네.'[849]라고 하였는데, 지금 로나라 임금은 백성을 잃었으니 어찌 그 뜻을 펼 수 있겠습니까. 조용히 천명을 기다린다면 오히려 괜찮겠지만 움직인다면 반드시 우환이 따를 것입니다."라고 하였다.

夏 叔詣會晉趙鞅宋樂大心衛北宮喜鄭游吉曹人邾人滕人薛人小邾人于黃父

여름에 숙예(叔詣)가 진(晉)나라 조앙(趙鞅)·송(宋)나라 악대심(樂大心)·위(衛)나라 북궁희(北宮喜)·정(鄭)나라 유길(游吉)·조인(曹人)·주인(邾人)·등인(滕人)·설인(薛人)·소주인(小邾人)과 황보(黃父)에서 회합하였다.

846) 소주(小邾)의 부인(夫人) : 소주(小邾)나라 임금의 부인(夫人).

847) 조씨(曹氏) : 소주(小邾)나라의 성씨(姓氏).

848) 이와~하면 : '로(魯)나라가 계평자(季平子)를 축출하려고 한다면'의 의미이다.

849) 어진~근심스럽네 : 《시경(詩經)》〈대아(大雅)〉 첨앙(瞻卬).

詣 公作倪 大 公作世 並後同

예(詣)는《공양전(公羊傳)》에는 예(倪)로 되어 있고, 대(大)는《공양전》에는 세(世)로 되어 있다. 이후에도 모두 이와 같다.

夏 會于黃父 謀王室也 趙簡子令諸侯之大夫 簡子 趙武之孫鞅 **輸王粟具戍人 曰 明年將納王**

여름에 황보(黃父)에서 회합하였으니, 왕실의 안정을 도모하기 위해서였다. 조간자(趙簡子)가 제후들의 대부에게 명령하여 간자(簡子)는 조무(趙武)의 손자 앙(鞅)이다. 왕실에 곡식을 수송할 것과 왕실을 수호할 군사를 갖추게 하면서 말하기를 "다음해에 경왕(敬王)을 왕성(王城)으로 들여보내려 한다."라고 하였다.

子大叔見趙簡子 簡子問揖讓周旋之禮焉 對曰 是儀也 非禮也 簡子曰 敢問 何謂禮 對曰 吉也聞諸先大夫子産曰 夫禮 天之經也 地之義也 民之行也 天地之經 而民實則之 則天之明 日月星辰 **因地之性** 高下剛柔 **生其六氣** 陰陽風雨晦明 **用其五行 氣爲五味 發爲五色 章爲五聲 淫則昏亂 民失其性** 滋味聲色 過則傷性 **是故爲禮以奉之** 制禮以奉其性 **爲六畜** 馬牛羊雞犬豕 **五牲** 麋鹿麏狼兎 **三犧** 祭天地宗廟之犧 **以奉五味 爲九文** 山龍華蟲藻火粉米黼黻 **六采** 天地四方之色 靑白赤黑玄黃 **五章** 靑與赤謂之文 赤與白謂之章 白與黑謂之黼 黑與靑謂之黻 五色備謂之繡 **以奉五色 爲九歌八風七音六律 以奉五聲 爲君臣上下 以則地義** 君臣有尊卑 法地有高下 **爲夫婦外內 以經二物** 夫治外 婦治內 各治其物 **爲父子兄弟姑姊甥舅昏媾姻亞 以象天明** 言其親疎倫序 比象於天文之行列 壻父曰姻 兩壻相謂曰亞 **爲政事庸力行務 以從四時** 在君爲政 在臣爲事 民功曰庸 治功曰力 行其德敎 務其時要 **爲刑罰威獄 使民畏忌 以類其震曜殺戮** 雷震電曜霜雪殺戮 **爲溫慈惠和 以效天之生殖長育 民有好惡喜怒哀樂 生于六氣 是故審則宜類 以制六志** 爲禮以制好惡喜怒哀樂六志 使不過節 **哀有哭泣 樂有歌舞 喜有施舍 怒有戰鬪 喜生於好 怒生於惡 是故審行信令 禍福賞罰 以制死生 生 好物也 死 惡物也 好物 樂也 惡物 哀也 哀樂不失 乃能協于天地之性 是以長久**

정(鄭)나라 자태숙(子大叔 : 游吉)이 조간자(趙簡子)를 만나니, 간자(簡子)가 읍양(揖讓)하고 주선(周旋)하는 례에 대하여 물었다. 자태숙이 대답하기를 "이것은 의식(儀式)이지 례가 아닙니다."라고 하였다. 간자가 말하기를 "감히 묻건대 무엇을 례라고 합니까?"라고 하니, 자태숙이 다음과 같이 대답하였다. "나 길(吉)이 선대부 자산(子産)에게 들었는데, '무릇 례는 하늘의 법칙[經]이고 땅의 도리[義]이고 백성이 행하는 것이다.'라고 하였으니, 천지의 법칙을 백성이 실로 본받는 것입니다. 하늘의 밝음을 본받고 일(日)·월(月)·성(星)·신(辰)이다. 땅의 본성을 따라야 하는 것은 높고 낮음과 강하고 부드러움이다. 천지가 6기(氣)를 내고 음(陰)·양(陽)·풍(風)·우(雨)·회(晦)·명(明)이다. 5행(行)을 사용하기 때문입니다. 기(氣)가 입에서는 5미(味)가 되고, 눈에 드러내[發] 5색(色)이 되고, 귀에 드러내[章] 5성(聲)[850]이 됩니다. 이것들을 지나치게 탐하면 혼란하여 백성이 그 본성을 상실합니다. 자미(滋味)와 성색(聲色)이 지나치면 본성을 손상시킨다는 것이다 이 때문에 례를 제정하여 본성을 받들게 한 것입니다. 례를 제정하여 그 본성을 받들게 한 것이다. 6축(畜)· 마(馬)·우(牛)·양(羊)·계(雞)·견(犬)·시(豕)이다. 5생(牲)· 미(麋 : 큰사슴)·록(鹿 : 사슴)·균(麐 : 노루)·랑(狼 : 이리)·토(兎 : 토끼)이다. 3희(犧)의 천(天)·지(地)·종묘(宗廟)의 제사에 쓰는 희생이다. 제도를 만들어 5미를 받들게 하며, 9문(文)· 산(山)·룡(龍)·화(華 : 꽃)·충(蟲 : 벌레)·조(藻 : 수초)·화(火)·분미(粉米 : 흰쌀)·보(黼)·불(黻)이다. 6채(采)· 천지와 사방의 색으로 청(靑)·백(白)·적(赤)·흑(黑)·현(玄)·황(黃)이다. 5장(章)을 청색과 적색을 문(文), 적색과 백색을 장(章), 백색과 흑색을 보(黼), 흑색과 청색을 불(黻), 5색(色)이 갖추어진 것을 수(繡)라고 한다. 제정하여 5색을 받들게 하며, 9가(歌)[851]·8풍(風)[852]·7음(音)[853]·6률(律)[854]을 제정하여 5성을 받들게 한 것입니다. 그리고 군신과 상하의 규칙을 제정하여 지의(地義)를 본받고 군신의 존비가 있는 것은 땅이 높고 낮음이 있는 것을 본받은 것이다. 부부와 내외의 규칙을 제정하여 2물(二物 : 陰陽)을 법칙으로 삼고[經] 남편은 밖을 다스리고 아내는 안을 다스려서 각각 그 맡은 일을 다스리는 것이다. 부자(父子)·형제(兄弟)·고자(姑姊)·생구(甥舅)·혼구(昏媾)·인아(姻亞) 사이의 규칙을 제정하여 하늘의 밝음을 본받고 친소(親踈)의 순서가 천문(天文)의 항렬(行列)에 견주어 본뜬 것을 말한 것이다. 사위의 아버지를 인(姻), 두 사위끼리는 서로 이르기를 아(亞)라고 한다. 정사(政事)·용력(庸力)·행무(行務)의 규칙을 제정하여 4시(時)[855]를 따르고 임금에게 있는 일이 정(政)이고 신하에게 있는 일이 사(事)이다. 백성의 일[功]을 용(庸)이라 하고, 다스리는 일을 력(力)이라고 한다. 덕교(德敎)를 행하고 시요(時要)[856]를 힘쓰는 것이

---

850) 5성(聲) : 궁(宮)·상(商)·각(角)·치(徵)·우(羽)이다.

851) 9가(歌) : 9공(功)을 기리는 노래. 6부(六府 : 水·火·金·木·土·穀)와 3사(三事 : 正德·利用·厚生)를 9공이라 이른다.

852) 8풍(風) : 8방(方)의 바람.

853) 7음(音) : 5음(五音 : 宮·商·角·徵·羽)에 변궁(變宮)과 변치(變徵)를 더한 것이다.

854) 6률(律) : 황종(黃鍾)·태주(大簇)·고선(姑洗)·유빈(蕤賓)·이칙(夷則)·무역(無射)이다. 양성(陽聲)이 률(律)이 되고 음성(陰聲)이 려(呂)가 된다,

855) 4시(時) : 봄·여름·가을·겨울이다.

다. 형벌(刑罰)과 위옥(威獄)의 규칙을 제정하여 백성으로 하여금 두렵고 꺼리게 하여 우레와 번개가 살륙하는 것을 모방하고[類] 우레와 번개와 상설(霜雪)이 살륙을 담당한다. 온화하고 자애롭고 은혜롭고 조화로운 규칙을 제정하여 하늘이 만물을 낳아 기르는 것을 본받는 것입니다. 백성에게 호(好)·오(惡)·희(喜)·노(怒)·애(哀)·락(樂)이 있는 것은 6기에서 나온 것입니다. 그러므로 천지의 법칙을 살피고 그 류(類)에 따라 마땅하게 하여 6지(志)를 절제해야 합니다. 례를 만들어 호(好)·오(惡)·희(喜)·노(怒)·애(哀)·락(樂)의 6지(志)를 제재(制裁)하여 절도를 넘지 않게 한 것이다. 슬프면 곡읍(哭泣)이 있고 즐거우면 가무(歌舞)가 있고 기쁘면 베풂[施舍]이 있고 노여우면 싸움이 있는데, 기쁨은 좋아함에서 생기고 노여움은 미워함에서 생깁니다. 그러므로 행동을 살펴서 하고 명령을 미덥게 하여 화복과 상벌로써 사생(死生)을 제재(制裁)해야 합니다. 삶은 모두가 좋아하는 일[物]이고 죽음은 모두가 싫어하는 일인데, 좋아하는 일은 사람을 즐겁게 하고 싫어하는 일은 사람을 슬프게 하니 슬픔과 즐거움이 례를 잃지 않아야 천지의 본성과 화합하여 이로써 길고 오래갈 수 있습니다."

簡子曰 甚哉 禮之大也 對曰 禮 上下之紀 天地之經緯也 民之所以生也 是以先王尙之 故人之能自曲直以赴禮者 謂之成人 大 不亦宜乎 曲直以弼其性 **簡子曰 鞅也 請終身守此言也**

이에 간자(簡子)가 말하기를 "심오하도다. 례의 위대함이여."라고 하니, 자태숙(子大叔)이 대답하기를 "례는 상하의 기강(紀綱)이고 천지의 경위(經緯)[857]이며 백성이 생활하는 것이어서 이 때문에 선왕들은 이를 숭상한 것입니다. 그러므로 사람들이 스스로 굽히기도 하고[858] 바로 세우기도 하여[859] 례에 이르는 자를 일러 성인(成人)이라고 하니, 례가 위대하다는 것이 또한 마땅하지 않겠습니까."라고 하였다. 굽히기도 하고 바로 세우기도 하여 그 본성을 돕는 것이다. 간자가 말하기를 "나 앙(鞅)은 종신토록 이 말을 지키겠습니다."라고 하였다.

宋樂大心曰 我不輸粟 我於周爲客 二王後爲賓客 **若之何使客 晉士伯曰 自踐土以來** 在僖二十八年 **宋何役之不會 而何盟之不同 曰 同恤王室 子焉得辟之 子奉君命 以會**

856) 시요(時要) : 4시(時)의 중요한 일.

857) 경위(經緯) : 씨줄과 날줄. 조리(條理)와 질서(秩序)를 비유한다.

858) 스스로~하고 : 겸양의 도를 행하는 것이다.

859) 바로~하여 : 인륜(人倫)의 기강을 세우는 것이다.

大事 而宋背盟 無乃不可乎 右師不敢對 受牒而退 士伯告簡子曰 宋右師必亡 奉君命以使 而欲背盟以干盟主 無不祥大焉

송(宋)나라 악대심(樂大心)이 말하기를 "우리나라는 왕실에 곡식을 실어 보내지 않겠습니다. 우리나라는 주(周)나라에 대해 빈객인데 두 왕조(王朝 : 夏와 殷)의 후예는 주(周)나라의 빈객이 된다는 것이다. 어찌하여 빈객을 부립니까."라고 하였다. 진(晉)나라 사백(士伯)이 말하기를 "천토(踐土)에서 맹약한 이래로 희공(僖公) 28년에 있었다. 송나라가 어느 싸움에 참여하지 않았으며 어느 맹약에 함께하지 않은 때가 있었습니까. 천토의 맹약에 이르기를 '함께 왕실을 구휼한다.'라고 하였으니 그대는 어찌 이 일을 피할 수 있겠습니까. 그대는 임금의 명을 받들고 와서 대사를 론의하는 자리에 참석하였는데 송나라가 맹약을 위배한다면 안 되지 않습니까."라고 하니, 우사(右師 : 樂大心)가 감히 대답을 못하고 문서[牒][860]를 받아가지고 물러났다. 사백이 간자(簡子)에게 고하기를 "송나라 우사는 반드시 망할 것입니다. 임금의 명을 받들고 사신으로 와서 맹약을 위배하여 맹주를 범하고자 하였으니, 상서롭지 못함이 이보다 큰 것은 없습니다."[861]라고 하였다.

有鸜鵒來巢 구욕새가 와서 둥지를 틀었다.

鸜 公作鸛 ○鸜鵒不踰濟 今來魯 又去穴而巢 非常 故書

구(鸜)는 《공양전(公羊傳)》에는 관(鸛)으로 되어 있다. ○구욕새는 제수(濟水)를 넘어가지 않는다. 그런데 이제 로(魯)나라에 왔고 또 본래 살던 굴을 떠나 둥지를 틀었으니[862] 평상적인 일이 아니므로 경문에 기록한 것이다.

有鸜鵒來巢 書所無也 師己曰 異哉 吾聞文成之世 童謠有之 師己 魯大夫 **曰 鸜之鵒之 公出辱之** 言鸜鵒來 則公出辱 **鸜鵒之羽 公在外野 往饋之馬** 饋 遺也 **鸜鵒跦跦 公在乾侯** 跦跦 跳行貌 **徵褰與襦** 徵 求也 褰 袴也 襦 內衣 **鸜鵒之巢 遠哉遙遙 禂父喪勞 宋父**

860) 문서[牒] : 할당된 량곡(糧穀)과 보낼 수졸(戍卒)의 수(數)가 적힌 문서이다.

861) 상서롭지~없습니다 : 정공(定公) 10년에 악대심(樂大心)이 망명나가는 전(傳)의 배경이 된다.

862) 이제~틀었으니 : 이 새는 본래 제(齊)나라에 사는데 로(魯)나라로 왔고, 굴에서 사는데 나무에 둥지를 튼 것이다.

以驕 裯父 昭公 死外故喪勞 宋父 定公 代立故以驕 **鸜鵒鸜鵒 往歌來哭** 昭公生出歌 死還哭 **童謠有是 今鸜鵒來巢 其將及乎**

구욕새가 와서 둥지를 틀었다고 하였으니, 전에 없었던 일이기 때문에 경문에 기록한 것이다. 사기(師己)가 말하기를 "괴이하도다. 내가 듣건대 문공(文公)과 성공(成公) 시대에 동요가 있었는데 사기(師己)는 로(魯)나라 대부이다. 그 동요에 이르기를 '구욕새가 오면 임금님이 나가서 치욕을 당하리라. 구욕새가 오면 임금이 나가서 치욕을 당할 것이라는 말이다. 구욕새가 날아다니면 임금님은 외국의 들에 계시고 신하가 가서 말[馬]을 보내드리리라[饋]. 궤(饋)는 보내 줌이다. 구욕새가 뛰어다니면[跦跦] 임금님은 간후(乾侯)[863]에 계시면서 주주(跦跦)는 뛰어다니는 모양이다. 바지[褰]와 내의[襦]를 구하시리라[徵]. 징(徵)은 구함이다. 건(褰)은 바지이고 유(襦)는 내의이다. 구욕새가 둥지를 틀면 임금님은 멀리 떠나 불안하게 계시리라. 주보(裯父)님은 고생하다 돌아가시고[喪勞] 송보(宋父)님은 교만하리라. 주보(裯父)는 소공(昭公)이다.[864] 외국에서 죽으므로 상로(喪勞)라 한 것이다. 송보(宋父)는 정공(定公)이다.[865] 소공을 대신하여 임금이 되기 때문에 교만하다고 한 것이다. 구욕새여 구욕새여. 갈 때는 노래하고 올 때는 곡하리라.'라고 하였다. 소공(昭公)이 살아서 나가기 때문에 노래한다고 하였고 죽어서 돌아오기 때문에 곡한다고 한 것이다. 동요의 내용이 이러한데 지금 구욕새가 와서 둥지를 틀었으니 장차 화난이 닥칠 것이다."라고 하였다.

秋 七月 上辛 大雩 季辛 又雩 가을 7월 상순의 신일(辛日)에 크게 기우제를 지냈고 하순의 신일에 또 기우제를 지냈다.

季辛 下旬之辛

계신(季辛)은 하순(下旬)의 신일(辛日)이다.

秋 書再雩 旱甚也

가을에 두 번이나 기우제를 지냈다고 경문에 기록하였으니, 가뭄이 심하였기 때문이다.

---

863) 간후(乾侯) : 진(晉)나라 땅 이름.

864) 주보(裯父)는 소공(昭公)이다 : 소공(昭公)의 이름이 주(裯)이다.

865) 송보(宋父)는 정공(定公)이다 : 정공(定公)의 이름이 송(宋)이다.

九月 己亥 公孫于齊 次于陽州 齊侯唁公于野井 9월 기해일에 소공(昭公)이 제(齊)나라로 피신하여[孫] 양주(陽州)에 머무르니 제후(齊侯)가 야정(野井)에서 소공을 위문하였다.

己亥 公作乙亥 陽 公作揚 ○陽州 齊魯境上邑 野井 齊地 內諱奔 故曰孫

기해(己亥)는 《공양전(公羊傳)》에는 을해(乙亥)로 되어 있다. 양(陽)은 《공양전》에는 양(揚)으로 되어 있다. ○양주(陽州)는 제(齊)나라와 로(魯)나라의 국경에 있는 읍이다. 야정(野井)은 제나라 땅이다. 내부적으로 도망한 것을 숨겼기 때문에 손(孫)이라고 한 것이다.

初 季公鳥娶妻於齊鮑文子 生甲 公鳥 季公亥之兄 平子庶叔父 **公鳥死 季公亥與公思展與公鳥之臣申夜姑相其室** 公亥卽公若 展 季氏族 相 治也 **及季姒與饔人檀通** 季姒 公鳥妻 檀 饔人名 **而懼 乃使其妾抶己 以示秦遄之妻** 秦遄 魯大夫 妻 公鳥妹秦姬 抶 扑也 **曰 公若欲使余** 欲使我以非禮 **余不可而抶余 又訴於公甫** 平子弟 **曰 展與夜姑將要余** 要 劫也 **秦姬以告公之** 亦平子弟 **公之與公甫告平子 平子拘展於卞** 卞 季氏邑 **而執夜姑 將殺之 公若泣而哀之 曰 殺是 是殺余也 將爲之請 平子使豎勿內 日中 不得請 有司逆命** 執夜姑之有司 請命 **公之使速殺之 故公若怨平子**

앞서 계공조(季公鳥)가 제(齊)나라 포문자(鮑文子)의 딸을 아내로 맞이하여 갑(甲)을 낳았다. 공조(公鳥)는 계공해(季公亥)의 형이고 평자(平子)의 서숙부(庶叔父)이다. 공조(公鳥)가 죽자 계공해(季公亥)가 공사전(公思展)과 공조의 가신인 신야고(申夜姑)와 함께 그 집안을 다스렸다[相]. 공해(公亥)는 바로 공약(公若)이고 전(展)은 계씨(季氏)의 족속이다. 상(相)은 다스림이다. 계사(季姒)가 옹인(饔人)인 단(檀)과 사통하고는 계사(季姒)는 공조(公鳥)의 처이다. 단(檀)은 옹인(饔人 : 료리사)의 이름이다. 두려워 자기의 시첩(侍妾)을 시켜 자기에게 매질하게[抶] 하고는 이를 진천(秦遄)의 처에게 보이며 진천(秦遄)은 로(魯)나라 대부이고 그의 처는 공조(公鳥)의 누이동생 진희(秦姬)이다. 질(抶)은 매질함이다. 말하기를 "공약(公若 : 季公亥)이 나를 함부로 하려 하기에[866] 공약(公若)이 나에게 례가 아닌 짓을 시키려 하였다는 것이다. 내가 안 된다고 하였더니 나를 매질하였습니다."라 하고, 또 공보(公甫)에게 하소연하여 평자(平子)의 아우이다. 말하기를 "전(展)과 야고(夜姑)가 나를 겁박하려[要] 합니다."[867]라고 하였다. 요(要)는 겁박(劫迫)함이다. 진희(秦姬)가 이를 공지(公之)

---

866) 나를~하기에 : 자신을 겁탈하려 했다는 것이다.

867) 나를~합니다 : 공사전(公思展)과 신야고(申夜姑)가 자기에게 비례(非禮)를 저지르도록 겁박한다는 것이

에게 고하니 또한 평자(平子)의 아우이다. 공지는 공보와 함께 이를 평자(平子)에게 고하였다. 평자가 변(卞) 땅에 전을 구금하고 변(卞)은 계씨(季氏)의 읍이다. 야고를 잡고서 장차 죽이려고 하였다. 공약이 눈물을 흘리며 슬피 말하기를 "이 사람을 죽이는 것은 곧 나를 죽이는 것이다."라 하고 야고를 위해 사면을 요청하려 했으나 평자가 하인[豎]을 시켜 들어오지 못하게 하니, 한낮이 되도록 간청할 수 없었다. 유사(有司)가 평자의 명을 받으려 하였으나 야고(夜姑)를 잡은 유사(有司)가 명을 받으려 한 것이다.[868] 공지는 그 유사에게 속히 야고를 죽이게 하였다. 그리하여 공약은 평자에게 원한을 품었다.

季郈之雞鬪 **季平子郈昭伯二家相近 故雞鬪** **季氏介其雞** **作小鎧 著雞頭** **郈氏爲之金距 平子怒** **以金爲雞距 怒其不下己** **益宮於郈氏** **侵郈氏室以自益** **且讓之 故郈昭伯亦怨平子**

계씨(季氏)와 후씨(郈氏)가 닭싸움을 하였는데 계평자(季平子)와 후소백(郈昭伯)의 두 집이 서로 가까웠기 때문에 닭싸움을 한 것이다. 계씨는 자기의 닭에게 투구를 씌우고 작은 투구를 만들어 닭의 머리에 씌운 것이다. 후씨는 자기의 닭에게 쇠발톱을 끼웠다. 이에 평자(平子)는 노하여 쇠로 닭의 발톱을 만든 것이다. 그가 자기에게 굽히지 않은 것에 노한 것이다. 후씨의 집터까지 자기의 궁실을 넓히고 후씨(郈氏)의 집을 침범하여 자신의 집을 넓힌 것이다. 또 그를 꾸짖었다. 그리하여 후소백(郈昭伯) 또한 평자에게 원한을 품었다.

臧昭伯之從弟會 **昭伯 臧爲子** **爲讒於臧氏 而逃於季氏 臧氏執旃 平子怒 拘臧氏老** **老家臣** **將禘於襄公 萬者二人 其衆萬於季氏** **季氏私祭 與禘同日 樂人少 季氏先使自足 於公萬者唯有二人** **臧孫曰 此之謂不能庸先君之廟** **言不能用禮也** **大夫遂怨平子**

장소백(臧昭伯)의 종제(從弟)인 회(會)가 소백(昭伯)은 장위자(臧爲子)이다. 장씨(臧氏 : 臧昭伯)를 참소하고 계씨(季氏)의 집으로 도망갔다. 이에 장씨가 그[旃][869]를 잡으니 평자(平子)가 노하여 장씨의 가신[老]을 구금하였다. 로(老)는 가신(家臣)이다. 한편 양공(襄公)의 사당에서 체제(禘祭)[870]를 지내려 할 때 만무(萬舞)[871]를 추는 자가 두 사람뿐이고 다른 무리는 계씨의

다.

868) 유사(有司)가~것이다 : 유사(有司)가 신야고(申夜姑)를 어떻게 처리할지에 대한 명을 받으려 한 것이다.

869) 그[旃] : '旃'은 '之'와 같다.

870) 체제(禘祭) : 임금이 하늘과 선조에 지내는 대제(大祭).

871) 만무(萬舞) : 문무(文舞)와 무무(武舞)를 아울러 이르는 말. 무무에는 방패[干]와 도끼[戚]를 쓰니 이를 간무(干舞)라 하고, 문무에는 피리[籥]와 꿩깃[翟羽]을 쓰니 이를 약무(籥舞)라고 한다.

집에서 만무를 추었다. 계씨(季氏)의 사적인 제사가 체제(禘祭)를 지내는 날과 같고 악인(樂人)의 수가 적었기 때문에 계씨가 먼저 자신의 집 제사에 악인을 채우게 하였으므로 양공(襄公)의 사당에서 만무(萬舞)를 추는 자가 오직 두 사람이었다. 장손(臧孫 : 臧昭伯)이 말하기를 "이것을 일러 선군의 사당에 례를 사용할 수 없다는 것이로구나."라고 하니 례를 제대로 사용할 수 없다는 말이다. 대부들은 드디어 평자에게 원한을 품었다.

公若獻弓於公爲 昭公子務人 **且與之出射於外 而謀去季氏 公爲告公果公賁** 果賁皆公爲弟 **公果公賁使侍人僚柤告公 公寢 將以戈擊之 乃走 公曰 執之 亦無命也** 公佯怒欲擊 及走 獨言執之 實不命人 **懼而不出 數月不見 公不怒 又使言** 又使柤告 **公執戈以懼之 乃走 又使言 公曰 非小人之所及也** 謂僚柤爲小人 **公果自言 公以告臧孫 臧孫以難** 言難逐 **告郈孫 郈孫以可 勸** 以可逐勸公 **告子家懿伯** 懿伯 子家羈 **懿伯曰 讒人以君徼幸 事若不克 君受其名** 徒以虛名受禍 **不可爲也 舍民數世 以求克事 不可必也** 舍 失也 **且政在焉 其難圖也 公退之** 退使去 **辭曰 臣與聞命矣 言若洩 臣不獲死 乃館於公** 留公宮以自明

공약(公若)이 공위(公爲)에게 활을 바치고 공위(公爲)는 소공(昭公)의 아들 무인(務人)이다. 또 그와 함께 나가 교외에서 활쏘기를 하면서 계씨(季氏 : 季平子)를 제거하기로 모의하였다. 공위가 이 일을 공과(公果)와 공분(公賁)에게 말하니 과(果)와 분(賁)은 모두 공위(公爲)의 아우이다. 공과와 공분은 시인(侍人)인 료사(僚柤)를 시켜 소공(昭公)에게 고하게 하였다. 이때 소공이 침소에 있다가 창으로 그를 치려 하니 료사가 달아났다. 그러자 소공이 "저 놈을 잡아라."라고만 말하고 다른 명을 내리지 않았다. 소공(昭公)이 거짓으로 노한 체하여 치려고 하였으나 료사(僚柤)가 도망가자 혼잣말로 잡으라고 하였고 실제로 사람에게 명을 내리지 않은 것이다. 료사가 두려워 나가지 못하고 수개월 동안 소공을 알현하지 않았으나 소공은 노여워하지 않았다. 공과와 공분이 또 고하게 하자 또 사(柤)를 시켜 고하게 한 것이다. 소공이 창을 잡고 위협하니 료사는 달아났다. 그 뒤 또 고하게 하니, 소공이 말하기를 "이 일은 소인이 언급할 일이 아니다."라고 하였다. 료사(僚柤)를 일러 소인이라고 한 것이다. 공과가 직접 고하자 소공이 그 일을 장손(臧孫)에게 이르니, 장손은 어려운 일이라고 하였다. 계평자(季平子)를 축출하기 어렵다는 말이다. 후손(郈孫 : 郈昭伯)에게 이르니 후손은 가능하다고 하면서 소공에게 권하였다. 축출할 수 있다는 말로 소공(昭公)에게 권한 것이다. 자가의백(子家懿伯)[872]에게 이르니 의백(懿伯)은 자가기(子家羈)이다.

872) 자가의백(子家懿伯) : 로장공(魯莊公)의 현손(玄孫).

의백(懿伯)이 말하기를 "참소하는 자들이 임금님을 끼고서 요행을 바라고 벌이는 일입니다. 일이 만약 성공하지 못하면 임금님께서는 허명을 얻게 될 것이니 한갓 헛된 이름으로 화를 입게 된다는 것이다.873) 하셔서는 안 됩니다. 백성을 여러 대 동안 버려두었다가[舍] 일을 이루기를 구하시니 반드시 그렇게 될 수 없습니다. 사(舍)는 버려둠이다. 또 정권이 계씨에게 있으니 아마 도모하기 어려울 것입니다."라고 하니, 소공이 그를 물러나게 하였다. 물러나 가게 한 것이다. 의백이 물러나기를 사양하며 말하기를 "신이 명을 들었으니 이 말이 만약 새어 나간다면 신은 제명에 죽지 못할 것입니다."라 하고 공궁(公宮)에 머물렀다. 공궁(公宮)에 머물러 스스로 밝힌 것이다.874)

叔孫昭子如闞 闞 魯邑 **公居於長府** 官府名 **九月 戊戌 伐季氏 殺公之于門 遂入之 平子登臺而請曰 君不察臣之罪 使有司討臣以干戈 臣請待於沂上以察罪 弗許** 魯城南有沂水 **請囚于費 弗許 請以五乘亡 弗許 子家子曰 君其許之 政自之出久矣 隱民多取食焉** 隱 約 窮困 **爲之徒者衆矣 日入慝作 弗可知也** 日冥姦人將起 **衆怒不可蓄也 蓄而弗治 將薀** 薀 積也 **薀蓄 民將生心 生心 同求將合** 同求叛君 **君必悔之 弗聽 郈孫曰 必殺之 公使郈孫逆孟懿子**

숙손소자(叔孫昭子 : 叔孫婼)가 감(闞) 땅에 갔을 때 감(闞)은 로(魯)나라 읍이다. 소공(昭公)은 장부(長府)875)에 있었다. 관부(官府)의 이름이다. 9월 무술일에 계씨(季氏)를 쳐서 대문에서 공지(公之)를 죽이고 드디어 안으로 들어갔다. 평자(平子)가 대(臺)에 올라가 청하기를 "임금님께서는 신의 죄를 살피지 않으시고 유사(有司)를 시켜 무기로 신을 토죄하셨습니다. 신은 기수(沂水) 가에서 기다리며 죄를 살펴주시기를 청합니다."라고 하였으나 소공은 허락하지 않았다. 로(魯)나라 성(城) 남쪽에 기수(沂水)가 있다. 다시 비(費) 땅에 가두어주기를 청하였으나 허락하지 않고, 5승(乘)의 수레로 망명가겠다고 청하였으나 이 또한 허락하지 않았다. 자가자(子家子 : 子家懿伯)가 말하기를 "임금님께서는 계평자의 청을 허락하십시오. 정령이 저 집안에게 나온 지가 오래되어 군색한[隱] 백성이 대부분 저 집안에게 먹을 것을 얻었기에 은(隱)은 군색함[約]이니 궁곤(窮困)한 것이다. 그 집안을 위하는 무리가 많습니다. 따라서 해가 지면

873) 한갓~것이다 : 현실을 무시하고 군신(君臣) 사이의 질서를 바로잡는다는 헛된 이름만 추구했다는 비웃음을 사게 된다는 것이다.

874) 공궁(公宮)에~것이다 : 계씨(季氏)를 축출하려는 모의를 루설하지 않겠다는 의미이다.

875) 장부(長府) : 재화와 무기를 저장하고 관리하는 관부(官府).

사특한 기운이 일어날지 알 수 없습니다. 날이 어두워지면 간인(姦人)들이 장차 일어난다는 것이다. 군중의 분노를 쌓이게 해서는 안 됩니다. 분노가 쌓이는데도 다스리지 않는다면 장차 더욱 쌓이게[薀] 됩니다. 온(薀)은 쌓임이다. 분노가 쌓이면 백성은 배반할 마음이 생기고 배반의 마음이 생기면 뜻을 함께하는 자를 구하여 규합할 것이니, 함께 임금을 배반할 자들을 구한다는 것이다. 그러면 임금께서는 반드시 후회하게 될 것입니다."라고 하였으나 소공은 들어주지 않았다. 후손(郈孫)이 말하기를 "반드시 그[季平子]를 죽여야 합니다."라고 하자, 소공이 후손에게 맹의자(孟懿子)를 데려오게 하였다.

叔孫氏之司馬鬷戾言於其衆曰 若之何 莫對 衆疑所助 **又曰 我家臣也 不敢知國 凡有季氏與無 於我孰利 皆曰 無季氏 是無叔孫氏也 鬷戾曰 然則救諸 帥徒以往 陷西北隅以入 公徒釋甲執冰而踞** 冰 箭筩 其蓋可以取飮 言無戰心 **遂逐之 孟氏使登西北隅以望季氏 見叔孫氏之旌 以告 孟氏執郈昭伯 殺之于南門之西 遂伐公徒 子家子曰 諸臣僞劫君者 而負罪以出 君止** 令諸臣僞作劫君以伐季氏者 負罪出奔 君自可止 **意如之事君也 不敢不改** 不敢不改其所爲 **公曰 余不忍也 與臧孫如墓謀** 辭先君 且謀所奔 **遂行**

숙손씨(叔孫氏)의 사마(司馬)인 종려(鬷戾)가 그의 무리에게 말하기를 "어떻게 해야 하겠는가?"라고 하였는데 대답하는 자가 없었다. 대중이 누구를 도울지 의구심을 가진 것이다. 또 말하기를 "우리는 가신이니 감히 나랏일에 대해서는 알 바가 아니다. 무릇 계씨(季氏)가 있는 것과 없는 것 가운데 어느 쪽이 우리에게 더 리롭겠는가?"라고 하자, 모두 말하기를 "계씨가 없으면 숙손씨도 없어지게 됩니다."라고 하였다. 종려가 말하기를 "그렇다면 계씨를 구원해야 한다."라 하고는 무리를 거느리고 가서 계씨 집 서북쪽 모퉁이를 허물고 집안으로 들어갔다. 그때 소공(昭公)의 무리는 갑옷을 풀고 화살통[冰]을 손에 잡고 앉아 쉬고 있었기에 빙(冰)은 화살통이다. 그 덮개로 물을 떠 마실 수 있으니 싸울 마음이 없다는 말이다. 드디어 종려는 그들을 몰아내었다. 이때 맹씨(孟氏)는 사람을 시켜 자기 집 서북쪽 모퉁이에 올라 계씨의 집을 살펴보게 하였는데, 숙손씨의 기를 보고 그 사실을 알려왔다. 이에 맹씨는 후소백(郈昭伯 : 郈孫)을 사로잡아 남문(南門)의 서쪽에서 죽이고 드디어 소공의 무리를 쳤다. 자가자(子家子)가 소공에게 말하기를 "우리 여러 신하는 임금님을 겁박한 자들이라고 꾸며 죄를 지고 떠날 것이니 임금님께서는 떠나지 마십시오. 여러 신하는 임금을 겁박하여 계씨(季氏)를 치게 한 자들로 꾸며서 죄를 지고 망명나갈 것이니 임금은 스스로 남아있어도 된다는 것이다. 그러면 의여(意如 : 季平子)도 임금님 섬기는 태도를 감히 고치지 않을 수 없을 것입니다."라고 하니, 감히 그의 행동을 고치지 않을 수 없다는 것이다. 소공이 말하기를 "나는 차마 그럴 수 없다."라 하고, 장손(臧孫)과 함께 묘지에 가서 모의하고 선군에게 떠남을 고하고 또 망명가는 곳에 대하여 모의한 것이다. 드디어 떠났다.

己亥 公孫于齊 次于陽州 未敢直前 故次于竟 **齊侯將唁公于平陰 公先至于野井 齊侯曰 寡人之罪也 使有司待于平陰 爲近故也** 平陰近魯 野井近齊 齊侯言爲近魯 故使有司先待于平陰 將自往迎 而魯侯已至野井 是己咎也 **書曰 公孫于齊 次于陽州 齊侯唁公于野井 禮也 將求於人 則先下之 禮之善物也** 謂先往至野井

기해일에 소공(昭公)은 제(齊)나라로 피신하여 양주(陽州)에 머물렀다. 감히 바로 나아갈 수 없었으므로 국경에 머문 것이다. 제후(齊侯)가 평음(平陰)에서 소공을 위문하려 하였으나 소공이 먼저 야정(野井)에 이르렀다. 제후가 말하기를 "과인의 죄입니다. 유사(有司)에게 평음에서 기다리도록 한 것은 가깝기 때문이었습니다."라고 하였다. 평음(平陰)은 로(魯)나라에 가깝고 야정(野井)은 제(齊)나라에 가깝기 때문에[876] 제후(齊侯)가 평음은 로나라에 가깝다고 말한 것이다. 그러므로 유사에게 먼저 평음에서 기다리게 하고 자신이 가서 맞이하려고 하였으나 로후(魯侯)가 이미 야정에 이르렀으니, 이는 자신의 허물이라는 것이다. 경문에 소공이 제나라로 피신하여 양주에 머무르니 제후가 야정에서 소공을 위문하였다고 기록한 것은 례에 맞았기 때문이다. 남에게 도움을 구하려면 먼저 자신을 낮추는 것이 례의상 좋은 일이다. 소공(昭公)이 먼저 가서 야정(野井)에 도착한 것을 이른다.

齊侯曰 自莒疆以西 請致千社 千社 二萬五千家 欲給公 **以待君命** 待伐季氏之命 **寡人將帥敝賦 以從執事 唯命是聽 君之憂 寡人之憂也 公喜 子家子曰 天祿不再 天若胙君 不過周公 以魯足矣 失魯而以千社爲臣** 言臣千社之人 **誰與之立 且齊君無信 不如早之晉 弗從**

제후(齊侯)가 말하기를 "거(莒)나라 국경에서 서쪽으로 1천 사(社)의 땅을 드리고 1천 사(社)는 2만 5천 가(家)로 소공(昭公)에게 주고자 한 것이다. 임금님의 명을 기다리겠습니다. 계씨(季氏)를 치라는 명을 기다리겠다는 것이다. 그리고 과인은 우리나라 군대를 거느리고 집사[877]를 따라 오직 명령하시는 바를 듣겠습니다. 임금님의 근심이 바로 과인의 근심이기 때문입니다."라고 하니, 소공(昭公)이 기뻐하였다. 자가자(子家子)가 말하기를 "하늘의 복은 두 번 오지 않습니다. 하늘이 만약 임금님께 복을 내린다하더라도 주공(周公)께서 받으신 것을 넘지 않을 것

876) 야정(野井)은~때문에 : 제(齊)나라 땅인 야정(野井)은 제나라 국도에 가깝다는 것이다.
877) 집사 : 소공(昭公)을 이른다.

이니, 로(魯)나라를 다시 차지하는 것으로 충분한 것입니다. 그런데 로나라를 잃고 1천 사를 얻어 제(齊)나라의 신하가 된다면 1천 사(社)를 내린 사람의 신하가 된다는 말이다. 누가 임금님과 함께 서려 하겠습니까.[878] 또 제나라 임금은 신의가 없으니 서둘러 진(晉)나라로 가는 것만 같지 못합니다."라고 하였으나 소공은 따르지 않았다.

臧昭伯率從者將盟 載書曰 戮力壹心 好惡同之 信罪之有無 信 明也 處者有罪 從者無罪 **繾綣從公 無通外內** 繾綣 不離散 **以公命示子家子 子家子曰 如此 吾不可以盟 羈也不佞 不能與二三子同心 而以爲皆有罪** 從者陷君 留者逐君 皆有罪也 **或欲通外內 且欲去君** 言我固欲通外內之言 彼此解說 不必繾綣從公 **二三子好亡而惡定** 謂好出奔而惡歸國 **焉可同也 陷君於難 罪孰大焉 通外內而去君 君將速入 弗通何爲** 不通外內 果欲何爲 **而何守焉** 何必守公 **乃不與盟**

장소백(臧昭伯)이 소공(昭公)을 따르는 자들을 거느리고 맹약하려 할 때 재서(載書)에 이르기를 '힘을 합하여 한마음으로 좋아함과 미워함을 함께하며 죄의 유무를 밝히고[信] 신(信)은 밝힘이다. 로(魯)나라에 머물러 있는 자는 죄가 있고 소공(昭公)을 따르는 자는 죄가 없다는 것이다. 임금님을 따라 흩어지지 않고[繾綣] 내외[879] 사이에 소통하지 말라.'고 하였다. 견권(繾綣)은 흩어지지 않음이다. 그리고 소공의 명이라고 하면서 자가자(子家子)에게 이 재서를 보여주니, 자가자가 말하기를 "이와 같이 하면 나는 맹약할 수 없습니다. 나 기(羈)는 재주가 없어 여러분과 뜻을 같이할 수 없고, 그리고 여러분 모두에게 죄가 있다고 여기기 때문입니다. 임금을 따라 망명한 자들은 임금을 화난에 빠뜨렸고 국내에 남은 자들은 임금을 몰아냈으니 모두에게 죄가 있다는 것이다. 혹자[880]는 내외를 소통시키려 하고 또 임금님을 떠나 일을 꾀하고자 합니다. 나는 진실로 내외의 말을 소통시켜 피차의 생각을 해설하고자 하는 것이고, 흩어지지 않고 소공(昭公)을 따를 필요가 없다는 말이다. 그런데 여러분은 망명하기를 좋아하고 임금 자리를 안정시키기를 싫어하니 망명나가기를 좋아하고 귀국하기를 싫어한다는 말이다. 어찌 뜻을 같이할 수 있겠습니까. 그리고 임금님을 화난에 빠뜨렸으니 이보다 큰 죄가 어디에 있겠습니까.[881] 내외를 소통시키려고 임금님 곁을 떠난다면 임금님의 귀국이 빨라질 것이니 어찌 소통하지 않을 수 있겠으며 내외를 소통

878) 누가~하겠습니까 : 누구도 소공(昭公)의 복위를 도우려하지 않는다는 말이다.

879) 내외 : 망명나가 있는 자와 국내에 남아있는 자.

880) 혹자 : 자가자(子家子) 자신을 이른다.

881) 임금님을~있겠습니까 : 소공(昭公)에게 계씨(季氏)를 치라고 권하였으나 일이 실패하여 소공이 망명하게 되었으니 이보다 큰 죄가 없다는 것이다.

시키지 않으면서 과연 무엇을 하고자 하겠느냐는 것이다. 어찌 임금님을 지키고만 있겠습니까."라 하고 어찌 반드시 소공(昭公)만을 지키고 있겠느냐는 말이다. 맹약에 참여하지 않았다.

初 臧昭伯如晉 臧會竊其寶龜僂句 僂句 龜所出地名 **以卜爲信與僭** 卜所爲之信與不信 **僭吉 臧氏老將如晉問** 問昭伯起居 **會請往 昭伯問家故 盡對** 故 事也 **及內子與母弟叔孫則不對** 內子昭伯妻 不對若有他故 **再三問 不對 歸 及郊 會逆 問 又如初** 又不對 **至 次於外而察之 皆無之** 皆無他故 **執而戮之 逸 奔郈 郈魴假使爲賈正焉** 魴假 郈邑大夫 賈正 市吏 **計於季氏** 送計簿於季氏 **臧氏使五人以戈楯伏諸桐汝之閭** 桐汝 里名 **會出 逐之 反奔** 反奔季氏 **執諸季氏中門之外 平子怒 曰 何故以兵入吾門 拘臧氏老 季臧有惡** 相怨惡 **及昭伯從公 平子立臧會** 立以爲臧氏後 **會曰 僂句不余欺也**

이보다 앞서 장소백(臧昭伯)이 진(晉)나라에 갔을 때 종제(從弟)인 장회(臧會)가 장소백의 보귀(寶龜)[882]인 루구(僂句)를 훔쳐서 루구(僂句)는 거북이 나온 땅 이름이다.[883] 진실하게 하는 것과 진실하지 않게 하는 것에 대해 점을 치니 진실한 것과 진실하지 않은 행위에 대하여 점친 것이다. 진실하지 않게 행동하는 것이 길하였다. 장씨(臧氏)의 가로(家老)[884]가 진나라에 가서 문안하려 할 때 소백(昭伯)의 안부를 물으려는 것이다. 회(會)가 대신 가기를 청하여 진나라에 갔다. 소백(昭伯)이 집안일[故]을 묻자 모두 대답하였는데 고(故)는 일이다. 내자(內子)와 모제(母弟)인 숙손(叔孫 : 臧叔孫)에 대해서는 대답하지 않고 내자(內子)는 소백(昭伯)의 처(妻)이다. 대답하지 않은 것은 마치 다른 일이 있는 것처럼 한 것이다. 두세 번 물었는데도 대답하지 않았다. 소백이 귀국하면서 교외에 이르렀을 때 회가 맞이하였다.[885] 소백이 묻자 또 전과 같았다. 또 대답하지 않은 것이다. 소백이 도착하여 밖에 머물면서 살펴보니 모두 무고하였다. 모두 다른 일이 없었다. 소백이 회를 잡아 죽이려고 하자 달아나 후(郈) 땅으로 도망하니, 후방가(郈魴假)가 그를 고정(賈正)으로 삼았다. 방가(魴假)는 후읍대부(郈邑大夫)이다. 고정(賈正)은 시리(市吏)[886]이다. 회가 계씨(季氏)에게 회계보고를 하러 가니 후방가(郈魴假)가 장회(臧會)를 시켜 회계장부를 계씨(季氏)에게 보낸 것이다. 장씨(臧氏)가 다섯 사람을 시켜 창과 방패를 가지고 동여(桐汝)의 마을 어귀 문에

---

882) 보귀(寶龜) : 길흉을 점치는 데 쓰는 거북.

883) 루구(僂句)는~이름이다 : 거북이 나온 땅 이름으로 거북의 이름을 삼은 것이다.

884) 가로(家老) : 가신(家臣)의 우두머리.

885) 소백이~맞이하였다 : 장소백(臧昭伯)이 귀국할 때 장회(臧會)가 맞이할 수 있었던 것은 진(晉)나라에서 장회가 장소백에게 안부를 물은 뒤 먼저 로(魯)나라로 돌아와 있었기 때문이다.

886) 시리(市吏) : 시장을 관리하는 관리.

매복하게 하였다. 동여(桐汝)는 마을 이름이다. 회가 나오자 그를 뒤쫓으니 다시 되돌아 도망하였다. 계씨(季氏)의 집으로 되돌아 도망한 것이다. 계씨의 중문 밖에서 그를 잡으니 평자(平子)가 노하여 말하기를 "무엇 때문에 병기를 들고 내 집 문안으로 들어왔느냐."라 하고 장씨의 가로를 구속하니 계씨와 장씨가 서로 미워하게 되었다. 서로 원망하고 미워한 것이다. 소백이 소공(昭公)을 따라가게 되자 평자가 장회를 후계로 세웠다. 장회(臧會)를 세워 장씨(臧氏)의 후계로 삼은 것이다. 회가 말하기를 "루구(僂句)가 나를 속이지 않았구나."라고 하였다.

冬 十月 戊辰 叔孫婼卒 겨울 10월 무진일에 숙손착(叔孫婼)이 졸하였다.

昭子自闞歸 見平子 平子稽顙 曰 子若我何 昭子曰 人誰不死 子以逐君成名 子孫不忘 不亦傷乎 將若子何 平子曰 苟使意如得改事君 所謂生死而肉骨也 昭子從公于齊 與公言 子家子命適公館者執之 恐從者知叔孫謀 **公與昭子言於幄內 曰 將安衆而納公 公徒將殺昭子 伏諸道 左師展告公** 展 魯大夫 **公使昭子自鑄歸** 鑄地名 避伏兵 **平子有異志** 不欲復納公 **冬十月 辛酉 昭子齊於其寢 使祝宗祈死 戊辰 卒** 恥爲平子所欺 因祈而自殺 **左師展將以公乘馬而歸 公徒執之** 欲與公單騎而歸

소자(昭子 : 叔孫婼)가 감(闞) 땅에서 돌아와 평자(平子)를 만나니, 평자가 이마를 조아리며 말하기를 "그대는 나에게 무엇을 해주시겠습니까?"[887]라고 하였다. 소자가 말하기를 "사람은 누구나 죽지 않겠습니까. 당신은 임금을 축출한 것으로 이름을 이루었으니 자손들이 잊지 못할 것입니다. 이 또한 걱정거리가 아니겠습니까. 그러니 장차 내가 그대에게 무엇을 해줄 수 있겠습니까."[888]라고 하니, 평자가 말하기를 "만일 나 의여(意如)로 하여금 다시 임금님을 섬길 수 있도록 해 준다면 이는 이른바 죽은 이를 되살리고 뼈에 살을 붙게 하는 것입니다."라고 하였다. 소자가 제(齊)나라로 소공(昭公)을 찾아가서 소공과 이야기를 하였는데 자가자(子家子)는 공관(公館)으로 가는 자는 잡으라고 명을 내렸다. 종자들이 숙손(叔孫)의 계책을 알게 되는 것을 우려한 것이다. 소공이 소자와 장막 안에서 이야기할 때 소자가 "대중[889]

887) 그대는~해주시겠습니까 : 지금 자신이 취해야 할 계책을 소자(昭子)에게 물은 것이다.
888) 내가~있겠습니까 : 소공(昭公)을 귀국시키는 일 외에는 다른 계책이 없다는 것이다.
889) 대중 : 계씨(季氏)를 도와 소공(昭公)을 축출한 무리이다.

을 안정시킨 뒤에 임금님을 들이고자 합니다."라고 하자 소공의 무리가 소자를 죽이려고[890] 길에 매복하였다. 좌사(左師)인 전(展)이 소공에게 이 일을 고하니 전(展)은 로(魯)나라 대부이다. 소공은 소자에게 주(鑄) 땅을 지나 돌아가게 하였다. 주(鑄)는 땅 이름이다. 복병을 피하게 한 것이다. 평자가 뜻을 달리하게 되자 다시 소공(昭公)을 받아들이려 하지 않은 것이다. 겨울 10월 신유일에 소자가 묘침(廟寢)[891]에서 재계하면서 축종(祝宗)[892]에게 자기가 죽도록 기도하게 하고 무진일에 졸하였다. 평자(平子)에게 기만당한 것을 치욕으로 여겨 이로 인해 죽게 해달라고 빌고 자살한 것이다. 좌사 전이 소공을 말에 태워서 로(魯)나라로 돌아가려 하니, 소공의 무리가 그를 잡았다. 좌사 전(展)이 소공(昭公)과 함께 단기(單騎)로 돌아가고자 한 것이다.

○壬申 尹文公涉于鞏 焚東訾 弗克 **東訾 敬王邑 自鞏涉洛水**

○임신일에 윤문공(尹文公)[893]이 공(鞏) 땅에서 물을 건너 동자(東訾)에 불을 놓았으나 이기지 못하였다. 동자(東訾)는 경왕(敬王)의 읍이다. 공(鞏) 땅에서 락수(洛水)를 건넌 것이다.

十有一月 己亥 宋公佐卒于曲棘 11월 기해일에 송공(宋公) 좌(佐)가 곡극(曲棘)에서 졸하였다.

曲棘 宋地

곡극(曲棘)은 송(宋)나라 땅이다.

十一月 宋元公將爲公故如晉 **請納公** **夢大子欒卽位於廟** **欒 元公大子** **己與平公服而相之** **平公 元公父 服 朝服** **且 召六卿 公曰 寡人不佞 不能事父兄** **父兄謂華向** **以爲二三子憂 寡人之罪也 若以羣子之靈 獲保首領以歿 唯是楄柎所以藉幹者** **楄 音楩 柎 音附 楄柎棺中笭牀以藉尸者 幹 骸骨也** **請無及先君** **欲自貶損** **仲幾對曰 君若以社稷之故 私降昵宴** **昵**

---

890) 소공의~죽이려고 : 소자(昭子)의 계획대로 소공(昭公)만 국내로 들어간다면 소공을 따라 망명한 자들은 들어갈 수 없기 때문에 소자를 죽이려 한 것이다.

891) 묘침(廟寢) : 사당(祠堂)에서 신주를 모신 곳을 묘(廟)라 하고, 묘 뒤에 제구(祭具)나 제복(祭服)을 보관하는 곳을 침(寢)이라고 한다.

892) 축종(祝宗) : 제사 때 기도를 주관하는 사람.

893) 윤문공(尹文公) : 왕자 조(朝)의 당여이다.

近 宴樂之事 **羣臣弗敢知 若夫宋國之法 死生之度 先君有命矣 羣臣以死守之 弗敢失隊 臣之失職 常刑不赦 臣不忍其死 君命祗辱 宋公遂行 己亥 卒于曲棘**

11월에 송원공(宋元公 : 佐)이 소공(昭公)을 위한 일로 진(晉)나라에 가려고 하였다. 소공(昭公)을 들여보내기를 청하기 위해서였다. 그때 꿈에 태자 란(欒)이 종묘에서 즉위하는데 란(欒)은 원공(元公)의 태자이다. 자기와 평공(平公)이 조복[服]을 입고 그를 보좌하였다. 평공(平公)은 원공(元公)의 아버지이다. 복(服)은 조복(朝服)이다. 아침에 6경(卿)을 불러 원공이 말하기를 "과인이 재주가 없어 부형을 잘 섬기지 못하여 부형은 화씨(華氏)와 상씨(向氏)를 이른다. 여러분에게 걱정을 끼쳤으니 과인의 죄이다. 만약 여러분의 덕택[靈]으로 머리와 목을 보존하여 죽는다면 오직 편부(楄柎)만을 시신[幹]의 깔개로 쓰고 편(楄)은 음이 편(楩)이고 부(柎)는 음이 부(附)이다. 편부(楄柎)는 관(棺) 안의 령상(苓牀)[894]으로 시신의 깔개이다. 간(幹)은 해골이다. 선군의 장례 때보다 미치지 못하게 하기를 청하노라."라고 하였다. 스스로 줄이고자 한 것이다. 중기(仲幾)[895]가 대답하기를 "임금님께서 만약 사직의 일로 사사로이 연회를 가까이하는[昵] 것을 줄이는 것이라면 닐(昵)은 가까이함이니 연회를 즐기는 일이다. 뭇 신하가 감히 알려고 하지 않겠지만 만약 송(宋)나라의 법과 사생(死生)의 제도[896]라면 선군의 명이 있으니, 뭇 신하도 죽음으로 이를 지켜야 하고 감히 실추시킬 수 없습니다. 신들이 직무를 잃으면 법이 용서하지 않습니다. 신들은 차마 그러한 죽음을 당할 수 없으니, 이는 군명(君命)을 다만 욕되게 할 뿐입니다."라고 하였다. 송원공이 드디어 길을 떠났는데 기해일에 곡극(曲棘)에서 졸하였다.

> 十有二月 齊侯取鄆
>
> 12월에 제후(齊侯)가 운(鄆) 땅을 취하였다.

十二月 庚辰 齊侯圍鄆 欲取以居公

12월 경진일에 제후(齊侯)가 운(鄆)[897] 땅을 포위하였다. 땅을 취하여 소공(昭公)을 거주하게 하고자 한 것이다.

---

894) 령상(苓牀) : 관(棺) 속에 시신을 올려놓는 널빤지. 령(苓)은 령(笭)과 통용한다.

895) 중기(仲幾) : 송(宋)나라 좌사(左師).

896) 사생(死生)의 제도 : 죽은 이를 장사지내고 산 자를 섬기는 법도.

897) 운(鄆) : 로(魯)나라 읍.

○楚子使薳射城州屈 復茄人焉 還復茄人於州屈 **城丘皇 遷訾人焉** 移訾人於丘皇 **使熊相禖郭巢 季然郭卷** 巢卷 二邑名 使二大夫爲之築郭 **子大叔聞之 曰 楚王將死矣 使民不安其土 民必憂 憂將及王 弗能久矣** 爲明年楚子卒傳

○초자(楚子 : 平王)가 위사(薳射)를 시켜 주굴(州屈)에 성을 쌓아 가인(茄人)을 복귀시키고, 가인(茄人)을 다시 주굴(州屈)로 복귀시킨 것이다. 구황(丘皇)에 성을 쌓아 자인(訾人)을 옮겨 살게 하였다. 자인(訾人)을 구황(丘皇)에 이주시킨 것이다. 또 웅상매(熊相禖)를 시켜 소(巢) 땅에 외성[郭]을 쌓게 하고, 계연(季然)을 시켜 권(卷) 땅에 외성을 쌓게 하였다. 소(巢)와 권(卷)은 두 읍 이름이다. 두 대부로 하여금 외성을 쌓게 한 것이다. 정(鄭)나라 자태숙(子大叔)이 이 소식을 듣고 말하기를 "초왕(楚王)은 곧 죽을 것이다. 백성을 그 땅에서 편안히 살게 하지 않으니 백성이 반드시 근심할 것이고, 그 근심은 장차 왕에게 미칠 것이니 오래 살 수 없을 것이다."라고 하였다. 다음해에 초자(楚子)가 졸하는 전(傳)의 배경이 된다.

소공(昭公) 26년 【乙酉 B.C.516】

二十有六年 春 王正月 葬宋元公 26년 봄 왕정월에 송(宋)나라 원공(元公)의 장례를 지냈다.

二十六年 春 王正月 葬宋元公 如先君 禮也 善宋人違命以合禮

26년 봄 왕정월에 송원공(宋元公)의 장례를 지낼 때 선군의 장례처럼 하였으니, 례에 맞는 일이었다. 송인(宋人)이 송원공(宋元公)의 명[898]을 어기고 례에 합당하게 지낸 것을 좋게 여긴 것이다.

898) 송원공(宋元公)의 명 : 지난해 송원공(宋元公)이 자신의 장례를 선군의 장례보다 간소하게 하라고 내렸던 명이다.

三月 公至自齊 居于鄆

3월에 소공(昭公)이 제(齊)나라에서 돌아와 운(鄆) 땅에 거처하였다.

庚申 正月 庚申 **齊侯取鄆 三月 公至自齊 處于鄆 言魯地也** 入魯竟故書至 猶在外故書地

경신일에 정월 경신일이다. 제후(齊侯 : 景公)가 운(鄆) 땅을 취하였다. 3월에 소공(昭公)이 제(齊)나라에서 돌아와 운 땅에 거처하였다고 하였으니, 이는 로(魯)나라 땅임을 말한 것이다. 로(魯)나라 경내로 들어왔기 때문에 경문에 '至'로 기록하였고, 여전히 국도가 아닌 외지에 있었기 때문에 경문에 땅 이름을 기록한 것이다.

夏

여름이다.

四月 單子如晉告急 五月 戊午 劉人 劉蚡之屬 **敗王城之師于尸氏** 王城 子朝之徒 尸氏 周地 **戊辰 王城人劉人 戰于施谷 劉師敗績** 施谷 周地

4월에 선자(單子)가 진(晉)나라에 가서 왕실의 위급함을 고하였다. 5월 무오일에 류인(劉人)이 류분(劉蚡)의 가속(家屬)이다. 왕성(王城)의 군대를 시씨(尸氏)에서 패배시켰다. 왕성(王城)의 군대는 자조(子朝)의 무리이다. 시씨(尸氏)는 주(周)나라 땅이다. 무진일에 왕성인(王城人)과 류인이 시곡(施谷)에서 싸워 류인의 군대가 크게 패하였다. 시곡(施谷)은 주(周)나라 땅이다.

公圍成

소공(昭公)이 성(成) 땅을 포위하였다.

不書齊師 重在公

경문에 제(齊)나라 군대를 기록하지 않은 것[899]은 소공(昭公)에게 무게를 둔 것이다.

---

899) 제(齊)나라~것 : 이때 소공(昭公)이 제(齊)나라 군대를 거느리고 성(成) 땅을 포위하였는데 이를 기록하지 않은 것을 말한다.

夏 齊侯將納公 命無受魯貨 申豊從女賈 女賈 季氏家臣 **以幣錦二兩 縛一如瑱** 瑱 充耳 縛 卷也 急卷如充耳 易懷藏 **適齊師 謂子猶之人高齮** 齮 梁丘據家臣 **能貨子猶 爲高氏後 粟五千庾** 庾 十六斗 言當使爲高氏後 又當致粟五千庾 **高齮以錦示子猶 子猶欲之 齮曰 魯人買之 百兩一布 以道之不通 先入幣財** 言魯人買此甚多 布陳之 以百兩爲數 以齊絶魯道不通 故以此二兩爲先幣 **子猶受之 言於齊侯曰 羣臣不盡力于魯君者 非不能事君也** 君 齊君也 **然據有異焉** 異猶怪也 **宋元公爲魯君如晉 卒於曲棘 叔孫昭子求納其君 無疾而死 不知天之棄魯邪 抑魯君有罪於鬼神故及此也 君若待於曲棘** 孔穎達曰 曲棘 宋地 從齊向魯 必不遠涉宋地 而齊地有棘 疑曲字誤加 **使羣臣從魯君以卜焉 若可 師有濟也 君而繼之 玆無敵矣 若其無成 君無辱焉 齊侯從之 使公子鉏帥師從公** 鉏 齊大夫

여름에 제후(齊侯)가 소공(昭公)을 로(魯)나라로 들여보내려고 하여 로나라의 뢰물[貨]을 받지 말라고 명하였다. 신풍(申豊)[900]이 여고(女賈)를 따라서 여고(女賈)는 계씨(季氏)의 가신이다.[901] 폐백으로 바칠 비단 2량(兩 : 匹)을 귀마개[瑱]처럼 하나로 단단히 말아[縛] 가지고 전(瑱)은 충이(充耳 : 귀마개)이고 전(縛)은 맒[卷]이다. 단단히 말아 충이처럼 만들어 품속에 감추기 쉽게 한 것이다. 제(齊)나라 진영으로 가서 자유(子猶 : 梁丘據)의 가신[人]인 고의(高齮)에게 이르기를 의(齮)는 량구거(梁丘據)의 가신이다. "그대가 자유에게 이것을 뢰물로 전해준다면 그대를 고씨(高氏)의 후계자로 삼게 하고 곡식 5천 유(庾)를 주겠다."고 하였다. 유(庾)는 16두(斗)이다. 반드시 고씨(高氏)의 후계자로 삼게 하고 또 반드시 곡식 5천 유(庾)를 주겠다는 말이다. 고의가 비단을 자유에게 보여주니 자유가 갖고 싶어 하였다. 의(齮)가 말하기를 "로인(魯人)이 이것을 사서 1백 량씩을 한 무더기[布][902]로 쌓아두었으나 지금 길이 막혀 먼저 이 폐재(幣財)를 들여왔습니다."라고 하였다. 로인(魯人)이 이런 비단을 매우 많이 사서 무더기로 진렬해 놓고 1백 량씩을 단위로 수를 세었다는 말이다. 제(齊)나라가 로(魯)나라와의 관계를 끊어서 길이 막혔기 때문에 이 2량을 선폐(先幣)[903]로 삼았다는 것이다. 자유가 이를 받고서 제후에게 말하기를 "뭇 신하가 로(魯)나라 임금을 위해 힘을 다하지 않은 것은 임금님[君]을 섬기지 않으려 해서가 아닙니다.[904] 군(君)은 제(齊)나라 임금이다.

900) 신풍(申豊) : 계씨(季氏)의 가신이다.

901) 여고(女賈)는~가신이다 : '女賈'에서의 '女'를 성(姓)으로 보아 음을 '여'로 하였다. 그러나 '女賈'를 계씨(季氏)의 가신이 아니라 녀자 상인으로 보는 견해도 있는데 이때는 '녀고'로 읽는다. 이 경우 제후(齊侯)가 로(魯)나라의 뢰물을 받는 것을 엄금하였기 때문에 신풍(申豊)이 제인(齊人)의 의심을 받지 않기 위해 녀자 상인이 물건을 가져가는 것처럼 위장하였다는 것이다.

902) 무더기[布] : 포(布)는 량(量)을 세는 단위로 퇴(堆)와 같다.

903) 선폐(先幣) : 중요한 례폐(禮幣)를 바치기 전에 먼저 바치는 가벼운 례폐.

그런데 저 거(據)가 생각하기에 괴이한[異] 점이 있습니다. 이(異)는 괴이함[怪]과 같다. 송원공(宋元公)이 로나라 임금을 위하여 진(晉)나라에 가다가 곡극(曲棘)에서 졸하였고, 숙손소자(叔孫昭子)가 그의 임금을 들여보내기를 도모하다가 병도 없이 죽었습니다. 이는 하늘이 로나라를 버린 것인지, 아니면 로나라 임금이 귀신에게 죄를 지었기 때문에 이런 지경에 이르게 되었는지 알지 못하겠습니다. 임금님께서 만약 곡극에서 기다리신다면 공영달(孔穎達)이 말하기를 "곡극(曲棘)은 송(宋)나라 땅인데 제(齊)나라에서 로(魯)나라로 가는 길에 멀리 송나라 땅을 거쳐 갈 필요가 없다. 제나라 땅에 극(棘) 땅이 있으니 곡(曲)자가 잘못 덧붙은 듯하다."라고 하였다. 뭇 신하로 하여금 로나라 임금을 따라가게 하여 일[905]의 성패를 점치도록 하겠습니다. 만약 점괘가 좋으면 우리 군대가 일을 성취할 것이니, 이때 임금님께서 뒤이어 오시면 이에 대적할 자가 없을 것입니다. 만약 우리 군대가 성공하지 못한다고 하여도 임금님께서 치욕을 당하는 일이 없을 것입니다."라고 하였다. 제후가 그 말을 따라 공자 서(鉏)로 하여금 군대를 거느리고 소공을 따르게 하였다. 서(鉏)는 제(齊)나라 대부이다.

成大夫公孫朝謂平子曰 有都 以衛國也 請我受師 許之 以成邑禦齊師 **請納質 弗許 曰 信女 足矣 告於齊師曰 孟氏 魯之敝室也 用成已甚 弗能忍也 請息肩于齊** 公孫朝詐言欲降 使來取成 **齊師圍成 成人伐齊師之飮馬于淄者 曰 將以厭衆** 以厭衆心 不欲使知己降也 淄 水名 **魯成備而後告曰 不勝衆** 言衆不欲降 己不能勝

성(成) 땅의 대부 공손조(公孫朝)가 평자(平子)에게 말하기를 "도읍(都邑)[906]을 두는 것은 나라를 지키기 위한 것입니다. 내가 군대를 맡기를 청합니다."라고 하니 허낙하고, 성읍(成邑)[907]의 백성을 거느리고 제(齊)나라 군대를 막겠다는 것이다. 인질을 들이겠다고 청하니[908] 허낙하지 않으며 말하기를 "그대를 믿으니 그것으로 충분하다."고 하였다. 공손조가 제(齊)나라 군대에 고하기를 "맹씨(孟氏)는 로(魯)나라의 피폐한 가문입니다. 성 땅의 재물을 사용하는 것이 너무 심하여 백성이 견딜 수 없으니, 제나라에 항복하여 쉴 수 있기를 청합니다."라고 하니, 공손조(公孫朝)가 거짓으로 항복한다고 하여 제(齊)나라 군대로 하여금 와서 성(成) 땅을 취하도록 한 것이

904) 여러~아닙니다. : 지금 제(齊)나라 여러 신하가 최선을 다하지 않는 것은 로(魯)나라의 일이기 때문이라는 말이다.

905) 일 : 소공(昭公)을 로(魯)나라로 들여보내는 일이다.

906) 도읍(都邑) : 국도(國都)가 아닌 지방의 큰 읍.

907) 성읍(成邑) : 맹씨(孟氏)의 읍이다.

908) 인질을~청하니 : 평자(平子)에게 의심을 받을까 걱정해서이다.

다. 이에 제나라 군대가 성 땅을 포위하였다. 성인(成人)이 제나라 군사 중 치수(淄水)에서 말에 물을 먹이는 자들을 치고서 말하기를 “대중을 만족시키고자 한 것입니다.”라 하고, 대중의 마음을 만족시켜서 그들로 하여금 자기가 항복하려는 것을 알지 못하게 하고자 한 것이다. 치(淄)는 물 이름이다. 로나라가 방비를 갖춘 뒤에 고하기를 “대중의 뜻을 이길 수 없습니다.”라고 하였다. 대중이 항복하려 하지 않으니 자기가 그들을 이길 수 없다는 말이다.

師及齊師戰于炊鼻 炊鼻 魯地 **齊子淵捷從洩聲子** 聲子 魯大夫 **射之 中楯瓦** 瓦 楯脊 **繇朐汏輈 匕入者三寸** 入楯瓦也 朐 車軛 輈 車轅 匕 矢鏃 繇 過也 **聲子射其馬 斬鞅 殪** 斬斷淵捷馬鞅而殪 **改駕** 淵捷改乘他馬 **人以爲鬷戾也 而助之** 魯人誤以爲叔孫司馬而助之 **子車曰 齊人也** 子車卽淵捷 **將擊子車 子車射之 殪 其御曰 又之** 又欲使射餘人 **子車曰 衆可懼也 而不可怒也 子囊帶從野洩 叱之** 囊帶 齊大夫 野洩卽聲子 **洩曰 軍無私怒 報乃私也 將亢子** 欲以公戰亢禦 不欲私報其叱 **又叱之** 子囊復叱 **亦叱之** 野洩亦叱 言齊無戰心 但相叱 **冉豎射陳武子中手** 冉豎 季氏臣 **失弓而罵** 武子罵 **以告平子 曰 有君子 白晳鬒鬚眉 甚口** 言鬒眉稠多且大口 **平子曰 必子彊也 毋乃亢諸** 子彊 武子字 **對曰 謂之君子 何敢亢之**

로(魯)나라 군대가 제(齊)나라 군대와 취비(炊鼻)에서 싸울 때[909] 취비(炊鼻)는 로(魯)나라 땅이다. 제나라 자연첩(子淵捷)이 설성자(洩聲子)를 뒤쫓아 가서 성자(聲子)는 로(魯)나라 대부이다. 그를 활로 쏘았다. 화살이 방패의 등[瓦]을 맞혔는데, 와(瓦)는 방패의 등이다. 수레의 멍에[朐]를 지나[繇] 끌채[輈]를 뚫고 방패의 등에 화살촉[匕]이 세 치나 박혔다. 방패의 등에 박힌 것이다. 구(朐)는 수레의 멍에이다. 주(輈)는 수레의 끌채이다. 비(匕)는 화살촉이다. 유(繇)는 지나감이다. 그러자 성자(聲子)가 연첩(淵捷)의 말을 쏘아 말의 가슴걸이[鞅]를 끊으니 말이 죽었다. 연첩(淵捷)의 말이 가슴걸이가 끊어져 죽은 것이다. 연첩이 수레의 말을 바꾸니 연첩(淵捷)이 수레의 말을 다른 말로 바꾸어 탄 것이다. 로나라 사람이 그를 종려(鬷戾)라고 생각하여 도와주었다. 로인(魯人)이 오인하여 숙손(叔孫)의 사마(司馬)라고 여겨 그를 도운 것이다. 자거(子車)가 말하기를 “나는 제인(齊人)이다.”라고 하자 자거(子車)는 곧 연첩(淵捷)이다. 로나라 사람이 자거를 공격하려고 하니 자거가 활을 쏘아 그를 죽였다. 자거의 어자(御者)가 말하기를 “또 쏘십시오.”라고 하니, 또 나머지 사람을 쏘게 하고자 한 것이다. 자거가 말하기를 “무리는 두렵게 해야 하고 노하게 해서는 안 된다.”라고 하였다. 자낭대(子囊帶)가 야설(野洩)을 쫓아가서 그를 꾸짖으니,[910] 낭대(囊帶)는 제(齊)나라

909) 로(魯)나라~때 : 계씨(季氏)의 군대가 소공(昭公)의 입국을 막기 위해 싸운 것이다.

910) 자낭대(子囊帶)가~꾸짖으니 : 야설(野洩)이 자거(子車)의 말을 활로 쏘아 죽였기 때문에 자낭대(子囊帶)

대부이다. 야설(野洩)은 곧 성자(聲子)이다. 설(洩)이 말하기를 "군중(軍中)에서는 사사로운 분노가 없는 것이오. 그대의 꾸짖음에 보복하는 것은 곧 사사로움이니, 나는 장차 그대와 대적[亢]하려 하오."라고 하였다. 공적인 싸움으로 맞서 막으려 한 것이지 꾸짖는 것에 사사로이 보복하려고 하지 않은 것이다. 또 꾸짖으니 자낭(子囊)이 다시 꾸짖은 것이다. 설도 꾸짖었다. 야설(野洩) 또한 꾸짖은 것이다. 제(齊)나라가 싸울 마음이 없어서 다만 서로 꾸짖기만 하였다는 말이다. 염수(冉豎)가 진무자(陳武子)에게 활을 쏘아 손을 맞히니, 염수(冉豎)는 계씨(季氏)의 가신이다. 활을 놓치고서 호통을 쳤다. 무자(武子)가 호통친 것이다. 염수가 이 일을 평자(平子)에게 고하기를 "어떤 군자를 만났는데 얼굴빛이 희고 수염과 눈썹이 짙으며 입이 컸습니다."라고 하였다. 수염과 눈썹이 짙고 많으며 또 입이 크다는 말이다. 평자가 말하기를 "반드시 자강(子彊)일 것이다. 그와 맞서지 않았느냐?"라고 하였다. 자강(子彊)은 무자(武子)의 자(字)이다. 염수가 대답하기를 "군자라고 이를 만한데 어찌 감히 그와 대적하겠습니까."[911]라고 하였다.

林雍羞爲顔鳴右 下 **皆魯人 羞爲右 故下車戰** **苑何忌取其耳** **截雍耳以辱之** **顔鳴去之** **其右見獲 懼而去之** **苑子之御曰 視下顧** **復欲使苑子擊其足** **苑子刜林雍 斷其足 鑋而乘於他車以歸** **刜 音弗 擊也 鑋 音輕 一足行** **顔鳴三入齊師 呼曰 林雍乘** **言魯人致力於季氏**

림옹(林雍)이 안명(顔鳴)의 거우(車右)가 된 것을 수치로 여겨 수레에서 내렸다. 모두 로인(魯人)이다. 거우(車右)가 된 것을 수치스럽게 여겼기 때문에 수레에서 내려 싸운 것이다. 이에 제(齊)나라 원하기(苑何忌)가 그의 귀를 취하니 옹(雍)의 귀를 잘라서 그를 욕보인 것이다. 안명이 그곳을 떠났다. 그의 거우(車右)가 잡히자 두려워 그곳을 떠난 것이다. 원자(苑子 : 苑何忌)의 어자(御者)가 말하기를 "아래를 돌아보십시오."라고 하였다. 다시 원자(苑子)로 하여금 옹(雍)의 발을 공격하게 하고자 한 것이다. 원자가 림옹을 공격하여[刜] 그의 발을 끊으니 한 발로 가서[鑋] 다른 수레를 타고 돌아갔다. 불(刜)은 음이 불(弗)이니 공격함이다. 경(鑋)은 음이 경(輕)이니 한쪽 발로 감이다. 안명이 세 번이나 제나라 군중(軍中)으로 들어가 소리치기를 "림옹아, 수레에 오르라."[912]고 하였다. 로인(魯人)이 계씨를 위하여 온 힘을 다하였다는 말이다.[913]

가 가서 꾸짖은 것이다.

911) 군자라고~대적하겠습니까 : 진무자(陳武子)와 대적하지 않았다고 계씨(季氏)에게 거짓말한 것이다.

912) 림옹아~오르라 : 림옹(林雍)이 이미 돌아온 것을 모르고 그를 찾아 나선 것이다.

913) 로인(魯人)이~말이다 : 사사로운 원한이 있다고 해도 서로를 버리지 않았다는 것이다.

秋

가을이다.

七月 己巳 劉子以王出 師敗 懼而出 **庚午 次于渠** 渠 周地 **王城人焚劉 丙子 王宿于褚氏** 褚氏 周地 **丁丑 王次于萑谷 庚辰 王入于胥靡 辛巳 王次于滑** 萑谷 周地 胥靡滑本鄭邑 **晉知躒趙鞅帥師納王 使女寬守闕塞** 女寬 晉大夫 闕塞 周地

7월 기사일에 류자(劉子)가 경왕(敬王)을 모시고 도성을 나가 군대[師 : 王師]가 패하였으므로 두려워서 나간 것이다. 경오일에 거(渠) 땅에 머물렀다. 거(渠)는 주(周)나라 땅이다. 왕성인(王城人)이 류(劉) 땅을 불태웠다. 병자일에 왕이 저씨(褚氏)에서 하룻밤을 묵고, 저씨(褚氏)는 주(周)나라 땅이다. 정축일에 왕이 환곡(萑谷)에 머무르고 경진일에 왕이 서미(胥靡)로 들어갔다. 신사일에 왕이 활(滑) 땅에 머무를 때 환곡(萑谷)은 주(周)나라 땅이다. 서미(胥靡)와 활(滑)은 본래 정(鄭)나라 읍이다. 진(晉)나라 지력(知躒)과 조앙(趙鞅)이 군대를 거느리고 왕을 왕성(王城)으로 들여보내고서 여관(女寬)914)을 시켜 궐새(闕塞)를 지키게 하였다. 여관(女寬)은 진(晉)나라 대부이다. 궐새(闕塞)는 주(周)나라 땅이다.

公會齊侯莒子邾子杞伯 盟于鄟陵

소공(昭公)이 제후(齊侯)·거자(莒子)·주자(邾子)·기백(杞伯)과 회합하여 전릉(鄟陵)에서 맹약하였다.

鄟陵 地名

전릉(鄟陵)은 땅 이름이다.

秋 盟于鄟陵 謀納公也

가을에 전릉(鄟陵)에서 맹약하였으니, 소공(昭公)을 들여보내는 일을 모의한 것이다.

---

914) 여관(女寬) : 여기에서의 '女'는 성(姓)이니 음은 '여'이다.

公至自會 居于鄆

소공(昭公)이 회합에서 돌아와 운(鄆) 땅에 거처하였다.

九月 庚申 楚子居卒

9월 경신일에 초자(楚子) 거(居)가 졸하였다.

九月 楚平王卒 令尹子常欲立子西 子西 平王長庶 **曰 大子壬弱 其母非適也** 壬 昭王也 **王子建實聘之 子西長而好善 立長則順 建善則治 王順國治 可不務乎 子西怒曰 是亂國而惡君王也** 言章君王之惡 **國有外援 不可瀆也** 外援謂秦 壬秦出故也 瀆 慢也 **王有適嗣 不可亂也 敗親速讎** 不立壬 秦將來討 **亂嗣 不祥 我受其名** 受惡名 **賂吾以天下 吾滋不從也 楚國何爲 必殺令尹 令尹懼 乃立昭王**

9월에 초평왕(楚平王 : 居)이 졸하였다. 이때 령윤(令尹)인 자상(子常)이 자서(子西)를 세우려고 하여 자서(子西)는 평왕(平王)의 서장자(庶長子)이다. 말하기를 "태자 임(壬)은 유약하고 그 어머니도 적실(適室)이 아니다.[915] 임(壬)은 소왕(昭王)이다.[916] 왕자 건(建)이 사실 아내로 맞아들이려 하였던 녀인이다. 자서는 장자이고 선(善)을 좋아하니, 장자를 세우면 순리에 맞고 선인(善人)을 세우면 나라가 잘 다스려진다. 왕을 세움이 순리에 맞고 나라가 다스려지는 일이니 힘쓰지 않을 수 있겠는가."라고 하였다. 자서가 노하여 말하기를 "이는 나라를 어지럽히고 군왕을 악하게 만드는 것이다. 군왕의 악행을 드러내는 것이라는 말이다.[917] 나라에는 외국의 원조가 있으니 그 나라를 업신여겨서는[瀆] 안 되고, 외국의 원조는 진(秦)나라를 이르니 임(壬)이 진(秦)나라 녀자의 소생이기 때문이다. 독(瀆)은 업신여김이다. 선왕에게는 적사(適嗣)[918]가 있으니 이를 어지럽혀서는 안 된다. 친척[919]을 버리는 것은 원수를 불러들이는 일이고 임(壬)을 임금으

---

915) 그 어머니도~아니다 : 태자 임(壬)의 어머니는 진(秦)나라 공주인 맹영(孟嬴)으로, 초평왕(楚平王)의 부인(夫人)이지만 자상(子常)은 왕자 건(建)이 아내로 맞아들이려 하였던 녀인이라 하여 적실(適室)의 자격이 없다고 여긴 것이다. 소공(昭公) 19년 봄조 참조.

916) 임(壬)은 소왕(昭王)이다 : 소왕(昭王)은 이름이 임(壬)이 아니라 진(軫)이라는 설도 있고, 즉위한 뒤에 진으로 개명하였다는 설도 있다.

917) 군왕의~말이다 : 태자 건(建)의 아내로 맞아들이려고 하였던 녀인을 초평왕(楚平王)이 자신의 부인으로 삼은 것을 드러나게 하는 것이라는 말이다.

918) 적사(適嗣) : 적실(適室) 소생의 후계자. 여기서는 태자 임(壬)을 말한다.

로 세우지 않으면 장차 진(秦)나라가 와서 토벌한다는 것이다. 적통[嗣]을 어지럽히는 것은 상서롭지 못한 일이다. 나는 이런 악명을 받게 될 것이니, 악명(惡名)을 받는다는 것이다. 나에게 천하를 준다하여도 나는 더욱 따를 수 없다. 초(楚)나라를 무엇 하겠는가.[920] 반드시 령윤을 죽이리라."라고 하니, 령윤은 두려워서 이에 소왕(昭王)을 세웠다.

冬 十月 天王入于成周 尹氏召伯毛伯以王子朝奔楚

겨울 10월에 천왕이 성주(成周)로 들어갔다. 윤씨(尹氏)·소백(召伯)·모백(毛伯)이 왕자 조(朝)를 모시고 초(楚)나라로 망명하였다.

天王書入 幸之也 召伯當言召氏 尹召族奔 非一人 故言氏

천왕이 성주(成周)로 들어갔다고 경문에 기록한 것은 다행으로 여긴 것이다. 소백(召伯)은 마땅히 소씨(召氏)라고 말해야 한다. 윤씨(尹氏)와 소씨(召氏)는 일족이 망명하였고 한 사람씩 망명한 것이 아니기 때문에 씨(氏)로 말해야 하는 것이다.

冬 十月 丙申 王起師于滑 辛丑 在郊 遂次于尸 卽尸氏 **十一月 辛酉 晉師克鞏 召伯盈逐王子朝 王子朝及召氏之族毛伯得尹氏固南宮嚚奉周之典籍以奔楚 陰忌奔莒以叛** 陰忌 子朝黨 莒 周邑 **召伯逆王于尸 及劉子單子盟 遂軍圉澤 次于隄上** 圉澤隄上皆周地 **癸酉 王入于成周** 成周在王城東 子朝餘黨多在王城 敬王畏而徙都 **甲戌 盟于襄宮** 襄王之廟 **晉師使成公般戍周而還** 般 晉大夫 **十二月 癸未 王入于莊宮** 莊宮在王城

겨울 10월 병신일에 주경왕(周敬王)이 활(滑) 땅에서 군대를 일으켜 신축일에 교(郊) 땅[921]에 있다가 뒤이어 시(尸) 땅에 머물렀다. 곧 시씨(尸氏)이다. 11월 신유일에 진(晉)나라 군대가 공(鞏) 땅을 쳐서 이기고 소백(召伯) 영(盈 : 召簡公)이 왕자 조(朝)를 축출하니,[922] 왕자 조와 소씨(召氏)의 일족·모백(毛伯) 득(得)·윤씨(尹氏) 고(固)·남궁은(南宮嚚)은 주

919) 친척 : 진(秦)나라는 태자 임(壬)의 외가이므로 친척이라 한 것이다.

920) 초(楚)나라를~하겠는가 : 도리에 어긋나게 초(楚)나라 임금이 되는 것은 아무런 의미가 없다는 말이다.

921) 교(郊) 땅 : 왕자 조(朝)의 읍이다.

922) 소백(召伯)~축출하니 : 소백(召伯) 영(盈)은 본래 왕자 조(朝)의 당여였는데 진(晉)나라 군대가 공(鞏) 땅에서 승리하자 왕자 조가 승리하지 못할 것을 알고서 태도를 바꾸어 왕자 조를 축출하고 경왕(敬王)을 맞이한 것이다.

(周)나라 전적(典籍)을 가지고 초(楚)나라로 망명하였고 음기(陰忌)는 거(莒) 땅으로 달아나 반란을 일으켰다. 음기(陰忌)는 자조(子朝)의 당여이다. 거(莒)는 주(周)나라 읍이다. 소백은 시 땅에서 왕을 맞이하여 류자(劉子)와 선자(單子)와 맹약하고 뒤이어 어택(圉澤)에 진을 쳤다가 제상(隄上)에 머물렀다. 어택(圉澤)과 제상(隄上)은 모두 주(周)나라 땅이다. 계유일에 왕이 성주(成周)로 들어가서 성주(成周)는 왕성(王城)의 동쪽에 있다. 자조(子朝)의 남은 당여가 왕성에 많이 있어 경왕(敬王)이 두려워하여 도성을 옮긴 것이다. 갑술일에 양궁(襄宮)에서 맹약하였다. 양왕(襄王)의 사당이다. 진나라 군대는 성공(成公) 반(般)을 시켜 주나라를 지키게 하고 돌아갔다. 반(般)은 진(晉)나라 대부이다. 12월 계미일에 왕이 장궁(莊宮)[923]으로 들어갔다. 장궁(莊宮)은 왕성(王城)에 있다.

王子朝使告于諸侯 曰 昔武王克殷 成王靖四方 康王息民 並建母弟 以蕃屛周 亦曰 吾無專享文武之功 且爲後人之迷敗傾覆而溺入于難 則振救之 至于夷王 王愆于厥身 夷王 厲王父 愆 惡疾 **諸侯莫不並走其望 以祈王身 至于厲王 王心戾虐 萬民弗忍 居王于彘** 不忍王之虐也 彘 地名 **諸侯釋位 以間王政** 間猶與也 去其位 與治王政 **宣王有志 而後效官** 宣王 厲王子 效 授也

왕자 조(朝)가 사자를 보내어 제후들에게 다음과 같이 고하였다. "옛날 무왕(武王)께서는 은(殷)나라를 이기고, 성왕(成王)께서는 사방을 안정시켰으며, 강왕(康王)께서는 백성을 안식(安息)시키고서 모제(母弟)들을 나란히 제후로 세워 주(周)나라의 울타리로 삼으셨다. 그리고 말씀하시기를 '나는 문왕(文王)과 무왕께서 이루신 공덕을 혼자 누리지 않으려 함이고, 또 후손이 미혹하여 패망하고 나라가 경복(傾覆)되어 화난에 빠져들면 떨쳐 일어나 구원하게 하려 함이다.'라고 하셨다. 이왕(夷王) 대에 이르러 왕의 몸에 병[愆]이 생기자 이왕(夷王)은 려왕(厲王)의 아버지이다. 건(愆)은 악질(惡疾)이다. 제후들이 망제(望祭)[924] 지내는 곳으로 모두 달려가 왕의 몸이 낫기를 기도하지 않는 자가 없었다. 려왕(厲王) 대에 이르러 왕의 마음이 사납고 포학하여 백성이 참을 수 없어 왕을 체(彘) 땅에 거처하게 하였다. 왕의 포학함을 참을 수 없었던 것이다. 체(彘)는 땅 이름이다. 그러자 제후들이 자신들의 지위를 벗어두고 왕정(王政)에 참여하였다가[間] 간(間)은 참여함[與]과 같으니, 그 지위를 버려두고 왕정(王政)에 참여하여 다스린 것이다.[925] 선왕(宣王)께서 장성하여 천하를 다스리려는 뜻이 있게 된 뒤에 관정(官政 : 國政)

---

923) 장궁(莊宮) : 주장왕(周莊王)의 사당이다.

924) 망제(望祭) : 천자나 제후가 성신(星辰)과 산천(山川)에 지내는 제사.

925) 그 지위를~것이다 : 제후(諸侯)들이 자기들의 봉지(封地)를 떠나 주(周)나라에 가서 직접 정사를 행한 것이니, 이른바 14년 동안의 공화정(共和政) 시대이다.

을 왕에게 돌려주었다[效]. 선왕(宣王)은 려왕(厲王)의 아들이다. 효(效)는 돌려줌[授]이다.

至于幽王 天不吊周 王昏不若 用愆厥位 幽王 宣王子 若 順也 愆 失也 **攜王奸命 諸侯替之 而建王嗣 用遷郟鄏** 攜王 幽王少子伯服 王嗣 平王宜臼 替 廢也 **則是兄弟之能用力於王室也 至于惠王 天不靖周 生頹禍心 施于叔帶 惠襄辟難 越去王都** 惠王 平王六世孫 襄王 惠王子 **則有晉鄭 咸黜不端** 晉文殺叔帶 鄭厲殺子頹 **以綏定王家 則是兄弟之能率先王之命也 在定王六年 秦人降妖** 定王 襄王孫 定王六年 魯宣八年 蓋妖言降秦 **曰 周其有頿王 亦克能修其職** 頿 口上鬚 **諸侯服享 二世共職 王室其有間王位 諸侯不圖 而受其亂災 至于靈王 生而有頿** 靈王 定王孫 **王甚神聖 無惡於諸侯 靈王景王克終其世** 景王 靈王子

유왕(幽王) 대에 이르러 하늘이 주(周)나라를 불쌍히 여기지 않아 왕은 혼암(昏暗)하고 도리를 따르지[若] 않아 그 지위를 잃었고[愆], 유왕(幽王)은 선왕(宣王)의 아들이다. 약(若)은 따름이고 건(愆)은 잃음이다. 휴왕(攜王)이 천명을 범하자[926] 제후들이 그를 폐하고[替] 왕사(王嗣)를 세워 겹욕(郟鄏 : 洛邑)으로 옮겼으니, 휴왕(攜王)은 유왕(幽王)의 어린 아들 백복(伯服)이고 왕사(王嗣)는 평왕(平王) 의구(宜臼)이다. 체(替)는 폐함이다. 이는 형제국들이 왕실의 안정에 힘을 쓴 것이다. 혜왕(惠王) 대에 이르러 하늘이 주나라를 안정시키지 않아 퇴(頹)가 화란(禍亂)을 일으키는 마음을 내게 하였고,[927] 그 화란이 숙대(叔帶)에 뻗쳐[施] 혜왕과 양왕(襄王)이 환난을 피해 왕도(王都)를 떠나셨다.[928] 혜왕(惠王)은 평왕(平王)의 6세손이다. 양왕(襄王)은 혜왕의 아들이다. 이에 진(晉)나라와 정(鄭)나라가 바르지 못한[不端] 무리를 모두 몰아내고 진문공(晉文公)이 숙대(叔帶)를 죽이고 정려공(鄭厲公)이 자퇴(子頹)를 죽였다. 왕실[王家]을 안정시켰으니, 이는 형제국들이 선왕의 명을 잘 따른 것이다. 정왕(定王) 6년에 진인(秦人)이 요망한 기운을 퍼뜨려 정왕(定王)은 양왕(襄王)의 손자이다. 정왕(定王) 6년은 로선공(魯宣公) 8년으로 요언(妖言)이 진(秦)나라에 퍼진 것이다. 말하기를 '주나라에 장차 수염[頿]이 있는 왕이 있게 될 것인데 그 또한 직분을 잘 수행하여 자(頿)는 입 위의 수염이다. 제후들이 복향(服享)[929]하여 두 대[930]에 걸쳐 그 직분을 다 할 것이

926) 휴왕(攜王)이~범하자 : 유왕(幽王)이 백복(伯服)을 후사로 세우려고 적자(適子)인 의구(宜臼)를 죽이려 하자 의구가 신(申) 땅으로 망명하고 백복이 태자가 된 일을 말한다. 휴왕(攜王)은 유왕과 포사(褒似) 사이에서 태어난 백복이다.

927) 퇴(頹)가~내었고 : 혜왕(惠王)의 서숙(庶叔)인 퇴(頹)가 로장공(魯莊公) 19년에 반란을 일으킨 일을 말한다. 이때 혜왕이 정(鄭)나라로 피신하였다.

928) 숙대(叔帶)에~떠나셨다 : 양왕(襄王)의 아우인 숙대(叔帶)가 로희공(魯僖公) 24년에 반란을 일으킨 일을 말한다. 이때 양왕이 정(鄭)나라로 피신하였다.

929) 복향(服享) : 복종하여 공물을 바침이다. 이때 향(享)은 헌(獻)의 의미이다.

다. 그러나 왕실에 왕위를 엿보는[間] 자가 있을 것인데 제후들이 그를 도모하지 않아 왕실이 화란과 재앙을 받을 것이다.'라고 하였다. 령왕(靈王) 대에 이르러 왕은 나면서 수염이 있었고, 령왕(靈王)은 정왕(定王)의 손자이다. 왕이 매우 신성스러워 제후들에게 악하게 함이 없었으니 령왕과 경왕(景王)은 그 일생을 잘 마치셨다. 경왕(景王)은 령왕(靈王)의 아들이다.

今王室亂 單旗劉狄剝亂天下 壹行不若 劉狄卽伯蚡 壹 專也 **謂先王何常之有 唯余心所命 其誰敢討之 帥羣不吊之人** 好行禍亂 不相吊恤之人 **以行亂于王室 侵欲無厭 規求無度 貫瀆鬼神** 貫 習也 **慢棄刑法 倍奸齊盟 傲狠威儀 矯誣先王 晉爲不道 是攝是贊** 先王謂景王 **思肆其罔極 玆不穀震盪播越 竄在荊蠻** 不穀 子朝自謂 **未有攸底** 底 至也 **若我一二兄弟甥舅獎順天法 無助狡猾 以從先王之命 毋速天罰 赦圖不穀** 赦其憂而圖其難 **則所願也 敢盡布其腹心及先王之經 而諸侯實深圖之 昔先王之命曰 王后無適 則擇立長 年鈞以德 德鈞以卜 王不立愛 公卿無私 古之制也 穆后及大子壽早夭卽世 單劉贊私立少 以間先王** 間錯先王之制 **亦唯伯仲叔季圖之** 伯仲叔季 摠謂諸侯

지금 왕실이 어지러운데 선기(單旗 : 單穆公)와 류적(劉狄 : 劉文公)이 천하를 어지럽혀 오로지[壹] 불순한 일만을 행하면서[931] 류적(劉狄)은 곧 백분(伯蚡)이다. 일(壹)은 오로지이다. 이르기를 '선왕께서 무슨 상규(常規)를 두었겠는가. 오직 내 마음대로 명할 뿐이니 누가 감히 나를 토죄할 것인가.'라고 하면서 서로를 돌보지 않는 무리를 이끌고 화란(禍亂)을 일으키기를 좋아하고 서로를 도와주지 않는 사람들이다. 왕실에 혼란을 자행하여 침탈과 욕망이 만족함이 없고 욕구를 규제함에 법도가 없으며, 귀신을 모독하는 것이 익숙해지고[貫] 관(貫)은 익숙함[習]이다. 형법을 함부로 폐기하며, 맹약[齊盟]을 위배하여 범하고 위의를 오만하게 거스르며 선왕을 속이고 있거늘[932] 진(晉)나라는 무도하게도 그들을 지지하고 도와 선왕은 경왕(景王)을 이른다. 방자한 생각을 끝없이 부리게 한다. 이에 나[不穀]는 놀라고 동요되어 도성을 떠나[播越] 형만(荊蠻) 땅에 숨어있으면서 불곡(不穀)은 자조(子朝)가 스스로를 이른 것이다. 이를[底] 곳이 없으니 지(底)는 이르름이다. 만약 나의 몇몇 형제[933]와 생구(甥舅)[934]는 하늘의 법을 권장하고 순응하여

930) 두 대 : 령왕(靈王)과 경왕(景王)을 이른다.

931) 천하를~행하면서 : 왕자 조(朝)는 경왕(景王)의 장서자인데 지금 아우인 경왕(敬王)을 세웠다는 말이다.

932) 선왕을~있거늘 : 선왕의 명을 가탁하여 거짓을 자행한다는 것이다.

933) 형제 : 주(周)왕실의 동성(同姓) 제후(諸侯)를 이른다.

934) 생구(甥舅) : 주(周)왕실의 이성(異姓) 제후(諸侯)를 이른다.

교활한 무리를 돕지 말며, 선왕의 명을 따라 하늘의 벌을 부르지 말고서 나를 용서하고 도모한다면 근심을 끼친 자기를 용서하고 왕실의 화난을 안정시키기를 도모함이다. 내가 바라는 것이다. 이에 감히 내 속마음과 선왕의 법도를 다 밝히니 너희[而] 제후들은 실로 깊이 헤아릴지어다. 옛 선왕의 명에 이르기를 '왕후(王后)에게 적자가 없으면 년장자를 택하여 왕으로 세우고, 나이가 같으면 덕으로 선택하고, 덕이 같으면 점을 쳐서 결정한다.'고 하였으니, 왕은 사랑하는 자식이라 하여 세우지 않고 공경(公卿)은 사사로이 행동하지 않는 것이 옛날부터의 제도였다. 그런데 목후(穆后)와 태자 수(壽[935])가 이른 나이에 세상을 떠나자 선자(單子)와 류지(劉子)가 사사로운 마음을 가진 사람을 부추겨 어린 사람[936]을 임금으로 세워 선왕의 제도를 어지럽혔으니, 선왕의 제도를 착란(錯亂)시킨 것이다. 또한 백(伯)·중(仲)·숙(叔)·계(季)는 이 점을 잘 헤아리기를 바란다." 백(伯)·중(仲)·숙(叔)·계(季)는 제후들을 총괄하여 이른 것이다.

閔馬父聞子朝之辭 曰 文辭以行禮也 子朝干景之命 景謂景王 **遠晉之大 以專其志 無禮甚矣 文辭何爲**

민마보(閔馬父)가 자조(子朝)의 말을 듣고 말하기를 "문사(文辭)는 례를 행하기 위함인데 자조는 경왕[景]의 명을 어기고 경(景)은 경왕(景王)을 이른다. 대국인 진(晉)나라를 멀리하여 오로지 자기 뜻대로 하여 무례함이 심하였으니, 문사가 무슨 소용이 있겠는가."라고 하였다.

○齊有彗星 齊侯使禳之 晏子曰 無益也 祇取誣焉 天道不謟 謟本作慆 疑也 **不貳其命 若之何禳之 且天之有彗也 以除穢也 君無穢德 又何禳焉 若德之穢 禳之何損 詩曰 惟此文王 小心翼翼 昭事上帝 聿懷多福 厥德不回 以受方國 君無違德 方國將至 何患於彗 詩曰 我無所監 夏后及商 用亂之故 民卒流亡** 逸詩 **若德回亂 民將流亡 祝史之爲 無能補也 公說 乃止**

○제(齊)나라에 혜성이 나타나자 제후(齊侯 : 景公)가 사람을 시켜 혜성이 없어지도록 빌게 하니, 안자(晏子)가 말하기를 "유익함은 없고 다만 속임을 취할 뿐입니다. 천도(天道)는 의심할[謟] 것이 없고 도(謟)는 본래 도(慆)로 되어 있으니 의심함이다. 그 명(命 : 運行)을 달리하지 않는데 어떻게 빈다고 없앨 수 있겠습니까. 또 하늘에 혜성이 나타나는 것은 더러운 것들을 쓸어내기 위함이니,[937] 임금님께서 나쁜 덕[穢德]이 없다면 또 무엇을 빌며 만약 덕의 나쁜

935) 목후(穆后)와~수(壽) : 목후(穆后)는 태자 수(壽)의 어머니이고, 태자 수는 경왕(景王)의 아들이다.
936) 어린 사람 : 왕자 조(朝)의 아우인 경왕(敬王)을 이른다.

점이 있다면 빈다고 어찌 없앨 수 있겠습니까. 《시(詩)》에 이르기를 '오직 문왕(文王)께서 조심하고 공경하여 밝게 상제를 섬기어 많은 복을 오게 하시니, 그 덕이 사특하지[回] 않아 사방의 나라를 받으시니라.'[938]라고 하였습니다. 임금님께서 어긋난 덕이 없으면 사방의 나라들이 이를 것이니 어찌 혜성을 근심할 일이 있겠습니까. 《시》에 이르기를 '내가 달리 거울삼을 것은 없고 오직 하후(夏后 : 桀)와 상후(商后 : 紂)뿐이네. 란리(亂離) 때문에 백성이 마침내 흩어져 도망갔네.'라고 하였습니다. 일시(逸詩)이다. 만약 임금님의 덕이 사특하고 어지럽게 되면 백성은 장차 흩어져 도망갈 것이니, 축사(祝史)가 빈다고 해도 도움이 되지 않을 것입니다."라고 하니, 제경공(齊景公)이 기뻐하며 비는 일을 그만두게 하였다.

齊侯與晏子坐于路寢 公歎曰 美哉室 其誰有此乎 晏子曰 敢問 何謂也 公曰 吾以爲在德 對曰 如君之言 其陳氏乎 陳氏雖無大德 而有施於民 豆區釜鍾之數 其取之公也薄 謂以公量收 **其施之民也厚** 謂以私量貸 **公厚斂焉 陳氏厚施焉 民歸之矣 詩曰 雖無德與女 式歌且舞 陳氏之施 民歌舞之矣 後世若少惰 陳氏而不亡 則國其國也已**

제후(齊侯)가 안자(晏子)와 함께 로침(路寢 : 正殿)에 자리하고 있을 때 경공(景公)이 탄식하여 말하기를 "아름답구나, 궁실이여. 그 누가 이를 소유할 수 있겠는가?"라고 하니, 안자가 말하기를 "감히 묻겠습니다. 무엇을 두고 이른 것입니까?"라고 하였다. 경공이 말하기를 "나는 덕에 달려 있다고 생각한다."[939]라고 하니, 안자가 대답하기를 "임금님의 말씀대로라면 아마도 진씨(陳氏)일 것입니다. 진씨가 비록 큰 덕은 없지만 백성에게 은덕을 베풀어 두(豆)·구(區)·부(釜)·종(鍾)[940]의 량수(量數)를 시행함에 공실에서 정한 량수로 취하여 적게 받고 공적으로 정한 량수로 거두어들임을 이른다. 백성에게 정한 량수로 베풀어서 후하게 줍니다. 사적으로 정한 량수로 빌려줌을 이른다. 공실에서는 많이 거두어들이는데 진씨는 후하게 베푸니 백성이 그들에게 귀의하고 있습니다. 《시(詩)》에 이르기를 '비록 그대에게 끼친 은덕은 없으나 노래하고 또 춤출지어다.'[941]라고 하였으니, 진씨의 베풂에 대해 백성이 노래하고

---

937) 혜성이~위함이니 : 혜성을 세속에서는 옛것을 쓸어내고 새것을 펴는 의미인 소추성(掃帚星)이라 하기 때문에 이른 말이다.

938) 오직~받으시니라 : 《시경(詩經)》 〈대아(大雅)〉 대명(大明).

939) 덕에~생각한다 : 덕이 있는 자가 이를 차지할 것이라는 말이다.

940) 두(豆)·구(區)·부(釜)·종(鍾) : 제(齊)나라의 곡식의 량을 재는 단위로, 4승(升)이 1두(豆)가 되고, 4두가 1구(區)가 되며, 4구가 1부(釜)가 되고, 10부가 1종(鍾)이 된다. 소공(昭公) 3년 봄조 참조.

941) 비록~춤출지어다 : 《시경(詩經)》 〈소아(小雅)〉 거할(車舝).

춤추고 있습니다. 후세에 만약 정치를 조금이라도 게을리하고 진씨가 망하지 않는다면 이 나라는 그들의 나라가 될 것입니다."라고 하였다.

公曰 善哉 是可若何 對曰 唯禮可以已之 在禮 家施不及國 大夫施恩 不及國人 **民不遷 農不移 工賈不變 士不濫** 不失職 **官不滔** 滔 慢也 **大夫不收公利 公曰 善哉 我不能矣 吾今而後知禮之可以爲國也 對曰 禮之可以爲國也久矣 與天地並 君令臣共 父慈子孝 兄愛弟敬 夫和妻柔 姑慈婦聽 禮也 君令而不違 臣共而不貳 父慈而敎 子孝而箴 兄愛而友 弟敬而順 夫和而義 妻柔而正 姑慈而從** 從不自專 **婦聽而婉 禮之善物也 公曰 善哉 寡人今而後聞此禮之上也** 可尊尙也 **對曰 先王所稟於天地以爲其民也 是以先王上之**

제경공(齊景公)이 말하기를 "좋은 말이로다. 이를 어찌하면 좋겠는가?"라고 하니, 안자(晏子)가 대답하기를 "오직 례만이 그렇게 되지 않게 할 수 있습니다.[942] 례를 행하게 되면 대부가(大夫家)의 베풂이 국인에게 미치지 않고 대부가 베푼 은혜가 국인에게 미치지 않음이다. 백성은 그 고향을 떠나지 않고 농부는 옮겨 다니지 않으며, 공인(工人)과 상인(商人)이 하던 일을 바꾸지 않고 사(士)는 직무를 소홀히 하지 않으며, 직분을 잃지 않음이다. 관리는 태만하지[滔] 않고 도(滔)는 태만함이다. 대부는 공실의 리익을 취하지 않습니다."라고 하였다. 제경공이 말하기를 "좋은 말이로다. 내가 례를 잘 행하지 못하였지만 나는 지금에서야 례가 나라를 잘 다스릴 수 있는 것임을 알았다."라고 하니, 안자가 대답하기를 "례가 나라를 잘 다스릴 수 있는 것이 된 지는 오래되었으니, 천지와 더불어 함께 있었습니다. 임금은 명하고 신하는 받들고, 아버지는 자애롭고 자식은 효도하고, 형은 사랑하고 아우는 공경하고, 남편은 온화하고 아내는 유순하고, 시어미는 자애롭고 며느리는 순종하는 것이 례입니다. 그리고 임금은 명령을 내리며 도리에 어긋나지 않고, 신하는 받들며 두마음을 품지 않고, 아버지는 자애로우며 가르치고, 자식은 효도하며 간하고[箴], 형은 사랑하며 우애롭고, 아우는 공경하며 순종하고, 남편은 온화하며 도의로써 인도하고, 아내는 유순하며 정도로써 섬기고, 시어미는 자애로우며 따라주고[從] 종(從)은 자신이 멋대로 하지 않음이다. 며느리는 순종하며 완곡한 것이 례의 훌륭한 점입니다."라고 하였다. 제경공이 말하기를 "좋은 말이로다. 과인은 이제야 례를 높여야 한다는 것을 들었다."라고 하니, 존중하고 숭상해야 한다는 것이다. 안자가 대답하

942) 오직~있습니다 : 임금이 례를 따르게 되면 대부가 사사로이 은혜를 베풀어 국인의 마음을 얻게 되는 일이 없게 된다는 것이다.

기를 "례는 선왕들이 천지로부터 받아 백성을 다스린 것입니다. 이 때문에 선왕들이 이를 높였습니다."라고 하였다.

소공(昭公) 27년【丙戌 B.C.515】

二十有七年 春 公如齊 公至自齊 居于鄆

27년 봄에 소공(昭公)이 제(齊)나라에 갔다. 소공이 제나라에서 돌아와 운(鄆) 땅에 거처하였다.

二十七年 春 公如齊 公至自齊 處于鄆 言在外也

27년 봄에 소공(昭公)이 제(齊)나라에 갔다. 소공이 제나라에서 돌아와 운(鄆) 땅에 거처하였다고 하였으니, 외지(外地)[943]에 있었음을 말한 것이다.

夏 四月 吳弑其君僚

여름 4월에 오(吳)나라가 그 임금 료(僚)를 시해하였다.

聞而知之 故略而書國

소문을 듣고 알았다. 그러므로 간략하게 경문에 나라만을 기록한 것이다.[944]

吳子欲因楚喪而伐之 使公子掩餘公子燭庸帥師圍潛 燭庸 王僚母弟 潛 楚邑 使延州來季子聘于上國 上國卽中國 遂聘于晉 以觀諸侯 觀彊弱 楚莠尹然工尹麇帥師救潛 左司

943) 외지(外地) : 국도 이외의 땅.

944) 간략하게~것이다 : 시해한 사람을 기록하지 않은 것이다.

馬沈尹戌帥都君子 在都邑之士 有復除者 **與王馬之屬** 王之養馬官屬 校人也 **以濟師 與吳師遇于窮 令尹子常以舟師及沙汭而還** 沙 水名 **左尹郤宛工尹壽帥師至于潛 吳師不能退 吳公子光曰 此時也 弗可失也** 欲因師徒在外以弑王 **告鱄設諸曰 上國有言曰 不索何獲 我 王嗣也 吾欲求之** 光 諸樊子 故曰王嗣 **事若克 季子雖至 不吾廢也 鱄設諸曰 王可弑也 母老子弱 是無若我何** 猶言我無若是何 欲以老弱託光 **光曰 我 爾身也** 言我身猶爾身

오자(吳子 : 僚)가 초(楚)나라에 상(喪)[945]이 난 것을 틈타 초나라를 치고자 하여 공자 엄여(掩餘)와 공자 촉용(燭庸)을 시켜 군대를 거느리고 잠(潛) 땅을 포위하게 하였다. 촉용(燭庸)은 오왕 료(僚)의 동모제이다. 잠(潛)은 초(楚)나라 읍이다. 그리고 연주래(延州來)[946]인 계자(季子 : 季札)를 시켜 상국(上國)을 빙문하게 하였는데 상국(上國)은 곧 중원(中原)의 제후국이다. 드디어 그가 진(晉)나라에 빙문하여 제후들의 형세를 살폈다. 강약을 살핀 것이다. 초나라 유윤(莠尹)인 연(然)과 공윤(工尹)인 균(麇)이 군대를 거느리고 잠 땅을 구원할 때 좌사마(左司馬)인 심윤(沈尹) 술(戌)이 도군자(都君子)와 도읍에 있는 병사[947]로 복제(復除)[948]된 자들이다. 왕마(王馬)의 무리를 거느리고 왕의 말을 관리하는 관속(官屬)이니 교인(校人)[949]이다. 초나라 군대를 구원하였는데 오(吳)나라 군대와 궁(窮) 땅에서 만났다. 초나라 령윤(令尹)인 자상(子常)은 주사(舟師 : 水軍)를 거느리고 사예(沙汭)[950]까지 이르렀다가 돌아왔고, 사(沙)는 물 이름이다. 좌윤(左尹)인 극완(郤宛)과 공윤(工尹)인 수(壽)가 군대를 거느리고 잠 땅에 이르니, 오나라 군대는 퇴각할 수 없었다. 이에 오나라 공자 광(光)이 말하기를 "이때를 놓칠 수 없다."라 하고, 군대가 국외에 나가 있는 틈을 타서 왕을 시해하고자 한 것이다. 전설제(鱄設諸)[951]에게 말하기를 "상국의 말에 '구하지 않으면 어찌 얻을 수 있겠는가.'라고 하였으니 나는 왕사(王嗣)로서 내 왕위를 얻고자 한다. 광(光)은 제번(諸樊)[952]의 아들이므로 왕사(王嗣)라고 한 것이다. 이 일이 만약 성공

945) 초(楚)나라에 상(喪) : 초평왕(楚平王 : 棄疾)의 상(喪)이다.
946) 연주래(延州來) : 계자(季子)가 먼저 연릉(延陵)에 봉해졌고 뒤에 주래(州來)에 봉해졌기 때문에 일컫는 말이다.
947) 도읍에~병사 : 도읍에서 선발한 왕의 친병(親兵)을 이른다.
948) 복제(復除) : 부역이나 조세를 면제함.
949) 교인(校人) : 말을 관장하는 관인.
950) 사예(沙汭) : 사수(沙水)가 회수(淮水)로 들어가는 곳.
951) 전설제(鱄設諸) : 소공(昭公) 20년에 오운(伍員 : 伍子胥)이 공자 광(光)에게 소개한 인물이다.
952) 제번(諸樊) : 오왕(吳王) 료(僚)의 백부(伯父).

하면 계자가 비록 돌아오더라도 나를 폐하지는 않을 것이다."라고 하였다. 전설제가 말하기를 "왕을 시해할 수는 있지만 저의 어미는 늙고 자식은 어리니 이는 제가 어떻게 할 수 없습니다."라고 하니, 내가 이 일은 어떻게 할 수 없다는 말과 같으니, 늙은 어머니와 어린 자식을 광(光)에게 부탁하고자 한 것이다. 광이 말하기를 "내가 바로 그대의 몸이다."라고 하였다. 내 몸이 그대의 몸과 같다는 말이다.953)

夏 四月 光伏甲於堀室而享王 堀地爲室 **王使甲坐於道及其門 門階戶席 皆王親也 夾之以鈹** 鈹 劒也 **羞者獻體改服於門外** 獻體 解衣 進食者必解衣易服 防奸細也 **執羞者坐行而入** 坐行 膝行 **執鈹者夾承之** 承執羞者 **及體 以相授也** 鈹及進羞者體 以所食授王 **光僞足疾入于堀室 鱄設諸寘劒於魚中以進 抽劒刺王 鈹交於胷** 交鱄諸胷 **遂弑王 闔廬以其子爲卿** 闔廬 光也 以鱄諸子爲卿

여름 4월에 광(光)이 굴실(堀室)에 갑사(甲士)를 매복시키고 왕에게 향연을 베풀었다. 땅을 파서 실(室)을 만든 것이다. 왕은 갑사로 하여금 길에서 광의 집 대문까지 자리 잡게 하였고 문과 계단과 방문과 자리에는 모두 왕의 친병(親兵)이었다. 그리고 량쪽 곁에는 칼[鈹]을 든 군사로 호위하게 하고, 피(鈹)는 칼이다. 음식을 가지고 올리는 자는 옷을 벗고[獻體] 문밖에서 다른 옷으로 갈아입게 하였다. 헌체(獻體)는 옷을 벗음이다. 음식을 올리는 자는 반드시 옷을 벗고 다른 옷으로 갈아입게 하여 간교한 짓을 못하게 방비한 것이다. 음식을 올리는 자가 무릎으로 기어서[坐行] 들어오면 좌행(坐行)은 무릎으로 기어가는 것이다. 칼을 잡은 군사가 량옆에 붙어서[承] 음식을 올리는 자에게 붙은 것이다. 칼을 그 몸에 대고 인도하여[相] 음식을 왕에게 올리게 하였다. 칼이 음식을 올리는 자의 몸에 닿게 하여 음식을 왕에게 올리게 한 것이다. 광이 발이 아프다는 핑계를 대고 굴실로 들어가자 전설제(鱄設諸)가 물고기 뱃속에 칼을 숨기고 들어가서 그 칼을 빼어 왕을 찌르니 왕의 친병의 칼도 가슴에 교차하여 파고들었지만 전제(鱄諸 : 鱄設諸)의 가슴에 교차하여 파고든 것이다. 마침내 왕을 시해하였다. 합려(闔廬)는 그의 아들을 경(卿)으로 삼았다. 합려(闔廬)는 광(光)이다. 전제(鱄諸)의 아들을 경(卿)으로 삼은 것이다.

季子至 曰 苟先君無廢祀 民人無廢主 社稷有奉 國家無傾 乃吾君也 吾誰敢怨 哀死事生 以待天命 非我生亂 立者從之 先人之道也 吳自諸樊 兄弟相傳 亂由是起 **復命哭墓** 復使命於僚墓 **復位而待** 復本位待光命 **吳公子掩餘奔徐 公子燭庸奔鍾吾** 鍾吾 小國 **楚**

953) 내~말이다 : 내가 곧 그대이니 그대의 어미와 자식을 걱정하지 말라는 말이다.

師聞吳亂而還

계자(季子)가 돌아와서 말하기를 "진실로 선군의 제사를 폐함이 없고 민인(民人)도 주인을 버림이 없으며, 사직을 받들고 나라가 기울어짐이 없다면 바로 나의 임금이다. 내가 누구를 감히 원망하겠는가. 돌아가신 분을 애통해하고 살아있는 이를 섬기며 천명을 기다리겠다. 내가 란을 일으킨 것이 아니니 임금으로 선 분을 따르는 것이 선인(先人)의 도이다."라고 하였다. 오(吳)나라는 제번(諸樊)으로부터 형제가 서로 왕위를 전하였으니 란이 이로 말미암아 일어난 것이다. 이에 료(僚)의 무덤에서 복명하고 곡하고 나서 료(僚)의 무덤에서 사신의 일을 복명한 것이다. 자신의 자리로 돌아가 기다렸다. 본래의 자리로 돌아가 광(光)의 명을 기다린 것이다. 오(吳)나라 공자 엄여(掩餘)는 서(徐)나라로 망명하고 공자 촉용(燭庸)은 종오(鍾吾)로 망명하였다. 종오(鍾吾)는 소국이다. 초(楚)나라 군대는 오나라에 란이 일어났다는 소식을 듣고 돌아갔다.

楚殺其大夫郤宛

초(楚)나라가 그 대부 극완(郤宛)을 죽였다.

郤 穀作郄

극(郤)은 《곡량전(穀梁傳)》에는 극(郄)으로 되어 있다.

郤宛直而和 國人說之 鄢將師爲右領 鄢將師 楚大夫 右領 官名 **與費無極比而惡之** 惡郤宛 **令尹子常賄而信讒 無極譖郤宛焉 謂子常曰 子惡欲飮子酒** 子惡 郤宛 **又謂子惡 令尹欲飮酒於子氏 子惡曰 我 賤人也 不足以辱令尹 令尹將必來辱 爲惠已甚 吾無以酬之 若何 無極曰 令尹好甲兵 子出之 吾擇焉 取五甲五兵** 取甲兵各五事 **曰 寘諸門 令尹至 必觀之 而從以酬之**

극완(郤宛)이 곧으면서 온화하니 국인이 그를 좋아하였다. 언장사(鄢將師)는 우령(右領)이 되어 언장사(鄢將師)는 초(楚)나라 대부이다. 우령(右領)은 벼슬 이름이다. 비무극(費無極)과 결탁하여[比] 극완을 미워하였다. 극완(郤宛)을 미워한 것이다. 령윤(令尹)인 자상(子常)은 뇌물을 좋아하고 참소를 믿었는데, 무극(無極)이 극완을 참소하여 자상에게 이르기를 "자악(子惡)이 그대에게 술대접을 하고 싶어 합니다."라 하고, 자악(子惡)은 극완(郤宛)이다. 또 자악에게 이르기를 "령윤이 그대의 집에서 술을 마시고 싶어 합니다."라고 하였다. 자악이 말하기를 "나는 비천한 사람이라서 령윤을 수고롭게 하기에는[辱] 부족합니다. 령윤께서 굳이 수고로이 와 주신다면 은혜가 매우 클 것입니다. 그런데 나는 그에게 보답할 것이 없으니 어찌해야 하겠습니까?"라고 하니, 무극이 말하기를 "령윤은 갑옷과 병기를 좋아하니 그대는 그것들을 내어오시오. 내가 골라주겠소."라 하고 다섯 벌의 갑옷과 다섯 개의 병기를 고르고 갑옷과 병기를 각각 다섯 가지씩 고른 것이다. 말하기를 "이것들을 문에 놓아두시오. 령윤이 도착하면 반드시 이것들을 볼 것이니 때를 보아 드리도록 하시오."라고 하였다.

及饗日 帷諸門左 陳甲兵於帷中 **無極謂令尹曰 吾幾禍子 子惡將爲子不利 甲在門矣 子必無往 且此役也** 此春救潛之役 **吳可以得志 子惡取賂焉而還 又誤羣帥 使退其師曰 乘亂不祥** 此擧郤宛之言 **吳乘我喪 我乘其亂 不亦可乎 令尹使視郤氏 則有甲焉 不往 召鄢將師而告之 將師退 遂令攻郤氏 且爇之 子惡聞之 遂自殺也**

향연일이 되자 극완(郤宛)은 문 왼쪽에 장막을 쳤다. 장막 안에 갑옷과 병기를 진렬해 놓은 것이다. 무극(無極)이 령윤(令尹)에게 말하기를 "내가 거의 그대에게 화를 당하게 할 뻔했습니다. 자악(子惡)이 그대에게 리롭지 못한 짓을 하려고 갑옷을 문에 두었으니 그대는 반드시 가지 마십시오. 또 이번 싸움에서 이는 봄에 잠(潛) 땅을 구원한 싸움이다. 오(吳)나라에게 뜻을 얻을 수 있었는데[954] 자악이 뢰물을 받고 군대를 돌려 돌아왔습니다. 또 여러 장수를 오도하여 그 군대를 물리게 하면서 말하기를 '남의 나라의 란을 틈타는 것은 상서롭지 못하다.'라고 하였습니다. 이는 극완(郤宛)이 한 말을 든 것이다. 오나라는 우리의 국상을 틈타 쳐들어왔으니 우리도 그들의 란을 틈타는 것이 또한 옳지 않습니까."라고 하였다. 령윤이 사람을 시켜 극씨(郤氏)의 집을 살펴보게 하니 과연 갑옷이 있어서 가지 않고 언장사(鄢將師)를 불러 이 사실을 알렸다. 장사(將師)가 물러 나와 드디어 극씨를 공격하라는 령을 내리고 또 그 집을 불태우라고 하였다. 자악이 이 소식을 듣고는 마침내 자살하였다.

國人弗爇 令曰 不爇郤氏 與之同罪 或取一編菅焉 或取一秉秆焉 編菅 苫也 秉 把也 秆 藁也 **國人投之 遂弗爇也 令尹炮之** 國人投菅秆而不擧火 令尹乃自燃之 **盡滅郤氏之族黨 殺陽令終與其弟完及佗** 令終 陽匄子 **與晉陳及其子弟** 晉陳 楚大夫 皆郤氏之黨 **晉陳之族呼於國曰 鄢氏費氏自以爲王 專禍楚國 弱寡王室 蒙王與令尹以自利也** 蒙 欺也 **令尹盡信之矣 國將如何 令尹病之**

954) 오(吳)나라에게~있었는데 : 초(楚)나라가 오(吳)나라를 이길 수 있었다는 말이다.

국인이 불을 지르려 하지 않자, 언장사(鄢將師)가 령을 내리기를 "극씨(郤氏)의 집을 불사르지 않으면 극씨와 같은 죄가 될 것이다."라고 하였다. 이에 어떤 이는 거적자리[編菅] 한 장을 가져오고 어떤 이는 볏짚[秆] 한 줌[秉]을 가져오기도 했는데, 편관(編菅)은 거적자리[苫]이다. 병(秉)은 한 줌[把]이다. 간(秆)은 볏짚[藁]이다. 국인은 이를 던져버리고 끝내 불을 지르지 않았다. 그러자 령윤(令尹)이 불을 지르고[955] 국인이 거적자리와 볏짚을 던져버리고 불을 지르지 않자 령윤(令尹)이 스스로 그 집에 불을 지른 것이다. 극씨의 일족을 모두 죽였으며, 양령종(陽令終)과 그 아우 완(完) 및 타(佗)와 령종(令終)은 양개(陽匄)의 아들이다. 진진(晉陳) 및 그 자제도 죽였다. 진진(晉陳)은 초(楚)나라 대부이다. 모두 극씨(郤氏)의 당여이다. 진진의 일족이 국도에서 외쳐 말하기를 "언씨(鄢氏 : 鄢將師)와 비씨(費氏 : 費無極)가 스스로 왕이 된 듯 행세하여 그 전횡이 초나라에 화가 되고, 왕실을 약하고 외롭게 하여 왕과 령윤을 속여[蒙] 자기들만 리롭게 하는데도 몽(蒙)은 속임이다. 령윤은 이들을 다 믿고 있으니 나라가 앞으로 어찌될 것인가."라고 하니, 령윤이 이를 근심하였다.

秋 晉士鞅宋樂祁犁衛北宮喜曹人邾人滕人會于扈

가을에 진(晉)나라 사앙(士鞅)·송(宋)나라 악기리(樂祁犁)·위(衛)나라 북궁희(北宮喜)·조인(曹人)·주인(邾人)·등인(滕人)이 호(扈) 땅에서 회합하였다.

秋 會于扈 令戍周 且謀納公也 宋衛皆利納公 固請之 固請于晉 **范獻子取貨於季孫 謂司城子梁與北宮貞子** 子梁 宋樂祁也 **曰 季孫未知其罪 而君伐之 請囚請亡 於是乎不獲 君又弗克 而自出也 夫豈無備而能出君乎 季氏之復 天救之也 休公徒之怒 而啓叔孫氏之心 不然 豈其伐人而說甲執冰以游 叔孫氏懼禍之濫 而自同於季氏 天之道也 魯君守齊 三年而無成 季氏甚得其民 淮夷與之 有十年之備 有齊楚之援** 公雖在齊 齊不致力 **有天之贊 有民之助 有堅守之心 有列國之權 而弗敢宣也** 宣 用也 **事君如在國 故鞅以爲難 二子皆圖國者也 而欲納魯君 鞅之願也 請從二子以圍魯 無成 死之** 示不徒還以恐二子 **二子懼 皆辭 乃辭小國 而以難復** 以難納白晉君

955) 령윤(令尹)이~지르고 : 여기서의 '尹'을 리윤(里尹)으로 보고, 국인이 불을 지르지 않자 리윤에게 령을 내려 불을 지르게 하였다는 설도 있다.

가을에 호(扈) 땅에서 회합하였으니, 주(周)나라를 수위(戍衛)하는 일을 명한 것이고, 또 소공(昭公)을 들여보내는 일을 모의하기 위해서였다. 송(宋)나라와 위(衛)나라가 모두 소공을 들여보내는 것을 리롭게 여겨 강하게 요청하였다. 진(晉)나라에 강하게 요청한 것이다. 범헌자(范獻子 : 士鞅)가 계손(季孫)에게 뢰물을 받고, 사성(司城)인 자량(子梁)과 북궁정자(北宮貞子 : 北宮喜)에게 자량(子梁)은 송(宋)나라 악기(樂祁 : 樂祁犂)이다. 말하기를 "계손은 자기 죄를 알지도 못하는데 임금이 그를 치니, 감옥에 갇히기를 청하고 또 망명하기를 청하였는데 그때 허낙을 받지 못하였습니다. 그런데 임금은 도리어 계손을 이기지 못하고 자신이 나가게 되었던 것입니다. 어찌 준비도 없으면서 임금을 축출할 수 있었겠습니까. 계씨가 회복한 것은 하늘이 그를 구한 것입니다. 그러므로 소공을 따르는 무리의 노여움을 그치게 하고 숙손씨(叔孫氏)의 마음을 열게 한 것입니다. 그렇지 않다면 어떻게 남을 치다가 갑옷을 벗고 화살통[冰]을 들고 쉴 수가 있었겠습니까.[956] 숙손씨는 화가 미칠 것을 두려워하여 스스로 계씨에게 동조하였으니 이는 하늘이 인도한 것입니다. 로(魯)나라 임금은 제(齊)나라에 머물렀으나 3년이 되도록 이룬 것이 없었습니다. 계씨는 그 백성의 마음을 많이 얻었고 회이(淮夷)도 그를 도우며, 10년을 지킬 대비가 있고 제나라와 초(楚)나라의 후원도 있으며, 소공(昭公)이 비록 제(齊)나라에 있었지만 제나라가 힘을 써주지 않았다는 것이다. 하늘의 도움이 있고 백성의 도움도 있으며, 나라를 굳게 지킬 마음이 있고 렬국(列國)의 위세가 있지만[957] 감히 그 위세를 쓰지[宣] 않고 선(宣)은 씀이다. 임금 섬기기를 나라 안에 있을 때처럼 하였습니다. 그러므로 나 앙(鞅)은 그 일이 어렵다고 생각합니다. 그러나 두 분은 모두 나라를 도모하는 분들로서 로나라 임금을 들여보내고자 하시니 나 앙도 바라는 것입니다. 바라건대 두 분을 따라서 로나라를 포위하고 일을 이루지 못한다면 죽을 것입니다."라고 하니 그냥 돌아오지 않겠다는 것을 보여 두 사람을 겁준 것이다. 두 사람은 두려워하여 모두 사절하였다.[958] 그러자 범헌자는 소국들에게 사절하고 일이 어렵게 되었다고 복명하였다. 들여보내는 일이 어렵다고 진(晉)나라 임금에게 아뢴 것이다.

孟懿子陽虎伐鄆 陽虎 季氏家臣 伐鄆欲奪公 **鄆人將戰 子家子曰 天命不慆久矣** 言棄君不疑 **使君亡者 必此衆也** 言君據鄆衆以與魯戰 必敗亡 **天旣禍之 而自福也 不亦難乎 猶有**

---

956) 남을~있었겠습니까 : 소공(昭公) 25년에 소공의 무리가 갑옷을 풀고 화살통 뚜껑을 들고 길가에 앉아 쉬고 있던 일을 말한다.

957) 렬국(列國)의~있지만 : 렬국(列國)이 계씨(季氏)를 후원하고 있다는 말이다.

958) 두 사람은~사절하였다 : 소공(昭公)을 로(魯)나라에 들여보내는 일을 사절한 것이다.

鬼神 此必敗也 烏呼 爲無望也夫 其死於此乎 公使子家子如晉 公徒敗于且知 **且知近鄆地**

맹의자(孟懿子)와 양호(陽虎)가 운(鄆) 땅을 치니 양호(陽虎)는 계씨(季氏)의 가신이다. 운(鄆) 땅을 쳐서 소공(昭公)을 빼내 오고자 한 것이다.959) 운인(鄆人)960)이 싸우려고 하였다. 자가자(子家子)가 말하기를 "하늘의 명을 의심할[慆] 것이 없다는 것이 오래되었으니 하늘이 임금을 버린 것을 의심할 것이 없다는 말이다. 임금님을 패망하게 하는 자는 반드시 이 무리일 것이다. 임금이 운(鄆) 땅의 무리에 의지하여 로(魯)나라 군대와 싸운다면 반드시 패망할 것이라는 말이다. 하늘이 이미 화를 내렸는데 스스로 복을 구하려 하니 또한 어렵지 않겠는가. 오히려 귀신의 도움이 있더라도 이들은 반드시 패할 것이다. 오호라, 희망이 없으니 아마도 여기에서 죽게 될 것이구나."라고 하였다. 소공(昭公)이 자가자를 진(晉)나라로 보냈다.961) 소공의 무리가 차지(且知)에서 패하였다. 차지(且知)는 운(鄆)에서 가까운 땅이다.

○楚郤宛之難 國言未已 進胙者莫不謗令尹 **進胙 國中祭祀也 謗 詛也** **沈尹戌言於子常曰 夫左尹與中廄尹 莫知其罪 而子殺之 以興謗讟 至于今不已** **左尹 郤宛 中廄尹 陽令終** **戌也惑之 仁者殺人以掩謗 猶弗爲也 今吾子殺人以興謗 而弗圖 不亦異乎 夫無極 楚之讒人也 民莫不知 去朝吳 出蔡侯朱 喪大子建 殺連尹奢 屏王之耳目 使不聰明 不然 平王之溫惠共儉 有過成莊** **成王莊王** **無不及焉 所以不獲諸侯 邇無極也 今又殺三不辜 以興大謗** **三不辜 郤氏陽氏晉陳氏** **幾及子矣 子而不圖 將焉用之 夫鄢將師矯子之命 以滅三族 國之良也 而不愆位** **在位無愆過** **吳新有君 疆埸日駭 楚國若有大事 子其危哉 知者除讒以自安也 今子愛讒以自危也 甚矣 其惑也 子常曰 是瓦之罪 敢不良圖 九月 己未 子常殺費無極與鄢將師 盡滅其族 以說于國 謗言乃止**

○초(楚)나라 극완(郤宛)이 당한 화난에 대하여 국인의 말이 그치지 않았고 나라의 제사[進胙]에 참여하는 자들도 령윤(令尹)을 비방하지[謗] 않는 이가 없었다. 진조(進胙)는 나라에서

---

959) 운(鄆)~것이다 : 계씨(季氏)는 제후들이 소공(昭公)의 복위를 꾀한다는 소식을 듣고 겁이 나서 소공을 맞이하려 하였으나 소공의 종자(從者)들도 함께 들어오는 것을 꺼렸다. 그러므로 소공만 빼내오려 한 것이다.

960) 운인(鄆人) : 소공(昭公)을 따르는 종자(從者)들이다.

961) 소공(昭公)이~보냈다 : 소공(昭公)은 로(魯)나라와 싸우고자 하였으나 자가자(子家子)가 반대하였기 때문에 그를 진(晉)나라로 보낸 것이다.

지내는 제사이다. 방(謗)은 비방함이다. 이에 심윤(沈尹)인 술(戌)이 자상(子常)에게 말하기를 "좌윤(左尹)과 중구윤(中廐尹)은 자기들의 죄를 알지 못하였는데도 그대가 저들을 죽여 비방이 일어나 지금까지 그치지 않고 있으니 좌윤(左尹)은 극완(郤宛)이고 중구윤(中廐尹)은 양령종(陽令終)이다. 나 술(戌)은 이 일이 의심스럽습니다. 어진 사람은 사람을 죽여서 비방을 막을 수 있더라도 오히려 이런 일을 하지 않는데, 지금 그대는 사람을 죽여 비방이 일어났는데도 수습을 도모하지 않고 있으니 또한 이상하지 않습니까. 무극(無極)은 우리 초나라에서 참소 잘하는 사람인 것을 백성 가운데 알지 못하는 이가 없습니다. 그는 조오(朝吳)를 제거하였고[962] 채후(蔡侯) 주(朱)를 축출하였으며,[963] 태자 건(建)의 지위를 잃게 하였고 련윤(連尹)인 사(奢)를 죽게 하였으며,[964] 왕의 이목을 가리어 총명하지 못하게 하였습니다. 그렇지 않았다면 평왕(平王)께서는 온화하고 은혜롭고 공손하고 검소함이 성왕(成王)이나 장왕(莊王)보다 나았을 것이지 초성왕(楚成王)과 초장왕(楚莊王)이다. 미치지 못하지는 않았을 것입니다. 지금 우리 임금님이 제후들의 마음을 얻지 못하는 것은 무극을 가까이해서입니다. 지금 또 무고[不辜]한 세 사람을 죽여서 큰 비방이 일어나게 하였고, 무고(無辜)한 세 사람은 극씨(郤氏)·양씨(陽氏)·진진씨(晉陳氏)이다. 그 비방이 거의 그대에게 미치게 되었습니다. 그런데도 그대는 도모하지 않고 있으니 장차 그를 어디에 쓰려는 것입니까. 언장사(鄢將師)는 그대의 명을 사칭하여 세 족속을 멸하게 하였지만 세 족속은 나라의 훌륭한 가문이며 직위에 있으면서 허물이 없었습니다. 직위에 있으면서 허물이 없었다는 것이다. 오(吳)나라가 새로 임금이 즉위한[965] 이래로 변경이 날로 소란스러운데, 초나라에 만약 큰일이 생긴다면 그대는 위험해질 것입니다. 지혜로운 사람은 참소하는 자를 제거하여 스스로 안전을 도모하는데 지금 그대는 참소하는 자를 사랑하여 스스로 위태롭게 하고 있으니 미혹함이 너무 심합니다."라고 하였다. 자상이 말하기를 "이는 나 와(瓦)의 죄요. 감히 잘 도모하지 않을 수 있겠소."라고 하였다. 9월 기미일에 자상이 비무극(費無極)과 언장사를 죽이고 그 일족을 모두 죽여 국인에게 해명하니, 비방하는 말이 그제야 그쳤다.

962) 조오(朝吳)를 제거하였고 : 소공(昭公) 15년에 비무극(費無極)이 초평왕(楚平王)의 신임이 두터운 조오(朝吳)와 채(蔡)나라 사람들을 리간질하여 조오를 정(鄭)나라로 망명하게 하였다.

963) 채후(蔡侯)~축출하였으며 : 소공(昭公) 21년에 비무극(費無極)이 채(蔡)나라 동국(東國)의 뢰물을 받고 채후(蔡侯) 주(朱)를 축출하고 동국을 임금으로 세웠다.

964) 태자~하였으며 : 소공(昭公) 20년에 비무극(費無極)은 태자 건(建)이 련윤(連尹)인 오사(伍奢)와 함께 반란을 일으키려 한다고 참소하여 태자 건은 송(宋)나라로 망명하게 되고 오사는 갇혀 죽게 하였다.

965) 오(吳)나라가~즉위한 : 광(光)이 오왕(吳王)에 즉위한 것이다.

冬 十月 曹伯午卒

겨울 10월에 조백(曹伯) 오(午)가 졸하였다.

邾快來奔

주(邾)나라 쾌(快)가 망명왔다.

快 邾命卿 故書

쾌(快)는 주(邾)나라 명경(命卿)[966]이기 때문에 경문에 기록한 것이다.

公如齊

소공(昭公)이 제(齊)나라로 갔다.

冬 公如齊 齊侯請饗之 子家子曰 朝夕立於其朝 又何饗焉 其飮酒也 請用燕禮飮酒 **乃飮酒 使宰獻而請安** 禮 宴大夫 使宰爲主 司正命以安 皆享臣下之禮 卑公也 **子仲之子曰重 爲齊侯夫人 曰 請使重見** 子仲 魯公子憖 十二年奔齊 有女名重 欲使重見從宴媟也 **子家子乃以君出** 辟齊夫人

겨울에 소공(昭公)이 제(齊)나라로 갔다. 제후(齊侯 : 景公)가 향례(饗禮)를 베풀겠다고 청하니,[967] 자가자(子家子)가 말하기를 "우리 임금님께서는 아침저녁으로 제나라 조정에서 계신데 또 어찌 향례를 받겠습니까. 그냥 술을 마셨으면 합니다."라고 하였다. 연례(燕禮)의 음주를 청한 것이다. 이에 술을 마시는데 제후가 재부(宰夫 : 宰)로 하여금 술을 올리게 하고 편히 쉬도록 청하게 하였다. 례에 대부에게 연회를 베풀 때 재부(宰夫)[968]로 하여금 주인이 되게 하고 사정(司正)[969]으로 하여금 대부에게 편히 하라고 명하게 하는데, 모두 신하에게 향연을 베풀 때의 례이니 소공(昭

966) 명경(命卿) : 주왕(周王)이 임명한 제후국의 경(卿).

967) 향례(饗禮)를~청하니 : 제후(諸侯)가 제후를 대접할 때 향례(饗禮 : 享禮)·사례(食禮)·연례(燕禮)의 례가 있다. 가장 큰 것이 향례이고 가장 작은 것이 연례이다.

968) 재부(宰夫) : 빈객에게 음식 올리는 일을 관장하는 사람.

969) 사정(司正) : 음주례(飮酒禮)의 진행을 살피는 사람.

公)을 낮추어 접대한 것이다. 자중(子仲)의 녀식으로 중(重)이 있었는데 제후의 부인(夫人)이 되었다. 제후가 말하기를 "중(重)으로 하여금 공을 뵙게 하겠소."라고 하니, 자중(子仲)은 로(魯)나라 공자 은(憖)으로 12년에 제(齊)나라로 망명하였는데 딸이 있었으니 이름이 중(重)이었다. 중으로 하여금 소공을 알현하고 연회에 참여하게 하여 소공을 욕보이고자 한 것이다. 자가자가 곧 소공을 모시고 나갔다. 제(齊)나라 부인(夫人)을 피한 것이다.

公至自齊 居于鄆

소공(昭公)이 제(齊)나라에서 돌아와 운(鄆) 땅에 거처하였다.

○十二月 晉籍秦致諸侯之戍于周 魯人辭以難 籍秦 籍談子

○12월에 진(晉)나라 적진(籍秦)이 제후들의 수졸(戍卒)을 주(周)나라에 보내게 하였으나 로인(魯人)은 국난을 리유로 사절하였다. 적진(籍秦)은 적담(籍談)의 아들이다.

소공(昭公) 28년【丁亥 B.C.514】

二十有八年 春 王三月 葬曹悼公

28년 봄 왕3월에 조(曹)나라 도공(悼公)의 장례를 지냈다.

公如晉 次于乾侯

소공(昭公)이 진(晉)나라로 가서 간후(乾侯)에 머물렀다.

二十八年 春 公如晉 將如乾侯 齊侯卑公 故適晉 **子家子曰 有求於人 而卽其安 人孰矜之 其造於竟** 欲使次於竟以待命 **弗聽 使請逆於晉 晉人曰 天禍魯國 君淹恤在外 君亦**

不使一个辱在寡人 **一个 單使** **而卽安於甥舅 其亦使逆君** **言自使齊逆君** **使公復于竟 而後逆之** **迎入乾侯也**

28년 봄에 소공(昭公)이 진(晉)나라로 가서 간후(乾侯)[970]로 가려고 하자, 제후(齊侯)가 소공(昭公)을 멸시하였기 때문에 진(晉)나라로 간 것이다. 자가자(子家子)가 말하기를 "남에게 도움을 구하면서 편안한 곳으로 간다면 어느 누가 불쌍히 여기겠습니까. 국경지대로 나아가십시오."라고 하였으나 소공(昭公)으로 하여금 국경지대에 머무르면서 진(晉)나라 임금의 명을 기다리게 하고자 한 것이다. 소공은 듣지 않고 사람을 시켜 진나라에서 맞이해 주기를 청하였다. 그러자 진인(晉人)이 말하기를 "하늘이 로(魯)나라에 화를 내려 임금님께서 외국에서 오랫동안 고생하고[淹恤] 계십니다. 그러나 임금님께서 그동안 한 사람의 사신[一个]도 우리[寡人][971]에게 보내 안부를 묻지[在][972] 않았고 일개(一个)는 한 명의 사신이다. 생구(甥舅)의 나라[973]에 가서 편안하게 계셨으면서 어찌 또 우리에게 임금님을 맞이하라고 하십니까."라고 하였다. 스스로 제(齊)나라에게 임금을 맞이하도록 하게 하라는 말이다. 그리고 소공을 다시 국경으로 돌아가게 한 뒤에 맞이하였다. 간후(乾侯)로 맞이하여 들인 것이다.

夏 四月 丙戌 鄭伯寧卒

여름 4월 병술일에 정백(鄭伯) 녕(寧)이 졸하였다.

寧 公作甯

녕(寧)은 《공양전(公洋傳)》에는 녕(甯)으로 되어 있다.

六月 葬鄭定公

6월에 정(鄭)나라 정공(定公)의 장례를 지냈다.

970) 간후(乾侯) : 진(晉)나라 국경 안의 읍.

971) 우리[寡人] : 과인(寡人)은 진(晉)나라 사람이 자신을 지칭하는 용어이기도 하다.

972) 안부를 묻지[在] : 재(在)는 존문(存問)이니 안부를 물음이다.

973) 생구(甥舅)의 나라 : 이성(異姓)의 나라를 이르는 말로 여기서는 제(齊)나라를 말한다.

○晉祁勝與鄔臧通室 二子 祁盈家臣 通室 易妻 **祁盈將執之** 盈 祁午子 **訪於司馬叔游** 叔游 司馬叔侯之子 **叔游曰 鄭書有之 惡直醜正 實蕃有徒 無道立矣 子懼不免** 言世亂讒勝 **詩曰 民之多辟 無自立辟 姑已 若何** 已 止也 **盈曰 祁氏私有討 國何有焉** 言討家臣 無與國事 **遂執之 祁勝賂荀躒 荀躒爲之言於晉侯 晉侯執祁盈** 以其專戮 **祁盈之臣曰 鈞將皆死 憖使吾君聞勝與臧之死也以爲快** 憖 發語之音 言均是死耳 不如先殺勝臧使盈快意 **乃殺之**

○진(晉)나라 기승(祁勝)과 오장(鄔臧)이 서로 아내를 바꾸어 사통[通室]하였다. 두 사람은 기영(祁盈)의 가신이다. 통실(通室)은 아내를 바꿈이다. 기영(祁盈)이 그들을 잡으려고 하여 영(盈)은 기오(祁午)의 아들이다. 사마숙유(司馬叔游)를 찾아가 물었다. 숙유(叔游)는 사마숙후(司馬叔侯)의 아들이다. 숙유(叔游)가 말하기를 "《정서(鄭書)》[974]에 '곧은 사람을 미워하고 바른 사람을 싫어하는 무리가 실로 많다.'라는 말이 있소. 지금 세상에는 무도(無道)한 자가 높은 지위에 있으니 그대가 화를 면치 못할까 두렵소. 세상이 어지러워지면 참소하는 자가 이긴다는 말이다. 《시(詩)》에 이르기를 '백성 가운데 사벽(邪辟)한 자가 많으니 스스로 법[辟]을 세우지 말라.'[975]고 하였소. 그러니 잠시 그들을 그대로 두는[已] 것이 어떻겠소."라고 하였다. 이(已)는 그침이다. 영(盈)이 말하기를 "기씨(祁氏)의 가문에서 사사로이 벌하는 일이니 나라와 무슨 관계가 있겠습니까."라 하고서 가신을 토죄하는 일은 국사(國事)와 무관하다는 말이다. 드디어 그들을 잡아들였다. 기승이 순력(荀躒 : 知文子)에게 뇌물을 바치자 순력이 그를 위하여 진후(晉侯 : 頃公)에게 잘 말하여 주었다. 그러자 진후가 기영을 잡아들이니, 멋대로 형벌을 내렸기 때문이다. 기영의 가신이 말하기를 "우리 모두 장차 죽을 것이니, 우리 주군으로 하여금 승(勝)과 장(臧)이 죽었다는 말을 듣게 하여서 마음속을 시원하게 해 드리자."라 하고는 은(憖)은 발어음(發語音)이다. 모두 죽게 될 것이니, 먼저 승(勝)과 장(臧)을 죽여 영(盈)의 마음속을 시원하게 해 주는 것만 같지 못하다는 말이다. 그들을 죽였다.

夏 六月 晉殺祁盈及楊食我 食我 叔向子伯石也 **食我 祁盈之黨也 而助亂 故殺之 遂滅祁氏羊舌氏 初 叔向欲娶於申公巫臣氏** 夏姬女也 **其母欲娶其黨** 欲娶舅氏 **叔向曰 吾母多而庶鮮 吾懲舅氏矣** 言父多妾媵 而庶子鮮少 嫌母氏性不曠

여름 6월 진(晉)나라가 기영(祁盈)과 양사아(楊食我)를 죽였다. 사아(食我)는 숙향(叔向)의 아들 백석(伯石)이다. 사아(食我)는 기영의 당여로 란을 도왔기 때문에 죽인 것이다. 드디어 기씨

974) 《정서(鄭書)》: 정(鄭)나라 고서(古書).

975) 백성~말라 : 《시경(詩經)》〈대아(大雅)〉 판(板).

(祁氏)와 양설씨(羊舌氏)를 멸하였다. 이보다 앞서 숙향(叔向 : 羊舌肸)이 신공무신씨(申公巫臣氏)[976]에게 장가를 들려고 하였는데, 하희(夏姬)의 딸이다. 그의 어머니는 자기의 당(黨)에서 며느리를 들이고자 하였다. 숙향(叔向)의 외가[舅氏]에서 아내를 맞이하게 하려고 한 것이다. 숙향이 말하기를 "저에게 서모(庶母)는 많지만 서형제(庶兄弟)가 적습니다. 저는 외가를 경계합니다."라고 하였다. 아버지에게 첩잉(妾媵)이 많으나 서자가 거의 없는 것은 어머니의 성품이 너그럽지 못해서라고 꺼린 것이다.

其母曰 子靈之妻殺三夫 三夫 陳御叔楚襄老及巫臣 **一君** 陳靈公 **一子** 夏徵舒 **而亡一國** 陳也 **兩卿矣** 孔寧儀行父 **可無懲乎 吾聞之 甚美必有甚惡 是鄭穆少妃姚子之子 子貉之妹也** 子貉 鄭靈公夷 **子貉早死 無後 而天鍾美於是 將必以是大有敗也 昔有仍氏生女 黰黑** 黰 音軫 美髮爲黰 有仍 古諸侯 **而甚美 光可以鑑 名曰玄妻** 以髮黑故 **樂正后夔取之** 夔 舜典樂 **生伯封 實有豕心 貪惏無饜 忿纇無期 謂之封豕** 纇 戾也 封 大也 **有窮后羿滅之 夔是以不祀 且三代之亡 共子之廢 皆是物也** 夏以妺喜 殷以妲己 周以褒姒亡 共子 晉申生 以驪姬廢 **女何以爲哉 夫有尤物 足以移人 苟非德義 則必有禍** 尤 異也 **叔向懼 不敢取 平公強使取之 生伯石 伯石始生 子容之母走謁諸姑** 子容母 叔向嫂 伯華妻也 姑 叔向母 **曰 長叔姒生男 姑視之 及堂 聞其聲而還 曰 是豺狼之聲也 狼子野心 非是 莫喪羊舌氏矣 遂弗視**

숙향(叔向)의 어머니가 말하기를 "자령(子靈 : 申公巫臣)의 처[夏姬]는 세 남편과 세 남편[三夫]은 진(陳)나라 어숙(御叔 : 夏御叔)과 초(楚)나라 양로(襄老) 및 무신(巫臣 : 申公巫臣)이다. 한 임금과 진령공(陳靈公)[977]이다. 한 아들을 죽게 하였고, 하징서(夏徵舒)이다. 한 나라와 진(陳)나라이다. 두 경(卿)의 가문을 망하게 하였으니, 공녕(孔寧)과 의행보(儀行父)이다. 경계해야 하지 않겠느냐. 내가 들으니 '매우 아름다우면 반드시 매우 나쁜 점이 있다.'고 하였다. 이[夏姬]는 바로 정목공(鄭穆公)의 소비(少妃)인 요자(姚子)의 딸이고 자맥(子貉)의 누이이다. 자맥(子貉)은 정령공(鄭靈公) 이(夷)이다. 자맥이 일찍 죽어 후사가 없자 하늘은 이 녀자[夏姬]에게 아름다움을 모아주었으니, 장차 반드시 이 녀자 때문에 큰 패망이 있을 것이다. 옛날에 유잉씨(有仍氏)가 딸을

---

976) 신공무신씨(申公巫臣氏) : 신공무신(申公巫臣 : 屈巫)은 초(楚)나라가 진(陳)나라를 멸하고 데려온 하희(夏姬)를 취하여 진(晉)나라로 망명하였다. 선공(宣公) 9년 및 성공(成公) 2년조 참조.

977) 진령공(陳靈公) : 하희(夏姬)의 첫 남편 하어숙(夏御叔)이 죽자 하희와 사통하다가 하희의 아들 하징서(夏徵舒)에게 시해 당한 임금이다. 선공(宣公) 10년조 참조.

낳았는데 머리털이 윤이 나고[鬒] 검으며 진(鬒)은 음이 진(軫)이다. 아름다운 머리털을 진(鬒)이라고 한다. 유잉(有仍)은 옛날의 제후(諸侯)이다. 매우 아름다워서 그 빛남이 거울과 같으니[978] 이름을 현처(玄妻)라고 하였다. 머리털이 검었기 때문이다. 악정후(樂正后)인 기(夔)가 그녀를 처로 맞이하여 기(夔)는 순(舜)임금 때 음악을 맡았다. 백봉(伯封)을 낳았는데, 실로 돼지 같은 심보가 있어 탐욕스러워 만족함이 없고 사납고 어그러짐[纇]이 끝이 없으니 사람들은 그를 일러 봉시(封豕)라고 하였다. 뢰(纇)는 어그러짐[戾]이고 봉(封)은 큼이다. 유궁후(有窮后)인 예(羿)가 그를 멸하니, 기는 이로 인해 제사를 받지 못하였다.[979] 또 삼대(三代)의 멸망과 공자(共子)의 폐출도 모두 미녀[物] 때문인데 하(夏)나라는 말희(妺喜)로 인해, 은(殷)나라는 달기(妲己)로 인해, 주(周)나라는 포사(褒姒)로 인해 망하였다. 공자(共子)는 진(晉)나라 신생(申生)[980]이니 려희(驪姬)로 인해 폐출되었다. 너는 어찌 그리하려 하느냐. 우물(尤物 : 美女)은 사람의 마음을 흔들 수 있으니, 만약 덕(德)과 의(義)가 있는 사람이 아니라면 반드시 화가 있기 마련이다."라고 하였다. 우(尤)은 특이함이다. 이에 숙향(叔向)이 두려워 감히 취하지 않았다. 그런데 진평공(晉平公)이 숙향에게 억지로 신공무신씨(申公巫臣氏)를 취하게 하여 백석(伯石 : 食我)을 낳았다. 백석이 처음 태어났을 때 자용(子容)의 어머니가 시어머니에게 달려가 아뢰어 자용(子容)의 어머니는 숙향(叔向)의 형수이고 백화(伯華)의 처이다. 시어머니는 숙향의 어머니이다. 말하기를 "큰동서[長叔姒[981]]가 아들을 낳았습니다."라고 하니, 시어머니가 가서 보려다가 대청에서 아이의 울음소리를 듣고 되돌아와서 말하기를 "이 울음소리는 승냥이와 이리의 소리이다. 이리의 새끼는 거친 마음[野心]이 있으니 이 아이가 아니라면 우리 양설씨(羊舌氏)를 망하게 할 사람이 없을 것이다."라 하고서 끝내 그 아이를 보지 않았다.

秋 七月 癸巳 滕子寧卒

가을 7월 계사일에 등자(滕子) 녕(寧)이 졸하였다.

寧 公作甯

978) 그 빛남이~같으니 : 머리카락과 피부의 색깔이 사람들의 눈을 부시게 한다는 것이다.

979) 제사를~못하였다 : 후손이 끊어짐을 이른다.

980) 신생(申生) : 진헌공(晉獻公)의 태자.

981) 큰동서[長叔姒] : 숙향(叔向)의 여러 형제 가운데 백화(伯華)가 맏이이고 그다음이 숙향이기 때문에 백화의 처가 숙향의 처를 큰동서[長叔姒]라고 한 것이다.

녕(寧)은 《공양전(公羊傳)》에는 녕(甯)으로 되어 있다.

冬 葬滕悼公

겨울에 등(滕)나라 도공(悼公)의 장례를 지냈다.

○秋 晉韓宣子卒 魏獻子爲政 分祁氏之田以爲七縣 分羊舌氏之田以爲三縣 司馬彌牟爲鄔大夫 賈辛爲祁大夫 司馬烏爲平陵大夫 烏 司馬督 **魏戊爲梗陽大夫** 戊 魏舒庶子 **知徐吾爲塗水大夫** 徐吾 知盈孫 **韓固爲馬首大夫** 固 韓起孫 **孟丙爲孟大夫** 祁氏七縣 **樂霄爲銅鞮大夫 趙朝爲平陽大夫** 趙朝 勝曾孫 **僚安爲楊氏大夫** 羊舌氏三縣 **謂賈辛司馬烏爲有力於王室** 二十二年 辛烏帥師納敬王 **故擧之 謂知徐吾趙朝韓固魏戊 餘子之不失職 能守業者也 其四人者 皆受縣而後見於魏子 以賢擧也** 四人 司馬彌牟孟丙樂霄僚安 言非素識

○가을에 진(晉)나라 한선자(韓宣子 : 韓起)가 졸하니, 위헌자(魏獻子 : 魏舒)가 집정이 되어 기씨(祁氏)의 전지를 나누어 일곱 현(縣)으로 만들고 양설씨(羊舌氏)의 전지를 나누어 세 현으로 만들었다. 그리고 사마미모(司馬彌牟)를 오대부(鄔大夫)로 삼고, 가신(賈辛)을 기대부(祁大夫)로 삼고, 사마오(司馬烏)를 평릉대부(平陵大夫)로 삼고, 오(烏)는 사마독(司馬督)이다. 위무(魏戊)를 경양대부(梗陽大夫)로 삼고, 무(戊)는 위서(魏舒)의 서자이다. 지서오(知徐吾)를 도수대부(塗水大夫)로 삼고, 서오(徐吾)는 지영(知盈)의 손자이다. 한고(韓固)를 마수대부(馬首大夫)로 삼고, 고(固)는 한기(韓起)의 손자이다. 우병(孟丙)을 우대부(孟大夫)로 삼고, 이들 땅은 기씨(祁氏)의 일곱 현(縣)이다. 악소(樂霄)를 동제대부(銅鞮大夫)로 삼고, 조조(趙朝)를 평양대부(平陽大夫)로 삼고, 조조(趙朝)는 승(勝)의 증손이다. 료안(僚安)을 양씨대부(楊氏大夫)로 삼았다. 이들 땅은 양설씨(羊舌氏)의 세 현(縣)이다. 위헌자는 가신과 사마오가 왕실에 공이 있다고 여겼으므로 22년에 신(辛)과 오(烏)가 군대를 거느리고 경왕(敬王)을 경사(京師)로 들여보냈다. 그들을 등용한 것이고, 지서오·조조·한고·위무는 여자(餘子)[982]로서 그 직분을 잃지 않고 가업을 잘 지켰다고 여긴 것이다. 그 외 네 사람은 모두 현을 받은 뒤에 위자(魏子 : 魏獻子)를 알현하였으니, 그들이 현명하였으므로 등용한 것이다. 네 사람은 사마미모(司馬彌牟)·우병(孟丙)·악소(樂霄)·료안(僚

982) 여자(餘子) : 경(卿)의 서자(庶子) 및 그 자손.

安)이다. 이들은 위헌자(魏獻子)가 평소에 알고 지내던 사람이 아니라는 말이다.

魏子謂成鱄 鱄 晉大夫 **吾與戊也縣 人其以我爲黨乎 對曰 何也 戊之爲人也 遠不忘君 近不偪同** 不偪同位 **居利思義 在約思純** 無濫心 **有守心而無淫行 雖與之縣 不亦可乎 昔武王克商 光有天下 其兄弟之國者十有五人** 僖二十四年 富辰數文之昭有十六國 此言十五人 紀載不同 **姬姓之國者四十人 皆擧親也 夫擧無他 唯善所在 親疏一也 詩曰 唯此文王 帝度其心 莫其德音 其德克明 克明克類 克長克君 王此大國 克順克比 比于文王 其德靡悔 旣受帝祉 施于孫子 心能制義曰度 德正應和曰莫** 莫然淸淨 **照臨四方曰明 勤施無私曰類** 物得其所 無失類也 **敎誨不倦曰長** 敎誨 長人之道 **賞慶刑威曰君 慈和偏服曰順 擇善而從之曰比** 比方善事 使相從也 **經緯天地曰文** 經緯相錯 故織成文 **九德不愆 作事無悔** 九德 上九曰也 **故襲天祿 子孫賴之** 襲 受也 **主之擧也 近文德矣 所及其遠哉** 擧魏戊等 勤施無私 其四人者 擇善而從

위자(魏子)가 성전(成鱄)에게 이르기를 전(鱄)은 진(晉)나라 대부이다. "내가 무(戊)에게 현(縣)을 주었으니, 사람들이 내가 편당(偏黨)하였다고 여기겠소?"[983]라고 하였다. 성전이 대답하기를 "어찌 그리 생각하겠습니까. 무의 사람됨이 임금이 멀리하여도 임금을 잊지 않았고, 임금이 그를 가까이하여도 동료를 핍박하지 않았으며, 동료를 핍박하지 않은 것이다. 리익을 취할 자리에 있어도 의(義)를 생각하며, 궁한 처지에 있어도 순정(純正)을 생각하고 분수에 넘치는 마음이 없음이다. 법도를 지키는 마음이 있어서 문란한 행위를 하지 않으니, 비록 그에게 현을 주어도 또한 괜찮은 것 아니겠습니까. 옛날에 무왕(武王)께서 상(商)나라를 이기고 영광되게 천하를 소유하셨을 때 그 형제로서 나라를 받은 자가 15인이었고, 희공(僖公) 24년에 부신(富辰)이 문왕(文王)의 소(昭)[984]를 세어보니 모두 열여섯 나라였는데 여기서는 15인이라고 말하였으니 기록된 것이 같지 않다. 희성(姬姓)으로 나라를 받은 자가 40인이었으니 모두 친속을 등용하였습니다. 인재를 등용한다는 것은 다른 것이 아니라 오직 그 사람이 선한가에 달려 있으니 친소는 한가지입니다.[985] 《시(詩)》에 이르기를 '이 문왕(文王)[986]을 상제께서 그 마음을 잘 헤아

---

983) 내가~여기겠소 : 위헌자(魏獻子)가 자기 서자인 위무(魏戊)에게 현(縣)을 주었기 때문에 그에 대해 세간에서 편당된 인사라고 여기지 않겠느냐는 말이다.

984) 소(昭) : 종묘(宗廟)에 배향하는 소목(昭穆)의 소(昭)이다. 종묘에서 문왕(文王)은 목(穆)의 자리에 있다. 그러므로 문왕의 소는 문왕의 아들들의 자리로서 바로 무왕(武王)의 형제들이다.

985) 친소는 한가지입니다 : 친소를 따질 것이 없다는 말이다.

986) 이 문왕(文王) : 《시경(詩經)》에는 '文王'이 '王季'로 되어 있다.

리니, 덕음(德音)을 청정히[莫] 하여 그 덕이 밝으셨다. 밝으시고 선(善 : 類)하시어 사장(師長)[987]이 되시고 군왕이 되시어 이 대국에 왕 노릇 하시니 천하가 순종하고 따랐네. 백성이 문왕을 따르니 그 덕에 부족함이 없어 상제의 복을 받아 자손에게 미쳤네.'[988]라고 하였습니다. 마음으로 능히 마땅하게 처리하는 것을 탁(度)이라 하고, 나의 덕이 반듯하여 남이 감응하는 것을 막(莫)이라고 하며, 막연(莫然)히 청정(淸淨)함이다. 사방을 비추어 림하는 것을 명(明)이라고 하고, 힘써 베풀되 사사로움이 없는 것을 류(類)라 하며, 사물이 제 자리를 얻어 선함[類]을 잃음이 없는 것이다. 가르치어 일깨우기[敎誨]를 게을리하지 않는 것을 장(長)이라고 하고, 교회(敎誨)는 사람을 기르는 도이다. 상을 주어 경사롭게 하고 형벌을 주어 위엄을 보이는 것을 군(君)이라고 하며, 인자하고 온화하여 두루 복종하는 것을 순(順)이라고 하고, 선을 가려 따르는 것을 비(比)라고 하며, 선한 일을 견주어 보아 서로 따르게 하는 것이다. 하늘을 날줄로 삼고 땅을 씨줄로 삼는 것[989]을 문(文)이라고 하니, 날줄과 씨줄이 서로 교차하기 때문에 직물에 무늬가 이루어지는 것이다. 이 아홉 가지 덕[九德]에 허물이 없어 하는 일에 후회함이 없었던 것입니다. 구덕(九德)은 위의 아홉 번의 '왈(曰)'이라고 한 것이다. 그러므로 하늘이 내린 복록을 이어받아[襲] 자손들이 힘입은 것입니다. 습(襲)은 받음이다. 주인[魏子]께서 사람을 등용하심이 문왕의 덕에 가까우니 그 덕이 미치는 바가 멀 것입니다."라고 하였다. 위무(魏戊) 등을 등용한 것은 힘써 베풀되 사사로움이 없는 것이고, 그 네 사람을 등용한 것도 선을 택하여 따랐다는 것이다.

賈辛將適其縣 見於魏子 魏子曰 辛來 昔叔向適鄭 鬷蔑惡 惡 貌醜 **欲觀叔向 從使之收器者** 隨使人應斂俎豆者 **而往 立於堂下 一言而善 叔向將飮酒 聞之 曰 必鬷明也 下執其手以上 曰 昔賈大夫惡** 賈國大夫 **娶妻而美 三年不言不笑 御以如皐** 爲妻御之皐澤 **射雉 獲之 其妻始笑而言 賈大夫曰 才之不可以已 我不能射 女遂不言不笑夫 今子少不颺** 貌不揚顯 **子若無言 吾幾失子矣 言之不可以已也如是 遂如故知 今女有力於王室 吾是以擧女 行乎 敬之哉 毋墮乃力**

가신(賈辛)이 장차 그 현(縣)으로 가려고 할 때 위자(魏子)를 알현하니, 위자가 말하기를 "신(辛)이여, 이리 오시오. 옛날 숙향(叔向)이 정(鄭)나라에 갔을 때 종멸(鬷蔑)이란 사람이 얼굴이 추하였는데[惡] 악(惡)은 용모가 추한 것이다. 숙향을 만나보고자 하여 심부름꾼 가운데

987) 사장(師長) : 군대의 수장.

988) 이 문왕(文王)을~미쳤네 : 《시경(詩經)》〈대아(大雅)〉 황의(皇矣).

989) 하늘을~것 : 하늘과 땅의 법도를 본받아 세상을 잘 다스린다는 말이다.

그릇을 거두는 자를 따라 심부름꾼으로 조두(俎豆)를 거두는 자를 따라간 것이다. 들어가서 당하(堂下)에 서서 한 마디 좋은 말을 하니, 숙향이 술을 마시려다가 그 말을 듣고 이르기를 '이 말을 한 사람은 반드시 종명(鬷明 : 鬷蔑)일 것이다.'라 하고 당하로 내려가서 그의 손을 잡고 올라와서 말하기를 '옛날에 가대부(賈大夫)는 얼굴이 추했지만 가(賈)나라 대부이다. 맞이한 아내는 미녀였소. 그 아내가 3년 동안 말도 하지 않고 웃지도 않았는데, 한 번은 수레에 태워 고택(皐澤)으로 가서 아내를 위해 수레를 몰고 고택(皐澤)으로 간 것이다. 꿩을 쏘아 잡으니 그 아내가 비로소 웃고 말하였소. 그러자 가대부가 말하기를「사람은 재능이 없어서는 안 되겠구려. 내가 활을 쏘지 못했다면 당신은 끝내 말하지도 웃지도 않았을 것이오.」라고 하였다고 하오. 지금 그대는 외모가 다소 출중하지 않으니 용모가 양현(揚顯 : 俊秀)하지 못한 것이다. 그대가 만약 말을 하지 않았다면 나는 거의 그대를 놓칠 뻔하였소. 그러니 말이란 하지 않아서는 안 되는 것이 이와 같구려.'라 하고는 드디어 오래 사귄 지기(知己)처럼 대하였소. 지금 그대가 왕실에 공이 있기 때문에 나는 그대를 등용한 것이니, 가서 일 처리를 공경히 하여 그대의 공을 무너뜨리지 마시오."라고 하였다.

仲尼聞魏子之擧也 以爲義 曰 近不失親 遠不失擧 可謂義矣 又聞其命賈辛也 以爲忠 詩曰 永言配命 自求多福 忠也 魏子之擧也義 其命也忠 其長有後於晉國乎

중니(仲尼)는 위자(魏子)가 등용한 일을 듣고는 의롭게 여겨서 말하기를 "가깝게는 친속을 버리지 않고 멀리로는 등용할 만한 인재를 버리지 않았으니 의롭다고 이를 만하다."라고 하였다. 또 위자가 가신(賈辛)에게 명한 말을 듣고는 그 말을 충성스럽게 여겨서 "《시(詩)》에 '길이 천명에 부합하는 것이 스스로 많은 복을 구하는 것이다.'[990]라고 하였으니 이는 충성스럽기 때문이다. 위자가 사람을 등용한 것이 의롭고 그 명한 말이 충성스러웠으니, 그 후손이 길이 진(晉)나라에서 번성할 것이다."라고 하였다.

冬 梗陽人有獄 魏戊不能斷 以獄上 上魏子 **其大宗賂以女樂** 訟者之大宗 **魏子將受之 魏戊謂閻沒女寬** 二人 魏子之屬大夫 **曰 主以不賄聞於諸侯 若受梗陽人 賄莫甚焉 吾子必諫 皆許諾 退朝 待於庭** 魏子朝退 二人待於其庭 **饋入 召之** 召二大夫食 **比置 三歎** 自始食至食盡 三次歎息 **旣食 使坐 魏子曰 吾聞諸伯叔** 伯叔猶言前輩長者 **諺曰 唯食忘憂 吾子置食之間三歎 何也 同辭而對曰 或賜二小人酒 不夕食** 昨有人賜我二人酒 因醉不曾晚食 **饋**

990) 길이~것이다 :《시경(詩經)》〈대아(大雅)〉 문왕(文王).

之始至 恐其不足 是以歎 中置 自咎曰 豈將軍食之而有不足 是以再歎 魏子 中軍帥 故謂之將軍 **及饋之畢 願以小人之腹爲君子之心 屬厭而已** 屬 音燭 足也 言小人腹飽 猶知厭足 君子之心亦宜然 **獻子辭梗陽人**

겨울에 경양인(梗陽人)이 옥사(獄事)가 있었는데 위무(魏戊)[991]가 판결하지 못하고 옥사를 상부(上府)로 올렸다. 위자(魏子)에게 올려보낸 것이다. 그 경양인의 대종(大宗)[992]이 녀악(女樂)을 뢰물로 바치자 소송하는 자의 대종(大宗)이다. 위자(魏子)가 이를 받으려 하였다. 그러자 위무가 염몰(閻沒)과 여관(女寬)에게 두 사람은 위자(魏子)의 속대부(屬大夫)이다. 말하기를 "주인께서는 뢰물을 받지 않는 것으로 제후들에게 소문이 났으니, 만약 경양인에게 뢰물을 받는다면 이보다 심한 뢰물은 없을 것입니다. 그대들은 반드시 이를 간하여 주십시오."라고 하니, 두 사람이 모두 허낙하였다. 두 사람은 위자가 조정에서 물러나기를 뜰에서 기다렸다. 위자(魏子)가 조정에서 물러나기를 두 사람이 위자의 집 뜰에서 기다린 것이다. 위자는 두 사람을 불렀는데, 두 대부를 불러 먹게 한 것이다. 음식이 차려져 있을 때까지 그 두 사람은 세 차례나 탄식하였다. 음식을 먹기 시작해서 다 먹을 때까지 세 차례나 탄식한 것이다. 식사를 마친 뒤에 위자가 두 사람을 앉게 하고 말하기를 "내가 백숙(伯叔)에게 들으니 백숙(伯叔)은 선배 어른[前輩長者]이라는 말과 같다. 속언에 '오직 먹을 때만은 근심을 잊는다.'라고 하였소. 그런데 그대들은 차려진 음식을 먹는 동안에 세 차례나 탄식을 하였으니 무슨 까닭이오?"라고 하니, 두 사람이 같은 말로 대답하기를 "어떤 이가 우리 두 사람에게 술을 주어 저녁을 먹지 못하였습니다. 어제 어떤 사람이 우리 두 사람에게 술을 주어 취하였기 때문에 이제까지 저녁을 먹지 못하였다는 것이다. 그래서 음식이 처음 들어올 때는 부족할까 걱정했기 때문에 탄식하였고, 차려진 음식을 먹는 중간에 자책하기를 '어찌 장군께서 먹여주시는데 부족함이 있겠는가.'라고 하면서 두 번째 탄식을 하였습니다. 위자(魏子)가 중군의 장수였기에 장군이라 이른 것이다. 다 먹고 나서는 소인들이 배부른 것으로 군자(君子 : 魏子)의 마음을 삼아 만족하여[屬厭] 그만두기를 바란 것입니다."[993]라고 하자, 촉(屬)은 음이 촉(燭)이니 만족함이다. 소인이 배가 부르면 오히려 만족할 줄 아니 군자의 마음도 마땅히 그러할 것이라고 말한 것이다. 헌자(獻子 : 魏子)가 경양인의 뢰물을 사절하였다.

991) 위무(魏戊) : 위자(魏子)의 서자.

992) 대종(大宗) : 집안의 장로(長老).

993) 소인들이~것입니다 : 만족할 줄 아는 도(道)로써 위자(魏子)가 뢰물을 취하지 않도록 풍간(諷諫)한 것이다.

소공(昭公) 29년【戊子 B.C.513】

二十有九年 春 公至自乾侯 居于鄆 齊侯使高張來唁公 公如晉 次于乾侯

29년 봄에 소공(昭公)이 간후(乾侯)에서 돌아와 운(鄆) 땅에 거처하였다. 제후(齊侯)가 고장(高張)을 보내와서 소공을 위문하였다. 소공이 진(晉)나라로 가서 간후에 머물렀다.

高張 高偃子 唁公至晉不見受

고장(高張)은 고언(高偃)의 아들이다. 소공(昭公)이 진(晉)나라로 갔으나 받아들여지지 않은 것을 위문한 것이다.

二十九年 春 公至自乾侯 處于鄆 齊侯使高張來唁公 稱主君 比公於大夫 **子家子曰 齊卑君矣 君祇辱焉** 言事齊 適取辱 **公如乾侯** 復適晉 冀見恤

29년 봄에 소공(昭公)이 간후(乾侯)에서 돌아와 운(鄆) 땅[994]에 거처하니, 제후(齊侯)가 고장(高張)을 보내와서 소공을 위문할 때 주군(主君)이라 칭하였다. 소공(昭公)을 대부에 견준 것이다. 자가자(子家子)가 말하기를 "제(齊)나라에서 임금님을 비하하니, 임금님께서는 단지 욕만 당하실 것입니다."라고 하자, 제(齊)나라를 섬기면 단지 욕만 취하게 될 것이라는 말이다. 소공이 간후로 갔다. 다시 진(晉)나라로 가서 구휼해주기를 바란 것이다.

平子每歲賈馬 具從者之衣屨 而歸之于乾侯 應鸜鵒之謠 **公執歸馬者 賣之** 賣其馬 **乃不歸馬** 平子絶 不歸馬

평자(平子 : 季平子)가 해마다 말을 사고 소공(昭公)의 종자들 옷과 신발을 갖추어 간후(乾侯)로 보냈는데, 구욕(鸜鵒)의 노래[995]에 응한 것이다. 소공이 말을 보낸 자를 잡아놓고 그 말을 파니 그 말을 판 것이다. 이에 말을 보내지 않았다. 평자(平子)가 소공(昭公)과 관계를 끊고 말을

994) 운(鄆) 땅 : 로(魯)나라의 읍.

995) 구욕(鸜鵒)의 노래 : 그 노랫말에 '구욕새가 날아다니면 임금님은 외국의 들에 계시고 신하가 가서 말을 보내드리리라.'고 하였다. 소공(昭公) 25년 봄조 참조.

보내지 않은 것이다.

衛侯來獻其乘馬 曰啓服 啓服 馬名 **塹而死** 墮塹死也 **公將爲之櫝** 爲作棺也 **子家子曰 從者病矣 請以食之 乃以帷裹之 公賜公衍羔裘 使獻龍輔於齊侯** 龍輔 玉名 **遂入羔裘** 公衍遂獻羔裘 **齊侯喜 與之陽穀**

위후(衛侯)가 타던 말을 보내왔는데 이름이 계복(啓服)이었다. 계복(啓服)은 말 이름이다. 그 말이 해자[塹]에 빠져 죽자 해자(垓字 : 塹)에 떨어져 죽은 것이다. 소공이 말을 위해 관[櫝]을 만들어 주고자 하였다. 관(棺)을 만들고자 한 것이다. 자가자(子家子)가 말하기를 "종자들이 지쳤으니 이 말고기를 종자들에게 먹이십시오."[996]라고 하니, 이에 소공은 휘장으로 그 말을 싸서 묻어주었다. 소공이 공연(公衍)[997]에게 양가죽옷[羔裘]을 내려주고 그를 시켜 제후(齊侯)에게 룡보(龍輔)를 바치도록 하였다. 룡보(龍輔)는 옥 이름이다. 공연이 드디어 사신으로 가서 양가죽옷까지 바치니 공연(公衍)이 드디어 양가죽옷까지 바친 것이다. 제후가 기뻐하여 양곡(陽穀)을 식읍으로 주었다.

公衍公爲之生也 其母偕出 出之產舍 **公衍先生 公爲之母曰 相與偕出 請相與偕告** 留公衍母 使待己共白公 **三日 公爲生 其母先以告 公爲爲兄 公私喜於陽穀 而思於魯曰 務人爲此禍也** 務人 公爲 公喜得陽穀 而追思失魯之禍 **且後生而爲兄 其誣也久矣 乃黜之 而以公衍爲大子**

공연(公衍)과 공위(公爲)[998]가 태어날 때 그들의 어미들이 함께 산실(產室)로 나갔는데 산실(產室 : 產舍)로 나간 것이다. 공연이 먼저 태어났다. 공위의 어미가 말하기를 "서로 함께 산실로 나왔으니 함께 고합시다."라고 하였다. 공연(公衍)의 어미를 머물게 하고 자신이 아기를 낳을 때까지 기다리게 하여 함께 소공(昭公)에게 아뢰자고 한 것이다. 사흘 뒤에 공위가 태어나자 그 어미가 먼저 고하여 공위가 형이 되었다. 소공(昭公)은 마음속으로 양곡(陽穀)을 얻어 온 것을 기뻐하고 로(魯)나라에서의 일을 생각하며 말하기를 "무인(務人)이 이 화를 일으켰다.[999] 무인(務人)은

996) 종자들이~먹이십시오 : 말에 들일 비용을 종자들을 위해 쓰라고 풍간(諷諫)한 것이다.

997) 공연(公衍) : 소공(昭公)의 아들.

998) 공위(公爲) : 소공(昭公)의 아들. 공연(公衍)과 공위(公爲)는 이복형제이다.

999) 무인(務人)이~일으켰다 : 소공(昭公)의 아들 공위(公爲)가 공과(公果)와 공분(公賁)을 통하여 소공을 설득하고 계씨(季氏)를 제거하고자 하였으나 실패하여 소공이 망명길에 오르게 되었다는 말이다. 소공 25년 가을조 참조.

공위(公爲)이다. 소공(昭公)은 양곡(陽穀)을 얻은 것을 기뻐하고 로(魯)나라를 잃게 된 화를 돌이켜 생각한 것이다. 또 나중에 태어났으면서도 형이 되었으니 그 속인 것이 오래되었다."라 하고, 이에 공위를 폐출하고 공연을 태자로 삼았다.

○三月 己卯 京師殺召伯盈尹氏固及原伯魯之子 皆子朝黨 **尹固之復也** 與子朝奔楚而道還 **有婦人遇之周郊 尤之** 尤 責也 **曰 處則勸人爲禍 行則數日而反 是夫也 其過三歲乎**

○3월 기묘일에 경사(京師)에서 소백영(召伯盈)과 윤씨고(尹氏固) 그리고 원백로(原伯魯)의 아들을 죽였다. 모두 자조(子朝)[1000]의 당여이다. 윤고(尹固 : 尹氏固)가 돌아올 때 자조(子朝)와 함께 초(楚)나라로 망명가다가 도중에 돌아온 것이다. 어떤 부인(婦人)이 주(周)나라 교외에서 그를 만나 책망하여[尤] 우(尤)는 책망함이다. 말하기를 "국내에 있을 때는 사람을 선동하여 화를 일으키고 망명가다가 수일 만에 돌아오니, 이런 자가 3년을 넘길 수 있겠는가."라고 하였다.

夏 四月 庚子 叔詣卒

여름 4월 경자일에 숙예(叔詣)가 졸하였다.

○夏 五月 庚寅 王子趙車入于鄻以叛 陰不佞敗之 鄻 音輦 周邑 趙車 子朝餘黨

○여름 5월 경인일에 왕자 조거(趙車)가 련(鄻) 땅에 들어가 반란을 일으켰는데 음불녕(陰不佞)이 그를 패배시켰다. 련(鄻)은 음이 련(輦)이니 주(周)나라 읍이다. 조거(趙車)는 자조(子朝)의 남은 당여이다.

秋 七月

가을 7월이다.

1000) 자조(子朝) : 주경왕(周景王)의 장서자이고 주도왕(周悼王)의 서형이다. 소공(昭公) 22년에 주도왕에 대항하여 반란을 일으켰다.

○秋 龍見于絳郊 魏獻子問於蔡墨 晉大史 **曰 吾聞之 蟲莫知於龍 以其不生得也 謂之知 信乎 對曰 人實不知 非龍實知** 言人自無擾龍術 故不生得 非龍之知也 **古者畜龍 故國有豢龍氏 有御龍氏** 豢御 養也 **獻子曰 是二氏者 吾亦聞之 而不知其故 是何謂也**

○가을에 강(絳)[1001] 땅의 교외에 룡(龍)이 출현하니, 위헌자(魏獻子)가 채묵(蔡墨)에게 묻기를 진(晉)나라 태사(大史)이다. "내가 듣건대 충류(蟲類) 가운데 룡보다 지혜로운 짐승은 없다고 한다. 룡은 산 채로 잡을 수 없기 때문에 지혜롭다고 이르는데 믿을 만한가?"라고 하니, 채묵이 대답하기를 "사람들이 실로 지혜롭지 못해서이지 룡이 실제로 지혜로워서가 아닙니다. 사람들이 스스로 룡을 길들이는 기술이 없기 때문에 산 채로 잡지 못하는 것이지 룡이 지혜로운 것은 아니라는 말이다. 옛날에는 룡을 길렀기 때문에 나라에 환룡씨(豢龍氏)가 있고 어룡씨(御龍氏)가 있었습니다."라고 하였다. 환(豢)과 어(御)는 기름이다. 헌자(獻子)가 말하기를 "이 두 씨(氏)에 대하여 나도 들었지만 자세한 내막은 알지 못하니 이들을 어찌하여 그렇게 이르는 것인가?"라고 하였다.

對曰 昔有飂叔安 飂 音溜 國名 叔安 其君名 **有裔子曰董父** 玄孫之後爲裔 **實甚好龍 能求其耆欲 以飮食之 龍多歸之 乃擾畜龍 以服事帝舜 帝賜之姓曰董** 擾 順也 **氏曰豢龍** 豢龍 官名 因以爲氏 **封諸鬷川 鬷夷氏其後也** 鬷水上夷皆董姓 **故帝舜氏世有畜龍 及有夏孔甲 擾于有帝** 孔甲 少康後九世君 其德能順於天 **帝賜之乘龍** 上帝賜孔甲四龍 **河漢各二 各有雌雄 孔甲不能食 而未獲豢龍氏 有陶唐氏旣衰 其後有劉累 學擾龍于豢龍氏 以事孔甲 能飮食之 夏后嘉之 賜氏曰御龍** 夏后 孔甲 **以更豕韋之後** 代彭姓之豕韋 **龍一雌死 潛醢以食夏后 夏后饗之 旣而使求之** 求致龍也 **懼而遷于魯縣 范氏其後也** 晉范氏也

채묵(蔡墨)이 다음과 같이 대답하였다. "옛날 류(飂)나라 숙안(叔安)이 있었고 류(飂)는 음이 류(溜)이니 나라 이름이다. 숙안(叔安)은 그 임금의 이름이다. 그 후손[裔子] 가운데 동보(董父)라는 사람이 있었는데 현손(玄孫)의 후손을 예(裔)라고 한다. 실로 룡을 매우 좋아하여 룡이 좋아하는 먹이를 구하여 먹여 기르니 많은 룡이 그에게로 모였습니다. 그래서 룡을 길들여[擾] 기르는 일로 순(舜)임금을 섬기니 순임금이 그에게 성(姓)을 내려주기를 동(董)이라 하였고 요(擾)는 길들임이다. 씨(氏)를 내려주기를 환룡(豢龍)이라 하였습니다. 환룡(豢龍)은 벼슬 이름인데 이로 인하여 씨(氏)로 삼은 것이다. 그리고 종천(鬷川)에 봉하였는데 종이씨(鬷夷氏)가 그의 후손

1001) 강(絳) : 진(晉)나라 국도.

입니다. 종수(鬷水) 가의 이족(夷族)은 모두 동성(董姓)이다. 그러므로 순임금의 시대에는 룡을 기르는 관원이 있었습니다. 하(夏)나라 공갑(孔甲)에 이르러 상제에게 순종하니[擾], 공갑(孔甲)은 소강(少康)의 후손으로 제9대 임금이다. 그 덕이 하늘에 순응하였다는 것이다. 상제가 수레에 메울 네 마리 룡[乘龍]을 하사하였으니 상제(上帝)가 공갑(孔甲)에게 네 마리 룡을 하사하였다는 것이다. 하수(河水)와 한수(漢水)에 각각 두 마리씩 두었는데 암수 한 쌍씩이었습니다. 공갑은 잘 먹일 수가 없었는데 환룡씨(豢龍氏)를 찾지 못하였습니다. 도당씨(陶唐氏)[1002]가 쇠락한 뒤에 그 후손에 류루(劉累)라는 사람이 있었는데, 룡을 기르는 법을 환룡씨에게 배워서 공갑을 섬겨 그 룡을 잘 먹여 길렀습니다. 하후(夏后)가 이를 가상히 여겨 씨(氏)를 내려주기를 어룡(御龍)이라 하였고 하후(夏后)는 공갑(孔甲)이다. 시위(豕韋)[1003]의 후손을 대신하게 하였습니다. 팽성(彭姓)의 시위국(豕韋國)을 대신 맡게 한 것이다. 암룡 한 마리가 죽자, 류루가 몰래 젓을 담가 하후에게 먹였습니다. 하후가 이를 맛보고는 이윽고 사람을 보내 그것을 더 요구하였습니다. 룡의 젓갈을 바치기를 요구한 것이다. 그러자 류루는 두려워서 로현(魯縣)으로 옮겨갔으니 범씨(范氏)가 그 후손입니다." 진(晉)나라 범씨(范氏)이다.

獻子曰 今何故無之 對曰 夫物 物有其官 官修其方 朝夕思之 一日失職 則死及之 失官不食 官宿其業 其物乃至 宿猶安也 官安其業 則所掌之物乃自至 **若泯棄之 物乃坻伏** 泯 滅也 坻 止也 **鬱湮不育 故有五行之官 是謂五官 實列受氏姓 封爲上公 祀爲貴神 社稷五祀 是尊是奉** 五官之長能修其業者 死皆配食於五行之神 **木正曰句芒** 正 官長也 取木生句曲而有芒角 **火正曰祝融** 祝融 明貌 **金正曰蓐收** 秋物摧蓐而可收 **水正曰玄冥** 水陰而幽冥 **土正曰后土** 土爲羣物主 故稱后 **龍 水物也 水官棄矣 故龍不生得 不然 周易有之 在乾䷀之姤䷫** 巽下乾上 **曰潛龍勿用** 乾初九爻辭 **其同人䷌** 離下乾上 **曰見龍在田** 乾九二爻辭 **其大有䷍** 乾下離上 **曰飛龍在天** 乾九五爻辭 **其夬䷪** 乾下兌上 **曰亢龍有悔** 乾上九爻辭 **其坤䷁** 乾六爻皆變 **曰見羣龍無首 吉** 乾用九爻辭 **坤之剝䷖** 坤下艮上 **曰龍戰于野** 坤上六爻辭 **若不朝夕見 誰能物之** 物謂卦爻 知其形象而名之

헌자(獻子)가 말하기를 "지금은 어째서 룡이 없는가?"라고 하자, 채묵(蔡墨)이 다음과 같이 대답하였다. "무릇 물건에는 물건마다 그것을 관리하는 관원이 있으니, 관원은 그것을 관리하는 방법을 수행하기를 아침저녁으로 생각해야 합니다. 하루라도 그 직분을 잃으면

1002) 도당씨(陶唐氏) : 도당(陶唐)은 요(堯)가 다스리던 땅이니 곧 요를 이른다.

1003) 시위(豕韋) : 나라 이름. 성(姓)은 팽(彭)이고 상(商)나라 탕왕(湯王)에게 멸하여졌다.

관리하는 물건이 죽게 되고, 관원도 그 관직을 잃어 록을 먹지 못하게 됩니다. 관원이 그 업무를 안정적[宿]으로 수행하면 그 물건이 이르지만 숙(宿)은 안정됨[安]과 같으니, 관원이 그 업무를 안정적으로 수행하면 곧 그 관리하는 물건이 스스로 이르게 된다는 것이다. 만약 업무를 없애[泯] 버리면 물건은 성장을 그치고[坻] 잠복하여 민(泯)은 없앰이다. 지(坻)는 그침이다. 침체되고 막혀 번식하지 못하게 됩니다. 그러므로 5행(行)을 맡은 관원을 두었으니 이를 5관(官)이라 합니다. 이들은 실로 차례로 씨(氏)와 성(姓)을 받고 봉작을 받아 상공(上公)이 되고 제사를 받아 귀한 신이 되어 사직(社稷)과 5사(祀)에서 존숭되고 받들어지게 되었습니다. 5관(官)의 장(長)으로 그 업무를 잘 수행한 자는 죽어서 모두 5행(行)의 신에 배식(配食)[1004]되었다는 것이다. 나무를 맡은 관원의 장[正]을 구망(句芒)이라 하고, 정(正)은 관원의 장(長)이다. 나무가 처음 싹이 나올 때 구부정하고 뾰족한 잎이 있음을 취한 것이다. 불을 맡은 관원의 장을 축융(祝融)이라 하고, 축융(祝融)은 밝은 모양이다. 쇠를 맡은 관원의 장을 욕수(蓐收)라 하고, 가을이면 사물의 기운이 꺾여 거두어들일 수 있기 때문이다. 물을 맡은 관원의 장을 현명(玄冥)이라 하고, 물은 음습하고 어둡기 때문이다. 흙을 맡은 관원의 장을 후토(后土)라 합니다. 흙은 뭇 물건의 주인이기 때문에 후(后)라고 칭한 것이다. 룡은 물에 사는 물건인데 물을 맡은 관원이 그 직분을 폐기하였기 때문에 룡을 산 채로 잡을 수 없는 것입니다. 그렇지 않다면 《주역(周易)》에 다음과 같은 말들이 있겠습니까. 건괘(乾卦)☰가 구괘(姤卦)☴로 변한 효사(爻辭)에 손(巽)이 하괘이고 건(乾)이 상괘이다. 이르기를 '잠룡물용(潛龍勿用 : 잠복해 있는 룡이니 쓰지 말라.)'이라 하고, 건괘(乾卦) 초구(初九)의 효사(爻辭)이다.[1005] 건괘가 동인괘(同人卦)☲로 변한 효사에 리(離)가 하괘이고 건(乾)이 상괘이다. 이르기를 '현룡재전(見龍在田 : 나타난 룡이 밭에 있다.)'이라 하고, 건괘(乾卦) 구이(九二)의 효사(爻辭)이다. 건괘가 대유괘(大有卦)☰로 변한 효사에 건(乾)이 하괘이고 리(離)가 상괘이다. 이르기를 '비룡재천(飛龍在天 : 나는 룡이 하늘에 있다.)'이라 하고, 건괘(乾卦) 구오(九五)의 효사(爻辭)이다. 건괘가 쾌괘(夬卦)☱로 변한 효사에 건(乾)이 하괘이고 태(兌)가 상괘이다. 이르기를 '항룡유회(亢龍有悔 : 높이 올라간 룡이니 후회가 있다.)'라 하고, 건괘(乾卦) 상구(上九)의 효사(爻辭)이다. 건괘가 곤괘(坤卦)☷로 변한 효사에 건괘(乾卦)의 여섯 효(爻)가 모두 변한 것이다. 이르기를 '견군룡무수길(見羣龍無首吉 : 뭇 룡을 보되 우두머리가 되지 않으면 길하다.)'이라 하고, 건괘(乾卦) 용구(用九)의 효사(爻辭)이다. 곤괘가 박괘(剝卦)☶로 변한 효사에 곤(坤)이 하괘이고 간(艮)이 상괘이다. 이르기를 '룡전우야(龍戰于野

1004) 배식(配食) : 함께 제사함. 배향(配享)과 같다.

1005) 건괘(乾卦)~효사(爻辭)이다 : 건괘(乾卦)가 구괘(姤卦)로 변하였을 때는 본괘(本卦)인 건괘 초구(初九)의 효사(爻辭)로 점단(占斷)한다. 한 효(爻)가 변하였을 때는 본괘의 변효사(變爻辭)로 점단하기 때문이다. 이하 등장하는 여러 효사도 이러한 원리로 제시된 것들이다.

: 룡이 들에서 싸운다.)'라 하였으니, 곤괘(坤卦) 상륙(上六)의 효사(爻辭)이다. 만약 아침저녁으로 출현하지 않았다면 누가 능히 그 물건[龍]을 이렇게 묘사할 수 있었겠습니까." 물건은 괘효(卦爻)를 이르니 그 형상화된 것을 알아서 이름한 것이다.[1006]

獻子曰 社稷五祀 誰氏之五官也 問五官之長皆是誰 **對曰 少皞氏有四叔** 少皞子孫 **曰重曰該曰修曰熙 實能金木及水** 能治其官 **使重爲句芒 該爲蓐收 修及熙爲玄冥** 二子相代爲水正 **世不失職 遂濟窮桑 此其三祀也** 窮桑 少皞之號 地在魯北 四子濟成少皞之功 死皆爲民所祀 **顓頊氏有子曰犁 爲祝融 共工氏有子曰句龍 爲后土** 共工在大皞後神農前 **此其二祀也 后土爲社 稷 田正也** 掌播殖 **有烈山氏之子曰柱 爲稷** 烈山 炎帝之號 **自夏以上祀之 周棄亦爲稷** 棄 周始祖 **自商以來祀之**

헌자(獻子)가 말하기를 "사직(社稷)과 5사(祀)는 어느 씨(氏)의 5관(官)인가?"[1007]라고 하니, 5관(官)의 장(長)이 모두 누구냐고 물은 것이다. 채묵(蔡墨)이 다음과 같이 대답하였다. "소호씨(少皞氏)에 네 자손[叔]이 있었는데 소호(少皞)의 자손이다. 중(重)·해(該)·수(修)·희(熙)라 하니 실로 쇠와 나무 및 물을 잘 다루어서 그 맡은 일을 잘 다스렸다는 것이다. 중을 구망(句芒)으로 삼고, 해를 욕수(蓐收)로 삼고, 수와 희를 현명(玄冥)으로 삼았습니다. 수(修)와 희(熙) 두 사람은 서로 이어서 물을 관리하는 관원의 장(長)이 된 것이다. 이들은 대대로 그 직분을 잃지 않아 마침내 궁상(窮桑)의 공을 이루었으니 이들이 3사(祀)입니다. 궁상(窮桑)은 소호(少皞)의 호칭으로 땅이 로(魯)나라 북쪽에 있다. 네 사람이 소호(少皞)의 공을 이루었으므로 죽어서 모두 백성의 제사를 받게 된 것이다. 전욱씨(顓頊氏)에게 자식이 있어 리(犁)라고 하였는데 축융(祝融)이 되었고 공공씨(共工氏)에게 자식이 있어 구룡(句龍)이라고 하였는데 후토(后土)가 되었으니, 공공(共工)은 태호(大皞)의 뒤 신농(神農)의 앞에 있다. 이들이 2사(祀)입니다. 후토는 죽어서 사(社 : 土地神)가 되었습니다. 직(稷)은 전정(田正)입니다. 씨 뿌리고 재배하는 일을 관장한다. 렬산씨(烈山氏)에게 자식이 있어 주(柱)라고 하였는데 직이 되어 렬산(烈山)은 염제(炎帝)의 호칭이다. 하(夏)나라 이전에는 그에게 제사하였고, 주(周)나라의 기(棄)[1008] 또한 직이 되어 기(棄)는 주(周)나라 시조이다. 상(商)나라부터 그에게 제사해 오고 있습니다."

1006) 물건은~것이다 : 물건[龍]을 괘효(卦爻)로 상징하였다는 말이다.

1007) 사직(社稷)과~5관(官)인가 : 5관(官)을 맡은 자들 중에서 사직(社稷)과 5사(祀)의 신으로 모셔진 자들은 어느 씨(氏)의 후손이냐는 말이다.

1008) 기(棄) : 후직(后稷)을 이른다.

冬 十月 鄆潰 겨울 10월에 운(鄆) 땅의 백성이 흩어졌다.

潰散叛公

백성이 흩어져 달아나 소공(昭公)을 배반한 것이다.

○冬 晉趙鞅荀寅帥師城汝濱 荀寅 荀吳子 汝濱 晉所取陸渾地 **遂賦晉國一鼓鐵 以鑄刑鼎** 三十斤爲勻 勻四爲石 石四爲鼓 蓋用四百八十斤鐵 **著范宣子所爲刑書焉**

○겨울에 진(晉)나라 조앙(趙鞅)과 순인(荀寅)이 군대를 거느리고 여빈(汝濱)에 성을 쌓고, 순인(荀寅)은 순오(荀吳)의 아들이다. 여빈(汝濱)은 진(晉)나라가 취한 륙혼(陸渾)의 땅이다. 드디어 진나라 백성에게 조세로 철(鐵) 1고(鼓)를 거두어 형정(刑鼎)[1009]을 주조하여 30근(斤)이 균(勻)이 되고 4균이 석(石)이 되고 4석이 고(鼓)가 되니 대개 4백 80근의 철을 사용한 것이다. 범선자(范宣子)가 제정한 형서(刑書)[1010]를 새겨 넣었다.

仲尼曰 晉其亡乎 失其度矣 夫晉國將守唐叔之所受法度 以經緯其民 卿大夫以序守之 民是以能尊其貴 貴是以能守其業 貴賤不愆 所謂度也 文公是以作執秩之官 爲被廬之法 僖二十七年 文公蒐被廬 修唐叔之法 **以爲盟主 今棄是度也 而爲刑鼎 民在鼎矣 何以尊貴** 棄禮徵書 故不尊貴 **貴何業之守** 民不奉上 則上失業 **貴賤無序 何以爲國 且夫宣子之刑 夷之蒐也 晉國之亂制也** 范宣子所用刑 乃夷蒐之法也 夷蒐在文六年 **若之何以爲法**

중니(仲尼)는 말하였다. “진(晉)나라는 아마도 망할 것이다. 그 법도를 잃었도다. 저 진나라가 당숙(唐叔)이 천자에게 받은 법도를 지켜 그 백성을 다스리고 경대부(卿大夫)가 위차(位次)에 따라 법도를 지킨다면, 백성은 이로써 그 귀인을 높이고 귀인은 이로써 그 본업을 지킬 수 있을 것이다. 귀천이 모두 위차에 어긋나지 않는 것이 이른바 법도이니, 진문공(晉文公)은 이로써 관작의 질서를 주관하는 관직을 만들고 피려(被廬)의 법을 만들어 희공(僖公) 27년에 진문공(晉文公)이 피려(被廬)에서 군대를 검열하고 당숙(唐叔)의 법을 닦았다.[1011] 맹주가 되었다.

1009) 형정(刑鼎) : 형법을 새겨 주조한 솥.

1010) 범선자(范宣子)가~형서(刑書) : 《춘추좌전(春秋左傳)》에는 범선자(范宣子)가 이 형서(刑書)를 언제 제정하였으며 그 내용이 어떠한지는 기록되어 있지 않다.

그런데 이제 이 법도를 버리고 형정(刑鼎)을 주조하였으니 백성에게는 이제 형정만 있을 뿐이다. 어찌 귀인을 높이겠으며 례를 버리고 형서(刑書)만을 믿기 때문에 귀인을 높이지 않는다는 것이다. 귀인은 어떻게 그 본업을 지킬 수 있겠는가. 백성이 윗사람을 받들지 않으면 윗사람은 그 본업을 잃게 된다는 것이다. 귀천의 위차가 없으면 무엇으로 나라를 다스리겠는가. 또 선자(宣子)의 형서(刑書)는 이(夷) 땅에서 군대를 검열할 때의 것으로 진나라를 어지럽힌 제도이다. 범선자(范宣子)가 차용한 형서(刑書)는 바로 이(夷) 땅에서 군대를 검열할 때의 법이다. 이(夷) 땅에서의 군대 검열은 문공(文公) 6년에 있었다. 어찌 법으로 삼을 수 있겠는가."

蔡史墨曰 范氏中行氏其亡乎 蔡史墨卽蔡墨 中行寅爲下卿 而干上令 擅作刑器 以爲國法 是法姦也 又加范氏焉 易之 亡也 宣子刑書久已廢矣 今復變易以成其亡 其及趙氏 趙孟與焉 然不得已 若德 可以免 言趙鞅不得已而從之 若能修德 可以免禍 爲定十三年荀寅士吉射入朝歌傳

채사묵(蔡史墨)이 말하기를 "범씨(范氏)와 중항씨(中行氏)는 아마도 망할 것이다. 채사묵(蔡史墨)은 곧 채묵(蔡墨)이다. 중항인(中行寅 : 荀寅)은 하경(下卿)이 되어 상사의 령을 범하고 마음대로 형기(刑器)를 만들어 나라의 법으로 삼았으니, 이는 간사함을 법으로 삼은 것이다. 또 범씨의 법을 더하고 그것을 바꾸었으니 범씨도 망하게 될 것이다. 선자(宣子 : 范宣子)의 형서(刑書)는 이미 폐기된 지 오래되었는데 지금 다시 고쳐 만듦으로써 범씨(范氏)의 패망을 이루게 한다는 것이다. 이 화는 조씨(趙氏)에게도 미칠 것인데 조맹(趙孟 : 趙鞅)이 참여하였기 때문이다. 그러나 하는 수 없이 한 것이니 만약 덕을 닦는다면 면할 수는 있을 것이다."라고 하였다. 조앙(趙鞅)은 하는 수 없이 따른 것이니 만약 덕을 닦는다면 화를 면할 수 있다는 말이다. 정공(定公) 13년에 순인(荀寅)과 사길석(士吉射 : 范吉射)이 조가(朝歌)로 들어가는 전(傳)의 배경이 된다.[1012]

1011) 당숙(唐叔)의~닦았다 : 위차(位次)에 대한 례를 밝히고 관작의 질서를 주관하는 관직을 만든 것이다.

1012) 순인(荀寅)과~된다 : 순인(荀寅)과 사길석(士吉射)이 조앙(趙鞅)을 치기 위하여 란을 일으켰다가 패하여 조가(朝歌)로 도망하게 된다.

소공(昭公) 30년【己丑 B.C.512】

三十年 春 王正月 公在乾侯

30년 봄 왕정월에 소공(昭公)이 간후(乾侯)에 있었다.

鄆潰而遂不反 故書公在乾侯 鄆書居 乾侯書在 內外之別也

운(鄆) 땅의 백성이 흩어져서 마침내 돌아갈 수 없었다. 그러므로 경문에 '공재간후(公在乾侯)'라고 기록한 것이다. 경문에 운(鄆) 땅에 있을 때는 '거(居)'라고 기록하고 간후(乾侯)에 있을 때에는 '재(在)'라고 기록한 것은 국내와 국외를 구별한 것이다.

三十年 春 王正月 公在乾侯 不先書鄆與乾侯 非公 且徵過也 徵 明也 朱子曰 季氏逐君 春秋無歲不書公所在 所以著亂臣賊子之惡 不一書而止也 趙鵬飛曰 三年歲首 皆書公在乾侯 存公所以誅季氏 左氏各爲之說 鑿矣

30년 봄 왕정월에 소공(昭公)이 간후(乾侯)에 있었다. 앞에서 경문에 운(鄆) 땅과 간후에 있었다[在]고 기록하지 않은 것은[1013] 소공을 비난하고 또 허물을 밝힌[徵] 것이다.[1014] 징(徵)은 밝힘이다. 주자(朱子)가 말하기를 "계씨(季氏)가 임금을 축출하고 나서 《춘추(春秋)》에 해마다 소공(昭公)의 소재지를 기록하지 않은 적이 없었다. 이는 란신적자(亂臣賊子)의 악행을 드러내는 것이니 한 번 기록하는 것으로 그치지 않은 것이다."라고 하였다. 조붕비(趙鵬飛)가 말하기를 "3년 동안[1015] 세수(歲首)에 모두 '공재간후(公在乾侯)'라고 경문에 기록한 것은 소공이 있는 곳을 두어서 계씨를 죄주기 위한 것이다. 그런데 좌씨(左氏)가 각각 설명한 것[1016]은 천착한 것이다."라고 하였다.

1013) 기록하지~것은 : 지난해 봄 경문에 '거우운(居于鄆)'·'차우간후(次于乾侯)'라고 기록하였고 '재(在)'라고 하지 않은 것을 말한다.

1014) 소공을~것이다 : 소공(昭公)이 한 곳에 머무르지[在] 않고 상황에 따라 운(鄆) 땅과 간후(乾侯)에 번갈아 머무른 것[居·次]에 대하여 비난하고 허물을 밝힌 것이다.

1015) 3년 동안 : 소공(昭公) 30년에서 32년까지이다.

1016) 좌씨(左氏)가~것 : 재(在)라고 기록한 경우는 계씨(季氏)를 죄준 것이고, 거(居)와 차(次)라고 기록한 경우는 소공(昭公)을 비난한 것을 말한다.

夏 六月 庚辰 晉侯去疾卒 秋 八月 葬晉頃公

여름 6월 경진일에 진후(晉侯) 거질(去疾)이 졸하였다. 가을 8월에 진(晉)나라 경공(頃公)의 장례를 지냈다.

夏 六月 晉頃公卒 秋 八月 葬 鄭游吉吊 且送葬 魏獻子使士景伯詰之 曰 悼公之喪 子西吊 子蟜送葬 在襄十五年 **今吾子無貳 何故** 貳 副也 吊葬共使

여름 6월에 진경공(晉頃公 : 去疾)이 졸하였다. 가을 8월에 장례를 지낼 때 정(鄭)나라 유길(游吉)이 조문하고 또 송장(送葬)[1017]하였다. 위헌자(魏獻子)가 사경백(士景伯)을 보내어 유길에게 힐문하기를 "우리 도공(悼公)[1018]의 상사(喪事)에는 자서(子西)가 조문하고 자교(子蟜)가 송장하였는데, 양공(襄公) 15년에 있었다. 지금 그대는 부사[貳]가 없으니 무슨 까닭이오?"라고 하였다. 이(貳)는 부사(副使)이다. 유길(游吉)이 조문(吊問)과 송장(送葬)을 함께하는 사신이라는 것이다.

對曰 諸侯所以歸晉君 禮也 禮也者 小事大大字小之謂 事大在共其時命 字小在恤其所無 以敝邑居大國之間 共其職貢 與其備御不虞之患 豈忘共命 先王之制 諸侯之喪 士吊 大夫送葬 唯嘉好聘享三軍之事於是乎使卿 晉之喪事 敝邑之間 先君有所助執紼矣 紼 輓索也 言鄭國閒暇 先君亦有會葬者 **若其不間 雖士大夫有所不獲數矣** 言不得備數 **大國之惠 亦慶其加** 謂善其君自行 **而不討其乏 明底其情** 明致小國之情 **取備而已 以爲禮也 靈王之喪** 在襄二十九年 **我先君簡公在楚 我先大夫印段實往 敝邑之少卿也 王吏不討 恤所無也 今大夫曰 女盍從舊 舊有豊有省 不知所從 從其豊 則寡君幼弱 是以不共 從其省 則吉在此矣 唯大夫圖之 晉人不能詰**

유길(游吉)이 대답하기를 "제후들이 진(晉)나라 임금님에게 귀의하는 것은 진나라에 례가 있기 때문입니다. 례라는 것은 소국이 대국을 섬기고 대국이 소국을 사랑하는 것을 이릅니다. 대국을 섬기는 것은 대국의 시명(時命)[1019]을 받드는 데 있고, 소국을 사랑하는 것은 소국에 모자라는 것을 가엾게 여기는 데 있습니다. 우리나라는 대국의 사이에 끼여 있어

1017) 송장(送葬) : 령구(靈柩)를 장지로 떠나보냄.
1018) 도공(悼公) : 경공(頃公)의 증조.
1019) 시명(時命) : 수시로 하는 명령. 또는 조정의 명령.

서[1020] 직공(職貢 : 供物)을 바치는 일과 예기치 못한 환난에 대비하는 일이 있었기 때문이니, 어찌 명을 받들기를 잊었겠습니까.[1021] 선왕의 제도에 제후들의 상사(喪事)에는 사(士)가 조문하고 대부(大夫)가 송장하며, 오직 가호(嘉好 : 朝會)·빙향(聘享 : 聘問과 享宴)·삼군(三軍 : 군사에 관한 일)의 일에만 경(卿)을 보낸다고 하였습니다. 지난날 진나라 상사에 우리나라가 한가하면 선군께서 직접 상엿줄[紼]을 잡는 것을 도운 바가 있지만 불(紼)은 상엿줄이다. 정(鄭)나라가 한가하면 선군도 또한 장례에 참여한 경우가 있다는 말이다. 한가하지 못하면 비록 사와 대부를 보내더라도 그 례수(禮數)[1022]를 채우지 못하는 경우가 있었습니다. 례수(禮數)를 제대로 갖출 수 없었다는 말이다. 대국의 은혜는 소국이 례수를 더하는 경우는 선하다고 하고 그 임금이 스스로 례를 행한 것을 선하게 여김을 이른다. 례수가 모자라는 경우에도 책망하지 않으며, 우리의 사정을 밝게 헤아려 소국의 사정을 밝게 아는 것이다. 례가 갖추어진 것만을 취하여 례를 지켰다고 여기는 것이었습니다. 주령왕(周靈王)의 상사에는 양공(襄公) 29년에 있었다. 우리 선군 간공(簡公)이 초(楚)나라에 계셔서 우리 선대부(先大夫) 인단(印段)이 가서 참여하였습니다. 그는 우리나라의 소경(少卿)인데도 왕리(王吏)가 꾸짖지 않았으니, 이는 모자라는 것을 가엾게 여긴 것입니다. 그런데 지금 대부께서 '너희는 어찌하여 옛 제도를 따르지 않는가?'라고 하였는데 옛 제도는 례수보다 넉넉하게 한 경우도 있었고 줄인 경우도 있었으니, 어느 경우를 따라야 할지 모르겠습니다. 넉넉한 경우를 따르려고 하면 과군이 아직 어려서 명을 받들지 못하고, 줄인 경우를 따른다면 나 길(吉)이 여기에 온 것이니 대부께서는 헤아려 주십시오."라고 하니, 진인(晉人)이 더 이상 힐문하지 못하였다.

冬 十有二月 吳滅徐 徐子章羽奔楚

겨울 12월에 오(吳)나라가 서(徐)나라를 멸하니 서자(徐子) 장우(章羽)가 초(楚)나라로 망명하였다.

羽 公作禹

우(羽)는 《공양전(公羊傳)》에는 우(禹)로 되어 있다.

1020) 우리나라는~있어서 : 진(晉)나라와 초(楚)나라 사이에 끼여 있다는 것이다.

1021) 직공(職貢 : 供物)을~잊었겠습니까 : 명을 받들어야 함을 잊지 않았으나 직공(職貢)을 바치는 일과 방비에 관한 일이 많으므로 미처 명을 받들지 못하였다는 것이다.

1022) 례수(禮數) : 신분에 따라 사용하는 례의 등급.

吳子使徐人執掩餘 使鍾吾人執燭庸 二公子奔楚 楚子大封 而定其徙 封與土田 定其所徙之居 **使監馬尹大心逆吳公子 使居養** 養卽所封之邑 **莠尹然左司馬沈尹戌城之 取於城父與胡田以與之** 胡田 故胡子之田 **將以害吳也**

오자(吳子 : 闔廬)가 서인(徐人)을 시켜 엄여(掩餘)를 잡으려 하고 종오인(鍾吾人)을 시켜 촉용(燭庸)을 잡으려 하니,[1023] 두 공자가 초(楚)나라로 망명하였다. 초자(楚子)가 그들을 크게 봉해주어 옮길 곳을 정해주었는데, 봉하여 전지를 주어 옮겨 살 곳을 정해준 것이다. 감마윤(監馬尹)인 대심(大心)으로 하여금 오(吳)나라 공자들을 맞이하여 양(養) 땅에 살게 하고, 양(養)은 곧 봉해준 읍이다. 유윤(莠尹)인 연(然)과 좌사마(左司馬)인 심윤(沈尹) 술(戌)을 시켜 그곳에 성을 쌓게 하였다. 그리고 성보(城父)와 호전(胡田)을 취하여 두 공자에게 주었으니 호전(胡田)은 옛 호자(胡子)의 전지이다. 이는 장차 오나라를 해치려는 것이었다.

子西諫曰 吳光新得國 而親其民 視民如子 辛苦同之 將用之也 若好吳邊疆 使柔服焉 猶懼其至 吾又疆其讎 以重怒之 無乃不可乎 吳 周之冑裔也 而棄在海濱 不與姬通 今而始大 比于諸華 光又甚文 闔廬又有文采 **將自同於先王** 欲自比于先周盛王 **不知天將以爲虐乎 使剪喪吳國而封大異姓乎 其抑亦將卒以祚吳乎 其終不遠矣** 言其事行可知不久 **我盍姑億吾鬼神** 億 安也 **而寧吾族姓 以待其歸** 善惡之歸 **將焉用自播揚焉** 播揚猶勞動也 **王弗聽**

초(楚)나라 자서(子西)가 간하기를 "오(吳)나라 광(光 : 闔廬)이 새로 나라를 얻게 되어 그 백성을 친애하여 백성 보기를 자식처럼 여기며 그들과 고생을 같이하니, 이는 장차 그들을 부리기 위한 것입니다. 만약 우리가 오나라 변방의 사람들과 좋은 관계를 맺어서 그들을 유순하게 하여 복종하게 하여도 오히려 오나라 군대가 쳐들어올까 두려운데, 우리가 또 광의 원수[1024]를 강하게 하여 그의 분노를 가중시킨다면 안 되는 것 아닙니까. 오나라는 주(周)나라의 후예이지만 주나라를 버리고 바닷가에 살면서 희씨(姬氏) 제후들[1025]과 통하

1023) 오자(吳子 : 闔廬)가~하니 : 엄여(掩餘)와 촉용(燭庸)은 오왕(吳王) 료(僚)의 동모제로 료의 명을 받아 출정하여 초(楚)나라의 잠(潛) 땅을 포위하고 있었는데, 그때 국내에 정변이 일어나 공자 광(光 : 闔廬)이 오왕 료를 시해하고 스스로 왕이 되었다. 이 소식을 들은 엄여는 서(徐)나라로 망명하였고 촉용은 종오(鍾吾) 나라로 망명하였다. 이 일은 소공(昭公) 27년에 있었는데 지금 오자(吳子) 합려(闔廬)가 두 사람을 잡아들이려 한 것이다.

1024) 광의 원수 : 엄여(掩餘)와 촉용(燭庸)이다.

1025) 희씨(姬氏) 제후들 : 주(周)나라의 동성(同姓) 제후들.

지 않고 살았습니다. 그런데 지금 비로소 강대하여져 중원의 제후들과 견줄 수 있고 광은 또 심히 문덕(文德)이 있어서 합려(闔廬)는 또 문채가 있다는 것이다. 장차 스스로 선왕의 공업(功業)과 같아지려고 합니다. 스스로 선대 주(周)나라의 훌륭한 왕들과 견주려고 한다는 것이다. 하늘이 장차 그를 포학(暴虐)하게 할 것인지, 그로 하여금 오나라를 멸망하게 하여 이성(異姓)[1026]의 봉토(封土)를 넓게 할 것인지, 아니면 장차 오나라에 끝까지 복을 내릴지 알 수가 없습니다. 그 결말이 멀지 않으니, 그 일의 행방을 오래지 않아 알 수 있을 것이라는 말이다. 우리가 어찌 우선 우리 조상의 신령들을 안정시키고[億] 억(億)은 안정시킴이다. 우리의 족성(族姓)을 편안하게 하면서 그 결과를 기다리지 않고 잘되고 못됨의 귀추이다. 어찌 스스로 수고로이 움직이려고[播揚]하십니까."라고 하였으나 파양(播揚)은 수고로이 움직이는 것[勞動]과 같다. 초소왕(楚昭王)은 그 말을 듣지 않았다.

吳子怒 冬 十二月 吳子執鍾吾子 遂伐徐 防山以水之 壅山水以灌徐 **己卯 滅徐 徐子章禹斷其髮** 斷髮自刑 示懼 **攜其夫人以逆吳子 吳子唁而送之 使其邇臣從之 遂奔楚** 使徐子之近臣從行 **楚沈尹戌帥師救徐 弗及 遂城夷 使徐子處之** 夷 城父也

오자(吳子)가 노하였다.[1027] 겨울 12월에 오자는 종오자(鍾吾子)를 잡고 드디어 서(徐)나라를 쳐서 산을 막아 그 물로 공격하여 산의 물을 막아서 서(徐)나라로 흘려보낸 것이다. 기묘일에 서나라를 멸하였다. 서자(徐子) 장우(章禹)가 자기의 머리털을 자르고 머리털을 잘라 스스로 형벌을 가한 것이니 두려워함을 보인 것이다. 그의 부인(夫人)을 대동하고 오자를 맞이하니, 오자가 위로하여 보내고 그의 근신들로 하여금 그를 따르게 하였지만 서자는 마침내 초(楚)나라로 망명하였다. 서자(徐子)의 근신들로 하여금 서자를 따라가게 한 것이다. 초나라 심윤(沈尹) 술(戌)이 군대를 거느리고 서나라를 구원하였으나 미치지 못하였다. 그리하여 이(夷) 땅에 성을 쌓고 서자를 그곳에 거처하게 하였다. 이(夷)는 성보(城父)이다.

吳子問於伍員曰 初而言伐楚 在二十年 **余知其可也 而恐其使余往也 又惡人之有余之功也 今余將自有之矣 伐楚何如 對曰 楚執政衆而乖 莫適任患 若爲三師以肄焉** 肄猶勞也 **一師至 彼必皆出 彼出則歸 彼歸則出 楚必道敝** 罷敝於道 **亟肄以罷之** 亟 數也

1026) 이성(異姓) : 초(楚)나라를 말한다.

1027) 오자(吳子)가 노하였다 : 오자(吳子)는 초(楚)나라가 두 공자를 양(養) 땅에 봉해주고 성보(城父)와 호전(胡田)을 취하여 주었다는 소식을 듣고 노한 것이다.

多方以誤之 旣罷而後以三軍繼之 必大克之 闔廬從之 楚於是乎始病 **爲定四年吳入楚傳**

오자(吳子 : 闔廬)가 오운(伍員)에게 묻기를 "처음에 그대[而]가 초(楚)나라를 치자고 말하였을 때 20년에 있었다. 나도 그것이 가능하다는 것을 알고 있었다. 그러나 오왕(吳王) 료(僚)가 나에게 정벌하러 가라고 하는 것이 두려웠고[1028] 또 남[僚]이 나의 공을 차지하는 것이 싫었다.[1029] 이제 나는 스스로 그 공을 차지하려고 하니 초나라를 치는 것이 어떠한가?"라고 하자, 오운이 대답하기를 "초나라에는 집정자가 많은데 서로 화합하지 못하여 환난을 오로지 책임지려는 이가 없으니, 만약 군대를 셋으로 만들어 거느리고 가서 초나라를 수고롭게[肄] 하면[1030] 됩니다. 이(肄)는 수고로움[勞]과 같다. 한 부대가 이르면 저들은 반드시 모두 출동할 것이고, 저들이 출동하면 우리 부대는 돌아오고, 저들이 돌아간 뒤에 우리가 다시 출동하면 초나라 군대는 반드시 길에서 지치게 될 것입니다. 길에서 지친다는 것이다. 자주[亟] 수고롭게 하여 저들을 지치게 하고 기(亟)는 자주이다. 여러 방법으로 적들을 미혹시켜서 저들이 지친 뒤에 3군(軍)으로 뒤를 이어 공격하면 반드시 크게 이길 것입니다."라고 하였다. 합려(闔廬)가 이 말을 따르니 초나라가 이리하여 괴로움이 시작되었다. 정공(定公) 4년에 오(吳)나라가 초(楚)나라로 쳐들어가는 전(傳)의 배경이 된다.

소공(昭公) 31년【庚寅 B.C.511】

> 三十有一年 春 王正月 公在乾侯
>
> 31년 봄 왕정월에 소공(昭公)이 간후(乾侯)에 있었다.

1028) 오왕(吳王)~두려웠고 : 합려(闔廬)는 자기가 초(楚)나라 정벌에 나서게 됨으로써 오왕(吳王) 료(僚)를 제거할 기회를 잃게 될까 두려워한 것이다.

1029) 남[僚]이~싫었다 : 초(楚)나라 정벌의 공이 료(僚)에게 돌아가는 것이 싫었다는 것이다.

1030) 군대를~하면 : 군대를 셋으로 나누어 번갈아가며 공격하여 초(楚)나라 군대를 지치게 한다는 것이다.

三十一年 春 王正月 公在乾侯 言不能外內也 **內失魯國 外失齊晉**

31년 봄 왕정월에 소공(昭公)이 간후(乾侯)에 있었다고 하였으니, 이는 소공이 국내와 국외에서 받아들여지지 못하였음을 말한 것이다. 안으로는 로(魯)나라를 잃었고 밖으로는 제(齊)나라와 진(晉)나라의 신임을 잃은 것이다.

季孫意如會晉荀躒于適歷

계손의여(季孫意如)가 진(晉)나라 순력(荀躒)과 적력(適歷)에서 회합하였다.

躒 公穀作櫟 後同 ○晉不罪意如 反與爲會 不待貶絶而惡自見 適歷 晉地

력(躒)은 《공양전(公羊傳)》과 《곡량전(穀梁傳)》에는 력(櫟)으로 되어 있다. 이후에도 이와 같다. ○진(晉)나라가 의여(意如)를 토죄하지 않고 도리어 그와 회합하였으니, 경문에서 폄절(貶絶)하기를 기다리지 않아도 악함이 저절로 드러난 것이다. 적력(適歷)은 진나라 땅이다.

晉侯將以師納公 范獻子曰 若召季孫而不來 則信不臣矣 然後伐之 若何 晉人召季孫 獻子使私焉 曰 子必來 我受其無咎 **受猶任也 言保其無咎** **季孫意如會晉荀躒于適歷 荀躒曰 寡君使躒謂吾子 何故出君 有君不事 周有常刑 子其圖之 季孫練冠麻衣 跣行** **示憂慼** **伏而對曰 事君 臣之所不得也 敢逃刑命** **言願事君 君不肯還 不敢辟罪** **君若以臣爲有罪 請囚於費 以待君之察也 亦唯君 若以先臣之故 不絶季氏 而賜之死** **雖賜以死 不絶其後** **若弗殺弗亡 君之惠也 死且不朽 若得從君而歸 則固臣之願也 敢有異心** **君皆謂魯侯也**

진후(晉侯)가 군대를 동원하여 소공(昭公)을 로(魯)나라로 들여보내려고 하니, 범헌자(范獻子)가 말하기를 "만약 계손(季孫)을 불렀는데 오지 않는다면 진실로 신하의 도리를 하지 않은 것이니, 그런 뒤에 토벌하는 것이 어떻겠습니까?"라고 하였다. 이에 진인(晉人)이 계손을 불렀다. 헌자(獻子)가 계손에게 사람을 보내어 은밀히 말하기를 "그대는 반드시 오시오. 내가 그대에게 아무런 화가 없도록 책임지겠소[受]."라고 하였다. 수(受)는 책임짐[任]과 같으니, 그에게 화가 없도록 보장한다는 말이다. 계손의여(季孫意如)가 진(晉)나라 순력(荀躒)과 적력(適歷)에서 회합하였다. 순력이 말하기를 "과군이 나 력(躒)을 보내어 그대에게 '무슨 리유로 그대의 임금을 축출하였는가? 임금이 있는데도 섬기지 않는 것에 대해서는 주(周)나라에 일정한 형법이 있다.'라고 일러주라고 하였으니, 그대는 잘 생각하십시오."라고 하였다. 계손이 련관(練冠)을 쓰고 마의(麻衣)를 입고 맨발로[1031] 가 근심하고 괴로워함을 보인 것이다. 엎드려 대답하기를 "임금님을 섬기는 일은 신이 그렇게 할 수 없었으니, 감히 형벌의 명을 피하겠습니까. 임금님 섬기기를 원했지만 임금님께서 돌아오려 하지 않으시니, 감히 죄를 피하지 않겠다는 말이다. 임금님께서 만약 신에게 죄가 있다고 여기신다면 비(費) 땅에 제가 갇혀서 임금님의 살핌을 기다리겠으니, 오직 임금님의 명대로 따르겠습니다. 만약 임금님께서 선신(先臣)의 일[1032]로 인해 계씨의 후사를 단절하지 않고 저에게만 죽음을 내리거나 비록 죽음을 내리더라도 계손(季孫)의 후사(後嗣)를 단절시키지 않는다는 것이다. 만약 저를 죽이지도 않고 망명도 하지 않게 해주신다면 이는 임금님의 은혜이니 죽어도 그 은혜는 없어지지 않을 것입니다. 만약 임금님을 따라 귀국하게 된다면 이는 진실로 신의 소원이니, 감히 다른 마음을 가지겠습니까."라고 하였다. 여기서의 임금은 모두 로후(魯侯 : 昭公)를 이른 것이다.

> 夏 四月 丁巳 薛伯穀卒
>
> 여름 4월 정사일에 설백(薛伯) 곡(穀)이 졸하였다.

薛伯穀卒 同盟 故書 **薛始書名**

설백(薛伯) 곡(穀)이 졸하였다. 동맹하였기 때문에 경문에 기록한 것이다. 설(薛)나라에 대해 처음으로 그 임금의 이름을 경문에 기록하였다.

> 晉侯使荀躒唁公于乾侯
>
> 진후(晉侯)가 순력(荀躒)을 시켜 간후(乾侯)에 가서 소공(昭公)을 위문하게 하였다.

夏 四月 季孫從知伯如乾侯 **知伯 荀躒** **子家子曰 君與之歸 一慙之不忍 而終身慙乎**

1031) 련관(練冠)을~맨발로 : 련관(練冠)과 마의(麻衣)는 상사(喪事) 때 착용하는 관과 옷이고 부모의 상사 때 아들은 처음에 맨발로 지낸다. 계손(季孫)이 이러한 차림을 했다는 것은 임금을 섬길 수 없는 것에 대한 근심이 깊음을 나타낸 것이다.

1032) 선신(先臣)의 일 : 계씨(季氏)의 선조들이 로(魯)나라에서 세운 공업(功業)을 말한다.

公曰 諾 衆曰 在一言矣 君必逐之 言君若一言 晉必逐季孫 **荀躒以晉侯之命唁公 且曰 寡君使躒以君命討於意如 意如不敢逃死 君其入也 公曰 君惠顧先君之好 施及亡人 將使歸糞除宗祧以事君 則不能見夫人** 夫人謂季孫 **己所能見夫人者 有如河**

여름 4월에 계손(季孫)이 지백(知伯)을 따라 간후(乾侯)에 갔다. 지백(知伯)은 순력(荀躒)이다. 자가자(子家子)가 말하기를 "임금님께서는 그[季孫]와 함께 돌아가십시오. 한 때의 치욕[慙]을 참지 못하시면 종신토록 치욕을 당할 것입니다."라고 하였다. 소공(昭公)이 "그리하겠다."라고 하였다. 그러자 중신(衆臣)들이 말하기를 "임금님의 한마디 말씀에 달렸으니 임금님께서는 반드시 계손(季孫)을 축출하게 하십시오."라고 하였다. 임금[昭公]이 만약 한 마디만 말한다면 진(晉)나라는 반드시 계손(季孫)을 축출할 것이라는 말이다. 순력(荀躒)이 진후(晉侯)의 명으로 소공을 위문하고, 또 말하기를 "과군이 나 력(躒)을 보내어 군명(君命)으로 의여(意如)를 토죄하라 하였는데 의여는 감히 죽음을 피하지 않았습니다. 그러니 임금님께서는 로(魯)나라로 들어가십시오."라고 하였다. 소공이 말하기를 "진(晉)나라 임금께서는 은혜롭게도 선군과의 우호를 생각하시어 망명나와 있는 이 사람에게도 은혜를 베푸시어 장차 나로 하여금 로나라로 돌아가 종조(宗祧 : 宗廟)를 소제하고서 진나라 임금님을 섬기도록 하려 하시지만 나는 저 사람[夫人]을 만나볼 수 없소. 부인(夫人)은 계손(季孫)을 이른다. 내가 맹세코[所] 저 사람을 만나본다는 것은 하수(河水)와 같을 것이오."1033)라고 하였다.

荀躒掩耳而走 曰 寡君其罪之恐 敢與知魯國之難 言恐獲不納君之罪 今納而不入 何敢復知耶 **臣請復於寡君 退而謂季孫 君怒未怠 子姑歸祭** 歸攝君事 **子家子曰 君以一乘入于魯師 季孫必與君歸 公欲從之 衆從者脅公 不得歸**

순력(荀躒)이 귀를 막고 빠른 걸음으로 떠나며1034) 말하기를 "과군은 그 죄를 두려워하였지만 이제 감히 로(魯)나라의 화난에 간여해 아는 체를 하겠습니까. 소공(昭公)을 로(魯)나라로 들여보내지 않은 죄를 얻을까 두려워하였는데 지금 들여보내려고 해도 들어가지 않으니 어찌 감히 다시 아는 체하겠는가라는 말이다. 신은 과군에게 복명하겠습니다."라 하고, 물러나 계손(季孫)에게 이르기를 "그대 임금님의 노여움이 아직 풀리지 않았으니, 그대는 우선 돌아가 종묘의 제사를 주관하십시오."라고 하였다. 돌아가서 임금의 일을 대행[攝]하라는 것이다. 자가자(子家子)가 말하기

1033) 저 사람을~것이오 : 하수(河水)가 흐르는 동안에는 계손(季孫)을 만나지 않겠다는 것이다.

1034) 순력(荀躒)이~떠나며 : 소공(昭公)이 자가자(子家子)의 말에 계손(季孫)과 함께 로(魯)나라로 돌아간다고 했다가, 중신들이 반대하자 계손을 만나지 않겠다고 하는 등 소공의 말이 리치에 맞지 않아서 차마 들을 수 없다는 뜻을 나타낸 것이다.

를 "임금님께서 한 대의 수레를 타고 로나라의 군중(軍中)으로 들어가시면 계손이 반드시 임금님과 함께 돌아갈 것입니다."라고 하였다. 소공(昭公)이 그 말을 따르고자 하였지만 여러 종자가 소공을 협박하니, 돌아가지 못하였다.[1035]

秋

가을이다.

吳人侵楚 伐夷 侵潛六 皆楚邑 **楚沈尹戌帥師救潛 吳師還 楚師遷潛於南岡而還 吳師圍弦 左司馬戌右司馬稽帥師救弦 及豫章** 左司馬 沈尹戌 **吳師還 始用子胥之謀也**

오인(吳人)이 초(楚)나라에 침범하여 이(夷) 땅을 치고 잠(潛) 땅과 륙(六) 땅에 침범하였다. 모두 초(楚)나라 읍이다. 초나라 심윤(沈尹) 술(戌)이 군대를 거느리고 잠 땅을 구원하자 오(吳)나라 군대가 돌아갔다. 초나라 군대가 잠 땅의 백성을 남강(南岡)으로 옮기고 돌아가자 오나라 군대가 현(弦) 땅을 포위하였다. 초나라 좌사마(左司馬)인 술(戌)과 우사마(右司馬)인 계(稽)가 군대를 거느리고 현 땅을 구원하려고 예장(豫章)에 이르자 좌사마(左司馬)는 심윤(沈尹) 술(戌)이다. 오나라 군대가 돌아갔으니, 처음으로 자서(子胥)의 계책[1036]을 사용한 것이다.

葬薛獻公

설(薛)나라 헌공(獻公)의 장례를 지냈다.

1035) 소공(昭公)이~못하였다 : 여러 종자(從者)는 소공(昭公)이 혼자 돌아가면 자기들은 다시 로(魯)나라로 들어갈 수 없을 것을 두려워하여 소공을 협박하여 돌아가지 못하게 한 것이다.

1036) 자서(子胥)의 계책 : 지난해에 오자(吳子)가 오자서(伍子胥 : 伍員)에게 초(楚)나라를 치는 방법에 대하여 묻자, 오자서가 군대를 셋으로 나누어 번갈아 공격하여 초나라 군대를 지치게 하면 승리할 것이라고 한 계책이다.

冬 黑肱以濫來奔
　겨울에 흑굉(黑肱)이 람(濫) 땅을 가지고 망명왔다.

肱 公作弓 ○黑肱 邾大夫 濫 邾邑 不書邾 史闕文

굉(肱)은 《공양전(公羊傳)》에는 궁(弓)으로 되어 있다. ○흑굉(黑肱)은 주(邾)나라 대부이다. 람(濫)은 주나라 읍이다. 주(邾)를 경문에 기록하지 않은 것은 사관(史官)이 글자를 빠뜨린 것이다.

冬 邾黑肱以濫來奔 賤而書名 重地故也 黑肱非命卿 故曰賤

겨울에 주(邾)나라 흑굉(黑肱)이 람(濫) 땅을 가지고 망명왔다. 비천한데도 경문에 이름을 기록한 것은 땅을 중하게 여겼기 때문이다.1037) 흑굉(黑肱)은 명경(命卿)1038)이 아니기 때문에 비천하다고 한 것이다.

君子曰 名之不可不愼也如是夫 句 **有所有名而不如其已** 有所謂有地也 言有名不如無名 已 止也 **以地叛 雖賤 必書地 以名其人 終爲不義 弗可滅已 是故君子動則思禮 行則思義 不爲利回** 回 邪也 **不爲義疚** 不以不義爲身之病 **或求名而不得 或欲蓋而名章 懲不義也 齊豹爲衛司寇 守嗣大夫** 守先人嗣 言其尊 **作而不義 其書爲盜** 豹殺衛侯兄 事在二十年 **邾庶其** 在襄二十一年 **莒牟夷** 在五年 **邾黑肱以土地出 求食而已 不求其名 賤而必書** 三人皆小國大夫 故曰賤 **此二物者 所以懲肆而去貪也 若艱難其身 以險危大人 而有名章徹** 謂得勇名 **攻難之士將奔走之** 攻猶作也 **若竊邑叛君以徼大利而無名** 謂不書其人名 **貪冒之民將寘力焉** 盡力爲之 **是以春秋書齊豹曰盜 三叛人名 以懲不義 數惡無禮 其善志也** 無禮惡逆 皆數而不忘 記事之善者 **故曰 春秋之稱 微而顯 婉而辨 上之人能使昭明 善人勸焉 淫人懼焉 是以君子貴之**

군자는 말한다. "이름을 신중히 여기지 않을 수 없음이 이와 같다. 구두(句讀)이다. 땅을 가지고[有所] 이름을 얻은 것이 이름이 없는[已] 것만 같지 못함이 있기 때문이다. 유소(有所)는 땅을 가지고 있음을 이른다. 이름을 얻은 것이 이름이 없는 것만 같지 못하다는 말이다. 이(已)는 그만둠이다. 땅을 가지고 배반하면 비록 비천한 자라 하더라도 반드시 그 땅을 기록하고 그 사람의 이름을

1037) 땅을~때문이다 : 로(魯)나라가 의리보다는 땅을 중히 여겼다는 것이다.
1038) 명경(命卿) : 주왕(周王)이 임명한 제후국의 경(卿).

기록하니, 끝내 의롭지 못한 사람이 되어 그 오명(汚名)을 없앨 수 없는 것이다. 이 때문에 군자는 몸을 움직일 때는 례를 생각하고 일을 행할 때는 의를 생각하여, 리익을 위하여 삿된[回] 행위를 하지 않고 회(回)는 삿됨이다. 의리를 위하여 몸이 병들지 않게 해야 한다. 의롭지 않은 행위를 함으로써 몸을 병들게 하지 말라는 것이다. 혹 이름나기를 구하였으되 그 이름을 얻지 못하고[1039] 혹 악행을 덮고자 하였으되 그 이름이 드러난 것은 불의를 징계한 것이다.[1040] 제표(齊豹)는 위(衛)나라 사구(司寇)로 사대부(嗣大夫)[1041]의 지위를 지켰으나 선인(先人)들이 이어받은 지위를 지킨 것이니 그 지위가 높음을 말한다. 행위가 의롭지 못하니 경문에 '도(盜)'라고 기록하였다. 표(豹)는 위후(衛侯)의 형을 죽였는데 그 일은 20년에 있었다. 그리고 주(邾)나라 서기(庶其)와 양공(襄公) 21년에 있었다. 거(莒)나라 모이(牟夷)와 5년에 있었다. 주(邾)나라 흑굉(黑肱)이 토지를 가지고 도망나간 것이 식록을 구한 것일 뿐이고 이름나기를 구한 것이 아니었으되 비천한데도 경문에 반드시 그 이름을 기록하였다. 세 사람[1042]은 모두 소국의 대부였기 때문에 비천하다고 한 것이다. 이 두 가지 일은 방사(放肆)한 자[1043]를 징계하고 탐욕스런 자[1044]를 물리친 것이다. 만약 그 몸을 간난(艱難)에 빠뜨려[1045] 대인을 위험하게 하고도 그 이름이 밝게 드러난다면 용감하다는 명성을 얻음을 이른다. 화난을 일으키려는[攻] 자들은 장차 그런 일에 달려들 것이고, 공(攻)은 일으킴[作]과 같다. 만약 읍을 훔치고 임금을 배반하여 큰 리익을 구했으되 이름이 없다면 그 사람의 이름을 기록하지 않음을 이른다. 탐욕을 부리는 백성이 장차 그 일에 힘을 다할 것이다. 힘을 다해 그 일을 한다는 것이다. 이 때문에 《춘추(春秋)》에 제표를 '도(盜)'라고 기록하였고 세 반란자의 이름을 기록하여 불의를 징계하였으니, 악과 무례함을 렬거한 것은 기록을 잘한 것이다. 무례(無禮)와 악역(惡逆)을 모두 렬거하여 잊지 않은 것은 일을 기록하기를 잘하였다는 것이다. 그러므로 《춘추》의 필법[稱]은 은미하지만 뜻은 분명히 드러나고[1046] 완곡하지만 시비는 밝게 분변하였으니,[1047] 윗사람이 능히 대의(大義)를 밝게 드러나게 한다면 선인(善人)은 권면되고

1039) 이름나기를~못하고 : 명예를 얻고자 하였으나 《춘추(春秋)》에 그 이름을 기록해 주지 않는 것을 말한다.

1040) 악행을~것이다 : 악행을 감추려 하였으나 《춘추(春秋)》에 그 이름을 기록하여 악행을 드러나게 한 것은 춘추필법(春秋筆法)으로 불의를 징계한 것이라는 말이다.

1041) 사대부(嗣大夫) : 대부의 지위를 이어받은 사람.

1042) 세 사람 : 서기(庶其)·모이(牟夷)·흑굉(黑肱)이다.

1043) 방사(放肆)한 자 : 제표(齊豹)를 가리킨다.

1044) 탐욕스런 자 : 서기(庶其)·모이(牟夷)·흑굉(黑肱) 등 배반한 세 사람을 이른다.

1045) 간난(艱難)에 빠뜨려 : 화난(禍難)을 일으켰다는 것이다.

1046) 은미하지만~드러나고 : 제표(齊豹)에 대한 기술을 이른다.

1047) 완곡하지만~분변하였으니 : 배반한 서기(庶其)·모이(牟夷)·흑굉(黑肱)에 대한 기술을 이른다.

음인(淫人)은 두려워한다고 하였다. 이 때문에 군자가 《춘추》를 귀하게 여기는 것이다."

十有二月 辛亥 朔 日有食之
12월 초하루 신해일에 일식이 있었다.

十二月 辛亥 朔 日有食之 是夜也 趙簡子夢童子羸而轉以歌 轉 宛轉也 **旦占諸史墨曰 吾夢如是 今而日食 何也 對曰 六年及此月也 吳其入郢乎 終亦弗克** 言吳亦終不能勝楚 **入郢必以庚辰** 庚日有變 日在辰尾 故曰以庚辰 定四年 十一月 庚辰 吳入郢 **日月在辰尾 庚午之日 日始有謫 火勝金 故弗克** 辰尾 龍尾 周十二月 今十月 日月會辰尾 謫 變氣也 庚午去辛亥朔四十一日 雖食在辛亥 始變則在庚午 以庚午就辰尾言 故知爲庚辰 然午 南方 楚位也 午火勝庚金 楚氣猶旺 故知不克

12월 초하루 신해일에 일식이 있었다. 그날 밤에 조간자(趙簡子)가 꿈을 꾸었는데, 어린 아이가 발가벗고 뒹굴면서[轉] 노래를 불렀다. 전(轉)은 뒹굶이다. 아침에 사묵(史墨)에게 점을 치게 하며 말하기를 "나의 꿈이 이와 같은데 오늘 일식이 있으니 무슨 일인가?"라고 하였다. 사묵이 대답하기를 "6년 뒤 이 달에 미쳐 오(吳)나라는 초(楚)나라 영(郢) 땅으로 들어갈 것이지만 끝내 이기지는 못할 것입니다. 오(吳)나라도 끝내 초(楚)나라를 이기지 못한다는 말이다. 영 땅으로 들어가는 일이 반드시 경진일에 있을 것이니, 경일(庚日)에 해의 변화가 있어 해가 진미(辰尾)에 있기 때문에 '이경진(以庚辰)'이라고 한 것이다. 정공(定公) 4년 11월 경진일에 오(吳)나라가 영(郢) 땅에 들어간다. 이 날은 해와 달이 진미(辰尾)에 있기 때문입니다. 경오일에 해가 비로소 변화하고[謫], 화(火)는 금(金)을 이기기 때문에 오나라가 이기지 못하는 것입니다."라고 하였다. 진미(辰尾)는 룡미(龍尾)1048)이다. 주(周)나라 12월은 지금의 10월인데, 해와 달이 진미(辰尾)에서 만난다. 적(謫)은 변화하는 기운이다. 경오일은 초하루 신해일에서 41일 전이다. 비록 일식이 신해일에 있지만 처음 변화하는 것은 경오일이어서 경오일에 진미로 들어간다고 말한 것이다. 그러므로 경진일이 됨을 알 수 있다. 그러나 오(午)는 남방이고 초(楚)나라의 자리이다. 오(午)의 화기(火氣)가 경(庚)의 금기(金氣)를 이기고, 초나라의 기운이 아직 왕성하므로 오(吳)나라가 이기지 못할 것임을 안 것이다.

1048) 룡미(龍尾) : 28수(宿)에서 동방 창룡(蒼龍) 7수 중 여섯 번째 별자리[尾宿]이다.

소공(昭公) 32년【辛卯 B.C.510】

三十有二年 春 王正月 公在乾侯取闞

32년 봄 왕정월에 소공(昭公)이 간후(乾侯)에 있으면서 감(闞) 땅을 취하였다.

闞 魯邑 書取以見公無尺土 雖得魯邑 猶取之於外云爾

감(闞)은 로(魯)나라 읍이다. 경문에 취(取)라고 기록하여 소공(昭公)에게 한 척(尺)의 땅도 없었음을 드러낸 것이다. 비록 로나라 읍을 얻었지만 외국에서 땅을 취한 것과 같다는 말이다.

三十二年 春 王正月 公在乾侯 言不能外內 又不能用其人也 其人謂子家羈

32년 봄 왕정월에 소공(昭公)이 간후(乾侯)에 있었다고 하였으니, 국외나 국내에서 받아들여지지 못하고 또 그 사람을 쓰지 못한 것을 말한 것이다.[1049] 그 사람은 자가기(子家羈 : 子家子)를 이른다.

夏 吳伐越

여름에 오(吳)나라가 월(越)나라를 쳤다.

夏 吳伐越 始用師於越也 史墨曰 不及四十年 越其有吳乎 存亡之數 不過三紀 越得歲而吳伐之 必受其凶 此年歲在星紀 星紀 吳越之分也 歲星所在 其國有福 吳先用兵 故反受其殃

여름에 오(吳)나라가 월(越)나라를 쳤으니, 이는 처음으로 월나라에 군대를 출동시킨 것이다. 사묵(史墨)이 말하기를 "40년이 되지 않아 월나라는 오나라를 차지할 것이다. 존망의 운수가 3기(紀)[1050]를 넘지 않는다는 것이다. 월나라가 세성(歲星)[1051]을 얻었는데 오나라가 이를 쳤으니 반드시 재앙을 받게 될 것이다."라고 하였다. 이 해에 세성(歲星)이 성기(星紀)[1052]에 있었는

1049) 그 사람을~것이다 : 소공(昭公)이 자가자(子家子)의 말을 따르지 않았기 때문에 지금까지 간후(乾侯)에 있게 되었다는 말이다.

1050) 3기(紀) : 1기(紀)가 12년이므로 36년을 의미한다.

1051) 세성(歲星) : 5성(星)의 하나인 목성(木星)을 가리킨다.

데, 성기는 오(吳)나라와 월(越)나라 분야이다. 세성이 머물러 있는 곳의 나라에는 복이 있는데 오나라가 먼저 군대를 동원했기 때문에 도리어 그 재앙을 받게 된다는 것이다.

秋 七月

가을 7월이다.

冬 仲孫何忌會晉韓不信齊高張宋仲幾衛世叔申鄭國參曹人莒人薛人杞人小邾人城成周

겨울에 중손하기(仲孫何忌)가 진(晉)나라 한불신(韓不信)·제(齊)나라 고장(高張)·송(宋)나라 중기(仲幾)·위(衛)나라 세숙신(世叔申)·정(鄭)나라 국참(國參)·조인(曹人)·거인(莒人)·설인(薛人)·기인(杞人)·소주인(小邾人)과 회합하여 성주(成周)에 성을 쌓았다.

世 穀作大 莒人下 公有邾婁人 穀有邾人 ○韓不信 韓起孫 世叔申 世叔儀孫 國參 子産子

세(世)는 《곡량전(穀梁傳)》에는 태(大)로 되어 있다. 거인(莒人) 다음에 《공양전(公羊傳)》에는 주루인(邾婁人)이 있고 《곡량전》에는 주인(邾人)이 있다. ○한불신(韓不信)은 한기(韓起)의 손자이고 세숙신(世叔申)은 세숙의(世叔儀)의 손자이며 국참(國參)은 자산(子産)의 아들이다.

秋 八月 王使富辛與石張如晉 請城成周 天子曰 天降禍于周 俾我兄弟並有亂心 以爲伯父憂 兄弟謂子朝 伯父謂晉侯 **我一二親昵甥舅不皇啓處 於今十年** 二十三年 二師圍郊 **勤戍五年** 二十八年 晉籍秦致諸侯之戍 **余一人無日忘之 閔閔焉如農夫之望歲 懼以待時** 閔閔 憂貌 歲謂歲熟 **伯父若肆大惠 復二文之業** 謂文侯仇 文公重耳 **弛周室之憂 徼文武之福 以固盟主 宣昭令名 則余一人有大願矣 昔成王合諸侯城成周 以爲東都 崇文德焉 今我欲徼福假靈于成王 脩成周之城 俾戍人無勤 諸侯用寧 蝥賊遠屛 晉之力也 其委諸伯父 使伯父實重圖之 俾我一人無徵怨于百姓 而伯父有榮施 先王庸之** 庸 功也

1052) 성기(星紀) : 12성차(星次)의 하나로 28수(宿) 중에서 두수(斗宿)과 우수(牛宿)가 이에 속한다. 양공(襄公) 28년조 참조.

가을 8월에 주왕(周王 : 敬王)이 부신(富辛)과 석장(石張)을 시켜 진(晉)나라로 가서 성주(成周)에 성을 쌓아 주기를 청하였는데,1053) 천자는 다음과 같이 말하였다. "하늘이 주(周)나라에 화를 내려 나의 형제로 하여금 모두 어지러운 마음을 갖게 하여 백부(伯父)의 근심이 되게 하였소. 형제는 자조(子朝)를 이르고 백부(伯父)는 진후(晉侯)를 이른다. 나의 몇몇 친밀한 생구(甥舅)1054)들이 편안히 쉴 겨를이 없는 지가 어언 10년이 되었고, 23년에 두 나라 군대가 교(郊) 땅을 포위한 일이다.1055) 왕실을 애써 지킨 지도 5년이나 되었소. 28년에 진(晉)나라 적진(籍秦)이 제후들의 수졸(戍卒)을 주(周)나라에 보내게 하였다.1056) 나는 이 일을 하루도 잊은 적이 없어서 근심하기를[閔閔] 마치 농부가 풍년[歲]을 바라며 두려워하면서 때를 기다리는 것과 같으니, 민민(閔閔)은 근심하는 모양이다. 세(歲)는 풍년을 이른다. 백부께서 만약 큰 은혜를 베풀어 문후(文侯)와 문공(文公)의 업적을 회복하여 진문후(晉文侯) 구(仇)와 진문공(晉文公) 중이(重耳)를 이른다. 주나라 왕실의 근심을 덜어주고, 문왕(文王)과 무왕(武王)의 복을 구하여 맹주로서의 지위를 굳게 하고 좋은 명성을 떨친다면 이것이 내가 크게 바라는 것이오. 옛날 성왕(成王)께서는 제후들을 모아 성주에 성을 쌓아 동도(東都)로 삼으시고 문덕을 숭상하셨소. 지금 나도 성왕에게 복을 구하고 령험을 빌려 성주의 성을 수축하여 주나라 왕실을 지키는 사람들로 하여금 수고를 없애고자 하오. 그래서 제후들을 편안하게 하고 모적(蟊賊)1057)들을 멀리 물리친다면 이는 진나라의 공로요. 그러므로 이 일을 백부에게 맡기노니, 백부께서 진실로 신중히 도모한다면 나 한사람으로 하여금 백성에게 원망을 부르지 않게 하는 것이고 백부는 영광스럽게 시혜를 베풀었다는 영예를 얻을 것이며 선왕들께서도 공[庸]으로 여길 것이오." 용(庸)은 공이다.

范獻子謂魏獻子曰 與其戍周 不如城之 天子實云 云欲罷戍而城 雖有後事 晉勿與知可也 從王命以紓諸侯 晉國無憂 是之不務 而又焉從事 魏獻子曰 善 使伯音對 伯音韓不信 曰 天子有命 敢不奉承以奔告于諸侯 遲速衰序 衰 等差也 於是焉在 在周所命

1053) 주왕(周王 : 敬王)이~청하였는데 : 자조(子朝)의 반란에 가담하였던 잔당이 왕성(王城)에 많이 남아있으니, 경왕(敬王)은 이를 두려워하여 성주(成周)로 옮겼다. 그런데 성주가 협소하므로 진(晉)나라에게 성을 쌓아주기를 청한 것이다. 소공(昭公) 26년조 참조.

1054) 생구(甥舅) : 주(周)나라 왕실의 이성(異姓) 제후를 말한다.

1055) 두 나라~일이다 : 자조(子朝)를 토죄하기 위해 왕의 군대와 진(晉)나라 군대가 교(郊) 땅을 포위한 일을 말한다.

1056) 28년에~하였다 : 저본(底本 : 奎章閣本)에는 소공(昭公) 27년 12월조에 있다.

1057) 모적(蟊賊) : 싹을 갉아먹는 벌레이니, 자조(子朝)의 잔당을 가리킨다.

범헌자(范獻子)가 위헌자(魏獻子)에게 말하기를 "주(周)나라를 지키는 것이 성을 쌓아 주는 것만 같지 못합니다. 천자께서도 실로 그렇게 말씀하셨으니, 지키는 일을 그만두고 성을 쌓아 주기를 원한다고 말한 것이다. 그러면 비록 나중에 주나라에 일이 생기더라도 우리 진(晉)나라는 간여하여 아는 체하지 않아도 괜찮을 것입니다. 왕명을 따라 제후들을 편안하게 한다면 우리 진나라도 근심할 일이 없을 것이니, 이 일에 힘쓰지 않고 또 무엇에 종사하겠습니까." 라고 하니, 위헌자가 말하기를 "좋은 말이오."라고 하였다. 이에 백음(伯音)을 보내어 백음(伯音)은 한불신(韓不信)이다. 대답하게 하기를 "천자께서 명을 내리셨으니 감히 그 명을 받들어 제후들에게 달려가 고하지 않을 수 있겠습니까마는 성을 빨리 쌓을 것인지 늦게 쌓을 것인지와 규모의 등차[衺][1058]와 일의 순서는 최(衺)는 등차(等差)이다. 천자의 명에 달려 있습니다." 라고 하였다. 주(周)나라가 명하는 바에 달려 있다는 것이다.

冬 十一月 晉魏舒韓不信如京師 合諸侯之大夫于狄泉 尋盟 且令城成周 尋平丘盟 **魏子南面** 居君位 **衛彪傒曰 魏子必有大咎 干位以令大事 非其任也** 彪傒 衛大夫 **詩曰 敬天之怒 不敢戲豫 敬天之渝 不敢馳驅** 渝 變也 **況敢干位以作大事乎**

겨울 11월에 진(晉)나라 위서(魏舒 : 魏獻子)와 한불신(韓不信)이 경사(京師)로 가서 제후들의 대부를 적천(狄泉)에 모이게 하여 맹약을 거듭하고, 또 성주(成周)에 성을 쌓으라고 명하였다. 평구(平丘)의 맹약[1059]을 거듭한 것이다. 이때 위자(魏子 : 魏舒)가 남면(南面)하니, 임금의 자리에 위치한 것이다. 위(衛)나라 표혜(彪傒)가 말하기를 "위자는 반드시 큰 화를 입을 것이다. 임금의 자리를 범하여 대사(大事)를 명하고 있으니, 이는 그의 직임이 아니다. 표혜(彪傒)는 위(衛)나라 대부이다. 《시(詩)》에 이르기를 '하늘의 노여움을 경외하여 감히 안일하지 말며, 하늘의 변함[渝]을 경외하여 감히 방종[馳驅]하지 말지어다.'[1060]라고 하였으니, 유(渝)는 변함이다. 하물며 감히 임금의 자리를 범하면서 대사를 일으킴에 있어서이겠는가."라고 하였다.

己丑 士彌牟營成周 計丈數 揣高卑 度厚薄 仞溝洫 物土方 議遠邇 物 相也 相取土之方遠近之宜 **量事期** 知事幾時畢 **計徒庸** 知用幾人功 **慮財用** 知費幾材用 **書餱糧** 知用幾糧食 **以令役於諸侯 屬役賦丈** 屬聚下役 課付丈尺 **書以授帥** 帥 諸侯之大夫 **而效諸劉子** 效 致也 **韓簡**

1058) 규모의 등차[衺] : 성의 크기와 넓이의 차이.

1059) 평구(平丘)의 맹약 : 소공(昭公) 13년에 있었다.

1060) 하늘의~말지어다 : 《시경(詩經)》〈대아(大雅)〉 판(板).

子臨之 以爲成命 **韓簡子卽韓不信 臨履其事 以命諸侯 經所以不書魏舒**

기축일에 사미모(士彌牟)가 성주(成周)의 성 쌓는 일을 경영하였는데, 성벽의 길이[丈數]를 계산하고, 높이[高卑]를 가늠하며, 두께[厚薄]를 헤아리고, 해자[溝洫]의 깊이를 재고, 흙을 취할 장소를 물색하여[物] 그 거리를 따져보고, 물(物)은 물색하는 것으로 흙을 가져올 곳과 거리가 적절한지를 살피는 것이다. 공사의 기간을 헤아려 얼마만큼의 시간이 들어야 마칠 수 있는지를 알아보는 것이다. 필요한 인부의 수를 계산하고, 얼마만큼의 인력이 소요되는지를 알아보는 것이다. 자재(資材 : 財)1061)의 량을 짐작해 보고, 얼마만큼의 재용(材用)을 소비해야 하는지를 알아보는 것이다. 필요한 식량을 기록하여 얼마만큼의 량식을 사용해야 하는지를 알아보는 것이다. 제후들에게 일을 명하되 역부(役夫)를 모으고 쌓아야 할 성의 길이를 정해주고, 하역(下役)할 사람을 모으고 성(城)의 길이를 부과(付課)하는 것이다. 문서에 기록하여 수(帥)에게 주고 수(帥)는 제후들의 대부이다. 또 류자(劉子)1062)에게 바쳤다[效]. 효(效)는 바침이다. 이에 한간자(韓簡子)는 일에 림하여 명을 이루도록 하였다. 한간자(韓簡子)는 곧 한불신(韓不信)이다. 한간자가 성을 쌓는 일에 림하여 감독하면서 제후들에게 명하였으므로 경문에 위서(魏舒)를 기록하지 않은 것이다.

十有二月 己未 公薨于乾侯 12월 기미일에 소공(昭公)이 간후(乾侯)에서 훙하였다.

十二月 公疾 偏賜大夫 **從公者** **大夫不受 賜子家子雙琥** **琥音虎 玉器** **一環一璧輕服** **細好之服** **受之 大夫皆受其賜 己未 公薨 子家子反賜於府人 曰 吾不敢逆君命也 大夫皆反其賜 書曰 公薨于乾侯 言失其所也** **不薨路寢爲失所**

12월에 소공(昭公)이 병이 나자 대부들에게 두루 물품을 하사하니 소공(昭公)을 따르는 이들이다. 대부들은 받지 않았다. 자가자(子家子)에게 호(琥) 한 쌍과 호(琥)는 음이 호(虎)이니 옥기(玉器)이다. 옥환(玉環) 하나와 옥벽(玉璧) 하나와 경복(輕服)을 하사하자 가는 실로 짠 좋은 옷이다. 이를 받으니, 대부들도 모두 하사품을 받았다. 기미일에 소공이 훙하자 자가자가 부인(府人)1063)에게 하사품을 돌려주며 말하기를 "내가 감히 임금의 명을 거역할 수 없었다."라고

1061) 자재(資材 : 財) : 전문의 '財'는 '材'와 통한다.

1062) 류자(劉子) : 주(周)나라의 경(卿).

1063) 부인(府人) : 창고를 맡은 관리.

하니, 대부들도 모두 하사품을 돌려주었다. 경문에 소공이 간후(乾侯)에서 훙하였다고 하였으니, 제자리를 잃었음을 말한 것이다. 로침(路寢)에서 훙하지 못하였으니 제자리를 잃었다는 것이다.

趙簡子問於史墨曰 季氏出其君 而民服焉 諸侯與之 君死於外而莫之或罪也 對曰 物生有兩有三有五有陪貳 故天有三辰 地有五行 體有左右 各有妃耦 妃音配 王有公 諸侯有卿 皆有貳也 天生季氏 以貳魯侯 爲日久矣 民之服焉 不亦宜乎 魯君世從其失 從亦作縱 季氏世修其勤 民忘君矣 雖死於外 其誰矜之 社稷無常奉 君臣無常位 自古以然 故詩曰 高岸爲谷 深谷爲陵 三后之姓於今爲庶 主所知也 三后 虞夏商

조간자(趙簡子)가 사묵(史墨)에게 묻기를 "계씨(季氏)가 그 임금을 쫓아내었는데도 백성은 그에게 복종하고 제후들은 그를 도우며, 임금이 나라 밖에서 죽었는데도 혹 계씨에게 죄를 묻는 이가 없구나."라고 하니, 사묵이 다음과 같이 대답하였다. "만물이 생겨날 때 둘이 있기도 하고 셋이 있기도 하며 다섯이 있기도 하고 배이(陪貳)[1064]가 있기도 합니다. 그러므로 하늘에는 3신(辰)[1065]이 있고, 땅에는 5행(行)이 있고, 몸에는 좌우(左右)가 있어서 각각 짝[妃耦]이 있으며, 배(妃)는 음이 배(配)이다. 왕에게는 공(公)이 있고 제후에게는 경(卿)이 있으니 모두 돕는 이가 있는 것입니다. 하늘이 계씨를 내서 로후(魯侯)를 돕게 한 지가 오래되었으니 백성이 그에게 복종하는 것도 마땅하지 않겠습니까. 로(魯)나라 임금은 대대로 안일(安逸 : 失)에 빠지고[從] 종(從)은 또한 종(縱)으로도 되어 있다. 계씨는 대대로 부지런히 덕을 닦아왔으니, 백성이 임금을 잊고 있습니다. 비록 임금이 나라 밖에서 죽은들 누가 불쌍히 여기겠습니까. 사직에는 영원한 받듦이 없고, 군신 사이에도 영원한 자리가 없는 것이 예로부터 그러하였습니다. 그러므로 《시(詩)》에 이르기를 '높은 언덕이 골짜기가 되고 깊은 골짜기가 구릉이 되었네.'[1066]라고 하였으니, 3후(后)의 자손[姓]들이 지금에는 서인(庶人)으로 되었음은 님께서도 잘 아시는 바입니다. 3후(后)는 우(虞)·하(夏)·상(商)나라이다.

在易卦 雷乘乾曰大壯䷡ 乾下震上 故曰雷乘乾 天之道也 乾爲天子 震爲諸侯 而在乾上 君臣易位 猶臣大强壯 若天上有雷 昔成季友 桓之季也 文姜之愛子也 始震而卜 震 妊娠也 卜人謁

1064) 배이(陪貳) : 곁에서 모시고 돕는 사람이니, 부이(副貳)의 뜻이다. 곧 왕자(王者)의 3공(公)이나 제후(諸侯)의 5경(卿)을 가리키는 말이다.

1065) 3신(辰) : 일(日)·월(月)·성(星)이다.

1066) 높은~되었네 : 《시경(詩經)》 〈소아(小雅)〉 십월지교(十月之交).

之 曰 生有嘉聞 嘉名聞世 **其名曰友 爲公室輔 及生 如卜人之言 有文在其手曰友 遂以名之 旣而有大功於魯** 立僖公 **受費以爲上卿 至於文子武子 世增其業 不廢舊績 魯文公薨 而東門遂殺適立庶 魯君於是乎失國 政在季氏 於此君也四公矣** 宣成襄昭 **民不知君 何以得國 是以爲君 愼器與名 不可以假人** 器 車服 名 爵號 趙汸曰 史墨對趙簡子 乃黨逆附簒之辭 不可爲訓

《주역(周易)》의 괘에서 우레가 하늘을 타고 있는 것을 대장(大壯)䷡이라 하니, 건(乾)이 하괘이고 진(震)이 상괘이므로 우레가 하늘을 타고 있다고 한 것이다. 이는 하늘의 도입니다. 건(乾)은 천자이고 진(震)은 제후인데 진괘가 건괘 위에 있으니 군신의 지위가 바뀐 것이다. 오히려 신하가 크게 강장(强壯)하여 하늘 위에 우레가 있는 것과 같은 것이다. 옛날에 성계(成季) 우(友)는 로(魯)나라 환공(桓公)의 막내이고 환공의 부인 문강(文姜)이 사랑하는 아들이었습니다. 처음 임신[震]했을 때 거북점을 치게 하니, 신(震)은 임신(妊娠)이다. 복인(卜人)이 아뢰기를 '태어나서 아름다운 명성이 있을 것이고 아름다운 명성이 세상에 알려진다는 것이다. 그 이름은 우라 불리울 것이며 공실의 보좌가 될 것입니다.'라고 하였습니다. 태어난 뒤에 복인의 말처럼 손에 우(友)자의 문양(文樣)이 있어 드디어 그렇게 이름하였습니다. 얼마 뒤에 로나라에 큰 공을 세우자 희공(僖公)을 세운 일이다. 비(費) 땅을 봉지로 받아 상경(上卿)이 되었는데, 문자(文子 : 季文子)와 무자(武子 : 季武子)에 이르러 대대로 공업(功業)을 넓히어 선조의 옛 공적(功績)을 폐하지 않았습니다. 로문공(魯文公)이 홍하자 동문수(東門遂)가 적자를 죽이고 서자를 세우니[1067] 로나라 임금은 이에 나라를 잃어 정권이 계씨(季氏)에게 넘어간 것이 지금 임금에 이르기까지 네 임금[公]이었습니다. 선공(宣公)·성공(成公)·양공(襄公)·소공(昭公)이다. 백성이 임금의 존재를 알지 못하는데 어떻게 나라를 얻을 수 있겠습니까. 이 때문에 임금이 되어서는 기물[器]과 명분[名]을 신중히 여겨 다른 사람에게 빌려주어서는 안 되는 것입니다."[1068] 기(器)는 거복(車服)이고 명(名)은 작호(爵號)이다. 조방(趙汸)이 말하기를 "사묵(史墨)이 조간자(趙簡子)에게 대답한 것은 역적에 편당하고 찬역(簒逆)에 붙는 말이니 교훈으로 삼을 수 없다."라고 하였다.

1067) 동문수(東門遂)가~세우니 : 문공(文公) 18년에 문공의 숙부인 동문수(東門遂)가 문공의 적자인 태자 악(惡)을 죽이고 서자인 선공(宣公)을 세운 일을 말한다.

1068) 임금이~것입니다 : 소공(昭公)이 외국으로 망명나가 계씨(季氏)가 대신 임금의 권한을 행사한 것과 같은 일이 있어서는 안 된다는 말이다.

魯昭公

국명 / B.C.	魯	周	蔡	曹	衛	滕	晉	吳	鄭	燕	齊	秦	楚	宋	杞	陳	薛	邾	莒	許	越
541	昭公1	景王4	靈侯2	武公14	襄公3	成公34	平公17	夷末3	簡公25	惠公4	景公7	景公36	郟敖4	平公35	文公9	哀公28		悼公15	著丘公1	悼公6	
540	2	5	3	15	4	35	18	4	26	5	8	37	靈王1	36	10	29		莊公1	2	7	
539	3	6	4	16	5	36	19	5	27	6	9	38	2	37	11	30		2	3	8	
538	4	7	5	17	6	悼公1	20	6	28	7	10	39	3	38	12	31		3	4	9	
537	5	8	6	18	7	2	21	7	29	8	11	40	4	39	13	32		4	5	10	
536	6	9	7	19	8	3	22	8	30	9	12	哀公1	5	40	14	33		5	6	11	
535	7	10	8	20	9	4	23	9	31	10	13	2	6	41	平公1	34		6	7	12	
534	8	11	9	21	靈公1	5	24	10	32	悼公1	14	3	7	42	2	35		7	8	13	
533	9	12	10	22	2	6	25	11	33	2	15	4	8	43	3	36		8	9	14	
532	10	13	11	23	3	7	26	12	34	3	16	5	9	44	4	37		9	10	15	
531	11	14	12	24	4	8	昭公1	13	35	4	17	6	10	元公1	5	38		10	11	16	
530	12	15	13	25	5	9	2	14	36	5	18	7	11	2	6	39		11	12	17	
529	13	16	平公1	26	6	10	3	15	定公1	6	19	8	12	3	7	惠公1		12	13	18	
528	14	17	2	27	7	11	4	16	2	共公1	20	9	平王1	4	8	2		13	14	19	
527	15	18	3	平公1	8	12	5	17	3	2	21	10	2	5	9	3		14	共公1	20	
526	16	19	4	2	9	13	6	僚1	4	3	22	11	3	6	10	4		15	2	21	
525	17	20	5	3	10	14	頃公1	2	5	4	23	12	4	7	11	5		16	3	22	
524	18	21	6	4	11	15	2	3	6	5	24	13	5	8	12	6		17	4	23	
523	19	22	7	悼公1	12	16	3	4	7	平公1	25	14	6	9	13	7		18	5	24	
522	20	23	8	2	13	17	4	5	8	2	26	15	7	10	14	8		19	6	斯1	

국명 B.C.	魯	周	蔡	曹	衛	滕	晉	吳	鄭	燕	齊	秦	楚	宋	杞	陳	薛	邾	莒	許	越
521	21	24	朱 1	3	14	18	5	6	9	3	27	16	8	11	15	9		20	7	2	
520	22	25	悼公 1	4	15	19	6	7	10	4	28	17	9	12	16	10		21	8	3	
519	23	敬王 1	2	5	16	20	7	8	11	5	29	18	10	13	17	11		22	9	4	
518	24	2	昭侯 1	6	17	21	8	9	12	6	30	19	11	14	18	12		23		5	
517	25	3	2	7	18	22	9	10	13	7	31	20	12	15	悼公 1	13		24		6	
516	26	4	3	8	19	23	10	11	14	8	32	21	13	景公 1	2	14		25		7	
515	27	5	4	9	20	24	11	12	15	9	33	22	昭王 1	2	3	15		26		8	
514	28	6	5	聲公 1	21	25	12	闔廬 1	16	10	34	23	2	3	4	16		27		9	
513	29	7	6	2	22	頃公 1	13	2	獻公 1	11	35	24	3	4	5	17		28		10	
512	30	8	7	3	23	2	14	3	2	12	36	25	4	5	6	18		29		11	
511	31	9	8	4	24	3	定公 1	4	3	13	37	26	5	6	7	19		30		12	
510	32	10	9	5	25	4	2	5	4	14	38	27	6	7	8	20	襄公 1	31		13	

정공(定公)1) 원년 【壬辰 B.C.509】

元年 春 王

원년 봄 왕이다.

昭公卒 定公未立 不書正月 見魯國無正

소공(昭公)이 졸하고 정공(定公)이 아직 즉위하지 않았다. 경문에 정월을 기록하지 않은 것은 로(魯)나라가 정식 사군(嗣君)의 없음을 보인 것이다.2)

三月 晉人執宋仲幾于京師

3월에 진인(晉人)이 경사(京師)에서 송(宋)나라 중기(仲幾)를 잡았다.

不告王而執人於天子之側 無王甚矣 大夫專執 於是始

왕에게 고하지도 않고 천자의 곁에서 사람을 잡은 것은 왕을 무시함이 심한 것이다. 대부가 멋대로 사람을 잡은 것이 이때에 시작되었다.

元年 春 王正月 辛巳 晉魏舒合諸侯之大夫于狄泉 將以城成周 魏子涖政 衛彪傒曰 將建天子 立天子之居 **而易位以令 非義也 大事奸義 必有大咎 晉不失諸侯 魏子其不免乎 是行也 魏獻子屬役於韓簡子及原壽過** 原壽過 周大夫 **而田於大陸 焚焉** 大陸 晉地 **還 卒於寗 范獻子去其柏椁 以其未復命而田也** 范獻子代魏子爲政 去其柏椁 示貶 **孟懿子會城成周 庚寅 栽** 栽 設板築也 顧炎武曰 魏子涖政 卽上年南面之事 傳再言之者 兩收而失刪其一 蓋晉用夏正 周之正月爲夏之十一月 而庚寅卽己丑之明日

원년 봄 왕정월 신사일에 진(晉)나라 위서(魏舒)가 적천(狄泉)에서 제후들의 대부와 회합

1) 정공(定公) : 로(魯)나라 24대 임금. 이름은 송(宋)이고 양공(襄公)의 서자이며 소공(昭公)의 아우이다. 그의 어머니가 누구인지는 사책(史冊)에 전해지는 것이 없다. 주경왕(周敬王) 11년에 즉위하였다. 시법(謚法)에 백성을 안정시킬 위대한 생각을 품은 것[安民大慮]을 정(定)이라 한다.

2) 정월을~것이다 : 정공(定公)의 즉위가 이 해 6월에 있었기 때문이다.

하였으니, 장차 성주(成周)에 성을 쌓기 위해서였다. 위자(魏子 : 魏舒)가 그 정무(政務)[3]를 주재하였는데, 위(衛)나라 표혜(彪傒)가 말하기를 "천자를 위하여 성을 쌓으려 하면서 천자의 거소(居所)를 세우는 것이다. 자리를 바꾸어 명령을 내렸으니[4] 의가 아니다. 큰일에 의를 범하였으니 반드시 큰 화가 있을 것이다. 진나라가 제후들을 잃지 않는다면 위자가 아마도 그 화를 면하지 못할 것이다."라고 하였다. 이번 일을 하면서 위헌자(魏獻子 : 魏舒)는 한간자(韓簡子)와 원수과(原壽過)에게 일을 맡기고, 원수과(原壽過)는 주(周)나라 대부이다. 대륙(大陸)으로 사냥을 나가 불을 놓았는데 대륙(大陸)은 진(晉)나라 땅이다. 돌아오는 길에 녕(甯) 땅에서 졸하였다. 그의 장사 때에 범헌자(范獻子)가 측백나무 곽(椁)을 제거하였으니, 그가 왕에게 복명하지 않고 사냥하였기 때문이다. 범헌자(范獻子)가 위자(魏子)를 대신하여 집정이 되어 측백나무 곽(椁)을 제거하여 폄하(貶下)의 뜻을 보인 것이다. 로(魯)나라 맹의자(孟懿子)가 성주에 성을 쌓는 일에 참가하여 경인일에 판축(板築)[5]을 설치하였다[栽]. 재(栽)는 판축(板築)을 설치함이다. 고염무(顧炎武)가 말하기를 "위자(魏子)가 정무를 주재했다는 것은 지난해 남면(南面)한 일인데 전문에서 다시 언급한 것은 같은 일을 두 번 수록하면서 그 하나를 산삭(刪削)하지 못한 것이다. 진(晉)나라는 하정(夏正 : 夏曆)을 사용하였는데 주(周)나라 정월은 하(夏)나라 11월이 되고 경인일은 곧 기축일의 다음 날이다."[6]라고 하였다.

宋仲幾不受功 曰 滕薛郳 吾役也 欲使三國代宋受功役 **薛宰** 薛大夫 **曰 宋爲無道 絶我小國於周 以我適楚 故我常從宋 晉文公爲踐土之盟 曰 凡我同盟 各復舊職 若從踐土若從宋 亦唯命 仲幾曰 踐土固然** 固曰從舊 薛舊爲宋役 **薛宰曰 薛之皇祖奚仲 居薛 以爲夏車正** 奚仲爲夏禹掌車服大夫 **奚仲遷于邳** 邳 地名 **仲虺居薛 以爲湯左相** 仲虺 奚仲之後 **若復舊職 將承王官 何故以役諸侯 仲幾曰 三代各異物 薛焉得有舊** 言居周世 不得以夏殷爲舊 **爲宋役 亦其職也**

송(宋)나라 중기(仲幾)가 할당된 공역(功役)을 받지 않으며 말하기를 "등(滕)·설(薛)·예(郳)나라는 우리가 부리는 나라들입니다."라고 하니, 세 나라로 하여금 송(宋)나라를 대신하여 공역을 받게 하고자 한 것이다. 설나라 재신(宰臣)이 설(薛)나라 대부이다. 말하기를 "송나라가 무도한 짓을

---

3) 정무(政務) : 축성에 관한 일이다.

4) 자리를~내렸으니 : 지난해 진(晉)나라 위서(魏舒)가 남면(南面)하여 정무를 처리한 것이다.

5) 판축(板築) : 판(板)은 담이나 성을 쌓을 때 량쪽에 세우는 널빤지이고, 축(築)은 흙을 다지는 공이이다.

6) 경인일은~날이다 : 지난해 겨울 11월 기축일에 사미모(士彌牟)가 성주(成周)에 성을 쌓는 일을 경영하였다고 하였는데, 이는 이 날 축성계획서를 확정하였다는 것이다. 그리고 바로 다음 날인 경인일에 판축(板築)을 시작한 것이다.

하여 우리 소국들을 주(周)나라와 단절시키고 우리를 이끌고 초(楚)나라를 따르게 하였습니다. 그러므로 우리는 항상 송나라를 따랐던 것입니다.[7] 진문공(晉文公)이 천토(踐土)의 맹약[8] 때 말하기를 '무릇 우리 동맹국들은 각기 옛 직위를 회복하라.'고 하였습니다. 혹[9] 천토의 맹약을 따를 것인지[10] 혹 송나라를 따를 것인지는 오직 진(晉)나라의 명에 달려 있습니다."라고 하였다. 중기가 말하기를 "천토의 맹약은 본래[固] 그러하였습니다."라고 하니, 본래[固]라는 것은 예로부터라는 말이니, 설(薛)나라는 예로부터 송(宋)나라의 복역국(服役國)이었다는 것이다. 설나라 재신이 말하기를 "우리 설나라의 황조(皇祖)인 해중(奚仲)께서 설 땅에 거주하면서 하(夏)나라 거정(車正)이 되었고, 해중(奚仲)은 하(夏)나라 우(禹)임금 때 거복(車服)을 맡은 대부였다. 해중께서 비(邳) 땅으로 옮기게 되자 비(邳)는 땅 이름이다. 중훼(仲虺)가 설 땅에 거주하면서 탕(湯)임금의 좌상(左相)이 되었습니다. 중훼(仲虺)는 해중(奚仲)의 후손이다. 만약 옛 직위를 회복한다면 마땅히 우리 설나라는 왕실의 관직을 받아야 하는데 무엇 때문에 제후(諸侯)에게 부림을 받겠습니까."라고 하였다. 중기가 말하기를 "삼대(三代)는 각각 제도[物]가 다른데 설나라가 어찌 옛날의 직위를 차지할 수 있겠습니까. 주(周)나라 시대에 살면서 하(夏)나라·은(殷)나라 때의 직위를 가지고 옛 직위로 삼을 수 없다는 말이다. 송나라의 부림을 받는 것이 또한 그 직무입니다."라고 하였다.

士彌牟曰 晉之從政者新 言范獻子新爲政 未習故事 **子姑受功 歸 吾視諸古府** 求故事 **仲幾曰 縱子忘之 山川鬼神其忘諸乎** 山川鬼神 盟所告 **士伯怒 謂韓簡子曰 薛徵於人** 典籍故事 人所知也 **宋徵於鬼** 取證於鬼神 **宋罪大矣 且己無辭而抑我以神 誣我也 啓寵納侮 其此之謂矣 必以仲幾爲戮 乃執仲幾以歸 三月 歸諸京師**

사미모(士彌牟)[11]가 말하기를 "진(晉)나라의 정무를 담당하는 자가 새로 바뀌었으니 범헌자(范獻子)가 새로 집정이 되어 옛일에 익숙하지 못하다는 말이다. 그대는 우선 공역(功役)을 받고 돌아가시오. 내가 옛 문서고에서 살펴보겠소."라고 하였다. 옛일을 찾아보겠다는 것이다. 중기(仲幾)

---

7) 우리는~것입니다 : 송(宋)나라의 의도에 좌우될 수밖에 없었다는 것이다.

8) 천토(踐土)의 맹약 : 희공(僖公) 28년에 있었다.

9) 혹 : 전문의 약(若)은 혹(或)의 의미이다.

10) 천토의~것인지 : 천토(踐土)의 맹약은 희공(僖公) 28년 5월에 있었고, 제후들은 모두 왕실을 도와 서로 해치지 말라는 것이 맹약의 주요 내용이다. 따라서 천토의 맹약을 따른다는 것은 설(薛)나라가 독립제후국으로서의 자격을 갖겠다는 의미이고, 송(宋)나라의 복역국(服役國)이 되지 않겠다는 말이다.

11) 사미모(士彌牟) : 진(晉)나라 사경백(士景伯)으로 사개(士匄 : 范宣子)의 아들이다.

가 말하기를 "비록 그대는 그것을 잊었다 해도 산천의 귀신[12]은 어찌 그것을 잊었겠소."라고 하자, 산천의 귀신은 맹약을 고했던 대상이다. 사백(士伯 : 士彌牟)이 노하여 한간자(韓簡子)에게 말하기를 "설(薛)나라는 사람의 일에서 증거를 대는데 전적(典籍)의 고사(故事)는 사람이 알 수 있는 바이다. 송(宋)나라는 귀신의 일에서 증거를 대니 귀신에게서 증거를 취한다는 것이다. 송나라의 죄가 큽니다. 또 자기는 해명하지 못하면서 우리를 귀신의 일로 억누르니 이는 우리를 속이는 것입니다. 총애로 깨우쳐 주었다가 모멸을 받는다는 것이 바로 이것을 이르는 것입니다. 반드시 중기를 처벌해야 합니다."라 하고서 중기를 잡아 돌아갔다가 3월에 경사(京師)로 보냈다.

城三旬而畢 乃歸諸侯之戍 齊高張後 不從諸侯 晉女叔寬曰 周萇弘齊高張 皆將不免 **叔寬 女寬也** **萇叔違天 高子違人** **天厭周德 萇弘欲遷都以延祚 故曰違天 諸侯相帥以崇天子 高子後期 故曰違人** **天之所壞 不可支也 衆之所爲 不可奸也** **爲哀三年周人殺萇弘 六年高張來奔起 趙汸曰 女寬之言 不明君臣之義 非知天者也**

성이 30일 만에 완공되니 제후들의 수졸을 돌려보냈다. 제(齊)나라 고장(高張)은 늦게 와서 제후들의 일[13]에 종사하지 못하였다. 진(晉)나라 여숙관(女叔寬)[14]이 말하기를 "주(周)나라 장홍(萇弘)과 제나라 고장은 모두 화를 면하지 못할 것이다. 숙관(叔寬)은 여관(女寬)이다. 장숙(萇叔 : 萇弘)은 하늘을 어겼고 고자(高子 : 高張)는 사람을 어겼다. 하늘이 주(周)나라의 덕을 싫어하는데 장홍(萇弘)은 도읍을 옮겨 나라의 복을 연장하려 하였기 때문에 하늘을 어겼다고 말한 것이고, 제후들이 서로 앞장서서 천자를 받드는데 고자(高子)는 기한에 늦었기 때문에 사람을 어겼다고 말한 것이다. 하늘이 무너뜨리는 것은 지탱할 수 없고, 대중이 하는 것은 범할 수 없는 것이다."라고 하였다. 애공(哀公) 3년에 주인(周人)이 장홍(萇弘)을 죽이고, 6년에 고장(高張)이 로(魯)나라로 망명오는 발단이 된다. 조방(趙汸)이 말하기를 "여관(女寬)의 말은 임금과 신하의 의리를 밝히지 못하였으니 하늘의 명을 아는 자가 아니다."라고 하였다.

---

12) 산천의 귀신 : 천토(踐土)의 맹약 때 고했던 귀신이다.

13) 제후들의 일 : 성주(成周)에 성을 쌓는 일이다.

14) 여숙관(女叔寬) : 진(晉)나라 위서(魏舒)의 가신.

夏 六月 癸亥 公之喪至自乾侯 戊辰 公卽位

여름 6월 계해일에 소공(昭公)의 상구(喪柩)가 간후(乾侯)에서 돌아왔다. 무진일에 정공(定公)이 즉위하였다.

不得以正月卽位 失其時 故詳而日之

정월에 즉위하지 못하였으니 그 시기를 잃은 것이다. 그러므로 상세히 그날을 기록한 것이다.[15]

夏 叔孫成子逆公之喪于乾侯 成子 叔孫婼子 **季孫曰 子家子亟言於我 未嘗不中吾志也** 子家子欲通外內 使君速入 則其所嘗言於季孫者 可知 **吾欲與之從政 子必止之** 勿聽其去 **且聽命焉 子家子不見叔孫 易幾而哭** 幾 哭會也 不欲見叔孫 故朝夕哭不同會 **叔孫請見子家子 子家子辭曰 羈未得見 而從君以出** 出時成子未爲卿 **君不命而薨 羈不敢見**

여름에 숙손성자(叔孫成子)가 간후(乾侯)에서 소공(昭公)의 상구(喪柩)를 맞이하려 할 때 성자(成子)는 숙손착(叔孫婼)의 아들이다. 계손(季孫)이 말하기를 "자가자(子家子)가 자주 나에게 말하였는데 일찍이 내 뜻에 맞지 않은 적이 없었소. 자가자(子家子)는 나라 안팎으로 통하여 임금을 빨리 들어오게 하려고 하였으니 일찍이 계손에게도 이에 대하여 말하였다는 것을 알 수 있다. 나는 그와 함께 정사를 처리하고자 하니 그대는 반드시 그를 만류하고 그가 떠나는 것을 들어주지 말라는 것이다. 우선 그의 명을 들으시오."라고 하였다. 자가자는 숙손(叔孫)을 만나지 않으려고 곡하는 모임[幾]을 바꾸어 곡하였다. 기(幾)는 모여서 곡(哭)을 하는 것이다.[16] 자가자(子家子)는 숙손(叔孫)을 만나지 않으려 하였기 때문에 아침저녁으로 하는 곡을 함께 모여서 하지 않은 것이다. 숙손이 자가자를 만나기를 청하니, 자가자가 사양하며 말하기를 "나 기(羈)는 당신을 만나지 않고 임금님을 따라 망명해 나왔습니다. 망명나올 때 성자(成子)는 경(卿)이 아니었다.[17] 임금님께서 명[18]을 내리지 않고 훙하셨으니 나 기는 감히 당신을 만날 수 없습니다."라고 하였다.

---

15) 정월에~것이다 : 로(魯)나라 다른 임금이 즉위한 경우에는 경문에 왕정월(王正月)이라 기록하고 날은 기록하지 않았다.

16) 기(幾)는~것이다 : 전문의 기(幾)를 기(期)로 보기도 하는데, 이에 따르면 숙손(叔孫)을 만나지 않기 위하여 곡하는 시간[期]을 바꾸었다는 것이다.

17) 망명나올~아니었다 : 자가자(子家子)가 망명나올 때 숙손성자(叔孫成子)는 경(卿)이 아니었기 때문에 만나지 않았다는 말이다.

18) 명 : 숙손(叔孫)을 만나보라는 명이다.

叔孫使告之曰 公衍公爲實使羣臣不得事君 二子始謀逐季氏 **若公子宋主社稷 則羣臣之願也** 宋 昭公弟定公 **凡從君出而可以入者 將唯子是聽 子家氏未有後 季孫願與子從政 此皆季孫之願也 使不敢以告** 不敢 成子名 **對曰 若立君 則有卿士大夫與守龜在 羈弗敢知 若從君者 則貌而出者 入可也** 貌出謂以義從公 與季氏無實怨 **寇而出者 行可也** 與季氏爲寇讎者 自可去 **若羈也 則君知其出也** 君 昭公 **而未知其入也 羈將逃也 喪及壞隤 公子宋先入 從公者皆自壞隤反** 出奔

숙손(叔孫)이 사람을 보내어 자가자(子家子)에게 고하기를 "공연(公衍)과 공위(公爲)[19]가 사실상 뭇 신하로 하여금 임금님을 섬길 수 없게 하였으니, 두 사람이 처음에 계씨(季氏)의 축출을 모의한 것이다. 만약 공자 송(宋)이 사직을 주관한다면 이는 바로 뭇 신하가 바라는 바이오. 송(宋)은 소공(昭公)의 아우 정공(定公)이다. 임금님을 따라 나갔다가 국내에 들어올 수 있는 자들은 앞으로 그대의 뜻에 따르겠소.[20] 자가씨(子家氏)는 후사가 없고[21] 계손(季孫)은 그대와 함께 정사를 처리하기를 바라오. 이것은 모두 계손이 원하는 것으로 나 불감(不敢)을 보내어 고하게 한 것이오."라고 하였다. 불감(不敢)은 성자(成子)의 이름이다. 자가자가 대답하기를 "만약 임금을 세우는 일이라면 경사(卿士)와 대부(大夫) 그리고 수귀(守龜)[22]가 있으니 나 기(羈)가 감히 알아야 할 일이 아니고, 만약 임금님을 따른 자들에 대한 것이라면 겉으로만 공경하여 나온 자[貌出]들은 나라 안으로 들어가는 것이 옳지만 모출(貌出)은 의리 때문에 소공(昭公)을 따랐고 계씨(季氏)와는 사실상 원한이 없는 자들을 이른다. 계손을 원수로 여기고 나온 자들은 떠나는 것이 옳습니다. 계씨(季氏)와 원수가 된 자들은 스스로 떠나야 한다는 것이다. 나 기와 같은 경우는 임금님[君]께서 내가 나온 것만 알고 군(君)은 소공(昭公)이다. 들어가는 것은 모르니[23] 나 기는 도망할 것입니다."라고 하였다. 소공의 상구(喪柩)가 괴퇴(壞隤)[24]에 이르렀을 때 공자 송은 먼저 들어가고 소공을 따르던 자들은 모두 괴퇴에서 되돌아갔다. 망명나간 것이다.

---

19) 공연(公衍)과 공위(公爲) : 소공(昭公)의 아들들이다.

20) 임금님을~따르겠소 : 다시 들어올 사람들의 선별이나 지위 등은 자가자(子家子)의 뜻에 따르겠다는 의미이다.

21) 자가씨(子家氏)는~없고 : 자가자(子家子)가 로(魯)나라에 들어오면 자가씨(子家氏)의 후사로 삼아주겠다는 의미이다.

22) 수귀(守龜) : 거북점치는 일을 맡은 사람.

23) 들어가는~모르니 : 임금이 살아 계셨더라면 내가 귀국하는 것을 용납하지 않을 것이라는 말이다.

24) 괴퇴(壞隤) : 로(魯)나라 읍.

六月 癸亥 公之喪至自乾侯 戊辰 公卽位

6월 계해일에 소공(昭公)의 상구(喪柩)가 간후(乾侯)에서 돌아왔다. 무진일에 정공(定公)이 즉위하였다.

秋 七月 癸巳 葬我君昭公

가을 7월 계사일에 우리 임금 소공(昭公)의 장례를 지냈다.

公在外薨 故八月乃葬

소공(昭公)이 나라 밖에 있으면서 훙하였기 때문에 8개월 만에 장례를 지낸 것이다.

季孫使役如闞 句 **公氏 將溝焉** 闞 魯羣公墓所在 公氏 公之墓宅 季孫惡昭公 欲溝絶其兆域 不使與先君同 **榮駕鵝曰 生不能事 死又離之 以自旌也** 駕鵝 魯大夫榮成伯也 旌 章也 自章逐君之惡 **縱子忍之 後必或恥之 乃止 季孫問於榮駕鵝曰 吾欲爲君謚 使子孫知之** 爲惡謚 **對曰 生弗能事 死又惡之 以自信也 將焉用之 乃止** 信 明也 自明其不臣之迹 **秋 七月 癸巳 葬昭公於墓道南** 雖不爲溝 猶葬於墓道外 **孔子之爲司寇也 溝而合諸墓** 自昭公墓外爲溝使與先君墓合

계손(季孫)이 감(闞) 땅에 역부들을 보내어 구두(句讀)이다. 공씨(公氏)에 도랑을 만들게 하였다. 감(闞)은 로(魯)나라의 여러 임금의 묘가 있는 곳이다. 공씨(公氏)는 소공(昭公)의 묘택(墓宅)이다. 계손(季孫)이 소공을 미워하여 도랑을 만들어 묘역을 끊어서 선군들의 묘역과 함께 자리하지 못하게 하고자 한 것이다. 영가아(榮駕鵝)가 말하기를 "살아 계실 때 잘 섬기지 못하였는데 돌아가셨을 때 또 떼어 놓으면 스스로 악행을 드러내는[旌] 것입니다. 가아(駕鵝)는 로(魯)나라 대부인 영성백(榮成伯)이다. 정(旌)는 드러냄이다. 임금을 쫓아낸 악행을 스스로 드러낸다는 것이다. 비록 그대는 그 일을 차마 할 수 있더라도 후손 가운데 반드시 부끄러워하는 자가 혹 있을 것입니다."라고 하니 이에 그만두었다. 계손이 영가아에게 묻기를 "내가 임금의 시호를 지어서 자손들로 하여금 임금의 잘못을 알게 하고자 하오."라고 하니, 나쁜 시호를 짓는다는 것이다. 대답하기를 "살아계실 때 잘 섬기지 못하였고 돌아가셨을 때 또 악하게 만드는 것은 스스로 잘못을 밝히는[信] 것이니, 장차 무슨 소용이 있겠습니까."라고 하자 그만두었다. 신(信)은 밝힘이니 신하 노릇하지 못한 흔적을 스스로 밝힌다는 것이다. 가을 7월 계사일에 소공(昭公)을 묘도(墓道)의 남쪽에 장사지냈다. 비록 도랑을 만들지는 않았지만 여전히 선군들의 묘도(墓道) 밖에 장사지낸 것이다. 공자(孔子)가 사구

(司寇)가 되었을 때 도랑을 내어서 여러 선군의 묘역과 합치게 하였다. 소공(昭公)의 무덤 밖에 도랑을 내어서 선군들의 묘역과 합치게 한 것이다.

九月 大雩
9월에 크게 기우제를 지냈다.

立煬宮
양궁(煬宮)을 세웠다.

昭公出故 季平子禱于煬公 九月 立煬宮 煬公 伯禽子 平子自以爲獲福 故立其宮

소공(昭公)이 국외에 나갔기 때문에 계평자(季平子)가 양공(煬公)에게 빌었고[25] 9월에 양궁(煬宮)을 세웠다. 양공(煬公)은 백금(伯禽)[26]의 아들이다. 평자(平子)가 스스로 복을 얻었다고 여겨서[27] 그 사당을 세운 것이다.

冬 十月 隕霜殺菽
겨울 10월에 서리가 내려 콩을 죽였다.

周十月 今八月 而霜能殺菽 非常之災

주(周)나라 10월은 지금의 8월이다. 그런데 서리가 내려 콩을 죽였으니 범상치 않은 재난이다.

---

25) 계평자(季平子)가~빌었고 : 양공(煬公)은 백금(伯禽)의 작은아들인데 큰아들인 고공(考公)이 재임 4년 만에 일찍 죽자 임금의 자리를 이어 받았다. 계평자(季平子)가 소공(昭公)을 축출하고 두려워 아우로서 임금의 자리를 이어받은 양공에게 기도한 것이다.

26) 백금(伯禽) : 주(周)나라 주공(周公)의 아들로 성왕(成王)이 로(魯)나라의 제후로 임명하였다.

27) 평자(平子)가~여겨서 : 소공(昭公)이 나라 밖에서 죽고 그의 아우 정공(定公)이 로(魯)나라 임금의 자리를 물려받게 된 것이 형의 자리를 계승한 양공(煬公)의 은덕이라고 여겼다는 의미이다.

정공(定公) 2년 【癸巳 B.C.508】

二年 春 王正月

2년 봄 왕정월이다.

夏

여름이다

周鞏簡公棄其子弟 而好用遠人 二年 夏 四月 辛酉 鞏氏之羣子弟賊簡公 **簡公 周卿士 遠人 異族也**

주(周)나라 공간공(鞏簡公)이 그 자제들을 버려두고 관계가 먼 사람[遠人]들을 등용하기를 좋아하였다. 2년 여름 4월 신유일에 공씨(鞏氏)의 여러 자제가 간공(簡公)을 죽였다. 간공(簡公)은 주(周)나라 경사(卿士)이다. 원인(遠人)은 다른 종족이다.

五月 壬辰 雉門及兩觀災

5월 임진일에 치문(雉門)과 량관(兩觀)에 화재가 났다.

雉門 公宮之南門 兩觀 闕也

치문(雉門)은 공궁의 남문이다. 량관(兩觀)은 궐(闕)[28]이다.

秋 楚人伐吳

가을에 초인(楚人)이 오(吳)나라를 쳤다.

---

28) 궐(闕) : 궁문 앞 량쪽에 세운 망루(望樓). 위궐(魏闕)이라고도 하며 이곳에 법령을 게시한다.

桐叛楚 桐 小國 **吳子使舒鳩氏誘楚人 曰 以師臨我** 敎舒鳩誘楚 使以師臨吳 **我伐桐 爲我使之無忌** 吳伐桐也 僞若畏楚而伐其叛國以取媚 欲使楚不忌吳 **秋 楚囊瓦伐吳 師于豫章 吳人見舟于豫章** 僞將爲楚伐桐 **而潛師于巢**

동(桐)나라가 초(楚)나라를 배반하였다. 동(桐)나라는 소국이다. 오자(吳子)가 서구씨(舒鳩氏)[29]에게 초인(楚人)을 유인하라고 하면서 말하기를 "초나라가 군대를 거느리고 우리나라에 다가오게 하시오. 서구(舒鳩)로 하여금 초(楚)나라를 유인하여 초나라가 군대를 거느리고 오(吳)나라로 다가오게 한 것이다.[30] 그러면 우리가 동나라를 칠 테니 우리를 위해 저들로 하여금 피하지 않도록 해야 할 것이오."라고 하였다. 오(吳)나라가 동(桐)나라를 치는 것은 오나라가 초(楚)나라를 두려워하여 그 배반한 나라[桐]를 치는 것처럼 꾸며 아첨하여 초나라로 하여금 오나라를 경계하지 않게 하고자 한 것이다. 가을에 초나라 낭와(囊瓦)가 오(吳)나라를 치려고 예장(豫章)에 군대를 출동시키니, 오인(吳人)이 예장에 전선(戰船)을 내보이면서 장차 초(楚)나라를 위하여 거짓으로 동(桐)나라를 치는 것처럼 한 것이다. 몰래 소(巢) 땅으로 군대를 이동시켰다.

冬 十月

겨울 10월이다

冬 十月 吳軍楚師于豫章 敗之 楚不忌故 **遂圍巢 克之 獲楚公子繁** 繁 守巢大夫

겨울 10월에 오(吳)나라가 예장(豫章)에서 초(楚)나라 군대를 공격하여[軍] 패배시켰다. 초(楚)나라가 경계하지 않았기 때문이다. 드디어 소(巢) 땅을 포위하여 함락시키고 초나라 공자 번(繁)을 사로잡았다. 번(繁)은 소(巢) 땅을 지키는 대부이다.

新作雉門及兩觀

새로 치문(雉門)과 량관(兩觀)을 지었다.

29) 서구씨(舒鳩氏) : 서구(舒鳩)는 초(楚)나라와 오(吳)나라 사이에 있는 소국으로 초나라의 속국이다.

30) 서구(舒鳩)로~것이다 : 서구씨(舒鳩氏)로 하여금 초나라가 군대를 동원하여 오나라를 치도록 한 것이다.

정공(定公) 3년【甲午 B.C.507】

三年 春 王正月 公如晉 至河乃復

3년 봄 왕정월에 정공(定公)이 진(晉)나라에 가다가 하수(河水)에 이르러 돌아왔다.

二月 辛卯 邾子穿卒

2월 신묘일에 주자(邾子) 천(穿)이 졸하였다.

二月 公穀作三月

2월은 《공양전(公羊傳)》과 《곡량전(穀梁傳)》에는 3월로 되어 있다.

邾莊公與夷射姑飮酒 私出 射姑 邾大夫 出辟酒 **閽乞肉焉 奪之杖以敲之** 敲 擊頭也 **三年 春 二月 辛卯 邾子在門臺** 門上有臺 **臨廷 閽以缾水沃廷 邾子望見之 怒 閽曰 夷射姑旋焉** 旋 小便 **命執之** 惡其不潔 **弗得 滋怒 自投于牀 廢于鑪炭** 廢 墮也 **爛 遂卒**

주장공(邾莊公 : 穿)이 이역고(夷射姑)와 함께 술을 마실 때 이역고가 몰래[私][31] 나갔다. 역고(射姑)는 주(邾)나라 대부이다. 술을 피해 나간 것이다. 문지기가 그에게 고기를 달라고 하자 몽둥이를 빼앗아 머리를 쳤다[敲]. 고(敲)는 머리를 침이다. 3년 봄 2월 신묘일에 주자(邾子 : 莊公)가 문대(門臺)에서 문 위에 있는 대(臺)이다. 뜰을 내려다보는데 문지기가 두레박으로 물을 퍼서 뜰에 붓고 있었다.[32] 주자가 멀리서 바라보고 노하니, 문지기가 말하기를 "이역고가 여기에 소변[旋]을 누었습니다."라고 하였다. 선(旋)은 소변이다. 이역고를 잡아 오라고 명하였으나 불결함을 싫어한 것이다. 잡아 오지 못하니, 더욱 노하여 스스로 상(牀)에서 뛰어내리다가 화로의 숯불 위로 떨어져[廢] 폐(廢)는 떨어짐이다. 화상을 입고 마침내 졸하였다.

---

31) 몰래[私] : 전문의 사(私)를 소변보는 것으로 보는 설도 있다.

32) 물을~있었다 : 뜰을 질펀하게 한 것이다.

夏 四月

여름 4월이다.

秋 葬邾莊公

가을에 주(邾)나라 장공(莊公)의 장례를 지냈다.

先葬 以車五乘殉五人 欲藏中之潔 故先納車及殉 **莊公卞急而好潔 故及是** 卞 躁疾也

장례에 앞서 다섯 채의 수레로 다섯 사람을 순장하였다. 무덤 안을 깨끗하게 하려고 수레와 순장할 사람을 먼저 들인 것이다.[33] 장공(莊公)은 조급증[卞]으로 성질이 급하고 깨끗함을 좋아하여 이 지경까지 이른 것이다. 변(卞)은 조급증(躁急症)이다.

○秋 九月 鮮虞人敗晉師于平中 平中 晉地 **獲晉觀虎 恃其勇也** 爲五年士鞅圍鮮虞張本

○가을 9월에 선우인(鮮虞人)이 평중(平中)에서 진(晉)나라 군대를 패배시키고 평중(平中)은 진(晉)나라 땅이다. 진나라 관호(觀虎)를 사로잡았으니, 이는 관호가 자신의 용맹을 믿었기 때문이다. 5년에 진(晉)나라 사앙(士鞅)이 선우(鮮虞)를 포위하는 장본이 된다.

冬 仲孫何忌及邾子盟于拔

겨울에 중손하기(仲孫何忌)가 주자(邾子 : 隱公)와 발(拔) 땅에서 맹약하였다.

拔 公作枝 ○拔 地名

발(拔)은 《공양전(公羊傳)》에는 지(枝)로 되어 있다. ○발(拔)은 땅 이름이다.

冬 盟于郯 郯卽拔也 **修邾好也** 公卽位故修好

겨울에 담(郯) 땅에서 맹약하고 담(郯)은 곧 발(拔)이다. 주(邾)나라와 우호를 다졌다. 정공(定

33) 무덤~것이다 : 매장하는 날에 수레와 순장될 사람을 함께 묻으면 묘실이 어지러워질까 념려하였기 때문이다. 이는 주장공(邾莊公)의 결벽증을 고려한 처사였다.

公)이 즉위하였기 때문에 우호를 다진 것이다.

정공(定公) 4년【乙未 B.C.506】

四年 春 王二月 癸巳 陳侯吳卒

4년 봄 왕2월 계사일에 진후(陳侯) 오(吳)가 졸하였다.

三月 公會劉子晉侯宋公蔡侯衛侯陳子鄭伯許男曹伯莒子邾子頓子胡子滕子薛伯杞伯小邾子齊國夏于召陵 侵楚

3월에 정공(定公)이 류자(劉子)·진후(晉侯)·송공(宋公)·채후(蔡侯)·위후(衛侯)·진자(陳子)·정백(鄭伯)·허남(許男)·조백(曹伯)·거자(莒子)·주자(邾子)·돈자(頓子)·호자(胡子)·등자(滕子)·설백(薛伯)·기백(杞伯)·소주자(小邾子)·제(齊)나라 국하(國夏)와 소릉(召陵)에서 회합하여 초(楚)나라를 침범하였다.

國夏 國佐孫 伐楚書侵 鄙晉之無能爲也 晉楚兵交止此

국하(國夏)는 국좌(國佐)의 손자이다. 초(楚)나라를 친 것을 경문에 침(侵)이라고 기록한 것[34]은 진(晉)나라의 무능함을 비하한 것이다. 진나라와 초나라의 교전은 여기에서 끝난다.

蔡昭侯爲兩佩與兩裘 佩 佩玉也 **以如楚 獻一佩一裘於昭王 昭王服之 以享蔡侯 蔡侯亦服其一 子常欲之 弗與 三年止之 唐成公如楚 有兩肅爽馬 子常欲之** 成公 唐惠侯之後 肅爽 駿馬名 **弗與 亦三年止之 唐人或相與謀 請代先從者 許之** 請代先從人執役 **飮先**

34) 침(侵)이라고~것 : 초(楚)나라 땅인 소릉(召陵)에 먼저 들어가 회합한 뒤 초나라를 쳤기 때문에 벌(伐)이라 하지 않고 침(侵)이라고 한 것이다.

從者酒 醉之 竊馬而獻之子常 子常歸唐侯 自拘於司敗 竊馬者自拘 **曰 君以弄馬之故 隱君身** 弄猶愛也 隱 憂約也 **棄國家 羣臣請相夫人以償馬 必如之** 相 助也 夫人謂養馬者 言求他馬以償君 必得如所竊者 **唐侯曰 寡人之過也 二三子無辱 皆賞之**

채소후(蔡昭侯)가 두 개의 패옥[佩]과 두 벌의 갖옷을 마련하여 패(佩)는 패옥(佩玉)[35]이다. 초(楚)나라에 가서 패옥 하나와 갖옷 한 벌을 소왕(昭王)에게 바쳤다. 소왕이 이를 갖추어 입고서 채후(蔡侯)에게 향연을 베푸니, 채후도 남은 하나의 패옥과 갖옷을 갖추어 입었다. 초나라 자상(子常 : 囊瓦)이 그것을 얻고 싶어 하였으나 주지 않으니, 채후를 3년 동안 억류하였다. 당성공(唐成公)이 초나라에 갔을 때 두 마리의 숙상마(肅爽馬)가 있었는데 자상이 얻고 싶어 하였으나 성공(成公)은 당혜후(唐惠侯)의 후손이다. 숙상(肅爽)은 준마(駿馬) 이름이다. 주지 않으니, 당성공 또한 3년 동안 억류하였다. 당인(唐人) 가운데 어떤 자들이 서로 모의하여 먼저 온 종자들을 교대하여 달라고 청하니 자상이 허낙하였다. 먼저 온 종인(從人)들과 교대하여 복역하기를 청한 것이다. 이에 먼저 온 종자들에게 술을 먹여 취하게 하고 말을 훔쳐 자상에게 바치니 자상이 당후(唐侯 : 唐成公)를 돌려보냈다. 당후가 돌아온 뒤에 말을 훔친 자들이 스스로 사패(司敗)[36]에게 구금되고서 말을 훔친 자들이 스스로 구금된 것이다. 말하기를 "임금님께서 말을 사랑하시기[弄] 때문에 임금님의 몸이 근심스러우며 곤궁해지고[隱] 롱(弄)은 사랑함[愛]과 같다. 은(隱)은 근심스럽고 곤궁함이다. 국가를 버리게 되었습니다. 뭇 신하는 저 사람[夫人]들을 도와서[相] 훔친 말을 변상하되 반드시 같은 것으로 하겠습니다."라고 하였다. 상(相)은 도움이다. 부인(夫人)은 말 기르는 사람을 이른다. 다른 말을 구하여 임금에게 변상하되 반드시 훔친 말과 같은 것으로 하겠다는 말이다. 당후가 말하기를 "과인의 잘못이다. 그대들은 애쓰지 말라."하고서 모두에게 상을 내렸다.

蔡人聞之 固請而獻佩于子常 子常朝 見蔡侯之徒 命有司曰 蔡君之久也 官不共也 言禮遣蔡侯之物不共備 **明日禮不畢 將死 蔡侯歸及漢 執玉而沈 曰 余所有濟漢而南者 有若大川 蔡侯如晉 以其子元與其大夫之子爲質焉 而請伐楚**

채인(蔡人)이 이 소문을 듣고 채후(蔡侯)에게 굳이 청하여 자상(子常)에게 패옥을 바쳤다. 자상이 조정에 나가 채후의 무리를 만나보고, 유사(有司)에게 명하기를 "채(蔡)나라 임

35) 패옥(佩玉) : 여러 개의 옥으로 만든 허리에 차는 장식물.

36) 사패(司敗) : 초(楚)나라와 당(唐)나라와 진(陳)나라에서 형옥을 관장하던 벼슬. 사패(司敗)는 사구(司寇)와 같은 칭호로 당나라와 진나라는 초나라의 세력권이었기 때문에 사패라 이른 것이다.

금이 오래 머문 것은 우리 관리들이 례물을 공급하지 않았기 때문이다. 채후(蔡侯)를 례로 전송하는 물건을 갖추어 공급하지 않았다는 말이다. 래일까지 례물을 갖추지 않으면 너를 죽일 것이다." 라고 하였다. 채후가 돌아가면서 한수(漢水)에 이르러 옥을 집어 강물에 던지며 말하기를 "내가 맹세코[所] 다시 한수를 건너 남쪽으로 간다면 대천(大川 : 漢水)과 같을 것이다."[37]라고 하였다. 채후가 진(晉)나라로 가서 그 아들 원(元)과 대부의 아들을 인질로 바치고 초(楚)나라 치기를 요청하였다.

四年 春 三月 劉文公合諸侯于召陵 謀伐楚也 晉假王命討楚 故文公以王官伯合諸侯 **晉荀寅求貨於蔡侯 弗得 言於范獻子曰 國家方危 諸侯方貳 將以襲敵 不亦難乎 水潦方降 疾瘧方起 中山不服** 中山 鮮虞 **棄盟取怨 無損於楚 而失中山 不如辭蔡侯 吾自方城以來 楚未可以得志** 晉侵方城在襄十六年 **祇取勤焉 乃辭蔡侯**

4년 봄 3월에 류문공(劉文公)이 소릉(召陵)에서 제후들과 회합하였으니, 초나라를 치는 일을 모의하기 위해서였다. 진(晉)나라가 왕명을 가탁하여 초(楚)나라를 토죄하려 하였다. 그러므로 문공(文公)이 왕관백(王官伯)[38]으로 제후들과 회합한 것이다. 진(晉)나라 순인(荀寅)이 채후(蔡侯)에게 뢰물을 요구하였다가 얻지 못하자, 범헌자(范獻子)에게 말하기를 "국가는 바야흐로 위태로워지고 제후들은 바야흐로 두마음을 가지고 있으니, 장차 적을 습격한다고 하더라도 또한 어렵지 않겠습니까. 마침 큰비가 내리기 시작하고 학질이 막 일어나며 중산(中山)은 복종하지 않고 있는데 중산(中山)은 선우(鮮虞)이다. 맹약[39]을 저버리고 원한을 취한다면 초(楚)나라에는 손실이 없을 것이고 중산을 잃게 될 것이니 채후의 요청을 사절하는 것만 같지 못합니다. 우리가 방성(方城)[40]을 공격한 이래로 초나라에 대해 뜻을 이룰 수 없었고 진(晉)나라가 방성(方城)을 침범한 것은 양공(襄公) 16년에 있었다. 다만 수고로움만 취했을 뿐입니다."라고 하였다. 이에 채후의 요청을 사절하였다.

晉人假羽旄於鄭 鄭人與之 羽旄 王者遊車之所建 **明日 或旆以會** 或 賤者也 晉令賤人旆其旆示卑鄭 **晉於是乎失諸侯**

---

37) 대천(大川 : 漢水)과~것이다 : 초(楚)나라에 복수하지 않고는 한수(漢水)가 흐르는 동안은 한수를 건너지 않겠다는 것이다.

38) 왕관백(王官伯) : 주왕(周王)이 맹약을 주관하도록 파견한 신하.

39) 맹약 : 양공(襄公) 27년에 송(宋)나라 상술(向戌)의 주선으로 진(晉)나라와 초(楚)나라가 맺은 맹약.

40) 방성(方城) : 초(楚)나라 북쪽 변경의 장성(長城).

진인(晉人)이 정(鄭)나라에 우모(羽旄)를 빌려달라고 하니[41] 정인(鄭人)이 그것을 주었는데 우모(羽旄)는 왕자(王者)의 유거(遊車)에 세우는 것이다. 다음 날 어떤 재[或]가 이 우모를 달고 회합에 나갔다. 혹(或)은 천한 자이다. 진(晉)나라가 천인(賤人)에게 그 패(旆)[42]를 달게 하여 정(鄭)나라를 비천하게 여기는 뜻을 보인 것이다. 진(晉)나라는 이리하여 제후들을 잃게 되었다.

夏 四月 庚辰 蔡公孫姓帥師滅沈 以沈子嘉歸 殺之

여름 4월 경진일에 채(蔡)나라 공손성(公孫姓)이 군대를 거느리고 심(沈)나라를 멸하고 심자(沈子) 가(嘉)를 잡아 돌아가서 죽였다.

姓 公作歸姓 後同

성(姓)은 《공양전(公羊傳)》에는 귀성(歸姓)으로 되어 있다. 이후에도 이와 같다.

沈人不會于召陵 晉人使蔡伐之 夏 蔡滅沈

심인(沈人)이 소릉(召陵)의 회합에 참가하지 않자, 진인(晉人)이 채(蔡)나라를 시켜 치게 하였다. 여름에 채나라가 심(沈)나라를 멸하였다.

五月 公及諸侯盟于皐鼬

5월에 정공(定公)이 제후들과 고유(皐鼬)에서 맹약하였다.

皐鼬 公作浩油

고유(皐鼬)는 《공양전(公羊傳)》에는 호유(浩油)로 되어 있다.

將會 衛子行敬子言於靈公 子行敬子 衛大夫 **曰 會同難 嘖有煩言 莫之治也** 嘖 爭言貌 **其使祝佗從** 祝佗 大祝子魚 **公曰 善 乃使子魚 子魚辭曰 臣展四體 以率舊職 猶懼不給而煩刑書 若又共二** 共二職 **徼大罪也 且夫祝 社稷之常隷也** 隷 賤臣也 **社稷不動 祝不**

41) 정(鄭)나라에~하니 : 정(鄭)나라가 우모(羽旄)를 사사로이 소유한 것이다.

42) 패(旆) ; 여기서는 우모(羽旄)를 단 기(旗)이다.

出竟 官之制也 君以軍行 祓社釁鼓 祝奉以從 奉社主也 **於是乎出竟 若嘉好之事 君行師從 卿行旅從 臣無事焉 公曰 行也**

회합하려 할 때 위(衛)나라 자행경자(子行敬子)가 령공(靈公)에게 자행경자(子行敬子)는 위(衛)나라 대부이다. 말하기를 "이번 회동은 어려운 점이 있습니다. 말다툼하며[嘖] 어지럽게 말한다면 다스릴 수 없으니 책(嘖)은 말다툼하는 모습이다. 축타(祝佗)에게 따르도록 하십시오."라고 하니, 축타(祝佗)는 태축(大祝)[43]인 자어(子魚)이다. 령공이 "좋다."라 하고서 자어(子魚)에게 따르게 하였다. 자어가 사양하면서 말하기를 "신은 사체(四體)를 펼쳐 옛 직무를 따르더라도 오히려 제대로 하지 못하여 형서(刑書)를 번거롭게 할까 두렵습니다.[44] 만약 또 두 가지 일을 함께 한다면 두 가지 직무를 함께 함이다. 대죄를 부르게 될 것입니다. 또 축관(祝官)은 사직을 항상 지키는 천한 관리[隷]여서 예(隷)는 천한 신분의 신하이다. 사직의 신이 움직이지 않으면 축관은 국경을 나가지 않는 것이 관직의 제도입니다. 임금님께서 군대를 거느리고 출행하는 경우에만 사(社)에 불제(祓除)[45]하고 군고(軍鼓)에 희생의 피를 바르고서 축관이 신주를 받들고 따라가니, 사(社)의 신주를 받드는 것이다. 이때에만 국경을 나갑니다. 우호의 일과 같은 경우에 임금이 출행하면 사(師)[46]가 따르고 경이 출행하면 려(旅)[47]가 따르니, 신은 따를 일이 없습니다."라고 하였다. 령공이 말하기를 "그래도 따르라."고 하였다.

及皐鼬 將長蔡於衛 衛侯使祝佗私於萇弘曰 聞諸道路 不知信否 若聞蔡將先衛 信乎 萇弘曰 信 蔡叔 康叔之兄也 先衛 不亦可乎 子魚曰 以先王觀之 則尙德也 昔武王克商 成王定之 選建明德 以蕃屛周 故周公相王室 以尹天下 尹 正也 **於周爲睦 分魯公以大路大旂** 魯公 伯禽 大路 金路 交龍爲旂 **夏后氏之璜** 璜 美玉名 **封父之繁弱** 奉父 古諸侯 繁弱 大弓名 **殷民六族 條氏徐氏蕭氏索氏長勺氏尾勺氏 使帥其宗氏 輯其分族 將其類醜** 醜 衆也 **以法則周公 用卽命于周** 使六族就周 受周公之法制 **是使之職事于魯 以昭周公之明德 分之土田陪敦** 陪 增也 敦 厚也 **祝宗卜史 備物典策** 典策 春秋之制 **官司彝器** 官司 百官 **因商奄之民 命以伯禽 而封於少皞之虛** 少皞虛 曲阜也 在魯城內

43) 태축(大祝) : 신에게 지내는 제사를 관장하는 벼슬.

44) 형서(刑書)를~두렵습니다 : 형벌을 받을까 두렵다는 것이다.

45) 불제(祓除) : 재액을 물리치는 제사.

46) 사(師) : 2,500명의 군대.

47) 려(旅) : 500명의 군대.

고유(皐鼬)에 이르니 채(蔡)나라가 위(衛)나라보다 먼저 삽혈하게 되었다. 위후(衛侯)가 축타(祝佗)로 하여금 장홍(萇弘)[48]에게 사사로이 말하게 하기를 "오는 길에 들은 것이라 믿어야 할지 말아야 할지 알 수 없습니다만 들은 대로라면 채나라가 위나라보다 먼저 삽혈한다는데 맞습니까?"라고 하니, 장홍이 말하기를 "맞습니다. 채숙(蔡叔)[49]은 강숙(康叔)[50]의 형이니 위나라보다 먼저 삽혈하는 것이 또한 옳지 않습니까."라고 하였다. 이에 자어(子魚)가 다음과 같이 말하였다. "선왕의 경우를 본다면 나이보다 덕을 숭상하였습니다. 옛날 무왕(武王)이 상(商)나라를 이기고 성왕(成王)이 나라를 안정시키면서 밝은 덕 있는 사람을 선발하여 제후로 세워 주(周)나라의 울타리로 삼았습니다. 그러므로 주공(周公)이 왕실을 도와 천하를 바로잡고[尹] 윤(尹)은 바로잡음이다. 주나라에 화목을 이루었습니다. 이에 로공(魯公)에게는 대로(大路)와 대기(大旂), 로공(魯公)은 백금(伯禽)이다. 대로(大路)는 금로(金路)[51]이다. 두 마리의 룡이 얽힌 것이 기(旂)이다. 하(夏)나라 임금이 지녔던 황(璜), 황(璜)은 아름다운 옥 이름이다. 봉보(奉父)의 번약(繁弱), 봉보(奉父)는 옛날의 제후(諸侯)이다. 번약(繁弱)은 큰 활 이름이다. 은(殷)나라의 백성 중 여섯 종족인 조씨(條氏)·서씨(徐氏)·소씨(蕭氏)·삭씨(索氏)·장작씨(長勺氏)·미작씨(尾勺氏)를 나누어주고 그로 하여금 그 종씨(宗氏)들을 거느리고 갈라진 족속들을 모으고 류추(類醜)[52]를 거느리고서 추(醜)는 무리이다. 주공을 법받게 하였습니다. 이 때문에[用] 그들은 주나라에 나아가 명을 받았으니, 여섯 종족으로 하여금 주(周)나라에 나아가 주공이 만든 법과 제도를 받게 한 것이다. 이에 그들로 하여금 로(魯)나라에서 일을 맡아 주공의 밝은 덕을 드러나게 하였습니다. 그리고 더욱 많은[陪敦][53] 토전(土田), 배(陪)는 더함이고 돈(敦)은 두터움이다. 태축(大祝)·종인(宗人)·태복(大卜)·태사(大史)의 관원, 비물(備物)[54]과 전책(典策), 전책(典策)은 춘추(春秋 : 력사기록)의 제도이다. 관사(官司)와 이기(彝器)[55]를 나누어주고 관사(官司)는 백관(百官)이다. 상엄(商奄)[56]의 백성을 그대로 이어받게 하고서, 그 명서(命書)를 백금(伯禽)[57]이라 명명(命名)하고 소호씨(少皞氏)의 옛터에 봉하였습니다. 소호(少皞)의 옛터는 곡부(曲

48) 장홍(萇弘) : 주(周)나라 신하.
49) 채숙(蔡叔) : 채(蔡)나라 시조. 주문왕(周文王)의 다섯째 아들.
50) 강숙(康叔) : 위(衛)나라 시조. 주문왕(周文王)의 아홉째 아들.
51) 금로(金路) : 임금이 타는 수레.
52) 류추(類醜) : 촌수가 먼 씨족의 무리. 종족에 소속된 노예로 보는 설도 있다.
53) 더욱 많은[陪敦] : 배돈(陪敦)을 부용(附庸)으로 보는 설도 있다.
54) 비물(備物) : 임금의 위의(威儀)를 드러내기 위하여 갖추는 물건.
55) 이기(彝器) : 종묘(宗廟)의 제사에 쓰는 그릇.
56) 상엄(商奄) : 나라 이름. 또는 상(商)과 엄(奄)의 두 나라로 보는 설도 있다.

皐)인데 로(魯)나라의 성내(城內)에 있다.

分康叔以大路少帛綪茷旃旌 少帛 雜帛 綪 音茜 染赤草也 茷 旆也 **大呂** 鐘名 **殷民七族 陶氏施氏繁氏錡氏樊氏饑氏終葵氏** 繁 音婆 **封畛土略 自武父以南 及圃田之北竟** 畛 路也 武父 衛北界 圃田 鄭藪名 **取於有閻之土 以共王職** 有閻 衛所受朝宿邑 蓋近京畿 **取於相土之東都 以會王之東蒐** 爲湯沐邑 王東巡狩 以助祭泰山 相土 商之先君也 **聃季授土** 聃季 周公弟 司空 **陶叔授民** 陶叔 司徒 **命以康誥 而封於殷虛** 康誥 周書 殷虛 朝歌 **皆啓以商政 疆以周索** 索 法也 言魯衛皆因商俗 開導其政 以周法疆理土地

강숙(康叔)에게는 대로(大路)와 소백(少帛)과 천패(綪茷)[58]와 전정(旃旌)[59]과 소백(少帛)은 잡백(雜帛)[60]이다. 천(綪)은 음이 천(茜)이니 붉은색을 물들이는 풀이다. 패(茷)는 패(旆)이다. 대려(大呂), 종(鐘) 이름이다. 은(殷)나라 백성 중 일곱 종족인 도씨(陶氏)·시씨(施氏)·파씨(繁氏)·의씨(錡氏)·번씨(樊氏)·기씨(饑氏)·종규씨(終葵氏)를 나누어주고, 파(繁)는 음이 파(婆)이다. 봉강의 길[畛][61]과 령토의 경계[略]를 무보(武父) 이남에서 포전(圃田)의 북쪽 경계까지로 하였으며, 진(畛)은 길이다. 무보(武父)는 위(衛)나라의 북쪽 경계이다. 포전(圃田)은 정(鄭)나라의 늪 이름이다. 유염(有閻)의 땅을 취하여 왕직(王職)[62]을 받들게 하였습니다. 유염(有閻)은 위(衛)나라가 받은 조숙읍(朝宿邑)[63]이니 경기(京畿)에 가깝다. 또 상토(相土)의 동도(東都)를 취하여 왕이 동쪽에서 군대를 검열할 때의 비용으로 충당하게[會] 하였으며, 이곳을 탕목읍(湯沐邑)[64]으로 삼아 왕이 동방을 순수할 때 태산(泰山)의 제사를 돕게 한 것이다. 상토(相土)[65]는 상(商)나라의 선대 임금이다. 담계(聃季)로 하여금

---

57) 백금(伯禽) : 현행 《서경(書經)》에는 없는 편 이름이다.

58) 천패(綪茷) : 붉은 기(旗). 염초(染草)의 이름을 취한 것이라고 한다.

59) 전정(旃旌) : 붉은 기(旗). 전(旃)은 붉은 비단으로 만든 장식이 없는 기이고, 정(旌)은 깃털로 장식한 기이다.

60) 잡백(雜帛) : 정현(鄭玄)의 설에 의하면 장식 없이 기(旗) 전체가 붉은색으로 된 통백(通帛)의 가장자리에 흰색의 장식을 단 기이다.

61) 봉강의 길[畛] : 봉강(封疆)을 경계 짓는 길.

62) 왕직(王職) : 경사(京師)에서 벼슬하며 천자를 보좌하는 직책.

63) 조숙읍(朝宿邑) : 제후들이 천자를 조근(朝覲)하러 올 때 경사(京師)에 머무는 비용의 조달을 위하여 천자가 큰 공이 있는 제후들에게 하사하는 경사 부근의 읍.

64) 탕목읍(湯沐邑) : 천자를 조근하러 오는 제후들의 목욕 등의 비용으로 충당하기 위하여 천자가 내려주었던 식읍.

65) 상토(相土) : 하(夏)나라 때의 제후(諸侯)로 설(契)의 손자이다.

토지를 내어주게 하고[66] 담계(聃季)는 주공(周公)의 아우로 사공(司空)이다. 도숙(陶叔)으로 하여금 백성을 내어주게 하고서[67] 도숙(陶叔)은 사도(司徒)이다. 그 명서(命書)를 강고(康誥)라 명명(命名)하고서 은(殷)나라의 옛터에 봉하되 강고(康誥)는 〈주서(周書)〉이다. 은(殷)나라의 옛터는 조가(朝歌)이다. 모두 상(商)나라의 정치제도로 백성을 계도하고 주(周)나라의 법[索]으로 토지를 구획하게 하였습니다. 삭(索)은 법이다. 로(魯)나라와 위(衛)나라가 모두 상(商)나라의 풍속을 따라 그 정치제도로 백성을 계도하고, 주(周)나라 법에 따라 토지를 구획하였다는 말이다.

分唐叔以大路密須之鼓闕鞏 甲名 **沽洗** 鐘名 **懷姓九宗 職官五正** 懷姓 唐之餘民 九宗五正解見隱六年 **命以唐誥 而封於夏虛** 唐誥 誥命篇名 夏虛卽晉陽 **啓以夏政 疆以戎索** 晉近戎而寒 不同中國 故自用戎法 **三者皆叔也 而有令德 故昭之以分物 不然 文武成康之伯猶多而不獲是分也 唯不尙年也**

당숙(唐叔)[68]에게는 대로(大路)와 밀수(密須)의 북[69]과 궐공(闕鞏)[70]과 갑옷 이름이다. 고선(沽洗), 종(鐘) 이름이다. 회성(懷姓)의 9종(宗)과 직관(職官)의 우두머리인 5정(正)을 나누어 주고서[71] 회성(懷姓)은 당(唐)나라의 여민(餘民 : 遺民)이다. 9종(宗)과 5정(正)은 해설이 은공(隱公) 6년조에 보인다. 그 명서(命書)를 당고(唐誥)[72]라 명명하고서 하(夏)나라의 옛터에 봉하되 당고(唐誥)는 명을 고(誥)하는 편 이름[73]이다. 하(夏)나라의 옛터는 곧 진양(晉陽)이다. 하나라의 정치제도로 백성을 계도하고 융족(戎族)의 법으로 토지를 구획하게 하였습니다. 진(晉)나라는 융족(戎族)의 땅과 가깝고 추워 중국과 같지 않으므로 스스로 융족의 법을 사용한 것이다. 이 세 분은 모두 왕의 숙(叔)이었고[74]

---

66) 담계(聃季)로~하고 : 담계(聃季)는 토지를 관리하는 사공(司空)이므로 그에게 나라의 토지를 구획정비하여 국토의 일부를 강숙(康叔)에게 내어주게 한 것이다.

67) 도숙(陶叔)으로~하고서 : 도숙(陶叔)은 인구를 관리하는 사도(司徒)이므로 그에게 인구를 조정하여 백성의 일부를 강숙(康叔)에게 내어주게 한 것이다.

68) 당숙(唐叔) : 성왕(成王)의 아우. 진(晉)나라의 시조이다.

69) 밀수(密須)의 북 : 길성(姞姓)의 나라인 밀수(密須)에서 생산된 북. 주문왕(周文王)이 밀수를 치고 얻어서 군대 검열에 사용하였다.

70) 궐공(闕鞏) : 궐공국(闕鞏國)에서 생산된 갑옷. 주무왕(周武王)이 상(商)나라를 정벌할 때 사용하였다.

71) 회성(懷姓)의~나누어주고서 : 9종(宗)은 한 성(姓)으로 구성된 아홉 종족이며, 5정(正)은 5관(官)의 장이다. 《례기(禮記)》 〈곡례(曲禮)〉에 의하면 천자의 5관은 사도(司徒)·사마(司馬)·사공(司空)·사토(司士)·사구(司寇)인데 은(殷)나라의 5정을 당숙(唐叔)의 나라에 살게 하면서 직무에 이바지하게 한 것이다.

72) 당고(唐誥) : 현행 《서경(書經)》에는 없는 편 이름이다.

73) 명을~이름 : 《서경(書經)》에는 탕고(湯誥)·대고(大誥)·강고(康誥)·주고(酒誥)·소고(召誥)·락고(洛誥) 등의 명(命)을 고(誥)하는 편이 있다.

아름다운 덕이 있었으므로 물건을 나누어주어 그 덕을 밝혔던 것입니다. 그렇지 않다면 문왕(文王)·무왕(武王)·성왕(成王)·강왕(康王)의 아들 가운데 나이가 위인 재[伯]가 오히려 많았지만 이러한 분사(分賜)를 받지 못하였으니, 이는 나이를 숭상하지 않았기 때문입니다.

管蔡啓商 惎間王室 惎 毒也 **王於是乎殺管叔而蔡蔡叔 以車七乘 徒七十人 其子蔡仲 改行帥德 周公擧之 以爲己卿士 見諸王 而命之以蔡 其命書云 王曰 胡無若爾考之違王命也** 胡 蔡仲名 **若之何其使蔡先衛也 武王之母弟八人 周公爲大宰 康叔爲司寇 聃季爲司空 五叔無官 豈尙年哉** 五叔 管叔鮮蔡叔度成叔武霍叔處毛叔聃也 **曹 文之昭也 晉 武之穆也 曹爲伯甸 非尙年也** 曹 伯爵 居甸服 言小 **今將尙之 是反先王也**

관숙(管叔)과 채숙(蔡叔)이 상(商)나라 사람들을 인도하여 왕실을 해치고[惎] 리간(離間)하니,[75] 기(惎)는 해침이다. 왕께서 이리하여 관숙을 죽이고 채숙을 추방하면서[蔡][76] 수레 7승과 역도(役徒) 70인을 주었습니다. 그 아들 채중(蔡仲)이 행실을 고치고 덕을 따르니, 주공(周公)이 그를 등용하여 자기의 경사(卿士)로 삼고 왕에게 알현시켜 채(蔡)나라의 제후로 명하였습니다. 그 명서(命書)[77]에 이르기를 '나 왕은 이르노니, 너 호(胡)는 네 아비가 왕명을 어긴 것처럼 하지 말라.'고 하였습니다. 호(胡)는 채중(蔡仲)의 이름이다. 그런데 어떻게 채나라를 위(衛)나라보다 먼저 삽혈하게 하십니까. 무왕(武王)의 동모제 여덟 사람 가운데 주공이 태재(大宰)가 되었고, 강숙(康叔)이 사구(司寇)가 되었고, 담계(聃季)가 사공(司空)이 되었을 뿐이고 나머지 다섯 숙(叔)은 관직이 없었으니, 이것이 어찌 나이를 숭상한 것입니까. 다섯 숙(叔)은 관숙(管叔) 선(鮮)·채숙(蔡叔) 도(度)·성숙(成叔) 무(武)·곽숙(霍叔) 처(處)·모숙(毛叔) 담(聃)이다. 조(曹)나라는 문왕(文王)의 소(昭 : 아들)이었고 진(晉)나라는 무왕(武王)의 목(穆 : 아들)이었는데[78] 조나라는 백작으로 전복(甸服)[79]의 제후였으니, 나이를 숭상한 것이 아니었습

---

74) 이~숙(叔)이었고 : 세 분은 주공(周公)·강숙(康叔)·당숙(唐叔)이다. 주공과 강숙은 성왕(成王)의 숙부이고, 당숙은 강왕(康王)의 숙부이므로 숙(叔)이라고 한 것이다.

75) 관숙(管叔)과~리간(離間)하니 : 주(周)나라 초기에 상(商)나라 유민의 감독을 맡은 관숙(管叔)과 채숙(蔡叔)이 주왕(紂王)의 아들 무경(武庚)과 함께 성왕(成王)을 보좌한 주공(周公)에 대항하여 일으킨 반란을 말한다. '관채(管蔡)의 란' 또는 '무경(武庚)의 란'이라고 한다.

76) 추방하면서[蔡] : '蔡'의 음은 '살[素達反]'이다.

77) 명서(命書) : 《서경(書經)》〈주서(周書)〉 채중지명(蔡仲之命)을 이른다.

78) 조(曹)나라는~목(穆 : 아들)이었는데 : 왕실의 서렬상 조(曹)나라가 진(晉)나라보다 위라는 것이다. 사당(祠堂)의 신위(神位)는 불천지위(不遷之位)를 중심으로 좌소우목(左昭右穆)으로 나누어진다. 이때 조손(祖

니다.[80] 조(曹)나라는 백작(伯爵)으로 전복(甸服)에 거주하였다는 것은 나라가 작았음을 말한다. 그런데 지금 나이를 숭상하려 하시니 이는 선왕의 경우에 반하는 것입니다.

晉文公爲踐土之盟 衛成公不在 夷叔 其母弟也 猶先蔡 踐土之盟 經書蔡在衛上 子魚所言 蓋盟歃之次 **其載書云 王若曰** 時王子虎盟諸侯 故稱王命 **晉重** 文公 **魯申** 僖公 **衛武** 叔武 **蔡甲午** 莊侯 **鄭捷** 文公 **齊潘** 昭公 **宋王臣** 成公 **莒期** 玆丕公也 齊序鄭下 周之宗盟 異姓爲後 **藏在周府 可覆視也 吾子欲復文武之略** 略 道也 **而不正其德 將如之何 萇弘說 告劉子 與范獻子謀之 乃長衛侯於盟**

진문공(晉文公)이 천토(踐土)에서 맹약할 때[81] 위성공(衛成公)이 참가하지 않고 이숙(夷叔)이 동모제로서 참가했지만 오히려 채(蔡)나라보다 먼저 삽혈하였습니다. 천토(踐土)의 맹약에 대해 경문에서는 채(蔡)나라가 위(衛)나라의 상위에 있는 것으로 기록되어 있는데 자어(子魚)가 말한 것은 맹약 때 삽혈하였던 순서이다. 그 재서(載書)에 이르기를 '나 왕은 이때 왕자 호(虎)가 제후들과 맹약하였기 때문에 왕명이라고 칭한 것이다. 진(晉)나라 중(重 : 重耳)· 문공(文公)이다. 로(魯)나라 신(申)· 희공(僖公)이다. 위(衛)나라 무(武 : 夷叔)· 숙무(叔武)이다. 채나라 갑오(甲午)· 장후(莊侯)이다. 정(鄭)나라 첩(捷)· 문공(文公)이다. 제(齊)나라 반(潘)· 소공(昭公)이다. 송(宋)나라 왕신(王臣)· 성공(成公)이다. 거(莒)나라 기(期)에게 말하노라.'라고 하였습니다. 기(期)는 자비공(玆丕公)이다. 제(齊)나라가 정(鄭)나라보다 아래에 순서한 것은 주(周)나라 종실의 맹약법에 이성(異姓)이 뒤가 되기 때문이다. 그 재서가 주(周)나라 관부(官府)에 보관되어 있으니 살펴볼[覆] 수 있습니다. 그대는 문왕(文王)과 무왕(武王)의 도[略]를 회복하려 하면서 략(略)은 도(道)이다. 그 덕을 바로잡지 않으니 장차 어찌하려는 것입니까." 장홍(萇弘)이 기뻐하며 류자(劉子)에게 고하고 범헌자(范獻子)와 의론하여 마침내 맹약에서 위후(衛侯)를 먼저 삽혈하게 하였다.

反自召陵 鄭子大叔未至而卒 晉趙簡子爲之臨 甚哀 曰 黃父之會 在昭二十五年 **夫子語我九言 曰 無始亂 無怙富 無恃寵 無違同 無敖禮 無驕能** 以能驕人 **無復怒** 復 重也 **無謀非德 無犯非義**

孫)은 소목을 같이하고 부자(父子)는 소목을 달리한다.

79) 전복(甸服) : 주대(周代) 5복(服)의 하나. 왕기(王畿)로부터 5백 리 이내이다.

80) 조(曹)나라는~아니었습니다 : 문왕(文王)의 아들에게 봉한 조(曹)나라가 작고 무왕(武王)의 아들에게 봉한 진(晉)나라가 도리어 큰 것은 나이를 숭상한 것이 아니라는 말이다.

81) 진문공(晉文公)이~때 : 희공(僖公) 28년에 있었다.

소릉(召陵)에서 돌아갈 때 정(鄭)나라 자태숙(子大叔 : 游吉)이 정나라에 이르기 전에 졸하니, 진(晉)나라 조간자(趙簡子)가 그를 위해 조상(弔喪)가서 곡하고[臨] 매우 슬퍼하며 말하기를 "황보(黃父)의 회합에서 소공(昭公) 25년에 있었다. 부자(夫子 : 子大叔)는 나에게 아홉 가지의 말을 해주었는데, 그것은 란을 일으키지 말며, 부유함을 믿지 말며, 총애를 믿지 말며, 공동의 의견을 어기지 말며, 례를 하찮게 여기지 말며, 능력을 믿고 교만하지 말며, 유능하다 하여 남에게 교만한 것이다. 같은 일에 노여움을 거듭하지[復] 말며, 부(復)는 거듭함이다. 덕이 아닌 일을 꾀하지 말며, 의가 아닌 일을 범하지 말라는 것이었다."라고 하였다.

杞伯成卒于會

기백(杞伯) 성(成)이 회합에서 졸하였다.

成 公作戊

성(成)은 《공양전(公羊傳)》에는 무(戊)로 되어 있다.

六月 葬陳惠公

6월에 진(陳)나라 혜공(惠公)의 장례를 지냈다.

許遷于容城

허(許)나라가 용성(容城)으로 옮겼다.

秋 七月 公至自會

가을 7월에 정공(定公)이 회합에서 돌아왔다.

劉卷卒

류권(劉卷)이 졸하였다.

卽劉蚡 出盟召陵而卒 天王爲告同盟 故不具爵

바로 류분(劉蚡 : 劉子)이다. 소릉(召陵)에 나가서 맹약하고 졸하였는데, 천왕이 동맹국에 알려왔기 때문에 작위를 갖추어 쓰지 않은 것이다.[82]

葬杞悼公

기(杞)나라 도공(悼公)의 장례를 지냈다.

楚人圍蔡

초인(楚人)이 채(蔡)나라를 포위하였다.

秋 楚爲沈故 圍蔡

가을에 초(楚)나라가 심(沈)나라의 일[83] 때문에 채(蔡)나라를 포위하였다.

晉士鞅衛孔圉帥師伐鮮虞

진(晉)나라 사앙(士鞅)과 위(衛)나라 공어(孔圉)가 군대를 거느리고 선우(鮮虞)를 쳤다.

圉 公作圄 ○孔圉 孔羈孫

어(圉)는 《공양전(公羊傳)》에는 어(圄)로 되어 있다. ○공어(孔圉)는 공기(孔羈)의 손자이다.

82) 천왕이~것이다 : 천왕이 제후들에게 부고할 때는 죽은 자의 작명을 쓰지 않는 것이 례이다.
83) 심(沈)나라의 일 : 올 4월에 채(蔡)나라가 진인(晉人)의 명을 받아 심(沈)나라를 멸한 일이다.

葬劉文公

류문공(劉文公 : 劉卷)의 장례를 지냈다.

書葬 魯往會之也

장례 지낸 일을 경문에 기록한 것은 로(魯)나라가 가서 장례에 참석하였기 때문이다.

冬 十有一月 庚午 蔡侯以吳子及楚人戰于柏擧 楚師敗績 楚囊瓦出奔鄭 庚辰 吳入郢

겨울 11월 경오일에 채후(蔡侯)가 오자(吳子)와 함께 초인(楚人)과 백거(柏擧)에서 싸웠는데 초(楚)나라 군대가 크게 패하자 초나라 낭와(囊瓦)는 정(鄭)나라로 망명나갔다. 경진일에 오(吳)나라가 영(郢) 땅에 들어갔다.

柏擧 公作伯莒 穀作伯擧 郢 公穀作楚 ○柏擧 楚地 吳始書子

백거(柏擧)는《공양전(公羊傳)》에는 백거(伯莒)로 되어 있고《곡량전(穀梁傳)》에는 백거(伯擧)로 되어 있다. 영(郢)은《공양전》과《곡량전》에는 초(楚)로 되어 있다. ○백거(柏擧)는 초(楚)나라 땅이다. 경문에 처음으로 오(吳)나라를 자(子)라고 기록하였다.

伍員爲吳行人以謀楚 楚之殺郤宛也 伯氏之族出 郤宛黨 **伯州犁之孫嚭爲吳大宰以謀楚 楚自昭王卽位 無歲不有吳師 蔡侯因之 以其子乾與其大夫之子爲質於吳**

오운(伍員)이 오(吳)나라의 행인(行人)이 되어 초(楚)나라를 도모하고자 하였고, 초나라가 극완(郤宛)을 죽였을 때[84] 백씨(伯氏)의 족속들이 초나라에서 나갔는데 극완의 당여(黨與)이다. 백주리(伯州犁)의 손자 비(嚭)가 오나라의 태재(大宰)가 되어 또 초나라를 도모하고자 하였다. 그리하여 초나라는 소왕(昭王)이 즉위한 이래로 오나라 군대의 침략을 받지 않은 해가 없었다. 채후(蔡侯)는 이 기회를 리용하여 그 아들 건(乾)과 대부의 아들을 오나라에 인질로 보냈다.[85]

---

84) 극완(郤宛)을~때 : 소공(昭公) 27년에 있었다.

85) 채후(蔡侯)는~보냈다 : 지난번 초(楚)나라에서 3년 동안 구금당한 모욕을 갚기 위해 오(吳)나라에 인질을 보내어 초나라 토벌을 요청하기 위해서였다.

冬 蔡侯吳子唐侯伐楚 唐侯不書 兵屬吳蔡 **舍舟于淮汭 自豫章與楚夾漢** 與楚夾水而軍 **左司馬戌謂子常曰 子沿漢而與之上下** 緣漢上下 遮使勿渡 **我悉方城外以毁其舟** 以方城外人 毁吳所舍舟 **還塞大隧直轅冥阨** 三者 漢東之隘道 **子濟漢而伐之 我自後擊之 必大敗之 既謀而行 武城黑謂子常** 黑 楚武城大夫 **曰 吳用木也 我用革也** 用 軍器 **不可久也 不如速戰 史皇謂子常 楚人惡子而好司馬** 史皇 楚大夫 **若司馬毁吳舟于淮 塞城口而入** 城口 三隘道之摠名 **是獨克吳也 子必速戰 不然 不免 乃濟漢而陳 自小別至于大別** 二別楚地 **三戰 子常知不可 欲奔** 知吳不可勝 **史皇曰 安求其事** 求知政事 **難而逃之 將何所入 子必死之 初罪必盡說** 言致死以克吳 可以免貪賄致寇之罪

겨울에 채후(蔡侯)·오자(吳子)·당후(唐侯)가 초(楚)나라를 칠 때 당후(唐侯)를 경문에 기록하지 않은 것은 그 군대가 오(吳)나라와 채(蔡)나라에 속하였기 때문이다. 배를 회예(淮汭)[86]에 정박해 두고 예장(豫章)에서부터 한수(漢水)를 끼고 초나라와 대치하였다. 초(楚)나라와 강을 사이에 끼고 진을 친 것이다. 초나라 좌사마(左司馬) 술(戌)이 자상(子常 : 囊瓦)에게 말하기를 "그대는 한수를 따라 위아래로 오르내리면서 저들을 상대하십시오. 한수(漢水)를 따라 오르내리면서 차단하여 오군(吳軍)이 강을 건너지 못하게 한 것이다. 나는 방성(方城) 밖의 군사를 모두 모아 저들의 배를 부수어버리고, 방성(方城) 밖의 군사들을 거느리고 오(吳)나라가 정박시켜 둔 배를 부수어버리겠다는 것이다. 돌아오는 길에 대수(大隧)·직원(直轅)·명액(冥阨)을 막겠습니다. 세 곳은 한수(漢水) 동쪽의 좁은 길이다. 그런 뒤에 그대가 한수를 건너 저들을 치고, 나는 뒤로부터 공격하면 반드시 크게 패배시킬 수 있습니다."라고 하였다. 모의를 마치고 좌사마 술이 떠나자 무성(武城)의 흑(黑)이 자상에게 흑(黑)은 초(楚)나라 무성대부(武城大夫)이다. 말하기를 "오(吳)나라의 군기(軍器 : 用)는 나무인데 우리의 군기는 가죽이어서 용(用)은 군대의 기물(器物)이다. 오래 견디지를 못하니 빨리 싸우는 것만 같지 못합니다."라 하고, 사황(史皇)도 자상에게 이르기를 "초인(楚人)이 그대를 미워하고 사마(司馬 : 左司馬)를 좋아하니 사황(史皇)은 초(楚)나라 대부이다. 만약 사마가 회수에서 오나라 배를 부수고 성구(城口)를 막고서 들어온다면 성구(城口)는 세 곳의 좁은 길을 통틀어 이른 것이다. 이는 사마 혼자서 오나라를 이긴 셈이니, 그대는 반드시 빨리 싸워야 합니다. 그렇지 않으면 화를 면하지 못할 것입니다."라고 하였다. 이에 자상은 한수를 건너 진을 치고 소별(小別)에서 대별(大別)에 이르기까지 두 별(別)은 초(楚)나라 땅이다. 세 차례나 싸웠다. 자상이 이길 수 없음을 알고 달아나려 하니, 오(吳)나라를 이길 수 없음을 안 것이다. 사황이 말하기를 "나라가 안정된 때에는 정사를 맡으려 하고 정사를 맡기를 구한 것이다. 나라가 어려운 때

---

86) 회예(淮汭) : 회수(淮水)가 강수(江水)로 들어가는 곳.

에는 달아나고자 하니 장차 어디로 들어갈 수 있겠습니까. 그대가 반드시 죽을 각오로 싸운다면 이전에 지은 죄를 다 벗을 수 있을 것입니다."라고 하였다. 죽을 각오로 싸워 오(吳)나라를 이기면 뇌물을 탐하여 적을 이르게 한 죄[87]를 면할 수 있다는 말이다.

十一月 庚午 二師陳于栢擧 二師 吳楚師 **闔盧之弟夫槩王晨請於闔盧曰 楚瓦不仁 其臣莫有死志 先伐之 其卒必奔 而後大師繼之 必克 弗許 夫槩王曰 所謂臣義而行不待命者 其此之謂也 今日我死 楚可入也 以其屬五千先擊子常之卒 子常之卒奔 楚師亂 吳師大敗之 子常奔鄭 史皇以其乘廣死 吳從楚師及淸發** 淸發 水名 **將擊之 夫槩王曰 困獸猶鬪 況人乎 若知不免 而致死 必敗我 若使先濟者知免 後者慕之 蔑有鬪心矣 半濟而後可擊也 從之 又敗之 楚人爲食 吳人及之 奔 食而從之 敗諸雍澨 五戰 及郢** 楚師奔 故吳人食其食而從之 雍澨 楚地

11월 경오일에 두 군대가 백거(栢擧 : 柏擧)에 진을 쳤다. 두 군대는 오(吳)나라와 초(楚)나라 군대이다. 합려(闔盧)의 아우 부개왕(夫槩王)[88]이 새벽에 합려에게 청하기를 "초(楚)나라 와(瓦 : 子常)는 어질지 못하여 그의 부하들이 죽을 각오로 싸울 뜻이 없습니다. 우리가 먼저 치면 그의 군졸은 반드시 달아날 것이니, 그 뒤에 우리의 대군이 이어진다면 반드시 이길 것입니다."라고 하였는데 허낙하지 않았다. 부개왕이 말하기를 "이른바 '신하된 자는 의로운 일을 보고 행할 때는 명을 기다리지 않는다.'고 한 것은 아마도 이런 경우를 두고 이르는 말이다. 오늘 우리가 죽을 각오로 싸운다면 초나라에 들어갈 수 있을 것이다."라 하고, 그에게 속한 5천의 군사를 거느리고 먼저 자상(子常)의 군졸을 치니, 자상의 군졸이 달아나 초나라 군대가 혼란에 빠졌다. 오(吳)나라 군대가 크게 패배시키자 자상은 정(鄭)나라로 도망가고 사황은 자상의 승광(乘廣)[89]을 거느리고 싸우다가 죽었다. 오나라 군대가 초나라 군대를 뒤쫓아 청발(淸發)에 이르러 청발(淸發)은 물 이름이다. 그들을 공격하려고 하니, 부개왕이 말하기를 "궁지에 몰린 짐승도 오히려 힘을 다하여 싸우는데 하물며 사람의 경우이겠습니까. 만약 저들이 죽음을 면할 수 없음을 알고 죽기를 각오하고 싸운다면 반드시 우리를 패배시킬 것입니다. 만약 저들로 하여금 먼저 강을 건너는 자는 죽음을 면할 수 있음을

---

87) 뇌물을~죄 : 자상(子常)이 채후(蔡侯)를 구금하였다가 올봄에 뇌물을 받고 풀어 준 일을 말한다. 이로 인해 채후는 오(吳)나라와 회합하여 초(楚)나라를 친 것이다.

88) 부개왕(夫槩王) : 이때는 왕이 아니었지만 뒷날 스스로 왕이라고 칭하였기에 추서(追書)한 것이다.

89) 승광(乘廣) : 초(楚)나라의 임금이나 주장(主將)이 거느리는 병거(兵車).

알게 하면 뒤에 남은 자들이 먼저 건넌 자를 부러워하여 싸울 마음을 상실할 것입니다. 그러니 저들이 절반쯤 건넌 뒤에 공격하는 것이 좋겠습니다."라고 하니, 합려가 그 말을 따라 또 패배시켰다. 강을 건너간 초인(楚人)이 밥을 지을 때 오인(吳人)이 닥치자 달아났다. 오인은 그 밥을 먹고 그들을 뒤쫓아 옹서(雍澨)에서 패배시키고 다섯 차례 싸운 뒤에 영(郢) 땅에 이르렀다. 초(楚)나라 군대가 달아났기 때문에 오인(吳人)이 그 밥을 먹고 그들을 뒤쫓은 것이다. 옹서(雍澨)는 초나라 땅이다.

己卯 楚子取其妹季芈畀我以出 涉睢 睢 水名 二人 皆平王女 或曰 畀我 季芈之字 **鍼尹固與王同舟 王使執燧象** 以火繫象尾 **以奔吳師 庚辰 吳入郢 以班處宮** 以尊卑班次處楚王宮室 **子山處令尹之宮** 子山 吳王子 **夫槩王欲攻之 懼而去之 夫槩王入之**

기묘일에 초자(楚子 : 昭王)가 그의 누이 계미(季芈)와 비아(畀我)를 데리고 도성을 빠져 나가 저수(睢水)를 건널 때 저(睢)는 물 이름이다. 두 사람은 모두 평왕(平王)의 딸이다. 혹자는 비아(畀我)는 계미(季芈)의 자(字)라고 하였다. 침윤(鍼尹) 고(固)가 초왕(楚王)과 함께 배를 탔다. 초왕은 코끼리에 불섶을 매달아 불섶을 코끼리 꼬리에 매단 것이다. 오(吳)나라 군대 쪽으로 달리게 하였다.[90] 경진일에 오나라 군대가 영(郢) 땅으로 들어가서는 반렬(班列)에 따라 궁실을 차지하는데, 반렬의 높고 낮은 등차에 따라 초왕(楚王)의 궁실을 차지한 것이다. 자산(子山)이 령윤(令尹)의 궁실을 차지하자 자산(子山)은 오왕(吳王)의 아들이다. 부개왕(夫槩王)이 그를 공격하려 하였다. 이에 자산은 두려워 그곳을 떠나니 부개왕이 그곳으로 들어갔다.

左司馬戌及息而還 敗吳師于雍澨 傷 先敗吳師而身被創 **初 司馬臣闔廬 故恥爲禽焉** 司馬嘗爲闔廬臣 **謂其臣曰 誰能免吾首 吳句卑曰 臣賤 可乎 司馬曰 我實失子 可哉 三戰皆傷 曰 吾不可用也已** 言我將死 不可復用 **句卑布裳 剄而裹之** 司馬已死 剄取其首 **藏其身而以其首免**

초(楚)나라 좌사마(左司馬) 술(戌)이 식(息) 땅까지 갔다가 돌아와서 옹서(雍澨)에서 오(吳)나라 군대를 패배시켰으나 부상을 입었다. 먼저 오(吳)나라 군대를 패배시켰지만 자신도 창에 상처를 입은 것이다. 이보다 앞서 사마(司馬)는 합려(闔廬)의 신하였기 때문에 그의 포로가 되는 것을 부끄럽게 여겼다. 사마(司馬)가 일찍이 합려(闔廬)의 신하로 있었다는 것이다. 그리하여 그의 부하들에게 말하기를 "누가 내 머리를 적들의 손에 들어가지 않게 할 수 있겠는가?"라고 하니,

90) 코끼리에~하였다 : 오(吳)나라 군대를 놀라게 해 달아나게 하고 그 틈에 도망한 것이다.

오구비(吳句卑)가 말하기를 "신은 비천한 자인데 그렇게 해도 되겠습니까?"라고 하였다. 이에 사마가 말하기를 "내가 진실로 그대를 몰라보았다. 그렇게 하라."고 하였다. 사마는 세 번 싸워 모두 부상을 입자 말하기를 "나는 이제 쓸모없게 되었다."라고 하였다. 나는 곧 죽기 때문에 다시 쓸 수 없다는 말이다. 구비(句卑)가 자신의 치마를 펴서 사마의 머리를 베어 싸고 사마(司馬)가 죽자 그 머리를 베어 취한 것이다. 그 몸은 숨겨두고서 그의 머리만 가지고 그곳을 벗어났다.

楚子涉睢 濟江 入于雲中 入雲夢澤中 **王寢 盜攻之 以戈擊王 王孫由于以背受之 中肩 王奔鄖 鍾建負季芈以從** 鍾建 楚大夫 **由于徐蘇而從 鄖公辛之弟懷將弑王 曰 平王殺吾父 我殺其子 不亦可乎** 辛 蔓成然子鬪辛 昭十四年 平王殺成然 **辛曰 君討臣 誰敢讎之 君命 天也 若死天命 將誰讎 詩曰 柔亦不茹 剛亦不吐 不侮矜寡 不畏彊禦 唯仁者能之 違强陵弱 非勇也 乘人之約 非仁也** 約 窮約也 **滅宗廢祀 非孝也** 弑君罪應滅宗 **動無令名 非知也 必犯是 余將殺女 鬪辛與其弟巢以王奔隨**

초자(楚子)가 저수(睢水)를 건너고 강수(江水)을 건너 운중(雲中)으로 들어갔다. 운몽택(雲夢澤) 안으로 들어간 것이다. 초왕(楚王)이 잠들었을 때 도적이 공격하여 창으로 왕을 치니 왕손유우(王孫由于)가 등으로 막다가 어깨에 맞았다. 초왕이 운(鄖) 땅으로 도망가자 종건(鍾建)은 계미(季芈)를 업고서 뒤따르고 종건(鍾建)은 초(楚)나라 대부이다. 유우(由于)도 서서히 깨어나 그 뒤를 따랐다. 운공(鄖公) 신(辛)의 아우 회(懷)가 초왕을 시해하려 하며 말하기를 "평왕(平王)이 우리 아버지를 죽였으니 내가 그 아들을 죽이는 것이 또한 옳지 않겠습니까?"라고 하자, 신(辛)은 만성연(蔓成然)의 아들 투신(鬪辛)이다. 소공(昭公) 14년에 평왕(平王)이 성연(成然)을 죽였다. 신이 말하기를 "임금이 신하를 토죄한 것이니 누가 감히 임금을 원수로 여기겠는가. 임금의 명은 하늘의 명이니, 만약 하늘의 명으로 죽었다면 장차 누구를 원수로 삼겠는가. 《시(詩)》에 이르기를 '부드러워도 삼키지 않고 뻣뻣하여도 뱉지 않으며, 홀아비와 과부를 업신여기지 않고 강포한 자를 두려워하지 않도다.'[91]라고 하였으니, 오직 어진 사람이어야 이렇게 할 수 있는 것이다. 강한 자를 피하고 약한 자를 능멸하는 것은 용(勇)이 아니고, 남이 궁지[約]에 몰린 상황을 리용하는 것은 인(仁)이 아니며, 약(約)은 궁함이다. 종족을 멸하여 제사를 끊어지게 하는 것은 효(孝)가 아니고, 임금을 시해한 죄는 응당 종족을 멸하게 된다는 것이다. 행동함에 아름다운 명성이 없다면 지(知)가 아니다. 네가 굳이 이를 범한다면 나는 너를

91) 부드러워도~않도다 : 《시경(詩經)》〈대아(大雅)〉 증민(烝民).

죽일 것이다."라고 하였다. 그리고는 투신(鬪辛)은 그의 아우 소(巢)와 같이 왕을 모시고 수(隨)나라로 도망하였다.

吳人從之 謂隨人曰 周之子孫在漢川者 楚實盡之 天誘其衷 致罰於楚 而君又竄之 竄 匿也 **周室何罪 君若顧報周室 施及寡人 以獎天衷** 獎 成也 **君之惠也 漢陽之田 君實有之 楚子在公宮之北** 隨公宮也 **吳人在其南 子期似王** 子期 昭王兄公子結 **逃王 而己爲王 曰 以我與之 王必免 隨人卜與之 不吉 乃辭吳曰 以隨之辟小 而密邇於楚 楚實存之 世有盟誓 至于今未改 若難而棄之 何以事君 執事之患 不唯一人** 一人 楚王 **若鳩楚竟** 鳩 安集也 **敢不聽命 吳人乃退 鑪金初宦於子期氏 實與隨人要言** 鑪金時在隨爲要言 欲幷脫王與子期 **王使見 辭曰 不敢以約爲利** 言不敢乘君父困約之時以爲利 **王割子期之心 以與隨人盟** 割心前 血以盟 示其至心

오인(吳人)이 뒤좇아 가서 수인(隨人)에게 말하기를 "주(周)나라 자손으로 한천(漢川)[92]에 있는 제후들을 초(楚)나라가 실로 다 없앴습니다. 이에 하늘이 그 충심을 일깨워[93] 초나라를 징벌하게 하였는데, 임금님께서는 또 그를 숨겨[竄] 주시니 찬(竄)은 숨김이다. 주나라 왕실이 수(隨)나라에 무슨 죄를 지었습니까. 임금님께서 만약 주나라 왕실에 보답하기를 생각하여 그 은혜가 과인에게 미쳐 하늘의 충심을 이루도록[獎] 하신다면 장(獎)은 이룸이다. 이는 임금님의 은혜입니다. 그러면 한수(漢水) 북쪽의 전지는 임금께서 실로 다 소유하실 것입니다."라고 하였다. 이때 초자(楚子)는 공궁의 북쪽에 있었고 수(隨)나라 공궁이다. 오인은 그 남쪽에 있었는데 자기(子期)의 모습이 초왕과 비슷하였다. 자기(子期)는 소왕(昭王)의 형인 공자 결(結)이다. 이에 자기는 초왕을 도피시키고 자신이 왕으로 위장하고 말하기를 "나를 그들[吳人]에게 넘겨주면, 우리 왕은 반드시 화를 면할 것입니다."라고 하였다. 수인이 그[子期]를 넘겨주는 것이 어떤지 점을 치니 불길하였다. 이에 오인에게 사절하면서 말하기를 "우리 수나라는 궁벽한 곳에 있는 작은 나라이고 초나라에 아주 가까이 있어서 초나라가 실로 우리를 보존시켰습니다. 그리하여 두 나라는 대대로 맹서하여 지금에 이르기까지 이를 바꾸지 않았는데 만약 화난이 있다고 하여 그것을 버린다면 어떻게 오(吳)나라 임금님을 섬기겠습니까. 집사(執事 : 吳子)의 근심은 한 사람만이 아니니 한 사람은 초왕(楚王)이다. 만약 초나라 경내

92) 한천(漢川) : 한수(漢水)를 이른다.

93) 하늘이~일깨워 : 하늘이 상대의 마음을 일깨워 일이 이렇게 되도록 만들었다는 말로, 하늘이 돕는다는 뜻이다. 즉 하늘이 오(吳)나라를 일깨워 초(楚)나라를 치도록 하였다는 것이다.

를 안정시키신다면[鳩] 구(鳩)는 안정시킴이다. 감히 명을 따르지 않겠습니까."라고 하자 오인이 이에 물러갔다. 려금(鑪金)은 당초에 자기씨(子期氏)의 가신으로 있었기 때문에 실로 수인과 초왕을 넘기지 않기로 약속하였던[要言] 것이다. 려금(鑪金)은 이때 수(隨)나라에 있었는데, 수인(隨人)과 약속하여 초왕과 자기(子期)를 아울러 위험에서 벗어나게 하고자 한 것이다. 초왕이 사람을 시켜 려금을 만나려 하자, 려금이 사양하며 말하기를 "감히 임금님의 곤궁함으로 개인의 리익을 삼을 수 없습니다."라고 하였다. 감히 임금의 고달프고 궁핍한 때를 타 리익을 삼을 수 없다는 말이다. 초왕은 자기(子期)의 가슴을 조금 찔러 수인과 맹약하였다. 심장의 앞가슴에 상처를 내고 그 피로 맹약하여 지극한 마음을 보인 것이다.

初 伍員與申包胥友 包胥 楚大夫 **其亡也 謂申包胥曰 我必復楚國** 復 報也 **申包胥曰 勉之 子能復之 我必能興之 及昭王在隨 申包胥如秦乞師 曰 吳爲封豕長蛇 以荐食上國** 荐 數也 言吳貪害如蛇豕 **虐始於楚 寡君失守社稷 越在草莽 使下臣告急 曰 夷德無厭 若鄰於君 疆場之患也** 吳有楚 則與秦鄰 **逮吳之未定 君其取分焉** 與吳共分楚地 **若楚之遂亡 君之土也 若以君靈撫之 世以事君 秦伯使辭焉 曰 寡人聞命矣 子姑就館 將圖而告 對曰 寡君越在草莽 未獲所伏** 伏猶處也 **下臣何敢卽安 立依於庭牆而哭 日夜不絶聲 勺飮不入口七日 秦哀公爲之賦無衣** 取其脩我戈矛 與子同仇 **九頓首而坐** 無衣三章 章三頓首 **秦師乃出**

당초에 오운(伍員)과 신포서(申包胥)는 벗이었다. 포서(包胥)는 초(楚)나라 대부이다. 오운이 망명갈 때 신포서에게 말하기를 "내 반드시 초(楚)나라에 보복할[復][94] 것이다."라고 하니, 복(復)은 보복함이다. 신포서가 말하기를 "그렇게 힘을 쓰게. 자네가 초나라에 보복한다면 나는 반드시 초나라를 부흥시킬 것이네."라고 하였다. 그 뒤 소왕(昭王)이 수(隨)나라에 도망해 있을 때에 이르러 신포서가 진(秦)나라에 가서 군대를 빌리고자 하여 다음과 같이 말하였다. "오(吳)나라는 큰 돼지나 긴 뱀과 같아서 상국(上國)[95]을 거듭[荐] 잠식하여, 천(荐)은 거듭함이니 오(吳)나라의 탐하고 해침이 뱀이나 돼지와 같다는 말이다. 그 포학함이 초나라에 먼저 미쳤습니다. 그리하여 과군은 사직을 지키지 못하고 국경을 넘어 풀더미 가운데 있으면서 하신(下臣)을 보내어 위급함을 고하게 하면서 말씀하기를 '이(夷)[96]의 악덕은 만족할 줄 모르니

94) 보복할[復] : 《사기(史記)》 〈오자서전(伍子胥傳)〉에는 복(覆)으로 되어 있어 전복(顚覆)시킨다는 의미로 보기도 한다.

95) 상국(上國) : 오(吳)나라를 비하하여 주위의 나라들을 상국(上國)이라고 한 것이다.

만약 임금님의 나라와 이웃이 된다면 강역에 우환이 될 것입니다. 오(吳)나라가 초(楚)나라를 소유하게 되면 바로 진(秦)나라와 이웃이 된다는 것이다. 그러니 오나라가 초나라를 평정하기 전에 임금님께서 초나라를 나누어 취하십시오. 오(吳)나라와 더불어 초(楚)나라 땅을 공동으로 분할하라는 말이다. 만약 초나라가 마침내 망한다면 임금님의 땅이 될 것이고, 만약 임금님의 덕택[靈]으로 우리나라를 위무하신다면 대대로 임금님을 섬기겠습니다.'라고 하였습니다." 진백(秦伯)이 사람을 시켜 사절하며 말하기를 "과인이 그 명(命)을 잘 알아들었으니 그대는 우선 객사에 가 있으라. 생각해 본 뒤에 알려주겠다."라고 하였다. 신포서가 대답하기를 "과군이 국경을 넘어 풀디미 가운데 있으면서 기치할[伏] 곳을 정하지 못하고 있는데 복(伏)은 거처함[處]과 같다. 하신이 어찌 감히 편한 곳에 가 있겠습니까."라고 하면서 선 채로 뜰의 담장에 기대어 곡하면서 밤낮으로 우는 소리를 멈추지 않고 7일 동안 한 잔의 물도 마시지 않았다. 이에 진애공(秦哀公)이 그를 위해 무의(無衣)[97]를 읊으니, 우리 무기를 수리하여 그대와 같이 원수를 친다는 뜻을 취한 것이다. 신포서는 아홉 번 머리를 땅에 닿도록 절하고 자리에 앉았다. 무의(無衣)는 세 장(章)인데 장마다 세 번씩 머리를 땅에 닿도록 절한 것이다. 진나라 군대가 드디어 출동하였다.

정공(定公) 5년【丙申 B.C.505】

五年 春 王三月 辛亥 朔 日有食之

5년 봄 왕3월 초하루 신해일에 일식이 있었다.

三月 公作正月

3월은 《공양전(公羊傳)》에는 정월로 되어 있다.

○五年 春 王人殺子朝于楚 因楚亂也

96) 이(夷) : 오(吳)나라를 이른다.

97) 무의(無衣) : 《시경(詩經)》 〈진풍(秦風)〉의 편 이름.

○5년 봄에 왕인(王人)[98]이 초(楚)나라에서 자조(子朝)를 죽였다. 초(楚)나라의 혼란을 리용한 것이다.

夏 歸粟于蔡 여름에 채(蔡)나라에 량곡(糧穀)을 보내주었다.

夏 歸粟于蔡 以周亟 矜無資 **亟 急也 蔡爲楚所圍 飢乏 故魯周之**

여름에 채(蔡)나라에 량곡(糧穀)을 보내어 위급함[亟]을 구제하였으니, 식량이 없음을 불쌍히 여긴 것이다. 극(亟)은 위급함이다. 채(蔡)나라가 초(楚)나라에게 포위되어 굶주렸기 때문에 로(魯)나라가 이를 구제한 것이다.

於越入吳 월(越)나라가 오(吳)나라로 쳐들어갔다.

於 發聲也

어(於)는 발성어(發聲語)이다.

越入吳 吳在楚也

월(越)나라가 오(吳)나라로 쳐들어갔으니, 오나라 군대가 초(楚)나라에 있었기 때문이다.

六月 丙申 季孫意如卒 6월 병신일에 계손의여(季孫意如)가 졸하였다.

六月 季平子行東野 **東野 季氏邑** **還 未至 丙申 卒于房 陽虎將以璵璠斂** **璵璠 美玉 君所**

98) 왕인(王人) : 주(周)나라 왕실의 신하.

佩 **仲梁懷弗與** 懷 季氏家臣 **曰 改步改玉** 昭公之出 季孫行君事 佩璵璠 祭宗廟 今定公立 復臣位 改君步 則亦當去璵璠 **陽虎欲逐之 告公山不狃 不狃曰 彼爲君也 子何怨焉** 不狃 季氏臣 **旣葬 桓子行東野** 桓子 意如子季孫斯 **及費 子洩爲費宰** 子洩 不狃 **逆勞於郊 桓子敬之 勞仲梁懷 仲梁懷弗敬 子洩怒 謂陽虎 子行之乎** 行 逐懷也 爲下陽虎囚桓子起

6월에 계평자(季平子 : 季孫意如)가 동야(東野)에 나갔다가 동야(東野)는 계씨(季氏)의 읍이다. 돌아오는 길에 도성에 이르지 못하고 병신일에 방(房) 땅에서 졸하였다. 양호(陽虎)가 여번(璵璠)으로 렴(斂)하려고[99] 하자, 여번(璵璠)은 아름다운 옥으로 임금이 차는 것이다. 중량회(仲梁懷)가 주지 않으며[100] 회(懷)는 계씨(季氏)의 가신이다. 말하기를 "걸음걸이를 바꾸었으니 옥도 바꾸어야 합니다."[101]라고 하였다. 소공(昭公)이 망명나가자 계손(季孫)이 임금의 일을 대행하면서 여번(璵璠)을 차고 종묘에 제사를 지냈지만 이제 정공(定公)이 즉위하여 계손은 다시 신하의 자리로 돌아가 임금의 걸음걸이[102]를 고쳤으니 여번(璵璠)도 또한 마땅히 제거해야 한다는 것이다. 양호가 그를 축출하려고 공산불뉴(公山不狃)에게 고하자, 불뉴(不狃)가 말하기를 "저 사람이 주군을 위해서 하는 것인데[103] 그대는 무엇을 원망하십니까."라고 하였다. 불뉴(不狃)는 계씨(季氏)의 신하이다. 장례를 마친 뒤에 환자(桓子)가 동야로 나가 환자(桓子)는 의여(意如)의 아들인 계손사(季孫斯)이다. 비(費) 땅에 이르렀다. 자설(子洩)이 비 땅의 읍재(邑宰)였는데 자설(子洩)은 불뉴(不狃)이다. 교외에서 맞이하여 위로하니 환자가 공경의 뜻을 표하였다. 또 자설이 중량회를 위로하였는데 중량회가 공경의 뜻을 표하지 않자, 자설이 노하여 양호에게 이르기를 "그대는 그를 축출하십시오[行]."라고 하였다. 행(行)은 회(懷)를 축출함이다. 아랫글에 양호(陽虎)가 환자(桓子)를 잡아 가두는 원인이 된다.

---

99) 렴(斂)하려고 : 여기서는 여번(璵璠)을 관에 부장하는 것을 이른다.

100) 중량회(仲梁懷)가~않으며 : 여번(璵璠)은 로(魯)나라의 보옥(寶玉)으로 임금이 차던 옥인데, 계손(季孫)의 집에 보관하고 있었고 중량회(仲梁懷)가 그것을 지키고 있었기 때문에 주지 않은 것이다.

101) 걸음걸이를~합니다 : 제례(祭禮)를 행할 때 군신(君臣) 사이에는 걸음걸이와 차는 옥에 제도적 차이가 있다. 따라서 신하가 임금의 대행을 그만두었으면 걸음걸이와 차는 옥도 바꾸어야 한다는 말이다.

102) 임금의 걸음걸이 : 《례기(禮記)》 〈옥조(玉藻)〉에 제례(祭禮)에서 임금과 시(尸)는 걸을 때 접무(接武)하고, 대부는 계무(繼武)하고, 사(士)는 중무(中武)한다고 하였다. 접무는 걸을 때 제1보의 전반과 제2보의 후반이 겹치게 걷는 것이고, 계무는 제1보의 앞쪽 끝에 제2보의 뒤축이 나란히 되게 걷는 것이고, 중무는 제1보와 제2보의 간격이 한보쯤 나게 걷는 것이다. 즉 접무는 발길이의 반씩 천천히 걷는 것이고, 계무는 발길이만큼씩 걷는 것이고, 중무는 계무의 두 배 정도씩 걷는 것이니 신분에 따라 보폭이 다른 것이다.

103) 주군을~것인데 : 계평자(季平子)로 하여금 신하로서의 례를 범하지 않도록 한 것이다.

秋 七月 壬子 叔孫不敢卒

가을 7월 임자일에 숙손불감(叔孫不敢)이 졸하였다.

○申包胥以秦師至 秦子蒲子虎帥車五百乘以救楚 五百乘 三萬七千五百人 子蒲曰 吾未知吳道 使楚人先與吳人戰 而自稷會之 大敗夫槩王于沂 稷沂皆楚地 吳人獲薳射於柏擧 其子帥奔徒 奔徒 楚散卒 以從子西 敗吳師於軍祥 軍祥 楚地 秋 七月 子期子蒲滅唐 從吳伐楚故

○신포서(申包胥)가 진(秦)나라 군대를 인도해 왔으니, 진나라 자포(子蒲)와 자호(子虎)가 병거 5백 승(乘)을 거느리고 초(楚)나라를 구원한 것이다. 5백 승(乘)은 3만 7천 5백 인이다. 자포가 말하기를 "우리는 오(吳)나라의 전술[道]을 알지 못한다."라 하고, 초인(楚人)으로 하여금 먼저 오인(吳人)과 싸우게 하고서 직(稷) 땅에서부터 초군과 회합하여 부개왕(夫槩王)의 군대를 기(沂) 땅에서 대패시켰다. 직(稷)과 기(沂)는 모두 초(楚)나라 땅이다. 오인이 백거(柏擧)에서 위석(薳射)[104]을 잡으니, 그 아들이 흩어지는 군대[奔徒]를 이끌고 분도(奔徒)는 흩어지는 초(楚)나라 군졸이다. 자서(子西)를 따라 군상(軍祥)에서 오나라 군대를 패배시켰다. 군상(軍祥)은 초(楚)나라 땅이다. 가을 7월에 자기(子期)[105]와 자포가 당(唐)나라를 멸하였다. 당(唐)나라가 오(吳)나라를 따라 초(楚)나라를 쳤기 때문이다.

九月 夫槩王歸 自立也 以與王戰 而敗 自立爲吳王 號夫槩 奔楚 爲堂谿氏 傳終言之 吳師敗楚師于雍澨 秦師又敗吳師 吳師居麇 麇 地名 子期將焚之 子西曰 父兄親暴骨焉 不能收 又焚之 不可 前年楚人多戰死麇中 言不可幷焚 子期曰 國亡矣 死者若有知也 可以歆舊祀 言焚吳復楚 則祭祀不廢 豈憚焚之 焚之 而又戰 吳師敗 又戰于公壻之谿 楚地名 吳師大敗 吳子乃歸 囚闉輿罷 闉輿罷請先 遂逃歸 輿罷 楚大夫 請先至吳而逃歸 葉公諸梁之弟后臧從其母於吳 不待而歸 諸梁 沈尹戌之子 吳入楚 獲后臧母 葉公終不正視

9월에 부개왕(夫槩王)이 돌아가 스스로 임금이 되고는 오왕(吳王 : 闔廬)과 싸워 패하고, 스스로 즉위하여 오왕(吳王)이 되고 부개(夫槩)라 호칭한 것이다. 초(楚)나라로 망명하여 당계씨(堂谿氏)가 되었다. 전문은 종결지어 말한 것이다. 오(吳)나라 군대가 옹서(雍澨)에서 초나라 군대를

104) 위석(薳射) : 초(楚)나라 대부이다.

105) 자기(子期) : 초소왕(楚昭王)의 형인 공자 결(結)이다.

패배시키니, 진(秦)나라 군대가 또 오나라 군대를 패배시켰다. 오나라 군대가 균(麇) 땅에 주둔하니 균(麇)은 땅 이름이다. 자기(子期)가 불을 놓으려 하자, 자서(子西)가 말하기를 "부형과 친족의 유골이 드러나 흩어져 있는데 미처 수습하지 않고 또 불을 지르면 안 됩니다."라고 하였다. 지난해에 초인(楚人)이 균(麇) 땅 안에서 싸우다 죽은 자가 많으니 그 유골까지 함께 태울 수 없다는 말이다. 자기가 말하기를 "나라가 망할 지경입니다. 죽은 자들이 만약 지각이 있다면 그렇게 해야 오래도록 제사를 받을 수 있다고 여길 것이니 오(吳)나라 군대를 불태워 초(楚)나라를 회복시키면 제사가 끊어지지 않는다는 말이다. 어찌 불타는 것을 꺼리겠습니까."라 하고는 불을 지른 뒤 또 싸우니 오나라 군대가 패하였다. 또 공서(公壻)의 계곡에서 싸워 초(楚)나라 땅 이름이다. 오나라 군대가 크게 패하자 오자(吳子)가 그제야 돌아갔다. 오나라는 초나라 인여피(闉輿罷)를 사로잡았는데 인여피가 먼저 오나라에 가기를 청하였더니, 드디어 오나라를 도망하여 초나라로 돌아갔다. 여피(輿罷)는 초(楚)나라 대부이다. 먼저 오(吳)나라로 가기를 청하였다가 도망하여 초나라로 돌아간 것이다. 섭공(葉公) 제량(諸梁)의 아우 후장(后臧)이 그 어머니를 따라 오나라에 갔는데, 어머니를 기다리지 않고 도망쳐 오니 제량(諸梁)은 심윤(沈尹) 술(戌)의 아들이다. 오(吳)나라가 초(楚)나라로 쳐들어가서 후장(后臧)의 어머니를 잡아간 것이다. 섭공은 끝내 그 아우를 바로 보지 않았다.[106)]

楚子入于郢 初 鬪辛聞吳人之爭宮也 曰 吾聞之 不讓 則不和 不和 不可以遠征 吳爭於楚 必有亂 有亂 則必歸 焉能定楚

초자(楚子)가 영(郢) 땅에 들어갔다. 이보다 앞서 투신(鬪辛)은 오인(吳人)이 초(楚)나라의 궁실을 차지하려고 다투었다는 소문을 듣고 말하기를 "내가 듣건대 서로 양보하지 않으면 화합하지 못하고, 화합하지 못하면 멀리 정벌할 수 없다고 하였다. 오인이 초나라에서 다투고 있으니 반드시 내란이 있을 것이다. 내란이 있으면 반드시 돌아갈 것이니 어찌 초나라를 평정할 수 있겠는가."라고 하였다.

王之奔隨也 將涉於成臼 成臼 楚地 有白水 **藍尹亹涉其帑** 亹 楚大夫 **不與王舟 及寧 王欲殺之** 寧 安定也 **子西曰 子常唯思舊怨以敗 君何效焉 王曰 善 使復其所 吾以志前惡 王賞鬪辛王孫由于王孫圉鍾建鬪巢申包胥王孫賈宋木鬪懷** 九子皆從王有大功者 **子**

106) 섭공은~않았다 : 섭공(葉公)은 아우가 어머니를 오(吳)나라에 두고 혼자서 도망쳐 나온 것을 의롭지 않게 여긴 것이다.

西曰 請舍懷也 以初謀弑王也 **王曰 大德滅小怨 道也** 終從其兄 免王大難 是大德 **申包胥曰 吾爲君也 非爲身也 君旣定矣 又何求 且吾尤子旗 其又爲諸** 子旗 蔓成然也 有德于平王 求欲無厭 王殺之 **遂逃賞 王將嫁季芈 季芈辭曰 所以爲女子 遠丈夫也 鍾建負我矣 以妻鍾建 以爲樂尹** 司樂大夫

초소왕(楚昭王)이 수(隨)나라로 도망할 때 성구(成臼)에서 강을 건너려고 하였는데 성구(成臼)는 초(楚)나라 땅인데 그곳에 구수(臼水)가 있다. 람윤(藍尹)인 미(亹)가 그의 처자를 건너게 하려고 미(亹)는 초(楚)나라 대부이다. 왕에게 배를 양보하지 않았다. 나라가 안정되자[寧] 왕이 그를 죽이려고 하니, 녕(寧)은 안정됨이다. 자서(子西)가 말하기를 "자상(子常)이 옛 원한만을 생각하다가 싸움에서 패하였습니다. 그런데 임금님은 어찌 그를 본받으려 하십니까."라고 하였다. 왕이 말하기를 "좋은 말이다. 그의 지위를 회복시켜 주어 나는 나의 이전의 잘못을 기억할 것이다."라고 하였다. 왕이 투신(鬪辛)·왕손유우(王孫由于)·왕손어(王孫圉)·종건(鍾建)·투소(鬪巢)·신포서(申包胥)·왕손가(王孫賈)·송목(宋木)·투회(鬪懷)에게 상을 내리려 하자 아홉 사람은 모두 초왕(楚王)을 호종(扈從)하여 큰 공이 있는 자들이다. 자서가 말하기를 "회(懷)는 제외시키기를 청합니다."라고 하였다. 앞서 초왕(楚王)을 시해하려고 모의하였기 때문이다.[107] 왕이 말하기를 "큰 덕으로 작은 원한을 없애는 것이 도이다."라고 하였다. 결국 그 형을 따라 왕을 큰 화난에서 벗어나게 하였으니[108] 이것이 큰 덕이라는 것이다. 신포서가 말하기를 "저는 임금님을 위해서 일하였지 저를 위해서가 아닙니다. 임금님께서 이미 나라를 안정시켰으니 또 무엇을 구하겠습니까. 또 저는 전에 자기(子旗)를 나무랐는데 내가 그런 짓을 또 할 수 있겠습니까."라 하고서 자기(子旗)[109]는 만성연(蔓成然)이다. 평왕(平王)을 세우는데 공덕이 있었으나 욕구가 끝이 없어 왕이 그를 죽였다.[110] 마침내 상 받기를 피하였다. 왕이 계미(季芈)를 시집보내려 하자, 계미가 사양하며 말하기를 "녀자된 몸은 남자를 멀리해야 하는데 종건이 저를 업은 일이 있습니다."[111]라고 하니, 계미를 종건의 처로 주고 그를 악윤(樂尹)으로 삼았다. 사악대부(司樂大

---

107) 앞서~때문이다 : 지난해 초소왕(楚昭王)이 운(鄖) 땅으로 도망갔을 때 운공(鄖公)인 투신(鬪辛)의 아우 투회(鬪懷)가 초소왕을 죽이려고 했었다.

108) 그 형을~하였으니 : 이 대목은 투회(鬪懷)가 그 형인 투신(鬪辛)을 따라 초소왕(楚昭王)을 모시고 수(隨)나라로 도망하여 왕을 화난에서 벗어나게 한 것으로 볼 수 있다. 그런데 지난해 전문에는 투신이 그 아우 투소(鬪巢)와 함께 초왕을 모시고 도망하였다고 되어 있고 투회에 대한 언급은 없다.

109) 자기(子旗) : 투회(鬪懷)의 아버지. 투성연(鬪成然)이라고도 한다.

110) 자기(子旗)는~죽였다 : 소공(昭公) 14년의 일이다.

111) 종건이~있습니다 : 지난해 초소왕(楚昭王)이 운(鄖) 땅으로 도망할 때 종건(鍾建)이 왕의 누이인 계미(季芈)를 업고서 따랐던 일이다.

夫)[112]이다.

王之在隨也 子西爲王輿服以保路 國于脾洩 脾洩 楚邑 恐失王衆潰 僞爲王車服 立國脾洩 保安道路之人 **聞王所在 而後從王 王使由于城麇 復命 子西問高厚焉 弗知 子西曰 不能如辭** 言自知不能 當辭勿行 **城不知高厚小大 何知 對曰 固辭不能 子使余也 人各有能有不能 王遇盜於雲中 余受其戈 其所猶在** 遭傷之處猶存 **袒而示之背 曰 此余所能也 脾洩之事 余亦弗能也**

초왕(楚王)이 수(隨)나라에 도망가 있을 때, 자서(子西)가 왕의 수레와 의복으로 위장하여 도로에 있는 사람들을 안정시키고 비설(脾洩)에 림시 국도를 세웠다가 비설(脾洩)은 초(楚)나라 읍이다. 왕을 잃었으니 무리가 흩어질까 두려워 왕의 수레와 의복으로 위장하여 비설에 림시 국도를 세워 도로의 사람들을 보호하여 안정시킨 것이다. 왕이 있는 곳을 들은 뒤에는 왕을 호종(扈從)하였다. 왕이 유우(由于)로 하여금 균(麇) 땅에 성을 쌓게 하였다. 그가 일을 마치고 복명하자, 자서가 성의 높이와 두께를 물었는데 알지 못하였다. 자서가 말하기를 "능력이 없으면 사양하는 것만 같지 못하오. 스스로 능력이 없음을 알았다면 마땅히 사양하고 일을 수행하지 말아야 한다는 말이다. 성의 높이와 두께와 크기도 모르니 무엇을 알겠소."[113]라고 하였다. 유우가 대답하기를 "능력이 없다고 굳이 사양했는데도 그대가 나를 시켰소. 사람마다 할 수 있는 것이 있고 할 수 없는 것이 있소. 왕께서 운중(雲中)에서 도적을 만났을 때 내가 그 창을 받았는데[114] 그 흔적이 아직도 내 몸에 남아있소."라고 하였다. 상처를 입은 자리가 아직까지 남아있다는 것이다. 그리고 윗옷을 벗어 등을 보여주며 말하기를 "이런 일은 내가 할 수 있는 것이지만 비설의 일은 나 또한 할 수 없는 것이오."라고 하였다.

冬

겨울이다.

---

112) 사악대부(司樂大夫) : 음악을 관장하는 대부.

113) 성의~알겠소 : 전문의 이 대목[城不知高厚大小 何知]은 '城不知高厚 大小何知'라고 구두(口讀)를 떼기도 하는데, 이 경우 '성의 높이와 두께도 모르니 성의 크기를 어찌 알겠소.'라고 해석된다.

114) 왕께서~받았는데 : 지난해의 일이다.

乙亥 九月 乙亥 **陽虎囚季桓子及公父文伯** 文伯 季桓子從父昆弟也 **而逐仲梁懷 冬 十月 丁亥 殺公何藐** 藐 季氏族 **己丑 盟桓子于稷門之內 庚寅 大詛 逐公父歜及秦遄 皆奔齊** 歜卽文伯

을해일에 9월 을해일이다. 양호(陽虎)가 계환자(季桓子)와 공보문백(公父文伯)을 잡아 가두고 문백(文伯)은 계환자(季桓子)의 종부곤제(從父昆弟 : 從兄弟)이다. 중량회(仲梁懷)를 축출하였다. 겨울 10월 정해일에 양호가 공하막(公何藐)을 죽이고 막(藐)은 계씨(季氏)의 족속이다. 기축일에 환자(桓子)와 직문(稷門) 안에서 맹약하고 경인일에 크게 저주(詛呪)[115]하였다. 공보촉(公父歜)과 진천(秦遄)[116]을 축출하니 모두 제(齊)나라로 망명하였다. 촉(歜)은 곧 문백(文伯)이다.

晉士鞅帥師圍鮮虞 진(晉)나라 사앙(士鞅)이 군대를 거느리고 선우(鮮虞)를 포위하였다.

晉士鞅圍鮮虞 報觀虎之役也 三年 鮮虞獲晉觀虎

진(晉)나라 사앙(士鞅)이 선우(鮮虞)를 포위하였으니, 관호(觀虎)를 잡아갔던 싸움을 보복하기 위해서였다. 3년에 선우(鮮虞)가 진(晉)나라 관호(觀虎)를 포로로 잡았다.

정공(定公) 6년【丁酉 B.C.504】

六年 春 王正月 癸亥 鄭游速帥師滅許 以許男斯歸 6년 봄 왕정월 계해일에 정(鄭)나라 유속(游速)이 군대를 거느리고 허(許)나라를 멸하고 허남(許男) 사(斯)를 잡아 돌아갔다.

115) 저주(詛呪) : 맹약을 어긴 자에게 벌을 내리라고 신에게 비는 것.

116) 진천(秦遄) : 계평자(季平子 : 季孫意如)의 고모부.

速 公作遬 後同 ○游速 大叔子

속(速)은 《공양전(公羊傳)》에는 속(遬)으로 되어 있으니 이후에도 이와 같다. ○유속(游速)은 태숙(大叔 : 游吉)의 아들이다.

六年 春 鄭滅許 因楚敗也

6년 봄에 정(鄭)나라가 허(許)나라를 멸하였으니,[117] 초(楚)나라가 패한 틈을 탄 것이다.

二月 公侵鄭 公至自侵鄭

2월에 정공(定公)이 정(鄭)나라를 침범하였다. 정공이 정나라를 침범한 일에서 돌아왔다.

周儋翩率王子朝之徒 因鄭人將以作亂于周 儋翩 子朝餘黨 **鄭於是乎伐馮滑胥靡負黍狐人闕外** 周六邑

주(周)나라 담편(儋翩)이 왕자 조(朝)의 무리를 거느리고 정인(鄭人)에 의지하여 주나라에서 란을 일으키려 하였다. 담편(儋翩)은 자조(子朝)의 남은 당여이다. 정(鄭)나라는 이에 빙(馮)·활(滑)·서미(胥靡)·부서(負黍)·호인(狐人)·궐외(闕外)를 쳤다. 주(周)나라의 여섯 읍이다.

二月 公侵鄭 取匡 爲晉討鄭之伐胥靡也 匡 鄭地 取匡不書 歸之晉 **往不假道於衛 及還 陽虎使季孟自南門入 出自東門** 陽虎將逐三桓 欲使得罪鄰國 **舍於豚澤 衛侯怒 使彌子瑕追之** 豚澤 衛地 彌子瑕 衛嬖大夫 **公叔文子老矣** 文子 公叔發 告老致仕 **輦而如公 曰 尤人而效之 非禮也 昭公之難 君將以文之舒鼎** 衛文公之鼎 **成之昭兆** 寶龜名 **定之鞶鑑 苟可以納之 擇用一焉** 苟可以納魯君 擇用其一以爲貨 **公子與二三臣之子 諸侯苟憂之 將以爲之質** 諸侯苟有憂恤魯侯者 將爲質求納 **此羣臣之所聞也 今將以小忿蒙舊德** 蒙 覆也 **無乃不可乎 大姒之子** 大姒 文王妃 **唯周公康叔爲相睦也 而效小人以棄之 不亦誣乎 天將多陽虎之罪以斃之 君姑待之 若何 乃止**

117) 정(鄭)나라가~멸하였으니 : 허(許)나라는 정(鄭)나라의 핍박을 피하고자 성공(成公) 15년에 초(楚)나라 섭(葉) 땅으로 나라를 옮겨 초나라의 보호를 받고 있었다.

2월에 정공(定公)이 정(鄭)나라를 침범하여 광(匡) 땅을 취하였으니, 진(晉)나라를 위하여 정나라가 서미(胥靡)를 친 것을 토죄한 것이다. 광(匡)은 정(鄭)나라 땅이다. 광 땅을 취한 것을 경문에 기록하지 않은 것은 광 땅을 진(晉)나라에 돌려주었기 때문이다. 그곳에 갈 때 위(衛)나라에 길을 빌리지 않았고, 돌아올 때 양호(陽虎)가 계씨(季氏 : 季桓子)와 맹씨(孟氏 : 仲孫何忌)로 하여금 위나라 남문으로 들어가 동문으로 나와서 양호(陽虎)가 삼환(三桓)을 축출하려고 그들로 하여금 이웃나라에 죄를 얻게 하고자 한 것이다. 돈택(豚澤)에 머물게 하였다. 이에 위후(衛侯 : 靈公)가 노하여 미자하(彌子瑕)로 하여금 로(魯)나라 군대를 추격하게 하였다. 돈택(豚澤)은 위(衛)나라 땅이다. 미자하(彌子瑕)는 위나라 폐대부(嬖大夫)[118]이다. 이때 공숙문자(公叔文子)는 년로하여 은퇴하였는데 문자(文子)는 공숙발(公叔發)이다. 늙었음을 고하고 벼슬에서 물러난 것이다. 수레를 타고 위령공(衛靈公)에게 가서 말하기를 "남을 탓하면서 그것을 본받는 것은 례가 아닙니다. 로나라 소공(昭公)이 화난을 당할 때[119] 임금님께서는 문공(文公)의 서정(舒鼎)[120]과 위문공(衛文公)의 정(鼎)이다. 성공(成公)의 소조(昭兆)[121]와 보배로운 거북의 이름이다. 정공(定公)의 반감(鞶鑑)[122]을 걸고서 만일 소공을 로나라에 들여보낼 수 있다면 이 가운데 하나를 택하여 가지도록 하겠고, 만일 로(魯)나라 임금을 들여보낼 수 있다면 세 가지 보물 중에서 하나를 택해 그 사람의 재화로 삼게 하겠다는 것이다. 우리나라의 공자와 몇몇 신하의 아들을 제후들이 진실로 소공을 위해 걱정한다면 인질로 보내겠다고 하셨습니다. 제후들 가운데 진실로 로후(魯侯)를 걱정하고 가엾게 여기는 자가 있다면 인질을 보내어 로후를 들여보내기를 요구하겠다는 것이다. 이 말은 뭇 신하가 들은 것인데 이제 작은 분노로 지난날의 덕을 덮으려[蒙] 하시니[123] 몽(蒙)은 덮음이다. 안 되는 것 아닙니까. 태사(大姒)의 아들 가운데 태사(大姒)는 문왕(文王)의 비(妃)이다. 주공(周公)과 강숙(康叔)[124]만이 서로 화목하였는데 소인[陽虎]의 행위[125]를 본받아 로나라를 버리신다면 또한 속는

118) 폐대부(嬖大夫) : 하대부(下大夫)의 별칭.

119) 화난을~때 : 로소공(魯昭公)이 계평자(季平子)에게 쫓겨나 외국으로 망명다닐 때이다.

120) 문공(文公)의 서정(舒鼎) : 위문공(衛文公)의 사당에 보관된 서(舒)나라의 정(鼎).

121) 성공(成公)의 소조(昭兆) : 위성공(衛成公)의 사당에 보관된 거북.

122) 정공(定公)의 반감(鞶鑑) : 위정공(衛定公)의 사당에 보관된 거울. 반감(鞶鑑)은 가죽띠에 거울을 붙여 장식한 것이다.

123) 이제~하시니 : 지금 위(衛)나라에 길을 빌리자는 요청도 하지 않고, 위나라를 통과하였다는 작은 분노를 가지고 지난날 로소공(魯昭公)을 들여보내려고 행한 덕을 덮으려 한다는 것이다.

124) 주공(周公)과 강숙(康叔) : 주공(周公)은 로(魯)나라의 시조이고, 강숙(康叔)은 위(衛)나라의 시조이다. 전문에서 공숙문자(公叔文子)는 주공과 강숙을 언급하여 로나라와 위나라의 우호를 강조한 것이다.

125) 소인[陽虎]의 행위 : 양호(陽虎)가 계씨(季氏)와 맹씨(孟氏)로 하여금 위(衛)나라의 허낙을 받지 않고 통과하게 함으로써 위나라에 죄를 얻게 하고자 한 일이다.

것이 아니겠습니까. 하늘이 양호의 죄를 많아지게 하여 죽이려는 것이니, 임금님께서는 잠시 기다리심이 어떠하십니까."라고 하였다. 위령공은 이에 추격을 그만두었다.

夏 季孫斯仲孫何忌如晉

여름에 계손사(季孫斯)와 중손하기(仲孫何忌)가 진(晉)나라에 갔다.

夏 季桓子如晉 獻鄭俘也 陽虎强使孟懿子往報夫人之幣 虎欲困辱三桓 幷求媚於晉 强使正卿報晉夫人之聘 **晉人兼享之** 賤魯 故不復兩設禮 **孟孫立于房外 謂范獻子曰 陽虎若不能居魯 而息肩於晉 所不以爲中軍司馬者 有如先君** 欲使晉人知陽虎必將出奔 豫圖所以待之 **獻子曰 寡君有官 將使其人** 擇得其人 **鞅何知焉 獻子謂簡子** 簡子卽趙鞅 **曰 魯人患陽虎矣 孟孫知其釁 以爲必適晉 故强爲之請 以取入焉** 欲因此言取入晉也

여름에 계환자(季桓子 : 季孫斯)가 진(晉)나라에 갔으니, 정(鄭)나라 포로[126]를 바치기 위해서였다. 이때 양호(陽虎)는 강제로 맹의자(孟懿子 : 仲孫何忌)를 시켜 진나라에 가서 진정공(晉定公)의 부인(夫人)이 보낸 폐백에 보답하게 하였다. 호(虎)가 삼환(三桓)을 곤욕스럽게 하면서 동시에 진(晉)나라에 환심을 사고자 하여 강제로 정경(正卿)을 시켜 진나라 부인(夫人)이 보낸 폐백에 보답하게 한 것이다. 진인(晉人)이 두 사람에게 함께 향연을 베푸니, 로(魯)나라를 업신여겼기 때문에 거듭 두 사람에게 따로 향례(享禮)를 베풀지 않은 것이다. 맹손(孟孫 : 孟懿子)이 방 밖에 서서 범헌자(范獻子)에게 말하기를 "양호가 만일 로나라에서 살 수 없으면 진나라에서 쉬게 될 것인데, 그때 그를 중군사마(中軍司馬)로 삼지 않는다면 마땅히[所] 선군(先君 : 魯昭公)의 벌이 있을 것입니다.[127]"라고 하였다. 진인(晉人)으로 하여금 양호(陽虎)가 반드시 진(晉)나라로 망명나갈 것을 알게 하여 그를 대우할 것을 미리 도모하도록 하고자 한 것이다. 헌자(獻子)가 말하기를 "과군이 관직을 두신 것은 그에 합당한 사람을 부리기 위해서인데 적합한 사람을 선택한다는 것이다. 나 앙(鞅 : 范鞅)이 어찌 그런 일을 알 수 있겠습니까."라고 하였다. 헌자가 간자(簡子)에게 간자(簡子)는 바로 조앙(趙鞅)이다. 말하기를 "로인(魯人)이 양호를 근심거리로 여기고 있습니다. 맹손이 그러한 조짐

126) 정(鄭)나라 포로 : 올 2월에 정(鄭)나라 광(匡) 땅을 취하면서 잡은 포로이다.

127) 선군(先君 : 魯昭公)의~것입니다 : 전문의 '有如先君'은 맹세의 투식어이다. 양호(陽虎)의 일은 소공(昭公)과는 아무런 관련이 없지만 마치 소공이 양호의 처리를 부탁한 것처럼 과장하여 양호가 로(魯)나라에 골칫거리이니, 뒷날 양호가 진(晉)나라에 망명한다면 반드시 그를 받아주어 로나라의 우환을 덜어주도록 강조한 것이다.

을 알고 그가 반드시 진나라로 갈 것이라고 생각하고 있습니다. 그러므로 그를 위해 강력히 요청하여 받아들여 주도록 한 것입니다."라고 하였다. 이 말로 인하여 양호(陽虎)를 진(晉)나라에서 받아들여 주기를 바란 것이다.

○四月 己丑 吳大子終纍敗楚舟師 終纍 闔廬子夫差兄 **獲潘子臣小惟子** 二子 楚帥 **及大夫七人 楚國大惕 懼亡 子期又以陵師敗于繁揚** 陵師 陸軍 **令尹子西喜曰 乃今可爲矣** 言知懼而後可治 **於是乎遷郢於鄀 而改紀其政 以定楚國**

○4월 기축일에 오(吳)나라 태자 종루(終纍)가 초(楚)나라 수군을 패배시키고, 종루(終纍)는 합려(闔廬)의 아들이고 부차(夫差)의 형이다. 반자신(潘子臣)과 소유자(小惟子) 두 사람은 초(楚)나라 장수이다. 및 대부 7명을 사로잡으니, 초나라가 크게 놀라 망하게 될까 두려워하였다. 자기(子期)가 또 릉사(陵師)를 거느리고 번양(繁揚)에서 싸워 패하니, 릉사(陵師)는 륙군(陸軍)이다. 령윤(令尹)인 자서(子西)가 기뻐하며 말하기를 "이제야 나라를 다스릴 수 있겠구나."라고 하였다. 두려움을 안 뒤에야 나라를 다스릴 수 있다는 말이다. 이리하여 도읍을 영(郢) 땅에서 약(鄀) 땅으로 옮기고 정치를 개혁하고 기강을 세워 초나라를 안정시켰다.

○六月 晉閻沒戍周 且城胥靡 爲下天王出居姑蕕起

○6월에 진(晉)나라 염몰(閻沒)이 주(周)나라를 지키고 또 서미(胥靡)에 성을 쌓았다. 아랫글에 천왕이 고유(姑蕕)로 나가 거처하게 되는 원인이 된다.

秋 晉人執宋行人樂祁犁 가을에 진인(晉人)이 송(宋)나라 행인(行人)인 악기리(樂祁犁)를 잡아두었다.

秋 八月 宋樂祁言於景公曰 諸侯唯我事晉 今使不往 晉其憾矣 樂祁告其宰陳寅 陳寅曰 必使子往 他日 公謂樂祁曰 唯寡人說子之言 子必往 陳寅曰 子立後而行 吾室亦不亡 寅知晉政多門 往必有難 **唯君亦以我爲知難而行也** 我謂樂祁 **見溷而行** 溷 樂祁子也 見于君 立以爲後 **趙簡子逆而飮之酒於綿上 獻楊楯六十於簡子** 以楊木爲楯 **陳寅曰 昔吾主范氏 今子主趙氏 又有納焉 以楊楯賈禍 弗可爲也已 然子死晉國 子孫必得志於宋 范獻子言於晉侯曰 以君命越疆而使 未致使而私飮酒 不敬二君 不可不討也**

乃執樂祁

가을 8월에 송(宋)나라 악기(樂祁 : 樂祁犁)가 송경공(宋景公)에게 말하기를 "제후들 가운데 오직 우리만이 진(晉)나라를 섬기고 있는데 지금 사신이 가지 않는다면 진나라가 아마도 유감을 갖게 될 것입니다."라고 하였다. 악기가 그의 가재(家宰)인 진인(陳寅)에게 이 말을 고하니, 진인이 말하기를 "반드시 당신을 사신으로 가게 할 것입니다."라고 하였다. 며칠 뒤에 송경공이 악기에게 말하기를 "오직 과인만이 그대의 말을 좋게 여기니 반드시 그대가 가도록 하라."고 하였다. 진인이 말하기를 "아들을 후계자로 세운 뒤에 가면 우리 집안은 망하지 않을 것이고, 인(寅)은 진(晉)나라의 정치가 여러 문중에서 나오기 때문에 사신으로 가면 반드시 환난이 있을 것을 안 것이다. 임금님께서도 우리[我]가 환난에 처할 것을 알면서도 간다고 여길 것입니다."라고 하였다. 아(我)는 악기(樂祁)를 이른다. 이에 악기는 아들 혼(溷)을 송경공에게 알현시키고 떠났다. 혼(溷)은 악기(樂祁)의 아들이다. 임금에게 알현시키고 그를 세워 후사로 삼은 것이다. 조간자(趙簡子)가 악기를 맞이하고 면상(綿上)[128]에서 술을 대접하니, 버드나무 방패 60개를 간자(簡子)에게 바쳤다. 버드나무로 방패를 만든 것이다. 진인이 악기에게 말하기를 "전에는 우리가 범씨(范氏)를 주인 삼았는데 지금은 당신께서 조씨(趙氏)를 주인 삼고 또 물건까지 바쳤으니, 이는 버드나무 방패로 재앙을 산 것이라 어찌할 수 없을 것입니다. 그러나 당신께서 진나라에서 죽으면 자손이 반드시 송(宋)나라에서 뜻을 얻게 될 것입니다."라고 하였다. 범헌자(范獻子)가 진후(晉侯)에게 말하기를 "임금의 명을 받들어 국경을 넘어 사신으로 와서 사신의 일을 이루기도 전에 사사로이 술을 마셨으니, 이는 두 임금[129]을 공경하지 않은 것이라 토죄하지 않을 수 없습니다."라 하고는 이에 악기를 잡아두었다.

冬 城中城 겨울에 중성(中城)에 성을 쌓았다.

公爲晉侵鄭 故懼而城之

정공(定公)이 진(晉)나라를 위하여 정(鄭)나라를 침범하였기 때문에 두려워 성을 쌓은 것이다.

128) 면상(綿上) : 진(晉)나라의 땅 이름.

129) 두 임금 : 진(晉)나라 임금과 송(宋)나라 임금.

○陽虎又盟公及三桓於周社 盟國人于亳社 詛于五父之衢 **傳言三桓微 陪臣專政 爲八年陽虎作亂起**

○양호(陽虎)가 또 정공(定公) 및 삼환(三桓)과 주사(周社)에서 맹약하고, 국인과 박사(亳社)에서 맹약하였으며,130) 오보(五父)의 거리에서 저주하였다[詛]. 전문의 내용은 삼환(三桓)의 힘이 미약해지고 배신(陪臣)131)들이 정사를 멋대로 함을 말한 것이다. 8년에 양호(陽虎)가 란을 일으키는 원인이 된다.

季孫斯仲孫忌帥師圍鄆 계손사(季孫斯)와 중손기(仲孫忌)가 군대를 거느리고 운(鄆) 땅을 포위하였다.

何忌不言何 闕文 鄆貳於齊 故圍之

하기(何忌)에서 하(何)를 말하지 않은 것은 궐문(闕文)이다. 운(鄆) 땅이 제(齊)나라에 붙었기 때문에 포위한 것이다.

○冬 十二月 天王處于姑蕕 **蕕 音由 姑蕕 周地** **辟儋翩之亂也**

○겨울 12월에 천왕이 고유(姑蕕)에 머물렀으니, 유(蕕)는 음이 유(由)이다. 고유(姑蕕)는 주(周)나라 땅이다. 담편(儋翩)의 란을 피하기 위해서였다.

---

130) 주사(周社)에서~맹약하였으며 : 주사(周社)는 로(魯)나라에 있는 주(周)나라의 사(社)인데 로나라는 주나라의 제후국이기 때문에 둔 것이다. 박사(亳社)는 로나라에 있는 은(殷)나라의 사인데 은나라가 박(亳) 땅에 도읍했었기 때문에 있는 것이다. 은나라가 망하였어도 그대로 두어 로나라에서 지신(地神)에게 제사를 지냈다.

131) 배신(陪臣) : 천자에게는 제후(諸侯)나 경(卿)이 배신(陪臣)이고, 제후(諸侯)에게는 대부(大夫)가 배신이고, 대부에게는 가신(家臣)이 배신이 된다. 여기에서는 대부의 가신을 말한다.

정공(定公) 7년【戊戌 B.C.503】

七年 春 王正月

7년 봄 왕정월이다.

○七年 春 二月 周儋翩入于儀栗以叛 儀栗 周邑

○7년 봄 2월에 주(周)나라 담편(儋翩)이 의률(儀栗)에 들어가서 반란을 일으켰다. 의률(儀栗)은 주(周)나라 읍이다.

夏 四月

여름 4월이다.

夏 四月 單武公 穆公子 劉桓公 文公子 敗尹氏于窮谷 尹氏復黨儋翩爲亂

여름 4월에 선무공(單武公)과 목공(穆公)의 아들이다. 류환공(劉桓公)이 문공(文公)의 아들이다. 윤씨(尹氏)를 궁곡(窮谷)에서 패배시켰다. 윤씨(尹氏)가 다시 담편(儋翩)의 당여가 되어 란을 일으킨 것이다.

○齊人歸鄆陽關 陽虎居之以爲政 鄆陽關皆魯邑 中貳於齊 齊今歸之

○제인(齊人)이 운(鄆) 땅과 양관(陽關)을 돌려주니, 양호(陽虎)가 그곳에 거처하면서 정사를 행하였다. 운(鄆) 땅과 양관(陽關)은 모두 로(魯)나라 읍이다. 중간에 제(齊)나라에 붙었었는데 제나라가 이제 돌려준 것이다.

秋 齊侯鄭伯盟于鹹 齊人執衛行人北宮結以侵衛 齊侯衛侯盟于沙

가을에 제후(齊侯)와 정백(鄭伯)이 함(鹹) 땅에서 맹약하였다. 제인(齊人)이 위(衛)나라 행인 북궁결(北宮結)을 잡아두고 위나라를 침범하였다. 제후와 위후

(衛侯)가 사(沙) 땅에서 맹약하였다.

沙 公作沙澤 ○鹹沙皆衛地 諸侯始復特盟 齊侯稱人 而又書侵 重貶之也

사(沙)는 《공양전(公羊傳)》에는 사택(沙澤)으로 되어 있다. ○함(鹹)과 사(沙)는 모두 위(衛)나라 땅이다. 제후들이 특맹(特盟)132)을 다시 시작한 것이다. 제후(齊侯)를 인(人)이라 칭하고 또 경문에 침(侵)이라고 기록한 것은 거듭 폄하한 것이다.

秋 齊侯鄭伯盟于鹹 徵會于衛 衛侯欲叛晉 屬齊鄭也 **諸大夫不可 使北宮結如齊 而私於齊侯曰 執結以侵我** 欲以齊師懼諸大夫 **齊侯從之 乃盟于瑣** 瑣卽沙也

가을에 제후(齊侯)와 정백(鄭伯)이 함(鹹) 땅에서 맹약하고 위(衛)나라를 회합에 부르자, 위후(衛侯)가 진(晉)나라를 배반하고자 하였다. 제(齊)나라와 정(鄭)나라에 속하고자 한 것이다. 여러 대부가 안 된다고 하니, 위후가 북궁결(北宮結)을 제(齊)나라로 가게하고서 제후에게 은밀하게 말하기를 "결(結)을 잡아두고서 우리나라를 침범하십시오."라고 하였다. 제(齊)나라 군대로 여러 대부를 두렵게 하고자 한 것이다. 제후가 이 말을 따르니, 제후와 위후가 쇄(瑣) 땅에서 맹약하였다. 쇄(瑣)는 곧 사(沙) 땅이다.

大雩

크게 기우제를 지냈다.

齊國夏帥師伐我西鄙

제(齊)나라 국하(國夏)가 군대를 거느리고 우리나라 서쪽 변방을 쳤다.

齊國夏伐我 齊叛晉故 **陽虎御季桓子 公斂處父御孟懿子** 處父 孟氏家臣 **將宵軍齊師 齊師聞之 墮伏而待之** 墮毁其軍以誘敵 而設伏兵 **處父曰 虎不圖禍 而必死** 言不度禍難以攻齊師 汝必當死 **苫夷曰 虎陷二子於難** 苫夷 季氏家臣 二子 季孟 **不待有司 余必殺女 虎懼 乃**

---

132) 특맹(特盟) : 두 나라 임금만의 회맹. 특맹은 제환공(齊桓公) 이후로 없었는데 지금 다시 보인 것은 제후들 가운데 맹주가 없었기 때문이다.

還 不敗

제(齊)나라 국하(國夏)가 우리나라를 치니,[133] 제(齊)나라가 진(晉)나라를 배반하였기 때문이다. 양호(陽虎)가 계환자(季桓子)의 병거를 몰고 공렴처보(公斂處父)는 맹의자(孟懿子)의 병거를 몰고서 처보(處父)는 맹씨(孟氏)의 가신이다. 밤에 제나라 군대를 공격하기로 하였다. 제나라 군대는 이 소식을 듣고 군의 방비를 철거하고 복병을 두어 기다렸다. 제(齊)나라 군대의 방비를 철거하여 적군을 유인하고 복병을 설치한 것이다. 처보(處父)가 말하기를 "호(虎) 당신이 화난을 헤아리지 않으니 당신[而]은 반드시 죽게 될 것이오."라고 하였다. 화난을 헤아리지 않고 제(齊)나라 군대를 공격하니 너[陽虎]는 반드시 죽음을 당할 것이리는 말이다. 점이(苫夷)가 말하기를 "호 당신이 두 분[二子]을 화난에 빠지게 한다면 점이(苫夷)는 계씨(季氏)의 가신이다. 두 분[二子]은 계환자(季桓子)와 맹의자(孟懿子)이다. 유사(有司)의 처분을 기다리지 않고 내가 반드시 당신을 죽일 것이다."라고 하였다. 호가 두려워 이에 군대를 돌리니 패하지 않았다.

九月 大雩

9월에 크게 기우제를 지냈다.

冬 十月

겨울 10월이다.

○冬 十一月 戊午 單子劉子逆王于慶氏 慶氏 守姑蕕大夫 **晉籍秦送王 己巳 王入于王城 館于公族黨氏** 黨氏 周大夫 **而後朝于莊宮**

○겨울 11월 무오일에 선자(單子 : 單武公)와 류자(劉子 : 劉桓公)가 경씨(慶氏)에게 가서 왕[敬王]을 맞이하니, 경씨(慶氏)는 고유(姑蕕)를 지키는 대부이다. 진(晉)나라 적진(籍秦)이 왕을 호송하였다. 기사일에 왕이 왕성(王城)으로 들어가서 공족(公族)인 당씨(黨氏)의 집에 묵다가 당씨(黨氏)는 주(周)나라 대부이다. 뒤에 장궁(莊宮)[134]에 참배하였다.

---

133) 제(齊)나라~치니 : 로(魯)나라가 진(晉)나라의 동맹국이기 때문이다.

134) 장궁(莊宮) : 주장왕(周莊王)의 사당.

정공(定公) 8년【己亥 B.C.502】

> 八年 春 王正月 公侵齊
>
> 8년 봄 왕정월에 정공(定公)이 제(齊)나라를 침범하였다.

八年 春 王正月 公侵齊 門于陽州 士皆坐列 言無鬪志 **曰 顔高之弓六鈞** 顔高 魯人 六匀 百八十斤 **皆取而傳觀之 陽州人出 顔高奪人弱弓** 顔高無弓 故奪他人弱弓 **籍丘子鉏擊之 與一人俱斃** 子鉏 齊人 斃 仆也 **偃 且射子鉏 中頰 殪** 顔高偃仆且射子鉏 言其善射 **顔息射人 中眉** 顔息 魯人 **退曰 我無勇 吾志其目也** 以自矜 **師退 冉猛僞傷足而先** 猛 魯人 欲先歸 **其兄會乃呼曰 猛也殿** 會見猛不在列 詐言猛在後爲殿

8년 봄 왕정월에 정공(定公)이 제(齊)나라를 침범하여 양주(陽州)의 성문을 공격할 때 병사들이 모두 벌려 앉아서 싸울 뜻이 없다는 말이다. 말하기를 "안고(顔高)의 활은 무게가 6균(鈞)이나 되지."[135]라고 하면서 안고(顔高)는 로(魯)나라 사람이다. 6균(匀)[136]은 1백 80근(斤)이다. 모두 그 활을 가져다가 돌려가면서 구경하였다. 이때 양주인(陽州人)이 나와 공격하니, 안고는 다른 사람의 약한 활을 빼앗았다. 안고(顔高)가 활이 없었기 때문에 다른 사람의 약한 활을 빼앗은 것이다. 적구자서(籍丘子鉏)가 안고를 공격하자 그는 다른 한 사람과 함께 엎어졌다가[斃] 자서(子鉏)는 제(齊)나라 사람이다. 폐(斃)는 엎어짐이다. 돌아누워 또 자서(子鉏)를 쏘아 뺨을 맞히니 죽었다. 안고(顔高)가 돌아누워 자서(子鉏)를 쏜 것이니 그가 활을 잘 쏘았음을 말한 것이다. 안식(顔息)이 양주인을 쏘아 눈썹을 맞히고 안식(顔息)은 로(魯)나라 사람이다. 물러가며 말하기를 "나는 용기가 없구나. 내 뜻은 그의 눈을 쏘려고 하였는데."라고 하였다. 스스로 뽐낸 것이다. 로(魯)나라 군대가 퇴각할 때 염맹(冉猛)이 거짓으로 발을 다쳤다고 하면서 먼저 가니 맹(猛)은 로(魯)나라 사람이다. 먼저 돌아가고자 한 것이다. 그의 형 회(會)가 소리쳐 말하기를 "맹(猛)은 전(殿)[137]에 있다."라고 하였다. 회(會)는 맹(猛)이 대렬(隊列)에 있지 않은 것을 보고서 맹이 뒤에 있으면서 전(殿)이 되었다고 거짓말을 한 것이다.[138]

---

135) 안고(顔高)의~되지 : 이에 대하여 활의 무게가 아니라 시위를 당기는데 6균(鈞)의 힘이 필요하다고 보는 설도 있다.

136) 6균(匀) : 전문주의 균(匀)은 균(鈞)과 통용한다.

137) 전(殿) : 군대의 후미. 군대가 퇴각할 때는 후미에 있는 것을 공으로 여긴다.

公至自侵齊
정공(定公)이 제(齊)나라를 침범한 일에서 돌아왔다.

二月 公侵齊
2월에 정공(定公)이 제(齊)나라를 침범하였다.

公侵齊 攻廩丘之郛 主人焚衝 衝 戰車 **或濡馬褐以救之** 馬褐 馬衣 **遂毁之** 毁郛 **主人出** 廩丘人出戰 **師奔** 魯人奔却 **陽虎僞不見冉猛者 曰 猛在此 必敗** 陽州之役 猛先歸 言若在此必復敗 **猛逐之** 逐廩丘人 **顧而無繼 僞顚 虎曰 盡客氣也** 言皆客氣非勇

정공(定公)이 제(齊)나라를 침범하여 름구(廩丘)의 외성을 공격하니, 름구의 주인(主人)139)이 로(魯)나라 전거[衝]에 불을 질렀다. 충(衝)은 전거(戰車 : 兵車)이다. 어떤 자가 마갈(馬褐)을 적셔서 불을 끄고 마갈(馬褐)은 마의(馬衣)140)이다. 드디어 외성을 무너뜨렸다. 외성을 무너뜨린 것이다. 주인이 나오니 름구인(廩丘人)이 싸우러 나온 것이다. 로나라 군대가 달아났다. 로인(魯人)이 퇴각하여 달아난 것이다. 양호(陽虎)가 염맹(冉猛)을 못본 체하며 말하기를 "맹(猛)이 여기에 있으면 반드시 패할 것이다."라고 하였다. 양주(陽州)의 싸움에서 맹(猛)이 먼저 돌아갔기 때문에 만약 여기에 있다면 반드시 다시 패할 것이라는 말이다. 이에 맹이 쫓아내다가 름구인(廩丘人)을 쫓아낸 것이다. 돌아보니 따라오는 자가 없자 일부러 수레에서 떨어졌다. 호(虎)가 말하기를 "모두가 객기(客氣)일 뿐이다."라고 하였다. 모두가 객기(客氣)이고 용기가 아니라는 말이다.

苫越生子 將待事而名之 苫越 苫夷 **陽州之役獲焉 名之曰陽州**

점월(苫越)이 아들을 낳고서 일을 기다렸다가141) 이름을 지으려고 하였다. 점월(苫越)은 점이(苫夷)이다. 양주(陽州)의 싸움에서 포로를 잡고서 아들의 이름을 양주(陽州)라고 하였다.

---

138) 회(會)는~것이다 : 염회(冉會)는 아우인 염맹(冉猛)이 비겁하게 도망갔다는 오명을 쓰지 않게 한 것이다.

139) 주인(主人) : 성을 지키는 사람. 병법(兵法)에 성을 지키는 사람을 주인(主人)이라 하고 성을 공격하는 사람을 객(客)이라 한다.

140) 마의(馬衣) : 거친 무명으로 만든 짧은 옷. 미천한 사람이 입는 옷이다.

141) 일을 기다렸다가 : 공을 세우기를 기다린 것이다.

○二月 己丑 單子伐穀成 劉子伐儀栗 辛卯 單子伐簡成 劉子伐盂 討儋翩之黨 四邑皆周地 **以定王室**

○2월 기축일에 선자(單子 : 單武公)가 곡성(穀成)을 치고, 류자(劉子 : 劉桓公)가 의률(儀栗)을 쳤다. 신묘일에 선자가 간성(簡成)을 치고, 류자가 우(盂) 땅을 쳐서 담편(儋翩)의 당여를 토죄한 것이다. 네 읍은 모두 주(周)나라 땅이다. 왕실을 안정시켰다.

○趙鞅言於晉侯曰 諸侯唯宋事晉 好逆其使 猶懼不至 今又執之 是絶諸侯也 將歸樂祁 士鞅曰 三年止之 無故而歸之 宋必叛晉 獻子私謂子梁 獻子 士鞅 子梁 樂祁 **曰 寡君懼不得事宋君 是以止子 子姑使溷代子 子梁以告陳寅 陳寅曰 宋將叛晉 是棄溷也 不如待之** 姑且留待 勿以子代 **樂祁歸 卒于大行** 大行 晉地 **士鞅曰 宋必叛 不如止其尸以求成焉 乃止諸州** 州 晉地 爲明年宋公使樂大心如晉張本

○조앙(趙鞅)이 진후(晉侯)에게 말하기를 "제후들 가운데 오직 송(宋)나라만이 우리 진(晉)나라를 섬기고 있으니, 그 사신을 잘 맞이하여도 오히려 다시 오지 않을까 걱정되는데 지금 또 그를 잡았으니[142] 이는 제후들과의 관계를 끊는 것입니다."라고 하면서 악기(樂祁)를 돌려보내려고 하였다. 이에 사앙(士鞅)이 말하기를 "3년이나 억류하였다가 까닭 없이 돌려보낸다면 송나라는 반드시 우리 진나라를 배반할 것입니다."라고 하였다. 헌자(獻子)가 은밀히 자량(子梁)에게 헌자(獻子)는 사앙(士鞅)이고 자량(子梁)은 악기(樂祁)이다. 말하기를 "과군은 송나라 임금님을 섬길 수 없을까 두려워합니다.[143] 이 때문에 그대를 억류한 것입니다. 그대는 우선 아들 혼(溷)으로 하여금 그대를 대신하게 하십시오."라고 하였다. 자량이 이 말을 진인(陳寅)에게 알리니, 진인이 말하기를 "송나라는 장차 진나라를 배반할 것이니, 이는 아들 혼을 버리는 것입니다. 더 기다리는 것만 같지 못합니다."라고 하였다. 우선 머물러 기다리면서 아들로 대신하지 말라는 것이다. 그러나 악기는 송나라로 돌아가다가 태항(大行)에서 졸하였다. 태항(大行)은 진(晉)나라 땅이다. 사앙이 말하기를 "송나라는 반드시 배반할 것입니다. 그의 시신을 억류하여 화친을 구하는 것만 같지 못합니다."라고 하니, 이에 주(州) 땅에 시신을 억류하였다. 주(州)는 진(晉)나라 땅이다. 다음해 송경공(宋景公)이 악대심(樂大心)을 보내어 진나라로 가게 하는 장본이 된다.[144]

---

142) 그를 잡았으니 : 송(宋)나라 악기(樂祁)를 잡은 것이다. 이 일은 정공(定公) 6년에 있었다.

143) 송나라~두려워합니다 : 송(宋)나라의 마음을 얻지 못하여 송나라가 진(晉)나라를 배반할까 두려워한다는 말이다.

三月 公至自侵齊

3월에 정공(定公)이 제(齊)나라를 침범한 일에서 돌아왔다.

曹伯露卒

조백(曹伯) 로(露)가 졸하였다.

夏 齊國夏帥師伐我西鄙 公會晉師于瓦

여름에 제(齊)나라 국하(國夏)가 군대를 거느리고 우리나라 서쪽 변방을 치자, 정공(定公)이 진(晉)나라 군대와 와(瓦) 땅에서 회합하였다.

瓦 衛地

와(瓦)는 위(衛)나라 땅이다.

夏 齊國夏高張伐我西鄙 晉士鞅趙鞅荀寅救我 公會晉師于瓦 范獻子執羔 趙簡子中行文子皆執鴈 魯於是始尙羔 **文子 荀寅也 禮 卿執羔 大夫執鴈 魯則同之 今始知執羔之尊**

여름에 제(齊)나라 국하(國夏)와 고장(高張)이 우리나라 서쪽 변방을 치자, 진(晉)나라 사앙(士鞅)·조앙(趙鞅)·순인(荀寅)이 우리나라를 구원하였다. 이에 정공(定公)이 진나라 군대와 와(瓦) 땅에서 회합하였는데, 범헌자(范獻子 : 士鞅)는 회합의 례에 염소를 잡고[執], 조간자(趙簡子 : 趙鞅)와 중항문자(中行文子)는 모두 기러기를 잡았다. 로(魯)나라는 이에 비로소 염소를 숭상하게 되었다. 문자(文子)는 순인(荀寅)이다. 례에 경(卿)은 염소를 잡고 대부는 기러기를 잡는데 로(魯)나라는 구분 없이 동일하게 하였다가 지금 비로소 염소를 잡는 것이 높은 것임을 안 것이다.[145)]

---

144) 다음해~된다 : 송(宋)나라가 악대심(樂大心)을 보내어 악기(樂祁)의 시신을 맞이해 오게 한 것이다. 그러나 이 일은 정공(定公) 10년조에 기록되어 있다.

145) 례에~것이다 : 《주례(周禮)》에 의하면 회합의 례에 경(卿)은 염소를 례물로 올리고 대부는 기러기를 례물로 올린다고 하였다. 그런데 로(魯)나라는 경과 대부들이 모두 기러기를 올렸다가 이번에 진(晉)나라가 정경(正卿)은 염소를 올리고 대부는 기러기를 올리는 것을 보고 염소를 올리는 것이 높은 것임을 알았다는 것이다.

公至自瓦

정공(定公)이 와(瓦) 땅에서 돌아왔다.

秋 七月 戊辰 陳侯柳卒

가을 7월 무진일에 진후(陳侯) 류(柳)가 졸하였다.

晉士鞅帥師侵鄭 遂侵衛

진(晉)나라 사앙(士鞅)이 군대를 거느리고 정(鄭)나라를 침범하고 드디어 위(衛)나라를 침범하였다.

士 公作趙

사(士)는《공양전(公羊傳)》에는 조(趙)로 되어 있다.

晉師將盟衛侯于鄟澤 鄟澤 衛地 **趙簡子曰 羣臣誰敢盟衛君者** 前年衛叛晉 簡子欲摧辱之 **涉佗成何曰 我能盟之** 二子 晉大夫 **衛人請執牛耳** 盟禮 卑者執牛耳 尊者涖盟 衛侯與晉大夫盟 自以當尊 故請晉執之 **成何曰 衛 吾溫原也 焉得視諸侯** 言衛小 可比晉縣 **將歃 涉佗捘衛侯之手及捥** 捘 音晬 捉也 捥 同腕 掌臂交曲處 捘之上及於腕 **衛侯怒 王孫賈趍進** 賈 衛大夫 **曰 盟以信禮也** 信猶明也 **有如衛君 其敢不唯禮是事 而受此盟也** 言晉無禮 不欲受其盟

진(晉)나라 군대가 전택(鄟澤)에서 위후(衛侯)와 맹약하려 할 때 전택(鄟澤)은 위(衛)나라 땅이다. 조간자(趙簡子)가 말하기를 "뭇 신하 가운데 누가 감히 위(衛)나라 임금과 맹약하겠는가?"라고 하니, 지난해 위(衛)나라가 진(晉)나라를 배반하니 간자(簡子)가 위나라의 기세를 꺾어 모욕을 주려 한 것이다. 섭타(涉佗)와 성하(成何)가 말하기를 "우리가 맹약할 수 있습니다."라고 하였다. 두 사람은 진(晉)나라 대부이다. 맹약할 때 위인(衛人)이 진나라에게 소귀잡기를 청하자, 맹약의 례에 지위가 낮은 자는 소귀를 잡고, 높은 자는 맹약을 주재한다. 위후(衛侯)가 진(晉)나라 대부와 맹약을 하면서 스스로를 높다고 여겼기 때문에 진나라에게 소귀잡기를 청한 것이다. 성하가 말하기를 "위나라는 우리의 온(溫)이나 원(原) 땅 정도인데 어찌 제후(諸侯)로 볼 수 있겠습니까."라고 하였다. 위(衛)나라는 작아서 진(晉)나라의 현에 견줄 수 있다는 말이다. 삽혈하려 할 때 섭타가 위후의 손과 손목[捥]을 잡으니[捘],[146] 채(捘)는 음이 채(晬)이니 붙잡음이다. 완(捥)은 완(腕)과 같으니 손바닥과 팔이 만나는 굽은 곳이다. 위로 손목까지 잡은 것이다. 위후가 노하였다. 왕손가(王孫賈)가 종종걸음으로 나아가 가(賈)는 위(衛)나라 대부이다. 말하기를 "맹약은 례를 밝히는[信] 것입니다. 신(信)은 밝힘[明]과 같다. 우리 위나라 임금님과 같은 분이야 어찌 감히 례를 밝히기를 일삼아 이 맹약을 받아들이지 않겠습니까."라고 하였다. 진(晉)나라가 무례하니 위(衛)나라는 그 맹약을 받아들이지 않겠다는 말이다.[147]

衛侯欲叛晉 而患諸大夫 王孫賈使次于郊 大夫問故 公以晉詬語之 詬 恥也 **且曰 寡人辱社稷 其改卜嗣 寡人從焉** 我從大夫所立 **大夫曰 是衛之禍 豈君之過也 公曰 又有患焉 謂寡人 必以而子與大夫之子爲質** 爲質於晉 **大夫曰 苟有益也 公子則往 羣臣之子敢不皆負羈絏以從 將行 王孫賈曰 苟衛國有難 工商未嘗不爲患 使皆行而後可** 欲以激怒國人 **公以告大夫 乃皆將行之**

위후(衛侯)가 진(晉)나라를 배반하고자 하였으나 여러 대부가 따르지 않을까 걱정하니, 왕손가(王孫賈)가 위후를 교외에서 머물게 하였다. 대부들이 그 까닭을 물으니, 위령공(衛靈公)이 진나라에게 모욕당한[詬] 일을 말하고 후(詬)는 모욕이다. 또 말하기를 "과인이 사직을 욕되게 하였으니 후계자를 새로 점쳐서 정해주면 과인은 따르겠다."라고 하였다. 나는 대부들이 세운 후계자를 따르겠다는 것이다. 대부들이 말하기를 "이는 우리 위(衛)나라의 화입니다. 어찌 임금님의 잘못이겠습니까."라고 하였다. 위령공이 말하기를 "또 다른 우환이 있으니, 진나라가 과인에게 이르기를 '반드시 그대의 아들과 대부의 아들을 인질로 삼겠소.'라고 하였다."라고 하니, 진(晉)나라에 인질이 되게 한다는 것이다. 대부들이 말하기를 "진실로 나라에 도움이 되어 공자께서 인질로 가시는데 뭇 신하된 자의 아들들이 감히 모두 굴레와 고삐를 짊어지고 따르지 않을 수 있겠습니까."라고 하였다. 인질이 떠나려 할 때 왕손가가 말하기를 "진실로 우리 위나라에 환난이 있게 되면 공인(工人)과 상인(商人)들에게도 우환이 되지 않은 적이 없으니, 그들도 모두 같이 떠나보낸 뒤에야 괜찮을 것입니다."라고 하니, 국인을 격노시키고자 한 것이다. 위령공이 그 말을 대부들에게 고하여 모두 같이 떠나게 되었다.

行有日 公朝國人 使賈問焉 曰 若衛叛晉 晉五伐我 病何如矣 皆曰 五伐我 猶可以

146) 삽혈하려~잡으니[捘] : 삽혈하는 행위를 방해하여 모욕을 주려한 것이다.

147) 진(晉)나라가~말이다 : 진(晉)나라가 례에 따라 일을 처리한다면 위(衛)나라는 이 맹약을 받아들이겠다는 의미이다.

能戰 賈曰 然則如叛之 病而後質焉 叛晉見伐 病而後納質 **何遲之有 乃叛晉 晉人請改盟 弗許**

떠나는 날이 정해지자 위령공(衛靈公)이 국인을 조회하면서 왕손가(王孫賈)를 시켜 묻게 하기를 "만약 우리 위(衛)나라가 진(晉)나라를 배반한다면 진나라가 다섯 차례[148]에 걸쳐 우리나라를 칠 것이니 그 고통이 어떠하겠는가?"라고 하니, 모두 말하기를 "다섯 번 우리를 치더라도 오히려 싸울 수 있습니다."라고 하였다. 가(賈)가 말하기를 "그렇다면 만약 진나라를 배반하여 고통을 당한 뒤에 인질을 보낸들 진(晉)나라를 배반하여 정벌을 당하고 고통을 겪어본 뒤에 인질을 보낸다는 것이다. 어찌 늦겠습니까."라고 하였다. 이에 진나라를 배반하니 진인(晉人)이 맹약의 내용을 고치기를 청하였으나 허낙하지 않았다.

秋 晉士鞅會成桓公侵鄭 圍蟲牢 報伊闕也 桓公 周卿士 六年鄭伐周闕外 **遂侵衛**

가을에 진(晉)나라 사앙(士鞅)이 성환공(成桓公)과 회합하여 정(鄭)나라를 침범해서 충뢰(蟲牢)를 포위하였으니, 이는 이궐(伊闕)을 친 일에 대한 보복이었다. 환공(桓公)은 주(周)나라 경사(卿士)이다. 6년에 정(鄭)나라가 주나라의 궐외(闕外)[149]를 쳤었다. 그리고 드디어 위(衛)나라를 침범하였다.

葬曹靖公 조(曹)나라 정공(靖公)의 장례를 지냈다.

九月 葬陳懷公 9월에 진(陳)나라 회공(懷公)의 장례를 지냈다.

148) 다섯 차례 : 여러 번의 의미이다.

149) 궐외(闕外) : 궐외(闕外)는 이궐(伊闕)이니 주(周)나라 읍이다.

季孫斯仲孫何忌帥師侵衛

계손사(季孫斯)와 중손하기(仲孫何忌)가 군대를 거느리고 위(衛)나라를 침범하였다.

九月 師侵衛 晉故也

9월에 우리나라 군대가 위(衛)나라를 침범하였으니, 진(晉)나라 때문이었다.[150]

冬 衛侯鄭伯盟于曲濮

겨울에 위후(衛侯)와 정백(鄭伯)이 곡복(曲濮)에서 맹약하였다.

曲濮 衛地

곡복(曲濮)은 위(衛)나라 땅이다.

從祀先公

선공(先公)에게 순서대로[從] 제사 지냈다.

從 順也 先公 閔公僖公 不由公命而由陽虎 故不書禘 又不日

종(從)은 순서대로 함이다. 선공(先公)은 민공(閔公)과 희공(僖公)이다. 정공(定公)의 명을 따르지 않고 양호(陽虎)의 명을 따랐기 때문에 체제(禘祭)를 지냈다고 경문에 기록하지 않았고 또 날도 기록하지 않은 것이다.

季寤 季桓子之弟 **公鉏極** 公彌曾孫 桓子族子 **公山不狃 皆不得志於季氏 叔孫輒無寵於叔孫氏** 輒 叔孫氏庶子 **叔仲志不得志於魯** 志 叔仲帶之孫 **故五人因陽虎 陽虎欲去三桓 以季寤更季氏** 代桓子 **以叔孫輒更叔孫氏** 代武叔 **己更孟氏** 陽虎自代懿子 **冬 十月 順祀先公而祈焉** 欲以順祀取媚 **辛卯 禘于僖公** 退僖升閔 懼於僖公之神 故祀於僖廟

150) 진(晉)나라 때문이었다 : 로(魯)나라가 진(晉)나라를 위하여 위(衛)나라를 친 것이다.

계오(季寤)와 계환자(季桓子)의 아우이다. 공서극(公鉏極)과 공미(公彌)의 증손이며 환자(桓子)의 족자(族子)[151]이다. 공산불뉴(公山不狃)는 모두 계씨(季氏)에게 뜻을 얻지 못하였고, 숙손첩(叔孫輒)은 숙손씨(叔孫氏)에게 총애를 받지 못하였고, 첩(輒)은 숙손씨(叔孫氏)의 서자이다. 숙중지(叔仲志)는 로(魯)나라에서 뜻을 얻지 못하였다. 지(志)는 숙중대(叔仲帶)의 손자이다. 그러므로 이들 다섯 사람은 양호(陽虎)에게 의지하였다. 양호는 삼환(三桓)을 제거하고서 계오로써 계씨(季氏)를 바꾸고, 환자(桓子 : 季桓子)의 지위를 대신하게 함이다. 숙손첩으로써 숙손씨를 바꾸고, 무숙(武叔 : 叔孫武叔)의 지위를 대신하게 함이다. 자신은 맹씨(孟氏)를 대체하고자 하였다. 양호(陽虎)는 스스로 의자(懿子 : 孟懿子)의 지위를 대신하고자 한 것이다. 겨울 10월에 선공(先公)에게 순서대로 제사 지내고 소원을 빌었다. 순서대로 제사를 지내어 아첨하고자 한 것이다. 신묘일에 희공(僖公)에게 체제(禘祭)[152]를 지냈다. 희공(僖公)을 뒤로 물리고 민공(閔公)을 위로 올려서[153] 희공의 신이 노여워할까 두려워하였기 때문에 희공의 사당에 제사 지낸 것이다.

盜竊寶玉大弓 도적이 보옥(寶玉)과 대궁(大弓)을 훔쳐갔다.

盜謂陽虎也 家臣賤 名氏不見 故曰盜

도적은 양호(陽虎)를 이른다. 가신은 비천하여 이름과 씨(氏)를 경문에 밝히지 않기 때문에 도적이라고 한 것이다.

壬辰 將享季氏于蒲圃而殺之 戒都車曰 癸巳至 都邑之兵車也 成宰公斂處父告孟孫曰 季氏戒都車 何故 孟孫曰 吾弗聞 處父曰 然則亂也 必及於子 先備諸 與孟孫以壬辰爲期 處父期以兵救孟氏

임진일에 양호(陽虎)가 포포(蒲圃)에서 계씨(季氏)에게 향연을 베풀다가 그를 죽이기로 하고, 도거(都車)에 경계령을 내려 말하기를 "계사일에 모이도록 하라."고 하였다.[154] 도거

---

151) 족자(族子) : 동족형제의 아들.

152) 체제(禘祭) : 임금이 하늘과 선조에 지내는 대제(大祭).

153) 희공(僖公)을~올려서 : 희공(僖公)은 민공(閔公)의 서형이지만 민공 뒤에 임금이 되었다. 그런데 문공(文公) 2년에 문공이 자기 아버지인 희공의 신주를 민공의 신주 위로 올려서 역사(逆祀)하였다. 이에 지금 양호(陽虎)가 그 서차(序次)를 바로잡아 희공의 신주를 민공의 신주 아래로 내린 것이다.

(都車)는 도읍(都邑)의 병거이다. 성(成) 땅의 읍재(邑宰)인 공렴처보(公斂處父)가 맹손(孟孫)에게 고하기를 "계씨가 도거에 경계령을 내린 것은 무슨 까닭입니까?"라고 하니, 맹손이 말하기를 "나는 듣지 못하였다."라고 하였다. 처보(處父)가 말하기를 "그렇다면 란을 일으키려는 것입니다. 그리고 그 화가 반드시 당신에게도 미칠 것이니 먼저 대비하십시오."라 하고, 맹손과 함께 임진일을 기약하였다. 처보(處父)가 군사로 맹씨(孟氏)를 구원하기로 기약한 것이다.

陽虎前驅 林楚御桓子 虞人以鈹盾夾之 陽越殿 越 陽虎從弟 **將如蒲圃 桓子咋謂林楚** 咋 音乍 暫也 **曰 而先皆季氏之良也 爾以是繼之** 欲使林楚免已 **對曰 臣聞命後 陽虎爲政 魯國服焉 違之徵死 死無益於主** 徵 召也 **桓子曰 何後之有 而能以我適孟氏乎 對曰 不敢愛死 懼不免主 桓子曰 往也**

양호(陽虎)가 앞장서고 림초(林楚)가 환자(桓子 : 季氏)의 수레를 몰고, 우인(虞人)이 칼과 방패로 그 곁을 호위하고, 양월(陽越)이 후미가 되어 월(越)은 양호(陽虎)의 종제(從弟)이다. 포포(蒲圃)로 가려 하였다. 이때 환자가 갑자기[咋] 림초에게 이르기를 사(咋)는 음이 사(乍)이니 갑자기이다. "너의 선조는 모두 계씨(季氏)의 훌륭한 가신이었으니, 너도 가신으로 선조의 일을 이어라."고 하니, 림초(林楚)를 시켜 자신의 위험을 모면하고자 한 것이다. 림초가 대답하기를 "신이 명을 받들기는 이미 늦었습니다. 양호가 정권을 잡음에 로(魯)나라가 모두 그에게 복종하고 있으니 이를 어긴다면 죽음만을 불러올[徵] 뿐이고, 신이 죽는다한들 주인님에게는 아무런 도움이 되지 않을 것입니다."라고 하였다. 징(徵)은 불러옴이다. 환자가 말하기를 "어찌 늦었다고 하겠느냐. 너는 나를 데리고 맹씨(孟氏)에게 갈 수 있겠느냐?"라고 하니, 림초가 대답하기를 "제가 감히 죽음을 아끼겠습니까마는 주인님을 화난에서 면하지 못하게 할까 두렵습니다."라고 하였다. 이에 환자가 말하기를 "그렇다면 맹씨에게 가자."라고 하였다.

孟氏選圉人之壯者三百人 以爲公期築室於門外 僞築室於門外 因得聚衆 公期 孟氏支子 **林楚怒馬 及衢而騁 陽越射之 不中 築者闔門** 季孫既得入 乃閉門 **有自門間射陽越 殺之 陽虎劫公與武叔** 武叔 叔孫不敢之子州仇 **以伐孟氏 公斂處父帥成人自上東門入** 魯東城之北門 **與陽氏戰于南門之內 弗勝 又戰于棘下** 城內地名 **陽氏敗 陽虎說甲如公宮 取寶玉大弓以出 舍于五父之衢 寢而爲食 其徒曰 追其將至 虎曰 魯人聞余出 喜於徵**

154) 임진일에~하였다 : 양호(陽虎)가 임진일에 계손(季孫)을 죽이고 다음 날인 계사일에 도거(都車)를 거느리고 맹손(孟孫)과 숙손(叔孫)을 치려는 것이다.

死 何暇追余 虎將殺季氏 今得脫必喜 故言喜於召死 **從者曰 嘻 速駕 公斂陽在** 陽卽處父 嘻懼聲 **公斂陽請追之 孟孫弗許 陽欲殺桓子** 欲因亂討季氏 以强孟氏 **孟孫懼而歸之** 懼季氏强 不敢殺 **子言辨舍爵於季氏之廟而出** 子言 季寤 辨 徧也 徧告廟飮酒 以示無懼 **陽虎入于讙陽關以叛**

이때 맹씨(孟氏)는 어인(圉人) 가운데 힘이 센 자 3백 인을 뽑아 대문 밖에서 공기(公期)를 위하여 집을 짓고 있었다. 대문 밖에서 집을 짓는 것처럼 꾸며 뭇사람을 모은 것이다. 공기(公期)는 맹씨(孟氏)의 지자(支子)[155)]이다. 림초(林楚)가 말을 성나게 하여 큰길에 다다라서는 급히 달려가니, 양월(陽越)이 활을 쏘았으나 맞추지를 못하였다. 집을 짓던 자들이 대문을 닫고 계손(季孫)이 대문으로 들어오자 문을 닫은 것이다. 문 사이로 양월에게 활을 쏘아 죽였다. 이에 양호(陽虎)가 정공(定公)과 무숙(武叔)을 겁박하여 무숙(武叔)은 숙손불감(叔孫不敢)의 아들인 주구(州仇)이다. 맹씨를 쳤다. 그러자 공렴처보(公斂處父)가 성인(成人)을 이끌고 상동문(上東門)으로 들어가 로(魯)나라 동쪽 성의 북문이다. 남문의 안에서 양씨(陽氏 : 陽虎)와 싸웠는데 이기지 못하였다. 또 극하(棘下)에서 싸우니 성안의 땅 이름이다. 양씨가 패하였다. 양호는 갑옷을 벗고 공궁으로 가서 보옥(寶玉)과 대궁(大弓)을 취하여 가지고 나와 오보(五父)의 거리에 머무르며 잠을 자고 나서 밥을 지으려 하였다. 그의 무리가 말하기를 "추격하는 자들이 곧 이를 것입니다."라고 하자, 호(虎)가 말하기를 "로인(魯人)이 내가 도망나갔다는 말을 들으면 죽음을 불러올 일에서 면한 것[156)]을 기뻐할 것인데 어느 겨를에 나를 추격하겠는가."라고 하니, 호(虎)가 계씨(季氏)를 죽이려 하였는데, 지금 이에서 벗어나 반드시 기뻐할 것이기 때문에 죽음을 불러올 일에서 벗어난 것을 기뻐할 것이라고 말한 것이다. 종자가 말하기를 "아[嘻]. 빨리 말에 멍에를 매십시오. 공렴양(公斂陽)이 있습니다."라고 하였다. 양(陽)은 바로 처보(處父)이다. 희(嘻)는 두려울 때 내는 소리이다. 공렴양이 양호를 추격할 것을 청하였는데 맹손(孟孫)이 허낙하지 않았다. 공렴양이 또 환자(桓子)를 죽이려 하자 란이 일어난 일로 인해 계씨(季氏)를 토죄하여 맹씨(孟氏)를 강하게 하고자 한 것이다. 맹손은 두려워 환자를 돌려보냈다. 계씨(季氏)의 강함을 두려워하여 감히 죽이지 못한 것이다. 자언(子言)은 계씨의 사당[廟]에 술잔을 두루[辨] 올려놓고서[舍] 도망나왔고 자언(子言)은 계오(季寤)이다. 변(辨)은 두루함이다. 사당[廟]에 두루 고하고 음복함으로써 두려워함이 없음을 보인 것이다. 양호는 환(讙) 땅과 양관(陽關)으로 들어가 반란을 일으켰다.

---

155) 지자(支子) : 종자(宗子)의 상대어. 적장자(嫡長子) 및 선조의 지위를 계승한 적자(嫡子)를 종자라 하고, 그 이외의 적자 및 첩자(妾子)를 지자(支子)라 한다.

156) 죽음을~것 : 〈춘추정의(春秋正義)〉에 따라 전문의 '徵死'를 '免徵死'의 뜻으로 해석하였다.

정공(定公) 9년【庚子 B.C.501】

九年 春 王正月

9년 봄 왕정월이다.

○鄭駟歂嗣子大叔爲政 歂 駟乞子子然 九年 春 鄭駟歂殺鄧析 而用其竹刑 鄧析 鄭大夫欲改鄭所鑄舊制 私造刑法 書於竹簡

○정(鄭)나라 사천(駟歂)이 자태숙(子大叔)의 뒤를 이어 집정이 되었다. 천(歂)은 사걸(駟乞)의 아들 자연(子然)이다. 9년 봄에 정나라 사천이 등석(鄧析)을 죽였지만 그가 만든 죽형(竹刑)을 채용하였다.[157] 등석(鄧析)은 정(鄭)나라 대부로 정나라가 주조하여 만든 옛 제도[158]를 바꾸려고 사사로이 형법을 만들어 죽간에 기록하였다.

君子謂 子然於是不忠 苟有可以加於國家者 棄其邪可也 加猶益也 靜女之三章 取彤管焉 言鄧析制刑 有益於國 當棄其惡而不責 竿旄何以告之 取其忠也 彤管 女史所執 言此二詩皆以一善見采 故用其道 不棄其人 詩云 蔽芾甘棠 勿翦勿伐 召伯所茇 思其人 猶愛其樹 況用其道而不恤其人乎 子然無以勸能矣

군자는 이른다. "자연(子然)은 이 일에 있어서 충성스럽지 못하였다. 진실로 국가에 보탬[加]이 될 수 있는 사람이라면 그 사악함은 따지지 않는 것이 좋다. 가(加)는 보탬[益]과 같다. 정녀(靜女)[159] 세 장에서는 동관(彤管)의 뜻을 취하였고,[160] 등석(鄧析)이 형법을 제정하여 나라에

157) 정나라~채용하였다 : 사천(駟歂)이 등석(鄧析)을 죽였지만 그가 만든 형법은 좋게 여겨 국법으로 채택한 것이다.

158) 정나라가~제도 : 정(鄭)나라 자산(子産)이 주조한 형서(刑書)를 이른다. 이 일은 소공(昭公) 6년조에 있다.

159) 정녀(靜女) : 《시경(詩經)》〈패풍(邶風)〉의 편 이름.

160) 정녀(靜女)~취하였고 : 정녀(靜女)는 남녀의 사랑을 읊은 시인데, 녀성이 동관(彤管)을 남자에게 선물한다는 대목이 있다. 동관은 붓대에 붉은 칠을 한 붓으로 녀성 사관(史官)이 궁중의 일을 기록하는 데 사용하였다. 즉 정녀는 남녀의 밀회를 묘사한 음란한 시이지만 그래도 녀자가 남자에게 동관을 선물함으로써 사관이 잘못을 간하고 바로잡는 역할을 하는 것처럼 남녀 사이에도 음란한 행동을 경계하는 뜻이 포함되어 있기 때문에 공자(孔子)가 이 시를 버리지 않고 취하였다는 것이다.

보탬이 있으니 마땅히 그 악을 따지지 않고 책망하지 않아야 한다는 말이다. 간모(竿旄)[161]의 '무엇으로 고해 주겠는가[何以告之].'에서는 그 충심을 취한 것이다.[162] 동관(彤管)은 녀성 사관이 쥐는 것이다. 이 두 시는 모두 한 가지 선행 때문에 채택되었음을 말한 것이다. 그러므로 그 도를 채용하면 그 사람을 버리지 않아야 한다. 《시(詩)에 이르기를 '무성한 감당(甘棠)나무를 자르지 말고 베지도 말라. 소백(召伯)이 초막을 치고 머물렀던 곳이다.'[163]라고 하여 그 사람을 사모함에 오히려 그 나무까지 사랑한다 하였거늘, 하물며 그 도를 채용하면서 그 사람을 돌보지 않을 수 있겠는가. 그러니 자연은 재능있는 사람을 권면할 수 없을 것이다."

夏 四月 戊申 鄭伯蠆卒 여름 4월 무신일에 정백(鄭伯) 채(蠆)가 졸하였다.

蠆 公作囆

채(蠆)는 《공양전(公羊傳)》에는 채(囆)로 되어 있다.

得寶玉大弓 보옥(寶玉)과 대궁(大弓)을 얻었다.

夏 陽虎歸寶玉大弓 書曰得 器用也 凡獲器用曰得 得用焉曰獲 謂用器物以有獲 若麟爲田獲 俘爲戰獲 **六月 伐陽關 陽虎使焚萊門** 陽關邑門 **師驚 犯之而出 奔齊 請師以伐魯曰 三加 必取之** 三加兵於魯 **齊侯將許之 鮑文子諫曰 臣嘗爲隸於施氏矣** 鮑國嘗爲魯大

161) 간모(竿旄) : 《시경(詩經)》 〈용풍(鄘風)〉의 편 이름. 간모(竿旄)는 검은 소의 꼬리를 깃대에 꽂아 꾸민 기(旗)로 대부가 의장에 사용하였다.

162) 무엇으로~것이다 : 《시경(詩經)》 〈용풍(鄘風)〉 간모(竿旄)의 첫째와 둘째 장의 마지막 말은 '무엇으로 줄 것인가.'라 하여 자기에게 주기를 바라는 마음을 나타내었다. 그러나 셋째 장의 마지막 말은 '무엇으로 고해 주겠는가[何以告之].'라 하여 자기에게 선도(善道)로 고해 주기를 바라는 마음을 나타내었기 때문에 공자(孔子)는 이 뜻을 좋게 여겨 이 시를 취하였다는 것이다.

163) 무성한~곳이다 : 《시경(詩經)》 〈소남(召南)〉 감당(甘棠). 이는 주(周)나라 소백(召伯)이 감당나무 밑에서 머물러 송사를 처리하였는데 백성이 그 덕을 추모하여 그 나무까지 사랑한 것을 읊은 내용이다.

夫施氏臣 事在成十七年 魯未可取也 上下猶和 衆庶猶睦 能事大國 大國 晉也 而無天菑若之何取之 陽虎欲勤齊師也 齊師罷 大臣必多死亡 己於是乎奮其詐謀 夫陽虎有寵於季氏 而將殺季孫 以不利魯國 而求容焉 求容於齊 親富不親仁 君焉用之 君富於季氏 而大於魯國 玆陽虎所欲傾覆也 魯免其疾 而君又收之 無乃害乎

여름에 양호(陽虎)가 보옥(寶玉)과 대궁(大弓)을 돌려주었다. 경문에 얻었다[得]고 기록한 것은 기용(器用)이기 때문이다. 기용을 얻는 것을 득(得)이라 하고, 기용을 사용하여 얻는 것을 획(獲)이라 한다. 획(獲)은 기물(器物)을 써서 획득한 것이 있음을 이르니, 린(麟)은 사냥하여 잡은 것이고 부(俘 : 포로)는 싸워서 잡았다는 것과 같은 것이다.[164] 6월에 로(魯)나라가 양관(陽關)을 치자 양호가 사람을 시켜 래문(萊門)을 불태우니 양관(陽關)의 읍문이다. 로나라 군대가 놀라거늘 그 틈을 타 포위를 뚫고 빠져나가 제(齊)나라로 달아났다. 그리고 제나라 군대를 청하여 로나라를 치려 하며 말하기를 "세 번 공격하면 반드시 로나라를 취할 수 있을 것입니다."라고 하니, 세 번 로(魯)나라를 공격한다는 것이다. 제후(齊侯)가 이를 허낙하려 하였다. 이에 포문자(鮑文子)가 간하기를 "신은 일찍이 시씨(施氏)의 가신으로 있어서 아는데 포국(鮑國 : 鮑文子)은 일찍이 로(魯)나라 대부 시씨(施氏)의 가신으로 있었다. 이 일은 성공(成公) 17년조에 있다. 로나라는 취할 수 없습니다. 상하가 아직도 화합하고 뭇 백성이 아직도 화목하며 대국을 잘 섬겨서 대국은 진(晉)나라이다. 하늘의 재해가 없으니 어떻게 취할 수 있겠습니까. 양호는 우리 제나라 군대를 수고롭게 하려는 것입니다. 제나라 군대가 지치면 대신 가운데 반드시 사망하는 이가 많을 것이고, 자기는 이때 간사한 모략을 드러내 보려는 것입니다.[165] 저 양호는 계씨(季氏)에게 총애를 받았으나 계손(季孫)을 죽이고 로나라에 리롭지 못한 짓을 하려다가 우리에게 와서 용납되기를 구하는 것입니다. 제(齊)나라에 용납되기를 구한다는 것이다. 그는 부(富)를 가까이하고 인(仁)을 가까이하지 않으니 임금님께서 그를 어디에 쓰시겠습니까. 임금님께서는 계씨보다 부귀하고 제나라는 로나라보다 크니, 이것이 양호가 뒤집어엎으려 하는 것입니다. 로나라는 그 해독에서 벗어났는데 임금님께서는 도리어 그를 거두어들이려 하시니 해가 되지 않겠습니까."라고 하였다.

齊侯執陽虎 將東之 陽虎願東 陽虎欲西奔晉 知齊必反己 故詐以東爲願 乃囚諸西鄙 盡借邑

---

164) 린(麟)은~것이다 : 린(麟)은 획린(獲麟)의 뜻으로 사냥도구[器用]를 리용하여 기린을 잡은 것이고, 부(俘)는 획부(獲俘)의 뜻으로 싸움도구[器用]를 리용하여 포로를 잡은 것이라는 의미이다.

165) 자기는~것입니다 : 제(齊)나라에서 권력을 잡으려 한다는 것이다.

人之車 鍥其軸 痲約而歸之 鍥 音挈 刻也 欲絶追者 刻其軸 使易毁折 以痲縛刻處 而歸其主 **載葱靈 寢於其中而逃** 葱靈 輜車名 **追而得之 囚於齊 又以葱靈逃 奔宋 遂奔晉 適趙氏**

제후(齊侯)가 양호(陽虎)를 잡아 동쪽으로 보내려 하였는데, 양호가 동쪽으로 가기를 원하자 양호(陽虎)는 서쪽 진(晉)나라로 달아나려고 하였는데 제(齊)나라가 반드시 자기 뜻과는 반대로 할 것을 알았다. 그러므로 거짓으로 동쪽으로 가기를 원한다고 한 것이다. 이에 그를 서쪽 변방에 구금해 두었다. 그러자 양호는 읍인(邑人)들의 수레를 다 빌려다가 그 굴대를 깎고[鍥] 삼으로 묶어서 돌려주었다. 설(鍥)은 음이 설(挈)이니 깎아냄이다. 추격하는 자를 막고자 그 굴대를 깎아내어 쉽게 부러지도록 하고 그 깎은 곳을 삼으로 묶어서 주인에게 돌려준 것이다. 그리고 총령(葱靈)에 짐을 싣고 그 속에 누워서 도망하니 총령(葱靈)은 짐수레 이름이다. 제인(齊人)이 추격하여 그를 잡아 제나라 국도에 구금해 두었다. 또 총령을 타고 도망하여 송(宋)나라로 달아났다가 드디어 진(晉)나라로 달아나 조씨(趙氏)에게로 갔다.

仲尼曰 趙氏其世有亂乎

중니(仲尼)는 말하였다. "조씨(趙氏)는 아마 대대로 화란이 있을 것이다."[166]

六月 葬鄭獻公

6월에 정(鄭)나라 헌공(獻公)의 장례를 지냈다.

秋 齊侯衛侯次于五氏

가을에 제후(齊侯)와 위후(衛侯)가 오씨(五氏)에 주둔하였다.

五氏 晉地 諱伐盟主以次告

오씨(五氏)는 진(晉)나라 땅이다. 맹주를 친 것을 숨기고 주둔하였다고 로(魯)나라에 통고한 것이다.

秋 齊侯伐晉夷儀 爲衛討也 **敝無存之父將室之 辭 以與其弟** 無存 齊人 室之 爲取婦 **曰 此**

---

166) 조씨는~것이다 : 조씨(趙氏)가 나라를 어지럽힌 양호(陽虎)를 받아들였기 때문이다.

役也 不死 反 必娶於高國 高國 齊貴族 **先登 求自門出 死於霤下 東郭書讓登** 讓衆使後而己先登 **犁彌從之 曰 子讓而左 我讓而右 使登者絶而後下** 下 入城也 約使登城人皆上而後下 蓋譎辭 **書左 彌先下** 書從彌言左行 彌遂自先下 **書與王猛息** 戰訖共止息 **猛曰 我先登 書斂甲曰 曩者之難 今又難焉** 斂甲起欲擊猛 曩與犁彌 旣不得先 是難也 今猛又言登之先 是又難也 **猛笑曰 吾從子 如驂之靳** 靳 車中馬也 言己從書 如驂馬之隨靳

가을에 제후(齊侯 : 景公)가 진(晉)나라 이의(夷儀)를 쳤다. 위(衛)나라를 위하여 토벌한 것이다.[167] 이때 폐무존(敝無存)의 아버지가 아내를 얻어주려고[室之] 하자 폐무존은 사양하고 아우에게 주라고 하며 무존(無存)은 제(齊)나라 사람이다. 실지(室之)는 그를 위하여 아내를 얻어줌이다. 말하기를 "이번 싸움에서 죽지 않고 돌아온다면 반드시 고(高)씨나 국(國)씨에게 장가들겠습니다."라고 하였다. 고(高)씨와 국(國)씨는 제(齊)나라 귀족이다. 폐무존은 싸움에서 먼저 성에 오르고 성문을 열고 나오려다가 처마 밑에서 죽었다. 동곽서(東郭書)가 무리에게 양보해주기를 청하고 먼저 성에 오르자 무리에게 양보해 주기를 청하여 뒤에 있게 하고 자기가 먼저 성에 오른 것이다. 리미(犁彌)가 그를 따르며 말하기를 "그대는 양보하여[168] 왼쪽에 있으시오. 나도 양보하여 오른쪽에 있겠소. 그리고 오르는 자들이 다 오른 뒤에 성안으로 내려갑시다[下]."라고 하였다. 하(下)는 성으로 들어감이다. 성을 오르는 자들이 다 오른 뒤에 성안으로 내려가자고 약속한 것이니 속이는 말이다. 서(書)가 왼쪽으로 가니 미(彌)가 먼저 성안으로 내려갔다. 서(書)가 미(彌)의 말에 따라 왼쪽으로 가자 미가 드디어 스스로 먼저 내려간 것이다. 서와 왕맹(王猛 : 犁彌)이 쉬던 중에 싸움이 끝나고 함께 휴식한 것이다. 맹(猛)이 말하기를 "내가 먼저 성을 올랐소."라고 하니, 서가 갑옷을 여미면서 말하기를 "좀 전에 난처하게 하더니 지금 또 난처하게 하는구나."라고 하였다. 갑옷을 여미고 일어나서 맹(猛)을 공격하려 한 것이다. 조금 전에 리미(犁彌)와 같이 했다가 앞서지 못하게 해서 난처하게 하더니 이제는 맹이 또 성을 먼저 올랐다는 말을 해서 난처하게 한다는 말이다. 맹이 웃으며 말하기를 "내가 그대를 따르는 것이 마치 참마(驂馬)가 근(靳)[169]을 따르는 것과 같소."라고 하였다. 근(靳)은 수레의 가운데 말이다. 자기가 서(書)를 따름은 마치 참마(驂馬)가 근(靳 : 服馬)을 따르는 것과 같다는 말이다.[170]

---

167) 위(衛)나라를~것이다 : 지난해에 진(晉)나라가 위(衛)나라를 쳤기 때문이다.

168) 양보하여 : 먼저 성을 점령하는 것을 양보하라는 뜻이다.

169) 근(靳) : 복마(服馬). 말 네 마리가 끄는 마차에서 안쪽 두 필(匹)의 말을 이른다.

170) 자기가~말이다 : 자기[王猛]가 동곽서(東郭書)를 따르는 것이 참마(驂馬 : 좌우 바깥쪽의 말)가 복마(服馬)를 따르는 것과 같다고 말하여 자신의 용맹은 동곽서를 따를 수 없다는 뜻을 비침으로써 동곽서의 화를 누그러뜨리려 한 것이다.

晉車千乘在中牟 救夷儀也 中牟 晉地 **衛侯將如五氏 卜過之 龜焦** 齊侯在五氏 衛往助之 道過中牟 畏晉故卜 龜焦 兆不成 **衛侯曰 可也 衛車當其半 寡人當其半 敵矣** 衛侯怒晉甚 不復顧卜 欲以身當五百乘 **乃過中牟 中牟人欲伐之 衛褚師圃亡在中牟** 圃 衛舊大夫 昭二十年圃奔晉 **曰 衛雖小 其君在焉 未可勝也 齊師克城而驕 其帥又賤** 城謂夷儀也 帥謂東郭書 **遇 必敗之 不如從齊 乃伐齊師 敗之 齊侯致禚媚杏於衛** 三邑皆齊西界

진(晉)나라 병거 1천 승(乘)이 중모(中牟)에 있었다. 이의(夷儀)를 구원하려는 것이다. 중모(中牟)는 진(晉)나라 땅이다. 위후(衛侯)가 오씨(五氏)에 가려 하면서 중모를 지나가는 것에 대하여 거북점을 쳤는데 귀갑(龜甲)이 불에 탔다. 제후(齊侯)가 오씨(五氏)에 있어서 위(衛)나라가 가서 도우려 하였는데 길이 중모(中牟)를 지나가야 했다. 진(晉)나라 군대를 두려워하였기 때문에 거북점을 쳤는데 귀갑(龜甲)이 불타 조짐이 형성되지 못한 것이다. 위후가 말하기를 "지나갈 수 있다. 위(衛)나라 병거가 진나라 병거의 반을 감당할 수 있고, 과인이 그 나머지 반을 감당할 수 있으니 대적할 만하다."라고 하였다. 위후(衛侯)가 진(晉)나라에 매우 노하여[171] 다시 거북점을 고려하지 않고 자신이 진나라의 5백 승(乘)을 감당하고자 한 것이다. 이어 중모를 지나가는데 중모인(中牟人)이 이를 치려고 하였다. 이때 위나라 저사포(褚師圃)가 망명하여 중모에 있었는데 포(圃)는 위(衛)나라의 옛 대부였다. 소공(昭公) 20년에 포가 진(晉)나라로 망명하였다. 말하기를 "위나라가 비록 작으나 그 임금이 군중(軍中)에 있으니 이길 수 없습니다. 그런데 제(齊)나라 군대는 성(城)에서 이겨 교만하고 그 장수[帥]는 지위가 낮아 성(城)은 이의(夷儀)를 이른다. 수(帥)는 동곽서(東郭書)를 이른다. 제나라 군대를 만난다면 반드시 패배시킬 수 있으니, 제나라를 좇아 치는 것만 같지 못합니다."라고 하였다. 이에 제나라 군대를 쳐서 패배시켰다. 제후(齊侯)가 작(禚)·미(媚)·행(杏) 땅을 위나라에 주었다.[172] 세 읍은 모두 제(齊)나라 서쪽 경계이다.

齊侯賞犂彌 犂彌辭曰 有先登者 臣從之 晳幘而衣貍製 晳 白也 幘 巾也 製 裘也 **公使視東郭書 曰 乃夫子也 吾貺子 公賞東郭書 辭曰 彼賓旅也** 彼謂犂彌 言與我若賓主相讓 旅俱進退 **乃賞犂彌**

제후(齊侯)가 리미(犂彌)에게 상을 주자, 리미가 사양하며 말하기를 "먼저 성을 오르는 자가 있고 신은 그를 따랐을 뿐입니다. 그는 흰[晳] 두건[幘]을 쓰고 이리 가죽으로 만든

171) 위후(衛侯)가~노하여 : 지난해 위후(衛侯)가 진(晉)나라와의 맹약에서 진나라 대부 섭타(涉佗)에게 당한 수모 때문이다.

172) 제후(齊侯)가~주었다 : 위(衛)나라가 제(齊)나라를 돕기 위해 출동한 것을 감사히 여겨 준 것이다.

갖옷[製]을 입었습니다."라고 하였다. 석(晳)은 흰색이다. 책(幘)은 두건이다.[173] 제(製)는 갖옷이다. 제경공(齊景公)이 리미에게 동곽서(東郭書)를 보이자 리미가 말하기를 "바로 저분입니다. 나는 저분에게 이 상을 주겠습니다."라고 하였다. 제경공이 동곽서에게 상을 주려하자, 사양하면서 말하기를 "저분[彼]은 빈(賓)으로서 나와 진퇴를 함께하였습니다[旅]."[174]라고 하니 피(彼)는 리미(犂彌)를 이르니 나와 더불어 마치 손님과 주인처럼 서로 양보하였다는 말이다. 려(旅)는 진퇴를 함께 함이다. 이에 리미에게 상을 주었다.

齊師之在夷儀也 齊侯謂夷儀人曰 得敝無存者 以五家免 給其五家 令常不共役事 **乃得其尸 公三襚之 與之犀軒與直蓋** 犀軒 卿車 直蓋 高蓋 **而先歸之 坐引者 以師哭之** 君方爲位而哭 故挽喪者不敢立 **親推之三** 齊侯自推喪車輪三轉

제(齊)나라 군대가 이의(夷儀)에 있을 때 제후(齊侯)가 이의인(夷儀人)에게 말하기를 "폐무존(敝無存)의 시신을 찾는 사람에게 다섯 가(家)를 내려 주고 역사(役事)를 면하도록 하겠다."라고 하였다. 다섯 가(家)를 내려 주고 항상 역사(役事)를 받들지 않도록 한 것이다. 이리하여 그 시신을 찾게 되었다. 제경공(齊景公)은 시신에 세 벌의 수의를 입히고 무소 가죽으로 만든 수레[犀軒]와 큰 일산[直蓋]을 주어 서헌(犀軒)은 경(卿)의 수레이다. 직개(直蓋)는 높은 일산(日傘)이다. 먼저 제나라로 돌아가게 하였다. 이때 수레를 끄는 사람들을 꿇어앉히고 군사들에게 곡하게 하고 임금이 바로 자리를 만들어 곡을 하였기 때문에 상여를 끄는 사람들이 감히 서 있지 못한 것이다. 몸소 수레를 세 번 밀어주었다. 제후(齊侯)가 스스로 상여수레를 밀어 바퀴가 세 번 구르도록 한 것이다.

秦伯卒

진백(秦伯)이 졸하였다.

冬 葬秦哀公

겨울에 진(秦)나라 애공(哀公)의 장례를 지냈다.

---

173) 책(幘)은 두건이다 : 책(幘)을 책(齰)으로 보아 위아래 이가 잘 맞아 가지런한 것으로 보기도 한다.

174) 저분[彼]은~함께하였습니다[旅] : 리미(犂彌)가 실제 외국에서 제(齊)나라에 와 벼슬하는 빈려(賓旅)이므로 손님에게 먼저 양보하는 것이 례이기 때문에 그에게 양보하겠다는 의미로 보기도 한다.

정공(定公) 10년【辛丑 B.C.500】

十年 春 王三月 及齊平

10년 봄 왕3월에 제(齊)나라와 화평하였다.

平前八年再侵齊之怨

앞서 8년에 두 번 제(齊)나라를 침범하였던 원한에 대하여 화평한 것이다.

十年 春 及齊平

10년 봄에 제(齊)나라와 화평하였다.

夏 公會齊侯于夾谷

여름에 정공(定公)이 제후(齊侯)와 협곡(夾谷)에서 회합하였다.

夾 公穀作頰

협(夾)은《공양전(公羊傳)》과《곡량전(穀梁傳)》에는 협(頰)으로 되어 있다.

夏 公會齊侯于祝其 實夾谷 孔丘相 犁彌言於齊侯曰 孔丘知禮而無勇 若使萊人以兵劫魯侯 必得志焉 萊人 齊所滅萊夷也 **齊侯從之 孔丘以公退 曰 士兵之** 以兵擊萊人 **兩君合好 而裔夷之俘以兵亂之 非齊君所以命諸侯也 裔不謀夏 夷不亂華 俘不干盟 兵不偪好 於神爲不祥 於德爲愆義 於人爲失禮 君必不然 齊侯聞之 遽辟之 將盟 齊人加於載書曰 齊師出竟 而不以甲車三百乘從我者 有如此盟 孔丘使兹無還揖對** 無還 魯大夫 **曰 而不反我汶陽之田 吾以共命者 亦如之**

여름에 정공(定公)이 제후(齊侯)와 축기(祝其)에서 회합하였으니, 바로 협곡(夾谷)이다. 이때 공구(孔丘)가 상(相)[175]이었다. 리미(犁彌)가 제후에게 말하기를 "공구는 례를 알지만

175) 상(相) : 임금을 도와 례를 집행하는 사람.

용맹이 없으니, 만약 래인(萊人)을 시켜 병기로 로후(魯侯)를 겁박하면 반드시 우리가 바라는 뜻을 얻을 것입니다."라고 하였다. 래인(萊人)은 제(齊)나라가 멸한 래이(萊夷)이다. 제후가 그 말을 따르니, 공구가 정공을 모시고 물러나면서 말하기를 "병사들은 병기로 저들을 공격하라. 병기로 래인(萊人)을 공격하라는 것이다. 두 임금님이 회합하여 우호를 맺는 자리에 변방 이(夷)의 포로들이 병기를 가지고 란동을 부리니, 이는 제(齊)나라 임금님이 제후(諸侯)에게 명한 것이 아니다. 변방의 나라는 중하(中夏)를 도모할 수 없고, 이(夷)는 중화(中華)를 어지럽힐 수 없으며, 포로는 맹약의 자리를 침범할 수 없고, 병기로 우호국을 핍박할 수 없는 것이다. 이러한 행위는 신에게 상서롭지 못한 것이 되고[176] 덕행에 의를 어김이 되며 사람에게 례를 잃는 것이 되니, 제나라 임금님께서는 반드시 그렇게 하시지 않을 것이다."라고 하였다. 제후가 이를 듣고 황급히 래인을 몰아내게 하였다. 맹약하려 할 때 제인(齊人)이 재서(載書)[177]에 '제나라 군대가 국경을 나가는 일이 있을 때 로(魯)나라가 갑거(甲車) 3백 승(乘)을 내어 우리를 따르지 않는다면 이 맹약과 같이 되리라.'[178]라는 문구를 더 넣으려 하였다. 공구가 자무환(玆無還)을 시켜 읍하고서 대답하여 무환(無還)은 로(魯)나라 대부이다. 말하기를 "제나라가 우리 문수(汶水) 북쪽 전지를 돌려주지 않는다면 우리가 명을 받드는 것도 또한 이 맹약과 같이 되리라."[179]라고 하였다.

齊侯將享公 孔丘謂梁丘據曰 齊魯之故 吾子何不聞焉 故 舊典 **事既成矣 而又享之 是勤執事也 且犧象不出門 嘉樂不野合** 犧象 犧尊象尊 嘉樂 鐘磬 言禮器不出國門 嘉樂不合原野 **饗而既具 是棄禮也 若其不具 用秕稗也** 秕 穀不成者 稗 草似穀者 言享不具禮 穢薄若秕稗 **用秕稗 君辱 棄禮 名惡 子盍圖之 夫享 所以昭德也 不昭 不如其已也 乃不果享** 孔子知齊侯懷詐 故以禮距之

제후(齊侯)가 정공(定公)에게 향연을 베풀려 할 때 공구(孔丘)가 량구거(梁丘據)[180]에게 말하기를 "제(齊)나라와 로(魯)나라의 옛 법[故]을 그대는 어찌 듣지 못하였습니까. 고(故)는 옛 법이다. 회맹의 일이 이미 이루어졌는데 또 향연을 베푼다면 이는 집사를 수고롭게 하는

---

176) 신에게~되고 : 신에게 재앙을 받을 것이라는 의미이다.

177) 재서(載書) : 맹약문.

178) 이 맹약과~되리라 : 이 맹약에서 저주한 것처럼 화를 당할 것이라는 말이다.

179) 제나라가~되리라 : 제(齊)나라가 문수(汶水) 북쪽 전지를 돌려주기를 기다린 뒤에 제나라의 명을 받들겠다는 것이다. 이 전지는 성공(成公) 8년에 진(晉)나라가 제나라에 주게 한 것이다.

180) 량구거(梁丘據) : 제(齊)나라 대부이다.

것입니다. 또 희(犧)와 상(象)은 국문(國門) 밖으로 내오지 않고 가악(嘉樂)은 야외에서는 적합하지 않습니다. 희(犧)와 상(象)은 희준(犧尊)[181]과 상준(象尊)[182]이다. 가악(嘉樂)은 종(鐘)과 경(磬)이다. 례기(禮器)는 국문(國門) 밖으로 내오지 않고 가악은 야외에서는 적합하지 않다는 말이다. 야외에서 잔치를 열면서 기물을 다 갖춘다면 이는 례를 버리는 것이고, 만약 기물을 다 갖추지 않는다면 쭉정이[秕]와 피[稗]를 쓰는 것입니다. 비(秕)는 곡식이 다 영글지 못한 것이다. 패(稗)는 풀이 곡식과 비슷한 것이다. 향연을 베푸는데 례가 다 갖추어지지 않는 것은 더럽고 천박하기가 쭉정이나 피와 같다는 말이다. 쭉정이와 피 같은 례를 쓰면 임금님에게 치욕이 되고 례를 버리면 명성이 나빠질 것이니, 그대는 어찌 헤아리지 않습니까. 무릇 향연은 덕을 밝히려는 것인데 덕을 밝히지 못한다면 그만두는 것만 같지 못합니다."라고 하자, 이에 향연을 열지 않았다. 공자(孔子)는 제후(齊侯)가 간계를 품고 있음을 알았기 때문에 례로써 거절한 것이다.

公至自夾谷

정공(定公)이 협곡(夾谷)에서 돌아왔다.

晉趙鞅帥師圍衛

진(晉)나라 조앙(趙鞅)이 군대를 거느리고 위(衛)나라를 포위하였다.

晉趙鞅圍衛 報夷儀也 初 衛侯伐邯鄲午於寒氏 邯鄲 晉地 午 邯鄲大夫 寒氏卽五氏 **城其西北而守之 宵熸** 午衆宵散 **及晉圍衛 午以徒七十人門於衛西門 殺人於門中 曰 請報寒氏之役 涉佗曰 夫子則勇矣 然我往 必不敢啓門 亦以徒七十人 旦門焉 步左右皆至而立 如植** 佗先至 步行門左右 然後其徒皆至而立如植木然 **日中不啓門 乃退**

진(晉)나라 조앙(趙鞅)이 위(衛)나라를 포위하니, 이의(夷儀)의 싸움에 대한 보복이었다.[183] 앞서 위후(衛侯)가 한씨(寒氏)에서 한단(邯鄲)의 오(午 : 趙午)를 칠 때 한단(邯鄲)은 진

181) 희준(犧尊) : 소의 형상으로 만든 술그릇.

182) 상준(象尊) : 상아(象牙)로 장식한 술그릇.

183) 이의(夷儀)의~보복이었다 : 지난해 제(齊)나라가 위(衛)나라를 위하여 진(晉)나라 이의(夷儀)를 쳤었다. 그러므로 지금 진나라가 위나라를 쳐서 보복한 것이다.

(晉)나라 땅이다. 오(午)는 한단대부(邯鄲大夫)이다. 한씨(寒氏)는 곧 오씨(五氏)[184]이다. 그 서북쪽에 성을 쌓고서 지켰는데, 밤이 되자 오의 군대가 흩어졌었다. 오(午)의 무리가 밤에 흩어진 것이다. 이제 진나라가 위나라를 포위하자 오가 보병 70인을 이끌고 위나라 서문을 공격하여 성문 안에서 사람을 죽이고 말하기를 "한씨의 싸움에 보복하기를 청하노라."라고 하였다. 진나라 섭타(涉佗)가 말하기를 "저 사람은 용맹하다. 그렇지만 내가 가면 위인(衛人)은 반드시 감히 성문을 열지 못할 것이다."라 하고 또한 보병 70인을 이끌고 아침에 성문을 공격하여 성문의 좌우로 걸어 다니다가 보병이 모두 이르자 멈추어 서 있었는데 나무를 심어놓은 것 같았다. 타(佗)가 먼저 도착하여 성문 좌우로 걸어 다닌 뒤에 그의 보병이 모두 이르자 나무를 심어놓은 것처럼 서 있었던 것이다. 한낮이 되어도 성문이 열리지 않자 군사를 물렸다.[185]

反役 晉人討衛之叛故 曰 由涉佗成何 捘衛侯手故 **於是執涉佗以求成於衛 衛人不許 晉人遂殺涉佗 成何奔燕**

싸움에서 돌아온 뒤 진인(晉人)이 위(衛)나라가 배반한 일을 토죄하자, 위인(衛人)이 대답하기를 "섭타(涉佗)와 성하(成何) 때문입니다."[186]라고 하였다. 섭타(涉佗)가 위후(衛侯)의 손을 잡았기 때문이라는 것이다. 이에 섭타를 잡아놓고서 위나라에 화친을 요구하였으나 위인이 허낙하지 않았다. 진인이 드디어 섭타를 죽이니 성하는 연(燕)나라로 달아났다.

君子曰 此之謂棄禮 必不鈞 言不得與人等 **詩曰 人而無禮 胡不遄死 涉佗亦遄矣哉**

군자는 말한다. "이런 경우는 례를 버렸다고 할 수 있으나 반드시 그 무게가 같은 것은 아니다. 다른 사람들과 같을 수는 없다는 말이다.[187] 《시(詩)》에 이르기를 '사람으로서 례가 없으면 어찌 빨리 죽지 않겠는가.'[188]라고 하였으니, 섭타(涉佗) 또한 빨리 죽었구나."

---

184) 오씨(五氏) : 진(晉)나라 땅 이름.

185) 한낮이~물렸다 : 위인(衛人)이 섭타(涉佗)를 두려워하여 싸우러 나오지 않자 군사를 물린 것이다.

186) 섭타(涉佗)와~때문입니다 : 정공(定公) 8년에 진(晉)나라가 전택(鄟澤)에서 위후(衛侯)와 맹약할 때 섭타(涉佗)가 위후의 손목을 잡아 삽혈을 방해하였고, 성하(成何)는 위(衛)나라를 진나라의 온(溫)이나 원(原) 땅 정도에 견주어 제후(諸侯)로 볼 수 없다고 모욕을 주었기 때문에 위나라가 진나라를 배반하였다는 것이다.

187) 다른~말이다 : 섭타(涉佗)와 성하(成何)가 위후(衛侯)에게 저지른 잘못이 다른 사람보다 심하다는 말이다. 한편 섭타의 잘못이 성하보다 심하므로 '不均'이라 하였다는 설도 있다.

188) 사람으로서~않겠는가 : 《시경(詩經)》 〈용풍(鄘風)〉 상서(相鼠).

齊人來歸鄆讙龜陰田

제인(齊人)이 와서 운(鄆)·환(讙)·구음(龜陰)의 전지를 돌려주었다.

田上 穀有之字 ○三邑皆汶陽田

전(田)자 위에《곡량전(穀梁傳)》에는 지(之)자가 있다. ○세 읍은 모두 문수(汶水) 북쪽의 전지이다.

齊人來歸鄆讙龜陰之田

제인(齊人)이 와서 운(鄆)·환(讙)·구음(龜陰)의 전지를 돌려주었다.

叔孫州仇仲孫何忌帥師圍郈

숙손주구(叔孫州仇)와 중손하기(仲孫何忌)가 군대를 거느리고 후(郈) 땅을 포위하였다.

郈 叔孫氏邑

후(郈)는 숙손씨(叔孫氏)의 읍이다.

初 叔孫成子欲立武叔 公若藐固諫曰 不可 藐 叔孫氏之族 成子立之而卒 公南使賊射之 不能殺 公南 叔孫家臣 武叔之黨 公南爲馬正 使公若爲郈宰 公若卽公若藐 武叔旣定 使郈馬正侯犯殺公若 弗能 其圉人曰 武叔之圉人 吾以劍過朝 公若必曰 誰之劍也 過郈邑之朝 吾稱子以告 必觀之 吾僞固而授之末 則可殺也 僞爲固陋不知禮者 以劍鋒末授之 使如之 公若曰 爾欲吳王我乎 鱄諸用劍刺吳王 遂殺公若 侯犯以郈叛 犯以不能副武叔之命 故叛 武叔懿子圍郈 弗克

이보다 앞서 숙손성자(叔孫成子)가 무숙(武叔 : 叔孫州仇)[189]을 후계로 세우려 하자, 공약막(公若藐)이 굳게 간하며 말하기를 "안 됩니다."라고 하였다. 막(藐)은 숙손씨(叔孫氏)의 족속이다. 그러나 성자(成子)는 무숙을 후계로 세우고 졸하였다. 공남(公南)이 적도(賊徒)를 시켜 공약막을 활로 쏘게 하였으나 죽이지 못하였다. 공남(公南)은 숙손(叔孫)의 가신으로 무숙(武叔)의

189) 무숙(武叔 : 叔孫州仇) : 숙손성자(叔孫成子)의 아들.

당여이다. 공남이 마정(馬正)[190]이 되어 공약(公若)을 후(郈) 땅의 읍재(邑宰)로 삼았다. 공약(公若)은 곧 공약막(公若藐)이다. 무숙이 자리가 안정되자 후 땅의 마정인 후범(侯犯)으로 하여금 공약을 죽이게 하였으나 죽이지 못하였다. 그 어인(圉人)[191]이 말하기를 무숙(武叔)의 어인(圉人)이다. "내가 칼을 가지고 조당(朝堂)을 지나가면 공약이 반드시 '누구의 칼이냐?'라고 물을 것입니다. 후읍(郈邑)의 조당(朝堂)을 지나는 것이다. 그러면 나는 당신[子 : 叔孫武叔]의 것이라고 고할 것이고, 그는 반드시 보자고 할 것입니다. 이에 내가 거짓으로 식견이 좁은 체하며 칼끝을 그에게 향하도록 하여 주면 그를 죽일 수 있습니다."라고 하였다. 식견이 좁아 례를 알지 못하는 자처럼 가장하여 칼날 끝을 공약(公若)에게 향하도록 하여 준다는 것이다.[192] 무숙이 그렇게 하도록 하자, 공약이 어인에게 말하기를 "너는 오왕(吳王)이 죽은 것처럼 나를 죽이려 하는구나."[193]라고 하였다. 전제(鱄諸)가 칼을 써서 오왕(吳王)을 찔러 죽였다.[194] 드디어 그 어인이 공약을 죽였다. 후범이 후 땅을 거느리고 반란을 일으키니, 범(犯)이 무숙(武叔)의 명[195]에 부응할 수 없었으므로 반란을 일으킨 것이다. 무숙과 의자(懿子 : 仲孫何忌)가 후 땅을 포위하였으나 이기지 못하였다.

秋 叔孫州仇仲孫何忌帥師圍郈

가을에 숙손주구(叔孫州仇)와 중손하기(仲孫何忌)가 군대를 거느리고 후(郈) 땅을 포위하였다.

郈 公作費

후(郈)는 《공양전(公羊傳)》에는 비(費)로 되어 있다.

秋 二子及齊師復圍郈 弗克 叔孫謂郈工師駟赤 工師 掌工匠之官 **曰 郈非唯叔孫氏之**

190) 마정(馬正) : 말의 양육·훈련·운용 등을 맡은 책임자.

191) 어인(圉人) : 말 기르는 일을 담당하는 사람.

192) 식견이~것이다 : 《례기(禮記)》 〈소의(少儀)〉에 의하면 도검(刀劍)을 남에게 줄 때 칼날 끝을 자기에게 향하고 칼집을 받는 사람에게 향하도록 한다고 하였다.

193) 너는~하는구나 : 칼날 끝이 자기를 향하는 것을 보고서 그 무례함을 꾸짖은 말이다.

194) 전제(鱄諸)가~죽였다 : 소공(召公) 27년의 일이다.

195) 무숙(武叔)의 명 : 공약(公若)을 죽이라는 명이다.

憂 社稷之患也 將若之何 對曰 臣之業 在揚水卒章之四言矣 唐風揚之水卒章曰 我聞有命 **叔孫稽首** 謝其受己命 **駟赤謂侯犯曰 居齊魯之際而無事 必不可矣** 無所服事 **子盍求事於齊以臨民 不然 將叛 侯犯從之 齊使至 駟赤與郈人爲之宣言於郈中** 詐爲齊使言也 **曰 侯犯將以郈易於齊 齊人將遷郈民** 謂易其民人 **衆兇懼 駟赤謂侯犯曰 衆言異矣 子不如易於齊 與其死也 猶是郈也 而得紓焉 何必此** 言以郈民易齊人 與郈無異 勝於守郈爲叛人所殺 **齊人欲以此偪魯 必倍與子地 且盍多舍甲於子之門 以備不虞 侯犯曰 諾 乃多舍甲焉**

가을에 숙손주구(叔孫州仇)와 중손하기(仲孫何忌)가 제(齊)나라 군대와 함께 다시 후(郈) 땅을 포위하였으나 이기지 못하였다. 숙손(叔孫)이 후 땅의 공사(工師)인 사적(駟赤)에게 공사(工師)는 공장(工匠)을 관장하는 벼슬이다. 말하기를 "후 땅은 숙손씨(叔孫氏)의 근심거리일 뿐 아니라 사직의 우환이니 장차 어쩌면 좋겠는가?"라고 하였다. 사적이 대답하기를 "신의 일은 양수(揚水)[196] 마지막 장의 네 글자에 있습니다."라고 하니, 〈당풍(唐風)〉 양지수(揚之水)의 마지막 장에 '나는 명을 따르겠다[我聞有命].'라고 하였다. 숙손이 머리를 조아렸다. 사적(駟赤)이 자기의 명을 받아들인 것에 대하여 감사한 것이다. 사적이 후범(侯犯)에게 말하기를 "제(齊)나라와 로(魯)나라 사이에 있으면서 섬기는 나라가 없는 것은 절대로 안 됩니다. 복종하여 섬기는 나라가 없다는 것이다. 그대는 어찌하여 제나라를 섬겨 백성을 다스리려 하지 않습니까. 그렇지 않으면 장차 반란이 일어날 것입니다."라고 하니, 후범이 그 말을 따랐다. 이에 제나라 사신이 이르자 사적이 후인(郈人)과 함께 후 땅 안에 말을 퍼뜨리기를 제(齊)나라 사신의 말이라고 속인 것이다. "후범이 후 땅을 제나라의 땅과 바꾸려 하니 제인(齊人)은 장차 후 땅의 백성을 이주시킬 것이다."라고 하니, 그곳의 백성을 제인(齊人)과 바꾼다는 말이다. 후 땅의 무리가 두려워하였다. 그러자 사적이 후범에게 말하기를 "무리의 말이 그대의 생각과 다르니, 그대는 죽는 것보다는 후 땅을 제나라 땅과 바꾸는 것만 같지 못합니다.[197] 그리하여도 이는 후 땅을 소유하는 것과 같습니다. 그리고 거기서 편안함을 얻을 수 있으니 어찌 이 땅만 고집할 필요가 있습니까. 후(郈) 땅의 백성을 제인(齊人)과 바꾸어도 후 땅을 소유하는 것과 다를 것이 없으니, 후 땅을 지키다가 반인(叛人)들에게 죽임을 당하는 것보다 낫다는 말이다. 제인은 이 땅으로 로나라를 핍박하고자 하니, 반드시 후 땅보다는 배나 되는 것을 그대의 땅으로 줄 것입니다. 또 어찌 그대의 대문에

---

196) 양수(揚水) : 《시경(詩經)》 〈당풍(唐風)〉 양지수(揚之水)편을 이른다.

197) 그대는~못합니다 : 전문의 '不如易於齊 與其死也'는 '與其死也 不如易於齊'의 도치구로 후인(郈人)에게 죽임을 당하는 것보다는 제(齊)나라와 땅을 교환하는 것이 낫다는 말이다.

많은 갑옷을 내어놓아 불의의 변고에 대비하지 않습니까."[198]라고 하였다. 후범이 말하기를 "그리하겠소."라 하고는 곧 많은 갑옷을 대문에 내어놓았다.

侯犯請易於齊 齊有司觀郈 將至 駟赤使周走呼曰 齊師至矣 郈人大駭 介侯犯之門甲 以圍侯犯 駟赤將射之 僞爲侯犯射郈人 **侯犯止之 曰 謀免我 侯犯請行 許之** 郈人許之 **駟赤先如宿** 故宿國 **侯犯殿 每出一門 郈人閉之** 閉其後門 **及郭門 止之曰 子以叔孫氏之甲出 有司若誅之** 誅 責也 **羣臣懼死 駟赤曰 叔孫氏之甲有物 吾未敢以出** 物 識也 **犯謂駟赤曰 子止而與之數** 數甲以相付 **駟赤止而納魯人 侯犯奔齊 齊人乃致郈** 致其名簿也

후범(侯犯)이 제(齊)나라에게 땅을 바꾸기를 요청하니, 제나라의 유사(有司)가 후(郈) 땅을 살피기 위해 이르려 할 때 사적(駟赤)이 사람을 시켜 두루 다니며 "제나라 군대가 온다."라고 외치게 하였다. 이에 후인(郈人)이 크게 놀라 후범의 대문에 있는 갑옷을 입고 후범의 집을 포위하였다. 사적이 후인을 쏘려고 하자 거짓으로 후범(侯犯)을 위해 후인(郈人)을 쏠 것처럼 한 것이다. 후범이 말리며 말하기를 "내가 화를 면할 수 있게 도모해 보시오."라고 하였다. 후범이 후 땅을 떠나기를 청하니 허낙하였다. 후인(郈人)이 허낙한 것이다. 사적이 먼저 숙(宿) 땅을 향해 나서고 옛날의 숙(宿)나라이다. 후범이 뒤를 따랐다. 그들이 문 하나를 나갈 때마다 후인은 그 문을 닫았다. 그 뒤의 문을 닫은 것이다.[199] 성곽(城郭)의 문에 이르렀을 때 후인이 일행을 저지하며 말하기를 "그대들은 숙손씨(叔孫氏)의 갑옷을 입고 나가니, 유사가 만약 질책한다면[誅][200] 주(誅)는 질책함이다. 뭇 신하는 죽임을 당할까 두렵소."라고 하였다. 사적이 말하기를 "숙손씨의 갑옷에는 표지[物]가 있으니 나는 감히 이 갑옷을 입고 나갈 수 없습니다."라고 하니, 물(物)은 표지(標識)이다. 범(犯)이 사적에게 말하기를 "그대는 여기에 머물러 갑옷의 숫자를 세어서 주시오."라고 하였다. 갑옷을 세어 교부(交付)하도록 한 것이다.[201] 이에 사적은 머물러 로인(魯人)을 받아들이고 후범은 제나라로 망명하였다. 제인(齊人)은 곧 후 땅을 로(魯)나라에 돌려주었다. 그 명부(名簿)를 돌려준 것이다.

---

198) 어찌~않습니까 : 제인(齊人)과 싸우지 않겠다는 뜻을 보임으로써 오해로 인한 불상사를 미연에 방지하라는 말이다.

199) 그~것이다 : 후범(侯犯)이 나간 뒤에 문을 닫은 것이니, 그가 다시 들어올까 두려워한 것이다.

200) 유사가~질책한다면[誅] : 로(魯)나라 유사가 갑옷이 유실(遺失)된 것을 질책하는 것이다.

201) 갑옷을~것이다 : 물목(物目)에 적힌 수대로 있는지 확인하여 주도록 한 것이다.

宋樂大心出奔曹
송(宋)나라 악대심(樂大心)이 조(曹)나라로 망명나갔다.

宋公使樂大心盟于晉 且逆樂祁之尸 辭僞有疾 乃使向巢如晉盟 且逆子梁之尸 巢向戌曾孫 **子明謂桐門右師出** 子明 樂祁之子溷 右師 子明族父 蓋與之同居 逐使各居 **曰 吾猶衰絰 而子擊鐘 何也** 忿其不逆父喪 因責其無同族之恩 **右師曰 喪不在此故也 旣而告人曰 己衰絰而生子 余何故舍鐘** 己 子明也 **子明聞之 怒 言於公曰 右師將不利戴氏** 樂氏 戴公族 **不肯適晉 將作亂也 不然 無疾 乃逐桐門右師** 傳本在前年春

송공(宋公 : 景公)이 악대심(樂大心)으로 하여금 진(晉)나라에 가서 맹약하고 또 악기(樂祁)의 시신을 맞아오게 하니, 그는 거짓으로 병이 났다고 하여 사양하였다. 이에 상소(向巢)로 하여금 진나라에 가서 맹약하고 또 자량(子梁 : 樂祁)의 시신을 맞아오게 하였다. 소(巢)는 상술(向戌)의 증손이다. 자명(子明)이 동문우사(桐門右師 : 樂大心)에게 나가라고 하며 자명(子明)은 악기(樂祁)의 아들 혼(溷)이다. 우사(右師)는 자명의 족부(族父)이다. 자명과 함께 살고 있었는데 쫓아내어 따로 살도록 한 것이다. 말하기를 "나는 최질(衰絰)[202]을 하고 있는데 당신은 종을 치고 있는 것[203]은 어찌된 일입니까?"라고 하였다. 그가 아버지의 상구를 맞이하려 하지 않는 것에 분노하고 이어 그가 동족의 은의가 없음을 질책한 것이다. 우사(右師)가 말하기를 "상구가 이곳에 있지 않기 때문이다."라고 하였다. 얼마 뒤에 우사는 사람들에게 말하기를 "자기[己]는 최질을 하고 있으면서도 아이를 낳는데, 내가 무엇 때문에 종을 치지 못하겠는가."라고 하였다. 기(己)는 자명(子明)이다. 자명이 듣고는 노하여 송공에게 말하기를 "우사는 머지않아 대씨(戴氏)에게 리롭지 못할 것입니다.[204] 악씨(樂氏)는 대공(戴公)의 족속이다. 진나라에 가려 하지 않은 것은 란을 일으키려는 것입니다. 그렇지 않으면 없는 병을 대었겠습니까."라고 하였다. 이에 송공은 동문우사를 축출하였다. 이 전문은 본래 지난해 봄조에 있는 것이다.

---

202) 최질(衰絰) : 최(衰)는 상복(喪服)이고 질(絰)은 수질(首絰) 및 요질(腰絰)이다.

203) 종을~것 : 음악을 연주하는 것이다.

204) 대씨(戴氏)에게~것입니다 : 대씨(戴氏)는 송(宋)나라 대공(戴公)의 족속으로 지금 송나라 임금인 경공(景公)도 대공의 후손이다. 따라서 대씨(戴氏)에게 리롭지 못하다는 것은 송나라 및 경공에게 해를 끼친다는 의미이다.

宋公子地出奔陳
송(宋)나라 공자 지(地)가 진(陳)나라로 망명나갔다.

地 公作池 後同
지(地)는《공양전(公羊傳)》에는 지(池)로 되어 있다. 이후에도 이와 같다.

宋公子地嬖蘧富獵 十一分其室 而以其五與之 公子地有白馬四 公嬖向魋 魋欲之 公取而朱其尾鬣以與之 地怒 使其徒抶魋而奪之 魋懼 將走 公閉門而泣之 目盡腫 母弟辰曰 子分室以與獵也 而獨卑魋 亦有頗焉 有所偏頗 **子爲君禮** 禮 辟君也 **不過出竟 君必止子 公子地出奔陳 公弗止 辰爲之請 弗聽 辰曰 是我迋吾兄也** 迋 欺也 **吾以國人出 君誰與處** 國人言衆之所望

송(宋)나라 공자 지(地)[205]가 거부렵(蘧富獵)을 총애하여 자기 가산을 11분(分)하여 그 5분을 그에게 주었다. 공자 지에게는 백마 네 필이 있었다. 송공(宋公)은 상퇴(向魋)를 총애하였는데 퇴(魋)가 그 말을 가지고 싶어 하니, 송공이 그것을 취하여 그 꼬리와 갈기에 붉은 물을 들여 퇴에게 주었다.[206] 지가 노하여 그의 무리로 하여금 퇴를 매질하고 말을 빼앗아 오게 하였다. 퇴가 두려워하여 도망가려 하니 송공이 문을 닫고 울어 눈이 퉁퉁 부었다. 지의 동모제 신(辰)이 말하기를 "형님은 가산을 나누어 렵(鬣)에게 주면서 유독 퇴를 비천하게 대하니 또한 편파적입니다. 편파적인 것이 있다는 것이다. 형님은 임금님을 위해 례를 갖추십시오. 례는 임금을 피함이다. 그러면 국경을 벗어나기 전에 임금님께서 반드시 형님을 만류하실 것입니다."라고 하였다. 이에 공자 지가 진(陳)나라로 망명나가는데 송공이 만류하지 않았다. 신이 지를 위하여 청하였지만 들어주지 않았다. 신이 말하기를 "이는 내가 나의 형을 속인[迋] 것이 된다. 왕(迋)은 속임이다. 내가 국인과 함께 나간다면 임금님은 누구와 함께 나라를 다스리겠는가[處]."라고 하였다. 국인은 뭇사람이 우러러보는 사람들이라는 말이다.

205) 공자 지(地) : 송경공(宋景公)의 동모제.
206) 그 꼬리와~주었다 : 공자 지(地)의 말을 다른 사람의 말처럼 꾸며 상퇴(向魋)에게 준 것이다.

冬 齊侯衛侯鄭游速會于安甫

겨울에 제후(齊侯)·위후(衛侯)·정(鄭)나라 유속(游速)이 안보(安甫)에서 회합하였다.

安甫 公作鞌 ○安甫 地名

안보(安甫)는 《공양전(公羊傳)》에는 안(鞌)으로 되어 있다. ○안보(安甫)는 땅 이름이다.

叔孫州仇如齊

숙손주구(叔孫州仇)가 제(齊)나라에 갔다.

武叔聘于齊 謝致郈也 齊侯享之 曰 子叔孫 呼叔孫而告之 若使郈在君之他竟 寡人何知焉 屬與敝邑際 故敢助君憂之 以致郈德叔孫 對曰 非寡君之望也 所以事君 封疆社稷是以 以猶爲也 敢以家隸勤君之執事 家隸 家臣 謂侯犯也 夫不令之臣 天下之所惡也 君豈以爲寡君賜

무숙(武叔 : 叔孫州仇)이 제(齊)나라를 빙문하니, 후(郈) 땅을 돌려준 것에 사례하기 위해서이다. 제후(齊侯)가 향연을 베풀며 말하기를 "그대 숙손(叔孫)이여, 숙손(叔孫)이라고 부르며 고한 것이다. 만약 후(郈) 땅이 로(魯)나라 임금의 다른 쪽 경계에 있었다면 과인이 어찌 아는 체하였겠는가. 마침 우리나라와 경계해 있기 때문에 감히 로나라 임금을 도와 근심하는 것이다."라고 하였다. 후(郈) 땅을 돌려준 것을 가지고 숙손(叔孫)에게 은덕을 베풀었다는 것이다. 무숙이 대답하기를 "과군이 바라는 것이 아닙니다.[207] 임금님[齊君]을 섬기는 것은 봉강과 사직을 위함[以]이니 이(以)는 위함[爲]과 같다. 감히 가예(家隸) 때문에 임금님의 집사를 수고롭게 하겠습니까. 가예(家隸)는 가신이니 후범(侯犯)을 이른다. 명령을 따르지 않는 신하는 천하가 다 미워하는 것인데, 임금님께서는 어찌 과군에게 은혜를 베풀었다고 여기십니까."라고 하였다.

207) 과군이~아닙니다 : 로(魯)나라 임금은 후(郈) 땅을 돌려받은 것을 은덕으로 여기지 않는다는 말이다.

宋公之弟辰暨仲佗石彄出奔陳

송공(宋公)의 아우 신(辰)과 중타(仲佗)와 석구(石彄)가 진(陳)나라로 망명나갔다.

暨下公穀有宋字

기(暨)자 다음에 《공양전(公羊傳)》과 《곡량전(穀梁傳)》에는 송(宋)자가 있다.

冬 母弟辰暨仲佗石彄出奔陳 **佗 仲幾子 彄 褚師段子 皆宋卿**

겨울에 송경공(宋景公)의 동모제 신(辰)과 중타(仲佗)와 석구(石彄)가 진(陳)나라로 망명나갔다. 타(佗)는 중기(仲幾)의 아들이고 구(彄)는 저사단(褚師段)의 아들이니 모두 송(宋)나라의 경(卿)이다.

정공(定公) 11년【壬寅 B.C.499】

十有一年 春 宋公之弟辰及仲佗石彄公子地自陳入于蕭以叛

11년 봄에 송공(宋公)의 아우 신(辰)과 중타(仲佗)·석구(石彄)·공자 지(地)가 진(陳)나라에서 소(蕭) 땅으로 들어가 반란을 일으켰다.

十一年 春 宋公母弟辰暨仲佗石彄公子地入于蕭以叛

11년 봄에 송경공(宋景公)의 동모제 신(辰)과 중타(仲佗)·석구(石彄)·공자 지(地)가 소(蕭)[208] 땅으로 들어가 반란을 일으켰다.

208) 소(蕭) : 송(宋)나라 읍 이름이다.

夏 四月

여름 4월이다.

秋 宋樂大心自曹入于蕭

가을에 송(宋)나라 악대심(樂大心)이 조(曹)나라에서 소(蕭) 땅으로 들어갔다.

入蕭則叛可知 故不書叛

소(蕭) 땅에 들어갔으니 곧 반란임을 알 수 있다. 그러므로 경문에 반(叛)자를 기록하지 않은 것이다.

秋 樂大心從之 從公子辰 **大爲宋患 寵向魋故也**

가을에 악대심(樂大心)이 그를 따라가니 공자 신(辰)을 따라간 것이다. 크게 송(宋)나라의 근심거리가 되었는데, 이는 송나라 임금이 상퇴(向魋)를 총애하였기 때문이다.

冬 及鄭平 叔還如鄭涖盟

겨울에 정(鄭)나라와 화평하였다. 숙환(叔還)이 정나라로 가서 맹약에 림하였다.

還 叔弓曾孫

환(還)은 숙궁(叔弓)의 증손(曾孫)이다.

冬 及鄭平 始叛晉也 平六年取匡之怨

겨울에 정(鄭)나라와 화평하니 비로소 로(魯)나라가 진(晉)나라를 배반한 것이다.[209] 6년에 정(鄭)나라의 광(匡) 땅을 취한 원한에 대하여 화평한 것이다.

---

209) 정(鄭)나라와~것이다 : 로(魯)나라가 희공(僖公) 이래 대대로 진(晉)나라에 복종하였는데 이제 진나라와 사이가 나쁜 정(鄭)나라와 화평하였기 때문이다.

정공(定公) 12년 【癸卯 B.C.498】

十有二年 春 薛伯定卒

12년 봄에 설백(薛伯) 정(定)이 졸하였다.

夏 葬薛襄公

여름에 설(薛)나라 양공(襄公)의 장례를 지냈다.

叔孫州仇帥師墮郈

숙손주구(叔孫州仇)가 군대를 거느리고 후(郈) 땅의 성을 허물었다.

墮 音鑴

휴(墮)는 음이 휴(鑴)이다.

仲由爲季氏宰 仲由 子路 **將墮三都** 三都 費郈成也 彊盛將爲國害 故毁壞其城 **於是叔孫氏墮郈**

중유(仲由)가 계씨(季氏)의 가재(家宰)가 되어 중유(仲由)는 자로(子路)이다. 3도(都)의 성을 허물려 하였다. 3도(都)는 비(費)·후(郈)·성(成)[210] 땅이다. 강성하여 나라의 해가 될 수 있으므로 그 성을 허물려 한 것이다. 이에 숙손씨(叔孫氏)가 후(郈) 땅의 성을 허물었다.

衛公孟彄帥師伐曹

위(衛)나라 공맹구(公孟彄)가 군대를 거느리고 조(曹)나라를 쳤다.

---

210) 비(費)·후(郈)·성(成) : 비(費)는 계손씨(季孫氏)의 식읍이고, 후(郈)는 숙손씨(叔孫氏)의 식읍이고, 성(成)은 맹손씨(孟孫氏)의 식읍이다.

彄 孟縶子

구(彄)는 맹집(孟縶)[211]의 아들이다.

夏 衛公孟彄伐曹 克郊 郊 曹邑 **還 滑羅殿** 羅 衛大夫 **未出 不退於列** 未出曹竟 羅不退在行列之後 **其御曰 殿而在列 其爲無勇乎 羅曰 與其素厲 寧爲無勇** 素 空也 厲 猛也

여름에 위(衛)나라 공맹구(公孟彄)가 조(曹)나라를 쳐서 교(郊) 땅을 이겼다. 교(郊)는 조(曹)나라 읍이다. 돌아올 때 활라(滑羅)가 후군[殿]을 맡았는데 라(羅)는 위(衛)나라 대부이다. 아직 조나라 국경을 벗어나지 않았는데도 대렬에서 물러나 있지 않으니, 아직 군대가 조(曹)나라 국경을 벗어나지 않았는데도 라(羅)가 물러나 행렬(行列)의 뒤에 있지 않은 것이다. 그 어자(御者)가 말하기를 "후군을 맡았으면서 대렬에 있으니 사람들은 아마도 용맹이 없다고 할 것입니다."라고 하였다. 라(羅)가 말하기를 "헛되이[素] 용맹[厲]을 얻기보다는 차라리 용맹이 없다고 여겨지는 것이 낫다."[212]라고 하였다. 소(素)는 헛됨이다. 려(厲)는 용맹함이다.

季孫斯仲孫何忌帥師墮費 계손사(季孫斯)와 중손하기(仲孫何忌)가 군대를 거느리고 비(費) 땅의 성을 허물었다.

季氏將墮費 公山不狃叔孫輒帥費人以襲魯 公與三子入于季氏之宮 登武子之臺 費人攻之 弗克 入及公側 仲尼命申句須樂頎下伐之 二子 魯大夫 仲尼時爲司寇 **費人北 國人追之 敗諸姑蔑 二子奔齊** 二子 不狃叔孫輒 **遂墮費**

계씨(季氏)가 비(費) 땅의 성을 허물려 하니, 공산불뉴(公山不狃)와 숙손첩(叔孫輒)이 비인(費人)을 거느리고 로(魯)나라를 습격하였다.[213] 정공(定公)이 삼자(三子 : 季孫·叔孫·孟

211) 맹집(孟縶) : 위양공(衛襄公)의 서자로 위령공(衛靈公)의 형이다.

212) 헛되이[素]~낫다 : 조(曹)나라는 약소하여 추격병이 없을 것인데 공연히 뒤에 있어 용맹하다는 허명을 얻는데 집착하지 않겠다는 것이다.

213) 공산불뉴(公山不狃)와~습격하였다 : 공산불뉴(公山不狃)는 계씨(季氏)에게 뜻을 얻지 못하였고 숙손첩(叔孫輒)은 숙손씨(叔孫氏)의 후계자가 되지 못하였기 때문에 로(魯)나라를 친 듯하다. 이들이 뜻을 얻지 못한 내용은 정공(定公) 8년조에 보인다.

孫)와 함께 계씨의 집으로 들어가 무자(武子)의 대(臺)214)에 올랐다. 비인이 공격해오자 그들을 이기지 못하니 그들이 들어와 정공의 근처까지 이르렀다. 중니(仲尼)가 신구수(申句須)와 악기(樂頎)에게 명하여 내려가 그들을 치라고 하였다. 두 사람은 로(魯)나라 대부이다. 중니(仲尼)는 이때 사구(司寇)였다. 이에 비인이 패주하니 국인이 추격하여 고멸(姑蔑)에서 패배시켰다. 두 사람은 제(齊)나라로 망명하였고 두 사람은 불뉴(不狃)와 숙손첩(叔孫輒)이다. 드디어 비 땅의 성을 허물었다.

秋 大雩

가을에 크게 기우제를 지냈다.

冬 十月 癸亥 公會齊侯盟于黃

겨울 10월 계해일에 정공(定公)이 제후(齊侯)와 회합하여 황(黃) 땅에서 맹약하였다.

齊 公作晉 ○齊魯爲盟之終 結叛晉也

제(齊)는 《공양전(公羊傳)》에는 진(晉)으로 되어 있다. ○제나라와 로(魯)나라가 맹약한 마지막이다. 진나라를 배반하기로 결정한 것이다.

十有一月 丙寅 朔 日有食之

11월 초하루 병인일에 일식이 있었다.

公至自黃

정공(定公)이 황(黃) 땅에서 돌아왔다.

214) 무자(武子)의 대(臺) : 계무자(季武子)가 지은 대(臺). 로(魯)나라 도성의 동문 안에 있다.

十有二月 公圍成 公至自圍成

12월에 정공(定公)이 성(成) 땅을 포위하였다. 정공이 성 땅을 포위한 일에서 돌아왔다.

國內而書至者 成彊若列國 興動大衆 故出入皆告廟

나라 안인데도 경문에 돌아왔다고 기록한 것은 성(成) 땅의 강함이 렬국과 같아서 많은 무리를 일으켜 동원하였으므로 정공(定公)이 출입할 때에 모두 종묘에 고하였기 때문이다.

將墮成 公斂處父謂孟孫 墮成 齊人必至于北門 **成在魯北竟故** **且成 孟氏之保障也 無成 是無孟氏也 子僞不知 我將不墮 冬 十二月 公圍成 弗克**

성(成) 땅의 성을 허물려 하니, 공렴처보(公斂處父)[215]가 맹손(孟孫)에게 이르기를 "성 땅의 성을 허물면 제인(齊人)이 반드시 우리의 북문에 이를 것입니다. 성(成) 땅은 로(魯)나라 북쪽 경계에 있기 때문이다. 또 성 땅은 맹씨(孟氏)의 보호막입니다. 성 땅이 없으면 이는 맹씨도 없는 것입니다. 당신은 모른 체 하십시오. 그러면 나는 성 땅의 성을 허물지 않을 것입니다."라고 하였다. 겨울 12월에 정공(定公)이 성 땅을 포위하였으나 이기지 못하였다.

정공(定公) 13년【甲辰 B.C.497】

十有三年 春 齊侯衛侯次于垂葭

13년 봄에 제후(齊侯)와 위후(衛侯)가 수가(垂葭)에 주둔하였다.

穀無衛侯 葭 公作瑕

《곡량전(穀梁傳)》에는 위후(衛侯)가 없다. 가(葭)는 《공양전(公羊傳)》에는 하(瑕)로 되어 있다.

215) 공렴처보(公斂處父) : 맹씨(孟氏)의 가신으로 성(成) 땅의 읍재(邑宰)이다.

十三年 春 齊侯衛侯次于垂葭 實郹氏 使師伐晉 將濟河 諸大夫皆曰 不可 邴意玆曰 可 意玆 齊大夫 **銳師伐河內** 河內 晉地 **傳必數日而後及絳** 傳 告晉 **絳不三月 不能出河 則我旣濟水矣 乃伐河內 齊侯皆斂諸大夫之軒** 以示薄罰 **唯邴意玆乘軒 齊侯欲與衛侯乘 與之宴 而駕乘廣 載甲焉 使告曰 晉師至矣 齊侯曰 比君之駕也 寡人請攝** 以己車攝代衛車 **乃介而與之乘 驅之 或告曰 無晉師 乃止**

13년 봄에 제후(齊侯)와 위후(衛侯)가 수가(垂葭)[216]에 주둔하였으니, 바로 격씨(郹氏)[217]이다. 군대를 보내어 진(晉)나라를 치기 위해 하수(河水)를 건너가게 하려 하였다. 여러 대부가 모두 말하기를 "안 됩니다."라고 하자, 병의자(邴意玆)가 말하기를 "괜찮습니다. 의자(意玆)는 제(齊)나라 대부이다. 정예군이 하내(河內)를 치면 하내(河內)는 진(晉)나라 땅이다. 진나라에 알리는[傳] 것은 여러 날이 지난 뒤에야 강(絳)[218] 땅에 이를 것이고 전(傳)은 진(晉)나라에 알림이다. 강 땅에서는 3개월이 걸리지 않으면 군대가 하수까지 나올 수 없습니다. 그러면 우리는 이미 물을 건너 돌아왔을 때입니다."라고 하니, 이에 하내를 쳤다. 제후가 여러 대부의 수레를 다 몰수하고 가벼운 형벌을 보인 것이다. 오직 병의자만이 수레를 타게 하였다. 제후는 위후와 함께 수레를 타고자 하여, 그에게 연회를 베풀어 주면서 승광(乘廣)[219]에 말을 메우고 갑옷을 실어두고서 사람을 시켜 고하기를 "진나라 군대가 이르렀다."고 하였다. 제후가 말하기를 "임금님의 수레에 말을 메울 때까지 과인의 것으로 대체하기를 청합니다."라고 하였다. 자기의 수레로 위(衛)나라 임금의 수레를 대체하겠다는 것이다. 이에 갑옷을 입고서 위후와 함께 수레를 타고 달렸다. 어떤 자가 고하기를 "진나라 군대가 없습니다."라고 하니, 곧 멈추었다.

夏 築蛇淵囿

여름에 사연유(蛇淵囿)를 축조하였다.

216) 수가(垂葭) : 위(衛)나라 땅이다.

217) 격씨(郹氏) : 수가(垂葭)의 다른 이름.

218) 강(絳) : 진(晉)나라 국도.

219) 승광(乘廣) : 임금이나 주장(主將)이 거느리던 병거.

大蒐于比蒲

비포(比蒲)에서 크게 군대를 검열하였다.

夏蒐非時

여름에 군대를 검열한 것은 때가 아니다.

衛公孟彄帥師伐曹

위(衛)나라 공맹구(公孟彄)가 군대를 거느리고 조(曹)나라를 쳤다.

秋 晉趙鞅入于晉陽以叛 冬 晉荀寅士吉射入于朝歌以叛 晉趙鞅歸于晉

가을에 진(晉)나라 조앙(趙鞅)이 진양(晉陽)으로 들어가 반란을 일으켰다. 겨울에 진나라 순인(荀寅)과 사길석(士吉射)이 조가(朝歌)로 들어가 반란을 일으켰다. 진나라 조앙이 진나라 국도로 돌아갔다.

荀寅下 公有及字 ○吉射 士鞅子 趙鞅書叛 著其不由君命 專土興兵之罪

순인(荀寅)의 다음에 《공양전(公羊傳)》에는 급(及)자가 있다. ○길석(吉射)은 사앙(士鞅)의 아들이다. 조앙(趙鞅)에 대하여 경문에 반(叛)이라고 기록한 것은 그가 임금의 명에 따르지 않고 경계를 멋대로 하고 군대를 일으킨 죄를 드러낸 것이다.

晉趙鞅謂邯鄲午曰 歸我衛貢五百家 吾舍諸晉陽 午許諾 十年趙鞅圍衛 衛人貢五百家置邯鄲 今欲徙著晉陽 晉陽 趙鞅邑 **歸告其父兄 父兄皆曰 不可 衛是以爲邯鄲** 言衛以五百家在邯鄲 故與邯鄲親 **而寘諸晉陽 絶衛之道也 不如侵齊而謀之** 侵齊則齊當來伐邯鄲 僞若懼齊而徙晉陽 **乃如之 而歸之于晉陽 趙孟怒 召午 而囚諸晉陽** 不察其謀 謂午不用命 故囚之 **使其從者說劒而入 涉賓不可** 說同脫 涉賓 午家臣 **乃使告邯鄲人曰 吾私有討於午也 二三子唯所欲立** 午 趙鞅同族 別封邯鄲 故使邯鄲人 更立午宗親 **遂殺午 趙稷涉賓以邯鄲叛** 稷 趙午子

진(晉)나라 조앙(趙鞅)이 한단(邯鄲)의 오(午 : 趙午)에게 말하기를 "위(衛)나라에서 바친

5백 가(家)를 나에게 보내라. 나는 그들을 진양(晉陽)에 두겠다."라고 하였다. 오가 허낙하고 10년에 조앙(趙鞅)이 위(衛)나라를 포위하자 위인(衛人)이 5백 가(家)를 바쳐 한단(邯鄲)에 두었는데, 지금 진양(晉陽)으로 옮겨 정착시키고자 한 것이다. 진양은 조앙(趙鞅)의 읍이다. 돌아가 그 부형들에게 고하니, 부형들이 모두 말하기를 "안 된다. 위나라가 이 때문에 한단을 위하는데 위(衛)나라는 5백 가(家)가 한단(邯鄲)에 있기 때문에 한단과 친목을 유지하고 있다는 말이다. 이들을 진양에 둔다면 위나라와의 통로를 끊는 것이니, 먼저 제(齊)나라를 침범한 뒤에 모의하는 것만 같지 못하다."라고 하였다. 제(齊)나라를 침범하면 제나라가 당연히 와서 한단(邯鄲)을 칠 것이니, 마치 제나라를 두려워하는 듯 꾸며 그들을 진양(晉陽)으로 옮긴다는 것이다. 이에 모의한 대로 하여 그들을 진양으로 보내려고 하였는데 조맹(趙孟 : 趙鞅)이 노하여 오를 불러 진양에 가두었다. 그러한 모의를 살피지 못하고 오(午)가 명을 따르지 않는다고 여겼기 때문에 그를 가둔 것이다. 그리고 오의 종자들에게 칼을 풀어놓고[說] 오가 잡혀있는 곳으로 들어가게 하니 섭빈(涉賓)이 그럴 수 없다고 하였다. 탈(說)은 벗음[脫]과 같다. 섭빈(涉賓)은 오(午)의 가신이다. 이에 조맹이 사람을 보내어 한단인(邯鄲人)에게 고하기를 "나는 사적으로 오를 토죄하는 것이니 그대들은 세우고 싶은 사람을 세워라."[220]고 하고는 오(午)는 조앙(趙鞅)의 같은 일족으로 별도로 한단(邯鄲)에 봉해졌다. 그러므로 한단인(邯鄲人)으로 하여금 오의 종친 중에서 다시 후계자를 세우게 한 것이다. 드디어 오를 죽였다. 그러자 조직(趙稷)과 섭빈이 한단의 무리를 이끌고 반란을 일으켰다. 직(稷)은 조오(趙午)의 아들이다.

夏 六月 上軍司馬籍秦圍邯鄲 邯鄲午 荀寅之甥也 荀寅 范吉射之姻也 寅子娶吉射女而相與睦 故不與圍邯鄲 將作亂 作亂 攻趙鞅 董安于聞之 安于 趙氏臣 告趙孟曰 先備諸 趙孟曰 晉國有命 始禍者死 爲後可也 安于曰 與其害於民 寧我獨死 請以我說 趙孟不可 秋 七月 范氏中行氏伐趙氏之宮 趙鞅奔晉陽 晉人圍之

여름 6월에 상군사마(上軍司馬)인 적진(籍秦)이 한단(邯鄲)을 포위하였다. 그런데 한단(邯鄲)의 오(午)는 순인(荀寅)의 생질이고 순인은 범길석(范吉射 : 士吉射)의 인척이어서 인(寅)의 아들이 길석(吉射)의 딸을 아내로 맞이하였다. 서로 화목하게 지냈으므로 한단을 포위하는데 참여하지 않고 장차 란을 일으키려고 하였다. 란을 일으켜 조앙(趙鞅)을 공격하려는 것이다. 동안우(董安于)가 이 소식을 듣고, 안우(安于)는 조씨(趙氏 : 趙鞅)의 가신이다. 조맹(趙孟 : 趙鞅)에게 고하기를 "먼저 저들을 대비하십시오."라고 하니, 조맹이 말하기를 "진(晉)나라에 군명(君命)이

220) 나는~세워라 : 이 말은 조앙(趙鞅)이 오(午)를 징벌하는 것은 사적인 것이고 한단(邯鄲)과는 무관한 일이니, 오의 후계를 누구로 삼든 상관하지 않겠다는 것이다.

있어 '먼저 화란을 일으킨 자는 죽인다.'고 하였으니 뒤에 움직이는 것이 좋다."고 하였다. 안우(安于)가 말하기를 "백성에게 해가 돌아가게 하기보다는 차라리 저 혼자 죽겠습니다. 저를 리용하여 해명하십시오."[221]라고 하였으나 조맹이 안 된다고 하였다. 가을 7월에 범씨(范氏 : 范吉射)와 중항씨(中行氏 : 荀寅)가 조씨(趙氏)의 집을 공격하였다. 조앙(趙鞅)이 진양(晉陽)으로 도망가니 진인(晉人)이 포위하였다.

范皐夷無寵於范吉射 而欲爲亂於范氏 皐夷 范氏側室子 **梁嬰父嬖於知文子** 文子 荀躒 **文子欲以爲卿 韓簡子與中行文子相惡 魏襄子亦與范昭子相惡** 襄子 魏舒孫曼多 昭子 士吉射 **故五子謀 將逐荀寅 而以梁嬰父代之 逐范吉射 而以范皐夷代之 荀躒言於晉侯曰 君命大臣 始禍者死 載書在河** 爲盟書沈之河 **今三臣始禍 而獨逐鞅 刑已不鈞矣 請皆逐之 冬 十一月 荀躒韓不信魏曼多奉公以伐范氏中行氏 弗克**

범고이(范皐夷)는 범길석(范吉射)에게 총애를 받지 못하여 범씨(范氏)에게 란을 일으키려 하였고, 고이(皐夷)는 범씨(范氏) 측실의 아들이다. 량영보(梁嬰父)는 지문자(知文子)에게 총애를 받아 문자(文子)는 순력(荀躒)이다. 문자(文子)가 경(卿)으로 삼고자 하였고, 한간자(韓簡子 : 韓不信)와 중항문자(中行文子 : 荀寅)는 서로 미워하였고, 위양자(魏襄子)도 범소자(范昭子)와 서로 미워하였다. 양자(襄子)는 위서(魏舒)의 손자 만다(曼多)이다. 소자(昭子)는 사길석(士吉射 : 范吉射)이다. 그래서 다섯 사람[222]이 모의하여 장차 순인(荀寅)을 축출하여 량영보로 대신하고, 범길석을 축출하여 범고이로 대신하게 하려고 하였다. 순력(荀躒)이 진후(晉侯)에게 말하기를 "임금님께서 대신들에게 명하신 '먼저 화란을 일으킨 자는 죽인다.'라는 재서(載書)가 하수(河水)에 있습니다. 맹서(盟書)를 작성하여 하수(河水)에 가라앉힌 것이다. 지금 세 명의 신하[223]가 먼저 화란을 일으켰는데 오직 앙(鞅)만을 축출하였으니 형벌이 너무 고르지 못합니다. 모두 축출하십시오."라고 하였다. 겨울 11월에 순력·한불신(韓不信)·위만다(魏曼多)가 진정공(晉定公)의 명을 받들어 범씨와 중항씨(中行氏)를 쳤으나 이기지 못하였다.

二子將伐公 齊高彊曰 三折肱知爲良醫 昭十年彊奔魯 遂適晉 **唯伐君爲不可 民弗與也**

---

221) 백성에게~해명하십시오 : 조앙(趙鞅)이 공격을 당하면 백성이 해를 입을 것이니, 군사를 동원하여 순인(荀寅)과 범길석(范吉射)을 침으로써 먼저 화란을 일으킨 죄를 받게 되면 자기를 죽여 조앙은 죄가 없음을 해명하라는 것이다.

222) 다섯 사람 : 범고이(范皐夷)·량영보(梁嬰父)·지문자(知文子)·한간자(韓簡子)·위양자(魏襄子)를 이른다.

223) 세~신하 : 조앙(趙鞅)·순인(荀寅)·범길석(范吉射)을 이른다.

我以伐君在此矣 三家未睦 三家 知韓魏 **可盡克也 克之 君將誰與 若先伐君 是使睦也 弗聽 遂伐公 國人助公 二子敗 從而伐之 丁未 荀寅士吉射奔朝歌 韓魏以趙氏爲請 十二月 辛未 趙鞅入于絳 盟于公宮**

두 사람[224]이 진정공(晉定公)을 치려 하자, 제(齊)나라 고강(高彊)이 말하기를 "세 번 팔이 부러져 봐야 좋은 의원이 되는 법을 알 수 있습니다. 소공(昭公) 10년에 강(彊)이 로(魯)나라로 망명하였다가 마침내 진(晉)나라로 갔다. 임금을 치는 일은 해서는 안 되니 백성이 돕지 않기 때문입니다. 나도 임금을 쳤기 때문에[225] 여기에 와 있는 것입니다. 지금 삼가(三家)가 화목하지 못하니 삼가(三家)는 지씨(知氏)·한씨(韓氏)·위씨(魏氏)이다. 저들을 모두 이길 수 있습니다. 저들을 이기고 나면 임금이 장차 누구와 함께하겠습니까. 만약 먼저 임금을 친다면 이는 저들로 하여금 화목하게 하는 것입니다."라고 하였으나 듣지 않고 드디어 진정공을 쳤다. 국인이 진정공을 도와 두 사람이 패하니 쫓아가 그들을 쳤다. 정미일에 순인(荀寅)과 사길석(士吉射 : 范吉射)이 조가(朝歌)로 도망하였다. 한씨(韓氏)와 위씨(魏氏)가 조씨(趙氏)의 일로 임금에게 청하니,[226] 12월 신미일에 조앙(趙鞅)이 강(絳) 땅으로 들어가 공궁에서 맹약하였다.

梁嬰父惡董安于 謂知文子曰 不殺安于 使終爲政於趙氏 趙氏必得晉國 盍以其先發難也討於趙氏 文子使告於趙孟曰 范中行氏雖信爲亂 安于則發之 是安于與謀亂也 晉國有命 始禍者死 二子旣伏其罪矣 敢以告 趙孟患之 安于曰 我死而晉國寧 趙氏定 將焉用生 人誰不死 吾死莫矣 乃縊而死 莫同暮 **趙孟尸諸市 而告於知氏曰 主命戮罪人 安于旣伏其罪矣 敢以告 知伯從趙孟盟 而後趙氏定 祀安于於廟** 趙氏廟也 殺安于本在明年春

량영보(梁嬰父)가 동안우(董安于)를 미워하여 지문자(知文子 : 荀躒)에게 말하기를 "안우(安于)를 죽이지 않고 그로 하여금 끝내 조씨(趙氏 : 趙鞅) 집안의 정사를 처리하게 한다면 조씨가 반드시 진(晉)나라를 얻게 될 것입니다. 어찌 먼저 화난을 일으킨 것으로 조씨를 토죄하지 않으십니까."라고 하였다. 문자(文子)가 사람을 보내 조맹(趙孟 : 趙鞅)에게 고하

224) 두 사람 : 순인(荀寅)과 범길석(范吉射)을 이른다.

225) 나도~때문에 : 이 일은 소공(昭公) 10년조에 있다.

226) 한씨(韓氏)와~청하니 : 한씨(韓氏)와 위씨(魏氏)는 조앙(趙鞅)이 란을 먼저 일으키지 않았다고 여겨 조앙의 지위를 회복시키기를 청한 것이다.

기를 "범씨(范氏)와 중항씨(中行氏)가 비록 실로 란을 일으켰으나 안우가 촉발한 것이니, 이는 안우도 란을 모의하는데 참여한 것입니다. 진나라에 군명(君命)이 있어 '먼저 화란을 일으킨 자는 죽인다.'고 하여 두 사람은 이미 그 죄에 대한 벌을 받았으니 감히 알립니다." 라고 하였다. 조맹이 이를 근심하니, 안우가 말하기를 "내가 죽어서 진나라가 편안해지고 조씨 집안이 안정된다면 어찌 삶을 도모하겠습니까. 사람이 누구인들 죽지 않겠습니까. 나의 죽음은 너무 늦었습니다[莫]."라 하고서 목매어 죽었다. 모(莫)는 늦음[暮]과 같다. 조맹이 저자에 시신을 놓고서 지씨(知氏)에게 고하기를 "주인님[荀躒]께서 죄인을 죽이라고 명하시어 안우는 이미 그 죄에 대한 벌을 받았습니다. 이에 감히 고합니다."라고 하니, 지백(知伯 : 荀躒)이 조맹에게 가서 맹약하였다. 뒤에 조씨가 안정되자 조씨의 사당에 안우를 모셔 제사 지냈다. 조씨(趙氏)의 사당이다. 안우(安于)를 죽인 일은 본래 다음해 봄조에 있었다.

薛弑其君比

설(薛)나라가 그 임금 비(比)를 시해하였다.

정공(定公) 14년【乙巳 B.C.496】

十有四年 春 衛公叔戍來奔 衛趙陽出奔宋

14년 봄에 위(衛)나라 공숙수(公叔戍)가 망명왔다. 위나라 조양(趙陽)이 송(宋)나라로 망명나갔다.

下衛公穀作晉 ○陽 趙黶孫

두 번째 위(衛)자는 《공양전(公羊傳)》과 《곡량전(穀梁傳)》에는 진(晉)으로 되어 있다. ○양(陽)은 조암(趙黶)의 손자이다.

初 衛公叔文子朝 而請享靈公 欲令公臨其家 **退 見史鰌而告之** 史鰌 史魚 **史鰌曰 子必**

禍矣 子富而君貪 罪其及子乎 文子曰 然 吾不先告子 是吾罪也 君旣許我矣 其若之何 史鰌曰 無害 子臣 可以免 言能執臣禮 **富而能臣 必免於難 上下同之** 言尊卑皆然 **戍也驕 其亡乎** 戍 文子子 **富而不驕者鮮 吾唯子之見 驕而不亡者 未之有也 戍必與焉** 與禍難 **及文子卒 衛侯始惡於公叔戍 以其富也 公叔戍又將去夫人之黨** 靈公夫人南子 黨 宋朝之徒 **夫人愬之曰 戍將爲亂 十四年 春 衛侯逐公叔戍與其黨 故趙陽奔宋 戍來奔**

앞서 위(衛)나라 공숙문자(公叔文子)가 조회에 참석하여 위령공(衛靈公)에게 향연을 베풀겠다고 청하고 위령공(衛靈公)을 자신의 집에 왕림하게 하고자 한 것이다. 물러 나와 사추(史鰌)를 만나 그 사실을 고하니, 사추(史鰌)는 사어(史魚)이다. 사추가 말하기를 "그대의 집안은 반드시 화를 입을 것입니다. 그대는 부유하고 임금은 탐욕스러우니 죄가 그대의 집안에 미칠 것입니다."라고 하였다. 문자가 말하기를 "그렇겠구려. 내가 먼저 그대에게 고하지 않았으니, 이는 나의 잘못이오. 그런데 임금님께서 이미 우리 집에 오시기로 허낙하셨으니 어떻게 하면 좋겠소?"라고 하니, 사추가 말하기를 "그대에게는 해가 없을 것입니다. 그대는 신하의 례를 다하였으니 화를 면할 수 있습니다. 신하의 례를 잘 지켰다는 말이다. 부유하지만 신하의 례를 다하면 반드시 화난을 면할 수 있으니, 이는 상하가 마찬가지입니다. 존귀한 사람이나 비천한 사람이나 모두 그렇다는 말이다. 그런데 수(戍)는 교만하니 아마도 망할 것입니다. 수(戍)는 문자(文子)의 아들이다. 부유하면서도 교만하지 않은 자는 드무니, 나는 오직 그대에게서 이것을 보았습니다. 교만하면서도 망하지 않는 자는 없었으니, 수는 반드시 이 일을 겪게 될 것입니다."라고 하였다. 화난을 겪게 된다는 것이다. 문자가 졸하자 위후(衛侯)가 공숙수(公叔戍)를 미워하기 시작하였으니, 이는 그가 부유했기 때문이었다. 공숙수가 또 부인(夫人)의 당여[黨]를 제거하고자 함에 위령공(衛靈公)의 부인(夫人)인 남자(南子)이다. 당여[黨]는 송조(宋朝)의 무리이다. 부인이 위령공에게 하소연하여 말하기를 "수가 란를 일으키려 합니다."라고 하였다. 14년 봄에 위후가 공숙수와 그 당여를 축출하였다. 이 때문에 조양(趙陽)은 송(宋)나라로 망명하고 수는 우리나라로 망명온 것이다.

二月 辛巳 楚公子結陳公孫佗人帥師滅頓 以頓子牂歸

2월 신사일에 초(楚)나라 공자 결(結)과 진(陳)나라 공손타인(公孫佗人)이 군대를 거느리고 돈(頓)나라를 멸하고 돈자(頓子) 장(牂)을 데리고 돌아갔다.

二月 公作三月 孫 公作子 牂 公作牄 ○牂 音臧

2월은 《공양전(公羊傳)》에는 3월로 되어 있다. 손(孫)은 《공양전》에는 자(子)로 되어 있고, 장(牂)은 《공양전》에는 창(牄)으로 되어 있다. ○장(牂)은 음이 장(臧)이다.

頓子牂欲事晉 背楚而絕陳好 二月 楚滅頓

돈자(頓子) 장(牂)이 진(晉)나라를 섬기고자 하여 초(楚)나라를 배반하고 진(陳)나라와의 우호를 끊으니, 2월에 초나라가 돈(頓)나라를 멸하였다.

夏 衛北宮結來奔

여름에 위(衛)나라 북궁결(北宮結)이 망명왔다.

夏 衛北宮結來奔 公叔戌之故也

여름에 위(衛)나라 북궁결(北宮結)이 우리나라로 망명왔으니, 이는 공숙수(公叔戌) 때문이었다.[227]

五月 於越敗吳于檇李 吳子光卒

5월에 어월(於越)[228]이 취리(檇李)에서 오(吳)나라를 패배시켰다. 오자(吳子) 광(光)이 졸하였다.

檇 公作醉 ○檇李 吳地

취(檇)는 《공양전(公羊傳)》에는 취(醉)로 되어 있다. ○취리(檇李)는 오(吳)나라 땅이다.

吳伐越 **報五年越入吳** **越子句踐禦之 陳于檇李** **句踐 越王允常子** **句踐患吳之整也 使死士**

227) 북궁결(北宮結)이~때문이었다 : 북궁결(北宮結)은 공숙수(公叔戌)의 당여였기 때문에 공숙수가 망명한 로(魯)나라로 망명한 것이다.

228) 어월(於越) : 월(越)나라. 어(於)는 발성어이다. 월(越)나라를 이르는 그 지역의 속음(俗音)이라는 설도 있다.

再禽焉 不動 使敢死之士往 輒爲吳所禽 欲使吳師亂取之 而吳不動 **使罪人三行 屬劍於頸** 以劍注頸 **而辭曰 二君有治** 治軍旅 **臣奸旗鼓** 犯軍令 **不敏於君之行前 不敢逃刑 敢歸死 遂自剄也 師屬之目 越子因而伐之 大敗之 靈姑浮以戈擊闔廬** 姑浮 越大夫 **闔廬傷將指取其一屨** 傷其足大指 姑浮取其屨 **還 卒於陘 去檇李七里**

오(吳)나라가 월(越)나라를 치자 5년에 월(越)나라가 오(吳)나라를 쳐들어간 것에 대한 보복이었다. 월자(越子) 구천(句踐)이 이를 방어하고자 취리(檇李)에 진을 쳤다. 구천(句踐)은 월왕(越王) 윤상(允常)의 아들이다. 구천이 오나라 군대가 잘 정돈된 것을 걱정하여 결사대를 보내어 두 번이나 포로가 되게 하였는데도 동요하지 않았다. 죽음을 각오한 군사를 보내어 번번이 오(吳)나라의 포로가 되게 한 것이다. 이는 오나라 군대로 하여금 어지럽게 이들을 잡도록 하였지만 오나라 군대는 동요하지 않은 것이다. 그래서 다시 죄인을 세 줄로 세워 목에 칼을 대고 칼을 목에 댄 것이다. 적진에 나아가 말하게 하기를 "두 나라 임금이 군대를 통솔하고 있는데 군대를 다스리는 것이다. 신(臣)들이 기고(旗鼓)[229]를 범하여 군령(軍令)을 범하였다는 것이다. 우리 임금님이 나아가는 앞에서 민첩하지 못하였습니다. 이에 감히 형벌을 피하지 않고 감히 죽고자 합니다."라 하고 드디어 스스로 목을 찔러 죽었다. 오나라 군대가 이러한 광경에 눈이 쏠리자 월자가 이 틈을 타서 쳐 크게 패배시켰다. 령고부(靈姑浮)가 창으로 합려(闔廬 : 光)를 치니 고부(姑浮)는 월(越)나라 대부이다. 합려가 엄지발가락[將指]에 상처를 입었고 령고부는 신발 한 짝을 취하였다. 합려(闔廬)가 엄지발가락에 상처를 입자 고부(姑浮)가 그 신발을 취한 것이다. 합려가 돌아오는 길에 형(陘) 땅에서 졸하니 취리에서 7리 떨어진 곳이었다.

夫差使人立於庭 夫差 闔廬嗣子 **苟出入 必謂己曰 夫差 而忘越王之殺而父乎 則對曰 唯 不敢忘 三年 乃報越**

부차(夫差)는 뜰에 사람을 세워두고 부차(夫差)는 합려(闔廬)의 사자(嗣子)이다. 출입할 때면 반드시 자기에게 말하게 하기를 "부차야, 너는 월왕(越王)이 너의 아버지를 죽인 것을 잊었느냐?"라 하게 하고, 자신은 "예, 감히 잊을 수가 없습니다."라고 대답하였다. 그 뒤 3년 만에 월(越)나라에 보복하였다.

229) 기고(旗鼓) : 깃발과 북. 싸움을 지휘하는 도구의 일종이다.

公會齊侯衛侯于牽 公至自會

정공(定公)이 제후(齊侯) 및 위후(衛侯)와 견(牽) 땅에서 회합하였다. 정공이 회합에서 돌아왔다.

牽 公作堅 ○牽 衛地

견(牽)은 《공양전(公羊傳)》에는 견(堅)으로 되어 있다. ○견(牽)은 위(衛)나라 땅이다.

晉人圍朝歌 公會齊侯衛侯于脾上梁之間 脾上梁間卽牽 **謀救范中行氏** 齊魯叛晉 故助范中行也 **析成鮒小王桃甲率狄師以襲晉** 二子 晉大夫 范中行氏之黨 **戰于絳中 不克而還 士鮒奔周** 卽析成鮒 **小王桃甲入于朝歌**

진인(晉人)이 조가(朝歌)[230]를 포위하자 정공(定公)이 제후(齊侯) 및 위후(衛侯)와 비(脾) 땅과 상량(上梁)의 사이에서 회합하였으니, 비(脾) 땅과 상량(上梁)의 사이는 바로 견(牽) 땅이다. 이는 범씨(范氏)와 중항씨(中行氏)를 구원하기를 모의한 것이다. 제(齊)나라와 로(魯)나라가 진(晉)나라를 배반하였기 때문에 범씨(范氏)와 중항씨(中行氏)를 도운 것이다. 석성부(析成鮒)와 소왕도갑(小王桃甲)이 적(狄)의 군대를 거느리고 진(晉)나라를 습격하여 두 사람은 진(晉)나라 대부로 범씨(范氏)와 중항씨(中行氏)의 당여이다. 강(絳) 땅 안에서 싸웠으나 이기지 못하고 돌아왔다. 사부(士鮒)는 주(周)나라로 망명하고 곧 석성부(析成鮒)이다. 소왕도갑은 조가로 들어갔다.

秋 齊侯宋公會于洮

가을에 제후(齊侯)와 송공(宋公)이 도(洮) 땅에서 회합하였다.

洮 曹地

도(洮)는 조(曹)나라 땅이다.

秋 齊侯宋公會于洮 范氏故也

가을에 제후(齊侯)와 송공(宋公)이 도(洮) 땅에서 회합하였으니, 범씨(范氏) 때문이었

230) 조가(朝歌) : 범씨(范氏 : 士吉射)와 중항씨(中行氏 : 荀寅)가 반란을 일으킨 곳이다.

다.[231]

天王使石尚來歸脤

천왕이 석상(石尙)을 시켜 제사고기[脤]를 보내왔다.

魯未嘗助祭 歸脤非禮也 石尙 天子之士 周魯之交止此 書天王止此

로(魯)나라가 일찍이 제사를 도운 적이 없었으니 신(脤 : 祭肉)을 보내온 것은 례가 아니다. 석상(石尙)은 천자의 사(士)이다. 주(周)나라와 로나라의 교류는 여기에서 그치고, 경문에 천왕이라고 기록한 것도 여기에서 그친다.

衛世子蒯聵出奔宋 衛公孟彄出奔鄭

위(衛)나라 세자 괴외(蒯聵)는 송(宋)나라로 망명나가고, 위나라 공맹구(公孟彄)는 정(鄭)나라로 망명나갔다.

靈公無道 蒯聵不子 兩著其罪 故特書世子

위령공(衛靈公)은 무도하고 괴외(蒯聵)는 자식 노릇을 못하여 두 사람의 죄를 모두 드러내었다. 그러므로 특별히 경문에 세자라고 기록한 것이다.

衛侯爲夫人南子召宋朝 南子 宋女 朝 宋公子 舊通南子 **會于洮 大子蒯聵獻盂于齊 過宋野** 盂 邑名 就會獻之 **野人歌之曰 旣定爾婁豬 盍歸吾艾豭** 婁豬 求子豬 得牡則定 以喩南子 艾豭喩宋朝 艾 老也 **大子羞之 謂戱陽速曰 從我而朝少君** 速 大子家臣 **少君見我 我顧 乃殺之 速曰 諾 乃朝夫人 夫人見大子 大子三顧 速不進 夫人見其色 啼而走 曰 蒯聵將殺余 公執其手以登臺 大子奔宋 盡逐其黨 故公孟彄出奔鄭 自鄭奔齊 大子告人曰 戱陽速禍余 戱陽速告人曰 大子則禍余 大子無道 使余殺其母 余不許 將戕於余 若殺夫人 將以余說 余是故許而弗爲 以紓余死 諺曰 民保於信 吾以信義也** 使義可信不必信言

231) 제후(齊侯)와~때문이었다 : 범씨(范氏)를 구원하는 일을 모의한 것이다.

위후(衛侯)가 부인(夫人) 남자(南子)를 위하여 송(宋)나라 조(朝)를 불렀다. 남자(南子)는 송(宋)나라 녀자이다. 조(朝)는 송(宋)나라 공자로 예전에 남자와 사통하였다. 도(洮) 땅에서 회합할 때 태자 괴외(蒯聵)가 제(齊)나라에 우(盂) 땅을 바치고자 송(宋)나라 들을 지나갔다. 우(盂)는 읍 이름이다. 회합하는 곳에 나아가 우 땅을 바치고자 한 것이다. 그때 야인(野人)이 노래하기를 "이미 그대의 암퇘지[婁豬]가 안정되었거늘 어찌하여 늙은 수퇘지[艾豭]를 돌려주지 않는가."라고 하였다. 루저(婁豬)는 새끼를 얻으려는 암퇘지로 수컷을 얻으면 안정되니 남자(南子)를 비유한 것이다. 애가(艾豭)는 송(宋)나라 조(朝)를 비유한 것이다. 애(艾)는 늙음이다. 태자가 부끄러워하며 희양속(戲陽速)에게 말하기를 "나를 따라 소군(少君 : 南子)을 찾아뵙고, 속(速)은 태자의 가신이다. 소군이 나를 만날 때 내가 돌아보거든 그때 소군을 죽여라."라고 하니, 속(速)이 대답하기를 "알겠습니다."라고 하였다. 이에 부인을 찾아뵈니 부인이 태자를 만났다. 태자가 세 차례나 돌아보았는데 속은 나아오지 않으니, 부인이 태자의 안색을 살피고 울면서 달아나며 말하기를 "괴외가 나를 죽이려 한다."라고 하였다. 위령공(衛靈公)이 부인의 손을 잡고 대(臺) 위로 올라갔다. 이에 태자는 송나라로 망명하고 위령공은 태자의 당여를 모두 축출하였다. 그러므로 공맹구(公孟彄)가 정(鄭)나라로 망명나갔다가 다시 정나라에서 제(齊)나라로 망명하였다. 태자가 사람들에게 고하기를 "희양속이 나에게 화를 끼쳤다."라고 하니, 희양속이 사람들에게 고하기를 "태자가 나에게 화를 끼쳤다. 태자가 무도하여 나에게 그의 어미를 죽이라고 하니, 내가 승낙하지 않았다면 나를 죽였을 것이고 만약 내가 부인을 죽였다면 나를 가지고 변명[說]하였을 것이다.[232] 내가 이 때문에 말로만 승낙하고 실행하지 않음으로써 나의 죽음을 늦춘 것이다. 속언(俗諺)에 '백성은 믿음으로 보존한다.'라고 하였으니, 나는 신의로써 행한 것이다."라고 하였다. 가령 의리가 믿을 만하다면 말한 것을 반드시 지켜야 한다는 것은 아니다.

宋公之弟辰 自蕭來奔

송공(宋公)의 아우 신(辰)이 소(蕭)[233] 땅에서 망명왔다.

---

232) 나를~것이다 : 나[戲陽速]에게 책임을 전가하였을 것이라는 말이다. 설(說)을 탈(脫)의 의미로 보아 나[戲陽速]를 희생으로 삼아 자신의 죄에서 벗어나고자 했을 것이라는 의미로 보기도 한다.

233) 소(蕭) : 송(宋)나라 읍.

大蒐于比浦 邾子來會公

비포(比浦)에서 크게 군대를 검열하였다. 주자(邾子)가 와서 정공(定公)과 회합하였다.

會公于比浦 不用朝禮 故曰會 書蒐止此

비포(比浦)에서 정공(定公)과 회합하면서 조견의 례를 쓰지 않았으므로[234] 경문에 회합하였다고 기록한 것이다. 경문에 군대를 검열하였다고 기록한 것은 여기에서 그친다.

城莒父及霄

거보(莒父) 및 소(霄) 땅에 성을 쌓았다.

公叛晉 故懼而城二邑 此年無冬 史闕文

정공(定公)이 진(晉)나라를 배반하였기 때문에 두려워하여 두 읍에 성을 쌓은 것이다. 이 해에는 겨울조가 없으니 사관이 글을 빠뜨린 것이다.

○冬 十二月 晉人敗范中行氏之師於潞 獲籍秦高彊 **二子 范氏黨** **又敗鄭師及范氏之師于百泉** **鄭助范氏 故幷敗**

○겨울 12월에 진인(晉人)이 범씨(范氏)와 중항씨(中行氏)의 군대를 로(潞) 땅에서 패배시켜 적진(籍秦)과 고강(高彊)을 잡고, 두 사람은 범씨(范氏)의 당여이다. 또 정(鄭)나라 군대와 범씨의 군대를 백천(百泉)에서 패배시켰다. 정(鄭)나라가 범씨(范氏)를 도왔기 때문에 함께 패배시킨 것이다.

234) 비포(比浦)에서~않았으므로 : 검열하는 곳에서 만났으므로 조견의 례를 쓰지 않은 것이다.

정공(定公) 15년【丙午 B.C.495】

十有五年 春 王正月 邾子來朝

15년 봄 왕정월에 주자(邾子)가 와서 조견하였다.

十五年 春 邾隱公來朝 邾子益 **子貢觀焉 邾子執玉高 其容仰 公受玉卑 其容俯** 子貢孔子弟子 **子貢曰 以禮觀之 二君者 皆有死亡焉 夫禮 死生存亡之體也 將左右周旋 進退俯仰 於是乎取之 朝祀喪戎 於是乎觀之 今正月相朝 而皆不度 心已亡矣 嘉事不體 何以能久** 嘉事 朝禮 **高仰 驕也 卑俯 替也 驕近亂 替近病 君爲主 其先亡乎**

15년 봄에 주은공(邾隱公)이 와서 조견하였다. **주자(邾子) 익(益)이다.** 자공(子貢)이 살펴보았는데 주자(邾子)는 옥을 높이 들어 그 얼굴이 위로 향하였고, 정공(定公)은 옥을 받으며 몸을 낮추어 그 얼굴이 아래로 향하였다. 자공(子貢)은 공자(孔子)의 제자이다. 자공이 말하기를 "례(禮)로 살펴보건대 두 임금은 모두 죽을 것이다. 무릇 례는 사생(死生)과 존망(存亡)의 주체이니 좌우주선(左右周旋)[235]과 진퇴부앙(進退俯仰)[236]을 행할[將] 때도 여기[禮]에서 법을 취하고, 조회(朝會)·제사(祭事)·상사(喪事)·융사(戎事)도 여기[禮]에서 살펴볼 수 있다.[237] 그런데 지금 정월에 서로 조회하면서 모두 법도를 어겼으니 마음을 이미 상실한 것이다. 가사(嘉事)에 격식을 갖추지 못했으니 어찌 오래 살겠는가. 가사(嘉事)는 조례(朝禮)이다. 옥을 높이 들어 얼굴이 위로 향한 것은 교만한 행동이고, 몸을 낮추어 얼굴이 아래로 향한 것은 쇠퇴한[替] 모습이다. 교만은 혼란에 가깝고 쇠퇴는 질병에 가깝다. 우리 임금께서 주인이니 먼저 돌아가실 것이다."라고 하였다.

---

235) 좌우주선(左右周旋) : 의례(儀禮)에서 좌우로 갈 때 어떻게 선회하며 움직이는지를 규정하는 례법(禮法).

236) 진퇴부앙(進退俯仰) : 의례(儀禮)에서 나아가고 물러날 때 몸을 일으키고 굽히는 례법(禮法).

237) 조회(朝會)~있다 : 조회(朝會)·제사(祭事)·상사(喪事)·융사(戎事)가 제대로 행해졌는지는 례로 비추어 보면 알 수 있다는 의미이다. 여기에서는 전문(傳文)의 장(將)을 '행하다'의 의미로 해석하였지만 일설에는 '가지다'의 의미로 보아 좌우주선(左右周旋)과 진퇴부앙(進退俯仰)을 가지고 사생(死生)과 존망(存亡)의 조짐을 취할 수 있고 조사상융(朝祀喪戎)을 가지고 사생과 존망을 관찰할 수 있다고 해석하기도 한다.

鼷鼠食郊牛 牛死 改卜牛

생쥐가 교제(郊祭)에 사용할 소를 파먹어 소가 죽자 다시 점쳐서 소를 정하였다.

二月 辛丑 楚子滅胡 以胡子豹歸

2월 신축일에 초자(楚子)가 호(胡)나라를 멸하고 호자(胡子) 표(豹)를 데리고 돌아갔다.

吳之入楚也 在四年 **胡子盡俘楚邑之近胡者 楚旣定 胡子豹又不事楚 曰 存亡有命 事楚何爲 多取費焉 二月 楚滅胡**

오(吳)나라가 초(楚)나라를 쳐들어갔을 때 4년에 있었다. 호자(胡子)가 호(胡)나라 가까이에 있는 초나라 읍의 사람들을 모두 잡아갔다. 초나라가 안정되었는데도 호자 표(豹)가 또 초나라를 섬기지 않고 말하기를 "나라의 존망은 천명에 달린 것이다. 초나라를 섬겨 무엇 하겠는가. 다만[多] 비용만 들 뿐이다."라고 하였다. 2월에 초나라가 호나라를 멸하였다.

夏 五月 辛亥 郊

여름 5월 신해일에 교제(郊祭)를 지냈다.

壬申 公薨于高寢

임신일에 정공(定公)이 고침(高寢)에서 훙하였다.

高寢 宮名 書之 非正也

고침(高寢)은 궁 이름이다. 이를 경문에 기록한 것은 정침(正寢)이 아니기 때문이다.

夏 五月 壬申 公薨

여름 5월 임신일에 정공(定公)이 훙하였다.

仲尼曰 賜不幸言而中 **賜 子貢名** **是使賜多言者也**

중니(仲尼)는 말하였다. "사(賜)는 불행하게도 한 말이 맞았으니, 사(賜)는 자공(子貢)의 이름이다. 이것이 사로 하여금 말이 많은 사람이 되게 하는구나."

鄭罕達帥師伐宋 정(鄭)나라 한달(罕達)이 군대를 거느리고 송(宋)나라를 쳤다.

罕 公作軒 後同

한(罕)은 《공양전(公羊傳)》에는 헌(軒)으로 되어 있다. 이후에도 이와 같다.

鄭罕達敗宋師于老丘 **罕達 子齹子 老丘 宋地 鄭欲取地以處宋公子地**

정(鄭)나라 한달(罕達)이 송(宋)나라 군대를 로구(老丘)에서 패배시켰다. 한달(罕達)은 자차(子齹)의 아들이다. 로구(老丘)는 송(宋)나라 땅이다. 정(鄭)나라가 땅을 취하여 송나라 공자 지(地)를 살게 하려 한 것이다.[238)]

齊侯衛侯次于渠蒢 제후(齊侯)와 위후(衛侯)가 거제(渠蒢)에 주둔하였다.

渠蒢 公作蘧篨

거제(渠蒢)는 《공양전(公羊傳)》에는 거제(蘧篨)로 되어 있다.

齊侯衛侯次于蘧挐 謀救宋也 **蘧挐卽渠蒢**

제후(齊侯)와 위후(衛侯)가 거나(蘧挐)에 주둔하였으니, 송(宋)나라 구원을 모의한 것이다. 거나(蘧挐)는 곧 거제(渠蒢)이다.

---

238) 정(鄭)나라가~것이다 : 올해 송(宋)나라 공자 지(地)가 정(鄭)나라로 망명하였기 때문이다. 애공(哀公) 12년조 참조.

邾子來奔喪

주자(邾子)가 와서 분상(奔喪)하였다.

諸侯始奔喪 非禮也

제후(諸侯)가 처음 분상(奔喪)[239]온 것이니[240] 례(禮)가 아니었다.

秋 七月 壬申 姒氏卒

가을 7월 임신일에 사씨(姒氏)가 졸하였다.

姒 穀作弋 後同

사(姒)는 《곡량전(穀梁傳)》에는 익(弋)으로 되어 있다. 이후에도 이와 같다.

秋 七月 壬申 姒氏卒 不稱夫人 不赴 且不祔也 定公妾哀公母 啖助曰 自成風妾母皆僭用夫人禮 定姒卒 子未踰年 故書卒 不稱夫人

가을 7월 임신일에 사씨(姒氏)가 졸하였다. 부인(夫人)이라고 칭하지 않은 것은 다른 나라에 부고하지 않았고 또 사당에 합사(合祀)하지 않았기 때문이다. 사씨(姒氏)는 정공(定公)의 첩(妾)이고 애공(哀公)의 어머니이다. 담조(啖助)가 말하기를 "성풍(成風)[241] 때부터 첩모(妾母)[242]에게 부인(夫人)의 례를 참람되이 사용하였다. 정사(定姒)[243]가 졸하였는데 아들이 즉위하여 해를 넘기지 않았기 때문에 경문에 졸이라고 기록하고 부인(夫人)이라고 칭하지 않은 것이다."[244]라고 하였다.

239) 분상(奔喪) : 본래 의미는 외지에서 부모·임금·존장(尊長)의 상(喪)을 듣고 급히 간다는 것이지만 여기서는 정식으로 부고를 받지 않고 문상 온 것을 이른다.

240) 제후(諸侯)가~것이니 : 여기서는 제후(諸侯)가 로(魯)나라에 분상(奔喪)온 처음 사례라는 것이다.

241) 성풍(成風) : 희공(僖公)의 어머니.

242) 첩모(妾母) : 선대 임금의 첩이면서 아들이 임금인 녀인을 이른다.

243) 정사(定姒) : 정공(定公)의 첩(妾) 사씨(姒氏).

244) 정사(定姒)가~것이다 : 담조(啖助)는 아들[哀公]이 즉위하여 해를 넘기지 않았기 때문에 경문에 졸이라고 기록하고 부인(夫人)이라고 칭하지 않았다고 하였는데 이는 잘못된 견해이다. 사씨(姒氏)는 정공(定公)의 첩이기 때문에 경문에 사씨라고 일컬었고 졸이라고 한 것이다. 군부인(君夫人)이 죽었을 경우는 훙이라고 한다.

八月 庚辰 朔 日有食之 8월 초하루 경진일에 일식이 있었다.

九月 滕子來會葬 9월에 등자(滕子)가 와서 장례에 참석하였다.

諸侯會葬 亦非禮也

제후(諸侯)가 장례에 참석한 것은 또한 례가 아니다.[245)]

丁巳 葬我君定公 雨 不克葬 戊午 日下昃 乃克葬 정사일에 우리 임금 정공(定公)의 장례를 지냈는데, 비가 와서 장례를 마치지 못하고 무오일 해질녘에야 장례를 마쳤다.

昃 穀作稷 ○乃 緩辭 譏臣子緩慢也

측(昃)은 《곡량전(穀梁傳)》에는 직(稷)으로 되어 있다. ○내(乃)는 늦다는 말이니 신하들의 일 처리가 늦고 게으른 것을 비난한 것이다.[246)]

葬定公 雨 不克襄事 禮也 **襄 成也 說見宣八年**

정공(定公)의 장례를 지낼 때 비가 와서 일을 마치지[襄] 않은 것은 례에 맞는 일이었다.

양(襄)은 이룸이다. 설명이 선공(宣公) 8년조에 보인다.[247)]

---

245) 제후(諸侯)가~아니다 : 본래 제후국의 임금이 훙하면 각 국의 대부가 조문하고 경(卿)이 장례에 참석하며, 군부인(君夫人)의 상(喪)에는 각 국의 사(士)가 조문하고 대부가 장례에 참석하는 것이 례이다. 따라서 정공(定公)의 장례에 제후(諸侯)인 등자(滕子)가 직접 조문 온 것은 례가 아니라는 말이다.

246) 내(乃)는~것이다 ; 이 설은 《곡량전(穀梁傳)》의 '장례는 비가 와도 그만두지 않는 것이 례이니, 비가 와서 장례를 마치지 못했다[雨不克葬]는 것은 상제(喪制)를 따른 것이 아니다.'라는 말에 의거한 것으로 두예(杜預)의 견해가 아니다.

247) 설명이~보인다 : 선공(宣公) 8년조 전문에 '비가 와서 장례를 지내지 않았으니, 례에 맞는 일이었다. 《례기(禮記)》에 장례 지내는 날을 점칠 때 먼 날을 먼저 택한다고 하였으니, 이는 고인을 생각하지 않는다는 혐의를 피하기 위해서이다.'라 하였고, 그 전문주에 '어버이를 생각하지 않고 일찍 장례를 지냈다는 혐의

辛巳 葬定姒

신사일에 정사(定姒)의 장례를 지냈다.

辛巳 十月三日 有日無月

신사일은 10월 3일이다. 날만 기록하고 달은 기록하지 않았다.

葬定姒 不稱小君 不成喪也 **劉敞曰 左氏非也 姒氏非夫人 書葬定姒宜矣 何足以見不成喪乎**

정사(定姒)의 장례를 지냈다. 소군(小君)[248]이라고 칭하지 않은 것은 상례(喪禮)를 갖추지 않았기 때문이다. 류창(劉敞)이 말하기를 "좌씨(左氏)가 잘못이다. 사씨(姒氏)는 부인(夫人)이 아니므로 경문에 정사(定姒)의 장례를 지냈다고 기록한 것은 마땅한 것이다. 상례(喪禮)를 갖추지 않았다는 것을 어디에서 볼 수 있는가."라고 하였다.

冬 城漆

겨울에 칠(漆) 땅에 성을 쌓았다.

邾庶其邑

주(邾)나라 서기(庶其)의 읍이다.[249]

冬 城漆 書不時告也 **實以秋城 冬乃告廟**

겨울에 칠(漆) 땅에 성을 쌓았다고 하였으니, 제때 고하지 않은 것을 경문에 기록한 것이다. 사실은 가을에 성을 쌓고 겨울이 되어서야 종묘에 고한 것이다.[250]

를 피하는 것이다.'라고 하였다. 그러므로 위 경문주에 '신하들의 일 처리가 늦고 게으른 것을 비난한 것이다.'라는 내용은 선공 8년조 전문 및 전문주의 내용과 배치되고 또 위 전문과도 배치된다.

248) 소군(小君) : 제후(諸侯)의 부인(夫人).

249) 주(邾)나라~읍이다 : 양공(襄公) 21년에 주(邾)나라 서기(庶其)가 칠(漆) 땅과 려구(閭丘)를 가지고 로(魯)나라로 망명왔다.

250) 사실은~것이다 : 축성(築城)은 농한기인 겨울에 해야 하는데 가을에 축성하고는 겨울이 되어서야 종묘에 고한 것이다. 이는 마치 겨울에 축성한 것처럼 위장하기 위한 것이므로 경문에 특별히 기록한 것이라는 의미이다.

魯定公

국명 / B.C.	魯	周	蔡	曹	衛	滕	晉	吳	鄭	燕	齊	秦	楚	宋	杞	陳	薛	邾	莒	許	越
509	定公 1	敬王 11	昭侯 10	隱公 1	靈公 26	頃公 5	定公 3	闔廬 6	獻公 5	平公 15	景公 39	哀公 28	昭王 7	景公 8	悼公 9	惠公 21	襄公 2	莊公 32		斯 14	
508	2	12	11	2	27	6	4	7	6	16	40	29	8	9	10	22	3	33		15	
507	3	13	12	3	28	7	5	8	7	17	41	30	9	10	11	23	4	34		16	
506	4	14	13	4	29	8	6	9	8	18	42	31	10	11	12	24	5	隱公 1		17	
505	5	15	14	靖公 1	30	9	7	10	9	19	43	32	11	12	僖公 1	懷公 1	6	2		18	
504	6	16	15	2	31	10	8	11	10	簡公 1	44	33	12	13	2	2	7	3		19	
503	7	17	16	3	32	11	9	12	11	2	45	34	13	14	3	3	8	4		元公 1	
502	8	18	17	4	33	12	10	13	12	3	46	35	14	15	4	4	9	5		2	
501	9	19	18	陽 1	34	13	11	14	13	4	47	36	15	16	5	閔公 1	10	6		3	
500	10	20	19	2	35	14	12	15	聲公 1	5	48	惠公 1	16	17	6	2	11	7		4	
499	11	21	20	3	36	15	13	16	2	6	49	2	17	18	7	3	12	8		5	
498	12	22	21	4	37	16	14	17	3	7	50	3	18	19	8	4	13	9		6	
497	13	23	22	5	38	17	15	18	4	8	51	4	19	20	9	5	比 1	10		7	
496	14	24	23	6	39	18	16	19	5	9	52	5	20	21	10	6	惠公 1	11		8	句踐 1
495	15	25	24	7	40	19	17	夫差 1	6	10	53	6	21	22	11	7	2	12		9	2

애공(哀公)[1] 원년 【丁未 B.C.494】

元年 春 王正月 公卽位

원년 봄 왕정월에 애공(哀公)이 즉위하였다.

楚子陳侯隨侯許男圍蔡

초자(楚子)·진후(陳侯)·수후(隨侯)·허남(許男)이 채(蔡)나라를 포위하였다.

定六年 鄭滅許 此復見者 蓋楚封之

정공(定公) 6년에 정(鄭)나라가 허(許)나라를 멸하였는데, 여기서 다시 보인 것은 아마도 초(楚)나라가 봉한 듯하다.

元年 春 楚子圍蔡 報柏擧也 在定四年 **里而栽** 築圍壘 周匝去蔡城一里 **廣丈 高倍 夫屯晝夜九日** 夫猶兵也 **如子西之素** 子西本計 爲壘當用九日而成 **蔡人男女以辨** 男女各別 係纍而降 **使疆于江汝之間而還** 蔡權聽命 故還 **蔡於是乎請遷于吳** 楚旣還 蔡人更叛楚就吳 爲明年蔡遷州來傳

원년 봄에 초자(楚子)가 채(蔡)나라를 포위하였으니, 백거(柏擧)의 싸움에 대하여 보복한 것이다. 정공(定公) 4년에 있었다. 채나라 도성에서 1리쯤 떨어진 곳에 보루를 쌓았는데[栽][2] 에워싸는 보루를 쌓은 것이다. 보루의 가장자리는 채(蔡)나라 도성과 1리 떨어져 있다. 너비는 1장(丈)이고 높이는 2장이었다. 병사[夫]들이 밤낮으로 9일을 주둔하며 부(夫)는 병사[兵]와 같다. 자서(子西)가 본래 세운 계획과 같이하니, 자서(子西)의 본래 계획은 보루를 만드는데 9일 만에 완성하는 것이었다. 채인(蔡人)이 남녀를 구분하여 묶고서 항복하였다. 남녀를 각기 따로 결박하여 항복한 것이다. 초자는 채나라로 하여금 강수(江水)와 여수(汝水) 사이를 강역으로 삼게 하고는 돌아갔다. 채(蔡)

1) 애공(哀公) : 로(魯)나라 24대 임금. 이름이 장(蔣)이며 정공(定公)의 아들이고 어머니는 정사(定姒)이다. 주경왕(周敬王) 26년에 즉위하였다. 시법(謚法)에 공손하고 인자하되 단명한 것[恭仁短折]을 애(哀)라고 한다. 즉위년을 주경왕 28년으로 보는 설도 있다.

2) 보루를 쌓았는데[栽] : 판축(板築)하여 보루를 쌓는 것을 재(栽)라고 한다. 정공(定公) 원년 3월조 참조.

나라가 형편에 따라 명을 들었기 때문에 돌아간 것이다. 채나라는 이에 오(吳)나라로 옮기기를 청하였다. 초군(楚軍)이 돌아가자 채인(蔡人)이 다시 초(楚)나라를 배반하고 오(吳)나라에 붙었다. 다음해 채(蔡)나라가 주래(州來)[3]로 옮기는 전의 배경이 된다.

○吳王夫差敗越于夫椒 報檇李也 遂入越 越子以甲楯五千保于會稽 會稽 山名 **使大夫種因吳大宰嚭以行成 吳子將許之 伍員曰 不可 臣聞之 樹德莫如滋 去疾莫如盡 昔有過澆殺斟灌以伐斟鄩 滅夏后相 后緡方娠 逃出自竇 歸于有仍** 后緡 相妻 有仍氏女 **生少康焉 爲仍牧正** 牧官之長 **惎澆能戒之** 惎 毒也 言以澆爲毒害 而能戒備之 **澆使椒求之** 椒 澆臣 **逃奔有虞 爲之庖正 以除其害** 虞 舜後諸侯 庖正 掌膳羞之官 賴此以得除己害 **虞思於是妻之以二姚** 思 虞君 以二女妻少康 姚 虞姓 **而邑諸綸** 綸 虞邑 **有田一成 有衆一旅** 方十里爲成 **能布其德 而兆其謀 以收夏衆 撫其官職 使女艾諜澆** 女艾 少康臣 **使季杼誘豷** 季杼 少康子后杼 **遂滅過戈 復禹之績** 過 澆國 戈 豷國 **祀夏配天 不失舊物 今吳不如過 而越大於少康 或將豐之 不亦難乎** 言與越成 是使越豐大 必爲吳難 **句踐能親而務施 施不失人 親不棄勞 與我同壤 而世爲仇讎 於是乎克而弗取 將又存之 違天而長寇讎 後雖悔之 不可食已** 食 消也 已 止也 **姬之衰也 日可俟也** 姬 吳姓 言可計日而待 **介在蠻夷 而長寇讎 以是求伯 必不行矣 弗聽**

○오왕(吳王) 부차(夫差)가 부초(夫椒)에서 월(越)나라를 패배시켰으니, 취리(檇李)의 싸움[4]에 대하여 보복한 것이다. 드디어 월나라로 쳐들어가니, 월자(越子)는 갑옷과 방패로 무장한 5천의 병사를 거느리고 회계(會稽)로 가서 지키고 있으면서 회계(會稽)는 산 이름이다. 대부 종(種)을 보내 오(吳)나라 태재(大宰)인 비(嚭)를 통하여 화친을 청하도록 하였다. 오자(吳子)가 이를 허낙하려 하자, 오운(伍員)이 말하기를 "안 됩니다. 신이 들으니 덕을 베풀 때에는 불어나게 하는 것 만함이 없고, 해를 제거할 때에는 다 없애버리는 것 만함이 없다고 합니다. 옛날 과(過)나라 요(澆)[5]가 짐관(斟灌)[6]을 죽이고 짐심(斟鄩)[7]을 쳐서 하(夏)나라 임금 상(相)을 멸하였습니다. 이때 왕후 민(緡)이 임신 중이었는데 하수구로 도망쳐 나

---

3) 주래(州來) : 오(吳)나라와 초(楚)나라의 분쟁지인데 당시에는 오나라 영향권에 있었다.

4) 취리(檇李)의 싸움 : 정공(定公) 14년에 있었다.

5) 요(澆) : 하(夏)나라의 이성제후(異姓諸侯).

6) 짐관(斟灌) : 하(夏)나라의 동성제후(同姓諸侯).

7) 짐심(斟鄩) : 하(夏)나라의 동성제후(同姓諸侯).

와 잉(仍)나라[8]로 가서 왕후 민(緡)은 상(相)의 처이고 유잉씨(有仍氏)의 딸이다. 소강(少康)을 낳았습니다. 소강은 잉나라의 목정(牧正)이 되어 목관(牧官)의 우두머리이다. 요를 해독[惎]으로 여겨 잘 경계하였습니다. 기(惎)는 해독이다. 요(澆)를 해독으로 여겨 잘 경계하여 대비하였다는 말이다. 요가 초(椒)를 시켜 소강을 잡아 오게 하니 초(椒)는 요(澆)의 신하이다. 소강은 우(虞)나라로 도망하여 포정(庖正)이 되어 그 해악에서 벗어났습니다. 우(虞)는 순(舜)의 후손이 제후(諸侯)인 나라이다. 포정(庖正)은 임금의 음식을 맡은 관리이다. 소강(少康)은 이에 힘입어 자기의 해를 면할 수 있었다. 우나라 임금 사(思)는 이에 그의 두 딸 요씨(姚氏)를 소강에게 처로 주고 사(思)는 우(虞)나라 임금으로 두 딸을 소강(少康)의 처로 삼게 하였다. 요(姚)는 우(虞)나라 성(姓)이다. 륜(綸) 땅을 봉읍으로 주니 륜(綸)은 우(虞)나라 읍이다. 소강은 전지 1성(成)과 무리 1려(旅)[9]를 소유하게 되었습니다. 사방 10리(里)가 성(成)이다. 소강은 덕정을 잘 펴서 그 계획[10]을 시작하여 하(夏)나라 무리를 모으고 관직에 있는 자를 위무하며, 여애(女艾)를 시켜 요를 렴탐(廉探 : 諜)하게 하고 여애(女艾)는 소강(少康)의 신하이다. 계저(季杼)를 시켜 희(豷)[11]를 꾀어내게 하였습니다. 계저(季杼)는 소강(少康)의 아들 후저(后杼)이다. 드디어 과(過)나라와 과(戈)나라를 멸하고 우(禹)의 업적을 회복하고는 과(過)는 요(澆)의 나라이고 과(戈)는 희(豷)의 나라이다. 하나라의 선왕들을 제사 지낼 때 천제(天帝)에 배향하여 옛 문물제도를 잃지 않게 하였습니다. 지금 오나라는 과(過)나라만 못하고 월나라는 소강보다도 강대하거늘, 혹시 앞으로 월나라를 풍성하게 한다면 또한 우리 오나라는 더 어려운 지경에 놓이지 않겠습니까. 월(越)나라와 화친을 맺는 것이 월나라를 더 풍성하고 강대하게 하는 것이니 반드시 오(吳)나라의 화난이 될 것이라는 말이다. 구천(句踐)은 친애하고 베풂에 힘쓰되, 베풂에 누락되는 사람이 없게 하고 친애함에 공로가 있는 이를 저버리지 않습니다. 그리고 월나라는 우리와 강역을 같이하여 대대로 원수가 되었습니다. 이러한데도 이기고서 취하지 않고 장차 또 존속시킨다면 이는 하늘을 어기고 원수를 오래도록 존속시키는 것입니다. 뒤에 비록 후회하여도 없어지게[食] 하거나 그치게[已] 할 수 없을 것이니, 식(食)은 없어짐이다. 이(已)는 그침이다. 희씨(姬氏)의 쇠망은 그날을 손꼽아 기다리게 될 것입니다. 희(姬)는 오(吳)나라 성(姓)이다. 날을 계산하여 기다릴 수 있다는 말이다. 만이(蠻夷) 사이에 끼어 있으면서 원수를 오래도록 존속시키고, 이로써 패자[伯]가 되기를 구한다면 반드시 이루어질 수 없을 것입니다."라고 하였으나 오자는 듣지 않았다.

---

8) 잉(仍)나라 : 전문 '有仍'의 '有'는 허사이다.

9) 1려(旅) : 5백 인(人)이 려(旅)이다.

10) 그 계획 : 하(夏)나라를 회복하려는 계획이다.

11) 희(豷) : 요(澆)의 아우.

退而告人曰 越十年生聚 生民聚財 **而十年敎訓 二十年之外 吳其爲沼乎** 謂吳宮室廢壞當爲汙池 爲二十二年越入吳起本 **三月 越及吳平 吳入越 不書 吳不告慶 越不告敗也**

오운(伍員)이 물러 나와 어떤 사람에게 말하기를 "월(越)나라는 10년 동안 백성을 늘리고 재물을 모으고 백성을 늘리고 재물을 모음이다. 그 뒤 10년 동안 가르치고 훈련시킬 것이니, 20년 뒤에 오(吳)나라는 아마도 물웅덩이가 될 것이다."라고 하였다. 오(吳)나라 궁실이 파괴되어 마땅히 물웅덩이가 될 것이라는 말이다. 22년에 월(越)나라가 오나라로 쳐들어가는 발단이 된다. 3월에 월나라가 오나라와 화평을 맺었다. 오나라가 월나라로 쳐들어간 것을 경문에 기록하지 않은 것은 오나라가 이긴 일을 통고해 오지 않았고 월나라도 패한 일을 통고해 오지 않았기 때문이다.

鼷鼠食郊牛 改卜牛 夏 四月 辛巳 郊

생쥐가 교제(郊祭)에 사용할 소를 파먹으니, 다시 점쳐서 소를 정하였다. 여름 4월 신사일에 교제를 지냈다.

郊牛下 穀有角字 ○書 過也

교우(郊牛)의 다음에 《곡량전(穀梁傳)》에는 각(角)자가 있다. ○경문에 기록한 것은 시기를 넘겼기 때문이다.[12)]

○夏 四月 齊侯衛侯救邯鄲 圍五鹿 救趙稷也 五鹿 晉邑

○여름 4월에 제후(齊侯)와 위후(衛侯)가 한단(邯鄲)을 구원하기 위하여 오록(五鹿)을 포위하였다.[13)] 조직(趙稷)을 구원한 것이다. 오록(五鹿)은 진(晉)나라 읍이다.

秋 齊侯衛侯伐晉

가을에 제후(齊侯)와 위후(衛侯)가 진(晉)나라를 쳤다.

12) 시기를~때문이다 ; 환공(桓公) 5년조에 교제(郊祭)는 계칩(啓蟄)이 되면 지낸다고 하였다.

13) 한단(邯鄲)을~포위하였다 : 진(晉)나라 조직(趙稷)이 한단(邯鄲)을 점거하고서 반란을 일으키자, 제후(齊侯)와 위후(衛侯)가 오록(五鹿)을 포위하여 조직을 구원한 것이다.

齊侯衛侯會于乾侯 救范氏也 師及齊師衛孔圉鮮虞人伐晉 取棘蒲 魯師不書 非公命

제후(齊侯)와 위후(衛侯)가 간후(乾侯)에서 회합하였으니, 범씨(范氏)를 구원하기 위해서였다.[14] 우리 군대가 제(齊)나라 군대 및 위(衛)나라 공어(孔圉)·선우인(鮮虞人)과 함께 진(晉)나라를 쳐서 극포(棘蒲)를 취하였다. 로(魯)나라 군대를 경문에 기록하지 않은 것은 애공(哀公)의 명이 아니었기 때문이다.

○吳之入楚也 使召陳懷公 懷公朝國人而問焉 曰 欲與楚者右 欲與吳者左 陳人從田 無田從黨 都邑之人無田者 隨黨而立 不知所與 故直從所居 田在西者居右 在東者居左 **逢滑當公而進** 當公 不左不右 **曰 臣聞國之興也以福 其亡也以禍 今吳未有福 楚未有禍 楚未可棄 吳未可從 而晉盟主也 若以晉辭吳 若何 公曰 國勝君亡 非禍而何 對曰 國之有是多矣 何必不復 小國猶復 況大國乎 臣聞國之興也 視民如傷 是其福也 其亡也以民爲土芥 是其禍也 楚雖無德 亦不艾殺其民 吳日敝於兵 暴骨如莽** 草生廣野莽莽然 故曰草莽 **而未見德焉 天其或者正訓楚也** 使懼而改過 **禍之適吳 其何日之有 陳侯從之 及夫差克越 乃修先君之怨 秋 八月 吳侵陳 修舊怨也**

○오(吳)나라 군대가 초(楚)나라로 쳐들어갔을 때[15] 오자(吳子 : 闔廬)가 사람을 시켜 진회공(陳懷公)을 불렀다. 회공(懷公)이 국인과 조회하며 그들에게 묻기를 "초나라를 편들고자 하는 자는 오른쪽에 서고 오나라를 편들고자 하는 자는 왼쪽에 서라. 진인(陳人) 가운데 전지(田地)가 있는 자는 전지가 있는 곳에 따라 서고 전지가 없는 자는 족당(族黨)에 따라 서라."고 하였다. 도읍(都邑)에 사는 사람 가운데 전지(田地)가 없는 자는 족당(族黨)에 따라 서라는 것이다. 편들 나라를 알지 못하기 때문에 곧 사는 곳을 따르게 한 것이니 전지가 서쪽에 있는 자는 오른쪽에 서고, 동쪽에 있는 자는 왼쪽에 서라는 것이다.[16] 봉활(逢滑)이 회공을 향하여 나아가며 회공(懷公)을 향한 것은 왼쪽으로 간 것도 아니고 오른쪽으로 간 것도 아닌 것이다. 말하기를 "신이 듣건대 나라가 흥하는 것은 복에 달려 있고, 나라가 망하는 것은 화에 달려 있다고 하였습니다. 지금 오나라에는 아직

---

14) 범씨(范氏)를~위해서였다 : 정공(定公) 13년에 조가(朝歌)로 들어가 반란을 일으킨 순인(荀寅)과 사길석(士吉射;范吉射)을 구원한 것이다.

15) 오(吳)나라~때 : 정공(定公) 4년에 있었던 백거(柏擧)의 싸움이다.

16) 편들~것이다 : 자신의 뜻이 정해져 있다면 자신의 뜻에 따라 초(楚)나라나 오(吳)나라를 선택하면 되지만 결정할 수 없을 경우에는 자신의 전지(田地)가 있는 곳을 따라 편들 나라를 결정하라는 것이다. 곧 자신의 전지를 유지하기 위해서는 가능한 자신의 전지와 가까운 나라를 편드는 것이 리롭기 때문이다. 진(陳)나라의 위치에서 초나라는 서쪽에 있고 오나라는 동쪽에 있다.

복이 있지 않고 초나라에는 아직 화가 있지 않으니, 초나라를 아직 버려서는 안 되고 오나라를 아직 따라서는 안 됩니다. 진(晉)나라가 맹주이니 만약 진나라를 구실삼아 오나라의 청을 거절하면 어떻겠습니까?"라고 하였다. 회공이 말하기를 "이미 초나라는 오나라에게 승리를 안겨주었고 초나라 임금은 도망하였으니 화가 아니고 무엇이겠는가."라고 하니, 대답하기를 "나라에는 이런 경우가 많으니 어찌 반드시 회복되지 않겠습니까. 소국도 오히려 회복되는데[17] 하물며 대국의 경우는 어떻겠습니까. 신이 듣건대 나라가 흥하려 할 때는 백성 보기를 상처를 돌보듯 하니 이것이 복이 되는 것이고, 나라가 망하려 할 때는 백성을 흙덩이나 검불처럼 여기니 이것이 화가 되는 것이라고 하였습니다. 초나라가 비록 덕이 없어도 또한 그 백성을 함부로 죽이지 않았고, 오나라는 날로 싸움으로 피폐해져 백성의 드러난 뼈가 들풀처럼 널려 있으니 풀이 넓은 들판에 무성하게 자라나기 때문에 들풀이라고 한 것이다. 그 덕이 있음을 보지 못하였습니다. 하늘이 아마도 초나라를 바르게 가르치려고 하는 듯합니다. 두렵게 하여 허물을 고치게 한다는 것이다. 화가 오나라에 닥칠 날이 얼마나 남았겠습니까." 라고 하였다. 이에 진후(陳侯)가 이 말을 따랐었다. 이제 부차(夫差)가 월(越)나라를 이겨 선군의 원한을 갚고 나서[18] 가을 8월에 오나라가 진(陳)나라를 침범하여 묵은 원한을 갚았다.[19]

吳師在陳 楚大夫皆懼 曰 闔廬惟能用其民 以敗我於柏擧 今聞其嗣又甚焉 將若之何 子西曰 二三子恤不相睦 無患吳矣 昔闔廬食不二味 居不重席 室不崇壇 平地作室不起壇也 **器不彤鏤** 彤 丹也 鏤 刻也 **宮室不觀** 觀 臺榭 **舟車不飾 衣服財用 擇不取費** 選取堅厚 不尙細靡 **在國 天有菑癘 親巡孤寡而共其乏困 在軍 熟食者分 而後敢食 其所嘗者 卒乘與焉 勤恤其民 而與之勞逸 是以民不罷勞 死知不曠 吾先大夫子常易之 所以敗我也 今聞夫差 次有臺榭陂池焉 宿有妃嬙嬪御焉 一日之行 所欲必成 玩好必從 珍異是聚 觀樂是務 視民如讎 而用之日新 夫先自敗也已 安能敗我**

오(吳)나라 군대가 진(陳)나라에 주둔하니, 초(楚)나라 대부들이 모두 두려워하며 말하기를 "합려(闔廬)는 그 백성을 잘 써서 백거(柏擧)에서 우리를 패배시켰습니다. 지금 듣건대

17) 소국도~회복되는데 : 진(陳)나라가 망하였다가 회복하였음을 이른다.
18) 부차(夫差)가~나서 : 정공(定公) 14년에 오(吳)나라 합려(闔廬)가 월(越)나라와의 싸움에서 부상당하여 죽은 원한을 갚은 것이다.
19) 가을~갚았다 : 정공(定公) 4년에 오(吳)나라 합려(闔廬)가 초(楚)나라로 쳐들어갔을 때 진회공(陳懷公)을 불렀으나 가지 않은 데 대한 원한을 갚은 것이다.

그 후계자[夫差]가 그보다 뛰어나다고 하니 장차 어찌해야 합니까?"라고 하였다. 이에 자서(子西)가 다음과 같이 말하였다. "그대들은 서로 화목하지 못하는 것을 걱정하고 오나라는 걱정하지 마시오. 전에 합려는 식사할 때 두 가지 음식을 먹지 않았고 앉을 때 두 겹의 자리에 앉지 않았으며, 궁실을 지으면서 단(壇)을 높이지 않았고 평지에 궁실을 지으면서 단(壇)을 높이지 않은 것이다. 기물(器物)에 붉은 칠[彤]을 하거나 무늬를 새기지[鏤] 않았으며, 동(彤)은 붉은색이다. 루(鏤)는 새김이다. 궁실에 관(觀)을 세우지 않았고 관(觀)은 대사(臺榭)[20]이다. 배와 수레에 장식을 하지 않았으며, 의복과 재용(財用)은 비용이 들지 않는 것을 택하였소. 질기고 두터운 것을 선택하여 사용하고, 정교하고 화려한 것을 숭상하지 않은 것이다. 나라 안에 있을 때는 가뭄이 들거나 전염병이 돌면 몸소 고아와 과부를 순방하여 그들에게 부족한 것을 공급하였고, 군중(軍中)에 있을 때에는 익힌 음식을 병사들에게 나누어준 뒤에 먹었으며, 그가 먹는 음식들은 보졸과 승병(乘兵)도 함께하였고, 그 백성을 힘써 걱정하여 수고로움과 편안함을 그들과 함께하였으니 이런 까닭으로 백성은 피로해 하지 않았고 임금을 위하여 죽는 것이 헛되지 않음을 알았소. 그런데 우리 선대부(先大夫)인 자상(子常)은 이와 반대로 하여 우리를 패하게 하였던 것이오.[21] 지금 듣건대 부차(夫差)는 이틀 이상 머무를[次] 때는 대사(臺榭)와 연못을 만들고, 자는 곳에는 비장(妃嬙)[22]과 빈어(嬪御)[23]를 두고 있으며, 하루를 행차하더라도 하고자 하는 바를 반드시 이루고 애완물을 반드시 가지고 간다고 하오. 진기한 물건이 있으면 좇아가 모으고 구경하며 즐기는 데에만 힘쓰며, 백성 보기를 원수처럼 하여 그들을 쓰기를 날마다 새롭게 하고 있소.[24] 그러니 그는 먼저 스스로 패망할 것이니 어찌 우리를 패망시킬 수 있겠소."

冬

겨울이다.

---

20) 대사(臺榭) : 대(臺)와 사(榭)를 아울러 이르는 말. 대는 흙으로 높이 쌓은 단(壇)이고 사는 대 위의 집이다. 또는 루대 따위의 건축물을 두루 이르기도 한다.

21) 자상(子常)은~것이오 : 정공(定公) 4년에 초(楚)나라 자상(子常)이 백거(柏擧)의 싸움에서 오(吳)나라에 패한 것을 이른다.

22) 비장(妃嬙) : 궁중의 녀자 내관(內官) 중 신분이 귀한 자.

23) 빈어(嬪御) : 궁중의 녀자 내관(內官) 중 신분이 낮은 자.

24) 백성~있소 : 날마다 새로운 역사(役事)를 일으켜 백성을 동원한다는 것이다.

十月 晉趙鞅伐朝歌

10월에 진(晉)나라 조앙(趙鞅)이 조가(朝歌)를 쳤다.[25]

仲孫何忌帥師伐邾

중손하기(仲孫何忌)가 군대를 거느리고 주(邾)나라를 쳤다.

애공(哀公) 2년【戊申 B.C.493】

二年 春 王二月 季孫斯叔孫州仇仲孫何忌帥師伐邾 取漷東田及沂西田 癸巳 叔孫州仇仲孫何忌及邾子盟于句繹

2년 봄 왕2월에 계손사(季孫斯)·숙손주구(叔孫州仇)·중손하기(仲孫何忌)가 군대를 거느리고 주(邾)나라를 쳐서 곽(漷) 땅의 동쪽 전지와 기(沂) 땅의 서쪽 전지를 취하였다. 계사일에 숙손주구와 중손하기가 주자(邾子)와 구역(句繹)에서 맹약하였다.

句繹 邾地 書盟止此

구역(句繹)은 주(邾)나라 땅이다. 경문에 맹약하는 일을 기록하는 것은 여기에서 그친다.

二年 春 伐邾 將伐絞 絞 邾邑 邾人愛其土 故賂以漷沂之田而受盟

2년 봄에 주(邾)나라를 칠 때 교(絞) 땅을 치려고 하니, 교(絞)는 주(邾)나라 읍이다. 주인(邾人)이 그 땅을 아껴서 곽(漷) 땅과 기(沂) 땅의 전지를 뇌물로 주고 맹약을 받아들였다.

---

25) 조가(朝歌)를 쳤다 : 순인(荀寅)과 범길석(范吉射)을 친 것이다.

夏 四月 丙子 衛侯元卒

여름 4월 병자일에 위후(衛侯) 원(元)이 졸하였다.

初 衛侯遊于郊 子南僕 子南 靈公子郢 **公曰 余無子 將立女 不對 他日 又謂之 對曰 郢不足以辱社稷 君其改圖 君夫人在堂 三揖在下** 禮孤卿特揖 大夫以其等旅揖 士旁三揖 **君命祇辱** 言立適 當與外內同之 今君私命 適爲辱 **夏 衛靈公卒 夫人曰 命公子郢爲大子 君命也 對曰 郢異於他子** 言用意不同 **且君沒於吾手** 言靈公沒時 我在其左右 **若有之 郢必聞之 且亡人之子輒在** 輒 蒯聵子出公 **乃立輒**

앞서 위후(衛侯 : 靈公)가 교외에서 유람할 때 자남(子南)이 수레를 몰았다. 자남(子南)은 령공(靈公)의 아들 영(郢)이다. 령공(靈公)이 말하기를 "나에게 태자가 없으니[26] 장차 너를 태자로 세우겠다."라고 하였으나 대답하지 않았다. 뒷날 또 이런 말을 하니, 대답하기를 "저 영(郢)은 사직을 욕되게 할 수 없으니, 임금님께서는 달리 도모하십시오. 군부인(君夫人)께서 당(堂)에 계시고 삼읍(三揖)[27]이 아래에 있으니, 례[28]에 임금은 고경(孤卿)[29]에게는 일일이 읍(揖)을 하고, 대부들에게는 등급에 따라서 한꺼번에 읍하고, 사(士)에게는 옆으로 향하여 세 번 읍을 한다.[30] 임금님의 명을 다만 욕되게 할 것입니다."라고 하였다. 적자를 세움에 마땅히 조정의 내외가 함께해야 하는데, 지금 임금이 사사로이 내리는 명은 바로 욕이 된다는 말이다. 여름에 위령공이 졸하였다. 부인(夫人)이 말하기를 "공자 영을 명하여 태자로 삼으라는 것이 임금님의 명이다."라고 하였다. 자남이 대답하기를 "저 영은 다른 아들과 다릅니다. 생각함이 같지 않다는 말이다. 또 임금님께서 저의 손에서 돌아가셨는데 령공(靈公)이 죽을 때 자기가 그 가까이 있었다는 말이다. 만약 명이 있었다면 저 영이 반드시 들었을 것입니다. 또 망명한 분의 아들 첩(輒)도 여기에 있습니다."라고 하니, 첩(輒)은 괴외(蒯聵)의 아들 출공(出公)이다. 이에 첩을 임금으로 세웠다.

---

26) 나에게~없으니 : 태자 괴외(蒯聵)가 망명나갔기 때문에 태자가 없다고 한 것이다.

27) 삼읍(三揖) : 경(卿)·대부(大夫)·사(士)를 아울러 이르는 말. 임금으로부터 읍례(揖禮)를 받는 작위이기 때문이다.

28) 례 : 《주례(周禮)》 〈하관(夏官)〉 사사(司士).

29) 고경(孤卿) : 3공(公) 다음의 벼슬. 곧 3고(三孤 : 少師·少傅·少保)를 이른다. 일설에는 6경(卿)의 우두머리라고 한다.

30) 사(士)에게는~한다 : 사(士)는 상사(上士)·중사(中士)·하사(下士)가 있어 세 번 읍(揖)하되 그들은 지위가 낮으므로 임금이 정면으로 읍하지 않고 옆으로 읍하는 것이다.

滕子來朝

등자(滕子)가 와서 조견하였다.

諸侯來朝止此

제후(諸侯)가 와서 조견하는 일이 여기에서 그친다.

晉趙鞅帥師納衛世子蒯聵于戚

진(晉)나라 조앙(趙鞅)이 군대를 거느리고 위(衛)나라 세자 괴외(蒯聵)를 척(戚) 땅으로 들여보냈다.

蒯聵得罪於父 輒以子拒父 胥於亂矣 書帥師納于戚 見其見敵於衛 亦以著輒與國人之罪也

괴외(蒯聵)는 아버지에게 죄를 지었고, 첩(輒)은 아들로서 아버지를 막았으니 서로 인륜을 어지럽혔다. 경문에 군대를 거느리고 척(戚) 땅으로 들여보냈다고 한 것은 괴외가 위(衛)나라에서 적대시 당함을 나타낸 것이니, 또한 첩과 국인의 죄를 드러낸 것이다.

六月 乙酉 晉趙鞅納衛大子于戚 宵迷 夜行迷路 **陽虎曰 右河而南 必至焉 使大子絻** 絻 音問 始發喪之服 **八人衰絰 僞自衛逆者 告於門 哭而入 遂居之**

6월 을유일에 진(晉)나라 조앙(趙鞅)이 위(衛)나라 태자를 척(戚) 땅으로 들여보낼 때 밤중에 길을 잃으니, 밤길을 가다가 길을 잃은 것이다. 양호(陽虎)[31]가 말하기를 "오른쪽으로 하수(河水)를 끼고 남쪽으로 가면 반드시 그곳에 이를 수 있습니다."라고 하였다. 조앙이 태자에게 문(絻)하게 하고 문(絻)은 음이 문(問)이니 상(喪)이 처음 났을 때의 복장이다.[32] 여덟 사람이 최질(衰絰)[33]을 하고 위나라에서 맞이하는 것처럼 꾸며 문지기에게 통고하고 곡하면서 들어가 드디어 척 땅에 머물게 하였다.

---

31) 양호(陽虎) : 로(魯)나라 계씨(季氏)의 가신으로 란을 일으킨 자. 정공(定公) 9년에 양호(陽虎)는 제(齊)나라로 도망하였다가 진(晉)나라 조앙(趙鞅)에게로 갔었다.

32) 문(絻)은~복장이다 : 상인(喪人)이 관을 벗고 머리를 묶고서 베로 만든 띠로 머리를 감싸는 것이다.

33) 최질(衰絰) : 상중(喪中)에 착용하는 상복(喪服)과 수질(首絰) 및 요질(腰絰).

秋 八月 甲戌 晉趙鞅帥師及鄭罕達帥師戰于鐵 鄭師敗績

가을 8월 갑술일에 진(晉)나라 조앙(趙鞅)이 거느린 군대가 정(鄭)나라 한달(罕達)이 거느린 군대와 철(鐵) 땅에서 싸웠는데 정나라 군대가 크게 패하였다.

鐵 公作栗 ○鐵 丘名 在戚城南

철(鐵)은 《공양전(公羊傳)》에는 률(栗)로 되어 있다. ○철(鐵)은 언덕 이름이니 척성(戚城)[34]의 남쪽에 있다.

秋 八月 齊人輸范氏粟 鄭子姚子般送之 子姚 罕達 子般 駟弘 **士吉射逆之 趙鞅禦之 遇於戚 陽虎曰 吾車少 以兵車之旆與罕駟兵車先陳** 設旆軍前 盛爲軍容 與罕駟兵車在前者相對 **罕駟自後隨而從之 彼見吾貌 必有懼心 於是乎會之** 會 合戰 **必大敗之 從之 卜戰龜焦 樂丁曰 詩曰 爰始爰謀 爰契我龜** 樂丁 晉大夫 詩言先人事 後卜筮 **謀恊 以故兆詢可也** 故兆始謀伐二子 卜得吉兆 言不須更卜 詢衆可也

가을 8월에 제인(齊人)이 범씨(范氏)에게 량곡(糧穀)을 실어 보낼 때[35] 정(鄭)나라 자요(子姚)와 자반(子般)이 량곡을 운송하였다. 자요(子姚)는 한달(罕達)이고 자반(子般)은 사홍(駟弘)이다. 사길석(士吉射 : 范氏)은 그들을 맞이하려 하고 조앙(趙鞅)은 막으려 하여 척(戚) 땅에서 서로 만났다. 양호(陽虎)가 말하기를 "우리의 병거가 적으니 병거에 패(旆)를 세우고 한달(罕達)과 사홍(駟弘)의 병거보다 먼저 진을 친다면 군진(軍陣)의 앞에 패(旆)를 설치하여 군용(軍容)을 성대하게 해서 한달(罕達)과 사홍(駟弘)의 전군(前軍)에 배치된 병거와 상대하도록 한 것이다. 한달과 사홍이 뒤에서 따라오다가 저들이 우리의 모습을 보고 반드시 두려운 마음을 가질 것입니다. 이리하여 그들과 맞붙어 싸운다면[會] 회(會)는 맞붙어 싸움이다. 반드시 크게 패배시킬 것입니다."라고 하니, 조앙이 그의 말을 따랐다. 싸움에 대하여 점을 치는데 귀갑(龜甲)이 불에 탔다.[36] 악정(樂丁)이 말하기를 "《시(詩)》에 '먼저 일을 모의하고서 우리 거북으로 점친다.'[37]라고 하였습니다. 악정(樂丁)은 진(晉)나라 대부이다. 《시(詩)》의 내용은 인사(人事)를 먼저 한 뒤에 거북점[卜]이나

34) 척성(戚城) : 위(衛)나라 척(戚) 땅의 성.

35) 범씨(范氏)에게~때 : 범씨(范氏)가 오랫동안 조가(朝歌)에 주둔하여 식량이 부족하였기 때문이다.

36) 귀갑(龜甲)이~탔다 : 귀갑(龜甲)이 불에 타서 점칠 수 없게 되었다는 말이다.

37) 먼저~점친다 : 《시경(詩經)》 〈대아(大雅)〉 면(綿). 전문의 계(契)는 점칠 때 거북 껍질을 칼로 새기는 것이다.

시초점[筮]을 친다는 말이다. 모의하는 뜻이 합쳐졌으니 전에 친 점조[故兆]로 무리에게 물어보면 됩니다."라고 하였다. 고조(故兆)는 처음 두 사람38)을 치려고 모의할 때 점을 쳐 길조를 얻은 것이니, 다시 점칠 필요가 없고 무리에게 물으면 된다는 말이다.

簡子誓曰 范氏中行氏反易天明 斬艾百姓 欲擅晉國而滅其君 寡君恃鄭而保焉 今鄭爲不道 棄君助臣 二三子順天明 從君命 經德義 除詬恥 在此行也 克敵者 上大夫受縣 下大夫受郡 千里百縣 縣有四郡 **士田十萬** 十萬畝也 **庶人工商遂** 得遂進仕 **人臣隷圉免** 去厮役 **志父無罪 君實圖之** 志父 簡子一名也 言己事濟 君當圖其賞 **絞縊以戮 桐棺三寸 不設屬辟** 屬辟 棺之重數 大夫一重 **素車樸馬** 以載柩 **無入於兆** 兆 葬域 **下卿之罰也**

간자(簡子 : 趙鞅)가 맹세하기를 "범씨(范氏)와 중항씨(中行氏)가 하늘의 밝은 명을 어기고 백성을 죽이며 진(晉)나라를 자기들 마음대로 하여 임금님을 없애려 한다. 과군은 정(鄭)나라를 믿고 몸을 보존하셨는데 지금 정나라가 도리가 아닌 행위를 하여 우리 임금님[晉君]을 버리고 반신(叛臣)들을 돕고 있다. 여러분이 하늘의 밝은 명에 순종하고 임금의 명을 따르며, 덕과 의를 법도로 삼고 비난[詬]과 수치[恥]를 제거하는 것은 이번 싸움에 달려 있다. 적을 이긴 자로서 상대부는 현(縣)을 받을 것이고, 하대부는 군(郡)을 받을 것이며, 천 리(里)에는 백 개의 현(縣)이 있고, 한 현에는 4개의 군(郡)이 있다. 사(士)는 10만의 전지를 받을 것이고, 10만 묘(畝)이다. 서인(庶人)·공인(工人)·상인(商人)은 등용될 것이며, 벼슬로 나아가는 소망을 이룰 수 있다는 것이다. 인신(人臣 : 下人)과 예어(隷圉 : 奴隷)들은 천한 신분을 면할 것이다. 종의 신분에서 벗어남이다. 나 지보(志父)는 이 싸움에서 이겨 죄짓는 일이 없다면 임금님께서 실로 포상을 생각하시겠지만 지보(志父)는 간자(簡子)의 다른 이름이다. 자기의 일이 이루어지면 임금님께서 응당 거기에 대해 상 주기를 생각할 것이라는 말이다. 만약 패하여 죄가 있게 된다면 나를 목매어 죽여 세 치의 오동나무 관에 넣고 촉관(屬棺)과 벽관(辟棺)39)도 없이 촉(屬)과 벽(辟)은 관(棺)의 겹수[重數]이다. 대부는 한 겹을 쓴다. 장식없는 수레[素車]에 실어 박마(樸馬)40)가 끌게 하고 소거(素車)에 널을 싣는 것이다. 조상의 묘역[兆]에도 들지 못하게 하실 것이니, 조(兆)는 묘역이다. 이는 하경(下卿)에게 내리는 벌이다."라고 하였다.

---

38) 두 사람 : 조가(朝家)에 주둔하고 있는 범씨(范氏)와 중항씨(中行氏)이다.

39) 촉관(屬棺)과 벽관(辟棺) : 대관(大棺 : 맨 겉의 관) 안에 촉관(屬棺)이 있고, 촉관 안에 벽관(辟棺)이 있다. 벽관(辟棺)은 벽관(椑棺)이라고도 한다.

40) 박마(樸馬) : 갈기를 가다듬지 않은 볼품없는 말.

甲戌 將戰 郵無恤御簡子 衛大子爲右 郵無恤 王良也 **登鐵上 望見鄭師衆 大子懼 自投于車下 子良授大子綏而乘之 曰 婦人也** 言其怯 子良卽王良 **簡子巡列 曰 畢萬 匹夫也 七戰皆獲 有馬百乘 死於牖下** 畢萬 晉獻公卿 **羣子勉之 死不在寇 繁羽御趙羅 宋勇爲右** 三者 晉大夫 **羅無勇 麇之** 麇 束縛也 趙羅無勇 不能乘車 故麇之車上 **吏詰之 御對曰 痁作而伏 衛大子禱曰 曾孫蒯聵 敢昭告皇祖文王** 康叔 文王子 故以文王爲大祖 **烈祖康叔 文祖襄公** 蒯聵 襄公之孫 **鄭勝亂從** 勝 鄭聲公名 **晉午在難** 午 晉定公名 **不能治亂 使鞅討之 蒯聵不敢自佚 備持矛焉 敢告無絶筋 無折骨 無面傷 以集大事 無作三祖羞 大命不敢請** 上言士衆無令傷損 此謂己之身命 不敢私請 **佩玉不敢愛** 不敢愛 故以祈禱

갑술일에 싸우려 할 때 우무휼(郵無恤)이 간자(簡子)의 병거를 몰고 위(衛)나라 태자[蒯聵]가 거우가 되었다. 우무휼(郵無恤)은 왕량(王良)이다. 철(鐵) 땅 언덕에 올라 정(鄭)나라 군대가 많은 것을 멀리 보고 태자가 두려워하여 병거 아래로 떨어졌다. 자량(子良)이 태자에게 손잡이 줄을 주어 병거에 오르게 하면서 말하기를 "녀자 같구려."라고 하였다. 그가 겁쟁이라는 말이다. 자량(子良)은 곧 왕량(王良)이다. 간자가 대렬을 순행하며 말하기를 "필만(畢萬)은 필부(匹夫)였으되 일곱 차례의 싸움에서 모두 적을 사로잡아 말 1백 승(乘)을 얻어 방 창문 아래에서 편안히 죽었으니, 필만(畢萬)은 진헌공(晉獻公)의 경(卿)이다. 그대들은 힘쓰라. 죽음은 적에게 달려 있는 것이 아니다."라고 하였다. 번우(繁羽)가 조라(趙羅)의 병거를 몰고 송용(宋勇)이 거우가 되었는데 세 사람은 진(晉)나라 대부이다. 라(羅)가 용맹이 없어서 그를 묶어[麇] 놓았다. 균(麇)은 묶음이다. 조라(趙羅)가 용맹이 없어서 병거를 타지 못하므로 병거 위에 그를 묶은 것이다. 군리(軍吏)[41]가 그것에 대하여 따져 묻자 어자(御者 : 繁羽)가 대답하기를 "저 분은 학질이 나서 엎드려 있소."라고 하였다. 위나라 태자가 기도하기를 "증손(曾孫)[42] 괴외(蒯聵)는 감히 황조문왕(皇祖文王)과 강숙(康叔)[43]은 문왕(文王)의 아들이다. 그러므로 문왕을 태조(大祖 : 皇祖)라 한 것이다. 렬조강숙(烈祖康叔)[44]과 문조양공(文祖襄公)[45]께 밝게 고합니다. 괴외(蒯聵)는 양공(襄公)의 손자이다. 정나라 승(勝)이 란을 좇고 있지만[46] 승(勝)은 정성공(鄭聲公)의 이름이다. 진(晉)나라 오

---

41) 군리(軍吏) : 군대의 규률과 기강을 감독하는 관리.

42) 증손(曾孫) : 여기서는 증손(曾孫) 아래의 후손을 통칭한다.

43) 강숙(康叔) : 위(衛)나라 시조.

44) 렬조강숙(烈祖康叔) : 렬조(烈祖)는 나라를 세운 공로가 있는 조상을 이른다.

45) 문조양공(文祖襄公) : 문조(文祖)는 선왕의 사업을 계승하고 그 법도를 따른 조상을 이른다.

46) 란을~있지만 : 진(晉)나라 임금을 버리고 반란을 일으킨 범씨(范氏)와 중항씨(中行氏)를 따르고 있다는 것이다.

(午)는 화난 중에 있어 오(午)는 진정공(晉定公)의 이름이다. 란을 다스리지 못하고 앙(鞅 : 趙簡子)을 시켜 토벌하게 하니, 저 괴외도 감히 스스로 편히 있을 수 없어서 창을 갖추어 잡았습니다. 감히 고하건대 병사들의 힘줄이 끊어지거나 뼈가 부러지거나 얼굴을 상하는 일이 없이 대사를 성공시켜[集] 세 할아버님의 수치가 되지 않도록 하소서. 저의 목숨[大命][47]은 감히 청하지 않겠거니와 위에서는 사중(士衆)이 다치거나 손상됨이 없도록 해 달라는 말이고, 여기서는 자기의 신명(身命)에 대해서 감히 사사로이 청하지 않겠다고 이른 것이다. 패옥은 감히 아끼지 않겠나이다."라고 하였다. 감히 패옥을 아끼지 않고 그것을 바쳐 기도한다는 것이다.

鄭人擊簡子 中肩 斃于車中 斃 踣也 **獲其蠭旗** 旗名 **大子救之以戈 鄭師北 獲溫大夫趙羅** 羅無勇 故鄭雖北 猶獲羅 **大子復伐之 鄭師大敗 獲齊粟千車 趙孟喜曰 可矣 傅傁曰 雖克鄭 猶有知在 憂未艾也** 傅傁 簡子屬也 言知氏將爲難

정인(鄭人)이 간자(簡子)를 공격하여 어깨를 맞혀 병거 안에 넘어뜨리고[斃] 폐(斃)는 넘어짐이다. 그의 봉기(蠭旗)를 로획하였다. 봉(蠭)은 기(旗)의 이름이다. 위(衛)나라 태자가 창을 들고 구원하니 정(鄭)나라 군대가 패하였으나 온대부(溫大夫)인 조라(趙羅)를 사로잡았다. 라(羅)가 용맹이 없었으므로 정(鄭)나라가 비록 패주하면서도 오히려 라를 사로잡은 것이다. 태자가 다시 치니 정나라 군대가 크게 패하였고, 제(齊)나라의 량곡 1천 수레를 로획하였다. 조맹(趙孟 : 簡子)이 기뻐하며 말하기를 "이제 되었다."라고 하였다. 부수(傅傁)가 말하기를 "비록 정나라 군대를 이겼으나 아직 지씨(知氏)[48]가 있으니 근심이 다하지 않았습니다."라고 하였다. 부수(傅傁)는 간자(簡子)의 소속 부하이다. 지씨(知氏)가 장차 화난거리가 될 것이라는 말이다.

初 周人與范氏田 公孫尨稅焉 尨 范氏臣 **趙氏得而獻之** 趙氏之衆得尨以獻 **吏請殺之 趙孟曰 爲其主也 何罪 止而與之田** 還其所稅 **及鐵之戰 以徒五百人宵攻鄭師 取蠭旗於子姚之幕下 獻 曰 請報主德 追鄭師 姚般公孫林殿而射** 姚般 子姚子般 **前列多死** 晉前列 **趙孟曰 國無小** 言雖小國 猶有善射 **旣戰 簡子曰 吾伏弢嘔血 鼓音不衰 今日我上也** 功爲上 **大子曰 吾救主於車 退敵於下 我 右之上也 郵良曰 我兩靷將絶 吾能止之** 止使不絶 **我 御之上也 駕而乘材 兩靷皆絶** 材 橫木 細小者 乘小木而靷絶 示其將絶之驗

앞서 주인(周人)이 범씨(范氏)에게 전지를 주었는데 공손방(公孫尨)이 그 전지의 조세를

47) 목숨[大命] : 전문에서 대명(大命)이라 한 것은 하늘이 내린 소중한 목숨이라는 의미이다.
48) 지씨(知氏) : 지씨(知氏)는 당시에 조맹(趙孟)과 세력다툼을 벌이고 있던 지백(知伯)을 말한다.

거두려 하자 방(尨)은 범씨(范氏)의 가신이다. 조씨(趙氏)들이 그를 잡아 조맹(趙孟)에게 바쳤다. 조씨(趙氏)의 무리가 방(尨)을 잡아서 바친 것이다. 군리(軍吏)가 그를 죽이기를 청하니, 조맹이 말하기를 "그 주인을 위한 것인데 그에게 무슨 죄가 있겠는가."라고 하며, 머물게[止] 하고[49] 그가 거둔 조세를 그에게 주었다. 그가 거둔 조세를 돌려 준 것이다. 철(鐵) 땅의 싸움에서 공손방이 보병 5백 인을 거느리고 밤에 정(鄭)나라 군대를 공격하여 자요(子姚)의 군막 아래에서 봉기(蠭旗)를 취하여 조맹에게 바치며 말하기를 "이것으로 님의 은덕에 보답하고자 합니다."라고 하였다. 진(晉)나라 군대가 정나라 군대를 추격함에 요(姚)·반(般)·공손림(公孫林)이 후미에서 활을 쏘니 요(姚)와 반(般)은 정(鄭)나라 자요(子姚)와 자반(子般)이다. 앞렬에 있는 자들이 많이 죽었다. 진(晉)나라 군대의 앞렬이다. 조맹이 말하기를 "나라에는 작음이 없구나."[50]라고 하였다. 비록 작은 나라이지만 오히려 활을 잘 쏘는 사람이 있다는 말이다. 싸움이 끝나자 간자(簡子 : 趙孟)가 말하기를 "내가 활집 위에 엎드려 피를 토하면서도 북소리가 쇠하지 않았으니[51] 오늘은 내가 으뜸이다."라고 하니, 공이 으뜸이라는 것이다. 태자가 말하기를 "내가 병거 위에서 주공(主公 : 趙孟)을 구원하였고 병거 아래에서 적을 격퇴하였으니[52] 나는 거우(車右) 중에서 으뜸입니다."라고 하였다. 우량(郵良 : 郵無恤)이 말하기를 "우리 참마(驂馬)의 두 가슴걸이[靷]가 끊어지려 하는데 내가 이를 막았으니 끊어지지 않도록 막은 것이다. 나는 어자(御者) 가운데 으뜸입니다."라고 하면서 말을 병거에 메우고 목재[材]를 싣자 참마의 두 가슴걸이가 모두 끊어졌다. 재(材)는 횡목(橫木)이니 가늘고 작은 것이다. 작은 나무를 수레에 올려놓자 가슴걸이가 끊어졌다. 이는 가슴걸이가 거의 끊어지려 함을 징험으로 보여준 것이다.

冬 十月 葬衛靈公

겨울 10월에 위(衛)나라 령공(靈公)의 장례를 지냈다.

---

49) 머물게[止] 하고 : '止'를 공손방(公孫尨)을 죽이는 것을 멈추게 한 것이라고 보는 설도 있다.
50) 나라에는~없구나 : 나라가 작다고 무시할 수 없다는 말이다.
51) 내가~않았으니 : 부상당하였어도 계속 북을 쳤다는 말이다.
52) 병거 아래에서~격퇴하였으니 : 병거 아래에 있는 적을 격퇴하였다는 것이다.

十有一月 蔡遷于州來 蔡殺其大夫公子駟

11월에 채(蔡)나라가 주래(州來)로 옮겼다. 채나라가 그 대부 공자 사(駟)를 죽였다.

書遷止此

경문에 나라를 옮긴 것을 기록한 것은 여기에서 그친다.

吳洩庸如蔡納聘 而稍納師 師畢入 衆知之 元年 蔡請遷于吳 中悔 故因聘襲之 **蔡侯告大夫殺公子駟以說** 以不時遷 罪駟而殺之以說吳 **哭而遷墓** 將遷 與先君辭 故哭 **冬 蔡遷于州來**

오(吳)나라 설용(洩庸)이 채(蔡)나라로 가서 빙폐(聘幣)를 바치면서 조금씩 오나라 군대를 들여보냈다. 오나라 군대가 다 들어가고 나서야 채나라 사람들이 이를 알았다. 원년에 채(蔡)나라가 오(吳)나라로 옮기겠다고 청하였으나 중간에 그 결정을 후회하였다. 그러므로 빙폐(聘幣)하는 기회를 리용하여 채나라를 습격한 것이다. 채후(蔡侯)가 대부들에게 고하고 공자 사(駟)를 죽여 해명하였다. 제때에 옮기지 않은 것에 대해 사(駟)에게 죄를 씌워 죽이고 오(吳)나라에 해명한 것이다. 그리고 곡을 하고 선군의 묘를 옮겼다. 천묘하려 하면서 선군에게 고유(告由 : 辭)하였으므로 곡한 것이다. 겨울에 채나라가 주래(州來)로 옮겼다.

애공(哀公) 3년 【乙酉 B.C.492】

三年 春 齊國夏衛石曼姑帥師圍戚

3년 봄에 제(齊)나라 국하(國夏)와 위(衛)나라 석만고(石曼姑)가 군대를 거느리고 척(戚) 땅을 포위하였다.

三年 春 齊衛圍戚 求援于中山

3년 봄에 제(齊)나라와 위(衛)나라가 척(戚) 땅을 포위하고[53] 중산(中山)[54]에 원군을 요청하였다.

夏 四月 甲午 地震

여름 4월 갑오일에 지진이 일어났다.

五月 辛卯 桓宮僖宮災

5월 신묘일에 환궁(桓宮)과 희궁(僖宮)에 화재가 났다.

夏 五月 辛卯 司鐸火 司鐸 宮名 **火踰公宮 桓僖災** 桓公僖公廟 **救火者皆曰顧府** 言常人愛財 **南宮敬叔至 命周人出御書 俟於宮** 周人 司周書典籍之官 御書 進於君者 **曰 庀女 而不在死** 言具汝所職 有不在者 罪當死 **子服景伯至 命宰人出禮書** 景伯 子服何也 宰人 冢宰之屬 **以待命 命不共 有常刑 校人乘馬 巾車脂轄** 乘馬 使四四相從 爲駕之易 **百官官備 府庫愼守 官人肅給** 整肅供給 **濟濡帷幕 鬱攸從之** 鬱攸 火氣 濡物於水 出用爲濟 言從火氣而爲之備 **蒙葺公屋** 以濡物冒覆公屋 **自大廟始 外內以悛** 悛 次也 **助所不給 有不用命 則有常刑 無赦**

여름 5월 신묘일에 사탁(司鐸)에 불이 나 사탁(司鐸)은 궁 이름이다. 그 불이 공궁으로 넘어와 환궁(桓宮)과 희궁(僖宮)에 화재가 났다. 환공(桓公)과 희공(僖公)의 사당이다. 불 끄는 사람들이 모두 말하기를 "부고(府庫)를 잘 살펴라."라고 하였다. 일반 사람들은 재물을 아낀다는 말이다. 남궁경숙(南宮敬叔)이 이르러 주인(周人)에게 명하여 어서(御書)를 꺼내어 궁에서 기다리라고 하고서 주인(周人)은 주(周)나라의 문서와 전적을 맡은 관원이다. 어서(御書)는 임금에게 올리는 문서이다. 말하기를 "이것을 보호하는 것은 너에게 달려 있으니 없어지면 죽게 될 것이다."라고 하였다. 네가 맡은 것을 다 챙기되 없어진 것이 있으면 그 죄는 죽음에 해당된다는 말이다. 자복경백(子服景伯)이 이르러 재인(宰人)에게 명하기를 "례서(禮書)를 꺼내어 경백(景伯)은 자복하(子服何)이다. 재인(宰人)은 총재(冢宰)에게 소속된 관원이다. 명을 기다려라. 명을 받들지 못하면 정해진 형벌이 있을 것이다. 교인(校人)[55]은 승마(乘馬)를 준비하고, 건거(巾車)[56]는 비녀장에 기름을 치고, 승

---

53) 제(齊)나라와~포위하고 : 위(衛)나라 세자 괴외(蒯聵)가 척(戚) 땅에 있었기 때문이다.

54) 중산(中山) : 백적(白狄)의 별종인 선우(鮮虞)이다.

마(乘馬)는 말을 네 마리씩[57] 서로 짝을 지어 수레에 메우기 쉽게 하는 것이다. 백관은 자신들의 직무를 대비하고, 부고(府庫)를 맡은 자들도 신중히 지켜라. 관인(官人)들은 정숙하게 도구들을 공급하며 불 끄는 도구를 질서정연하게 공급함이다. 유막(帷幕)에 물을 적셔 화기[鬱攸]가 있는 곳으로 옮겨 울유(鬱攸)는 화기(火氣)이다. 물건[帷幕]을 물에 담갔다가 꺼내어 불 끄는 용구로 사용함이니, 화기를 따라 대비하라는 말이다. 공궁의 지붕을 덮되 물에 적신 물건으로 공궁의 지붕을 뒤덮는 것이다. 태묘(大廟)로부터 시작하여 내외의 건물을 차례대로[悛] 덮으며 전(悛)은 차례이다. 장비가 공급되지 않는 곳을 도와라. 명을 따르지 않는다면 정해진 형벌을 내릴 것이고 용서함이 없을 것이다."라고 하였다.

公父文伯至 命校人駕乘車 乘車 公車 **季桓子至 御公立于象魏之外** 象魏 門闕 **命救火者 傷人則止 財可爲也** 不欲重財而輕民命 **命藏象魏** 周禮 正月縣法象魏 使萬民觀之 故謂其書爲象魏 **曰 舊章不可亡也 富父槐至 曰 無備而官辦者 猶拾瀋也** 槐 富父終生之後 瀋 汁也 言不備而責辦 猶拾汁 終不可得 **於是乎去表之槀** 表 表火道 風所向者 去其槀積 **道還公宮** 開除道周匝公宮 使火無相連

공보문백(孔父文伯)이 이르러 교인(校人)에게 명하여 승거(乘車)에 말을 메우라고 하였다.[58] 승거(乘車)는 공거(公車)이다. 계환자(季桓子)가 이르러 애공(哀公)을 수레에 모시고 상위(象魏) 밖에 서서 상위(象魏)는 성문의 궐루(闕樓)이다. 불 끄는 자들에게 명하기를 "사람이 상할 것 같으면 불 끄는 것을 중지하라. 재물은 다시 만들 수 있다."라고 하였다. 재물을 중시하고 백성의 목숨을 가벼이 여기지 않고자 한 것이다. 그리고 상위를 잘 갈무리하라고 명하고 《주례(周禮)》에 의하면 정월에 법령을 상위(象魏)에 걸어서 만민(萬民)으로 하여금 보게 한다. 그러므로 그 글을 상위(象魏)라고 이른다. 말하기를 "옛 전장(典章)들을 잃어서는 안 된다."라고 하였다. 부보괴(富父槐)가 이르러 말하기를 "화재에 대한 대비는 없으면서 맡은 바를 힘쓰라는 것은 엎지른 국물[瀋]을 담으라는 것과 같다."라 하고서 괴(槐)는 부보종생(富父終生)의 후손이다. 심(瀋)은 국물이다. 대비하지 않고 책임지고 힘쓰라는 것은 쏟아진 국물을 담는 것과 같아서 끝내 이루어질 수 없다는 말이다. 이에 불길을 표시한[表] 곳에 있는 마른나무들을 다 제거하고 표(表)는 불길을 표시한 것이다. 바람이 향하는 곳에 있는 마른 나뭇더미를 제거한 것이다. 공궁을 둘러싼 길을 치웠다. 길을 치워 공궁 주위에 화기가 서로

---

55) 교인(校人) : 말을 맡은 관원.

56) 건거(巾車) : 수레를 맡은 관원.

57) 네 마리씩 : 전문주에는 '四四'로 되어 있으나 '四匹'로 보기도 한다.

58) 승거(乘車)에~하였다 : 임금의 수레에 말을 메워 애공(哀公)을 맞이하려 한 것이다.

이어지지 않도록 한 것이다.

孔子在陳 聞火 曰 其桓僖乎 言桓僖親盡而廟不毁 宜爲天所災

공자(孔子)가 진(陳)나라에 있으면서 불이 났다는 소식을 듣고 말하기를 "아마 환공(桓公)과 희공(僖公)의 사당일 것이다."라고 하였다. 환공(桓公)과 희공(僖公)은 친진(親盡)[59]하였는데도 사당을 훼철(毁撤)하지 않았으니, 하늘이 화재를 낸 것이 마땅하다는 말이다.

季孫斯叔孫州仇帥師城啓陽

계손사(季孫斯)와 숙손주구(叔孫州仇)가 군대를 거느리고 계양(啓陽)에 성을 쌓았다.

啓 公作開 ○魯黨范氏 故懼晉 比年四城 啓陽 魯地

계(啓)는 《공양전(公羊傳)》에는 개(開)로 되어 있다. ○로(魯)나라가 범씨(范氏)와 편당(偏黨)하였기 때문에 진(晉)나라를 두려워하여[60] 근년에 네 개의 성을 쌓은 것이다. 계양(啓陽)은 로나라 땅이다.

宋樂髡帥師伐曹

송(宋)나라 악곤(樂髡)이 군대를 거느리고 조(曹)나라를 쳤다.

○劉氏范氏世爲婚姻 劉氏 周卿士 范氏 晉大夫 **萇弘事劉文公** 爲屬大夫 **故周與范氏** 與 黨也 **趙鞅以爲討 六月 癸卯 周人殺萇弘**

○류씨(劉氏)와 범씨(范氏) 집안이 대대로 혼인하였고, 류씨(劉氏)는 주(周)나라 경사(卿士)이고 범씨(范氏)는 진(晉)나라 대부이다. 장홍(萇弘)은 류문공(劉文公)을 섬겼다. 속대부(屬大夫)가 된 것이

59) 친진(親盡) : 조상의 제사를 받드는 대수(代數)가 다 되었음. 주(周)나라 제도에 의하면 천자는 7묘(廟)이고 제후는 5묘를 쓴다. 시조(始祖)는 불천지위(不遷之位)이므로 제후는 4대까지만 사당을 보존하여 제사 지내고 5대 이상은 사당을 없애 제사 지내지 않으니 이를 친진(親盡)이라 한다. 그런데 환공(桓公)은 애공(哀公)으로부터 8대조에 해당하고 희공(僖公)은 6대조에 해당하니 이미 그 사당을 없애야 했다. 그러나 당시 삼가(三家)는 환공과 희공의 후손들이어서 이 두 사당을 후대(厚待)하여 훼철하지 않았던 것이다.

60) 진(晉)나라를 두려워하여 : 당시 범씨(范氏)가 진(晉)나라에 반란을 일으켰기 때문이다.

다. 그래서 주(周)나라가 범씨와 편당하였다[與]. 여(與)는 편당함이다. 조앙(趙鞅)이 이를 토죄하자, 6월 계묘일에 주인(周人)이 장홍을 죽였다.

秋 七月 丙子 季孫斯卒

가을 7월 병자일에 계손사(季孫斯)가 졸하였다.

秋 季孫有疾 命正常曰 無死 正常 桓子寵臣 欲付後事 令勿從死 **南孺子之子 男也 則以告而立之** 南孺子 桓子妻 **女也 則肥也可** 肥 康子也 **季孫卒 康子卽位 旣葬 康子在朝 南氏生男 正常載以如朝 告曰 夫子有遺言 命其圉臣曰 南氏生男 則以告於君與大夫而立之 今生矣 男也 敢告 遂奔衛 康子請退 公使共劉視之** 共劉 魯大夫 使視所生子 **則或殺之矣 乃討之** 討殺者 **召正常 正常不反** 畏康子也

가을에 계손(季孫 : 季孫斯)이 병이 나자 정상(正常)에게 명하기를 "죽지 말고 정상(正常)은 환자(桓子 : 季孫)의 총신(寵臣)이다. 뒷일을 부탁하고자 하여 따라 죽지 말라고 명령한 것이다. 남유자(南孺子)가 낳은 아이가 아들이면 임금님과 대부들에게 고하여 나의 후계자로 세우고, 남유자(南孺子)는 환자(桓子)의 처이다. 딸이면 비(肥)를 후계자로 세우는 것이 좋다."라고 하였다. 비(肥)는 강자(康子)[61]이다. 계손이 졸하자 강자(康子)가 후계자가 되었다. 장례를 지내고 나서 강자가 조정에서 일을 보았다. 남씨(南氏 : 南孺子)가 아들을 낳자 정상이 수레에 싣고 조정에 나아가 고하기를 "부자(夫子 : 季孫斯)께서 유언으로 그 어신(圉臣)[62]에게 명하시기를 '남씨가 아들을 낳으면 임금님과 대부들에게 고하여 후계자로 세워라.'라고 하셨습니다. 지금 아이를 낳았는데 아들인지라 감히 고하는 것입니다."라 하고는 드디어 위(衛)나라로 망명하였다. 강자가 후계자의 자리에서 물러나겠다고 청하니, 애공(哀公)이 공류(共劉)를 시켜 살펴보게 하였는데 공류(共劉)는 로(魯)나라 대부이니 그에게 남씨(南氏)가 낳은 아들을 살펴보게 한 것이다. 어떤 이가 이미 아이를 죽였다. 이에 그를 토죄하고 살인자를 토죄한 것이다. 정상을 불렀지만 정상은 돌아오지 않았다. 강자(康子)를 두려워한 것이다.

61) 강자(康子) : 계환자(季桓子)의 서자.

62) 어신(圉臣) : 신하의 겸칭으로 천신(賤臣)의 의미이다. 여기서는 계환자(季桓子)의 가신인 정상(正常)이 스스로를 겸칭한 것이다.

蔡人放其大夫公孫獵于吳

채인(蔡人)이 그 대부 공손렵(公孫獵)을 오(吳)나라로 추방하였다.

獵 公子駟之黨

렵(獵)은 공자 사(駟)의 당여이다.

冬 十月 癸卯 秦伯卒

겨울 10월 계묘일에 진백(秦伯)이 졸하였다.

叔孫州仇仲孫何忌帥師圍邾

숙손주구(叔孫州仇)와 중손하기(仲孫何忌)가 군대를 거느리고 주(邾)나라를 포위하였다.

○冬 十月 晉趙鞅圍朝歌 師于其南 荀寅伐其郛 使其徒自北門入 己犯師而出 癸丑 奔邯鄲 十一月 趙鞅殺士皐夷 惡范氏也 惡范氏而殺其族

○겨울 10월에 진(晉)나라 조앙(趙鞅)이 조가(朝歌)를 포위하고 그 남쪽에 주둔하였다. 순인(荀寅)이 남문의 외성[郛]을 치면서 자기의 무리를 시켜 북문으로 쳐들어오게 하고 자신은 조앙의 진영을 뚫고 나가[63] 계축일에 한단(邯鄲)으로 달아났다.[64] 11월에 조앙이 사고이(士皐夷 : 范皐夷)를 죽였는데 이는 범씨(范氏)를 미워해서였다. 범씨(范氏)를 미워하여 그의 족속을 죽인 것이다.

---

63) 순인(荀寅)이~나가 : 순인(荀寅 : 中行文子) 자신은 성안에서 조앙(趙鞅)이 주둔하던 남쪽 외성을 공격하고, 성밖에서 자신을 구원하는 무리로 하여금 북문을 치고 들어오게 하여 조앙의 군대를 안팎으로 공격하여 탈출한 것이다.

64) 한단(邯鄲)으로 달아났다 : 당시 한단(邯鄲)에는 조앙(趙鞅)에게 죽은 조오(趙午 : 邯鄲午)의 아들 조직(趙稷)이 범씨(范氏)를 도와 반란을 일으켰다. 이 때문에 순인(荀寅)이 한단으로 달아난 것이다.

애공(哀公) 4년 【庚戌 B.C.491】

四年 春 王二月 庚戌 盜殺蔡侯申 蔡公孫辰出奔吳

4년 봄 왕2월 경술일에 도적이 채후(蔡侯) 신(申)을 죽였다. 채(蔡)나라 공손신(公孫辰)이 오(吳)나라로 망명나갔다.

二月 公作三月 殺 公穀作弑 ○賤者故稱盜 不言弑其君 賤盜也 陸德明曰 宣十七年 蔡侯申卒 是文侯也 今昭侯申 是文侯玄孫 與高祖同名 必有誤

2월은 《공양전(公羊傳)》에는 3월로 되어 있다. 살(殺)은 《공양전》과 《곡량전(穀梁傳)》에는 시(弑)로 되어 있다. ○천한 자이기 때문에 도적이라고 칭하였다. 그 임금을 시해하였다고 말하지 않은 것은 도적을 천하게 여겼기 때문이다. 륙덕명(陸德明)이 말하기를 "선공(宣公) 17년에 채후(蔡侯) 신(申)이 졸하였는데, 그때의 채후는 문후(文侯)이고 지금의 채후는 소후(昭侯) 신(申)이다. 그는 문후의 현손으로 고조(高祖 : 文侯)와 이름이 같으니 여기에는 반드시 오류가 있다."고 하였다.

四年 春 蔡昭侯將如吳 諸大夫恐其又遷也 承 承 音懲 言懲創往年之遷 蓋楚言 聲轉而字異 **公孫翩逐而射之 入於家人而卒** 翩 蔡大夫 逐昭侯而射之 **以兩矢門之 衆莫敢進** 翩以矢自守其門 **文之鍇後至** 鍇 蔡大夫 **曰 如墻而進 多而殺二人** 並行如墻 **鍇執弓而先 翩射之中肘 鍇遂殺之 故逐公孫辰而殺公孫姓公孫盱** 皆翩之黨 殺姓盱 經書在夏

4년 봄에 채소후(蔡昭侯)가 오(吳)나라로 가려 하자 여러 대부는 그가 또 나라를 옮길까 두려워 징계하였다[承].[65] 징(承)은 음이 징(懲)이니 왕년에 나라를 옮긴 것[66]을 징계하였다[67]는 말이다. 아마도 초(楚)나라 말로서 소리가 바뀌고 글자가 달라진 듯하다. 공손편(公孫翩)이 추격하여 활을 쏘니, 소후(昭侯)는 민가[家人][68]로 들어가 졸하였다. 편(翩)은 채(蔡)나라 대부이다. 소후(昭侯)를 추격하여 활을 쏜 것이다. 공손편이 두 개의 화살로 대문을 지키니 소후를 구하러 온 무리가 감히 나아

---

65) 징계하였다[承] : 징(承)을 '佐'의 의미로 보아 채후(蔡侯)를 축출하려 한 공손편(公孫翩)을 채(蔡)나라 대부들이 도운 것으로 보기도 한다.

66) 왕년에~것 : 애공(哀公) 2년 11월에 채(蔡)나라가 오(吳)나라 강역인 주래(州來)로 옮긴 것이다. 이때 채소후(蔡昭侯)가 대부 사(駟)에게 늦게 옮긴 죄를 씌워 죽이고 오나라에 해명한 일이 있었다.

67) 징계하였다 : 채소후(蔡昭侯)를 징계한 것이다.

68) 민가[家人] : 가인(家人)은 곧 인가(人家)를 이르는데, 서민(庶民)의 집을 뜻한다.

가지 못하였는데, 편(翩)이 화살을 쥐고 스스로 그 문을 지킨 것이다. 문지개(文之鍇)가 나중에 이르러 개(鍇)는 채(蔡)나라 대부이다. 말하기를 "담장을 따라서 나아간다면 많아야 두 사람을 죽이는 데 그칠 것이오."라 하고 담장을 따라 나란히 가는 것이다. 개(鍇)가 활을 잡고 앞장서니, 편(翩)이 그를 쏘아 팔꿈치를 맞혔지만 개는 마침내 그를 죽였다. 그리하여 공손신(公孫辰)을 축출하고 공손성(公孫姓)과 공손우(公孫盱)를 죽였다. 모두 편(翩)의 당여이다. 성(姓)과 우(盱)를 죽인 일은 경문의 여름조에 기록되어 있다.

葬秦惠公 진(秦)나라 혜공(惠公)의 장례를 지냈다.

宋人執小邾子 송인(宋人)이 소주자(小邾子)를 잡았다.

邾子無道於其民 故稱人以執

주자(邾子)가 그 백성에게 무도한 짓을 하였기 때문에 송인(宋人)이 잡았다고 일컬은 것이다.

夏 蔡殺其大夫公孫姓公孫霍 여름에 채(蔡)나라가 그 대부 공손성(公孫姓)과 공손곽(公孫霍)을 죽였다.

霍卽盱也

곽(霍)은 곧 우(盱)이다.

晉人執戎蠻子赤歸于楚 진인(晉人)이 융만자(戎蠻子) 적(赤)을 잡아 초(楚)나라로 보냈다.

蠻 公作曼 ○書晉人 罪之也 歸于楚者 猶曰京師楚也 書執止此

만(蠻)은 《공양전(公羊傳)》에는 만(曼)으로 되어 있다. ○경문에 진인(晉人)이라고 기록한 것은 죄를 준 것이다. 초(楚)나라로 보냈다는 것은 초나라를 경사(京師)로 여겼다는 말과 같다.[69] 경문에 잡았다[執]는 기록은 여기에서 그친다.

夏 楚人旣克夷虎 蠻夷叛楚者 **乃謀北方 左司馬眅申公壽餘葉公諸梁致蔡於負函 致方城之外於繒關** 三子 楚大夫 負函繒關楚地 致之者 會其衆也 **曰 吳將泝江入郢 將奔命焉 爲一昔之期 襲梁及霍** 一昔 一夜 梁霍皆蠻子邑 僞辭備吳 夜襲二邑 **單浮餘圍蠻氏 蠻氏潰** 單浮餘 楚大夫 **蠻子赤奔晉陰地** 陰地 河南山北 自上雒以東至陸渾

여름에 초인(楚人)이 이미 이호(夷虎)를 쳐서 이기고 만이(蠻夷) 가운데 초(楚)나라를 배반한 족속이다. 이어 북방(北方)을 도모하고자 하였다. 좌사마(左司馬) 반(眅)·신공(申公) 수여(壽餘)·섭공(葉公) 제량(諸梁)이 채(蔡)나라 사람을 부함(負函)에 소집하고 방성(方城) 밖의 사람을 증관(繒關)에 소집하여 세 사람은 초(楚)나라 대부이다. 부함(負函)과 증관(繒關)은 초나라 땅이다. 소집하였다는 것은 그 무리를 모이도록 한 것이다. 말하기를 "오(吳)나라가 강수(江水)를 거슬러 올라와 영(郢) 땅으로 쳐들어올 것이니, 임금의 명을 받들어[將] 힘써야 할 것이다."라 하고, 하룻밤[一昔]을 기한으로 하여 량(梁) 땅과 곽(霍) 땅을 습격하였다. 일석(一昔)은 하룻밤이다. 량(梁)과 곽(霍)은 모두 만자(蠻子)의 읍이다. 거짓으로 오(吳)나라를 대비한다고 핑계대고 밤에 두 읍을 습격한 것이다. 선부여(單浮餘)가 만씨(蠻氏)를 포위함에 만씨의 백성이 흩어지고, 선부여(單浮餘)는 초(楚)나라 대부이다. 만자(蠻子) 적(赤)은 진(晉)나라 음지(陰地)로 달아났다. 음지(陰地)는 하남(河南) 산북(山北)으로 진(晉)나라 상락(上雒) 동쪽으로부터 륙혼(陸渾)에 이르는 지역이다.

司馬起豊析與狄戎 楚司馬眅也 豊析皆楚邑 發此二邑人及戎狄 **以臨上雒 左師軍于菟和** 菟和山名 **右師軍于倉野** 倉野 地名 **使謂陰地之命大夫士蔑** 晉大夫守陰地者 **曰 晉楚有盟 好惡同之 若將不廢 寡君之願也 不然 將通於少習以聽命** 少習 武關也 將大開武關道以伐晉 **士蔑請諸趙孟 趙孟曰 晉國未寧** 時有范中行之難 **安能惡於楚 必速與之 士蔑乃致九州之戎 將裂田以與蠻子而城之** 以詐蠻子 **且將爲之卜** 卜城 **蠻子聽卜 遂執之與其五大夫 以畀楚師于三戶** 三戶 楚地 **司馬致邑立宗焉 以誘其遺民** 楚復詐爲蠻子作邑 立其宗

69) 경문에~같다 : 춘추시대에 죄를 지은 제후들은 토죄하여 주(周)나라 왕실로 보냈는데, 지금 융만자(戎蠻子)를 잡아 초(楚)나라로 보낸 것은 초나라를 천자로 여겼다는 의미이다. 그래서 진(晉)나라라고 하지 않고 진인(晉人)이라고 하여 진나라에게 죄를 준 것이다.

主 而盡俘以歸

이에 사마(司馬)는 풍(豊) 땅·석(析) 땅의 사람과 적융(狄戎)의 무리를 출동시켜 초(楚)나라 사마(司馬) 반(眅)이다. 풍(豊)과 석(析)은 모두 초나라 읍이다. 이 두 읍의 사람과 융적(戎狄)의 무리를 출동시킨 것이다. 상락(上雒)에 다다랐다. 좌사(左師 : 左軍)는 도화(菟和)에 진을 치고 도화(菟和)는 산 이름이다. 우사(右師 : 右軍)는 창야(倉野)에 진을 치고서 창야(倉野)는 땅 이름이다. 사람을 시켜 음지(陰地)의 명대부(命大夫)[70]인 사멸(士蔑)에게 진(晉)나라 대부로 음지(陰地)를 지키는 자이다. 말하기를 "진(晉)나라와 초(楚)나라의 맹약에서 '좋은 일이나 나쁜 일이나 함께하기로 한다.'라고 하였으니, 만약 앞으로 이를 폐기하지 않는다면 이는 과군의 바람이요. 그렇지 않다면 장차 소습(少習)을 통해 들어가 진나라의 명을 들을 것이오."라고 하니, 소습(少習)은 무관(武關)이다. 장차 무관의 길을 활짝 열고 들어가 진(晉)나라를 치겠다는 것이다. 사멸이 조맹(趙孟)에게 어떻게 할지를 청하였다. 조맹이 말하기를 "우리 진나라는 아직 안정되지 않았으니 당시에 범씨(范氏 : 士吉射)와 중항씨(中行氏 : 荀寅)의 환난이 있었다. 어찌 초나라와의 관계를 악화시킬 수 있겠소. 반드시 속히 만자(蠻子)를 넘겨주시오."라고 하였다. 사멸이 이에 구주(九州)의 융족을 소집하여 장차 전지를 나누어 만자에게 주고 그곳에 성을 쌓도록 하면서 만자(蠻子)를 속인 것이다. 우선 축성의 길흉을 점치겠다고 하였다. 축성하는 것에 대해 점친다는 것이다. 이에 만자가 점사(占辭)를 들어보려고 나타나자 마침내 그를 잡아 다섯 대부[71]와 함께 삼호(三戶)에서 초나라 군대에 넘겨주었다. 삼호(三戶)는 초(楚)나라 땅이다. 사마는 읍을 설치하고 종주(宗主)를 세워주겠다고 유민(遺民)들을 유인하여 초(楚)나라가 다시 만자(蠻子)를 위하여 읍을 설치하고 그를 종주(宗主)로 세워주겠다고 속인 것이다. 그들을 모두 사로잡아 돌아갔다.

城西郛

서쪽 외성을 쌓았다.

魯西郛

로(魯)나라 서쪽 외성이다.

---

70) 명대부(命大夫) : 먼 외지에 림시로 대부의 직함을 주어 그 지역을 감독 수호하게 하는 직위. 일종의 특명 대부이다.

71) 다섯 대부 : 만자(蠻子)를 따르는 다섯 대부이다.

六月 辛丑 亳社災
6월 신축일에 박사(亳社)에 화재가 났다.

亳 公作蒲 ○亳社 殷社 諸侯有之 所以戒亡國 其社有屋 故災

박(亳)은 《공양전(公羊傳)》에는 포(蒲)로 되어 있다. ○박사(亳社)는 은사(殷社)이다. 제후들이 이를 두어 망국의 경계로 삼은 것이다. 그 사(社)에 지붕이 있었으므로[72] 화재가 난 것이다.

秋 八月 甲寅 滕子結卒
가을 8월 갑인일에 등자(滕子) 결(結)이 졸하였다.

冬 十有二月 葬蔡昭公
겨울 12월에 채(蔡)나라 소공(昭公)의 장례를 지냈다.

亂故緩

란[73] 때문에 늦어진 것이다.

葬滕頃公
등(滕)나라 경공(頃公)의 장례를 지냈다.

○秋 七月 齊陳乞弦施衛寗跪救范氏 庚午 圍五鹿 九月 趙鞅圍邯鄲 冬 十一月 邯鄲降 荀寅奔鮮虞 趙稷奔臨 臨 晉邑 **十二月 弦施逆之 遂墮臨** 以處趙稷 **國夏伐晉 取邢任欒鄗逆時陰人盂壺口** 八邑 晉地 **會鮮虞 納荀寅于柏人** 柏人 晉邑 弦施與鮮虞會

72) 그 사(社)에~있었으므로 : 사(社)에는 단(壇)만 있고 지붕이 없는데, 멸망한 나라의 사에는 지붕을 씌워 그 기운이 하늘과 통하지 못하게 한 것이다.

73) 란 : 나라를 옮기는 것을 반대한 공손편(公孫翩)의 란이다.

○가을 7월에 제(齊)나라 진걸(陳乞)과 현시(弦施)·위(衛)나라 녕궤(甯跪)가 범씨(范氏)를 구원하려고 경오일에 진(晉)나라 오록(五鹿)을 포위하였다. 9월에 조앙(趙鞅)이 한단(邯鄲)을 포위하였다. 겨울 11월에 한단이 항복하자 순인(荀寅)은 선우(鮮虞 : 中山)로 달아나고 조직(趙稷)[74]은 림(臨) 땅으로 달아났다. 림(臨)은 진(晉)나라 읍이다. 12월에 현시가 조직을 맞이하고 드디어 림 땅의 성을 허물었다. 조직(趙稷)을 거처하게 한 것이다.[75] 제나라 국하(國夏)가 진나라를 쳐서 형(邢)·임(任)·란(欒)·호(鄗)·역치(逆畤)·음인(陰人)·우(盂)·호구(壺口)를 취하고, 여덟 읍은 진(晉)나라 땅이다. 선우와 회합하여 순인을 백인(柏人)으로 들여보냈다. 백인(柏人)은 진(晉)나라 읍이다. 현시(弦施)가 선우(鮮虞)와 회합한 것이다.

애공(哀公) 5년 【辛亥 B.C.490】

五年 春 5년 봄이다.

五年 春 晉圍柏人 荀寅士吉射奔齊 初 范氏之臣王生惡張柳朔 言諸昭子 使爲柏人 爲柏人宰 **昭子曰 夫非而讎乎 對曰 私讎不及公 好不廢過 惡不去善 義之經也 臣敢違之 及范氏出** 出柏人奔齊 **張柳朔謂其子 爾從主 勉之 我將止死 王生授我矣** 授我死節 **吾不可以僭之 遂死於柏人**

5년 봄에 진(晉)나라가 백인(柏人)을 포위하자 순인(荀寅)과 사길석(士吉射 : 范吉射)은 제(齊)나라로 망명하였다. 이보다 앞서 범씨(范氏)의 가신 왕생(王生)이 장류삭(張柳朔)을 미워하였는데 소자(昭子 : 士吉射)에게 말하여 장류삭으로 하여금 백인을 다스리게 하였다. 백인(柏人)의 읍재(邑宰)로 삼은 것이다. 소자가 말하기를 “저 사람은 그대의 원수가 아니오?”라고

74) 조직(趙稷) : 한단(邯鄲) 오(午)의 아들.

75) 조직(趙稷)을~것이다 : 현시(弦施)가 조직(趙稷)을 다른 읍에 거처하게 하고 림(臨) 땅의 성을 허문 것이다. 이에 대하여 림 땅의 성을 허물고 조직을 그곳에 살게 하였다는 설도 있다.

하니, 왕생이 대답하기를 "사사로운 원한으로 공적인 일에 미칠 수 없습니다. 좋아하면서도 그의 허물을 덮어주지 않고 미워하면서도 그의 좋은 점을 버리지 않는 것이 의리의 근간입니다. 신이 감히 이를 어기겠습니까."라고 하였다. 범씨가 망명나갈 때에 이르러 백인(柏人)에서 나와 제(齊)나라로 망명한 것이다. 장류삭이 자기 아들에게 이르기를 "너는 주공[昭子]을 따라가 그를 위해 힘쓰라. 나는 여기에 머물러 죽을 것이다. 왕생이 나에게 기회를 준 것이니[76] 나에게 죽음으로 절개를 지킬 기회를 주었다는 것이다. 나는 이를 어길 수가 없다."라 하고 마침내 백인에서 죽었다.

城毗

비(毗) 땅에 성을 쌓았다.

毗 公作比 ○毗 魯地

비(毗)는 《공양전(公羊傳)》에는 비(比)로 되어 있다. ○비(毗)는 로(魯)나라 땅이다.

夏 齊侯伐宋

여름에 제후(齊侯)가 송(宋)나라를 쳤다.

晉趙鞅帥師伐衛

진(晉)나라 조앙(趙鞅)이 군대를 거느리고 위(衛)나라를 쳤다.

夏 趙鞅伐衛 范氏之故也 遂圍中牟 **衛助范氏故也**

여름에 조앙(趙鞅)이 위(衛)나라를 쳤으니, 범씨(范氏) 때문이었다. 드디어 중모(中牟)를 포위하였다. 위(衛)나라가 범씨(范氏)를 도왔기 때문이다.

76) 왕생이~것이니 : 왕생(王生)이 자기를 백인(柏人)의 읍재(邑宰)가 되게 하여 소자(昭子)에게 충성을 다하라는 기회를 주었다는 것이다.

秋 九月 癸酉 齊侯杵臼卒

가을 9월 계유일에 제후(齊侯) 저구(杵臼)가 졸하였다.

杵 公作處

저(杵)는《공양전(公羊傳)》에는 처(處)로 되어 있다.

齊燕姬生子 不成而死 燕姬 景公夫人 不成 未冠也 **諸子鬻姒之子荼嬖** 鬻姒 景公妾 **諸大夫恐其爲大子也 言於公曰 君之齒長矣 未有大子 若之何 公曰 二三子間於憂虞 則有疾疢 亦姑謀樂 何憂於無君** 言羣臣無憂虞得閒暇 則又有疾病 且圖爲樂 何憂無君 **公疾 使國惠子高昭子立荼** 惠子 國夏 昭子 高張 **寘羣公子於萊** 齊東鄙邑 **秋 齊景公卒**

제(齊)나라 연희(燕姬)가 아들을 낳았는데 성년이 되지 못하고[不成] 죽었다. 연희(燕姬)는 경공(景公)의 부인이다. 불성(不成)은 관례를 치르지 않은 것이다. 경공(景公 : 杵臼)의 여러 아들 가운데 육사(鬻姒)의 아들 도(荼)가 총애를 받았는데 육사(鬻姒)는 경공(景公)의 첩이다. 여러 대부는 그가 태자가 되는 것을 두려워하여 경공에게 말하기를 "임금님의 나이가 많으신데 아직 태자가 없으니 어떻게 하시겠습니까?"라고 하니, 경공이 말하기를 "그대들이 근심 걱정에서 한가하게[間] 되면 병이 나게 되는 것이다. 그러니 또한 우선 즐겁게 지낼 것이나 도모할 일이지 어찌 임금이 없을 것을 근심하는가."[77]라고 하였다. 뭇 신하가 근심걱정이 없어 한가하게 되면 또 질병이 있게 되니, 우선 즐겁게 지낼 것이나 도모하지 어찌 임금이 없게 될 것을 근심하느냐는 말이다.[78] 경공이 병이 나자 국혜자(國惠子)와 고소자(高昭子)를 시켜 도(荼)를 태자로 세우게 하고 혜자(惠子)는 국하(國夏)이고 소자(昭子)는 고장(高張)이다. 뭇 공자를 래(萊) 땅에 두어 살게 하였다. 래(萊)는 제(齊)나라 동쪽 변방 읍이다. 가을에 제경공(齊景公)이 졸하였다.

---

77) 그대들이~근심하는가 : 경공(景公)은 도(荼)를 태자로 세우고자 하였으나 이를 반대하는 대부들의 뜻을 알고 우선 그들의 청을 막은 것이다.

78) 여러~말이다 : 전문의 '間'을 전문주에서는 '閒'으로 보아 이렇게 풀이한 것이다. 즉 아무 생각도 하지 않고 한가하면 병이 나니 지금 근심걱정이 없다면 즐겁게 지낼 일에라도 몰두하여 병이 나지 않게 하라는 말이다. 한편 '間'을 '끼다'·'사이하다'의 뜻으로 보아 '여러분의 마음에 근심걱정이 낀다면 병이 나게 되니 우선 즐겁게 지낼 일이나 도모하라.'는 의미로 보는 설도 있다.

冬 叔還如齊
겨울에 숙환(叔還)이 제(齊)나라에 갔다.

閏月 葬齊景公
윤달에 제(齊)나라 경공(景公)의 장례를 지냈다.

冬 十月 公子嘉公子駒公子黔奔衛 公子鉏公子陽生來奔 皆景公子在萊者 **萊人歌之曰 景公死乎不與埋 三軍之事乎不與謀 師乎師乎 何黨之乎** 師 衆也 黨 所也 之 往也 稱謚蓋葬後爲此歌 哀羣公子失所 言公死而不得與葬 齊有三軍之事而不得與謀

겨울 10월에 공자 가(嘉)·공자 구(駒)·공자 검(黔)은 위(衛)나라로 망명하고, 공자 서(鉏)와 공자 양생(陽生)은 우리나라로 망명왔다. 모두 제경공(齊景公)의 아들로 래(萊) 땅에 있었던 자들이다. 래인(萊人)이 노래하기를 "경공(景公)이 돌아가심에 장례에 참여하지 못하고, 3군(軍)의 일에 참여하여 모의하지 못하는구나. 여러[師] 공자여, 어느 곳[黨]으로 갈[之] 것인가."라고 하였다. 사(師)는 무리이다. 당(黨)은 장소이다. 지(之)는 감이다. 시호를 일컬은 것은 장례 지낸 뒤에 이 노래를 불러서 뭇 공자가 갈 곳을 잃은 것을 슬퍼한 것이니, 제경공(齊景公)이 죽었는데도 장례에 참여하지 못하고 제(齊)나라에 3군(軍)의 일이 있는데도 모의에 참여할 수 없다는 말이다.

○鄭駟秦富而侈 嬖大夫也 而常陳卿之車服於其庭 鄭人惡而殺之 子思曰 詩曰 不解于位 民之攸塈 子思 子産子國參也 **不守其位而能久者鮮矣 商頌曰 不僭不濫 不敢怠皇 命以多福**

○정(鄭)나라 사진(駟秦)은 부유하고 사치스러워 폐대부(嬖大夫)[79]인데도 항상 경(卿)의 수레와 관복을 자기 집 뜰에 진렬하니, 정인(鄭人)이 미워하여 그를 죽였다. 자사(子思)가 다음과 같이 말하였다. "《시(詩)》에 이르기를 '자신의 지위 지킴을 게을리하지 않음에 백성이 편하도다.'[80]라고 하니, 자사(子思)는 자산(子産)의 아들 국참(國參)이다. 자기의 지위를 지키지 않고서 오래 지탱할 수 있는 자는 드문 것이다. 〈상송(商頌)〉에 이르기를 '분수에 어긋나지

79) 폐대부(嬖大夫) : 하대부(下大夫).

80) 자신의~편하도다 : 《시경(詩經)》〈대아(大雅)〉 가락(假樂).

않으며 분수를 넘지 않고, 감히 게으르고 한가하게[皇] 지내지 않아 하늘이 많은 복으로 명하시었네.'"[81]

애공(哀公) 6년【壬子 B.C.489】

六年 春 城邾瑕

6년 봄에 주하(邾瑕)에 성을 쌓았다.

瑕 公作葭 ○邾瑕 魯地 書城止此

하(瑕)는《공양전(公羊傳)》에는 가(葭)로 되어 있다. ○주하(邾瑕)는 로(魯)나라 땅이다. 경문에 성을 쌓은 것에 대한 기록은 여기에서 그친다.

晉趙鞅帥師伐鮮虞

진(晉)나라 조앙(趙鞅)이 군대를 거느리고 선우(鮮虞)를 쳤다.

六年 春 晉伐鮮虞 治范氏之亂也

6년 봄에 진(晉)나라가 선우(鮮虞)를 쳤으니, 범씨(范氏)의 란을 다스리기 위해서였다.[82]

吳伐陳

오(吳)나라가 진(陳)나라를 쳤다.

81) 분수에~명하시었네 :《시경(詩經)》〈상송(商頌)〉 은무(殷武).

82) 진(晉)나라가~위해서였다 : 애공(哀公) 4년에 선우(鮮虞)가 범씨(范氏)의 란에 가담한 순인(荀寅 : 中行文子)을 도와 진(晉)나라 백인(柏人)으로 들여보냈는데, 지금 진나라가 선우를 쳐서 범씨의 란을 다스린 것이다.

吳伐陳 復脩舊怨也 元年 未得志故 **楚子曰 吾先君與陳有盟 不可以不救 乃救陳 師于城父** 陳盟在昭十三年

오(吳)나라가 진(陳)나라를 쳤으니, 다시 옛날의 원한을 갚기 위해서였다. 원년에 뜻을 얻지 못하였기 때문이다. 초자(楚子 : 昭王)가 말하기를 "우리 선군[楚平王]께서 진나라와 맹약하였으니 구원하지 않을 수 없다."라고 하였다. 이에 진나라를 구원하기 위하여 성보(城父)에 군대를 주둔시켰다. 진(陳)나라와의 맹약은 소공(昭公) 13년에 있었다.

夏 齊國夏及高張來奔

여름에 제(齊)나라 국하(國夏)와 고장(高張)이 망명왔다.

齊陳乞僞事高國者 高張國夏受命立荼 故乞欲害之 **每朝必驂乘焉 所從必言諸大夫** 凡所從行必言罪過 **曰 彼皆偃蹇 將棄子之命 皆曰 高國得君 必偪我 盍去諸 固將謀子 子早圖之 圖之 莫如盡滅之 需 事之下也** 需 疑也 **及朝 則曰 彼虎狼也 見我在子之側 殺我無日矣 請就之位** 欲與諸大夫謀高國 故求就之 **又謂諸大夫曰 二子者禍矣 恃得君而欲謀二三子 曰 國之多難 貴寵之由 盡去之而後君定 旣成謀矣 盍及其未作也 先諸作而後悔 亦無及也 大夫從之**

제(齊)나라 진걸(陳乞)이 거짓으로 고장(高張)과 국하(國夏)를 섬기는 체하여 고장(高張)과 국하(國夏)가 명을 받아 도(荼)를 세웠다. 그러므로 걸(乞)이 그들을 해치고자 한 것이다. 조회에 갈 때마다 반드시 그들의 수레에 같이 탔다. 그들을 수종(隨從)할 때에는 반드시 여러 대부에 대해 말하기를 무릇 따라다닐 때마다 반드시 대부들의 죄과(罪過)를 말한 것이다. "저들은 모두 오만합니다[偃蹇]. 저들은 그대의 명을 폐기하려 하여 모두 말하기를 '고씨(高氏)와 국씨(國氏)는 임금님에게 총애를 받으니 반드시 우리를 핍박할 것이다. 어찌 그들을 제거하지 않겠는가.'라고 합니다. 저들은 실로 그대들을 없애려고 모의할 것이니 그대들은 빨리 도모하십시오. 저들을 도모함에는 저들을 다 없애버리는 것 만한 것이 없습니다. 망설이는[需] 것은 일을 하는 데에 하책입니다."라고 하였다. 수(需)는 망설임이다. 조정에 이르러서는 말하기를 "저들[83]은 범과 이리와 같은 자들입니다. 제가 그대들의 곁에 있는 것을 보기만 하면 금방 저를 죽이

83) 저들 : 여러 대부를 이른다.

려 할 것이니 제 자리로 가겠습니다."라고 하였다. 여러 대부와 함께 고장(高張)과 국하(國夏)를 도모하고자 하였으므로 제 자리로 가겠다고 요구한 것이다. 또 여러 대부에게 말하기를 "고장과 국하 두 사람은 화난을 일으키려 합니다. 임금님의 총애를 받는 것을 믿고 여러분을 없애려고 모의하여 말하기를 '나라의 화난이 많은 것은 귀한 자리를 차지하고 임금의 총애를 받고 있는 사람들 때문이다. 그들을 다 제거하고 나서야 임금의 지위가 안정될 것이다.'라고 합니다. 그들은 이미 모의를 마쳤는데 어찌 그들이 일을 일으키지 않고 있는 때에 선수를 치지 않습니까. 그들이 일을 일으킨 뒤에는 후회해도 소용이 없을 것입니다."라고 하니, 대부들이 그 말을 따랐다.

夏 六月 戊辰 陳乞鮑牧 牧 鮑國孫 及諸大夫 以甲入于公宮 昭子聞之 與惠子乘如公 戰于莊 敗 高國敗也 莊 六軌道 國人追之 國夏奔莒 遂及高張晏圉弦施來奔 圉 晏嬰子 圉施不書 非卿

여름 6월 무진일에 진걸(陳乞)과 포목(鮑牧)은 목(牧)은 포국(鮑國)의 손자이다. 여러 대부와 함께 갑사를 이끌고 공궁으로 쳐들어갔다. 소자(昭子 : 高張)가 이 소식을 듣고 혜자(惠子 : 國夏)와 함께 수레를 타고 공(公 : 荼)이 있는 곳으로 가서 장(莊)에서 싸웠으나 패하였다. 고장(高張)과 국하(國夏)가 패한 것이다. 장(莊)은 여섯 대의 수레가 다닐 수 있는 길이다. 국인이 추격하니 국하(國夏)는 거(莒)나라로 망명하였다가 드디어 고장(高張)·안어(晏圉)·현시(弦施)와 함께 우리나라로 망명왔다. 어(圉)는 안영(晏嬰)의 아들이다. 어와 시(施)를 경문에 기록하지 않은 것은 경(卿)이 아니기 때문이다.

叔還會吳于柤

숙환(叔還)이 오(吳)나라와 자(柤) 땅에서 회합하였다.

秋 七月 庚寅 楚子軫卒

가을 7월 경인일에 초자(楚子) 진(軫)이 졸하였다.

秋 七月 楚子在城父 將救陳 卜戰不吉 卜退不吉 王曰 然則死也 再敗楚師 不如死

前已敗於柏擧 **棄盟逃讎 亦不如死** 棄陳盟 逃吳仇 **死一也 其死讎乎 命公子申爲王 不可 則命公子結 亦不可 則命公子啓** 申 子西 啓 子閭 皆昭王兄 **五辭而後許 將戰 王有疾 庚寅 昭王攻大冥 卒于城父** 大冥 陳地 吳師所在 **子閭退 曰 君王舍其子而讓羣臣 敢忘君乎 從君之命 順也 立君之子 亦順也 二順不可失也 與子西子期謀 潛師閉塗 逆越女之子章 立之而後還** 閉塗 不通外使也 越女 昭王妾 章 惠王也

가을 7월에 초자(楚子 : 昭王 軫)가 성보(城父)에 있으면서 진(陳)나라를 구원하려 하였다. 싸움에 대해 거북점을 치니 불길하였고 물러나는 일에 대해 거북점을 치니 역시 불길하였다. 초왕(楚王)이 말하기를 "그렇다면 죽는 것이로구나. 초(楚)나라 군대를 다시 패하게 하는 것은 죽는 것만 같지 못하고 전에 이미 백거(柏擧)에서 패하였다. 맹약을 저버리고 원수에게서 도망가는 것 또한 죽는 것만 같지 못하다. 진(陳)나라와의 맹약을 저버리고 원수인 오(吳)나라에게서 도망한다는 것이다. 죽는 것은 마찬가지이니 원수와 싸우다 죽으리라."고 하였다. 그리고 공자 신(申)을 명하여 왕으로 삼으려 하자 공자 신은 안 된다고 하였다. 그러자 공자 결(結)[84]을 명하니 또한 안 된다고 하였다. 이에 공자 계(啓)를 명하자 신(申)은 자서(子西)이고 계(啓)는 자려(子閭)이니 모두 소왕(昭王)의 형이다. 다섯 번 사양하고 난 뒤에야 허낙하였다. 초나라 군대가 싸우려 할 때 초왕이 병이 났다. 경인일에 소왕(昭王)은 대명(大冥)을 공격하고 성보에서 졸하였다. 대명(大冥)은 진(陳)나라 땅인데 오(吳)나라 군대가 주둔하여 있는 곳이다. 자려(子閭 : 啓)가 왕의 자리를 사퇴하고 말하기를 "군왕께서 그 아들을 제쳐놓고 뭇 신하에게 자리를 양보했던 것이니 감히 임금님의 뜻을 잊을 수 있겠소.[85] 임금님의 명을 따르는 것도 순리이고 임금님의 아들을 세우는 것도 순리요. 두 가지 순리를 다 잃을 수는 없소이다."라 하고, 자서(子西) 및 자기(子期)와 모의하여 군대를 은밀히 보내고[86] 길을 막고서는 월녀(越女)의 아들 장(章)을 맞이하여 임금으로 세운 뒤에 돌아갔다. 길을 막아서 외국 사신의 통행을 못하게 한 것이다.[87] 월녀(越女)는 소왕(昭王)의 첩이다. 장(章)은 혜왕(惠王)이다.

是歲也 有雲如衆赤鳥 夾日以飛三日 楚子使問諸周大史 周大史曰 其當王身乎 日

---

84) 공자 결(結) : 자기(子期)이니 소왕(昭王)의 형이다.

85) 군왕께서~있겠소 : 전문의 '羣臣'은 초소왕(楚昭王)의 형제이면서 뭇 신하의 지위에 있는 공자 신(申)·공자 결(結)·공자 계(啓)를 말한다. 한편 '羣臣'을 떼어 뒤 문구에 붙여 뭇 신하가 감히 임금의 뜻을 잊을 수 있겠느냐고 해석하기도 한다.

86) 군대를~보내고 : 군대를 은밀히 보내어 초혜왕(楚惠王 : 章)을 맞이하게 한 것이다.

87) 길을~것이다 : 임금이 죽은 소식이 적[吳나라]에게 알려질 것을 념려해서이다.

爲君象 妖氣守之 故當王身 唯楚見之 故禍不及他國 若禜之 可移於令尹司馬 王曰 除腹心之疾 而寘諸股肱 何益 不穀不有大過 天其夭諸 有罪受罰 又焉移之 遂弗禜

이 해에 떼를 지은 붉은 새들의 모양을 한 구름이 해를 끼고 사흘간이나 떠있었다. 초자(楚子 : 昭王)가 사람을 보내어 주(周)나라 태사(大史)에게 물으니, 주나라 태사가 말하기를 "화가 왕의 몸에 미칠 것입니다. 해는 임금의 형상이다. 요사스런 기운이 이를 막고 있기 때문에 화가 왕의 몸에 미친다는 것이다. 오직 초(楚)나라에서만 그것을 보았기 때문에 화가 다른 나라에는 미치지 않는 것이다. 만약 영제[禜][88]를 지낸다면 령윤(令尹)이나 사마(司馬)에게 옮겨가게 할 수 있을 것입니다."라고 하였다. 소왕(昭王)이 말하기를 "배와 가슴[89]의 병을 제거하려고 그 병을 팔과 다리[90]에 옮겨 놓는다 하여 무슨 리익이 있겠는가. 또 내가 큰 허물이 있지 않다면 하늘이 어찌 빨리 죽게 하겠는가. 죄가 있어서 벌을 받는 것이라면 또 어찌 다른 사람에게 옮기겠는가."라 하고, 드디어 영제를 지내지 않았다.

初 昭王有疾 卜曰 河爲祟 王弗祭 大夫請祭諸郊 請卽楚郊望祭河神 王曰 三代命祀 祭不越望 諸侯望祀竟內山川星辰 江漢睢漳 楚之望也 四水在楚界 禍福之至 不是過也 不穀雖不德 河非所獲罪也 遂弗祭

이보다 앞서 소왕(昭王)이 병이 나니, 거북점에 하수(河水)의 신이 빌미가 되었다고 하였다. 그러나 왕은 제사 지내지 않았다. 대부들이 교외에서 제사 지낼 것을 청하니, 초(楚)나라 교외로 나가 하수(河水)의 신에게 망제(望祭)를 지낼 것을 청한 것이다. 왕이 말하기를 "삼대(三代 : 夏·商·周) 때 천자가 명한 제사에 제후의 제사는 국경 너머 있는 곳에 망제(望祭)를 지내지 않는 것이다. 제후(諸侯)는 국경 안의 산천(山川)과 성신(星辰)에게만 망제를 지낸다는 것이다. 강수(江水)·한수(漢水)·저수(睢水)·장수(漳水)가 초(楚)나라의 망제지낼 대상이고, 네 물은 초(楚)나라 국경 안에 있다. 화와 복이 이르는 것은 이것들을 넘지 않는다. 내가 비록 부덕하지만 하수의 신에게 죄를 얻을 것은 아니다."라 하고, 끝내 제사 지내지 않았다.

孔子曰 楚昭王知大道矣 其不失國也 宜哉 夏書曰 惟彼陶唐 帥彼天常 有此冀方 今失其行 亂其紀綱 乃滅而亡 又曰 允出玆在玆 由己率常可矣 言信出己 則福亦在己

---

88) 영제[禜] : 일월성신과 산천의 신에게 재앙을 물리쳐 주기를 비는 제사.

89) 배와 가슴 : 초소왕(楚昭王) 자신을 비유한 것이다.

90) 팔과 다리 : 령윤(令尹)과 사마(司馬)를 비유한 것이다.

공자(孔子)는 말하였다. "초소왕(楚昭王)은 대도(大道)를 알았으니, 그가 나라를 잃지 않은 것이 마땅하도다. 〈하서(夏書)〉에 이르기를 '오직 저 도당(陶唐 : 堯)은 저 하늘의 떳떳한 도리를 따라 이 기방(冀方)[91]을 소유하였다. 그러나 지금의 임금[92]은 올바른 행실을 잃고 기강을 어지럽혀 마침내 나라를 멸망하게 하였다.'[93]라 하였고, 또 〈하서〉에 이르기를 '진실로 여기에서 나온 것은 원인도 여기에 있다.'[94]고 하였으니 모든 것이 자신에게서 말미암으니 상도(常道)를 따라야 옳은 것이다." 신의가 자기에게서 나온다면 복도 자기에게 달려 있다는 말이다.

○八月 齊邴意玆來奔 **高國黨**

○8월에 제(齊)나라 병의자(邴意玆)가 우리나라로 망명왔다. 고장(高張)과 국하(國夏)의 당여이다.

齊陽生入于齊 齊陳乞弑其君荼 제(齊)나라 양생(陽生)이 제나라로 들어갔다. 제나라 진걸(陳乞)이 그 임금 도(荼)를 시해하였다.

荼 公作舍 ○陽生不稱公子 誅不子也 書陳乞弑 禍由乞始也

도(荼)는 《공양전(公羊傳)》에는 사(舍)로 되어 있다. ○양생(陽生)을 공자라고 칭하지 않은 것은 자식답지 못한 것을 죄준 것이다. 경문에 진걸(陳乞)이 시해하였다고 기록한 것은 화가 걸(乞)로부터 비롯되었기 때문이다.

陳僖子使召公子陽生 僖子 陳乞 **陽生駕而見南郭且于** 且于 齊公子鉏 在魯南郭 **曰 嘗獻馬於季孫 不入於上乘 故又獻此 請與子乘之** 畏在家 人聞其言 故欲二人共載以試馬爲辭 **出萊門而告之故** 魯郭門也 **闞止知之 先待諸外** 闞止 陽生家臣 待外 欲俱去 **公子曰 事未可知 反與壬也處** 壬 陽生子簡公 使闞止歸 與其子共處 **戒之 遂行 逮夜至於齊 國人知之** 陳氏得衆

91) 기방(冀方) : 기주(冀州)와 사방을 이른다. 요(堯)와 순(舜)과 우(禹)가 모두 기주에 도읍하였다.

92) 지금의 임금 : 하(夏)나라 걸왕(桀王)을 이른다.

93) 오직~하였다 : 현행 《서경(書經)》 〈하서(夏書)〉 오자지가(五子之歌)에는 '惟彼陶唐 有此冀方 今失厥道 亂其紀綱 乃底滅亡'이라고 되어 있다.

94) 진실로~있다 : 《서경(書經)》 〈우서(虞書)〉 대우모(大禹謨).

故國人知而不言 **僖子使子士之母養之** 子士母 僖子妾 **與饋者皆入** 令陽生隨饋食人入公宮

진희자(陳僖子)가 사람을 보내어 공자 양생(陽生)[95]을 부르자, 희자(僖子)는 진걸(陳乞)이다. 양생이 수레를 타고 가서 남곽저우(南郭且于)를 만나 저우(且于)는 제(齊)나라 공자 서(鉏)로 로(魯)나라 남곽(南郭)에 있었다. 말하기를 "일찍이 계손(季孫)에게 말을 바쳤으나 상등급 말에 들지 못하였습니다. 그러므로 또 이 말을 바치려 하니 당신과 함께 이 수레를 타기 청합니다."라 하고 집에 있으면 사람들이 그 말을 들을까 두려웠기 때문에 두 사람이 수레를 함께 타고 말을 시험해 보고자 한다고 말한 것이다. 래문(萊門)을 나와서 그 까닭[96]을 고하였다. 로(魯)나라 외곽문이다. 감지(闞止)가 이를 알고 먼저 성문 밖에서 기다리자, 감지(闞止)는 양생(陽生)의 가신이다. 밖에서 기다린 것은 함께 제나라로 가고자 해서이다. 공자가 말하기를 "일이 어떻게 될지 알 수 없으니 돌아가서 임(壬)과 함께 있어라."고 하고 임(壬)은 양생(陽生)의 아들로 뒷날의 간공(簡公)이다. 감지(闞止)를 돌아가게 하여 자기 아들과 같이 있게 한 것이다. 경계시키고는[97] 드디어 떠났다. 밤이 되어 제(齊)나라에 이르자 국인이 이 사실을 알았다. 진씨(陳氏)가 군중의 마음을 얻었기 때문에 국인이 알고도 말하지 않았다. 희자(僖子)가 자사(子士)[98]의 어머니를 보내어 양생을 봉양하게 하고, 자사(子士)의 어머니는 희자(僖子)의 첩이다. 음식을 올리는 자들과 함께 들어가게 하였다. 양생(陽生)으로 하여금 음식을 올리는 사람들을 따라서 공궁에 들어가게 한 것이다.

冬 十月 丁卯 立之 將盟 盟諸大夫 **鮑子醉而往** 鮑子 鮑牧 **其臣差車鮑點** 差車 主車之官 **曰 此誰之命也 陳子曰 受命于鮑子 遂誣鮑子曰 子之命也** 見其醉 故誣之 **鮑子曰 女忘君之爲孺子牛而折其齒乎 而背之也** 孺子 荼也 景公嘗銜繩爲牛 使荼牽之 荼頓地 故折其齒 **悼公稽首** 悼公 陽生 **曰 吾子奉義而行者也 若我可 不必亡一大夫** 言己可爲君 必不怨鮑子 **若我不可 不必亡一公子** 公子 自謂也 恐鮑子殺己 故要之 **義則進 否則退 敢不唯子是從 廢興無以亂 則所願也 鮑子曰 誰非君之子 乃受盟 使胡姬以安孺子如賴** 胡姬 景公妾也 賴 齊邑 安 號也 **去鬻姒 殺王甲 拘江說 囚王豹于句竇之丘** 三子 景公嬖臣 荼之黨也

겨울 10월 정묘일에 양생(陽生)을 임금으로 세우고 맹약하려 할 때 여러 대부와 맹약한 것이다. 포자(鮑子)가 술에 취하여 그 자리에 나아갔다. 포자(鮑子)는 포목(鮑牧)이다. 그의 가신인

---

95) 양생(陽生) : 제경공(齊景公)의 아들이고 도(荼)의 이복형이다. 이때 로(魯)나라에 망명해 있었다.
96) 그 까닭 : 진희자(陳僖子)가 제(齊)나라로 들어오라고 부른 일이다.
97) 경계시키고는 : 말이 새 나가지 않도록 경계시킨 것이다.
98) 자사(子士) : 진희자(陳僖子)의 아들.

차거(差車) 포점(鮑點)이 차거(差車)는 수레를 주관하는 관원이다. 묻기를 "이 일은 누구의 명입니까?"라고 하자, 진자(陳子 : 陳僖子)가 말하기를 "포자에게 명을 받은 것이다."라고 하였다. 드디어 포자를 속여 말하기를 "그대의 명이었습니다."라고 하니, 그가 술에 취한 것을 보았기 때문에 속인 것이다. 포자가 말하기를 "당신은 선군께서 유자(孺子)[99]를 위하여 소가 되었다가 치아까지 부러진 일을 잊었소? 당신은 선군을 배반한 것이오."라고 하였다. 유자(孺子)는 도(荼)이다. 경공(景公)이 일찍이 줄을 입에 물고 소가 되어 도로 하여금 끌게 하였는데 도가 땅바닥에 넘어졌기 때문에 경공의 이가 부러진 것이다. 도공(悼公)이 머리를 땅에 닿도록 조아리고 도공(悼公)은 양생(陽生)이다. 말하기를 "그대는 의리를 받들어 행하는 사람입니다. 만약 내가 임금이 될 만하다면 나는 반드시 대부 한 사람을 없애지 않을 것이고, 자기가 임금이 될 수 있다면 반드시 포자(鮑子)를 원망하지 않을 것이라는 말이다. 만약 내가 임금이 될 만하지 않을지라도 그대는 반드시 공자 한 사람을 없애지 않을 것입니다. 공자는 자신을 이른 것이다. 포자(鮑子)가 자기를 죽일 것이 두려웠기 때문에 협박한[要] 것이다. 그대가 마땅하다고 하면 나아갈 것이고 마땅하지 않다고 하면 물러날 것이니, 누가 감히 그대의 말에 따르지 않겠습니까. 폐하고 일어남에 변란이 일어나지 않는 것이 곧 내가 바라는 바입니다."라고 하였다. 포자가 말하기를 "누군들 선군의 아들이 아니겠습니까."라 하고, 이에 맹약을 받아들였다. 도공은 호희(胡姬)를 시켜 안유자(安孺子 : 荼)를 데리고 뢰(賴) 땅으로 가게하고 호희(胡姬)는 경공(景公)의 첩이다. 뢰(賴)는 제(齊)나라 읍이다. 안(安)은 호(號)이다. 육사(鬻姒)[100]를 공궁에서 내보내고 왕갑(王甲)을 죽이고 강열(江說)을 붙잡아 두고 왕표(王豹)를 구두(句竇)의 언덕에 가두었다. 세 사람은 경공(景公)의 폐신(嬖臣)이고 도(荼)의 당여이다.

公使朱毛告於陳子 朱毛 齊大夫 **曰 微子則不及此 然君異於器 不可以二 器二不匱 君二多難 敢布諸大夫 僖子不對而泣 曰 君擧不信羣臣乎** 擧 皆也 **以齊國之困 困又有憂** 內困饑荒 又憂兵革 **少君不可以訪** 不可訪問 **是以求長君 庶亦能容羣臣乎 不然 夫孺子何罪 毛復命 公悔之 毛曰 君大訪於陳子 而圖其小 可也** 大謂國政 小謂殺荼 **使毛遷孺子於駘 不至 殺諸野幕之下 葬諸殳冒淳** 駘 齊邑 殳冒淳 地名 毛恐生變 殺荼於野次 經書秋者 記始事

도공(悼公 : 陽生)이 주모(朱毛)를 시켜 진자(陳子 : 陳僖子)에게 고하여 주모(朱毛)는 제(齊)나

---

99) 유자(孺子) : 천자(天子)·제후(諸侯)·세경(世卿)의 후계자.

100) 육사(鬻姒) : 제경공(齊景公)의 첩이며 도(荼)의 어머니이다.

라 대부이다. 말하기를 "그대가 아니었으면 나는 여기에 이르지 못하였을 것이다. 그러나 임금은 그릇과 달라서 둘일 수 없다. 그릇이 둘이면 결핍되지 않지만 임금이 둘이면 화난이 많아질 것이니, 감히 대부에게 내 뜻을 펴는 것이다."라고 하였다. 희자(僖子 : 陳子)가 대답하지 않고 눈물을 흘리면서 말하기를 "임금님께서는 우리 뭇 신하를 모두[擧] 믿지 못하십니까?[101] 거(擧)는 모두이다. 제(齊)나라의 곤핍으로 보자면 안으로는 곤궁하고 또 밖으로는 우환이 있습니다. 안으로 기황(饑荒 : 흉년)에 의한 곤궁과 또 병혁(兵革 : 외침)에 의한 우환이 있다는 것이다. 그런데 어린 임금님에게 상의할 수 없으므로 찾아가 물을 수 없다는 것이다. 장성한 임금님을 찾아서 뭇 신하를 용납해 주시기를 바랐던 것입니다. 그렇지 않다면 저 유자(孺子)에게 무슨 죄가 있겠습니까."라고 하였다. 모(毛)가 이 일을 복명하니 도공이 후회하였다. 이에 모가 말하기를 "임금님께서는 큰일은 진자에게 자문하시고 작은 일은 스스로 도모하심이 옳습니다."라고 하였다. 큰일은 국정을 이르고 작은 일은 도(荼)를 죽임을 이른다. 그러자 도공은 모를 시켜 유자를 태(駘) 땅으로 옮기게 하였다. 그러나 모는 도착하기 전에 야영하는 막사 아래에서 도(荼)를 죽여 수모순(殳冒淳)에 장사지냈다. 태(駘)는 제(齊)나라 읍이다. 수모순(殳冒淳)은 땅 이름이다. 모(毛)는 변란이 일어날까 두려워 야영지에서 도(荼)를 죽인 것이다. 경문에 가을조에 쓴 것은 일이 시작된 때를 기록한 것이다.[102]

冬 仲孫何忌帥師伐邾

겨울에 중손하기(仲孫何忌)가 군대를 거느리고 주(邾)나라를 쳤다.

宋向巢帥師伐曹

송(宋)나라 상소(向巢)가 군대를 거느리고 조(曹)나라를 쳤다.

---

101) 임금님께서는~못하십니까 : 임금님께서는 여러 신하가 도(荼)에게도 마음을 두고 있다고 의심하시느냐는 말이다.

102) 경문에~것이다 : 이 일은 겨울 10월에 있었지만 경문은 가을조에 붙인 것이다.

애공(哀公) 7년 【癸丑 B.C.488】

七年 春 宋皇瑗帥師侵鄭 7년 봄에 송(宋)나라 황원(皇瑗)이 군대를 거느리고 정(鄭)나라를 침범하였다.

七年 春 宋師侵鄭 鄭叛晉故也

7년 봄에 송(宋)나라 군대가 정(鄭)나라를 침범하였으니, 정나라가 진(晉)나라를 배반하였기 때문이다.

晉魏曼多帥師侵衛 진(晉)나라 위만다(魏曼多)가 군대를 거느리고 위(衛)나라를 침범하였다.

晉師侵衛 衛不服也

진(晉)나라 군대가 위(衛)나라를 침범하였으니, 위나라가 복종하지 않았기 때문이다.[103]

夏 公會吳于鄫 여름에 애공(哀公)이 오(吳)나라와 증(鄫) 땅에서 회합하였다.

夏 公會吳于鄫 吳來徵百牢 子服景伯對曰 先王未之有也 吳人曰 宋百牢我 是時 吳過宋 得百牢 **魯不可以後宋 且魯牢晉大夫過十** 在昭二十一年 **吳王百牢 不亦可乎 景伯曰 晉范鞅貪而棄禮 以大國懼敝邑 故敝邑十一牢之 君若以禮命於諸侯 則有數矣** 有常數 **若亦棄禮 則有淫者矣** 淫 過也 **周之王也 制禮 上物不過十二** 上物 天子之牢 **以爲**

103) 위나라가~때문이다 : 애공(哀公) 5년에 진(晉)나라가 위(衛)나라를 쳤으나 위나라가 지금까지 복종하지 않았다.

天之大數也 天有十二次 故制禮象之 **今棄周禮 而曰必百牢 亦唯執事 吳人弗聽 景伯曰 吳將亡矣 棄天而背本** 違周爲背本 **不與 必棄疾於我** 放棄凶疾 來伐擊我 **乃與之**

여름에 애공(哀公)이 오(吳)나라와 증(鄫)[104] 땅에서 회합하였다. 오나라가 와서 1백 뢰(牢)[105]의 향연을 요구하니, 자복경백(子服景伯)이 대답하기를 “선왕 때에는 이런 일이 없었습니다.”라고 하였다. 오인(吳人)이 말하기를 “송(宋)나라는 우리에게 1백 뢰를 베풀었으니 이때 오(吳)나라가 송(宋)나라에 들러서 1백 뢰(牢)의 향연을 받은 것이다. 로(魯)나라가 송나라에 뒤쳐져서는 안 될 것이오. 또 로나라가 진(晉)나라 대부에게 10뢰를 넘게 베풀었으니 소공(昭公) 21년에 있었다. 오왕(吳王)에게 1백 뢰의 향연을 베푸는 것이 또한 옳지 않겠소.”라고 하였다. 경백(景伯)이 말하기를 “진나라 범앙(范鞅)이 욕심을 부려 례를 버리고 대국의 위세로 우리나라를 위협하였기 때문에 우리나라는 11뢰로 베풀었던 것입니다. 임금님께서 만약 례로써 제후(諸侯)에게 명하신다면 그 정해진 수가 있습니다.[106] 일정한 수가 있다는 것이다. 만약 또한 례를 버리신다면 지나침[淫]이 있을 것입니다.[107] 음(淫)은 지나침이다. 주(周)나라가 왕 노릇할 때 례를 제정하되 상물(上物)도 12뢰를 넘지 않게 하였으니 상물(上物)은 천자의 뢰(牢)이다. 이는 12를 하늘의 대수(大數)로 여겼기 때문입니다. 하늘에는 12차(次)[108]가 있기 때문에 례를 제정함에 하늘을 상징한 것이다. 지금 주나라의 례를 버리고 반드시 1백 뢰를 베풀라고 하시면 또한 집사의 명을 따를 뿐입니다.”라고 하였으나 오인은 듣지 않았다. 경백이 말하기를 “오나라는 머지않아 망하겠구나. 하늘을 버리고 근본을 배반하였다. 주(周)나라의 례를 어김이 근본을 배반하는 것이 된다. 요구를 들어주지 않으면 반드시 우리에게 해를 입힐 것이다.”라 하고서 흉악한 질병을 풀어놓고[109] 쳐들어와서 우리를 공격한다는 것이다. 요구를 들어주었다.

大宰嚭召季康子 康子使子貢辭 大宰嚭曰 國君道長 言君長大於道路 **而大夫不出門 此何禮也 對曰 豈以爲禮 畏大國也** 畏大國 故不敢虛國盡行 **大國不以禮命於諸侯 苟不以**

---

104) 증(鄫) : 로(魯)나라 땅이다.

105) 1백 뢰(牢) : 뢰(牢)는 제사나 향연에 쓰는 희생으로 우(牛)·양(羊)·시(豕)를 갖춘 뢰를 태뢰(太牢), 양(羊)·시(豕)만 갖춘 뢰를 소뢰(少牢)라 한다. 1백 뢰(牢)란 우·양·시 각각 1백 마리를 잡아서 베푸는 향연이다.

106) 정해진~있습니다 : 주(周)나라의 례에 상공(上公)은 9뢰(牢)이고 후백(侯伯)은 7뢰이고 자남(子男)은 5뢰이다.

107) 지나침[淫]이~것입니다 : 정해진 례수(禮數)보다 지나치게 요구함이 있다는 것이다.

108) 12차(次) : 해가 지나는 12자리. 곧 황도대(黃道帶)를 12부분으로 나눈 그 각각을 차(次)라고 한다.

109) 흉악한~풀어놓고 : 위해(危害)를 가한다고 보는 설이 있다.

禮 豈可量也 言其包藏 不可量度 **寡君旣共命焉 其老豈敢棄其國 大伯端委以治周禮 仲雍嗣之** 仲雍 大伯弟 **斷髮文身 贏以爲飾 豈禮也哉 有由然也** 言其權時制宜以辟災害 非以爲禮 **反自鄫 以吳爲無能爲也** 棄禮 知其不能霸也

오(吳)나라 태재(大宰) 비(嚭)가 계강자(季康子)를 부르자, 강자(康子)가 자공(子貢)을 보내어 사절하게 하였다. 태재 비가 말하기를 "두 나라 임금은 도로에서 나이가 늘 정도로 먼 길을 왔는데 임금은 도로에서 나이가 늘었다는 말이다. 대부들은 문을 나오지 않으니 이것은 무슨 례이오?"라고 하였다. 자공이 대답하기를 "어찌 이를 례라고 하겠습니까. 대국을 두려워하기 때문입니다. 대국을 두려워하기 때문에 감히 나라를 비우고 다 올 수 없다는 것이다. 대국이 례로써 제후(諸侯)에게 명하지 않으시니, 진실로 례로써 하지 않는다면 어찌 속마음을 헤아릴 수 있겠습니까. 그 감추고 있는 마음을 헤아릴 수 없다는 말이다. 과군이 이미 명을 받들어 와 계시니 그 로신(老臣)들이 어찌 감히 그 나라를 버려둘 수 있겠습니까. 태백(大伯)은 단위(端委 : 禮服)를 입고서 주(周)나라의 례를 행하였지만 중옹(仲雍)이 뒤를 이어 중옹(仲雍)은 태백(大伯)의 아우이다. 머리털을 자르고 문신을 하여 라신(贏身 : 裸身)으로써 장식을 삼았으니, 이를 어찌 례라고 하겠습니까. 그러나 그것은 까닭이 있었기 때문이었습니다."[110]라고 하였다. 이는 중옹(仲雍)이 그때의 상황에 맞추어 적당한 방법을 제정하여 재해(災害)를 피했던 것이지 그것을 례로 삼은 것은 아니라는 말이다. 자공은 증(鄫) 땅에서 돌아와 오나라가 패자(霸者)의 일을 할 수 없을 것이라 여겼다. 례를 버렸기 때문에 오(吳)나라가 패업(霸業)을 달성할 수 없을 것임을 안 것이다.

秋 公伐邾 八月 己酉 入邾 以邾子益來

가을에 애공(哀公)이 주(邾)나라를 쳤다. 8월 기유일에 주나라로 쳐들어가서 주자(邾子) 익(益)을 잡아 왔다.

他國言歸 於魯言來 內外之辭

110) 태백(大伯)은~때문이었습니다 : 태백(大伯)은 주(周)나라 태왕(大王)의 장자이다. 태백과 그 아우 중옹(仲雍)이 태자의 자리를 아우 계력(季歷 : 王季)에게 사양하고 형만(荊蠻) 지역으로 가서 태백은 오(吳)나라의 시조가 되었다. 태백이 아들이 없이 졸함에 중옹이 뒤를 이어 오나라의 임금이 되었다. 그러나 중옹은 태백이 형만 지역에서 시행하던 주(周)나라의 례를 계속하지 못하고 그 지역의 풍습에 따라 정치를 하였다. 이는 중옹이 재해(災害)를 피하기 위해 부득이하여 그렇게 한 것이지 그것을 례로 여긴 것이 아니다. 그런데 지금 오나라가 잘못된 례를 강요하니 이는 중옹이 시대적 상황으로 부득이하게 주나라의 례를 버린 의미를 오나라의 후예들이 잘못 리해하고 있다는 말이다.

다른 나라가 잡아가는 경우에는 귀(歸)라고 하고 로(魯)나라가 잡아 오는 경우에는 래(來)라고 하니, 이는 국내외를 구별하는 말이다.

季康子欲伐邾 乃饗大夫以謀之 子服景伯曰 小所以事大 信也 大所以保小 仁也 背大國 不信 大國 吳也 **伐小國 不仁 民保於城 城保於德 失二德者危 將焉保 孟孫曰 二三子以爲何如 惡賢而逆之** 惡猶安也 言安有賢如景伯而不順其言者 **對曰 禹合諸侯於塗山 執玉帛者萬國** 諸大夫對也 諸侯執玉 附庸執帛 **今其存者 無數十焉 唯大不字小 小不事大也 知必危 何故不言** 言夏時諸侯相攻伐 故胥亡 今背盟伐邾 相趍於亡 何敢不言 **魯德如邾 而以衆加之 可乎 不樂而出** 蓋諸大夫皆以不能回季孫之意 故不樂

계강자(季康子)가 주(邾)나라를 치고자 하여 이에 대부들에게 향연을 베풀어 모의하였다. 자복경백(子服景伯)이 말하기를 "작은 나라가 큰 나라를 섬기는 것은 신(信)이고 큰 나라가 작은 나라를 보호하는 것은 인(仁)이며, 대국을 배신하는 것은 불신(不信)이고 대국(大國)은 오(吳)나라이다. 소국을 치는 것은 불인(不仁)입니다. 백성은 성(城)에 의해 보호되고 성은 덕에 의해 보호됩니다. 이 두 가지 덕[111]을 잃는 자는 위태롭게 될 것인데 장차 어찌 백성과 성을 보호할 수 있겠습니까."라고 하였다. 맹손(孟孫)이 말하기를 "여러분은 어떻게 생각하십니까? 어찌[惡] 현자의 말을 거스를 수 있겠습니까."라고 하였다. 오(惡)는 어찌[安]와 같으니, 어찌 경백(景伯)과 같이 어진 사람이 있는데 그가 한 말을 따르지 않을 자가 있겠느냐는 말이다. 대부들이 대답하기를 "우(禹)임금이 도산(塗山)에서 제후들을 회합할 때 옥백(玉帛)을 잡은 나라가 1만이었는데 여러 대부의 대답이다. 조회에서 제후들은 옥을 잡고 부용국(附庸國)의 임금은 백(帛)을 잡는다. 지금 남은 나라는 수십도 없으니, 이는 큰 나라가 작은 나라를 돌보지 않고 작은 나라가 큰 나라를 섬기지 않았기 때문입니다. 반드시 위태로워질 것을 아는데 어찌 말하지 않겠습니까. 하(夏)나라 때 제후들이 서로 공격하여 쳤기 때문에 함께 망하였는데, 지금 우리가 동맹을 배반하고 주(邾)나라를 치는 것이 서로 망하는 길로 들어서는 것이니 어찌 감히 말하지 않겠느냐는 말이다. 로나라의 덕이 주나라와 같은데[112] 많은 군사로 위협하는 것이 옳겠습니까."라 하고 불쾌한 표정으로 나갔다.[113] 여러 대부는 모두 계손(季孫)의 뜻을 돌릴 수 없다고 여겼기 때문에 불쾌하게 여긴 것이다.

---

111) 이 두 가지 덕 : 신(信)과 인(仁)이다.

112) 로나라의~같은데 : 로(魯)나라의 덕이 주(邾)나라보다 나을 것이 없다는 것이다.

113) 불쾌한~나갔다 : 한편 주(邾)나라를 치는데 반대하는 대부들의 말에 대해 불쾌한 표정으로 나간 것은 계손(季孫 : 季康子)이라고 보기도 한다.

秋 伐邾 及范門 邾郭門也 **猶聞鐘聲** 邾不禦寇 **大夫諫 不聽 茅成子請告於吳** 成子 邾大夫茅夷鴻 **不許 曰 魯擊柝聞於邾 吳二千里 不三月不至 何及於我 且國內豈不足** 言足以距魯 **成子以茅叛** 茅 邾邑 **師遂入邾 處其公宮 衆師晝掠 邾衆保于繹** 繹 邾山 **師宵掠以邾子益來** 益 邾隱公 **獻于亳社** 以其亡國與殷同 **囚諸負瑕 負瑕故有繹** 負瑕 魯邑 魯前得繹民使在負瑕 故使相就以辱之

가을에 주(邾)나라를 쳐서 범문(范門)에 이르렀는데도 주(邾)나라 외성의 문이다. 오히려 음악소리가 들려오고 있었다. 주(邾)나라가 외구(外寇)를 막지 않은 것이다. 주나라 대부들이 간하여도 듣지 않았다.[114] 모성자(茅成子)가 오(吳)나라에 알리기를 요청하였으나 성자(成子)는 주(邾)나라 대부 모이홍(茅夷鴻)이다. 주자(邾子)가 허낙하지 않으며 말하기를 "로(魯)나라에서 딱따기를 치면 주나라까지 들리지만 오나라는 2천 리가 떨어져 있어서 3개월 안에는 이르지 못하니, 어찌 우리가 위급할 때 이를 수 있겠는가. 또한 나라 안의 힘으로 어찌 저들을 막아내지 못하겠는가."라고 하였다. 로(魯)나라를 막기에 충분하다는 말이다. 성자(成子)가 모인(茅人)을 거느리고 배반하니 모(茅)는 주(邾)나라 읍이다. 그 틈에 로나라 군대가 드디어 주나라 도성으로 들어가서 그 공궁을 차지하였다. 군대 무리가 대낮에도 로략질을 일삼으니, 주나라 대중이 역(繹) 땅에 보루를 쌓아 지켰다. 역(繹)은 주(邾)나라 산이다. 로나라 군대가 밤에 공략(攻掠)하여 주자 익(益)을 잡아 데리고 돌아와서 익(益)은 주은공(邾隱公)이다. 박사(亳社)에 바치고[115] 주자(邾子)가 나라를 망하게 한 것이 은(殷)나라와 같기 때문이다. 부하(負瑕)에 가두었다. 이는 부하에 예로부터 역민(繹民)이 있었기 때문이다. 부하(負瑕)는 로(魯)나라 읍이다. 로나라가 앞서 역(繹) 땅을 얻고 백성을 부하(負瑕)에 살게 하였으므로 서로 만나게 하여 주자(邾子)를 욕보인 것이다.

邾茅夷鴻以束帛乘韋 自請救於吳 曰 魯弱晉而遠吳 馮恃其衆 而背君之盟 辟君之執事 辟 陋也 **以陵我小國 邾非敢自愛也 懼君威之不立 君威之不立 小國之憂也 若夏盟於鄫衍** 鄫衍卽鄫 **秋而背之 成求而不違** 言魯成其所求 無違逆也 **四方諸侯 其何以事君 且魯賦八百乘 君之貳也** 貳 敵也 **邾賦六百乘 君之私也** 爲私屬 **以私奉貳 唯君圖之 吳子從之** 爲明年吳伐我傳

114) 주나라~않았다 : 주(邾)나라 대부들이 외부의 침입에 대비하자고 간하여도 주자(邾子)가 듣지 않은 것이다.

115) 박사(亳社)에 바치고 : 포로로 잡아 왔음을 은(殷)나라의 사(社)인 박사(亳社)에 고한 것이다. 은나라가 박(亳) 땅에 도읍하였기 때문에 박사라고 부른다. 로(魯)나라의 도읍에는 주사(周社 : 魯나라 社壇)와 박사(亳社 : 殷나라 社壇)가 있다.

주(邾)나라 모이홍(茅夷鴻)이 속백(束帛)[116]과 승위(乘韋)[117]를 가지고 몸소 오(吳)나라에 가서 구원을 청하면서 다음과 같이 말하였다. "로(魯)나라가 진(晉)나라의 힘이 쇠약해지고 오나라는 멀리 있다고 생각하여 그들의 군사가 많음을 믿고, 임금님과의 맹약을 저버리고 임금님의 집사들을 비루하다고[辟] 여기고서 벽(辟)은 비루함이다. 우리 소국을 릉멸하였습니다. 주나라는 감히 스스로를 아껴서가 아니라 임금님의 권위가 서지 않을까 두렵습니다. 임금님의 권위가 서지 않는 것이 우리 소국의 걱정거리입니다. 만약 여름에 증연(鄫衍)에서 한 맹약을 증연(鄫衍)은 곧 증(鄫) 땅이다. 가을에 저버리고 욕심을 이루었는데도 맹약을 위반하였다고 여기지 않는다면 로(魯)나라가 구하는 바를 이루었는데도 오(吳)나라가 맹약을 위반하지 않았다고 여긴다는 말이다. 사방의 제후들이 어찌 임금님을 섬기겠습니까. 또한 로나라의 군대[賦]는 8백 승(乘)이어서 임금님과 대적할[貳] 만하지만 이(貳)는 대적함이다. 주나라의 군대는 6백 승이어서 임금님께서 마음대로 부릴 수 있는 사유물입니다. 사적으로 속하게 된다는 것이다. 지금 주나라를 구원하지 않으면 임금님의 사유물을 대적할 나라에 바치는 것이니 임금님께서는 깊이 헤아리십시오."라고 하였다. 오자(吳子)가 이 말을 따랐다. 다음해 오(吳)나라가 우리나라를 치는 전(傳)의 배경이 된다.

宋人圍曹 冬 鄭駟弘帥師救曹

송인(宋人)이 조(曹)나라를 포위하니, 겨울에 정(鄭)나라 사홍(駟弘)이 군대를 거느리고 조나라를 구원하였다.

宋人圍曹 鄭桓子思曰 宋人有曹 鄭之患也 不可以不救 桓 謚 卽國參也 **冬 鄭師救曹侵宋 初 曹人或夢衆君子立于社宮 而謀亡曹 曹叔振鐸請待公孫彊 許之** 振鐸 曹始祖 **旦而求之曹 無之** 無所謂公孫彊者 **戒其子曰 我死 爾聞公孫彊爲政 必去之 及曹伯陽卽位 好田弋** 弋 繳射也 **曹鄙人公孫彊好弋 獲白鴈 獻之 且言田弋之說 說之 因訪政事 大說之 有寵 使爲司城以聽政 夢者之子乃行 彊言霸說於曹伯 曹伯從之 乃背晉而奸宋** 奸 犯也 **宋人伐之 晉人不救 築五邑於其郊 曰黍丘揖丘大城鍾邗** 宋取曹五邑

116) 속백(束帛) : 5필(匹)의 비단.

117) 승위(乘韋) : 4장(張)의 소가죽.

築城於近郊

송인(宋人)이 조(曹)나라를 포위하니, 정(鄭)나라 환자사(桓子思)가 말하기를 "송인이 조나라를 차지하는 것은 정나라의 근심이니 구원하지 않을 수 없다."라고 하였다. 환(桓)은 시호이니 곧 국참(國參)[118]이다. 겨울에 정나라 군대가 조나라를 구원하려고 송(宋)나라를 침범하였다. 이보다 앞서 조인(曹人) 가운데 어떤 이의 꿈에 여러 군자가 사궁(社宮)에 서서 조나라 멸망시키는 일을 모의하는데, 조나라 숙진탁(叔振鐸)이 공손강(公孫彊)을 기다리자고 청하니[119] 군자들이 이를 허낙하는 것을 보았다. 진탁(振鐸)은 조(曹)나라 시조이다. 다음 날 아침에 그 사람은 조나라 안에서 이런 이름을 가진 자를 찾았으나 없었다. 이른바 공손강(公孫彊)이라고 하는 자가 없었다는 것이다. 이에 그의 아들에게 경계하여 말하기를 "내가 죽은 뒤에 너는 공손강이라는 사람이 집정이 되었다는 소식을 들으면 반드시 나라를 떠나도록 하라."고 하였다. 뒤에 조백(曹伯) 양(陽)이 즉위하였는데 주살로 하는 사냥[弋]을 좋아하였다. 익(弋)은 주살로 쏨이다. 이때 조나라 변방사람 공손강이 주살 사냥을 좋아하여 흰 기러기를 잡아서 조백에게 바치고, 또 주살로 사냥하는 방법에 대해 말하자 조백이 기뻐하였다. 이어서 정사에 대하여 묻고 그 대답에 크게 기뻐하여 총애하게 되어 사성(司城)을 삼아 정사를 보게 하였다. 이에 꿈을 꾼 사람의 아들이 조나라를 떠났다. 강(彊)이 조백에게 패업(霸業)에 대한 설을 말하니 조백은 그의 말에 따라서 진(晉)나라를 배반하고 송나라를 침범하였다[奸]. 간(奸)은 침범함이다. 이에 송인이 조나라를 쳐도 진인(晉人)이 구원하지 않았고, 조나라 교외에 다섯 읍을 축성(築城)하니 서구(黍丘)·집구(揖丘)·대성(大城)·종(鍾)·우(邗)였다. 송(宋)나라가 조(曹)나라 다섯 읍을 취하여 그 근교(近郊)에 성을 쌓은 것이다.

118) 국참(國參) : 정(鄭)나라 자산(子産)의 아들.

119) 공손강(公孫彊)을~청하니 : 공손강(公孫彊)이라는 사람이 조(曹)나라 집정이 될 때까지 조나라 멸망을 늦추어 달라고 요청한 것이다.

애공(哀公) 8년 【甲寅 B.C.487】

八年 春 王正月 宋公入曹 以曹伯陽歸

8년 봄 왕정월에 송공(宋公)이 조(曹)나라로 쳐들어가 조백(曹伯) 양(陽)을 잡아갔다.

八年 春 宋公伐曹 將還 褚師子肥殿 子肥 宋大夫 **曹人詬之 不行** 殿兵不行 **師待之** 曹師待之 **公聞之 怒 命反之** 命反攻之 **遂滅曹 執曹伯及司城彊以歸 殺之**

8년 봄에 송공(宋公 : 景公)이 조(曹)나라를 치고 돌아가려 할 때 저사자비(褚師子肥)가 전(殿)[120]이 되었다. 자비(子肥)는 송(宋)나라 대부이다. 조인(曹人)이 그에게 욕설을 하니 행군을 멈추었고 후미(後尾) 부대의 병사들이 행군을 멈춘 것이다. 조나라 군대는 그들을 기다렸다.[121] 조(曹)나라 군대가 그들을 기다린 것이다. 송공이 이 소식을 듣고 노하여 군대를 돌리라고 명하여 돌아가던 군대를 돌려 공격하라고 명한 것이다. 마침내 조나라를 멸하고 조백(曹伯)과 사성(司城) 강(彊 : 公孫彊)을 잡아 돌아가 그들을 죽였다.[122]

吳伐我

오(吳)나라가 우리나라를 쳤다.

直言伐我者 兵加於都城也

우리나라를 쳤다고 바로 말한 것은 로(魯)나라 도성으로 병력을 보냈기 때문이다.

吳爲邾故 將伐魯 問於叔孫輒 定十二年 輒與公山不狃奔齊 後自齊奔吳 **叔孫輒對曰 魯有名而無情** 有大國名 而無情實 **伐之必得志焉 退而告公山不狃 公山不狃曰 非禮也 君子違**

---

120) 전(殿) : 군대가 싸움에 나가거나 행군을 할 때의 후미(後尾) 부대.

121) 조나라~기다렸다 : 이에 대하여 조(曹)나라 군대가 송(宋)나라 군대를 기다린 것이 아니라 송나라 군대의 본대가 후미 부대를 기다렸다고 보는 설도 있다.

122) 마침내~죽였다 : 조(曹)나라가 멸망할 것이라는 조인(曹人)의 꿈과 같이 된 것이다.

不適讎國 未臣而有伐之 奔命焉 死之可也 未臣所適之國 而伐本國 則可還奔命 死其難 **所託也則隱** 若已託他國而臣事之 雖不奔命 猶爲之隱諱 **且夫人之行也 不以所惡廢鄕** 君子去國 不以私怨 廢其鄕黨之好 **今子以小惡而欲覆宗國 不亦難乎 若使子率** 率謂率師先行 **子必辭 王將使我 子張病之** 子張 輒也 **王問於子洩 對曰 魯雖無與立 必有與斃** 言魯平時雖無黨 急則必有共其患 **諸侯將救之 未可以得志焉 晉與齊楚輔之 是四讎也 夫魯 齊晉之脣 脣亡齒寒 君所知也 不救何爲**

오(吳)나라가 주(邾)나라의 일[123] 때문에 로(魯)나라를 치려고 숙손첩(叔孫輒)에게 물으니, 정공(定公) 12년에 첩(輒)과 공산불뉴(公山不狃)가 제(齊)나라로 망명하였고 뒤에 제나라에서 오(吳)나라로 망명하였다. 숙손첩이 대답하기를 "로나라는 이름만 있고 실정(實情)이 없으니, 대국이라는 이름만 있고 실정(實情)은 없다는 것이다. 친다면 반드시 뜻을 이룰 수 있을 것입니다."라고 하였다. 숙손첩이 물러 나와 공산불뉴(公山不狃)에게 고하자, 공산불뉴가 말하기를 "례가 아닙니다. 군자는 고국을 떠나더라도 원수의 나라로는 가지 않고, 가 있는 나라의 신하가 되기 전에 그 나라가 고국을 치면 임금의 명에 달려가 싸우다 죽어야 하는 것이 옳으며, 간 나라에서 아직 신하가 되지 않았는데 그 나라가 본국을 치면 돌아가서 임금의 명에 달려가 나라의 어려움에 죽어야 한다는 것이다. 이미 그 나라에 몸을 의탁하였으면 고국의 실정을 숨겨야 합니다. 만약 이미 다른 나라에 의탁하여 신하로서 그 나라를 섬긴다면 비록 고국 임금의 명에 달려가지는 않더라도 오히려 고국을 위하여 실정을 숨겨야 한다는 것이다. 그리고 사람이 나라를 떠난 경우라도 미워하는 마음이 있다고 해서 고향을 버리지 않는데, 군자가 나라를 떠난 경우에 사사로운 원한으로 그 고향과의 우호를 폐기하지 않는다는 것이다. 이제 그대는 작은 미움으로 종국(宗國 : 祖國)을 전복시키고자 하니 또한 곤난한 일이 아니겠습니까. 만약 그대로 하여금 앞장서라고[率] 하면 솔(率)은 군대를 거느리고 앞장섬을 이른다. 그대는 반드시 사양하십시오. 그러면 오왕(吳王)은 나를 시킬 것입니다."라고 하니, 자장(子張)은 자기가 앞서 한 말을 후회하였다. 자장(子張)은 첩(輒)이다. 오왕이 자설(子洩 : 公山不狃)에게 묻자, 대답하기를 "로나라에는 비록 함께 나라를 존립시킬 만한 사람은 없지만 반드시 나라를 위하여 함께 죽을 사람은 있고, 로(魯)나라는 평소에는 비록 나라를 위하는 무리가 없지만 위급한 경우에는 반드시 그 환난을 함께하려는 자들이 있다는 말이다. 제후들도 구원하려 할 것이니 뜻을 이룰 수 없을 것입니다. 진(晉)나라가 제(齊)나라·초(楚)나라와 함께 로나라를 돕는다면 이들은 오나라의 네 원수가 될 것입니다. 저 로나라는 제나라와 진나라의 입술입니

---

123) 오(吳)나라가~일 : 지난해 로(魯)나라가 주(邾)나라를 쳐서 주자(邾子)를 사로잡은 일이 있었는데, 주나라 모성자(茅成子)가 오(吳)나라에 구원을 요청하였고 오나라가 이에 응한 일이다.

다. 입술이 없어지면 이가 시린 것은 임금님께서도 아시는 바이니, 저들이 로나라를 구원하지 않고 어찌하겠습니까."라고 하였다.

三月 吳伐我 子洩率 故道險 從武城 故由險道 欲使魯成備 **初 武城人或有因於吳竟田焉** 僑田吳界 **拘鄫人之漚菅者 曰 何故使吾水滋** 鄫人亦僑田吳 滋 濁也 **及吳師至 拘者道之 以伐武城 克之 王犯嘗爲之宰 澹臺子羽之父好焉 國人懼** 王犯 吳大夫 故嘗奔魯爲武城宰 澹臺子羽 武城人 孔子弟子 其父與王犯相善 國人懼其爲魯患 **懿子謂景伯 若之何 對曰 吳師來 斯與之戰 何患焉 且召之而至 又何求焉**

3월에 오(吳)나라가 우리나라를 칠 때 자설(子洩)이 앞장섰는데 고의로 험한 길로 인도하여 무성(武城)을 경유하였다. 고의로 험한 길을 경유하여 로(魯)나라로 하여금 대비를 세울 수 있게 하고자 한 것이다. 이보다 앞서 무성인(武城人) 중의 어떤 사람이 오나라의 경계에 의탁하여 농사를 짓고 있었는데, 오(吳)나라 경계에서 타향살이하며 농사를 지은 것이다. 증인(鄫人)으로 왕골을 물에 담그고 있는 자를 잡아 가두고 말하기를 "무슨 까닭으로 나의 물을 흐리게[滋] 하는가?"라고 하였다. 증인(鄫人)도 오(吳)나라에서 타향살이하며 농사를 지은 것이다. 자(滋)는 흐림이다. 오나라 군대가 이르자 잡혀있던 자[鄫人]가 인도하여 무성을 쳐 함락시켰다. 왕범(王犯)이 일찍이 무성의 읍재가 되었는데 담대자우(澹臺子羽)의 아버지가 그와 사이좋게 지내니 국인이 두려워하였다. 왕범(王犯)은 오(吳)나라 대부인데, 전에 로(魯)나라로 망명와서 무성(武城)의 읍재가 된 적이 있었다. 담대자우(澹臺子羽)는 무성인(武城人)으로 공자(孔子)의 제자이다. 그의 아버지가 왕범과 사이좋게 지내니 국인은 그[澹臺子羽]가 로나라의 근심거리가 될까 두려워한 것이다.[124] 의자(懿子 : 孟懿子)가 경백(景伯 : 子服景伯)에게 이르기를 "어찌해야 하오?"라고 하니, 대답하기를 "오나라 군대가 오면 그들과 싸울 뿐이니 무엇을 걱정하십니까. 그리고 우리가 자초하여 온 것이니[125] 또 저들에게 무엇을 요구할 수 있겠습니까."라고 하였다.

吳師克東陽而進 舍於五梧 明日 舍於蠶室 三邑 魯地 **公賓庚公甲叔子與戰于夷 獲叔子與析朱鉏** 三人皆魯大夫 同車見獲 傳互言之 **獻於王 王曰 此同車 必使能 國未可望也** 同車俱死 是國能使人 故不可望得 **明日 舍於庚宗 遂次於泗上 微虎欲宵攻王舍** 微虎 魯大夫

124) 로나라의~것이다 : 오(吳)나라 군대와 내통(內通)할까 두려워한 것이다.

125) 우리가~것이니 : 로(魯)나라가 명분 없이 주(邾)나라를 쳐서 주자(邾子)를 사로잡아 온 일이 오(吳)나라 군대를 불러들인 원인이라는 말이다.

私屬徒七百人 三踊於幕庭 於帳前設格 令士試躍之 **卒三百人 有若與焉** 卒 終也 終得三百人任行 有若 孔子弟子 **及稷門之內 或謂季孫曰 不足以害吳 而多殺國士 不如已也 乃止之 吳子聞之 一夕三遷** 畏微虎

오(吳)나라 군대가 동양(東陽)을 함락시키고 전진하여 오오(五梧)에 주둔하였다가 다음날 잠실(蠶室)에 주둔하였다. 세 읍[東陽·五梧·蠶室]은 로(魯)나라 땅이다. 공빈경(公賓庚)과 공갑숙자(公甲叔子)가 이(夷) 땅에서 오나라 군대와 싸웠는데, 오나라 군대가 숙자(叔子)와 석주서(析朱鉏)를 잡아 죽여[獲] 세 사람은 모두 로(魯)나라 대부인데 한 병거에 동승하였다가 잡혀 죽은 것이다. 전문은 호언(互言)[126]한 것이다. 오왕(吳王)에게 바치니[127] 오왕이 말하기를 "이들은 한 병거에 탔던 사람들이다. 로나라는 반드시 이들처럼 유능한 사람을 쓰고 있을 것이니, 그 나라를 얻는 것은 바랄 수가 없구나."라고 하였다. 병거에 동승하여 함께 죽었으니 이는 로(魯)나라가 사람을 잘 부렸던 것이다. 그러므로 로나라 얻기를 바랄 수 없다는 것이다. 다음 날 경종(庚宗)에 주둔하였다가 드디어 사수(泗水) 가에 주둔하자, 미호(微虎)가 밤에 오왕이 머문 곳을 공격하고자 하였다. 미호(微虎)는 로(魯)나라 대부이다. 이에 사사로이 병사 7백 인을 모아 군막 뜰에서 세 번씩 뛰어보게 하여 장막 앞에 장애물[格]을 설치하고 병사들로 하여금 시험삼아 뛰어넘게 한 것이다. 마침내[卒] 3백 인을 얻었는데 그 가운데에는 유약(有若)도 있었다. 졸(卒)은 마침내이니, 마침내 3백 인을 얻어서 결행할 임무를 준 것이다. 유약(有若)은 공자(孔子)의 제자이다. 그들이 직문(稷門)[128] 안에 이르자, 어떤 사람이 계손(季孫)에게 말하기를 "이 정도의 병력으로 오나라 군대에 위해를 가할 수 없고 다만 우리나라 병사들만 죽게 할 뿐이니, 그만두는 것만 같지 못합니다."라고 하니 곧 중지시켰다. 오자(吳子)가 이 말을 듣고 하룻밤 사이에 세 번이나 주둔지를 옮겼다. 미호(微虎)를 두려워한 것이다.

吳人行成 將盟 景伯曰 楚人圍宋 易子而食 析骸而爨 在宣十五年 **猶無城下之盟 我未及虧 而有城下之盟 是棄國也 吳輕而遠 不能久 將歸矣 請少待之 弗從 景伯負載造於萊門** 以言不見從 故負載書 將欲出盟 **乃請釋子服何於吳 吳人許之 以王子姑曹當之**

---

126) 호언(互言) : 말의 중복을 피하기 위하여 번갈아 사용하는 수사법. 즉 세 사람 모두 함께 싸우다가 잡혀 죽었지만 싸웠다는 대목에서는 공빈경(公賓庚)과 공갑숙자(公甲叔子) 두 사람만을 말하고, 잡혀 죽었다는 대목에서는 공갑숙자와 석주서(析朱鉏) 두 사람만을 말한 것이 호언(互言)한 것이다.

127) 오왕(吳王)에게 바치니 : 공빈경(公賓庚)·공갑숙자(公甲叔子)·석주서(析朱鉏)의 수급(首級)을 오왕(吳王)에게 바친 것이다.

128) 직문(稷門) : 로(魯)나라의 남쪽 성문.

而後止 **釋 舍也 魯人欲留景伯爲質於吳 復求吳王子以交質 吳不欲 故兩止** **吳人盟而還** **不書盟 恥吳夷也**

오인(吳人)이 화친을 요구하여 맹약하려 하자, 경백(景伯)이 말하기를 "초인(楚人)이 송(宋)나라를 포위하였을 때 송인(宋人)이 자식을 바꾸어 잡아먹고 해골을 쪼개어 밥을 지었지만 선공(宣公) 15년에 있었다. 오히려 성하지맹(城下之盟)[129]은 하지 않았습니다. 우리는 아직 국력이 허물어지는 데까지 이르지 않았는데 성하지맹을 한다면 이는 나라를 버리는 것입니다. 오(吳)나라는 가벼운 차림으로 멀리 나왔으니 오래가지 못하고 돌아갈 것입니다. 조금만 더 기다리십시오."라고 하였으나 계손(季孫)이 따르지 않았다. 그러자 경백이 재서(載書)를 지고 래문(萊門)으로 갔다. 자기의 말이 받아들여지지 않았으므로 재서(載書 : 盟約文)를 지고 나가서 맹약하고자 한 것이다. 이에 자복하(子服何 : 景伯)를 오나라에 인질로 남겨두기[釋]를 청하니, 오인이 허낙하였다. 그리고 오나라 왕자인 고조(姑曹)를 로(魯)나라에 인질로 두기를 요구하니, 결국 인질 교환은 중지되었고 석(釋)은 남겨둠이다. 로인(魯人)은 경백(景伯)을 오(吳)나라에 머무르게 하여 인질이 되게 하고, 다시 오나라 왕자를 요구하여 서로 인질을 교환하고자 하였으나 오나라가 원하지 않았으므로 량쪽의 인질교환이 중지된 것이다. 오인은 맹약만 하고 돌아갔다. 경문에 맹약의 일을 기록하지 않은 것은 이(夷)인 오(吳)나라를 치욕으로 여긴 것이다.

> 夏 齊人取讙及闡
>
> 여름에 제인(齊人)이 환(讙) 땅과 천(闡) 땅을 취하였다.

闡 公作僤 後同 ○不書伐 兵未加而魯與之邑 闡 魯地

천(闡)은 《공양전(公羊傳)》에는 천(僤)으로 되어 있으니 이후에도 이와 같다. ○경문에 쳤다고 기록하지 않은 것은 병력을 써서 공격하기 전에 로(魯)나라가 읍을 내주었기 때문이다. 천(闡)은 로나라 땅이다.

齊悼公之來也 季康子以其妹妻之 卽位而逆之 季魴侯通焉 **魴侯 康子叔父** **女言其情 弗敢與也 齊侯怒 夏 五月 齊鮑牧帥師伐我 取讙及闡**

앞서 제도공(齊悼公)이 로(魯)나라에 왔을 때 계강자(季康子)가 그의 누이동생을 도공(悼

---

129) 성하지맹(城下之盟) : 성 밑까지 적군이 쳐들어와 부득이 항복하고 체결하는 맹약. 대단히 굴욕적인 강화이다.

公)의 아내로 삼아주었다. 도공이 즉위한 뒤에 그녀를 맞이하려 하였다. 그러나 계방후(季魴侯)가 그녀와 통정하였고, 방후(魴侯)는 강자(康子)의 숙부이다. 그녀가 그 실정을 계강자에게 말하니 계강자가 감히 그녀를 제후(齊侯)에게 보내지 못하였다. 이에 제후가 노하였다. 여름 5월에 제(齊)나라 포목(鮑牧)이 군대를 거느리고 우리나라를 쳐서 환(讙) 땅과 천(闡) 땅을 취하였다.

○或譖胡姬於齊侯 曰 安孺子之黨也 六月 齊侯殺胡姬

○어떤 사람이 제후(齊侯)에게 호희(胡姬)[130]를 참소하여 말하기를 "안유자(安孺子)[131]의 당여입니다."라고 하니, 6월에 제후가 호희를 죽였다.

> 歸邾子益于邾
>
> 주자(邾子) 익(益)을 주(邾)나라로 돌려보냈다.

齊侯使如吳請師 將以伐我 乃歸邾子 **齊未得季姬 吳前爲邾討 懼二國同心 故歸** **邾子又無道 吳子使大宰子餘討之** **子餘 大宰嚭** **囚諸樓臺 栫之以棘** **栫 擁也** **使諸大夫奉大子革以爲政** **革 邾桓公**

제후(齊侯)가 사신을 오(吳)나라에 가게 하여 군대를 요청해 우리나라를 치려 하자, 이에 주자(邾子)를 돌려보냈다. 제(齊)나라는 계희(季姬)[132]를 얻지 못하였고, 오(吳)나라는 전에 주(邾)나라를 위해 로(魯)나라를 토벌하였다. 이에 두 나라가 합심할 것이 두려웠기 때문에 주자(邾子)를 돌려보낸 것이다. 주자가 또 무도하게 행동하니, 오자(吳子)는 태재(大宰)인 자여(子餘)를 보내 주자를 토벌하여 자여(子餘)는 태재(大宰) 비(嚭)이다. 루대(樓臺)에 가두고 가시울타리로 에워쌌다[栫]. 천(栫)은 에워쌈이다. 그리고 주(邾)나라의 여러 대부에게 태자 혁(革)을 받들고 정사를 처리하게 하였다. 혁(革)은 주환공(邾桓公)이다.

130) 호희(胡姬) : 제경공(齊景公)의 첩. 애공(哀公) 6년에 제도공(齊悼公)의 명으로 안유자(安孺子)를 데리고 뢰(賴) 땅에 갔었다.

131) 안유자(安孺子) : 제경공(齊景公)의 아들 도(荼). 애공(哀公) 6년에 뢰(賴) 땅에서 태(駘) 땅으로 옮겨가는 도중에 주모(朱毛)에게 죽임을 당하였다.

132) 계희(季姬) : 계강자(季康子)의 누이동생.

秋 七月

가을 7월이다.

○秋 及齊平 九月 臧賓如如齊涖盟 賓如 臧會子 齊閭丘明來涖盟 閭丘明 嬰之子 盟不書 諱略之 且逆季姬以歸 嬖 鮑牧又謂羣公子曰 使女有馬千乘乎 有馬千乘 使爲君也 公子愬之 愬於悼公 公謂鮑子 或譖子 子姑居於潞以察之 潞 齊邑 若有之 則分室以行 若其有罪 則分室之半 聽其出奔 若無之 則反子之所 出門 使以三分之一行 留其從子 使以三分一從行 半道 使以二乘 及潞 麇之以入 遂殺之

○가을에 제(齊)나라와 화평하였다. 9월에 장빈여(臧賓如)가 제나라에 가서 맹약에 림하였다. 빈여(賓如)는 장회(臧會)의 아들이다. 제나라 려구명(閭丘明)이 와서 맹약에 림하고 려구명(閭丘明)은 영(嬰)의 아들이다. 맹약의 사실을 경문에 기록하지 않은 것은 숨기기 위하여 생략한 것이다. 또 계희(季姬)를 맞이하여 돌아가니 제도공(齊悼公)은 그녀를 총애하였다. 포목(鮑牧)이 또 뭇 공자에게 말하기를 "내가 그대들로 하여금 말 1천 승(乘)을 소유하게 할 수 있다."라고 하니, 말 1천 승(乘)을 소유하도록 한다는 것은 임금이 되게 한다는 것이다. 공자들이 이를 일러바쳤다. 도공(悼公)에게 일러바친 것이다. 도공(悼公)이 포자(鮑子 : 鮑牧)에게 이르기를 "어떤 사람이 그대를 참소하니, 그대는 잠시 로(潞) 땅에 있으면서 조사를 받아라. 로(潞)는 제(齊)나라 읍이다. 만약 죄가 있다면 가산(家産)을 나누어 외국으로 떠나야 할 것이고, 만약 죄가 있다면 재산의 절반을 나누어 그가 망명나가는 것을 들어준다는 것이다. 만약 죄가 없다면 그대의 자리로 회복시킬 것이다."라고 하였다. 포자가 성문을 나설 때 종자(從者)의 3분의 1만 데리고 떠나게 하고, 그의 종자들을 남겨놓고 3분의 1만 따라가도록 한 것이다. 중도에 이르렀을 때 수레 2승만을 따르게 하였고, 로 땅에 이르자 그를 묶어 들이게 하고는 드디어 죽였다.

冬 十有二月 癸亥 杞伯過卒

겨울 12월 계해일에 기백(杞伯) 과(過)가 졸하였다.

齊人歸讙及闡
제인(齊人)이 환(讙) 땅과 천(闡) 땅을 돌려주었다.

冬 十二月 齊人歸讙及闡 季姬嬖故也

겨울 12월에 제인(齊人)이 환(讙) 땅과 천(闡) 땅을 돌려주었으니, 계희(季姬)가 총애를 받았기 때문이다.

애공(哀公) 9년 【乙卯 B.C.486】

九年 春
9년 봄이다.

九年 春 齊侯使公孟綽辭師于吳 齊與魯平 故辭吳師 **吳子曰 昔歲寡人聞命 今又革之 不知所從 將進受命於君** 爲十年吳伐齊傳

9년 봄에 제후(齊侯)가 공맹작(公孟綽)을 보내어 오(吳)나라에 출병(出兵)을 사양하자, 제(齊)나라가 로(魯)나라와 화평하였기 때문에 오(吳)나라 군대의 출병을 사양한 것이다. 오자(吳子)가 말하기를 "지난해에 과인은 출병해 달라는 명을 받았는데, 지금은 또 명을 바꾸시니 어느 것을 따라야 할지 모르겠소. 장차 과인이 제(齊)나라 임금님에게 나아가 직접 명을 받겠소."라고 하였다. 10년에 오(吳)나라가 제(齊)나라를 치는 전(傳)의 배경이 된다.

王二月 葬杞僖公
왕2월에 기(杞)나라 희공(僖公)의 장례를 지냈다.

宋皇瑗帥師取鄭師于雍丘

송(宋)나라 황원(皇瑗)이 군대를 거느리고 옹구(雍丘)에서 정(鄭)나라 군대를 취하였다.

書取 覆而敗之

경문에 취(取)하였다고 기록한 것은 적을 일망타진[覆][133]하여 패배시킨 것이다.

鄭武子賸之嬖許瑕求邑 無以與之 賸 罕達也 瑕 武子之屬 **請外取 許之** 瑕請取於他國 **故圍宋雍丘 宋皇瑗圍鄭師 每日遷舍** 作壘塹成 輒徙舍合其圍 **壘合 鄭師哭 子姚救之 大敗** 子姚 武子賸也 **二月 甲戌 宋取鄭師于雍丘 使有能者無死 以郟張與鄭羅歸** 鄭之有能者

정(鄭)나라 무자잉(武子賸)의 폐신(嬖臣)인 허하(許瑕)가 읍을 청하였으나 그에게 줄 읍이 없었다. 잉(賸)은 한달(罕達)이다. 하(瑕)는 무자(武子 : 賸)의 속(屬 : 部下)이다. 허하가 외국에서 읍을 취하기를 청하니 허낙하였다. 하(瑕)가 다른 나라에서 읍을 취하기를 청한 것이다. 그러므로 송(宋)나라의 옹구(雍丘)를 포위하였다. 송나라 황원(皇瑗)이 정나라 군대를 포위하고서 매일 진지(陣地 : 舍)를 옮겨 보루(堡壘)와 참호(塹壕)를 만들어 완성되면 이내 진지를 옮겨 포위망이 서로 합쳐지게 한 것이다. 보루가 모두 맞닿게 하니, 정나라 군사들이 통곡하였다. 자요(子姚)가 구원하였으나 크게 패하였다. 자요(子姚)는 무자잉(武子賸)이다. 2월 갑술일에 송나라가 옹구에서 정나라 군대를 취하였으나 유능한 자들은 죽이지 않도록 하여 협장(郟張)과 정라(鄭羅)를 데리고 돌아갔다. 정(鄭)나라의 유능한 자들이다.

夏 楚人伐陳

여름에 초인(楚人)이 진(陳)나라를 쳤다.

夏 楚人伐陳 陳卽吳故也

여름에 초인(楚人)이 진(陳)나라를 쳤으니, 진나라가 오(吳)나라에 붙었기 때문이다.

---

133) 일망타진[覆] : '覆'는 음이 '부'이니, 그물을 쳐 덮어 새를 잡듯이 에워싸 적의 전군(全軍)을 포로로 잡는 것이다. 장공(莊公) 11년 여름조 참조.

秋

가을이다.

吳城邗 溝通江淮 邗 音寒 江名 築城穿溝 通糧道也

오(吳)나라가 한(邗) 땅에 성을 쌓고, 수로를 내어 강수(江水)와 회수(淮水)를 통하게 하였다. 한(邗)은 음이 한(寒)이니 강 이름이다. 성을 쌓고 수로를 뚫어 량도(糧道)를 개통한 것이다.

宋公伐鄭

송공(宋公)이 정(鄭)나라를 쳤다.

宋公伐鄭 報雍丘 **晉趙鞅卜救鄭 遇水適火** 水火之兆 **占諸史趙史墨史龜** 皆晉史 **史龜曰 是謂沈陽** 火陽得水 故沈 **可以興兵** 兵 陰類也 故可以興兵 **利以伐姜 不利子商** 姜 齊姓 子商謂宋 **伐齊則可 敵宋不吉 史墨曰 盈 水名也 子 水位也** 盈與嬴同 趙鞅 姓盈 宋 姓子 水盈坎乃行 子姓又得北方水位 **名位敵 不可干也** 二水俱盛 故言不可干 **炎帝爲火師 姜姓其後也 水勝火 伐姜則可 史趙曰 是謂如川之滿 不可游也** 旣盈而得位故 **鄭方有罪 不可救也 救鄭則不吉 不知其他**

송공(宋公)이 정(鄭)나라를 쳤다. 옹구(雍丘)의 싸움을 보복한 것이다. 진(晉)나라 조앙(趙鞅)이 정나라를 구원하는 것에 대해 거북점을 치니, 물이 불로 가는 점괘를 만났다. 물과 불의 조짐이다. 사조(史趙)·사묵(史墨)·사귀(史龜)에게 점괘를 풀이하게 하였는데, 모두 진(晉)나라의 사(史 : 卜筮를 맡은 관리)이다. 사귀가 말하기를 "이것을 일러 양기가 잠긴 것이라 하니 불은 양인데 물을 만났기 때문에 잠긴 것이다. 군대[兵]를 일으킬 수 있습니다. 병(兵)은 음의 부류이다. 그러므로 군대를 일으킬 수 있다는 것이다. 강성(姜姓)을 치는 것은 리롭고 자상(子商)을 치는 것은 리롭지 못하니, 강(姜)은 제(齊)나라 성이고, 자상(子商)은 송(宋)나라를 이른다.[134] 제(齊)나라를 치는 것은 괜찮으나 송(宋)나라를 대적하는 것은 길하지 못합니다."라고 하였다. 사묵이 말하기를 "영(盈)은 물의 이름이고 자(子)는 물의 자리입니다. 영(盈)은 가득 참[嬴]과 같다. 조앙(趙鞅)은 성이 영(盈)이

134) 자상(子商)은~이른다 : 송(宋)나라는 주(周)나라가 자성(子姓)인 상(商)나라의 후손인 미자(微子)에게 봉해준 나라이다.

고, 송(宋)나라는 성이 자(子)이다. 물은 웅덩이를 채우고서야 흘러가고, 자성(子姓)은 또 북방 물의 자리를 얻은 것이다. 이름과 자리가 서로 맞서니 침범해서는 안 됩니다. 두 물이 함께 성대하므로 침범해서는 안 된다고 말한 것이다. 염제(炎帝)는 화사(火師)[135]였는데 강성은 그 후손입니다. 물은 불을 이기니 강성의 나라를 치는 것은 괜찮습니다."라고 하였다. 사조가 말하기를 "이것을 일러 내에 물이 가득 차서 헤엄쳐 건너갈 수 없는 것과 같다는 것입니다. 이미 물이 가득 차서 물의 자리를 얻었기 때문이라는 것이다. 정나라는 바야흐로 죄가 있어[136] 구원해서는 안 되니, 정나라를 구원하는 것은 길하지 못합니다. 그 밖의 다른 것은 알 수 없습니다."라고 하였다.

陽虎以周易筮之 遇泰䷊ 乾下坤上 **之需䷄** 乾下坎上 **曰 宋方吉 不可與也** 泰六五曰 帝乙歸妹以祉 元吉 帝乙 紂父 **微子啓 帝乙之元子也 宋鄭 甥舅也** 宋鄭爲昏姻甥舅之國 宋爲微子後 今卜得帝乙之卦 故宋吉 **祉 祿也 若帝乙之元子歸妹 而有吉祿 我安得吉焉 乃止**

양호(陽虎)가 주역으로 시초점을 치니 태괘(泰卦)䷊가 건(乾)이 하괘이고 곤(坤)이 상괘이다. 수괘(需卦)䷄로 가는 점괘를 만났다. 건(乾)이 하괘이고 감(坎)이 상괘이다. 그가 말하기를 "송(宋)나라는 바야흐로 길한 운세이니 대적해서는 안 됩니다. 태괘(泰卦) 륙오(六五)의 효사(爻辭)에 '제을(帝乙)이 누이동생을 시집보내니 복록[祉]을 받을 것이고 크게 길하리라.'고 하였다. 제을은 주(紂)의 아버지이다. 미자(微子) 계(啓)는 제을(帝乙)의 원자(元子)이고, 송나라와 정(鄭)나라는 사위와 장인 관계의 나라입니다. 송(宋)나라와 정(鄭)나라는 혼인을 한 사위와 장인의 나라이다. 송나라는 미자(微子)의 후손인데 지금 점을 쳐서 제을(帝乙)의 괘를 얻었기 때문에 송나라가 길하다고 한 것이다. 지(祉)는 복록입니다. 만약 제을의 원자가 누이동생을 시집보내어[137] 길한 복록이 있다면 우리가 어찌 길할 수 있겠습니까."[138]라고 하니, 조앙(趙鞅)은 정나라 구원하는 것을 중지하였다.

冬 十月

겨울 10월이다.

---

135) 화사(火師) : 불에 관한 일을 주관하는 벼슬.

136) 정나라는~있어 : 정(鄭)나라 허하(許瑕)가 송(宋)나라 옹구(雍丘)를 포위한 것을 이른다.

137) 제을의~시집보내어 : 태괘(泰卦) 륙오(六五)의 효사(爻辭)에 '제을(帝乙)이 누이동생을 시집보내었다.'는 것과는 별개의 일로 추정된다.

138) 우리가~있겠습니까 : 송(宋)나라에 복록이 있다면 우리 진(晉)나라가 송나라를 치는 것이 어찌 길하겠느냐는 것이다.

冬 吳子使來儆師伐齊 **吳恨齊與魯成 反與魯謀伐齊**

겨울에 오자(吳子)가 사신을 보내와서 군대를 정비하여[儆] 제(齊)나라를 치자고 하였다. 오(吳)나라는 제(齊)나라가 로(魯)나라와 화친한 것을 유감으로 여겨 도리어 로나라와 함께 제나라 치기를 꾀한 것이다.

애공(哀公) 10년【丙辰 B.C.485】

十年 春 王二月 邾子益來奔

10년 봄 왕2월에 주자(邾子) 익(益)이 망명왔다.

十年 春 邾隱公來奔 齊甥也 故遂奔齊

10년 봄에 주은공(邾隱公 : 益)이 우리나라로 망명왔는데,139) 제(齊)나라의 사위였기 때문에 드디어 제나라로 망명하였다.

公會吳伐齊

애공(哀公)이 오(吳)나라와 회합하여 제(齊)나라를 쳤다.

公會吳子邾子郯子伐齊南鄙 師于鄎 **鄎 音息 齊地 邾郯不書 兵幷屬吳 不列諸侯**

애공(哀公)이 오자(吳子)·주자(邾子)·담자(郯子)와 회합하여 제(齊)나라 남쪽 변방을 치

139) 주은공(邾隱公 : 益)이~망명왔는데 : 애공(哀公) 7년에 로(魯)나라가 주자(邾子) 익(益)을 잡아 오니, 이를 빌미로 애공 8년에 오(吳)나라가 로나라를 쳤다. 그 뒤 제(齊)나라가 오나라와 회합하여 로나라를 치려 하자 주자 익을 돌려보냈다. 그러나 익이 폭정을 거듭하자 오나라는 익을 루대(樓臺)에 가두고 주(邾)나라 대부들에게 태자 혁(革)을 세우도록 하였다. 이에 지금 익이 루대에서 탈출하여 로나라로 망명온 것이다.

고, 식(鄎) 땅에 주둔하였다. 식(鄎)은 음이 식(息)이니 제(齊)나라 땅이다. 주자(邾子)와 담자(郯子)를 경문에 기록하지 않은 것은 군대가 모두 오(吳)나라에 소속되어 제후들의 반렬에 있지 않았기 때문이다.

三月 戊戌 齊侯陽生卒 3월 무술일에 제후(齊侯) 양생(陽生)이 졸하였다.

以疾赴 故不書弑

병으로 졸하였다고 알려왔으므로 경문에 시(弑)라고 기록하지 않은 것이다.

齊人弑悼公 赴于師 以說吳 **吳子三日哭于軍門之外 徐承帥舟師 將自海入齊 齊人敗之 吳師乃還** 承 吳大夫

제인(齊人)이 도공(悼公 : 陽生)을 시해하고 우리 군대[140]에 알려오니, 그 일로써 오(吳)나라를 설득한 것이다.[141] 오자(吳子)가 3일 동안 군문(軍門) 밖에서 곡하였다. 서승(徐承)이 수군을 거느리고 바다를 통해 제나라에 들어가려다가 제인이 그를 패배시키자 오나라 군대가 이에 돌아갔다. 승(承)은 오(吳)나라 대부이다.

夏 宋人伐鄭 여름에 송인(宋人)이 정(鄭)나라를 쳤다.

晉趙鞅帥師侵齊 진(晉)나라 조앙(趙鞅)이 군대를 거느리고 제(齊)나라를 침범하였다.

140) 우리 군대 : 로(魯)나라와 오(吳)나라의 군대이다.

141) 그 일로써~것이다 : 지난해 제도공(齊悼公)이 오(吳)나라에 로(魯)나라를 치는 출병을 요청하였다가 그 약속을 파기하였기 때문에 오나라가 도리어 로나라와 회합하여 제나라를 치려고 하였다. 그러자 제인(齊人)이 도공(悼公)을 시해하여 오나라를 설득하고자 한 것이다.

夏 趙鞅帥師伐齊 大夫請卜之 趙孟曰 吾卜於此起兵 謂往歲卜 利以伐姜 故今興兵 **事不再令 卜不襲吉** 襲 重也 **行也 於是乎取犁及轅** 犁轅 齊地 **毁高唐之郭 侵及賴而還**

여름에 조앙(趙鞅)이 군대를 거느리고 제(齊)나라를 치려고 할 때 대부들이 거북점 칠 것을 청하였다. 조맹(趙孟 : 趙鞅)이 말하기를 "나는 이번 거병에 대하여 이미 점을 쳐 보았소. 지난해 점사(占辭)에서 강(姜)씨를 치는 것이 리롭다고 하였기 때문에 지금 군대를 일으킨다고 이른 것이다. 한 가지 일에 두 번 명령하지 않고[142] 점사도 거듭[襲] 길조를 내지 않는 것이니 습(襲)은 거듭함이다. 출병하려는 것이오."라고 하였다. 이리하여 리(犁) 땅과 원(轅) 땅을 취하고 리(犁)와 원(轅)은 제(齊)나라 땅이다. 고당(高唐)의 외성을 무너뜨리고 뢰(賴) 땅까지 침범하였다가 돌아갔다.

五月 公至自伐齊

5월에 애공(哀公)이 제(齊)나라 치는 일에서 돌아왔다.

葬齊悼公

제(齊)나라 도공(悼公)의 장례를 지냈다.

衛公孟彄自齊歸于衛

위(衛)나라 공맹구(公孟彄)가 제(齊)나라에서 위나라로 돌아갔다.

書歸 齊納之也

경문에 돌아갔다고 기록한 것은 제(齊)나라가 그를 들여보냈기 때문이다.[143]

---

142) 두 번~않고 : 거북에게 점사를 내라고 두 번 명령하지 않는다는 것이다.

143) 제(齊)나라가~때문이다 : 로정공(魯定公) 14년에 위(衛)나라 태자인 괴외(蒯聵)가 위령공(衛靈公)의 부인 남자(南子)를 죽이려다가 실패하자 괴외는 송(宋)나라로 망명하였다. 그리고 괴외의 당여인 공맹구(公孟彄)는 정(鄭)나라로 망명하였다가 제(齊)나라로 망명했었다. 그러므로 지금 공맹구가 제나라에서 위나라로 돌아간 것이다.

薛伯夷卒 설백(薛伯) 이(夷)가 졸하였다.

夷 公作寅

이(夷)는 《공양전(公羊傳)》에는 인(寅)으로 되어 있다.

秋 가을이다.

吳子使來復儆師 **伐齊未得志故**

오자(吳子)가 사신을 보내와서 다시 우리 군대를 정비하도록 하였다.[144] 제(齊)나라를 쳤을 때 뜻을 얻지 못하였기 때문이다.

葬薛惠公 설(薛)나라 혜공(惠公)의 장례를 지냈다.

冬 楚公子結帥師伐陳 吳救陳 겨울에 초(楚)나라 공자 결(結)이 군대를 거느리고 진(陳)나라를 쳤는데 오(吳)나라가 진나라를 구원하였다.

書救止此

경문에 구원하였다는 기록은 여기에서 그친다.

冬 楚子期伐陳 **陳卽吳故** **吳延州來季子救陳 謂子期曰 二君不務德** **二君 吳楚** **而力爭**

144) 다시~하였다 : 다시 제(齊)나라를 치기 위해서였다.

諸侯 民何罪焉 我請退 以爲子名 務德而安民 乃還

겨울에 초(楚)나라 자기(子期 : 結)가 진(陳)나라를 쳤다. 진(陳)나라가 오(吳)나라에 붙었기 때문이다. 오(吳)나라 연주래(延州來)의 계자(季子)[145]가 진나라를 구원하러 출정하여 자기에게 이르기를 "두 임금이 덕을 닦는데 힘쓰지 않고 두 임금은 오(吳)나라와 초(楚)나라 임금이다. 제후들과 힘써 다투기만 하고 있으니 백성이 무슨 죄란 말이오. 청컨대 내가 물러나 그대가 명성을 이루도록 할 것이니 그대는 덕에 힘써 백성을 편안하게 하시오."라 하고 이에 돌아갔다.

애공(哀公) 11년【丁巳 B.C.484】

十有一年 春 齊國書帥師伐我 11년 봄에 제(齊)나라 국서(國書)가 군대를 거느리고 우리나라를 쳤다.

十一年 春 齊爲鄎故 國書高無丕帥師伐我 及淸 淸 齊地 **季孫謂其宰冉求** 冉求 魯人 孔子弟子 **曰 齊師在淸 必魯故也 若之何 求曰 一子守 二子從公禦諸竟** 一子季孫 二子叔孫孟孫 **季孫曰 不能 求曰 居封疆之間** 又欲使二子從公居竟內近郊之地 **季孫告二子 二子不可 求曰 若不可 則君無出 一子帥師背城而戰 不屬者 非魯人也 魯之羣室 衆於齊之兵車** 羣室 都邑居家 **一室敵車優矣 子何患焉 二子之不欲戰也宜 政在季氏 當子之身 齊人伐魯而不能戰 子之恥也 大不列於諸侯矣**

11년 봄에 제(齊)나라가 식(鄎) 땅의 싸움[146] 때문에 국서(國書)와 고무비(高無丕)가 군대를 거느리고 우리나라를 치려고 청(淸) 땅에 이르렀다. 청(淸)은 제(齊)나라 땅이다. 계손(季孫)이 그의 가재(家宰)인 염구(冉求)에게 염구(冉求)는 로(魯)나라 사람으로 공자(孔子)의 제자이다. 말

145) 연주래(延州來)의 계자(季子) : 오왕(吳王) 수몽(壽夢)의 막내아들 계찰(季札). 연릉(延陵)과 주래(州來)는 모두 계찰의 읍이기 때문에 연주래(延州來)의 계자(季子)라고 한 것이다.

146) 식(鄎) 땅의 싸움 : 지난해에 있었다. 로(魯)나라가 오(吳)나라와 회합하여 제(齊)나라를 칠 때 식(鄎) 땅에 주둔했었다.

하기를 "제나라 군대가 청 땅에 있는 것은 반드시 우리 로(魯)나라 때문이니 어떻게 하면 좋겠는가?"라고 하니, 구(求)가 말하기를 "한 분은 도읍을 지키고 두 분은 임금님을 따라가서 국경에서 막으십시오."라고 하였다. 한 분은 계손(季孫)이고 두 분은 숙손(叔孫)과 맹손(孟孫)이다. 계손이 말하기를 "나는 두 사람에게 명할 능력이 없다."라고 하니, 구가 말하기를 "그렇다면 그들을 봉강(封疆)의 사이에 있게 하십시오."라고 하였다. 또 두 사람으로 하여금 애공(哀公)을 따라가서 국경 안 근교의 땅에 있게 하고자 한 것이다. 계손이 두 사람에게 고하니, 두 사람은 그렇게 할 수 없다고 하였다. 구가 말하기를 "만약 그렇게 할 수 없다면 임금님께서 출정하지 마시고, 한 분[季孫]은 군대를 거느리고 성을 등진 채 싸우십시오. 싸움에 참여하지 않는 자는 로나라 사람이 아닙니다. 로나라의 군실(羣室)은 제나라의 병거보다 많습니다. 군실(羣室)은 도읍에 거주하는 가구이다. 한 가구가 적의 한 병거를 대적하는 데에 충분하니, 그대는 무엇을 근심하십니까. 두 분이 싸우고자 하지 않는 것은 당연하니, 정권이 계씨(季氏)에게 있기 때문입니다. 그대가 정권을 맡고 있는 때를 당하여 제인(齊人)이 우리 로나라를 치는 데도 싸우지 않는다면 이는 그대의 수치이며, 크게는 제후들과 나란히 하지 못할 것입니다."[147] 라고 하였다.

季孫使從於朝 俟於黨氏之溝 黨氏溝 朝中地名 **武叔呼而問戰焉 對曰 君子有遠慮 小人何知** 小人 冉求自稱 **懿子强問之 對曰 小人慮材而言 量力而共者也** 言子所問 非己材力所及 **武叔曰 是謂我不成丈夫也 退而蒐乘**

계손(季孫)이 염구(冉求)로 하여금 조정에 따라오게 하여 당씨(黨氏)의 구(溝)에서 기다리게 하였다. 당씨(黨氏)의 구(溝)는 조정 안의 땅 이름이다. 그러자 무숙(武叔 : 叔孫武叔)이 염구를 불러 싸움에 대하여 물으니, 염구가 대답하기를 "군자[武叔]께서 멀리 생각하고 계신데 소인이 어찌 알겠습니까."라고 하였다. 소인은 염구(冉求)가 스스로를 칭한 것이다. 이어서 의자(懿子 : 孟懿子)가 강요해 물으니, 대답하기를 "소인은 상대의 재주를 생각해서 말하고, 상대의 능력을 헤아려 받드는 자입니다."라고 하였다. 그대가 물은 것은 자신[冉求]의 재주와 능력이 미칠 바가 아니라는 말이다. 무숙이 말하기를 "이 사람은 우리가 장부답지 못하다고 여기는구나."라고 하였다. 그리고 그들은 조정에서 물러나 병거를 검열하였다.[148]

147) 이는~것입니다 : '그대의 수치가 크니 제후들과 나란히 하지 못할 것이다[子之恥也大 不列於諸侯矣].'라고 풀이하기도 한다.

148) 병거를 검열하였다 : 제(齊)나라와 싸울 준비를 한 것이다.

孟孺子洩帥右師 洩 孟懿子之子 **顔羽御 邴洩爲右** 二子 孟氏臣 **冉求帥左師 管周父御 樊遲爲右** 樊遲 魯人 孔子弟子樊須 **季孫曰 須也弱 有子曰 就用命焉** 有子 冉求 言須雖年少 能用命 **季氏之甲七千 冉有以武城人三百爲己徒卒 老幼守宮 次于雩門之外** 南城門也 **五日 右師從之** 五日乃從 言不欲戰 **公叔務人** 卽昭公子公爲 **見保者而泣** 保 守城者 **曰 事充** 繇役煩 **政重** 賦稅多 **上不能謀 士不能死 何以治民 吾旣言之矣 敢不勉乎**

맹유자(孟孺子) 설(洩)[149]이 우사(右師 : 右軍)의 장수가 됨에 설(洩)은 맹의자(孟懿子)의 아들이다. 안우(顔羽)가 어자가 되고 병설(邴洩)이 거우가 되었고, 두 사람은 맹씨(孟氏)의 가신이다. 염구(冉求)가 좌사(左師 : 左軍)의 장수가 됨에 관주보(管周父)가 어자가 되고 번지(樊遲)가 거우가 되었다. 번지(樊遲)는 로(魯)나라 사람으로 공자(孔子)의 제자인 번수(樊須)이다. 계손(季孫)이 말하기를 "수(須 : 樊須)는 어리다."라고 하니, 유자(有子)가 말하기를 "능히[就] 명을 수행할 수 있습니다."라고 하였다. 유자(有子)는 염구(冉求)이다. 수(須)가 비록 나이는 어리나 명을 수행할 수 있다는 말이다. 계씨(季氏)의 갑사가 7천 명이었는데, 염유(冉有 : 冉求)는 무성인(武城人) 3백 명을 자신의 도졸(徒卒)로 삼고, 늙은이와 어린아이들은 궁궐을 시키게 하면서 우문(雩門) 밖에 주둔하였다. 남쪽 성문이다. 그 뒤 5일이 되어서야 우사가 따라왔다. 5일이 되어서야 따라왔다는 것은 싸우려 하지 않는다는 말이다. 공숙무인(公叔務人)이 곧 소공(昭公)의 아들 공위(公爲)이다. 도성을 지키는[保] 자들을 보고 눈물을 흘리면서 보(保)는 성을 지키는 것이다. 말하기를 "일은 많고 요역이 번거롭다는 것이다. 정치는 무거우며, 부세가 많다는 것이다. 윗사람은 나라의 일을 도모하지 않고[150] 사(士)는 죽으려 하지 않으니, 무엇으로 백성을 다스릴 수 있겠는가. 내가 이미 이렇게 말하고서 감히 힘쓰지 않을 수 있겠는가."라고 하였다.

師及齊師戰于郊 齊師自稷曲 稷曲 郊地 **師不踰溝 樊遲曰 非不能也 不信子也 請三刻而踰之** 與衆三刻約信 **如之 衆從之 師入齊軍** 冉求之師 **右師奔 齊人從之 陳瓘陳莊涉泗** 二陳 齊大夫 **孟之側後入以爲殿** 之側 孟氏族也 字反 **抽矢策其馬曰 馬不進也** 不欲伐善 **林不狃之伍曰 走乎** 不狃 魯士 **不狃曰 誰不如** 言我不如誰而欲走 **曰 然則止乎 不狃曰 惡賢** 言止戰惡足爲賢 皆無戰志 **徐步而死**

로(魯)나라 군대가 제(齊)나라 군대와 교외에서 싸웠는데, 제나라 군대가 직곡(稷曲)에서

---

149) 맹유자(孟孺子) 설(洩) : 맹의자(孟懿子)의 후계자인 설(洩)이다.

150) 윗사람은~않고 : 대부들은 공가(公家)보다 사가(私家)의 일을 우선시한다는 말이다.

출정하였는데도 직곡(稷曲)은 교외의 땅이다. 로나라 군대는 도랑을 건너지 않았다. 번지(樊遲)가 말하기를 "건너지 못하는 것이 아니라 그대[冉求]를 믿지 못하는 것이니, 세 차례 각인시키고 그들을 건너가게 하십시오."라고 하였다. 상벌에 대하여 군사들에게 세 차례 각인시켜 약속하라는 것이다. 그렇게 하니 군사들이 명을 따라 로나라 군대[左師]가 제나라 진영으로 들어갔다. 염구(冉求)의 군대이다. 우사(右師)가 달아나자 제인(齊人)이 그들을 추격하여 진관(陳瓘)과 진장(陳莊)이 사수(泗水)를 건넜다. 두 진씨(陳氏)는 제(齊)나라 대부이다. 맹지측(孟之側)이 뒤에 들어가서 후군이 되었는데, 지측(之側)은 맹씨(孟氏)의 족속으로 자(字)가 반(反)이다. 화살을 뽑아 말을 채찍질하며 말하기를 "말이 나아가지 않는구나."라고 하였다. 자신의 뛰어남을 자랑하지 않으려 한 것이다. 림불뉴(林不狃)의 오졸(伍卒)이 말하기를 "달아날까요?"라고 하니 불뉴(不狃)는 로(魯)나라 사(士)이다. 불뉴(不狃)가 말하기를 "내가 누구만 못하겠는가."라고 하였다. 내가 누구만 못하여 달아나려 하느냐는 말이다. 그 오졸이 말하기를 "그렇다면 멈출까요?"라고 하니, 불뉴가 말하기를 "어찌 현명한 행동이겠는가."라 하고, 멈추어 싸우는 것이 어찌 현명하다고 하겠느냐는 말이니 모두 싸울 뜻이 없는 것이다. 천천히 걸어가다가 죽었다.

師獲甲首八十 冉求所得 **齊人不能師 宵 諜曰 齊人遁 冉有請從之三 季孫弗許 孟孺子語人曰 我不如顏羽 而賢於邴洩 子羽銳敏** 子羽 顏羽 銳敏言欲戰 **我不欲戰而能黙** 心雖不欲 口不言奔 **洩曰 驅之** 言驅馬欲奔 **公爲與其嬖僮汪錡乘 皆死 皆殯 孔子曰 能執干戈以衛社稷 可無殤也** 時人疑童子當殤 **冉有用矛於齊師 故能入其軍 孔子曰 義也**

로(魯)나라 군대가 제(齊)나라 갑사의 수급 80을 얻으니 염구(冉求)가 획득한 것이다. 제인(齊人)이 군대를 수습하지 못하였다. 밤중에 첩자가 말하기를 "제인이 달아납니다."라고 하자, 염유(冉有)가 추격할 것을 세 번 청하였으나 계손(季孫)은 허낙하지 않았다. 맹유자(孟孺子)가 사람들에게 말하기를 "나는 안우(顏羽)만 못하지만 병설(邴洩)보다는 낫다. 자우(子羽)는 예민(銳敏)하였고 자우(子羽)는 안우(顏羽)이다. 예민(銳敏)은 싸우고자 한다는 말이다. 나는 싸우고자 하지 않았지만 묵묵히 있었는데, 마음속으로 비록 싸우고자 하지 않았지만 입으로 달아나자고 말하지도 않았다는 것이다. 설(洩)은 달아나자고 말하였다."라고 하였다. 말을 몰아 달아나고자 하였다는 말이다. 공위(公爲 : 公叔務人)는 그의 폐동(嬖僮)[151] 왕기(汪錡)와 함께 병거를 타고 싸우다가 모두 죽어 다 빈장(殯葬)하였다. 공자(孔子)가 말하기를 "방패와 창을 잡고 사직을 지켰으니 상장(殤葬)[152]하지 않는 것이 옳다."라고 하였다. 당시 사람들은 동자(童子)는 상장(殤葬)에

---

151) 폐동(嬖僮) : 총애받는 어린 사내.

해당된다고 의심한 것이다. 염유는 직접 창을 들고 제나라 군대와 싸웠기 때문에 우리 군대가 그들의 진영으로 들어갈 수 있었다. 그래서 공자가 말하기를 "의롭게 행하였다."라고 하였다.

夏 陳轅頗出奔鄭

여름에 진(陳)나라 원파(轅頗)가 정(鄭)나라로 망명나갔다.

轅 公作袁

원(轅)은 《공양전(公羊傳)》에는 원(袁)으로 되어 있다.

夏 陳轅頗出奔鄭 初 轅頗爲司徒 賦封田以嫁公女 封內之田 悉賦稅之 **有餘 以爲己大器** 大器 鐘鼎之屬 **國人逐之 故出 道渴 其族轅咺進稻醴粱糗腶脯焉** 糗 乾飯 腶 音段 捶脯也 **喜曰 何其給也 對曰 器成而具 曰 何不吾諫 對曰 懼先行** 恐其不從而先見逐也

여름에 진(陳)나라 원파(轅頗)가 정(鄭)나라로 망명나갔다. 이보다 앞서 원파가 사도(司徒)가 되어 봉전(封田)에서 세금을 거두어 공녀(公女)를 시집보내고 봉지(封地) 내의 전지에서 모두 부세를 거둔 것이다. 남은 것으로 자신의 대기(大器)를 만들었다. 대기(大器)는 종(鐘)과 정(鼎) 따위이다. 이에 국인이 그를 쫓아내었기 때문에 망명나간 것이다. 가는 도중에 목이 말랐는데, 그의 족인 원훤(轅咺)이 도례(稻醴)[153]·량구(粱糗)[154]·단포(腶脯)[155] 등을 올리자 구(糗)는 말린 밥이다. 단(腶)은 음이 단(段)이니 추포(捶脯)이다. 원파가 기뻐하며 말하기를 "어찌 이렇게 넉넉하게 준비했느냐?"라고 하였다. 원훤이 대답하기를 "대기가 만들어졌을 때 준비했습니다."[156]라고 하였다. 원파가 말하기를 "어찌 나에게 간하지 않았느냐?"라고 하니, 원훤이 대답하기를 "먼저 쫓겨날까 두려웠습니다."라고 하였다. 원파(轅頗)가 간언을 따르지 않아 자신이 먼저 쫓겨날까 두려웠다는 것이다.

---

152) 상장(殤葬) : 미성년자를 장사지내는 례. 성년이 되기 전에 죽는 것을 상(殤)이라고 한다.

153) 도례(稻醴) : 쌀로 만든 단술.

154) 량구(粱糗) : 말린 량식(糧食).

155) 단포(腶脯) : 두드려 만든 육포. 추포(捶脯)라고도 한다.

156) 대기가~준비했습니다 : 대기(大器)가 만들어졌을 때 이미 원파(轅頗)가 쫓겨날 것을 알았기 때문에 이들 먹을거리를 준비하였다는 말이다.

五月 公會吳伐齊 甲戌 齊國書帥師及吳戰于艾陵 齊師敗績 獲齊國書 5월에 애공(哀公)이 오(吳)나라와 회합하여 제(齊)나라를 쳤다. 갑술일에 제나라 국서(國書)가 군대를 거느리고 오나라와 애릉(艾陵)에서 싸웠는데, 제나라 군대가 크게 패하고 오나라가 제나라 국서를 잡았다.

艾陵 齊地 書戰書獲止此

애릉(艾陵)은 제(齊)나라 땅이다. 경문에 전(戰)과 획(獲)을 기록한 것은 여기에서 그친다.

爲郊戰故 公會吳子伐齊 五月 克博 壬申 至于嬴 博嬴 齊邑 **中軍從王** 吳中軍 **胥門巢將上軍 王子姑曹將下軍 展如將右軍** 三將 吳大夫 **齊國書將中軍 高無丕將上軍 宗樓將下軍 陳僖子謂其弟書 爾死 我必得志** 書 子占也 **宗子陽與閭丘明相厲也** 相勸厲致死 子陽 宗樓也 **桑掩胥御國子** 國子 國書 **公孫夏曰 二子必死 將戰 公孫夏命其徒歌虞殯** 禮殯而葬 反日中而虞 蓋以啓殯將虞之歌 謂之虞殯 **陳子行命其徒具含玉** 子行 陳逆也 具含玉 亦示必死 **公孫揮命其徒曰 人尋約 吳髮短** 公孫揮 齊大夫 約 繩也 八尺爲尋 吳髮短 欲以繩貫其首 **東郭書曰 三戰必死 於此三矣** 三戰 夷儀五氏與今 **使問弦多以琴** 弦多卽齊弦施 六年奔魯 **曰 吾不復見子矣 陳書曰 此行也 吾聞鼓而已 不聞金矣** 鼓以進軍 金以退軍

지난번 교외의 싸움 때문에 애공(哀公)이 오자(吳子)와 회합하여 제(齊)나라를 쳤다. 5월에 박(博) 땅에서 이기고 임신일에 영(嬴) 땅에 이르렀다. 박(博)과 영(嬴)은 제(齊)나라 읍이다. 중군은 오왕(吳王)을 따르고 오(吳)나라의 중군(中軍)이다. 서문소(胥門巢)가 상군의 장수가 되고 왕자 고조(姑曹)가 하군의 장수가 되고 전여(展如)가 우군의 장수가 되었다. 세 장수는 오(吳)나라 대부이다. 그리고 제나라는 국서(國書)가 중군의 장수가 되고 고무비(高無丕)가 상군의 장수가 되고 종루(宗樓)가 하군의 장수가 되었다. 이때 제나라 진희자(陳僖子)가 그 아우 서(書)에게 이르기를 "네가 죽는다면 내가 반드시 뜻을 얻을 것이다."[157]라 하였고, 서(書)는 자점(子占)이다. 종자양(宗子陽)과 려구명(閭丘明)은 서로 격려하였다. 서로 목숨 바쳐 싸우기를 권면한 것이다. 자양(子陽)은 종루(宗樓)이다. 상엄서(桑掩胥)는 국자(國子)의 어자가 되었다. 국자(國子)는 국서(國書)이다. 공손하(公孫夏)가 말하기를 "두 사람[158]은 필사의 각오로 싸울 것이다."

157) 네가~것이다 : 네가 필사의 각오로 싸워 죽는다면 내가 제(齊)나라에서 뜻을 얻게 될 것이라는 말이다.

라고 하였다. 싸우려 할 때 공손하는 자기의 부하들에게 명하여 우빈(虞殯)[159]을 노래하게 하고, 례에 빈장(殯葬)을 하고서 정오에 돌아와서 우제(虞祭)를 지낸다. 계빈(啓殯 : 出喪)할 때 우가(虞歌)[160]를 부르는 것을 일러 우빈(虞殯)이라고 한다. 진자행(陳子行)은 그 부하들에게 명하여 함옥(含玉)[161]을 준비하게 하고, 자행(子行)은 진역(陳逆)이다. 함옥(含玉)을 준비하게 한 것도 필사의 각오를 보인 것이다. 공손휘(公孫揮)는 그 부하들에게 명하기를 "사람마다 8척[尋]의 새끼줄[約]을 준비하라. 오인(吳人)은 머리털이 짧다."라고 하였다. 공손휘(公孫揮)는 제(齊)나라 대부이다. 약(約)은 새끼줄이다. 8척이 심(尋)이다. 오인(吳人)은 머리털이 짧아서 새끼줄로 그 수급을 꿰고자 한 것이다. 동곽서(東郭書)가 말하기를 "세 차례 싸우면 반드시 죽는다고 하는데 이번이 세 번째이다."라 하고서 세 차례 싸움은 이의(夷儀)의 싸움과 오씨(五氏)의 싸움과 이번의 싸움이다. 사람을 시켜 현다(弦多)에게 금(琴)을 보내며[問] 현다(弦多)는 바로 제(齊)나라 현시(弦施)이니 6년에 로(魯)나라로 망명하였다. 말하기를 "내가 다시는 그대를 볼 수 없을 것이오."라고 하였다. 진서(陳書)는 말하기를 "이번 행군에 나는 북소리만을 들을 뿐 징소리는 듣지 못할 것이다."[162]라고 하였다. 북소리로 진군(進軍)하고 징소리로 퇴군(退軍)한다.

甲戌 戰于艾陵 展如敗高子 國子敗胥門巢 王卒助之 大敗齊師 獲國書公孫夏閭丘明陳書東郭書 革車八百乘 甲首三千 以獻于公 公以兵從 故以勞公 **將戰 吳子呼叔孫** 叔孫州仇 **曰 而事何也 對曰 從司馬** 從吳司馬所命 **王賜之甲劒鈹 曰 奉爾君事 敬無廢命 叔孫未能對 衛賜進** 子貢 衛人故稱衛賜 **曰 州仇奉甲從君 而拜 公使大史固歸國子之元** 歸於齊也 元 首也 **寘之新篋 褽之以玄纁** 褽 音尉 薦也 **加組帶焉 寘書于其上曰 天若不識不衷 何以使下國** 言天識不善 故使魯殺國子

갑술일에 애릉(艾陵)에서 싸웠다. 오(吳)나라 전여(展如)가 제(齊)나라 고자(高子 : 高無丕)를 패배시키고, 제나라 국자(國子)가 오나라 서문소(胥門巢)를 패배시켰다. 이에 오왕(吳王)이 거느리는 군대가 서문소를 도와 제나라 군대를 크게 패배시키고 제나라 국서(國書 : 國子)·공손하(公孫夏)·려구명(閭丘明)·진서(陳書)·동곽서(東郭書)와 혁거(革車) 8백승(乘) 및 갑사(甲士)의 수급 3천을 획득하여 애공(哀公)에게 바쳤다. 애공(哀公)이 군대를 거느

158) 두 사람 : 종자양(宗子陽)과 려구명(閭丘明)이다.
159) 우빈(虞殯) : 장례식 때 부르는 노래. 장송곡.
160) 우가(虞歌) : 우제(虞祭)때 부르는 노래.
161) 함옥(含玉) : 죽은이의 입에 물리는 구슬.
162) 이번~것이다 : 싸우다 죽겠다는 말이다.

리고 싸움에 참여하였기 때문에 이것으로써 애공을 위로한 것이다. 싸우려 할 때 오자(吳子)가 숙손(叔孫)을 불러 숙손주구(叔孫州仇)이다. 말하기를 "그대가 맡은 일은 무엇인가?"라고 묻자, 숙손이 대답하기를 "사마(司馬)를 따르는 것입니다."라고 하였다. 오(吳)나라 사마(司馬)가 명하는 바를 따른다는 것이다. 오왕이 숙손에게 갑옷과 검(劒)과 피(鈹)[163]를 주며 말하기를 "그대 임금의 일을 받들어 공경히 거행하여 명을 폐기하지 말라."고 하였다. 숙손이 대답하지 못하자, 위사(衛賜)가 앞으로 나와 자공(子貢)이다. 위(衛)나라 사람이므로 위사(衛賜)라고 칭한 것이다. 말하기를 "주구(州仇)는 갑옷을 받고서 임금님을 따를 것입니다."[164]라고 하였다. 그러자 숙손은 절하고 받았다. 애공이 태사(大史) 고(固)를 보내어 국자의 수급[元]을 제나라에 돌려보냈는데, 제(齊)나라에 돌려보낸 것이다. 원(元)은 수급(首級)이다. 그 수급을 새로 만든 광주리에 담아 검은 비단과 붉은 비단으로 깔고[褽][165] 위(褽)는 음이 위(尉)이니 깖이다. 명주실을 꼬아 짠 띠로 묶고서 그 위에 '하늘이 만약 제나라의 불선[不衷]을 알지 못하였다면 어찌 하국(下國 : 魯나라)에게 수급을 얻도록 하였겠습니까.'라고 썼다. 하늘이 제(齊)나라의 불선(不善)을 알았기 때문에 로(魯)나라로 하여금 국자(國子)를 죽이게 하였다는 말이다.

吳將伐齊 越子率其衆以朝焉 王及列士皆有饋賂 吳人皆喜 唯子胥懼 曰 是豢吳也夫 豢 養也 若人養犧牲 將殺之 **諫曰 越在我心腹之疾也 壤地同而有欲於我** 欲得吳 **夫其柔服 求濟其欲也 不如早從事焉 得志於齊 猶獲石田也 無所用之** 石田 不可耕 **越不爲沼 吳其泯矣 使醫除疾 而曰必遺類焉者 未之有也 盤庚之誥曰 其有顚越不共 則劓殄無遺育 無俾易種于玆邑** 顚越不共 從橫不承命者也 劓 割也 易種 轉生種類 **是商所以興也 今君易之 將以求大 不亦難乎 弗聽 使於齊** 子胥爲王使齊 **屬其子於鮑氏 爲王孫氏** 傳終言之 **反役 王聞之 使賜之屬鏤以死** 艾陵役也 屬鏤 劒名 **將死 曰 樹吾墓檟 檟可材也 吳其亡乎 三年 其始弱矣 盈必毁 天之道也**

오(吳)나라가 제(齊)나라를 치려 할 때 월자(越子)가 그 신하들을 거느리고 가서 오왕(吳王)을 조견하였다. 오왕과 여러 사(士)가 모두 선물을 받으니, 오인(吳人)이 모두 기뻐하였으나 자서(子胥 : 伍員)만이 두려워하며 말하기를 "이는 오나라를 희생으로 기르는[豢] 것이

163) 검(劒)과 피(鈹) : 검(劒)은 량날이 있는 칼이고, 한쪽에만 날이 있는 칼을 도(刀)라 한다. 피(鈹)는 모습이 도와 같은데 량날을 한 칼이다.

164) 임금님을~것입니다 : 오자(吳子)를 따라 싸움에 참여할 것이라는 말이다.

165) 검은~깔고(褽) : 전문의 '褽'를 '包'의 의미로 보아 검은 비단으로 위를 덮고 붉은 비단으로 아래를 받쳐 싼다는 것으로 보는 설도 있다.

다."라 하고서 환(豢)은 기름이니 사람이 희생을 기르는 것과 같아서 장차 죽이려 한다는 것이다. 간하기를 "월(越)나라는 우리 오나라에 있어서 심복(心腹)의 질환이니, 국토가 같은 지역에 있으면서 우리에게 야욕을 품고 있습니다. 오(吳)나라를 얻고자 한다는 것이다. 저들이 부드럽게 복종하는 것은 그 야욕을 이루고자 해서이니, 일찌감치 월나라를 도모하는[從事] 것만 같지 못합니다. 우리가 제나라에서 뜻을 이룬다 하더라도 이는 마치 석전(石田)을 얻는 것과 같아서 쓸 곳이 없습니다. 석전(石田)은 경작할 수 없다. 월나라를 연못으로 만들지 않는다면 오나라는 장차 멸망할 것입니다. 의원에게 병을 치료하게 하면서 반드시 병의 부류를 남겨두라고 하는 사람은 없을 것입니다. 반경(盤庚)[166]의 고문(誥文)에 '방종하고 횡포하여[顚越] 왕명을 공손히 봉행하지 않는 자[不共]가 있으면 다 베어[劓] 그 후손을 남기지 않아 이 읍에 그 종자를 옮겨오지[易種] 못하게 해야 할 것이다.'[167]라고 하였으니, 전월불공(顚越不共)은 횡포를 자행하여 왕명을 받들어 따르지 않는 자이다. 의(劓)는 베는 것이고 역종(易種)은 종류(種類)를 옮겨 살리는 것이다. 이것이 바로 상(商)나라가 흥성한 까닭이었습니다. 그런데 지금 임금님께서는 이것을 바꾸어 하면서 강대해지기를 구하려 하시니 또한 어렵지 않겠습니까."라고 하였으나 오왕은 듣지 않았다. 그러자 자서는 제나라에 사신으로 가서 자서(子胥)가 왕을 위하여 제(齊)나라에 사신으로 간 것이다. 자기 아들을 포씨(鮑氏)에게 맡겨 왕손씨(王孫氏)가 되게 하였다.[168] 전문에서는 종결지어 말한 것이다.[169] 싸움에서 돌아와서 오왕은 이 말을 듣고 사람을 시켜 자서에게 촉루(屬鏤)를 주어 죽게 하였다. 애릉(艾陵)의 싸움이다. 촉루(屬鏤)는 검(劍) 이름이다. 죽으려 할 때 자서가 말하기를 "내 무덤에 개오동나무를 심어라. 개오동나무를 재목으로 쓸 수 있게 되면 오나라는 아마도 망할 것이다. 3년이 되면 오나라는 쇠약해지기 시작할 것이다. 가득 차면 반드시 이지러지는 것이 하늘의 도이다."라고 하였다.

秋

가을이다.

166) 반경(盤庚) : 《서경(書經)》 〈상서(商書)〉의 편 이름.

167) 방종하고~것이다 : 《서경(書經)》 〈상서(商書)〉 반경(盤庚).

168) 자기~하였다 : 자기 아들을 포씨(鮑氏)에게 맡기면서 성(姓)을 고쳐 오(吳)나라에 닥칠 화난을 피하게 한 것이다.

169) 전문에서는~것이다 : 일의 결말을 미리 말한 것이다.

季孫命修守備 曰 小勝大 禍也 齊至無日矣

계손(季孫)이 수비를 갖추도록 명하며 말하기를 "소국이 대국을 이기는 것[170]은 화를 부르는 일이니 제(齊)나라가 머지않아 이를 것이다."라고 하였다.

七月 辛酉 滕子虞母卒

7월 신유일에 등자(滕子) 우모(虞母)가 졸하였다.

冬 十有一月 葬滕隱公

겨울 11월에 등(滕)나라 은공(隱公 : 虞母)의 장례를 지냈다.

衛世叔齊出奔宋

위(衛)나라 세숙제(世叔齊)가 송(宋)나라로 망명나갔다.

冬 衛大叔疾出奔宋 疾卽齊也 **初 疾娶于宋子朝 其娣嬖** 娣 所娶女之娣 **子朝出** 出奔 **孔文子使疾出其妻而妻之** 文子 孔圉 以其女妻大叔 **疾使侍人誘其初妻之娣 寘於犁** 犁 衛邑 **而爲之一宮 如二妻 文子怒 欲攻之 仲尼止之 遂奪其妻 或淫于外州 外州人奪之軒以獻** 外州 衛邑 疾或往淫 州人奪其車以獻君 **恥是二者 故出**

겨울에 위(衛)나라 태숙질(大叔疾)이 송(宋)나라로 망명나갔다. 질(疾)은 곧 제(齊 : 世叔齊)이다. 이보다 앞서 질(疾)이 송나라 자조(子朝)[171]의 딸을 아내로 맞이하였는데 그 아내의 동생[娣]을 총애하였다. 제(娣)는 아내로 맞이한 녀자의 동생이다. 자조가 위나라를 떠나자 망명나간 것이다. 공문자(孔文子)가 질에게 그 아내를 내치게 하고서 자기의 딸을 그의 아내로 주었다. 문자(文子)는 공어(孔圉)이니 자기의 딸을 태숙(大叔)에게 시집보낸 것이다. 질이 시인(侍人)을 보내어 전처의 동생을 유인해 데려오게 하여 리(犁) 땅에 안치하고서, 리(犁)는 위(衛)나라 읍이다. 그녀를

---

170) 소국이~것 : 5월에 로(魯)나라가 오(吳)나라와 회합하여 제(齊)나라를 친 일이다.

171) 자조(子朝) : 자조(子朝)는 송인(宋人)이지만 위(衛)나라에서 벼슬하여 대부가 되었다.

위하여 집 한 채를 지어 살게 하니 마치 두 아내가 있는 것 같았다. 문자(文子)가 노하여 질을 공격하려 하자 중니(仲尼)가 말렸으나 드디어 그의 아내로 주었던 딸을 빼앗아 왔다. 질이 간혹 외주(外州)에서 녀인과 간통하니 외주인(外州人)이 질의 수레를 빼앗아 위(衛)나라 임금에게 바쳤다. 외주(外州)는 위(衛)나라 읍이다. 질(疾)이 간혹 그곳에 가서 간통하니 주인(州人)이 질의 수레를 빼앗아 임금에게 바친 것이다. 질은 이 두 가지 일[172]을 수치로 여겨 송나라로 망명나간 것이다.

衛人立遺 使室孔姞 **遺 疾弟 孔姞 文子女 疾之妻** **疾臣向魋** **爲宋向魋臣** **納美珠焉 與之城鉏** **城鉏 宋邑** **宋公求珠 魋不與 由是得罪 及桓氏出** **出在十四年** **城鉏人攻大叔疾 衛莊公復之 使處巢 死焉 殯於鄖 葬於少禘** **巢鄖少禘皆衛地**

위인(衛人)이 유(遺 : 大叔遺)를 후계로 세우고 그로 하여금 공길(孔姞)을 아내로 삼게 하였다. 유(遺)는 질(疾)의 아우이다. 공길(孔姞)은 문자(文子)의 딸이고 질의 아내였다. 질(疾)이 상퇴(向魋)의 가신이 되어 송(宋)나라 상퇴(向魋)의 가신이 된 것이다. 아름다운 구슬을 바치니, 상퇴는 그에게 성서(城鉏)를 주었다. 성서(城鉏)는 송(宋)나라 읍이다. 송공(宋公)이 그 구슬을 요구하였으나 퇴(魋)가 주지 않았고, 이 때문에 송공에게 죄를 얻게 되었다. 환씨(桓氏 : 向魋)가 망명나감에 미쳐 망명나가는 것은 14년에 있다. 성서인(城鉏人)이 태숙질(大叔疾)을 공격하니, 위장공(衛莊公 : 蒯聵)이 그를 돌아오게 하여 소(巢) 땅에 살게 하였다. 그가 그곳에서 죽으니 운(鄖) 땅에 빈소를 차렸다가 소체(少禘)에 장례를 지냈다. 소(巢)와 운(鄖)과 소체(少禘)는 모두 위(衛)나라 땅이다.

初 晉悼公子慭亡在衛 使其女僕而田 **僕 御 田 獵** **大叔懿子止而飮之酒** **懿子 大叔儀孫** **遂聘之 生悼子** **悼子 大叔疾** **悼子卽位 故夏戊爲大夫** **夏戊 悼子之甥** **悼子亡 衛人翦夏戊** **翦 削其爵邑** **孔文子之將攻大叔也 訪於仲尼 仲尼曰 胡簋之事 則嘗學之矣** **胡簋 禮器名 夏曰胡 周曰簋** **甲兵之事 未之聞也 退 命駕而行 曰 鳥則擇木 木豈能擇鳥 文子遽止之曰 圉豈敢度其私 訪衛國之難也** **度 謀也** **將止** **仲尼止** **魯人以幣召之 乃歸**

이보다 앞서 진도공(晉悼公)의 아들 은(慭)이 위(衛)나라로 망명가 있을 때 그 딸에게 수레를 몰게[僕] 하여 사냥[田]을 나갔다. 복(僕)은 말 모는 것이고 전(田)은 사냥함이다. 이때 태숙의

172) 두 가지 일 : 아내를 빼앗긴 일과 수레를 빼앗긴 일이다.

자(大叔懿子)가 은을 머물게 하여 함께 술을 마시고서, 의자(懿子)는 태숙의(大叔儀)의 손자이다. 드디어 은의 딸을 아내로 맞이하여 도자(悼子)를 낳았다. 도자(悼子)는 태숙질(大叔疾)이다. 도자가 경(卿)의 자리에 올랐기 때문에 하무(夏戊)가 대부가 되었다. 하무(夏戊)는 도자(悼子)의 생질이다. 도자가 송(宋)나라로 망명가자 위인(衛人)이 하무의 관작과 봉읍을 깎았다[翦]. 전(翦)은 관작과 봉읍을 깎는 것이다. 공문자(孔文子)가 태숙(大叔 : 大叔疾)을 공격하려 할 때 중니(仲尼)를 찾아가 묻자, 중니가 말하기를 "호궤(胡簋)의 일이라면 일찍이 배웠지만 호궤(胡簋)는 례기(禮器)의 이름이다. 하(夏)나라에서는 호(胡)라 하고 주(周)나라에서는 궤(簋)라 한다. 갑병(甲兵)의 일은 아직 듣지 못하였습니다."라고 하였다. 중니가 물러 나와 수레에 말을 메우라고 명하여 떠나면서 말하기를 "새는 나무를 선택할 수 있지만 나무가 어찌 새를 선택할 수 있겠는가."라고 하였다. 문자(文子)가 급히 만류하여 말하기를 "나 어(圉)가 어찌 감히 개인의 리익을 꾀하겠습니까[度]. 위나라의 화난에 대하여 물으려 했던 것입니다."라고 하였다. 탁(度)은 꾀함이다. 중니는 머물려 하였는데 중니(仲尼)가 머물려 한 것이다. 로인(魯人)이 폐백을 보내어 부르니 이에 로(魯)나라로 돌아왔다.

애공(哀公) 12년 【戊午 B.C.483】

十有二年 春 用田賦

12년 봄에 전부(田賦)를 시행하였다.

直書之者 以示改法重賦

경문에 이를 곧바로 기록한 것은 법을 고쳐 부세를 무겁게 하였음을 보인 것이다.

季孫欲以田賦 丘賦之法 因其田財 通出馬一匹牛三頭 今欲別其田及家財 各爲一賦 故言田賦 **使冉有訪諸仲尼 仲尼曰 丘不識也 三發** 三發問 **卒曰 子爲國老 待子而行 若之何子之不言也 仲尼不對 而私於冉有曰 君子之行也 度於禮 施取其厚 事擧其中 斂從其薄 如是 則以丘亦足矣** 丘 丘賦也 **若不度於禮 而貪冒無厭 則雖以田賦 將又不足 且子**

季孫若欲行而法 則周公之典在 若欲苟而行 又何訪焉 弗聽 十二年 春 王正月 用田賦

계손(季孫)이 전부(田賦)를 시행하고자 하여, 구부(丘賦)[173]의 법은 그 전지와 재산에 따라 통합하여 말 1필(匹)과 소 3두(頭)를 낸다. 지금 그 전지와 집의 재산을 구별하여 각각 하나씩 부세를 매기고자 하였기 때문에 전부(田賦)라고 한 것이다. 염유(冉有)를 보내어 중니(仲尼)에게 물었다. 중니가 말하기를 "나 구(丘)는 모르겠다."라고 하니 세 차례나 물었다. 계손(季孫)이 세 차례 물은 것이다. 염유를 마지막으로 보내어 말하기를 "그대는 국로(國老)[174]여서 그대의 대답을 기다려 시행하려고 하는데, 어찌하여 그대는 대답하지 않습니까?"라고 하였다. 중니는 대답하지 않고 사적으로 염유에게 말하기를 "군자는 일을 행함에 례를 헤아려 시혜는 후한 것을 취하고, 일은 중도에 맞게 거행하고, 거두는 것은 박한 것을 따라야 한다. 이렇게 하면 구(丘)로도 충분한 것이다. 구(丘)는 구부(丘賦)이다. 만약 례를 헤아리지 않고 탐욕을 무릅써서 만족할 줄 모른다면 비록 전부를 시행하더라도 또 부족할 것이다. 장차 너의 계손이 만약 법대로 행하고자 한다면 곧 주공(周公)의 법이 있을 것이고, 만약 구차하게 일을 행하고자 한다면 더 물을 것이 무엇 있겠는가."라고 하였으나 계손은 듣지 않았다. 12년 봄 왕정월에 전부를 시행하였다.

> 夏 五月 甲辰 孟子卒
>
> 여름 5월 갑진일에 맹자(孟子)가 졸하였다.

夏 五月 昭夫人孟子卒 昭公娶于吳 故不書姓 諱娶同姓 故謂之孟子 若宋女 **死不赴 故不稱夫人 不反哭 故不言葬小君** 以同姓故 不成其夫人喪 **孔子與吊 適季氏 季氏不絻 放絰而拜** 孔子以小君禮往吊 見季孫之不絻 亦去其絰

여름 5월에 소공(昭公)의 부인(夫人)인 맹자(孟子)가 졸하였다. 소공이 오(吳)나라에서 아내를 맞이하였기 때문에 경문에 성(姓)을 기록하지 않았다. 동성에게 장가든 것을 숨겼기 때문에 맹자(孟子)라고 하여 송(宋)나라 녀자인 것처럼 한 것이다.[175] 또 죽었을 때 부고하지 않았기 때문에

---

173) 구부(丘賦) : 춘추시대 1구(丘 : 128家)의 백성에게 거두어들이던 부세. 1구에서 말 1필(匹)과 소 3두(頭)를 거두었다.

174) 국로(國老) : 경대부(卿大夫)로서 벼슬을 그만둔 자.

부인(夫人)이라 칭하지 않았고, 반곡(反哭)[176]하지 않았기 때문에 소군(小君)을 장례 지냈다고 말하지 않은 것이다. 동성이기 때문에 부인(夫人)의 상례(喪禮)을 갖추지 않은 것이다. 공자(孔子)가 조상(吊喪)에 참여하여 계씨(季氏)에게 갔는데, 계씨가 문(絻)[177]을 쓰지 않고 있어서 공자도 질(絰)[178]을 벗고 절을 하였다. 공자(孔子)가 소군(小君)의 례로 가서 조상(吊喪)하였는데, 계손(季孫)이 문(絻)을 쓰지 않은 것을 보고 공자도 질(絰)을 벗은 것이다.[179]

公會吳于橐皐

애공(哀公)이 오(吳)나라와 탁고(橐皐)에서 회합하였다.

橐皐 吳地

탁고(橐皐)는 오(吳)나라 땅이다.

公會吳於橐皐 吳子使大宰嚭請尋盟 尋鄫盟 **公不欲 使子貢對曰 盟 所以周信也** 周 固也 **故心以制之 玉帛以奉之 言以結之 明神以要之 寡君以爲苟有盟焉 弗可改也已 若猶可改 日盟何益 今吾子曰 必尋盟 若可尋也 亦可寒也** 尋 重也 寒 歇也 **乃不尋盟**

애공(哀公)이 오(吳)나라와 탁고(橐皐)에서 회합하니, 오자(吳子)가 태재(大宰) 비(嚭)를 시켜 거듭 맹약하기를 청하였다. 증(鄫) 땅의 맹약[180]을 거듭하고자 한 것이다. 애공이 원하지 않아서 자공(子貢)을 시켜 대답하게 하기를 "맹약은 신의를 굳게[周] 하는 것입니다. 주(周)는 굳음이다. 그러므로 마음으로 단속하고, 옥백으로 봉헌하고, 말로써 맺고, 밝은 신(神)으로써 약속하는 것입니다. 과군은 진실로 맹약을 하면 고칠 수 없다고 여깁니다. 만약 오히려 고칠 수 있다면 날마다 맹약한들 무슨 리익이 있겠습니까. 그런데 지금 그대는 반드시 거듭 맹약

---

175) 맹자(孟子)라고~것이다 : 송(宋)나라의 성(姓)이 자(子)이기 때문이다.

176) 반곡(反哭) : 장례를 지내고 신주를 모시고 돌아와 정침(正寢)에서 곡하는 일.

177) 문(絻) : 상례 때에 상주가 쓰는 관(冠).

178) 질(絰) : 상복을 입을 때 머리에 쓰는 수질(首絰)과 허리에 두르는 요질(腰絰).

179) 계손(季孫)이~것이다 : 계손(季孫)이 복상(服喪)하지 않고 있기 때문에 공자(孔子)도 주인을 따라 절제(節制)한 것이다.

180) 증(鄫)~맹약 : 애공(哀公) 7년에 있었다. 애공 7년의 경문에는 애공이 오(吳)나라와 회합하였다고만 기록되어 있는데, 이는 오나라를 이(夷)로 여겨 맹약한 것을 숨긴 것이다.

하고자 하시니, 만약 맹약을 거듭할[尋] 수 있다면 또한 맹약을 그칠[寒] 수도 있는 것입니다."라고 하였다. 심(尋)은 거듭함이다. 한(寒)은 그침이다. 이에 거듭 맹약하지 않았다.

秋 公會衛侯宋皇瑗于鄖

가을에 애공(哀公)이 위후(衛侯)·송(宋)나라 황원(皇瑗)과 운(鄖) 땅에서 회합하였다.

鄖 公作運 ○鄖 吳地

운(鄖)은 공양전(公羊傳)에는 운(運)으로 되어 있다. ○운(鄖)은 오(吳)나라 땅이다.

吳徵會于衛 初 衛人殺吳行人且姚而懼 謀于行人子羽 子羽 衛大夫 **子羽曰 吳方無道 無乃辱吾君 不如止也 子木曰 吳方無道** 子木 衛大夫 **國無道 必棄疾於人 吳雖無道 猶足以患衛 往也 長木之斃 無不摽也** 摽 擊也 **國狗之瘈 無不噬也** 國狗猶家狗 瘈 狂也 **而況大國乎**

오(吳)나라가 위(衛)나라를 회합에 불렀다. 앞서 위인(衛人)이 오나라 행인(行人)인 저요(且姚)를 죽인 일로 두려워하여 행인 자우(子羽)와 모의하였다. 자우(子羽)는 위(衛)나라 대부이다. 자우가 말하기를 "오나라가 바야흐로 무도하니 우리 임금님을 욕되게 하려는 것이 아니겠습니까. 그러니 가지 않는 것만 같지 못합니다."라고 하였다. 자목(子木)이 말하기를 "오나라가 바야흐로 무도하니 자목(子木)은 위(衛)나라 대부이다. 나라가 무도하면 반드시 남에게 해를 끼칩니다. 오나라가 비록 무도하지만 그래도 위나라에 환난을 주기에 충분합니다. 그러니 가야 합니다. 큰 나무가 넘어지면 주위를 후려치지[摽] 않는 것이 없으며 표(摽)는 침이다. 집에서 기르는 개[國狗]도 미치면[瘈] 물지 않는 것이 없는데 국구(國狗)[181]는 가구(家狗)와 같다. 계(瘈)는 미침이다. 하물며 대국은 어떻겠습니까."라고 하였다.

秋 衛侯會吳于鄖 公及衛侯宋皇瑗盟 盟不書 畏吳竊盟 **而卒辭吳盟 吳人藩衛侯之舍** 藩籬其館 **子服景伯謂子貢曰 夫諸侯之會 事既畢矣 侯伯致禮 地主歸餼** 侯伯 盟主 **以相**

181) 국구(國狗) : 집에서 기르는 개. 일설에는 나라 안에서 가장 뛰어난 개, 곧 명견(名犬)이라고 한다.

辭也 各以禮相辭讓 **今吳不行禮於衛 而藩其君舍以難之** 難 苦困也 **子盍見大宰 乃請束錦以行** 以賂吳 **語及衛故 大宰嚭曰 寡君願事衛君 衛君之來也緩 寡君懼 故將止之**

가을에 위후(衛侯 : 出公)가 운(鄖) 땅에서 오(吳)나라와 회합하였다. 애공(哀公)이 위후 및 송(宋)나라 황원(皇瑗)과 맹약하고 맹약을 경문에 기록하지 않은 것은 오(吳)나라를 두려워하여 몰래 맹약하였기 때문이다. 끝내 오나라와의 맹약은 사절하였다. 오인(吳人)이 위후의 객사에 울타리를 치니, 그 객관에 울타리를 친 것이다. 자복경백(子服景伯)이 자공(子貢)에게 말하기를 "제후(諸侯)의 회합에서 일이 이미 끝나면 후백(侯伯)은 례를 표하고 지주(地主)[182]는 음식을 보내어 후백(侯伯)은 맹주(盟主)이다. 서로 사양합니다. 각각 례로써 서로 사양한다는 것이다. 그런데 지금 오나라는 위(衛)나라에 례를 행하지 않고 그 임금의 객사에 울타리를 쳐서 곤난하게[難]하였으니, 난(難)은 힘들고 괴로움이다. 그대는 어찌 태재(大宰)를 만나보지 않습니까."라고 하였다. 자공은 이에 속금(束錦)[183]을 청하여 가지고 태재를 만나러 갔다. 오(吳)나라에 뇌물로 주려는 것이다. 대화가 위나라 일에 미치자 태재 비(嚭)가 말하기를 "과군이 위나라 임금님을 섬기기를 원하였으나 위나라 임금님께서 늦게 오시니 과군이 우려하기[184] 때문에 잡아두려는 것입니다."라고 하였다.

子貢曰 衛君之來 必謀於其衆 其衆或欲或否 是以緩來 其欲來者 子之黨也 其不欲來者 子之讎也 若執衛君 是墮黨而崇讎也 夫墮子者 得其志矣 且合諸侯而執衛君 誰敢不懼 墮黨崇讎 而懼諸侯 或者難以霸乎 大宰嚭說 乃舍衛侯 衛侯歸 效夷言 學爲吳人方音 **子之尙幼** 子之 公孫彌牟 **曰 君必不免 其死於夷乎 執焉 而又說其言 從之固矣** 出公輒後卒死於越

자공(子貢)이 말하기를 "위(衛)나라 임금님이 오실 때 반드시 그 일행들과 모의하셨을 것인데, 그 무리 가운데 어떤 이는 오게 하고자 했을 것이고 어떤 이는 반대했을 것입니다. 이 때문에 늦게 오신 것입니다. 오게 하고자 했던 자들은 그대의 당여이고, 오지 못하게 하려고 했던 자들은 그대의 원수입니다. 만약 위나라 임금을 잡아둔다면 자기의 당여를 무너뜨리고 원수를 받드는 것이니, 이는 그대를 무너뜨리려는 자들이 뜻을 얻는 것입니다. 또 제후(諸侯)와 회합하고서 위나라 임금을 잡아둔다면 누가 감히 두려워하지 않겠습니까.

---

182) 지주(地主) : 회맹이 이루어지는 나라의 제후(諸侯).

183) 속금(束錦) : 다섯 필(匹)의 비단 묶음. 례물로 사용하였다.

184) 위나라 임금님께서~우려하기 : 위(衛)나라가 다른 마음을 품을까 걱정한다는 것이다.

자기의 당여를 무너뜨리고 원수를 받들어 제후들을 두렵게 한다면 아마도 패자가 되기는 어려울 것입니다."라고 하였다. 그러자 태재 비(嚭)가 기뻐하고 위후(衛侯)를 풀어 주었다. 위후는 돌아가서 이(夷)의 말투를 본받아 하였다. 오(吳)나라 사람의 방음(方音)을 배워서 한 것이다. 자지(子之)가 아직 어렸는데 자지(子之)는 공손미모(公孫彌牟)이다. 말하기를 "임금님은 반드시 화를 면하지 못할 것이니 이(夷) 땅에서 죽을 것이다. 잡혀있었으면서도 또 그들의 말을 좋아하니 그들을 따를 것이 틀림없다."고 하였다. 출공(出公) 첩(輒)이 뒤에 마침내 월(越)나라에서 죽었다.

宋向巢帥師伐鄭 송(宋)나라 상소(向巢)가 군대를 거느리고 정(鄭)나라를 쳤다.

宋鄭之間有隙地焉 曰彌作頃丘玉暢嵒戈鍚 凡六邑 **子産與宋人爲成 曰 勿有是** 俱棄之 **及宋平元之族自蕭奔鄭** 在定十五年 **鄭人爲之城嵒戈鍚** 以處平元之族 **九月 宋向巢伐鄭 取鍚 殺元公之孫 遂圍嵒 十二月 鄭罕達救嵒 丙申 圍宋師**

송(宋)나라와 정(鄭)나라 사이에 빈 땅이 있었으니, 미작(彌作)·경구(頃丘)·옥창(玉暢)·암(嵒)·과(戈)·양(鍚)이다. 모두 여섯 읍이다. 앞서 자산(子産)이 송인(宋人)과 화친하고서 말하기를 "이곳을 점유하지 말자."라고 하였다. 이곳을 함께 포기하자는 것이다. 송나라 평공(平公)과 원공(元公)의 종족이 소(蕭) 땅에서 정나라로 망명하였을 때 정공(定公) 15년에 있었다. 정인(鄭人)이 그들을 위해 암·과·양 땅에 성을 쌓았었다. 평공(平公)과 원공(元公)의 종족을 거처하게 한 것이다. 지금 9월에 송나라 상소(向巢)가 정나라를 쳐 양 땅을 취하고서 원공의 후손을 죽이고 뒤이어 암 땅을 포위하였다. 12월에 정나라 한달(罕達)이 암 땅을 구원하여 병신일에 송나라 군대를 포위하였다.

冬 十有二月 螽 겨울 12월에 메뚜기의 피해가 있었다.

冬 十二月 螽 季孫問諸仲尼 仲尼曰 丘聞之 火伏而後蟄者畢 火星昏伏在今十月 **今火猶西流 司歷過也** 周十二月今十月 是歲失閏不置 實今之九月 尙溫故有螽

겨울 12월에 메뚜기의 피해가 있었으니, 계손(季孫)이 중니(仲尼)에게 물었다. 중니가 말하기를 "나 구(丘)가 들으니 화성(火星)이 숨은 뒤에 곤충이 모두 칩거한다고 합니다. 화성(火星)이 어두워져 숨는 것은 지금의 10월이다. 지금 화성이 아직 서쪽을 지나고 있으니 사력(司歷)[185]이 잘못한 것입니다."라고 하였다. 주(周)나라 12월은 지금의 10월이다. 이 해에 윤달을 빠뜨리고 배치하지 않았으니, 사실상 지금의 9월이어서 아직 따뜻하기 때문에 메뚜기의 피해가 있다는 것이다.

애공(哀公) 13년 【己未 B.C.482】

十有三年 春 鄭罕達帥師取宋師于嵒

13년 봄에 정(鄭)나라 한달(罕達)이 군대를 거느리고 송(宋)나라 군대를 암(嵒) 땅에서 취하였다.

十三年 春 宋向魋救其師 救前年圍嵒師 **鄭子賸使徇曰 得桓魋者有賞 魋也逃歸 遂取宋師于嵒 獲成讙郜延** 二子 宋大夫 **以六邑爲虛** 空其地

13년 봄에 송(宋)나라 상퇴(向魋)가 그 군대를 구원하였다. 지난해 암(嵒) 땅을 포위한 송(宋)나라 군대를 구원한 것이다.[186] 정(鄭)나라 자잉(子賸 : 罕達)이 사람을 시켜 군영을 돌면서 말하게 하기를 "환퇴(桓魋)[187]를 잡는 자에게 상이 있을 것이다."라고 하니, 퇴(魋)가 도망하여 돌아갔다. 정나라 군대는 드디어 송나라 군대를 암(嵒) 땅에서 취(取)[188]하고, 성환(成讙)과 고연(郜延)을 사로잡고 두 사람은 송(宋)나라 대부이다. 여섯 읍을 비워 두었다. 그 땅을 비운 것이다.

---

185) 사력(司歷) : 력서(曆書)에 관한 일을 관장하는 관원.

186) 암(嵒)~것이다 : 암(嵒) 땅을 포위한 송(宋)나라 군대를 정(鄭)나라 군대가 다시 포위하였기 때문이다.

187) 환퇴(桓魋) : 상퇴(向魋)의 다른 칭호. 환공(桓公)의 후예이기 때문에 환퇴(桓魋)라고 한다.

188) 취(取) : 사방으로 에워싸서 차지함. 그물을 쳐 덮어 새를 잡듯이 에워싸 적의 전군(全軍)을 포로로 잡는 것을 이른다. 애공(哀公) 9년조 참조.

夏 許男成卒 여름에 허남(許男) 성(成)이 졸하였다.

成 公作戌

성(成)은 《공양전(公羊傳)》에는 술(戌)로 되어 있다.

公會晉侯及吳子于黃池 애공(哀公)이 진후(晉侯) 및 오자(吳子)와 황지(黃池)에서 회합하였다.

黃池 地名 ○其言及吳子者 會兩伯之辭 不書盟 諱之也 書會止此

황지(黃池)는 땅 이름이다. ○여기에서 급오자(及吳子)라고 한 것은 두 패자(霸者)와 회합하였다는 말이고, 경문에 맹약을 기록하지 않은 것은 숨긴 것이다.[189] 경문에 회합을 기록한 것은 여기에서 그친다.

夏 公會單平公晉定公吳夫差于黃池 **平公 周卿士 不書 不忍書也**

여름에 애공(哀公)이 선평공(單平公)·진정공(晉定公)·오(吳)나라 부차(夫差)와 황지(黃池)에서 회합하였다. 평공(平公)은 주(周)나라 경사(卿士)인데 경문에 기록하지 않은 것은 차마 기록하지 못한 것이다.[190]

楚公子申帥師伐陳 초(楚)나라 공자 신(申)이 군대를 거느리고 진(陳)나라를 쳤다.

189) 경문에~것이다 : 오(吳)나라와의 맹약을 수치로 여겨 숨긴 것이다. 이는 애공(哀公) 7년 증(鄫) 땅의 맹약을 숨겨 회합하였다고 기록한 것과 같은 용법이다.

190) 평공(平公)은~것이다 : 선평공(單平公)을 높여서 그가 오(吳)나라와의 회합에 참여하지 않은 것처럼 만들기 위하여 경문에 기록하지 않았다는 것이다.

於越入吳 秋 公至自會

어월(於越)[191]이 오(吳)나라로 쳐들어갔다. 가을에 애공(哀公)이 회합에서 돌아왔다.

六月 丙子 越子伐吳 爲二隧 隧 道也 **疇無餘謳陽自南方** 二子 越大夫 **先及郊 吳大子友王子地王孫彌庸壽於姚自泓上觀之** 泓 水名 **彌庸見姑蔑之旗** 姑蔑 越地 **曰 吾父之旗也** 彌庸父爲越所獲 故姑蔑人得其旗 **不可以見讎而弗殺也 大子曰 戰而不克 將亡國 請待之 彌庸不可 屬徒五千 王子地助之 乙酉 戰 彌庸獲疇無餘 地獲謳陽 越子至 王子地守 丙戌 復戰 大敗吳師 獲大子友王孫彌庸壽於姚 丁亥 入吳 吳人告敗于王 王惡其聞也 自剄七人於幕下** 惡諸侯聞之 殺以絶口

6월 병자일에 월자(越子)가 오(吳)나라를 칠 때 군대를 두 길[隧]로 나누었다. 수(隧)는 길이다. 주무여(疇無餘)와 구양(謳陽)이 남쪽으로부터 가서 두 사람은 월(越)나라 대부이다. 먼저 교외에 이르렀다. 오나라 태자 우(友)와 왕자 지(地)·왕손미용(王孫彌庸)·수어요(壽於姚)가 홍수(泓水) 가에서 이를 지켜보았다. 홍(泓)은 물 이름이다. 미용(彌庸)이 고멸(姑蔑)의 기(旗)를 보고 고멸(姑蔑)은 월(越)나라 땅이다. 말하기를 "내 아버지의 기이다. 미용(彌庸)의 아버지가 월(越)나라에 포로로 잡혔기 때문에 고멸인(姑蔑人)이 그 기를 얻은 것이다. 원수를 보고서 죽이지 않을 수 없다."라고 하였다. 태자가 말하기를 "싸워서 이기지 못하면 장차 나라가 망하게 되니 잠시 기다려라."고 하였다. 미용이 그럴 수 없다고 하면서 5천의 무리를 모으니, 왕자 지가 그를 도왔다. 을유일에 싸워서 미용이 주무여를 사로잡고 지는 구양을 사로잡았다. 월자가 이르니 왕자 지는 지키기만 하였다. 병술일에 다시 싸워서 월나라가 오나라 군대를 크게 패배시키고 태자 우·왕손미용·수어요를 사로잡았다. 정해일에 월나라 군대가 오나라로 쳐들어갔다. 오인(吳人)이 오왕(吳王)에게 패배하였음을 고하니, 오왕은 소문이 나는 것을 싫어하여 군막에서 손수 7인의 목을 베었다.[192] 제후들이 이 소식 듣게 되는 것을 싫어하여 죽여서 입을 막은 것이다.

秋 七月 辛丑 盟 吳晉爭先 爭歃血先後 **吳人曰 於周室 我爲長** 吳爲大伯後 故爲長 **晉人曰**

---

191) 어월(於越) : 월(越)나라. 어(於)는 발성어이다.

192) 오왕은~베었다 : 패배를 고하러 온 7인의 목을 벤 것이다.

於姬姓 我爲伯 爲侯伯 **趙鞅呼司馬寅** 寅 晉大夫 **曰 日旰矣 大事未成 二臣之罪也** 二臣 鞅寅 **建鼓整列 二臣死之 長幼必可知也** 勝者爲長 **對曰 請姑視之 反 曰 肉食者無墨** 墨 氣色下 **今吳王有墨 國勝乎** 國爲敵所勝 **大子死乎 且夷德輕 不忍久 請少待之 乃先晉人**

가을 7월 신축일에 맹약할 때 오(吳)나라와 진(晉)나라가 먼저 삽혈하고자 다투었다. 삽혈의 선후를 다툰 것이다. 오인(吳人)이 말하기를 "주(周)나라 왕실에 있어서 우리가 장자(長子)입니다."라고 하니 오(吳)나라는 태백(大伯)[193]의 후예이기 때문에 장자가 된다. 진인(晉人)이 말하기를 "희성(姬姓)의 나라 중에는 우리가 백(伯 : 盟主)입니다."라고 하였다. 후백(侯伯)이라는 것이다. 조앙(趙鞅)이 사마인(司馬寅)을 불러 인(寅)은 진(晉)나라 대부이다. 말하기를 "날이 저물어 가는데도 큰일을 마무리하지 못했소. 이는 두 신하의 죄요. 두 신하는 앙(鞅)과 인(寅)이다. 북을 걸어놓고 병사들을 정렬시키고서 우리 두 신하가 죽기를 각오하고 싸운다면 장유(長幼)를 알 수 있을 것이오."라고 하니, 승자가 장(長)이 된다는 것이다. 사마인이 대답하기를 "잠시 오나라에 대해 살펴보고자 합니다."라고 하였다. 살펴보고 돌아와서 말하기를 "고기를 먹는 자[194]는 안색이 어둡지 않은데 안색이 어두운 것은 기색이 떨어진 것이다. 지금 오왕(吳王)의 안색이 어두우니, 적국에게 국도가 함락되었거나 국도에서 적이 승리하였다는 것이다. 태자가 죽었을 것입니다. 또 저 이(夷)의 덕(德 : 性情)은 가벼워 오래 참지 못하니 잠시 기다리십시오."라고 하였다. 이윽고 진인(晉人)이 먼저 삽혈하였다.

吳人將以公見晉侯 子服景伯對使者曰 王合諸侯 則伯帥侯牧以見於王 伯 王官伯 侯牧 方伯 **伯合諸侯 則侯帥子男以見於伯** 伯 諸侯長 **自王以下 朝聘玉帛不同 故敝邑之職貢於吳 有豊於晉 無不及焉 以爲伯也 今諸侯會 而君將以寡君見晉君 則晉成爲伯矣 敝邑將改職貢 魯賦於吳八百乘 若爲子男** 若吳以魯見晉侯 是魯爲子男 **則將半邾以屬於吳** 半邾 三百乘 **而如邾以事晉** 如邾 六百乘 **且執事以伯召諸侯 而以侯終之 何利之有焉 吳人乃止**

오인(吳人)이 장차 애공(哀公)을 데리고 진후(晉侯)를 만나보려 하였다. 자복경백(子服景伯)이 사자에게 말하기를 "왕이 제후들을 회합시키면 백(伯)이 후목(侯牧)들을 거느리고 왕

193) 태백(大伯) : 주문왕(周文王)의 백부(伯父).

194) 고기를~자 : 정사(政事)를 담당하는 자를 이른다.

을 조현하고, 이때의 백(伯)은 왕관백(王官伯)[195]이고 후목(侯牧)은 방백(方伯)[196]이다. 백(伯)이 제후들을 회합시키면 후(侯)가 자남(子男)을 거느리고 백을 조견합니다. 이때의 백(伯)은 제후들의 우두머리이다. 왕으로부터 아래로 조견과 빙문에 옥백이 같지 않으니, 그러므로 우리나라가 오(吳)나라에 바치는 직공(職貢 : 貢物)이 진(晉)나라에 바치는 것보다 많았고 적지 않았던 것은 오나라를 백으로 여긴 것입니다. 그런데 지금 제후들을 회합시키면서 오나라 임금께서 장차 과군을 데리고 진나라 임금을 조견하면 진나라가 백이 되는 것을 이루어지게 하는 것이니, 우리나라도 앞으로 직공을 바꾸어 바치겠습니다. 우리 로나라는 8백 승(乘)을 기준으로 오나라에 직공을 바쳤는데,[197] 만약 자남(子南)으로 대우한다면 오(吳)나라가 로(魯)나라 임금을 데리고 진후(晉侯)를 조견한다면 이는 로나라가 자남(子南)이 된다는 것이다. 장차 반주(半邾)[198]로써 오나라에 부칠 것이고[199] 반주(半邾)는 3백 승(乘)이다. 여주(如邾)로써 진나라를 섬길 것입니다.[200] 여주(如邾)는 6백 승(乘)이다. 또 집사께서 백으로서 제후들을 소집하고 나서 후로서 일을 마친다면 무슨 리익이 있겠습니까."[201]라고 하니, 오인이 이에 그만두었다.

旣而悔之 謂景伯欺之 **將囚景伯 景伯曰 何也立後於魯矣** 何 景伯名 言己已立後 不避囚執 **將以二乘與六人從 遲速唯命 遂囚以還 及戶牖** 戶牖 宋地 **謂大宰曰 魯將以十月上辛有事於上帝先王 季辛而畢 何世有職焉 自襄以來 未之改也 若不會 祝宗將曰 吳實然** 言祝宗將告神 吳人信鬼 故以是恐之 **且謂魯不共 而執其賤者七人 何損焉 大宰嚭言於王曰 無損於魯 而祗爲名** 適爲惡名 **不如歸之 乃歸景伯**

얼마 있다가 오인(吳人)이 이를 후회하여 경백(景伯)이 속였다고 여긴 것이다. 경백(景伯)을 가두려고 하였다. 이에 경백이 말하기를 "나 하(何)는 로(魯)나라에 후계자를 세워두었으니 하(何)는 경백(景伯)의 이름이다. 자기는 이미 후계자를 세웠기 때문에 갇히거나 잡히는 것을 피하지 않겠다는

---

195) 왕관백(王官伯) : 주왕(周王)이 맹약을 주관하도록 파견한 신하.

196) 방백(方伯) : 일정 방면 제후들의 우두머리.

197) 우리~바쳤는데 : 애공(哀公) 7년에 로(魯)나라의 군대는 8백 승(乘)이라고 하였으니 이에 걸맞은 공물을 오(吳)나라에 바쳤다는 말이다.

198) 반주(半邾) : 애공(哀公) 7년에 주(邾)나라의 군대는 6백 승(乘)이라고 하였으니 반주(半邾)는 3백 승이다.

199) 장차~것이고 : 로(魯)나라가 3백 승(乘)을 거느리는 자남(子男)의 나라가 내는 공물만 오(吳)나라에 바치겠다는 것이다.

200) 여주(如邾)로써~것입니다 : 진(晉)나라는 로(魯)나라를 6백 승(乘)을 거느리는 나라로 대접하니 그에 걸맞은 공물을 진나라에 바치겠다는 것이다.

201) 백으로서~있겠습니까 : 맹주로서 일을 시작하고 마무리는 일반 제후처럼 한다면 아무 리익이 없다는 말이다.

말이다. 장차 수레 두 채와 종자 6인으로 따르겠지만, 빨리 가느냐 늦게 가느냐는 명대로 따르겠습니다."라고 하였다. 드디어 오인이 경백을 가두어 데리고 돌아갔다. 호유(戶牖)에 이르러 호유(戶牖)는 송(宋)나라 땅이다. 경백이 태재(大宰)에게 말하기를 "로나라는 장차 10월 상신(上辛)[202]에 상제와 선왕들에게 제사[事]를 받들어 계신(季辛)[203]에 마칩니다. 나 하의 집안은 대대로 그 일에 직분이 있어 양공(襄公) 이래로 바뀐 적이 없습니다. 만약 제가 참여하지 못한다면 축종(祝宗)[204]이 장차 '오(吳)나라가 실로 그렇게 만든 것이다.'라고 할 것입니다. 축종(祝宗)이 장차 신에게 고한다는 말이다. 오인(吳人)이 귀신을 믿었기 때문에 이 말로써 두렵게 한 것이다. 또 오나라는 로나라가 공경하지 않는다고 하여 천한 자 7인[205]을 잡아갔지만 로나라에 무슨 손해가 있겠습니까."라고 하였다. 태재 비(嚭)가 오왕(吳王)에게 말하기를 "로나라에는 손해가 없고 우리는 단지 나쁜 명성만을 얻게 될 것이니 단지 나쁜 명성만을 만든다는 것이다. 돌려보내는 것만 같지 못합니다."라고 하니 이에 경백을 돌려보냈다.

吳申叔儀乞糧於公孫有山氏 叔儀 吳大夫 有山 魯大夫 舊相識 **曰 佩玉縈兮 余無所繫之** 縈 音蘂 佩垂貌 言吳王服飾備 己獨無所佩 **旨酒一盛兮 余與褐之父睨之** 一盛 一器 褐 寒賤之人 言但得視 不得飮 **對曰 粱則無矣** 粱 精米也 **麤則有之 若登首山以呼曰 庚癸乎 則諾** 軍中不得出糧 故爲私隱 庚 西方 主穀 癸 北方 主水

오(吳)나라 신숙의(申叔儀)가 공손유산씨(公孫有山氏)에게 식량을 구하며 숙의(叔儀)는 오(吳)나라 대부이고 유산(有山)은 로(魯)나라 대부인데 오래전부터 서로 알고 지냈다. 말하기를 "우리 임금은 패옥을 늘어뜨렸으나[縈] 나는 꿰찰 패옥이 없고 예(縈)는 음이 예(蘂)이니 차서 늘어뜨린 모양이다. 오왕(吳王)의 복식(服飾)은 갖추어졌으나 자기만이 홀로 차고 다닐 패옥이 없다는 말이다. 우리 임금은 좋은 술이 한 그릇 가득하지만[一盛] 나와 갈옷을 입은 자[褐之父]들은 다만 곁눈질할 뿐이네."라고 하였다. 일성(一盛)은 한 그릇이다. 갈(褐)은 한미하고 천한 사람이다. 다만 바라보기만 할 뿐 마실 수 없다는 말이다. 공손유산씨가 대답하기를 "좋은 쌀[粱]은 없지만 량(粱)은 좋은 쌀이다. 거친 곡식은 있으니, 수산(首山)에 올라가 '경계야[庚癸乎].'[206]라고 부르면 답하리라."[207]라고 하였다. 군

---

202) 상신(上辛) : 매월 상순에 있는 신일(辛日).
203) 계신(季辛) : 매월 하순에 있는 신일(辛日).
204) 축종(祝宗) : 제사 때 기도를 주관하는 사람.
205) 천한 자 7인 : 자복경백(子服景伯)과 그 종자 6인을 이른다.
206) 경계야[庚癸乎] : 경(庚)은 곡식을 관장하는 방위이고 계(癸)는 물을 관장하는 방위이니, 이들 방위를 부르게 함으로써 곡식과 물을 제공하겠다는 의미이다.

중(軍中)에서는 곡식을 낼 수 없기 때문에 사사로이 몰래 하겠다는 것이다. 경(庚)은 서방이니 곡식을 주관하고, 계(癸)는 북방이니 물을 주관한다.

王欲伐宋 殺其丈夫 而囚其婦人 以不會黃池故 **大宰嚭曰 可勝也 而弗能居也** 地遠難居 **乃歸**

오왕(吳王)이 송(宋)나라를 쳐서 그 장부(丈夫)[208]를 죽이고 그 부인(婦人)을 가두려고 하였다. 송공(宋公)이 황지(黃池)의 회합에 참여하지 않았기 때문이다. 태재(大宰) 비(嚭)가 말하기를 "싸움에서 승리할 수는 있지만 거주할 수는 없습니다."라고 하니, 거리가 멀어서 거주하기 어렵다는 것이다. 곧 돌아갔다.

晉魏曼多帥師侵衛 진(晉)나라 위만다(魏曼多)가 군대를 거느리고 위(衛)나라를 침범하였다.

公無曼字 ○霸國侵伐 止此

《공양전(公羊傳)》에는 만(曼)자가 없다. ○경문에서 패권국의 침벌(侵伐)은 여기에서 그친다.

葬許元公 허(許)나라 원공(元公)의 장례를 지냈다.

九月 螽 9월에 메뚜기의 피해가 있었다.

207) 수산(首山)에~답하리라 : 공손유산씨(公孫有山氏)가 수산(首山)에 올라 부르면 신숙의(申叔儀)에게 대답하라는 것으로 보는 설도 있다.

208) 장부(丈夫) : 송(宋)나라 임금을 낮추어 이른 것이다.

冬

겨울이다.

吳及越平

오(吳)나라가 월(越)나라와 화평하였다.

十有一月 有星孛于東方

11월에 혜성[星孛]이 동방에 나타났다.

盜殺陳夏區夫

도적이 진(陳)나라 하구부(夏區夫)를 죽였다.

區 公作彄

구(區)는 《공양전(公羊傳)》에는 구(彄)로 되어 있다.

十有二月 螽

12월에 메뚜기의 피해가 있었다.

季孫不正歷 失閏此年 又十二月 螽 實十一月

계손(季孫)이 월력(月歷)을 바로잡지 않아서[209] 이 해에 윤달이 빠진 것이다. 또 12월에 메뚜기의 피해가 있었다고 하였으나 사실은 11월이다.

---

209) 계손(季孫)이~않아서 : 지난해 월력(月曆)에 윤달이 빠져 있음을 공자(孔子)가 계손(季孫)에게 지적하였으나 아직까지 월력을 바로잡지 않은 것이다.

애공(哀公) 14년【庚申 B.C.481】

十有四年 春 西狩獲麟

14년 봄에 서쪽에서 사냥을 하다가 기린을 잡았다.

麟 仁獸 聖王之嘉瑞 今出非其時 而虞人殺之 孔子作春秋 感其不祥而遂絶筆

기린은 어진 짐승으로 성왕(聖王)의 상서인데, 지금 그 때가 아닌데 나타나 우인(虞人)[210]이 상하게 하였다. 공자(孔子)가《춘추(春秋)》를 지으면서 그 상서롭지 못함을 감지하고 드디어 기록하기를 중단하였다.

十四年 春 西狩於大野 叔孫氏之車子鉏商獲麟 大野 在魯西 車子 微者 鉏商 名 以爲不祥以賜虞人 仲尼觀之 曰 麟也 然後取之

14년 봄에 애공(哀公)이 서쪽 대야(大野)에서 사냥하다가 숙손씨(叔孫氏)의 거자(車子)인 서상(鉏商)이 기린을 잡았는데 대야(大野)는 로(魯)나라 서쪽에 있다. 거자(車子)는 미천한 자이고 서상(鉏商)은 이름이다. 상서롭지 않게 여겨[211] 우인(虞人)에게 주었다. 중니(仲尼)가 이를 살펴보고 "기린이다."라고 한 뒤에야 이를 취하였다.

小邾射以句繹來奔

소주(小邾)의 역(射)이 구역(句繹)을 가지고 망명왔다.

射 小邾大夫 句繹 地名 此下至十六年 皆魯史之文 弟子欲存孔子卒 故幷錄之以繫於經 丘明亦隨而傳之終於哀公 以卒前事 其異事則皆略而不傳

역(射)은 소주(小邾)의 대부이다. 구역(句繹)은 땅 이름이다. 이 아래로부터 16년까지는 모두 로(魯)나라 사책(史策)의 글이다. 제자들이 공자(孔子)의 졸을 력사에 남기고자 하였기 때문에 이를 함께 기록하여 경문에 매었다.[212] 좌구명(左丘明) 또한 이를 따라 전(傳)을 내어 애공(哀公)에서 종결지어 전사(前事)[213]를 마친

210) 우인(虞人) : 산림천택(山林川澤)과 원유(苑囿) 등을 관장하는 관리.

211) 상서롭지~여겨 : 기린은 당시에 본 적이 없는 짐승이기 때문에 괴이한 것으로 보아 상서롭지 않다고 여긴 것이다.

212) 제자들이~매었다 : 공자(孔子)가 애공(哀公) 16년에 졸하였기 때문에 그때까지의 일을 경문으로 남긴 것

것이다. 그 다른 일들은 모두 생략하고 전을 내지 않았다.[214]

小邾射以句繹來奔 曰 使季路要我 吾無盟矣 使子路 子路辭 季康子使冉有謂之曰 千乘之國 不信其盟 而信子之言 子何辱焉 對曰 魯有事于小邾 不敢問故 死其城下 可也 彼不臣而濟其言 是義之也 由弗能 濟 成也

소주(小邾)의 역(射)이 구역(句繹)을 가지고 망명와서 말하기를 "계로(季路)로 하여금 나와 약속하게 한다면 나는 로(魯)나라와 맹약하지 않아도 됩니다."라고 하였다. 이에 로나라가 자로(子路 : 季路)를 보내려 하자 자로가 사절하였다. 계강자(季康子)가 염유(冉有)를 보내어 자로에게 말하기를 "로나라는 천승의 나라인데 그 맹약을 믿지 않고 그대의 말을 믿겠다고 하거늘 그대는 어찌 이를 치욕으로 여기오?"라고 하였다. 자로가 대답하기를 "로나라가 소주와 싸움을 한다면 감히 그 까닭을 묻지 않고 그 나라의 성 아래에서 죽더라도 좋습니다. 그러나 저 사람은 신하로서의 도리를 하지 않았는데 그 말을 이루어 준다면[濟] 이는 그를 의롭게 여기는 것이니, 나 유(由)는 그렇게 할 수 없습니다."라고 하였다. 제(濟)는 이루어 줌이다.

夏 四月 齊陳恒執其君 寘于舒州

여름 4월에 제(齊)나라 진항(陳恒)이 그 임금을 잡아서 서주(舒州)에 안치하였다.

齊簡公之在魯也 闞止有寵焉 簡公 悼公子壬 **乃卽位 使爲政 陳成子憚之 驟顧諸朝** 成子 陳恒 心不安 故數顧之 **諸御鞅言於公** 鞅 齊大夫 **曰 陳闞不可並也 君其擇焉** 擇用一人 **弗聽 子我夕** 子我 闞止 夕視事 **陳逆殺人 逢之** 陳逆 陳氏宗也 **遂執以入** 執逆至朝 **陳氏方睦 使疾而遺之潘沐 備酒肉焉** 使陳逆詐病 因內潘沐 幷內酒肉 潘 米汁 可以沐頭 **饗守囚者 醉而**

이다.

213) 전사(前事) : 애공(哀公) 27년까지의 일이다.

214) 그~않았다 : 애공(哀公) 27년 뒤로는 전문을 내지 않았다는 것이다. 십삼경주소본(十三經注疏本)에는 이 글 뒤에 '故此經無傳者多'라는 말이 있는데 저본(底本 : 奎章閣本)에서는 이 대목의 의미가 옳지 않다고 여겨 생략한 것으로 보인다.

殺之而逃 子我盟諸陳于陳宗 **失陳逆 懼其爲患 故盟之**

제간공(齊簡公)이 로(魯)나라에 있을 때 감지(闞止)를 총애하였는데,[215] 간공(簡公)은 도공(悼公)의 아들 임(壬)이다. 즉위하자 감지에게 정사를 맡겼다. 이에 진성자(陳成子)가 그를 두려워하여 조정에서 자주 그를 돌아보았다. 성자(成子)는 진항(陳恒)이다. 마음이 불안하였으므로 자주 돌아본 것이다. 제어앙(諸御鞅)[216]이 간공(簡公)에게 앙(鞅)은 제(齊)나라 대부이다. 말하기를 "진(陳 : 陳成子)과 감(闞 : 闞止)은 나란히 설 수 없으니, 임금님께서는 그들 가운데 한 사람을 선택하십시오."라고 하였으나 한 사람을 택하여 쓰라는 것이다. 듣지 않았다. 자아(子我)가 저녁 정사를 보러 갈 때 자아(子我)는 감지(闞止)이다. 저녁에 정사를 본 것이다. 진역(陳逆)이 사람을 죽였는데 길에서 그와 마주쳐 진역(陳逆)은 진씨(陳氏) 종족이다. 바로 그를 잡아 조정으로 들어갔다. 역(逆)을 잡아 조정에 이른 것이다. 이때 진씨(陳氏)들은 한창 화목하였다.[217] 그래서 진역으로 하여금 병을 사칭하게 하고서 머리 감을 쌀뜨물[潘]을 보내면서 술과 고기를 갖추어 보냈다. 진역(陳逆)으로 하여금 병을 사칭하게 하고서 머리 감을 쌀뜨물을 들여보내는 틈을 리용해 아울러 술과 고기도 들여보낸 것이다. 반(潘)은 쌀뜨물이니 그것으로 머리를 감을 수 있다. 진역이 죄수를 지키는 자에게 술과 고기를 먹이고 그가 취하자 죽이고 도망하니, 자아가 진씨의 종가에서 진씨들과 맹약하였다. 진역(陳逆)을 놓쳤기 때문에 그가 환난을 일으킬까 두려웠으므로 진씨들과 맹약한 것이다.

初 陳豹欲爲子我臣 **豹 陳氏族** **使公孫言己** **公孫 齊大夫** **已有喪而止 旣而言之** **旣 終喪也** **曰 有陳豹者 長而上僂** **肩背僂** **望視** **目望陽** **事君子必得志 欲爲子臣 吾憚其爲人也** **恐多詐** **故緩以告 子我曰 何害 是其在我也 使爲臣 他日 與之言政 說 遂有寵 謂之曰 我盡逐陳氏 而立女 若何 對曰 我遠於陳氏矣 且其違者不過數人 何盡逐焉 遂告陳氏 子行曰 彼得君 弗先 必禍子** **彼謂闞止** **子行舍於公宮** **陳逆隱於公宮**

이보다 앞서 진표(陳豹)가 자아(子我)의 가신이 되고자 하여 표(豹)는 진씨(陳氏)의 족속이다. 공손(公孫)으로 하여금 자기를 잘 말해달라고 부탁하였다. 공손(公孫)은 제(齊)나라 대부이다. 얼마 뒤 진표가 상을 당하자 공손이 그 일을 중지하였다가 상을 마치자[旣] 자아에게 기(旣)는 상을 마침이다. 말하기를 "진표라는 자가 있는데 키가 크고 상체가 굽어 어깨와 등이 구부정한 것이다. 시선이 위로 향하니 눈이 위를 바라본다는 것이다. 군자를 섬긴다면 반드시 뜻을 얻을 것

215) 제간공(齊簡公)이~총애하였는데 : 이 일은 애공(哀公) 6년에 있었다.

216) 제어앙(諸御鞅) : 제어(諸御)는 복성(複姓)이다.

217) 진씨(陳氏)들은~화목하였다 : 제(齊)나라를 도모하고자 하였기 때문에 종족이 친목한 것이다.

입니다.[218] 진표가 그대의 가신이 되고자 하지만 나는 그의 사람됨을 꺼림칙하게 여깁니다. 속이는 일이 많을까 두렵다는 것이다. 그러므로 이렇게 늦게 고합니다."라고 하였다. 자아가 말하기를 "해로울 게 뭐 있겠소. 이는 나에게 달려 있소."라 하고는 그를 가신으로 삼았다. 다른 날에 자아가 진표와 더불어 정사에 대해 이야기하고는 기뻐하여 드디어 총애하여 그에게 말하기를 "내가 진씨들을 모두 축출하고서 너를 진씨의 후계자로 세우려 하는데 너의 생각은 어떠하냐?"라고 하였다. 진표가 대답하기를 "나는 진씨들과 소원합니다. 그리고 진씨 가운데 당신의 명을 어기는 자는 몇 사람에 불과한데 어찌 다 축출하려 하십니까."라 하고는 드디어 이 말을 진씨에게 고하였다. 자행(子行 : 陳逆)이 말하기를 "저 사람[彼]이 임금의 마음을 얻고 있으니 선수를 치지 않으면 반드시 당신[陳成子]에게 화가 될 것입니다."라 하고서 피(彼)는 감지(闞止 : 子我)를 이른다. 자행은 공궁으로 가서 머물렀다. 진역(陳逆)이 공궁에 숨은 것이다.[219]

夏 五月 壬申 成子兄弟四乘如公 成子之兄弟 昭子莊簡子齒宣子夷穆子安廩丘子意玆芒子盈惠子得 凡八人 二人共一乘 **子我在幄 出逆之 遂入 閉門** 成子入 反閉門 不納子我 **侍人禦之** 子我侍人 **子行殺侍人 公與婦人飮酒于檀臺 成子遷諸寢 公執戈 將擊之 大史子餘曰 非不利也 將除害也** 言將爲公除害 **成子出舍于庫 聞公猶怒 將出** 將出奔 **曰 何所無君 子行抽劒曰 需 事之賊也 誰非陳宗 所不殺子者 有如陳宗** 言子若欲出 我必殺子 **乃止**

여름 5월 임신일에 성자(成子)의 형제들이 네 채의 수레를 타고 제간공(齊簡公)에게 갔다. 성자(成子)의 형제는 소자장(昭子莊)·간자치(簡子齒)·선자이(宣子夷)·목자안(穆子安)·름구자의자(廩丘子意玆)·망자영(芒子盈)·혜자득(惠子得)이니 모두 여덟 사람이다. 두 사람씩 한 수레에 같이 탄 것이다. 자아(子我)가 집무실에 있다가 나와서 그들을 맞이하니 드디어 들어가서는 문을 닫아걸었다. 성자(成子)가 들어가서는 도리어 문을 닫아걸어서 자아(子我)를 들어오지 못하게 한 것이다. 시인(侍人)이 이들을 막으니 자아(子我)의 시인(侍人)이다. 자행(子行)이 시인을 죽였다. 이때 간공(簡公)은 단대(檀臺)에서 부인(婦人)과 술을 마시고 있었는데 성자가 간공을 침전으로 옮기게 하자 간공은 창을 잡고 성자를 치려 하였다. 그러자 태사(大史)인 자여(子餘)가 말하기를 "저들은 임금님께 리롭지 못한 짓을 하려는 것이 아니고 해가 되는 것을 제거하려는 것입니다."라고 하였다. 장차 간공(簡公)을 위하여 해악을 제거하려 한다는 말이다. 성자가 공궁에서 나와 부고(府庫)에 머물면

---

218) 군자를~것입니다 : 섬기는 군자의 총애를 받을 것이라는 말이다.
219) 진역(陳逆)이~것이다 : 장차 내응하기 위하여 공궁으로 몰래 들어간 것이다.

서 간공이 여전히 노하고 있다는 말을 듣고 망명나가려 하며 망명나가려 한 것이다. 말하기를 "어느 곳인들 섬길 임금이 없겠는가."라고 하였다. 자행이 칼을 빼어 들고 말하기를 "망설임[需]은 일을 그르치는 화근입니다. 누구인들 진씨(陳氏)의 종주(宗主)가 아니겠습니까.[220] 맹세하건대[所] 내가 그대를 죽이지 않는다면 저 진씨의 종주들이 있습니다.[221]"라고 하니 당신이 만약 망명나가고자 한다면 나는 반드시 당신을 죽일 것이라는 말이다. 망명가는 것을 그만두었다.

子我歸 屬徒攻闈與大門 大門 公門也 **皆不勝 乃出 陳氏追之 失道于弇中 適豊丘** 弇中 狹路 豊丘 陳氏邑 **豊丘人執之以告 殺諸郭關** 齊關名 **成子將殺大陸子方** 子方 子我臣 **陳逆請而免之 以公命取車于道** 子方取道人車 **及耏 衆知而東之** 耏 地名 知其矯命 逐使東 **出雍門** 齊城門也 **陳豹與之車 弗受 曰 逆爲余請 豹與余車 余有私焉 事子我而有私于其讎 何以見魯衛之士 東郭賈奔衛** 賈卽子方 **庚辰 陳恒執公于舒州 公曰 吾早從鞅之言 不及此**

자아(子我)가 돌아가 그의 무리를 불러 모아 위(闈)[222]와 대문(大門)을 공격하였으나 대문(大門)은 공궁의 문이다. 모두 이기지 못하자 도성을 빠져나갔다. 진씨(陳氏)가 추격하자 자아는 엄중(弇中)에서 길을 잃어 풍구(豊丘)로 갔다. 엄중(弇中)은 좁은 길이다. 풍구(豊丘)는 진씨(陳氏)의 읍이다. 풍구인(豊丘人)이 그를 잡아 진씨에게 고하자 진씨는 그를 곽관(郭關)에서 죽였다. 제(齊)나라 관문 이름이다. 성자(成子)가 대륙자방(大陸子方)을 죽이려 하자 자방(子方)은 자아(子我)의 가신이다. 진역(陳逆)이 요청하여 그를 사면시켰다. 자방(子方)은 간공(簡公)의 명이라 사칭하여 길에서 수레를 탈취해 자방(子方)이 길에서 남의 수레를 탈취한 것이다. 이(耏) 땅으로 갔는데, 진씨의 무리가 알고 동쪽으로 가게 하였다. 이(耏)는 땅 이름이다. 그가 임금의 명을 사칭한 것을 알고 그를 밀어내어 동쪽으로 가게 한 것이다.[223] 자방이 옹문(雍門)을 나오니 제(齊)나라 성문이다. 진표(陳豹)가 그에게 수레를 주었는데 받지 않고 말하기를 "역(逆 : 陳逆)은 나를 위하여 사면

---

220) 누구인들~아니겠습니까 : 진씨(陳氏)는 종족이 많으니 진성자(陳成子)가 망명나간다면 누구라도 종주(宗主)가 될 수 있다는 것이다.

221) 내가~있습니다 : 맹세의 말에 '맹세를 지키지 않으면 하수(河水)의 신이 있어 나를 벌할 것이다[有如河水].'라는 것처럼 내가 당신을 죽이지 않으면 진씨(陳氏)의 력대 종주(宗主)들이 나를 벌하여 죽일 것이라는 의미이다.

222) 위(闈) : 공궁의 작은 문.

223) 동쪽으로~것이다 : 자방(子方)이 서쪽의 로(魯)나라나 위(衛)나라로 망명하려 하였기 때문에 동쪽 제(齊)나라 국도로 돌아가게 한 것이다.

을 요청하였고 표(豹 : 陳豹)는 나에게 수레를 주었으니, 이는 내가 진씨들과 사사로운 교분을 맺는 것이다. 내가 자아를 섬기면서 그의 원수들과 사사로운 교분을 맺는다면 어찌 로(魯)나라와 위(衛)나라의 인사들을 볼 수 있겠는가."라 하고 동곽가(東郭賈)는 위나라로 망명하였다. 가(賈)는 곧 자방(子方)이다. 경진일에 진항(陳恒 : 成子)이 서주(舒州)에서 간공을 잡으니, 간공이 말하기를 "내가 일찍이 앙(鞅)의 말을 따랐더라면 이 지경에 이르지 않았을 것이다."[224]라고 하였다.

庚戌 叔還卒 경술일에 숙환(叔還)이 졸하였다.

五月 庚申 朔 日有食之 5월 초하루 경신일에 일식이 있었다.

陳宗豎出奔楚 진(陳)나라 종수(宗豎)가 초(楚)나라로 망명나갔다.

宋向魋入于曹以叛 송(宋)나라 상퇴(向魋)가 조(曹) 땅으로 들어가 반란을 일으켰다.

曹 宋邑

조(曹)는 송(宋)나라 읍이다.

---

224) 내가~것이다 : 진성자(陳成子)와 감지(闞止) 중 한 사람을 선택하라는 제어앙(諸御鞅)의 말을 듣지 않은 것을 후회한 것이다.

宋桓魋之寵 害於公 公使夫人驟請享焉 而將討之 夫人 景公母 **未及 魋先謀公 請以鞌易薄** 鞌 向魋邑 薄 公邑 **公曰 不可 薄 宗邑也** 宗廟所在 **乃益鞌七邑 而請享公焉** 僞喜受賜 **以日中爲期 家備盡往** 甲兵之備 **公知之 告皇野曰 余長魋也** 少長育之 皇野 司馬子仲 **今將禍余 請卽救 司馬子仲曰 有臣不順 神之所惡也 而況人乎 敢不承命 不得左師不可** 左師 向魋兄向巢也 **請以君命召之 左師每食擊鐘 聞鐘聲 公曰 夫子將食 旣食 又奏** 奏樂 **公曰 可矣 以乘車往 曰 迹人來告 曰 逢澤有介麇焉** 迹人 主迹禽獸者 逢澤 宋地 介 大也 麇 獐也 **公曰 雖魋未來 得左師 吾與之田 若何** 皇野稱公命 **君憚告子 野曰 嘗私焉** 嘗 試也 **君欲速 故以乘車逆子**

송(宋)나라 환퇴(桓魋 : 向魋)에게 베푼 총애는 송경공(宋景公)에게 해가 되었다.[225] 경공(景公)이 부인(夫人)에게 급히 환퇴를 향연에 청하도록 하고서 토죄하려 하였다. 부인(夫人)은 경공(景公)의 어머니이다. 그런데 향연을 열기도 전에 퇴(魋)가 먼저 경공을 도모하여 안(鞌) 땅을 박(薄) 땅과 바꾸어줄 것을 청하였다. 안(鞌)은 상퇴(向魋)의 읍이고, 박(薄)은 공실(公室)의 읍이다. 경공이 말하기를 "안 된다. 박 땅은 종읍(宗邑)이다."라 하고 종묘(宗廟)가 있는 곳이다. 이에 안 땅에 일곱 읍을 더해주었다. 그러자 환퇴는 경공에게 향연에 참석해 줄 것을 청하면서 읍을 하사받은 것에 거짓으로 기뻐한 것이다. 정오에 만날 기약을 하고 가병을 준비하여 모두 거느리고 갔다. 무장한 병사를 준비한 것이다. 경공이 그 사실을 알고 황야(皇野)에게 일러 말하기를 "내가 퇴를 길러주었는데 어렸을 때부터 그를 길러주었다는 것이다. 황야(皇野)는 사마자중(司馬子仲)이다. 지금 나에게 해를 끼치려 하니, 즉시 나를 구원하라."고 하였다. 사마자중(司馬子仲)이 말하기를 "신하된 자로 순응하지 않는 자는 신령도 미워하거늘 하물며 사람에 있어서이겠습니까. 감히 명을 받들지 않을 수 있겠습니까마는 좌사(左師)의 도움을 얻지 못하면 할 수 없으니, 좌사(左師)는 상퇴(向魋)의 형 상소(向巢)이다. 임금님의 명으로 그를 부르십시오."라고 하였다. 좌사는 매번 식사 때마다 종을 쳤는데 종소리를 듣고 경공이 말하기를 "저 사람이 식사를 하려는 것이다."라고 하였다. 식사를 마치고 나서 또 연주하니, 음악을 연주한 것이다. 경공이 말하기를 "이제 가도 좋다."라고 하였다. 이에 자중(子仲)이 승거(乘車)를 타고 가서 좌사에게 말하기를 "적인(迹人)이 와서 고하기를 '봉택(逢澤)에 큰[介] 노루[麇]가 나타났습니다.'라고 하자, 적인(迹人)은 금수를 추적하는 일을 주관하는 자이다. 봉택(逢澤)은 송(宋)나라 땅이다. 개(介)는 큼이고 균(麇)은 노루이다. 공께서 말씀하시기를 '비록 퇴가 아직 오지 않았지만 좌사는 갈 수 있으

225) 환퇴(桓魋 : 向魋)에게~되었다 : 환퇴(桓魋)가 총애를 믿고서 교만함이 가득해지자 그 해악이 송경공(宋景公)에게 미친 것이다.

니 내가 그와 함께 사냥하려 하는데 어떻겠는가?'라고 하셨습니다. 황야(皇野)가 경공(景公)의 명이라고 칭한 것이다. 임금님께서 그대에게 직접 말씀하시는 것을 꺼려하기에 나 야(野)가 말씀드리기를 '시험 삼아[嘗] 사사로이 청해 보겠습니다.'라고 하였습니다. 상(嘗)은 시험함이다. 임금님께서 속히 하고자 하시기에 승거로 그대를 맞이하러 온 것입니다."라고 하였다.

與之乘 至 公告之故 拜不能起 向巢懼不能起 **司馬曰 君與之言** 使公要誓 **公曰 所難子者 上有天 下有先君** 言雖誅魋 不使禍難及子 **對曰 魋之不共 宋之禍也 敢不唯命是聽 司馬請瑞焉** 瑞 符節 **以命其徒攻桓氏** 桓氏 向魋 **其父兄故臣曰 不可 其新臣曰 從吾君之命 遂攻之 子頎騁而告桓司馬** 子頎 桓魋弟 桓司馬卽魋 **司馬欲入** 入攻君 **子車止之** 車亦魋弟 **曰 不能事君 而又伐國 民不與也 祇取死焉 向魋遂入于曹以叛**

황야(皇野 : 司馬子仲)가 좌사(左師 : 向巢)와 함께 수레를 타고 이르니, 경공(景公)이 좌사에게 부른 까닭을 말하자 좌사가 절하고서 일어나지 못하였다. 상소(向巢)가 두려워하여 일어나지 못한 것이다. 사마(司馬 : 皇野)가 말하기를 "임금님께서는 좌사와 언약을 하십시오."라고 하였다. 경공(景公)으로 하여금 맹세를 하게 한 것이다. 경공이 말하기를 "맹세코 그대에게 화난이 미치게 한다면 위로는 하늘이 있고 아래로는 선군이 있을 것이다."라고 하니, 비록 상퇴(向魋)를 죽이더라도 화난이 그대에게 미치게 하지 않겠다는 말이다. 좌사가 대답하기를 "퇴(魋)가 임금님에게 공손하지 않는 것은 우리 송(宋)나라의 화난이니 감히 명을 듣지 않겠습니까."라고 하였다. 사마가 서(瑞)를 청하여 서(瑞)는 부절(符節)[226]이다. 이것을 가지고 자기 무리에게 명하여 환씨(桓氏)를 공격하게 하였다. 환씨(桓氏)는 상퇴(向魋)이다. 그 부형과 오래된 가신들은 안 된다고 하였으나 새로운 가신들은 우리 주군의 명을 따르겠다고 하니 드디어 상퇴를 공격하였다. 자기(子頎)가 말을 달려 환사마(桓司馬)에게 고하니, 자기(子頎)는 환퇴(桓魋)의 아우이고 환사마(桓司馬)는 바로 퇴(魋)이다. 사마(司馬 : 桓魋)가 쳐들어가고자 하였다. 쳐들어가서 임금을 공격하려 한 것이다. 자거(子車)가 말리며 거(車)도 퇴(魋)의 아우이다. 말하기를 "임금을 잘 섬기지 못하고 또 국도를 친다면 백성이 편들지 않을 것이니, 다만 죽음을 취할 뿐입니다."라고 하니, 상퇴는 드디어 조(曹) 땅[227]으로 들어가 반란을 일으켰다.

---

226) 부절(符節) : 임금으로부터 군권을 위임받은 징표. 이것으로 군대를 지휘한다.

227) 조(曹) 땅 : 애공(哀公) 8년에 송(宋)나라가 조(曹)나라를 멸하고 만든 읍이다.

莒子狂卒

거자(莒子) 광(狂)이 졸하였다.

六月 宋向魋自曹出奔衛 宋向巢來奔

6월에 송(宋)나라 상퇴(向魋)가 조(曹) 땅에서 위(衛)나라로 망명나갔다. 송나라 상소(向巢)가 우리나라로 망명왔다.

六月 使左師巢伐之 欲質大夫以入焉 巢不能克魋 恐公怒 欲得國內大夫爲質 還入國 **不能 亦入于曹取質** 不能得大夫 故劫曹人子弟而質之 欲以自固 **魋曰 不可 旣不能事君 又得罪于民 將若之何 乃舍之 民遂叛之 向魋奔衛 向巢來奔 宋公使止之 曰 寡人與子有言矣 不可以絶向氏之祀 辭曰 臣之罪大 盡滅桓氏可也 若以先臣之故 而使有後 君之惠也 若臣則不可以入矣 司馬牛致其邑與珪焉 而適齊** 牛 魋弟 珪 守邑符信 **向魋出於衛地 公文氏攻之** 公文氏 衛大夫 **求夏后氏之璜焉 與之他玉 而奔齊 陳成子使爲次卿 司馬牛又致其邑焉 而適吳** 示不與魋同 **吳人惡之而反 趙簡子召之 陳成子亦召之 卒於魯郭門之外 阬氏葬諸丘輿** 阬氏 魯人 丘輿 魯地 錄其卒葬 愍賢者失所

6월에 송경공(宋景公)이 좌사(左師) 소(巢)를 시켜 상퇴(向魋)를 치게 하자, 좌사는 대부들을 인질로 삼아 국도로 들어가고자 하였다. 소(巢)는 퇴(魋)를 이기지 못하면 경공(景公)이 노할까 두려워하여 국내의 대부들을 인질로 삼아 국도로 다시 들어가고자 한 것이다.[228] 그럴 수 없게 되자 또 조(曹) 땅으로 들어가 인질을 취하였다.[229] 대부들을 인질로 삼을 수 없게 된 것이다. 그러므로 조인(曹人)의 자제들을 겁박하여 인질로 삼고 스스로를 공고히 하고자 한 것이다. 퇴(魋)가 말하기를 "안 됩니다. 이미 임금님을 잘 섬기지 못하였는데 또 백성에게 죄를 얻는다면 장차 어떻게 하겠습니까." 라고 하니, 이에 풀어 주었다. 백성이 드디어 그들을 배반하니 상퇴는 위(衛)나라로 망명하고 상소(向巢)는 우리나라로 망명왔다. 송공(宋公)이 사람을 보내어 상소의 망명을 만류하

228) 국내의~것이다 : 대부들을 인질로 삼아 조(曹) 땅으로 가서 상퇴(向魋)와 함께 국도로 다시 들어가 경공(景公)을 배반하고자 한 것이다.

229) 조(曹)~취하였다 : 상소(向巢)도 조(曹) 땅으로 들어갔으니 이는 임금을 배반하고 상퇴(向魋)와 한편이 된 것이다. 조인(曹人)의 자제들을 인질로 잡은 것은 자기를 배반하지 못하도록 하기 위해서였다.

면서 말하기를 "과인이 그대와 약속한 말이 있으니 상씨(向氏)의 제사가 끊어지게 할 수 없다."라고 하였다. 상소가 사양하며 말하기를 "신의 죄가 크니 환씨(桓氏)를 모두 멸하여도 괜찮습니다. 만약 선신(先臣)의 공을 생각하시어 후계자를 세워주시면 임금님의 은혜입니다만 신과 같은 자는 국도로 들어갈 수가 없습니다."라고 하였다. 사마우(司馬牛)는 자기 읍과 규(珪)를 돌려주고 제(齊)나라로 갔다. 우(牛)는 퇴(魋)의 아우이다. 규(珪)는 읍을 지키는 자의 부신(符信)이다. 상퇴가 위나라 땅에서 나가려는데 공문씨(公文氏)가 그를 공격하면서 공문씨(公文氏)는 위(衛)나라 대부이다. 상퇴가 가지고 있던 하후씨(夏后氏)의 황(璜)[230]을 요구하였다. 상퇴가 다른 옥을 주고 제나라로 망명하니, 진성자(陳成子)가 그를 차경(次卿)으로 삼았다. 그러자 사마우는 또 자기의 읍을 바치고[231] 오(吳)나라로 갔는데 퇴(魋)와 함께하지 않겠다는 뜻을 보인 것이다. 오인(吳人)이 그를 미워하니 돌아섰다. 조간자(趙簡子)가 그[司馬牛]를 부르고 진성자도 그를 불렀으나 로(魯)나라 외성문 밖에서 졸하니, 갱씨(阬氏)가 구여(丘輿)에 장사지냈다. 갱씨(阬氏)는 로(魯)나라 사람이다. 구여(丘輿)는 로나라 땅이다. 그의 죽음과 장지를 기록하여 어진이가 있을 곳을 잃은 것을 불쌍히 여긴 것이다.

> **齊人弑其君壬于舒州**
> 제인(齊人)이 그 임금 임(壬)을 서주(舒州)에서 시해하였다.

甲午 齊陳恒弑其君壬于舒州 孔丘三日齊 本又作齋 **而請伐齊三 公曰 魯爲齊弱久矣 子之伐之 將若之何 對曰 陳恒弑其君 民之不與者半 以魯之衆 加齊之半 可克也 公曰 子告季孫 孔子辭** 辭不告 **退而告人 曰 吾以從大夫之後也 故不敢不言**

갑오일에 제(齊)나라 진항(陳恒)이 그 임금 임(壬 : 簡公)을 서주(舒州)에서 시해하였다. 공구(孔丘)가 사흘간 재계하고[齊] 다른 한 본에는 또 재(齋)로 되어 있다. 제나라를 칠 것을 세 차례 청하니, 애공(哀公)이 말하기를 "우리 로(魯)나라는 제나라 때문에 약화된 지 오래되었는데 그대가 제나라를 치자는 것은 장차 어떻게 하겠다는 것인가?"라고 하였다. 공구가 대답하기를 "진항이 그 임금을 시해하였으니, 제나라 백성 가운데 그를 편들지 않는 자가 반은 될 것입니다. 로나라의 무리를 제나라 백성의 반에 더하면 이길 수 있습니다."라고 하니,

---

230) 황(璜) : 반월형 패옥(佩玉).

231) 자기의~바치고 : 제(齊)나라가 준 읍을 되돌려 준 것이다.

애공이 말하기를 "그대는 계손(季孫)에게 고하라."라고 하였다. 공자(孔子)는 사절하고서 사절하고 계손(季孫)에게 고하지 않은 것이다. 물러 나와 어떤 사람에게 말하기를 "나는 대부의 뒤를 따르기 때문에[232] 감히 말하지 않을 수는 없었다."[233]라고 하였다.

秋 晉趙鞅帥師伐衛

가을에 진(晉)나라 조앙(趙鞅)이 군대를 거느리고 위(衛)나라를 쳤다.

八月 辛丑 仲孫何忌卒

8월 신축일에 중손하기(仲孫何忌)가 졸하였다.

初 孟孺子洩將圉馬於成 圉 畜養也 成宰公孫宿不受 曰 孟孫爲成之病 不圉馬焉 病謂民貧困 孺子怒 襲成 從者不得入 乃反 成有司使 句 孺子鞭之 秋 八月 辛丑 孟懿子卒 成人奔喪 弗內 袒免 哭于衢 聽共 弗許 請聽命共使 懼 不歸

이보다 앞서 맹유자(孟孺子) 설(洩)[234]이 성(成) 땅[235]에서 말을 기르려[圉] 하였는데, 어(圉)는 가축을 기름이다. 성 땅의 읍재(邑宰)인 공손숙(公孫宿)이 그 요구를 받아들이지 않으며 말하기를 "맹손(孟孫 : 孟懿子)께서는 성 땅의 백성이 빈곤해진다고[病] 여겨 이곳에서 말을 기르지 않으셨습니다."라고 하니, 병(病)은 백성이 빈곤해짐을 이른다. 유자(孺子)가 노하여 성 땅을 습격하였으나 종자들이 성 땅으로 쳐들어가지 못하니[236] 곧 돌아갔다. 그 뒤 성 땅의 유사(有司)가 사자를 보내자 구두(句讀)이다. 유자는 그 사자를 채찍질하였다. 가을 8월 신축일에 맹의자(孟懿子 : 仲孫何忌)가 졸하자, 성인(成人)이 분상(奔喪)[237]하니 맹유자는 그들

232) 대부의~때문에 : 일찍이 대부의 반렬에 있었다는 것이다.

233) 나는~없었다 : 《론어(論語)》 〈헌문(憲問)〉에는 공자(孔子)가 애공(哀公)에게 진항(陳恒)의 토죄를 청하였으나 거절당하자 이 말을 하였고, 계손(季孫)에게 가서 진항의 토죄를 청하였는데 거절하자 나와서 또 이렇게 말한 것으로 기록되어 있다.

234) 설(洩) : 맹의자(孟懿子)의 후계자인 그 아들 맹무백(孟武伯)이다.

235) 성(成) 땅 : 맹손씨(孟孫氏)의 읍.

236) 종자들이~못하니 : 성(成) 땅의 수비가 견고하여 맹유자(孟孺子)의 종자들이 성 땅으로 쳐들어가지 못한 것이다.

을 안으로 들이지 않았다. 그러자 성인은 단(袒)과 문(免)[238]을 하고 큰길에서 곡하면서 명을 듣고 상사에 이바지하겠다고 하였으나 허낙하지 않으니, 명을 듣고 시키는 일을 받들겠다고 청한 것이다. 성인은 두려워서 돌아가지도 못하였다.

冬 陳宗豎自楚復入于陳 陳人殺之

겨울에 진(陳)나라 종수(宗豎)가 초(楚)나라에서 다시 진나라로 들어가니 진인(陳人)이 그를 죽였다.

陳轅買出奔楚

진(陳)나라 원매(轅買)가 초(楚)나라로 망명나갔다.

有星孛

혜성[星孛]이 나타났다.

不言所在 史失之

혜성이 출현한 곳을 말하지 않은 것은 사관이 빠뜨린 것이다.

饑

기근이 들었다.

---

237) 분상(奔喪): 본래 의미는 외지에서 부모·임금·존장(尊長)의 상(喪)을 듣고 급히 간다는 것이지만 여기서는 정식으로 부고를 받지 않고 문상 온 것을 이른다.

238) 단(袒)과 문(免): 단(袒)은 상사(喪事)에서 조의를 표하기 위해 상의의 왼쪽 어깨를 드러내는 것이고, 문(免)은 관을 벗는 것이다.

애공(哀公) 15년 【辛酉 B.C.480】

十有五年 春 王正月 成叛 15년 봄 왕정월에 성(成) 땅이 배반하였다.

十五年 春 成叛于齊 武伯伐成 不克 遂城輸 武伯 孺子洩也 城輸邑以偪成

15년 봄에 성(成) 땅이 배반하고 제(齊)나라에 붙었다.[239] 무백(武伯)이 성 땅을 쳤으나 이기지 못하여 드디어 수(輸) 땅에 성을 쌓았다. 무백(武伯)은 유자(孺子) 설(洩)이다. 수읍(輸邑)에 성을 쌓아 성(成) 땅을 압박한 것이다.

夏 五月 齊高無丕出奔北燕 여름 5월에 제(齊)나라 고무비(高無丕)가 북연(北燕)으로 망명나갔다.

鄭伯伐宋 정백(鄭伯)이 송(宋)나라를 쳤다.

○夏 楚子西子期伐吳 及桐汭 桐 水名 **陳侯使公孫貞子弔焉 及良而卒** 良 吳地 **將以尸入** 聘禮 賓死 未將命 則旣斂于棺 造于朝 介將命 **吳子使大宰嚭勞 且辭曰 以水潦之不時 無乃廩然隕大夫之尸** 廩然 傾動貌 **以重寡君之憂 寡君敢辭 上介芋尹蓋對** 蓋 陳大夫 貞子上介 **曰 寡君聞楚爲不道 荐伐吳國 滅厥民人 寡君使蓋備使 弔君之下吏** 備猶副也 **無祿 使人逢天之慼 大命隕隊 絶世于良 廢日共積** 廢行道之日 以供殯斂積聚之用 **一日遷次** 一日便遷次 不敢留君命 **今君命逆使人曰 無以尸造于門 是我寡君之命委于草莽也 且**

---

239) 성(成)~붙었다 : 성(成) 땅의 읍재(邑宰)인 공손숙(公孫宿)이 맹씨(孟氏)를 배반하여 성 땅을 가지고 제(齊)나라에 붙은 것이다.

臣聞之曰 事死如生 禮也 於是乎有朝聘而終 以尸將事之禮 又有朝聘而遭喪之禮 遭所聘之喪 **若不以尸將命 是遭喪而還也 無乃不可乎 以禮防民 猶或踰之 今大夫曰 死而棄之 是棄禮也 其何以爲諸侯主 先民有言曰 無穢虐士** 虐士 死者 **備使奉尸將命 苟我寡君之命達于君所 雖隕于深淵 則天命也 非君與涉人之過也 吳人內之**

○여름에 초(楚)나라 자서(子西)와 자기(子期)가 오(吳)나라를 쳐서 동예(桐汭)[240]에 이르자, 동(桐)은 물 이름이다. 진후(陳侯)가 공손정자(公孫貞子)를 보내어 오나라를 위문하게 하였다.[241] 량(良) 땅에 이르러 공손정자가 졸하니 량(良)은 오(吳)나라 땅이다. 진인(陳人)은 그 시구(屍柩)를 모시고 오나라 국도로 들어가려 하였다. 〈빙례(聘禮)〉[242]에 의하면 빈(賓 : 使臣)이 죽었을 때 아직 사명(使命)을 전달하지 못하였으면 그 시신을 렴습(殮襲)하여 관에 넣어 가지고 조정(朝庭 : 受聘國의 朝廷)으로 가서 개사(介使 : 副使)가 사명을 전달한다. 그러자 오자(吳子 : 夫差)가 태재(大宰) 비(嚭)를 보내어 위로하고,[243] 또 사절하며 말하기를 "우리나라에 때아닌 큰비가 내렸기 때문에 혹시 물이 요동쳐서[廩然] 대부[公孫貞子]의 시구를 물에 빠뜨려 름연(廩然)은 요동치는 모양이다. 과군의 근심을 가중시키지 않겠습니까. 그러므로 과군은 감히 사절하십니다."라고 하였다. 상개(上介)[244]인 우윤(芋尹) 개(蓋)가 대답하기를 개(蓋)는 진(陳)나라 대부로 정자(貞子)의 상개(上介)이다. "과군은 초나라가 무도하여 자주 오나라를 쳐서 오나라 백성을 살상한다는 말을 들고서, 과군이 나 개를 비사(備使 : 副使)로 삼아 임금님[吳君]의 하리(下吏)를 위로하게 하였습니다. 비(備)는 버금[副]과 같다. 그런데 불행하게도[無祿] 사인(使人 : 公孫貞子)이 하늘이 내린 우환을 만나 목숨을 잃어 량 땅에서 세상을 떠나니, 우리들은 도중에 날을 허비하면서 빈렴(殯斂)에 필요한 용품을 갖추어 길 가는 날을 허비하면서 빈렴(殯斂)에 필요한 용품을 모아서 갖추었다는 것이다. 매일 숙소[次]를 옮겨가며 왔습니다. 매일 숙소를 옮기고 감히 군명을 지체시키지 않았다는 것이다. 그런데 지금 오나라 임금님께서 사신을 맞으라고 명하시면서 '시구를 국도의 성문에 이르게 하지 말라.'고 하시니, 이는 우리 과군의 명을 풀밭에 버리는 것입니다. 또 신이 듣건대 '죽은 사람 섬기기를 산 사람과 같이하는 것이 례이다.'라고 하였습니다. 그러므로

240) 동예(桐汭) : 동수(桐水)가 단양호(丹陽湖)로 들어가는 곳.

241) 진후(陳侯)가~하였다 : 진민공(陳閔公)이 공손정자(公孫貞子)를 보내어 오(吳)나라가 초(楚)나라에 침범당한 것을 위문하게 한 것이다.

242) 〈빙례(聘禮)〉 : 《의례(儀禮)》의 편 이름.

243) 오자(吳子 : 夫差)가~위로하고 : 오(吳)나라 부차(夫差)가 태재(大宰) 비(嚭)를 보내어 교외(郊外)에서 영접하고 위로하게 한 것이다.

244) 상개(上介) : 사신의 보좌역.

조빙(朝聘) 중에 사신이 죽으면 시구를 모시고 가서 일을 행하는[將] 례가 있고, 또 조빙 중에 수빙국(受聘國)의 상을 만나면 조문하는 례가 있습니다. 빙문 받는 나라의 상을 만나는 것이다. 그런데 만약 시구를 모시고 가서 사명(使命)을 받들지 않는다면 이는 수빙국의 상을 만나 사신이 그냥 돌아가는 것과 같으니, 안 되는 것 아닙니까. 례로써 백성이 한계를 넘지 못하도록 막더라도 백성은 오히려 간혹 넘기도 하는데, 지금 대부께서 '사신이 죽었으니 사명을 전하는 것을 폐지하라.'고 하시니 이는 례를 버리는 것입니다. 그리한다면 어찌 제후의 맹주가 될 수 있겠습니까. 선민(先民)[245]이 말하기를 '학사(虐士)를 더럽게 여기지 말라.'고 하였으니, 학사(虐士)는 죽은 자이다. 비사가 시구를 모시고 사명을 받들어 진실로 우리 과군의 명을 오나라 임금님의 처소에 전달할 수 있다면 그 시구가 비록 깊은 물속에 빠진다 하더라도 곧 천명이니 오나라 임금님과 섭인(涉人)[246]의 잘못이 아닙니다."라고 하니, 오인(吳人)이 그들을 받아들였다.

秋 八月 大雩
가을 8월에 크게 기우제를 지냈다.

晉趙鞅帥師伐衛
진(晉)나라 조앙(趙鞅)이 군대를 거느리고 위(衛)나라를 쳤다.

冬 晉侯伐鄭
겨울에 진후(晉侯)가 정(鄭)나라를 쳤다.

245) 선민(先民) : 옛 현인.

246) 섭인(涉人) : 뱃사공.

及齊平
우리나라가 제(齊)나라와 화평하였다.

秋 齊陳瓘如楚 瓘 陳恒之兄子玉也 **過衛 仲由見之 曰 天或者以陳氏爲斧斤 旣斲喪公室 而他人有之 不可知也 其使終饗之 亦不可知也 若善魯以待時 不亦可乎 何必惡焉** 仲由事孔子 故爲魯言 **子玉曰 然 吾受命矣 子使告我弟** 弟 成子也

가을에 제(齊)나라 진관(陳瓘)이 초(楚)나라에 갈 때 관(瓘)은 진항(陳恒)의 형 자옥(子玉)이다. 위(衛)나라에 들렀다. 중유(仲由)[247]가 그를 만나보고 말하기를 "하늘이 혹시 진씨(陳氏)를 도끼로 삼아 제나라 공실을 찍어 망하게 하여 다른 사람이 제나라 공실을 소유하게 하려는 것인지 알 수 없고, 진씨로 하여금 마침내 그것을 향유하게 하려는 것인지도 또한 알 수 없으니, 만약 로(魯)나라와 사이좋게 지내면서 때를 기다린다면 또한 좋지 않겠습니까. 무엇 때문에 서로 나쁘게 지낼 필요가 있겠습니까."라고 하니, 중유(仲由)가 공자(孔子)를 섬겼기 때문에 로(魯)나라를 위하여 말한 것이다. 자옥(子玉 : 陳瓘)이 말하기를 "그렇습니다. 그런데 나는 사신의 명을 받았으니, 그대가 사람을 보내어 내 아우에게 이 말을 고해 주시오."라고 하였다. 아우는 성자(成子 : 陳恒)이다.

冬 及齊平 子服景伯如齊 子贛爲介 見公孫成 公孫成 成宰公孫宿 **曰 人皆臣人 而有背人之心 況齊人雖爲子役 其有不貳乎** 言子叛魯 齊人亦將叛子 **子 周公之孫也 多饗大利 猶思不義 利不可得 而喪宗國 將焉用之 成曰 善哉 吾不早聞命**

겨울에 우리나라가 제(齊)나라와 화평하였다. 자복경백(子服景伯)이 제나라에 갈 때 자공(子贛 : 子貢)이 부사(副使 : 介)였는데 공손성(公孫成)을 만나보고 공손성(公孫成)은 성(成) 땅의 읍재(邑宰)인 공손숙(公孫宿)이다. 말하기를 "사람들은 모두 신하가 되고서도 섬기는 사람을 배반할 마음을 갖는데, 하물며 제인(齊人)이 비록 당신을 위해 힘쓴다 해도 어찌 두마음을 갖지 않겠습니까. 당신이 로(魯)나라를 배반하였으니 제인(齊人)도 장차 당신을 배반할 것이라는 말이다. 당신은 주공(周公)의 후손으로 큰 리익을 많이 누리고도 오히려 의롭지 못한 일을 생각하였으니, 리익은 얻지 못하고 종국(宗國 : 祖國)을 상(喪)하게 할 것입니다.[248] 그러니 장차 이를

247) 중유(仲由) : 공자(孔子)의 제자 자로(子路).

248) 종국(宗國 : 祖國)을~것입니다 : 성(成) 땅을 가지고 제(齊)나라에 붙었으니 종국(宗國)인 로(魯)나라를 위태롭게 한다는 것이다.

어디에 쓰겠습니까."[249]라고 하였다. 성(成)이 말하기를 "좋은 말씀입니다. 내 일찍이 이런 명(命)[250]을 듣지 못하였습니다."라고 하였다.

陳成子館客 使景伯子贛就館 **曰 寡君使恒告曰 寡人願事君如事衛君** 言衛與齊同好 而魯未肯 **景伯揖子贛而進之 對曰 寡君之願也 昔晉人伐衛** 在定八年 **齊爲衛故 伐晉冠氏 喪車五百** 在定九年 **因與衛地 自濟以西 禚媚杏以南 書社五百** 二十五家爲一社 籍書而致之 **吳人加敝邑以亂** 在八年 **齊因其病 取讙與闡 寡君是以寒心 若得視衛君之事君也 則固所願也 成子病之 乃歸成** 以成歸魯 **公孫宿以其兵甲入于嬴** 嬴 齊邑 避魯也

진성자(陳成子)가 빈객을 빈관(賓館)에 머물게 하고서 경백(景伯)과 자공(子贛)을 빈관(賓館)으로 가게 한 것이다. 말하기를 "과군이 나 항(恒 : 陳成子)을 보내어 이르기를 '과인은 로(魯)나라 임금님 섬기기를 위(衛)나라 임금님 섬기는 것처럼 하기를 원한다.'고 하였습니다."라고 하였다. 위(衛)나라는 제(齊)나라와 서로 우호하였지만 로(魯)나라는 그렇게 하지 않는다는 말이다. 그러자 경백(景伯)이 자공(子贛)에게 읍하고서 나아가 대답하게 하기를 "이는 과군이 원하는 것입니다. 예전에 진인(晉人)이 위(衛)나라를 쳤을 때 정공(定公) 8년에 있었다. 제(齊)나라가 위나라를 위한다는 리유로 진(晉)나라 관씨(冠氏)를 쳤다가 병거 5백 승을 잃었습니다. 정공(定公) 9년에 있었다. 이로 인하여 위나라에게 제수(濟水) 서쪽으로부터 작(禚)·미(媚)·행(杏) 이남의 땅[251]과 5백 사(社)를 기록한 문서를 주었습니다. 25가(家)가 1사(社)가 된다. 문서에 기록하여 준 것이다. 그리고 오인(吳人)이 우리 로나라에 병란을 가했을 때 8년에 있었다. 제나라는 우리의 어려움을 리용하여 환(讙) 땅과 천(闡) 땅을 취하였으니, 과군은 이로 인해 마음 아파하고 있습니다. 만약 과군이 위나라 임금님이 제나라 임금님을 섬기는 것처럼 할 수 있게 된다면 이는 진실로 우리가 원하는 바입니다."[252]라고 하니, 성자(成子)는 이를 부끄럽게 여겨 바로 성(成) 땅을 돌려주었다. 성(成) 땅을 로(魯)나라에 돌려준 것이다. 공손숙(公孫宿 : 公孫成)은 자신의 군대를 거느리고 영(嬴) 땅으로 들어갔다. 영(嬴)은 제(齊)나라 읍이니 로(魯)나라를 피한 것이다.

---

249) 이를~쓰겠습니까 : 리익도 얻지 못하고 종국(宗國)까지 위태롭게 하는 것을 어디에 쓰겠느냐는 말이다.

250) 명(命) : 가르침.

251) 작(禚)~땅 : 정공(定公) 9년에 제(齊)나라가 진(晉)나라와의 싸움에 진 뒤, 제나라는 위(衛)나라가 도와준 감사의 표시로 제나라 서쪽 경계인 작(禚)·미(媚)·행(杏) 세 읍을 위나라에게 준 일이 있었다.

252) 만약~바입니다 : 제(齊)나라가 위(衛)나라를 위하는 만큼만 로(魯)나라를 생각해주기를 바란다는 것이다.

衛公孟彄出奔齊

위(衛)나라 공맹구(公孟彄)가 제(齊)나라로 망명나갔다.

애공(哀公) 16년【壬戌 B.C.479】

十有六年 春 王正月 己卯 衛世子蒯聵自戚入于衛 衛侯輒來奔 二月 衛子還成出奔宋

16년 봄 왕정월 기묘일에 위(衛)나라 세자 괴외(蒯聵)가 척(戚) 땅에서 위나라로 들어갔다. 위후(衛侯) 첩(輒)이 우리나라로 망명왔다. 2월에 위나라 자환성(子還成)이 송(宋)나라로 망명나갔다.

衛孔圉取大子蒯聵之姊 生悝 蒯聵姊 孔伯姬 **孔氏之豎渾良夫長而美 孔文子卒 通於內** 通伯姬 **大子在戚 孔姬使之焉 大子與之言曰 苟使我入獲國 服冕乘軒 三死無與** 軒冕大夫車服 三死 死罪三 **與之盟 爲請於伯姬** 良夫爲大子請

위(衛)나라 공어(孔圉)가 태자 괴외(蒯聵)의 누이에게 장가들어 회(悝)를 낳았다. 괴외(蒯聵)의 누이는 공백희(孔伯姬)이다. 공씨(孔氏)의 시종[豎] 혼량부(渾良夫)는 키가 크고 미남이었는데, 공문자(孔文子 : 孔圉)가 졸하자 그 아내와 간통하였다. 백희(伯姬)와 간통한 것이다. 태자가 척(戚) 땅에 있을 때 공희(孔姬 : 孔伯姬)가 혼량부를 태자에게 보내니, 태자가 그에게 말하기를 "만일 나를 나라 안으로 들어가게 해서 나라를 얻게 한다면 면(冕)을 쓰게 하고 헌(軒)을 타게 할 것이며, 세 차례가 될 때까지는 죽을죄를 짓더라도[三死] 죄주지 않을[無與] 것이다."[253]라고 하였다. 헌(軒)과 면(冕)은 대부의 거복(車服)이다. 삼사(三死)는 죽을죄가 세 차례에 이름이다. 그리고 혼량부와 맹약하니, 그가 백희(伯姬 : 孔姬)에게 요청하였다. 량부(良夫)가 태자를 위하여 요청한 것이다.

253) 죄주지~것이다 : 형벌에 참여시키지 않겠다는 말이니, 곧 용서하겠다는 뜻이다.

閏月 良夫與大子入 卽前年閏月 書此春從告 **舍於孔氏之外圃 昏 二人蒙衣而乘** 二人 大子與良夫 蒙衣 爲婦人服也 **寺人羅御 如孔氏 孔氏之老欒寧問之 稱姻妾以告** 自稱昏姻家妾 **遂入 適伯姬氏 旣食 孔伯姬杖戈而先 大子與五人介 輿豭從之** 介 被甲 輿豭欲以盟 **迫孔悝於厠 强盟之 遂劫以登臺 欒寧將飮酒 炙未熟 聞亂 使告季子** 季子 子路 爲孔氏邑宰 **召獲駕乘車** 召獲 衛大夫 駕乘車 言不欲戰 **行爵食炙** 孔穎達曰 此句顚倒 辭義不允 若倒此一句 則上下各自相連 **奉衛侯輒來奔**

윤달에 량부(良夫)가 태자와 함께 위(衛)나라로 들어가서 바로 지난해 윤달인데 경문에 이 해 봄이라고 기록한 것은 로(魯)나라에 알려온 날을 따른 것이다. 공씨(孔氏)의 외포(外圃)[254]에 머물다가 어두워지자 두 사람은 옷을 덮어쓰고[蒙衣] 수레에 타니, 두 사람은 태자와 량부(良夫)이다. 몽의(蒙衣)는 부인(婦人)의 복장을 한 것이다. 시인(寺人) 라(羅)가 수레를 몰아 공씨의 집으로 갔다. 공씨의 가로(家老)인 란녕(欒寧)이 누구냐고 묻자, 시인은 인척 사이의 녀인이라고 사칭해 고하고서 혼인가(昏姻家)의 녀인이라고 자칭한 것이다. 드디어 공씨의 집으로 들어가서 백희씨(伯姬氏)에게 갔다. 식사를 마친 뒤에 공백희(孔伯姬)는 창을 잡고 앞장서고, 태자와 다섯 사람은 갑옷을 입고[介] 수퇘지를 수레에 싣고 뒤를 따랐다. 개(介)는 갑옷을 입는 것이다. 수퇘지를 수레에 실은 것은 맹약을 하고자 한 것이다. 이어 공회(孔悝)를 한쪽 구석으로 몰아붙여 강요하여 맹약하고, 드디어 겁박하여 대(臺)로 올라갔다. 란녕은 술을 마시려 하였으나 고기가 덜 익어 기다렸는데, 변란이 일어났다는 소식을 듣고서 사람을 보내어 계자(季子)에게 고하게 하였다. 계자(季子)는 자로(子路)인데 공씨(孔氏)의 읍재(邑宰)였다. 그리고 소획(召獲)에게 승거(乘車)[255]에 말을 메우게 하고, 소획(召獲)은 위(衛)나라 대부이다. 승거(乘車)에 말을 메웠다는 것은 싸우려 하지 않았다는 말이다. 술을 마시고 고기를 먹은 뒤 공영달(孔穎達)이 말하기를 "이 구절은 전도되어 말뜻이 미덥지 못하다. 만약 이 한 구절을 도치시킨다면 곧 위아래가 각기 자연스럽게 서로 련결될 것이다."[256]라고 하였다. 위후(衛侯) 첩(輒)을 모시고 우리나라로 망명왔다.

季子將入 遇子羔將出 子羔 衛大夫高柴 孔子弟子 **曰 門已閉矣 季子曰 吾姑至焉 子羔曰 弗及 不踐其難** 言政不及已 不須踐其難 **季子曰 食焉 不辟其難 子羔遂出 子路入 及門**

---

254) 외포(外圃) : 도성(都城) 밖에 있는 공실이나 귀족 소유의 농원.

255) 승거(乘車) : 병거(兵車)가 아닌 평시에 타는 수레.

256) 이 한 구절을~것이다 : 란녕(欒寧)이 술을 마시고 고기를 먹은 뒤에 소획(召獲)에게 승거(乘車)에 말을 메우게 해야 의미가 이어진다는 것이다.

公孫敢門焉曰 無入爲也 季子曰 是公孫也 求利焉 而逃其難 由不然 利其祿 必救其患 有使者出 乃入 曰 大子焉用孔悝 雖殺之 必或繼之 言己必繼孔悝攻大子 **且曰 大子無勇 若燔臺半 必舍孔叔** 孔叔卽孔悝 **大子聞之 懼 下石乞盂黶適子路 以戈擊之 斷纓 子路曰 君子死 冠不免 結纓而死 孔子聞衛亂曰 柴也其來 由也死矣**

계자(季子 : 子路)가 위(衛)나라 국도로 들어가려 할 때 성을 나가려는 자고(子羔)를 만났는데 자고(子羔)는 위(衛)나라 대부 고시(高柴)이니 공자(孔子)의 제자이다. 자고가 말하기를 "궁문이 이미 닫혔습니다."라고 하였다. 계자가 말하기를 "그래도 나는 우선 궁궐로 가볼 것이오."라고 하니, 자고가 말하기를 "이미 늦었습니다. 이 환난에 발을 들이지 마십시오."라고 하였다. 일[政]이 이미 늦었기 때문에 이 환난에 발을 들일 필요가 없다는 말이다. 계자가 말하기를 "그 사람의 록을 먹었으면 그가 당한 환난을 피하지 않는 것이오."[257]라고 하니, 자고는 드디어 떠났다. 자로(子路)가 국도로 들어가 궁문 앞에 이르니, 공손감(公孫敢)이 문을 지키고 있다가 말하기를 "들어갈 수 없습니다."[258]라고 하였다. 계자가 말하기를 "바로 공손(公孫)이구려. 그[孔悝]에게서 리익을 구하다가 그가 어려움을 당하니 회피하는구려. 나 유(由)는 그렇게 하지 않겠소. 그[孔悝]의 록을 리익으로 여겼으니 반드시 그를 환난으로부터 구할 것이오."라고 하였다. 사자(使者)가 나오는 틈에 궁문 안으로 들어가서 말하기를 "태자께서는 어찌 공회(孔悝)를 리용하려 하십니까.[259] 비록 그를 죽이더라도 누군가 반드시 그를 이을 것입니다."라고 하였다. 자기가 반드시 공회(孔悝)를 이어서 태자를 공격할 것이라는 말이다. 또 말하기를 "태자는 용기가 없으니 만약 대(臺)의 반을 태우면 공숙(孔叔)을 풀어줄 것이다."라고 하였다. 공숙(孔叔)은 곧 공회(孔悝)이다. 태자가 이 말을 듣고 두려워서 석걸(石乞)과 우암(盂黶)에게 대에서 내려가 자로와 대적하게 하였다. 그들이 창으로 공격하여 자로의 관끈이 끊어지니, 자로가 말하기를 "군자는 죽을지언정 관을 벗지 않는다."라고 하면서 관끈을 매고 죽었다. 공자(孔子)가 위나라에 변란이 일어났다는 소식을 듣고 말하기를 "시(柴 : 子羔)는 돌아오겠지만 유(由 : 子路)는 죽겠구나."라고 하였다.

孔悝立莊公 莊公 蒯聵 **莊公害故政 欲盡去之** 故政 輒臣執政者 **先謂司徒瞞成** 瞞成卽子還

257) 그 사람의~것이오 : 계자(季子)가 공회(孔悝)의 읍재(邑宰)였기 때문에 이르는 말이다.

258) 들어갈~없습니다 : 위후(衛侯) 첩(輒)이 이미 망명나갔으니 다시 들어오지 말라는 것이다. 일설에는 자로(子路)가 공회(孔悝)를 구원하기 위해 갔지만 공회는 이미 겁박당하고 있기 때문에 들어가도 소용없다는 말이라고 하였다.

259) 태자께서는~하십니까 : 태자가 공회(孔悝)를 겁박하여 임금 자리에 오르려 한다는 의미이다.

成 曰 寡人離病於外久矣 子請亦嘗之 歸告褚師比 欲與之伐公 不果 十六年 春 瞞成褚師比出奔宋

공회(孔悝)가 장공(莊公)을 세웠다. 장공(莊公)은 괴외(蒯聵)이다. 장공은 고정(故政)들이 자신에게 해가 된다고 여겨 모두 제거하려고 하였다. 고정(故政)은 첩(輒)의 신하들로서 정권을 잡고 있던 자들이다. 그래서 먼저 사도(司徒)인 만성(瞞成)에게 만성(瞞成)은 곧 자환성(子還成)이다. 말하기를 "과인이 외국에서 괴로움을 당한 지 오래되었다. 그대도 그런 괴로움을 맛보기를 청하노라."[260]고 하였다. 만성은 돌아가 저사비(褚師比)에게 고하고 함께 장공을 치려고 하였으나 실행하지 못하였다. 16년 봄에 만성과 저사비가 송(宋)나라로 망명나갔다.

衛侯使鄢武子告于周 武子 衛大夫肹 曰 蒯聵得罪于君父君母 逋竄于晉 晉以王室之故 不棄兄弟 寘諸河上 河上 戚也 天誘其衷 獲嗣守封焉 使下臣肹 敢告執事 王使單平公對曰 肹以嘉命 來告余一人 往謂叔父 余嘉乃成世 繼父之世 復爾祿次 敬之哉 方天之休 弗敬弗休 悔其可追

위후(衛侯 : 莊公)가 언무자(鄢武子)를 보내어 주(周)나라에 고하여 무자(武子)는 위(衛)나라 대부 힐(肹)이다. 말하기를 "저 괴외(蒯聵)는 군부(君父 : 衛靈公)와 군모(君母 : 南子)께 죄를 지어 진(晉)나라로 도망하여 숨어 지냈습니다. 진나라는 주나라 왕실인 까닭[261]으로 형제[262]를 버리지 않고 저를 하수(河水) 가에 머물게 하였습니다. 하수(河水) 가는 척(戚) 땅이다. 하늘은 저의 정성스런 마음에 움직여 임금의 자리를 잇고 위(衛)나라 봉토를 지키게 하였으니, 이에 하신(下臣)인 힐(肹)을 보내어 감히 집사에게 고합니다."라고 하였다. 왕이 선평공(單平公)을 시켜 대답하기를 "힐이 아름다운 명을 가지고 와서 나 한 사람에게 고하였으니, 너는 돌아가서 숙부[衛侯]에게 '나는 그대가 선세(先世)를 이은 것을 가상하게 여겨 아버지의 대를 이은 것이다. 그대에게 록봉과 직위를 회복시키니 공경할지어다. 그러면 하늘의 복이 있을 것이다. 공경하지 않으면 복도 없을 것이니, 후회한들 어찌 미칠 수 있겠는가.'라고 이르라."고 하였다.

---

260) 그대도~청하노라 : 국외로 축출하겠다는 말이다.

261) 진나라는~까닭 : 진(晉)나라는 주(周) 왕실과 동성이라는 것이다.

262) 형제 : 진(晉)나라와 위(衛)나라는 모두 주(周) 왕실과 동성인 희성(姬姓)이므로 형제라고 한 것이다.

夏 四月 己丑 孔丘卒
여름 4월 기축일에 공구(孔丘)가 졸하였다.

襄二十二年生 至今七十三也 四月十八日 乙丑 無己丑 己丑 五月十二日 日月必誤

양공(襄公) 22년에 태어났으니 지금 73세이다. 이 해 4월 18일은 을축일이고 4월에는 기축일이 없다. 기축일은 5월 12일이니 날과 달에 반드시 착오가 있다.

夏 四月 己丑 孔丘卒 公誄之 誄 謚也 **曰 旻天不吊 不憖遺一老 俾屛余一人以在位** 憖 且也 屛 蔽也 **煢煢余在疚 嗚呼哀哉尼父 無自律** 律 法也 言喪尼父無以自爲法 **子贛曰 君其不沒於魯乎 夫子之言曰 禮失則昏 名失則愆 失志爲昏 失所爲愆 生不能用 死而誄之 非禮也 稱一人 非名也** 天子稱一人 **君兩失之**

여름 4월 기축일에 공구(孔丘)가 졸하였다. 애공(哀公)이 뢰(誄)[263]를 지어 뢰(誄)는 시(謚)이다.[264] 말하기를 "하늘이 나를 불쌍히 여기지 않아 잠시[憖] 한 사람의 원로를 세상에 남겨나 한 사람[一人]을 보호하여[屛] 임금 자리에 있게 하지 않는구나. 은(憖)은 잠시이다. 병(屛)은 가림이다. 외롭고 외로운 나는 아파하고 있구나. 아, 슬프도다. 니보(尼父)여. 이제 나 자신은 본받을[律] 사람이 없어졌구나."라고 하였다. 률(律)은 본받음이다. 니보(尼父 : 孔丘)를 잃었으니 자신이 본받을 사람이 없다는 말이다. 자공(子贛)이 말하기를 "우리 임금님께서는 아마도 로(魯)나라에서 죽지 못할 것이다. 부자(夫子)께서 말씀하시기를 '례를 잃으면 혼미해지고 명분을 잃으면 허물이 된다.'라고 하셨다. 뜻을 잃음이 혼미함이고 자기 자리를 잃음이 허물이다. 살아계실 때는 등용하지 않고 돌아가셔서야 뢰를 지으니 례가 아니고, 일인(一人)이라고 칭하였으니 또한 명분에 맞지 않다. 천자(天子)만이 일인(一人)이라 칭한다. 임금께서는 이 두 가지를 모두 잃었다."라고 하였다.

○六月 衛侯飮孔悝酒於平陽 平陽 衛地 **重酬之 大夫皆有納焉 醉而送之 夜半而遣之** 夜遣者慙負孔悝 不欲令人見 **載伯姬於平陽而行** 載其母俱去 **及西門** 平陽門 **使貳車反祏於西圃** 使副車還取廟主 西圃 孔氏廟所在 **子伯季子初爲孔氏臣 新登于公** 升爲大夫 **請追之 遇載**

263) 뢰(誄) : 제문(祭文)의 한 가지. 죽은 이를 애도하는 추도문(追悼文)이다.

264) 뢰(誄)는 시(謚)이다 : 후세에 시(謚)는 죽은 이의 살아있을 때의 행적을 기록하여 내려주는 시호(謚號)인데, 공자(孔子)에게는 시호가 없으니 이때의 시는 시호를 주기 위한 시장(謚狀)이 아니고 추도문이다.

祏者 殺而乘其車 許公爲反祏 孔悝怪載祏者久不來 使公爲反逆之 遇之曰 與不仁人爭 明無不勝 言必勝也 不仁人謂子伯季子 必使先射 必使子伯先射 射三發 皆遠許爲 許爲射之 殪 或以其車從 從公爲 得祏於橐中 孔悝出奔宋

○6월에 위후(衛侯)가 평양(平陽)에서 공회(孔悝)에게 주연을 베풀어 술을 마시게 하면서 평양(平陽)은 위(衛)나라 땅이다. 후하게 례물을 주고, 참여한 대부들도 모두 그에게 례물을 주었다. 술에 취하자 공회를 집으로 돌려보냈다가 한밤중에 축출하였다. 한밤중에 축출한 것은 공회(孔悝)와의 맹약을 저버리는 것을 부끄럽게 여겨 사람들이 보기를 원하지 않은 것이다. 공회는 백희(伯姬)를 평양에서 수레에 태우고 떠나가며 그의 어머니를 태우고 함께 떠난 것이다. 서문(西門)에 이르러 평양(平陽)의 문이다. 이거(貳車 : 副車)를 보내어 서포(西圃)에서 신주함[祏]을 가져오게 하였다. 부거(副車)를 보내어 돌아가서 사당의 신주를 가지고 오게 한 것이다. 서포(西圃)는 공씨(孔氏)의 사당이 있는 곳이다. 자백계자(子伯季子)는 처음에 공씨(孔氏)의 가신이었으나 새로 공조(公朝)에 오르니[265] 벼슬이 올라 대부가 된 것이다. 위후에게 요청하여 공회를 추격하였다. 도중에 신주함을 싣고 오는 자를 만나자 죽이고서 그 수레에 올랐다. 허공위(許公爲)가 신주함을 맞이하러 갔다가 공회(孔悝)는 신주함을 실으러 간 자가 오래도록 돌아오지 않는 것을 이상하게 여겨 공위(公爲)를 보내어 맞이해 오게 한 것이다. 도중에 자백계자를 만나자 말하기를 "어질지 않은 사람과 다투면 분명히 이기지 못할 리 없다. 반드시 이긴다는 말이다. 어질지 않은 사람은 자백계자(子伯季子)를 이른다.[266] 반드시 저 사람에게 먼저 활을 쏘게 하리라."고 하였다. 반드시 자백(子伯)으로 하여금 먼저 활을 쏘게 한다는 것이다. 자백이 먼저 세 발을 쏘았으나 모두 허위(許爲 : 許公爲)를 멀리 벗어났다. 다음에 허위가 쏘니 자백이 맞아 죽었다. 어떤 자가 자백이 탔던 수레를 타고 따라오다가 공위(公爲)를 따른 것이다. 그 수레에 있던 전대 속에서 신주함을 찾았다. 공회는 송(宋)나라로 망명나갔다.

○楚大子建之遇讒也 自城父奔宋 在昭十九年 又辟華氏之亂於鄭 在昭二十年 鄭人甚善之 又適晉 與晉人謀襲鄭 乃求復焉 求還鄭國 鄭人復之如初 晉人使諜於子木 請行而期焉 請行襲鄭之期 子木卽建 子木暴虐於其私邑 邑人訴之 鄭人省之 得晉諜焉 遂殺子木 其子曰勝 在吳 子西欲召之 葉公曰 吾聞勝也詐而亂 無乃害乎 葉公子高沈諸梁也

---

265) 공조(公朝)에 오르니 : 조정의 일을 보게 되었다는 것이다.

266) 어질지~이른다 : 자백계자(子伯季子)가 처음에 공씨(孔氏)의 가신이었는데 새로 조정의 일을 보게 되면서, 지금 위후(衛侯)에게 요청하면서까지 공씨를 추격하니 어질지 않은 사람이라는 것이다.

子西曰 吾聞勝也信而勇 不爲不利 舍諸邊竟 使衛藩焉 葉公曰 周仁之謂信 周 親也 **率義之謂勇 吾聞勝也好復言** 必行所言 不顧道理 **而求死士 殆有私乎** 私謀復讎 **復言非信也 期死非勇也 子必悔之 弗從 召之 使處吳竟 爲白公** 白 楚邑

○초(楚)나라 태자 건(建)이 참소를 당하였을 때 성보(城父)에서 송(宋)나라로 망명하였다가 소공(昭公) 19년에 있었다.[267] 또 송나라 화씨(華氏)의 란을 피하여 정(鄭)나라로 가니, 소공(昭公) 20년에 있었다. 정인(鄭人)이 그를 잘 대우하였다. 또 진(晉)나라로 가서 진인(晉人)과 함께 정나라를 습격할 것을 모의하고는 이에 다시 정나라에 돌아가기를 요구하니, 정(鄭)나라에 돌아가기를 요구한 것이다. 정인이 돌아오게 하고는 처음과 같이 잘 대우하였다. 진인이 첩자를 자목(子木)에게 보내어 약속을 실행하되 기일을 정하기를 청하였다. 정(鄭)나라를 습격하기로 한 기약을 실행할 것을 요청한 것이다. 자목(子木)은 바로 건(建)이다. 자목이 그의 사읍(私邑)에서 포학하게 구니 읍인(邑人)들이 그를 고소하였다. 정인이 조사하다가 진나라의 첩자를 잡고 나서 드디어 자목을 죽였다. 그의 아들은 승(勝)인데 이때 오(吳)나라에 있었다. 초나라 자서(子西)가 그를 불러들이려 하니, 섭공(葉公)이 말하기를 "내가 듣기로는 승은 사특하여 란을 일으킬 수 있다고 하니 해롭지 않겠습니까."라고 하였다. 섭공(葉公)은 자고(子高) 심제량(沈諸梁)이다. 자서가 말하기를 "내가 듣기로는 승은 신의가 있고 용맹스럽다고 하니, 나라에 불리한 짓을 하지 않을 것이다. 그를 변경에 두어 나라를 지키는 울타리로 삼겠다."라고 하였다. 섭공이 말하기를 "인(仁)을 친근히[周] 하는 것을 신(信)이라 하고, 주(周)는 친함이다. 의(義)를 따르는 것을 용(勇)이라고 합니다. 내가 듣기로는 승은 자신이 한 말을 실천하기를[復] 좋아하고 말한 것은 반드시 행하지만 도리(道理)는 돌아보지 않는다는 것이다. 죽음을 두려워하지 않는 용사를 구한다고 하니 아마 사사로운 뜻이 있는 듯합니다. 사사로이 복수하기를 꾀한다는 것이다. 자신의 말을 무조건 실천하는 것은 신(信)이 아니고 죽기를 기약하는 것은 용(勇)이 아니니, 당신은 반드시 후회할 것입니다."라고 하였다. 그러나 자서는 따르지 않고 승을 불러 오나라와의 경계에 거처하게 하고 백공(白公)으로 삼았다. 백(白)은 초(楚)나라 읍이다.

請伐鄭 子西曰 楚未節也 言楚國新復 政令猶未得節制 **不然 吾不忘也 他日 又請 許之 未起師 晉人伐鄭 楚救之 與之盟 勝怒曰 鄭人在此 讎不遠矣** 比子西於鄭人 **勝自厲劒 子期之子平見之 曰 王孫何自厲也 曰 勝以直聞 不告女 庸爲直乎 將以殺爾父** 子期子

---

267) 소공(昭公)~있었다 : 초평왕(楚平王)의 태자 건(建)이 비무극(費無極)에게 참소를 당한 일은 소공(昭公) 19년과 20년에 있었고, 송(宋)나라로 망명한 일은 소공 20년에 있었다.

西親兄弟 故欲幷殺之 平以告子西 子西曰 勝如卵 余翼而長之 楚國第 用士之次第 我死 令尹司馬 非勝而誰 勝聞之 曰 令尹之狂也 得死 乃非我 言我必殺之 若得自死 我不成人 子西不悛

승(勝)이 정(鄭)나라를 치자고 청하니, 자서(子西)가 말하기를 "우리 초(楚)나라는 아직 질서가 잡혀있지 않소. 초(楚)나라가 새롭게 회복되어 정령(政令)이 아직도 절제(節制)되어 있지 못하다는 말이다. 그렇지 않다면 나도 정나라 치기를 잊지 않았을 것이오."라고 하였다. 다른 날에 승이 또 청하니 이를 허낙하였다. 그런데 군대를 일으키기도 전에 진인(晉人)이 정나라를 치니, 초나라가 정나라를 구원하고는 정나라와 맹약하였다. 이에 승이 노하여 말하기를 "정인(鄭人)이 이곳에 있으니 원수가 멀리 있지 않다."라고 하였다. 자서(子西)를 정인(鄭人)에 비유한 것이다. 승이 스스로 칼을 가니, 자기(子期)의 아들 평(平)이 이를 보고 말하기를 "왕손(王孫 : 勝)께서는 어찌 스스로 칼을 가십니까?"라고 하였다. 승이 말하기를 "나 승은 솔직함으로 이름이 났으니 너에게 말하지 않으면 어찌 솔직하다고 하겠느냐. 장차 너의 아버지를 죽이려 한다."라고 하였다. 자기(子期)와 자서(子西)는 친형제이다. 그러므로 함께 죽이고자 한 것이다. 평이 이를 자서에게 고하니, 자서가 말하기를 "승은 새의 알과 같아서 내가 그를 보호하여 길러낸 것이다. 초나라의 순서로는 인사를 등용하는 차례이다. 내가 죽으면 령윤(令尹)과 사마(司馬)는 승이 아니면 누가 하겠느냐."라고 하였다. 승이 이 말을 듣고는 말하기를 "령윤은 미쳤구나. 그를 제명대로 죽게 한다면 내가 아니다."라고 하였으나 내가 반드시 자서(子西)를 죽일 것이고, 만약 그가 제명대로 죽는다면 나는 사람이 아니라는 말이다. 자서는 승에 대한 생각을 고치지 않았다.

勝謂石乞 石乞 勝之徒 曰 王與二卿士 二卿士 子西子期 皆五百人當之 則可矣 乞曰 不可得也 曰 市南有熊宜僚者 若得之 可以當五百人矣 乃從白公而見之 與之言 說 告之故 辭 承之以劒 不動 拔劍指其喉 勝曰 不爲利諂 不爲威惕 不洩人言以求媚者 去之

승(勝)이 석걸(石乞)에게 석걸(石乞)은 승(勝)의 무리이다. 말하기를 "초왕(楚王)과 두 경사(卿士)[268]는 두 경사(卿士)는 자서(子西)와 자기(子期)이다. 모두 5백 인이 상대하면 될 것이다."라고 하였다. 걸(乞)이 말하기를 "5백 인을 얻을 수 없습니다."라 하고, 또 말하기를 "저자[市] 남쪽에 웅의료(熊宜僚)라는 자가 있는데 만약 그를 얻는다면 5백 인에 당할 수 있을 것입니다."라고 하였다. 그리고 석걸이 백공(白公 : 勝)을 따라가 웅의료를 만나 그와 이야기를 나

268) 경사(卿士) : 왕의 경(卿)으로 집정이 된 자.

누고는 기뻐하여 그 일[269]을 말하자 웅의료는 거절하였다. 이에 석걸이 칼을 들이대어도 꼼짝도 하지 않았다. 칼을 빼어 그의 목을 겨눈 것이다. 승이 말하기를 "리익 때문에 아첨하지 않고 위협 때문에 두려워하지도 않으니, 남의 말을 루설하여 잘 보이기를 구할 자가 아니다."라 하고는 떠났다.

吳人伐愼 白公敗之 愼 楚邑 **請以戰備獻** 與吳戰所得鎧仗兵器 皆備而獻之 **許之 遂作亂 秋七月 殺子西子期于朝 而劫惠王 子西以袂掩面而死** 慙於葉公 **子期曰 昔者吾以力事君 不可以弗終 抉豫章以殺人而後死** 豫章 大木 **石乞曰 焚庫弑王 不然不濟 白公曰 不可 弑王不祥 焚庫無聚 將何以守矣 乞曰 有楚國而治其民 以敬事神 可以得祥 且有聚矣 何患 弗從**

오인(吳人)이 신(愼) 땅을 치니 백공(白公)이 오(吳)나라 군대를 패배시키고는 신(愼)은 초(楚)나라 읍이다. 획득한 전비(戰備)를 바치기를 청하였다. 오(吳)나라와의 싸움에서 얻은 갑옷과 병장기들을 모두 갖추어 바치는 것이다. 이를 허낙하니 이 틈을 타 드디어 백공이 란을 일으켰다. 가을 7월에 자서(子西)와 자기(子期)를 조정에서 죽이고 혜왕(惠王)을 겁박하였다. 자서는 소매로 얼굴을 가리고 죽었고, 섭공(葉公)에게 부끄러웠기 때문이다. 자기는 말하기를 "옛날에 내가 용력(勇力)으로 임금을 섬겼으니 용력으로 죽지 않을 수 없다."라 하고는 예장(豫章)을 뽑아 몇 사람을 죽인 뒤에 죽었다. 예장(豫章)은 큰 나무이다. 석걸(石乞)이 말하기를 "창고를 불태우고 왕을 죽이십시오. 그렇지 않으면 성공할 수 없습니다."라고 하였다. 백공이 말하기를 "안 된다. 왕을 죽이는 것은 상서롭지 못하고 창고를 불태우는 것은 재물이 없어지니, 장차 무엇으로 나라를 지키겠는가."라고 하였다. 걸(乞)이 말하기를 "초(楚)나라를 소유하여 그 백성을 다스리고 공경히 귀신을 섬긴다면 상서(祥瑞)를 얻을 수 있고 또 재물도 얻을 수 있으니 무엇을 걱정하십니까."라고 하였으나 백공은 따르지 않았다.

葉公在蔡 蔡遷州來 楚幷其地 **方城之外皆曰 可以入矣 子高曰 吾聞之 以險徼幸者 其求無饜 偏重必離** 所求無饜則不安 如物偏重則離敗 **聞其殺齊管脩也 而後入** 管脩 楚賢大夫 齊管仲後 聞其殺 知其可討 **白公欲以子閭爲王 子閭不可 遂劫以兵 子閭曰 王孫若安靖楚國 匡正王室 而後庇焉 啓之願也 敢不聽從 若將專利 以傾王室 不顧楚國 有死**

269) 그 일 : 자서(子西)와 자기(子期)를 죽이는 일.

不能 遂殺之 而以王如高府 高府 楚別府

이때 섭공(葉公)이 채(蔡) 땅에 있었는데 채(蔡)나라가 주래(州來)로 옮겼는데 초(楚)나라가 그 땅을 겸병(兼倂)한 것이다. 방성(方城) 밖의 사람들이 모두 말하기를 "국도로 들어가야 합니다."270)라고 하였다. 자고(子高 : 葉公)가 말하기를 "내가 듣건대 험악을 행하여 요행을 구하는 자는 그 욕구가 끝이 없다고 하니, 일 처리가 한쪽으로 치우쳐 반드시 민심이 떠날 것이다."라고 하였다. 바라는 바가 끝이 없으면 불안해지는 것은 물건의 무게가 한쪽으로 치우치면 분리되어 무너지는 것과 같다는 것이다. 섭공은 백공(白公)이 제(齊)나라 출신 관수(管脩)를 죽였다는 소식을 들은 뒤에 국도로 들어갔다. 관수(管脩)는 초(楚)나라의 어진 대부이니 제(齊)나라 관중(管仲)의 후손이다. 그가 살해당했다는 소식을 듣고서 백공(白公)을 토벌할 수 있음을 안 것이다. 백공이 자려(子閭)271)를 왕으로 세우고자 하였는데 자려가 그럴 수 없다고 하자 드디어 병기로 겁박하였다. 자려가 말하기를 "왕손(王孫 : 白公)이 만약 초(楚)나라를 안정시키고 왕실을 바로잡은 뒤에 나를 돕는다면 이는 나 계(啓)의 소원이니 감히 그대의 말을 따르지 않겠습니까. 그런데 만약 장차 리익만을 탐하여 왕실을 기울게 하고 초나라를 돌아보지 않는다면 죽어도 따를 수 없습니다."라고 하니, 백공은 마침내 자려를 죽이고 혜왕(惠王)을 데리고 고부(高府)로 갔다. 고부(高府)는 초(楚)나라 별부(別府)이다.

石乞尹門 爲門尹 **圉公陽穴宮 負王以如昭夫人之宮** 公陽 楚大夫 昭夫人 王母 越女 **葉公亦至 及北門 或遇之 曰 君胡不冑 國人望君如望慈父母焉 盜賊之矢 若傷君 是絶民望也 若之何不冑 乃冑而進 又遇一人曰 君胡冑 國人望君如望歲焉** 歲 年穀也 **日日以幾** 冀君來 **若見君面 是得艾也** 艾 安也 **民知不死 其亦夫有奮心 猶將旌君以狥於國** 旌 表也 **而又掩面以絶民望 不亦甚乎 乃免冑而進**

석걸(石乞)이 고부(高府)의 문을 지키고 있었는데 문윤(門尹)이 된 것이다. 어공양(圉公陽)이 궁벽을 뚫고 혜왕(惠王)을 업고서 소부인(昭夫人)의 궁으로 갔다. 공양(公陽)은 초(楚)나라 대부이다. 소부인(昭夫人)은 왕의 어머니로 월(越)나라 녀인이다. 섭공(葉公)도 국도에 이르러 북문에 당도하니, 어떤 이가 섭공을 만나 말하기를 "그대는 어찌하여 투구를 쓰지 않았습니까. 국인이 그대를 바라보기를 마치 자애로운 부모처럼 바라보는데, 도적의 화살이 만약 그대를 상하게라도 한다면 이는 백성의 기대를 끊는 것입니다. 어찌하여 투구를 쓰지 않았습니까."라고

270) 국도로~합니다 : 국도로 들어가서 백공(白公)을 쳐야 한다는 것이다.

271) 자려(子閭) : 초평왕(楚平王)의 아들이고 백공(白公)의 숙부이다.

하니, 이에 섭공은 투구를 쓰고 전진하였다. 또 어떤 한 사람을 만나니, 그가 말하기를 "그대는 어찌하여 투구를 쓰셨습니까. 국인은 그대를 바라보기를 수확한 곡식[歲]을 바라는 것과 같아서 세(歲)는 1년 동안의 수확한 곡식이다. 날마다 기다리고 있습니다. 그대가 오기를 기다린다는 것이다. 만약 그대의 얼굴을 본다면 안정[艾]을 찾고 애(艾)는 안정이다. 백성은 그대가 죽지 않은 것을 알면 그들 또한 분발하는 마음을 갖고 오히려 장차 그대의 이름을 내걸고[旌] 나라 안을 돌아다닐 것입니다. 정(旌)은 드러냄이다. 그런데 얼굴을 가려 백성의 기대를 끊는다면 또한 심하지 않습니까."라고 하니, 이에 섭공은 투구를 벗고 전진하였다.[272]

遇箴尹固帥其屬 將與白公 子高曰 微二子者 楚不國矣 二子 子西子期 **棄德從賊 其可保乎 乃從葉公 使與國人以攻白公 白公奔山而縊 其徒微之** 微 匿也 **生拘石乞 而問白公之死焉 對曰 余知其死所 而長者使余勿言** 長者謂白公也 **曰 不言將烹 乞曰 此事也 克則爲卿 不克則烹 固其所也 何害 乃烹石乞 王孫燕奔頯黃氏** 頯 音夔 頯黃 吳地 燕 勝弟 **沈諸梁兼二事** 二事 令尹司馬 **國寧 乃使寧爲令尹** 寧 子西子 **使寬爲司馬** 寬 子期子 **而老於葉**

섭공(葉公)이 잠윤(箴尹)[273]인 고(固)를 만나니 그는 무리를 거느리고 백공(白公)을 도우려 하였다. 자고(子高 : 葉公)가 말하기를 "두 공자가 없었다면 초(楚)나라는 나라답지 못하였을 것이오. 두 공자는 자서(子西)와 자기(子期)이다. 덕(德)을 버리고 적(賊)을 따른다면 어찌 목숨을 보존할 수 있겠소."라고 하니, 이에 고는 섭공을 따랐다. 섭공이 고로 하여금 국인과 함께 백공을 공격하게 하니, 백공은 산으로 달아나 목을 매어 죽었다. 그의 무리가 시신을 감추니[微] 미(微)는 감춤이다. 섭공이 석걸(石乞)을 사로잡아 백공의 시신이 있는 곳을 묻자, 대답하기를 "나는 그가 죽은 곳을 알지만 장자(長者)께서 나에게 말하지 말라 하셨소."라고 하였다. 장자(長者)는 백공(白公)을 이른다. 섭공이 말하기를 "말하지 않으면 삶아 죽일 것이다."라고 하니, 걸(乞)이 대답하기를 "이 일은 성공하면 경(卿)이 되지만 실패하면 삶아 죽임을 당하는 것이 진실로 당연한 것이오. 무슨 해로울 것이 있겠소."라고 하였다. 이에 석걸을 삶아 죽였다. 왕손(王孫) 연(燕)은 기황씨(頯黃氏)로 도망갔다. 기(頯)는 음이 기(夔)이다. 기황(頯黃)은 오(吳)나라 땅이다. 연(燕)은 승(勝)의 아우이다. 심제량(沈諸梁 : 葉公)은 두 가지 일을 겸하였다가 두 가지 일은 령윤(令尹)과 사마(司馬)이다. 나라가 안정되자 녕(寧)을 령윤(令尹)으로 녕(寧)은

272) 섭공은~전진하였다 : 섭공(葉公)에게 바라는 민심에 따랐다는 것이다.

273) 잠윤(箴尹) : 간쟁(諫爭)의 일을 맡은 초(楚)나라 벼슬.

자서(子西)의 아들이다. 관(寬)을 사마(司馬)로 삼고, 관(寬)은 자기(子期)의 아들이다. 자신은 섭(葉) 땅에서 로후(老後)를 보냈다.

○衛侯占夢 嬖人 以能占夢見愛 **求酒於大叔僖子** 僖子 大叔遺 **不得 與卜人比 而告公曰 君有大臣在西南隅 弗去 懼害** 託占夢而言 **乃逐大叔遺 遺奔晉**

○위후(衛侯 : 莊公)가 꿈을 꾸고 해몽(解夢 : 占夢)하게 하였다. 이때 폐인(嬖人)이 점몽(占夢)을 잘하여 총애를 받은 것이다. 태숙희자(大叔僖子)에게 술을 요구하였다가 희자(僖子)는 태숙유(大叔遺)이다. 거절당하자 복인(卜人)과 짜고 장공(莊公)에게 고하기를 "임금님의 대신 가운데 도성의 서남쪽 모퉁이에 사는 자가 있는데 그를 제거하지 않으면 해를 끼칠까 두렵습니다."라고 하였다. 점몽(占夢)에 가탁하여 말한 것이다. 이에 태숙유(大叔遺)를 축출하니, 유(遺)는 진(晉)나라로 망명하였다.

衛侯謂渾良夫曰 吾繼先君 而不得其器 若之何 國之寶器 輒皆將去 **良夫代執火者而言** 將密謀 屛左右 **曰 疾與亡君 皆君之子也** 疾 大子疾 亡君 出公輒 **召之而擇材焉 可也** 召輒 **若不材 器可得也** 輒若不材 可廢其身 因得其器 **豎告大子 大子使五人輿豭從己 劫公而强盟之** 求必立己 **且請殺良夫 公曰 其盟免三死 曰 請三之後 有罪殺之 公曰 諾哉**

위후(衛侯)가 혼량부(渾良夫)에게 말하기를 "내가 선군을 계승하였으나 그 보기(寶器)를 얻지 못하였으니 어떻게 하면 좋겠는가?"라고 하니, 나라의 보기(寶器)를 첩(輒)이 모두 가지고 간 것이다. 량부(良夫)가 대신 불을 들고 장차 은밀히 모의하고자 주위를 물리친 것이다. 말하기를 "질(疾)과 망군(亡君)은 모두 임금님의 아드님이십니다. 질(疾)은 태자 질(疾)이고 망군(亡君)은 출공(出公) 첩(輒)이다. 출공(出公) 첩(輒)을 불러들여 두 사람의 재주를 헤아리심이 좋을 듯합니다. 첩(輒)을 불러들이자는 것이다. 만약 재주가 없다면 보기를 소유하실 수 있을 것입니다."라고 하였다. 첩(輒)이 만약 재주가 없다면 그를 폐할 수 있고 그 기회를 리용하여 보기(寶器)를 차지할 수 있다는 것이다. 시종[豎]이 이 말을 태자[疾]에게 고하니, 태자가 다섯 사람을 시켜 수퇘지를 수레에 싣고 자기를 따르게 하였다. 그리고 장공(莊公)을 겁박하여 강제로 맹약하고 반드시 자기를 후계자로 세워줄 것을 요구한 것이다. 또 량부를 죽일 것을 청하니, 장공이 말하기를 "세 차례가 될 때까지는 죽을죄를 면해주겠다고 맹약하였다."라고 하였다. 이에 태자가 말하기를 "세 차례까지 죄를 지으면 그를 죽이십시오."라고 하니, 장공이 말하기를 "그렇게 하겠다."라고 하였다.

애공(哀公) 17년【癸亥 B.C.478】

十七年 春 衛侯爲虎幄於籍圃 新造幄幕於籍田 以虎獸爲飾 **成 求令名者 而與之始食焉** 求有美名者 始食以落其成 **大子請使良夫 良夫乘衷甸兩牡** 衷甸 一轅 卿車 **紫衣狐裘** 紫衣 君服 **至 袒裘 不釋劒而食** 食而熱 故偏袒 亦不敬 **大子使牽以退 數之以三罪而殺之** 三罪 紫衣 袒裘 帶劒

17년 봄에 위후(衛侯)가 적포(籍圃)[274]에 호악(虎幄)을 지었다. 적전(籍田)에 악막(幄幕 : 幕舍)을 새로 지어서 범 문양으로 장식한 것이다. 완성되자 아름다운 명성이 있는 자들을 초청하여[求] 함께 처음으로 음식을 먹으려 하였다. 아름다운 명성이 있는 자들을 초청하여 처음으로 음식을 먹으면서 락성식(落成式)을 하려 한 것이다. 태자 질(疾)이 사람을 보내어 량부(良夫)를 초청하니, 량부는 두 필의 수말이 끄는 충전(衷甸)을 타고 충전(衷甸)은 끌채가 하나이니 경(卿)의 수레이다. 자주색 상의[紫衣]에 여우 갖옷을 입고 갔다. 자의(紫衣)는 임금의 복식이다. 도착한 뒤에 량부는 갖옷의 한쪽만을 벗어 어깨를 드러내고 칼을 풀어놓지 않은 채 음식을 먹었다. 음식을 먹다가 더워서 갖옷의 한쪽을 벗어 어깨를 드러냈으니 또한 불경(不敬)이다. 태자가 사람을 시켜 그를 끌어내어 물러나게 하고서, 세 가지 죄목을 세어서 죽였다. 세 가지 죄는 자주색 상의를 입은 것과 갖옷의 한쪽 어깨를 드러낸 것과 칼을 찬 것이다.

○三月 越子伐吳 吳子禦之笠澤 夾水而陳 笠澤 吳地 **越子爲左右句卒** 句卒 鉤伍相著 別爲左右屯 **使夜或左或右 鼓譟而進 吳師分以御之 越子以三軍潛涉 當吳中軍而鼓之 吳師大亂 遂敗之**

○3월에 월자(越子 : 句踐)가 오(吳)나라를 치니, 오자(吳子 : 夫差)가 립택(笠澤)에서 방어하면서 물을 사이에 끼고 진을 쳤다. 립택(笠澤)은 오(吳)나라 땅이다. 월자가 좌우의 구졸(句卒)을 만들어 구졸(句卒)은 병사의 대오(隊伍)에 갈고리를 걸어 서로 밀착시켜 별도로 좌둔(左屯)과 우둔(右屯)[275]을 만든 것이다. 밤에 어떤 때는 좌구졸(左句卒)을 어떤 때는 우구졸(右句卒)을 보내어 북을 울리고 고함을 치면서 진격하게 하니, 오나라 군대가 나뉘어 방어하였다. 그러자 월자

---

274) 적포(籍圃) : 공실(公室)에서 경작하는 전지. 적전(藉田)이라고도 한다.

275) 좌둔(左屯)과 우둔(右屯) : 둔(屯)은 군대 편제의 단위이다.

가 3군(軍)을 거느리고 몰래 물을 건너 오나라 중군(中軍)에 당도하여 북을 울리니, 오나라 군대가 크게 혼란해졌고 드디어 오나라 군대를 패배시켰다.

○晉趙鞅使告于衛曰 君之在晉也 志父爲主 請君若大子來 以免志父 不然 寡君其曰 志父之爲也 恐晉君謂志父敎使不來 **衛侯辭以難 大子又使椓之** 椓與諑通 訴也

○진(晉)나라 조앙(趙鞅)이 사람을 보내어 위(衛)나라에 고하기를 "임금님[蒯聵 : 衛莊公]께서 진(晉)나라에 계실 때[276] 저 지보(志父 : 趙鞅)를 주인으로 삼았으니,[277] 임금님이나 태자께서 오시어 저 지보의 죄를 면하게 해주시기를 바랍니다.[278] 그렇게 하지 않으시면 과군은 아마도 저 지보가 오지 못하게 만든 것이라고 여기실 것입니다."라고 하였다. 진(晉)나라 임금이 지보(志父)가 위후(衛侯)를 오지 못하도록 하였다고 여길까 두렵다는 것이다. 위후(衛侯)가 어려움이 있다는 리유[279]로 사절하니, 태자는 또 사람을 보내어 위후를 참소하였다[椓].[280] 탁(椓)은 착(諑)과 통하니 참소함이다.

夏 六月 趙鞅圍衛 齊國觀陳瓘救衛 國觀 國書之子 **得晉人之致師者 子玉使服而見之** 釋囚服 服其本服 **曰 國子實執齊柄 而命瓘曰 無辟晉師 豈敢廢命 子又何辱 簡子曰 我卜伐衛 未卜與齊戰 乃還**

여름 6월에 조앙(趙鞅)이 위(衛)나라를 포위하였다.[281] 제(齊)나라 국관(國觀)과 진관(陳瓘)이 위나라를 구원하러 가서 국관(國觀)은 국서(國書)의 아들이다. 싸움을 걸어오는[致師] 진인(晉人)을 포로로 잡았다. 자옥(子玉 : 陳瓘)이 그 포로에게 본래의 옷을 입게 하고 그를 만나보고서 포로의 옷을 벗고 본래의 옷을 입게 한 것이다. 말하기를 "국자(國子 : 國書)가 실제로 제나라의 정권을 잡고 있는데 나 관(瓘)에게 명하기를 '진(晉)나라 군대를 피하지 말라.'고 하였으니, 어찌 감히 명을 폐할 수 있겠습니까. 그런데 그대는 또 무엇 때문에 수고를 하십니까."[282]라고 하였다. 이 말을 전해 듣고 간자(簡子 : 趙鞅)가 말하기를 "나는 위나라를 치는

---

276) 임금님[蒯聵 : 衛莊公]께서~때 : 위장공(衛莊公)이 임금이 되기 전에 진(晉)나라에 망명가 있었다.

277) 지보(志父 : 趙鞅)를~삼았으니 : 지보(志父)에게 의탁하였다는 것이다.

278) 저~바랍니다 : 위장공(衛莊公)이 진(晉)나라의 도움을 받은 데 대하여 와서 보답하라는 말이다.

279) 어려움이~리유 : 나라나 자신의 지위가 아직 안정되지 않았다는 것이다.

280) 태자는~참소하였다[椓] : 태자 질(疾)이 부군(父君)인 위장공(衛莊公)을 참소한 것이니 임금 자리에 빨리 오르고자 한 것이다.

281) 조앙이~포위하였다 : 위후(衛侯)가 와서 조견하지 않은 것에 노하여 위(衛)나라를 포위한 것이다.

것만을 점쳤고, 제나라와 싸우는 것은 점치지 않았다."라 하고서 바로 돌아갔다.[283]

○楚白公之亂 陳人恃其聚而侵楚 聚 積聚也 **楚旣寧 將取陳麥 楚子問帥於大師子穀與葉公諸梁 子穀曰 右領差車與左史老 皆相令尹司馬以伐陳 其可使也** 言此二人 嘗相子西子期伐陳 **子高曰 率賤 民慢之 懼不用命焉** 右領左史皆楚賤官 **子穀曰 觀丁父 鄀俘也 武王以爲軍率** 楚武王 **是以克州蓼 服隨唐 大啓羣蠻 彭仲爽 申俘也 文王以爲令尹 實縣申息 朝陳蔡 封畛于汝** 開封畛北至汝水 **唯其任也 何賤之有 子高曰 天命不謟** 謟 又作慆 **令尹有憾於陳** 十五年 子西伐吳 陳吊吳 以此爲恨 **天若亡之 其必令尹之子是與 君盍舍焉** 舍右領左史 **臣懼右領與左史有二俘之賤 而無其令德也 王卜之 武城尹吉** 武城尹 子西子公孫朝 **使帥師取陳麥 陳人御之 敗 遂圍陳 秋 七月 己卯 楚公孫朝帥師滅陳**

○초(楚)나라 백공(白公)의 란[284] 때 진인(陳人)이 자기들의 축적한[聚] 것을 믿고서[285] 초나라를 침범하였다. 취(聚)는 축적하여 모은 것이다. 초나라가 안정되자 진(陳)나라의 보리를 탈취하고자 하여[286] 초자(楚子)가 태사(大師)인 자곡(子穀)과 섭공(葉公)인 제량(諸梁)에게 누구를 장수로 삼아야 하느냐고 물었다. 자곡이 말하기를 "우령(右領)인 차거(差車)와 좌사(左史)인 로(老)는 모두 령윤(令尹)과 사마(司馬)를 도와 진나라를 친 일이 있으니 그들을 보내는 것이 좋겠습니다."라고 하니, 이 두 사람은 일찍이 자서(子西)와 자기(子期)를 도와 진(陳)나라를 친 일이 있다는 말이다. 자고(子高 : 諸梁)가 말하기를 "장수[率]의 지위가 비천하면 백성이 업신여기니 그들의 명을 받아들이지 않을까 두렵습니다."라고 하였다. 우령(右領)과 좌사(左史)는 모두 초(楚)나라의 비천한 관직이다. 자곡이 말하기를 "관정보(觀丁父)는 약(鄀)나라 포로였으나 무왕(武王)께서 그를 군수(軍率 : 軍帥)로 삼았습니다. 초무왕(楚武王)이다. 이 때문에 주(州)나라와 료(蓼)나라를 이기고 수(隨)나라와 당(唐)나라를 복종시켰으며, 여러 만(蠻)의 땅을 크게

282) 국자(國子 : 國書)가~하십니까 : 자옥(子玉 : 陳瓘)이 포로로 잡은 진인(晉人)을 돌려보내면서 조앙(趙鞅)에게 전하도록 한 말이다. 즉 내[子玉] 스스로 진(晉)나라와 싸우러 나아갈 것인데 진나라가 일부러 군대를 보내어 도전해 올 필요가 있겠느냐는 말이다.

283) 돌아갔다 : 조간자(趙簡子)가 자옥(子玉 : 陳瓘)을 두려워하여 돌아간 것이다.

284) 백공(白公)의 란 : 지난해의 일이다.

285) 자기들의~믿고서 : 자기들의 군량과 군비가 많이 축적된 것을 믿었다는 것이다.

286) 진(陳)나라의~하여 : 진(陳)나라가 초(楚)나라를 침범한 것에 대하여 초나라가 진나라 보리를 탈취하여 보복하고자 한 것이다.

개척하였습니다. 또 팽중상(彭仲爽)은 신(申)나라 포로였으나 문왕(文王 : 楚文王)께서 그를 령윤으로 삼아 실로 신나라와 식(息)나라를 초나라의 현으로 만들었고 진(陳)나라와 채(蔡)나라를 조견오게 하였으며, 초나라의 봉강(封疆)을 여수(汝水)까지 넓혔습니다. 봉진(封畛 : 封疆)을 개척하여 북으로 여수(汝水)까지 이른 것이다. 이는 오직 그 직책을 맡을 수만 있으면 되는 것이니 무슨 비천함이 있겠습니까."라고 하였다. 자고가 말하기를 "천명이 진나라를 버린 것을 의심할[謟] 바 없습니다. 도(謟)는 또 도(慆)로 되어 있다. 령윤[287]이 진나라에 원한이 있었으니, 15년에 자서(子西)가 오(吳)나라를 칠 때 진(陳)나라가 오나라를 위문하였는데 이것을 원한으로 여긴 것이다. 하늘이 만약 진나라를 망하게 하려 한다면 하늘은 반드시 령윤의 아들을 도울 것입니다. 임금님께서는 어찌하여 그들을 버려두지 않으십니까. 우령(右領)과 좌사(左史)를 버려두라는 것이다. 신은 우령과 좌사가 저 두 포로[288]의 비천함만 있고 그들의 아름다운 덕은 없을까 두렵습니다."라고 하였다. 이에 초혜왕(楚惠王)이 거북점을 치니 무성윤(武城尹)이 길하였다. 무성윤(武城尹)은 자서(子西)의 아들 공손조(公孫朝)이다. 그러자 그를 시켜 군대를 거느리고 가서 진나라의 보리를 탈취해 오게 하였다. 진인이 이를 방어하다가 패하니, 드디어 초군이 진나라를 포위하였다. 가을 7월 기묘일에 초나라 공손조(公孫朝)가 군대를 거느리고 가서 진나라를 멸하였다.

王與葉公枚卜子良 以爲令尹 **枚卜 不斥言所卜以令龜 子良 惠王弟** **沈尹朱曰 吉過於其志** **志 望也** **葉公曰 王子而相國 過將何爲** **過相 將爲王也** **他日 改卜子國 而使爲令尹** **子國 寧也**

초혜왕(楚惠王)이 섭공(葉公)과 함께 자량(子良)의 이름을 들어 말하지 않고 점을 쳐[枚卜] 령윤(令尹)으로 삼고자 하였다. 매복(枚卜)은 점치는 대상을 지적하여 말하지 않고 거북에게 명령하는 것이다. 자량(子良)은 혜왕(惠王)의 아우이다. 심윤(沈尹)인 주(朱)가 말하기를 "길함이 그의 뜻[志]보다 지나칩니다."[289]라고 하니, 지(志)는 바람이다. 섭공이 말하기를 "왕자(王子)로서 상국(相國)이 되고서도 이보다 더한 것이라면 장차 무엇이 되겠습니까."라고 하였다. 상국(相國)보다 더한 것이라면 장차 왕이 된다는 것이다. 다른 날 자국(子國)으로 바꾸어 점쳐서 그를 령윤으로 삼았다. 자국(子國)은 녕(寧)이다.

---

287) 령윤 : 지난해 백공(白公)에게 죽은 자서(子西)이다.

288) 두 포로 : 관정보(觀丁父)와 팽중상(彭仲爽)이다.

289) 길함이~지나칩니다 : 그의 운세가 그의 소망보다 더 낫다는 것이다.

○衛侯夢于北宮 見人登昆吾之觀 衛有觀在古昆吾氏之虛 **被髮北面而譟曰 登此昆吾之虛 緜緜生之瓜** 良夫言己有以小成大之功 若瓜之初生 謂使衛侯得國 **余爲渾良夫 叫天無辜 公親筮之 胥彌赦占之** 赦 衛筮史 **曰 不害 與之邑 寘之 而逃奔宋** 不以實對 懼難而逃 **衛侯貞卜** 正卜夢之吉凶 **其繇曰 如魚竀尾** 竀 音赬 赤也 魚勞則尾赤 **衡流而方羊** 衡 音橫 橫流方羊不能自安 言衛侯將若此魚 **裔焉 大國滅之 將亡** 劉炫以裔焉大國爲一句 言其邊於大國 將見滅而亡 **闔門塞竇 乃自後踰** 此皆繇辭

○위후(衛侯 : 衛莊公)가 북궁(北宮)에서 꿈을 꾸었는데, 어떤 사람이 곤오(昆吾)[290]의 관(觀 : 樓臺)에 올라가서 위(衛)나라에 있는 루대로 옛 곤오씨(昆吾氏)의 터에 있다. 머리를 풀어 헤치고 북쪽을 향해 고함치기를 "이 곤오의 옛터에 오르니 끊임없이 오이가 나고 있네. 량부(良夫)가 자기에게 작은 것을 크게 이룬 공이 있음이 마치 오이가 처음 뻗어 나온 것과 같다고 말한 것이니, 위후(衛侯)로 하여금 나라를 얻게 한 것을 이른다. 나는 혼량부(渾良夫)이니 하늘에 무고함을 부르짖겠노라."[291] 고 하는 것을 보았다. 위장공(衛莊公)이 이 꿈에 대하여 친히 시초점을 쳤는데, 서미사(胥彌赦)가 그 점을 풀이하여 사(赦)는 위(衛)나라 서사(筮史)[292]이다. 말하기를 "해롭지 않습니다."라고 하였다. 위장공이 그에게 읍을 주니, 이를 그냥 두고 송(宋)나라로 달아났다. 사실대로 대답하지 않고서 화난이 닥칠 것이 두려워 달아난 것이다. 위후가 거북점으로 고쳐 치니 꿈의 길흉에 대하여 수정하여 거북점을 친 것이다. 그 점사에 이르기를 "물고기의 꼬리가 붉은[竀] 듯하니, 정(竀)은 음이 정(赬)이니 붉음이다. 물고기가 피로하면 꼬리가 붉어진다. 물살을 가로질러[衡流] 배회하기[方羊]를 횡(衡)은 음이 횡(橫)이다. 횡류방양(橫流方羊)은 스스로 안정하지 못함이니, 위후(衛侯)가 이 물고기의 형세와 같아질 것이라는 말이다. 물가에서 하는구나[裔焉]. 대국(大國)이 멸하려 하니 망할 것이로다. 류현(劉炫)은 예언대국(裔焉大國)을 한 구절로 만들었으니, 그 변방이 대국에게 장차 멸망을 당하게 될 것이라는 말이다. 문이 닫히고 구멍도 막혔으니 뒷담을 넘어가리라."고 하였다. 이는 모두 주사(繇辭)[293]이다.

冬 十月 晉復伐衛 入其郛 將入城 簡子曰 止 叔向有言曰 怙亂滅國者無後 衛人出莊公而與晉平 晉立襄公之孫般師而還

---

290) 곤오(昆吾) : 하상(夏商)시대의 부락(部落) 이름. 또는 그 임금을 이르기도 한다.

291) 나는~부르짖겠노라 : 위장공(衛莊公 : 蒯聵)이 혼량부(渾良夫)와 처음 맹약할 때 혼량부의 죽을죄가 세 차례가 될 때까지는 그 죄를 면해주겠다고 하였는데, 태자 질(疾)이 한 때의 일을 렬거하여 세 가지 죄목으로 삼아 죽였기 때문에 스스로 무고하다고 한 것이다.

292) 서사(筮史) : 복서(卜筮)를 관장하는 관원.

293) 주사(繇辭) : 점사(占辭). 곧 점괘에 나타난 말이다.

겨울 10월에 진(晉)나라가 다시 위(衛)나라를 쳐서 그 외성까지 들어가서 내성 안으로 들어가려 하였다. 간자(簡子 : 趙簡子)가 말하기를 "그만두어라. 남의 란을 믿고서 그 나라를 멸하는 자는 후사가 끊길 것이라고 한 숙향(叔向)의 말이 있다."라고 하였다. 위인(衛人)이 위장공(衛莊公)을 축출하고서 진나라와 화평하니, 진나라는 위양공(衛襄公)[294]의 손자 반사(般師)를 임금으로 세우고 돌아갔다.

十一月 衛侯自鄄入 般師出 辟蒯聵也 **初 公登城以望 見戎州** 戎州 戎邑 **問之 以告 公曰 我姬姓也 何戎之有焉 翦之** 翦壞其邑聚 **公使匠久 公欲逐石圃** 石圃 衛卿 石惡從子 **未及而難作 辛巳 石圃因匠氏攻公 公閉門而請 弗許 踰于北方而隊 折股 戎州人攻之 大子疾公子青踰從公** 青 疾弟 **戎州人殺之 公入于戎州己氏** 己氏 戎人姓 **初 公自城上見己氏之妻髮美 使髡之 以爲呂姜髢** 呂姜 莊公夫人 髢 髮也 **既入焉 而示之璧 曰 活我 吾與女璧 己氏曰 殺女 璧其焉往 遂殺之而取其璧 衛人復公孫般師而立之 十二月 齊人伐衛 衛人請平 立公子起** 起 靈公子 **執般師以歸 舍諸潞**

11월에 위후(衛侯 : 衛莊公)가 견(鄄) 땅[295]에서 국도로 들어가니 반사(般師)가 국도를 떠났다. 괴외(蒯聵 : 衛莊公)를 피한 것이다. 이보다 앞서 위장공(衛莊公)이 성에 올라 바라보다가 융주(戎州)를 보고 융주(戎州)는 융인(戎人)의 읍이다. 그곳에 대하여 묻자 융주라고 고하였다. 장공(莊公)이 말하기를 "우리나라는 희성(姬姓)인데 어찌 융인(戎人)이 있을 수 있느냐."라 하고 그곳을 없애버렸으며, 그 읍의 취락(聚落)을 없앤 것이다. 장공은 장인(匠人)들을 부리기를 오래도록 하였다. 그리고 장공은 석포(石圃)를 축출하고자 하였는데, 석포(石圃)는 위(衛)나라 경(卿)이었던 석악(石惡)의 조카이다. 일이 이루어지기 전에 화난이 일어났다. 신사일에 석포가 장씨(匠氏)[296]에게 의지하여 장공을 공격하자, 장공은 문을 닫아걸고 화해를 청하였으나 석포가 허낙하지 않았다. 이에 장공은 북쪽 담을 넘다가 떨어져서 다리가 부러지니, 융주인(戎州人)이 그를 공격하였다. 태자 질(疾)과 공자 청(青)이 담을 넘어 장공을 따랐는데 청(青)은 질(疾)의 아우이다. 융주인이 그들을 죽였고 장공은 융주 기씨(己氏)의 집으로 들어갔다. 기씨(己氏)는 융인(戎人)의 성(姓)이다. 앞서 장공이 성위에서 기씨 아내의 머리카락이 아름다운 것을 보고 사람을 시켜 그 머리카락을 자르게 하여 그것으로 려강(呂姜)의 다리[髢][297]를 만들게

294) 위양공(衛襄公) : 위장공(衛莊公)의 조부.

295) 견(鄄) 땅 : 위(衛)나라 땅. 위인(衛人)이 위장공(衛莊公)을 축출하자 견(鄄) 땅으로 달아나 있었다.

296) 장씨(匠氏) : 위(衛)나라 장인(匠人)으로서 장(匠)이라는 씨(氏)를 이룬 족속이다.

한 일이 있었다. 려강(呂姜)은 장공(莊公)의 부인이다. 체(髢)는 다리이다. 이제 기씨의 집에 들어가고 나서 기씨에게 벽옥(璧玉)을 보이며 말하기를 "나를 살려주면 내가 이 벽옥을 너에게 주겠다."라고 하니, 기씨가 말하기를 "너를 죽이면 그 벽옥이 어디로 가겠는가."라 하고 드디어 장공을 죽이고 그 벽옥을 취하였다. 위인(衛人)이 공손(公孫) 반사(般師)를 돌아오게 하여 임금으로 세웠다. 12월에 제인(齊人)이 위(衛)나라를 치니 위인이 화평을 청하였다. 제인이 공자 기(起)를 임금으로 세우고 기(起)는 령공(靈公)의 아들이다. 반사를 잡아 돌아가서 로(潞) 땅[298]에 안치하였다.

○公會齊侯 盟于蒙 齊侯 簡公弟 平公敖也 蒙 齊地 **孟武伯相 齊侯稽首 公拜 齊人怒 武伯曰 非天子 寡君無所稽首 武伯問於高柴曰 諸侯盟 誰執牛耳** 禮 小國尸盟 **季羔曰 鄫衍之役 吳公子姑曹** 季羔 高柴也 鄫衍在七年 吳爲盟主 不知盟禮 使其臣執之 **發陽之役 衛石魋** 發陽 鄖也 在十二年 石魋 石曼姑子 **武伯曰 然則彘也** 彘 武伯名 魯是小國 故武伯自以爲可執

○애공(哀公)이 제후(齊侯)와 회합하여 몽(蒙) 땅에서 맹약할 때 제후(齊侯)는 간공(簡公)의 아우인 평공(平公) 오(敖)이다. 몽(蒙)은 제(齊)나라 땅이다. 맹무백(孟武伯)이 상(相)[299]이었다. 제후는 계수(稽首)[300]하였으나 애공은 절[拜]만 하니 제인(齊人)이 노하였다. 무백(武伯)이 말하기를 "천자가 아니면 과군은 계수할 곳이 없습니다."[301]라고 하였다. 무백이 고시(高柴)에게 묻기를 "제후(諸侯)가 맹약할 때 누가 쇠귀를 잡습니까?"라고 하니, 례법에 소국이 맹약을 주관한다. 계고(季羔)가 말하기를 "증연(鄫衍)[302]의 맹약에서는 오(吳)나라 공자 고조(姑曹)가 잡았었고, 계고(季羔)는 고시(高柴)이다. 증연(鄫衍)의 맹약은 7년에 있었다. 오(吳)나라가 맹주가 되었는데 맹약의 례법을 알지 못하여 그 신하로 하여금 쇠귀를 잡게 한 것이다. 발양(發陽)의 맹약에서는 위(衛)나라 석퇴(石魋)가 잡았습니다."라고 하였다. 발양(發陽)은 운(鄖) 땅이다. 발양의 맹약은 12년에 있었다. 석퇴(石魋)는 석만고(石曼姑)의 아들이다. 무백이 말하기를 "그렇다면 이번 맹약에 잡을 사람은 저 체(彘)입니다."라고 하였다. 체(彘)는 무백(武伯)의 이름이다. 로(魯)나라는 소국이기 때문에 무백이 스스로 쇠귀를 잡을 수 있다고 여긴 것이다.

---

297) 다리[髢] : 녀자들의 머리장식. 가발의 일종이다.

298) 로(潞) 땅 : 제(齊)나라 읍.

299) 상(相) : 임금을 도와 례를 집행하는 사람.

300) 계수(稽首) : 이마가 땅에 닿도록 절하는 공손한 례.

301) 천자가~없습니다 : 례법에 의하면 제후(諸侯)는 천자에게만 계수(稽首)한다는 말이다.

302) 증연(鄫衍) : 정(鄭)나라 땅.

○宋皇瑗之子麇 瑗 宋右師 **有友曰田丙 而奪其兄鄒般邑以與之** 鄒 音攙 **鄒般慍而行 告桓司馬之臣子儀克 子儀克適宋 告夫人曰 麇將納桓氏 公問諸子仲** 子仲 皇野 **初 子仲將以杞姒之子非我爲子** 爲適子也 杞姒 子仲妻 **麇曰 必立伯也** 伯 非我兄 **是良材 子仲怒 弗從 故對曰 右師則老矣 不識麇也** 言右師老 不能爲亂 麇則不可知 **公執之** 執麇 **皇瑗奔晉 召之**

○송(宋)나라 황원(皇瑗)의 아들 균(麇)은 원(瑗)은 송(宋)나라 우사(右師)이다. 전병(田丙)이라는 벗이 있었는데, 균이 전병의 형 참반(鄒般)의 읍을 빼앗아 그에게 주었다. 참(鄒)은 음이 참(攙)이다. 그러자 참반이 성내어 그곳을 떠나서 환사마(桓司馬 : 桓魋)의 가신 자의극(子儀克)에게 고하자,[303] 자의극이 송나라 국도로 가서 부인(夫人)[304]에게 고하기를 "균이 환씨(桓氏 : 桓魋)를 받아들이려 합니다."[305]라고 하니, 송경공(宋景公)이 자중(子仲)에게 물었다. 자중(子仲)은 황야(皇野)이다. 이보다 앞서 자중이 기사(杞姒)의 아들 비아(非我)를 적자로 삼으려 하자 적자(適子)로 삼는 것이다. 기사(杞姒)는 자중(子仲)의 처이다. 균이 말하기를 "반드시 백(伯)을 세우십시오. 백(伯)은 비아(非我)의 형이다. 그는 우수한 인재입니다."라고 하니, 자중이 노하여 따르지 않았었다. 이 때문에 자중이 대답하기를 "우사(右師 : 皇瑗)는 늙었으나 균은 알 수 없습니다."라고 하니, 우사(右師)는 늙어서 란을 일으킬 수 없겠지만 균(麇)은 알 수 없다는 말이다. 송경공이 균을 체포하였다. 균(麇)을 체포한 것이다. 황원이 이 일로 진(晉)나라에 망명하니, 송경공이 그를 불러들였다.

애공(哀公) 18년【甲子 B.C.477】

十八年 春 宋殺皇瑗 公聞其情 復皇氏之族 使皇緩爲右師 緩 瑗從子

303) 환사마(桓司馬 : 桓魋)의~고하자 : 이때 환퇴(桓魋)는 위(衛)나라로 망명가 있었고, 자의극(子儀克)은 환퇴의 반란에 참여하지 않고 송(宋)나라 하읍(下邑)에 있었다.

304) 부인(夫人) : 송경공(宋景公)의 어머니를 이른다.

305) 균이~합니다 : 환씨(桓氏 : 桓魋)는 애공(哀公) 14년에 반란을 일으키고 위(衛)나라로 망명갔는데, 균(麇)이 환씨를 받아들이려 한다고 자의극(子儀克)이 무고한 것이다.

18년 봄에 송(宋)나라가 황원(皇瑗)을 죽였다.[306] 송경공(宋景公)이 그 실정을 듣고[307] 황씨(皇氏)의 일족을 복위시키고 황완(皇緩)을 우사(右師)로 삼았다. 완(緩)은 원(瑗)의 조카이다.

○巴人伐楚 圍鄾 鄾 楚邑 **初 右司馬子國之卜也 觀瞻曰 如志** 子國未爲令尹時 卜爲右司馬 觀瞻 楚開卜大夫 觀從之後 **故命之** 命以爲右司馬 **及巴師至 將卜帥 王曰 寧如志 何卜焉 使帥師而行 請承** 承 佐 **王曰 寢尹工尹勤先君者也** 柏擧之役 寢尹吳由于以背受戈 工尹固執燧象奔吳師 **三月 楚公孫寧吳由于薳固敗巴師于鄾 故封子國於析**

○파인(巴人)이 초(楚)나라를 쳐서 우(鄾) 땅을 포위하였다. 우(鄾)는 초(楚)나라 읍이다. 이보다 앞서 초혜왕(楚惠王)이 자국(子國)을 우사마(右司馬)로 삼는 것에 대하여 거북점을 쳤다. 관첨(觀瞻)이 말하기를 "임금님의 뜻과 같습니다."라고 하니, 자국(子國)이 아직 령윤(令尹)이 되지 않았을 때 초왕(楚王)이 자국을 우사마(右司馬)로 삼는 것에 대하여 점을 친 것이다. 관첨(觀瞻)은 초(楚)나라 개복대부(開卜大夫)[308]로 관종(觀從)의 후손이다. 그를 임명하였다. 자국(子國)을 임명하여 우사마(右司馬)로 삼은 것이다. 파(巴)나라 군대가 쳐들어올 때 초나라가 점을 쳐서 장수를 정하려 하였다. 혜왕(惠王)이 말하기를 "녕(寧 : 子國)이 나의 뜻과 같다고 하였는데 무슨 점을 치겠는가."라 하고 자국으로 하여금 군대를 거느리고 가게 하였다. 자국이 부장[承]을 요청하자, 승(承)은 부장(副將)이다. 혜왕이 말하기를 "침윤(寢尹)과 공윤(工尹)은 선군을 부지런히 보좌한 신하이다."라고 하였다. 백거(柏擧)의 싸움[309]에서 침윤(寢尹) 오유우(吳由于 : 王孫由于)는 등으로 창을 막았고, 공윤(工尹) 고(固 : 薳固)는 코끼리 꼬리에 불섶을 매달아 오(吳)나라 군중(軍中)으로 달려가게 하였다. 3월에 초나라 공손녕(公孫寧)·오유우(吳由于)·위고(薳固)가 파나라 군대를 우 땅에서 패배시켰다. 그러므로 자국을 석(析) 땅에 봉하였다.

君子曰 惠王知志 夏書曰 官占唯能蔽志 昆命于元龜 今虞書大禹謨 官占 卜筮之官 蔽 斷也 昆 後也 **其是之謂乎 志曰 聖人不煩卜筮 惠王其有焉**

군자는 말한다. "혜왕(惠王)은 사람의 뜻을 잘 알았다. 〈하서(夏書)〉에 이르기를 '관점(官

306) 송(宋)나라가~죽였다 : 지난해 황원(皇瑗)이 진(晉)나라로 망명하였는데 송경공(宋景公)이 그를 불러들여 죽인 것이다.

307) 송경공(宋景公)이~듣고 : 송경공(宋景公)이 얼마 뒤에 황원(皇瑗) 부자가 죄가 없음을 알게 된 것이다.

308) 개복대부(開卜大夫) : 거북점을 주관하는 대부.

309) 백거(柏擧)의 싸움 : 정공(定公) 4년에 있었다.

占)은 먼저 뜻을 정하고[蔽] 뒤[昆]에 원귀(元龜)에게 명한다.'고 하였는데 지금의 〈우서(虞書)〉 대우모(大禹謨)이다. 관점(官占)은 복서(卜筮)를 맡은 관원이다. 폐(蔽)는 결단함이고 곤(昆)은 뒤이다. 아마도 이는 혜왕을 이르는 것인 듯하다. 옛 기록에 이르기를 '성인은 거북점과 시초점을 자주 치지 않았다.'라고 하였는데, 혜왕이 그런 점이 있도다."

○夏 衛石圃逐其君起 起奔齊 齊所立故 **衛侯輒自齊復歸 逐石圃 而復石魋與大叔遺** 皆蒯聵所逐

○여름에 위(衛)나라 석포(石圃)가 그 임금 기(起)를 쫓아내니 기가 제(齊)나라로 망명하였다. 제(齊)나라가 세운 임금이었기 때문이다. 위후(衛侯) 첩(輒)이 제나라에서 위나라로 복귀(復歸)310)하여 석포를 쫓아내고 석퇴(石魋)와 태숙유(大叔遺)를 복위시켰다. 모두 괴외(蒯聵)가 쫓아낸 자들이다.

애공(哀公) 19년【乙丑 B.C.476】

十九年 春 越人侵楚 以誤吳也 誤吳 使不爲備

19년 봄에 월인(越人)이 초(楚)나라를 침범하여 오(吳)나라를 오판(誤判)하도록 하였다. 오(吳)나라를 오판(誤判)하도록 하였다는 것은 오나라로 하여금 월(越)나라를 대비하지 않게 한 것이다.

○夏 楚公子慶公孫寬追越師 至冥 不及乃還 冥 越地

○여름에 초(楚)나라 공자 경(慶)과 공손관(公孫寬)이 월(越)나라 군대를 추격하여 명(冥) 땅까지 갔다가 따라잡지 못하자 돌아갔다. 명(冥)은 월(越)나라 땅이다.

○秋 楚沈諸梁伐東夷 報越 **三夷男女及楚師盟于敖** 從越之夷 三種 敖 東夷地

310) 복귀(復歸) : 그 나라를 떠났던 자가 귀국하여 지위를 회복한 것을 이른다. 성공(成公) 18년 여름조 참조.

○가을에 초(楚)나라 심제량(沈諸梁)이 동이(東夷)를 쳤다. 월(越)나라에 보복한 것이다. 삼이(三夷)의 남녀가 초나라 군대와 오(敖) 땅에서 맹약하였다. 월(越)나라를 추종하는 이(夷)가 세 종류이다. 오(敖)는 동이(東夷)의 땅이다.

○冬 叔靑如京師 敬王崩故也 叔靑 叔還子

○겨울에 숙청(叔靑)이 경사(京師)에 갔으니, 주경왕(周敬王)이 붕하였기 때문이다. 숙청(叔靑)은 숙환(叔還)의 아들이다.

애공(哀公) 20년【丙寅 B.C.475】

二十年 春 齊人來徵會 夏 會于廩丘 爲鄭故 謀伐晉 十五年 晉伐鄭 **鄭人辭諸侯 秋 師還**

20년 봄에 제인(齊人)이 우리나라에 와서 회합에 불렀다. 여름에 름구(廩丘)[311]에서 회합하였으니, 정(鄭)나라의 일 때문에 진(晉)나라 치는 것을 모의하기 위해서였다. 15년에 진(晉)나라가 정(鄭)나라를 쳤었다. 정인(鄭人)이 제후들을 사절하니,[312] 가을에 군대가 돌아왔다.

○吳公子慶忌驟諫吳子曰 不改必亡 弗聽 出居于艾 艾 吳邑 **遂適楚 聞越將伐吳 冬 請歸平越 遂歸 欲除不忠者以說于越 吳人殺之**

○오(吳)나라 공자 경기(慶忌)[313]가 자주 오자(吳子)에게 간하기를 "오나라 정책을 바꾸지 않으면 반드시 망할 것입니다."라고 하였으나 듣지 않았다. 이에 경기는 국도를 나와 애(艾) 땅에 살다가 애(艾)는 오(吳)나라 읍이다. 드디어 초(楚)나라로 갔다. 그는 월(越)나라가 오나라를 치려 한다는 소식을 듣고, 겨울에 월나라와 화평하려고 오나라로 돌아가기를 청

---

311) 름구(廩丘) : 제(齊)나라 땅.

312) 제후들을 사절하니 : 제후들의 군사적 도움을 사절한 것이다.

313) 경기(慶忌) : 오자(吳子) 부차(夫差)의 아들. 혹은 오왕(吳王) 료(僚)의 아들이라고도 한다.

하였다. 드디어 돌아가서 불충한 자들을 제거하여 월나라에 해명하려고 하였으나 오인(吳人)이 경기를 죽였다.

○十一月 越圍吳 趙孟降於喪食 趙孟 襄子無恤 時有父簡子之喪 **楚隆曰 三年之喪 親暱之極也 主又降之 無乃有故乎** 楚隆 襄子家臣 **趙孟曰 黃池之役 先主與吳王有質** 先主 簡子 質 盟信也 **曰 好惡同之 今越圍吳 嗣子不廢舊業而敵之** 嗣子 襄子自謂 欲敵越救吳 **非晉之所能及也 吾是以爲降 楚隆曰 若使吳王知之 若何 趙孟曰 可乎 隆曰 請嘗之** 嘗 試也 **乃往 先造于越軍曰 吳犯間上國多矣 聞君親討焉 諸夏之人莫不欣喜 唯恐君志之不從 請入視之 許之**

○11월에 월(越)나라가 오(吳)나라를 포위하니, 조맹(趙孟)[314]이 상중(喪中)에 먹는 음식보다 가짓수를 줄이자 조맹(趙孟)은 양자(襄子) 무휼(無恤)인데 이때 아버지 간자(簡子)의 상중(喪中)에 있었다. 초륭(楚隆)이 말하기를 "3년의 상은 친애함을 지극히 하는 일입니다. 그런데 주인님께서 상중에 드시는 간소한 음식보다 가짓수를 더 줄이시니 까닭이 있는 것이 아닌지요?"라고 하였다. 초륭(楚隆)은 양자(襄子)의 가신이다. 조맹이 말하기를 "황지(黃池)의 회맹[315] 때 선주(先主)께서 오왕(吳王)과 맹약하기를[質] 선주(先主)는 간자(簡子)이다. 질(質)은 맹약함이다. '좋은 일이나 나쁜 일이나 함께하리라.'고 하셨다. 지금 월나라가 오나라를 포위하였으니 사자(嗣子)가 옛 맹약을 폐기하지 않고 월나라 군대를 대적해야 하는데, 사자(嗣子)는 양자(襄子)가 스스로를 일컬은 것이며, 월(越)나라와 대적하여 오(吳)나라를 구원하고자 한다는 것이다. 우리 진(晉)나라가 미칠 수 있는 바가 아니다. 내가 이 때문에 음식의 가짓수를 줄인 것이다."라고 하였다. 초륭이 말하기를 "만약 오왕으로 하여금 주인님의 뜻을 알게 하면 어떻겠습니까?"라고 하니, 조맹이 말하기를 "좋다."라고 하였다. 륭(隆)이 말하기를 "이를 시도해[嘗] 보겠습니다."라고 하였다. 상(嘗)은 시도함이다. 이에 길을 떠나 먼저 월나라 군영에 이르러[316] 말하기를 "오나라가 상국(上國 : 越)을 침범하고 리간질한 일이 많았으므로 월나라 임금님께서 친히 오나라를 토죄한다고 들었습니다. 이를 제하(諸夏)의 사람들 가운데 기뻐하지 않는 자가 없으나 이들은 모두 임금님의 뜻이 이루어지지[從] 못할까 걱정하고 있습니다. 그러니 제가 오나라에

314) 조맹(趙孟) : 진(晉)나라 조(趙)씨 가문의 후계자를 이른다.

315) 황지(黃池)의 회맹 : 애공(哀公) 13년에 애공이 진정공(晉定公)·오자(吳子 : 夫差)와 함께 황지(黃池)에서 한 회맹이다.

316) 먼저~이르러 : 당시 월(越)나라가 오(吳)나라를 포위하였으니 오나라로 들어가려면 월나라 군영을 지나야하기 때문에 이른 것이다.

들어가서 오나라 형편을 살펴보겠습니다."라고 하니 허낙하였다.

告于吳王曰 寡君之老無恤 使陪臣隆敢展謝其不共 黃池之役 君之先臣志父得承齊盟 曰 好惡同之 今君在難 無恤不敢憚勞 非晉國之所能及也 使陪臣敢展布之 王拜稽首曰 寡人不佞 不能事越 以爲大夫憂 拜命之辱 與之一簞珠 簞 小笥 **使問趙孟曰 句踐將生憂寡人 寡人死之不得矣 王曰 溺人必笑 吾將有問也** 自喩所問不急 猶溺人不知所爲而反笑 **史黯何以得爲君子** 史黯卽史墨 嘗云不及四十年 吳當亡 王感其言 問黯爲人 **對曰 黯也 進不見惡 退無謗言 王曰 宜哉**

초륭(楚隆)이 오왕(吳王)에게 가서 고하기를 "과군의 로신(老臣)인 무휼(無恤 : 趙孟)이 배신(陪臣)인 저 륭(隆)을 보내어 감히 자신의 공손(恭遜)하지 못함을 진술하여[展] 사죄하게[謝] 하였습니다. 황지(黃池)의 회맹 때 우리 임금님의 선신(先臣)인 지보(志父 : 趙鞅)가 제맹(齊盟 : 同盟)을 받들어 말하기를 '좋은 일이나 나쁜 일이나 함께하리라.'고 하였습니다. 지금 오(吳)나라 임금님께서 화난에 처해 계시니, 무휼은 감히 출전하는 수고를 꺼리지 않습니다만 진(晉)나라의 힘이 미칠 수 있는 바가 아니므로 배신을 보내어 감히 사정을 진술하게 하였습니다."라고 하였다. 오왕이 절하고 계수(稽首)하며 말하기를 "과인이 재주가 없어 월나라를 잘 섬기지 못하여 대부(大夫 : 無恤)에게 근심을 끼쳤는데도 수고로이 사명(使命)을 보내줌에 절하노라."고 하였다. 그리고 진주 한 상자[簞]를 초륭에게 주어 단(簞)은 작은 상자이다. 조맹(趙孟)에게 선물을 전하게[問] 하며 말하기를 "월(越)나라 구천(句踐)이 과인에게 근심을 생기게 하니, 과인은 제명대로 죽지 못할 것이다."라고 하였다. 그리고 오왕이 초륭에게 말하기를 "물에 빠진 사람은 반드시 웃는 얼굴을 한다고 하는데, 나도 그대에게 묻노니 시급하지 않은 것을 묻는 것이 마치 물에 빠진 사람이 어찌할 바를 모르고 도리어 웃는 것과 같다고 스스로 비유한 것이다. 진(晉)나라 사암(史黯)은 어찌하여 군자라고 여겨지게 되었는가?"라고 하였다. 사암(史黯)은 곧 사묵(史墨)이다. 그가 일찍이 '40년이 되지 않아 오(吳)나라가 망하게 될 것이다.'라고 하였는데,[317] 오왕(吳王)은 이 말에 느낌이 있어서 암(黯)의 사람됨에 대하여 물은 것이다. 초륭이 대답하기를 "암(黯)은 벼슬에 나아가서도 그를 미워하는 사람이 없었고, 물러나서도 그를 비방하는 말이 없었습니다."라고 하였다. 오왕이 말하기를 "군자라고 하는 것이 마땅하구나."라고 하였다.

317) 그가~하였는데 : 소공(昭公) 32년에 있었다.

애공(哀公) 21년 【丁卯 B.C.474】

二十一年 夏 五月 越人始來 越欲霸中國 始遣使適魯

21년 여름 5월에 월인(越人)이 처음으로 우리나라에 왔다. 월(越)나라가 중국에서 패자(霸者)가 되고자 하여 처음으로 사신을 보내어 로(魯)나라에 가게 한 것이다.

○秋 八月 公及齊侯邾子盟于顧 齊人責稽首 事在十七年 顧 齊地 **因歌之曰 魯人之皐 數年不覺 使我高蹈** 皐 緩也 高蹈猶遠行 言齊侯稽首而魯人皐緩 數年不知答 故使我遠來爲此會 **唯其儒書 以爲二國憂** 二國 齊邾也 言魯據周禮 不肯答稽首 令齊邾遠至

○가을 8월에 애공(哀公)이 제후(齊侯) 및 주자(邾子)와 고(顧) 땅에서 맹약하였다. 제인(齊人)이 계수(稽首)의 일에 대하여 책망하고[318] 일이 17년에 있었다. 고(顧)는 제(齊)나라 땅이다. 이어서 노래하기를 "로인(魯人)의 느림이여[皐]. 몇 해가 지나도 깨닫지 못하여 우리로 하여금 멀리 오게[高蹈] 하였네. 고(皐)는 늦음이다. 고도(高蹈)는 원행(遠行)과 같으니, 제후(齊侯)가 계수(稽首)를 하였는데도 로인(魯人)이 굼뜨게 몇 해가 지나도 답례할 줄 몰랐기 때문에 우리로 하여금 멀리 와서 이 회합을 하게 하였다는 말이다. 로인은 오직 유가(儒家)의 례서(禮書)에 얽매여 두 나라의 우환을 만들었네."라고 하였다. 두 나라는 제(齊)나라와 주(邾)나라이다. 로(魯)나라가 《주례(周禮)》에만 의거하여 계수(稽首)에 대한 답례를 하려하지 않아 제나라와 주나라로 하여금 멀리 오게 하였다는 말이다.

是行也 公先至于陽穀 齊閭丘息曰 君辱擧玉趾 以在寡君之軍 息 閭丘明之後 **羣臣將傳遽以告寡君 比其復也 君無乃勤 爲僕人之未次 請除館於舟道** 舟道 齊地 **辭曰 敢勤僕人**

이번 행차에 애공(哀公)이 먼저 양곡(陽穀)에 이르니, 제(齊)나라 려구식(閭丘息)이 말하기를 "임금님께서 수고롭게도 귀한 발걸음을 옮기시어 과군의 군대를 위문해주시니[在],[319] 식(息)은 려구명(閭丘明)의 후손이다. 뭇 신하는 전거(傳車)를 보내어 급히 과군에게 보고하겠습니

---

318) 제인(齊人)이~책망하고 : 애공(哀公) 17년 12월 몽(蒙) 땅의 회합에서 제후(齊侯)가 애공에게 계수(稽首)하였다. 그러나 애공은 계수는 천자에게만 하는 것이라 하여 절만 하고 계수하지 않았다. 이에 대하여 제후가 책망한 것이다.

319) 위문해주시니[在] : '在'는 '存'이니 존문(存問 : 慰問)의 뜻이다.

다. 그런데 그 전거가 돌아올 때까지 임금님께서는 불편하지 않겠습니까. 복인(僕人)이 아직 처소를 마련하지 못하였기 때문에 주도(舟道)에 관사를 마련하여 청소하도록 하겠습니다.[320]"라고 하였다. 주도(舟道)는 제(齊)나라 땅이다. 애공이 사양하며 말하기를 "감히 제나라의 복인을 수고롭게 하겠는가."라고 하였다.

애공(哀公) 22년【戊辰 B.C.473】

二十二年 夏 四月 邾隱公自齊奔越 曰 吳爲無道 執父立子 越人歸之 大子革奔越

22년 여름 4월에 주은공(邾隱公)이 제(齊)나라에서 월(越)나라로 망명하고서[321] 말하기를 "오(吳)나라가 무도하여 아버지를 잡아 가두고 아들을 임금으로 세웠습니다."[322]라고 하였다. 월인(越人)이 주은공을 주(邾)나라로 돌려보내니, 태자 혁(革)이 월나라로 망명하였다.

○冬 十一月 丁卯 越滅吳 請使吳王居甬東 甬東 越地 辭曰 孤老矣 焉能事君 乃縊 越人以歸 以其尸歸

○겨울 11월 정묘일에 월(越)나라가 오(吳)나라를 멸하고 오왕(吳王 : 夫差)에게 용동(甬東)에 거처하도록 청하였다. 용동(甬東)은 월(越)나라 땅이다. 오왕이 사절하며 말하기를 "내가 이미 늙었으니 어찌 임금을 섬길 수 있겠는가."라 하고는 목매어 죽으니, 월인(越人)이 그 시신을 가지고 돌아갔다.[323] 그 시신을 가지고 돌아간 것이다.

---

320) 주도(舟道)에~하겠습니다 : 애공(哀公)이 일찍 왔음을 핑계로 제인(齊人)이 애공을 림시 거처인 주도(舟道)에 오래 체류시켜 애공을 욕보임으로써 지난번 계수의 일에 대하여 보복하려 한 것이다.

321) 주은공(邾隱公)이~망명하고서 : 애공(哀公) 8년에 주은공(邾隱公)이 오(吳)나라에 의해 루대(樓臺)에 갇혔다가 애공 10년에 제(齊)나라로 망명하였고 지금 월(越)나라로 망명한 것이다.

322) 아버지를~세웠습니다 : 아버지인 주은공(邾隱公)을 잡아 가두고 그 아들 태자 혁(革)을 임금으로 세웠다는 말이다.

323) 월인(越人)이~돌아갔다 : 오(吳)나라는 이때 망하였다.

애공(哀公) 23년 【己巳 B.C.472】

二十三年 春 宋景曹卒 景曹 宋元公夫人 小邾女 季桓子外祖母 **季康子使冉有吊 且送葬 曰 敝邑有社稷之事 使肥與有職競焉** 肥 康子名 競 匆遽也 **是以不得助執紼 使求從輿人** 求 冉有名 **曰 以肥之得備彌甥也** 彌 遠也 **有不腆先人之產馬 使求薦諸夫人之宰 其可以稱旌繁乎** 稱 副也 繁 馬飾

23년 봄에 송(宋)나라 경조(景曹)가 졸하였다. 경조(景曹)는 송원공(宋元公)의 부인(夫人)이니 소주(小邾) 녀자로 계환자(季桓子)의 외조모이다. 계강자(季康子)가 염유(冉有)를 보내어 조문하고 또 송장(送葬)하게 하니, 염유는 다음과 같이 말하였다. "우리나라에 사직의 일이 있어 비(肥)로 하여금 제사를 돕는 직책을 맡게 하여 바쁩니다[競]. 비(肥)는 강자(康子)의 이름이다. 경(競)은 바쁨이다. 이 때문에 상엿줄[紼] 잡는 일을 돕지 못하고 저 구(求)로 하여금 여인(輿人)[324]의 뒤를 따르게 하고 구(求)는 염유(冉有)의 이름이다. 다음과 같이 고하게 하였습니다. '저 비는 송나라의 먼[彌] 생질이기 때문에[325] 미(彌)는 멂이다. 선인(先人)[326]의 땅에서 난 변변치 못한 말이 있어 구를 시켜 부인(夫人)의 재(宰)에게 바치게 하였습니다만[327] 어찌 거마(車馬)의 장식[旌繁][328]에 어울릴[稱] 수 있겠습니까.'" 칭(稱)은 부합함이고 반(繁)은 말의 장식이다.

○夏 六月 晉荀瑤伐齊 荀瑤 荀躒之孫 知伯襄子 **高無丕帥師御之 知伯視齊師 馬駭 遂驅之曰 齊人知余旗 其謂余畏而反也 及壘而還 將戰 長武子請卜** 武子 晉大夫 **知伯曰 君告于天子 而卜之以守龜於宗祧 吉矣 吾又何卜焉 且齊人取我英丘 君命瑤 非敢耀武也 治英丘也 以辭伐罪足矣 何必卜 壬辰 戰于犁丘** 犁丘 隰也 **齊師敗積 知伯親禽顏庚** 顏庚 齊大夫

324) 여인(輿人) : 상여(喪輿)를 끄는 사람.

325) 먼[彌~때문에 : 계강자(季康子)의 아버지 계환자(季桓子)는 송경공(宋景公)의 생질(甥姪)이기 때문에 계강자는 자신을 미생(彌甥)이라 칭한 것이다. 미생은 생질의 아들을 이른다.

326) 선인(先人) : 돌아가신 아버지. 즉 계환자(季桓子)이다.

327) 부인(夫人)의~하였습니다만 : 재(宰)는 장례를 주관하는 관원이니, 실제로는 송원공(宋元公)에게 바친다는 의미이다.

328) 거마(車馬)의 장식[旌繁] : 수레에는 정(旌 : 旌旄)이 있으며 반(繁 : 말의 腹帶)으로 말을 장식하니, 이는 모두 제후의 복식(服飾)이다.

○여름 6월에 진(晉)나라 순요(荀瑤)가 제(齊)나라를 치니 순요(荀瑤)는 순력(荀躒)의 손자인 지백(知伯) 양자(襄子)이다. 고무비(高無丕)가 군대를 거느리고 방어하였다. 지백(知伯)이 제나라 군대를 살펴보려 할 때 말이 놀라 달아나거늘 드디어 말을 몰며 말하기를 "제인(齊人)이 나의 기(旗)를 알고 있으니 그들은 내가 두려워하여 돌아간다고 여길 것이다."라 하고, 제나라 보루까지 갔다가 돌아왔다. 싸우려 할 때 장무자(長武子)가 거북점을 칠 것을 청하였으나 무자(武子)는 진(晉)나라 대부이다. 지백이 말하기를 "임금님께서 천자에게 고하였고 종조(宗祧 : 宗廟)에서 수귀(守龜)[329]로 점을 치니 길하였는데 내가 또 무슨 점을 치겠는가. 또 제인이 우리의 영구(英丘)를 취하였기 때문에 임금님께서 나 요(瑤)에게 명하였으니, 감히 무공을 과시하고자 하는 것이 아니라 영구를 다스리려는 것이다. 명분 있는 말로 죄인을 치면 그것으로 충분한데 어찌 점을 칠 필요가 있겠는가."라고 하였다. 임진일에 리구(犁丘)에서 싸워 리구(犁丘)는 습지이다. 제나라 군대가 크게 패하고 지백은 몸소 안경(顔庚)을 사로잡았다. 안경(顔庚)은 제(齊)나라 대부이다.

○秋 八月 叔青如越 始使越也 越諸鞅來聘 報叔青也

○가을 8월에 숙청(叔青)이 월(越)나라에 갔으니, 처음으로 월나라에 사신 가게 한 것이다. 월나라 제앙(諸鞅)이 와서 빙문하였으니, 숙청의 빙문에 대한 보답이었다.

애공(哀公) 24년【庚午 B.C.471】

二十四年 夏 四月 晉侯將伐齊 使來乞師 曰 昔臧文仲以楚師伐齊 取穀 在僖二十六年 **宣叔以晉師伐齊 取汶陽** 在成二年 **寡君欲徼福於周公 願乞靈于臧氏** 以臧氏世勝齊 故欲乞其威靈 **臧石帥師會之 取廩丘** 臧石 賓如之子 **軍吏令繕 將進** 晉軍吏也 繕 治戰備 **萊章曰 君卑政暴** 萊章 齊大夫 **往歲克敵** 禽顔庚 **今又勝都** 取廩丘 **天奉多矣 又焉能進 是躗言也** 躗 音衛 過也 **役將班矣 晉師乃還 餼臧石牛 大史謝之** 晉大史 **曰 以寡君之在行 牢禮不**

329) 수귀(守龜) : 거북점을 칠 때 사용하는 귀갑(龜甲). 귀인(龜人)이 맡아 지키기 때문에 수귀(守龜)라 한다.

度 敢展謝之

24년 여름 4월에 진후(晉侯)가 제(齊)나라를 치려 하였다. 이에 진(晉)나라 사신이 와서 원군을 요청하며 말하기를 "옛날 장문중(臧文仲)이 초(楚)나라 군대로 제나라를 쳐서 곡(穀) 땅을 취하였고 희공(僖公) 26년에 있었다. 선숙(宣叔)[330]이 진나라 군대로 제나라를 쳐서 문양(汶陽)을 취하였습니다. 성공(成公) 2년에 있었다. 과군은 주공(周公)에게 복을 구하고 장씨(臧氏)에게서 신령한 기운을 빌리기를 원합니다."라고 하였다. 장씨(臧氏)가 대대로 제(齊)나라를 이겼기 때문에 그 위엄과 신령한 기운을 빌리고자 한다는 것이다.[331] 이에 장석(臧石)이 군대를 거느리고 진군(晉軍)과 회합하여 름구(廩丘)를 취하였다. 장석(臧石)은 빈여(賓如 : 臧賓如)의 아들이다. 군리(軍吏)[332]가 '군비를 수선하라[繕]. 곧 진군할 것이다.'라고 령을 내리니, 진(晉)나라 군리(軍吏)이다. 선(繕)은 싸울 장비를 수선함이다. 래장(萊章)이 말하기를 "진나라 임금은 권위가 낮아졌고 정치가 포학한데, 래장(萊章)은 제(齊)나라 대부이다. 지난해에 대적한[敵] 우리를 이겼고 안경(顔庚)을 사로잡은 것이다. 지금 또 큰 도시에서 승리하였다. 름구(廩丘)를 취한 것이다. 이미 하늘이 도운 것이 많은데 또 어찌 진군해 올 수 있겠는가. 이는 과장하는[衞] 말이니 위(衞)는 음이 위(衛)이니 과장함이다. 진나라 군대[役]는 돌아갈 것이다."라고 하였는데, 과연 진나라 군대가 곧 돌아갔다. 진인(晉人)이 장석에게 소를 보냈는데, 태사(大史)가 사죄하며 진(晉)나라 태사(大史)이다. 말하기를 "과군이 군행(軍行)에 있기 때문에 뢰례(牢禮)가 법도에 맞지 않습니다.[333] 이에 감히 사죄드립니다."라고 하였다.

○邾子又無道 越人執之以歸 而立公子何 何亦無道 **何 大子革弟**

○주자(邾子 : 邾隱公)가 또 무도한 짓을 하니 월인(越人)이 그를 잡아 데리고 돌아갔다. 그리고 공자 하(何)를 세웠는데 하 또한 무도한 짓을 하였다. 하(何)는 태자 혁(革)의 아우이다.

○公子荊之母嬖 **荊 哀公子** **將以爲夫人 使宗人釁夏獻其禮** **宗人 禮官** **對曰 無之 公怒曰 女爲宗司 立夫人 國之大禮也 何故無之 對曰 周公及武公娶於薛** **武公 敖也** **孝惠**

---

330) 선숙(宣叔) : 장문중(臧文仲)의 아들인 장선숙(臧宣叔)이다.

331) 그 위엄과~것이다 : 장문중(臧文仲)의 후손이 군대를 거느리고 와서 도와주기를 청한 것이다.

332) 군리(軍吏) : 군대의 규률과 기강을 감독하는 관리.

333) 뢰례(牢禮)가~않습니다 : 뢰례(牢禮)는 소·양·돼지로써 빈객을 접대하는 것이다. 지금 진(晉)나라 임금이 군행(軍行)에 있기 때문에 뢰례를 갖추지 못하고 소 한 마리만 보내는 것이니 례에 맞지 않는다는 말이다.

娶於商 孝公 稱 惠公 弗皇 商 宋也 **自桓以下娶於齊 此禮也則有 若以妾爲夫人 則固無其禮也 公卒立之 而以荊爲大子 國人始惡之**

○공자 형(荊)의 어머니가 총애를 받아서 형(荊)은 애공(哀公)의 아들이다. 애공(哀公)이 그녀를 부인(夫人)으로 삼으려 하였다. 이에 종인(宗人)인 흔하(釁夏)에게 그 례를 올리도록 하자, 종인(宗人)은 례관(禮官)이다. 대답하기를 "그런 례는 없습니다."라고 하였다. 애공이 노하여 말하기를 "너는 종사(宗司)이며, 부인을 책립(冊立)하는 것은 나라의 대례(大禮)이거늘 무슨 까닭으로 그런 례가 없다고 하느냐?"라고 하니, 대답하기를 "주공(周公)과 무공(武公)은 설(薛)나라에서 부인을 맞이하셨고, 무공(武公)은 오(敖)이다. 효공(孝公)과 혜공(惠公)은 상(商)나라에서 부인을 맞이하셨으며, 효공(孝公)은 칭(稱)이고, 혜공(惠公)은 불황(弗皇)이다. 상(商)은 송(宋)나라이다.334) 환공(桓公) 이후로는 제(齊)나라에서 부인을 맞이하셨습니다. 이런 책립의 례는 있으나 첩을 부인으로 삼는 것과 같은 경우라면 진실로 그런 례는 없습니다."라고 하였다. 그러나 애공은 끝내 그녀를 부인으로 책립하고 형(荊)을 태자로 삼으니, 국인이 비로소 애공을 비워하였다.

○閏月 公如越 得大子適郢 適郢 越王大子 得 相親說 **將妻公 而多與之地 公孫有山使告于季孫 季孫懼 使因大宰嚭而納賂焉 乃止** 嚭 故吳臣也 季孫恐公因越討己 故懼

○윤달에 애공(哀公)이 월(越)나라로 가서 태자 적영(適郢)과 친하게[得] 되었다. 적영(適郢)은 월왕(越王)의 태자이다. 득(得)은 서로 친히 대하고 좋아함이다. 적영이 딸을 애공에게 시집보내려고 애공에게 많은 땅을 주려 하자, 공손유산(公孫有山)이 사람을 보내어 계손(季孫)에게 이 사실을 고하였다. 계손이 두려워하여 사람을 시켜 태재(大宰) 비(嚭)를 통하게 하고 그에게 뢰물을 들이니 이에 그 일이 중지되었다. 비(嚭)는 옛 오(吳)나라 신하였다. 계손(季孫)은 애공(哀公)이 월(越)나라에 의지하여 자기를 토죄할까 걱정되었기 때문에 두려워한 것이다.

---

334) 상(商)은 송(宋)나라이다 : 애공(哀公)의 부친인 정공(定公)의 이름이 송(宋)이기 때문에 흔하(釁夏)가 송을 휘(諱)하여 상(商)이라고 한 것이다.

애공(哀公) 25년 【辛未 B.C.470】

二十五年 夏 五月 庚辰 衛侯出奔宋 衛侯 輒也 **衛侯爲靈臺于籍圃 與諸大夫飮酒焉 褚師聲子韤而登席** 聲子 褚師比也 古者見君解韤 **公怒 辭曰 臣有疾 異於人** 足有創疾 **若見之 君將㱿之** 㱿 音壑 嘔吐也 **是以不敢 公愈怒 大夫辭之** 共辭謝公 **不可 褚師出 公戟其手** 屈肘如戟形 **曰 必斷而足 聞之 褚師與司寇亥乘曰 今日幸而後亡**

25년 여름 5월 경진일에 위후(衛侯 : 出公)가 송(宋)나라로 망명나갔다. 위후(衛侯)는 첩(輒)이다. 앞서 위후가 적포(籍圃)에 령대(靈臺)를 만들고 여러 대부와 그곳에서 술을 마셨는데, 저사성자(褚師聲子)가 버선을 신은 채 자리에 오르자 성자(聲子)는 저사비(褚師比)이다. 옛날에 임금을 뵐 때 버선을 벗었다. 출공(出公)이 노하였다. 저사성자가 해명해 말하기를 "신은 병이 있어서 발이 다른 사람과 다르니, 발에 창질(創疾 : 피부병)이 난 것이다. 만약 신의 발을 보시면 임금님께서 토하실[㱿] 것입니다. 학(㱿)은 음이 학(壑)이니 구토함이다. 이 때문에 감히 버선을 벗을 수 없습니다."라고 하였다. 출공이 더욱 노하니 대부들이 모두 해명하였지만 대부들이 함께 해명하고 출공에게 사죄한 것이다. 화를 풀게 할 수 없었다. 그리하여 저사(褚師)가 나가자 출공은 그 손을 극(戟) 모양으로 만들면서 팔꿈치를 굽혀 극(戟) 모양처럼 만든 것이다. 말하기를 "반드시 너의 발을 자르겠다."고 하였다. 이 말을 듣고 저사는 사구(司寇)인 해(亥)와 함께 수레를 타고 가며 말하기를 "오늘은 다행히도 도망하게 되었구나."라고 하였다.

公之入也 奪南氏邑 南氏 子南之子公孫彌牟 **而奪司寇亥政 公使侍人納公文懿子之車于池** 懿子 公文要 **初 衛人翦夏丁氏** 卽夏戊 事在十一年 **以其帑賜彭封彌子** 彭封彌子 彌子瑕 **彌子飮公酒 納夏戊之女 嬖 以爲夫人 其弟期 大叔疾之從孫甥也** 期 夏戊之子 姊妹之孫爲從孫甥 **少畜於公 以爲司徒 夫人寵衰 期得罪 公使三匠久 公使優狡盟拳彌** 優狡 俳優也 拳彌 衛大夫 使俳優盟之 欲恥辱也 **而甚近信之 故褚師比公孫彌牟公文要司寇亥司徒期因三匠與拳彌以作亂 皆執利兵 無者執斤** 斤 工匠所執 **使拳彌入于公宮 而自大子疾之宮譟以攻公 鄄子士請禦之** 鄄子士 衛大夫 **彌援其手曰 子則勇矣 將若君何** 言不可救 **不見先君乎 君何所不逞欲** 先君 蒯聵也 亂不速奔 故爲戎州所殺 欲令早去 **且君嘗在外矣 豈必不反 當今不可 衆怒難犯 休而易間也 乃出**

출공(出公)이 위(衛)나라로 들어갔을 때[335] 남씨(南氏)의 읍을 빼앗고 남씨(南氏)는 자남(子南)[336]의 아들 공손미모(公孫彌牟)이다. 사구(司寇)인 해(亥)의 정권을 빼앗았다. 그리고 출공은 시인(侍人)을 시켜 공문의자(公文懿子)의 수레를 못 속에 처넣게 하였다. 의자(懿子)는 공문요(公文要)이다. 이보다 앞서 위인(衛人)이 하정씨(夏丁氏)의 관작과 봉읍을 깎아내고[翦] 바로 하무(夏戊)이다. 일이 11년에 있었다. 그 처자식을 팽봉미자(彭封彌子)에게 주었는데 팽봉미자(彭封彌子)는 미자하(彌子瑕)이다. 미자(彌子)가 출공(出公)에게 술을 접대하면서 하무(夏戊)의 딸을 바치니, 그녀를 총애하여 부인(夫人)으로 삼았다. 부인의 아우 기(期)는 태숙질(大叔疾)의 종손생(從孫甥)이다. 기(期)는 하무(夏戊)의 아들이다. 지매(姊妹)의 손자가 종손생(從孫甥)이다. 어려서부터 공궁에서 자랐는데 출공이 그를 사도(司徒)로 삼았다. 그 뒤 부인이 총애를 잃게 되자 기도 죄를 얻었다. 출공은 세 직종의 장인(匠人)을 오랫동안 부려먹었고, 출공은 우교(優狡)를 시켜 권미(拳彌)와 맹약하게 하고서도 우교(優狡)는 배우(俳優)이다. 권미(拳彌)는 위(衛)나라 대부이다. 배우를 시켜 대부와 맹약하게 한 것은 치욕을 주고자 해서이다. 권미를 매우 가까이하고 신임하였다. 그러므로 저사비(褚師比)·공손미모(公孫彌牟)·공문요(公文要)·사구(司寇) 해(亥)·사도(司徒) 기(期)가 세 직종의 장인과 권미에게 의지하여 란을 일으켰다. 그들은 모두 예리한 병기를 들고 병기가 없는 자는 자귀를 들었다. 자귀는 공장(工匠)이 잡는 것이다. 그리고 권미를 시켜 공궁으로 들어가게 하고서 태자 질(疾)[337]의 궁에서 고함을 치며 출공을 공격하였다. 견자사(鄄子士)가 막아내겠다고 청하자 견자사(鄄子士)는 위(衛)나라 대부이다. 미(彌)가 그의 손을 잡고 말하기를 "그대가 용감하지만 장차 임금님을 어찌하시렵니까.[338] 임금을 구원할 수 없다는 말이다. 선군의 일을 보지 못하였습니까. 임금님이야 어디에 계시든 하고 싶은 대로 못하겠습니까. 선군은 괴외(蒯聵)이다. 선군이 란에 빨리 도망가지 않았기 때문에 융주(戎州)에서 살해되었다는 말이니 출공(出公)으로 하여금 빨리 도망가게 하고자 한 것이다. 또 임금님께서는 외국으로 망명나가 계셨던 일도 있으니, 어찌 반드시 돌아오지 못하겠습니까. 지금 당장은 저들을 어찌할 수 없습니다. 군중이 분노했을 때는 대적하기 어렵지만 그 분노가 사그라지면 틈이 벌어지기 쉽습니다."라고 하였다. 이에 출공은 도성을 나갔다.

將適蒲 蒲 近晉邑 **彌曰 晉無信 不可 將適鄄** 鄄 齊晉界上邑 **彌曰 齊晉爭我 不可 將適泠**

335) 출공(出公)이~때 : 이 일은 애공(哀公) 18년에 있었다.

336) 자남(子男) : 출공(出公)의 숙부인 공자 영(郢).

337) 태자 질(疾) : 위장공(衛莊公) 괴외(蒯聵)의 아들.

338) 그대가~어찌하시렵니까 : 그대가 적을 막다가 죽는다면 임금을 구원할 사람이 없다는 말이다.

泠 近魯邑 **彌曰 魯不足與 請適城鉏** 城鉏 近宋邑 **以鉤越 越有君** 宋南近越 轉相鉤牽 **乃適城鉏 彌曰 衛盜不可知也 請速 自我始 乃載寶以歸** 詐言君以寶自隨 將致衛盜 請速行 己爲先發 而因載寶歸衛

출공(出公)이 포(蒲) 땅으로 가려 하자 포(蒲)는 진(晉)나라와 가까운 읍이다. 미(彌)가 말하기를 "진(晉)나라는 신의가 없으니 안 됩니다."라고 하였다. 견(鄄) 땅으로 가려 하자 견(鄄)은 제(齊)나라와 진(晉)나라의 경계에 있는 읍이다. 미가 말하기를 "제(齊)나라와 진나라가 우리를 두고 다툴 것이니 안 됩니다."라고 하였다. 그러자 령(泠) 땅으로 가려 하자 령(泠)은 로(魯)나라와 가까운 읍이다. 미가 말하기를 "로(魯)나라는 도움이 되기에 부족하니 성서(城鉏)로 가셔서 성서(城鉏)는 송(宋)나라와 가까운 읍이다. 월(越)나라와 결탁하십시오[鉤]. 월나라에는 훌륭한 임금이 있습니다."[339]라고 하였다. 송(宋)나라 남쪽은 월(越)나라와 가까우니 도리어 서로 결탁할 수 있다는 것이다. 이에 출공은 성서로 가기로 하였다. 미가 말하기를 "위나라의 도적이 어떻게 할지 모르니 서두르십시오. 저부터 먼저 출발하겠습니다."라 하고서 보물을 싣고 위나라로 돌아갔다. 임금이 직접 보물을 싣고 가면 위(衛)나라의 도적을 부르게 될 것이니 속히 떠나기를 청하고, 자기가 먼저 출발하겠다고 속여 말하고서 그 틈을 리용하여 보물을 싣고 위나라로 돌아간 것이다.

公爲支離之卒 支離 陳名 **因祝史揮以侵衛** 揮 衛祝史 **衛人病之 懿子知之** 知揮爲內間 **見子之 請逐揮 文子** 卽子之 **曰 無罪 懿子曰 彼好專利而妄 夫見君之入也 將先道焉 若逐之 必出於南門而適君所 夫越新得諸侯 將必請師焉 揮在朝 使吏遣諸其室 揮出信 弗內** 再宿爲信 **五日 乃館諸外里** 外里 公所在 **遂有寵 使如越請師**

출공(出公)이 지리지졸(支離之卒)[340]을 만들어 지리(支離)는 군진(軍陳) 이름이다. 축사(祝史)인 휘(揮)를 통하여 위(衛)나라를 침범하려 하니, 휘(揮)는 위(衛)나라 축사(祝史)이다. 위인(衛人)이 이를 걱정하였다. 의자(懿子)가 그것을 알고 휘(揮)가 내부의 첩자인 것을 안 것이다. 자지(子之 : 公孫彌牟)를 만나서 휘를 축출하기를 요청하니, 문자(文子)가 문자(文子)는 곧 자지(子之)이다. 말하기를 "죄가 없다."고 하였다. 그러자 의자가 말하기를 "저 사람은 리익을 독점하기를 좋아하고 행동이 경망하니 임금이 들어오는 것을 보면 앞장서서 인도할 것이고, 만약 그를 축출한다면 반드시 남문으로 나가서 임금이 있는 곳으로 갈 것입니다. 월(越)나라가 새로 제후(諸侯)를 얻었으니,[341] 휘는 반드시 출공을 위해 월나라에 군대를 요청할 것입니다."라

---

339) 월나라에는~있습니다 : 지금 월(越)나라 구천(句踐)이 강성하였기 때문에 한 말이다.

340) 지리지졸(支離之卒) : 군대를 여러 개의 소수 인원 부대로 나눈 군진(軍陳).

고 하였다. 이때 휘가 조정에 나와 있었는데 공손미모(公孫彌牟)는 관리를 시켜 그를 집으로 돌려보냈다. 휘는 성밖으로 나가서 이틀을 묵었는데도 받아들여지지 않자, 이틀을 묵는 것을 신(信)이라 한다. 5일이 지난 뒤에 외리(外里)에 가서 머무니 외리(外里)는 출공(出公)이 있는 곳이다. 드디어 출공은 그를 총애하여 월나라에 보내어 군대를 청하게 하였다.

○六月 公至自越 季康子孟武伯逆於五梧 魯南鄙也 **郭重僕** 爲公僕 **見二子 曰 惡言多矣 君請盡之** 二子多惡言 欲使公盡觀之 **公宴於五梧 武伯爲祝** 祝 上壽酒 **惡郭重 曰 何肥也** 訾毁其貌 **季孫曰 請飮彘也** 飮 罰也 **以魯國之密邇仇讎 臣是以不獲從君 克免於大行 又謂重也肥** 言重隨君遠行勤勞 不宜稱肥 **公曰 是食言多矣 能無肥乎** 以激三桓之數食言 **飮酒不樂 公與大夫始有惡** 爲二十七年公孫邾起

○6월에 애공(哀公)이 월(越)나라에서 돌아오니, 계강자(季康子)와 맹무백(孟武伯)이 오오(五梧)에서 맞이하였다. 오오(五吾)는 로(魯)나라 남쪽 변방이다. 이때 곽중(郭重)이 애공의 수레를 몰았는데, 애공(哀公)의 마부가 된 것이다. 두 사람을 만나보고 나서 말하기를 "두 사람이 헐뜯는 말을 많이 하니 임금님께서는 자세히 살펴보십시오."라고 하였다. 두 사람이 헐뜯는 말을 많이 하니 애공(哀公)으로 하여금 자세히 살피게 하려 한 것이다. 애공이 오오에서 연회를 열자, 무백(武伯)은 축(祝)을 하고 축(祝)은 장수를 축원하는 술을 올림이다. 곽중을 헐뜯으며 말하기를 "어찌하여 그렇게 살이 쪘는가."라고 하였다. 그 외모를 헐뜯은 것이다. 이에 계손(季孫 : 季康子)이 말하기를 "체(彘 : 孟武伯)에게 벌주를 마시게[飮] 하십시오. 임(飮)은 벌주를 마시게 함이다. 우리 로(魯)나라가 구수(仇讎 : 齊나라)와 가까이 있기 때문에 신들은 임금님을 모시지 못하여 먼 길을 다니는 어려움을 면하였는데, 도리어 중(重)에게 살이 쪘다고 하였습니다."라고 하니 중(重)은 임금을 수행하여 먼 길을 오가는 수고를 하였으니 살이 쪘다고 하는 것은 옳지 않다는 말이다. 애공이 말하기를 "이 사람은 식언(食言)을 많이 하였으니 어찌 살이 찌지 않을 수 있겠는가."라고 하였다. 이 말로써 삼환(三桓)이 자주 식언한 것을 자극한 것이다. 이에 술을 마시지만 즐겁지 않았고, 애공과 대부들이 서로 미워하기 시작하였다. 27년에 애공(哀公)이 주(邾)나라로 피신하는 원인이 된다.

---

341) 월(越)나라가~얻었으니 : 월(越)나라가 패자(霸者)가 되었다는 것이다.

애공(哀公) 26년【壬申 B.C.469】

二十六年 夏 五月 叔孫舒帥師會越皐如后庸宋樂茷納衛侯 舒 武叔之子文子 皐如后庸 越大夫 樂茷 樂溷子 **文子欲納之 懿子曰 君愎而虐 少待之 必毒於民 乃睦於子矣** 民畏君虐 乃睦於子 **師侵外州 大獲** 越師納輒 侵衛外州 **出禦之 大敗** 衛師敗 **掘褚師定子之墓 焚之于平莊之上** 定子 褚師比之父 平莊 陵名

26년 여름 5월에 로(魯)나라 숙손서(叔孫舒)가 군대를 거느리고 월(越)나라 고여(皐如)와 후용(后庸) 및 송(宋)나라 악패(樂茷)와 회합하여 위후(衛侯 : 出公 輒)를 위(衛)나라로 들여보내려 하니, 서(舒)는 무숙(武叔)의 아들 문자(文子)이다. 고여(皐如)와 후용(后庸)은 월(越)나라 대부이다. 악패(樂茷)는 악혼(樂溷)의 아들이다. 문자(文子 : 公孫彌牟)가 받아들이려고 하였다. 이에 의자(懿子 : 公文要)가 말하기를 "임금은 괴팍하고 포학하니 잠시 기다리십시오. 반드시 백성에게 해독을 끼칠 것이니, 그리되면 백성은 당신에게 친근하게 될 것입니다."라고 하였다. 백성이 임금의 포학을 두려워하여 이에 당신에게 친근해진다는 것이다. 월나라 군대가 외주(外州)를 침범하여 크게 로획하니 월(越)나라 군대가 첩(輒)을 들여보내려고 위(衛)나라 외주(外州)를 침범한 것이다. 위나라 군대가 출동하여 이를 막다가 크게 패하였다. 위(衛)나라 군대가 패한 것이다. 출공(出公)은 저사정자(褚師定子)의 묘를 파서 평장(平莊)의 위에서 불태웠다.[342] 정자(定子)는 저사비(褚師比)의 아버지이다. 평장(平莊)은 언덕 이름이다.

文子使王孫齊私於皐如 齊 衛大夫王孫賈之子昭子也 **曰 子將大滅衛乎 抑納君而已乎 皐如曰 寡君之命無他 納衛君而已 文子致衆而問焉 曰 君以蠻夷伐國 國幾亡矣 請納之 衆曰 勿納 曰 彌牟亡而有益 請自北門出 衆曰 勿出 重賂越人 申開守陴而納公** 申 重也 開重門嚴守備以恐公 使不敢入 **公不敢入 師還 立悼公** 悼公 蒯聵庶弟公子黚 **南氏相之 以城鉏與越人 公曰 期則爲此** 司徒期也 **令苟有怨於夫人者報之** 夫人 期姊也 怒期 故勑宮女困期姊 **司徒期聘於越 公攻而奪之幣 期告王 王命取之 期以衆取之** 期以衆脅公而取 **公怒 殺期之甥之爲大子者 遂卒于越** 傳終言之

---

342) 출공(出公)은~불태웠다 : 지난해에 저사비(褚師比)가 란을 일으켜 출공(出公)을 축출하였다. 지금 저사비는 국도 안에 있었고 출공은 국도 밖에 있었기 때문에 출공이 교외(郊外)에 있는 저사비의 아버지 묘에 분풀이한 것이다.

위(衛)나라 문자(文子)가 왕손제(王孫齊)를 보내어 월(越)나라 고여(皐如)에게 은밀히 제(齊)는 위(衛)나라 대부 왕손가(王孫賈)의 아들 소자(昭子)이다. 말하기를 "그대는 위나라를 크게 멸하려는 것입니까? 아니면 임금님을 들여보내려고만 하는 것입니까?"라고 하였다. 고여가 말하기를 "과군의 명은 다른 뜻이 없고 위나라 임금을 들여보내려는 것뿐입니다."라고 하였다. 문자가 위나라 군중을 불러놓고 묻기를 "임금이 만이(蠻夷 : 越)를 이끌고 나라를 쳐서 나라가 거의 망하게 되었으니 임금을 받아들이기를 청합니다."라고 하니, 군중이 말하기를 "받아들이지 마십시오."[343]라고 하였다. 문자가 말하기를 "나 미모(彌牟)가 망명하는 것이 나라에 리익이 된다면 북문으로 나가겠소."라고 하니, 군중이 말하기를 "나가지 마십시오."라고 하였다. 이에 문자는 월인(越人)에게 많은 뢰물을 주고 여러 겹[申]의 성문을 열고 엄중히 성가퀴를 수비하면서 출공(出公)을 들어오도록 하니, 신(申)은 여러 겹이다. 여러 겹의 성문을 열어 놓고 수비를 엄중히 함으로써 출공(出公)에게 겁을 주어 감히 들어오지 못하게 한 것이다. 출공은 감히 들어가지 못하였다. 월나라 군대가 돌아가자 위인(衛人)은 도공(悼公)을 임금으로 세우고 도공(悼公)은 괴외(蒯聵)의 서제(庶弟)인 공자 겸(黚)이다. 남씨(南氏 : 公孫彌牟)가 보좌하게 하였다. 그리고 성서(城鉏)를 월인에게 주었다. 출공이 말하기를 "기(期)가 일을 이렇게 만들었다."[344]라 하고 사도(司徒)인 기(期)이다. 진실로 부인(夫人)에게 원한이 있는 사람은 보복하라고 명령하였다. 부인(夫人)은 기(期)의 누이이다. 기에게 노하였기 때문에 궁녀에게 명하여 기의 누이에게 고통을 주게 한 것이다. 사도(司徒)인 기가 월나라에 빙문하였는데[345] 출공이 공격하여 폐백을 빼앗았다. 기가 월왕에게 고하니 월왕이 되찾아오라고 명하였다. 이에 기가 무리를 데리고 가서 폐백을 되찾아왔다. 기(期)가 무리를 데리고 가서 출공(出公)을 위협하여 되찾은 것이다. 출공이 노하여 기의 생질로 태자가 된 자를 죽였다.[346] 그리고 마침내 월나라에서 졸하였다. 전(傳)을 미리 종결지어 말한 것이다.[347]

343) 받아들이지 마십시오 : 군중은 출공(出公)이 포학하였기 때문에 받아들이지 말라고 한 것이다.

344) 기(期)가~만들었다 : 지난해 기(期)가 란을 일으켜 출공(出公)을 쫓아내었기 때문이다.

345) 사도(司徒)인~빙문하였는데 : 위도공(衛悼公)을 위하여 빙문한 것이다.

346) 출공이~죽였다 : 출공(出公)의 부인(夫人)은 기(期)의 누이이기 때문에 출공의 분노가 자기 부인에게 미쳤고, 그 소생인 자신의 아들[태자]까지 죽인 것이다.

347) 전(傳)을~것이다 : 출공(出公)의 최후를 미리 말한 것이다. 애공(哀公) 12년 전문에 출공이 오(吳)나라에 잡혀있다가 귀국하여 오나라 말을 본받아 하였는데, 이때 어렸던 자지(子之 : 公孫彌牟)가 출공이 이족(夷族)의 땅에 잡혀있었으면서도 이족의 말을 좋아하니 이족의 나라에서 죽을 것이라고 예언한 일이 있었다. 그 뒤 출공이 결국 월(越)나라에서 졸하니[B.C.456] 그 예언대로 되었다.

○宋景公無子 取公孫周之子得與啓 畜諸公宮 周 元公孫子高也 得 昭公也 啓 得弟 **未有立焉 於是皇緩爲右師 皇非我爲大司馬 皇懷爲司徒** 皇懷 非我從昆弟 **靈不緩爲左師** 不緩 子靈圍龜之後 **樂茷爲司城 樂朱鉏爲大司寇** 朱鉏 樂輓之子 **六卿三族降聽政** 三族 皇靈樂也 降 和同也 **因大尹以達** 大尹 近官有寵者 **大尹常不告 而以其欲稱君命以令 國人惡之 司城欲去大尹 左師曰 縱之 使盈其罪 重而無基 能無敝乎** 言勢重而無德以爲基 必敗也

○송경공(宋景公)이 아들이 없어서 공손주(公孫周)의 아들 득(得)과 계(啓)를 데려다 공궁에서 길렀으나 주(周)는 송원공(宋元公)[348]의 손자인 자고(子高)이다. 득(得)은 송소공(宋昭公)이다. 계(啓)는 득의 아우이다. 태자로 세우지는 않았다. 이때 황완(皇緩)이 우사(右師)였고, 황비아(皇非我)가 대사마(大司馬)였고, 황회(皇懷)가 사도(司徒)였고, 황회(皇懷)는 비아(非我)의 종형제이다. 령불완(靈不緩)이 좌사(左師)였고, 불완(不緩)은 자령위귀(子靈圍龜)[349]의 후손이다. 악패(樂茷)가 사성(司城)이었고, 악주서(樂朱鉏)가 대사구(大司寇)였다. 주서(朱鉏)는 악만(樂輓)의 아들이다. 6경(卿)을 차지한 3족(族)이 화합하여[降] 정사에 참여하였고 3족(族)은 황씨(皇氏)·령씨(靈氏)·악씨(樂氏)이다. 강(降)은 화합하여 함께함이다. 대윤(大尹)을 통하여 임금에게 보고하였다.[350] 대윤(大尹)은 임금을 가까이 모시는 관리로 총애받는 자이다. 그러나 대윤은 항상 이들의 의견을 임금에게 알리지 않고 자기가 하고자 하는 것을 임금의 명이라 칭탁하여 명령을 내리니, 국인이 그를 미워하게 되었다. 사성이 대윤을 제거하려고 하니, 좌사가 말하기를 "내버려 두어서 그의 죄가 가득 차게 하십시오. 무거우나 기반이 없으니 패망하지 않을 수 있겠습니까."라고 하였다. 권세는 무거우나 기반이 될 만한 덕이 없으니 반드시 패망한다는 말이다.

冬 十月 公游于空澤 空澤 宋邑 **辛巳 卒于連中** 連中 館名 **大尹輿空澤之士千甲 奉公自空桐入 如沃宮** 奉公尸也 空桐 宋地 沃宮 宋都內宮名 **使召六子曰 聞下有師 君請六子畫** 下國將有師旅 請畫計策

겨울 10월에 송경공(宋景公)이 공택(空澤)을 유람하다가 공택(空澤)은 송(宋)나라 읍이다. 신사일에 련중(連中)에서 졸하였다. 련중(連中)은 관사(館舍) 이름이다. 대윤(大尹)이 공택의 갑사 1천 명을 동원하여 송경공을 받들어 공동(空桐)에서 국도로 들어가 옥궁(沃宮)으로 갔다. 송경공(宋景公)의 시신을 받든 것이다. 공동(空桐)은 송(宋)나라 땅이다. 옥궁(沃宮)은 송나라 도성 안의 궁 이름이다.

---

348) 송원공(宋元公) : 송경공(宋景公)의 아버지.

349) 자령위귀(子靈圍龜) : 송문공(宋文公)의 아들. 송문공은 송경공(宋景公)의 고조이다.

350) 대윤(大尹)을~보고하였다 : 6경(卿)이 대윤(大尹)을 통하여 자신들의 뜻을 임금에게 전하도록 한 것이다.

그리고 사람을 시켜 6자(子 : 卿)를 부르게 하며 말하기를 "하읍(下邑)에서 군대를 일으켰다는 소문을 들으시고 임금님께서 6자를 청하여 계책을 세우고자 하십니다."라고 하였다. 하국(下國 : 下邑)에 군대의 움직임이 있어서 청하여 계책을 세우려 한다는 것이다.

六子至 以甲劫之 曰 君有疾病 請二三子盟 乃盟于少寢之庭 曰 無爲公室不利 大尹立啓 奉喪殯于大宮 三日而後國人知之 司城茷使宣言于國曰 大尹惑蠱其君而專其利 今君無疾而死 死又匿之 是無他矣 大尹之罪也 得夢啓北首而寢於盧門之外 北首 死象 在門外 失國也 **己爲烏而集於其上 咮加於南門 尾加於桐門 曰 余夢美 必立** 桐門 北門

6자(子)가 이르니, 대윤(大尹)이 갑사를 거느리고 그들을 겁박하며 말하기를 "임금님의 병세가 위중하니 여러분과 맹약하기를 청합니다."라 하고, 이에 소침(少寢)의 뜰에서 맹약하기를 '공실에 불리한 일을 하지 말라.'고 하였다. 이에 대윤이 계(啓)를 임금으로 세우고 시신을 받들고 가서 태궁(大宮)[351]에 빈소를 차리니, 3일이 지난 뒤에야 국인은 경공(景公)이 죽은 사실을 알았다. 사성(司城)인 패(茷)가 사람을 시켜 나라에 널리 알려 말하기를 "대윤이 임금을 홀려 그 리익을 독차지하더니 지금 임금님께서 병이 없이 돌아가셨고 죽은 사실을 또 숨겼다. 이는 다른 것이 아니라 대윤의 죄이다."[352]라고 하였다. 득(得)이 꿈을 꾸었는데, 계가 북쪽으로 머리를 두고 로문(盧門) 밖에서 잠을 자고, 머리를 북쪽에 둔 것은 죽음을 상징한다. 문밖에 있다는 것은 나라를 잃게 된다는 것이다. 자신은 까마귀가 되어 그 위에 앉았는데 부리는 남문에 얹어 놓고 꼬리는 동문(桐門)에 얹어 놓고 있었다.[353] 이에 득이 말하기를 "나의 꿈이 좋으니 반드시 임금이 될 것이다."라고 하였다. 동문(桐門)은 북문(北門)이다.

大尹謀曰 我不在盟 少寢盟 但以君命盟六卿 大尹不盟 **無乃逐我 復盟之乎** 復與六卿爲盟而後可 **使祝爲載書 六子在唐盂** 唐盂 地名 **將盟之 祝襄以載書告皇非我 皇非我因子潞** 子潞 樂茷 **門尹得** 樂得 **左師** 靈不緩 **謀曰 民與我 逐之乎** 言宋民與我親睦 何不逐大尹 **皆歸授甲 使徇于國曰 大尹惑蠱其君 以陵虐公室 與我者 救君者也 衆曰 與之 大尹徇曰**

---

351) 태궁(大宮) : 송(宋)나라 시조묘(始祖廟)를 이른다.

352) 대윤의 죄이다 : 대윤(大尹)이 임금을 시해하였다고 의심한 것이다.

353) 부리는~있었다 : 남면(南面)하여 국도를 장악한다는 의미이다.

戴氏皇氏將不利公室 戴氏卽樂氏 **與我者 無憂不富 衆曰 無別** 惡其號令與君無別 **戴氏皇氏欲伐公** 公謂啓 **樂得曰 不可 彼以陵公有罪 我伐公 則甚焉 使國人施于大尹** 施罪于大尹 **大尹奉啓以奔楚 乃立得 司城爲上卿 盟曰 三族共政 無相害也**

대윤(大尹)이 모의하기를 "내가 맹약에 참여하지 않았으니 소침(小寢)의 맹약은 다만 임금의 명으로 6경(卿)들과 맹약한 것이고, 대윤(大尹)은 맹약하지 않았다는 것이다.[354] 나를 몰아내지 않겠는가. 그러니 그들과 다시 맹약해야 하겠다."라고 하였다. 다시 6경(卿)과 맹약한 뒤라야 괜찮을 수 있다는 것이다. 이에 축관(祝官)을 시켜 재서(載書)를 짓게 하였다. 이때 6자(子)가 당우(唐盂)에 있으면서 당우(唐盂)는 땅 이름이다. 대윤과 맹약하려고 하였다. 축관 양(襄)이 재서를 황비아(皇非我)에게 고하니, 황비아가 이 일로 자로(子潞)와 자로(子潞)는 악패(樂茷)이다. 문윤(門尹) 득(得) 및 악득(樂得)이다. 좌사(左師)와 령불완(靈不緩)이다. 모의하기를 "백성이 우리와 함께하니 대윤을 축출합시다."라고 하였다. 송(宋)나라 백성이 우리와 친목하니 어찌 대윤을 축출하지 않겠느냐는 말이다. 모두 돌아가서 가병에게 갑옷을 나눠주고 국도를 돌아다니게 하며 말하기를 "대윤이 임금을 홀려 공실을 능멸하고 학대하였으니, 우리와 함께하는 자는 임금을 구원하는 자이다."라고 하였다. 군중이 말하기를 "그대들과 함께하겠소."라고 하였다. 이에 대윤도 돌아다니며 말하기를 "대씨(戴氏)와 황씨(皇氏)가 공실을 불리하게 하려 한다. 대씨(戴氏)는 곧 악씨(樂氏)이다. 나와 함께하는 자는 부유하지 못함을 근심할 것이 없다."라고 하였다. 군중이 말하기를 "임금님의 명과 다를 것이 없구나."라고 하였다. 그의 호령(號令)이 임금과 다르지 않음을 미워한 것이다. 대씨와 황씨가 공(公)을 치려고 하자 공(公)은 계(啓)를 이른다. 악득(樂得)이 말하기를 "안 됩니다. 저 대윤이 공을 능멸한 죄를 지었는데 우리가 공을 친다면 그보다 죄가 심한 것입니다."라고 하며 국인으로 하여금 대윤에게 죄를 주게 하니, 대윤(大尹)에게 죄를 준 것이다. 대윤이 계(啓)를 모시고 초(楚)나라로 망명하였다. 이에 득을 임금으로 세우고 사성(司城)이 상경(上卿)이 되어 맹약하기를 "3족(族)이 함께 정사를 행하여 서로 해치지 말지어다."라고 하였다.

○衛出公自城鉏使以弓問子贛 且曰 吾其入乎 子贛稽首受弓 對曰 臣不識也 私於使者曰 昔成公孫於陳 在僖二十八年 **寗武子孫莊子爲宛濮之盟而君入 獻公孫於齊** 在襄十四年 **子鮮子展爲夷儀之盟而君入 今君再在孫矣** 謂十五年孫魯 今又孫宋 **內不聞獻**

---

354) 대윤(大尹)은~것이다 : 대윤(大尹)이 임금의 명으로 맹약을 주재하였지만 맹약문에 서명하지 않았다는 것이다.

之親 外不聞成之卿 則賜不識所由入也 詩曰 無競惟人 四方其順之 若得其人 四方以爲主 而國於何有

○위출공(衛出公)이 성서(城鉏)에서 사람을 보내어 활을 자공(子贛 : 子貢)에게 선물하였다. 그러면서 말하기를 "내가 위나라로 들어갈 수 있겠는가?"라고 하였다. 자공이 머리를 조아리고 활을 받고서 대답하기를 "신은 알 수 없습니다."라 하고, 사자에게 사사로이 말하기를 "옛날에 위성공(衛成公)이 진(陳)나라로 피신하였을 때는 희공(僖公) 28년에 있었다. 녕무자(甯武子)와 손장자(孫莊子)가 완복(宛濮)의 맹약을 하고 나서 임금이 위나라로 들어왔고, 위헌공(衛獻公)이 제(齊)나라로 피신하였을 때는 양공(襄公) 14년에 있었다. 자선(子鮮)과 사전(子展)이 이의(夷儀)의 맹약을 하고 나서 임금이 위나라로 들어왔습니다. 지금 임금은 두 번째 피신해 있지만 15년에 로(魯)나라로 피신하였고 지금 또 송(宋)나라로 피신한 것을 이른다. 국내에 위헌공처럼 친근한 신하가 있다는 말을 듣지 못하였고 국외에 위성공처럼 충성스런 경(卿)이 있다는 말을 듣지 못하였으니, 나 사(賜)는 임금께서 들어오실 수 있는 방법을 알지 못하겠습니다. 《시(詩)》에 이르기를 '이보다 더 강함이 없는 사람을 사방이 따른다.'[355]라고 하였으니, 만약 인재를 얻는다면 사방이 그를 주인으로 삼을 것인데 나라를 얻는 것이야 무슨 어려움이 있겠습니까."라고 하였다.

애공(哀公) 27년【癸酉 B.C.468】

二十七年 春 越子使后庸來聘 且言邾田 封于駘上 欲使魯還邾田 封竟至駘上 **二月 盟于平陽** 魯有南西二平陽 此西平陽也 **三子皆從** 季康子叔孫文子孟武伯 **康子病之** 恥從蠻夷盟 **言及子贛曰 若在此 吾不及此夫 武伯曰 然 何不召 曰 固將召之 文子曰 他日請念** 言季孫不能用子贛 臨難而思

27년 봄에 월자(越子)가 후용(后庸)을 보내와서 빙문하고, 또 주(邾)나라 전지와 태상(駘上)을 봉강(封疆)으로 정하는 문제를 말하였다. 로(魯)나라로 하여금 주(邾)나라의 전지를 돌려주고

---

355) 이보다~따른다 : 《시경(詩經)》〈주송(周頌)〉 렬문(烈文).

두 나라의 봉경(封竟 : 封疆)이 태상(駘上)에 이르게 하고자 한 것이다. 2월에 평양(平陽)에서 맹약할 때 로(魯)나라에는 남과 서 두 평양(平陽)이 있는데 이곳은 서평양(西平陽)이다. 세 사람이 모두 애공(哀公)을 수종하였는데 계강자(季康子)와 숙손문자(叔孫文子)와 맹무백(孟武伯)이다. 강자(康子)가 이를 수치로 여겨 만이(蠻夷)와 맹약하는 데에 수종한 것을 부끄럽게 여긴 것이다. 자공(子贛 : 子貢)을 언급하며 말하기를 "만약 그가 여기에 있었다면 우리가 이 지경에 이르지 않았을 것이오."356)라고 하였다. 무백(武伯)이 말하기를 "그렇습니다. 그런데 어찌 부르지 않습니까."라고 하였다. 강자가 말하기를 "장차 반드시 그를 불러야겠소."라고 하였다. 문자(文子)가 말하기를 "앞으로는 그를 생각하십시오."라고 하였다. 계손(季孫)이 자공(子贛)을 등용하지 못하다가 환난을 만나자 그를 생각하였다는 말이다.

○夏 四月 己亥 季康子卒 公吊焉 降禮 **過自貶屈**

○여름 4월 기해일에 계강자(季康子)가 졸하였는데, 애공(哀公)이 조문하였으니 자신의 례를 낮춘 것이다. 지나치게 스스로를 폄하하여 굽힌 것이다.357)

○晉荀瑤帥師伐鄭 次于桐丘 鄭駟弘請救于齊 **弘 駟歂子** **齊師將興 陳成子屬孤子 三日朝** **屬會死事者之子 使朝三日以禮之** **設乘車兩馬 繫五邑焉** **乘車兩馬 大夫服 又加之五邑** **召顏涿聚之子晉** **涿聚 顏庚** **曰 隰之役 而父死焉 以國之多難 未女恤也 今君命女以是邑也 服車而朝 毋廢前勞 乃救鄭 及留舒 違穀七里 穀人不知** **留舒 齊地 違 去也**

○진(晉)나라 순요(荀瑤)가 군대를 거느리고 정(鄭)나라를 치기 위하여 동구(桐丘)에 주둔하였다. 이때 정나라 사홍(駟弘)이 제(齊)나라에 원병을 요청하니, 홍(弘)은 사천(駟歂)의 아들이다. 제나라 군대가 출동하려 하였다. 진성자(陳成子 : 陳恒)가 전사자의 아들들을 불러 모아 3일 동안 조정에서 대접하였는데 싸움에 죽은 자의 아들들을 소집하여 3일 동안 입조시켜 례우한 것이다. 두 마리 말이 끄는 승거(乘車)를 마련하여 다섯 읍의 이름을 수레에 매달아 놓고서 두 마리 말이 끄는 수레는 대부의 거복(車服 : 器物)이다. 또 거기에다가 다섯 읍을 더해준 것이다. 안탁취(顏濁聚)의 아들 진(晉)을 불러 탁취(涿聚)는 안경(顏庚)이다. 말하기를 "습(隰) 땅의 싸움358)에서 너의

356) 만약~것이오 : 자공(子贛)이 여기에 있었다면 우리가 월(越)나라와 맹약하는 데까지 이르지는 않았을 것이라는 말이다. 애공(哀公) 12년에 오(吳)나라가 로(魯)나라에 거듭 맹약하기를 요구하였는데 자공이 이를 사절하여 맹약하지 않은 일이 있었기 때문이다.

357) 지나치게~것이다 : 애공(哀公)이 조문을 하면서 례를 갖추지 않은 것으로 보는 설도 있다.

358) 습(隰)~싸움 : 애공(哀公) 23년에 있었다.

아버지가 전사하였는데 나라에 환난이 많아서 너를 돌보지 못하였다. 이제 임금님께서 너에게 이 읍을 주라고 명하셨으니, 이 수레를 타고 가서 임금님을 조견하고서 네 아버지가 전에 세운 공로를 폐기하지 말라."고 하였다. 이에 정나라를 구원하기 위하여 출동하여 류서(留舒)에 다다랐다. 이곳은 곡(穀) 땅과 7리 떨어져[違] 있는데도 곡인(穀人)이 알지 못하였다.[359] 류서(留舒)는 제(齊)나라 땅이다. 위(違)는 떨어짐이다.

及濮 雨 不涉 子思曰 大國在敝邑之宇下 是以告急 今師不行 恐無及也 卽桓子思 **成子衣製杖戈** 製 雨衣也 **立於阪上 馬不出者 助之鞭之 知伯聞之 乃還 曰 我卜伐鄭 不卜敵齊 使謂成子曰 大夫陳子 陳之自出 陳之不祀 鄭之罪也 故寡君使瑤察陳衷焉** 衷 善也 察陳善而討鄭罪 **謂大夫其恤陳乎 若利本之顚 瑤何有焉 成子怒曰 多陵人者皆不在 知伯其能久乎**

제(齊)나라 군대가 복수(濮水)에 이르자 비가 내려 건너지 못하게 되었다. 정(鄭)나라 자사(子思)가 말하기를 "대국[360]이 우리나라의 처마 밑까지 와있어서 제나라에 급한 상황을 고하였는데, 이제 군대가 건너려 하지 않으니 미처 구원하지 못할까 두렵습니다."라고 하였다. 자사(子思)는 곧 환자사(桓子思)이다. 이에 성자(成子)가 우의[製]를 입고 창을 짚고 제(製)는 우의(雨衣)이다. 둑 위에 서서 말이 나가지 못하면 도와서 채찍을 휘둘렀다. 지백(知伯 : 荀瑤)이 이 소식을 듣고는 군대를 돌리며 말하기를 "나는 정나라 치는 것만을 점쳤지 제나라에 대적하는 것은 점치지 않았다."라 하고서, 사신을 보내 성자에게 말하기를 "대부 진자(陳子 : 陳成子)는 진(陳)나라 출신입니다.[361] 진(陳)나라의 제사가 끊어진 것[362]은 정나라의 죄입니다. 그러므로 과군은 나 요(瑤)를 보내어 진(陳)나라의 선한[衷] 점을 살피게 하고서[363] 충(衷)은 선함이다. 진(陳)나라의 선한 점을 살펴 정(鄭)나라의 죄를 토벌하게 하였다는 것이다. 이르시기를 '대부는 진(陳)나라를 걱정이나 하는가.'라고 하셨으니, 만약 대부께서 근본이 전복된 것[364]

---

359) 곡인(穀人)이~못하였다 : 군대가 정숙(整肅)하게 행군하였기 때문이다.

360) 대국 : 진(晉)나라를 이른다.

361) 대부~출신입니다 : 진자(陳子)의 6대 선조인 진경중(陳敬仲)이 장공(莊公) 22년에 진(陳)나라에서 제(齊)나라로 망명하였기 때문이다.

362) 진(陳)나라의~것 : 진(陳)나라가 멸망하였다는 것이다.

363) 진(陳)나라의~하고서 : 충(衷)을 실상(實狀)의 의미로 보아 진(陳)나라가 멸망한 실상을 살피게 하였다고 보는 설도 있다.

364) 근본이~것 : 진(陳)나라가 멸망한 것이다.

을 리롭게 여긴다면 나 요는 무슨 상관할 것이 있겠습니까."라고 하였다. 성자가 노하여[365] 말하기를 "남을 많이 업신여긴 자는 다 그 자리에 있지 못하게 되니, 지백이 어찌 오래갈 수 있겠는가."라고 하였다.

中行文子告成子 荀寅時奔在齊 **曰 有自晉師告寅者 將爲輕車千乘 以厭齊師之門 則可盡也** 厭同壓 **成子曰 寡君命恒曰 無及寡 無畏衆 雖過千乘 敢辟之乎 將以子之命告寡君** 成子疑其有爲晉之心 **文子曰 吾乃今知所以亡 君子之謀也 始衷終皆擧之 而後入焉** 謀一事 則當慮此三變 然後入而行之 **今我三不知而入之 不亦難乎**

중항문자(中行文子 : 荀寅)가 성자(成子)에게 고하여 순인(荀寅)은 당시 제(齊)나라에 망명해 있었다.[366]9말하기를 "진(晉)나라 군중(軍中)에서 저 인(寅)에게 알려주는 자가 있는데 '장차 경거(輕車) 1천 승(乘)을 출동시켜 제(齊)나라 영문(營門)을 압박하면[厭] 모두 섬멸할 수 있다.'고 합니다."라고 하였다. 압(厭)은 압박함[壓]과 같다. 성자가 말하기를 "과군이 나 항(恒)에게 명하기를 '소수라고 하여 가벼이 추격하지 말고, 다수라고 두려워하지 말라.'고 하셨소. 비록 1천 승이 넘는다 해도 감히 이를 피하겠소? 장차 그대의 명을 과군에게 고하기는 하겠소."[367]라고 하였다. 성자(成子)는 순인(荀寅)이 진(晉)나라를 위하는 마음이 있는 것으로 의심한 것이다. 문자(文子)가 말하기를 "나는 지금에야 망명하게 된 까닭을 알게 되었다.[368] 군자가 일을 도모할 때는 처음과 중간과 끝을 모두 살핀 뒤에 착수해야 하는데, 어떤 일을 도모할 때는 마땅히 이 세 가지의 변화를 고려한 뒤에 착수하여 행해야 한다는 것이다. 지금 나는 세 가지를 알지 못하고 착수하였으니 또한 어렵지 않겠는가."[369]라고 하였다.

○公患三桓之侈也 欲以諸侯去之 三桓亦患公之妄也 故君臣多間 公游于陵阪 遇孟武伯於孟氏之衢 曰 請有問於子 余及死乎 問己可得以壽死不 **對曰 臣無由知之 三問 卒辭不對 公欲以越伐魯 而去三桓 秋 八月 甲戌 公如公孫有陘氏** 卽有山氏 **因孫于邾 乃遂如越 國人施公孫有山氏** 施 施罪也

365) 성자가 노하여 : 애공(哀公) 17년에 초(楚)나라가 진(陳)나라를 멸하였는데 지백(知伯)이 이 일을 두고 진성자(陳成子)를 비방하였으므로 노한 것이다.

366) 순인(荀寅)은~있었다 : 순인(荀寅)은 애공(哀公) 5년에 제(齊)나라로 망명하였다.

367) 장차~하겠소 : 순인(荀寅)의 말을 믿지 못한 것이다.

368) 나는~되었다 : 자신이 무지하여 진(晉)나라에서 란을 일으켜 멸망을 자초한 것을 후회한다는 말이다.

369) 어렵지 않겠는가 : 제(齊)나라에서 자신의 처지가 어렵게 되었다는 것이다.

○애공(哀公)이 삼환(三桓)의 교만함을 근심하여 제후(諸侯)의 힘을 빌려 이들을 제거하고자 하였고, 삼환도 애공의 망령됨을 근심하였다. 그러므로 군신 사이에 틈이 많이 생겼다. 애공이 릉판(陵阪)으로 가서 유람하다가 맹씨(孟氏)의 거리에서 맹무백(孟武伯)을 만나 말하기를 "그대에게 묻노니, 내가 명대로 살 수 있겠는가?"라고 하니, 자신이 천수를 누리고 죽을 수 있는지 아닌지를 물은 것이다. 맹무백이 대답하기를 "신은 알 도리가 없습니다."라고 하였다. 세 차례나 물었지만 끝내 사양하고 대답하지 않았다. 애공이 월(越)나라를 끌어들여 로(魯)나라를 쳐서 삼환을 제거하려 하였다. 가을 8월 갑술일에 애공이 공손유형씨(公孫有陘氏)의 집으로 갔다가 바로 유산씨(有山氏)이다. 이어서 주(邾)나라로 피신하였고 드디어 월나라로 가니, 국인이 공손유산씨(公孫有山氏)를 죄주었다[施].[370] 시(施)는 죄줌이다.

○悼之四年 晉荀瑤帥師圍鄭 悼公 哀公子寧也 哀公出孫 魯人立悼公 **未至 鄭駟弘曰 知伯愎而好勝 早下之 則可行也** 早服則可去其師 **乃先保南里以待之** 南里在城外 **知伯入南里門于桔柣之門 鄭人俘酅魁壘** 酅魁壘 晉士 **賂之以知政** 以知政賂之 欲使反爲鄭 **閉其口而死 將門** 攻鄭門 **知伯謂趙孟 入之 對曰 主在此** 主謂知伯 言何不自入 **知伯曰 惡而無勇 何以爲子** 惡 貌醜也 簡子廢嫡子伯魯 而立襄子 故知伯言其醜且無勇 何故立以爲子 **對曰 以能忍恥 庶無害趙宗乎 知伯不悛 趙襄子由是惎知伯 遂喪之 知伯貪而愎 故韓魏反而喪之** 在春秋後二十七年

○도공(悼公) 4년[371]에 진(晉)나라 순요(荀瑤)가 군대를 거느리고 정(鄭)나라를 포위하였다. 도공(悼公)은 애공(哀公)의 아들 녕(寧)이다. 애공이 외국으로 나가 피신하니 로인(魯人)이 도공을 세운 것이다. 진나라 군대가 아직 이르지 않았을 때 정나라 사홍(駟弘)이 말하기를 "지백(知伯 : 荀瑤)은 괴팍하고 이기기를 좋아하니, 우리가 일찍 항복한다면 돌아가게 할 수 있다."라 하고, 일찍 항복하면 그 군대를 돌아가게 할 수 있다는 것이다. 이에 먼저 남리(南里)를 지키면서 기다렸다. 남리(南里)는 도성 밖에 있다. 그러나 지백이 남리에 들어와서 길질문(桔柣門)을 공격하였다. 정인(鄭人)이 휴괴루(酅魁壘)를 사로잡아 휴괴루(酅魁壘)는 진(晉)나라 사(士)이다. 정나라 정치를 맡게 해주겠다고 회유하였으나 정(鄭)나라 정치를 맡게 해주겠다는 것으로 회유하고, 정나라를 위하여 진(晉)나라를 배반하게 하고자 한 것이다. 그는 입을 닫고 죽었다. 성문을 공격하려 할 때 정(鄭)나라

370) 애공이~죄주었다[施] : 『사기(史記)』에 의하면 애공(哀公)은 이 해에 월(越)나라로 망명갔다가 돌아와 공손유형씨(公孫有陘氏 : 公孫有山氏)의 집에서 죽었다고 하였다.

371) 도공(悼公) 4년 : B.C.464.

성문을 공격함이다. 지백이 조맹(趙孟)에게 먼저 쳐들어가라고 이르니, 조맹이 대답하기를 "주장(主將)이 여기에 계십니다."라고 하였다. 주장(主將)은 지백(知伯)을 이른다. 어찌 직접 쳐들어가지 않느냐는 말이다. 지백이 말하기를 "추하고[惡] 용맹도 없는데 어떻게 후계자가 되었소?"라고 하니, 악(惡)은 용모가 추함이다. 간자(簡子)가 적자인 백로(伯魯)를 폐하고 양자(襄子 : 趙孟)를 후계자로 세웠기 때문에 지백이 '추하면서 용맹도 없는 자가 무슨 까닭으로 후계자가 되었는가?'라고 말한 것이다. 조맹이 대답하기를 "치욕을 잘 참을 수 있기에 아마도 조씨의 종가에 해를 끼치는 일이 없을 것입니다."라고 하였으나 지백은 잘못을 고치지 않았다. 조양자(趙襄子)는 이 일로 인해 지백을 미워하여 마침내 그를 망하게 하였다. 지백은 탐욕스럽고 괴팍하였기 때문에 한씨(韓氏)와 위씨(魏氏)도 배반하여 그를 망하게 하였다. 이 일은 《춘추(春秋)》의 기록[372] 27년 뒤에 있다.

---

372) 《춘추(春秋)》의 기록 : 애공(哀公) 14년[B.C.481] 공자(孔子)가 《춘추(春秋)》를 절필하게 된 획린(獲麟)의 기록이다.

魯哀公

국명 B.C.	魯	周	蔡	曹	衛	滕	晉	吳	鄭	燕	齊	秦	楚	宋	杞	陳	薛	邾	莒	許	越
494	哀公1	敬王26	昭侯25	陽8	靈公41	頃公20	定公18	夫差2	聲公7	簡公11	景公54	惠公7	昭王22	景公23	僖公12	閔公8	惠公3	隱公13		元公10	句踐3
493	2	27	26	9	42	21	19	3	8	12	55	8	23	24	13	9	4	14		11	4
492	3	28	27	10	出公1	22	20	4	9	獻公1	56	9	24	25	14	10	5	15		12	5
491	4	29	28	11	2	23	21	5	10	2	57	悼公1	25	26	15	11	6	16		13	6
490	5	30	成侯1	12	3	隱公1	22	6	11	3	58	2	26	27	16	12	7	17		14	7
489	6	31	2	13	4	2	23	7	12	4	安孺子1	3	27	28	17	13	8	18		15	8
488	7	32	3	14	5	3	24	8	13	5	悼公1	4	惠王1	29	18	14	9	19		16	9
487	8	33	4	15	6	4	25	9	14	6	2	5	2	30	19	15	10	20		17	10
486	9	34	5		7	5	26	10	15	7	3	6	3	31	閔公1	16	11	21		18	11
485	10	35	6		8	6	27	11	16	8	4	7	4	32	2	17	12	22		19	12
484	11	36	7		9	7	28	12	17	9	簡公1	8	5	33	3	18		23		20	13
483	12	37	8		10		29	13	18	10	2	9	6	34	4	19		24		21	14
482	13	38	9		11		30	14	19	11	3	10	7	35	5	20		25		22	15
481	14	39	10		12		31	15	20	12	4	11	8	36	6	21		26		結1	16
480	15	40	11		13		32	16	21	13	平公1	12	9	37	7	22		27			17
479	16	41	12		莊公1		33	17	22	14	2	13	10	38	8	23		28			18
478	17	42	13		2		34	18	23	15	3	14	11	39	9	24		29			19
477	18	43	14		起1		35	19	24	16	4	15	12	40	10			30			20
476	19	44	15		2		36	20	25	17	5	16	13	41	11			31			21
475	20	元王1	16		出公後1		37	21	26	18	6	厲共公1	14	42	12			32			22

국명 B.C.	魯	周	蔡	曹	衛	滕	晉	吳	鄭	燕	齊	秦	楚	宋	杞	陳	薛	邾	莒	許	越
474	21	2	17		2		出公 1	22	27	19	7	2	15	43	13			33			23
473	22	3	18		3		2	23	28	20	8	3	16	44	14			34			24
472	23	4	19		4		3		29	21	9	4	17	45	15			35			25
471	24	5	聲侯 1		5		4		30	22	10	5	18	46	16			36			26
470	25	6	2		6		5		31	23	11	6	19	47	哀公 1			37			27
469	26	7	3		悼公 1		6		32	24	12	7	20	48	2			38			28
468	27	貞定王 1	4		2		7		33	25	13	8	21	昭公 1	3			39			29
467	悼公 1																				

《규장각본(奎章閣本) 춘추좌씨전(春秋左氏傳)》 주자사실(鑄字事實)

太宗 癸未 置鑄字所 以詩書左傳注疏爲字本 鑄十萬字 世宗 甲寅 以孝順事實爲善陰騭等書爲本 鑄二十萬字 我 聖上在春邸 命宮僚 校正甲寅字 鑄十五萬字 藏于芸閣 元年 丁酉 命關西道臣 加鑄十五萬字 藏于內閣 十八年 甲寅 移藏內外閣銅字於昌慶宮之舊弘文館 追述太宗朝故事 名之曰鑄字所 前後印書 輒用是字 睿定則易學啓蒙集箋三經四書正文續綱目也 御定則八子百選朱書百選史記英選陸奏約選也 重印則三經四書大全通鑑節要十九史略也 命編則明義錄國朝寶鑑鄕禮合編也 二十年 丙辰 命內閣 倣通鑑綱目思政殿訓義例 編定春秋左氏傳 丁巳 秋 以丁酉字印進而經文大字 前叅判曺允亨 仁川府使黃運祚 承命書之 各爲一本 工旣訖 分送嶺南湖南兩道 翻刻以壽其傳

태종(太宗) 계미년에 주자소(鑄字所)를 설치하여 《시경(詩經)》·《서경(書經)》·《좌전(左傳)》의 주소(注疏)의 글자를 자본(字本)으로 삼아 10만자를 주조하였다. 세종(世宗) 갑인년에 《효순사실(孝順事實)》[1]·《위선음즐(爲善陰騭)》[2] 등의 글자를 본(本)으로 삼아 20만자를 주조하였다. 우리 성상(聖上 : 正祖)께서 춘저(春邸)[3]에 계실 때 궁료(宮僚)[4]에게 명하여 갑인자(甲寅字)를 교정해 15만자를 주조하여 운각(芸閣)[5]에 보관하게 하였다. 원년 정유년에 관서(關西 : 平安道)의 도신(道臣)[6]에게 명하여 추가로 15만자를 주조하여 내각(內閣)[7]에 보관하게 하였다. 18년 갑인년에 내외각(內外閣)의 동자(銅字)를 창경궁(昌慶宮)의 옛 홍문

---

1) 《효순사실(孝順事實)》: 명(明)나라 영락제(永樂帝:成祖)가 고금의 문헌에 기록된 역대 효순(孝順)한 사적을 채록하게 하여 만든 책. 효행이 갸륵한 207인의 행적이 기록되었으며, 1420년에 완성되었다. 10권.

2) 《위선음즐(爲善陰騭)》: 명(明)나라 영락제(永樂帝)가 선행을 남긴 고금의 인물 165명의 행적을 모아 편찬하게 한 책. 매 편마다 작자의 소감과 시가가 첨부되었다. 1419년에 완성되었다. 10권.

3) 춘저(春邸) : 왕세자(王世子)가 기거하는 곳. 왕세자를 일컫는 말로도 쓰인다. 당시 정조(正祖)는 왕세손(王世孫)으로 있었다.

4) 궁료(宮僚) : 동궁(東宮 : 春邸)에 딸린 관료.

5) 운각(芸閣) : 교서관(校書館)의 별칭. 외각(外閣)이라고도 한다.

6) 도신(道臣) : 관찰사(觀察使).

7) 내각(內閣) : 내규장각(內奎章閣)의 별칭.

관(弘文館)으로 옮겨 보관하고 태종조(太宗朝)의 고사를 계승하여 그 곳을 주자소라 명하고 전후에 걸쳐 책을 인쇄함에 늘 이곳의 글자를 사용하였다. 세손(世孫) 때 직접 교정하여 간행한 것은 《역학계몽집전(易學啓蒙集箋)》·《삼경사서정문(三經四書正文)》·《속강목(續綱目)》이다. 임금이 되신 뒤 직접 교정하여 간행한 것으로는 《팔자백선(八子百選)》·《주서백선(朱書百選)》·《사기영선(史記英選)》·《륙주약선(陸奏約選)》이다. 중인(重印)한 것으로는 《삼경사서대전(三經四書大全)》·《통감절요(通鑑節要)》·《십구사략(十九史略)》이다. 신하에게 명하여 편찬한 것은 《명의록(明義錄)》·《국조보감(國朝寶鑑)》·《향례합편(鄕禮合編)》이다. 20년 병진년에 내각에 명하여 《통감강목사정전훈의(通鑑綱目思政殿訓義)》를 편찬한 사례를 본받아 《춘추좌씨전(春秋左氏傳)》을 편집하여 완성하게 하였다. 정사년 가을에 정유자(丁酉字)로 인쇄하여 올리되 경문의 큰 글자는 전(前) 참판(參判) 조윤형(曺允亨)과 인천부사(仁川府使) 황운조(黃運祚)가 명을 받들어 썼다. 각각 한 본씩을 만들어 일이 끝나자 령남(嶺南)·호남(湖南) 량도에 나누어 보내어 번각(翻刻)[8]하여 오래도록 전하게 하였다.

8) 번각(翻刻) : 원본을 본보기로 삼아 다시 목판에 판각하는 일.

《규장각본(奎章閣本) 춘추좌씨전(春秋左氏傳)》 제신직명(諸臣職名)

봉(奉) 교총재(敎摠裁)[1]

대광보국숭록대부(大匡輔國崇祿大夫) 의정부좌의정(議政府左議政) 겸(兼) 령경연사(領經筵事) 감춘추관사(監春秋館事) 원임(原任) 규장각제학(奎章閣提學) 신(臣)채제공(蔡濟恭)

대광보국숭록대부(大匡輔國崇祿大夫) 의정부우의정(議政府右議政) 겸(兼) 령경연사(領經筵事) 감춘추관사(監春秋館事) 원임(原任) 규장각직제학(奎章閣直提學) 신(臣)리병모(李秉模)

편교(編校)

규장각구선강제문신(奎章閣舊選講製文臣) 가선대부(嘉善大夫) 행승정원좌승지(行承政院左承旨) 겸(兼) 경연참찬관(經筵參贊官) 동지의금부춘추관사(同知義禁府春秋館事) 신(臣)리서구(李書九)

절충장군(折衝將軍) 행룡양위부호군(行龍驤衛副護軍) 신(臣)성대중(成大中)

참교(參校)

규장각구선강제문신(奎章閣舊選講製文臣) 통정대부(通政大夫) 승정원우부승지(承政院右副承旨) 지제 교(知製 敎) 겸(兼) 경연참찬관(經筵參贊官) 춘추관수찬관(春秋館修撰官) 신(臣)리익진(李翼晉)

규장각구선강제문신(奎章閣舊選講製文臣) 통정대부(通政大夫) 승정원동부승지(承政院同副承旨) 겸(兼) 경연참찬관(經筵參贊官) 춘추관수찬관(春秋館修撰官) 신(臣)윤광안(尹光顔)

규장각구선강제문신(奎章閣舊選講製文臣) 통정대부(通政大夫) 사간원대사간(司諫院大司

---

1) 봉(奉) 교총재(敎摠裁) : 교지(敎旨)를 받들어 일을 집행하는 총책임자.

諫) 신(臣)리상황(李相璜)

규장각구선강제문신(奎章閣舊選講製文臣) 통정대부(通政大夫) 곡산도호부사(谷山都護府使) 황주진관병마동첨절제사(黃州鎭管兵馬同僉節制使) 신(臣)정약용(丁若鏞)

선사(繕寫)

통훈대부(通訓大夫) 인천도호부사(仁川都護府使) 남양진관병마동첨절제사(南陽鎭管兵馬同僉節制使) 신(臣)황운조(黃運祚)

감인(監印)

가선대부(嘉善大夫) 행승정원우승지(行承政院右承旨) 겸(兼) 경연참찬관(經筵參贊官) 춘추관수찬관(春秋館修撰官) 규장각직제학(奎章閣直提學) 지제 교(知製 敎) 신(臣)리만수(李晩秀)

통정대부(通政大夫) 승정원좌부승지(承政院左副承旨) 겸(兼) 경연참찬관(經筵參贊官) 춘추관수찬관(春秋館修撰官) 원임(原任) 규장각직각(奎章閣直閣) 지제 교(知製 敎) 신(臣)김조순(金祖淳)

규장각구선강제문신(奎章閣舊選講製文臣) 가선대부(嘉善大夫) 례조참판(禮曹參判) 겸(兼) 동지의금부사(同知義禁府事) 오위도총부부총관(五衛都摠府副摠管) 신(臣)리집두(李集斗)

가선대부(嘉善大夫) 병조참판(兵曹參判) 겸(兼) 동지의금부사(同知義禁府事) 오위도총부부총관(五衛都摠府副摠管) 신(臣)한만유(韓晩裕)

규장각강제문신(奎章閣講製文臣) 조봉대부(朝奉大夫) 홍문관부교리(弘文館副校理) 겸(兼) 경연시독관(經筵侍讀官) 춘추관기주관(春秋館記注官) 지제 교(知製 敎) 남학교수문신(南學敎授文臣) 겸(兼) 선 전관(宣 傳官) 신(臣)김근순(金近淳)

규장각강제문신(奎章閣講製文臣) 통훈대부(通訓大夫) 사헌부장령(司憲府掌令) 신(臣)신현(申絢)

규장각강제문신(奎章閣講製文臣) 계공랑(啓功郎) 권지(權知) 승문원부정자(承文院副正字) 신(臣)조석중(曹錫中)

규장각강제문신(奎章閣講製文臣) 병절교위(秉節校尉) 충무위부사정(忠武衛副司正) 신(臣)홍석주(洪奭周)

규장각강제문신(奎章閣講製文臣) 통선랑(通善郎) 권지(權知) 승문원부정자(承文院副正

字) 신(臣)황기천(黃基天)

선략장군(宣略將軍) 행충무위부사과(行忠武衛副司果) 규장각검서관(奎章閣檢書官) 신(臣) 성해응(成海應)

| 역자소개 |

김경태金庚泰

사단법인 유도회 한문연수원 7기 수료. 한양대학교 대학원 교육학박사. 유도회 한문연수원 교수 력임. 《궁와집(窮窩集)》을 번역하였고, 〈궁와(窮窩) 박규문(朴奎文)의 개혁사상과 실학정신〉 등의 론저가 있다.

박찬규朴燦圭

사단법인 유도회 한문연수원 6기 수료. 단국대학교 대학원 문학박사. 단국대학교 동양학연구원 사전편찬원 력임. 《금석문으로 백제를 읽다》·《목간으로 백제를 읽다》 등의 공저가 있다.

윤종배尹鍾培

사단법인 유도회 한문연수원 3기 수료. 성균관대학교 대학원 한문학박사. 유도회 한문연수원 교수 력임.